GROSSE FRAUEN DER WELTGESCHICHTE

GROSSE FRAUEN
DER
WELTGESCHICHTE

Tausend Biographien

in Wort und Bild

VERLEGT BEI
KAISER

REDAKTIONELLE MITARBEITER:

Dr. Erwin Angermayer, Alexander Baldus, Dr. Franz Baumer, Dr. Hans Hartmann, Dr. Hilde Hess, Dr. Konrad Karkosch, Dr. Willy Kögel, Dr. Gerta Krabbel, Hanns-Maria Lux, Dr. Anton Maxsein, P. A. Müller, Dr. Dr. Walther Ottendorff-Simrock, Dr. E. Pilgrim, Professor Riki Raab, Dr. Ilse Reicke, Arthur Schreiber, Dr. Alexander Suder, Dr. Dorothee von Velsen, Margret Wanner, Josef Magnus Wehner, Dr. Lene Weingartner, Fritz Werf, Otto Zierer, Dr. Dr. h. c. Heinrich Zillich.

BILDNISZEICHNUNGEN:

Elly Strick

ISBN 3-7043-3064-7
Alle Rechte vorbehalten
Copyright © 1987
by Neuer Kaiser Verlag -
Gesellschaft m.b.H., Klagenfurt
Neuauflage: 1998
Einbandgestaltung: Volkmar Reiter
Druck und Bindearbeit: Gorenjski Tisk, Kranj – Slowenien

„Das Leben der Menschheit ist — trotz aller irdischen Unvollkommenheit — gerechter und besser geworden, weil diese Frauen gewagt und gelitten haben."

Alice Salomon

ZUM GELEIT

Die Weltgeschichte der Frau scheint verschieden zu sein von der Weltgeschichte, die vom Mann, von den Staatengründern und Staatenlenkern, den Eroberern und politischen Abenteurern, geprägt wurde. Auf weiten Wegstrecken der Menschheitsentwicklung stand die Frau am Rande des Geschehens. Nur zuweilen traten in der Vergangenheit aus dem schattenhaften Hintergrund des weiblichen Gesamtschicksals einzelne Frauengestalten in deutlicheren Umrissen auf die historischen Schauplätze. Diesen wenigen, deren Namen in die Annalen eingeschrieben sind, müßten sich indes die unzähligen Namen derer zugesellen, für die in den Jahrtausenden die Entscheidungen des Mannes zu Lebenstragödien wurden: die Leidtragenden überheblicher Ruhmestaten, die Hüterinnen des kriegsbedrohten Herdes, die Bewahrerinnen geheiligter Traditionen in Zeiten des Unheils. Von ihnen, den Namenlosen, die keine weltumspannenden Bewegungen entfachten und die der Gewalt oft nur die reine Macht ihrer Liebe entgegensetzen konnten, berichtet keine Chronik. Denn erst spät haben sich die Frauen aus der Anonymität, aus dem festen Gehäuse der Vorurteile und aus der Enge ihres sozialen Standortes befreit und sich in den verschiedenen Lebensbereichen Gehör, Geltung und Mitwirkung verschafft. ✶ In den über tausend Lebensbildern des vorliegenden Biographien- und Porträtwerkes wird die historische Besonderheit fraulichen Lebens und Wirkens sichtbar. In buntem Wechsel folgen sie einander: Frauen aus allen Zeiten — soweit ihre Namen noch ermittelt werden konnten —, Frauen aus über vierzig Ländern und aus allen Berufen — Berühmtheiten und Persönlichkeiten. Es ist eine Galerie der Charaktere und Schicksale, die der Leser durchschreitet, farbig und vielgestaltig wie das Leben selbst.

14. III. 1857 — 18. IV. 1939   **ISABELL LADY ABERDEEN**

Auf Frauenkongressen fiel oft eine hochgewachsene, hoheitsvolle und dennoch liebenswürdig wirkende Frau auf, die Vorsitzende des Internationalen Frauenbundes: Lady Aberdeen. Bei festlichen Veranstaltungen in englischer Hoftracht und auf Empfängen fürstlicher Gastgeber ganz in ihrem Element, lag ihr dennoch fern, ihre Arbeitsgenossinnen in höfischen Kreisen zu suchen; Freundschaft und Kameradschaft verband sie mit Frauen der verschiedensten Gesellschaftsklassen, Bekenntnisse und Rassen. Ausschlaggebend waren ihr Gesinnung und sittliche Überzeugung. In ihrem Gatten fand sie einen verständnisvollen Weggenossen, auch als er den Posten eines Generalgouverneurs von Kanada, dann des Vizekönigs von Irland bekleidete. In beiden Ländern setzte sie sich für soziale Aufgaben ein, für die bessere Ausbildung der Pflegerinnen in Kanada, für Erwerbsmöglichkeiten für Frauen in Irland und in ihrer Heimat Schottland. Ihre Bemühungen für bessere gesundheitliche Zustände in Irland, wo sie eine entsprechende Frauenorganisation schuf, trug ihr als erster Frau die Mitgliedschaft der Britischen Medizinischen Gesellschaft ein. Obwohl das Schwergewicht ihrer Tätigkeit auf sozialpflegerischem Gebiet lag, trat sie für das Frauenstimmrecht ein, in der Erkenntnis, daß die Frau als ebenbürtige Staatsbürgerin ihrem Lande am besten nützen könne. Während vieler Jahre führte sie den Vorsitz im Internationalen Frauenrat, einer Organisation, deren weitgesteckten Ziele alle Gebiete des öffentlichen Lebens umfaßt. In dieser Eigenschaft verlangte sie 1919 mit Erfolg vom Völkerbund, daß er die Frauen gleichberechtigt zu seiner Arbeit heranziehe. Im hohen Alter legte sie nach und nach ihre Ehrenämter nieder und fand Muße, liebenswürdige Lebenserinnerungen zu schreiben, die auch ihr Familienleben widerspiegeln.

6. XI. 1784 — 7. VI. 1838   **LAURE-ADELAIDE ABRANTÈS**

Wenn am Hofe Napoleons von der „kleinen Pest" die Rede war, wußte jeder, wer gemeint war: die Herzogin von Abrantès, die mit dem General Andoche Junot verheiratet war und wegen ihrer Kunst, Intrigen einzufädeln, von jedem gefürchtet wurde. Napoleon selbst hatte ihr den kaum schmeichelhaften Namen gegeben und sich dabei ganz an ihren Charakter, nicht an ihr Äußeres gehalten; denn sie war eine schöne Frau. Als der Kaiser gestürzt war, verarmte sie, durch übermäßigen Aufwand in ihrem Vermögen zerrüttet, und wurde in den Hintergrund des Privatlebens zurückgedrängt. Doch folgte ihr ein Abglanz der vergangenen Zeit in ihre einfache Wohnung. Dort vereinigte sie viele große Talente von Paris, Gelehrte, Dichter, Musiker und Künstler von Bedeutung. Sie verstand es, vor allem Balzac an sich zu ketten. Die Vertrautheit mit den Dichter blieb literarisch nicht ohne Folgen. Balzac wirkte an ihren Memoiren mit und widmete ihr seinen Roman „La femme abandonnée". Sie erwiderte seine Hilfe durch vielerlei lebhafte Anregungen. Balzacs „Une ténébreuse affaire" wäre sehr wahrscheinlich ohne die Freundschaftshilfe der Laure-Adelaide Abrantès nicht zustande gekommen. Auch sie selber schrieb Romane und Bühnenstücke und das fleißig zusammengetragene, auch heute noch beachtenswerte Buch „Les femmes célèbres de tous les pays leurs vies et leurs portraits". Von besonderem Gewicht aber bleiben ihre achtzehn Bände umfassenden Memoiren; mögen sie auch weitgehend parteiisch und stellenweise verfälschend sein, so werfen sie doch ein amüsantes Licht auf die Revolution, das Konsulat des Korsen und Glanz und Fall der Napoleonischen Zeit. Laure-Adelaide Abrantès starb, obwohl sie bis zuletzt fieberhaft arbeitete, in völliger Armut. Zwei Jahre nach ihrem Tode hat Victor Hugo ihr in seinem Buch „Les rayons et les ombres" Verse eines versöhnlichen, ja fast verehrenden Andenkens gewidmet.

CHARLOTTE ACKERMANN 23. VIII. 1757 — 4. V. 1775

Nach dem Urteil ihrer Zeitgenossen war die jugendliche Liebhaberin und tragische Schauspielerin auf ihrem Gebiet eine der glänzendsten Erscheinungen – von schlanker Gestalt und vollkommen schön gebaut, blond, mit einem ausdrucksvollen Gesicht: „Ihr Antlitz war keine tote Tafel ohne Sprache und Ausdruck, sondern ihre Gebärde schilderte treulich, wovon ihr Mund überfloß." Sie galt als eine Künstlerin, deren Spiel überzeugte, die das gab, was sie in der jeweiligen Rolle geben wollte. Sie durfte es wagen, von herkömmlichen Bedingungen der Bühne abzuweichen, die erstarrten theatralischen Formen zu mißachten, ganz aus dem Geist der Situation zu handeln und zu sprechen. Von einem inneren Feuer getrieben, überließ sie sich völlig der Eingebung und dem Gefühl, ohne dabei die Grenzen des Charakters zu sprengen und das Maß zu überschreiten. Man rühmte besonders ihre Emilia Galotti, ihre Marie in „Clavigo", ihre Adelheid in „Götz von Berlichingen". In Straßburg wurde Charlotte Ackermann geboren. In Hamburg erschien sie zum ersten Male, noch Kind, auf der Bühne. Sie wurde rasch zum Liebling des Publikums. Dichter huldigten ihr als „Zierde der Bühne wie als Zierde der Menschheit". In sehr jungen Jahren ist Charlotte gestorben, plötzlich und geheimnisvoll. „Sie war erhitzt, sie riß das Fenster ihres kleinen Ankleidezimmers auf, der Strom kühler Luft drang auf sie ein, sie stürzte ein Glas kaltes Wasser hinunter, ihre Natur war geschwächt, ein Schlagfluß erfolgte." Das Begräbnis wurde zu einem Trauertag für ganz Hamburg. Vier Tage blieb das Theater geschlossen. Noch eine Woche lang kam das Publikum schwarz gekleidet zu den Vorstellungen.

ADA Um 800 n. Chr.

„Das ist das Buch des Lebens das aus den vier Quellen des Paradieses, den Evangelien, die Wunder berichtet, die Christus für uns getan. / Ada die Mutter, die gottergebene Magd, befahl, die Blätter zu schreiben und ließ sie vom Goldschmied umzieren. / Adas gedenkt im Gebete, Ihr, die Ihr die Verse lest!" – Mit dieser Bitte um ein Memento schließt eine der wundervollsten Evangelien-Handschriften des frühen Mittelalters, die „Ada-Handschrift" in Trier. Die „gottergebene Magd", die um das Jahr 800 das „Buch des Lebens" einer Schreib- und Malschule und seinen Einband einem Goldschmied in Auftrag gab, hat nicht nur diesem Trierer Evangeliar, sondern auch einem Stil und einer Gruppe anderer Buchwerke der karolingischen Renaissance den Namen gegeben. Die Überlieferung erzählt, Mutter Ada, die Gönnerin berühmter Klöster und Mäzenin der Kunst, sei eine illegitime Tochter des großen Frankenkönigs Pippin gewesen, des Vaters Karls des Großen. Ob sie tatsächlich Karls Stiefschwester war oder eine andere nahe Verwandte – ihr Einfluß und die Mittel, über die sie verfügen durfte, müssen groß gewesen sein am Hofe zu Aachen, denn ein „reiches" Evangeliar dieser Zeit hatte im Wert eines Königsgutes. Die Ada-Handschrift läßt vermuten, daß die Auftraggeberin dem Kreise um den großen, weltoffenen Gelehrten Alkuin nahestand und daß sie eine Frau hohen Kunstsinnes war, die – von der Antike berührt – das heilige Wort der Evangelien antikisch-sinnenfroh darbieten ließ: in goldstrahlender Schrift und mit Bildseiten, auf denen die Figuren aus der herkömmlichen Erstarrung gelöst, menschlich bewegt und groß in der Haltung dargestellt sind, imperial wie die Welt des Karls-Reiches. Mutter Ada soll in der benediktinischen Abteikirche Sankt Maximin in Trier, der sie die Ada-Bibel geschenkt hatte, bestattet worden sein. Ihr Grab ist verschollen.

30. XII. 1790 — 25. XII. 1867 **ANTONIE ADAMBERGER**

„Was hat sie für eine unendliche Gewalt über mich! Sie hat mich aus den wilden Gesellschaften herausgezogen, hat mich billig gegen die Philister, natürlich gegen die Welt gemacht, meine keimende Lust am Trinkgelage ganz unterdrückt, mich zur Arbeit angehalten, mich ausgescholten, wenn ich faul war, und mich gelobt!" Der so über Antonie Adamberger, Toni genannt, schrieb, war der Dichter Theodor Körner. 1812, ein Jahr vor seinem Tod in den Befreiungskriegen, wurde Körner als Bühnenautor an das Burgtheater in Wien berufen. Dort lernte er die liebenswürdige und sittenstrenge, von Grillparzer hochgeschätzte Schauspielerin bei der Probe zu einem seiner Stücke kennen. Als Braut des Dichters ist Antonie Adamberger über ihre künstlerische Bedeutung hinaus in die Theatergeschichte eingegangen. Körner widmete ihr mehrere Gedichte und Dramen, die tragende Rollen für sie enthielten. Eines der Stücke hieß „Toni"; die Liebe des Dichters hatte den Charakter der Hauptrolle „mit einer Verklärung von Kraft, weiblicher Würde, Geist und Edelmut umgeben". Die in Wien geborene Antonie Adamberger hatte eine berühmte Mutter: Anna Marie Adamberger, ehemals hervorragendes Mitglied der Hofbühne. Nicht zuletzt um ihrer Mutter willen, die man eine „unvergeßliche Künstlerin" nannte, wurde Antonie nach ihrem Debüt am Burgtheater als Hofschauspielerin engagiert. In naiven wie in sentimentalen und tragischen Rollen fand Antonie Adamberger große Anerkennung. Sie stellte in Wien das erste Klärchen im „Egmont" dar, spielte die Beatrice in der „Braut von Messina", die Desdemona, die „Emilia Galotti". — 1817 verließ Antonie Adamberger das Theater. Später war sie Oberin des Karolinenstiftes in Wien.

11. XI. 1744 — 28. X. 1818 **ABIGAIL SMITH ADAMS**

Wie in den Tagen der Französischen Revolution und der demokratischen Erhebung von 1848 haben auch im Unabhängigkeitskampf der englischen Kolonien des amerikanischen Festlandes von 1775 an Frauen tatkräftig in den Gang der Ereignisse eingegriffen. Zu ihnen zählt Mercy Otis Warren, die Schwester des revolutionären Rechtsanwalts und Politikers James Otis, die in der radikalen Forderung nach völliger Souveränität gegenüber England selbst einen George Washington übertraf. In geschliffenen Briefen voller Sarkasmus wetterte sie gegen die Kollaborateure, die nach einem Modus vivendi im Verhältnis zur bisherigen Kolonialmacht England suchten. Ihr befreundet war Frau Abigail Smith Adams, Gattin des Advokaten John Adams. Sie wurde die entschiedenste Wortführerin der amerikanischen Frauen, als die bürgerlichen Grundrechte in der Verfassung niedergelegt werden sollten. In einem ihrer historisch gewordenen Briefe schrieb sie ihrem Gatten: „Wenn die geplante Verfassung der Vereinigten Staaten uns Frauen keine gründliche Aufmerksamkeit schenkt, sind wir zum Aufruhr bereit und halten uns nicht für verpflichtet, uns Gesetzesbestimmungen zu unterwerfen, die uns keine Stimme und keine Vertretung unserer Interessen zusichern." Sie verlangte öffentliche Schulen auch für die Mädchen; ein Volk, so erklärte sie, das sich allein auf die Tatkraft der Männer verlasse, begebe sich einer seiner wirksamsten Stützen, der gebildeten Mütter. Nicht zuletzt ist es ihr zu verdanken, daß wenigstens in den Staaten New Jersey und Virginia die Frauen Vertreterinnen in das Parlament schicken durften. Als ihr Gatte als Nachfolger Washingtons das Präsidentenamt übernahm, wurde sie „Die Dame des Weißen Hauses" in Washington und wirkte auch in dieser Eigenschaft umsichtig und klug für die Rechte der Frauen. Sie überlebte ihren Gatten, der im Jahre 1801 im Präsidentenamt von Jefferson abgelöst wurde, um acht Jahre.

JANE ADDAMS 6. IX. 1860 — 21. V. 1935

Jane Addams stammte aus einer wohlhabenden amerikanischen Quäkerfamilie. Sie besuchte die Mittelschule und das Rockford-College und beschloß Ärztin zu werden, doch eine schwere Krankheit zwang sie, das Studium aufzugeben. Auf einer Europareise lernte sie die Elendsviertel in den Großstädten kennen und wurde tief beeindruckt von der Not und Armut, denen Hunderttausende von Menschen ohne jede staatliche Unterstützung preisgegeben waren. In London besichtigte sie die berühmte Toynbee Hall, zu jener Zeit die erste soziale Fürsorgeinstitution der Welt. Toynbee Hall war von Universitätsstudenten gegründet worden, um die fürchterlichen Zustände, in denen die Bevölkerung der Londoner Vorstadt East End lebte, zu lindern. Jane studierte die Sozialarbeit, die dort geleistet wurde, gründlich, und als sie Europa verließ, war ihr Entschluß gefaßt, eine ähnliche Einrichtung in ihrer Heimat zu schaffen. — Ihr Vater hatte ihr ein ansehnliches Vermögen hinterlassen, mit dem sie das Hull-Haus, ein großes, völlig vernachlässigtes Gebäude in einem Arbeiterviertel von Chikago, erwarb und für ihre Zwecke einrichtete. Hull-Haus war für alle da! Müde, heimwehkranke Einwanderer hörten dort ihre Muttersprache und konnten Englisch lernen, studieren oder musizieren. Miss Addams errichtete einen Kindergarten, die erste öffentliche Badeanstalt und setzte sich im Schulausschuß für bessere Schulen und sichere Spielplätze ein. Auch die Einführung des ersten Jugendgerichtes in Chikago war ihr Verdienst. Das Hull-Haus konnte durch freiwillige Spenden von Jahr zu Jahr besser ausgebaut werden. — Als Jane Addams 1931 gemeinsam mit Nicholas Murray Butler den Friedensnobelpreis erhielt, hatte die Arbeit einer der größten Frauen Amerikas berechtigte Anerkennung gefunden. Ihr Tod im Mai 1935 wurde in ganz Amerika tief betrauert.

ADELAIDE VON SAVOYEN 6. XI. 1636 — 13. III. 1676

Sie verlebte ihre Mädchenjahre am kunstfrohen Hofe von Turin und lernte dort den neuen Stil des Barock kennen und lieben. Die heitere Beschwingtheit, die strahlende Schönheit und der ausladende Prunk entsprachen ganz ihrem eigenen Wesen, das von der leichteren Lebensart des Südens geprägt war. Als die jugendschöne Frau den Kurfürsten Ferdinand Maria von Bayern heiratete, brachte sie aus ihrer Heimat eine Schar von Musikanten, Dichtern, Stukkateuren, Malern, Bildhauern und Architekten mit an den Münchner Hof. Ihr ist es zu verdanken, daß auf dem herben Boden Bayerns Bauten entstanden, in denen südliche Formenschönheit und romantisches Empfinden über die Schwere des Steins triumphierte. Die ihr zu Ehren errichtete Theatinerkirche in München wurde eines der wundervollen Meisterwerke der bayerischen Barockarchitektur und leitete eine Barockwelle im bayerischen Kirchen- und Klosterbau ein, deren Zeugen noch heute festlich im Lande stehen. Auch das italienische Opernhaus am Münchener Salvatorplatz, das Tournierhaus am Hofgarten und der Mitteltrakt der Nymphenburg wurden Adelaide zu Liebe geschaffen; sie brauchte ein Lustschloß vor den Toren der Stadt, denn sie liebte das Leben, und die Enge der Stadt bedrückte sie. Ihr größtes Fest veranstaltete sie 1671 am Starnberger See zu Ehren des Fürstbischofs von Salzburg. Für die Seepartie ließ sie das Prunkschiff „Bucintoro" erbauen, dessen hundertfünfzig Ruderer sich hinter den vergoldeten Schiffswänden abplagten. Das prunkvolle Leben kostete viel Geld — zuviel Geld für ein immerhin kleines Land. Als im April 1674 die Residenz mit ihrer reichen Ausstattung niederbrannte, die ihr die Kurfürstin gegeben hatte, und ungeheure Kunstschätze für immer dahingingen, verlor Henriette Adelaide die Lebensfreude früherer Tage und starb zwei Jahre danach. Der Kurfürst folgte ihr drei Jahre später im Tode und hinterließ Bayern eine Schuldenlast von acht Millionen Gulden, die zum großen Teil auf Adelaides Bauten entfielen.

Um 1056 — 1137 **ADELE DE BLOIS**

Die französische Bischofsstadt Bayeux, das alte „Bagias" der Normannen, bewahrt als kostbarsten Schatz den fast neunhundert Jahre alten „Teppich von Bayeux", der in Wort und Bild die Inbesitznahme Englands durch Wilhelm den Eroberer schildert. Wenn wir der Überlieferung folgen wollen, nach der Wilhelms Gemahlin Matilda gemeinsam mit ihren Hofdamen die herrliche Stickerei als wahrhaft fürstliches Geschenk für ihren Mann selbst angefertigt hat, dann dürfen wir uns auch ihr Töchterchen Adele über das feine Gewebe geneigt vorstellen, wie sie mit zierlich geführter Nadel die Ruhmestaten ihres königlichen Vaters verherrlicht. Eine der Szenen stellt ihre Verlobung mit Harald von Kent dar, der aber sein Eheversprechen brach und später in der Schlacht von Hastings den Tod fand. 1084 vermählte sich Adele mit dem Grafen Stephan de Blois, dem Erben von Blois und Chartres, dem sie zwei Söhne schenkte. Mit der Ritterschaft des ersten Kreuzzuges begab sich auch Stephan ins Heilige Land, aber in den Schreckenstagen von Antiochia verließ ihn der Mut; vor den rachedürstenden Horden des Emirs Kerbuga floh er an die Küste bei Alexandretta, wo er sich zur Heimkehr nach Frankreich einschiffte. Als ihn dort die stolze Tochter Wilhelms des Eroberers der Feigheit zieh, gesellte er sich erneut zu den Kreuzfahrern; bei Askalon traf ihn der tödliche Pfeil. Adele, seine Witwe, verwaltete umsichtig die Grafschaften ihres noch minderjährigen Sohnes Thibaut, der „so viele Burgen sein eigen nannte, wie das Jahr Tage hatte." Von Adeles hoher Bildung zeugt ihr Briefwechsel mit Anselm von Canterbury, dem Wegbereiter der Scholastik, und mit anderen bedeutenden Gelehrten und Dichtern; ihre letzten Jahre verbrachte sie als Nonne im Kloster Marcigny. Ihr zweiter Sohn Stephan wurde 1135 König von England.

Um 931 — 16. XII. 999 **KAISERIN ADELHEID**

Die „Mutter der Königreiche" — wie Gertrud Bäumer die Kaiserin Adelheid, eine der herrlichsten Frauengestalten der deutschen Geschichte, genannt hat — erblickte als Tochter des burgundischen Königs Rudolf II. und seiner Gemahlin Berta das Licht der Welt. Kaum sechzehnjährig reichte sie dem italienischen König Lothar die Hand zu einem glücklichen, jedoch nur drei Jahre währenden Ehebund. Lothars Nachfolger nahm sie gefangen, aber es gelang ihr, zu entfliehen und den deutschen König Otto zu Hilfe zu rufen — für diesen ein hochwillkommener Anlaß, in Italien einzufallen. Adelheid besaß eine bedeutende und einflußreiche Anhängerschaft, die ihre Vermählung mit dem jungverwitweten Otto befürwortete, und am Weihnachtstag des Jahres 951 fand unter großem Gepränge die Hochzeit in Pavia statt. Erst nach zehn ereignisvollen Jahren betrat Adelheid an der Seite ihres königlichen Gemahls, des Siegers vom Lechfeld, wieder italienischen Boden. Am 2. Februar 962 empfingen Otto I. und Adelheid aus der Hand des Papstes die Kaiserkrone. Der gelehrte Gerbert, der spätere Papst Silvester, mit dem sie in Briefwechsel stand, preist ihre Klugheit, Gerechtigkeit und hohe Tugend; sie beherrschte vier Sprachen, und ihr Harfenspiel war berühmt. „Allezeit", so schreibt ihr Zeitgenosse und Biograph Odilo von Cluny, „war sie beherrscht von der Mutter aller Tugenden — von der Mäßigung", und in diesem Sinne suchte sie auch ihren Gatten, ihren Sohn und ihren Enkel zu beeinflussen. Gemeinsam mit ihrer Schwiegertochter Theophano rettete sie den beiden letzten Ottonen noch für eine kurze Zeitspanne Krone und Reich. Als sie in ihrem Kloster Seltz im Elsaß starb, zerbröckelte unter den unsicheren Händen ihres Enkels das ottonische Kaisertum.

AFRA

Um 300 n. Chr.

Gemeinsam mit ihrer von der Insel Zypern stammenden Mutter Hilaria unterhielt Afra vor den Mauern Augsburgs, in der Nähe der verkehrsreichen Via Claudia, eine kleine Herberge, die sich allerdings nicht des besten Rufes erfreute. Als im Jahre 302 unter der Regierung Diokletians eine neue, furchtbare Verfolgungswelle über die Anhänger der christlichen Lehre hereinbrach, floh auch der spanische Bischof Narzissus zusammen mit seinem Diakon Felix aus Gerona, und seine abenteuerliche Flucht führte ihn bis an die Ufer von Lech und Wertach, wo er in Afras armseliger Herberge Unterkunft fand und von dem gutherzigen Mädchen vor den Nachstellungen der Römer verborgengehalten wurde. Afra war beeindruckt von dem ihr ungewohnten sittenstrengen Verhalten der beiden Fremdlinge; sie belauschte oft ihre Gebete und bat schließlich Narzissus um Unterweisung in seinem Glauben. Reuevoll sagte sie sich von ihrem bisherigen Lebenswandel los und empfing — gemeinsam mit ihrer Mutter, einigen Verwandten und Mägden — die Taufe. Ihre einst so verrufene Herberge wurde geheimer Treffpunkt und Andachtsstätte der ersten Christen Augsburgs; bald aber verrieten Neider und Feinde dem römischen Landpfleger Gajus, daß Afra sich zum Kreuze bekannte. Er ließ sie sich vorführen und forderte ihre Rückkehr zu den alten Göttern; zum Zeichen der Reue sollte sie ein Opfer im Capitol darbringen. Afra weigerte sich und vernahm mit Standhaftigkeit ihr Todesurteil. Man schrieb das Jahr 303 nach der Geburt des Herrn, als sie auf einer Insel im Lechfluß den Flammentod erlitt — ihr Leib wurde von ihrer Mutter zwei Meilen vor der Stadt zur letzten Ruhe gebettet. Heute ruhen ihre Gebeine in einem Reliquienschrein des „Reichsgotteshauses" von St. Ulrich und Afra. Sie gilt als Schutzpatronin aller reuigen Sünderinnen.

AGNES VON POITOU

Um 1024 — 14. XII. 1077

Man schreibt das Jahr 1076. Der feierlichen Synode im Lateran, der auch die Kaiserinmutter Agnes beiwohnt, haben soeben die deutschen Gesandten einen Brief Kaiser Heinrichs IV. überbracht, in dem er die Absetzung des Papstes ausspricht. In der atemlosen Stille hört Kaiserin Agnes, wie Papst Gregor VII. nach der feierlichen Anrufung der heiligsten Dreifaltigkeit und des heiligen Petrus mit dem Bannfluch über den deutschen König antwortet — mit dem Bannfluch über ihren eigenen Sohn: „Ich untersage ihm die Regierung des ganzen Reiches und Italiens, entbinde alle Christen des Eides, den sie ihm geleistet haben und noch leisten werden, und verbiete hiermit, daß irgend jemand ihm als einem König diene." Ein Jahr später stirbt die unglückliche Kaiserin im Kloster Fruttuaria bei Rom. — Agnes war die Tochter Herzog Wilhelms V. von Aquitanien und der Agnes von Burgund, 1043 hatte sie dem deutschen König Heinrich III. die Hand zur Vermählung gereicht und war drei Jahre später in Rom zur Kaiserin gekrönt worden. Nach dem Tode ihres Gemahls oblag ihr die Erziehung des sechsjährigen Sohnes und Thronfolgers, bis ihn die Reichsfürsten unter Führung des Erzbischofs Anno von Köln wegnahmen. Bald in Italien, bald in Deutschland, mußte sie erleben, wie Heinrich sich immer heftiger in den Investiturstreit verstrickte, der um die Frage ging, ob der Papst oder der Kaiser das Recht habe, geistliche Ämter zu vergeben. In dieser Zeit der Aufstände der Fürsten gegen den Kaiser und der von Kloster Cluny ausgehenden kirchlichen Erneuerungsbewegung stellte sich Agnes von Poitou ganz auf die Seite der Reform. Die Tragödie ihres Mutterherzens bestand darin, daß sie sich innerlich und äußerlich von dem Sohne abwenden mußte, den sie zwölf Jahre lang erzogen hatte. Sie starb, zerrieben von Seelenqualen, als Opfer der Ideen, die stärker waren als ihre Kraft.

5. Jahrh. v. Chr.   AGNODIKE VON ATHEN

Noch im Dämmerlicht der Sage, aber doch greifbar durch ein
sehr ungewöhnliches Schicksal, steht im Anfang der Geschichte
der großen Ärztinnen die Gestalt der Athenerin Agnodike. In
ihrer Vaterstadt verbot ein Gesetz den „Weibern und Sklaven"
die Ausübung der Heilkunst, zu der auch die Geburtshilfe rechnete. So blieb Agnodike nichts anderes übrig, als sich als Mann
zu verkleiden und bei dem berühmten Arzt Herophilus in die
Lehre zu gehen. Als Mann wirkte sie später auch in Athen und
stand den Frauen in ihrer schweren Stunde bei. Sie tat das mit
so großem Erfolg, daß ihr Ruf sich unter den Bürgerinnen der
Stadt rasch verbreitete. Den Ärzten Athens war es eine höchst
willkommene Nachricht, als sie vernahmen, daß hinter diesem
Geburtshelfer eine Frau stecke. Es kam zu einer empörten Anklage beim obersten
Gerichtshof gegen die Rechtsbrecherin. Am Tage des Gerichtes rotteten sich die
Frauen Athens auf dem Markt zusammen, zogen in einem „Demonstrationszug"
durch die Stadt und entsandten eine Abordnung zum Areopag. Unter Führung der
vornehmsten Athenerinnen brachten sie dem obersten Gerichtshof, in dem sie
bereits die feindliche Ärzteschaft versammelt fanden, ihr Anliegen vor und erklärten, die Männer erwiesen sich in dieser Stunde keinesfalls als liebende Gatten
ihrer Ehegefährtinnen, sondern als deren ausgesprochene Feinde, sonst dürften sie
es nicht wagen, ihre Helferin, Heilerin und Retterin zu verurteilen. Die weisen
Richter von Athen konnten sich der Anerkennung der Agnodike und ihrer Leistung
nicht verschließen, und so erreichten die Frauen die von ihnen geforderte Abände-
rung jenes Gesetzes, das für Agnodike verhängnisvoll hätte werden können. Seit
jenen Tagen durften die freigeborenen Frauen die Geburtshilfe und die Heilkunst
erlernen und ausüben.

Anfang des 19. Jahrhunderts AGOSTINA VON SARAGOSSA

Das Ende der Napoleonischen Gewaltherrschaft in Europa begann in den Schluchten der alten spanischen Provinz Asturien,
von wo der Volkskrieg gegen den Unterdrücker zuerst die
Städte Orvieto, Karthagena, Valencia, Morcia, Sevilla, Granada und Saragossa in Aufruhr setzte. „Das ist ein Feuer wie
das von 1789 in Frankreich", schrieb Joseph Bonaparte aus
seiner usurpierten Königs-Residenz Madrid beschwörend seinem Bruder Napoleon. „Ich wiederhole Ihnen: Sie sind im Irrtum, Ihr Ruhm wird in Spanien Schiffbruch leiden, die Nation
ist einstimmig gegen uns. Sie haben 1789 und 1793 gesehen, die
Begeisterung und Wut sind hier nicht geringer." Schon wenige
Tage später begann den Soldaten und Beamten Napoleons im
Lande der Böden unter den Füßen zu brennen. Die Volksleidenschaften sollten nicht
mehr zur Ruhe kommen; die Spanier blieben das einzige Volk im Empire des Korsen,
das nie völlig gedemütigt werden konnte. Aus diesem Freiheitskrieg bewahrt Spanien die Erinnerung an Agostina, die Retterin der Stadt Saragossa. Als in dem entscheidenden Außenfort alle Verteidiger gefallen waren, schwieg auch das Stadt-
tor deckende Batterie. Die Schlüsselstellung schien verloren. Agostina, die gerade
Proviant herantrug, so berichtet der Geschichtsschreiber Toreno, „bemerkte die
Mutlosigkeit der Männer, stürzte sich in die Batterie, riß die noch brennende Lunte
dem letzten zu Boden gestreckten Artilleristen aus der Hand, feuerte das Geschütz ab
und schwur, dasselbe nicht mehr zu verlassen, solange die Belagerung auch währen
möge und sie am Leben bliebe." Am Mut dieses zweiundzwanzigjährigen Mädchens
entzündete sich erneut der Abwehrwille der Verteidiger. Agostina wurde zu einer
Symbolgestalt für jede Freiheitsbewegung im alten Spanien.

MARIE CATHERINE D'AGOULT 31. XII. 1805 — 5. III. 1876

Anderthalb Jahrhunderte lang spielten die Salons ihre kulturgeschichtlich große Rolle als Stätte der Begegnung geistiger Menschen mit den Spitzen der regierenden Schicht. Dann verflachten sie. Stifter klagte, daß selbst der Name entarte, denn jetzt heiße jeder Friseur und Schneider seine Werkstatt Salon. Einer der letzten Salons im alten Sinn, den zahlreiche Politiker und Künstler besuchten, war der der Gräfin d'Agoult in Paris, freilich ein Salon der Musik; die Dichter galten dort wenig. Die Gräfin, ein Kind des französischen Emigranten Vicomte de Flavigny und der Frankfurter Bankierstochter Marie Bethmann, vermählte sich dem Grafen d'Agoult, verließ ihn aber bald und wurde die Gefährtin Franz Liszts, mit dem sie in der Schweiz, in Italien und Frankreich lebte. Drei Kinder entsprossen dem Verhältnis, darunter Cosima, die Hans von Bülow und nachher Richard Wagner heiratete. Was die Gräfin unter einem Salon begriff, sprach sie selbst aus; er sei der höchste Ehrgeiz, Trost und Ruhm einer reifen Pariserin, und diese dürfe nur einen Gast bevorzugen, den berühmtesten, bemerkenswertesten, einflußreichsten. Für sie war es Liszt. Wenn er spielte, kniete sie am Klavier und schwärmte den Meister an. Nach der Trennung von ihm trat sie unter dem Namen Daniel Stern als Schriftstellerin vor die Öffentlichkeit mit französisch verfaßten Büchern. Zuerst erschien der Roman „Nélida", der ihre Beziehungen zu Liszt darstellte, ein Thema, das auch Balzac in dem Roman „Béatrix" behandelte. Ihre politischen und geschichtlichen Werke erweisen sie als Verfechterin republikanischer Ansichten, als parteilich ungebundene Kosmopolitin. Der hochintelligenten Frau verdankt man noch Dialoge über Dante und Goethe, verschiedene Essays, Memoiren und ihren Briefwechsel mit Liszt.

AGRIPPINA DIE ÄLTERE 14 v. Chr. — 33 n. Chr.

Agrippina entstammte der zweiten Ehe Julias, des Augustus unseliger Tochter, mit dessen Freund und Feldherrn Marcus Vipsanius Agrippa, dem Sieger von Actium. Von ihrer Mutter hatte sie ein leidenschaftliches, unbeherrschtes Temperament geerbt, das ihr schließlich zum Verhängnis werden sollte. Als Neunzehnjährige heiratete sie den großen Heerführer Germanicus, einen Adoptivsohn des Kaisers Tiberius, der seiner Schwiegertochter mit nicht unberechtigtem Mißtrauen gegenüberstand. Agrippina schenkte ihrem Gemahl neun Kinder — darunter den späteren Kaiser Caligula und die jüngere Agrippina — und begleitete ihn auf seinen glorreichen Feldzügen. Von Agrippinas Tatkraft und hohem persönlichem Mut berichtet Tacitus ein bezeichnendes Beispiel: In den Kämpfen des Jahres 15 n. Chr. verbreitete sich unter den römischen Legionären das Gerücht, sie seien von germanischer Übermacht umzingelt, und nur der Abbruch der Rheinbrücke könne noch ihre Flucht sichern. Agrippina verhinderte die Zerstörung der Brücke und versah in Abwesenheit des Gemahls das Amt des Feldherrn. „Unbeirrt stand sie an der Brücke, den geordnet heimkehrenden Legionen Dank und Anerkennung zollend . . ." In Antiocheia ist Germanicus im Jahre 19 gestorben; noch auf dem Sterbebette bat er sie, Tiberius nicht durch Machtstreben zu reizen. Sie aber machte aus der Heimführung seiner Asche eine bewußte Demonstration gegen Tiberius, den sie auch — zu Unrecht — der Mitwisserschaft an einem angeblichen Giftmordanschlag gegen Germanicus bezichtigte. Tiberius verbannte die jähzornige Frau auf die Insel Pandateria, wo auch ihre Mutter qualvolle Jahre der Haft durchlitten hatte. Dort ist Agrippina freiwillig Hungers gestorben — noch im Tode verfolgt vom Haß des Kaisers, der durch den Senat den Tag ihrer Geburt zum Unglückstag erklären ließ.

16 — 59 n. Chr.

AGRIPPINA DIE JÜNGERE

Wohl keine Römerin hat wie diese schöne, geistvolle und herrschsüchtige Frau von sich sagen können, daß sie Urenkelin, Schwiegertochter, Schwester, Gattin und Mutter je eines Kaisers gewesen sei. In den 43 Jahren ihres Lebens spiegelt sich fast die gesamte Geschichte des julisch-claudischen Kaiserhauses, von der reinen Größe des Augustus über den Cäsaren-Wahnsinn des Caligula bis zum fürchterlichen Irresein des Nero. — Geboren wurde Agrippina in Köln auf einem Feldzug ihres Vaters Germanicus — gestorben ist sie durch Mörderhand, sie gedungen war von ihrem eigenen Sohn. Dazwischen lag ein Leben, das beherrscht war von brennendem Ehrgeiz und zügelloser Jagd nach Macht, ein Leben, das bedenkenlos tötete und vernichtete und nicht davor zurückschreckte, den eigenen Gatten zu vergiften. Als es ihr gelang, in dritter Ehe Gattin ihres Onkels, des alternden Kaisers Claudius, zu werden und damit Nachfolgerin der zügellos entarteten Messalina, war ihr Ehrgeiz keineswegs gestillt. Ihr gelehrter und weltscheuer Gatte verlieh ihr den höchsten Titel, den einer „Augusta". Er opferte seinen eigenen Sohn Britannicus und billigte die Vermählung seiner dreizehnjährigen Tochter Octavia mit dem sechzehnjährigen Nero, dem Sohne aus Agrippinas erster Ehe. Nach dem gewaltsamen Tode des Claudius hatte das Reich volle fünf Jahre lang Frieden und Ruhe, denn Seneca, der von Agrippina einst als Erzieher des jungen Nero gewonnen worden war, hatte die Zügel der Regierung fest in der Hand. Doch die Kaisermutter wollte ihren Sohn nicht umsonst zum Herrn der Welt gemacht haben. Als Nero zum Throne gelangt war, begehrte sie Anteil an der Herrschaft. Damit entfesselte sie „die angeborene Wildheit" Neros: Sie wurde auf Befehl ihres Sohnes ermordet.

Um 614 — 13. VII. 678

AISCHA

Nach dem frühen Tode der ersten Gemahlin Mohammeds, Chadidschas, nahm der Prophet Allahs die vierzehnjährige Aischa zur Frau, eine Tochter seines Kampfgefährten Abu Bekr. Sie war schon als Siebenjährige in das Haus Mohammeds gekommen, der das schöne, ungewöhnlich kluge und begabte Mädchen zum Leidwesen seiner unhübschen Tochter Fatima bald wie sein eigenes Kind behandelte und sich ihrer als eine Art „lebendiges Gedächtnis" bediente. Schon als Kind beherrschte sie eine große Zahl von Koransuren auswendig, und ihr verdanken wir die Niederschrift durch den Sklaven Said — denn Mohammed konnte nicht schreiben. Als Lieblingsfrau des „Gesandten Gottes" wurde Aischa die einzige Frau, die jemals in der Geschichte des Islam eine Rolle gespielt hat; ihre ungewöhnlichen Geistesgaben verstärkten neben ihrer Schönheit und Liebenswürdigkeit noch ihren bedeutenden Einfluß auf den alternden Mohammed, den sie auch auf seinen Feldzügen begleitete. Einmal wurde sie — zu Unrecht — der ehelichen Untreue verdächtigt, aber das Vertrauen ihres Gatten blieb unerschüttert; die Überlieferung leitet von diesem persönlichen Erleben des Propheten den erst in jüngster Zeit gelockerten „Schleierzwang" der islamischen Frau ab. Nach Mohammeds Tod träumte Aischa den ewigen Traum vom islamischen Weltreich weiter; mit Hilfe ihres Freundes, des Reitergenerals Talha, und mit einem Heer ihr blind ergebener Krieger bekämpfte sie ihre Todfeinde, die Anhänger des Kalifen Ali, der ihr Neffe war. In der Entscheidungsschlacht im Irak am 4. Dezember 656, der noch heute in Heldenliedern besungenen „Kamelschlacht", wurde Talha erschlagen. Seitdem war Aischa, die „Mutter der Gläubigen", allein. Unauffällig und ohne jegliche Zeremonie wurde sie nach ihrem Tode an der Seite des Propheten bestattet.

LAILLA AISCHA VON MAROKKO * 1929

Als achtzehnter Sultan der Alauoitendynastie hatte Sidi Mohammed ben Jussuf im Jahre 1928 den scherifischen Thron von Marokko bestiegen. Er ließ seine Kinder nach modernen Grundsätzen erziehen und zeigte gelegentlich auch eine beinahe rebellische Gesinnung gegenüber den strengen Gesetzen des Korans, in denen die Franzosen die beste Sicherung ihrer eigenen Kolonialherrschaft sahen. 1940 beklagten sich einige Lehrer beim Sultan darüber, daß die Franzosen den marokkanischen Mädchen den Zugang zu höheren Schulen versperrten. Er antwortete mit der Versicherung, er werde seine eigene älteste Tochter Aischa zur Vorkämpferin der Frauen-Emanzipation erziehen. Seine fortschrittliche Einstellung wurde von Gegnern als gefährliche Waffe gegen ihn eingesetzt: Im Frühjahr 1953 reiste sein mächtigster Widersacher, Pascha El Glaoui von Marrakesch, durch die Städte und Dörfer, zeigte den entsetzten Gläubigen ein im Strandbad aufgenommenes Foto Aischas und beteuerte mit gut gespielter Entrüstung, daß der Vater einer solchen Tochter unmöglich das Erbe des Propheten würdig bewahren könne . . . Bald darauf brachten französische Militärflugzeuge den abgesetzten Sultan und seine Begleitung ins Exil nach Madagaskar. Aischa studierte an der Pariser Sorbonne und promovierte mit einer Dissertation über moderne Geschichte summa cum laude zum Dr. phil. Im November 1955 konnte sie ihren von Franzosen und Marokkanern aus der Verbannung zurückgerufenen Vater in Rabat begrüßen; als er den Königstitel annahm, bezog sie in der Nähe seines Palastes ein eigenes Palais, das seither als das Zentrum der modernen Frauenbewegung in Marokko gilt. Aischa kämpft gegen den Schleier und gegen das Haremswesen, gegen Polygamie und Kinderehen – in enger Gemeinschaft mit anderen jungen Frauen ihrer Generation.

MARGARETE MARIA ALACOQUE 22. VII. 1647 — 17. X. 1690

Oft ist der unvergängliche Zauber der nächtlichen Lichterstadt Paris gerühmt und besungen worden. Der Kundige aber liebt diese Stadt noch mehr in den frühen, vom Weltverkehr unberührten Stunden des Morgens, wenn die ersten Sonnenstrahlen das Kuppelwirrsal der Kirche von Sacré Coeur, vom „Heiligsten Herzen Jesu", auf dem Montmartre in makellosem Weiß aufleuchten lassen. Wie ein Märchendom erhebt sich dann dieser neuromanische Bau aus den zarten Silberschleiern der Pariser Luft in den neuen Tag – ein unvergeßlicher Anblick auch für den, der nicht weiß, daß die Kirche ihre Entstehung einer kleinen französischen Notarstochter verdankt, aus der eine große Mystikerin wurde. Im August 1671 hatte Margaret Alacoque im Kloster von Paray-le-Monial den Schleier genommen und als Nonne den zweiten Namen Maria erhalten. Der innere Ruf zur Herz-Jesu-Verehrung, den sie am Fronleichnamstag des Jahres 1675 empfing, ließ sie mancherlei Anfechtungen, Demütigungen und schwere Prüfungen erdulden, ehe zehn Jahre später die erste Herz-Jesu-Kapelle feierlich eingesegnet und in den Dienst Gottes gestellt werden konnte. „Margarete Maria Alacoque war getreu gegen Gott, sie hat ihm niemals etwas verweigert, was er von ihr verlangte. Man hätte nicht demütiger, liebreicher und inniger mit Gott vereint sein können als sie. Sie war vollkommen gehorsam . . ." So charakterisiert ihr Zeitgenosse Pater Rolin die stets opferbereite Schwester, die zweihundertdreißig Jahre nach ihrem Tode durch Papst Benedikt XV. in die Schar der Heiligen aufgenommen wurde. Ihr letzter gottgegebener Auftrag – die Errichtung einer gewaltigen Kirche, in welcher der König von Frankreich mit seinem Hof und all seinen Untertanen dem Herzen Jesu huldigen sollten – wurde erst im 19. Jahrhundert erfüllt durch den Bau von Sacré Coeur; die katholische Bevölkerung von Paris teilt sich in den Tag und Nacht nicht unterbrochenen Gottesdienst in dieser Kirche.

CAYETANA DE SILVA, HERZOGIN VON ALBA
1762 — 1802

Im Nordwesten Madrids leuchtet aus dem Grün des Moncloa-Wäldchens ein langgestreckter Schloßbau im italienischen Stil des siebzehnten Jahrhunderts: der Palacete de la Moncloa. Im Jahre 1784 erbte ihn von ihrer Mutter die zweiundzwanzigjährige Cayetana de Silva, die dreizehnte Herzogin von Alba. Sie ließ den schönen und weitläufigen Besitz zu einem kostbaren Kleinod gestalten, das bald zum Schauplatz prunkvoller Festlichkeiten wurde. Die Gäste wechselten — aber einer war stets an der Seite der Schloßherrin zu sehen: der aragonesische Bauernsohn Francisco de Goya, einer der berühmtesten Maler seiner Zeit. Er malte sechs Bildnisse der schönen Herzogin, deren Antlitz und Gestalt aber auch auf vielen anderen seiner Werke in mannigfacher Verkleidung und doch unverkennbar zu finden sind. Sie überschüttete den Meister und seine Familie mit Gunstbezeigungen und Geschenken, bis eines Tages diese Freundschaft aus unbekannten Gründen zerbrach. Als Goya, der Cayetana um über ein Vierteljahrhundert überlebte, gestorben war, tauchten zwei Bilder des Meisters auf, die heute zum kostbarsten Besitz des Prado in Madrid gehören. Sie sind unter dem Namen „die bekleidete und die unbekleidete Maja" bekannt; obwohl der Maler später die Gesichtszüge seines schönen Modells verändert hatte, behaupteten Eingeweihte, daß Maja niemand anders sei als Cayetana, unter deren liebender Freundschaft Goya die Höhe seines Schaffens und seines Ruhmes erreicht hatte. Als die Herzogin von Alba in ihrem vierzigsten Lebensjahr plötzlich verstarb, hielt sich in Madrid hartnäckig das Gerücht, sie sei einem Giftanschlag der spanischen Königin Louisa zum Opfer gefallen . . .

20. IX. 1752 — 29. I. 1824
LUISE VON ALBANY

„König Karl III. und Königin Ludowika" — Die Kaiserin Maria Theresia soll schallend gelacht haben, als man ihr eine Hochzeitsmedaille mit dieser Inschrift überreichte. Der „König" war Karl Edward, der letzte Stuart und britische Kronprätendent, ein trunksüchtiger alter Mann — Ludovica, die „Königin", aber war die um zweiunddreißig Jahre jüngere Tochter des Fürsten Stolberg-Geldern, der der Kaiserin bis zu seinem Tode als General gedient hatte. Das ungleiche Paar versuchte in Italien eine Art Hofhaltung einzurichten; Luise unterließ es nie, mit „Königin" zu unterzeichnen, und Karl Edward heftete ein Schild an sein Haus, auf dem zu lesen stand, daß hier der „König von Großbritannien und Verteidiger des Glaubens" wohne . . . Seine junge Gattin schloß sich indes bald dem Dramatiker Vittorio Alfieri an; mit ihm floh sie von dem ungeliebten Manne nach Rom, später nach Kolmar im Elsaß, bis nach vollzogener Ehescheidung die Liebenden sich zueinander bekennen durften. Vor der Großen Revolution flüchteten sie wieder nach Italien, wo der gefeierte Dichter sich seinen literarischen Arbeiten widmete, während die begabte Luise bei dem französischen Maler Fabre Kunstunterricht erhielt. Zwischen Fabre und seiner Schülerin entwickelten sich bald mehr als nur freundschaftliche Beziehungen, die bis zu Luises Tod bestehen blieben. Alfieri wußte davon, aber er wußte auch, daß sein Leben sich dem Ende zuneigte, und freute sich über die ausgezeichneten Bildnisse, die Fabre von ihm und von ihrer gemeinsamen Freundin schuf. Luise von Albany hat nach Alfieris Hinscheiden seinen literarischen Nachlaß auf das sorgfältigste verwaltet; sie betraute Canova, den damals berühmtesten Bildhauer, mit der Ausführung seines Grabmals und ruhte nicht eher, bis der Dichter seinen Platz neben Machiavellis letzter Ruhestätte fand. Als sie selbst, zweiundsiebzigjährig, die Augen geschlossen hatte, errichtete ihr der treue Fabre ein Grabmonument nach Entwürfen von Percier, dem Erbauer des Triumphbogens zu Paris.

MARIETTE ALBONI   26. III. 1826 — 23. VI. 1894

Die große Altistin stammte aus Cesena in der Romagna und starb in Ville d'Avray bei Paris. Die Komponisten Meyerbeer, Rossini, Auber sahen in ihr die erfolgreiche Interpretin ihrer Gestalten. Ihre Ausbildung erhielt sie durch Signor Bagioli, dann in Bologna durch Rossini, der nach den ersten Stunden von ihr sagte: „Jetzt gleicht ihre Stimme der einer wandernden Balladensängerin, aber die Welt wird ihr zu Füßen liegen, ehe sie ein Jahr älter ist." Die Stimme umfaßte fast drei Oktaven, war in allen Registern ausgeglichen, volltönig und rein. Mit der Wucht und Kraft des Organs verband sie zugleich die virtuose Kunstfertigkeit des kolorierten Gesangs. Ihr Debüt am Teatro Comenale in Bologna 1842 brachte ihr die Einladung an die Mailänder Skala ein. Gastspiele in Venedig, Wien, Berlin, Dresden, Rom und Petersburg, Reisen durch England, Holland und Frankreich sicherten ihren Ruf, eine der ersten Gesangsköniginnen zu sein. Am 6. April 1847 trat sie als „Arsace" in der Oper Semiramis in London auf und errang trotz des herrschenden „Lindfiebers" einen großartigen Triumph. Die Schönheit ihrer Stimme verschaffte ihr einen Ehrenplatz neben Jenny Lind. Als sich „Die schwedische Nachtigall" vom öffentlichen künstlerischen Leben zurückgezogen hatte, wurde Mariette Alboni Primadonna am Her Majestys-Theater, wo sie vor allem durch ihre „Rosine" im Barbier, die „Zerline" im Don Juan und „Norina" in Don Pasquale das Publikum begeisterte. Eine Reise nach Amerika (1852) erbrachte ihr neben enthusiastischem Beifall großen finanziellen Erfolg. Als sie sich mit dem Grafen Pepoli in Paris verheiratete, trat sie nur noch selten in der Öffentlichkeit auf. Nach Pepolis Tode ging sie eine zweite Ehe mit dem französischen Offizier Zigier ein.

JOHANNA D'ALBRET   7. I. 1528 — 9. VI. 1572

Die Bedeutung Johanna d'Albrets liegt in ihrer Persönlichkeit und in den Lebensumständen, unter denen sie geboren wurde. Als Erbtochter des Königs Heinrich von Navarra, des Schwagers des französischen Königs Franz I., war sie für die Herrscher der angrenzenden Fürstentümer eine begehrte Partie. Als Jeanne d'Albret zwanzig Jahre alt war, wurde sie dem Herzog von Bourbon, einer Seitenlinie der französischen Könige, vermählt. Ihr Sohn Heinrich bestieg später als Heinrich IV. den französischen Thron. — Jeanne gehörte zu den höchstgebildeten Frauen einer an Bildung reichen Zeit. Sie zog Gelehrte und Künstler an ihren Hof. Religiösen Fragen zugetan, trat sie zum Protestantismus über und wurde Beschützerin und Vorkämpferin der Hugenotten. Die Zeitgenossen rühmen ihre Intelligenz, ihre geistige Kraft, ihren Geschmack. Sie beherrschte die Sprache auch des südlichen Frankreichs und verfaßte in dieser Sprache wie in der des Nordens Gedichte von anerkanntem Rang. Kurz vor der Bartholomäusnacht, der die Häupter des protestantischen Glaubens zum Opfer fielen, starb Johanna; das Gerücht wollte wissen, sie sei von ihrer Feindin Katharina von Medici, der französischen Königin, ermordet worden. Es wird überliefert, sie habe den Bräuchen ihrer Heimat auch nach ihrer glänzenden Heirat angehangen. Die Frauen dieser rauhen Gebirgsgegend pflegten während ihrer Entbindung zu singen; so habe auch Jeanne ihren Sohn singend geboren. Das Gedächtnis dieser Frau, die viele verschiedene Wesenszüge in sich vereinigte, blieb lange lebendig. Das kleine Land Navarra, wichtig durch seine Lage zwischen Frankreich und Spanien und von beiden begehrt, erfuhr durch Jeanne eine Bedeutung, die es in die Geschichte der modernen Staaten einreihte.

1760 — 27. 9. 1836   ## ISABELLA TEODOCHI ALBRIZZI

Eine „italienische Madame de Stael" hat der stets zum Rühmen
geneigte Lord Byron die schöne Gräfin Albrizzi genannt, die zu
Beginn des neunzehnten Jahrhunderts in Venedig einen der berühmtesten literarischen Salons ihrer Zeit führte. Die gebürtige
Griechin — ihr Elternhaus stand auf der Insel Korfu — sammelte
Berühmtheiten wie Schmetterlinge, hoffend, daß ein Abglanz
des Ruhms auch auf sie zurückfalle. Seit 1812 verwitwet, hat die
noch im Alter anmutige, geistvolle Frau eine bedeutende Rolle
im Leben des fast dreißig Jahre jüngeren Dichters Ugo Foscolo
gespielt, der ihr einige seiner schönsten Gedichte widmete;
auch der junge Lyriker Ippolito Pindemonte hat „la saggia
Isabella" leidenschaftlich verehrt. Er half ihr bei der Abfassung
ihres vierbändigen Werkes „Beschreibung der Skulpturen des Bildhauers Antonio
Canova", das dem alternden Künstler schmeichelte, er schenkte ihr als Anerkennung
einen von ihm gemeißelten „Kopf der griechischen Helena" und machte die Vene-
zianerin damit glücklich. Ihre Freude war um so größer, als Lord Byron während
eines Aufenthaltes in Venedig die Schönheit dieser Plastik in einem Achtzeiler gepriesen hatte. In ihren „Ritratti" gibt Isabella eine sehr gelungene und aufschlußreiche Schilderung Byrons, den sie auch vor ihren Triumphwagen zu spannen versucht
hatte — aber vergeblich: Der Dichter nahm zwar ihre Einladungen zur Tafel an, mied
jedoch ihre „Conversazioni", da er dort zu vielen durchreisenden Engländern
begegnete. Walter Scott rühmt mit Recht die außerordentliche Menschenkenntnis
und feine Beobachtungsgabe der Gräfin Albrizzi, die in ihrer Jugend auch dem bedeutenden Dramatiker Vittorio Alfieri begegnet war: „Ein außerordentlicher
Mensch!", schrieb sie von ihm, „er sieht aus wie ein zürnender Gott, und seine Haare
strahlen wie Gold ..." Ein außerordentlicher Mensch, das war auch sie.

ALEXANDRA FEODOROWNA VON RUSSLAND
25. V. 1872 — 17. VII. 1918

„Der Kaiser herrscht, aber die Kaiserin regiert unter der Vormundschaft Rasputins ..." Dieser Ausspruch stammt von dem
kaiserlich-russischen Außenminister Sasonow, als er sein von
Zar Nikolaus II. unterzeichnetes Entlassungsschreiben in Händen hielt. Er hatte es gewagt, den sibirischen Wundermönch
Rasputin in sein Heimatdorf zu verbannen; Rasputin kehrte
nach dem Sturz seines mächtigsten Feindes wieder an den
Zarenhof zurück, und sein magischer Einfluß, besonders auf die
Kaiserin, war stärker als je zuvor. — In Petersburg hatte die
schöne Prinzessin Alix von Hessen allen Charme und Frohsinn
verloren — nie verzieh man ihr, daß sie als Erbteil ihres Vaterhauses dem Thronfolger Alexej die unheilbare Blutkrankheit
in die Wiege gelegt hatte. Die Sorge um Leben und Gesundheit des Zarewitsch beherrschte die Lebenshaltung der Eltern, die sich von allen Festen und Empfängen des
einstmals glänzendsten Hofes Europas fernhielten. In der Einsamkeit von Zarskoje-
Selo steigerte sich das Kaiserpaar, fern der politischen Wirklichkeit und blind gegenüber ihren Gefahren, in ein mystisch-religiöses Sektierertum hinein, das durch den
„heiligen Teufel" Rasputin nach Kräften gefördert wurde. In unverhüllter Macht-
und Geldgier mischte er sich über das willfährige gekrönte Paar in die Innen- und
Außenpolitik des mächtigen Reiches, das unaufhaltsam in den Strudel des Unterganges hineinglitt. Man suchte — wie immer — einen „Schuldigen" und machte in
ungerechter Übersteigerung die Gefährdung des Reiches der Zarin zum Vorwurf, die
bis zum bitteren Ende an der Seite ihres geliebten Mannes aushielt. Gefangen und
gedemütigt starb die letzte Zarin von Rußland im Hause des Kaufmanns Ipatjew in
dem ehemaligen Jekaterinburg mit ihrer Familie unter den Kugeln der Roten Garde.

SHRIMATI VIOLET ALVA   * 24. IV. 1908

Im Jahre 1944 stand zum erstenmal eine indische Frau in der Robe des Verteidigers vor dem Höchsten Gericht des Landes — ein unerhörter Einbruch in einen Beruf, der bis dahin allein dem Manne zugestanden hatte! Ihr Plädoyer verriet eine ebenso kämpferische wie sachkundige Anwältin des Rechtes. Shrimati Violet Alva war erst vor kurzem aus dem Gefängnis entlassen worden, wohin man sie und ihren fünfjährigen Sohn wegen Teilnahme am passiven Widerstand Gandhis verbracht hatte. Das Gefängnisleben war ihr indes schon vorher vertraut gewesen; seit Jahren suchte die Juristin und Sozialfürsorgerin die politischen Gefangenen auf, um ihnen Mut zuzusprechen. Seitdem Gandhi den gewaltlosen Kampf begonnen hatte, um seine „indischen Brüder und Schwestern in aller Welt ohne Haß und Blutvergießen von ihrer Lebensangst, ihren Qualen, ihrer Demütigung zu befreien und sie besser und glücklicher zu machen", folgte die hochgebildete Frau seinem Gebot. — Einige Jahre nachdem sich die Gefängnistore für sie geöffnet hatten, 1947, war der Sieg auf seiten der „Gewaltlosen": England verkündete, daß es sich nach Ablauf von fünfzehn Monaten aus Indien zurückziehen werde. Frau Alva wurde die erste Frau Indiens, die als Delegierte ins Ausland ging, sie wurde Präsidentin des Arbeiter-Clubs und Mitglied des Stadtrates von Bombay, man wählte sie in den Rechnungsprüfungshof des Indischen Parlaments, sie wurde Vize-Präsidentin für Indien in der Internationalen Föderation der Rechtsanwältinnen, Parlamentsabgeordnete im Staat Rajya Sabha und 1957 Innenminister im Kabinett der Indischen Union. Ihre hohe Geistigkeit — sie ist u. a. Ehren-Professor für Anglistik an der Indischen Frauen-Universität — ermöglichte es ihr, über das Staatspolitische hinaus auch auf kulturellem Gebiet förderlich zu sein.

KÖNIGIN AMALASUNTHA   † 30. IV. 535

Als der sagenumwitterte Ostgotenkönig Theoderich der Große 526 starb, hinterließ er nur eine Tochter, die verwitwete Amalasuntha, und ernannte ihr zehnjähriges Söhnchen Athalarich zum König. Amalasuntha war eine hochgebildete Frau; sie sprach und verhandelte mit den römischen Senatoren lateinisch, mit den byzantinischen Gesandten griechisch und verstand es vor allem, während ihrer achtjährigen Regierungszeit den Frieden zu erhalten, obwohl die germanischen Fürsten nach der Beisetzung ihres Vaters im Grabmal zu Ravenna von ihr abfielen. Sie beschränkte sich auf die Herrschaft in Italien, schlichtete Streitigkeiten zwischen den gotischen Arianern und den katholischen Römern und wahrte ihre Würde auch, als ihr Sohn früh verstarb; sie war gewillt, „recht zu urteilen, das Gute zu erkennen, das Göttliche zu verehren, das künftige Gericht zu bedenken". Diese edle und tatkräftige Frau erfuhr indessen die ganze Härte eines dämonischen Schicksals. Ihr Vetter Theodahad, den sie als Mitregenten berief, verband sich mit jenen gotischen Adeligen, denen die Hinneigung der Königin zum römischen Wesen verhaßt war. Ihre Anhänger wurden ermordet; sie selbst wurde in Ravenna gefangengenommen und auf einer Insel des Bolsener Sees im Bade erwürgt. Als so die Verschmelzung der Goten mit den Römern zu einem starken gotischen Königreich mißlungen war, vernichtete Byzanz zwei Jahrzehnte später das Ostgotenreich; Italien wurde oströmische Provinz. Der byzantinische Feldherr Narses war der erste Statthalter des Exarchats. Der letzte König der Ostgoten, der junge Teja, fiel nach verzweifeltem Kampf gegen die Byzantiner unter Narses am Mons Lactarius (Milchberg) gegenüber dem Vesuv von Neapel.

1739 — 1810   AMALIA VON SACHSEN-WEIMAR

Am 7. November 1775 hielt Goethe seinen Einzug in Weimar, begeistert begrüßt von dem jungen Herzog Karl August. Der 26jährige Dichter und der 19 Jahre alte, eben von den Fesseln einer Vormundschaft befreite Fürst führten ein Leben, wie es dieser Sturm- und Drangzeit entsprach. Goethe sprach selbst später davon, daß er mit dieser „tollen Kompagnie, wie sie sich auf so einem kleinen Fleck nicht wieder zusammenfindet", weitergegangen sei, als es die bürgerliche Moral erlaubte. Der feste Halt in diesem wilden Treiben wurde die Herzogin-Mutter Amalia, die vorher die Regentschaft für ihren unmündigen Sohn geführt hatte. Sie wurde die eigentliche Seele des Weimarer Musenhofes. Die Nichte Friedrichs des Großen hatte 1756 den Erzherzog von Sachsen-Weimar geheiratet, war nach zwei Jahren bereits Witwe geworden und leitete mit Verständnis und Energie die Geschicke ihres Landes. Ihrem Sohn ließ sie durch Wieland eine vorzügliche Erziehung geben. Als Landesherrin veranlaßte sie die Einrichtung zahlreicher damals vorbildlicher Volksbildungsanstalten. Ihr Hof war der Mittelpunkt des deutschen Geisteslebens. Als Goethe sie kennen und verehren lernte, war sie 36 Jahre alt, eine Frau von zwangloser Heiterkeit und Lebensfreude, empfänglich für alles Schöne und Edle, übersprühend von der Lust am Dasein. „Sie ist klein von Statur, sieht wohl aus, hat schöne Hände und Füße, einen leichten und doch majestätischen Gang, spricht schön aber geschwind und hat in ihrem ganzen Wesen viel Angenehmes und Einnehmendes..." so beschreibt sie ein unbekannter Zeitgenosse. Nach der Übertragung der Regierung auf ihren Sohn widmete sie sich ganz ihren musischen Neigungen, der Literatur, Musik und Malerei.

18. Jahrhundert   PRINZESSIN AMALIE VON ENGLAND

Man könnte sie die unsichtbare Braut und Friedrich den Großen ihren verhinderten Bräutigam nennen; denn die beiden Königskinder haben sich nie gesehen, und doch hat sich ganz Europa, teils lachend, teils intrigierend, mit der grotesken Politik befaßt, die mit ihrem Verlobungsring getrieben wurde. Friedrichs Mutter, Königin Sophie Dorothea, hatte das Spiel 1724 mit ihrer Schwägerin Karoline in Hannover ausgemacht: Fred, der kleine Prinz von Wales, sollte dereinst die kleine preußische Königstochter Wilhelmine, ihr Brüderchen Fritz aber das englische Königstöchterchen Amalie heiraten. König Georg II. von England war mit dem Plan dieser Doppelhochzeit einverstanden, nicht aber Friedrich Wilhelm, der Vater des kleinen Fritz, der als Gegengabe die Nachfolge in Jülich und Berg verlangte. Auch der deutsche Kaiser hintertrieb das Heiratsprojekt, um ein preußisch-englisch-französisches Bündnis zu verhindern. Sophie Dorothea indessen war entschlossen, ganz „Europa auf den Kopf zu stellen". Der junge Fritz schrieb nach ihrem Diktat Liebesbriefe an Amalie und schwur schriftlich, nur „das himmlische Wesen oder aber keine andere von Evas Töchtern zu heiraten". 1726 schloß Österreich mit Preußen einen Vertrag über die gegenseitige Unterstützung in allen Reichs- und Erbfolgeangelegenheiten, auch über die Anwartschaft Preußens auf Jülich und Berg. England war überspielt — aber nicht Sophie Dorothea; sie diktierte ihrem Sohn abermals Briefe an die „schöne Amalie" und an ihre Mutter. Friedrich Wilhelm aber verprügelte den Briefschreiber. England bot hunderttausend Pfund Mitgift für Amalie an, außerdem die Erbfolge in Jülich und Berg und fünfundzwanzig „lange Kerls". Der preußische König indessen stand zu dem österreichischen Vertrag. Im Herbst 1732 verlobte er den Kronprinzen zwangsweise mit Elisabeth Christine von Braunschweig-Bevern.

AMALIE ELISABETH VON HESSEN-KASSEL
29. I. 1602 — 3. VIII. 1651

Als Landgraf Wilhelm V. von Hessen-Kassel 1637 starb, lag die Reichsacht auf ihm wegen seines Bündnisses mit Schweden. Deshalb erklärte der Kaiser sein Testament, das die Regentschaft für den unmündigen Wilhelm VI. der Witwe Amalie Elisabeth übertrug, für null und nichtig. Amalie Elisabeth stand vor einer fast aussichtslosen Lage mitten im Sturm des Dreißigjährigen Krieges. Teile des Landes, Marburg und Niederhessen, hielt Georg II. von Hessen-Darmstadt besetzt, der auch die Vormundschaft für ihren Sohn beanspruchte. Frankreich versagte vereinbarte Hilfeleistungen. Die Landgräfin verzagte nicht, ließ sich von den Ständen huldigen und trotzte in jahrelangen Feldzügen und Verhandlungen den mächtigen Gegnern. Sie meisterte ihre Aufgabe klug und zäh, durch keinen Rückschlag entmutigt. Nachdem sie die Kaiserlichen mehrmals geschlagen, einen Waffenstillstand mit ihnen erzielt, neue Verträge mit Frankreich und Schweden geschlossen und Marburg erobert hatte, erreichte sie es, daß Georg seine Ansprüche aufgab. Sie gewann größere Landgebiete und setzte es durch, daß der Westfälische Frieden diese Errungenschaften bestätigte, ihre Kriegsentschädigung zuerkannte und die Gleichberechtigung des reformierten Bekenntnisses, dem sie anhing, mit dem lutherischen verbriefte. Nach zwölfjähriger Regentschaft konnte sie ein durch Verbesserungen wohlgeordnetes Land ihrem Sohn überlassen, der, von ihr vorzüglich erzogen, später der „Gerechte" hieß. Sie lebte noch ein Jahr, religiöser Versenkung einsam hingegeben — eine der edelsten Frauengestalten des deutschen Volkes, eine wahrhafte, von den Untertanen geliebte Landesmutter. Sie war eine hilfsbereite Freundin der Künste und Wissenschaften, frei von Dünkel, im Glück bescheiden, im Unglück unerschütterlich.

PRINZESSIN AMALIE VON PREUSSEN
9. XI. 1723 — 30. III. 1787

Um die Gestalt dieser jüngsten Schwester Friedrichs des Großen webt die Ballade ihrer abenteuerlichen Liebe zum Baron von der Trenck, Offizier im Potsdamer Garderegiment. Beide waren zwanzig Jahre alt, als sie sich ineinander verliebten. Vergeblich sperrte Friedrich den Jüngling wegen „verräterischer Beziehungen" zum Pandurenoberst Trenck, dem Feind Preußens, in die Festung Glatz. Der Baron entwich mit Hilfe Amaliens und nahm Dienst bei Maria Theresia, der Gegnerin Friedrichs. Beim Begräbnis seiner Mutter in Danzig abermals verhaftet, wurde er mit Ketten an die Wände seines Kerkers in Magdeburg geschmiedet, zehn Jahre lang. Man sagt, Amalie habe von ihm einen Zinnbecher erhalten, in dem ein Gedicht eingraviert war: „Der Trenck lebt noch, geliebte Frau! / Er fühlt noch, wie die Fesseln drücken; / Er hofft noch, daß der Gnadentau / Verwelkte Hoffnung soll erquicken." Als im Hubertusburger Frieden Maria Theresia auf Betreiben Amalies seine Freilassung erreichte, war seine Liebe erloschen. Er wurde 1794 in Paris guillotiniert. — Trotz dieser Liebesaffäre schätzte Friedrich seine Schwester außerordentlich hoch. Voltaire pries sie in Versen als die klügste Frau am Hofe. Der König holte sich oft bei ihr Rat. Auch sie, die unter ihren Schwestern ihm am ähnlichsten sah, stand ihm treu zur Seite. Nach der verlorenen Schlacht von Hofkirch eilte sie zu ihm, um ihn zu trösten. „Es ist meine erste Freude seit sechs Monaten", sagte er zu seinem Vorleser de Catt. Er machte sie zur Äbtissin von Quedlinburg, aber sie weilte den größten Teil des Jahres bei ihm in Berlin. Sie blieb am aufgeklärten Hofe Friedrichs die fromme Frau, die noch an Geister glaubte. Oft saß sie im verdunkelten Zimmer und wartete auf die Erscheinung der „Weißen Frau" der Hohenzollern. Sie starb 1787 und überlebte ihren Bruder nur um ein Jahr.

13. VIII. 1884 — 23. I. 1966 **JO VAN AMMERS-KÜLLER**

Die Romane dieser vielgelesenen holländischen Dichterin atmen die Weite ihrer Heimat, der Delfter Niederung. Ihr Hauptwerk, das ihr Weltruhm eintrug und in zwölf Sprachen übersetzt wurde, sind die Romane „Die Frauen der Coornvelts", „Frauenkreuzzug" und „Der Apfel und Eva", eine Trilogie, in der drei Generationen einer holländischen Fabrikantenfamilie vorüberziehen. Die Dichterin läßt im Leser die Frage zurück, ob die freien und gleichberechtigten Frauen der Gegenwart wirklich glücklicher geworden sind als ihre Vorfahren unter der gestärkten Haube, unter der hohen Tournüre des Rokoko oder de Locken der Biedermeierzeit. Dieses Hauptthema ihres Lebens und Schaffens hat die Dichterin, nach dem Welterfolg ihrer ersten Romanserie, in den vierziger Jahren erneut in einer Trilogie aufgegriffen: „Das Haus Tavelinck" schildert die spannungsreiche Zeit von 1778 bis 1813 im Spiegel des Kampfes zwischen holländischen Patrioten und Französlingen; in derselben Zeit spielt „Elzelina", die Reiterin der Großen Armee. Der dritte Roman „Kolibri auf goldenem Nest" geht dem Kaspar-Hauser-Schicksal des preußischen Uhrmachers Nanndorff nach, der kein anderer gewesen sein soll als der unglückliche Sohn Ludwigs XVI. und der Marie Antoinette. Neben diesen beiden Trilogien hat Jo van Ammers-Küller, die schon mit fünfzehn Jahren ihre erste Erzählung veröffentlichte, eine Reihe von Romanen geschrieben, die um die Themen Liebe und Ehe kreisen, alle atmosphärisch dicht, ausgezeichnet gebaut und von hohen ethischen Ansprüchen. Die Dichterin lebte lange in England und Frankreich, liebte die Welt der Bühne und hat in dem Biographienwerk „Bedeutende Frauen der Gegenwart" mit liebevollem Verständnis das Leben der Mary Wigman, Elsa Brandström, Yvette Guilbert und anderer Frauengestalten nachgezeichnet.

Um 1350 v. Chr. **ANCHESEN PA ATON**

Die schöne Pharaonin Nofretete und ihr Schwiegersohn Tut-Ench-Amun verdanken ihre geradezu volkstümliche Berühmtheit weniger ihrer politischen Lebensleistung als den zahlreichen Bildnissen und Kunstwerken, die sich von ihnen erhalten haben. Tut-Ench-Amun hatte eine der Töchter Nofretetes zur Frau genommen, die schöne Anchesen pa Aton. Die mächtige Amun-Priesterschaft zwang den jugendlichen König, die von seinem Schwiegervater, dem Reformkönig Echnaton, gegründete Residenz Amarna zu verlassen und den Hof wieder nach der alten Reichshauptstadt Theben zu verlegen, die seit zwanzig Jahren keinen ägyptischen König mehr gesehen hatte. Seine Gemahlin mußte ihren Namen in Anchesen-Amun abändern — so sehr war das junge Herrscherpaar in der Gewalt der thebanischen Priesterpartei, die Echnatons Atontempel zerstörten und seine herrliche Stadt Amarna in ein Ruinenfeld verwandelten. Tut-Ench-Amun erkannte selber, daß der neue Glauben nicht volkstümlich werden könne und ließ deshalb Amun und den anderen Göttern die so lange vorenthaltene Verehrung wieder zuteil werden; doch zeigt das schönste uns erhalten gebliebene Doppelbildnis des Königspaares, daß auch mit der Rückkehr in die Tempelstadt Amuns der monotheistische Atonkult nicht ganz erloschen war: Auf dem herrlichen Thronsessel aus dem Grabschatz des Pharao leuchtet in Gold und Edelsteinen noch immer Gott Aton mit vielen segenspendenden Strahlenhänden über Tut-Ench-Amun und seine Gemahlin Anchesen, die mit liebender Gebärde, einer Geste von unvergleichlicher Zartheit und Anmut, den Gemahl an der Schulter berührt, um ihn mit Duftwasser aus kostbarer Schale zu erfrischen. Kaum verhüllt durch das lange, faltenreiche Schleiergewand, bietet die edle, in jeder Linie dem Jünglingskönig entgegenstrebende Frauengestalt ein rührendes, unvergeßliches Bild der Gattenliebe.

LOU ANDREAS SALOMÉ 12. II. 1861 — 5. II. 1937

„Lou ist das begabteste, nachdenkendste Geschöpf, das man sich denken kann . . .", schreibt Nietzsche einmal über diese bedeutende Frau, deren leidenschaftliche, rein geistige Liebe ein tiefes Echo in dem Einsamen von Sils Maria fand. Es spricht vom Range dieser Frau, daß Nietzsche sie als seine geistige Erbin ansah; da er aber Übermenschliches von ihr forderte, trennten sie sich. — Die Schriftstellerin Lou Andreas Salomé war als Tochter eines russischen Generals französischer Abstammung in Petersburg geboren. Ausgeprägte Weiblichkeit mit hoher Geistigkeit verbindend, studierte sie in Zürich, heiratete 1887, fünf Jahre nach der Begegnung mit Nietzsche, den Orientalisten F. C. Andreas und schrieb Romane, Erzählungen, literarhistorische, philosophische und biographische Studien, unter denen sich ihr Nietzsche-Buch (1894) und ihr Rilke-Buch (1928) durch psychologische Feinfühligkeit auszeichnen. Ihr erster Roman „Im Kampf um Gott" (1885) kündete bereits im Titel von einem Gottsuchen, das dem des frühen Rilke verwandt war. Lou wurde Rilkes Begleiterin auf seinen beiden Rußlandreisen von 1888 und 1900. Ihr Einfluß auf den Dichter war groß. Das Pathos seines „Stundenbuches", der Frucht des Rußlanderlebnisses, war zugleich Nachklang der Begegnung mit Lou Andreas Salomé, die alle bedeutenden Geister ihrer Zeit anzog und sich von ihnen angezogen fühlte. Ihre Erzählung „Im Zwischenland" (1902) und die Erinnerungen „Rodinka" (1923) spiegeln russische Motive wieder, während sie sich in den Studien über „Ibsens Frauengestalten" (1892) als Geistesverwandte des norwegischen Dichters darstellte. Mit Vorliebe schilderte sie das Seelenleben junger Mädchen, so in der Erzählung „Ruth" (1895). Lou Andreas Salomé starb 1937 in Göttingen.

HENRIETTE D'ANGEVILLE 1794 — 1872

„Man kann zum Hofe des Monarchen der Alpen doch nicht in einem gewöhnlichen Tuchkleid gehen. Ein derartiger Besuch erfordert ernstere und vor allen Dingen wärmere Zurüstungen . . ." notierte Mademoiselle d'Angeville bei den Vorbereitungen zu ihrem von den Bergfreunden mit Spannung und Skepsis verfolgten Unternehmen: der Besteigung des 4810 Meter hohen Montblanc durch eine Frau. Sorgsam und vernünftig wie die Bekleidungsfrage wurde auch die Verpflegung bedacht, und am 4. September 1838 begann die vierundvierzigjährige Junggesellin — die erste große und ernsthafte Alpinistin der Welt — mit sechs erfahrenen Bergsteigern und einigen Trägern von Chamonix aus den Aufstieg. Sie bat ihre Begleiter für den Fall, daß ihr etwas zustoßen solle, ihren Leichnam dennoch mit auf den Gipfel zu nehmen und dort niederzulegen. Beim nächtlichen Biwak in den Grands Mulets schrieb sie im Fackelschein Briefe und Erlebnisberichte, doch schon um zwei Uhr morgens ging es weiter, und um die Mittagsstunde des 6. September war das so lang ersehnte Ziel erreicht. Die braven Savoyarden waren nicht wenig erstaunt, als Henriette ihren Triumph mit einem begeisterten Trinkspruch auf den französischen Kronprätendenten feierte. Glorreich war der Einzug in Chamonix nach geglücktem Abstieg — die Glocken läuteten, die Munizipalgarde salutierte, und der Name der Frau, die Europas höchsten Gipfel bezwungen hatte, wurde überall mit Bewunderung genannt. Die Berge blieben der Lebensinhalt der tapferen Französin; sie hat nach ihrer Ruhmestat von 1838 noch über zwanzig größere Besteigungen durchgeführt. Als das Alter ihr den Gipfelsturm verbot, begann sie mit der Erforschung der Höhlen, „um die Berge nun auch von innen kennenzulernen". In Lausanne hat sie nach einem erfüllten und gesegneten Leben die letzte Ruhestätte gefunden.

MARIE-THÉRÈSE, HERZOGIN VON ANGOULÊME
1778 — 1851

Noch als Kind erlebte die Tochter Ludwigs XVI. und der Marie Antoinette alle Greuel der Französischen Revolution: die Gefangennahme des Elternpaares am 10. August 1792 nach der Erstürmung der Tuilerien; die Verschleppung der königlichen Familie in das Staatsgefängnis Temple; die Hinrichtung beider Eltern und drei Jahre finstere Kerkerhaft. Erst 1795 sah sie die Sonne wieder; die siebzehnjährige Kronprinzessin wurde damals gegen die Konventmitglieder Camus, Quinette, Lamarque und andere ausgetauscht, die General Dumouriez an die Österreicher ausgeliefert hatte. Marie-Thérèse, die den Namen ihrer Großmutter Maria Theresia trug, kam nach Wien, von dort nach Rußland, wo sie in Mitau 1799 den emigrierten Herzog von Angoulême, Louis Antoine von Bourbon, heiratete. Als 1814 Napoleon auf dem russischen Feldzug Warschau bedrohte, floh sie mit ihrem Gatten nach London, kehrte aber 1814, als Ludwig XVIII. den Thron bestieg, nach Paris zurück. Nach der Landung des Korsen von Elba aus suchte sie vergeblich Bordeaux zu halten. Napoleon nannte sie den „einzigen Mann" der Familie Bourbon und — verbannte sie. Nach seinem zweiten Sturz begab sie sich abermals nach Paris, wo der hochgebildete, geistreiche König Ludwig XVIII. wieder die Zügel in der Hand hatte, nach der Ermordung des Thronfolgers, des Herzogs von Berry, aber ins reaktionäre Fahrwasser geriet. Mit seinem Bruder und Nachfolger Karl X. verließ die Tochter Ludwigs XVI. nach der Julirevolution 1830 zum dritten Mal ihre Heimat und ging nach England; sie starb, als letzte Dauphine, in Österreich. Die Legende schuf ihr eine Doppelgängerin; nach dieser ungeklärten Legende soll die wahre Herzogin von Angoulême seit 1807 unerkannt als „Dunkelgräfin" in Hildburghausen gelebt haben. Ihr Gatte warf 1823 die spanische Revolution nieder.

1527 — 1623   **SOFONISBA ANGUISCIOLA**

Das berühmte Selbstbildnis in den Uffizien zu Florenz zeigt die aus der Geigenbauerstadt Cremona stammende Malerin in höfischer Tracht, wahrscheinlich zur Zeit ihres Aufenthaltes am Hofe König Philipps II. von Spanien. Der König hatte von ihrer hohen Bildniskunst gehört und sie eingeladen, sein Antlitz der Nachwelt zu überliefern; auch seine dritte Gemahlin, die schöne Isabella von Valois und seinen Sohn, den unglücklichen Infanten Don Carlos sollte sie malen. Sofonisba war die Tochter einer alten italienischen Adelsfamilie, sie hatte fünf Schwestern, die sich ebenfalls, wenn auch nicht mit dem gleichen Erfolg, der Malerei widmeten. Sie war in erster Ehe mit dem sizilianischen Edelmann Don Fabrizio di Moncado verheiratet; nach dessen frühem Tod vermählte sie sich mit dem Genueser Granden Orazio Lemellino. In Genua malte sie das Bildnis ihres verehrten Lehrers Campi, das heute die Akademie von Siena schmückt, und die Infantin Isabella Clara Eugenia, die spätere Erzherzogin von Österreich. Zum zweiten Male verwitwet, kehrte die Künstlerin wieder an die Stätte ihres ersten Eheglücks, nach Palermo, zurück, das sie bis zu ihrem Tode nicht mehr verließ. Wie ihre Schwestern, hatte sie aus ihrer Cremoneser Heimat auch die Leidenschaft zur Musik im Blut; sie befaßte sich mit humanistischen Studien, die die weltberühmte Malerin auch zu einer der angesehensten geistigen Persönlichkeiten ihrer Zeit werden ließen. In Palermo empfing die sechsundneunzigjährige Greisin, deren einst begnadete Augen schon erloschen waren, den Besuch des vierundzwanzigjährigen Malers Anthonis van Dyck aus Antwerpen, eines Werkstattgehilfen des großen Peter Paul Rubens. Van Dyck hat die verehrungswürdige Kollegin, wenige Wochen vor ihrem Hinscheiden, noch einmal gemalt.

ANNA DE BRETAGNE
25. I. 1477 — 9. I. 1514

Fürstinnen wirken am schönsten auf Münzbildern, Denkmälern und höfischen Porträts; wer sich seine Illusionen bewahren will, verzichtet besser auf das Studium von Akten und zeitgenössischen, ungeschmeichelten Bildunterlagen. Auch von Anne de Bretagne gibt es in der Bibliothek von Metz eine wunderschöne Bronzemedaille; sie wurde anläßlich ihrer Vermählung mit Ludwig XII. gegossen und zeigt ein zartes, geistvolles Frauenantlitz, die hohe Stirn unverhüllt von dem kostbaren Brautschleier. In Wirklichkeit war die Bretonin unterdurchschnittlich klein, sie neigte zum Fettansatz und hinkte ... die Zeitgenossen rühmen ihren unüberwindlichen Eigensinn, ihre Beständigkeit in Freundschaften und ihre Willensstärke. Unter den vielen Bewerbern, die die reiche Erbin umschwärmten, erwählte sich die Fünfzehnjährige zum Gemahl König Karl VIII. Als er bald nach seiner unseligen Neapel-Expedition starb, bekundete Anne ihren Schmerz in schwarzer Trauerkleidung, im Gegensatz zu den bisherigen Königin-Witwen, die sich zum Zeichen der Trauer stets in vollkommenes Weiß gekleidet hatten. Anne wählte sich als zweiten Gatten König Ludwig XII., obwohl er noch mit Johanna von Frankreich verheiratet war. Die Scheidung wurde vollzogen, und Ludwigs zweite Ehe mit Anna wurde ungewöhnlich glücklich. Sie ernannte als erste französische Königin eine größere Anzahl von Hofdamen zu ihrer Begleitung und wachte sittenstreng über das Leben am Hofe. Ihren beiden Töchtern Renée und Claude gab sie eine ausgezeichnete Erziehung; groß war auch ihr Einfluß auf ihren königlichen Gemahl, der in seinen politischen Entscheidungen oft ihrem Rat folgte. Der Vermählung ihrer Tochter Claude mit Franz von Angoulême, dem Sohn der ehrgeizigen Ludowika von Savoyen, hat sie sich energisch widersetzt — die Verbindung kam erst zustande, als Anne de Bretagne im Schlosse von Blois gestorben war.

ANNA VON CLEVE
1515 — 16. VII. 1557

Als Ende 1539, vom mächtigsten Manne Englands, Oliver Cromwell, geschickt, ein Bote in der Herzogsburg zu Cleve erschien und um ein Bild der Prinzessin Anna bat, wiegte sich die junge Herzogstochter in den freundlichsten Hoffnungen. Sie wußte nichts von den Untaten des fünfzigjährigen Königs auf Englands Thron und begriff das kalte Spiel der Politik nicht, das soeben begonnen hatte. Ihr Vater war das Haupt der deutschen Protestanten und galt als der Erzfeind Karls V., und so erwartete Cromwell von der Heirat seines Königs mit einer lutherischen Prinzessin, daß das Bündnis mit den deutschen protestantischen Fürsten gegen den katholischen Kaiser endlich zustande komme. Da in Cleve kein Maler zu finden war, entsandte Heinrich Meister Hans Holbein in die Schwanenburg von Cleve; er malte das züchtige Mädchenantlitz in solcher Vollendung, daß Heinrich sich in das Bild verliebte. Noch zur selben Stunde warb er um die Hand der vierundzwanzigjährigen Prinzessin. War es eine Lüge, die Holbein beging, als er die Pockennarben auf dem Antlitz Annas unterschlug? Es war eine groteske Szene, als Heinrich und Anna sich zum erstenmal erblickten. Vor der Braut stand ein maßlos dicker, rotbärtiger Mann, hinkend, da er von einem Beingeschwür belästigt wurde, und er, der König und Bräutigam, war nicht minder entsetzt über die „flandrische Stute". Heinrich VIII. war nicht gewillt, diese Frau als Gemahlin anzuerkennen, und ließ sich nach der Hochzeit allein. Cromwell wurde enthauptet, die englische Kirche erklärte die Ehe für nicht vollzogen und deshalb für ungültig. Anna von Cleve war klug genug, dem König den Ehering zurückzugeben. Als „Mylady Anne von Cleve" überlebte sie ihn, der noch zweimal heiratete, um sieben Jahre.

25. I. 1693 — 28. X. 1740   ANNA IWANOWNA

Als in Rußland der Nachfolger der Zarin Katharina I., Peter II., nach nur dreijähriger Regierung starb, verhandelte der Kanzler und Leiter der Außenpolitik, der aus Bochum stammende Pfarrerssohn Ostermann, mit der hochadeligen Bojarenpartei wegen der Nachfolge und schlug die Nichte Peters des Großen, Anna Iwanowna, vor, obwohl die beiden Töchter Peters das erste Anrecht auf den Thron hatten. Ostermanns Beredsamkeit gelang es zwar, Senat und die in Moskau versammelten Großen des Reiches für seine Kandidatin zu gewinnen, aber nur unter der dokumentarisch festgelegten Bedingung, daß die künftige Zarin den Adel und den Senat mitregieren lasse. Anna Iwanowna ging scheinbar auf diese Bedingung ein, zerriß aber in einer hochdramatischen Szene bei ihrem Regierungsantritt im Jahre 1730 das Dokument und erklärte sich zur absoluten Herrscherin. Dieser „Handstreich" blieb die einzige Herrschergeste der Zarewna; von Natur aus gutmütig und labil, erlag ihr Herz alsbald nach der Thronbesteigung dem energischen Emporkömmling Ernst Johann von Biron; in ihrem Namen herrschte er unumschränkt und grausam; man sagt, er habe zwölftausend Empörer hinrichten lassen und zwanzigtausend nach Sibirien geschickt. Vergeblich warf sich ihm die Zarin zu Füßen, um ihn milder zu stimmen; sie mußte ihm 1737 den Titel ihres verstorbenen Gatten, eines „Herzogs von Kurland", verleihen und ernannte ihn auf dem Totenbett zum Regenten für ihren minderjährigen Großneffen, den Prinzen Iwan. Ihr Feldherr Münnich, der Türkensieger, stürzte nach ihrem Tode den Regenten Biron, und nach einem zweiten Staatsstreich bestieg eine geborene Herrscherin, die jüngere Tochter Peters des Großen, als Zarin Elisabeth den Thron aller Reußen. Anna Iwanownas Mündel Iwan wurde in Schlüsselburg, in dem berüchtigten Gefängnis für politische Häftlinge, gefangengesetzt und bei einem Befreiungsversuch niedergemacht.

1666 — 1743   ANNA MARIA LUDOVICA

Großherzog Cosimo III. von Medici hatte seine guten Gründe, als er seine bildschöne Tochter Maria Ludovica dem Kurfürsten von der Pfalz, Jan Wellem, 1691 zur Frau gab. Sein Schwiegersohn war mit dem deutschen Kaiser doppelt verschwägert, und so erhielt auch der Großherzog von Florenz königlichen Rang; er stand als Würdenträger über den Herzögen des Reiches und hatte im Zeremoniell fast den Rang eines Kurfürsten. Maria Ludovica aber war nach der Kaiserin die „zweite Dame" des Reiches. Die reizende „Palatina", wie man sie nannte, hatte indessen einen edleren Ehrgeiz als den der Macht. Sie gründete die berühmte italienische Oper des Düsseldorfer Hofes in der Mühlenstraße, sie verschaffte ihrem Gatten durch ihre Bankverbindungen die nötigen Gelder für seine weltberühmten Kunstsammlungen, für die später nach München gelangte Pinakothek und den Mannheimer Antikensaal, der die Bewunderung Goethes und Schillers fand. Mit ihrem Gatten zusammen erhob sie das damalige Düsseldorf zu einer Kulturstadt des Barock. Als Jan Wellem im Alter von 58 Jahren unerwartet starb (1716), kehrte die Fünfzigjährige nach Florenz zurück und regierte dort im Auftrag ihres Vaters. Nach seinem und seiner Söhne Tod war sie eine der reichsten Frauen der Welt. Florenz, ja Europa und die Welt verdanken ihr den Besitz der Uffizien, einer der herrlichsten Kunstsammlungen der Erde; ihr Bild hängt im Vorraum der Galerie. Auch die Sammlungen der zweiten Florentiner Galerie im Palazzo Pitti, wo sie ihre letzten Lebensjahre verbrachte, sind mit dem Namen dieser großartigen Frau verbunden, die noch als 75jährige Greisin die junge Kaiserin Maria Theresia auf dem Cembalo begleitete — im Palazzo Pitti, der in Florenz „Galleria Palatina" heißt.

27

ANNA VON ÖSTERREICH   22. IX. 1601 — 20. I. 1666

Machtpolitische Überlegungen hatten die französische Königinwitwe und Regentin Maria von Medici bewogen, Ludwig XIII. ihren noch minderjährigen Sohn, mit der Tochter Philipps III. aus dem spanischen Zweig des Hauses Habsburg zu vermählen. Im Spätherbst 1615 wurden die Königskinder in Bordeaux getraut, und in kalten Wintertagen bewegte sich der Hochzeitszug durch das verwüstete Land der Hauptstadt zu, oft bedroht von plündernden Banden. In Paris wurde die flandrisch blonde, anmutige Anna von ihrem Almosenier Armand-Jean Richelieu empfangen, der damit sein erstes Staatsamt antrat. Am Hofe waren in diesen Jahren „alle menschlichen Beziehungen vergiftet"; das erfuhr die junge Königin bald, die sich mit einem Kreis schöner und nicht allzu sittenstrenger Frauen umgab. Ihr Mann suchte ihre Gesellschaft nicht – der verlegene, stotternde Schwächling litt gegenüber der selbstsicheren Habsburgerin unter einem bedrückenden Minderwertigkeitsgefühl. Er versteckte sich oft hinter seiner Mutter, die sich von der Jüngeren im Range verdrängt glaubte; er ließ sich von falschen Freunden ins Ohr flüstern, daß Anna ihn mit dem Herzog von Buckingham betrogen habe; bis zur Belagerung von La Rochelle bildete die Liaison des Herzogs mit der Königin von Frankreich den Hauptgesprächsstoff der Hofkreise. Annas Stellung festigte sich erst wieder nach der Geburt ihres Sohnes, Ludwigs XIV., für den sie nach seines Vaters Tod die Regentschaft führte. Mit dem Neunjährigen mußte sie bei dem Aufstand der Fronde nach Saint-Germain flüchten. Später übernahm Kardinal Mazarin Ludwigs Erziehung. Die starkmütige Freundschaft dieses großen Staatsmannes entschädigte Anna für die Glücklosigkeit ihrer Ehe.

ANNA VON SACHSEN   1532 — 1587

Als dem kaiserlichen Vizekanzler Zasius 1569 die Frau gestorben war, trank er „in seinem unaussprechlichen Kummer und Herzeleid" mehrere Flaschen Aquavit. Dieses belebende Elixier stammte aus dem Destillierhaus Ihrer Durchlaucht, der Kurfürstin Anna Sophie von Sachsen, das in Annaburg bei Torgau stand und vier große Öfen sowie ein geräumiges Laboratorium enthielt. Die Besitzerin, die „gute Landesmutter Anna", war zwar als Mutter von fünfzehn Kindern mit Arbeit genug belastet; trotzdem konnten die Armen und Kranken stets zu ihr kommen, und sie half ihnen in ihren Gebresten mit Rat und Tat. Freilich war sie eine Dilettantin, aber sie hatte sich im Stil ihrer Zeit vielerlei Kenntnisse in der Heilkunde erworben; sie zog ihre Arzneipflanzen im eigenen Garten, erfand wirksame Mischungen gegen alle nur denkbaren körperlichen und seelischen Leiden und gab sie kostenlos an Fürsten und Bettler ab; nur die Gläser verlangte sie zurück. Nebenbei förderte sie auch die Textilindustrie und die neue dänisch-holländische Gartenkultur. Sie stellte Arznei- und Kochbücher zusammen, deren Rezepte teils von Gelehrten, teils aber auch von Schäfern, Kräuterhexen und Scharfrichtern stammten. Ihre Heilmittelliste enthielt Mittel zum Haarfärben und zur Zahnpflege, abgesehen von den phantastischen Arzneien ihrer Zeit, die dem reinen Aberglauben fröhlich entsprangen, wie das berühmte Moos, das auf menschlichen Schädeln gewachsen sein mußte. Diese seltsame Frau hat unzähligen Menschen oft genug allein durch die bloße Kraft des Glaubens geholfen, sich selber aber konnte sie nicht helfen, als das Schicksal über sie hereinbrach. Als die Pest in Dresden wütete, erlag sie ihr hilflos. Das ganze Land verlor in ihr, der einstigen dänischen Königstochter, nicht nur die Kurfürstin und Gemahlin Augusts von Sachsen, sondern die wie eine Wundertäterin verehrte „gute Mutter Anna".

6. II. 1665 — 1. VIII. 1714   KÖNIGIN ANNA STUART

Das Gesicht dieser Königin hat widerspruchsvoll-tragische Züge; sie förderte Künste und Wissenschaften und gab dem schweren Barock von damals ihren Namen: Queen-Anne-Stil. Anderseits wehen um das Antlitz dieser letzten Stuart auf dem englischen Königsthron die schwarzen Schleier des Verrats an ihrem eigenen Vater, König Jakob II. von England. Dieser unglückliche, verblendete Optimist, der seinen Thron verspielte, während das englische Volk „still saß und ihn seinem Verderben überließ", ein tapferer, ehrenhafter, aber ungeschickter Mann, kehrte nach der Heirat mit seiner zweiten Frau, der katholischen Prinzessin Beatrice von Modena, zum katholischen Glauben zurück. Seine erste Tochter Mary verheiratete er jedoch mit dem kalvinistischen Prinzen Wilhelm von Oranien, Anne vermählte sich mit dem protestantischen dänischen Prinzen Georg. Als Jakob II. durch Wilhelm von Oranien gestürzt wurde, trat Anna, zerrissen vom religiösen Zwiespalt, auf dessen Seite. Sie bestieg nach dem Tode ihrer Kinder, ihrer Schwester Mary und Wilhelms von Oranien im Jahre 1702 den englischen Königsthron, im Zeitalter Miltons, des barocken religiösen Dichters, und Newtons, des modern-rationalistischen Naturforschers. Sie war es, die England und Schottland zum „Königreich Großbritannien" vereinigte. Ihren Feldherrn im Spanischen Erbfolgekrieg, John Churchill, Earl of Marlborough, stellte sie ebenso kalt wie ihren Kanzler Godolphin. Um ihrem Hause das Thronerbe zu sichern, rief sie ihren in der Fremde lebenden Bruder als Nachfolger nach England zurück, aber die Verwandten in Hannover waren schneller; in einem Staatsstreich bemächtigten sie sich im August 1714 der Macht. Als Anna drei Tage später starb, wurde Georg von Hannover Herr der durch sie vereinigten beiden Königreiche. Die Personalunion mit Hannover bestand bis zum Jahre 1837.

1817 — 1884   MATHILDE FRANZISKA ANNEKE

Sie war die Tochter eines Domänenpächters, wuchs auf dem urgroßväterlichen Gut bei Blankenstein an der Ruhr auf und wurde mit neunzehn Jahren gegen ihren Willen mit einem viel älteren Mann verheiratet. Die Ehe wurde sehr unglücklich und zerbrach nach harten Kämpfen. Nach einsamen Jahren, in denen sie sich mit den Werken Freiligraths, Lenaus, Petrarcas, Byrons und der Droste-Hülshoff beschäftigte und selber Gedichte veröffentlichte, lernte sie mit dem Artillerieoffizier und Demokraten Fritz Anneke die große Liebe ihres Lebens kennen, sie heiratete ihn 1847. Als ihr Mann 1848 aus politischen Gründen zu elf Monaten Gefängnis verurteilt wurde, gründete sie die „Neue Kölnische Zeitung" und später die „Frauenzeitung", die beide wegen ihrer revolutionären Ideen verboten wurden. Fritz Anneke schloß sich nach seiner Freilassung dem pfälzischen Revolutionsheer an, und sie folgte ihm und begleitete ihn hoch zu Roß als Ordonnanz. Die Revolutionstruppen wurden geschlagen. Das Ehepaar Anneke flüchtete in die Schweiz und anschließend nach Wisconsin in den USA. Hier begann sie mit aufklärenden Vorträgen über die deutsche Kultur und die Bewegung von 1848 und wurde unter den Frauenrechtlerinnen der USA eine der tatkräftigsten Vorkämpferinnen für die Gleichberechtigung von Mann und Frau und für das Recht auf Frauenbildung. Sie veröffentlichte Aufsätze in den Zeitungen und schrieb in ihrer freien Zeit Romane und Novellen. 1872 starb ihr Mann, der sich als Soldat mit nicht gleicher Sicherheit an das Leben in der Neuen Welt hatte gewöhnen können wie sie. Vier Jahre nach seinem Tode verlor Franziska Anneke durch eine Blutvergiftung den Gebrauch der rechten Hand, seitdem war ihre Kraft gebrochen. In der Geschichte der Frauenbewegung aber gebührt ihr einer der ersten Plätze.

SUSAN BROWNELL ANTHONY 15. II. 1820 — 13. III. 1906

In dem Städtchen Adams in Massachusetts, wo ihre Eltern eine Baumwollspinnerei besaßen, erblickte Susan Brownell Anthony das Licht der Welt. Sie war ein frühreifes Kind, das schon mit drei Jahren lesen und schreiben konnte. Susan erhielt eine gute Erziehung und arbeitete jahrelang als Lehrerin. Aber die Enge eines Klassenzimmers konnte ihrem Tätigkeitsdrang nicht genügen, und so kehrte sie 1850 zu ihren Eltern nach Rochester im Staate New York zurück, um von dort aus in der Öffentlichkeit für ihre Ziele zu kämpfen. Sie beteiligte sich an der Gründung der „Woman's State Temperance Society of New York", einer Frauentemperenzlerbewegung; bei ihren Vortragsreisen mußte sie jedoch sehr bald feststellen, daß man sich nicht so sehr gegen die Ideale wandte, die sie vertrat, als gegen die Tatsache, daß sie es als Frau wagte, überhaupt öffentlich zu einer Frage Stellung zu nehmen. — In den folgenden Jahren widmete sie sich vor allem dem Problem der Gleichberechtigung der Frau und der Sklavenbefreiung in den Südstaaten der USA. Nach dem Bürgerkrieg 1861—65 war sie eine der ersten, die sich für die politischen Rechte der Neger einsetzte. Als sie es 1872 wagte, sich an den städtischen und staatlichen Wahlen in Rochester zu beteiligen, verhaftete man sie, weil sie sich gegen das Wahlgesetz vergangen habe und verurteilte sie zu 100 Dollar Strafe. Susan Anthony gab trotzdem weiterhin bei jeder Wahl ihre Stimme ab und forderte die Frauen Amerikas auf, ihrem Beispiel zu folgen. Sie war der festen Überzeugung, daß es keinen sozialen Aufstieg in der Welt geben würde, solange nicht die Frauen das Recht hätten, die Geschicke der Völker mit zu bestimmen. Lange schien ihr Kampf aussichtslos, aber sie durfte noch zu Lebzeiten die stolze Freude erfahren, daß in den meisten Staaten der USA das Frauenwahlrecht eingeführt wurde.

ARDSCHUMAND BANU 1593 — 1629

Um die Zeit, als über dem Abendland die Brandfackel des Dreißigjährigen Krieges stand, blühte im fernen Wunderland Indien das von dem großen Kaiser Akbar geschaffene mächtige Moghulreich. Einer der Nachfolger Akbars auf dem Kaiserthron, Schah Dschehan, wählte sich zur Lieblingsfrau und Kaiserin Ardschumand, die liebreizende Tochter des Asuf Khan, die vom Volke wegen ihrer Tugend und Güte „Große und Einzige Herrin" genannt wurde. Ihr Gemahl, dem sie vierzehn Kinder schenkte, gab ihr den Ehrentitel Mumtaz-i-Mahal, „Auserwählte des Palastes". Sie starb kurz nach der Geburt ihres letzten Kindes und ließ Kaiser und Volk in tiefer Trauer zurück. Schah Dschehan heiratete nicht wieder; er beschloß, seine grenzenlose Liebe zu der Verstorbenen an ein Grabmal zu verschwenden, das seinesgleichen nicht haben sollte. Achtzehn Jahre lang arbeiteten zwanzigtausend Werkleute am steinernen Wunder des Tadsch Mahal bei der Märchenstadt Agra. Von überall her berief der Kaiser die berühmtesten Baumeister und Künstler. Wer der oberste Bauleiter war, ob ein Italiener oder ein Franzose, oder, was wahrscheinlicher klingt, ein Meister aus Schiras oder Bagdad, wird sich wohl nie mehr mit Sicherheit feststellen lassen — Tatsache ist, daß auf dem alten Friedhof von Agra Grabsteine von Italienern aus jener Zeit gefunden wurden. Seit über drei Jahrhunderten spiegelt sich der perlmuttern schimmernde Marmordom in dem Lotosteich der Grabanlage. Ganz Asien vereinte seine edelsten Schätze — Marmor aus Dschaipur, Kristall aus China, Amethyst und Onyx aus Persien, Lapislazuli und Saphire aus Ceylon — zu dieser überwältigenden Huldigung an die schöne Frau, die unter der dreiundachtzig Meter hohen Kuppel in goldenem Sarkophag an der Seite ihres Mannes ruht. Das Portal dieses herrlichsten Liebesdenkmals der Geschichte trägt die Inschrift: „Wer reinen Herzens ist, wird dereinst eingehen in die ewigen Gärten Gottes..."

* 1906 HANNAH ARENDT

Ihren Weltruf begründete die Philosophin und Soziologin Hannah Arendt im Jahre 1951 mit dem großangelegten Werk „Über den Ursprung des Totalitarismus", einer Analyse totaler Herrschaft, die die Geneigtheit entwurzelter Menschen zu totalitären Tendenzen im Zeitalter der Massen als gesamteuropäische Erscheinung aufzeigt. Diese sorgfältige Arbeit eröffnete der Verfasserin, die vor den Judenverfolgungen des Dritten Reiches nach Amerika hatte flüchten müssen, in ihrer neuen Heimat eine glanzvolle akademische Laufbahn, die ihre vorläufige Krönung in dem Lehrstuhl für Philosophie an der Princeton Universität gefunden hat. Damit räumte diese wohl bedeutendste Universität der Vereinigten Staaten — auch Albert Einstein und Thomas Mann gehörten ihrem Lehrkörper an — zum erstenmal einer Frau die Lehrkanzel ein; einer Frau, deren Name heute überall in der Welt genannt wird, wenn man von den intellektuell führenden Frauen Amerikas spricht. Als Tochter eines aus der Kantstadt Königsberg stammenden jüdischen Ingenieurs in Hannover geboren, erlangte Hannah Arendt schon als Zweiundzwanzigjährige in Heidelberg mit einer stark beachteten Dissertation „Über den Begriff der Liebe bei Augustinus" den philosophischen Doktorgrad. Ihrem Lehrer Karl Jaspers und seinem Leitsatz, daß der denkende Mensch sich heute nicht mehr aus der Gesellschaft entfernen könne und dürfe, blieb die Philosophin immer verpflichtet, auch während ihrer Tätigkeit bei der Herausgabe der Tagebücher Franz Kafkas. Berechtigtes Aufsehen erregte auch ihre Biographie der Rahel Varnhagen, die das Leben dieser faszinierenden Frau in seiner ganzen Tragik enthüllt. Als das Größte bei Rahel empfindet ihre Biographin „das instinktive Begreifen der Würde, die jedem innewohnt, der ein menschliches Angesicht trägt..."

1747 — 1804 FRIEDERIKE WILHELMINE ARNDT

„Wo das erste Menschenauge sich liebend über deine Wiege neigte, wo deine Mutter zuerst dich mit Freuden auf dem Schoße trug und dein Vater dir die Lehren der Weisheit und des Christentums ins Herz grub: da ist deine Liebe, da ist dein Vaterland...!" In Ernst Moritz Arndts kraftvoller Dichtung leuchtet immer wieder Erinnern auf an die Mutter, die den Aufstieg und Ruhm ihres Sohnes nicht mehr erlebt hat. „Ich bin von sehr edlen Eltern geboren", schrieb der große Patriot einmal, „die von Natur waren, was man durch Erziehung nie wird". Arndts Großvater war noch „leibeigener" Schäfer gewesen; sein Vater wurde wegen seiner großen Begabung vom Grafen Malte zu Putbus aus der Erbuntertänigkeit entlassen und zum gräflichen Güterinspektor auf der Insel Rügen ernannt. Dort heiratete er die Bauerntochter Friederike Wilhelmine Schumacher, die ihn am zweiten Weihnachtsfeiertag des Jahres 1769 mit einem Sohn beglückte, den sie Ernst Moritz tauften. Was dem Knaben „vom heiligen Munde seiner frommen Mutter geklungen", die Sagen und Mären der Heimat, die Heilsgeschichten der Bibel — all das ist im späteren Werk des Dichters wieder zu erkennen; die Mutter „mit dem über ihrem Kinde leuchtenden Himmel ihres Liebesangesichts" prägte in sein Gemüt den Glauben an das Recht der Völker auf ihre Freiheit und freiheitliche Entfaltung und an die Kraft des Volkstums: „Das Land und das Volk sollen unsterblich sein und ewig — die Fürsten und Herren mit ihren Ehren und mit ihren Schanden sind vergänglich..." Die Mutter hat dem hochbegabten Sohn mit Freuden und gern gegebenen Opfern den Weg nach oben geebnet; Vater und Mutter ermöglichten ihm eine ausgezeichnete Schulbildung und danach das Studium auf der Greifswalder Universität, sie füllten ihm auch die Reisekasse für seine zahlreichen Studienfahrten. Mutter Arndt starb im gleichen Jahr, in dem Napoleon — der Todfeind ihres Sohnes — nach der Kaiserkrone griff.

BETTINA VON ARNIM   4. IV. 1785 — 20. I. 1859

In der Gestalt dieser Frau ist die ganze überströmende Phantastik, Schwärmerei und Maßlosigkeit der Romantik verkörpert. Sie war die Tochter von Maximiliane Laroche, der späteren Frau Brentano, Goethes „Max" aus der Frankfurter Schwarmzeit. Ihre gefühlsbetonte, allen Empfindungen bis zur Ekstase zugängliche Natur war ein Erbe der Familie Brentano. Bettina war ein gern gesehener Gast in dem Frankfurter Haus der Frau Aja, Goethes Mutter. 1807 lernte sie Goethe in Weimar kennen, nachdem sie bereits vorher mit ihm in Briefwechsel gestanden hatte. Das 19jährige Mädchen erglühte in schwärmerischer Liebe für den 57 Jahre alten Geheimrat, der gerade Christiane Vulpius geheiratet hatte. Ihre hemmungslose, ungezügelte Zuneigung wurde auf die Dauer unerträglich, und Goethe benützte einen peinlichen Zusammenstoß zwischen Bettina und seiner Frau, um der eifersüchtigen Verehrerin sein Haus zu verbieten. Kurz darauf wurde Bettina die Gattin von Achim von Arnim, dem Freund ihres Bruders Clemens. Zwanzig Jahre lang hat sie mit ihm ein Leben des reinsten Familienglückes geführt. Nach seinem Tode trat sie als Schriftstellerin an die Öffentlichkeit. Sie stand mit den führenden Männern ihrer Zeit in Verbindung und war eine bedingungslose Anhängerin des Beethovenschen Genies. Großes Aufsehen erregte ihr Buch „Goethes Briefwechsel mit einem Kinde", ein Werk, das anfangs als echte Wiedergabe einer wirklich geführten Korrespondenz galt, später aber als Phantasieerzeugnis, bei dem authentische Briefe als Grundlage dienten, erkannt wurde. Ihre dichterischen Erzeugnisse sind von einer wirren, manchmal unverständlichen Improvisation. Am politischen Leben ihrer Zeit nahm sie regen Anteil und bemühte sich um eine Verbesserung der Armen- und Krankenfürsorge durch private und staatliche Initiative.

SOPHIE ARNOULD   14. II. 1744 — 1803

Ein Vierteljahrhundert lang war sie die „Primadonna assoluta" der Pariser Großen Oper. Als Kind schon schien sie für eine solche Rolle prädestiniert. „Ich werde reich werden wie eine Prinzessin, meine Stimme wird alles in Gold und Diamanten verwandeln." Das selbstbewußte Kind wurde recht bald entdeckt. Die Prinzessin von Modena hörte es in der Kirche singen, und kurz darauf geleitete der Hofkapellmeister das junge Mädchen in den Kreis des Hofes, wo sich Madame Pompadour entzückt über ihr Talent äußerte. Sophie kam in die königliche Kapelle und 1757 zur Oper. Die Wucht und der sympathische Klang ihrer Stimme eroberten im Sturm die Herzen. Es mag bei ihren Erfolgen die Tatsache mitgewirkt haben, daß „schöne, starke und gesunde Stimmen in Frankreich selten und goldeswert sind", woraus sich auch die Vorherrschaft der Italienerinnen an den französischen Bühnen erklärt. Sophie Arnoulds Leistungen in den Opern Rameaus und Glucks scheinen ungleichlich gewesen zu sein. Sie ging diesen Höhenweg wie selbstverständlich und führte auch in ihren Pariser Salons das Leben der großen Dame, bei der sich Persönlichkeiten der Dichtung, Literatur, Kunst und Wissenschaft und der Politik zu regelmäßigen Zirkeln trafen, auch Benjamin Franklin gehörte zu den ständigen Gästen ihres Hauses. Als sie in den letzten Jahren ihres Lebens ihr Vermögen verlor, verzichtete sie auf die Hilfe ihrer zahlreichen Kavaliere. Durch die Vermittlung von Minister Fouché gewährte ihr der Staat eine Pension und freie Wohnung im Hotel d'Angevillers. Auch hier war sie Mittelpunkt eines Kreises von Dichtern, Künstlern und Philosophen, bis sie in Paris, ihrer Geburtsstadt, die Augen schloß.

1758-1818　　　　　　　FANNY VON ARNSTEIN

Man hätte das jungvermählte und offensichtlich sehr glückliche Paar, das im Sommer des Jahres 1776 im eigenen Vierergespann, mit livrierter Dienerschaft und umfangreichem Gepäck von Berlin nach Wien reiste, für vornehme Leute „von Stande" halten können. Aber an der Dresdener Zollstation mußten sie, nach Prüfung ihrer Pässe, nur die geringe „Maut" von zwanzig Groschen entrichten – einen Zoll, der üblicherweise nur für den Grenzübertritt von Kühen und Schweinen erhoben wurde. Denn die Reisenden waren Juden ... Der Bankier Nathan Arnsteiner, ein Sohn des tolerierten Juden und Kaiserlichen Hoffaktors Isaak Arnsteiner, führte seine ihm nach jüdischem Ritus angetraute Gattin Franziska, eine Tochter des generalprivilegierten Königlich-Preußischen Münzjuden Daniel Itzig in Berlin, heim in sein schönes Wiener Palais. Dort wurde aus Franziska bald eine Fanny Arnsteiner, dann eine Fanny Arnstein – und wenig später durch kaiserliche Huld eine Baronin Fanny von Arnstein, deren Salon als geistiger Mittelpunkt künstlerischen und politischen Lebens europäischen Ruf genoß. Fanny blieb auch in der Kaiserstadt Berlinerin – die leidenschaftliche, unerwiderte Liebe zu Preußen ließ sie den Untergang des friderizianischen Staates teilnehmend miterleiden und trieb sie in einen maßlosen Haß gegen Napoleon. Während des Wiener Kongresses war das Palais Arnstein der Treffpunkt aller, die in den langwierigen Verhandlungen die preußischen Interessen vertraten. Fanny Arnstein stiftete Kriegslazarette, Kranken- und Armenhäuser, ihr Name fehlte auf keiner Spendenliste für vaterländische oder gemeinnützige Zwecke; im Geiste aufklärerischer Humanitas erzog sie auch ihre einzige Tochter Henriette, die nach dem Tod der Mutter als Baronin Pereira einen eigenen „Salon" gründete.

16. III. 1868 — 5. XI. 1943　　　　　　　ASPAZIJA

Die neue lettische Dichtersprache mit ihrem großen Reichtum an Ausdrucksmöglichkeiten ist fast ausschließlich von einem einzigen Ehepaar geschaffen worden, das im bürgerlichen Leben Janis Plieksans und Elsa Rozenberga hieß, das sich aber im Bereich der Dichtung romantisch Rainis und Aspazija nannte. Aspazija, die Frau, nach berühmtem klassischem Vorbild „die Willkommene", die 1868 in der Nähe von Mitau geboren wurde, hat an dem Lebenswerk ihres Mannes, der später Kulturminister von Lettland war, einen maßgeblichen Anteil. Aber sie hat daneben auch selber, ausgehend von den uralten lettischen Volksliedern, ein nach Gehalt und Gestalt umfangreiches dichterisches Werk geschaffen, das Lyrik, Epik und Dramatik umfaßt und das weit in den gesamteuropäischen Raum hinausgedrungen ist. Die beiden Versbände „Zur Asternzeit" und „Reise einer Seele", das aufsehenerregende, in seiner Problemstellung entfernt an Sudermanns „Ehre" erinnernde, jedoch zutiefst eigenständige Schauspiel „Das verlorene Recht", die sozialrealistischen und dennoch in den Symbolismus einmündenden Dramen „Der Silberschleier" und „Die Goldhaarige", die in lettischer Vorzeit spielende Bühnenballade „Die Vestalin", die sich ganz in klassischen Bahnen bewegende Tragödie „Aspasia" und nicht zuletzt die herrlichen Erzählungen „Unter dem Venusstern" sind bis heute innerhalb der lettischen Literatur nicht übertroffen worden. Aspazija übersetzte, in sprachlich und geistig gereifter Nachempfindung, Goethes „Werther", Hamerlings „Aspasia" und den Roman „Quo vadis" des Nobelpreisträgers Sienkiewicz. Aspazija hat eine eigene Lehre vom Einklang der Menschheit mit dem Kosmos entwickelt und diese Lehre geradezu zum geistigen Lebensprinzip des lettischen Volkes erhoben.

LUISE ASTON 1814 — 1871

Sie war um die Mitte des 19. Jahrhunderts eine der radikalsten Verfechterinnen der politischen und sozialen Freiheiten, nach denen das Jahr 1848 strebte, und sie kämpfte für die Befreiung der Frau. Luise Aston stammte aus Gröningen an der Bode. Von ihren Eltern war die siebzehnjährige bildhübsche, gescheite und wohlerzogene Tochter in die Ehe mit dem reichen englischen Industriellen Aston gezwungen worden. Nachdem es ihr gelungen war, die Scheidung von dem ungeliebten Manne zu erreichen, ging sie nach Berlin und veröffentlichte zwei Bücher „Aus dem Leben einer Frau" und „Meine Emanzipation" sowie eine Gedichtsammlung „Wilde Rosen", aufsehenerregende Werke, in denen die Tragik ihres bisherigen Lebens bittersten Ausdruck fand. Mit ihren Forderungen: völlige Gleichstellung der Geschlechter, Freiheit der Liebe und der Liebeswahl auch für die Frau, erregte sie in der Berliner Gesellschaft wilde Empörung. 1846 wurde sie aus Berlin ausgewiesen. Sie übersiedelte nach Hamburg, und auch dort verwies man sie der Stadt. In der Märzrevolution von 1848 eilte sie nach Berlin zurück und schloß sich als Krankenpflegerin den Berliner Freiwilligen an, die den Revolutionären von Schleswig-Holstein zu Hilfe eilten. Da sie auch weiterhin in Wort und Tat für ihre extremen Gedanken eintrat, wurde sie nach ihrer Rückkehr in die preußische Hauptstadt im November 1848 abermals aus Berlin verjagt. Auch in Bremen, wohin sie sich wandte, drohte ihr die Ausweisung. Sie heiratete den schwerinvaliden Arzt Dr. Meier und ging mit ihm nach Rußland, nahm am Krimkrieg teil und lebte an verschiedenen Orten der Ukraine, in Siebenbürgen, Ungarn und Österreich. Sie starb, einigermaßen versöhnt mit der Gesellschaft, in Wangen im Allgäu, nachdem sie erkannt hatte, daß die Ehe das Höchste sein kann, wenn die Menschen einander in echter Liebe verbunden sind.

MARGUERITE AUDOUX 7. VII. 1863 — 11. II. 1937

Abseits allen literarischen Trubels hat sich der Lebens- und Schaffenskreis dieser großen Dichterin entwickelt und vollendet. Als Kind einer Tagelöhnerfamilie ist Marguerite in der sumpfigöden Moorlandschaft an der Loire aufgewachsen. Die Mutter stirbt früh, der Vater verschwindet eines Tages spurlos; so kommt die Dreijährige ins Waisenhaus nach Bourges. Zehn Jahre treibt sie dann als Hirtenmädchen fremder Leute Herden auf die Weiden, eingesponnen in die Traumwelt ihrer Phantasie. Dann kommt sie als Lehrmädchen in eine Pariser Schneiderwerkstatt; aber bald macht ihr ein schweres Augenleiden die Nadelarbeit zur Qual. Sie beginnt zu schreiben, kleine Geschichten erst, dann einen Roman: „Marie-Claire". Der Roman wird ein großer Erfolg und findet später seine Fortsetzung in einem zweiten Band „Das Atelier der Marie-Claire"; das Gesamtwerk erzählt in rührend schlichter Sprache die Geschichte einer kleinen Näherin, die — wie die Verfasserin — als Schafhirtin und Magd ihre Jugend verbringt und dann nach Paris kommt, in den freudlosen Arbeitsalltag der Näherinnen. Das alles wird mit einer leisen, aber eindringlichen Stimme geschildert, ohne Anklage, ohne Pathos, ohne Hoffnung. Die Verfasserin ändert auch nach ihrem aufsehenerregenden Erfolg ihre Lebensgewohnheiten nicht. Ein Besucher, der sie zur Mitarbeit an der Enzyklopädie einlädt, wird kurz abgefertigt: „Sie irren sich, mein Herr — ich bin gar keine Schriftstellerin, ich bin eine Schneiderin..."
Mit ihren wachsenden Einnahmen unterstützt sie viele ihrer früheren Kolleginnen und auch wildfremde Hilfesuchende, sie nimmt die drei verwaisten Söhne ihrer Nichte bei sich auf — und die Knaben verehren die gütige Frau wie eine Mutter. Die Schriftstellerin lehnt alle öffentlichen Ehren und Auszeichnungen ab: „Wer meine Bücher liest — der weiß ja, wer ich bin..."

30. IX. 1811 — 7. I. 1890 **KAISERIN AUGUSTA**

Ihre Mutter, die russische Kaisertochter Maria Paulowna, hatte den Erbgroßherzog von Sachsen-Weimar geheiratet. Prinzessin Augusta durfte einmal in der Woche noch den alten Goethe besuchen, der es liebte, in sorgsam eingeteilten Audienzen den Hof über die neuesten Ereignisse in Kunst und Wissenschaft zu unterrichten. Als Augusta den Prinzen Wilhelm von Preußen heiratete und die milde, humane Luft Weimars gegen die stürmische Hofluft Preußisch-Berlins eintauschte, geriet sie sofort in lebendigen Gegensatz zur Hofkamarilla, die König Friedrich Wilhelm IV. umgab. Es waren die Revolutionsjahre des deutschen Volkes, Jahre des Kampfes um das Mitspracherecht der Bürger im Parlament, Jahre der Sehnsucht nach dem Reich aller Deutschen. Sie gewann großen Einfluß auf Prinz Wilhelm, ihren Gatten, als er von 1850–1860 in Koblenz die Militärmacht ausübte, so daß man ihn als „Linkser" bezeichnete. Sie erstrebte die Erhaltung der deutschen Einheit wie Arndt, die Brüder Grimm, die Göttinger Sieben und wandte sich gegen Bismarcks Bestreben, Österreich aus der deutschen Gemeinschaft mit Gewalt abzudrängen. Da sie den Krieg verabscheute und unverbrüchlich an die Gebote der Ethik glaubte, widersetzte sie sich auch als gläubige Protestantin dem Bismarckschen Kulturkampf und zog sich den Haß des „Eisernen Kanzlers" zu. Politisch entmachtet und aller Kronen müde, nahm sie sich später der Wohlfahrt an; im Deutsch-Französischen Kriege organisierte sie die Pflege der Verwundeten, gründete im Frieden Krankenhäuser und Fürsorgeanstalten und gewann auch als preußisch-deutsche Kaiserin den stillen Ruhm einer Landesmutter. Seit 1881 schwerkrank, erlebte sie noch den Tod ihres Gatten und den ihres Sohnes, des Kaisers Friedrich III., sowie die Thronbesteigung des letzten deutschen Kaisers Wilhelm II.

16. XII. 1775 — 18. VII. 1817 **JANE AUSTEN**

Jane Austens einfaches und von starken Einflüssen völlig freies Leben verlief in der Stille, zunächst noch in der Heimat, später in der Bäderstadt Bath, in Southampton, in Chawton und schließlich in Winchester, wo sie 1817 allzufrüh an einer Schwindsucht starb. Ihr Beitrag zur englischen Literatur sind ihre großen Romane, von denen „Hochmut und Vorurteil", „Emma", „Der Park von Mansfield", „Das Kloster Northanger", „Verständigkeit und Empfindlichkeit" und „Überzeugung" wegen der Zeitlosigkeit ihrer Problemstellungen immer noch eine tiefgehende Wirkung auszulösen vermögen. In diesen Romanen ist Jane Austen geradezu modern, von einer sympathischen, gewinnenden Klugheit, wenn sie ihre romantische Umgebung überlegen belächelt, wenn sie Menschen und Dinge mit der Schärfe einer geruhsamen Betrachtung sieht und sie äußerst sorgfältig und mit einem verhaltenen Humor nachzeichnet. Die mannigfaltigen Temperamente und Charaktere, die Leute der Langeweile und des Genusses, die der Leidenschaften und der stillen Liebe, all die Hypochonder und Egoisten, die rangstolzen Barone und die oberflächlichen Junker und Ladies werden von ihr nicht nur entdeckt, sondern geradezu als Menschen mit Fleisch und Blut außerhalb jeglicher Zeitlichkeit charakterisiert und bewertet. Zeitgenössische Dichter oder Dichter einer späteren Periode, wie Walter Scott, Samuel Taylor Coleridge, Thomas Babington Macaulay, haben sie rückhaltlos bewundert, und auch die allerjüngste Gegenwart erblickt in ihr vielfach noch ein großes Vorbild. Jane Austen, die Pfarrerstochter von Steventon, hat literarhistorisch gesehen, das Werk eines Samuel Richardson konsequent zu Ende geführt und es gleichzeitig weit überflügelt.

FRAU AVA † 1127

Das Leben dieser Frau, der ersten, die deutsche Gedichte schrieb, erlosch wahrscheinlich im Helldunkel einer Klause bei Göttweig. Im Jahrhundert ihres Heimgangs wurde in Österreich das Nibelungenlied niedergeschrieben, das Epos der Blutrache im Geiste mythischen Heidentums. Es war das Zeitalter des aufblühenden Rittertums mit seinen leidenschaftlichen, noch von der Urzeit getränkten Farben, voll unbändiger Lebenslust, abenteuerlichen Fahrten und Heldenkämpfen, denen gegenüber die christliche Lebensschau vorerst nur blaß aufleuchtete. Das älteste deutsche, von einem Mann niedergeschriebene Gedicht, etwa gleichzeitig mit den Gedichten von Frau Ava entstanden, wurde ein gewaltiges Memento mori, das der christliche Dichter jener üppigen Welt entgegenrief: „Der Mensch schwindet in einer Stunde dahin, so schnell wie die Augenbraue sich senkt." Oder: „Lebtet ihr noch so gerne manche Zeit – ihr müßt verwandeln diesen Leib." Diese Verwandlung des heidnischen Leibes in den Leib der christlichen Auferstehung wurde auch das Thema der frommen Klausnerin Ava. Sie schrieb ein Lied „Vom Antichrist" und ein anderes vom „Jüngsten Gericht". Am innigsten aber offenbarte sich ihre Gläubigkeit in den ebenso zarten wie schlichten Versen, die sie der Gottesmutter widmete. Ihre „Verkündigung" erinnert an ein naives Gemälde der ältesten deutschen Meister: „Danach ward wahrhaft / in dem sechsten Monat / der Engel gesandt / Gabriel der Held / in die Burg zu Nazareth." Das fromme Gedicht steht am Anfang der mittelalterlichen Marienlyrik, die insbesondere von den Frauen gepflegt wurde. Ava war die erste deutsche Stimme, die sich über die reiche lateinische Hymnik emporschwang.

GLADYS AYLWARD * 1904

Um das Jahr 1930 entschloß sich ein kleines, unscheinbares Londoner Dienstmädchen, das selbst ihre englische Muttersprache nur unvollkommen beherrschte, ins ferne China zu reisen und dort als Missionarin zu wirken. Mit eiserner Energie sparte sich Gladys Aylward das Geld für die billigste Fahrkarte zusammen. Sie war sechsundzwanzig Jahre alt, als sie, mit neun Penny Bargeld, einem im Rocksaum eingenähten Reisescheck über zwei englische Pfund und zwei Koffern mit Proviant, Kochtopf und Spirituskocher durch Belgien, Deutschland, Polen und Rußland bis ins „Reich der Mitte" reiste, nach Jangtscheng in China, wo sie von der englischen Missionarin Jeannie Lawson als Helferin freundlich aufgenommen wurde. Gladys zeigte sich anstellig und tüchtig; auf ihren Rat eröffnete die vierundsiebzigjährige Miß Lawson mit ihr zusammen eine kleine Herberge „Zu den Acht Glückseligkeiten", die sich bald lebhaften Zuspruchs erfreute. Die Gäste wurden aufs trefflichste bewirtet, sauber und ordentlich untergebracht und ganz nebenbei noch mit schönen biblischen Geschichten erfreut; denn Gladys beherrschte in erstaunlich kurzer Zeit das Chinesische in Wort und Schrift. Einmal kam auch ein vornehmer Mandarin in die Herberge, der sich nach vielen Gesprächen mit Gladys zum Christentum bekannte. Im japanisch-chinesischen Krieg wurde Jangtscheng bombardiert; mit hundert chinesischen Kindern flüchtete Gladys übers Gebirge bis an den Gelben Fluß, wo sie ihre Schutzbefohlenen in einem von Madame Tschiangkaischek eingerichteten Lager unterbringen konnte. Dann zog sie allein weiter bis an die tibetische Grenze, dort arbeitete sie in einer Siedlung für Leprakranke. Erst nach über zwanzig Jahren sah sie ihre englische Heimat wieder – alt, müde und doch glücklich im Bewußtsein, eine große, selbstgestellte Aufgabe erfüllt zu haben.

22. IX. 1701 — 27. II. 1760   ANNA MAGDALENA BACH

In einer kleinen Hamburger Kirche hatte die kurfürstlich Anhaltische Sängerin Anna Magdalena Wülken, die „thüringische Nachtigall", den Kapellmeister Johann Sebastian Bach zum erstenmal gesehen — als einsame Lauscherin seinem Orgelspiel hingegeben. Im Hause ihres Vaters, eines weißenfelsischen Hoftrompeters, kam es zu weiteren Begegnungen; und im Spätsommer 1721, nach dem Tode seiner ersten Frau, warb Bach mit Erfolg um die Hand der sechzehn Jahre Jüngeren, die seine „Morgengabe", vier mutterlose Kinder, freudig ins Herz und in ihre Arme schloß. „Ich empfand mich", schrieb sie in ihre kleine Chronik, „wie einen kleinen Strom, den der Ozean aufgenommen hatte!" Als Bach nach Leipzig übersiedelte, bestand er darauf, seine Eheliebste nach altem Brauch auf seinen Armen über die Schwelle des Thomaskantorhauses zu tragen, das bis zu seinem Tode ihre Heimstätte bleiben sollte, angefüllt mit dem Lärmen der großen Kinderschar, mit Hausmusik und den Proben für die Sonntags-Kantate. Die beiden blieben in ihrer fast dreißigjährigen Ehe ein ewiges Liebespaar; sie schenkte ihm dreizehn Kinder, sie lernte von ihm das Klavier- und das Orgelspiel und sogar den „Generalbaß", wie man die Harmonielehre damals nannte; sie war stolz darauf, die dienende Gattin des großen Thomaskantors zu sein, der noch die Alternde mit aller Zärtlichkeit seines sinnesfrohen Herzens umgab. „Dein blondes Haar war Sonnenschein für mich", sagte er einmal, „nun ist es silberweiß wie der Mondenschein — und das ist ein viel besseres Licht für uns Liebesleute..." Als der Schöpfer der „Matthäuspassion" im Jahre 1750 die schon blind gewordenen Augen für immer geschlossen hatte, geriet seine Witwe bald in große wirtschaftliche Not. Als „Almosenfrau", als Fürsorgeempfängerin also, ist Anna Magdalena Bach zehn Jahre nach ihrem Manne gestorben, und niemand weiß ihr Grab.

* 14. VI. 1905   LIESEL BACH

Liesel Bach ist Rheinländerin, sie stammt aus der Bonn benachbarten gewerbereichen Rheinstadt Beuel. Das rheinische Element in ihrem Wesen hat sie nie verleugnet, es gehört zu ihren Lebensäußerungen. Schon während ihrer Ausbildung zur Turn- und Sportlehrerin meldet sie sich in der Kölner Fliegerschule an — ein für die damalige Zeit keckes Unternehmen; aber der „alte Hase" Jakob Möltgen, der eine ganze Generation von Piloten herangezogen hat, erkannte sofort ihr besonderes Talent für die Fliegerei — nicht nur für deren sportliche, sondern auch für ihre technische Seite, und er führte sie zum Pilotenexamen. Da ihr das „normale" Fliegen nicht genügte, legte sie schon bald danach auch die Kunstflug-Prüfung ab. Obwohl sie Deutschlands jüngste Fliegerin war, wagte sie sich gleich in die Wettkämpfe. Mit dem Kunstflug-Pilotenschein in der Tasche nahm sie im Mai 1930 an der ersten „Deutschen Damen-Kunstflugmeisterschaft" teil und konnte selbst eine Elly Beinhorn und eine Marga von Etzdorf hinter sich lassen. Bald besaß sie einen eigenen Klemm-Tiefdecker, und es war selbstverständlich, daß sie fortan zu den großen Flugsportveranstaltungen ihre Nennung abgab. Oft behauptete sie sich selbst gegenüber männlichen Rivalen, etwa beim „Zuverlässigkeitsflug des Deutschen Luftfahrt-Verbandes" 1931, bei dem sie als erste in der Siegerliste erschien, sogar vor so renommierten Fliegern wie Kropf und Richter. Viele Erfolge im In- und Ausland schlossen sich an, später auch auf Fieseler- und Bückermaschinen, und nach dem zweiten Weltkrieg auch auf asiatischem Boden. In den „Ländern der alten Götter" errang sie zweimal den Titel „Asiatische Meisterin". Die ungeschlagene deutsche und Europa-Kunstflugmeisterin der Jahre 1931 und 1932 konnte 1954 ihr Silbernes Flieger-Jubiläum begehen.

BELE BACHEM
25. V. 1880 — 10. I. 1967

Die Künstlerin ist sozusagen in Atelierluft aufgewachsen: Ihr Vater war der angesehene Porträtist und leidenschaftliche Pferdemaler Prof. Gottfried Bachem in Düsseldorf, wo die kleine Renate Gabriele — von Eltern und Freunden „Bele" getauft — auch zur Welt kam. Als Zwölfjährige trat sie ins Internat der Diakonissenanstalt Kaiserswerth, brannte zweimal durch und wurde mit polizeilicher Hilfe wieder zurückgebracht. Nach fünf Jahren strenger Kaiserswerther Zucht durfte sie bei Professor Kaus an den Vereinigten Staatsschulen in Berlin studieren; ihr Lehrer erkannte bald ihre originelle Begabung und ließ sie sich frei und unbelastet von pädagogischen Schablonen entwickeln. Nebenbei nahm sie Unterricht im Kunsttanz und verdiente sich als Verkäuferin in einem Antiquitätengeschäft die Studiengelder. Bald kamen die ersten Aufträge für Illustrationen und Zeitschriftentitelblätter — aber das „offizielle" Deutschland betrachtete Beles entzückende Zeichnungen als „entartete Kunst". Kurz vor Kriegsende fiel ihr Berliner Atelier einem Bombenangriff zum Opfer; die Malerin flüchtete aus der bedrohten Stadt und landete, nach abenteuerlichen Irrfahrten, mit ihrer kleinen Tochter in einer Dachkammer in München-Schwabing. Und hier begann ihre erfolgreiche und erstaunlich vielseitige künstlerische Tätigkeit. Als Malerin, Schriftstellerin, Bildhauerin und Illustratorin hat sich die begabte, fleißige Frau innerhalb eines Jahrzehnts einen angesehenen Namen weit über Deutschlands Grenzen hinaus geschaffen. Ihre Porzellanmalereien und Porzellanfigürchen sind ein vielbegehrter „Exportartikel", ihre poetisch fabulierenden Buchillustrationen werden von Kennern hochgeschätzt. Mit den bezaubernden Vorspannbildern zu dem Film „Das Wirtshaus im Spessart" nach Hauffs Erzählung hat sie sich auch unter den Kinobesuchern viele neue Freunde ihrer Kunst erworben.

INGEBORG BACHMANN
25. VI. 1926 — 17. X. 1973

Nach dem Vorbild der Universität Oxford errichtete die Frankfurter Johann-Wolfgang-Goethe-Universität 1959 einen „Lehrstuhl für Poetik" und berief als erste Gastdozentin die aus Klagenfurt stammende Lyrikerin Ingeborg Bachmann, deren noch nicht sehr umfangreiches Werk innerhalb weniger Jahre mit einigen hochangesehenen Literaturpreisen ausgezeichnet worden ist. 1953 erhielt sie den Lyrikpreis der „Gruppe 47", und im Jahre 1959 wurde ihr Funkspiel „Der gute Gott von Manhattan" mit dem Hörspielpreis der Kriegsblinden ausgezeichnet. Von der Musik kommend, studierte die junge Österreicherin fünf Jahre an der Wiener Universität und arbeitete besonders intensiv im Kreise der „Wiener Schule" des Logistikers Wittgenstein, des Vorkämpfers einer philosophischen Richtung, die versucht, unter Ausschaltung der Metaphysik die erkenntnistheoretischen und logischen Grundlagen der Wissenschaft freizulegen. 1950 promovierte die Dichterin zum Dr. phil. mit einer Arbeit über die kritische Aufnahme der Existenzphilosophie Martin Heideggers; wenig später erschienen ihre ersten beiden Gedichtbände „Die gestundete Zeit" und „Anrufung des Großen Bären", mit denen sie sich an die Spitze der jungen deutschen Lyrik stellte. Das „Unbehaustsein", eine beliebte Vokabel der Existenzphilosophie, demonstrierte die Lyrikerin auch im bürgerlichen Dasein: Wien, London, Paris, Rom und Zürich waren die bisherigen Stationen ihrer künstlerischen Vagabondage. Abschied und ewige Wanderschaft, Flucht- und Untergangsstimmung sind die Leitmotive ihrer sehr „intellektuellen" Dichtung. „Ich glaube, daß bei keiner schriftstellerischen Hervorbringung soviel nachgedacht wird wie beim Gedichteschreiben", sagte sie einmal. — „Sinken ist um uns von Gestirnen. Abglanz und Schweigen. Aber das Lied überm Staub danach wird uns übersteigen..."

* 22. II. 1889   **OLAVE BADEN-POWELL**

Auf einer ihrer Reisen, die sie mit dem Vater unternahm, traf Olave St. Clair aus Stubbing Court in der Grafschaft Derbyshire den Begründer der Pfadfinderbewegung, Sir Robert Baden-Powell, dessen Arbeit sie schon seit Kindertagen bewunderte. Sie verstanden sich vom ersten Augenblick an. Am Ende der Reise waren sie miteinander verlobt, noch im gleichen Jahre, 1912, heirateten sie. Beide hatten am gleichen Tage, dem 22. Februar, Geburtstag. Dieser Tag wird seitdem von den Pfadfinderinnen der Welt als „Thinking-day" gefeiert. Ihr erstes Heim fanden sie in Sussex, dort wurden ihnen zwei Töchter und ein Sohn geboren. Im Jahre 1917 wählten die englischen Pfadfinderinnen Olave Baden-Powell zur Bundesmeisterin, seit 1918 führt sie den Titel „Chief-Guide". Eine ihrer ersten Aufgaben war die Bildung eines Bundes für das englische Mutterland, seine Dominions und seine Kolonien. In allen Teilen des Weltreiches wurden Lager für Pfadfinderinnen und Begegnungen organisiert. Im gleichen Jahre, 1919, begann der von ihr begründete Internationale Rat Verbindung mit den Pfadfinderinnen anderer Länder aufzunehmen: Die Pfadfinderinnenbewegung war zur Weltbewegung geworden, die 1920 ihre erste Weltkonferenz in Oxford abhielt. Für Lady Baden-Powel begannen die Reisen durch alle Länder, die Chief-Guide wurde zur weitestgereisten Frau der Gegenwart. In Konferenzen, Ansprachen, Schriften gab sie den Ländergruppen Richtlinien für ihre weltumspannende Arbeit. Nach dem Tode ihres Gatten schenkte sie Pax Hill, das Heim, in dem sie zwanzig Jahre gelebt hatte, den Pfadfindern und Pfadfinderinnen und bezog einen Teil des Hampton-Court-Schlosses, das ihr durch die Gunst König Georgs VI. für Lebenszeit zugesprochen wurde. 1932 wurde sie mit dem Großkreuz des Britischen Weltreiches ausgezeichnet.

Um 1780 — 1857   **FÜRSTIN KATHARINA BAGRATION**

Als Gräfin Skawronskaja geboren, heiratete Katharina Pawlowna den Fürsten Pjotr Iwanowitsch Bagration, den Nachfahren georgischer Herrscher und russischen Feldherrn, der mehrmals Armeen des Zaren gegen Frankreich führte und in der Schlacht bei Borodino 1812 fiel. Seine Witwe hielt sich meist in Wien, doch jahrelang auch in Paris und London auf. Wo immer sie weilte, wurde ihr Salon berühmt und ein Mittelpunkt der großen Welt. Die schönsten Triumphe erntete sie 1814/15 während des Wiener Kongresses, von dem der Fürst de Ligne sagte, er tanze, aber gehe nicht vorwärts. Schuld daran hatte auch die Fürstin Bagration; denn in ihrem Salon, der Rußland gesellschaftlich vertrat, tanzten die wichtigsten Männer des Kongresses mit besonderem Vergnügen; selbst den Zaren und die deutschen Könige zog es dorthin. Aristokratische Ungezwungenheit, Grazie, ein weißes rosiges Antlitz von bezauberndem Reiz, lebhaftes Temperament, wunderbare Gestalt, Augen, deren Kurzsichtigkeit „etwas Ungewisses" verrieten — das waren neben außerordentlicher Klugheit die sieggewohnten Waffen der Fürstin. Als Todfeindin Napoleons leidenschaftlich interessiert an politischen Fragen, deren Zusammenhänge sie sehr genau durchschaute, diente sie in den vorangegangenen Jahren der Idee der Befreiungskriege, stand dem österreichischen Außenminister Graf Stadion — nicht als Frau, sondern als Anhängerin seiner gegen den Korsen gerichteten Bemühungen nahe und hatte 1809 auch Beziehungen zu den aufständischen Tirolern. Der Kongreß war für sie nicht bloß ein gesellschaftlicher Triumph: Mit Stadions Nachfolger Metternich verband sie ein Geheimnis: Sie hatte ihm 1802 eine Tochter, Clementine, geboren, die den General Grafen Blome heiratete. Ihre eigene zweite Ehe mit Lord Howden wurde bald geschieden.

JOSEPHINE BAKER 3. VI. 1906 — 12. IV. 1975

Die aus den Kriegstrümmern neuerstandene ehrwürdige Paulskirche in Frankfurt am Main — geweihte Stätte einer ruhmreichen deutsch-demokratischen Tradition — erlebte im Dezember 1957 eine der merkwürdigsten Versammlungen, die je das harmonische Rund ihrer Mauern gefüllt hatten. Vor einer illustren Gesellschaft erschien auf der Rednerkanzel eine dunkelhäutige, großäugige Frau, das Kommandeurskreuz der französischen Ehrenlegion auf schimmerndem Hermelin: „Für Menschlichkeit — gegen Nationalismus und Rassenwahn" sprach die Mulattin Josephine Baker, einstmals gefeierter Tanzstar aller großen Revuetheater der Welt. Die fremdartige Hoheit dieser Gestalt fesselte die Versammlung nicht weniger als das mit Leidenschaft vorgetragene Bekenntnis der Christin zu Toleranz und Menschlichkeit, zur Gotteskindschaft und zur Vernunft, das in dem mit brausendem Beifall aufgenommenen Schlußsatz ausklang: „Es gibt nur eine einzige Rasse — nämlich die menschliche Rasse!" In einem bewegten, an Höhen und Tiefen reichen Leben hat die gebürtige Amerikanerin, Tochter eines Spaniers und einer Negerin aus St. Louis, den strahlenden Scheinwerferglanz eines flüchtigen Weltruhms ebenso erfahren wie alle Bitterkeiten der rassischen Diffamierung. Im zweiten Weltkrieg arbeitete sie in der Widerstandsbewegung ihrer französischen Wahlheimat, zuletzt als Krankenschwester. Nach Kriegsende baute sie ihr Schloß „Les Milandes" am Ufer der Dordogne zu einem Heim für elternlose Kinder aller Rassen und Nationen aus. Josephine hat sich nicht damit begnügt, die Kinder bei sich aufzunehmen — sie hat sie alle adoptiert. „Wenn ich ihnen auch nur einen Teil des Leides ersparen kann, das ich erfahren mußte, dann habe ich nicht umsonst gelebt" — ein schönes Wort einer liebenswerten, gütigen Frau.

MARY BAKER-EDDY 16. VII. 1821 — 3. XII. 1910

Eine fünfundvierzigjährige Frau, ungepflegt und unansehnlich, entmutigt und glücklos nach zwei zerbrochenen Ehen, stürzte am Abend des 1. Februar 1866 auf dem vereisten Straßenpflaster der nordamerikanischen Kleinstadt Lynn und verletzte sich schwer. Von hilfreichen Menschen in ihre ärmliche Behausung gebracht, schlug Mary Baker mit einer Stricknadel die Bibel auf und las die so gefundene Stelle: Es war die Erzählung von der Heilung des Gichtbrüchigen, und sie wurde für die gequälte Frau zur Offenbarung. Sie erhob sich vom Krankenbett, warf ihre Verbände ab und war gesund. Durch dieses „Wunder von Lynn" trat der Glaube an die „Heilung durch den Geist", die Lehre der „Christlichen Wissenschaft" ins Leben, eine der verbreitetsten religiösen Bewegungen der Neuzeit. Aus der lebensuntüchtigen Mary Baker von einst wurde die fanatische Vorkämpferin ihrer Idee, die mit unerhörter Energie die Bewegung zu einer Organisation gläubiger und opferwilliger Anhänger zusammenschweißte. Nichts konnte ihren Siegeszug hemmen — nicht die Indiskretionen früherer Freunde und Verwandter, nicht die Streitschrift Mark Twains, des großen amerikanischen Satirikers; Mary Bakers Buch „Wissenschaft und Gesundheit, mit Schlüssel zur Heiligen Schrift" fand reißenden Absatz, „Universitäten" und „Akademien" entstanden, Tempel und Zeitungspaläste. Als die Zweiundachtzigjährige 1902 von ihren Anhängern zwei Millionen Dollar zum Bau einer „Mutterkirche" in Boston forderte, wurde die Summe in wenigen Tagen aufgebracht. Nach dem Vorbild des Marmordoms von Florenz entstand ein Riesentempel. Die „Christian Science" besitzt heute über dreitausend Zweigorganisationen in allen Ländern. Die von Mary Baker begründete Zeitung, der „Christian Science Monitor", fand weiteste Verbreitung.

8. I. 1867 — 9. I. 1961   **EMILY BALCH GREENE**

„Ich möchte einen Teil meines Vermögens dazu verwenden, einen Preis für Vorkämpfer der Friedensidee zu stiften. Denn wenn es in den nächsten dreißig Jahren nicht gelingt, das gegenwärtige politische System zu reformieren, dann ist der Rückfall in die Barbarei unvermeidlich ..." Das schrieb — im Jahre 1893 — der Erfinder des Dynamits, der einsame Alfred Nobel, an Berta von Suttner; die Stiftungsurkunde des Friedenspreises verhieß die Auszeichnung demjenigen, „der erfolgreich für die Verbrüderung der Völker gewirkt und sich für die Abschaffung oder Verminderung der stehenden Heere sowie für die Einberufung von Friedenskongressen eingesetzt hat." — Die Verleihung des Friedensnobelpreises von 1946 an die amerikanische Nationalökonomin und Schriftstellerin Emily Balch Greene hätte gewiß die vorbehaltlose Zustimmung Alfred Nobels gefunden. Ein Jahr nach dem Ende des größten Krieges der Weltgeschichte wurde mit diesem Preis eine Neunundsiebzigjährige geehrt, die ihr langes, gesegnetes Leben ganz in den Dienst an der Gemeinschaft aller gestellt hat. Emily stammte aus Jamaica Plain in Massachusetts und studierte in Chicago, an der Sorbonne in Paris und an der Berliner Universität, wo sie die Examina mit Auszeichnung bestand. In ihre Heimat zurückgekehrt, erhielt die Dreißigjährige eine Professur am altberühmten Wellesley-College. Dort wirkte sie über neunzehn Jahre lang, die nur unterbrochen wurden durch ihre Teilnahme am Internationalen Frauenkongreß von 1915 im Haag und ihr Mitwirken in der Kommission der USA für gewerbliche Erziehung. Nach dem Ende des ersten Weltkrieges wählte der Exekutiv-Ausschuß der Internationalen Frauenliga für Frieden und Freiheit Frau Balch Greene einstimmig zu seiner Präsidentin.

17. I. 1885 — 10. VIII. 1948   **EMMY BALL-HENNINGS**

Emmy Hennings, die Seemannstochter aus Flensburg, suchte ihr Talent zunächst als Schauspielerin zu entfalten. Im berühmten Münchener Kabarett „Simplicissimus" brillierte sie längere Zeit, doch führte sie mehr das Leben einer unbesorgten Bohèmienne als einer ernsthaften Künstlerin. Ihre geistige Existenz wurde erst durch die expressionistische Kunst erschüttert und aufgeweckt, mit deren namhaftesten Vertretern sie lebendige Beziehungen anknüpfte: mit Heym, Klabund, Werfel und Else Lasker-Schüler. Das Jahr 1912 brachte ihr dann die schicksalhafte Begegnung mit Hugo Ball, dem Revolutionär, Mitbegründer der dadaistischen Bewegung und radikalem Kulturkritiker. Unter seinem Einfluß brachen echte dichterische Kräfte in ihr auf. Bis zu seinem Tode 1927 verharrte sie an der Seite dieses faustischen Mannes, der sich selbst vom geistigen Rebellen zum überzeugten religiösen Bekenner geläutert hatte. In ihrem lyrischen und erzählerischen Werk fand auch sie den Weg durch das Chaos der Zeit und trat zum Katholizismus über. Ihre letzten Jahre verbrachte Emmy Ball-Hennings im schweizerischen Tessin. Hermann Hesse und Max Picard waren ihr in Freundschaft zugetan. Unter schwersten Opfern besorgte sie die Neuherausgabe des Hauptwerkes von Hugo Ball, den den Titel „Die Flucht aus der Zeit" trägt. Dem Wesen und Werk ihres Mannes widmete die Dichterin verschiedene Lyrikbände, Romane, Skizzen und einige aufschlußreiche Studien. Sie gab seine Briefe und Gedichte heraus („Hugo Ball — Sein Leben in Briefen und Gedichten", 1930). An ihrem Buch „Hugo Balls Weg zu Gott" schieden sich die Geister. Man beschuldigte die Verfasserin, die religiöse Entwicklung Hugo Balls verzerrt dargestellt zu haben. Doch erklären sich die unterschiedlichen Auffassungen wohl aus dem Miteinander zweier Menschen, die, ihre scharf geprägte Eigenart wahrend, weite innere Welten durchschritten haben.

BARBARA VON BRANDENBURG 1423 — 1481

Das Konzil von Basel, dieser letzte große Versuch einer Reform der Kirche an Haupt und Gliedern, sah in den achtzehn Jahren seines Dahinsiechens auch manch frohes und festliches Ereignis; so die Verlobung der zehnjährigen Enkelin des ersten brandenburgischen Kurfürsten mit dem Markgrafen Lodovico Gonzaga, dem das Mädchen einige Jahre später in seine Residenz im oberitalienischen Mantua folgte. Dort erwarb sich die Hohenzollerntochter in kurzer Zeit den Ruf einer der gebildetsten und ausgezeichnetsten Frauen Italiens; sie las Homer in der Ursprache und verfaßte viele elegante lateinische Briefe an ihre deutsche Heimat. Bedeutende Männer ihrer Zeit rühmten ihre umfassende Bildung und Gelehrsamkeit, und der Wissenschaftler und spätere Papst Aeneas Sylvius war von ihrer sanften Schönheit nicht weniger entzückt als von der Reinheit ihrer Sitten. Barbara hatte die politische Begabung ihres Großvaters geerbt, so daß sie ihrem Gatten eine zuverlässige Beraterin in Regierungsgeschäften wurde. Das Haus Gonzaga galt in der zweiten Hälfte des fünfzehnten Jahrhunderts als eine der einträchtigsten und angesehensten Familien Italiens; es gab bei ihnen, im Gegensatz zu vielen anderen Fürstenhäusern, seit langer Zeit weder Giftmord noch Ehetragödien, und sie durften ihre Toten öffentlich aufbahren, ohne Giftspuren oder Stichwunden verbergen zu müssen. In der Camera degli Sposi im Castello di Corte zu Mantua zeigt uns das Fresko Mantegnas ein Familienbild der Gonzagas, ein Bild herrscherlichen Selbstgefühls und schöner Harmonie. Barbara sitzt, wie es sich für die Mutter gehört, genau in der Mitte, umgeben von ihren Töchtern und Söhnen. Ein deutscher Besucher rühmte die Markgräfin: „Da hab' ich sie reden und ratschlagen hören, daß ich Ihre Gnaden immer mehr bewundern mußte..."

GIULIETTA DI BAROLO † 21. I. 1864

Der Schriftsteller Tommaseo nannte sie eine „Frau von männlichem Fühlen und königlicher Herrlichkeit". Sie wurde als Tochter des Eduard di Maulévrier im Schloß Maulévrier in der Vendée in Frankreich geboren. Viele Verwandte sah sie noch unter der Guillotine fallen, ehe sie mit Vater, Bruder und einer Schwester den Stürmen der Revolution entfliehen konnte. Erst in Deutschland, dann in Holland fanden sie Zuflucht. Unter Napoleon I. kehrte sie nach Frankreich zurück, heiratete den piemontesischen Marchese Tancredi di Barolo und lebte mit ihm in Turin. Als hochgebildete und klug denkende Frau wurde sie die Freundin des Dichters Lamartine und die Bewunderin des italienischen Romantikers und Vorkämpfers der italienischen Einheitsbewegung Silvio Pellico, Mitglieds des Carbonara-Geheimbundes, der auf dem Spielberg bei Brünn gefangengesetzt wurde und die berühmten Erinnerungen „Meine Gefängnisse" schrieb. Sie betreute ihn liebevoll nach seiner Entlassung aus der Festung, nahm ihn in ihre Familie auf, stiftete ihm eine jährliche Rente und besorgte die französische Ausgabe seiner Memoiren. Der Name der Marchesa di Barolo ist auch mit Werken der Barmherzigkeit verknüpft. Im Unglücksjahr 1834 pflegte sie die Cholerakranken während der Epidemie von Turin. Sie gründete zahlreiche Schulen in den entlegenen Tälern des Landes und stiftete die Kirche S. Guila in Turin. Als sie im Jahre 1864 in der gleichen Stadt starb, hinterließ sie ihr beträchtliches Vermögen als „Hilfswerk Barolo" der Öffentlichkeit. In diesem Werk hatte sie ihre verschiedensten Gründungen und Stiftungen zusammengefaßt.

ELIZABETH BARRETT-BROWNING

6. III. 1806 — 30. VI. 1861

Dem auch als Übersetzer verdienstvollen Dichter Rainer Maria Rilke verdanken wir die Übertragung der vierundvierzig „Sonette" von Elizabeth Barrett, die zusammen mit ihrem späteren Gatten eines der berühmtesten Liebespaare ihres Zeitalters war. Als ältestes von acht Kindern eines reichen und wohlmeinenden, aber tyrannischen Vaters wächst Elizabeth in der viktorianischen Strenge eines vornehmen Londoner Stadthauses auf. Seit ihrem fünfzehnten Lebensjahr fast völlig gelähmt, ist sie im Rollstuhl auf die Traumgebilde ihrer reichen Phantasie angewiesen — und auf die Bücher, denen immer wieder ihr Bitten gilt. Bald beginnt sie auch selbst Verse und Geschichten zu schreiben, in denen ihr geliebter Hund „Flush" nicht die geringste Rolle spielt. Als Achtunddreißigjährige veröffentlicht sie ihre ersten Gedichtbände — aber mehr als alle rühmende Anerkennung bedeutet ihr der Brief, den sie am 11. Januar 1846 von dem Dichter Robert Browning erhält, als Auftakt einer Wechselfolge der schönsten und reinsten Liebesbriefe aller Zeiten. Es folgen Besuche, es folgt die Werbung, die von Vater Barrett abgewiesen wird, denn Browning ist über sechs Jahre jünger als die Erwählte. Aber am 12. September läßt sich das Paar in Marylebone Church heimlich trauen, und wenige Tage später verläßt die junge Ehefrau bei Nacht und Nebel das Vaterhaus. In Florenz drei Jahre der Erfüllung: Hier entstehen Elizabeths berühmte Sonette, hier weicht auch die Krankheit fast völlig von ihr, und hier wird das Eheglück durch die Geburt eines Sohnes gekrönt. In der Arnostadt ist die Dichterin auch gestorben, in den Armen ihres Mannes: „Gott nahm sie zu sich, wie wir ein schlafendes Kind aus einem dunklen, unbequemen Bett aufnehmen würden in unsere Arme und ins Licht."

* 25. XII. 1821 † 12. IV. 1912

CLARA BARTON

Die Farmerstochter aus Massachusetts, Lehrerin und später eine der ersten weiblichen Beamtinnen der Washingtoner Regierung, war eine der frühesten Mitarbeiterinnen von Henry Dunant, dem Begründer des Roten Kreuzes. Als der Bürgerkrieg Nordamerika überzog, organisierte sie aus eigener Kraft die karitativen Hilfsmaßnahmen für die Verwundeten und die Gefangenen und erwärmte durch ihre aufrüttelnden Artikel in den Zeitungen die Herzen der Bevölkerung. Aus allen Städten gingen Lebensmittel, Kleidungsstücke und Verbandszeug bei ihr ein, und sie organisierte den schnellen Transport der Güter an die Front. Als der Krieg nach vier blutigen Jahren zu Ende gegangen war, durcheilte sie die Kriegsgefangenenlager, gab den Angehörigen der Gefangenen Nachricht, rief eine Kriegsgräberfürsorge ins Leben und richtete einen Vermißtensuchdienst ein. Im Jahre 1869, bei einem Erholungsurlaub in der Schweiz, lernte sie Henry Dunant persönlich kennen und begab sich 1870 — wie er — auf die Verbandsplätze und in die Gefangenen- und Hungergebiete Frankreichs. Wieder in Amerika, ging sie unverzüglich an die Organisation des amerikanischen Roten Kreuzes, sie wurde 1881 seine erste Präsidentin. Viele Hilfswerke des Friedens rief sie ins Leben, Hilfsaktionen bei den großen Naturkatastrophen dieser Jahre, und selbst die Neunundsiebzigjährige scheute sich nicht, bei den Aufräumungsarbeiten nach einer Überschwemmung in Texas selber Hand anzulegen. Als Clara Barton im Alter von einundneunzig Jahren starb, war sie mit zweiundzwanzig Orden und zahlreichen Ehrenkreuzen ausgezeichnet, doch trug sie Zeit ihres Lebens nur ein Ehrenzeichen: die schlichte Brosche des Roten Kreuzes.

MARIE BASCHKIRTSCHEFF 1860 — 1884

Die geniale Russin, aus der Ukraine gebürtig, errang europäischen Ruhm zu einer Zeit, die noch an den „naturgegebenen Schwachsinn des Weibes" glaubte und über „pinselnde Damen" oder gar „Malweibchen" die Achseln zuckte. Marie Baschkirtscheff, die Malerei und Musik studiert hatte, lebte in Paris, wo sie, noch nicht vierundzwanzig Jahre alt, einem frühen Lungenleiden erlag. Im Anfang trat sie unter einem männlichen Künstlernamen auf: „Andrei" oder „M. K. Russ". In der berühmten Pariser Ausstellungsstätte, dem „Palais du Luxembourg", kamen ihre ersten Bilder vor die Öffentlichkeit; mehrere wurden vom französischen Staat erworben, so das bekannteste, die „Meeting" betitelte Gruppe spielender Gassenjugend, oder das „Bildnis eines Modells". Sie war eine geniale, die Wirklichkeit scharf beobachtende und wiedergebende Malerin mit sehr sicherem Pinselstrich. Sie hat aber auch als erste die Tragik des weiblichen Künstlertums empfunden und ganz bewußt ausgesprochen. Ihre „Tagebücher", in zwei Bänden 1887 französisch, deutsch 1901 erschienen, erregten europäisches Aufsehen. Der berühmte englische Staatsmann Gladstone hat sie „eines der bemerkenswertesten Bücher des neunzehnten Jahrhunderts" genannt. Die sieben Jahre nach ihrem Tode herausgegebenen Briefe Marie Baschkirtscheffs lassen eine leidenschaftliche und ganz bewußte Künstlerinnennatur erkennen. Die erschütternde Grundmelodie ihres Persönlichkeitsschicksals klingt wieder in Aufzeichnungen wie: „Ein Wesen, sei es nun Mann oder Frau, das immer nur arbeitet und an künftigen Ruhm denkt, liebt nicht wie diejenigen, die nichts anderes zu tun haben." An anderer Stelle heißt es einmal: „Man sagt, Michelangelo habe nie geliebt. Nun, ich kann das sehr wohl verstehen. Und sollten mir jemals wirklich ermutigende Erfolge beschieden sein, ich wäre imstande, nichts anderes zu lieben als meine Kunst."

LAURA MARIA CATARINA BASSI 31. X. 1711 — 21. II. 1778

Der englische Gelehrte Newton, der bewiesen hatte, daß der majestätische Schwung des Mondes in seiner Bahn um die Erde und der alltägliche Fall eines Apfels auf den Boden auf eine und dieselbe Ursache, die rätselhafte Gravitation, zurückgeführt werden müsse, hatte in Italien in einer Frau einen besonders kämpferischen Anwalt. Im Mai 1732 verfocht die einundzwanzigjährige Bologneserin Laura Maria Catarina Bassi in der Aula der Universität vor einer Kommission der gelehrtesten Professoren und in Anwesenheit zweier Kardinäle und der Vornehmen der Stadt erfolgreich Newtons großartige Theorie. Wenige Tage darauf wurde ihr an der gleichen Stelle der Doktorhut aufgesetzt, noch im gleichen Jahre erteilte ihr der Senat der Universität unter Zubilligung eines ansehnlichen Gehaltes eine philosophische Professur und ließ ihr zu Ehren eine Münze prägen. Sie war die jüngste Inhaberin eines akademischen Lehrstuhls in Italien. Die Zeitgenossen nannten Laura Bassi die gelehrteste Frau des Jahrhunderts und ein Wunder des Intellekts. Schon als Kind war sie durch geistige Frühreife aufgefallen, noch im Spielalter hatte sie sich durch den Hausarzt der Familie, Dr. Cajetan Tacconi, in die philosophischen Grundlehren einführen lassen. Als Studentin war sie dann zu völlig eigenständigem Denken gelangt, das tief in die Probleme eindrang. Schon damals überraschte sie durch die Weite des Blicks, und auch als Professor der Alma mater Bolognas reichte ihre innere Welt weit über ihr eigentliches Fachgebiet, die Physik, hinaus; sie lehrte zugleich die „schönen Wissenschaften", die griechische Sprache, gab Einführungen in die Dichtkunst, und auf Reisen und in Briefen suchte sie die Nähe der schöpferischen Geister des damaligen Europa. Viele Akademien machten es sich zur Ehre, ihr die Mitgliedschaft anzutragen. Laura Bassi wirkte in ihrer Zeit, sie hinterließ nur wenige gedruckte Schriften, darunter zwei Sammlungen von Gedichten.

† 15. VII. 1952 **MARYSE BASTIÉ**

Die Franzosen nannten die kühne Pilotin ihren „Himmels-Trumpf", die Welt rühmte sie als den „Sprinter der Luft", als den „Dauerläufer am Firmament". Schon als junges Mädchen sah man sie auf den Pisten der ersten Flugplätze zu immer mutigeren Leistungsflügen starten, bis sie sich im Jahre 1930 stark genug fühlte, den Angriff auf mehrere internationale Rekorde zu wagen. Tausende verfolgten mit der Uhr in der Hand, wie sie auf ihrem deutschen Klemm-Leichtflugzeug des Typs „Kl 25aI" ihre Runden drehte und wie sie die Urkunde für den „Internationalen Rekord in geschlossener Bahn" entgegennehmen konnte, als sie nach 22 Stunden und 40 Minuten wieder zur Erde zurückfand. An einem Septembertag des gleichen Jahres bewältigte sie mit der gleichen Maschine den internationalen Dauerrekord für Einsitzer in 37 Stunden und 55 Minuten. Ein Jahr später hatte sie auch den Weitstreckenrekord für Frauen und den internationalen Streckenrekord für Einsitzer der Klasse III an sich gebracht. Ihr Flug führte vom Pariser Flugfeld Le Bourget fast dreitausend Kilometer weit bis nach Urino in Rußland. Ihre großen flugtechnischen Erfahrungen machte sie in den dreißiger Jahren, als Verkaufsdirektorin einer weltbekannten Flugzeug- und Motorenfabrik, dem Ausbau des Verkehrsflugwesens in aller Welt dienstbar. Sie krönte ihre fliegerische Laufbahn im Dezember 1936, als sie sich durch Nebel und Wetterwolken den Weg von Dakar in Westafrika über den Südatlantik nach Natal in Brasilien erkämpfte. Zwölf Stunden war sie unterwegs, die Durchschnittsgeschwindigkeit betrug 260 km/h. Der französische Luftfahrtminister, der ihr für den Ozeanflug die Caudron „Simoun" zur Verfügung gestellt hatte, zeichnete sie nach ihrer triumphalen Heimkehr mit der Würde eines Offiziers der Ehrenlegion aus.

1859 — 1951 **DAISY BATES**

Alle Lederstrumpf-Romantik verblaßt vor dem abenteuerlichen Dasein einer Frau, das erst 1951, in seinem 92. Jahre, in Adelaide erloschen ist. Vier Jahrzehnte hat Daisy Bates in den einsamen Wüsten unter den farbigen Eingeborenen Australiens, ihren „Kindern", zugebracht. Diese Pionierin, die unter die fünfzig Großen Australiens gerechnet wird, trug als einzige weiße Frau der Welt den Namen Blutsbruder eines Ur-Volkes und wurde von ihm als seine „Kabbarli", d. h. Großmutter, bezeichnet. Die leidenschaftliche Irin, geborene O'Dwyer, früh verwaist, kam als lebenslustiges junges Mädchen wegen eines Lungenleidens nach Queensland. Eine Ehe, im Reitkleide am Altar geschlossen mit einem Manne, der gleich ihr die Zivilisation haßte, wurde verheimlicht und zerfiel bald wieder. Daisy Bates wurde Journalistin. Bei einem Londoner Aufenthalt erhielt sie von der Times den Auftrag, über die Eingeborenen zu berichten, und kehrte für immer nach Australien zurück. Völlig allein, wandernd und zeltend, durchquerte sie den Busch und befreundete sich so mit den Eingeborenen, daß die Regierung sich von ihr die Geschichte eines aussterbenden Stammes erbat. Sie lebte mit ihren Schwarzen, pflegte Ausgestoßene, Blinde und Sieche bis zu deren Tode. Sie unternahm Kamelreisen ins Ödland, teilte das Nomadenleben, jagte Kaninchen und Eidechsen, schlug Bäume, um Feuer zu machen und zu kochen. Sie verstand, die Stunde nach dem Sonnenstande zu bestimmen, Tierspuren wie die der Eingeborenen zu verfolgen, konnte hundertachtundachtzig ihrer Mundarten sprechen und die einzelnen Stämme nach ihrem Geruch und ihren Eigentümlichkeiten unterscheiden. Ihre wissenschaftlichen Veröffentlichungen über die aussterbenden Stämme Australiens erfuhren die größte Anerkennung. Man hat Daisy Bates das australische Gegenstück zu Florence Nightingale genannt — heute würde man sie als den Albert Schweitzer Australiens bezeichnen.

BALTHILDE

* 680

Wahrscheinlich kam die kleine Angelsächsin schon als Kind in Kriegsgefangenschaft, vielleicht wurde sie auch von Seeräubern entführt; jedenfalls kaufte sie der fränkische Majordomus Erchinald um billiges Geld und machte sie zu seiner Mundschenkin in Paris. Balthilde verstand es, den Werbungen Erchinalds auszuweichen. Als aber der kaum dem Knabenalter entwachsene Merowinger Chlodwig als Chlodwig II. den fränkisch-merowingischen Königsthron bestieg, ließ sie sich überreden, seine Gemahlin zu werden. Nun begann das Martyrium einer glücklicherweise nur kurzen Ehe. Chlodwig starb bereits mit dreiundzwanzig Jahren in geistiger Umnachtung, der Folge zügelloser Ausschweifungen. Sein Tod brachte der jungen Königin die entscheidende Lebenswende, sie wandte sich ganz den sozialen Aufgaben zu. Als regierende Königin erließ sie Gesetze, um das schreckliche Los der Sklaven zu lindern und den brutalen Verkauf der Kriegsgefangenen zu unterbinden, der althergebrachte Stammessitte war. Scharen von gefangenen oder verschleppten Römern, Galliern, Briten, Sachsen und Mauren wurden von ihr befreit, in den Klöstern erzogen oder als human behandelte Helfer auf ihre Güter verteilt. Ihr Bild aus jener Zeit ist in die Geschichtsschreibung übergegangen: „Sie war von Herzen gütig, von züchtigem Betragen, klug, aber nicht vorlaut, schön anzusehen mit freundlichen Mienen und würdevollem Gang." Sie gründete die Abtei Corbie an der Somme. Im Jahre 680 starb sie im Kloster Chelles bei Paris als einfache Nonne unter der Äbtissin Bertilla. Noch hundert Jahre regierten die entarteten Merowinger als Scheinkönige; eigentliche Herren waren die „Hausmeier", die Majordomus, deren Stellung etwa der eines heutigen Ministerpräsidenten entsprach; einer von ihnen, der Franke Pippin, wurde zum König gekrönt – er war der Vater Karls des Großen.

JOAN BATTEN

Es gab in den zwanziger Jahren kaum einen nationalen und internationalen Wettbewerb, bei dem nicht auch inselbritische oder empirebritische Pilotinnen am Start gewesen wären. Ihnen ging der Ruf sportlicher Fairneß und ausgezeichneter Kameradschaftlichkeit voraus, und ihre Namen erschienen in vielen Siegerlisten dieser Jahre. Mit der englischen Fliegerin Joan Batten setzte der weibliche Flugsport Englands diesen Aufstieg kraftvoll fort. Im Jahre 1936 machte sich diese Frau aus dem britischen Dominion Neuseeland mit einer Maschine auf den Weg, um in genau festgelegten Etappen die Strecke England–Australien zügig zu durchfliegen. Gleichsam als Probelauf hatte Joan Batten im Jahre zuvor von London aus einen Flugabstecher nach Buenos Aires gemacht und bei dieser Gelegenheit gleich den Südatlantik bezwungen. Nach dieser Bravourleistung zweifelte niemand mehr daran, daß diese unternehmungsfreudige Pilotin die Langstrecke bis nach Australien und von dort nach Neuseeland in Rekordzeit schaffen werde. Für die 22 500 Kilometer, die zwischen der Themse und dem Flughafen von Auckland auf Neuseeland liegen, benötigte Joan Batten elf Tage zwei Stunden und zwanzig Minuten, damit ließ sie alle früheren Flüge über diese Distanz weit hinter sich. Selbst die Gefährlichkeit des Tasmanischen Meeres machte ihr keine Furcht, sie überquerte die 2160 Kilometer messende Meeresbreite in zwölfeinhalb Stunden. Zwei Jahre später ging sie, wiederum mit großer Umsicht vorbereitet, auf Gegenkurs und überbot auch in dieser Richtung, Australien–England, alle früheren Zeiten, selbst die bisherige „männliche" Bestleistung des Engländers Broadbent. Sie war um siebzehn Stunden schneller als Broadbent. Aber in der Verkehrsgeschichte wiegt mehr noch als dieser Rekord die Tatsache, daß Joan Battens Flugleistungen das Vertrauen in das Verkehrsmittel Flugzeug mächtig gesteigert haben.

1672 — 1741 **ELEONORE BATTHYÁNY-STRATTMANN**

Allabendlich trabten die isabellenfarbenen Pferde des greisen Prinzen Eugen aus seinem Palais und hielten von selbst auf der Freyung vor dem Palais der Gräfin Batthyány. Es konnte geschehen, daß sie lange stillstanden: Prinz Eugen war eingenickt, auf dem Bock schlief der Leibkutscher, auf dem rückwärtigen Trittbrett schliefen im Stehen der Heiduk und der Lakai — alle vier waren mitsammen mehr als dreihundertzehn Jahre alt. Auch am Abend seines Todes (1736) kutschierte der Prinz zur „schönen Lori", um eine Partie Pikett mit ihr zu spielen. Die bildhübsche Gräfin, vor der jeder Wiener den Hut zog, hatte ihm einst einen großen politischen Dienst erwiesen. Auf der Höhe seines Ruhmes, nach den Siegen von Belgrad und Peterwardein, intrigierte die spanische Partei bei Hofe gegen ihn, der Kaiser gab nach und stellte seinen besten Feldherrn und Berater kalt. Der Witwe Batthyány, der Tochter des Reichshofvizekanzlers Graf Heinrich Strattmann, die wie Prinz Eugen die Stärkung der Reichsidee und des deutschen Kaisertums verfocht, gelang es, dem Prinzen die nötigen Dokumente zu verschaffen, aus denen die reichsfeindliche Tätigkeit der spanischen Partei hervorging. In einer Audienz konnte Prinz Eugen seinem Kaiser Karl VI. die Beweise unterbreiten. Von diesem Tage an oblag ihm die Führung aller politischen und diplomatischen Geschäfte — zum Segen des Reiches und zum Nutzen des kaiserlichen Hauses. — Eleonore Batthyány war reich und liebenswürdig. Da sie keine Verwandten in Wien hatte, konnte sie sich aus allen Intrigen heraushalten und doch stets darüber auf dem laufenden bleiben, was im Hintergrunde „gespielt" wurde. Ihre Intelligenz und Unabhängigkeit gewannen ihr das Vertrauen des Prinzen Eugen bis zu seinem Todestag. Sie überlebte ihn um fünf Jahre.

1. Jahrh. n. Chr. **KÖNIGIN BAUDICEA**

Im Kampf um die Befreiung und die Freiheit ihrer Heimat fuhr die britische Königin Baudicea selber mit ihren beiden Töchtern im Kampfwagen gegen die Römer und lenkte die Schlacht. Das war um das Jahr 60 n. Chr., als Britannien römische Provinz war und gleich manch anderer Randprovinz des Reiches, wie Spanien, Griechenland, Nordafrika, von den Statthaltern Roms seiner Kunstwerke, Bodenschätze und Feldfrüchte beraubt wurde. Die Römer hatten zur Zeit Neros in Britannien Handelsgesellschaften, Reedereien und Banken in eigener Regie gegründet und verliehen Geld zu Wucherzinsen an die darbende Bevölkerung; selbst der große Moralphilosoph Seneca bereicherte sich auf solch anrüchige Weise. Da die Besatzungstruppen auch plünderten und raubten, brach unter Führung der Königin Baudicea ein großer Aufstand aus. Wie der römische Geschichtsschreiber Tacitus berichtet, gab es „damals keinen Unterschied zwischen Männern und Frauen bei den Herrscherdynastien, und sie ermutigten sich gegenseitig durch anfeuernde Zurufe". Die römische Kriegstaktik siegte über die tapfere britische Königin. Die Verwandten Baudiceas wurden als Sklaven nach Italien verschleppt, die Königin aber beschloß, den Kampf bis zum bitteren Ende fortzuführen. Vor der Entscheidungsschlacht hielt Baudicea jene berühmte Ansprache an ihr Heer, die von dem römischen Historiker Dio Cassius überliefert wurde. Nach der verlorenen Schlacht nahm sie sich das Leben. Die römische Macht breitete sich jetzt unaufhaltsam auf der Insel bis zu ihrer nördlichen Spitze aus, und im Laufe der Zeit folgte den Legionen die lateinische Zivilisation, der auch die Bevölkerung allmählich erlag.

MARIE BAUM   23. III. 1874 — 8. VIII. 1964

Die gebürtige Danzigerin stammt mütterlicherseits aus der Familie Mendelssohn-Bartholdy. Sie studierte in Zürich Naturwissenschaften, da die deutschen Universitäten damals den jungen, lernbegierigen Mädchen noch verschlossen waren; in Zürich begann auch ihre lebenslange, fruchtbare Freundschaft mit der Dichterin Ricarda Huch, der sie im Jahre 1950 mit ihrer schönen Lebensbeschreibung „Leuchtende Spur" ein unzerstörbares Denkmal der Verehrung setzte. Als junge Chemikerin ging Marie Baum nach Berlin und leitete dort ein Laboratorium mit sechzig Arbeitsplätzen; ihr Interesse erschöpfte sich nicht in der wissenschaftlichen Arbeit, sondern erstreckte sich auch auf die zahlreich auftauchenden sozialen Probleme der Frauenarbeit im Industriezeitalter. Ihre Aufsätze und Untersuchungsberichte fanden starke Beachtung. Im Jahre 1902 wurde sie die erste Gewerbe-Inspektorin im Großherzogtum Baden. In diese Zeit fällt ihre erste Begegnung mit Gertrud Bäumer. Mit ihr gemeinsam leitete Marie Baum die Soziale Frauenschule in Hamburg, gemeinsam nahmen sie nach dem Zusammenbruch des Kaiserreiches als Abgeordnete an der Weimarer Nationalversammlung teil, und gemeinsam standen sie an führender Stelle in den großen Frauenorganisationen und Verbänden. Erst durch die „Machtergreifung" wurde Marie Baums politisches Wirken unterbrochen und abgelöst durch ein stilles, tatkräftiges Helfen und Sorgen für die rassisch oder politisch Verfolgten. Nach dem Ende des zweiten Weltkrieges stellte sich die einundsiebzigjährige Ehrenbürgerin der Universität Heidelberg zum Wiederaufbau der Elisabeth-von-Thadden-Schule zur Verfügung, deren Struktur und Lehrplan beispielhaft für viele ähnliche neugeschaffene Institute des In- und Auslandes geworden ist.

VICKI BAUM   24. I. 1888 — 30. VIII. 1960

Die junge Wienerin begann als Musikerin; schon die zwölfjährige Vicki wirkte in einem öffentlichen Konzert mit und fand freundlichen Beifall. Sie besuchte das Konservatorium und ging nach beendeter Ausbildung 1912 als Harfenistin in die hessische Residenz Darmstadt, wo Großherzog Ludwig II. im Villenvorort Mathildenhöhe eine — noch heute bestehende — moderne Künstlerkolonie ins Leben gerufen hatte. In ihrer Freizeit schrieb die begabte Musikerin Erzählungen und Romane; ein Berliner Verlag wurde auf sie aufmerksam und holte sie 1926 als Lektorin und Redakteurin nach Berlin. In der damals berühmten „Berliner Illustrierten" erschienen ihre ersten Erfolgsromane: „Hell in Frauensee", „Feme", „Stud. chem. Helene Willführ" und endlich „Menschen im Hotel", einer der besten Unterhaltungsromane der zwanziger Jahre, der seiner Verfasserin Weltruhm brachte und in der ausgezeichneten Verfilmung mit Greta Garbo in der Hauptrolle den Ruf Hollywoods als Filmzentrum der Welt befestigte. Für diesen Roman, hatte die Schriftstellerin eingehende „Milieustudien" getrieben; sie arbeitete vier Wochen „inkognito" als Stubenmädchen in einem Berliner Weltstadthotel; die ausgezeichneten Charakterschilderungen des Hotelpersonals, der Gäste und der Atmosphäre eines internationalen Hotels beweisen ihre Beobachtungsgabe und Gestaltungskraft. Seit 1931 lebte die erfolgreiche Frau in den Vereinigten Staaten, weite Reisen führten sie nach China und Japan. Ihre neueren Werke: „Hotel Schanghai", „Kristall im Lehm", „Vor Rehen wird gewarnt" und „Flut und Flamme" haben den Publikumserfolg ihrer ersten Romane nicht mehr erreichen können, was weniger an der Schriftstellerin liegen mag als am Geschmackswandel der Leser, denen eine „harte", zupackende Sprache mehr behagt als die psychologische Kleinmalerei dieser Romane, die zuweilen eine höchst raffinierte Mischung von Kolportage, fundierter Reportage und echter Dichtung sind.

12. IX. 1873 — 25. III. 1954   **GERTRUD BÄUMER**

„Wenn einmal das merkwürdige reiche und problematische Stück Entwicklung, das mit dem Ausdruck Frauenbewegung etwas flach und schlagwortartig bezeichnet ist, in das Licht der Geschichte rückt, dann werden uns nur noch die Frauen bedeutsam erscheinen, in denen die Bewegung sich zur Einmaligkeit eines ganz persönlichen Erlebens erhob, die Frauen, die sich — leidend und triumphierend — zum neuen Typus umschufen." Gertrud Bäumer, die dieses Wort im Jahre 1912 geschrieben hat, ist in einem langen, an Mühsal, Erfolgen und Niederlagen überreichen Leben selbst zu einer der edelsten und profiliertesten Gestalten der deutschen Frauenbewegung geworden. Die westfälische Pfarrerstochter, Schülerin von Harnack und Dilthey, kam schon früh in Helene Langes Arbeitskreis und fand in dem großen, geistvollen Demokraten Friedrich Naumann einen verehrten Mentor. Sie arbeitete, zusammen mit Theodor Heuss, an seiner Zeitschrift „Die Hilfe" mit und begründete mit Marie Baum das Sozialpädagogische Institut in Hamburg, das sie bis zu ihrer Berufung ins Reichsinnenministerium leitete. In der Weimarer Nationalversammlung und später im Reichstag vertrat sie einen thüringischen Industriebezirk, über ihre Arbeitsgebiete referierte sie auch beim Völkerbund in Genf. Nach der „Machtergreifung" mußte sie ihre Ämter verlassen und zog sich nach Schlesien zurück, wo ihr Heim einen neuen geistigen Mittelpunkt bildete und vielen eine Zuflucht bot, bis auch sie alles, was ihr teuer war, im Treck flüchtend, verlassen mußte. In Schlesien sind auch einige ihrer bekanntesten Bücher — „Männer und Frauen im geistigen Werden des Abendlandes" — „Adelheid, die Mutter der Königreiche" — und „Gestalt und Wandel" — entstanden. In Godesberg am Rhein ist Gertrud Bäumer gestorben. Sie war mehr als eine „Frauenrechtlerin" — sie war die leidenschaftliche Anwältin aller sozialen Belange.

14. XI. 1457 — 13. IX. 1508   **BEATRICE VON ARAGONIEN**

Im Jahre ihrer Geburt — sie war die Tochter Ferdinands I., des Königs von Neapel und Aragonien — bestieg in Ungarn ein Mann den Königsthron, der neunzehn Jahre später ihr Gatte werden sollte. Die blutigen Wirren, die diese Thronbesteigung verdunkelten, kennzeichnen die geschichtliche Stellung, die Beatrice als Königin von Ungarn einnehmen sollte. 1456 hatte der Mönch Johannes von Capestrano mit dem Kreuzfahrerheer die Türken bei Belgrad vernichtend geschlagen. Ein Jahr später starben der Reichsverweser und Feldherr Johannes Hunyadi und der junge König Ladislaus Posthumus. Der erste Sohn des Hunyadi wurde von den aufsässigen ungarischen Adeligen ermordet; sein zweiter Sohn aber schwang sich als Matthias I. Corvinus zum Alleinherrscher auf. Er schuf sich ein Söldnerheer und eroberte das kaiserliche Wien. 1476 heiratete er Beatrice. In der folgenden Blüteperiode des ungarischen Staates entfaltete die junge Königin in Budapest ihre kulturell segensreiche Tätigkeit. Sie verpflanzte die italienische Renaissance nach Ungarn. Ihr glänzender Hof wetteiferte mit Ferrara, Florenz und Rom. Italienische Künstler verschönerten die Hauptstadt, Dichter und Gelehrte zierten die erneuerte Universität Pest und die neugegründete Akademie in Preßburg. Nach dem Tode ihres Gatten heiratete Beatrice aus Abneigung gegen den Thronfolger einen natürlichen Sohn des Verstorbenen, den polnischen König Wladislav, und machte ihn damit auch zum Herrn der Stephanskrone. Wladislav aber betrieb sofort nach seiner Krönung die Scheidung seiner Ehe, Königin Beatrice starb verlassen in einem kleinen Kloster auf der Insel Ischia.

BEATRICE PORTINARI Um 1266 — Juni 1290

Beatrice Portinari gehört zu jenen Gestalten, die einzig wegen des Zaubers ihres Daseins im Bewußtsein der Zeiten lebendig geblieben sind. Ihr Herold ist Dante Wir können nicht von Beatrice sprechen, ohne an Dante zu denken, dessen große Liebe und Anregerin sie war. Wie später die Laura Petrarcas, gehört sie zu jenen weiblichen Geistern, deren Bedeutung in ihrer befeuernden Kraft liegt. Beatrices Vater war der reiche Florentiner Folco Portinari, der im Jahre 1274 ein Frühlingsfest gab, zu dem auch der neunjährige Dante geladen war. Bei diesem Fest sah Dante Beatrice zum erstenmal. Seine kindliche Seele wurde von ihrem Zauber berührt. „Sie hat zarte Gesichtszüge und ist von sehr ebenmäßiger Schönheit. Dabei besitzt sie einen anmutigen Liebreiz, daß man sie fast für einen Engel halten muß." Die mittelalterliche Minneauffassung steigerte die menschliche Schönheit zur Schönheit der Engel. Mit achtzehn Jahren begegnete Dante Beatrice zum zweitenmal. Das Mädchen überreichte ihm bei einem Jugendfest einen Blütenkranz. Erneut von ihrer Schönheit entflammt, schrieb der Dichter sein erstes Sonett. Gleichzeitig begann er das Buch vom „Neuen Leben", eine kleine Prosadichtung, in der in Versen seine Liebe zu Beatrice verwebte. Als sie mit 20 Jahren den Ritter Simone dei Bardi heiratete, war Dante als Jugendfreund der Braut zu Gast. Ohnmächtig vor Schmerz schrieb er: „Mein Fuß stand an jener Schwelle des Lebens, über die keiner hinausgehen kann, der wiederkehren will . . ." Beatrice starb, etwa vierundzwanzigjährig, im Juni 1290 an einer Epidemie. In der Seele des Dichters lebte sie weiter. An ihrer Hand wurde er in der „Göttlichen Komödie" in die Sphären des Himmels eingeführt: „Sie sprach zu mir, wie sicherer Führer spricht: . . . Der Himmel, wo wir sind, ist reinstes Licht."

BEATRIX VON BURGUND Um 1130 — 1184

Der hochbetagte Abt Wibald von Stablo und Corvey, seit vielen Jahren Kanzler der deutschen Kaiser Konrad und Lothar und nun auch Berater Kaiser Friedrich Barbarossas hatte in Venedig mit den Abgesandten von Byzanz lange und schwierige Verhandlungen gepflogen über eine geplante Heirat Friedrichs mit einer byzantinischen Kaisertochter. Man war sich jedoch nicht einig geworden, und nach seiner Rückkehr nach Deutschland mußte Stablo erfahren, daß Rainald von Dassel als sein Nachfolger im Kanzleramt inzwischen einen Ehevertrag zwischen dem Kaiser und Beatrix, der Tochter und Erbin des letzten Pfalzgrafen von Burgund, erfolgreich zum Abschluß gebracht hatte. Im Sommer 1156 fand in Würzburg die prunkvolle Fürstenhochzeit statt; die junge Kaiserin brachte ihrem Gemahl nicht nur fünftausend wohlgerüstete Ritter mit in die Ehe, sondern auch ihre Erblande Hochburgund, Savoyen und die blühende Provence. Zeitgenössische Chronisten haben uns eindrucksvolle Schilderungen von Beatrix überliefert: „Sie war von mittlerer Größe, hatte goldglänzendes Haar und ein sehr schönes Gesicht. Ihre Zähne waren schneeweiß und schön gestellt, ihr Mund klein. Sie hatte die allerschönsten Hände und einen anmutigen Körper . . ." Beatrix, die ihrem Gemahl den Thronerben schenkte, den späteren Kaiser Heinrich VI., begleitete den Rotbart oft auf seinen Reisen, sie versuchte vergeblich in seinem tragischen Konflikt mit Heinrich dem Löwen zu vermitteln und wohnte an der Seite des Kaisers auf dem berühmten „Pfingstfest zu Mainz" der feierlichen Schwertleite ihrer Söhne Heinrich und Friedrich bei. Beatrix von Burgund erlebte noch Heinrichs Verlobung mit der vielumworbenen sizilischen Erbin Konstanze, aber an der Hochzeitsfeier in Mailand konnte die Schwerkranke nicht mehr teilnehmen. Im gleichen Jahre ist sie gestorben, nach drei Jahrzehnten einer glücklichen und harmonischen Ehe.

10. IV. 1783 — 5. X. 1837   **HORTENSE BEAUHARNAIS**

„Meinen Bruder Ludwig habe ich von meinem Sold erzogen — unter großen Entbehrungen", schrieb Napoleon. „Nie konnte ich ein Kaffeehaus besuchen; ich aß nur trockenes Brot und bürstete meine Kleider selbst aus, damit sie recht lange hielten. Ludwig konnte nur einige Monate mit seiner Frau glücklich sein . . . Wenn sie sich hätte zwingen können, ihn treu zu lieben, so würde ihr der Kummer der letzten Jahre erspart geblieben sein; sie hätte ein glückliches Leben geführt und wäre ihrem Manne nach Holland gefolgt. Ludwig wäre nicht aus Amsterdam geflohen, und ich hätte mich nicht gezwungen gesehen, sein Königreich zu annektieren — was viel dazu beigetragen hat, mich in Europa zu Fall zu bringen. Vieles hätte sich ganz anders entwickelt . . ." Erst auf St. Helena erkannte Napoleon, in welchem Maße sein übersteigerter korsischer Familiensinn sein politisches Schicksal beeinflußt hat. Seine spätere Schwägerin Hortense war eine Tochter Josephines aus deren erster Ehe mit dem General Beauharnais, dessen Haupt am 6. Thermidor der Guillotine zum Opfer fiel. Im Jahre 1802 vermählte der Erste Konsul Bonaparte seine Stieftochter — sehr gegen ihren Willen — mit seinem Bruder Ludwig, aber auch die holländische Königskrone konnte das Unglück dieser Ehe nicht überstrahlen. Noch heute bestehen zumindest einige Zweifel, ob Ludwig wirklich der leibliche Vater von Hortenses am 20. April 1808 geborenem Sohn Charles Louis Napoleon war. Der Imperator hat den Sohn Hortenses sehr geliebt, er ließ sich von ihm „oncle Bibiche" nennen und betrachtete ihn als seinen Nachfolger, bis Marie-Luise dem eigenen Sohn schenkte, den König von Rom . . . Hortense verbrachte nach dem Zusammenbruch des Kaiserreiches ihre letzten Lebensjahre zumeist auf Schloß Arenenberg in der Schweiz, das noch heute ein reiches Napoleon-Museum birgt.

23. VI. 1763 — 29. V. 1814   **JOSEPHINE BEAUHARNAIS**

Als am 2. Dezember 1804 Napoleon Bonaparte in der Kirche von Notre-Dame zum Kaiser der Franzosen gekrönt wurde, nahm er eigenhändig die Krone der Kaiserin vom Altar und setzte sie seiner Gemahlin Josephine auf das in stolzem Triumph erhobene Haupt. Ein Frauenleben voller Abenteuer, Seltsamkeiten und Widersprüche hatte damit den Gipfelpunkt äußeren Glanzes erreicht. Der Geburtsort Josephines ist die französische Insel Martinique in Westindien. Mit sechzehn Jahren heiratete sie den Marquis de Beauharnais und ging mit ihm nach Paris. In den blutigen Revolutionswirren nach 1789 fiel das Haupt ihres Mannes unter der Guillotine. Josephine wurde in den Kerker geworfen, den ganzen Schrecken dieser Zeit preisgegeben. Wieder in Freiheit, wurde sie die Geliebte des Konventspräsidenten Barras. Durch ihn lernte sie den jungen General Bonaparte kennen und verstand es, ihn durch ihre immer noch blendende Schönheit zu fesseln. Auf Betreiben von Barras, der den aufsteigenden Stern Napoleons damit für sich gewinnen wollte, kam die Ehe zwischen den beiden in ihrem Wesen gleichartigen Menschen zustande. Die Ehe war glücklich, obwohl es beide mit der Treue nicht genau nahmen. Aus den Briefen Napoleons spricht eine tiefe, innige Zuneigung zu seiner Frau. Desto schmerzlicher war es für ihn, daß sie ihm keine Kinder schenkte. Nach der Thronbesteigung sah er in einem Sohn und Erben das einzige Mittel, die Dynastie der Familie Bonaparte zu erhalten. Mit Zustimmung des Papstes wurde deshalb die Ehe im Jahre 1809 geschieden. Josephine lebte von da an mit dem Titel und der Hofhaltung einer Kaiserin-Witwe auf ihrem Schloß Malmaison, der ehemaligen Besitzung des Kardinals Richelieu.

51

STEPHANIE DE BEAUHARNAIS   22. VIII. 1789 — 29. I. 1860

Die Tochter des Grafen Claude de Beauharnais hat ihre Mutter früh verloren und wird in der Provinz erzogen. Bei einem Besuch in Paris sieht sie im Wachsfigurenkabinett der Madame Tussaud zum erstenmal das Standbild des kleinen Mannes in goldgestickter Generalsuniform, des Ersten Konsuls Bonaparte. Neben ihm steht, freilich etwas geschmeichelt, das Wachsbild ihrer eigenen Tante Josephine de la Pagerie, verwitwete Gräfin de Beauharnais, zur Zeit Gemahlin des Ersten Konsuls. Als er Kaiser geworden ist, nimmt Napoleon die angeheiratete schöne Nichte an Kindesstatt an, verleiht ihr den Titel einer „Kaiserlichen Hoheit" und verheiratet sie im Jahre 1806 mit dem Erbprinzen Karl von Baden, einem trägen und etwas fragwürdigen Charakter. Die Hochzeit wird in Paris mit allem Pomp des Empire gefeiert. Der Kaiser und Adoptivonkel führt die junge Prinzessin von Frankreich und Erbprinzessin von Baden selber zum Traualtar. „Mit aller Kraft", schreibt Stephanie später in ihren Memoiren, „drückte ich die Hand des Kaisers, ihm, dem Helden meiner jugendlichen Träume." Die Ernüchterung bleibt nicht aus: Die junge Großherzogin von Baden muß vor der Abneigung ihrer Schwiegermutter nach Mannheim flüchten und überlebt dort nicht nur den Aufstieg und furchtbaren Fall Napoleons, sondern auch die menschlichen und politischen Eskapaden ihres Gemahls. Als Witwe wendet Stephanie von Baden sich vor allem karitativen Aufgaben zu; sie unterhält lebhafte Beziehungen zu bedeutenden Geistern ihrer Zeit, so zu dem Historiker Schlosser, der eine noch heute anerkannte Weltgeschichte verfaßt hat. Die Fürstengruft in Pforzheim wird die letzte Ruhestätte Stephanie de Beauharnais'. Seit Jahrzehnten wird der Name dieser Frau immer wieder mit einer der merkwürdigsten Gestalten des neunzehnten Jahrhunderts in Verbindung gebracht, mit Kaspar Hauser, dem „Kind Europas".

SIMONE DE BEAUVOIR   * 9. I. 1908

Das Café „Flore" im Pariser Vergnügungsviertel Saint Germain des Près ist heute nur noch Ziel von Touristen aus aller Welt, die hier vergeblich jene hochgespannte geistige Atmosphäre aus der Entstehungszeit des französischen „Existenzialismus" zu finden hoffen. Aus dem benachbarten Hotel de Louisiane kam während des zweiten Weltkrieges jeden Morgen der Professor Jean-Paul Sartre mit seiner Schülerin und Lebensgefährtin Simone de Beauvoir ins „Flore", um hier zu frühstücken und zu arbeiten, in der Nähe des kleinen Ofens, der — im Gegensatz zu den Hotelöfen — wohltuende Wärme ausstrahlte. Lebensleistung und Werk Jean-Paul Sartres sind schon überschaubarer und einzuordnender Bestandteil der Geistesgeschichte — ebenso wie das literarische Werk der ehemaligen Sorbonnestudentin und Lyzeallehrerin Simone de Beauvoir, die sich auf ausgedehnten, bis nach Mexiko, Afrika und China führenden Reisen ein eigenes, fest umrissenes Weltbild formte. In Deutschland bekannt und viel diskutiert wurden ihre Bücher „Amerika – Tag und Nacht", „Alle Menschen sind sterblich...", „Die Mandarins von Paris" und vor allem ihr Hauptwerk „Das andere Geschlecht", der Versuch einer Deutung der Frau in Mythos, Geschichte und soziologischer Sicht, mit einem kurzen historischen Abriß der Frauenbewegung aller Erdteile. Schonungslose Ehrlichkeit sich selbst und anderen gegenüber nannte die bedeutende Schriftstellerin einmal als Leitmotiv ihrer Arbeit, mit der sie den Frauen zu jener Stellung verhelfen will, die ihnen nach Anlage und Fähigkeiten in der modernen Gesellschaft zukommen. In einem späteren — autobiographischen — Werk, das unter dem Titel „Memoiren einer Tochter aus gutem Hause" auch in deutscher Sprache vorliegt, läßt uns Simone de Beauvoir teilnehmen an ihrem geistigen Werdegang, der in die Lebens- und Arbeitsgemeinschaft mit ihrem einstigen Lehrer mündete.

* 30. VII. 1914 ## BÉATRIX BECK

Als im Juli 1914 dem belgischen Schriftsteller Christian Beck im schweizerischen Villars-sur-Ollon eine Tochter geschenkt wurde, erzitterte die Welt schon unter der Vorahnung eines unabwendbaren Unheils – des ersten Weltkrieges, dem zwei Jahre später auch der Vater der kleinen Béatrix zum Opfer fiel. In harter Arbeit verdiente die Mutter das Brot für sich und ihre Tochter, der sie das Universitätsstudium ermöglichte. In Grenoble lernte die junge Jurastudentin einen Kommilitonen jüdischrussischer Herkunft namens Schapiro kennen. Sie heirateten, obwohl sie beide arm wie Kirchenmäuse waren; als ihre Tochter Bédédé zur Welt kam, drohte schon wieder ein neuer, furchtbarer Krieg, dem Schapiro 1940 in den Ardennen erlag. Wie einst ihre Mutter, war nun auch Béatrix mit ihrem Kinde allein; als Hilfslehrerin, als Malschulmodell, als Dienstmädchen und endlich als Fabrikarbeiterin fristete sie ihr Dasein. In den friedlosen Bombennächten schrieb sie ihr erstes Buch „Barny", das ihre Kindheitserlebnisse schildert. Ein zweites Werk wurde mit einem hohen Preis ausgezeichnet, aber die Daseinsnot hatte erst ein Ende, als die junge Schriftstellerin Sekretärin André Gides wurde, den sie bis zu seinem Tode betreute. In den Jahren der Arbeitsgemeinschaft mit Gide vollendete sie ihr drittes, bisher bedeutendstes Werk, den großen Priester-Roman „Leon Morin", der wieder stark autobiographische Züge trägt: Béatrix, die Glaubenslose, tritt eines Tages vor den Beichtstuhl eines Priesters mit dem harten Wort: „Religion ist Opium fürs Volk!" „Das kann man nicht sagen", erwidert der Geistliche, der die verzweifelte Frau nun behutsam heimführt in die Sicherheit des Glaubens ... Für diesen Roman erhielt Béatrix Beck 1952 den bedeutendsten französischen Literaturpreis, den „Prix Goncourt".

15. XII. 1778 — 22. IX. 1797 ## CHRISTIANE BECKER-NEUMANN

1784 kam die Schauspielerin mit ihrem Vater nach Weimar zur Bellomoschen Truppe. Sieben Jahre später verzeichnet Goethe in seinen Annalen: „Kurz vor der Veränderung – der Begründung des neuen Weimarer Hoftheaters unter seiner Leitung – starb ein sehr schätzbarer Schauspieler, Neumann; er hinterließ uns eine vierzehnjährige Tochter, das liebenswürdigste, natürlichste Talent, das mich um Ausbildung anflehte." Die Herzogin Anna Amalia interessierte sich für die junge Christiane, Corona Schröter unterwies sie in künstlerischen Dingen. Bei Goethe stand sie bald im Mittelpunkt seines Theaterinteresses. Er machte sie zum Sprachrohr seiner an das Publikum gerichteten Wünsche, sie hatte auf der Bühne die Prologe und Epiloge zu sprechen, als Liebling der Zuschauer war sie die Hauptvermittlerin der „sittlich wohlwollenden Familiarität des Publikums für das Kunstanstalt und die strebende Truppe". Zarte Anmut, schlichte Natürlichkeit und große Vielseitigkeit zeichneten die Schauspielerin aus. Sie spielte die Amalia in den Räubern, die Luise in „Kabale und Liebe", die Emilia Galotti, die Minna von Barnhelm und Egmonts Klärchen, die Eboli in „Don Carlos" und die Ophelia in „Hamlet"; das alles in frühester Jugend, denn schon mit neunzehn Jahren ist Christiane gestorben. In ihr hatte die erneuerte Hofbühne ihre größte Begabung verloren. Goethe feierte ihr Gedächtnis in der Elegie „Euphrosyne"; die letzte Rolle, in der er Christiane im Mai 1797 gesehen hatte, war die Euphrosyne in Weigls „Petermännchen" gewesen. Und Goethe gestand: „Wenn sich manchmal in mir das abgestorbene Lust, fürs Theater zu arbeiten, wieder regte, so hatte ich sie gewiß vor Augen, und meine Mädchen und Frauen bildeten sich nach ihr und ihren Eigenschaften. Es kann größere Talente geben, aber für mich kein anmutigeres."

EMMY BECKMANN

Aus einem geistigen Hamburger Hause stammend, hochgebildet, kultiviert auch in der äußeren Erscheinung, liebenswürdig und gewandt, dabei unverrückbar fest in ihrem Willen und der Treue zu den erkannten Zielen, ist Emmy Beckmann eine der Bahnbrecherinnen der heutigen Mädchenbildung. Die noch junge Lehrerin wurde geistige Schülerin, dann Gefährtin, später Nachfolgerin Helene Langes, ganz besonders als Führerin und erste Vorsitzende des „Allgemeinen deutschen Lehrerinnen-Vereins", der in seiner Hochblüte, ehe ihn das Dritte Reich 1933 zerstörte, über 100 000 Mitglieder umfaßte. In dieser ihrer Eigenschaft gehörte Emmy Beckmann dem Vorstand des „Bundes deutscher Frauenvereine" an und wurde nach dem ersten Weltkrieg 1925 als Delegierte zu dem ersten internationalen Frauenkongreß, an dem Deutsche wieder teilnehmen konnten, nach Washington entsandt. „The charming Teacher" nannten sie die Ausländerinnen. Ihre Vaterstadt Hamburg erkannte die Bedeutung dieser Persönlichkeit: Emmy Beckmann wurde der erste weibliche Direktor einer staatlichen höheren Mädchenschule und später der erste weibliche Ober-Schulrat der Hansestadt. In der Zeit der Weimarer Republik wirkte sie als Mitglied des Hamburgischen Parlaments, der „Bürgerschaft"; sie war Abgeordnete der liberalen Partei Friedrich Naumanns und Gertrud Bäumers, der damaligen „Deutschen demokratischen Partei". Die zwölf Jahre des „Tausendjährigen Reiches" sahen sie unbeugsam im Widerstand. Nach dem Zusammenbruch gelang ihr der Wiederaufbau des Hamburger Schulwesens. Bundespräsident Heuss ehrte die Arbeit der Professorin Emmy Beckmann mit dem Bundesverdienstkreuz. Ihre Stimme bleibt weiterhin hörbar in zahlreichen Aufsätzen und der von ihr gegründeten „Arbeitsgemeinschaft für Mädchen- und Frauenbildung".

HERZOGIN VON BEDFORD

* 1866

Die über Englands Grenzen hinaus bekanntgewordene Sportsdame, die Herzogin von Bedford, die bereits im Sommer 1928 mit Captain Barnard die 13 750 Kilometer lange Strecke von der Themse zum Indus bezwang und im August 1929 – zusammen mit Barnard und dem Bordwart Little – den 20 000-Kilometer-Flug London – Karachi – London schaffte, machte im April 1930 erneut von sich reden. Sie vollbrachte eine neue Spitzenleistung und flog in zehn Tagen von der britischen Metropole nach Kapstadt. Ihr Flugzeug war eine aus dem Jahre 1925 stammende Fokker-Verkehrsmaschine „F VII" und die Besatzung Barnard/Little die gleiche wie bei ihrem Asienflug. Die vierundsechzigjährige Herzogin startete vom englischen Flugfeld Lympne. Nach einer Zwischenlandung auf dem Pariser Flugplatz Le Bourget führte der Flugweg über Oran in Algier nach Tunis. Am Nordrand der Sahara entlang erreichte sie Assiut in Mittelägypten. In Khartum folgte ein Ruhetag. Am 16. April wurde der Flug über Tanganjika bis zur Gold- und Kohlenstadt Bulawayo in Südrhodesien fortgesetzt. Am 19. April 1930 um sechs Uhr morgens, nahm sie die Schlußetappe, die schwierigste bei dieser Durchquerung des Schwarzen Erdteils, in Angriff. Zwischen Bulawayo und Kapstadt hatte die Maschine gegen heftige Regenböen anzukämpfen, die ihre Orientierung selbst in geringen Höhen stark beeinträchtigte. Am Nachmittag aber tauchte das Ziel auf. Fünfzehntausend Kilometer lagen hinter dem Fliegerteam. Die Herzogin hatte unterwegs oft stundenlang die Steuerung der Maschine übernommen und immer wieder durch die Zuverlässigkeit ihres Ortungssinnes überrascht. Der Rückflug wurde nach kurzer Ruhepause am 21. April über Khartum-Aleppo angetreten. Trotz eines Motordefektes bei Sofia in Bulgarien landete die Besatzung ihre „F VII" – wie vorausgeplant – am 30. April 1930 auf dem britischen Flughafen Croyden.

14. VI. 1812 — 1. VII. 1896   ## HARRIET BEECHER-STOWE

Die Union der amerikanischen Staaten hatte sich gegen Ende der ersten Hälfte des 19. Jahrhunderts in zwei Lager aufgespalten. Die Interessen des Nordens und des Südens gingen soweit auseinander, daß ein Zusammenhalt des jungen Staatsverbandes nicht mehr möglich schien. Eine der entscheidendsten Fragen, in denen die Meinungen mit aller Schärfe aufeinanderprallten, war die Sklaverei. Im Norden war sie gesetzlich verboten, während die ganze Wirtschaft der Südstaaten auf der Arbeit von unfreien Negern basierte. Anti-Sklaverei wurde das große Schlagwort der Zeit, das weit über die Grenzen Amerikas hinaus seine propagandistische Wirksamkeit zeigte. Da erschien in den Nordstaaten ein Buch, das aus dem Geist dieser Stimmung heraus geschaffen war und die Glut der Empörung gegen die sklavenhaltenden Pflanzer Virginiens, Carolinas und Mississippis zu hellen Flammen entfachte. Es war der Roman „Onkel Toms Hütte" von Harriet Beecher-Stowe, eine Zusammenfassung von bereits früher veröffentlichten Aufsätzen und Berichten über das Neger-Problem. Die darin geschilderte Grausamkeit und Roheit der Sklavenhalter war zwar völlig einseitig gesehen, erregte aber aufs stärkste die öffentliche Meinung. Die Verfasserin, eine Lehrerin aus Cincinnati, empfing begeisterte Zuschriften und Ehrungen aus allen Teilen der Welt. Harriet Beecher-Stowe hatte die Eindrücke für den Roman auf einer Reise durch die Südstaaten empfangen. Sie veröffentlichte außer „Onkel Toms Hütte" eine Reihe von Propaganda-Arbeiten gegen die Sklaverei und trat für eine großzügige Frauen-Emanzipation ein. Ihre Tätigkeit hat wesentlich dazu beigetragen, die folgenreiche Auseinandersetzung zwischen der Nord- und Südstaaten herbeizuführen.

18. IX. 1886 — 21. XII. 1925   ## AMELIE BEESE-BOUTARD

Erste deutsche Motorfliegerin war die aus Laubegast bei Dresden gebürtige Amelie Beese, Tochter eines Architekten. Sie war schrift- und sprachgewandt, besaß eine gute Altstimme, spielte zahlreiche Instrumente, zeichnete und modellierte. Ihr Vater verwehrte ihr den Weg zur Bühne — sie wurde Bildhauerin. 1910 wechselte sie zur aufkommenden „Aviatik" über. An ihrem 25. Geburtstage erwarb sie in Berlin-Johannisthal das Piloten-Zeugnis Nr. 115 auf einem Etrich-Rumpler-Eindecker, nachdem sie bei dem damals populärsten deutschen Flieger Hellmuth Hirth, dem älteren Bruder des nicht minder berühmten Nachkriegsfliegers Wolf Hirth, in die Fluglehre gegangen war. Ende September 1911, wenige Tage nach der Prüfung, stellte „Melly" — wie sie unter den „Alten Adlern" genannt wurde — anläßlich der „6. Nationalen Flugwoche" in Berlin-Johannisthal auf ihrer „Taube" einen Frauen-Dauer-Weltrekord von 2 Stunden 9 Minuten auf. 1912 gründete sie eine Flugschule, kurze Zeit später heiratete sie den französischen Flieger und Konstrukteur Charles Boutard. Als 1914 der Krieg ausbrach, schloß das Preußische Kriegsministerium die gutgehende Flugzeugfabrik Amelie Beese-Boutards, da sie durch ihre Heirat zur Französin geworden war. Mit ihrem Gatten wurde sie interniert. Nach dem Kriege zog sich „Melly" zunächst vom Fliegen ganz zurück. Erst im Herbst 1925 sah man sie in Berlin-Staaken wieder am Steuer einer Maschine, und erneut bewunderte man die Kühnheit, Wendigkeit und Zuverlässigkeit ihrer Flugkunst. Kurze Zeit später erreichte die Kunde von ihrem Tode ihren großen Freundeskreis. Obwohl sie keine Nachricht hinterlassen hatte, deuteten alle Anzeichen darauf hin, daß sie sich in einem Anfall von Schwermut das Leben genommen hatte. Die harten persönlichen Schicksale hatten sie seelisch gebrochen. Adalbert Norden setzte ihr in seinem Buch „Flügel am Horizont" ein Denkmal.

MARGARETE BEHM   3. V. 1860 — 28. VII. 1930

Wer vor 1933 den deutschen Reichstag besuchte, konnte auf den Bänken der Rechten eine behagliche rundliche Frau erblicken, die eher eine Hausfrau zu sein schien als eine Parlamentarierin. Erst wenn er einen Blick in ihre klaren und bei aller Güte scharfen Augen tat, verstand er, daß er hier eine Frau besonderer Eigenschaften vor sich hatte. — Margarete Behm, 1860 geboren, zur Lehrerin ausgebildet, wurde bekannt durch die Gründung des Gewerkvereins der Heimarbeiterinnen. Wer das Elend dieser in enger Häuslichkeit in wahrer Fron lebenden Frauen, Kinder, Alten und Gebrechlichen kannte, ermaß, was dazu gehörte, sie zu organisieren: warme Menschenliebe und Empörung gegen ihre Ausnutzung. Sie schloß den Gewerkverein den Christlichen Gewerkschaften an, weckte durch eindrucksvolle Ausstellungen das Interesse weiter Kreise und sorgte dafür, daß sich auch der Hof für grundsätzliche Reformen einsetzte. In der „lex Behm" wurden die Schutzbestimmungen gegen Ausbeutung erstmals verankert. Nach dem Sturz der Monarchie kandidierte Margarete Behm 1919 für die Nationalversammlung und leistete dort und im Reichstag wertvolle sozialpolitische Arbeit. In ihrem Wesen resolut und nicht leicht zu beeinflussen, trat sie auch männlichen Fraktionsgenossen unbekümmert entgegen. Ihr Privatleben teilte sie mit ihrer engsten Mitarbeiterin Margarete Wolff; sie bewohnten ein nettes Häuschen in einem Gartenvorort Berlins, das stets gastlich offen stand, mochte es sich um einen Standesherrn oder um eine arme Heimarbeiterin handeln, die bei der stets hilfsbereiten Frau Rat und Rechtshilfe suchte. Bei Jubiläen des Gewerkvereins und anderen festlichen Gelegenheiten strömte sie ihre Gabe liebevoller Beredsamkeit aus, die eine ganze Versammlung hinreißen konnte. Als sie 1930 starb, folgte ihrem Sarg ein langer Trauerzug.

ELLY BEINHORN-ROSEMEYER   * 30. V. 1907

Seit 1928 wurde für die beste flugsportliche Leistung des Jahres der „Hindenburg-Pokal" verliehen. Nach den Sportfliegern von König-Warthausen, Wolf Hirth, Heinrich Schlerf und August Lauw, erhielt ihn für 1932 erstmals eine Vertreterin des weiblichen Geschlechts: Elly Beinhorn. Der Pokal wurde ihr für ihren Weltflug zuerkannt, der sie im Klemm-Leichtflugzeug vom 4. Dezember 1931 bis zum 26. Juli 1932 von Europa über Asien nach Australien und durch Südamerika geführt hatte. Sie schrieb über diesen 37 000-km-Flug das famose Buch „Ein Mädchen fliegt um die Welt". Auf dieser Reise überquerte sie die Balkan-Länder, den Bosporus, notlandete in Persien, gelangte nach Indien und wurde vom Maharadscha von Nepal empfangen. Über den Himalaya ging es weiter zur Südsee, nach Java, Bali und Timor, und über das gefürchtete Meer nach Australien. Entfernungen spielten für sie anscheinend keine Rolle mehr. Schon war Südamerika erreicht, bei Sturm, Regen und eisiger Kälte bewältigte sie die Cordilleren. Der Mut der erst fünfundzwanzigjährigen Sport- und Kunstfliegerin wurde in aller Welt bewundert. In den Jahren 1931 bis 1939 stattete sie allen fünf Kontinenten Besuche ab. — Elly Beinhorn stammt aus Hannover. Im Herbst 1928 — nach dem geglückten Ost-West-Ozeanflug — sprach der Pour-le-mérite-Flieger Hermann Köhl auch in ihrer Vaterstadt über seine Erlebnisse. Elly war begeistert und beschloß damals, Fliegerin zu werden. Thomsen wurde ihr Fluglehrer. 1936 heiratete sie den Rennfahrer der „Auto-Union" Bernd Rosemeyer, der 1938 bei einem Rekord-Versuch in der Nähe von Frankfurt/M. tödlich verunglückte. Frau Beinhorn-Rosemeyer setzte ihrem Gatten in ihrem Buch „Mein Mann, der Rennfahrer" ein liebevolles Denkmal der Erinnerung.

1738 — 1804   ## ELIZABETH BEKKER-WOLFF

Die niederländische Schriftstellerin hatte das Glück, in eine lesefreudige, ja lesewütige Zeit hineingeboren zu sein; sie konnte es sich erlauben, drei-, vier-, sechs-, ja achtbändige Romane zu schreiben, die vom Publikum verschlungen wurden. Es war die Zeit des ausgehenden Rokoko, als sie zu schreiben begann; alle Welt hatte genug von den leichtfertigen französischen Romanen, der Geschmack wandte sich der Moral zu, und vor allem war es der Engländer Richardson, der die „neue Welle" begriff und mit seinen gefühlvoll-sittlichen Familienromanen Europa begeisterte. Elisabeth Bekker-Wolff, die soeben (1777) ihren Gatten, den reformierten Prediger Adrian Wolff, verloren hatte, übernahm von Richardson die gängige Form des Familienromans, nicht aber seine sentimentale Weichheit; sie war im Gegenteil eine von jenen seltenen Frauen, die bei lebhafter Phantasie und einer scharfen realistischen Beobachtungsgabe noch eine würzig-satirische Ader besitzen; sie hatte den Mut, in drei Bänden sogar das Leben eines geistlichen Don Quichote zu schildern, etwa vom Schlage unseres zeitgenössischen Don Camillo und Pepone. Als Witwe lebte sie mit ihrer Freundin Agathe Deken zusammen; diese Freundschaft wurde so innig, daß sie künftig auch gemeinsam ihre Romane schrieben; gerade durch solche Zusammenarbeit gewannen die schlagfertigen Dialoge an Witz und Gewandtheit. Ihre Hauptwerke sind „Die Historie des Herrn Willem Leevend" (1784), die „Briefe von Abraham Blankaart" (1787), „Klärchen Wildschütt" (1800) und „Sara Reinert" (1788). Die Freundinnen starben wenige Tage nacheinander. Die Amsterdamer Kunstakademie ehrte beider Andenken in einer würdigen Trauerfeier.

28. VI. 1808 — 15. VII. 1871   ## CRISTINA VON BELGIOIOSO

Die Einigungsbewegung Italiens im vorigen Jahrhundert, die später nach der gleichnamigen Zeitschrift „Risorgimento" benannt wurde, fand ihren intellektuell-dämonischen Führer in Giuseppe Mazzini. Seine glühendste Verehrerin und Mitarbeiterin war die Fürstin Cristina, eine romantisch-abenteuerliche Mailänderin. Sie unterstützte Mazzini nicht nur mit Geld und neugegründeten Zeitungen, sondern verbreitete auch seine Idee einer christlich-sozialen Republik. Der erste Aufstand, an dem sie teilnahm, wurde 1831 von den Österreichern niedergeworfen. Cristina floh nach Paris und eröffnete dort einen literarisch-politischen Salon, der zum Mittelpunkt der Exil-Italiener wurde. Mazzini versuchte im Februar 1834 mit rund hundert Polen einen Einfall in Savoyen. Der phantastische „Feldzug", der die Jugend ganz Europas revolutionieren sollte, scheiterte indessen kläglich schon nach zwei Tagen. Als die Fürstin Cristina 1848 in Mailand selber ein Freikorps ausrüstete, versagte auch ihr Unternehmen. Zum zweitenmal mußte sie ins Ausland flüchten. Die vierzigjährige Verschwörerin kehrte darauf Europa den Rücken und unternahm abenteuerliche Reisen in den Vorderen Orient. Hier, in Kleinasien und Syrien, ging ihr eine farbenglühende Welt auf, und während sie sich früher schriftstellerisch in die Dogmengeschichte der Kirche vertieft hatte, veröffentlichte sie nun zwei Bände turko-asiatische Erzählungen „Emina" und „Szenen aus dem türkischen Leben" in französischer Sprache. Als alternde Frau erst kehrte sie nach Mailand und zu ihrer Muttersprache zurück, wandte sich wieder der Welt zu, die sie vor zwanzig Jahren verlassen hatte, und schrieb „Die Geschichte des Hauses Savoyen" und „Gedanken über die Lage und Zukunft Italiens".

GERTRUDE BELL
1868 — 11. VII. 1926

England hat eine Reihe von Frauen hervorgebracht, die sich als Reisende und Forscherinnen einen Ruf erworben haben; das liegt nicht zum geringsten Teil an dem Wohlstand dieses Landes und an den diplomatischen Verbindungen, die es in der ganzen Welt besitzt. Diese Vorteile kamen auch Gertrude Bell zustatten, die aus einem reichbegüterten Hause stammte. Sie konnte ohne materielle Sorgen in Oxford die archäologischen Fächer und orientalischen Sprachen studieren und später auf mehreren Expeditionen das Gelernte durch die Anschauung erweitern. Bei aller Gelehrsamkeit vernachlässigte sie ihre gesellschaftlichen Gaben nicht und nahm an allen Vergnügungen ihres Alters und Standes teil. Im ersten Weltkrieg — Gertrude war damals sechsundvierzig Jahre alt — verwendete die Regierung sie wegen ihrer Kenntnis der verschiedenen Sprachen des Vorderen Orients — sie beherrschte auch mehrere Dialekte von Wüstenstämmen — in Ägypten, Arabien und Mesopotamien; als weibliches Gegenstück zu T. E. Lawrence half sie die Wüstenstämme im Dienst Englands organisieren. Bei der Gründung des Staates Irak leistete sie überaus wertvolle Dienste, blieb die beste Beraterin des Herrschers auch nach dem Friedensschluß und richtete u. a. das Völkerkundemuseum in Bagdad ein. Sie verblieb in dieser Stadt, in der sie heimisch geworden war, bis zu ihrem Tode und liegt auch dort begraben. Neben der laufenden Arbeit verfaßte sie mehrere Bücher über den Nahen Osten; am lebendigsten wirken die Briefe an ihren Vater, die ein vorzügliches Bild der politischen und kulturellen Verhältnisse des Orients geben. Wenn östliche Staaten nach wie vor Anlehnung an das britische Weltreich suchen, so gebührt Gertrude Bell ein nicht geringer Teil des Verdienstes daran.

RUTH BENEDICT
5. VI. 1887 — 17. IX. 1948

Ein volles Jahrhundert lang vermochte das Werk des französischen Amateurwissenschaftlers und Diplomaten Gobineau über die Rassen die Anthropologie, die Lehre vom Menschen, mit seinem Gift zu durchsetzen; seine These von der „arischen Herrenrasse" wurde schließlich zu einer Weltanschauung erhoben, die, von niedersten Instikten genährt, viel Leid und Elend über die Menschheit brachte. Heute wissen wir, daß die Rassenmischung keinesfalls Ursache körperlicher oder seelischer Mängel ist; man hat im Gegenteil nachweisen können, daß gerade dort, wo sich die verschiedensten Rassen berührten, die Stammzonen der europäischen Kultur liegen. André Gide sagte 1947 in seiner Rede an die Jugend: „Es gibt Rassen, deren Stimme man noch gar nicht gehört hat — es wäre aber ein schwerer Irrtum, daraus zu schließen, daß sie nichts zu sagen haben . . ." Von dieser Einsicht wurde auch das umfangreiche wissenschaftliche Werk Ruth Benedicts getragen, einer der Begründerinnen der modernen amerikanischen Anthropologie, die sich bewußt auf den Boden der neuesten Erkenntnisse völkerkundlicher Forschung stellt und in der engen Zusammenarbeit mit Psychologie und Soziologie die Voraussetzung für ein besseres Verstehen der Völker untereinander und damit für ein friedliches Zusammenleben sieht. Die bedeutende Gelehrte unternahm nach dem Studium an der Columbia-Universität ausgedehnte Reisen zur Untersuchung verschiedener Indianerkulturen, deren Ergebnisse sie in ihrem Werk „Urformen der Kultur" zusammenfaßte. Ihre Studie „Die Rassenfrage in Wissenschaft und Politik" ist, auf der Grundlage ihrer völkerkundlichen Forschung, eine überzeugende Widerlegung der Rassentheorie. Während des zweiten Weltkrieges arbeitete Ruth Benedict im Dienste des nordamerikanischen Informationsamtes; kurz vor ihrem Tode erhielt sie eine Professur an der Columbia-Universität.

6. III. 1850 — 23. VII. 1888   **VICTORIA BENEDICTSSON**

Die kleine, schmächtige junge Frau, die, umdüstert von einer unheilbaren Krankheit und von manch anderen Sorgen und Kümmernissen, an einem hellen Sommertag des Jahres 1888 in Kopenhagen freiwillig aus dem Leben schied, war eine der ganz großen schwedischen Dichterinnen, deren Werk längst der Literaturgeschichte angehört und als Auftakt des schwedischen Realismus auch in Zukunft weiterleben wird. Victoria Benedictsson, die, vermutlich aus einem unbändigen Trotz, ihre Bücher unter dem männlichen Pseudonym Ernst Ahlgren erscheinen ließ, war 1850 in dem schonischen Dorfe Domme in denkbar ärmlichen Verhältnissen geboren und von den frommen Eltern sorgfältig, aber freudlos erzogen worden. Die im Vergleich zu ihrer ungebändigten Freiheitsliebe trübsinnige Enge der Dorfgemeinschaft, ihre überaus schmerzhafte Verkrüppelung, die sie lange Zeit ans Bett fesselte, am meisten aber ihre unglückliche Ehe mit einem alten, mürrischen Postmeister waren für ihr gesamtes dichterisches Werk von entscheidender Bedeutung. Dieses nicht sonderlich umfangreiche, jedoch um so gewichtigere Lebenswerk begann in hartem Realismus und unbeugsamem Wahrheitsfanatismus mit einer Sammlung kleinerer Bauernnovellen „Aus Schonen", der sich später noch eine zweite Reihe „Volksleben und Kurzgeschichten" anschloß, und fand in den beiden Eheromanen „Geld" und „Frau Marianne" bereits seinen Höhepunkt. Freiheitssehnsucht, Lebenshunger und ein unbändiger Durst nach Glück liegen hier, von persönlichen Schicksalen her bestimmt, in einem tragischen Widerstreit mit der schließlich als notwendig erkannten und in einem dritten Roman „Die Mutter" verherrlichten Treue der Frau gegenüber Familie und Heim. Ihre nachgelassenen Tagebücher gehören neben denen August Strindbergs zu den ehrlichsten und ergreifendsten Bekenntnissen der schwedischen Sprache.

25. V. 1880 — 10. I. 1967   **CHARLOTTE BERENDT-CORINTH**

Der Name dieser Künstlerin ist untrennbar mit Leben und Werk des neben Liebermann und Slevogt bedeutendsten deutschen Impressionisten verbunden. Als Einundzwanzigjährige lernte Charlotte Berend in Berlin Lovis Corinth kennen; sie war zwei Jahre lang seine Schülerin, bevor sie ihm 1903 die Hand reichte zu einem überaus glücklichen Ehebund, der sich im Menschlichen und Künstlerischen bis zu des Meisters Tode bewähren sollte. Wie kaum eine andere Künstlerfrau hat sie Anteil am Lebenswerk ihres Mannes, der die Gefährtin und die aus dieser Gemeinschaft entsprossene Tochter mehr als achtzigmal gemalt hat: „Ich habe seit 1902 alle Bilder Corinths entstehen sehen", schreibt die Malerin in ihrem bekenntnisreichen Erinnerungsbuch, „ich sah, wie seine Hand den Pinsel in die auf der Palette hochgehäuften Farben eintauchte; ich sah sein in Leidenschaft brennendes Antlitz, wenn die Pinselzüge die Leinwand berührten. So konnte ich ganz aus der Nähe miterleben, wie er sein Werk aufgebaut, entwickelt und vollendet hat ..." Aber auch Charlottes eigene Bilder nahmen in den Ausstellungen der „Berliner Sezession" einen hervorragenden Platz ein. Nach dem ersten Weltkrieg trat sie vor allem als Buchillustratorin hervor; ihre einfühlsamen und souverän hingeworfenen Bilder zu Maupassants und Andersens Werken fanden ebensoviel Beifall wie ihre Schauspielerporträts. Nach dem Tod ihres Mannes unternahm sie weite Reisen nach Italien und dem Orient, deren künstlerisches Ergebnis ausgezeichnete Landschaftsmalereien waren. Später übersiedelte sie nach New York; dort vollendete sie ihre schöne Autobiographie „Mein Leben mit Lovis Corinth", der noch ein zweiter, einfach „Lovis" genannter Erinnerungsband folgte. Vor wenigen Jahren erschien der von Charlotte Berend-Corinth sorgfältig zusammengestellte Oeuvre-Katalog von Lovis Corinths Gemälden, mit dessen Herausgabe sich die Künstlerin und treue Gefährtin ein hohes und bleibendes Verdienst erworben hat.

59

BERENIKE † 221 v. Chr.

Im Zenit des nördlichen Sternenhimmels schimmert im Mai ein aus unzähligen Gestirnen bestehendes zartes Lichtgebilde, das „Haar der Berenike". Umkreist und behütet vom Löwen, vom Großen Bären und von der Jungfrau bewahrt dieses „Liebesdenkmal am Firmament" das Andenken an eine schöne ägyptische Königin, von der uns neben einigen Bildnismünzen ein wunderbarer Porträtkopf erhalten ist. Man fand ihn vor Jahrzehnten in Kyrene und übergab ihn dem Museum der libyschen Stadt Bengasi, die im Altertum Berenikes Namen trug. Berenike ist die makedonische Form für „Phere-nike" — Siegbringerin; die Römer machten daraus Veronica. Aus Berenike-Bengasi bezog man einen beliebten Überzugslack, den die Antike nach dem Ausfuhrhafen „Veronix" nannte, und daraus entstand das deutsche Wort „Firnis". So bewahren wir heute noch unbewußt das Gedächtnis Berenikes, der Tochter des Magas von Kyrene und der Apame. Nach Magas Tode versuchte Apame die Vermählung ihrer Tochter mit dem ägyptischen König Ptolemaios III. zu verhindern; sie wünschte sich ihren Geliebten Demetrios zum Schwiegersohn. Berenike aber blieb ihrem Verlobten treu und setzte gegen den Willen ihrer Mutter die Hochzeit durch. Kurz danach zog ihr königlicher Gemahl, den die Zeitgenossen Ptolemaios Euergetes — „Wohltäter" — nannten, in den Krieg. Falls er wohlbehalten aus der Schlacht zu ihr heimkehre, so schwur Berenike, wolle sie der Liebesgöttin eine Locke ihres schönen Haares opfern. Ptolemaios kehrte glücklich heim, und die Königin erfüllte ihr Gelübde — aber am nächsten Morgen war die geopferte Locke vom Altar verschwunden, und „man entdeckte sie als Sternbild am Himmelsgewölbe", den Liebenden aller Zeiten zum Trost und zum Sinnbild der Treue.

ELISABETH BERGNER * 22. VIII. 1897

Das Geheimnis ihrer Schauspielkunst ist die Kunst der Verwandlung. In ihren berühmten Bühnen- und Filmrollen konnte sie ebenso ein naives, hilfloses Mädchen spielen wie eine verführerische Frau, einen ausgelassenen Kobold wie ein empfindsames Weibkind. Für diese Kunst war die knabenhaft schlanke Frau mit der zerbrechlichen schmalen Gestalt und der seltsamen Stimme wie geschaffen. Bis zum Jahre 1933 war ihr Name als Schauspielerin mit dem Ruhm des deutschen Theaters eng verbunden. Ihre größten Bühnenerfolge erlebte sie als „Königin Christine", „Heilige Johanna", „Porzia", „Julia", „Hannele", „Lehrbub Christopherl", „Rosalinde", „Alkmene" und „Heitang". Auch ihre Filmrollen konnten von niemandem als von ihr dargestellt werden. Anläßlich der Premiere ihres Stummfilms „Der Geiger von Florenz" war in der „Literarischen Welt" über sie zu lesen: „Jedes Gefühl erwacht, erscheint wie zum erstenmal. Was bei andern nur rührend wäre, wird innig und ergreifend, und so hat sie auch auf der Leinwand die große Gabe, immer wieder noch — tausendmal schöner — zu werden." Regisseur Dr. Paul Czinner, den sie 1933 heiratete, war es, der sie im Jahre 1924 zum Film geholt hatte und ihr die Hauptrolle in „Nju" gab. Darauf spielte sie unter seiner Regie u. a. in den Stummfilmen „Der Geiger von Florenz", „Donna Juana", „Fräulein Else" und in den Tonfilmen „Ariane" und „Der träumende Mund", die zu Welterfolgen wurden. Im April 1933 ging sie von Berlin nach Wien, dann nach London, wo sie das Londoner Theaterpublikum und das Filmpublikum begeisterte. 1938 wurde sie englische Staatsbürgerin. Zu Beginn des zweiten Weltkrieges begab sie sich nach Kanada und den USA, von wo Gastspielreisen sie mehrmals wieder nach Europa führten.

ELISABETH BERGSTRAND-POULSEN

12. XI. 1887 — 19. II. 1955

Die Smaaländerin, die auf Laangasjö geboren wurde und zuerst in Stockholm vielerlei Malstudien betrieb, beschäftigte sich auch nach ihrer Heirat mit dem dänischen Bildhauer Axel Poulsen in ihrem klösterlichen Heim vor den Toren von Kopenhagen bis zu ihrem Tode mit Malen, Zeichnen, Illustrieren, Weben, Sticken und selbst mit Plastik. Sie begann eigentlich erst verhältnismäßig spät zu schreiben, aus innerem Bedürfnis, wie sie bekannte. Alle ihre Romane und Erzählungen sind im Grunde romantisch, rückwärtsgewandt, revolutionierend gegen die Zeit und den Geist der Zeit. Sie behandeln smaaländische Menschenschicksale und schildern sie in einer kraftvollen, pathetischen, stark moralisierenden Art und Weise, in Verteidigung der ewigen Werte des Daseins. Sie erstreben alle das echte Glück und sind, wie sie selber schreibt, „eine Verteidigung für das Menschenherz als Begriff gegen den Begriff des Gehirns, für Zärtlichkeit gegen die Brutalität, für Verständnis, Selbstbeherrschung, Nachdenklichkeit gegen Schockwirkungen, Revolutionen und Revolten". Titel wie „Am Webstuhl des Lebens", „Froh und gut soll der Mensch sein – und stark", „Die Krone", „Helden und Heldentaten", „Der Mensch und die Glocken", „Das Lied", „Habicht, könnte ich deine Flügel leihen", „Königin der Nacht" und andere sind und bleiben charakteristisch für Stoff und Stil, Gehalt und Gestalt ihres dichterischen Werkes. Im Sinne der Tradition wirkt dieses Werk wie ein zauberhafter Bilderteppich, berückend, beglückend. Es suchte ewige Werte und ewige Schönheit jenseits der Zeit; und es vermittelte sie allen diesseits und jenseits der Grenzen der Heimat, die noch an Ewiges glauben. Es war mit dem Herzen und für das Herz geschrieben.

7. I. 1844 — 16. IV. 1879

BERNADETTE SOUBIROUS

Die Eltern des schmächtigen, schüchternen und von großer Frömmigkeit erfüllten Mädchens waren arme Leute. Bernadette mußte für die jüngeren Geschwister und für den Haushalt sorgen und in den nahen Wäldern Holz und Wildfrüchte sammeln. An einem Donnerstag — es war der 11. Februar 1858 — ging sie mit ihrer jüngeren Schwester Maria und ihrer Freundin Jeanne zum Reisigsammeln an das Ufer der Gave, in der Nähe der Grotte von Massabielle. Plötzlich sah Bernadette, wie sie später berichtete, in der Grotte eine strahlende Wolke, aus der eine junge Frauengestalt, Maria, hervortrat und das Mädchen durch Zeichen zum Näherkommen einlud. Das Kind fiel betend in die Knie. Drei Tage später ging Bernadette in die Grotte zurück, und wieder erlebte sie aus bangen Herzens die Vision. Die Madonna befahl dem Mädchen, jeden Tag zu kommen, und wies auf eine Stelle im Felsen. Als Bernadette dort die Erde aufscharrte, quoll ein Wasserstrahl heraus, der in den Tagen darauf zu einer immer reichlicher sprudelnden Quelle anwuchs. Achtzehnmal wiederholten sich die Visionen, zum letztenmal am 16. Juli 1858. Von den Erscheinungen in ihrem Innersten erschüttert, bat Bernadette um Aufnahme bei den Schwestern der Liebe und des christlichen Unterrichts in Nevers und erhielt den Ordensnamen Schwester Marie Bernade. Sie starb, fünfunddreißig Jahre alt, nach einem Leben voller Leiden und Opfer. Anläßlich ihres Seligsprechungsprozesses im Jahre 1925 öffnete man ihr Grab und fand ihren Leichnam unversehrt, so als wäre sie erst vor Stunden dahingegangen. 1933 wurde sie heiliggesprochen. Jahr für Jahr pilgern die Kranken zu Hunderttausenden zur Grotte von Lourdes, um von der Madonna Hilfe, Trost und Heilung zu erbitten.

ESTELLE BERNADOTTE

Die junge Amerikanerin Estelle Romaine Manville nahm 1928 in Beaulieu an der französischen Riviera an einem Bankett teil. König Gustav von Schweden hatte im Tennisturnier gesiegt und auch sie zur Feier eingeladen; sie saß neben dem Neffen des Königs, dem Grafen Folke Bernadotte. So lernte sie jenen Mann kennen, der das Leben mit ihr teilen sollte. — Zwanzig Jahre später ging Graf Bernadotte als UNO-Vertreter mit der weißen Parlamentärfahne zwischen den kämpfenden Arabern und Israelis durch die Gefahrenzone in Jerusalem. Als Vizepräsident des Schwedischen Roten Kreuzes hatte er im zweiten Weltkrieg den Austausch kranker Gefangener zwischen England und Deutschland erreicht und fünfzehntausend Menschen aus den Konzentrationslagern befreit; auf palästinensischem Boden brachte er die Geschütze zum Schweigen — nicht aber den Fanatismus. Mitten in Jerusalem traf ihn die tödliche Kugel. Frau Estelle nahm sofort die Arbeit des Verstorbenen auf. Wenige Stunden nach dem Tode ihres Mannes telefonierte sie bereits an Dr. Ralph Bunche von der UNO, er möge als Nachfolger Bernadottes das Friedenswerk in dem friedlosen Lande fortsetzen. Erst als sie die Friedensarbeit gesichert wußte, ging sie nach Schweden zurück und übernahm die Leitung der schwedischen Pfadfinderinnen. Auf die Bitte des Generalsekretärs Trygve Lie trat sie auch in den Kriegsgefangenenausschuß der UNO ein. — Estelle Bernadotte ist eine moderne Frau, in deren täglicher Kleinarbeit kaum eine leuchtende Tat sichtbar geworden ist, die sensationellen Stoff für Illustrierte hätte liefern können. Aber die tapfere Frau hat mitgeholfen, Deutsche, Italiener und Japaner aus den „Lagern des Schweigens" in die Heimat zurückzuführen und — sie arbeitet noch immer an dieser Aufgabe.

AGNES BERNAUER   1410 — 12. X. 1435

Der tragische Liebesroman zwischen der schönen Baderstochter aus Augsburg und dem bayerischen Prinzen hat fast ein halbes Jahrtausend lang immer wieder Stoff für Sagen, Volkslieder, Märchen, Erzählungen und Dramen geboten. Die Gestalt der Bernauerin vereinigt in ihrem Leben und Schicksal die Lieblingsthemen der volkstümlichen Dichtung: Liebe und Leid, Glück und Not und die melancholische Wehmut frühen Scheidens. — In der Stadt der Fugger, in bürgerlichem Wohlstand und gesitteter Ordnung, wuchs Agnes zu dem Mädchen heran, dessen Schönheit alle Herzen gewann. Auf einem Fest lernte sie Albrecht, den einzigen Sohn des Herzogs Ernst von Bayern, kennen. Es entspann sich ein Liebesverhältnis, das sorgsam geheimgehalten wurde. 1432 wurde die Bürgerstochter dem Prinzen in heimlicher Ehe angetraut. Auf Schloß Vohburg verbrachten die Liebenden ein glückliches Jahr. Als Herzog Ernst aus staatspolitischen Gründen dem Thronfolger eine braunschweigische Prinzessin zur Frau bestimmte, kamen die Vorgänge ans Licht. Aber alle Drohungen des Vaters konnten den Sohn nicht bestimmen, die Ehe zu lösen. Als Albrecht wegen „Verführung einer Jungfrau" von einem Ritterfest in Regensburg ausgeschlossen wurde, gab er die Vermählung öffentlich bekannt und veranlaßte die offizielle Anerkennung seiner Gemahlin als Herzogin von Bayern. Als der Bruder des regierenden Fürsten, der bisher zwischen Vater und Sohn vermittelt hatte, starb, bereitete Herzog Ernst seinen Plan einer gewaltsamen Lösung vor. Er benützte eine längere Abwesenheit Albrechts, um Agnes verhaften und wegen Zauberei anklagen zu lassen. In stolzer Abwehr verweigerte die Augsburgerin jede Aussage. Am 12. Oktober 1435 wurde sie durch Henkersknechte von der Donaubrücke in Straubing ins Wasser gestoßen und ertränkt.

22. X. 1844 — 26. III. 1923   **SARAH BERNHARDT**

Nach dem für Frankreich bitteren Kriegsende von 1871 kehrt auch der Dichter Victor Hugo in die Hauptstadt zurück, die ihm zu Ehren eine Galavorstellung seines Versdramas „Ruy Blas" veranstaltet. Als spanische Königin, in weißer Atlasrobe und nachtblauer Mantilla, ein blitzendes Diadem im tiefschwarzen Haar, reißt Sarah Bernhardt Parkett und Logen zu endlosen Beifallsstürmen hin — ein neuer Triumph ihrer berühmten „Voix d'or", ihrer Goldenen Stimme. Als Victor Hugo sie in der Garderobe beglückwünscht, wird ein neuer Besucher gemeldet — der Prince of Wales, der spätere König Eduard VII. Aus tiefem Hofknicks sich erhebend, stellt die Diva den Dichter vor: „Eine Majestät der Poesie . . ." und Eduard verneigt sich vor beiden wie vor Ebenbürtigen. Von Triumph zu Triumph führt der Weg der Magierin, die ihre Rollen lebt und die ihr Leben spielt, mit allen fünf Erdteilen als Drehbühne. Sie braucht Geld, viel Geld, das ihr Sohn Maurice am Spieltisch wieder verliert. Sarah wird zum größten Reklamegenie ihrer Zeit: In rotem Fesselballon schwebt sie über Paris, im Bois de Boulogne führt sie ihren Panther spazieren, in Amerika schläft sie in einem Sarg, zum Entzücken des ebenso geschäftstüchtigen Zirkusdirektors Barnum. Sie scheut sich nicht, die Verfasserin eines Pamphlets „Memoiren der Sarah Barnum . . ." mit der Reitpeitsche zu bearbeiten. Als „Kameliendame", als „Herzog von Reichstadt" bezaubert sie Europa, Amerika und Australien; noch als Siebzigjährige spielt sie glaubhaft die Mädchenrolle der „Heiligen Johanna" — ein Jahr danach muß sie sich ein Bein amputieren lassen und spielt weiter — mit einer Prothese. Als Neunundsiebzigjährige erhält sie ihre erste Filmrolle; aber im Glutlicht der Jupiterlampen bricht die Greisin zusammen, und elf Tage später erlischt ihr Leben.

1798 — 1870   **MARIE-CAROLINE VON BERRY**

Am 13. Februar 1820 brachte der Herzog von Berry seine ermüdete Gattin aus der Pariser Oper an ihren Wagen. Als er sich von ihr verabschiedet hatte, stieß ihm ein Revolutionär den Dolch in die Brust, er starb ein paar Stunden später in einem Nebensaal des Opernhauses. Vier Jahre vorher hatte Marie-Caroline, die in Palermo geboren und erzogen war, auf Wunsch des französischen Königs Ludwig XVIII., den Herzog von Berry, seinen Neffen, geheiratet und ihm ein Töchterchen geboren. Der Sterbende konnte noch mit letzter Kraft den Freunden zuflüstern, sie möchten sich des ungeborenen Kindes annehmen, das seine Gattin unter dem Herzen trage. Diesem Kind schenkte die Herzogin von Berry im September das Leben: Es war ein Prinz, der Graf von Chambord, der zehn Jahre später nach der Abdankung Karls X. von allen Royalisten als der rechtmäßige Erbe der französischen Königskrone betrachtet wurde. Seinetwegen stürzte sich die Herzogin in ein unerhörtes Abenteuer. Von den Royalisten herbeigerufen, entfesselte sie im Jahre 1832 in der königstreuen Vendée einen Aufstand gegen den „Bürgerkönig" Louis Philippe. Die kühne Unternehmung endete unglücklich. Marie-Caroline mußte in abenteuerlicher Verkleidung fliehen. Ein Jahr lang konnte sie sich verborgen halten; als sie verraten wurde, versteckte sie sich in Nantes zwei Tage lang in einem Kamin. Vom quälenden Rauch vertrieben, trat sie vor ihre Verfolger und wurde in Château de Blaye gefangen gesetzt. Nach ihrer Freilassung heiratete sie den Grafen Lucchesi Palli und zog sich nach Österreich zurück. Ihr Sohn gelangte nie auf den Thron. Marie-Caroline starb auf Schloß Brunnsee in der Steiermark, kurz vor dem Ausbruch des Deutsch-Französischen Krieges, in dem auch der Rivale ihres Sohnes, Napoleon III., den Thron verlor.

BERTA VON FRANKEN

† 13. VII. 783

Sage, Märchen und Geschichte sind im überlieferten Lebensbild der Mutter Karls des Großen untrennbar. Einhard, der langjährige Sekretär und Biograph des großen Karl, hat Herkunft und Geburt seines Helden mit taktvollen Worten umgangen: „Von seiner Geburt und Kindheit ist nichts bekannt. So habe ich mich entschlossen, diese Zeit zu übergehen ..." So ganz unbekannt sind uns heute diese Dinge nicht mehr; wir wissen, daß Berta und ihr königlicher Gemahl, Pippin der Kurze, einander so nahe verwandt waren, daß das geltende Recht eine Eheschließung ausschloß — die Verbindung wurde erst sechs Jahre nach Karls Geburt legalisiert; er war also nach modernen Rechtsbegriffen ein „außereheliches Kind" — was ihn nicht hinderte, zur größten Herrschergestalt des Mittelalters emporzusteigen. Seine Mutter Berta, die eine außerordentliche Persönlichkeit gewesen sein muß, spielte nicht nur beim Erbstreit zwischen ihren Söhnen Karl und Karlemann eine bedeutende Rolle, sie übernahm auch nach dem Tode ihres Gatten mit großer Autorität die Führung, in der festen Absicht, als rechtsgültig gesalbte Königin eine alles vereinende Staatsidee wieder zur Geltung zu bringen. Der in Italien aufflackernden langobardischen Bewegung setzte sie durch das Bündnis mit Tassilo von Bayern einen politisch gleichwertigen bayerisch-fränkischen Block entgegen, der auch den Heiligen Stuhl in Rom beeindruckte. Jahrzehnte später, als Karl schon längst gekrönt war, bezahlte Tassilo das Bündnis mit dem Untergang seines Geschlechtes. Nach dem Tod seines Bruders Karlemann brach Karl mit den vorsichtig abwägenden politischen Methoden seiner Mutter; er setzte sein Vertrauen allein in die Macht des Schwertes, und der Erfolg gab ihm recht ...

BERTA VON SUSA

Um 1048 — 27. XII. 1088

Der Kaiserdom zu Speyer ist die erste gewölbte Großbasilika in Deutschland und die erste des Abendlandes mit Kreuzgewölben. Unter dem stark erhöhten Chorraum birgt die ehrwürdige Krypta, die Grabstätte der salischen Kaiser, auch die letzten Ruhestätten Kaiser Heinrichs IV. und seiner Gemahlin Bertha von Susa. Der Sohn des Dritten Heinrich und der Agnes von Poitou war schon als Knabe mit Bertha, der Tochter Ottos von Savoyen und der Markgräfin Adelheid von Turin, verlobt worden. Bald nach der im Jahre 1066 vollzogenen Vermählung aber vernachlässigte der König die ungeliebte Gemahlin in unwürdigster Weise und machte sie zum Gespött seiner Buhlerinnen und seines Hofes. Mit Hilfe gedungener Gesellen suchte er Bertha zur Untreue zu verlocken, um einen triftigen Scheidungsgrund zu finden; aber die stille, unscheinbare Frau ging makellos aus allen Anfechtungen hervor. Als Papst Gregor VII. den Bannstrahl gegen Heinrich schleuderte und alle sich von ihm abwandten, blieb Bertha ihm treu. Sie begleitete den von Verrat Umlauerten von Versteck zu Versteck — sie begleitete ihn auch, ihren zweijährigen Sohn Konrad auf dem Arm, im Dezember 1076 auf seiner tragischen Bußfahrt nach Canossa. Die Alpenpässe waren von den Häschern Rudolfs von Schwaben gesperrt; so mußte Heinrich seiner Schwiegermutter Adelheid eine reiche Pfründe am Genfer See abtreten, um die Genehmigung zur Überschreitung des Mont Cenis zu erkaufen. Im März 1084 empfingen Heinrich und Bertha aus der Hand des Papstes Clemens III. die Kaiserkrone, aber schon vier Jahre später starb die große Dulderin; es blieb ihr erspart zu erfahren, auf welch schnöde Weise ihre Nachfolgerin im Bunde mit ihren eigenen Söhnen den Kaiser verraten sollte. Durch ihre Tochter Agnes wurde Bertha die Ahnherrin eines neuen, ruhmvollen Herrschergeschlechts — der Hohenstaufen.

* 27. I. 1891 **LUISE BERTHOLD**

Die in Berlin geborene Professorin für Alt-Germanistik lehrte von 1923 bis 1957 an der Universität Marburg. Schon 1916 war sie dort Mitarbeiterin am Hessen-Nassauischen Wörterbuch geworden, dessen Leitung sie 1934 im Auftrag der Berliner Akademie der Wissenschaften übernahm und heute noch innehat. In die von ihr verfaßte Veröffentlichung des Instituts, das Hessen-Nassauische Volkswörterbuch, führte sie die dialektgeographische Betrachtungsweise ein und damit etwas für die damalige Lexikographie Revolutionierendes. Aus ihren Arbeiten seien die Aufsätze über die „Altsächsische Genesis", die „Kinderwiegenspiele" des Spätmittelalters und über „Sprachliche Niederschläge absinkenden Hexenglaubens" in der modernen Mundart herausgegriffen. Da ihr Vater, der Wissenschaftler war, früh starb, übte die Mutter den Haupteinfluß aus: „Als Oberförsterstochter war meine Mutter mit volkstümlichen Überlieferungen sehr vertraut und trug das auch ihren Kindern zu. Sie hatte ferner die Freundlichkeit, mir einen guten Humor zu vererben und eine lebhafte Freude an aller Drastik, wodurch ich ebenfalls ein Verhältnis zur Volkssprache gewonnen habe." Neben anderen Ehrungen erhielt die große Forscherin 1948 den theologischen Ehrendoktor, der bisher nur wenigen Frauen verliehen wurde. Brücken zur Theologie waren in ihrem wissenschaftlichen Werk ihre Studien zur geistlichen Dichtung des Mittelalters und die von ihr gesammelten mundartlichen Zeugnisse für die religiöse Haltung des Volkes in den verschiedenen Zeiten. Luise Berthold ist die einzige Frau unter den Verfassern der großen modernen Mundartwörterbücher Deutschlands. – Trotz ihrer vielfältigen wissenschaftlichen Arbeiten fand sie nach 1945 noch Zeit zur Mitarbeit im öffentlichen Leben, als Stadtverordnete, Abgeordnete im Landeswohlfahrtsverband Hessen und als Vorsitzende des Hochschulausschusses des Deutschen Akademikerinnenbundes.

Um 950 v. Chr. **BILQIS, KÖNIGIN VON SABA**

„Und da das Gerücht von dem großen König Salomo kam vor die Königin des Glücklichen Arabien, kam sie, ihn zu versuchen mit Rätseln. Sie kam nach Jerusalem mit sehr vielen Kamelen, die Spezereien trugen, und viel Goldes und Edelgestein. Und da sie zu Salomo kam, redete sie mit ihm alles, was sie sich vorgenommen hatte. Da aber die Königin sah alle Weisheit Salomos und das Haus, das er gebaut hatte, und die Speise für seinen Tisch und seiner Diener und Knechte Amt, Wohnung und herrliche Kleider und die Brandopfer, die er dem Hause des Herrn darbrachte, sprach sie zu ihm: Es ist alles wahr, was ich in meinem Lande gehört habe von deinem Wesen und von deiner Weisheit, und siehe, es ist mir nicht die Hälfte gesagt. Du hast mehr Weisheit und Güte, als ich vernommen habe. Und sie gab dem König hundertzwanzig Zentner Goldes und sehr viel Spezereien und Edelgestein. Und König Salomo gab ihr alles, was sie begehrte, und sie wandte sich und zog in ihr Land samt ihren Knechten . . ." So steht es im Ersten Buch der Könige. Die moderne Geschichtsforschung hat den Besuch bei König Salomo bestätigt. Der Bericht ist in ähnlicher Form, freilich orientalisch verbrämt, auch in den Koran eingegangen. Eine uralte äthiopische Überlieferung leitet die Herkunft des ersten äthiopischen Königs Menelik I. aus der Verbindung zwischen Salomo und „Bilqis" ab, wie die arabische Tradition die Königin von Saba benennt. Neuen Auftrieb erhielt die Sabaforschung durch die Entzifferung der berühmten „Schriftrollen vom Toten Meer". Mit besonderer Unterstützung des Königs von Jordanien hat eine umfangreiche wissenschaftliche Expedition im Sommer 1960 die Suche nach König Salomos Goldschatz aufgenommen.

CHARLOTTE BIRCH-PFEIFFER   13. VI. 1800 — 24. VIII. 1868

„Wohltäterin deutscher Schauspielkunst" – diesen Titel gab ihr Theaterdirektor Eduard Devrient, der sich zu seiner Zeit einen Namen als Darsteller, Regisseur und dramaturgischer Schriftsteller machte. Wohltäterin der Schauspielkunst konnte Charlotte Birch-Pfeiffer deshalb genannt werden, weil sie dank einer ausgeprägten poetischen Auffassung Geist, Feuer und Wahrheit in ihr Spiel brachte und weil sie zugleich sehr erfolgreich als Autorin von Bühnenstücken hervortrat; sie sind heute zwar vergessen, und ihr literarischer Wert ist nie bedeutsam gewesen, aber für die Entwicklung des deutschen Theaters übernahmen sie eine wichtige Aufgabe innerhalb des verfügbaren Repertoires und waren von nicht geringerer Wirkung als früher die Werke des Lustspieldichters August von Kotzebue. – Charlotte Birch-Pfeiffer wurde in Stuttgart geboren. Mit ihrem Vater kam sie 1806 nach München. Ein tragisches Ereignis sollte für Charlottes weiteren Weg schicksalhaft werden: Ihr Vater erblindete; als seine Vorleserin vertiefte sie sich immer mehr in die klassische Literatur und wurde von großer Leidenschaft zur Bühne gepackt. Als dreizehnjähriges Mädchen erschien sie erstmals an der Rampe. Von Hof und Publikum in hohem Maße ausgezeichnet, errang sie bald eine für ihre Jugend ungewöhnliche künstlerische Stellung. Gastspielfahrten führten Charlotte Birch-Pfeiffer nach Prag, Wien, Hamburg und Berlin. 1838 übernahm sie die Direktion der Züricher Bühne und viele Jahre später ein Engagement am Berliner Hoftheater, wo sie nahezu bis zu ihrem Tode gewirkt hat.

BIRGITTA VON SCHWEDEN   1303 — 1373

Birgitta von Schweden hat mit ihren „Offenbarungen" den ersten Beitrag Schwedens zur Weltliteratur geleistet. Sie wurde auf dem Hof Finstad in Uppland als Tochter eines hochgestellten Volksrichters geboren und zeigte schon in der Jugend Züge tiefer Religiosität. Erst dreizehnjährig, wurde sie aus politischen Erwägungen mit dem Adligen Ulf Gudmarsson verheiratet, mit dem die kaum den Kinderschuhen entwachsene Frau auf dem Gut Ulfassa in Västergötland ein frommes und wohltätiges Leben führte. Vier Söhne und vier Töchter (eine Tochter war die spätere hl. Katharina von Schweden, die das Erbe der Mutter weiterführte) entsprossen der Ehe. Auf einer Pilgerreise nach Spanien lernte sie erstmals die großen politischen Probleme der Zeit kennen: die fast unüberbrückbaren Gegensätze zwischen Kaiser und Papst, die babylonische Gefangenschaft der Päpste in Avignon, die endlosen Kämpfe zwischen England und Frankreich, die sozialen und moralischen Mißstände in fast allen europäischen Ländern. Nach der Heimkehr und dem bald darauf folgenden Tode des Gatten begann für Birgitta der Umschwung. Sie zog in die Nähe der Zisterzienserabtei Alvastra, wo sie die ersten Visionen und Offenbarungen empfing und aufzeichnete. Sie stiftete das Kloster Vadstens, die Wiege des Birgittenordens. 1349 verließ sie endgültig die Heimat und zog nach Rom. Hier begann sie ihre Reformarbeit, unermüdlich kämpfte sie gegen die Verderbnis der Zeit, warb für die Rückkehr des Papstes nach Rom und forderte durchgreifende sittliche Erneuerung. Sie war unbequem, aber von unermeßlichem Einfluß. Nach der Bestätigung ihres Ordens unternahm sie noch als Greisin eine Wallfahrt zum Heiligen Grab und starb nach der Rückkehr in der Ewigen Stadt die ihr zur zweiten Heimat geworden war. Neunzehn Jahre später wurde ihr die Ehre der Altäre zuteil.

11. IV. 1824 — 27. XI. 1894   JOHANNA VON BISMARCK

„Ich beginne dieses Schreiben damit, daß ich Ihnen von vornherein seinen Inhalt bezeichne: es ist eine Bitte um das Höchste, was Sie auf dieser Welt zu vergeben haben, um die Hand Ihres Fräulein Tochter. Ich verhehle mir nicht, daß ich dreist erscheine, wenn ich, der ich erst neuerlich und durch sparsame Begegnungen Ihnen bekannt geworden bin, den stärksten Beweis von Vertrauen beanspruche, den Sie einem Manne geben können. Ich enthalte mich auch jeder Beteuerung über meine Gefühle und Vorsätze in bezug auf Ihre Tochter, denn der Schritt, den ich tue, spricht lauter und beredter davon, als Worte vermögen . . ." Dies schrieb Otto von Bismarck im Dezember 1846 an Herrn von Puttkamer; es war „der glücklichste Schritt seines Lebens", denn Johanna wurde ihm eine treue, verehrende Gattin und liebende Mutter ihrer drei Kinder. Allerdings — hübsch war sie nicht; der bissige Holstein warf ihr vor, daß sie „nicht einmal kochen konnte, obwohl sie zeitlebens wie eine Köchin aussah . . ." Fern aller weiblichen Eitelkeit schrieb sie einmal: „Ich altes Ungetüm — kläglich sehe ich aus, magerer als die abgezehrtesten Hunde. Hübscher werde ich nicht, nur schrumpfig, braun und dürr wie ein hundertjähriger Tabaksbeutel . . ." Die schönsten Schilderungen der Gattin des Reichskanzlers verdanken wir Bismarcks langjährigem Leibarzt Schweninger: „Für die Fürstin ist Bismarck der Gott auf Erden; sie ist immer um ihn und auf das hingebendste bestrebt, ihm alles Gute zuteil werden zu lassen." Wenige Wochen vor Johannas Tod sprach Bismarck noch einmal mit Schweninger über seine Frau: „Ich habe nur noch sie — und wenn sie abberufen wird, möchte ich auch nicht hierbleiben. Man nennt mich immer fälschlich den ‚Einsiedler im Sachsenwalde'. Ich bin aber ein Zweisiedler . . . Alles, was ich geworden bin, verdanke ich meiner Frau . . ."

3. II. 1821 — 30. V. 1910   ELIZABETH BLACKWELL

Als Kind war Elizabeth Blackwell, die ihre Mutter schon früh verloren hatte, mit ihrem Vater und ihrer jüngeren Schwester Emily aus dem englischen Bristol nach Nordamerika gekommen. In New York besuchte sie die Schule und später das Lehrerinnenseminar, um sich bald selbst ihr Brot verdienen zu können. Aber niemals ließ sie ihr heimlich erstrebtes großes Lebensziel aus den Augen: den Arztberuf, der in Amerika den Frauen noch immer verschlossen war. Zwölf Universitäten wiesen ihre Bitte um Zulassung ab — endlich gelang ihr die Aufnahme in der Medical School von Geneva. Weder die spöttische Nichtachtung ihrer männlichen Studienkollegen noch die Skepsis ihrer Lehrer konnte sie von ihrem Wege abbringen: Im Jahre 1849 bestand sie als Beste ihres Jahrgangs und als erste Frau in Amerika das medizinische Doktorexamen. Da kein Krankenhaus die junge Ärztin anstellen wollte, fuhr sie nach Paris — hier aber wurde nicht einmal ihr Doktordiplom anerkannt. So eröffnete sie in New York ihre eigene Arztpraxis in einem mit geliehenem Gelde gekauften Haus, denn kein fremder Hausbesitzer wollte die Ärztin aufnehmen. Nach Jahren der Kämpfe kam endlich die Anerkennung der dankbaren Patienten; es kamen Reporter, es kamen neugierige Kollegen, und es kam Geld; und mit diesem Geld eröffnete sie 1857 das erste Frauen- und Kinderkrankenhaus New Yorks, dem sie wenige Jahre später ein medizinisches Frauen-College angliederte. Ein ähnliches Institut gründete Elizabeth Blackwell 1869 nach ihrer Rückkehr in die englische Heimat in London. Hier kämpfte die Unermüdliche auch, als Alter und Krankheit ihr die Ausübung der Praxis unmöglich machten, weiter in vielen Aufsätzen für die Verbesserung der öffentlichen Hygiene, für eine behutsame Aufklärung der Jugend und für den Ausbau der allgemeinen Krankenversicherung. Von ihr stammt das längst zum Gemeinplatz gewordene Wort „Vorbeugen ist besser als Heilen!"

MADAME BLANCHARD 1778 — 1819

Am 15. Januar 1785 erhob sich ein gasgefüllter Ballon von den Kreidefelsen der englischen Küste und landete zweieinhalb Stunden später in den Baumkronen von Calais. Zwar mußten die beiden Luftschiffer, Jean Pierre Blanchard, ein Franzose, und Dr. Jeffries, ein Amerikaner, im wörtlichen Sinne das Letzte hergeben: ihre Instrumente, ihre Handbücher, ihre Kleidung, das Tauwerk, zuletzt auch noch die Gondel — sie hingen festgebunden im Netz —, aber das Meer lag bezwungen hinter ihnen. Seit der Überwindung des Ärmelkanals wurde Blanchard der fliegende Schausteller Europas, und zum erstenmal wagte auch ein „Frauenzimmer" die Luftreise, Blanchards junge Frau. Zuerst unter der Obhut Jean Pierre Blanchards und mit ihm gemeinsam, dann als Alleinfliegerin, zählte sie in der Folge zu den kecksten „Luftgauklern" und „fliegenden Wandersleuten" ganz Europas. Ihre Ballonaufstiege gehörten zu den Jahrmarktereien aller großen Städte Deutschlands, Frankreichs und Englands. Sie steigerte die Sensationen für das Publikum mit tollkühnen Kunststücken, dramatisierte die Schaustellungen mit dreister Artistik außerhalb der Gondel und am Netz. Das ambulante Gewerbe, das sie vertrat, wurde zu einem einträglichen Geschäft, zumal die Stadtobrigkeiten es sich zur Ehre anrechneten, sie nach beendeter Fahrt wie eine Fürstin zu hofieren. Ihr Bordbuch wies siebenundsechzig mehr oder weniger glorreiche Flüge auf, als sie den Parisern den Clou des Jahrhunderts versprach: Ein Raketenfeuerwerk sollte sich aus dreihundert Meter Höhe über den Vergnügungsplatz Tivoli ergießen. Es wurde ihr Todesflug. Vor den entsetzten Zuschauern stürzte sie, die brennende Ballonhülle über sich, vom dunklen Himmel und zerschmetterte auf dem Dach eines Hauses. Als man sie zu Grabe trug, gab ihr ganz Paris das Trauergeleit.

HEDWIG BLEIBTREU 23. XII. 1868 — 25. I. 1958

Ihre Freunde nannten sie „Urmutter aller Schauspieler", „Urmutter aller Mütter". Hedwig Bleibtreu, deren Bühnenlaufbahn in einer bayerischen Volkstheatergruppe als Mundarten-Schauspielerin begann und sieben Jahrzehnte währte, gehörte zu den Künstlerinnen, denen das Wiener Burgtheater seinen Weltruhm verdankt. Sie stammt aus Linz an der Donau, wo sie als Tochter eines Schauspieler-Ehepaares geboren wurde. Nach dem Besuch einer Schauspielschule in Wien wurde sie 1885 ans Stadttheater Augsburg engagiert und kam über die Bühnen von Brünn, Berlin, Kassel und München 1892 an das Karlstheater in Wien. Im Jahre darauf trat sie an der Seite ihres Vaters zum erstenmal am Burgtheater als Klärchen in „Egmont" auf, erhielt 1895 den Titel „Hofschauspielerin" und 1906 einen lebenslänglichen Vertrag am Burgtheater, wo sie zum letzten Male 1955 in Charles Morgans „Die unsichtbare Kette" auf den Brettern stand. Fast alle klassischen Rollen gehörten zu ihrem Bühnen-Repertoire, aber sie war nicht nur die „große Tragödin", die über eine Stimme mit „tausend Schattierungen" verfügte, sondern auch eine urwüchsige Volksschauspielerin und in reiferen Jahren das Muster einer Salondame. Sie war bereits über sechzig Jahre alt, als sie 1930 die erste Filmrolle übernahm. Nach ihrem Debüt in „Das Lied ist aus" folgten Filme, die ihre hervorragende Schauspielkunst und ihre markanten, unsentimentalen Frauentypen in weiten Kreisen bekannt und populär machten, u. a. „Pygmalion", „Episode", „Die ganz großen Torheiten", „Operette", „Wiener G'schichten", „Wiener Blut", „Frauen sind keine Engel", und nach dem zweiten Weltkrieg: „Wiener Mädeln", „Wiener Melodien", „Alles Lüge", „Der Engel mit der Posaune", „Der dritte Mann", „Großstadtnacht", „Gefangene Seele". Von ihren Filmen bleibt vor allem ihre Glanzrolle in dem Zeitfilm „Der dritte Mann" unvergessen.

17. IV. 1885.— 1. IX. 1962   **KAREN BLIXEN**

Albert Schweitzer und Ernest Hemingway haben erklärt, daß sie eigentlich im Interesse der dänischen Baronin Karen Blixen-Finecke auf den ihnen verliehenen Nobelpreis hätten verzichten müssen. Die durch ein solch ungewöhnliches Lob geehrte Dichterin und Essayistin, die sich auch als Tanja Blixen, Isaac Dinesen, Pierre Andrézel und vermutlich noch mit manchen anderen bislang nicht bekanntgewordenen Pseudonymen ihrer zahlreichen Leserschaft in der ganzen Welt vorzustellen beliebt, wurde 1885 zu Rungstedlund auf Seeland als Tochter eines Hauptmanns geboren, wuchs auf verschiedenen Herrensitzen auf, lebte viel auf Reisen und über ein Jahrzehnt als Besitzerin einer Kaffeeplantage und als Großwildjägerin im Innersten Afrikas. Heute verwaltet sie wieder den alten Familienbesitz. Sie schreibt mehr aus Lust und Laune als aus einem inneren Zwang, und zwar teils in dänischer, teils in englischer Sprache. Ihre von einer geradezu unheimlichen Phantasie beflügelten Bücher bringen dem Leser jeweils neue Überraschungen, verzaubern ihn, obwohl sie im Grunde ihres Wesens nur Wirklichkeit bieten. Die „Sieben gotischen Geschichten" verbinden Intuition und Faszination, Welt und Witz, Magie und Mystik. Auch der Bericht „Afrika, dunkel lockende Welt" verkehrt hintergründig das Dunkelste ins Hellste und holt gleichzeitig das Tiefste an die Oberfläche. Die stolze Freiheit des Menschentums, die sich hier noch ganz mit jener nicht minder erhabenen Freiheit der Natur verbindet, bestimmt auch alle weiteren Geschichtsbücher der Dichterin, sie ist selbst noch in jenem höchst seltsamen, anfangs verleugneten Roman „Die Rache der Engel" zu verspüren. Immer bleibt Karen Blixen zwischen ihren Anregern und Vorbildern, der griechischen Tragödie, Racine, E. T. A. Hoffmann, Hans Christian Andersen und Edgar Allan Poe, eine souveräne Künstlerin, die die Wirklichkeit verdichtet, verwandelt und verklärt.

1527 — 1597   **BARBARA BLOMBERG**

Im Sommer 1546 hielt der am 24. Februar 1500 geborene Kaiser Karl V., der Herr der Welt, in dessen Landen die Sonne nicht unterging, Reichstag zu Regensburg. Die Fürstenherberge „Zum Goldenen Kreuz" war sein Hoflager; hier wird ihm zum erstenmal die neunzehnjährige Barbara begegnet sein, die wegen ihrer Schönheit stadtbekannte Tochter der reichen und angesehenen Gürtlerseheleute Wolfgang und Sibylla Plumberger. Die Neigung des Kaisers für das Bürgermädchen blieb nicht unbemerkt, und als Barbara am 24. Februar 1547 einen Knaben gebar, da wußte jedermann, daß Vater und Sohn am gleichen Tage Geburtstag hatten. Drei Jahre später wurde das Kind unter starker Bewachung nach Spanien gebracht – ohne die Mutter, die den Kaiser nie wiedergesehen hat. Sie erhielt eine Jahresrente von vierhundert Talern und fünftausend Gulden Heiratsgut, das ihr die Eheschließung mit einem Offizier der Kronregimenter erleichterte. In einem geheimen Testamentsnachtrag empfahl Karl den Sohn der Fürsorge Philipps II., der sich gehorsam zu seinem Stiefbruder bekannte, ihm den Namen Don Juan d'Austria gab und seine sorgfältige Erziehung sicherte. Die früh verwitwete Mutter verfolgte von Brüssel aus, wo sie sich Barbara Blomberg nannte, den kometenhaften Aufstieg ihres Sohnes, der seine Laufbahn mit dem Seesieg von Lepanto krönte. Nur einmal noch sind Mutter und Sohn einander begegnet, im Herbst 1577 – und bei diesem Gespräch erreichte der Sohn, was andere vergeblich erbeten hatten: Barbara verließ die Niederlande, um Don Juans Wirken als Generalstatthalter nicht zu erschweren. In Zurückgezogenheit verbrachte sie ihre letzten Jahre in Spanien, wo sie am 18. Dezember 1597 gestorben ist. In ihrem Nachlaß fand man ein Bild Don Juans und einen Wappenring des kaiserlichen Vaters.

AGNES BLUHM

1862 — 1944

Zu den Frauen, die sich ihre medizinische Laufbahn erkämpfen mußten, gehört auch Agnes Bluhm. Sie wurde in Konstantinopel geboren, wo ihr Vater, vormals preußischer Offizier, osmanischer Divisionsgeneral war. In Deutschland hätte sie nur den Lehrberuf ausüben können, darum ging sie nach Zürich, machte dort ihre Reifeprüfung und verlebte glückliche Studienjahre bis zur Ablegung ihres Staatsexamens und der Promotion zum Dr med. 1890 ließ sie sich als dritte Ärztin in Berlin nieder, neben Dr. Lehmus und Dr. Tiburtius, mit denen sie in harmonischer Berufsarbeit an der Klinik weiblicher Ärzte wirkte. Wie ihre Arztkolleginnen sah sie ihre Aufgabe in sozial-hygienischem Wirken für die minderbemittelte berufstätige Frau und Mutter. Sie gründete soziale Hilfsgruppen für Frauen und legte dadurch in Zusammenarbeit mit andern den Grund zu den später entstandenen sozialen Frauenschulen. Auch ihre Privatpraxis fand bald großen Zuspruch. Größere Berufsverbände beriefen sie zur Behandlung ihrer weiblichen Mitglieder. Sie veranlaßte die Einsetzung weiblicher Fabrikinspekteure. In wissenschaftlichen Handbüchern bearbeitete sie die Kapitel über Hygiene und Gynäkologie. 1905 machte ein schweres Ohrenleiden die weitere Ausübung ihrer Praxis unmöglich. Agnes Bluhm gab nicht auf. Sie widmete sich um so mehr ihrem sozialen Wirkungsfeld und ihren Forschungen auf dem Gebiet der erbbiologischen Wissenschaft. Man berief die gelehrte Frau nach dem ersten Weltkrieg an das Kaiser-Wilhelm-Institut für Biologie in Berlin-Dahlem. Hier vollbrachte sie Riesenleistungen an Fleiß und Ausdauer, vor allem mit ihren Arbeiten über „Alkohol und Nachkommenschaft", für die sie 1932 die silberne Leibniz-Medaille erhielt. Weitere Auszeichnungen waren zu ihrem 70. Geburtstag die silberne Staatsmedaille für Verdienste um die Volksgesundheit und 1940 die Goethe-Medaille für Kunst und Wissenschaft, die ihr als erster deutscher Frau verliehen wurde.

HELENE BÖHLAU

22. II. 1859 — 26. III. 1940

Ihre Großmutter wußte noch von Goethe zu erzählen, sein Schatten schwebt auch hie und da noch über dem „leichten, lustigen Gesindel", das Helene Böhlau in ihren „Ratsmädelgeschichten" lebensvoll dargestellt hat; mit diesen gesunden, frischen Erzählungen schrieb sich die Dichterin in die Herzen der Frauen und Mädchen ein. Thema fast aller ihrer Werke sind Charakter, Stellung und Recht der Frau und Mutter, Darstellungsform ist eine realistische, symbolisch überhöhte und wandlungsreiche Sprache. In dem Roman „Das Recht der Mutter" schlägt sie einen kämpferischen Ton an, der genau der Zeitstimmung der Romanfabel entspricht; ihr Roman „Am Rangierbahnhof" packt durch die sprühende Farbigkeit und ergreifende Herzenswärme, mit der das Leben einer Malerin erzählt ist. Die Strömungen der Jugendbewegung werden im „Garten der Frau Maria Strom" lebendig. „Die Freundlichen, die Heiteren sind die wahren Helden, nicht die, die dem Leben eckig und sperrig gegenüberstehen. Das einzige, was auf Erden das Herz ruhig und glücklich macht, ist: gut miteinander sein" — diese einfache Formel bildet die Grundmelodie in Helene Böhlaus Leben und Werk, durch das der feine Duft von Reseden und Hyazinthen weht, Erinnerung und Sehnsucht weckend. Den Kreis wohltuender Herzhaftigkeit hat sie in ihrem einzigen „literarischen" Werk „Der gewürzige Hund" durchbrochen; hier stellt sie das tragische Schicksal der berühmten Charlotte Stieglitz dar, die sich tötete, um ihren Mann durch den ihm zugefügten „heiligen Schmerz" zum Dichter zu machen; das junge Deutschland von 1835 hatte diese Frau als „Weltheilige" verehrt. Doch ist Helene Böhlau zur reinen Dichtung zurückgekehrt, ihre beste Erzählung trägt den Titel „Die Kristallkugel".

1879 — 1936 ## CLARA BOHM-SCHUCH

Man tut gut daran, sich zu erinnern, daß das erste deutsche Kinderschutzgesetz vor etwas über einem halben Jahrhundert — 1903 — in Kraft getreten ist, wenn man die aufopfernde Arbeit der unzähligen und ungenannten Frauen und Männer richtig würdigen will, die sich seitdem unablässig um eine Verbesserung und Erweiterung der Kinder- und Jugendschutzbestimmungen bemüht haben und noch bemühen. Aber man sollte immer wieder derer gedenken, die erst die Grundlagen zu einer solchen Gesetzgebung schufen. Zu ihnen gehört Clara Bohm-Schuch, die Armeleutetochter aus Stechow in der Mark, die als junges Mädchen nach Berlin zog, in die Reichshauptstadt, in der sie sich — zuerst als Schreibfräulein, später als Chefsekretärin und Korrespondentin — von Anfang an ihr Brot selbst verdienen mußte. Schon früh zeigte sich ihre schriftstellerische und rednerische Begabung, die sie bald mit wachsendem Erfolg in den Dienst der sozialistischen Arbeiterbewegung stellte. Ihre Gedichte und Aufsätze fanden ein ebenso starkes Echo wie ihre Reden auf Kongressen, Tagungen und Versammlungen, in denen sie mit besonderem Nachdruck auf die Notwendigkeit einer Bekämpfung der erschreckend hohen Säuglingssterblichkeit, auf die dringend erforderliche Hilfe für die werdende und stillende Mutter und die Einrichtung von Mütterberatungsstellen hinwies. Sie wirkte in den Kinderschutzkommissionen mit und ermöglichte in Zusammenarbeit mit dem Berliner Stadtverordneten Emil Wutzky die Eröffnung des ersten Berliner Heims für die berufstätige Jugend. Während des ersten Weltkrieges versuchte sie mit allen ihr zur Verfügung stehenden Mitteln, die Kriegsnot der hungernden und verwahrlosenden Jugend zu lindern, und nach dem bitteren Ende wirkte sie als Mitglied der Nationalversammlung und des Reichstages im Sinne ihrer Ideale, bis Hitlers Machtergreifung ihrer sozialpolitischen Tätigkeit ein gewaltsames Ende setzte.

9. IV. 1773 — 16. V. 1841 ## MARIE ANNE VICTORINE BOIVIN

Die Ehrendoktorin der Universität Marburg, Ehrenmitglied der Kgl. Gesellschaft der Medizinischen Wissenschaften in Bordeaux, Trägerin der Goldenen Zivilverdienstmedaille Preußens starb in bitterster Armut, notdürftig unterstützt durch die öffentliche Fürsorge. Eine zehrende Krankheit, deren Ursache niemand erkannte, hatte die berühmteste zeitgenössische Vertreterin der „Entbindungs- und Hebammenkunst" auf das Krankenlager geworfen, sie, die Unzähligen geholfen hatte, konnte sich selber nicht mehr helfen. In dem Schreiben an die medizinische Fakultät der Universität Marburg, in dem sie sich für das Ehrendoktorat der Heilkunde bedankte, hatte sie geschrieben: „Wenn man alles, was das Leben schmücken und verschönern kann, zum Opfer bringt, um sich fortwährend den Mühseligkeiten des Studiums, den Unannehmlichkeiten der Praxis, den Beschwerlichkeiten des Unterrichts und der Heilkunde zu unterziehen, so hat man nur die Pflicht als Arzt erfüllt." Marie Anne Boivin aus Montreuil bei Versailles war ein Leben lang nicht nur von ihren Berufsgefährtinnen, sondern auch von den Ärzten als Vorbild verehrt worden. Königinnen und Kaiserinnen bemühten sich vergebens, sie an ihren Hof zu ziehen, die geistreichsten Frauen suchten ihre Freundschaft, bedeutende Maler rechneten es sich zur Ehre an, die Frau malen zu dürfen, auf welche „die wissenschaftlichen Kreise der meisten europäischen Länder schauten". Sie blieb, unbeirrt vom Ruhm, ihrer Arbeit in den Hospitälern und in den Krankenstufen treu und gab uneigennützig ihre Berufserfahrungen in international beachteten medizinischen Büchern und in Kollegen- und Schülerkreisen bekannt. Die von ihr erfundenen Operationsinstrumente übergab sie ohne jeden persönlichen Nutzen in die allgemeine ärztliche Praxis. In der Geschichte, nicht nur der Frauenheilkunde, sondern auch der allgemeinen Medizin ist der Hebamme Boivin ein Ehrenplatz zuteil geworden.

ANNA BOLEYN

1507 — 19. V. 1536

Am 19. Mai 1536 endete der Königstraum der Hofdame Anna Boleyn, Marquise von Pembroke. Auf dem Grasplatz des Londoner Tower fiel ihr Haupt auf dem mit rotem Samt beschlagenen Schafott, nachdem sie drei Jahre lang die Krone der englischen Königinnen als Gemahlin Heinrichs VIII. getragen hatte. — Sie wurde mit zwanzig Jahren als Hoffräulein in das Gefolge der ersten Frau Heinrichs, Katharina von Aragon, aufgenommen. Ihre auffällige Schönheit, das geistsprühende, kokette Wesen reizten den König, der um sechs Jahre älteren Königin überdrüssig war. Aber alle seine Bemühungen, das Mädchen zu gewinnen, scheiterten an der festen Haltung der Hofdame. Anna Boleyn war durch das Beispiel ihrer Schwester gewarnt, die vom König verführt und dann verlassen worden war. Nur mit dem Titel einer rechtmäßigen Ehegattin wollte sie dem König gehören. Heinrich VIII. setzte alle politischen Machtmittel in Bewegung, um vom Papst eine Scheidung von Katharina zu erreichen. Die Königin selbst verweigerte ihre Einwilligung und wurde darin von ihrem Neffen, Kaiser Karl V., unterstützt. Kurzentschlossen verstieß Heinrich seine Gattin, erklärte sich selbst zum Oberhaupt der Kirche in England, erreichte durch willfährige Elemente ein Scheidungsurteil und heiratete Anna Boleyn. Nach wenigen Jahren schon erlosch seine Neigung zu der früh Verwelkten, und als durch die Geburt einer Tochter seine Hoffnung auf einen Thronerben nicht erfüllt wurde, beschloß er, sich auch dieser Frau zu entledigen. Eine Unvorsichtigkeit Annas, die bei einem Turnier einem Edelmann offensichtlich ihre Gunst gezeigt hatte, gab ihm den Grund, sie wegen Ehebruchs verurteilen und hinrichten zu lassen. Am Tage nach ihrem Tode heiratete er die schöne Johanna Seymour, eine Hofdame Anna Boleyns.

CAROLINE BONAPARTE

26. III. 1782 — 18. V. 1839

Für einen Komödiendichter von Rang gäbe es kaum ein prikkelnderes historisches Thema als die Schwestern Napoleons, die er aus der korsischen Heimat an den französischen Hof berufen hatte. Dort prangten sie nicht nur im Nimbus der Neureichen, die sich mühten, die Allüren der Aristokratie nachzuahmen; sie entwickelten sich auch zu hochgradigen politischen Intrigantinnen. Während ihr großer Bruder sie als attraktive Figuren im Schachspiel seiner Diplomatie einzusetzen versuchte, trieben sie ihr eigenes ehrgeiziges Spiel mit ihm, ja gegen ihn, so daß er eines Tages verzweifelt ausrief: „Die Weiber sind verrückt geworden." Es war Napoleons Lieblingsschwester Caroline, die das Ränkespiel am besten verstand. Es gelang ihr, die wichtigsten Männer des Staates zu ihren Freunden zu machen. Neben Minister Talleyrand zählten der Stadtkommandant von Paris, Junot, sowie der eiskalte Polizeiminister Fouché zu ihren glühenden Anbetern, selbst der österreichische Gesandte Metternich unterwarf sich der machthungrigen Intrigantin. Caroline heiratete im Jahre 1800 den Husarenoffizier Joachim Murat, einen Draufgänger im Kriege, dem indessen die nötige Zivilcourage fehlte. Er ließ es geschehen, daß Caroline seine Erhebung zum Großherzog von Berg durchsetzte (1806); sie erreichte auch, daß sich die Königskrone von Neapel auf sein Haupt herabsenkte; der Krönungstag war der Höhepunkt ihres listenreichen Lebens. Als der Thron von Neapel ins Schwanken geriet, versuchte das Paar Caroline-Murat unter Anlehnung an Österreich den Abfall von Napoleon. Die Neapolitaner aber erschossen ihren König, als der Korse 1815 besiegt war. Caroline floh nach Österreich und starb dort im Exil.

3. I. 1777 — 6. VIII. 1820   **ELISE BONAPARTE**

Elise war zwar die intelligenteste unter Napoleons Schwestern, die dem Herrn Europas oft genug nicht nur sein Spiel, sondern auch das moralische Ansehen der Familie Bonaparte verdarben; aber sie hatte nicht das politische Format ihrer beiden jüngeren Schwestern Pauline und Caroline. Sie wird als zänkisch geschildert, und ihr Mann, der korsische Offizier Pasquale Bacciochi, hatte keine guten Tage bei ihr, da er nicht zu bewegen war, das Spiel Elisens um Macht und Ruhm mitzuspielen; er zog es vor, zur Violine zu greifen und seinen Kummer in schmelzenden Tönen zu ertränken. Er scheint auch das repräsentative Pathos mißachtet zu haben, das seiner Gattin zum Lebensbedürfnis geworden war. Sie liebte es, hoch zu Roß feurige Ansprachen an die Truppen ihres Mannes zu halten, während er — der auf ihr Betreiben Kriegsminister geworden war — sich bescheiden im Hintergrunde hielt und sich auch vom Publikum anschreien ließ, wenn irgendeine Wendung bei den Paraden nicht klappte. Sie studierte an seiner Statt Straßenbau und studierte die Staatskunst Macchiavellis, verging sich aber vor Neid über die Prachtentfaltung vor allem ihrer Schwester Pauline, die sich Milchbäder richten ließ und einen königlichen Hofstaat unterhielt. Sie setzte schließlich 1805 ihre Erhebung zur Fürstin von Piombino und Lucca, später sogar zur Großherzogin von Toscana durch. Talleyrand verlieh ihr den spöttischen Titel einer „Semiramis von Lucca", aber mit ihrem Mann war nun einmal kein Staat zu machen. Und während ihre Schwestern Staatsmänner, Generäle und Diplomaten zu Freunden hatten, mußte sie sich mit einem allerdings berühmten Künstler wie Paganini begnügen, der später jedoch Pauline den Vorzug gab. Sie starb vor ihren Schwestern 1820.

24. VIII. 1750 — 2. II. 1836   **LÄTITIA BONAPARTE**

Als Napoleon I. auf dem Höhepunkt der prunkenden Macht seines selbstherrlichen Kaisertums stand, sah Lätitia Bonaparte, seine lebenskluge und von all dem äußeren Glanz unbeeinflußte Mutter, bereits das Ende nahen. Selbst die Legitimierung des Usurpatoren-Thrones durch die Heirat mit der österreichischen Kaisertochter Marie-Louise ließ ihr Mißtrauen nicht einschlafen. „Wir müssen sparen", sagte sie, als die Pariser Bevölkerung anläßlich der Hochzeitsfeierlichkeiten durch kühle Zurückhaltung ihre wachsende Unzufriedenheit mit dem Kaisertum zum Ausdruck brachte, „niemand kann wissen, wie lange die Komödie noch dauert!" Lätitia stammte aus einem alten italienisch-korsischen Patrizierhaus. Sie wurde in Ajaccio auf Korsika geboren und wuchs zu einer strahlenden, auffallenden Schönheit heran. Noch in ihrem sechsten Lebensjahrzehnt bewunderte man ihre klassischen Züge, die sich mit der natürlichen, ungekünstelten Hoheit und Würde der Gestalt zu einem Bild prachtvoller Frauenschönheit vereinten. Mit vierzehn Jahren heiratete sie den Advokaten Carlo Bonaparte in Ajaccio. In zwanzigjähriger Ehe schenkte sie ihm fünf Söhne und drei Töchter. 1785 starb ihr Mann und ließ seine Familie in äußerst dürftigen Verhältnissen zurück. Lätitia lebte von einer kleinen Pension in Marseille. Napoleons Aufstieg führte sie nach Paris, wo sich die „Madame Mère" mit der Thronbesteigung des Korsen in das Hofzeremoniell einfügen mußte. Entgegen ihrem allen äußeren Prunk ablehnenden Willen erhielt sie einen der Stellung als Kaiserin-Mutter entsprechenden Hofstaat und wurde zur Patronin aller französischen Wohltätigkeitsanstalten ernannt. Nach dem Sturz des Kaisers teilte sie mit ihm die Verbannung in Elba und ging 1815, als Napoleon nach Helena gebracht wurde, zu ihrem Stiefbruder, dem Kardinal Fesch, nach Rom.

ROSA BONHEUR
22. III. 1822 — 25. V. 1899

Paris, im Juni 1853. Napoleon III., seit einem Jahre Kaiser der Franzosen, und Kaiserin Eugènie eröffnen den „Salon", die alljährliche Große Kunstausstellung der Hauptstadt. Im ersten Saal verweilt das Herrscherpaar lange vor einem riesigen Gemälde, einer lebensprühenden, kraftvollen Gruppe schnaubender Rosse. In die Bewunderung der künstlerischen Leistung mischt sich das Erstaunen darüber, daß unter dem großartigen Werk der Name einer bisher kaum bekannten Malerin steht: Rosa Bonheur. — Die Lehrerstochter aus Bordeaux mußte schon früh zum Unterhalt der Familie beitragen, zuerst als Näherin, später mit kleinen Gelegenheitsmalereien, deren Ertrag ihr eine gründliche künstlerische Ausbildung sicherte. Von Anbeginn kreiste Rosas malerisches Interesse um das Tier: In Bücherkabinetten und Museen, in zoologischen Instituten und Tiergärten studierte sie unermüdlich die geliebten Wesen, denen sie bis in die Schlachthäuser und Pferdemärkte folgte — in Männerkleidung, um den Nachstellungen der Viehtreiber zu entgehen. Nach dem Ausstellungserfolg von 1853 konnte sie endlich den Traum ihres Lebens verwirklichen — in Bry bei Fontainebleau schuf sie sich ihren eigenen Tierpark, in dem es edle Araberpferde, Elche, Gazellen, Schildkröten und sogar Löwen gab. „Ich stelle sie als schöpferische Künstlerin über alle anderen Frauen", sagte Victor Hugo von der „Diana von Fontainebleau", die vier Jahre vor ihrem Tode das Offizierkreuz der Ehrenlegion erhielt. Das Pferdebild, das ihren Weltruhm begründet hatte, erwarb der nordamerikanische Eisenbahnkönig Cornelius Vanderbilt für 268 000 Franken und schenkte es dem Metropolitan Museum in New York.

CATHERINE BOOTH
17. I. 1829 — 4. X. 1890

Die „Mutter der Heilsarmee", Catherine Booth, kam in Ashbourne in England zur Welt, ein zartes Mädchen, das sich von wilden Kinderspielen fernhalten mußte und schon mit zwölf Jahren die Bibel achtmal gelesen hatte. Von ihrer tief religiösen Mutter sorgfältig erzogen, wurde der Sechzehnjährigen nach schwerem Seelenkampf die Gewißheit des Heils zuteil. Ihr Weg war vorgezeichnet. Sie fand in William Booth, dem Prediger einer Methodistenkirche, den gleichgestimmten Gefährten, den sie 1855 heiratete. In Aufsätzen und einer weltbekannt gewordenen Broschüre trat sie für das Recht der Frau auf das Predigtamt ein und begann bald danach, gedrängt von einer Stimme, die während des Gottesdienstes zu ihr sprach, selber zu predigen. Als eine Konferenz in Liverpool ihrem Mann eine Kirchengemeinde anbot, rief sie von der Galerie herab ihr berühmtes „Niemals!" Fortan widmeten sich beide selbständig, nur von ihrem Gewissen geleitet, zunächst von einem Zelt im östlichen London aus der „christlichen Mission" unter den Verwahrlosten und bauten dann gemeinsam die Heilsarmee auf; er als deren schöpferischer Geist, sie als Ausgestalterin der Einzelheiten und Ratgeberin in geschäftlichen Angelegenheiten. Catherine Booths Lehre von der Heiligung, ihre Predigten über praktisches Christentum, ihr Kampf für die Frauen wirkten weit über England hinaus und erwiesen sie als eine der bedeutendsten weiblichen Persönlichkeiten ihrer Zeit. Trotz ihrer übermäßigen Arbeitsfülle versäumte sie auch als Ehefrau und Mutter keine Pflicht und ermöglichte ihren acht Kindern ein Familienleben, das sich, wie ihre älteste Tochter einmal äußerte, gleichsam vor den Toren des Himmels abspielte. Sieben dieser glücklichen Kinder dienten später in der von den Eltern gegründeten Organisation.

* 10. IV. 1903 ## CLARE BOOTHE LUCE

Die Musikantentochter aus New York hat das Thema „Die Frau in der Politik" um ein spannendes und amüsantes Kapitel bereichert. Als Elfjährige spielte sie zum erstenmal Theater – ein gefesseltes Mädchen, im Munde einen Knebel, von dem später viele wünschten, er wäre nie wieder entfernt worden. Sechs Jahre hielt ihre erste Ehe, dann begann sie – als geschiedene Frau mit einer Abfindung von einer halben Million Dollar – eine bienenhaft fleißige literarische Tätigkeit. Eines ihrer ersten Bühnenstücke, die soziale Satire „Frauen", wurde ein großer Erfolg. „Sie war hart, hart wie Kristall", sagte eine Freundin von ihr, „und nur am Vorwärtskommen interessiert!" Dazu verhalf ihr auch ihre zweite Ehe mit Henry R. Luce, dem allmächtigen Zeitungsmagnaten der Zeitschriften „Times", „Life" und „Fortune". Nachdem sie vier Jahre lang den Staat Connecticut als Abgeordnete im amerikanischen Repräsentantenhaus vertreten hatte, vollzog sie – unter dem Eindruck des Todes ihrer geliebten Tochter, die bei einem Autounfall ums Leben kam – ihren Übertritt zum Katholizismus. Erst Eisenhowers Kandidatur für das Präsidentenamt rief sie ins politische Leben zurück, und mit Hilfe der von ihr mobilisierten großen Frauenorganisationen gewann Eisenhower die Wahlen. Der Lohn blieb nicht aus: Im Jahre 1953 wurde Clare Boothe Luce – als erster weiblicher Botschafter Amerikas bei einer europäischen Großmacht – Botschafterin der Vereinigten Staaten in Rom. Drei Jahre langt wirkte die schöne, kluge und ehrgeizige Frau auf diesem wichtigen Posten, der ihr auch willkommene Gelegenheit zu privaten Beziehungen zum Vatikan gab, was freilich in Washington nicht ohne Besorgnis beobachtet wurde. Seit ihrer Rückkehr in die Heimat widmete sich die ehemalige Diplomatin wieder mit gewohnter Energie ihrer schriftstellerischen Arbeit und beschickte die Kunstausstellungen mit – von der freundlichen Kritik als Laienkunst nachsichtig beurteilten – Malereien.

29. I. 1499 — 20. XII. 1552 ## KATHARINA VON BORA

Die Lehren Luthers, seine Angriffe gegen die päpstliche Autorität und die Erklärung von der Nichtverbindlichkeit der Mönchsgelübde drangen auch durch die Mauern der zahlreichen Klöster und schufen dort Unruhe und Zweifel an dem Sinn des weltabgewandten Lebens. Besonders in den Nonnenklöstern, wo zu jener Zeit oft weniger der eigene Wille und Berufung des Herzens als die praktische Frage einer lebenslänglichen Versorgung die Annahme des Schleiers bewirkt hatte, führte die Erregung des geistigen Umbruchs zu Massenfluchten in die ungebundene Freiheit der Weltlichkeit. – In der Karfreitagnacht des Jahres 1523 entflohen heimlich neun Nonnen aus dem Zisterzienser-Kloster Nimptschen bei Grimma in Sachsen. Ihre Führerin war die vierundzwanzigjährige Katharina von Bora, die bereits als Kind zu ihrer Tante ins Kloster gebracht worden war und später die Gelübde abgelegt hatte. Sie stammte aus einem alten, verarmten Meißener Adelsgeschlecht. In dem Haus eines Torgauer Ratsherrn fanden die Mädchen erste Aufnahme. Von dort gingen sie nach Wittenberg, um sich an Luther um Rat und Hilfe zu wenden. Der Reformator brachte die Flüchtlinge in Bürgerfamilien unter und war auch weiter für ihr Wohl bemüht. Besondere Schwierigkeiten machte ihm die Gestaltung des Schicksals der jungen Adeligen. Seine Versuche, sie mit einem befreundeten Prediger in Orlamünde zu verheiraten, scheiterten an dem Widerstand Katharinas. Als er durch Bekannte hörte, daß sein Schützling mit einer Heirat mit Luther selbst einverstanden wäre, machte er sie zu seiner Frau, um sich „der Verlassenen zu erbarmen". Den großen Haushalt Luthers führte Frau Katharina mit Umsicht, und sie war dem oft leidenden Gatten eine liebevolle Pflegerin. Katharina schenkte ihm drei Söhne und drei Töchter. Sie starb als Witwe an der Pest.

RENEE BORDEREAU

1770 — 1828

Im März 1793 erschienen in den Pächterkaten und Gehöften der Vendée die Werber des Pariser Konvents und begannen mit der Zwangsaushebung der Bauern und Landarbeiter. Noch am gleichen Tage erhoben die königstreuen Vendeer die Fahne des Aufruhrs und formierten sich in Feldeinheiten und Partisanentrupps zum Freiheitskampf gegen die „höllischen Kolonnen" der Revolution. Obwohl man ihre Wälder und Weiler in Brand steckte, die Mobilien, das Vieh, die Frauen und Kinder ins Innere Frankreichs verschleppte, den Besitz der Insurgenten konfiszierte und die Gefangenen niedermetzelte, gelang es den Aufständischen, sich jahrelang gegen große reguläre Armeen zu behaupten. Die Chronik dieser blutigen Jahre — hundertfünfzigtausend Vendeer fanden den Tod — verzeichnet unbeschreibliche menschliche Tragödien und Beispiele erbitterten Mutes. Unter den Männern und Frauen des Landes ist die Bäuerin Renée Bordereau aus dem Departement Maine-et-Loire noch heute unvergessen. Wie eine Sagengestalt ist diese Partisanin in die Erinnerung eingegangen. Vom Pflug weg schloß sie sich einem Rebellentrupp an, der unter ihrer Führung zum Schrecken des Gegners wurde. Mit Weg und Steg ihrer Heimat vertraut, drang sie tief in das Hinterland ein, brandschatzte Troß und Nachschub der „Regulären", eilte bedrohten Dörfern zu Hilfe und rettete zahllose Landsleute vor der Exekutierung. Als der Aufstand niedergeschlagen wurde, verschanzte sie sich in ihrem Hause. Hier erst konnte man ihrer habhaft werden. Über ein Jahrzehnt lang — bis 1814 — hielt man sie auf der Granitinsel Mont-Saint-Michel gefangen. Kaum entlassen, stürzte sie sich in die Kampagne von 1815. Ludwig XVIII. setzte der „braven Langevin" eine Pension aus.

PAULINE BORGHESE

20. X. 1780 — 9. VI. 1825

In der Militärschule zu Brienne erhielt der junge Napoleon Bonaparte aus seiner korsischen Heimat die Nachricht von der Geburt seiner zweiten Schwester Carlotta, die später Pauline genannt wurde. Als er sie zum erstenmal sah, war sie schon ein sechsjähriges Mädchen, mit allen Anzeichen künftiger Schönheit. Sein stark entwickelter Familiensinn ließ den erfolgreichen Napoleon später auch die Brüder und Schwestern nach Paris rufen, wo Pauline sich behaglich in seinem Ruhme sonnte. Die Siebzehnjährige heiratete den von Napoleon nach San Domingo entsandten General Leclerc, der dort schon 1801 dem Gelben Fieber erlag. Zwei Jahre später vermählte sie sich mit dem älteren Fürsten Camillo Borghese — nicht aus Liebe, sondern um mit dem glanzvollen Titel des alten Geschlechts ihre verhaßte Schwägerin Josephine Beauharnais zu ärgern. Die beiden feindlichen Damen überboten einander in Bosheiten und raffinierten Intrigen; auch ihr Geldbedarf war beachtlich, so daß Napoleon bekümmert feststellen mußte: „Pauline war sehr verschwenderisch. Sie hätte ungeheuer reich sein müssen nach dem, was ich ihr alles geschenkt habe, aber sie gab alles wieder aus." Im Jahre 1807 schuf der klassizistische Bildhauer Canova seine berühmte „Ruhende Venus" mit Pauline als Modell. Das kostbare Marmorbildwerk erregte damals ungeheures Aufsehen und mußte durch ein eisernes Gitter vor der begeisterten Menge geschützt werden. Pauline begleitete als einzige der Geschwister ihren Bruder nach Elba; nach Napoleons Sturz lebte sie — von ihrem Gatten getrennt — in Rom und Florenz, meist umgeben von jungen Engländern, welche die prickelnde Sensation genossen, mit der Schwester des Verbannten von St. Helena flirten zu können. Paulines Testament enthielt eine kleine Geldzuwendung an einen Knaben, der später als Graf Cavour Italiens Einheit vollenden sollte.

18. IV. 1480 — 24. VI. 1519   **LUCREZIA BORGIA**

Das Bild historischer Persönlichkeiten ist oft durch entstellende Farben übermalt und zeigt Jahrhunderte lang, manchmal vielleicht für immer, den Beschauern ein Gesicht, dessen Züge falsch und unecht sind. Politische Gegnerschaft, persönliche Feindschaft oder Zuneigung der Chronisten, höfische Schmeichelei, Verlust der Akten und Unterlagen lassen die Umrisse der Figur oft im Ungewissen verschwimmen oder schaffen durch Umkehrung der Werte eine neue Gestalt, die mit der geschichtlichen nur noch den Namen gemeinsam hat. Selbst strengste Quellenkritik ist nicht immer in der Lage, Echtes vom Unechten und den Schein von der Wirklichkeit zu trennen. Lucrezia Borgia, Tochter des Papstes Alexander VI. und Schwester des Cesare Borgia, galt bis in die jüngste Vergangenheit als eine der verrufensten und verderbtesten Frauen der Weltgeschichte. Es gab keine Missetat, die ihr nicht vorgeworfen wurde. Blutschande, Intrigen, Eifersuchtstaten, unnatürlichste Laster, Mord und Verrat legte man ihr zur Last. Fast sämtliche zeitgenössischen Dokumente schildern sie in dieser Weise, und die nachfolgenden Biographen übernahmen ohne Bedenken das häßliche Porträt. Erst im zweiten Teil des 19. Jahrhunderts entdeckte man, daß unter dem Grau und Schwarz andere, leuchtende Farben verborgen waren. Da erschien eine schöne, anmutige Frau, vielseitig gebildet und kunstliebend, eine zärtliche Gattin und Mutter, trotz dreimaliger Heirat. Von ihrem ersten Mann mußte sie sich unter politischem Zwang scheiden lassen, der zweite wurde von ihrem Bruder ermordet, während sie mit dem dritten, dem Herzog von Ferrara, in glücklichster Ehe lebte. Von ihrer berüchtigten Leidenschaft ist keine Spur mehr vorhanden. Nur weil sie aus dem gehaßten Hause Borgia stammte, verleumdete man sie bereits zu Lebzeiten auf die schmählichste Weise.

1908 — 30. XI. 1934   **HÉLENE BOUCHER**

Hélène Boucher ist am 30. November 1934 bei einem Übungsflug in der Nähe von Versailles einem nie aufgeklärten Flugunfall zum Opfer gefallen. Sie erreichte nur ein Alter von 26 Jahren. Seitdem am 15. Oktober 1909 die französische Baronin de Laroche als erste Frau der Welt ein Flugzeug, einen Voisin-Doppeldecker, gesteuert hatte, standen französiche Fliegerinnen mit an erster Stelle unter den fliegenden Frauen. Unterstützt durch die Regierung, errangen die Fliegerinnen des Landes nach dem ersten Weltkrieg Weltruhm durch aufsehenerregende Langstreckenflüge nach anderen Erdteilen. Hélène Boucher wurde Schülerin des bekannten französischen Kunstflugmeisters Michel Detroyat, und schon bald war sie eine der begehrtesten Schaufliegerinnen auf den großen Flugtagen. Wenn sie mit dem Rückenfallschirm ihre Kunstflugmaschine bestiegen hatte, verstummten die Zuschauer und durften die kühnsten Kapriolen erwarten. Graziös und schneidig bewältige sie auch die schwierigsten Figuren, die sonst nur den männnlichen Kollegen vorbehalten waren. Auf der Liste der Siege, die mit dem Namen dieser sympathischen Frau verbunden sind, stehen ein Höhenrekordflug für Frauen, der sie 5200 Meter hoch trug, und mehrere Fernflug- und Schnelligkeits-Weltrekorde mit Spitzengeschwindigkeiten bis zu 485 km h. Der Tag ihres tödlichen Absturzes war für alle Franzosen ein Trauertag. Der toten Fliegerin verlieh der französische Luftfahrtminister das Kreuz der Ehrenlegion. Man bahrte sie in ehrwürdigen Dom der Invaliden auf; es war das erstemal, daß einer Frau diese Ehre zuteil wurde. Sportliebende Landsleute stifteten den Hélène-Boucher-Pokal, einen der stolzesten Trophäen, die Pilotinnen in der Folge erringen konnten.

LOUYZE BOURGEOIS

Als eine interessante Erscheinung der Frauenheilkunde ist Louyze Bourgeois anzusehen, eine „geschworene Hebamme der Stadt Paris"; als erste Frau seit der Trotula von Salerno hat sie eine Reihe ernster wissenschaftlicher Bücher über ihre Erkenntnisse und Praxiserfahrungen hinterlassen. Sie war vierundzwanzig Jahre alt, als sie den Mann verlor und mit drei Kindern in wirtschaftlicher Notlage zurückblieb. Da die Anfertigung feiner Spitzen sich als nicht einträglich genug erwiesen hatte, beschloß sie, sich dem Berufe einer „weisen Frau" zuzuwenden. Unablässig studierend und praktisch lernend, konnte sie nach fünf Jahren die hochnotpeinliche Prüfung ablegen; nach drei weiteren Praxisjahren holte man sie an den königlichen Hof von Frankreich. Ein Stich aus der Zeit zeigt Louyze Bourgeois bei der Geburt des Königs Ludwig XIII.: Der Staatsrat, im ganzen nicht weniger als vierzehn fremde Personen, sind anwesend in einem Raum, der mit vielen Vorhängen und Polstermöbeln ausgestattet ist. Louyze Bourgeois wurde die besondere, auf das beste bezahlte Vertraute der Königin. Als sie Jahrzehnte später das Unglück hatte, eine ihrer Patientinnen, eine hochgestellte Dame des Hofes, am Kindbettfieber zu verlieren, blieben die Angriffe und Verdächtigungen der Kollegenschaft nicht aus; sie aber verteidigte sich in temperamentvollen Schriftsätzen und verwies nicht ohne Stolz auf ihre Bücher, die, wie sie schrieb „zu wiederholten Malen gedruckt und in alle möglichen Sprachen übersetzt worden sind, sehr zu Dank der größten Ärzte Europas, die aus der Lektüre meiner Bücher Nutzen gezogen haben". Nach dem Urteil eines Berufenen gebührt Louyze Bourgeois „ein Ehrenplatz selbst unter den verdienstvollsten Männern, deren Namen die Geschichte für alle Zeiten aufbewahrt".

MARGRET BOVERI   14. VIII. 1900 — 6. VII. 1975

„In der Zoologischen Station in Neapel, wo Forscher aus den verschiedenen Nationen der Welt zusammentrafen, als das gegenseitige Mißtrauen aus dem ersten Weltkrieg nur unvollkommen überwunden war — bei meiner einjährigen Arbeit als Sekretärin dieser Station habe ich erfaßt, wie schwer, aber auch wie notwendig es ist, sich in die Vorstellungswelt von Menschen mit anderer Sprache, Erziehung und Geschichte zu versetzen. Das hat mich zur Außenpolitik geführt, als der Kunst, die Völker zu Freunden zu machen . . ." Diese kurze autobiographische Notiz Margret Boveris ist aufschlußreich für die Grundlinien ihrer vielseitigen und erfolgreichen publizistischen Tätigkeit. Die gebürtige Würzburgerin — Vater und Mutter waren angesehene Naturwissenschaftler — studierte in ihrer Heimatstadt, später in München und Berlin Geschichte, Germanistik und Anglistik. Nach dem schon erwähnten Aufenthalt in Neapel unternahm sie weitausgedehnte Studienreisen in den Mittelmeerraum und den Vorderen Orient, die sie mit Eifer und beachtlichem Erfolg journalistisch auswertete. Danach folgten fruchtbare Jahre als Auslandskorrespondentin bedeutender Tageszeitungen in Skandinavien, Portugal und in den Vereinigten Staaten. Margret Boveris Bücher „Vom Minarett zum Bohrturm" und „Das Weltgeschehen im Mittelmeer", die beide vor Beginn des zweiten Weltkrieges erschienen, wurden ins Englische, Holländische, Schwedische und Norwegische übersetzt und verschafften der hochbegabten Verfasserin ein weltweites Ansehen. Nach Kriegsende trug ihre journalistische Arbeit viel zur Verständigung der einander einst feindlich gesinnten Mächte bei. Die Publizistin — sie promovierte bei Hermann Oncken zum Dr. phil. — widmete eine ihrer aufschlußreichsten wissenschaftlichen Arbeiten einem der aktuellsten Probleme unserer Zeit: dem „Verrat im zwanzigsten Jahrhundert"

26. III. 1888 — 4. III. 1948   ELSA BRANDSTRÖM

Im März 1948 starb nach langer Krankheit in Cambridge im nordamerikanischen Staat Massachusetts Elsa Brandström, der „Engel von Sibirien". Als die Nachricht durch die Zeitungen ging, gedachten viele Tausende in tiefster Dankbarkeit der Frau, die in selbstloser, aufopferungsvoller Tätigkeit das Los von elenden und leidenden Menschen erleichtert und ihnen Hilfe und Rettung in letzter Not gebracht hatte. — Elsa Brandström wurde als Tochter des schwedischen Militärattachés in Petersburg geboren, verlebte ihre Jugend in Schweden und kehrte als Zwanzigjährige nach Ernennung ihres Vaters zum Gesandten am Zarenhof in ihr Geburtsland zurück. Vier Jahre später füllten sich die Lazarette und Spitäler der Hauptstadt mit verwundeten deutschen Kriegsgefangenen. Die junge Schwedin war tief erschüttert von den Leiden, die sie sah und entschloß sich, nach ihren Kräften Abhilfe zu schaffen. Als Delegierte des schwedischen Roten Kreuzes bereiste sie ganz Rußland, fuhr von einem Gefangenenlager zum andern, sorgte mit ihren Petersburger Verbindungen für Abhilfe von Mißständen, verteilte Lebensmittel, Medikamente und Geld und vermittelte die briefliche Verbindung mit den Angehörigen in Deutschland. Den Lagerinsassen erschien die blonde, hochgewachsene Frau wie ein überirdisches Wesen aus einer anderen Welt. Unter unmenschlichen Strapazen und schwerster persönlicher Gefahr setzte sie ihr Liebeswerk auch während des russischen Bürgerkrieges fort. Nach dem Kriege gründete Elsa Brandström mit amerikanischer Unterstützung in Deutschland Sanatorien und Erholungsheime für heimgekehrte „Sibirier" und schuf ein Waisenhaus für die Kinder gestorbener Kriegsgefangener. Im Jahre 1930 heiratete sie den deutschen Sozialisten Professor Dr. Robert Ulich. Als Ulich 1934 in die Emigration ging, begleitete sie ihn nach Amerika.

Um 1591 — 1626   ISABELLA BRANT

Im Herbst des Jahres 1608 wurde der Flame Peter Paul Rubens, gefeierter Hofmaler des Herzogs Vicenzo Gonzaga zu Mantua, durch die Nachricht von der schweren Erkrankung seiner geliebten Mutter von der Arbeit aufgeschreckt. Er eilte zurück nach Antwerpen, der Stadt seiner Väter, aber — zu spät; er konnte nur noch an einem offenen Grabe trauern. Den Weg nach Italien fand er zeitlebens nicht mehr. Die Trauer um den gemeinsamen Verlust verband ihn inniger als zuvor mit seinem Bruder Philipp, dem Sekretär des Antwerpener Bürgermeisters Rockox, in dessen Hause er auch Isabella, die schöne Tochter des Ratsschreibers Jan Brant, kennengelernt hatte. Am 23. September 1609 hielt Rubens die Ernennungsurkunde zum Hofmaler des in Brüssel residierenden Herzogs Albrecht in Händen, und schon vier Wochen später stand er mit Isabella Brant vor dem Traualtar. Die Alte Pinakothek zu München besitzt eines der schönsten Doppelbildnisse des jungen Ehepaares — die „Geißblattlaube". Das berühmte Gemälde zeigt Isabella als anmutig-zarte, schon von ersten Spuren unheilbarer Krankheit überschattete Frau, ein wenig herb fast, und sehr verhalten in der Gebärde der scheuen Hände... Es war eine vorbildliche Ehe, förderlich und bedeutungsvoll für den Maler, der an der Seite dieser beherrschten und zuchtvollen Gefährtin die letzten, entscheidenden Schritte zur Weltgeltung tat. In die Jahre mit Isabella fiel die Ausweitung der Rubensschen Werkstatt zu einem riesigen, zeitweilig über hundert Maler und Stecher beschäftigenden Kunstbetrieb, fielen die umfangreichen Pariser Arbeiten im Auftrag der Maria von Medici. Der frühe Tod Isabellas traf den Meister schwer: „Ich habe meine gute Frau verloren! Sie hatte keinen der Fehler ihres Geschlechtes, sie war ohne Launen, so gut, so treu..."

LILY BRAUN
2. VII. 1865 — 9. VIII. 1916

Das Lebensbild dieser Vorkämpferin der Frauenbewegung wird reizvoll und interessant schon durch einen Blick auf ihre Ahnentafel: Großmütterlicherseits stammte die Tochter des Generals von Kretschman von Napoleons Bruder Jerome ab, dem „König Lustik" von Westfalen. Auch mit Nachfahren aus Goethes engerem Freundeskreis war Lily Braun verwandt ihren Vornamen verdankt sie Lily·Schönemann, der Jugendgeliebten Goethes. Als Siebenundzwanzigjährige heiratete sie den Universitätsprofessor Georg von Gizycki, einen der Führer der „Gesellschaft für ethische Kultur", in deren Zeitschrift sie auch ihre ersten Aufsätze und Abhandlungen zu aktuellen Fragen der sozialistischen und der Frauenbewegung veröffentlichte. Sie kam in Verbindung mit Ottilie Baader mit Clara Zetkin und Minna Cauer, sie entwickelte als erste den Plan einer „Mutterschafts-Versicherung" für die erwerbstätigen Frauen und kämpfte – anfangs im Rahmen des Vereins „Frauenwohl", später als Mitglied der Sozialdemokratischen Partei – für die politische Mündigkeit der Frau. Nach dem Tode ihres ersten Gatten verband sie sich in zweiter Ehe mit Heinrich Braun, dem Begründer des „Archivs für soziale Gesetzgebung und Statistik" und Herausgeber der Wochenschrift „Die neue Gesellschaft". Die Kämpfe, die sie an der Seite Heinrich Brauns zu bestehen hatte nehmen in Lily Brauns zweibändigem Erinnerungswerk „Memoiren einer Sozialistin" einen großen Raum ein; neben dieser Autobiographie veröffentlichte sie mehrere Romane und kulturgeschichtliche Werke, deren Grundthema die Lebenskreise Goethes und Napoleons sind. Der Roman „Im Schatten des Titanen" fand in der Zeit vor dem ersten Weltkrieg weite Verbreitung, und ihr Buch „Die Frauenfrage" gilt noch heute als aufschlußreiches Quellenwerk für die Geschichte der Frauenbewegung.

MARIE BREGENDAHL
1867 — 1940

Marie Bregendahl, Dänemarks größte Dichterin, deren Bücher die gefeierte norwegische Nobelpreisträgerin Sigrid Undset „Oasen in der Wüste" nannte, weil sie „vom Leben und nicht von der Literatur diktiert" seien, wurde 1867 zu Fly auf Jütland als Tochter des Hofbauern Peder Sörensen geboren. Sie hieß zunächst auch Marie Sörensen, bis der Vater die Namensänderung nach dem alten Stammhof Bregendahl durchsetzen konnte. Als das Älteste von acht Geschwistern mußte sie nach dem allzufrühen Tod der Mutter, den sie später in der Erzählung „Eine Todesnacht" ergreifend gestaltet hat, die Verantwortung auf dem großen Hof übernehmen. Erst ihre kurze Ehe mit dem jütländischen Volkserzähler Jeppe Aakjaer brachte sie mit der Dichtung in nähere Berührung; sie hatte inzwischen das Leben in mancherlei Form und Farben kennengelernt. Ihre Dichtung ist, rein äußerlich betrachtet, gewiß nicht allzu umfangreich; aber innerlich ist sie dafür um so größer, tiefer und echter: vor allem der mächtige und schicksalsträchtige Romanzyklus „Die Södalsleute", die historisch wie soziologisch bedeutsame Geschichte um „Holger und Kirstine", die beiden Novellenbände „Mit offenen Sinnen" und „Die Mühle" und schließlich das Versbuch „Verworrener Herbst". All ihre Bücher quellen gleichsam von Leben über, entwirren das Verworrene, machen es einfach und erhellen dabei das Verborgenste. In Ernst und Heiterkeit, in Leid und Lust wecken sie immer wieder als Echo die Liebe; beim Lesen gewinnt mit dieser Liebe die jütländische Heimat der Dichterin die Weite einer Welt, die Gestalten, die sie vor uns hinstellt, sind von menschheitlicher Allgemeingültigkeit.

17. VIII. 1801 — 31. XII. 1865   **FREDRIKA BREMER**

Selma Lagerlöf hat in ihrem Geschichtenbuche „Unsichtbare Bande" auch der „Mamsell Fredrika" ein Denkmal gesetzt. Das Urbild dieser Gestalt ist niemand anders als die Begründerin der schwedischen Frauenbewegung: Fredrika Bremer, der es mit zu danken ist, daß Schweden unter die ersten fortschrittlichen und freiheitlichen Länder gerechnet werden muß. Heute noch trägt die große, 1884 gegründete Vereinigung der schwedischen Frauen den Namen „Fredrika Bremer-Förbund". Sie ist 1801 im schwedischen Finnland geboren. Gleich den anderen, späteren Frauenführerinnen Skandinaviens trat sie nicht als politische Kämpferin, sondern als erfolgreiche Erzählerin vor die Öffentlichkeit. Sie war noch nicht dreißig Jahre alt, als sie mit ihrer „Familie H" zur Begründerin des schwedischen Familien- und Gesellschaftsromans wurde; die großen, neuen Gedanken der englischen Gesellschaftsforscher Jeremias Bentham und John Stuart Mill hatten darin ihren Niederschlag gefunden. Studienreisen führten die wißbegierige Fredrika Bremer nach England und in die Vereinigten Staaten. Zwei beschreibende Werke „Die Heimat in der Neuen Welt" und „Das Leben in der Alten Welt" waren die Frucht ihrer Beobachtungen und Erfahrungen. Weltruhm als „Bestseller" erlangten ihre Romane „Die Töchter des Präsidenten", „Die Nachbarn", „Das Heim". Ihr erzählerisches Werk, das auch ins Deutsche übersetzt wurde, umfaßt nicht weniger als vierunddreißig Bände, zu denen sich vier Bände Briefe gesellen. — Die erste Frauenrechtlerin Schwedens war alles andere als „emanzipiert". Ihr Bildnis zeigt eine hohe Stirn mit hochgeschwungenen Brauen; die Augen blicken weich und träumerisch und lassen eher an eine Lyrikerin als an eine Kämpferin denken. Sie erinnert an die schöne, berühmte, geistig bedeutende Marie d'Agoult, die Mutter Cosima Wagners.

28. III. 1770 — 31. X. 1806   **SOPHIE BRENTANO**

„Eine liebliche Dichterin" nannten die Zeitgenossen die zarte, immer ein wenig kränkelnde Sophie Schubert. Schiller hielt es der Mühe wert, sich ihres Talentes anzunehmen und ihr die Spalten seiner Zeitschrift „Thalia" zu öffnen. Doch keines ihrer Gedichte ist in die Literaturgeschichte eingegangen; nur ihre feinfühlige Übertragung von Boccaccios „Fiametta" hat sie vor ungerechtem Vergessenwerden bewahrt. Die empfindsame Frau lernte in Jena — ihre erste Ehe mit dem Professor Mereau war gescheitert — den siebzehn Jahre jüngeren Clemens Brentano kennen und nahm noch einmal das Wagnis der Ehe auf sich. Das ungleiche Paar ließ sich zuerst in Marburg, dann in Heidelberg nieder, wo Sophie die von ihrem Mann übersetzten „Spanischen und italienischen Novellen" herausgab. Die drei kurzen Jahre ihrer Gemeinschaft waren des Dichters glücklichste Zeit; ihr verdanken wir das köstliche Fragment der „Chronika eines fahrenden Schülers", und in dieser Zeit vollendete Brentano zusammen mit Arnim die Liedersammlung „Des Knaben Wunderhorn". Sophies fraulich-zartes Wesen und ihr liebendes Verstehen gaben dem Unsteten das vordem nie erlebte Gefühl der Zugehörigkeit zu einem geliebten Menschen. Daß den Kindern, die sie schenkte, nur eine kurze Lebensfrist beschieden war und daß bei der dritten Geburt der Tod ihm Mutter und Kind zur gleichen Stunde entriß, wurde dem Menschen und Dichter zum Verhängnis. Nach dem Verlust der Geliebten überkam ihn wieder die alte Ziellosigkeit und Unrast. „Einen schweren, mit Blüten beladenen Zweig" hatte ihn Sophie genannt; nun, da sie von ihm gegangen, schwankte der Zweig wieder haltlos im Winde. Zum neuen, schicksalhaften Erleben wurde Brentano die Begegnung mit Luise Hensel.

HELENE VON BREUNING   3. I. 1750 — 9. XII. 1838

Helene von Breuning war eine Tochter des Leibarztes des letzten Kölner Kurfürsten, von Kerich. Sie verlor schon früh ihren Gatten, der als kurfürstlicher Hofrat 1777 bei dem Brand des Schlosses in Bonn umkam, als er versuchte, wichtige Akten aus den Flammen zu retten. Die siebenundzwanzigjährige Witwe lebte mit ihren vier Kindern in Bonn, gelegentlich auch bei Verwandten in Kerpen und Beul, dem heutigen Bad Neuenahr. Das alte Haus Helene von Breunings am Bonner Münsterplatz gegenüber der vieltürmigen Kirche wurde um 1785 dem jungen Beethoven zu einer unvergessenen Zufluchtsstätte. Als Klavierlehrer der Kinder Eleonore und „Lenz" sah er sich in den Familienkreis herzlich aufgenommen. Frau von Breuning wurde ihm nach dem Zeugnis Franz Gerhard Wegelers, des späteren Gatten, zu einer „zweiten Mutter"; ihrer Güte gelang es, den schwer zugänglichen Jüngling zu gewinnen, dem Mutterlosen die Last seiner schweren Jugend zu erleichtern und die Rauheit und Eckigkeit seines Wesens behutsam zu mildern. Beethoven selbst schrieb später einmal von dieser gütigen Frau, sie habe es verstanden, „die Insekten von den Blüten abzuhalten". Es darf nach Wegelers Bericht aus jener Zeit auch als sicher gelten, daß sich Beethoven im Hause Breuning nicht nur die Kenntnis gesellschaftlicher Formen aneignete, sondern daß sich ihm auch die Welt der Literatur, vor allem die zeitgenössische deutsche Dichtung, zum ersten Male erschloß. Mit dem großen Namen Beethoven tritt Helene von Breuning in das Licht der Geschichte und gleitet bescheiden zurück, als der Freund Bonn verläßt, um sein Genie in Wien bei Haydn, Salieri und anderen Meistern der Musik machtvoll zu entfalten.

FRIEDERIKE BRION   19. IV. 1752 — 3. IV. 1813

Am 13. Oktober 1771 betrat der zweiundzwanzigjährige Straßburger Student Wolfgang Goethe zum erstenmal das kleine Pfarrhaus im elsässischen Dörfchen Sesenheim und lernte dort die reizende Tochter des Hauses, Friederike Brion, kennen. In „Dichtung und Wahrheit" beschreibt Goethe die Szene: „In diesem Augenblick trat sie wirklich in die Türe; — — ein kurzes weißes, rundes Röckchen mit einer Falbel, nicht länger, als daß die nettesten Füßchen bis an die Knöchel sichtbar blieben; ein knappes, weißes Mieder und eine schwarze Taffetschürze. Schlank und leicht, als wenn sie nichts an sich zu tragen hätte, schritt sie, und beinahe schien für die gewaltigen blonden Zöpfe des niedlichen Köpfchens der Hals zu zart. Aus heiteren blauen Augen blickte sie sehr deutlich umher, und das artige Stumpfnäschen forschte so frei in die Luft, als wenn es in der Welt keine Sorgen geben könnte..." — Ein tiefes, leidenschaftliches Liebesverhältnis erblühte zwischen den beiden jungen Menschen. Goethes Herz war von stürmischem Glück erfüllt. Mit Friederike durchstreifte er die Umgebung, aufgeschlossen für die liebliche Schönheit der Landschaft und dankbar für die Jugendherrlichkeit des Lebens. „Man dürfte sich nur der Gegenwart hingeben, um diese Klarheit des reinen Himmels, diesen Glanz der reichen Erde, die lauen Abende, diese warmen Nächte an der Seite der Geliebten zu genießen — — —" Kurz vor seinem Abschied von Straßburg war Goethe noch einmal fünf Wochen in Sesenheim. Diese Tage waren von Sorge, Angst und Verzweiflung erfüllt. Niemals wird man mit Sicherheit erfahren, welche Tragödie sich in dem Sesenheimer Pfarrhaus abgespielt hat, man weiß nur, daß Goethe sich viele Jahre mit schweren Selbstvorwürfen und Anklagen abquälte. Das tiefe, seelische Erleben des Jahres 1771 aber gab dem Dichter die innere Reife, deren Früchte die ersten Werke des Genius Johann Wolfgang Goethe waren.

21. IV. 1816 — 31. III. 1855   **CHARLOTTE BRONTE**

Im Frühjahr 1846 traf bei dem angesehenen Londoner Verlagshaus Smith & Elder ein umfangreiches Romanmanuskript ein, abgesandt von einem bisher völlig unbekannten Autor namens Currer Bell. Man antwortete höflich bedauernd: Der Roman sei zwar nicht stark genug, um eine Veröffentlichung zu rechtfertigen, aber immerhin eine so überzeugende Talentprobe, daß man weiteren Einsendungen mit Vergnügen entgegensehe. Der daraufhin von „Currer Bell" zur Prüfung vorgelegte zweite Roman „Jane Eyre" wurde angenommen und sofort nach seinem Erscheinen 1847 ein sensationeller Erfolg. Das viktorianische England begeistert von der kraftvollen Sprache und leidenschaftlichen Kühnheit dieses Buches, das seither für viele Menschen in aller Welt zu den schönsten und unvergeßlichen Jugend-Leseerlebnissen gehört. Nach „Jane Eyre" erschienen die Romane „Die Sturmhöhe" von Ellis Bell und „Agnes Grey" von Acton Bell. Das Rätselraten um Person und Geschlecht der Autoren endete mit einer neuen Sensation: Es waren drei Schwestern, unverheiratete Pfarrerstöchter aus dem nordenglischen Dorf Haworth, die mit Ausnahme eines kurzen Studienaufenthaltes in Brüssel nie aus der Einsamkeit und Weltferne ihrer heimatlichen Moorlandschaft herausgekommen waren. Selbst ohne Vorbilder für ihr bedeutendes Werk, haben die Schwestern Bronté auch keine erfolgreichen Epigonen gefunden. Emily und Anne (Ellis und Acton Bell) starben schon 1848 an der Schwindsucht. Charlotte Bronté, die Älteste und unter dem Namen „Currer Bell" die Berühmteste der drei, überlebte die geliebten Schwestern nur um sieben kurze Schaffensjahre, in denen sie dem Welterfolg der in vielen Sprachen übersetzten „Jane Eyre" noch die Romane „Villette" und „Shirley" hinzufügte.

* 13. X. 1901   **IRJA BROWALLIUS**

Irja Browallius, heute wohl die am meisten gelesene Schriftstellerin Schwedens, im finnischen Helsingfors als Tochter eines italienischen Schauspielers und einer holländischen Mutter geboren, studierte Medizin, wandte sich der Malerei zu, machte das Lehrerinnenexamen und war mehrere Jahre an einer kleinen Schule in Mittelschweden tätig, bis die Einkünfte aus ihren Büchern sie in die Lage versetzten, den ungeliebten Brotberuf aufzugeben und sich ganz ihrem dichterischen Schaffen zu widmen. Bunt wie ihr Leben ist auch ihr Werk, in dem sich, unproblematisch und ohne jede politische Tendenz, bald Städter und bald Bauern, bald Künstler und bald Arbeiter, immer aber Menschen mit Fleisch und Blut und mit einer tiefen Traurigkeit der Seele ein Stelldichein geben. Ernst liegt darüber; und das Grau des Alltags hellt sich nur wenig auf. Nach zwei kleineren Versuchen gelingt Irja Browallius mit dem Bauernroman „Die Sünde auf Skruke", der Geschichte einer unzähmbaren Begierde in einem einsamen Walddorf, ein erster Erfolg. Dieser Erfolg hält an, vertieft und erweitert sich in den Büchern „Elida von den Höfen", „Zwei schlagen den dritten", „Einmal wird es tagen" und vor allem in ihrem Meisterwerk „Ringe auf dem Wasser", wo von den Verstrickungen einer jungen Lehrerin in einem gottverlassenen Dorfe und von ihrem tragischen Ende berichtet wird. Trotz der naturalistischen Technik und trotz des zumeist düsteren Ausgangs der Handlung ist die Haltung in allen Büchern der Dichterin nicht ausgesprochen pessimistisch, sondern nur traurig. Und sie versteht, den Leser zu bannen und realistisch zu verzaubern. Irja Browallius' Wirken reicht heute über ganz Europa, obwohl sie im Grunde ihres Wesens keiner Richtung mit Ausnahme der ihres Herzens verpflichtet ist.

THERESE BRUNSVIK 27. VII. 1775 — 23. IX. 1861

„Ewig Dein — ewig mein — ewig uns!" So endet einer der berühmtesten Liebesbriefe aller Zeiten: der rätselvolle Brief Ludwig van Beethovens an die „Unsterbliche Geliebte". Er wurde nie abgesandt; man fand ihn im Nachlaß des großen Komponisten, und noch heute ist ungewiß, an wen er gerichtet war. Seit über achtzig Jahren, seit dem Erscheinen von Thayers fünfbändiger Standardbiographie über Beethoven, galt die Gräfin Therese Brunsvik als die wahrscheinlichste Adressatin, aber auch Amalie Sebald, Therese Malfatti und Giuletta Giucciardi wurden immer wieder als mögliche Empfängerinnen genannt. Therese Brunsvik, die Schwester des Beethoven nahestehenden Grafen Franz Brunsvik, dem die Appassionata zugeeignet ist, hat umfangreiche Tagebuchaufzeichnungen hinterlassen, die — noch immer in Familienbesitz — bisher nur ganz wenigen Auserwählten zugänglich waren. Einer von ihnen, der in Jerusalem lebende Beethoven-Forscher Kaznelson, hat erstmals Auszüge aus Thereses Tagebüchern veröffentlicht, die zumindest beweisen, daß sie selbst nicht die „Unsterbliche Geliebte" des Meisters war. Sie erklärte, daß der Brief wohl für Josephine, ihre Schwester, bestimmt gewesen sei, eine verwitwete Gräfin Deym, die im Februar 1810 eine zweite Ehe mit dem estnischen Baron Stackelberg einging. Dazu schreibt Therese Brunsvik: „Warum nahm Josephine nicht Beethoven zu ihrem Gemahl, als Witwe Deym? Sie wäre glücklicher gewesen als mit Stackelberg." Und ein wenig später nennt sie Beethoven „Josephines Haus- und Herzensfreund. Sie waren füreinander geboren und lebten beide noch, hätten sie sich vereint..." Therese hat ihre Schwester um etwa vierzig Jahre überlebt; ihre Tagebücher und Memoiren hinterließ sie Josephines Tochter Minona, von der einige Forscher annehmen, daß sie eine Tochter Ludwig van Beethovens war...

LUISE BÜCHNER 12. VI. 1821 — 28. XII. 1877

Sie gehörte einer hochbegabten und berühmten Familie an. Ihr Vater war Arzt in Darmstadt, voller Interesse für alle Erscheinungen des geistigen Lebens; ihr Bruder Ludwig wurde der Verfasser des naturphilosophischen Werkes „Kraft und Stoff", und ihr Bruder Georg der Autor des Dramas „Dantons Tod". Auch sie selber besaß eine starke schriftstellerische Begabung, von der sie zunächst nur im privaten Kreise Gebrauch machte. Als 1855 ihr erstes Buch „Die Frauen und ihr Beruf" erschien, war das, was sie anregte und forderte, für viele ihrer Zeitgenossinnen wie eine Offenbarung. Ihre Studien und zahlreiche Vortragsveranstaltungen führten sie immer mehr an ihr eigentliches Lebenswerk, die praktische Frauen-Ausbildung, heran. 1867 gründete Prinzessin Ludwig von Hessen, die spätere Großherzogin Alice, mit ihr zusammen den Alice-Verein, einen gemeinnützigen Frauenverein, den Luise Büchner zur hohen Blüte brachte. Sie gliederte ihm eine Verkaufsstelle an, die das, was die Frauen gearbeitet hatten, vertrieb; sie gründete ein Lyzeum, das den Zugang zur wissenschaftlichen Bildung vermittelte, eine Industrieschule für die fachliche Ausbildung und ein Seminar für Handarbeitslehrerinnen. Auch einen Verein für Krankenpflege rief sie ins Leben, der Pflegerinnen ausbildete. Sie kämpfte mit erstaunlicher Weitsicht gegen die Bemühungen, die weibliche Erziehung im Gegensatz zur männlichen einzig auf rein ethische Ziele abzustellen; sie forderte vielmehr für die Frau eine ähnlich sachliche und fachliche Ausbildung wie für den Mann, damit sie, wenn sie keine Familie gründe, einen Beruf ergreifen könne. Mit dieser Forderung war sie ihrer Zeit um ein halbes Jahrhundert voraus.

26. VI. 1892 — 6. III. 1973 PEARL S. BUCK

„Ich, die ich in zwei Welten aufgewachsen bin — in der christlichen mit ihrer Lehre, daß Liebe und Brüderlichkeit im Leben herrschen müssen, und einer anderen, noch gütigeren, nämlich in dem chinesischen Glauben, daß alles Leben heilig und daß es böse ist, auch nur ein Tier zu töten — ich stehe vor der Tragik, daß meine Söhne vielleicht ... eines Tages gegen ein Volk kämpfen müssen, das ich liebe und bewundere und dem ich tiefen Dank schulde ..." Diese Stelle aus den Lebenserinnerungen der Nobelpreisträgerin kennzeichnet ihre geistige Position zwischen Orient und Okzident. In China, wo ihr Vater als Missionar tätig war, hat die gebürtige Amerikanerin ihre Jugend verbracht. Die Eindrücke dieser Jahre verdichteten sich später in ihren Hauptwerken „Ostwind—Westwind", „Die gute Erde" und „Das geteilte Haus". Für den Roman „Die gute Erde" erhielt die Schriftstellerin schon 1932 den Pulitzerpreis; in diesem Buch ist das chinesische Volksleben mit großartiger Beobachtungsgabe dargestellt: Hungersnöte, Aufstände und Naturkatastrophen stellen die armen Bauern vor immer neue Bewährungsproben, aber das geliebte Land, die „gute Erde", läßt seine Söhne nicht untergehen. Seit ihrer Heimkehr nach Amerika hat die berühmte Frau, die als Bäuerin ihre große Farm in Vermont bewirtschaftet, sich besonders für die Gleichstellung aller Rassen eingesetzt. Aus ihren Bemühungen um chinesische Waisenkinder entstand eine ganz Amerika umspannende Adoptionsvermittlung, in der Pearl S. Buck unter den kindersuchenden Ehepaaren eine strenge Auswahl trifft. Als einmal eine Frau bei der Vorstellung eines japanischen Mischlings fragte: „Wird es später noch schlitzäugiger ...?", wies Frau Buck sie heftig zurück: „Diese Frau bekam keines unserer Kinder! Sie mußte die schrägen Kinderaugen schön finden — sonst wäre sie nicht die rechte Mutter ..."

11. I. 1753 — 16. I. 1828 CHARLOTTE BUFF

Im Sommer 1953, im Jahre des zweihundertsten Geburtstages von Goethes „Lottchen", trafen sich in Wetzlar über sechzig Angehörige des „Buff-Kestnerschen Familienverbandes", die alle das Urbild von Werthers Lotte ihre Urahne nennen durften. Man pilgerte gemeinsam hinaus zum Landhaus des Deutschordensamtmannes Buff, in dem der junge Justizbeamte Goethe so oft die Stunden verbrachte, die eigentlich dem Hohen Reichskammergericht gehört hätten. Hier hatte er seiner Angebeteten auch häufig beim Bohnenschneiden geholfen, ohne zu ahnen, daß das geistvolle, schöne Mädchen bereits mit seinem Freunde Kestner verlobt war. Am 16. August 1772 erfuhr von Lotte, daß er nichts zu erwarten habe als Freundschaft; Hals über Kopf verließ er Wetzlar — es war die erste große Flucht seines Lebens. Wieder daheim, besorgte er — eine rührende Geste — die Trauringe für das junge Paar; Briefe flatterten hin und her; in einem erhielt Goethe die Nachricht vom Tode des ihm von der Leipziger Universität her bekannten Legationssekretärs Jerusalem, den unglückliche Liebe zu einer verheirateten Frau zum Freitod getrieben hatte. Das tragische Ereignis und seine eigene unerfüllt gebliebene Neigung zu Charlotte Buff verschmolz seine dichterische Phantasie zu den „Leiden des jungen Werther". Viele Leser — unter ihnen Napoleon — zitierten große Teile dieses Buches auswendig, dessen Verkauf wegen der „Verführung zum Selbstmord" in Leipzig verboten wurde. Charlotte Kestner aber verbrachte achtundzwanzig Jahre ihres Lebens als Witwe. Dem Dichter des „Werther" ist sie nur noch einmal begegnet, bei einem kurzen Besuch in Weimar 1816, den Thomas Mann in seinem Roman „Lotte in Weimar" mit funkelnder Ironie und bezaubernder Altersweisheit verklärt hat.

CHARLOTTE BÜHLER

20. XII. 1892 — 3. II. 1974

Seit über einem Vierteljahrhundert gehört ein — im Umfang bescheidenes — Buch mit dem schlichten Titel „Der menschliche Lebenslauf als psychologisches Problem" zu den anerkannten und unentbehrlichen Standardwerken der praktischen und experimentellen Psychologie. Die Verfasserin, die gebürtige Berlinerin Charlotte Bühler, hat auf „Publicity" niemals Wert gelegt; ihr außerordentliches Ansehen und eine unbestrittene Autorität auf ihrem Fachgebiet mochten ihr wichtiger erscheinen als fragwürdige Popularität. Als Fünfundzwanzigjährige promovierte sie summa cum laude zum Dr. phil; im gleichen Jahre erschien ihr erstes Werk, eine Studie über „Das Märchen und die Phantasie des Kindes". Zwei weitere Arbeiten zum Thema der Jugendpsychologie brachten der jungen Wissenschaftlerin erst eine Privatdozentur in Dresden, danach eine Professur an der Wiener Universität, die sie bis zum Ende des zweiten Weltkrieges innehatte. Ihre glückliche Ehe mit dem Psychologen Prof. Karl Bühler wurde zu einer fruchtbaren und erfolgreichen Arbeitsgemeinschaft. Die Wiener Gelehrtenwelt sah das Ehepaar nur ungern scheiden, als es im Jahre 1945 einen Ruf nach den Vereinigten Staaten annahm, wo Charlotte Bühler seitdem als „Clinical Professor of Psychiatry" an der Universität von Südkalifornien in Los Angeles wirkt. Als im Sommer 1960 der Internationale Psychologenkongreß in Bonn zum erstenmal seit vierundsechzig Jahren wieder führende Psychologen aus aller Welt in Deutschland versammelte, wurde das Ehepaar Bühler in der alten Heimat besonders herzlich begrüßt. „Mehr als irgendein anderes Gebiet der Wissenschaft oder der Kultur", schrieb Charlotte Bühler einmal, „scheint gerade heute die Psychologie berufen und in der Lage zu sein, der Menschheit zu tieferer Einsicht in sich selber, zu klarerem Verständnis für ihre Möglichkeiten und Aufgaben, aber auch für ihre Beschränkungen zu verhelfen..."

FRIEDA VON BÜLOW

12. X. 1857 — 12. III. 1909

Die afrikanische Kolonialgeschichte umfaßt kaum den Zeitraum eines Jahrhunderts. Am 27. Februar 1885 übernahm Kaiser Wilhelm I. in einem von Otto von Bismarck gegengezeichneten Schutzbrief das Protektorat über die von Dr. Carl Peters erworbenen Gebiete in Ostafrika. Fünfundsiebzig Jahre später, im Sommer 1960, tat der junge Staat Guinea als Vorbild und Wegbereiter für viele andere afrikanische Staaten, die in unseren Tagen nicht ohne schwere innere und äußere Erschütterungen das kostbare Geschenk der vollen nationalen Souveränität empfingen, den ersten Schritt zur Gleichberechtigung der afrikanischen Frau, die bis dahin nicht einmal berechtigt war, ohne Erlaubnis ihres Mannes die Grenzen ihres Heimatdorfes zu überschreiten. — „Oh Land, Land! Könnte Liebe dich gewinnen — dann wärst du mein!" Diese prophetischen Worte schrieb vor siebzig Jahren Frieda von Bülow, die erste deutsche Afrika-Schriftstellerin und Vertraute und Helferin von Dr. Carl Peters, die als eine der ersten weißen Frauen die „dunkle Schwester Afrika" erlebt und erlitten hat. In tiefstem Verstehen erfaßte sie das Ruhelose, Harte, von dem Willen zu fernsten Zielen Geprägte und doch die Wirklichkeiten kühl Berechnende im Wesen des vielumstrittenen Mannes; sie verstand und verteidigte auch in ihren Werken seine so oft verurteilte Strenge, die sie als unumgänglich notwendig zur Aufrechterhaltung der Autorität des Weißen Mannes erkannte. Der heiße, noch ungesicherte Boden des Schwarzen Erdteils forderte auch von Frieda von Bülow schwere persönliche Opfer: Als ihr einziger Bruder im Kampf gegen aufständische Eingeborene den Tod fand, übernahm sie die Verwaltung seiner Plantagen. Ihre afrikanischen Tagebücher trugen wesentlich bei zum Verstehen dieses Kontinents, dessen ferneres Geschick von dem unsern kaum zu trennen ist.

28. V. 1802 — 16. IV. 1887   **GABRIELE VON BÜLOW**

Ihre glückliche Jugend verbrachte die gebürtige Berlinerin in Rom; dort gestaltete ihr Vater Wilhelm von Humboldt als Gesandter des Königs von Preußen sein Haus zu einem glanzvollen Mittelpunkt des geistigen und gesellschaftlichen Lebens der Ewigen Stadt. Seine Kinder kamen schon früh mit den bedeutendsten Menschen ihrer Zeit in Berührung und hingen mit rührender Liebe an ihren verehrten Eltern. Unzertrennlich war das Schwesternpaar Gabriele und Adelheid von Humboldt, das uns der Maler Schick in einem köstlichen Gemälde überliefert hat, als bezauberndes Sinnbild geschwisterlicher Gemeinschaft. Wie Adelheid, verlobte sich auch Gabriele schon in ihrem vierzehnten Jahr, und zwar mit Heinrich von Bülow einem der begabtesten Sekretäre ihres Vaters; aber erst nach fünfjähriger Wartezeit, in der sich Bülow bis zum Legationsrat hinaufarbeitete, fand in Berlin die Hochzeit statt. In London, wohin Bülow im Jahre 1827 als Gesandter berufen wurde, verbrachte der erfolgreiche Diplomat den größten Teil seines Lebens, während seine Gattin oftmals für längere Zeit als Pflegerin ihres seit 1829 verwitweten Vaters im Familienschloß Tegel bei Berlin weilte. Im Gegensatz zu ihrer berühmten Mutter Karoline von Dacherőden, die ein großes Haus führte, lebte Gabriele ein zurückgezogenes Leben, das seine Erfüllung in der lange ersehnten Geburt eines Sohnes fand. Als Bülow 1842 Außenminister wurde, waren dem Paar nur vier Jahre auf der Höhe äußeren Erfolges vergönnt; 1846 stand Gabriele mit ihren Kindern am Totenbett des geliebten Mannes. Ihr vierzigjähriges Witwendasein war erfüllt von der Fürsorge für ihren Schwager Alexander von Humboldt, für ihre Kinder, Enkel und Urenkel.

21. XII. 1824 — 7. V. 1886   **JENNY BÜRDE-NEY**

Die Tochter der Hofopernsängerin Ney-Segatti war eine Verwandte des von Napoleon erschossenen Marschalls Ney, ihren Doppelnamen erhielt die in Graz geborene Künstlerin durch ihre Heirat mit dem Dresdener Schauspieler Emil Bürde. Im Brünner Theater erregte die junge Jenny Ney Aufsehen durch ihre ungewöhnliche Sopranstimme, die sich sehr schnell entfaltete. Über Olmütz, Ofen, Prag und Lemberg avancierte sie zur Wiener Hofoper; ihre große Zeit kam aber erst, als sie die Nachfolgerin von Wilhelmine Schröder-Devrient an der Dresdner Königlichen Hofoper wurde. „Ihre Töne werden länger leben als meine Noten", erklärte ihr Giacomo Meyerbeer, als er sie wegen des strahlenden Erfolges in seinen Opern beglückwünschte. Über ihre „Norma" geriet das kunstsinnige Publikum außer Rand und Band. Der Geschichtsschreiber des Dresdner Hoftheaters Robert Prölß rühmt an ihrer Stimme, daß sie „siegreich den verheerenden Orchesterstürmen, die unsere Bühnen immer mehr entvölkern, trotzte und aus allen Kämpfen unverwundet hervorgegangen ist". Ihr gewaltiger, an Kraft und Fülle fast unerschöpflicher Sopran konnte zugleich lieblich und schmelzend, weich und melancholisch werden. Jenny Bürde-Neys privates Leben wurde von der Vergötterung durch das Publikum kaum berührt. Sie blieb bescheiden, scheu, vermied jede Reklame und ließ sich trotz verlockendster Angebote aus Petersburg und New York um geldlicher Vorteile willen nicht zum Kontraktbruch verleiten. Sie war völlig neidlos aufkommenden Kolleginnen gegenüber und beglückwünschte sie, wenn sie triumphierten. Mit zunehmendem Alter zog sie sich mehr und mehr von der großen Gesellschaft zurück und trat nur noch in Kirchenkonzerten auf. Sie starb hoch geachtet in Dresden.

ANGELA BURDETT-COUTTS 21. IV. 1814 — 30. 12. 1906

Das Jahrhundert, das Frau Burdett-Coutts in unermüdlicher Liebestätigkeit für die Armen durchlebte, das sogenannte Viktorianische Zeitalter, war unter der Königin Viktoria ein Zeitalter der Siege über Indien, China, Rußland, Ägypten, den Sudan, Afghanistan, über Neger und Buren, zugleich aber, vor dem Hintergrund dieser glänzenden und blutigen Siege, das Zeitalter bitterer sozialer Kämpfe, Hungersnöte und Auswanderungen. Die Früchte der Kolonialkriege von Indien bis zum Suezkanal beginnen heute zu welken; die Werke der Liebe, die Angela Burdett im Geiste des Evangeliums schuf, sind in das unvergängliche Buch des Lebens eingezeichnet. Sie opferte ihr ererbtes Riesenvermögen der Armenfürsorge — eine unerhörte Tat in der Zeit des unerhörten englischen Wirtschaftswunders. Sie gründete zahlreiche Kirchen und verband sie mit Kirchenschulen und Erziehungsinstituten. Während der Hungersnot in Irland in den Jahren 1845 und 1846 baute sie die Fischerei-Industrie der „grünen Insel" aus und half den Auswanderern, die zu Zehntausenden die notvolle Heimat verließen, um in der Neuen Welt Lebensmöglichkeiten zu suchen. Sie eröffnete Gewerbeschulen und brachte Scharen verwahrloster Knaben aus den Londoner Slums und Elendshütten in Ausbildungsstätten unter. Als Selfmade-woman, als durchaus selbständige Frau, organisierte sie ihre Unternehmungen, die, wie die von ihr gegründete „Gesellschaft zur Verhütung von Grausamkeit an Kindern" bald europäisches Maß annahmen. Innige Freundschaft verband sie mit dem Dichter und Kinderfreund Charles Dickens, mit dem Engel der Kranken und Verwundeten Florence Nightingale. und dem konservativen Premierminister Disraeli. König Georg VII. nannte sie die „bedeutendste Frau des Königreichs", Queen Viktoria verlieh ihr den Adelstitel, 1872 wurde sie als erste Frau Ehrenbürgerin von London. Viele ihre Gründungen bestehen heute noch.

ISABEL BURTON 20. III. 1831 — 21. III. 1896

Isabel Arundell verbrachte ihre Kinderjahre auf dem Stammsitz ihrer Familie, deren Name seit den Tagen Wilhelms des Eroberers mit Englands Geschichte verbunden war. Später übersiedelte das romantisch veranlagte Mädchen mit ihren Eltern in die Grafschaft Essex, in deren Wäldern und Schluchten noch Zigeuner hausten. Eine alte Zigeunerin namens Hagar Burton weissagte Isabel ein abenteuerliches Geschick: „Du wirst einst den Namen meines Stammes tragen – und wirst stolz auf ihn sein. Kühn und verwegen wird dein Lebensweg, eine ewige Wanderschaft..." Wenig später lernte Isabel einen „großen dunklen Mann" kennen, verliebte sich in ihn und erschrak, als sie seinen Namen hörte: Richard Burton. Isabel erinnerte sich der Prophezeiung des alten Zigeunerweibes; sie verschaffte sich alle Bücher des damals schon berühmten Orientalisten Burton — und als er wieder zu neuen Forschungsreisen nach Indien, Äthiopien und Arabien aufbrach, verfolgte sie mit fiebernder Sorge die Pressemeldungen über seine gefahrvollen Abenteuer. Als er später am Krimkrieg teilnahm, versuchte die Liebende vergeblich, mit Florence Nightingales Hilfe in seine Nähe zu gelangen. Erst nach Jahren sahen sich die beiden wieder und wurden Mann und Frau. Seitdem nahm Isabel an seinen Forschungen in Syrien, Indien und Ägypten teil und sie war glücklich, dank ihrer Beziehungen ihrem Mann den wichtigen Posten eines britischen Konsuls in Syrien verschaffen zu können, wo das Ehepaar bald nur noch „Kaiser und Kaiserin von Damaskus" genannt wurde. Isabels eigene Bücher „Das geheime Leben Syriens" und „Indien, Arabien, Ägypten" und die nach Burtons Tod veröffentlichte Biographie ihres Mannes machten den Namen dieser seltsamen Frau in aller Welt bekannt.

13. IV. 1828 — 30. XII. 1906   ## JOSEPHINE BUTLER

Josephine Butler, glücklich verheiratet, reich begabt, hochgebildet, hatte sich die Aufgabe gestellt, das soziale Problem der Prostitution von seinen Ursachen her aufzugreifen und die betreffenden Frauen vor hoffnungslosem Abgleiten zu bewahren. Sie war mit dem Philosophen und Sozialpolitiker John Stuart Mills befreundet, der das gleiche Ziel verfolgte, und hatte bereits früher seine Eingabe auf Gewährung des Stimmrechts an die englischen Frauen unterschrieben. Jetzt trat sie, und mit ihr ihr Mann, öffentlich gegen das entwürdigende Gesetz zur Reglementierung nach kontinentalem Vorbild auf. Es gelang ihr, einen Verband zu gründen, der das Gesetz bekämpfte, aber gleichzeitig Hilfs- und Rettungsmaßnahmen für gefährdete Frauen vorsah. Diese Gesellschaft, die „Abolitionistische" genannt, gewann Mitglieder auch auf dem Festland, so in Deutschland, und arbeitete eng mit ähnlich gerichteten Organisationen zusammen, mit den Freundinnen junger Mädchen, der Blaukreuzbewegung und der Inneren Mission. Josephine Butlers Schriften würden ganze Bände füllen, ihre schriftstellerische Arbeit, ihre Reisen, Reden und Vorträge spannten ihre Kräfte aufs äußerste an. Die enge Arbeitsgemeinschaft mit ihrem Gatten und mit nahen Freunden ließen sie Verdächtigungen und Anwürfe überstehen, denen sie ausgesetzt war; ein lebendiges Christentum gab ihr immer neue Kraft. Bilder zeigen sie als schöne junge Frau von zarten Gesichtszügen und in späterer Zeit als noch immer anziehende Matrone in der Witwentracht viktorianischer Mode. Als sie 1906 starb, konnte sie auf einen Kreis von Mitarbeitern in der ganzen Welt blicken, der ihr Werk fortführen würde. Die hundertste Wiederkehr ihres Geburtstages begingen die englischen Frauen durch eine großartige öffentliche Feier.

1811 — 1901 ## VIKTORINE VON BUTLER-HAIMHAUSEN

Sie war ein bemerkenswerter Sonderfall in der deutschen Frauenbewegung; bemerkenswert als Einzelgängerin mit auffallend wenig Kontakten zu anderen Pionierinnen, bemerkenswert auch deshalb, weil sie sich vorzugsweise armer Bauernkinder annahm. Viktorine von Butler-Haimhausen erkannte zeitig, welche Ausmaße die Landflucht und das Elend der entwurzelten ländlichen Bevölkerung in den großstädtischen Fabrikbetrieben annehmen müsse, und suchte nach Wegen, die nachwachsende Generation dem Land zu erhalten und für das Landleben tüchtig zu machen. Die Aristokratin begann ihre Arbeit im Jahre 1854 mit der Erziehung armer Bauernkinder im Dachauer Moos bei München. Sie rief den oberbayerischen „Marienverein" ins Leben, mit Ausbildungsstätten in Indersdorf und in Neuhausen. Ihr Versuch, 1869 eine Siedlung für Arbeiter in Georgenried zu schaffen, schlug jedoch fehl, weil ihre weitsichtigen Ideen kein Verständnis fanden. Fehlschläge aber machten sie nicht mutlos. Sie wandte ihre Fürsorge den Bedürftigen in den Städten zu, gründete in München ein Asyl für Obdachlose, ein Heim für alte Dienstboten und beteiligte sich in der gleichen Stadt an der Errichtung des ersten deutschen Arbeiterinnenheimes, wo den werktätigen Frauen Wohnung und Essen, Erholung und Fortbildung und Rechtsberatung geboten wurden. In dem Heim fehlten nicht die Unterstützungskasse, die Nähstube und Einrichtungen für Notfälle. Noch die Fünfundachtzigjährige, die alles, was sie besaß, für andere hergegeben hatte, griff zur Feder, um ihre Geschlechtsgenossinnen zum Selbstbewußtsein aufzurufen. „Helft Euch selber, so hilft Euch Gott! Wenn Ihr Euch nicht selbst helft, so wird Euch auch Gott nicht helfen, und noch weniger Euer Beschützer, der Mann."

LADY ANNABELLA BYRON 17. V. 1792 — 16. V. 1860

Der edle Verschwender Byron, als Begründer der „Weltschmerz-Poesie", die egozentrischste Erscheinung der Romantik, stand nach der Veröffentlichung seiner „Pilgerfahrt" im Jahre 1812 im Zenit seines Ruhms — seine Stimme wurde gehört, sein Urteil beachtet. Man legte ihm Erzählungen und Gedichte zur Beurteilung vor; darunter auch einige Verse der zwanzigjährigen Annabella Milbanke, über deren Gedankenreichtum und sprachliche Ausdruckskraft sich der Dichter lobend äußerte. Es kam zum Briefwechsel und zu Begegnungen, und im Januar 1815 teilte Byron seinem Freunde Thomas Moore die bevorstehende Vermählung mit: „Die Mutter meiner zukünftigen Kinder ist eigentlich zu tugendhaft für mich; alle Welt hält große Stücke auf sie. Sie ist ein so gutes Mädchen, daß ich wünschte, ich selbst wäre ein besserer Kerl . . ." Die reiche Erbin und hochbegabte Frau schenkte dem Dichter ein Töchterchen — aber selbst die Geburt des Kindes vermochte die bald auftretenden Spannungen und Zerwürfnisse der jungen Ehe nicht zu beseitigen. Ein Jahr nach der Hochzeit bat Byron die Gattin, mit dem Kinde zu ihren Eltern zurückzukehren. Ohne Klage und ohne Vorwurf schied sie von ihm: „Ich denke an ihn ohne Rachsucht, kaum mit dem Gefühl des erlittenen Unrechts." Nach Italien sandte ihm Annabella eine Locke seiner Tochter Ada, die sich kaum noch des Vaters erinnerte. Im Sommer 1823 entschloß sich Byron zur Teilnahme am griechischen Befreiungskampf, und die Hingabe an eine große Idee wirkte heilend und reinigend auf sein Gemüt — zum erstenmal kam ihm der Gedanke an Heimkehr zu Weib und Kind. Am 16. April 1824, als er am tödlichen Fieber daniederlag, sagte er zu seinem Begleiter: „Wenn ich daran denke, zurückzukehren zu meiner Frau und zu Ada, dann überkommt mich ein Glücksgefühl . . ." Aber es war zu spät. Am 19. April hörte sein wildes Herz zu schlagen auf.

THÉRÈSE CABARRUS-TALLIEN 31. VII. 1773 — 15. I. 1835

Im April 1793 eilte Jean Lambert Tallien, ehemaliger Advokatenschreiber aus Paris, seit kurzem allmächtiger Konventskommissar, in das aufrührerische Bordeaux, um Ordnung zu schaffen. Er brachte ein Bataillon Sansculotten und die Guillotine mit. Die Stadt zitterte vor dem Blutgericht. Während Tallien seine Henkerstaten verrichtete, begegnete ihm die junge Spanierin Thérèse de Fontenay, die Tochter des Grafen François Cabarrus. Tallien verfiel der außerordentlichen Schönheit der Fremden, und man sah ihn seit dieser Zeit nur noch an der Seite Thérèses, die er zur Gattin erwählte. Wie die antiken Frauen, die den Häschern die Schlachtopfer entrissen und die Verfolger zahm machten, begann Thérèse Cabarrus zu wirken. Bordeaux lag der schönen Thérèse zu Füßen; zahllose Adelige und Bürger befreite sie aus den Kerkern und entriß der Guillotine ihre sichersten Opfer — bis die Pariser Zentrale den Umschwung der Dinge erfaßte. Die Polizei Robespierres ließ Thérèse Cabarrus als royalistische Verschwörerin in die Conciergerie, die Vorhalle des Todes, bringen — die Liebe aber machte den schwächlichen Tallien zum Rasenden. In der dramatischen Sitzung des 8. Thermidor eröffnete er um Thérèses willen den Angriff auf Robespierre und führte seinen Sturz am 9. Thermidor herbei. Die Erlösung aus der Schreckensherrschaft ließ Paris und Frankreich aufjubeln. Man trug Thérèse auf den Schultern aus dem Kerker und pries sie als „Notre dame de Thermidor". Aber sie dankte dem Retter nicht. Mit fliegenden Fahnen ging sie zum Mächtigsten der „Thermidoriens", zu Paul Graf von Barras, über. Eine Weile war sie die erste Dame der Direktoirezeit, später heiratete sie den Fürsten von Chimay und zog sich ins Privatleben zurück.

3. oder 4. Jahrhundert n. Chr. ## CÄCILIA

An der Via Appia antiqua, der altrömischen Gräberstraße, zeigt man noch heute die Gruft der Senatorenfamilie der Cäcilier und die Grabkammer, wo die Berühmteste dieses Geschlechts, die Märtyrerin Cäcilia, lange begraben lag. In Trastevere, der Altstadt Roms, führt man die Pilger durch die noch erhaltene marmorne Pracht ihres Vaterhauses, das vor fünfzehnhundert Jahren in die Basilika Santa Cecilia einbezogen wurde. Dorthin wurden im 9. Jahrhundert auch ihre Gebeine gebracht. Das Bild der tugendsamen Römerin erblicken wir neben dem ihres Bräutigams auf einem der Mosaike im Kircheninnern; Cäcilia trägt ein Kleid und ein Übergewand aus Goldbrokat, sie schmiegt die Märtyrerkrone ans Herz und Palmen überwölben die Hoheitsvolle wie ein Triumphbogen. Doch nicht die durch archäologische Funde belegbare geschichtliche Cäcilia lebt im allgemeinen Gedächtnis fort, sondern jene zarte Gestalt, die aus dem Rankenwerk der Legende aufgeblüht ist: jene gottgefällige Jungfrau, der in ihrer irdischen Not Engel himmlischen Beistand leisteten, der das scharfe Schwert der Henker nichts anhaben konnte und deren Leib die Jahrhunderte unversehrt überdauert haben soll; sagt man doch, daß Stefano Maderna im Jahre 1599 seine weltberühmte Statue der hingestreckten Glaubensheldin ihrem im Sarge unverwelkt aufgefundenen Leibe nachgebildet habe. Der Legende entstammen auch die Attribute Cäcilias, Orgel, Geige oder andere Klanginstrumente, die jedoch erst seit dem 15. Jahrhundert als Symbole ihres Schutzpatronats über die Musik, die Musiker, Sänger und Instrumentenbauer nachweisbar sind und seitdem auf allen Darstellungen erscheinen: Raffael und Rubens, der Bartholomäusmeister und Lukas van Leyden, Domenichino, Zubaran und viele andere haben Cäcilia mit diesen Zeichen ihrer Schutzherrschaft gemalt.

5. V. 1775 — 12. X. 1834 ## MARIE-ANNE CALAME

„Asile des Billodes" heißt ein weithin bekanntes Waisenhaus in Le Locle in der Schweiz. Zwar schätzt man die Vorzüge dieses Hauses, aber man erinnert sich nur allzu wenig jener mutigen, aufopferungsvollen und weitblickenden Frau, deren selbstlose Hilfsbereitschaft die Gründung des Asyls ermöglicht hat. Marie-Anne Calame krönte mit diesem Werk ihr segensreiches Leben. Starke Anregungen waren ihr aus der geistigen Welt ihres Zeitgenossen Johann Heinrich Pestalozzi zugeströmt; auch die pädagogischen Grundsätze des Franziskaners Père Gregoire-Girard hatten ihre Gesinnung beeinflußt. Frau Calame gehörte der pietistischen Bewegung „Réveil" an, die nach der Aufklärung die Wiederbelebung eines glaubensstarken Christentums anstrebte, ohne weltfremd und blind für die Vorgänge im Zeitlichen zu sein. Wachen Auges beobachtete sie die sozialen Mißstände, besonders das Elend der verwaisten, völlig vereinsamten Mädchen, und sann im Rahmen aller Möglichkeiten auf Abhilfe. Mit den geringsten Mitteln, die sie aus der Nachbarschaft zusammentrug, legte sie den Grundstein. Als die Quellen erschöpft waren, organisierte die einfallsreiche Frau die sogenannte „Fünf-Rappen-Kollekte", aus deren Ertrag sie ein Haus erwerben konnte, das für ein Waisenasyl geeignet war. Hier sammelte sie von weither die alleinstehenden Kinder, um ihnen ein Heim zu bieten und sie zu unterrichten. Die Unterweisung erstreckte sich nicht nur auf die religiöse „Erweckung". Auf dem Lehrplan standen Lesen, Schreiben und Rechnen, Naturkunde, Erdkunde, Zeichnen und handwerkliche Vorbildung. Zwölf Jahre nach der Eröffnung hatten schon einige Hundert Zöglinge Heim und Ausbildung im „Asile des Billodes" gefunden. Einer 1834 ausgebrochenen Ruhr- und Typhusseuche ist auch Marie-Anne Calame zum Opfer gefallen. Ihr Werk aber lebt weiter bis in unsere Zeit.

MARIE CALM 1832 — 1887

Arolsen, die Heimat Marie Calms, die Residenz des Fürstentums Waldeck, wo sie als Tochter des Bürgermeisters geboren wurde, war zwar eng und weltentlegen, vermittelte der Heranwachsenden aber trotz unzulänglicher Schulverhältnisse eine ausgezeichnete Bildung. Ihr Horizont weitete sich, als sie nach Genf ging, um ihre französischen Sprachkenntnisse zu vervollkommnen. Jahrelang war sie als Erzieherin in England und Rußland tätig. Nach dem Tode ihres Vaters übernahm Marie Calm im Jahre 1861 die Leitung einer Töchterschule in Lennep, ging dann zum zweitenmal nach England und ließ sich schließlich zusammen mit Mutter und Schwester in Kassel nieder. Hier gründete sie eine Fachschule für Frauen und eine Fortbildungsschule für junge Mädchen, an der sie die im Ausland gewonnenen Erfahrungen erprobte. Aus ihrer Lehrtätigkeit gewann sie die Einsicht, daß die geistige Mädchenbildung durch hauswirtschaftlichen Unterricht ergänzt werden müsse. Das Gewicht ihrer Lebensarbeit aber lag in ihrem Einsatz für die deutsche Frauenbewegung. Sie war im Allgemeinen Deutschen Frauenverein für die Lehrerinnen- und die höhere Frauenbildung zuständig, gründete 1869 in Berlin zusammen mit Auguste Schmidt und anderen den „Verein Deutscher Lehrerinnen" und wurde die Pionierin für die Wanderversammlungen der großen Frauenorganisation. Während sie ihren ersten Vortrag in Kassel noch verlesen ließ, weil sie noch nicht den Mut besaß, öffentlich aufzutreten, war sie in späteren Jahren eine unerschrockene und gewandte Rednerin. Sie ging stets als erste in die Stadt, die für die nächste Tagung des Frauenvereins ausersehen war, verhandelte, überzeugte und erreichte es, daß ein immer größerer Kreis von Frauen sich ihrer Rechte und Pflichten bewußt wurde.

MARIE-ANNE DE CAMARGO 14. IV. 1710 — 20. IV. 1770

Am 17. Dezember 1872 wurde im Marijinskij-Theater zu Petersburg das von Saint-Georges und Marius Pepita verfaßte dreiaktige Ballett „Camargo" uraufgeführt — die idealisierte Lebensgeschichte einer der berühmtesten Tänzerinnen aller Zeiten, die sich über ihre hervorragenden Tanzleistungen hinaus auch als Erfinderin unvergänglichen Ruhm in der Geschichte des klassischen Balletts erworben hat: Sie führte als erste den absatzlosen Tanzschuh ein, der noch heute zu den unentbehrlichen „Werkzeugen" aller Tänzerinnen gehört. Die Camargo entstammte einem uralten spanischen Adelsgeschlecht; die tänzerische Begabung erbte sie von ihrem Vater, der sich in Brüssel als Tanz- und Musiklehrer einen Namen gemacht hatte. Seine Tochter kam schon als Zehnjährige nach Paris zu der berühmten Françoise Prévost, die als eine der schönsten Frauen und berühmtesten Ballerinen galt. Nach einem heftigen Streit trennte sich die Camargo von ihrer Lehrerin und schloß ihr Studium bei dem nicht minder angesehenen Ballettmeister Blondi ab, durch dessen Vermittlung sie im Jahre 1730 zur ersten Solotänzerin der Pariser Oper ernannt wurde. Hier erstand ihr eine Rivalin in der ebenso begabten Maria Sallé — die ewigen Streitigkeiten der beiden Damen hat Voltaire in witzigen Versen der Nachwelt überliefert —, bis die Sallé das Feld räumte und nach London auswich. Seitdem war Marie-Anne de Camargo zwanzig Jahre lang in Paris die unbestrittene Königin des Tanzes; ihre „entrechats", eine im klassischen Ballett als besonders schwierig bezeichnete Art von genau festgelegten Sprüngen und Beinstellungen, gelten in ihrer Vollendung noch heute als in der Geschichte der Tanzkunst nie wieder erreichte Höchstleistung.

6. X. 1752 — 16. III. 1822   MADAME CAMPAN

Mehrmals ließ das turbulente Schicksal Jeanne Louise Henriette Campan in den Blickpunkt der öffentlichen Aufmerksamkeit treten. Schon mit vierzehn Jahren war die arme Waise Vorleserin der Töchter König Ludwigs XV. zu Versailles geworden; als 1770 die junge Marie Antoinette ins Schloß kam, wurde sie deren engste Vertraute und zog sich zum erstenmal Aufmerksamkeit, Neid und Mißgunst der Hofclique zu. Sie wurde mit dem Sohn eines Kabinettssekretärs verheiratet und zur Ersten Kammerfrau der Königin ernannt. Als sie sich am schrecklichen 10. August 1792 als lebender Wall vor die bedrohte Königin und die Kinder warf, lenkte sie den infernalischen Haß der Revolutionäre auf sich und wurde aus dem Templegefängnis ausgewiesen, in dem die Königsfamilie ihre letzten Monate verbrachte. Nach dem Sturz Robespierres kehrte Madame Campan unter kümmerlichen Verhältnissen nach Paris zurück. Napoleon Bonaparte berief die Kammerfrau Marie Antoinettes und die Erzieherin der Königskinder an die Spitze eines Heimes für weibliche Kinder der Ordensmitglieder der Ehrenlegion. Zum vierten und letztenmal trat die bescheidene, aber geistreiche Dame in den Blickpunkt des Interesses, als nach ihrem Tode ihre literarische Hinterlassenschaft herausgegeben wurde, die sich als eine hervorragende Quelle der Zeitgeschichte erwies: die Memoiren über das Privatleben Marie Antoinettes, das Journal der höfischen Anekdoten, und schließlich der Briefwechsel mit Königin Hortense. Die unscheinbare, aber scharf beobachtende Dame hatte alle Koryphäen ihres Zeitalters, von Marie Antoinette bis zu Zar Alexander I., von Robespierre bis zu Napoleon, aus unmittelbarer Nähe erlebt und überlieferte ihre Bilder der Nachwelt.

1721 — 7. VI. 1799   BARBERINA CAMPANINI

Das Leben der Tänzerin Barberina Campanini ist ein bunter, abenteuerlicher Roman, erfüllt von Spannung, Sensationen und Skandalen, endend in der Idylle eines schlesischen Gutshauses. Sie war einer der strahlenden Sterne der klassischen Zeit des Balletts, umjubelt und gefeiert auf den Bühnen der europäischen Hauptstädte. Die geborene Italienerin errang in Paris die ersten Triumphe, die ebenso der blendenden Schönheit des achtzehnjährigen Mädchens wie der begabten Künstlerin galten. Nach einem Aufenthalt in England tanzte sie 1743 wieder in Paris. Hier unterschrieb sie einen Vertrag an die Königliche Oper in Berlin. Als der reiche Lord Mackenzie ihr einen Heiratsantrag machte, ging sie mit ihm nach Venedig. Und nun begann eine der wenig bekannten Tragikomödien am Rande der politischen Geschichte. Friedrich II. ließ den venezianischen Senat ersuchen, die Tänzerin auszuliefern. Die ablehnende Haltung des Senats erregte den heftigen Zorn des Monarchen, und als Vergeltungsmaßnahme veranlaßte er die Verhaftung des durch preußisches Gebiet reisenden Londoner Gesandten Venedigs. Das wirkte; die Barberina wurde in der Lagunenstadt festgenommen und unter Bewachung als Gefangene nach Potsdam gebracht. Am 8. Mai 1744 zeigte sie zum erstenmal ihre Kunst vor dem preußischen Hof. Berlin war begeistert, und der König bewilligte der Tänzerin und späteren Geliebten ein ungewöhnlich hohes Honorar. Das Verhältnis erkaltete bald und wurde völlig gelöst, als der Sohn des preußischen Großkanzlers Cocceji der Künstlerin auf offener Bühne eine Heiratserklärung machte. Die Ehe wurde auf Grund beiderseitiger Abneigung bald wieder geschieden, und Barberina zog sich auf das von ihr gekaufte Gut Barschau in Schlesien zurück.

MINNA CANTH   19. III. 1844 — 12. V. 1897

Das finnische Volk hat der Dichterin und Bahnbrecherin seiner Frauenbewegung zwei Denkmäler gesetzt und ihr drei biographische Bücher gewidmet. Ihr Bild zeigt ein sehr kennzeichnend finnisches Gesicht: eine herausgewölbte Stirn, tiefliegende Augen, eine etwas ausgekehlte Nase und breite Backenknochen. Minna Johannson wurde in Tampere, dem einstigen Tammerfors, geboren. Sie heiratete einen Seminardirektor, der nach einer Reihe von Jahren die erst Fünfunddreißigjährige als Witwe mit sieben Kindern unversorgt zurückließ. In den wirtschaftlichen Lebenskampf geworfen, übernahm sie den väterlichen Garnladen. Ihr Streben aber ging darüber hinaus: Der regsame Geist war geschult an den Schriften des großen französischen Geschichtsschreibers Hippolyte Taine, an den Büchern der englischen Soziologen Herbert Spencer und John Stuart Mill, deren Gedanken damals die Gemüter bewegten. Sie kannte aber auch die erregenden Dramen Henrik Ibsens, des großen Norwegers. Beeinflußt von ihnen, begann sie mit zwei Theaterstücken aus dem finnischen Volksleben, denen im Verlaufe der weiteren Jahre fünf andere und eine Reihe von Romanen und Novellen folgten. Diese ihre Bücher, die 1920 in vier Bänden zusammengefaßt erschienen sind, machten sie zu einer ersten und zugleich mutigsten Vertreterin der wirklichkeitsgetreuen, „realistischen" Erzählungskunst Finnlands. Das Schicksal der Armen, der Bedrängten und Bedrückten, das sie im eigenen Leben, am eigenen Leibe erlitten hatte, ließ sie zum leidenschaftlichen und beredten Anwalt der Frauen werden und zur Vorkämpferin für eine durchgehende Reform ihrer gesellschaftlichen Stellung und rechtlichen und staatlichen Anerkennung. Minna Canth ist es zu verdanken, daß Finnland das erste Land Europas war, in dem bereits im Jahre 1907 das Frauenstimmrecht eingeführt wurde. Ihr Name besitzt heute noch in der finnischen Frauenbewegung anfeuernde Kraft.

BIANCA CAPELLO   1548 — 20. X. 1587

Die Villa Poggio a Caiano, ein ehemaliges Kastell in der sonnendurchglühten Ebene von Prato bei Florenz, läßt im Innern die frivole Lebenshaltung der daseinslüsternen, schon übersättigten italienischen Hochrenaissance erkennen: Da hängt zwischen persischen Paravents, Muranokandelabern, orientalischen Ruhebetten und antiken Skulpturen noch heute das von einem Bronzinoschüler gemalte Bildnis der einstigen Hausherrin Bianca Capello — einer der abenteuerlichsten Frauengestalten ihres Zeitalters. Als Fünfzehnjährige war die venezianische Patrizierstochter mit einem florentinischen Liebhaber von niederem Adel aus dem streng bewachten Palazzo ihrer Eltern entflohen, die hohe Belohnungen auf die Ergreifung der beiden aussetzten. Die Flüchtlinge waren — unter der Heuladung einer Gondel wohlversteckt — schon längst aus der Stadt entkommen, als die venezianischen Sbirren noch wochenlang vergeblich nach ihnen suchten. Der Entführer, Pietro Bonaventura Salviati, heiratete das Mädchen in seiner Vaterstadt Florenz; dort verlebte das Paar einige heimliche und anscheinend glückliche Ehejahre, bis Francesco I. de Medici, seit 1574 Großherzog der Toskana, die schöne junge Frau entdeckte und sich blindlings in sie verliebte. Er kaufte sie ihrem Gatten ab, den er, um sich die Bezahlung zu ersparen, ermorden ließ. Nach dem Tode seiner ersten Frau machte er Bianca zu seiner Gemahlin und zur Großherzogin, die bald die Führung des Hofes und der auswärtigen Geschäfte an sich riß und deren einziger Kummer es war, daß sie dem Großherzog nicht den ersehnten Sohn und Erben schenken konnte. Als sie ihren erbittertsten Feind, ihren Schwager, zu beseitigen suchte, trank aus Versehen ihr Gatte von dem vergifteten Gericht. Einen Tag später folgte ihm Bianca, die „Tochter von San Marco", die alle ihre Pläne vernichtet sah, freiwillig in den Tod.

14. VII. 1801 — 21. IV. 1866   **JANE WELSH CARLYLE**

Eine große Briefschreiberin, eine rührend aufopfernde Gattin an der Seite eines genialen und darum schwierigen Mannes, und eine der liebenswürdigsten und originellsten Frauen des neunzehnten Jahrhunderts — das ist die zärtlich geliebte „Goody" Thomas Carlyles, der ihr einmal gutmütig spottend schrieb: „Du ahnst ja gar nicht, wie ich mich nach Deinem schönen Gesicht — und nach Deiner bösen Zunge sehne..." Man hat ihre von Geist und Anmut erfüllten Briefe mit denen der Rahel Varnhagen und der Bettina von Arnim verglichen, als köstliche Dokumente ihrer Epoche. Das schöne, verwöhnte Mädchen aus reichem schottischem Hause war durch ihren Lehrer, den amerikanischen Schriftsteller Edward Irving, bei Thomas Carlyle eingeführt worden, der nach fünfjähriger Bekanntschaft um ihre Hand anhielt. Es wurde trotz aller Liebe eine stürmische und an Spannungen reiche Ehe; der große Egozentriker Carlyle erkannte erst nach dem Tode seiner Frau, wieviel er ihr an Verstehen und Einfühlen schuldig geblieben war. Er erkannte es aus ihren Briefen an ihre Familie und an ihre Freundinnen; ein bestürzendes Schuldgefühl ließ ihn diese Briefe liebevoll ordnen und in einer kostbaren Buchausgabe der Öffentlichkeit übergeben, als eine späte Huldigung an die Lebensgefährtin. Jane Carlyle versammelte alle hervorragenden Schriftsteller jener Zeit in ihrem Hause, das Dickens und Thackeray, Mazzini und Cavaignac, Chopin und Erasmus Darwin zu seinen Gästen zählte. Ihr Mann unterrichtete sie in der deutschen Sprache, die sie bald so vollkommen beherrschte, daß sie die Märchen von Musäus ins Englische übersetzen konnte. An den reformatorischen Ideen und Werken Carlyles nahm sie regen Anteil, und ihr Heim war weithin berühmt als „Asyl aller Hilfsbedürftigen". Die Gestalt dieser wunderbaren Frau, die sich „ein Fenster vorm Herzen wünschte, damit der geliebte Mann hineinblicken könne", ist mit dem Leben und Werk Thomas Carlyles untrennbar verbunden.

Anfang des 19. Jahrhunderts   **CARMEN**

Carmencita, das Urbild der „Carmen", ist nach der zweimaligen musischen Verwandlung — 1845 in der Novelle Mérimées und dreißig Jahre später in der Oper Bizets — kaum noch als geschichtliche Gestalt wiederzuerkennen. Carmencita war eine unter Hunderten von „Cigareias", den Zigarettenarbeiterinnen im spanischen Granada. Man weiß nicht, wann und wo Graf von Montijo die junge „Cigareia" entdeckte. In unbeirrbarer Hinneigung zog er sie aus ihrer Umgebung, setzte sich über alle Standesvorurteile hinweg und feierte mit ihr eine einsame Hochzeit. Durch das hochmütige Fernbleiben seiner Verwandtschaft in seiner und seiner Gemahlin Ehre aufs tiefste getroffen, begann er seine Revanche. Nach dem Erbrecht hatte Montijo die Verfügungsgewalt über das große Familienvermögen, und er schuf Anlässe genug, die Geldzuwendungen an die hochnäsige Sippschaft bis zum äußersten zu verknappen. Im Hause eines der Betroffenen wurde der Dichter Prosper Mérimée Zeuge und als häufiger Tischgast auch Leidträger der Rache des Grafen Montijo. Dort erzählte man in dieser Zeit von dem berüchtigten Banditen José Maria Zempranito. Don José war einem Mädchen zuliebe vom Militär desertiert, hatte sie, als sie ihn hinterging, im Jähzorn getötet und war zum Wegelagerer geworden. Fünfzehn Jahre vergingen; in der Phantasie des Dichters Mérimée war Carmencita, die „Cigareia" von Granada, und die Geliebte des José Maria inzwischen zu einem einzigen Wesen verschmolzen, der Carmen seiner berühmten Novelle. Dieser Novellengestalt erinnerte sich Georges Bizet, als er ein Menschenalter später das Libretto zu seiner Oper „Carmen" schreiben ließ. Es war die Rache der verunglimpften „Cigareia", daß das Werk für den Komponisten zum Mißerfolg wurde.

CARMEN SYLVA
29. XII. 1843 — 2. III. 1916

Hinter diesem Pseudonym, das „Waldgedicht" oder „Waldlied" bedeutet, verbarg sich der Name der Königin Elisabeth von Rumänien, der Tochter des Fürsten Hermann zu Wied; unter diesem romantischen Namen gab sie ihre in deutscher, rumänischer und französischer Sprache geschriebenen Dichtungen heraus. Seit 1869 lebte die gebürtige Neuwiederin als Gattin des Fürsten und späteren Königs Karl von Rumänien in Bukarest und auf Schloß Sinaia. In ihrem von einem starken improvisatorischen Talent getragenen dichterischen Schaffen ist vieles zeitbedingt, aber es spiegelt sich darin ihre geistige Aufgeschlossenheit für die soziale Frage, für die Frauenbewegung und die Probleme des Landes, dessen Königin sie war. Eine Reihe ihrer Schriften verfaßte Carmen Sylva gemeinsam mit Mite Kremnitz, der Frau eines Bukarester Arztes. Wie das warm fühlende Herz sie als Mutter ihres Landes immer wieder antrieb, der Not des in seinen breiten Schichten armen rumänischen Volkes zu begegnen und seinen Bildungsstand zu heben, so erschloß sie mit dem Empfinden der Dichterin das Seelenleben dieses Volkes, sammelte seine Lieder und Sagen und machte rumänische Literatur durch Übersetzungen zum ersten Male außerhalb der Landesgrenzen bekannt. Am echtesten ist ihre Dichtung da, wo sie der Sehnsucht nach der Heimat am Rhein und dem tiefen Schmerz der Mutter über den Verlust des einzigen Kindes Ausdruck gegeben hat. Neben solchen Versen aus leidvollem Herzen aber stehen belanglos fröhliche Lieder vom Wein und Rhein; nicht wenige von ihnen hat der Komponist August Bungert vertont. Das Erinnerungsbuch „Mein Penatenwinkel" bringt uns in freundlich geschauten und plastisch gezeichneten Bildern die Menschen aus der Neuwieder Jugendzeit von Carmen Sylva nahe. Ihre Aphorismen „Geflüsterte Worte" offenbaren funkelnden Geist und oft erstaunliche Treffsicherheit.

CAROLINE MATHILDE VON DÄNEMARK
22. VII. 1751 — 17. I. 1775

Wie eine Galavorstellung genoß der rachsüchtige dänische Hochadel das düstere Schauspiel des 28. April 1772: Auf dem Osterfeld vor den Toren von Kopenhagen bestieg Johann Graf von Struensee — vor drei Monaten noch allmächtiger Kabinettsminister, Günstling des Königs und Favorit der Königin — das Blutgerüst. Mit dem blitzenden Beil fiel der Vorhang über eine der großen Liebestragödien der europäischen Königsgeschichte. Die einundzwanzigjährige Frau, die die Todesstunde Struensees als Staatsgefangene auf Prinz Hamlets sagenhaftem Schloß Kronsborg durchlitt, die Königin Caroline Mathilde, war als Fünfzehnjährige von ihrem Bruder König Georg III. von England aus politischen Gründen dem Dänenkönig zur Frau gegeben worden, dem schwachsinnigen Christian, über dessen Lotterleben man an allen Fürstenhöfen Europas mit Abscheu und Verachtung sprach. An der Seite dieses Marionettenkönigs wurde der jungen, unverdorbenen Engländerin das Leben zur Qual, die noch vertieft wurde durch die offen feindselige Haltung der Königin-Witwe und des Hofstaates. Als der hallensische Stadtphysikus Struensee Leibarzt und Berater des Königs wurde, schenkte die Königin dem aufrechten, energischen Mann, der auf allen Gebieten der Verwaltung, der Gesetzgebung und der Innenpolitik entscheidende Veränderungen bewirkte, ihr volles Vertrauen — und später auch ihr Herz. Das Verhältnis blieb nicht unbemerkt; es wurde vom Adel, dessen Vorrechte Struensee zugunsten des Bürgertums beschnitten hatte, als willkommener Vorwand zum Sturz des Verhaßten benutzt. Auch der Königin wollte man den Prozeß machen — das verhinderte ein britisches Geschwader, das vor Kopenhagen aufkreuzte und die Stadt in Asche und Trümmer zu legen drohte, wenn der Schwester des britischen Königs ein Leid angetan werde. Sie starb in der Verbannung, auf Schloß Celle bei Hannover, dreiundzwanzig Jahre alt.

13. XII. 1871 — 2. III. 1945 **EMILY CARR**

Als Emily Carr, dieses einsame Genie unter den kanadischen Malern, „entdeckt" wurde, war sie bereits sechsundfünfzig Jahre alt. Fünfzehn Jahre lang hatte die „Expressionistin inmitten der indianischen Totempfähle und der rauschenden Wälder von Britisch-Kolumbien" keinen Malpinsel mehr angerührt, weil ihre Kunst zum Objekt des Gelächters geworden war. Da sich auch ihre früheren Schüler von ihr abgewandt hatten, stellte sie, um leben zu können, Keramikwaren für Touristen her und züchtete Schäferhunde für den Verkauf. Erst 1927 endeten die trüben Jahre, als „die neue Kunst" sich auch in Kanada durchgesetzt hatte. Seitdem gilt sie als eine der großen modernen Malerinnen, deren Gemälde in vielen Galerien hängen. – Emily Carr war eine der ersten, die die indianische Kunst als starken Ausdruck der inneren Vorstellungswelt der Eingeborenen erkannte. Sie studierte auf der Kunstschule in San Francisco und in London, aber erst in Paris fand sie die Gleichgesinnten, die sie verstanden, und Lehrer, die sie förderten. Heimgekehrt malte sie in der neuen Technik und Auffassung Fichten- und Tannengründe und die hageren und einsamen Totems der Indianer – nicht in konventioneller Sehweise, sondern in eigenwilliger malerischer Verwandlung des Gegenständlichen. Am Ende jeden Tages schloß sie die Tür vor der Welt zu und begann ihre Gedanken in Worte zu fassen. Schon ihr erstes Buch „Klee Wyck" wurde äußerst beachtet; fünf weitere Bücher folgten, unter ihnen die aufschlußreiche Selbstbiographie „Growing Pains". Am liebsten aber weilte sie in den indianischen Wäldern, um ihre großflächigen Bilder zu malen. Noch in den Tagen vor ihrem Tode, als sie sich schon schwach fühlte, ging sie hinaus: „Ich muß in den Wald gehen. Der Wald hat mir noch etwas zu sagen, und ich muß dasein, um es zu hören."

7. X. 1675 — 15. IV. 1757 **ROSALBA CARRIERA**

Als der Hausverwalter Andrea Carriera in Venedig entdeckte, daß sein Töchterchen Rosalba ihre Schulbücher mit hübschen Zeichnungen illustrierte, ließ er sie von Giuseppe Diamantini und später von Antonio Balestra in der Malerei unterrichten. Mit reizend bemalten Fächern und Tabakdosen verdiente Rosalba ihr erstes Geld. Der Maler-Dilettant Christian Cole riet dem hochbegabten Mädchen, für ihre zartduftigen Malereien statt Ölfarben Pastellstifte zu benutzen, und damit fand Rosalba die ihrem Genie adäquate künstlerische Technik, die sie zu einer der größten Malerinnen des Rokoko werden ließ. Sie war klein, lebhaft, mit graziösen Händen und sprechenden Augen, ohne eine Schönheit zu sein; jedenfalls sagte Kaiser Karl VI., dem sie in Wien vorgestellt wurde: „Begabt mag sie ja sein, aber hübsch ist sie nicht . . ." Christian Cole zeigte Rosalbas Miniaturen in Rom und trug damit sehr zum jungen Ruhm der Künstlerin bei; er sandte ihr auch aus Rom eine Kollektion von eigens für sie angefertigten Pastellfarben, mit denen sie eine große Zahl von Bildnissen bedeutender Persönlichkeiten schuf. Könige und Fürsten überboten sich in Aufträgen; eine Reise nach Paris brachte ihr die Begegnung mit Watteau, und König August III. von Polen versäumte bei keinem Besuch, sich von ihr malen zu lassen. Ihr Bildnis der Tänzerin Barberini Campanini aus der Dresdner Galerie, das nach dem Ende des zweiten Weltkrieges mit vielen anderen Kunstschätzen nach Rußland gekommen war, wurde nach seiner Heimkehr nach Dresden mit einer eigenen Briefmarke gefeiert. Ihre letzten Lebensjahre verbrachte die Künstlerin erblindet und in tiefer Schwermut. In ihrer Vaterstadt Venedig ist sie, zweiundachtzigjährig, gestorben. Eine kleine Kapelle ist ihre Grabstätte, sie trägt die Inschrift: „Rosalba Carriera pittrice MDMCCLVII."

ANNA CARROLL   Mitte des 19. Jahrh.

Abraham Lincoln, der Sklavenbefreier, war der erste amerikanische Präsident von weltgeschichtlicher Bedeutung. Ohne seinen Triumph im vierjährigen Bürgerkrieg – einen Sieg, der die geplante Separation der Südstaaten für alle Zeiten unmöglich machte – hätte die amerikanische Weltmacht seit 1917 nicht in die europäischen Geschicke eingreifen können. Dieser Sieg in dem blutigen und erbitterten Ringen der Unionstruppen gegen die Südstaaten war nach wechselvollem Kriegsglück mit Hilfe des strategischen „Tennessee-Planes" errungen worden. Die Geschichte der Vereinigten Staaten von Amerika verschweigt, daß Idee und Ausarbeitung dieses kriegsentscheidenden Planes von einer Frau stammten: von der jungen politischen Schriftstellerin Anna Carroll aus Baltimore im Staate Maryland, einer Nachfahrin Charles Carrolls, der im Jahre 1776 die Unabhängigkeitserklärung mitunterzeichnet hatte. Die glühende Patriotin, Tochter des Gouverneurs von Maryland, hatte Lincoln kurz nach seiner ersten Wahl zum Präsidenten kennengelernt. Besorgt über den beginnenden Abfall der Südstaaten, zögerte er nicht, die hervorragende und propagandistische Begabung des jungen Mädchens für seine Bestrebungen einzusetzen; in seinem Auftrag arbeitete Anna als Agentin in Baltimore und in St. Louis und übermittelte ihm wichtige Informationen über die Kriegspläne der abtrünnigen Landesteile. Der von ihr vorgelegte „Tennessee-Plan" bedeutete für den Norden die Rettung in letzter Minute und den Sieg: Am 9. April 1865 übergab der Südstaatengeneral Robert E. Lee seinen Degen dem General Grant, dem Oberbefehlshaber der Unionstruppen. Das Parlament forderte stürmisch den Namen desjenigen, der den heroischen Feldzug geplant hatte. Aber nach Lincolns Ermordung weigerten sich die Generale, ihren Ruhm mit einer Frau zu teilen – Anna Carrolls Name wurde unterdrückt, verschwiegen, vergessen. Unbekannt wie der Tag ihrer Geburt ist auch der Tag ihres Todes.

LADY CASTLEMAINE   1641 – 1709

Als Karl I. von England auf Cromwells Betreiben 1649 geköpft wurde, weilte sein halbflügger Sohn, der Kronprinz, in Frankreich, um vom Bürgerkrieg verschont zu bleiben. Nun suchte er sich in der Heimat durchzusetzen, verlor die Schlacht bei Worcester und mußte bis 1660 im Exil ausharren, ehe er endlich, dreißigjährig, als Karl II. den Thron besteigen konnte. Bald begegnete ihm der neunzehnjährige Barbara Villiers. Sie war mit Roger Palmer, dem späteren Earl of Castlemaine, verheiratet, doch schien das nicht der Rede wert; denn in kurzem gewann sie Karls Gunst und wurde die Pompadour des leichtlebigen britischen Hofes, wo der König mit der Leidenschaft eines Sammlers schöne Frauen um sich scharte, deren Beschäftigung oft nur darin bestand, einander die Liebhaber abzujagen. Treue und Eifersucht waren verpönt, Lustbarkeiten, Gondelfahrten, Ausflüge und Duelle um begehrte Damen füllten die Tage. Die schlaue, ihren Vorteil raffiniert wahrende Castlemaine lernte es ertragen, daß neben ihr noch andere Mätressen den König erfreuten, und erhielt sich so viele Jahre an der Macht, trotz ihren eigenen seltsamen Seitensprüngen; einmal bevorzugte sie sogar einen Seiltänzer, worüber die Bänkelsänger auf den Gassen spotteten. Ihr Einfluß dehnte sich maßgebend bis ins politische Leben aus. Königin Katharina war kinderlos und ließ den Gatten gewähren, dem Lady Castlemaine mehrere Kinder schenkte, Ahnherren etlicher Familien des englischen Hochadels. Zum Dank dafür wurde sie zur Herzogin von Cleveland erhoben; ein Gnadenerweis, dem die Trennung folgte. Der König wandte sich einer jüngeren Favoritin zu. Sie aber übersiedelte nach Paris und kehrte erst kurz vor seinem Tode zurück.

10. V. 1780 — 12. VI. 1849   ANGELICA CATALANI

Wie ihre berühmte Berufskollegin Henriette Sontag, wurde auch die Catalani ein Opfer der Cholera; in Paris erlag die Neunundsechzigjährige nach einem ruhmvollen Leben der schrecklichen Seuche. In Sinigaglia war sie zur Welt gekommen, sie wuchs im Kloster Gubbio auf, wo das schöne Mädchen mit ihrem herrlichen Sopran selbst in der Kirche Beifallsstürme hervorrief. Mit dem ersten öffentlichen Auftreten der Neunzehnjährigen auf der Bühne des Theatro Argentina, als Ifigenia in Aulide von Guiseppe Mosca, begann ihr Siegeszug von Italien nach Portugal, nach England und Frankreich, in das Paris des ersten Napoleon. Hier wurde sie, die kalt und berechnend auf Wirkung und Erfolg Bedachte, ein einziges Mal von ihren Gefühlen überrumpelt: Sie schenkte dem Gesandtschaftsattaché de Vallabrègue, einem habgierigen und charakterlosen Menschen, ihr Herz und ihre stets wohlgefüllte Kasse, die der Gemahl am Spieltisch schnell zu leeren verstand. Als nach dem Abgang des Korsen Ludwig XVIII. wieder in Paris eingezogen war, betraute er die Catalani mit der Leitung des Théatre Italien in der Rue Favart und steuerte 160 000 Franken jährlich aus seiner Privatschatulle bei — aber der Erfolg blieb aus. 1817 legte die Sängerin die Theaterleitung nieder und begab sich wieder auf Gastspielreisen. Neue Triumphe, neue Begeisterungsstürme — aber nun begann sich die Überbeanspruchung der herrlichen Stimme zu rächen: Schmelzlose und blecherne Töne verdunkelten die Erinnerung an die einstige Vollkommenheit und veranlaßten schließlich die kluge und selbstkritische Sängerin, sich hochgeehrt und mit Glücksgütern reich gesegnet auf ihren Landsitz bei Florenz zurückzuziehen. In ihren letzten Lebensjahren war sie eine umschwärmte und gefeierte Gesangspädagogin.

7. XII. 1876 — 24. IV. 1947   WILLA CATHER

Zur Welt gekommen war sie in Virginia, im „vornehmen" Südosten, wo ihr Vater eine Farm und unübersehbare Schafherden sein eigen nannte. Als ein Großfeuer das Anwesen vernichtete, zog er mit seiner Familie westwärts, in das fruchtbare Grasland Nebraska, und hier baute der tüchtige Mann sich in wenigen Jahren wieder einen ansehnlichen Gutsbetrieb auf. Zwischen den harten, kämpferischen Menschen der Prärie verbrachte Willa die Zeit ihrer Kindheit; die Eindrücke dieser empfänglichen Jahre bilden auch den Grundstoff ihrer berühmt gewordenen Romane, in der die große amerikanische Schriftstellerin das karge, bedrohte Pionierleben der aus allen Teilen des übervölkerten Europa ins Land der Verheißung, in den amerikanischen Mittelwesten, einströmenden Einwanderer zu unvergeßlichen Szenen und grandiosen Bildern gestaltet hat. Ihr Frauenbuch „Meine Antonia" nannte die Kritik „das schönste romantische Buch, das Amerika je hervorgebracht hat." Ihre Frauengestalten sind es vor allem, die der Dichterin ihren literarischen Weltruhm brachten. Es sind also großartige Frauen wie „Meine Antonia", die aus dem Böhmerwald mit ihren Eltern nach Amerika auswanderte und dort, in der freien und harten Welt, ihr Leben meistert und vollendet, ungebrochen durch Liebesenttäuschungen, Schicksalsschläge und das Übermaß an Arbeit und Pflicht. In Europa und auch in Deutschland wurde Willa Cather besonders bekannt durch ihren Roman „Der Tod kommt zum Erzbischof", der den amerikanischen Südwesten zum Schauplatz einer erregenden, von der Dichterin mit souveräner Meisterschaft geführten Handlung macht. „War denn die Kunst," — so läßt sie eine ihrer Romangestalten fragen — „jemals etwas anderes als ein Gefäß zum Einfangen des Lebens selbst ... ?"

CARRIE CHAPMAN CATT 9. I. 1859 — 9. III. 1947

Mit hervorragenden Mitarbeiterinnen, zu denen Susan B. Anthony gehörte, schuf Mrs. Chapman Catt eine internationale Bewegung, in der die Frauen Europas und der neuen Erdteile sich zu Verbänden zusammenschlossen. Nicht umsonst war Carrie eine Tochter des amerikanischen Mittelwestens, sie hatte noch den Schwung der ersten Kolonisation erfahren. Früh verwitwet, widmete sie ihre Kräfte dem Kampf für die staatsbürgerliche Gleichheit der Frau, der 1920 in den Vereinigten Staaten zur Gewährung der uneingeschränkten politischen Rechte führte. Die Gabe der Beredsamkeit, gut fundierte Kenntnisse, ein liebenswürdiges Wesen, ein anziehendes Äußeres, vor allem eine tiefe sittliche Überzeugung machten sie zur geborenen Führerin. Nachdem sie in Amerika 1900 als Nachfolgerin von Susan B. Anthony Vorsitzende des Verbandes für Frauenstimmrecht geworden war, begann sie eine ausgedehnte Reisetätigkeit, die sie in die Hauptstädte Europas, nach Australien und in den Nahen Osten führte, charakteristischerweise, ohne daß sie über eine andere Sprache als die englische verfügte. Im Jahre 1900 wurde als Zweig des Internationalen Verbandes in Berlin unter Marie Stritt der Deutsche Verband für Frauenstimmrecht gegründet. 1923 gab Mrs. Chapman Catt den Vorsitz an Mrs. Margery Corbett Ashby ab. Von dieser Zeit an widmete sie sich vor allem der Friedensbewegung; sie berief eine große Tagung nach New York ein, auf der auch Ausländerinnen sprachen; für Deutschland Dorothee von Velsen, Vorsitzende des Deutschen Staatsbürgerinnen-Verbandes. Mrs. Catt verlebte ihre letzten Lebensjahre in New Rochelle, nicht weit von New York, von jungen und alten Freunden umgeben.

MINNA CAUER 1. XI. 1841 — 3. VIII. 1922

„Wir enden tragisch und leiden ein Martyrium, wenn wir die Zukunft zu früh in die Gegenwart hineintragen wollen . . ." Dieses in seiner brennenden Aktualität fast unheimlich anmutende Wort wurde vor über einem halben Jahrhundert gesprochen — von Minna Cauer, einer der ersten Vorkämpferinnen der deutschen Frauenbewegung. Die Pfarrerstochter aus dem märkischen Landstädtchen Freyenstein war durch ihre Ehe mit dem bedeutenden Pädagogen Eduard Cauer mit den sozialpolitischen Problemen des technischen Zeitalters vertraut geworden. Auf eine Anregung ihres Mannes hin entstanden ihre beiden Hauptwerke „Die Frau in den Vereinigten Staaten" und „Die Frau im neunzehnten Jahrhundert", zwei heute gültige wissenschaftliche Arbeiten. Bismarcks kleindeutsche Reichsgründung und das lärmende Gottesgnadentum des jungen Kaisers Wilhelm II. hat die kluge Frau mit wachsender Sorge beobachtet. Sie sparte nicht mit kritischen und mahnenden Worten; die Mitbegründerin des Vereins für das Frauenstimmrecht und Herausgeberin der Zeitschrift „Die Frauenbewegung" kam zu der Einsicht: „Wenn man die Menschen danach beurteilen wollte, wie sie sich in politisch bewegten Zeiten verhalten, dann müßte man an der Güte und Wahrhaftigkeit der menschlichen Natur überhaupt verzweifeln." Im unglücklichen Ausgang des ersten Weltkrieges sah sie ihre Befürchtungen bestätigt und stellte ihre Arbeit nun mit neuer Hoffnung in den Dienst der jungen Republik; aber bald zog sie sich nach schmerzlichen Enttäuschungen wieder in die Stille ihres Arbeitszimmers zurück „Es gibt Höheres und Weltbewegenderes als den Sieg des Schwertes — den Sieg des Geistes, des Rechtes und der Freiheit. Und an diesen endlichen Sieg glaube ich auch heute noch felsenfest!"

4. XII. 1865 — 12. X. 1915 EDITH CAVELL

Noch heute, Jahrzehnte nach dem Tode Edith Cavells, vergeht kaum ein Tag, an dem nicht ihre in Gold, Bronze und Marmor prunkenden Denkmäler in den Hauptstädten Frankreichs, Großbritanniens und Belgiens mit frischen Blumen geschmückt werden. Das Todesurteil, das ein deutsches Kriegsgericht gegen die seit dem Jahre 1907 in Brüssel ansässige gebürtige Engländerin fällte, erwies sich in der Folge als eine der verhängnisvollsten Fehlleistungen der noch im Siegestaumel schwelgenden deutschen Kriegsführung. Was hatte die fünfzigjährige beliebte und allgemein geschätzte Oberin eines Brüsseler Krankenhauses denn Böses getan? Nun, sie hatte, wie es ihr die Menschenpflicht gebot, nach dem siegreichen Vormarsch der deutschen Truppen mit Hilfe belgischer Patrioten über zweihundert Belgiern, Engländern und Franzosen die Flucht über die Grenze in das neutrale Holland ermöglicht. Das haben vor ihr und nach ihr unzählige andere getan; und es gab auch zu allen Zeiten Deutsche, die das Menschenrecht und die Fürsorge für bedrohte Mitmenschen über das Kriegsrecht und das vermeintliche „nationale Interesse" gestellt haben. Edith Cavell hatte das Unglück, in die Maschinerie einer kalten und unpersönlichen Militärjustiz zu geraten; sie wurde am 5. August 1915, nachdem käufliche Elemente sie verraten hatten, von einer Gendarmerietruppe verhaftet und vor ein Militärgericht gestellt. In der Voruntersuchung und in der Hauptverhandlung bekannte sie sich sofort und ohne Umschweife zu dem ihr zur Last gelegten „Verbrechen". Trotz eines hervorragenden Plädoyers des berühmten Brüsseler Anwalts S. Kirschen wurde das Todesurteil verkündet und vollstreckt. Die Schüsse, unter denen Edith Cavell zusammenbrach, hallten wider in der gesamten angelsächsischen Welt.

6. II. 1577 — 11. IX. 1599 **BEATRICE CENCI**

Beatrices unseliges Schicksal hat viele Dichter und Komponisten zu bedeutenden Werken inspiriert; Shelley und Stendhal, der ältere Alexander Dumas und viele andere huldigten der schönen Römerin, deren Name auch in sinfonischen Balladen und Melodramen von Rota, Davis und Rozycki weiterlebt. Beatrices Vater war berüchtigt wegen seiner Grausamkeit und niedrigen Gesinnung; das ihm von seinem Vater hinterlassene große Vermögen verwendete er ebenso wie das ansehnliche Heiratsgut seiner verstorbenen ersten Frau zu einem lasterhaften und verschwenderischen Lebenswandel, seinen Kindern aber verweigerte er den Lebensunterhalt, so daß sie um Unterstützung betteln mußten. Keine Schändlichkeit war dem unnatürlichen Manne fremd; als seine älteste Tochter in eine Ehe flüchten konnte, hielt er ihre jüngere Schwester, Beatrice Cenci, im Turm von La Rocca, dem Schlosse der Colonna in Petrella Salto, in strengem Gewahrsam. Er wollte sie verderben an Leib und Seele, mißhandelte sie und ihre Stiefmutter, seine zweite Frau, deren Los nicht weniger hart war als das des jungen Mädchens. Um die Schwester vor weiteren Nachstellungen und Mißhandlungen zu bewahren, erschlug einer der Brüder den Vater, als er im rauschhaften Schlafe lag. Bald kam das Gerücht auf, daß er keines natürlichen Todes gestorben sei; Mutter, Stieftochter und die Söhne wurden verhaftet und in einem sensationellen Prozeß zum Tode verurteilt. Die Kinder bestritten bis zuletzt, aber die Mutter hatte unter den Qualen der Folter alles gestanden. Auf der Engelsbrücke zu Rom wurde am Abend des 10. September 1599 das Blutgerüst errichtet, und am Morgen des folgenden Tages versammelte sich eine riesige Menschenmenge zu dem schrecklichen Schauspiel. Zuerst fiel der Mutter Haupt unter dem Richtbeil, dann erlitt Beatrice den Tod, und nach ihr der Bruder. Mit Blumen bekränzt wurde der Leichnam des **unglücklichen Mädchens** nach San Pietro in Montorio **gebracht**.

FANNY CERRITO
11. III. 1817 — 6. V. 1909

Die kleine Fanny tritt schon mit dreizehn Jahren in ihrer Vaterstadt Neapel auf. Ihre glänzende Laufbahn führt sie durch alle Großstädte Europas. Wie hineingeboren in den Glanz des romantischen Balletts, behauptet sie sich gleichberechtigt neben den großen Tanzkünstlerinnen der damaligen Zeit. „Undine", „Sylphide", „Esmeralda", „La Gitana" und „Giselle" gehören zu ihren bekanntesten Leistungen. Auch an das Glanzstück der Elßler, den spanischen Tanz „Chachucha", wagt sie sich heran und wird gleich ihr enthusiastisch bejubelt. In London tritt sie mit Maria Taglioni d. Ä., Fanny Elßler und Lucile Grahn in einem „Pas de quatre" auf. Diese strahlende Besetzung leistete sich die englische Hauptstadt im Jahre 1845. Fanny bringt es bis zum Star der Großen Pariser Oper, denn sie ist nicht nur tänzerisch, sondern auch choreographisch tätig, und ihre diesbezüglichen Arbeiten halten sich ein halbes Jahrhundert lang auf der Bühne. Ständiger Partner der Tänzerin ist ihr Gatte, der Franzose Arthur St. Leon, der auch für sie Ballette und Choreographien verfaßt. Selbst musikalisch begabt, ein ausgezeichneter Violinspieler, ist er aber mehr Musiker als Tänzer. – Die Zeitgenossen rühmen Fannys zierliche Gestalt, die Anmut, Grazie und Leichtigkeit ihrer Bewegungen, ihre malerischen Stellungen und ihre bildhaften Attitüden. Im Privatleben ist sie bescheiden und zurückhaltend. Bekannt ist ihre Liebe zu dem spanischen Diplomaten Marquese de Betnar, der auch der Vater ihrer Tochter Mathilde ist. Das gesegnete Alter von 92 Jahren ließ Fanny Cerrito noch die Anfänge des großen russischen Balletts mit Serge Diagilew, Pawlowa, Karsawina, Fokine und Nijinsky erleben.

ALBA DE CÉSPEDES
* 11. III. 1911

Die Kubanerin Alba de Cespedes wird meist unter den italienischen Schriftstellerinnen aufgezählt, obwohl sie der Herkunft nach Mittelamerika zugehört. Ihr Großvater war der erste Präsident des westindischen Inselstaates Cuba, zu ihren Vorfahren gehört der berühmte Maler der spanischen Hochrenaissance Pablo de Cespedes. — Als Tochter eines hohen Diplomaten Cubas wurde Alba de Cespedes in Rom geboren, dort erzogen und lebt auch heute noch in der Ewigen Stadt, aus deren von mancherlei Geheimnissen umwitterten Gesellschaftsleben sie zumeist die Stoffe für ihre Romane und Erzählungen entlehnt. Als ihr Hauptwerk gilt der in fünfundzwanzig Sprachen übersetzte und verfilmte Studentinnenroman „Das andere Ufer", der in gewisser Beziehung an den berühmten „Aufruhr im Damenstift" erinnern mag, aber in seiner ganzen Problematik doch viel tiefer greift und höher zielt. Stärker als dieser zum „Bestseller" gewordene Roman und von größerer dichterischer Erfindungskraft ist der während des zweiten Weltkrieges spielende Eheroman „Alexandra", dessen Figuren von echter Tragik umwittert sind. Er läßt das Schicksal einer selbstmörderischen Mutter im Leben der Tochter erneut zur tödlichen Tragödie werden. Neben diesen beiden bekanntesten Büchern der kubanischen Dichterin haben die Romane „Die Seele der anderen", „Gefängnis", „Flucht", „Das Buch des Fremden" und schließlich „Das verbotene Tagebuch", erfundene Notizen einer berufstätigen Frau und Mutter, Aufsehen erregt. Alba de Cespedes ist eine der interessantesten und wirkungssichersten Dichterpersönlichkeiten der neueren Literatur von europäischem Rang, eine Frau, die ebenso freimütig wie zweifelnd vielen Erscheinungen des fraulichen Lebens der letzten und der gegenwärtigen Generation gegenübersteht.

Um 555 — um 619   **CHADIDSCHA**

Keine unter den zahlreichen Frauen, die im Leben des Propheten Mohammed eine Rolle gespielt haben, kommt an Bedeutung seiner ersten Gattin Chadidscha gleich. Das bezeugte später auch Aischa, die feuerherzige Tochter Abu Bekrs, die Mohammed nach Chadidschas Tode als Zwölfjährige ehelichte, als er selber schon ein Fünfziger war. Chadidscha war etwa fünfzehn Jahre älter als Mohammed und hatte eine große Karawanserei und ein Handelsgeschäft in Mekka geerbt. Mohammed trat zuerst als Gehilfe in ihre Dienste, machte für sie seine ersten Überlandreisen, und nach Jahren bekannten sie sich ihre Liebe. Durch die Ehe mit der reichen Araberin stieg der mittellose Mohammed im strengen Clan-System Mekkas in jene Kreise auf, deren Stimme man hörte. Als die Visionen über ihn kamen, war es die mütterliche Geliebte, die für den noch Schwankenden, am Prophetenamt Zweifelnden prüfte und wägte, um ihm zu sagen: „Hier ruft dein Gott! Hier ist die Aufgabe deines Lebens!" Sie wurde, als noch niemand an Mohammed glaubte, die „erste Mutter der Gläubigen". Durch sie lernte Mohammed all seine späteren Helfer und Freunde kennen: Abu Bekr war einer ihrer Geschäftsfreunde, Omar und Ali verkehrten in der Karawanserei, und die Schar der Sklaven, Diener und schlichten Parteigänger des Propheten sammelten sich gern im ummauerten Besitz Chadidschas, die ihr Vermögen ruinierte, um gläubige Sklaven freizukaufen. Bescheiden im Hintergrund bleibend, aber durch ihre starke Persönlichkeit den Propheten aufrichtend, blieb Chadidscha bis an ihr Ende die Mutter, Freundin, Gläubige und Geliebte. Sie soll ihm nach der Überlieferung zwei Söhne, die früh starben, und vier Töchter, darunter Fatime, die nachmalige Gattin Alis und Stammmutter der fatimidischen Kalifen, geschenkt haben.

1905 — 1954   **SARAH CHAKKO**

Diese schöne Inderin, tief im Süden ihres Landes in der Stadt Trichur geboren, aufgewachsen unter Kokospalmen, Bananen- und Payambäumen, war das vierte von zehn Kindern eines Polizeihauptmanns; vor dem Gartentor stand der Wachtposten im roten Turban. Aber im Herzen des elfjährigen Mädchens leuchtete ein anderes Licht als das der exotischen Sonne; Sarah mußte ihre älteste Schwester Mary vertreten, die in Madras studierte, und unterrichtete ihre Geschwister. Sie tat das wie ungezählte ältere Kinder in den christlichen Familien des Morgen- und Abendlandes auch: Sie spielte zu Hause mit ihnen die biblischen Geschichten auf einer selbstgebauten Bühne, deren Vorhang mit eigenen Einfällen bemalt war. Die Familie gehörte der uralten syrischen Kirche an, die ihren Ursprung auf den Apostel Thomas, den ersten Heiligen Indiens, zurückführt. Von der feierlichen Liturgie dieser Kirche muß jenes Licht in ihr Wesen gekommen sein, von dem sie später einmal in einer Versammlung der christlichen Studentenbewegung sagte: „Es ist viel leichter im Christenleben etwas zu tun, ein Programm aufzustellen und durchzuführen, als im innersten Leben das zu sein, was Christus in uns sehen möchte, wenn er sagt: Ihr seid das Licht der Welt." Dieses Wort blieb das Symbol ihres bescheidenen Lebens als Lehrerin an höheren Mädchenschulen und als Professorin am Isabella-Thoburn-College in Lucknow. Auch als sie in die Leitung des christlichen Mädchenwerks und der christlichen Studentenbewegung berufen wurde und auf Reisen nach Amerika, China und Japan ihr Land vertrat, verkündete sie den Sieg dieses inneren Lichtes. Sie ist die einzige Frau, die auch in das Präsidium des Ökumenischen Weltrats der Kirchen gewählt wurde.

JOHANNA FRANZISKA VON CHANTAL
18. I. 1572 — 13. XII. 1641

Als Papst Clemens XIII. im Jahre 1767 die zu Moulins verstorbene Johanna Franziska von Chantal zur Ehre der Altäre erhob, krönte er eines der segensreichsten Frauenleben der Neuzeit. Das frühe Familienglück dieser Frau hatte durch den Tod ihres Gatten ein jähes Ende gefunden. Als habe sie das erlittene Leid zu einer bislang verborgenen Tatkraft befähigt, setzte sie seitdem ihr Leben bis zur Selbstaufopferung für die frauliche Karitas ein. Wie der Bauernsohn Vinzenz von Paul nahm sie das Gebot der Nächstenliebe zur Richtschnur ihres Wirkens. In dem großen Prediger und Reformator des christlichen Lebens Franz von Sales fand sie 1604 einen lebenserfahrenen und weisen Berater von makelloser Größe. Johanna Franziska wurde der lebendige Ausdruck seines Frömmigkeitsideals und gründete in seinem Geiste eine Ordensgemeinschaft ohne die Abgeschlossenheit der Klausur, damit die Schwestern ganz in der bisher vernachlässigten Mädchenerziehung und in der Arbeit in den Hospitälern, Findel- und Waisenhäusern aufgehen konnten. Nach dem Vorbild der ersten Niederlassung in Annecy blühten bald in vielen anderen französischen Städten Tochtergründungen auf. Während ihres Paris-Aufenthaltes in den Jahren 1619 bis 1621 stand Johanna Franziska der geistesgeschichtlich bedeutenden Reformbewegung von Port Royal nahe, der u. a. auch der philosophische Denker Blaise Pascal angehörte. Nach dem Tode von Franz von Sales (1622) veröffentlichte sie ihren Briefwechsel mit diesem Klassiker des religiösen Lebens und der französischen Sprache. Gleichsam als Symbol ihres gemeinsamen Kampfes gegen die seelische Verflachung im Zeitalter des Barock sind Johanna von Chantal und Franz von Sales vor dem Hochaltar der Gründungskirche zu Annecy bestattet worden.

CHAO CHÜN
1. Jahrh. v. Chr.

In der Zeit, als der römische Feldherr Julius Cäsar nach Gallien zog, um das Keltenland zu erobern, wurde fern im Osten der Welt das Chinesische Reich erneut von den Hunnen bestürmt. Kaiser Yüan-ti schickte eine Armee gegen die Steppenreiter aus, schlug sie und tötete ihren Anführer. Um den Frieden mit den unberechenbaren Hunnen auf die Dauer zu sichern, griff der Kaiser zu einem bewährten Mittel uralter chinesischer Politik: Er setzte einen neuen Oberhäuptling ein und versprach ihm eine der kaiserlichen Frauen als Braut. — Die Lieblichste und Klügste im kaiserlichen Harem zu Changan war Chao Chün, die „Dame Schön", aber der Kaiser ahnte nichts von ihrem Dasein; viele seiner Frauen kannte er nur von Bildern her, die ihm ein Maler namens Mao zeichnete. Während die übrigen Damen bestachen, damit er sie reizend darstelle, war Chao Chün zu stolz gewesen, das zu tun; Mao hatte sie also ziemlich abstoßend gekennzeichnet, der Kaiser sah das Bild und bestimmte das wenig ansprechende Mädchen für die hunnische Hochzeit. Kaiser Yüan-ti erkannte Chao Chüns ergreifende Schönheit erst, als es zu spät war: bei der feierlichen Übergabe an die hunnische Gesandtschaft. Da Chao Chün den Kaiser wie einen Vater verehrte, brachte sie ihm das Opfer, Unterpfand des Friedens zu sein, und ging mit dem Barbaren in das Steppenlager im Westen. — Der korrupte Hofmaler Mao verlor seinen Kopf, der Kaiser trauerte um die schöne Chao Chün. Viele Briefe der Sehnsucht gingen in den folgenden Jahren zwischen dem Kaiser und Chao Chün hin und her. Der Friede blieb erhalten, solange Chao Chün im Hunnenlager lebte. In den zweitausend Jahren der nachfolgenden chinesischen Geschichte haben viele Volkssänger und Dichter das tragische Schicksal der „Dame Schön" besungen, die sich geopfert hatte, damit China lebe.

* 23. I. 1896   ## CHARLOTTE VON LUXEMBURG

Einhundertdreißig Jahre lang trugen die Grafen von Luxemburg die Kaiserkrone des Reiches, ehe sie durch die Vermählung der Tochter des letzten luxemburgischen Kaisers Sigismund mit Albrecht II. von Österreich an das Haus Habsburg kam. Die alte Grafschaft Luxemburg, 1354 zum Herzogtum und auf dem Wiener Kongreß von 1815 zum Großherzogtum erhoben, gehörte im Verlauf seiner Geschichte zu Belgien, Frankreich, den Niederlanden und zu Österreich; erst seit der Erbfolge des Walramschen Zweiges des Hauses Nassau im Jahre 1890 hat das schöne kleine Land eine eigene Dynastie. Die jetzige regierende Großherzogin Charlotte ist eine Tochter Großherzog Wilhelms, Herzogs von Nassau, und der Infantin von Portugal, Maria-Anna von Braganza, die für ihre älteste Tochter Maria-Adelheid bis zu deren Volljährigkeit die Regentschaft führte. Nach Maria-Adelheids Abdankung bestieg ihre jüngere Schwester Charlotte am 9. Januar 1919 den Thron; für sie sprachen sich in einer Volksabstimmung achtzig Prozent der Stimmberechtigten aus. Im gleichen Jahre schloß die Großherzogin mit dem Prinzen Felix von Bourbon-Parma die Ehe, der sechs Kinder entsprossen. Während der Besetzung ihres Landes durch deutsche Truppen im zweiten Weltkrieg unterstützte Charlotte von England und von Nordamerika aus die Alliierten und kehrte nach Kriegsende in ihre befreite Hauptstadt zurück, jubelnd begrüßt von den Luxemburgern, die ähnlich dem britischen Volk eine enge, fast familiär anhängliche Beziehung zu ihrem Herrscherhaus pflegen. Die Großherzogin gewährte der Hohen Behörde der Montanunion das Gastrecht und band durch den Beitritt zur Europäischen Gemeinschaft ihr Land noch enger an den Block der freien Völker der westlichen Welt.

7. VI. 1840 — 19. I. 1927   ## CHARLOTTE VON MEXIKO

„Meysse, den 19. Januar 1927. Heute morgen um sieben Uhr ist im Schlosse zu Bouchout Ihre Majestät die verwitwete Kaiserin Charlotte von Mexiko, geborene Prinzessin von Belgien, im siebenundachtzigsten Lebensjahre gestorben. Sie überlebte ihren im Jahre 1867 in Queretaro standrechtlich erschossenen Gemahl in geistiger Umnachtung um nahezu sechzig Jahre." — Die Zeitungsleser von 1927 fühlten sich eisig angeweht vom Grabhauch dieser Nachricht aus einer längst versunkenen Welt. Kaiserreich Mexiko! Was lag nicht alles zwischen dieser Tragödie und der nüchternen Arbeitswelt von 1927! Längst verschollen war das französische Kaisertum Napoleons III., ein Deutsches Kaiserreich war inzwischen erstanden und wieder dahingegangen, zerbrochen wie die Habsburger Monarchie, die Heimat des unglücklichen Kaisers von Mexiko. Nur in Belgien blühte noch immer das Königshaus der Coburger, dem auch Charlotte entstammte, die unselige Kaiserin Mexikos von Napoleons Gnaden. Am 27. Juli 1857 hatte sie sich mit Kaiser Franz Josephs Bruder Erzherzog Maximilian vermählt. Die ehrgeizige junge Frau förderte nach Kräften die Pläne Napoleons, die ihm angetragene Krone Mexikos anzunehmen. Am 10. April 1864 hallte durch den Kuppelsaal des Marmorschlosses Miramar bei Triest zum erstenmal der Ruf: „Es lebe Kaiser Maximilian — es lebe Kaiserin Charlotte!" Acht Wochen später zog das Kaiserpaar in seine Hauptstadt Mexiko ein — aber sie faßten nicht Fuß. Sofort setzten Kämpfe mit den Freiheitstruppen des Juarez ein. Es fehlten Waffen und Soldaten, es fehlte Geld ... Napoleon zog sich aus dem mexikanischen Abenteuer zurück und speiste Charlotte, die hilfeflehend nach Europa geeilt war, mit leeren Ausflüchten ab. Die Nachricht von der Erschießung ihres Mannes trieb die Unglückliche in den Wahnsinn.

MARY ELLEN CHASE 24. II. 1887 — 28. VII. 1973

Mary Ellen Chases geistiges Lebenswerk gehört zwei Welten an, und wenn ihr Name genannt wird, ist die Frage geläufig, ob die Literaturwissenschaftlerin und Sprachforscherin oder ob die Dichterin gemeint sei. Zwischen Geist und Phantasie bewegt sich auch heute noch ihr Schaffen, zwischen Hörsaal und Poetenstube, der modernen Stadt und dem Farmerland. Sie ist in dem damals noch stillen Blue Hill aufgewachsen, in Maine, einem der Neuenglandstaaten der USA mit seinen Seen und Hügeln, den kataraktreichen Flüssen, felsigen Fjorden und bewaldeten Inseln. Dieses einstige Indianer- und spätere Siedlerland ist der bevorzugte Schauplatz ihrer Romane, Novellen und Erzählungen geworden. Bei aller Realistik ist es eine im Grunde erträumte Landschaft, denn dieses "epische" Maine gibt es heute nicht mehr, es ist nur noch Erinnerung; so hat sie es einst erlebt oder so hat sie es aus den geschichtlichen Quellen rekonstruiert. — Ellen Chase wirkte als „Instruktor" für Anglistik an der Universität of Minnesota, dann als Assistentin, als beigeordneter Professor und zuletzt als ordentlicher Professor am Shmith-College und schrieb kluge Bücher über die Kunst der Erzählung, über die Sprache des Alten Testaments, über das „Buch der Bücher"; trotzdem nahm sie sich immer wieder die Zeit zur Dichtung. Dann schrieb sie etwa über „Mary Peters", die Jahre lang auf dem Segelfrachter ihres Vaters „Gottes blauen Acker" durchfurcht und an der Küste von Maine auf festem Grunde ein zweites, ebenso tapferes Leben beginnt; oder über die „Isolde" in „Frühlicht über Cornwall", oder über die Gutsherren, Pächter, Knechte und Mägde und all die Städter in dem weitausholenden Generationsroman „Windsvept" vom Jahre 1941. In manchen dieser Gestalten hat die Dichterin sich selber porträtiert; eine Selbstdarstellung ihrer Jugend wurde das auch kulturgeschichtlich reizende Memoirenbuch "Genien der Kindheit" (1932), in dem die romantische Amerikanerin mit der altenglischen Seele bekennt: „Denn das Los ist mir gefallen aufs lieblichste, mir ist ein schön Erbteil worden."

MARQUISE EMILIE DU CHATELET 17. X. 1706 — 10. IX. 1749

Nicht nur die Pagen, sondern auch viele berühmte Männer, die bei ihr in Paris verkehrten, waren in die Baronesse Gabriele Emilie verliebt, die den Beinamen „die göttliche Emilie" trug und in dem Rufe stand, die geistreichste Frau Frankreichs zu sein. Unter ihren Verehrern stritten Ludwig XV., Richelieu und Voltaire um den Vorrang. Friedrich der Große schrieb über sie an Voltaire: „Daß Emilie sich meiner erinnert, ist sehr schmeichelhaft für mich. Seien Sie so gut, ihr zu versichern, daß ich sie außerordentlich hochachte, denn Europa zählt sie ja den großen Männern (!) zu. Was könnte ich der Newton-Venus, der erhabensten Wissenschaft im Gewande der lieblichsten Schönheit, den Reizen und der Grazie der Tugend abschlagen?" Er sandte ihr sein Porträt. Wie ein zünftiger Philosoph las und verstand die Marquise Newton und Locke und diskutierte mit Maupertius, Voltaire und Clarant über die schwierigsten mathematischen und physikalischen Probleme; eine wissenschaftliche Arbeit aus ihrer Feder wurde von der Akademie einer Arbeit Voltaires gleichgestellt. Voltaire selber verfaßte auf ihrem Gut Cirey sechs seiner berühmtesten Werke und widmete ihr immer wieder Gedichte, beharrlich und demütig wie ein Troubadour im rationalistischen Gewande. Ihr Gatte war oft zu Gast beim preußischen König zu Rheinsberg, doch hütete Friedrich der Große sich, die „göttliche Emilie" einzuladen, sie erschien ihm trotz ihres glänzenden Geistes zu leichtfertig. Die Dreiundvierzigjährige starb, als sie ihrem ersten Kind das Leben geschenkt hatte, im Wochenbett. Erst nach ihrem Tode löste sich Voltaire aus ihrem Bannkreis und entschloß sich, für längere Zeit nach Berlin zu gehen.

1808 — 25. III. 1877

CAROLINE CHISHOLM

Als „Engel von Australien", als „guten Schutzgeist ihres hilflosen Geschlechtes" hat ein berühmt gewordenes Gedicht Robert Lowes Caroline Chisholm gefeiert. Sie war 1808 in England geboren und ist dort 1877 gestorben. Ihr Lebenswerk aber lag in Australien, das von der englischen Regierung als Strafkolonie benutzt wurde. Man schickte schwere, aber auch harmlose Rechtsbrecher dorthin und kümmerte sich nicht um ihr weiteres Schicksal. Unzählige namenlose, wagemutige Frauen und Mädchen begleiteten die verurteilten Gatten, Verlobten, Söhne und Brüder und teilten ihr Schicksal. Sie halfen eine Unterkunft zimmern, den zugeteilten Boden urbar machen, sie bedienten den Herd, erzogen die Kinder, während die Männer irgendeine berufliche Arbeit suchten. Aber auch ledige Abenteuerinnen und Glückssucherinnen fanden sich in dieser neuen Welt ein, die sittlichen Zustände verwilderten schnell. Menschen ohne Geld, ohne Freude waren seelisch auf den Strand geworfen. In der Gattin eines Hauptmanns von der Ostindischen Kompanie erschien ihnen der rettende Engel. Caroline Chisholm hatte sich bereits in Madras in Indien der Verwahrlosten und Entrechteten angenommen und ging, als sie nach Australien übergesiedelt war, auch hier ans Werk. Die kluge, energische, organisatorisch hochbegabte und mütterlich warmherzige Frau wurde die Helferin der Einwanderer. Sie schrieb Memoranden an die Regierung in London, sie befreite Sträflinge, sie vereinigte auseinandergerissene Familien, gründete Heime für ausgewanderte Mädchen, sorgte für Wochenhilfe, Säuglingspflege und für Schulunterricht. Fünfundzwanzig Jahre wirkte sie als Pionierin, zuerst ganz aus eigener Kraft, später mit staatlicher Unterstützung. 1852 ist die erste, um 1914 sind zwei weitere Biographien über ihr Leben und ihre Abenteuer in Australien erschienen. Ihr Name leuchtet hell in der oft so dunklen Geschichte des heute erlöschenden europäischen „Kolonialismus".

Um 500 n. Chr.

KÖNIGIN CHLOTILDE

Diese burgundische Prinzessin aus Genf hatte die tragische Ehre, Gattin des ersten fränkisch-merowingischen Königs Chlodwig zu sein, des wilden, grausamen Siegers über Burgunder, Alemannen und Westgoten, der als Vernichter der letzten Reste des Weströmischen Reiches in die Geschichte einging. In Chlothilde vollzog sich sinnbildlich der Übergang vom Heidentum zum Christentum. Sie war Christin, ihr Mann Heide. Als ihr erstes Söhnchen starb, erfuhr sie den Hohn Chlodwigs. Auch das zweite Söhnchen kränkelte nach der Taufe, aber es gesundete wieder, und Chlodwig wurde schwankend. Doch erst als er in der Entscheidungsschlacht gegen die Alemannen siegte, gab er, von seinen Göttern enttäuscht, den Heidenglauben auf und ließ sich in Reims durch Bischof Remigius taufen (496). Wie Chlodwig blieb auch Chlotilde nach der Taufe noch lange heidnischen Sitten treu. Da ihre Eltern und Geschwister vom Burgunderkönig Gundobad ermordet worden waren, ließ sie zur Sühne burgundische Dörfer niederbrennen und dankte Gott für die gelungene Vergeltung; als die Kinder ihres gefallenen Sohnes Chlodomer in die Hände seiner Feinde fielen und diese die Großmutter Chlotilde vor die Wahl stellten, entweder ihre Enkel aller politischen Macht zu entkleiden und sie zu Mönchen zu machen oder ihre Ermordung zuzulassen, schrie sie auf: „Wenn sie nicht Könige werden sollen, dann lieber tot!" Nach der Ermordung ihrer Enkel führte sie in Tours, der Stadt des heiligen Martin, ein zurückgezogenes Leben in Gebet und Buße für ihr unseliges Haus; denn die Feinde, die ihre Enkelkinder getötet hatten, waren — es ist schaurig zu sagen — Chlotildes andere Söhne Chloter und Childebert; sie hatten das Frankenreich bereits unter sich geteilt und gönnten ihren Neffen nicht die Thronfolge. Die Kirche hat die späte Büßerin heilig gesprochen.

LENA CHRIST

30. X. 1881 — 30. VI. 1920

Sie ist nur neununddreißig Jahre alt geworden, diese Schriftstellerin mit dem klaren, herben, von zwei leuchtenden Augensternen überstrahlten Bäuerinnenantlitz, das von einem altdeutschen Holzschnitt herstammen könnte. Ihre Mutter war Magd und Köchin im oberbayerischen Glonn gewesen, ein so kratzbürstiges, unliebenswürdiges Weibsbild, daß Lenas Vater, ein biederer Schmiedegeselle, gar nicht erst ans Heiraten dachte. So wuchs das Kind bei den Großeltern auf, bis die Köchin doch noch einen mutigen Bewerber fand und die Tochter zu sich nach München holte, ins Haus des Stiefvaters, der ein Gastwirt und Metzgermeister war. Aber die drei scheinen kein glückliches Familienleben geführt zu haben; vor den Schlägen der Mutter und vor den Flüchen des Stiefvaters flüchtete die junge Lena zuerst in ein Kloster und später in die unüberlegte Ehe mit einem stumpfsinnigen, brutalen Mann, der die schwächliche und schwer lungenkranke Frau körperlich mißhandelte. Ihr erstes Buch, das die Erlebnisse der Jugend und dieser Ehe schildert, trägt den bezeichnenden Titel: „Erinnerungen einer Überflüssigen..." Nach der Scheidung lernte Lena Christ den Schriftsteller Peter Benedix kennen, der ihr zweiter Ehegefährte wurde; er erkannte bald ihre hohe erzählerische Begabung und suchte sie nach Kräften zu fördern. Es folgten kurze, glückliche Jahre fruchtbaren Schaffens. Die Romane „Rumplhanni", „Matthias Bichler" und „Madam Bäurin" fanden als realistisch gestaltete Darstellung urwüchsigen bayerischen Volkstums starken Widerhall. Aber es war der Autorin nicht vergönnt, sich im Glanz des Erfolges zu sonnen – die schleichende Krankheit überwältigte bald dieses schwere und ernste Frauenleben, das bis zur Neige sich an die Sehnsucht nach ruhig bescheidenem Glück und an die große, verzehrende Liebe zur Kunst hingegeben hatte.

AGATHA CHRISTIE

15. IX. 1891 — 12. I. 1976

Unter den Millionen Kriminalroman-Lesern findet man eine erstaunlich große Zahl bedeutender Persönlichkeiten, die sich zu dieser gern als zweitrangig betrachteten Literaturgattung bekannt haben. Bismarck gab dem französischen Kriminalschriftsteller Gaboriau die Erlaubnis, seine Bücher mit dem werbewirksamen Umschlagvermerk „Lieblingslektüre des Fürsten Bismarck" zu versehen. Lincoln, Wilson, Briand, Hamsun und viele andere haben den Reiz dieser Unterhaltungslektüre gepriesen. Als 1947 der achtzigste Geburtstag Queen Marys von England bevorstand, ließ der britische Rundfunk diskret bei ihr anfragen, was sich das hohe Geburtstagskind als Festprogramm wünsche: „Ein neues Stück von Agatha Christie." Das auf königlichen Wunsch entstandene Hörspiel „Die Mausefalle" wurde später als Bühnenstück vier Jahre hindurch ununterbrochen in einem Londoner Theater gespielt. Die Verfasserin hatte ihre Jugend als wohlbehütete Tochter anglo-amerikanischer Eltern in dem palmenreichen südenglischen Seebad Torquay verbracht und sich schon früh als Sängerin und begabte Pianistin ausgezeichnet. Auch als Rote-Kreuz-Schwester hatte sie 1914 Erfolg: Sie heiratete ihren ersten Patienten, den Colonel Christie. Eine Giftdiebstahls-Affäre im Lazarett gab den Anstoß zu ihrem ersten Kriminalroman, dem alljährlich zwei neue Bücher folgten, mit einer Gesamtauflage von über fünfzig Millionen. Gemeinsam mit ihrem zweiten Gatten, dem Archäologen Prof. Malowan, erzielte Agatha Christie in den Ruinenfeldern von Ninive und Nimrud vielbeachtete Ausgrabungserfolge. Königin Elisabeth II. verlieh der Schriftstellerin 1956 das Kommandeurskreuz des Ordens „British Empire", den Georg V. 1917 zum Lohn für „Verdienste um das britische Weltreich" gestiftet hatte.

8. XII. 1626 — 19. IV. 1689 **CHRISTINE VON SCHWEDEN**

Die einzige Tochter Gustav Adolfs wuchs als echtes Kind ihrer Zeit auf. Während die Heere des Dreißigjährigen Krieges Mitteleuropa zerstampften und die schwedischen Soldaten durch Deutschland zogen, jagte sie auf ihrem Hengst durch die Wälder Schwedens und ritt in Männerkleidung durch die Straßen Stockholms. Wild und leidenschaftlich, voll ungebändigten Temperaments, war sie doch aufgeschlossen für die Schönheit des Geistes. Ihr Verstand war klar und wach, rasch das Wesentliche einer Sache erfassend, und ihr frühreifer Scharfsinn erregte die Bewunderung ihrer Erzieher. Als Sechsjährige hatte Christine den Thron des bei Lützen gefallenen Vaters geerbt. 1644 übernahm sie die Regierung aus den Händen des Vormundschaftsrates, zuversichtlich und energisch, sorgfältig vorbereitet für die schwere Aufgabe, die ihrer wartete. Ihre Liebe zur Kunst und zu den Wissenschaften war zu einer echten Leidenschaft geworden. An dem Stockholmer Hof sammelten sich die großen Gelehrten Europas, in allen Hauptstädten von Rom bis Paris sprach man mit bewundernder Achtung von der „Sibylle des Nordens", der „Zehnten Muse" oder der „Schwedischen Pallas". In den Sälen des Schlosses fanden die wertvollen Gemälde, Antiken- und Münzsammlungen Aufstellung, die die junge Königin aufkaufte. Aber das schwedische Volk murrte empört über die Verschleuderung der Staatsgelder. Es kam zu Aufständen und Verschwörungen, bis Christine schließlich zugunsten ihres Vetters, eines deutschen Prinzen, abdankte. Eine Wandlung ihrer religiösen Anschauung ließ sie zum Katholizismus übertreten. Ausgedehnte Reisen führten die kleine, blauäugige Frau mit den blonden, immer ungepflegten Haaren durch ganz Europa. Ihre letzten Lebensjahre verbrachte Christine in Rom, wo sie Mittelpunkt eines auserlesenen Kreises von Künstlern und Gelehrten war.

1885 — 12. XII. 1977 **CLEMENTINE CHURCHILL**

„Keiner, der im öffentlichen Leben steht, hätte durchhalten können, was ich durchgehalten habe, ohne den hingebenden Beistand der — wie man zu sagen pflegt — besseren Hälfte des Mannes." Der dieses schrieb, Sir Winston Churchill, hat seine erfolgreiche Werbung um die klassisch schöne Clementine Hozier aus dem Geschlecht der Grafen von Airlie einmal „den glänzendsten Sieg seines Lebens" genannt. Ihre Trauung in St. Margaret in London war die vornehmste Hochzeit der „Season" von 1908; als die Braut mit einiger Verspätung erschien, schüttelte ihr der Handelsminister Churchill am Traualtar strahlend die Hand, zur Freude der glanzvollen Hochzeitsgesellschaft, die mit Vergnügen feststellte, daß der glückliche Bräutigam in der Aufregung zwei verschiedenfarbige Schuhe angezogen hatte. Mit graziöser Liebenswürdigkeit, ruhig und sicher hat die schlanke Frau ihre Aufgabe an der Seite des großen Mannes erfüllt. Sie führte nicht den ihr verliehenen Adelstitel, auch nicht die akademischen Grade, mit denen die Universitäten Oxford und Glasgow sie auszeichneten — in der heiteren Freundlichkeit, mit der sie ihren Mann und ihre vier Kinder umgab, sah sie die beste Förderung, die Churchill zuteil werden lassen konnte. „Ich habe mein Leben damit zugebracht, Winstons Leben auszupolstern", sagte sie einmal. In öffentlichen Angelegenheiten ist sie nur selten hervorgetreten, obwohl Churchill in keiner seiner Wahlreden versäumt hat, zum Schluß die Menge um ein Hurra für seine engste Mitarbeiterin, seine Frau, zu bitten. Als ihm im Jahre 1953 der Nobelpreis für Literatur verliehen wurde, bat der schwedische König darum, daß Lady Churchill ihren Gatten, der an einem Treffen der „Großen Drei" auf den Bermudainseln teilnehmen mußte, in Stockholm vertreten möge, und die Schweden haben verstanden, daß Churchill einmal sagte: „Ich heiratete und lebte von da an glücklich bis auf den heutigen Tag..."

KAY CICELLIS
* 22. IX. 1926

Sie ist eine der rätselvollsten, merkwürdigsten und zugleich bedeutendsten Erscheinungen innerhalb der jüngsten europäischen Literatur. Als Tochter griechischer Eltern ist sie in Marseille geboren; aber die Sprache, die sie zunächst spricht und in der sie heute noch ihre Bücher schreibt, ist dank ihrer ersten Erzieherin das Englische. Erst als sie im Alter von neun Jahren mit den Eltern nach Athen übersiedelt, lernt sie auch Griechisch – auf einem amerikanischen Gymnasium der Stadt. Nach Ausbruch des Krieges flieht sie aus Athen auf die „Inseln", nach Cephalonia, der Heimat des Vaters. Und hier, „in einem Landhaus mit Kälte, Sturm und Wind und Petroleumlampen", beginnt sie zu schreiben, allerhand Erlebtes, Erträumtes, Erdachtes. Zunächst kleinere Erzählungen, bei denen Virginia Woolf, Aldous Huxley, Marcel Proust oder Franz Kafka Pate gestanden haben mögen. Neun ihrer epischen Kostbarkeiten sammelt sie in einem Band, der internationales Aufsehen erregt und unter dem Titel „Flut und Ebbe" von Max Tau auch in Deutschland eingeführt wird. Symbol und Wirklichkeit begegnen sich hier auf einem ganz neuen Grund und Boden, es ist die Entdeckung der Welt als Spiel und Widerspiel schicksalhafter Kräfte. Dem Geschichtenband folgt ein Jahr später unter dem Titel „Mein Name bei den Leuten" ein Roman, der nach landläufigen Begriffen zwar kein richtiger Roman und dennoch große Dichtung ist. Die dann folgende Erzählung „Tod einer Stadt" mit der packenden Schilderung einer Erdbebenkatastrophe verrät schon letzte Reife. Wenn im Vorwort der englischen Originalausgabe ihres Erstlingswerkes keine Geringere als Victoria Sackville-West schreiben konnte: „Ich glaube, daß Kay Cicellis es sehr weit bringen wird", so haben ihre späteren Werke diese Verheißung gerechtfertigt.

JOSÈPHE CLAIRON
1723 — 18. I. 1803

Lange Jahre hatte die Dumesnil die verwöhnten Pariser in Entzücken versetzt. Das begnadete Spiel dieser Tragödin schien unüberbietbar, sie zwang Kritiker und Laien, anspruchsvollere bühnenkünstlerische Maßstäbe anzulegen. Sie war der Star der Comédie Française – bis im Jahre 1743 auf dem Programm der Comédie die „Phädra" von Racine erschien, das Glanzstück der französischen klassischen Bühnenkunst. Für die Hauptrolle war eine Debütantin genannt: Demoiselle Clairon (Claire-Josèphe-Hippolyte Léris de la Tude). Eine Anfängerin in einer solchen Rolle? Eine, die bisher in der Provinz als Soubrette in Opern mitgewirkt hatte? – Schon im ersten Akt aber zeigte sich, daß die Darstellerin einem Triumph entgegenging. Von Szene zu Szene steigerte sie den Glanz ihres charaktervollen Spiels. Man vergaß darüber ihre unansehnliche Gestalt und ihre nichts weniger als schönen Züge. Das kunstsinnige Paris war voll des uneingeschränkten Lobes. Man beteuerte ihr, sie habe die Dumesnil bei weitem übertroffen. – Daß sie zu einer solch außerordentlichen Leistung fähig wäre, hätte die in Flandern geborene Schauspielerin, die sich schon in der Provinz verloren glaubte, nie zu hoffen gewagt. Sie entschied sich jetzt ganz für das Fach der Heldinnen und ließ ihrer ersten weitere Glanzpartien folgen. Den künstlerischen schlossen sich bald die gesellschaftlichen Erfolge an. In ihrem Haus traf sich die elegante Welt. Voltaire, Marmontel, Garrick bewunderten sie. Intrigen veranlaßten sie, im Jahre 1765 an das Hoftheater von Ansbach zu gehen, wo sie zwölf Jahre wirkte. Nach Paris zurückgekehrt, widmete sie sich der Ausbildung junger Talente und der Niederschrift ihrer Memoiren: „Erinnerungen der Hippolyte Clairon und ihre Ideen zur Bühnenkunst", die kurz vor ihrem Tode erschienen.

13. X. 1498 — 20. VII. 1524   **CLAUDE DE FRANCE**

Von den sechs Kindern der Anne de Bretagne aus ihren Ehen mit Karl VIII. und Ludwig XII. blieben nur zwei Töchter am Leben, Renate von Frankreich und die immer kränkelnde, von Geburt an unter einer Gehbehinderung leidende Claude, der zu Ehren wir noch heute die köstlichen hellgrünen Pflaumen „Reineclauden" nennen. Das Mädchen erschien der energischen Ludowika von Savoyen als erwünschte Gemahlin für ihren Sohn, den späteren König Franz I., da sie ihm ein beachtliches Erb- und Heiratsgut einbringen konnte — die Bretagne. Der junge Franz wuchs unter der verwöhnenden und verweiblichenden Erziehung seiner Mutter in Schloß Amboise auf, als designierter Nachfolger Ludwigs, der jedoch durch die Verschwendungssucht und Prunkleidenschaft des schönen Jünglings aufs tiefste enttäuscht und verletzt wurde. Auch zwischen den Müttern des künftigen Königspaares herrschte Feindschaft, die durch dauernde Intrigen fleißig genährt wurde und erst mit dem Tode der Anne de Bretagne endete. Durch diesen Todesfall sah Ludowika das letzte Hindernis für eine Verehelichung ihres Sohnes mit der reichen Erbin beseitigt; sie gewann auch den König für ihren Plan und am 18. Mai 1514 fand die Hochzeit statt, bei der die Trauer um die erst kurz zuvor verstorbene Mutter der Braut allzu prunkvolle Festlichkeiten verbot. Wenige Monate später starb auch Ludwig XII., und an der Seite seiner jungen, vom Volke geliebten Gemahlin bestieg Franz I. den französischen Thron. Der junge König war kein treuer Ehemann, aber er liebte Claude aufrichtig, die ihm in kaum neun Jahren sieben Kinder schenkte. Als am 1. Mai 1519 auf dem Schloß von St. Germain en Laye der zweite Sohn geboren wurde, rief man den König von Schloß Cloux herüber, vom Sterbebett seines verehrten Freundes Leonardo da Vinci, der einen Tag später die begnadeten Augen für immer schloß.

1779 — 1836   **MARIE VON CLAUSEWITZ**

Das Buch „Vom Kriege" des preußischen Generals Carl von Clausewitz gilt als das literarische Denkmal der Freiheitskriege und als ein Standardwerk, dessen Fragestellungen auch heute noch in allen Ländern lebhaft diskutiert werden. Clausewitz begann mit den Aufzeichnungen in Koblenz, kurz nach dem Ende des Feldzuges, als er zusammen mit Gneisenau, Görres, dem Sohne Scharnhorsts und anderen einen Frieden in Freiheit herausführen wollte. Das Buch „Vom Kriege" ist nicht vollendet worden. Clausewitz hat in seiner Todesstunde die Herausgabe auch dieses Werkes seiner Frau anvertraut — als ein Vermächtnis, das die Lebensgefährtin in vorbildlicher Treue und Hingabe erfüllte. — Als Enkelin des sächsischen Staatsministers Graf Brühl in der Welt der Politik und Diplomatie aufgewachsen, wurde Marie in ihrer glücklichen Ehe dem Gatten auch die Gefährtin seines einsamen Ringens und stand ihm schon bei der Niederschrift seines Werkes helfend und beratend zur Seite. In ihrer Vorrede zur ersten Ausgabe wies sie darauf hin, daß Clausewitz gar nicht den Wunsch gehabt habe, seine Schriften noch zu Lebzeiten veröffentlicht zu sehen. In nobler Bescheidenheit nennt sie sich nur die „teilnehmende Begleiterin" des Clausewitzschen Lebenswerkes, das weit über ihrem geistigen Horizont liege. Nach dem frühen Tode ihres Mannes billigte ihr die „besonders gnädige Gesinnung" des preußischen Königshauses eine Stellung als Hofdame und später als Oberhofmeisterin bei der Witwe Friedrich Wilhelms II. zu, und Marie von Clausewitz war dankbar dafür; gab ihr dieses Amt doch die Muße, in ihrem stillen Zimmer im Marmorpalais zu Potsdam den schriftlichen Nachlaß des Gatten sorgfältig zu sichten und in die noch heute gültige Form zu bringen.

CLODIA

Um 97 — 50 v. Chr.

Theodor Mommsen sagte einmal von dem bedeutenden römischen Lyriker Catull: „Die lateinische Nation hat keinen zweiten Dichter hervorgebracht, in dem künstlerische Form und künstlerischer Gehalt in so gleichmäßiger Vollendung wiedererscheinen ..." Aus Verona war Catull, verwöhnter Sohn eines reichen Hauses, schon in jungen Jahren nach Rom gekommen; dort sammelte er bald einen Kreis gleichgesinnter Freunde und Freudinnen um sich, zu denen auch Clodia gehörte, die schöne Schwester von Ciceros Gegner Publius Clodius Pulcher. Sie war über zehn Jahre älter als Catull, der sich in die elegante und raffinierte Römerin verliebte und den Beginn und das Ende seiner großen Leidenschaft in vielen Gedichten besungen hat.

„Laß uns leben, Geliebte, laß uns lieben!" — so beschwört er die Angebetete, die er „Lesbia" nennt — „Sonnen können vergehen und wiederkommen; doch wenn unser Licht einmal sinkt, schlafen wir ewig..." Aber bald mußte der Dichter erkennen, daß „Lesbia" seiner Liebe nicht wert war; sie betrog ihn mit seinen nächsten Freunden und erregte durch ihren sittenlosen Lebenswandel ein dem vornehmen Veroneser höchst peinliches Aufsehen. Erst nach langen inneren Kämpfen rang er sich zu dem Entschluß durch, sich von der Unwürdigen zu trennen: „Hör auf, Catull, deinen Wahn zu liebkosen! Fahr hin, o Mädchen, ja, Catullus steht fest schon. Nie kommt er wieder, gibt dir nie ein gut Wörtchen. Doch fühlen sollst du's, wenn dir keiner mehr nachfragt ... Elende, lern erst: welch ein Leben harrt deiner!" Aber noch für die Verlassene empfand der Dichter liebendes Mitleid. Clodia hatte später ein Verhältnis mit Marcus Caelius Rufus, das ebenfalls in Unfrieden endete. In seiner Verteidigungsrede für Caelius hat Cicero die geistvolle, aber charakterschwache Frau in berechtigtem Unmut mit tadelnden Worten angegriffen. Die Zeitgenossen wollen Catulls einstige Muse am Ende ihrer Tage in unwürdiger Gesellschaft gesehen haben — verkommen, vergessen, verachtet.

JACQUELINE COCHRAN

Die „schnellste Frau der Welt", die im zweiten Weltkrieg das Pilotinnenkorps der nordamerikanischen Luftwaffe organisierte und als erste Frau die Schallmauer durchbrach, kam in einer elenden Hütte in Florida zur Welt. „Bis zu meinem achten Lebensjahr", schreibt sie in ihrem Buch „Stern des Südens", „mußte ich barfuß laufen, weil ich weder Schuhe noch Strümpfe hatte. Mein Bett war ein Strohsack; und wenn ich nicht Hungers sterben wollte, mußte ich oft meine Nahrung in den Wäldern suchen. Mein einziges Kleidungsstück war ein ehemaliger Mehlsack ..." Ihre Eltern hat das Findelkind nie gekannt; sie war schon früh Dienstmagd ihres Nachbarn und Laufmädchen in einer Weberei. Später „avancierte" sie zum Dienstmädchen in einem Luxusrestaurant in Miami Beach — hier wurde der mächtige Finanzmann Floyd Odeum auf sie aufmerksam und verschaffte ihr einen Vertreterinnen-Posten: „Aber — wenn Sie konkurrenzfähig sein wollen, müssen Sie mit dem Flugzeug reisen ..!" Schon die erste Flugstunde sagte ihr, daß sie nie eine gute Vertreterin, wohl aber eine gute Fliegerin würde — mit eiserner Energie kämpfte sie sich in ihrem neuen Beruf Stufe um Stufe empor. Der Bendix-Wettflug von 1938 war ihr erster Triumph; vier Jahre später erhielt sie als erste Frau im zweiten Weltkrieg die „Distinguished Service Medal". Im Sommer 1945 stand sie auf den Philippinen an der Seite General Mac Arthurs bei der Unterzeichnung der japanischen Kapitulationsurkunde, die das weltweite Ringen beendete. Seit über dreißig Jahren ist die große Fliegerin in überaus glücklicher Ehe mit dem Manne verbunden, der ihr einst den Rat gegeben hatte, fliegen zu lernen — mit Floyd Odeum. Jacqueline Cochran ist Inhaberin aller vom Internationalen Flugsportverband anerkannten Luft-Schnelligkeitsrekorde für Frauen.

* 13. IX. 1905   ## CLAUDETTE COLBERT

Als man Claudette Colbert fragte, wie es ihr gelungen sei, in Hollywood ein Star zu werden und sich dort so viele Jahre zu halten, gab sie zur Antwort: „Es bedarf dazu einer Anzahl Faktoren: Talent, gutes Aussehen, gründliche Kenntnis der Berufstechnik, Vertrauen zum Regisseur und sorgfältige Kleiderwahl!" An diese Grundsätze hat sie sich strikt gehalten und ist damit zu einer der beliebtesten Filmschauspielerinnen geworden. Selbst in den Jahren ihrer Glanzzeit hat sie aber niemals einen bestimmten Typ verkörpert. Sowohl ernste Rollen – wie in dem Film „Mutige Frauen" – als auch heitere Rollen – in „Keine Zeit für Liebe" – gehören zu ihrem Wesen, das französischen Charme und amerikanischen „Glamour" ausstrahlt. Sie stammte aus Frankreich, und obschon sie in jungen Jahren mit ihren Eltern nach den USA übersiedelte, erinnerte ihr Temperament daran, daß ihre Wiege in Paris stand. Die Sachlichkeit, mit der sie jede Rolle einstudierte und verkörperte, war jedoch echt amerikanisch. – Nach dem Besuch der Kunstakademie und Theaterschule hatte sie das große Glück, mit der Schriftstellerin Ann Morrison bekannt zu werden, die ihr eine kleine Rolle in einem Bühnenwerk verschaffte. Das Stück fiel allerdings schon bei der Premiere durch, aber ihre schauspielerische Leistung war so ausgezeichnet, daß man auf sie aufmerksam wurde. Der Weg zum Theater-Broadway lag für sie frei. Mit dem Tonfilm begann ihre eigentliche Filmkarriere. In den beiden Cecil-de-Mille-Monstre-Filmen „Im Zeichen des Kreuzes" und „Cleopatra" wurde sie allgemein bekannt. Für ihre schauspielerischen Leistungen in „Es geschah in einer Nacht" (1934) erhielt sie den „Oskar" und gewann sehr schnell das Publikum der ganzen Welt für sich.

15. IX. 1810 — 8. III. 1876   ## LOUISE COLET

Louise Révoils Vater war Posthalter in Aix; doch sie erzählte jedermann, sie wäre in einem Schlosse aufgewachsen. Sie war unwahrscheinlich schön, wußte es und vergötterte sich selbst. Seit dem fünfzehnten Lebensjahr „entströmten" ihr Verse, später auch Romane und dramatische Versuche; es war eine hemmungslose Fruchtbarkeit, die wenig Beachtung gefunden hätte, wäre Louise nicht so schön gewesen. Als sie mit eigener Hand ihren ersten Gedichtband den Unsterblichen der Akademie in Paris überreichte, gerieten alle in Verzückung. Der große Victor Cousin, Philosoph, Pair von Frankreich und Minister, verlor, als er ihrer ansichtig wurde, den Kopf, hielt sie für eine bedeutende Dichterin und trat wie besessen für sie ein. Mehrmals erhielt sie den Literaturpreis der Akademie. Man machte ihr zuliebe ihren Gatten zum Musikprofessor. Hochadel und König empfingen sie. Der Staat setzte ihr Renten aus, die sie mit unerhörter Zudringlichkeit zu mehren wußte, trotz aller politischen Regimewechsel. Zu ihren Geliebten zählten Flaubert, Musset, Vigny. Als Flaubert endlich die Augen aufgingen, floh er, kehrte zurück, jätete gnadenlos mit dem Rotstift das Unkraut aus ihren Dichtereien und versank wieder in ihren Netzen, bis er sich zuletzt doch befreite. Im Alter blieb von ihr nur das Unerträgliche und ihre Geschäftigkeit, die ins Absurde wuchs. Ununterbrochen schrieb, reiste, bettelte Louise Colet um Stipendien und bekam sie. Mit sechsundsechzig Jahren starb sie im Bewußtsein, unsterbliche Werke hinterlassen zu haben. Die Werke sind tot; lediglich die Erinnerung daran lebt fort, daß einmal beispiellose Schönheit jahrzehntelang das literarische Paris verhext hat.

SIDONIE GABRIELLE COLETTE   28. I. 1873 — 3. VIII. 1954

Keine andere Französin hat schon zu Lebzeiten so hohe literarische und offizielle Ehrungen erfahren wie die „bien-aimée", die vielgeliebte Colette, die Schöpferin so unsterblicher Gestalten wie Mitsou, Chéri, Gigi und wie sie alle heißen — die schwebend graziösen Liebeswesen, die ihre Dichterin in das zärtliche Corotsilber der Pariser Luft hineingezaubert hat. Das Kommandeurkreuz der Ehrenlegion, die Präsidentschaft der Académie Goncourt, die „halbamtliche" Herausgabe ihrer sämtlichen Werke — all dies war auch im begeisterungsfähigen Frankreich eine einmalige Huldigung für einen noch lebenden Autor. „Symbol und Stolz Frankreichs" nannte eine offizielle Glückwunschadresse einmal die Colette, deren Werke in alle Kultursprachen der Erde übersetzt wurden, die als Zwanzigjährige ihre ersten Bücher veröffentlichte und als Schauspielerin und Tänzerin die Pariser ebenso zu Beifallsstürmen hinriß wie mit ihren Romanen und Erzählungen. Paul Claudel nannte sie „Frankreichs größte Schriftstellerin", und sein großer Gegenspieler André Gide war ausnahmsweise einer Meinung mit ihm: „Ich kann mir nicht helfen — aber diese Frau ist ein Genie!" Auf zartblaues Papier schrieb die — im letzten Jahrzent ihres Lebens völlig gelähmte — Offizierstochter aus Burgund in ihrem Arbeitszimmer im Pariser Palais Royal ihre zarten, lavendelduftenden Geschichten, die alle um das gleiche große und ewige Thema kreisen — um die Liebe. „Colette", so schreibt ihre Biographin Germaine Beaumont, „hat alles mit ewig jungen Augen betrachtet und trug in sich eine große und alte Weisheit. Es war eine Weisheit, nicht aus Büchern erworben, sondern eine, die in ihrem tiefsten Innern ruhte, zur Freude der Gegenwart, Vorbild für kommende Zeiten und Kronzeuge für die frische, unmittelbare und dauernde Lebendigkeit der französischen Sprache."

MARIE COLINET   17. Jahrhundert

Nach dem Ort Hilden bei Düsseldorf nannte sich zur Zeit des Dreißigjährigen Krieges ein berühmter Wundarzt, Professor Wilhelm Fabricius, „Hildanus". Seine Frau, die „Hildana", ging ein in die Geschichte der ersten großen Ärztinnen. Nach dem Zeugnis ihres eigenen Mannes, der ihr Lehrmeister gewesen, aber auch nach dem der Zeitgenossen verstand sie mehr von der Chirurgie als irgendein Mann. Sie war eine gebürtige Schweizerin, eine Berner Bürgerin mit Namen Marie Colinet, und übte zuerst in Genf den Beruf einer Hebamme aus, ehe sie den gleichfalls schweizerischen Chirurgen Fabricius heiratete. Als ihre Kinder ein Opfer der damals grassierenden Pest wurden, begann sie, ihre ganze Kraft, die des Verstandes, die ihrer geschickten Hände, die ihres Herzens für den Beruf einzusetzen, der ihr Berufung war. Die bedeutendste medizinische Erfindung der Marie Colinet ist die Entfernung von Stahl- oder Eisenteilchen aus dem Auge mit Hilfe eines Magneten. Sie hat sie als erste und oft ausgeführt. Die spätere Geschichtsschreibung jedoch stellte den Professor Fabricius als den Entdecker dieses interessanten Verfahrens hin, wohl, weil man einem „Frauenzimmer" derlei nicht zutrauen wollte. Zu ihrer Zeit aber ist die „Hildana" auch von den Fachkollegen ihres Mannes hochgeschätzt und durchaus anerkannt worden. „Hildanus" führte einen ausgedehnten Briefwechsel mit den Medizingelehrten seiner Zeit, vor allem denen der Universitäten. In jedem ihrer Antwortschreiben, die nach der zeitgenössischen Gepflogenheit lateinisch abgefaßt sind, ist ein verehrungsvoller Gruß an die gelehrte „domina Colineta" enthalten. In Düsseldorf soll ihr später eine Statue errichtet worden sein, die sich aber nicht erhalten hat.

23. I. 1813 — 6. III. 1895   **CAMILLA COLLETT**

Camilla Collett war eine leidenschaftliche Natur wie ihr Bruder, der Dichter Wergeland, und stand in den Jahren des politischen Kampfes, berichtend und richtend und doch immer vermittelnd, zwischen ihm und dem geliebten Manne, dem Dichter Welhaven. Ihre ungemein starke Persönlichkeit konnte nicht schweigen, nicht tatenlos zusehen, zumal sie im eigenen Geschick immer nur das allgemeine Schicksal der Frauen ihres Landes und ihrer Zeit zu spüren glaubte. Für alle diese Frauen forderte sie mit der unbezwingbaren Kraft ihrer Überzeugung das Recht, gleich dem Manne Geist und Gefühl frei entfalten zu dürfen und nicht infolge einer falschen Erziehung durch irgendwelche Rücksichten und Vorurteile in ihrem Eigenleben gehemmt zu werden. Diese Emanzipation der Frau ist auch der Grundgedanke ihres großen Romans „Die Töchter des Amtmanns", eines Werkes, das nicht nur als der erste Tendenzroman der norwegischen Dichtung betrachtet werden muß, sondern das mit seiner leidenschaftlichen Anklage gegen jedwede Unterdrückung der weiblichen Persönlichkeit auch auf die spätere europäische Literatur von einem nicht zu unterschätzenden Einfluß wurde. Die „nordische George Sand", wie man Camilla Collett auf Grund dieses ihres einzigen Romans zu nennen pflegte, schrieb freilich daneben auch noch eine fast unübersehbare Fülle von Aufrufen, Aufsätzen, Essays und Betrachtungen, die allesamt mehr oder weniger echte Dokumente menschlichen Leidens und menschlicher Seelengröße sind, gewissermaßen Tragödien, von denen, wie sie selber bekennt, „einigen ein Platz bei Sophokles oder Shakespeare gebührt hätte". Als Camilla Collett starb, konnte sie nicht nur auf ein kämpferisches und ruhmreiches Leben zurückblicken, sondern hatte zugleich auch die Gewißheit, daß die Grundgedanken ihres Werkes von Ibsen und Björnson, den Großen der Nation, bereits aufgegriffen und verwirklicht worden waren.

1490 — 25. II. 1547   **VITTORIA COLONNA**

Das Italien der sterbenden Renaissance hat diese Frau wegen ihres Geistes und ihrer Schönheit bewundert wie kaum eine zweite. Die größten Männer der Zeit verkehrten in ihrem Hause oder standen mit ihr in Briefwechsel. Eine innige Freundschaft verband sie mit Michelangelo, und Ariost hat ihr glühende Verse seines „Orlando" gewidmet. — Vittoria Colonna stammte aus einem der ältesten italienischen Geschlechter. Im Alter von vier Jahren wurde sie der damaligen Sitte entsprechend mit Ferrante d'Avalos, Marchese von Pescara, verlobt. Die Ehe ist zu dem großen Glück im Leben Vittorias geworden. Sie liebte ihren Mann mit zärtlicher Hingabe; sein Tod — durch eine vernachlässigte Wunde verursacht — warf sie in tiefste Verzweiflung. Zerfallen mit dem Dasein, ging die Witwe in die Einsamkeit eines Klosters, nur noch der Erinnerung an den Verstorbenen lebend. Das erschütternde Erlebnis wurde zum Ausgang ihrer Dichtung, der tiefempfundenen, klagenden Sonette, die der Trauer um den geliebten Mann und der Sinnlosigkeit des Daseins Ausdruck verleihen. Langsam fand sie wieder in das Leben zurück; ihre Verse behandeln nun das Verhältnis zwischen Gott und Mensch, das damals mehr als je umstrittene Thema von Kirche und Religion. Sie war oft in der Werkstatt des großen Michelangelo, und ihr Briefwechsel mit dem Künstler ist eines der schönsten Denkmäler menschlicher Freundschaft. Ihr Tod versetzte den Bildhauer in „eine lange Zeit voll tiefen Kummers, wie jemand, dem die Sinne erstorben sind". — In einem ihrer letzten Sonette hat Vittoria Colonna Abschied vom Leben genommen: „Und wie ein zartes Licht den Schein um mich verbreitet, fällt langsam nun von meinen Schultern ab der dunkle und schwere Mantel Schuld; und mit dem sanften Gleiten ersteh ich neu im Weiß der unschuldsvollen Liebe."

HEDWIG CONRAD-MARTIUS 27. II. 1888 — 15. II. 1966

So Bedeutendes auf einzelnen Gebieten der Wissenschaft, der Literatur und der Kunst Frauen auch immer geleistet haben, eine Naturphilosophin im strengen Sinne hat es doch vor Hedwig Conrad-Martius nicht gegeben. Sie hat sich diesen Ehrentitel durch zahlreiche Arbeiten, etwa siebzig Schriften, darunter dreizehn Bücher, verdient. Ihr bedeutendster und einflußreichster Lehrer war der tiefgründige Philosoph Edmund Husserl. Sie hat es aber vermocht, seine Gedanken selbständig auf das Gebiet der Naturforschung auszudehnen und dafür vielseitige Anerkennung und reiche Ehrungen empfangen. In vieljähriger Arbeit an der Münchner Universität, seit 1955 als Honorarprofessorin, bildete sie einen Kreis persönlicher Schüler verschiedener Fachrichtungen heran: Philosophen, Biologen, Physiker, Kunstwissenschaftler und Theologen. Ihre beiden Bücher über Raum und Zeit berühren die Grundlagen aller Naturphilosophie, ja unseres gesamten Daseins überhaupt. Mit sicherem Spürsinn hat Hedwig Conrad-Martius früher als mancher andere erkannt, daß die Naturwissenschaft, obwohl sie alle Probleme gelöst zu haben glaubte, von neuem beginnen müsse, und daß ihre Methoden, die sie in dreihundert Jahren erarbeitet hatte, nicht mehr genügten, um die neuerschlossenen Welten des Allerkleinsten und die Tiefen des Weltalls in ihren Gesetzen zu begreifen. Viele Forscher hatten sich darauf beschränkt, die Wege und Werkzeuge der Erkenntnis zu erforschen, hatten darüber aber die Erscheinungen in der Natur und der darin waltenden Kräfte vernachlässigt. Hier hatte Husserl neue Impulse gegeben. Die Ergebnisse der jüngsten naturwissenschaftlichen Forschung auswertend, baute die Philosophin seine Ideen zu einem eigenen Gedankengebäude aus.

JANE COOKE WRIGHT

Unter den zahlreichen Kämpfern, die in der Welt gegen die Bedrohung durch den Krebs in harter und zum Teil erfolgreicher Arbeit wirken, steht die farbige Doktorin Jane Cooke Wright in der ersten Reihe. Der Vater der berühmten Krebsforscherin war ein anerkannter Chirurg am Haarlem-Hospital in New York. Er veranlaßte die junge Ärztin, die schon jahrelang in dem großen Negerviertel der Weltstadt praktiziert und sich mit dem Krebs befaßt hatte, sich der reinen Forscherarbeit zu widmen. Sein geschulter Blick hatte die besonderen Anlagen und Fähigkeiten der Tochter erkannt. Man berief sie 1959 an das Sonderinstitut für Krebsforschung, das der New Yorker Universität angegliedert ist. Sie bekennt: „Auf meinem Fachgebiete erwartet uns immer wieder sehr viel Unbekanntes. So kommt es, daß bei meiner Arbeit immer etwas von Abenteuerlust und Abenteuerspannung und Abenteuermut mitschwingt. Kennen wir doch bereits eine ganze Reihe von Chemikalien, die bei dem einen Patienten ansprechen und tatsächlich den Krebs zum Verschwinden bringen – aber dann geschieht es, daß bei einem anderen Patienten, der uns das ganz gleiche Krankheitsbild darbietet, die gleichen Mittel völlig versagen und wir keinerlei Erfolg haben! Müssen wir daraus nicht. folgern: Wir haben also die Geschwulstbildungen nach neuen Gesichtspunkten einzuteilen? — Und zwar im Hinblick darauf, wie sie biologisch ansprechbar sind und wie sie auf die verschiedenen chemischen Verbindungen reagieren, denen wir sie aussetzen? — So müssen wir hoffen, auf Grund unserer vielfältigen Untersuchungen und gewissenhaften Beobachtungen und sammelnden Forschungsergebnisse zu neuen Erkenntnissen über solche chemischen Stoffe und ihre Einwirkungen auf Veränderungen der Körperzellen zu gelangen."

* 19. IV. 1882 **MARGERY CORBETT ASHBY**

Leben und Arbeit von Mrs. Corbett Ashby sind ein Beweis für die Wirkung einer Tradition: Wie ihr Vater, Charles Corbett, als Parlamentsmitglied und als Friedensrichter stets bestrebt gewesen war, das Recht auch des kleinen Mannes zu vertreten, wie die Mutter als eine der ersten Frauen Englands in öffentliche Wohlfahrtsausschüsse berufen wurde und sich für das Frauenstimmrecht einsetzte, so hat die Tochter von ihrer Jugend an für freiheitliche Ideen gekämpft. Schon früh wurde sie in das politische Leben eingeführt. Als der Weltbund für Frauenstimmrecht 1900 in Berlin gegründet wurde, gehörten sie und ihre Mutter zu den Teilnehmern. Margery, ein äußerst anziehendes Mädchen, studierte damals in Cambridge. Nach dem Abschlußexamen widmete sie sich der Frauenbewegung, wurde 1923 Schriftführerin des Weltbundes für das Wahlrecht der Frau und 1926 als Nachfolgerin von Mrs. Chapman Catt dessen erste Vorsitzende. Sie beschränkte sich nicht auf die Organisation des Bundes, sondern wurde die wortkräftigste und gewandteste Verfechterin seiner Ziele. Im Laufe der Jahre besuchte sie nicht weniger als siebenunddreißig Länder, um für die staatsbürgerlichen Rechte der Frauen einzutreten. Margery Corbett fand in ihrem Gatten, einem Juristen, einen tatkräftigen Förderer ihrer Arbeit. Derselbe moralische Mut, der die junge Margery an den Protestmärschen der Suffragettes teilnehmen ließ, hat sie stets veranlaßt, sich für Verfolgte und gesellschaftlich Vernachlässigte einzusetzen; ihr Elternhaus war das erste, das nach 1918 deutsche Gäste aufnahm. In der kolonialen Frage vertritt Mrs. Corbett Ashby das Recht auf Selbstbestimmung der Völker, wie es bereits ihr Vater als Mitglied des Unterhauses getan hat.

27. VIII. 1768 — 17. VII. 1793 **CHARLOTTE CORDAY**

Das romantische Schicksal des schönen jungen Mädchens, das aus Schwärmerei und mißverstandenem Idealismus zur Mörderin wurde, erregte in den neunziger Jahren des 18. Jahrhunderts die Gemüter von ganz Europa. Mitleid und Ablehnung, Haß und Bewunderung hielten sich die Waage. — Charlotte Corday d'Armont war zu Beginn der Französischen Revolution eine begeisterte Anhängerin der Ideen von Freiheit, Gleichheit, Brüderlichkeit, glaubte aber nach Einsetzen der Girondistenverfolgungen die Idee der Freiheit von den Jakobinern in Paris verraten. Die Bekanntschaft mit geflüchteten Anhängern der Gironde in ihrer Heimatstadt Caen ließ in dem leidenschaftlichen Mädchen den Entschluß reifen, durch eine heroische Tat das Blutregiment der Schreckensmänner zu vernichten. Sie fuhr nach Paris und erhielt bei Marat, einem der führenden Männer des Jakobinerklubs, unter dem Vorwand, sie habe wichtige Mitteilungen über eine Verschwörung in Caen zu machen, Einlaß. Marat empfing den Besuch im Bad sitzend. Als er nach Anhörung des Berichtes abschließend sagte: „Alle Verräter müssen auf dem Schafott büßen!", stieß ihm Charlotte das Messer in die Brust. Die Mörderin ließ sich ohne Widerstand verhaften; nur mit Mühe gelang es den Wachen, sie vor einer raschen Lynchjustiz durch die wutentbrannten Volksmassen zu schützen. In der Gerichtsverhandlung zeigte sie weder Furcht noch Reue und bestieg am 17. Juli 1793 gelassen das Podium der Guillotine. Wie vorauszusehen, erreichte Charlotte Corday das Gegenteil von dem, was sie erhoffte. Die radikalen Elemente der Revolution benutzten den Eindruck des Attentats zu einem furchtbaren Blutregiment und zur Beseitigung des letzten Widerstandes.

GERTI THERESA CORI

15. VIII. 1896 — 26. X. 1957

Als das Ehepaar Cori 1947 in Stockholm gemeinsam den Nobelpreis für ihre Entdeckungen auf dem Gebiet des Zuckerstoffwechsels erhielt, sagte Franz Cori in seiner Dankrede: „Unsere Forschungen haben sich größtenteils ergänzt, und einer ohne den anderen wäre nie so weit gekommen, wie wir es nun zusammen geschafft haben." Der Nobelpreis war durch einen dreißigjährigen freiwilligen Verzicht auf die Fülle des Lebens im asketischen Dienst am Leben erkauft. Gerti Cori, wie ihr Mann in Prag geboren und im selben Jahre wie er, errang 1920 den medizinischen Doktortitel und heiratete; erst sechzehn Jahre später wurde dem Paar der einzige Sohn geschenkt. Die junge Ärztin praktizierte zunächst zwei Jahre im Karolinen-Kinderspital zu Wien und ging dann mit ihrem Gatten nach den USA. Anstelle der geliebten Skitouren und Kletterpartien in den österreichischen Bergen verschlang nun die mühevolle Arbeit im modernen biochemischen Labor ihre kostbare Freizeit; die Frau, die Geliebte, die Mutter wurde zum „Katalysator des wissenschaftlichen Fortschritts", der nur durch Sachlichkeit, Konsequenz und unendliche kritische Geduld zu erreichen ist, wenn er auch, wie Claude Bernard sagt, eine gewisse Vorahnung des Geistes, also Intuition, voraussetzt. Gerti T. Cori besitzt diese intuitive Fassungsgabe; ihre Entdeckung hat für die Gesunderhaltung des menschlichen Körpers weittragende Folgen. Die Ehrungen, die sie außer dem Nobelpreis empfing, sind zugleich, um es österreichisch auszudrücken, tragische „Marterln" am Wege ihres fast völlig begrabenen persönlichen Lebens. Sie wurde Professor der Biochemie, Mitglied der amerikanischen Gesellschaften für Chemie und für Endokrinologie. Auch die philosophische Gesellschaft nahm Gerti Cori in ihre Reihen auf, und auch heute noch deckt sich das Leben dieser Vielbegabten völlig mit ihrem Werk.

CORNELIA

2. Jahrh. v. Chr.

Diese statuarische Römerin, Tochter des großen Scipio Africanus, des Siegers über Hannibal, vereint in ihrem Bild die Züge einer hoheitsvollen Aristokratin und einer leidbetroffenen Frau. Ihr Gatte war Tiberius Sempronius Gracchus, der tapfere und gerechte Statthalter der spanischen Ebro-Provinz. Cornelia widmete sich nach dem Tode ihres Mannes ganz der Erziehung ihrer Söhne, idealer Jünglinge revolutionären Charakters, die versuchten, Italien sozial zu erneuern. Theodor Mommsen, der verfolgte Liberale von 1848, hat aus wahlverwandtem Verständnis Kampf und Tod der beiden Brüder in seiner „Römischen Geschichte" ergreifend und dramatisch geschildert. Ihr Aufstand galt dem Los der Kleinbauern, die von den Großgrundbesitzern wie leibeigene Sklaven behandelt wurden. Gracchus eröffnete den politischen Krieg zwischen „Kapital und Arbeit" als Volkstribun mit einem Ackergesetz, das die Aufteilung des riesigen Landbesitzes der Aristokratie unter die Kleinbauern vorsah. Als er im Verlauf der politischen Kämpfe gestürzt und ermordet wurde, zog sich Cornelia auf eines ihrer Güter in Campanien zurück. Sie beschwor in leidenschaftlichen Briefen ihren zweiten Sohn, sich nicht in den gefahrvollen Strudel des öffentlichen Lebens zu stürzen. Aber sein Ehrgeiz und der Durst nach Rache wegen des ermordeten Bruders übertönten die Warnungen der Mutter. Cajus teilte das Schicksal des Tiberius. Cornelia ertrug auch den Tod des jüngsten Sohnes mit wahrer Seelengröße. Sie blieb nach dem schweren Schlag auf ihrem Landgut, im Kreise von Gelehrten und den vornehmsten Männern der Republik. Cornelia vermählte ihre Tochter Sempronia dem jüngeren Scipio, dem Zerstörer Karthagos. In Anerkennung ihrer menschlichen Größe weihten die Römer ihr eine Bildsäule aus Bronze mit der Inschrift „Cornelia, Mutter der Gracchen".

1247 — 22. II. 1297 ## MARGARETA VON CORTONA

In der Franziskanerkirche von Cortona in der italienischen Provinz Arezzo ruhen in silbernem Schrein die Gebeine Margaretas. In Laviano, einem toskanischen Dörfchen, war sie zur Welt gekommen und verlor schon mit acht Jahren ihre Mutter. Ihr Vater heiratete ein zweitesmal — aber zwischen Stiefmutter und Stieftochter herrschte Zwietracht von Anfang an, und Margareta hatte nur einen Wunsch: so bald wie möglich dem Unfrieden des Vaterhauses zu entfliehen. So fiel es einem jungen Adeligen, der sich in das schöne Mädchen verliebt hatte, nicht allzuschwer, sie mit vielen schmeichelnden Worten und prächtigen Geschenken zur Flucht zu überreden; sie folgte ihm in sein Haus, lebte dort — da die großen Standesunterschiede eine Eheschließung verboten — neun Jahre lang als seine Dienerin und schenkte ihm auch einen Sohn, an dem Vater und Mutter mit gleicher Liebe hingen. Eines Tages aber wurde der Edelmann von Straßenräubern überfallen und getötet, und als man Margareta den furchtbar verstümmelten Leichnam des Geliebten ins Haus brachte, sah sie in dem Geschehen die Strafe Gottes für ihr sorgloses und oberflächliches Dahinleben in ungeweihter Gemeinschaft; mit ihrem Kinde begab sie sich in Trauerkleidung ins Haus ihres Vaters mit der flehenden Bitte um Vergebung und Wiederaufnahme. Sie wurde ihr vorübergehend gewährt, dann lag sie erneut mit ihrem Kind auf der Straße. Als Magd verdiente sie sich in harter Fron beider Brot, bis ihr nach dreijähriger Probezeit und Bewährung die Aufnahme in den Dritten Orden der Franziskaner gewährt wurde. In einem heiligmäßigen Leben, in zweiundzwanzig Jahren der Buße und Läuterung ist Margareta den Erlösungsweg von irdischer zu himmlischer Liebe gegangen; die Kraft ihrer Fürbitte wurde schon zu ihren Lebzeiten gepriesen im ganzen Lande und über seine Grenzen hinaus.

ANNA KONSTANZE GRÄFIN COSEL
17. X. 1680 — 31. III. 1765

Der sächsische Kabinettsminister Adolf von Hoymb tat recht daran, seine neunzehnjährige, bildhübsche Gattin vor den Blicken seines kurfürstlichen Herrn August des Starken, Königs von Polen, so gut es ging zu verbergen. Aber es ging nicht lange und ging nicht gut: Der Herrscher kam, sah und siegte — allerdings erst, nachdem sein Minister unter sanftem, doch energischem Druck in die Scheidung eingewilligt und nachdem der König seiner neuen Favoritin mit Brief und Siegel die Zusicherung gegeben hatte, daß er sie nach dem Tode seiner Gemahlin, der Kurfürstin von Sachsen, als rechtmäßige Gattin anerkennen werde. Die junge, unreife Anna Konstanze genoß aber schon vorher ihre Stellung; bei einem Besuch des dänischen Königs in Dresden drängte sie sich so sehr in den Vordergrund, daß die Kurfürstin den Hof verließ und sich nach Schloß Pretsch bei Torgau zurückzog. Nachdem der König die ehemalige Frau von Hoymb in den Rang einer Reichsgräfin von Cosel erhoben hatte, nutzte sie ihre Machtstellung und ihren unseligen Einfluß auf den Landesherrn in selbstsüchtiger Weise aus, und keine Intrige, keine Fälschung war ihr zu schlecht, wenn es darum ging, ihre Pläne zu verwirklichen. Sie veranlaßte August, den ihr verhaßten Kanzler Beichlingen abzusetzen und auf die Festung Königstein bringen zu lassen; sie pochte immer wieder auf die von ihr sorgfältig verwahrte Urkunde mit des Königs Unterschrift, die ihre Rechte für alle Zeiten sichern sollte — aber schließlich hat sie in ihrer Verblendung doch den Bogen überspannt: Die geistlose und trunksüchtige, aber eben jüngere Gräfin Dönhoff drängte sie aus der Gunst des Königs und aus ihrer Stellung. Als sie sich weigerte, das schriftliche Eheversprechen zurückzugeben, ließ der König sie verhaften und im „Coselturm" des Schlosses Stolpen einkerkern, wo sie als Fünfundachtzigjährige ihr Leben beschloß.

HEDWIG COURTHS-MAHLER 18. II. 1867 — 27. XI. 1950

Die Krankenhausköchin Mahler in dem kleinen Unstrutstädtchen Nebra mußte ihr sechs Wochen altes Töchterchen Hedwig — deren Vater in der Schlacht von Königgrätz gefallen war — zu fremden Leuten in Pflege geben. Hier ging es dem Kinde herzlich schlecht; es wurde verprügelt, gequält und vernachlässigt, bis endlich die Flickschusters-Eheleute Birkner in Weißenfels sich seiner erbarmten und es aufzogen. Hedwig Mahler fand ihre ersten Stellungen als Pflegerin einer alten Dame, und nach ihrem Tode als Verkäuferin in einem Spitzengeschäft. Unterm Ladentisch las sie die neuesten Romane der Marlitt und der Heimburg und begann selber Geschichten zu schreiben: die ewigen Wunschbilder vom armen Mädchen und reichen Freier, von der Bettelprinzessin und der Hochzeit im Grafenschloß. Mit ihrem Mann, dem Maler Fritz Courths, übersiedelte Hedwig nach Chemnitz. Im „Chemnitzer Tagblatt" erschien auch ihr erster Fortsetzungsroman, Auftakt einer Glückskette von 205 Romanen mit einer Gesamtauflage von über dreißig Millionen. Über den ätzenden Spott der Literaturkritik tröstete sie die bewundernde Freundschaft von Siemens, von Furtwängler und Siegfried Wagner. 1933 erwarb Hedwig den „Mutterhof" am Tegernsee, den sie gemeinsam mit ihren beiden Töchtern bewirtschaftete, die gleichfalls Romane schrieben. Frau Hedwig hatte eine entwaffnende Eigenschaft, die ihren Kritikern meist fehlte — sie hatte Humor. „Ich bin die berüchtigte Courths-Mahler", erklärte sie einem Rundfunk-Reporter, „und ich habe das Happy-End erfunden!" Beim Hinscheiden der Dreiundachtzigjährigen trauerte eine riesige Lesergemeinde um die erfolgreiche Frau, die gleich ihrem Landsmann Karl May den Leuten hübsche Märchen erzählen und spannende Geschichten bieten wollte — mehr nicht.

VERONIQUE DELPHINE COUTURIER

17. II. 1822 — 5. III. 1848

Als die siebzehnjährige Bauerntochter aus dem vornehmsten Mädchenpensionat der Stadt Rouen heimkehrte auf das väterliche Pachtgut im nordfranzösischen Blainville-Crevon, gefiel es ihr nicht mehr zwischen Komposthaufen, Schweinekoben und schnatternden Gänseherden; sie hatte Stadtluft geatmet, Klavierspielen und Tanzen gelernt, hatte die Ritterromane von Walter Scott gelesen und träumte von den Liebesschwüren verwegener Entführer und hochadeliger Schloßherren. Als aber kein Ritter nahen wollte, um sie zu rauben, war Delphine glücklich, daß der grämliche Landarzt Delamarre sie heimführte in das Städtchen Ry an der Lieurre. Dort richtete die junge Arztfrau sich großstädtisch ein, ernannte ihre Magd zur „Zofe" und den Freitag zu ihrem „jour fixe", an dem sie die Honoratioren in ihrem Salon empfing. Einmal tauchte ein reicher Gutsbesitzer auf, mit dem sie fliehen wollte, wie sie es in Schundromanen gelesen hatte, aber der Mann winkte ab und überließ sie einem andern, der gleich bis nach Paris flüchtete — aber allein. Delphine machte Schulden, von denen ihr Mann nichts wissen durfte, sie geriet in die Fänge eines Halsabschneiders, und als sie keinen Ausweg mehr sah, machte sie ihrem Leben mit Gift ein Ende. — Delphine ist niemand anders als die „Madame Bovary" des weltberühmten Romans von Gustave Flaubert, der in diesem ersten Meisterwerk des französischen Naturalismus das Schicksal dieser Frau dichterisch vertieft hat. Man kann noch heute in Ry das Gemach der „Madame Bovary" besichtigen, die Arztkalesche ihres unglücklichen Mannes und den Pavillon, in dem sie sich mit ihren Verehrern getroffen hatte. Nur ihren Grabstein sucht man vergebens — den hat ein sammelwütiger Amerikaner dem Friedhofswärter für einige Dollar abgehandelt und mit hinübergenommen in die sonst so wenig sentimentale Neue Welt.

* 23. III. 1908   **JOAN CRAWFORD**

Sie ist eine der besten Darstellerinnen leidenschaftlicher Charaktere und problematischer Naturen. Neben ihrem psychologischen Reißer „Erpressung" (1941) fällt vor allem der Film „Leidenschaftliche Begegnung" (1946) in diesen Rollenbereich. Man denke auch an den Film „Solange ein Herz schlägt" (1945), in dem sie das Schicksal einer Frau gestaltet, die durch ihre exaltierte Liebe in ihrer Umgebung unsägliches Unheil anrichtet. Dieser Film brachte ihr den „Oscar" ein. In dem Film „Hemmungslose Liebe" (1948) steigert sich ihre Leidenschaft bis zum Wahnsinn, und mit dieser Wahnsinnsliebe wird sie allen zum Verhängnis. Weitere Filme, wie „Wenn Frauen hassen", „Ehe mit dem Satan", „Ehe in Fesseln", runden den von ihr bevorzugten Typ der gefährlichen Frau ab. — Anfangs war Joan Crawford eine Vertreterin der „leichten Muse" und machte sich als Broadway-Tänzerin einen Namen. Kaum einem anderen Star von Hollywood ist der Aufstieg so schwer gefallen wie ihr. Durch eine schwere Fußverletzung mußte sie in jungen Jahren ihre Tanzausbildung unterbrechen, und es bestand die Gefahr, daß sie nicht wieder normal gehen würde. Aber sie schaffte es mit dem Aufwand aller ihrer Kräfte, und sie konnte nach der Absolvierung der Tanzschule eine Anstellung erhalten. Als sie sich bei einer Revue in kurzer Zeit in die vorderste Reihe der Chor- und Tanz-Girls spielte, wurde sie entdeckt und als Tänzerin nach Hollywood engagiert. Ihrer zähen Energie hat sie es zu verdanken, daß sie schließlich für Star-Rollen verpflichtet wurde und zu einer der beliebtesten Schauspielerinnen Hollywoods wurde. Als ihre Ehe kinderlos blieb, adoptierte sie vier Kinder, denen sie eine liebevolle Mutter wurde.

7. X. 1795 — 11. IV. 1865   **AUGUSTE CRELINGER**

Ihr ging es um die Schönheit im Werk des Dichters, nicht um die Erregung der Leidenschaften. Auguste Crelinger war wie eine Gestalt aus der klassischen Zeit Griechenlands. „Ihr Spiel war maßvoll, einig, geschlossen, ihre Haltung voll plastischer Ruhe und Hoheit, ihre Sprache wie wohllautende Musik." Außer der „Antigone" und der Prinzessin im „Tasso" rühmen die Zeitgenossen vor allem die „Iphigenie" als größte Leistung der Schauspielerin. „Niemand in Deutschland vermag diese in edlem, anmutsvollem Verhältnis der antiken Marmorbildungen meisterhaft geformten Goetheschen Verse so ihrem Charakter gemäß, so griechisch, so ideal zu sprechen." — Auguste Crelinger wurde als Auguste Düring in Berlin geboren. Durch August Wilhelm Iffland, den berühmten Schauspieler, Theaterdirektor und Theaterschriftsteller, kam sie mit siebzehn Jahren an die Hofbühne, der sie bis 1862 angehörte. Künstlerische Förderung erfuhr sie durch ihren ersten Mann, den Schauspieler Wilhelm Stich, der um ihretwillen ein tragisches Ende fand. In dem Glauben, daß sie ihm nicht mehr die Treue wahre, forderte er den vermeintlichen Nebenbuhler zum Duell und wurde tödlich getroffen. Auguste heiratete den Berliner Bankier Crelinger. Unter diesem Namen finden wir sie meist in der Theatergeschichte genannt; doch auch ihre anderen Namen treten auf; Kritiker unterscheiden durch die verschiedene Namensgebung Phasen ihrer persönlichen Entwicklung: Auguste Düring sei die angenehmste Erscheinung, Auguste Stich die gefeiertste und Auguste Crelinger die größte Künstlerin gewesen.

CRISTINA VON FRANKREICH   10. II. 1606 — 23. XII. 1683

Wenn die Touristen heute die mit mannigfachen Sehenswürdigkeiten angereicherte Stadt Turin durchstreifen, das Schloß von Valentino besichtigen oder in die Kirchen Santa Cristina und San Francesco da Paola eintreten und im „Fremdenführer" blättern, stellen sie mit Verwunderung und Achtung fest, daß diese Baudenkmäler auf die Anregung einer Frau zurückgehen, der Christina di Francia, einer der kunstsinnigsten und politisch weisesten Frauen ihres Zeitalters. Das Herzogtum Savoyen mit seiner Haupt- und Residenzstadt Turin gehörte seit Jahrhunderten zu den durch Frankreich gefährdetsten Fürstentümern der italienischen Halbinsel. 1536 hatte Franz I. von Frankreich das Land in einem Blitzkrieg erobert, Turin besetzt und sich in dem Übereinkommen von Nizza die Eroberungen garantieren lassen. Zwanzig Jahre lang lebten die Herzöge außer Landes. In dem politischen Spiel, das die nachfolgenden Fürsten betrieben, um sich mit Frankreich zu arrangieren, spielten nicht nur Gebietsabtretungen und Ländertausch eine Rolle, sondern auch der Versuch, den Bestand des Herzogtums durch dynastische Verbindungen zum französischen Königshaus hin zu sichern. Die Ehe, die der Erbprinz Vittorio Amadeo im Jahre 1619 mit Christine, der Tochter König Heinrichs IV. von Frankreich und der Maria von Medici schloß, war ein Faktor in diesem Spiel — aber sie erwies sich als eine menschlich beglückende Fügung. Herzog Vittorio Amadeo I. gab der geliebten Frau die Freiheit zu einem großzügigen Mäzenatentum. Als er — viel zu früh — verstarb, erzog sie ihre beiden Söhne im staatsmännischen Geiste und herrschte geschickt und klug bis 1642 über Savoyen. Die vierzig Jahre, die ihr noch beschieden waren, widmete die Herzoginwitwe im Kreise von Künstlern und Gelehrten dem geistigen Leben.

RACHEL CROTHERS   * 12. XII. 1878

Dem National Institute of Arts and Letters fiel es 1933 nicht schwer, die anerkannte Bühnenautorin Rachel Crothers zum neuen Mitglied auszuwählen. Mit dieser geziemenden Geste ehrte das Institut eine ebenso mutige und kluge wie künstlerisch produktive Frau, die von manchen als die größte lebende Bühnenautorin bezeichnet worden ist. Die in Bloomington Geborene erregte bereits mit zwölf Jahren Aufsehen, als ihr Erstlingswerk „Every Cloud Has a Silver Lining, or The Ruined Merchant" mit Bravour über die Bühne ging. Ein Wunderkind? Schon die junge Rachel Crothers war zu intelligent und zu begabt, als daß man ihre Erscheinung und Leistung auf diesen vereinfachenden Nenner hätte bringen können. Mit der wachsenden Entfaltung und Verfeinerung ihres Könnens widerlegte sie auch jeden Verdacht auf Sensationsmacherei. Sie überzeugte durch ein immer mehr ausreifendes Künstlertum. Aus der Folge ihrer Bühnenwerke, die schon an Zahl im Repertoire der Gegenwart alle lebenden Dramatiker übertrifft, seien die Titel „He and She", „Young Wisdom", „Nice People", „A Lady's Virtue" und „Susan and God" hervorgehoben. Wie die naturalistischen Bühnenwerke Gerhart Hauptmanns echte Zeitstücke gewesen sind, wie Tennessie Williams Stücke seelische Tiefenschichten der Moderne aufrühren, so greift auch Rachel Crothers thematisch menschliche und menschheitliche Probleme der Zeit auf und diskutiert sie im kraftvollen Hin und Her ihrer Dialoge und im Gegenspiel der Charaktere. Die konfliktreiche Stellung der Frau innerhalb der modernen Gesellschaft gehört vor allem zu ihren künstlerischen Stoffen; sie bemüht sich in all ihren Ein- und Mehrakten darum, die Problematik der „überemanzipierten" Frau sichtbar werden zu lassen.

7. XI. 1867 — 4. VII. 1934 MARIE CURIE

Seit jenem Tage, an dem Professor Becquerel seinem Kollegen Pierre Curie von seiner Entdeckung erzählt hatte, daß Uranerze Strahlen aussenden, gab es für Frau Marie Curie nur noch ein Ziel: das Geheimnis dieser rätselhaften Strahlung aufzudecken. Mit derselben glühenden Begeisterung, mit der sie sich durch das Studium der Physik und Chemie gehungert hatte, ging sie an die Lösung der Aufgabe. Fünfundvierzig Monate arbeitete das Forscherehepaar Curie trotz schwieriger materieller Bedingungen in ungetrübter Harmonie. Tonnenweise mußte die Pechblende verarbeitet werden, schwere Gefäße mußten geschleppt, siedende Flüssigkeiten in mächtigen Bottichen gerührt werden. Härteste Arbeit verband die zarte Frau mit subtilster Meßmethodik. Fünfundvierzig Monate voller Hoffnungen, voller Mühen, voller Entbehrungen, dann war der Sieg errungen: Im Jahre 1898 konnte das Ehepaar Curie der Wissenschaft die Auffindung zweier neuer strahlender Elemente bekanntgeben, Polonium das eine, gewidmet der polnischen Heimat der Madame Curie, Radium, „das Strahlende", das zweite, hunderttausendmal stärker strahlend als Uran. Radium — unzählige Menschen verdanken ihm Gesundheit und Leben, und der Wissenschaft ermöglichte es tiefste Einblicke in den Aufbau der Materie. Seiner Erforschung blieb das Leben der Marie Curie gewidmet, als ein Unglücksfall ihr im Jahre 1906 den Gatten entriß, an dessen Seite sie drei Jahre zuvor den Nobelpreis entgegengenommen hatte. Als bisher einziger Mensch empfing Marie Curie diese höchste Ehrung der Wissenschaft noch ein zweites Mal. Rastlos arbeitete sie weiter, ganz ihrem Werk hingegeben, bis schließlich dieselben Strahlen, die so vielen Leidenden bereits Heilung geschenkt hatten, ihr den Tod brachten, den Opfertod der Märtyrerin für ihre eigene, segensreiche Entdeckung.

* 6. XII. 1904 EVE CURIE-LABOUISSE

Fast zehn Jahre lang war die charmante Frau, die in ihrer Anmut, wie der Dichter Louis Bromfield es ausdrückte, die „Vorstellung von der Frische des Schnees erweckte", der Engel der Palästinaflüchtlinge in den Baracken- und Zeltlagern der jordanischen Wüste. Wenn die Gattin Henry Labouisses, des Hochkommissars für die arabischen Flüchtlinge, die hungernden Kinder um sich sammelte und ihnen die nie ausreichenden Spenden der UNO austeilte, wurde man an ihre Mutter erinnert, die große Marie Curie, die im ersten Weltkrieg mit ihren Röntgenambulanzen und Radiumspenden so viel menschliches Leid bekämpft und gemildert hatte. In der Familie hatte keiner die Mutter so sehr verstanden wie Eve Curie, und so war sie als einzige berufen, aus echtem Wissen und tiefstem Verständnis ihr Leben nachzuzeichnen. Die Biographie „Madame Curie, ihr Leben und Werk" wurde schon bald nach dem Erscheinen im Jahre 1937 in viele Sprachen übersetzt. Auch ihr eigenes frühes Leben bis zum Opfertode der Mutter spiegelt sich darin: ihre ersten Bemühungen, eine große Pianistin zu werden, ihre Konzertreisen durch Frankreich und Belgien, und dann die Erkenntnis, daß sie den höchsten Gipfel der Kunst nie erreichen werde. Sie entschied sich für den Journalismus. Im zweiten Weltkrieg war sie Mitarbeiterin des Dichters Jean Giraudoux im nationalen Befreiungskampf und nach der Besetzung Frankreichs Mitglied in der Kampfbewegung de Gaulles; in der Uniform der französischen Freiwilligen besuchte sie die Kriegsschauplätze — eine Episode, die in dem Buch „Eine Frau an der Front" dichterischen Ausdruck gefunden hat. Nach dem Kriege stand sie wieder in der Pressearbeit, bis die Berufung ihres Mannes zum Flüchtlingskommissar sie in den Nahen Osten führte. Seit 1959 lebt die von zwei Universitäten mit dem Ehrendoktorat Ausgezeichnete in den USA.

LIL DAGOVER * 30. IX. 1897

Auf eine über vier Jahrzehnte währende Filmtätigkeit kann Lil Dagover, die auf Java von deutschen Eltern geboren wurde und im Alter von sechs Jahren nach Deutschland übersiedelte, zurückblicken. Durch die Heirat mit dem Schauspieler Fritz Daghofer kam sie mit dem Film in Berührung. Die erste aufsehenerregende Rolle bot ihr der expressionistische Film „Das Kabinett des Dr. Caligari" (1919) als Partnerin von Werner Krauß und Conrad Veidt. Auch mit den folgenden Filmen „Der müde Tod", „Luise Millerin" und „Tartüff" half sie den Weltruf des deutschen Stummfilms mitbegründen. Zu Beginn der Tonfilmzeit setzte sie ihre Erfolge fort, u. a. in den Filmen „Schlußakkord", „Das Mädchen Irene", „Fridericus Rex", „Die Kreutzersonate", „Dreiklang", „Friedrich Schiller", „Bismarck", „Kleine Residenz", zu denen nach dem zweiten Weltkrieg vor allem folgende Filme hinzukamen: „Die Söhne des Herrn Gaspary", „Es kommt ein Tag", „Königliche Hoheit", „Die Barrings", „Rosen im Herbst", „Kronprinz Rudolfs letzte Liebe", „Meine 16 Söhne", „Die Buddenbrooks". In ihren Spitzenfilmen verkörpert sie den Typ der „großen Dame", den sie in aparter Schönheit und geistreichem Charme in eigenwilliger Weise geprägt und mitunter durch eine interessante Mischung aus bizarren und liebenswerten Zügen zum Typ der „seltsamen Dame" umgewandelt hat, eine Leistung, die ihr 1954 mit der Rolle als Gräfin Löwenjaul in „Königliche Hoheit" den Bundesfilmpreis einbrachte. Sie liebt es, in ihren Filmen abwechselnd ernst und heiter zu spielen, man denke nur an ihre beiden Nachkriegsfilme „Es kommt ein Tag" und „Vom Teufel gejagt". Zur Bühne kam sie 1931 durch Max Reinhardt, der ihr bei den Salzburger Festspielen die Rolle der „Schönheit" übertrug. Seitdem hat sie auf Berliner, Hamburger und Münchener Bühnen in ernsten wie in heiteren Rollen mit dem gleichen Erfolg und der gleichen Souveränität wie im Film als „große Dame" brilliert.

MARIE-ANNE BOTOT-DANGEVILLE 26. XII. 1714 — 1796

Die in Paris geborene große Schauspielerin führte den bürgerlichen Namen Marie-Anne Botot, aber man nannte sie Dangeville. Theaterspielen war ihr als Sproß einer Schauspielerfamilie vererbt, auf der Bühne fühlte sie sich zu Hause. Im Jahre 1730 debütierte sie sechzehnjährig mit überragendem Erfolg an der Comédie Française. Man rühmte ihr nach, sie sei ein liebenswürdiges Geschöpf gewesen, die mit ihrer angeborenen Kunst eine heitere Herzlichkeit verband. In einer Zeit, in der Klatsch und Intrigen geradezu kultiviert wurden, findet man in den Dokumenten nur wohlwollende Worte über sie. Was von jeher zu den Seltenheiten innerhalb der Lebenswelt der Bühne gehört: Selbst bei ihren Kolleginnen fand die Dangeville neidlose Anerkennung und Bewunderung. Man staunte über den Ernst, mit dem sie sich in das Bühnenwerk vertiefte, bevor sie sich für eine Rolle reif fühlte und mit ihr eins wurde, man achtete die Eigenwilligkeit ihrer Auffassungen und pries die Natürlichkeit ihres Sprechens. Obwohl sie von einer erstaunlichen Vielseitigkeit war, spielte sie jede Rolle, als ob es die einzige wäre, die sie beherrschte; sie ersann sie gleichsam neu und gab ihr Plastik und Tiefe. Deshalb nannte man sie auch „Freundin und Helferin der Dichter". Voltaire war einer ihrer größten Verehrer. Aber auch sonst fehlte es der Dangeville nicht an Getreuen, die sie umschwärmten. Die galanten Briefchen, die ihr zahlreich zuflogen, verteilte sie später unter ihren Freundinnen und freute sich verschmitzt darüber, wenn kleine Wirren daraus entstanden. Ein Lustspiel von Destouches unter dem Titel „La force du naturel" hatte es dem Publikum am meisten angetan. Als Mlle. Dangevilles Büste in der Comédie Française aufgestellt wurde, schrieb man als Huldigung unter ihren Namen: „Kraft aus natürlichem Talent."

1. III. 1800 — 3. 4. 1876   **HENRIETTE DAVIDIS**

„Was soll denn unser Jettchen schon groß kochen können!" meinte der Elberfelder Verleger Langewiesche zu seiner Gattin. „Jettchen", das war ihre Haushälterin, die Pfarrerstochter Henriette Davidis aus dem westfälischen Dorf Wengern, die von ihrem Brotherrn nur wußte, daß er „Bücher mache" und deshalb bescheiden angefragt hatte, ob er nicht auch ihre Sammlung selbsterprobter Kochrezepte in einem „richtig gedruckten" Buch veröffentlichen könne. Langewiesche hat seine ablehnende Antwort noch oft bereut, denn das schlaue Jettchen wandte sich später an einen anderen Verleger, der sofort zugriff und mit dem Kochbuch der Davidis das beste Geschäft seines Lebens machte. Der dicke Wälzer in leuchtendrotem Einband hatte bald in jedem Küchenschrank einen Ehrenplatz und wurde für drei Hausfrauengenerationen zu einem Begriff der Zuverlässigkeit und Güte. Von Henriette stammt auch die klassisch gewordene Formel „Man nehme" — damit begann jedes ihrer Rezepte. Später schrieb die alte Jungfer noch ein reizendes „Puppenkochbuch" und ein vielgelesenes Büchlein über den „Beruf einer Jungfrau", und ihr Ruhm drang bis in die allerhöchsten Kreise: Die deutsche Kaiserin Augusta schätzte ihre Bücher sehr und stiftete nach dem Tode der Davidis einen namhaften Betrag für ihr Grabmal. Eine noch hübschere Ehrung aber dachte sich die Eisenbahnverwaltung aus. Als nämlich im Jahre 1911 beim Bau der Bahnlinie Witten—Schwelm das Geburtshaus der berühmten Köchin abgerissen werden mußte, wurden die Platten ihres Kochherdes an der Bahnunterführung eingemauert, zusammen mit einer Gedenktafel, auf der noch heute zu lesen steht: „An diesem Herd, an dieser Stelle des einstigen Witwen-Pfarrhauses, hat Henriette Davidis die Rezepte ihres berühmten Kochbuches ausprobiert!"

24. X. 1878 — 9. IX. 1969   **ALEXANDRA DAVID-NEEL**

Unter den wagemutigen und wißbegierigen Pionieren der Erderkundung und der völkerkundlichen Forschung gibt es naturgemäß nur wenige Frauen. Einige nennt uns die Chronik der Erschließung der Polarländer, der Neuen Welt, des Nahen Orients und des Schwarzen Kontinents. Ihnen gelang es vor allem, in die den Männern verschlossenen Tabus des frauenlichen Lebens der Primitiven einzudringen. Nach Innerasien vorzustoßen und dort unbekannte Lebenswelten aufzudecken, konnte nur einer so vitalen und unerschrockenen Pionierin wie Alexandra David-Neel gelingen, die schon als Mädchen einige asiatische Gebiete kennengelernt hatte. Im Jahre 1911 machte sie sich für vier, 1936 sogar für zehn Jahre auf, verließ das angenehme Paris und bereiste zunächst Indien, den Himalaja, China, Japan und Korea, bevor sie den Aufstieg in das geheimnisumwitterte tibetanische Hochland wagte. Als Bettelmönch verkleidet, durchpilgerte sie zu Fuß von der chinesischen Seite her das Land der Götter und Dämonen. Sie war die erste weiße Frau, die bis nach Lhasa vordrang, dort längere Zeit verweilte und tiefe Einblicke gewann. Die volks- und landeskundlichen Ergebnisse legte sie in einer stattlichen Reihe von Veröffentlichungen nieder, glänzenden Reiseberichten voller wissenschaftlicher Erkenntnisse und kluger Deutungen. Der verdienstvollen Forscherin, die einen flüssigen, lebendigen Stil schreibt und zahlreiche tibetanische Dichtungen übersetzt hat, sind viele Ehrungen zuteil geworden. Frankreich erhob sie zum Ritter der Ehrenlegion, die Geographische Gesellschaft Paris zeichnete sie mit der Goldmedaille aus. Ihre vielübersetzten Werke liegen zum Teil auch in deutscher Sprache vor.

BETTE DAVIS

* 5. IV. 1908

Sie stellt die unkonventionellste Schauspielerin von Hollywood dar. Trotzdem ist sie eine der größten amerikanischen Charakterdarstellerinnen, die durch ihre schauspielerische Gestaltungskraft und Vielseitigkeit in der ganzen Welt bewundert wird. In den USA wurde sie zweimal mit dem „Oscar" ausgezeichnet, in Frankreich erhielt sie den höchsten Landesfilmpreis, die Siegestrophäe „Victoire". Sie ist bekannt für ihren Mut zur Häßlichkeit, der ihr aber größte Erfolge einbrachte, wie in den Filmen „Ein Fremder ruft an" (1954) und „Alles über Eva" (1950). Sie gehört zu den wenigen Schauspielerinnen, die mit dem Altern in ihrer künstlerischen Leistung nicht nachlassen. — In ihrer Jugend schwärmte Bette Davis für die Tänzerin Isodora Duncan, der sie nacheifern wollte. Ihre Mutter schickte sie nach New York zum Schauspielunterricht, und bald gehörte sie zu den besten Ibsen-Darstellerinnen der USA. Zwischen ihrer genialsten Rolle, der Königin von England, die sie auch in den Filmen „The private lives of Elisabeth and Essex" (1939) und „The virgin queen" (1955) darstellte, und ihrer schönsten Rolle, der „Julia", liegt die Spannweite ihres großartigen schauspielerischen Könnens. Man sagt ihr nach, daß ihr keine Rolle verschlossen bleibt, weil sie die Charakterollen „nicht nur mit dem Verstande begreift und mit dem Herzen versteht, sondern auch mit den Nerven abtastet." Seit 1930 ist sie beim Film tätig, aber erst mit den Filmen „Hölle, wo ist dein Sieg?" (1940) und „Das grünende Korn" (1945) wurde sie international bekannt. Bei der Gestaltung ihrer verschiedenartigsten Filmrollen, in denen Größe, Adel und Persönlichkeit, aber auch Schwäche, Leidenschaft und Bosheit sichtbar werden, kann sie mit großem Geschick auf ihr bühnenwirksames Spiel zurückgreifen. Trotz ihrer Filmerfolge gilt ihre heimliche Sehnsucht aber immer wieder der Bühne.

MARQUISE DU DEFFAND

1697 — 23. IX. 1780

Marie-Anne de Vichy-Chamrond war schon als Backfisch derart witzig und kritisch, daß die Nonnen, die sie erzogen, den Bischof Massillon zur Hilfe riefen. Er plauderte mit dem blitzgescheiten Lästermaul und lächelte dann: man kaufe ihr für drei Groschen einen Katechismus. Sie heiratete den Tropf Du Deffand und blieb bis zum Tode dem Präsidenten Hénault dankbar, ihrem glücklichen Verehrer, der es fertigbrachte, ihre Ehe zu zerbrechen. Sie zog sich hierauf aus der mondänen Welt zurück und empfing in ihrem Salon jahrzehntelang die geistig führenden Männer der französischen Hauptstadt, die „Enzyklopädisten", darunter d'Alembert, Montesquieu, Buffon und Voltaire. Einst eine bewunderte Schönheit und Lebenskünstlerin, erblindete sie in der Mitte ihrer Jahre, vereinsamte auch, als ihre Nichte und Gesellschafterin Julie der Lespinasse sie verließ und einen eigenen Salon gründete, in den mancher Freund der Tante hinüberwechselte. Aber bis zuletzt blieb ihr boshafter Witz eine Macht, ihr Geist frisch, obschon sie meist verbittert, mit Katzen spielend, mumienhaft im Sessel saß. Plötzlich brach ihr Temperament hervor, das nur unversöhnlichen Haß und unbedingte Liebe kannte. Für Horace Walpole, den frivolen Schriftsteller, Sohn des großen englischen Ministers, entflammte noch die Siebzigjährige leidenschaftlich. Im Alter heuchelte sie Abscheu vor den Philosophen, abgesehen von Voltaire, den sie fürchtete. Die zur Mode gewordene Empfindsamkeit verachtete sie und blieb, was sie immer gewesen, eine Dame des Rokoko, illusionslos, pessimistisch und zynisch. Was außer ihrem Einfluß auf die Enzyklopädisten fortwirkte und in die Literaturgeschichte einging, sind ihre klugen, kulturhistorisch wertvollen Briefe.

27. IX. 1875 — 15. VIII. 1936   **GRAZIA DELEDDA**

„Der große, schwerfällige Knecht richtete das Essen; mit seinen gewaltigen Fingern brach er die Knochen des Bratens, schob das Brett mit dem Fleisch vor Marianna hin und sagte mit feierlicher Stimme: ‚Gib Salz daran!' Und mit denselben feinen Bewegungen, mit denen sie die Lorbeerblätter gereicht hatte, streute sie nachdenklich das Salz über das duftende Mahl. Sie aßen schweigend. Der rote Mond erschien wie ein ruhiges Feuer zwischen den dunklen Eichen..." Immer wieder klingt im Werk dieser Dichterin die großartige, herbe Natur ihrer sardischen Bergheimat mit der stolzen Eigenart ihrer Menschen zusammen, deren Heftigkeit und hohes ethisches Bewußtsein, deren Leidenschaft und innige Frömmigkeit Grazia Deledda in ihren Romanen und Erzählungen darstellt. Ihr Elternhaus stand in Nuoro, dem Hauptort der Barbagia, die das wildeste Gebiet Sardiniens ist — ein Zentrum des berüchtigten Banditenunwesens, woran noch heute der mächtige Gefängnisbau vor den Mauern Nuoros erinnert. In dieser Landschaft wuchs Grazia heran, der Landessitte entsprechend ohne abgeschlossene Schulbildung, was sie jedoch durch eifriges Selbststudium wettmachte. Als Zweiundzwanzigjährige heiratete sie und übersiedelte mit ihrem Manne nach Rom, das ihr zur zweiten Heimat wurde. Hier erschienen auch ihre ersten Romane; sie wurden mit Beifall aufgenommen, und der Erfolg ermutigte Grazia zu weiterem Schaffen. Der Literatur-Nobelpreis des Jahres 1926 war die höchste äußere Anerkennung ihres imposanten literarischen Gesamtwerkes. In der Ära Mussolini stellte die Dichterin ihren Ruhm und ihre Begabung allzu willfährig in den Dienst der faschistischen Machthaber, so daß — ähnlich wie im Falle Hamsun — ihr Werk nach dem Ende des zweiten Weltkrieges eine zeitlang bewußt vergessen wurde und erst in neuester Zeit wieder mit rein künstlerischen Maßstäben gewertet wird.

MARCELINE DESBORDES-VALMORE
20. VI. 1786 — 23. VII. 1859

Die in Douai geborene größte Lyrikerin Frankreichs im neunzehnten Jahrhundert begann ihr dichterisches Schaffen mit wenig erfolgreichen Bühnenstücken, deren Unzulänglichkeiten auch ihre schauspielerische Mitwirkung nicht zu verdecken vermochte. Selbst einem so großen Schauspieler wie Valmore, den sie heiratete und der seitdem oftmals ihr Partner war, gelang es nicht, das Bühnenwerk Marcelines in den Bereich der großen Kunst zu erhöhen. Enttäuscht zog die Dichterin sich vom Theater in ihre Häuslichkeit zurück und widmete sich einer stilleren Muse. Nur zögernd ließ sie sich überreden, mit den ersten Gedichten an die Öffentlichkeit zu treten. Was ihr auf der Bühne versagt geblieben war, das Echo in den Herzen, das gewann sie, ohne daß sie es zu hoffen gewagt hätte, schon mit ihrer ersten Gedichtsammlung „Élégies et romances". In mehrjährigem Abstand, der für ihre schöpferische Verhaltenheit und künstlerische Sorgfalt zeugt, folgten die Bücher „Élégies et poèmes", „Pleurs" und „Bouquets et prières". Die Titel enthalten bereits eine Aussage über die Seelenhaltung, in der sie ihre Gedichte niederschreibt: Geängstigt, enttäuscht, versucht sie ihre Kindheit als Zuflucht zu verlebendigen, sie durchlebt das qualvolle und beglückende Geheimnis der Liebe. Alle ihre Strophen schwingen im Wechsel von Zärtlichkeit und Verbitterung, Ergriffenheit und Enttäuschung, Frohlocken und Melancholie. Ihre künstlerische Form ist Ausdruck eines tieferinneren Ringens um Wahrhaftigkeit, ihre Sprache macht das einfache Wort und ist doch voller Musikalität. Dieses Melodiöse ihrer Gedichte hat später Paul Verlaine stark beeinflußt. Stefan Zweig versuchte 1927 in einem romanhaften Lebensbild, dem Wesen und der Kunst dieser Dichterin nahezukommen.

DESIREE CLARY 8. XI. 1777 — 17. XII. 1860

Das erst vor dreißig Jahren wiederaufgefundene Novellenmanuskript „Clisson und Eugénie" des Brigadegenerals Bonaparte ist die einzige uns bekanntgewordene literarische Arbeit des großen Korsen abseits politischer und militärischer Themenkreise; sie schildert in stark verschlüsselter Form Napoleons romantische Liebe zu der hübschen Seidenhändlerstochter Désirée Clary aus Marseille, deren Schwester Julie im September 1794 Napoleons Bruder Joseph geheiratet hatte. Bernardine Eugénie Désirée war von der Tapferkeit des jungen Artillerieoffiziers beeindruckt, der unter seiner Armut litt und mit der zu erwartenden stattlichen Mitgift des reichen Mädchens schon Zukunftspläne schmiedete. Über ein Jahr lang flatterten zärt-liche Briefe zwischen Paris und Marseille hin und her, bis Désirée, die sich mit Recht als Napoleons Verlobte betrachtete, durch fremde Menschen von seiner Verheiratung mit Joséphine de Beauharnais erfuhr: „. . . Ihre Heirat hat mein ganzes Glück vernichtet . . . Möchte die Frau, die Sie sich gewählt haben, Sie ebenso glücklich machen, wie ich es mir vorgenommen hatte . . ." Napoleon war sich seines Unrechts voll bewußt; er erbat — und erhielt — die Verzeihung der Verlassenen und versuchte, als seine Macht und sein Einfluß immer höher stiegen, Désirée vorteilhaft zu verheiraten. Mademoiselle Clary erwählte sich einen Gatten, der durchaus nicht die Zustimmung des Korsen fand: Am 17. Juli 1798 wurde sie die Frau des Generals und späteren Marschalls Bernadotte, der 1810 zum Kronprinzen von Schweden gewählt wurde und 1818 den Thron bestieg. Seine Gattin hat dem Freund ihrer Jugend immer ein liebendes Andenken bewahrt. Als Königin Desideria wurde sie zur Stammutter des noch heute regierenden schwedischen Königshauses.

LUCILE DESMOULINS 1771 — 13. IV. 1794

Als Anfang April 1794 Danton und seine Freunde, darunter der Dichter und Journalist Camille Desmoulins, von der Polizei Robespierres verhaftet wurden, sah das nahezu abgestumpfte Volk von Paris nicht ohne Rührung die schöne Lucile Desmoulins an den Gittern des Kerkers weinen, in den ihr Gatte gebracht wurde. Nicht weit von dieser Stelle, in den Gärten des Luxembourg-Palais, hatte ihr Liebe vor langen Jahren begonnen. — Lucile war die Tochter der Madame Duplessis, der berühmten Schönheit und einstigen Schauspielerin; ihr Vater galt als großer revolutionärer Patriot. Die Eltern empfingen in ihrem Hause Revolutionsführer wie Robespierre, Brissot, Danton und Desmoulins. Robespierre begann Lucile zu ehren, doch Desmoulins wurde ihre erste und einzige Liebe. — An alle namhaften Funktionäre der Revolution wandte sich Lucile Desmoulins, als man ihren Gatten verhaftete. Mit fliegender Feder schrieb sie an Robespierre: „Man hat Camille ohne Zweifel bei Dir verleumdet! Du kannst ihn nicht für schuldig halten. Erinnere Dich: Er hat Dich nie um den Tod eines Menschen gebeten, er war Dein ältester und bester Freund! Und mich, mich Lucile, hast Du geliebt! Jetzt aber bist Du im Begriff, uns beide zu töten. Denn ihn morden, heißt mich töten!" Robespierre gab keine Antwort. Am 5. April 1794 rollten die Karren mit Danton und Camille Desmoulins zur Guillotine. Lucile rief das Volk zum Eingreifen auf — vergeblich! Fortan ging sie, einer Rachegöttin gleich, durch Paris, sie sprach solange ohne Furcht und Scheu gegen Robespierre und seine Clique, bis übereifrige Anhänger des allmächtigen Mannes sie verhafteten und zur Guillotine schleppen ließen. Flammend vor Rache und glühend vor Liebe trat sie ins Totenreich hinüber, in das ihr der einziggeliebte Gatte vorausgegangen war. Sie war eines der tragischsten Opfer des großen Wahnsinns.

3. IX. 1499 — 22. IV. 1566   **DIANA VON POITIERS**

Viele Dichter haben sie besungen, viele Künstler haben sie gemalt, als das klassische Beispiel einer noch im hohen Alter reizvollen und begehrenswerten Frau. Eines der bekanntesten Bildnisse Dianas trägt statt ihres Namens die Inschrift „Poppäa Sabina" — eine galante Anspielung auf die Gewohnheit beider Damen, in Milch zu baden, und zugleich ein unmißverständlicher Hinweis auf Kaiser Nero, der die Christen ebenso unerbittlich verfolgte wie König Heinrich II. von Frankreich die Hugenotten. Diana, Witwe des Grafen Ludwig de Brézé, war vermutlich zuerst die Freundin König Franz I., dann aber verliebte sich dessen siebzehnjähriger Sohn und Thronfolger Heinrich in die um zwanzig Jahre Ältere so sterblich, daß er freiwillig die lebenslängliche Halbtrauer teilte, die sie um ihren verstorbenen Gatten trug. Der Stern dieser reifen und klugen Frau überstrahlte bald den Glanz der Königin Katharina von Medici; die verfeinerte Lebensform des Hofes, der zum kulturellen Mittelpunkt Frankreichs wurde, war nicht zuletzt dem Einfluß Dianas zu danken. Sie beherrschte König Heinrich völlig und teilte seine Jagdleidenschaft und Baulust. Sie verstand es, ihre beiden Töchter vorteilhaft mit Mächtigen des Reiches zu ver--heiraten und gute Freundschaft mit dem Connetable Montmorency zu halten, dem „heimlichen König". Als König Heinrich II. bei einem Turnier — in den Wappenfarben Dianas — einem tragischen Unglück zum Opfer gefallen war, konnte Königin Katharina endlich die verhaßte Rivalin vom Hofe verweisen. Ihre letzten Jahre verbrachte Diana zurückgezogen auf Schloß Anet, über dessen prunkvollem Portal in lateinischer Sprache die Worte eingemeißelt waren: „Phoebus weiht dieses Haus der lebenden Diana — Diana aber gibt Phoebus alles Empfangene wieder."

10. XII. 1830 — 15. V. 1886   **EMILY DICKINSON**

Im Jahre 1890 erschien in den USA ein schmales Gedichtbändchen. Das Buch hatte einen — für einen Lyrikband — ungewöhnlichen Erfolg, so daß wenig später eine zweite und dritte Auflage notwendig wurden und reißenden Absatz fanden. Die Verfasserin hieß Emily Dickinson und war schon verstorben, als man — gegen ihren ausdrücklich hinterlassenen Willen — ihre Werke veröffentlichte. Sie hatte über ein halbes Jahrhundert in ihrem Geburtsort Amhurst, einem kleinen Städtchen bei Boston, als Tochter eines angesehenen Rechtsgelehrten gelebt, war nach einer jugendlichen Liebesenttäuschung unverheiratet geblieben und nur wenige Male über ihre engere Heimat hinausgekommen. Mit Mutter und Schwester, einer treuen Magd und unzähligen Katzen führte sie nach außen hin das Dasein einer menschenscheuen alten Jungfer, klein, koboldhaft häßlich, aber in ihrer selbstgewählten Einsamkeit unsagbar glücklich. Erst nach ihrem Tode fand die Schwester einen großen Kasten mit Emilys Gedichten; Literaturkenner drängten auf die Veröffentlichung, die der Dichterin den Namen einer „amerikanischen Sappho" eintrug. Großartig sind ihre Naturgedichte, die sie in die Nähe Walt Whitmans und der Annette von Droste-Hülshoff stellen — eine Brombeere, ein welker Zweig oder eine Eisblume am Fenster werden ihr zu gültigen Sinnbildern der Schöpfung. Aus den Briefen Emilys wird ein grundgescheiter, gütiger und humorvoller Mensch erkennbar, der mit beiden Füßen auf dem ihr beschiedenen schmalen Fleckchen Erde stand. Beglückt und dankbar über jeden Sonnentag, jedes Kinderlächeln, jedes gute Wort, das man ihr bot, bekannte sie: „Ich bin entzückt über das Leben an sich!"

APOLLONIA DIEPENBROCK 13. XI. 1799 — 4. VII. 1888

Apollonia Diepenbrock stammte aus Bocholt in Westfalen. Im Hause ihres Vaters, eines hochgebildeten Landedelmannes, trafen sich viele bedeutende Menschen der Zeit, in deren Kreis das stille Mädchen lebendigste Anregungen gewann. Clemens Brentano brachte eines Tages die junge Dichterin Luise Hensel ins Haus, und es entwickelte sich eine Lebensfreundschaft. Brentano liebte die „äußerst rührenden Weisen", die Apollonia zu den Versen Luise Hensels ersann und sang, und nannte sie die „fromme, treue, demütige, ungemein harmonische Appel". Einige Jahre später erreichte sie ein Hilferuf aus Koblenz, wo ein altes Kloster zu einem Bürgerhospital umgebaut worden war, ohne daß zunächst Pflegeschwestern gewonnen werden konnten. Apollonia folgte dem Ruf, Luise Hensel eilte herbei, und mit einigen gleichgesinnten Mädchen aus der Stadt begannen die „Fräuleins" mit der Pflege der Kranken. Als später Borromäerinnen das Haus übernehmen konnten, zogen sich die Helferinnen still zurück. Apollonia Diepenbrock siedelte nach Regensburg über und richtete hier ein Haus für altersschwache, verlassene Dienstmädchen ein, das „Josephshäuschen", das bis zu ihrem Tode auch ihre Häuslichkeit blieb. Sie stand in dieser Zeit in enger Verbindung mit Joseph von Görres in München, bedeutende Zeitgenossen kamen zu ihr. Als sie von der Erkrankung Brentanos hörte, eilte sie nach Aschaffenburg, um ihm in seinen letzten Stunden nahe zu sein. Auch ihren Bruder, Melchior von Diepenbrock, Fürstbischof von Breslau und Kardinal, Literarhistoriker und Parlamentarier der Paulskirche, pflegte sie bis zu seinem Tode. Dann kehrte sie wieder in das Josephshäuschen zurück, nahm weiter einsame Dienstmädchen bei sich auf, gab ihnen ein Stück Heimat und betreute sie, bis sie selber hilfsbedürftig wurde. In ihrem Nachlaß fand sich ihr Briefwechsel mit Clemens Brentano, eine Sammlung von Zeugnissen ihrer tiefen Seelengemeinschaft.

AMALIE DIETRICH 26. V. 1821 — 3. V. 1891

In seiner „Geschichte meines botanischen Studiums" erinnert sich Goethe mit behaglicher Anerkennung der weitverzweigten Botanikerfamilie Dietrich aus Ziegenhain bei Jena. Friedrich Gottlieb Dietrich, „ein wohlgebauter Jüngling", begleitete ihn auf einer Reise nach Karlsbad. Ein Neffe dieses Goethebegleiters ließ sich später im sächsischen Siebenlehn als Privatgelehrter nieder und fristete seinen Lebensunterhalt mehr schlecht als recht mit der Zusammenstellung und dem Verkauf von Herbarien, Insekten- und Gesteinssammlungen. Seine junge Frau Amalie, die seine Leidenschaft für die Tier- und Pflanzenwelt teilte, unterstützte ihn in seiner Arbeit. Mit einem Ziehhund vor dem hochbepackten Wägelchen wanderte das Paar hausierend landauf, landab – ein Hunger- und Bettelleben, das die Tochter, die später als Charitas Bischof eine bedeutende Schriftstellerin wurde, in ihren Jugenderinnerungen anschaulich geschildert hat. Als der Mann sich in kaltem Egoismus von Frau und Tochter lossagte, zogen die beiden allein auf der Landstraße weiter, bis endlich einmal der schwergeprüften Frau die Sternstunde leuchtete: Ein reicher Hamburger Reeder und Naturfreud, Cesar Godeffroy, schickte Amalie auf eine zehnjährige Sammelreise in das noch gänzlich unerforschte Australien. Reich und wertvoll war die Ausbeute dieses großen wissenschaftlichen Abenteuers. Die Forschung ehrte ihren Namen mit der botanischen Benennung von ihr entdeckter neuer Arten: Es gibt eine Acacia Dietrichiana und eine Bonomia Dietrichiana, auch zwei Wespen- und zwei Algenarten wurden nach ihr benannt. Nach zehnjähriger, an Entbehrungen und auch an Erfolgen überreicher Arbeit kehrte Amalie Dietrich heim nach Europa, in den Kreis der Wissenschaft, die sie als eine der ersten als fruchtbares und segensreiches Betätigungsfeld den Frauen eröffnet hatte.

* 27. XII. 1904   **MARLENE DIETRICH**

Marlene Dietrich (Maria Magdalena von Losch) ist seit ihrem Welterfolg im „Blauen Engel" (1929) bis zu ihren letzten Filmen ganz und gar die gleiche geblieben. Mit ihr hat der Typ des „Vamps", der in den ersten Jahrzehnten des Stummfilms von dem amerikanischen Star Theda Bara kreiert worden war, seine letzte Ausprägung erlangt. Ein Vamp ist bekanntlich jene Frau ohne Herz und ohne Skrupel, die „von Kopf bis Fuß auf Liebe eingestellt" ist und die kein Mitleid empfindet, wenn die Männer an ihr zugrunde gehen. Ihre Lola im „Blauen Engel" war ihre Abschiedsrolle vom deutschen Film. Mit dem darauffolgenden Welterfolg „Marokko" (Herzen in Flammen) als Partnerin von Gary Cooper begann ihre strahlende Karriere in Hollywood. „Alles in diesem Film", so bemerkt Oskar Kalbus, „war von Kopf bis Fuß auf Amerika eingestellt, auf die Kinogänger von Buffalo und Cincinnati." In Hollywood hat sie dem gefährlichen Frauentyp mannigfache neue Nuancen gegeben und das internationale Filmpublikum durch ihre Eleganz ebenso wie durch ihre Nonchalance, durch Koketterie wie durch Kälte frappiert. Man denke nur an die Filme „Shanghai-Expreß", „Blonde Venus", „Das Haus der sieben Sünden", „Kismet", „Die rote Lola", „Der Engel der Gejagten", „Die Monte-Carlo-Story", „Zeugin der Anklage" und „Im Zeichen des Bösen". Seit 1954 trat sie auch als Kabarettistin auf. Auf ihrer triumphalen Tournee durch Europa im Jahre 1960 brillierte sie als „Königin des Chansons", dessen schwierige Kunst sie einst in Berlin bei der unvergessenen Claire Waldoff gelernt hatte. In einem Interview nannte sie die Kunst des „glamour" ihre Waffe: „Es ist das Bewußtsein, in jeder Weise, körperlich, geistig und erscheinungsmäßig auf der Höhe zu sein und sich jeder Situation gewachsen zu fühlen. Die Umwelt erkennt schnell an unserem Auftreten unsere Sicherheit und Selbstbeherrschung und wir erscheinen ihr — glamorous — glanzvoll!"

1809 — 1873   **JANE DIGBY EL MESRAB**

Ein Leben, das Balzac hätte erfinden können! Aber der große französische Romancier kannte nur die junge Jane Digby, die er in der Gestalt seiner „Lady Arabella" literarisch verewigt hat. Janes Großvater, auf dessen prunkvollem Herrensitz sie ihre Jugendjahre verbrachte, war der reichste Großgrundbesitzer der britischen Grafschaft Norfolk. Er verheiratete die kaum Sechzehnjährige an den viel älteren Lord Ellenborough, der nicht sehr betrübt war, als sie dem Fürsten Schwarzenberg nach Paris folgte. Plötzlich tauchte sie als Favoritin König Ludwigs I. in München auf, wo sie den königlichen Freund, der sie von Stieler für seine berühmte „Schönheitsgalerie" malen ließ, in seinen Bauplänen mit viel Geschmack und Takt unterstützte. Pinakothek, Glyptothek, die Propyläen und die Walhalla sind steinerne Zeugen dieser Freundschaft. In Bayern ging Jane eine neue Ehe ein — mit dem Baron Venningen, den sie aber bald wieder gegen einen griechischen Grafen mit Namen Theotoky eintauschte. Auch Ludwigs I. Sohn, Otto von Wittelsbach, den sich die Griechen zum König erwählt hatten, kreuzte ihren Weg, aber er konnte sie nicht so beeindrucken wie der albanische Räuberhauptmann Hadji-Petros, der es jedoch mehr auf Janes bedeutendes Vermögen abgesehen hatte als auf ihr Herz. Sie trennte sich von ihm und begab sich nach Syrien. Nach Lady Stanhope war Jane Digby die erste Europäerin, die es wagte, allein durch die arabische Wüste zu reisen; sie lernte Arabisch und trieb ernsthafte archäologische Studien. Als Fünfundvierzigjährige heiratete sie ihren vierten und letzten Gatten, mit dem sie bis zu ihrem Ende vereint sein sollte: den Araberscheich Abdul Medjuel el Mesrab.

DOROTHEA DIX 4. IV. 1802 — 17. VII. 1887

Als zehnjähriges Mädchen verließ Dorothea ihr Elternhaus in Hampdon im nordamerikanischen Staate Maine. Sie war die Tochter eines Wanderpredigers, den sie oft auf seinen ausgedehnten Bekehrungsfahrten begleitet hatte. Bei ihren Großeltern in Boston bereitete sie sich auf den ersehnten Lehrerinnenberuf vor und begann schon als Vierzehnjährige in Schulen Unterricht zu halten. Mit neunzehn Jahren eröffnete sie eine eigene kleine Schule. Als sie eines Tages eingeladen wurde, eine Religionsstunde in der Besserungsanstalt von East Cambridge in Massachusetts abzuhalten, wurde dieser Tag des Jahres 1841 zum Wendepunkt ihres Lebens: Sie sah die Geisteskranken, wie Tiere eingepfercht in dunkle, luftlose Zellen. Es gab noch keine Irrenanstalten; die Geisteskranken wurden in Gefängnissen und Armenhäusern untergebracht, und mancher Gefängniswärter verschaffte sich eine hübsche Nebeneinnahme, indem er Neugierigen die Besichtigung des „Tollhauses" gestattete. Eine von Dorothea Dix der Regierung eingereichte Denkschrift brachte eine baldige Besserung der Verhältnisse; von diesem Erfolg ermutigt, sorgte die tapfere Frau mit Hilfe vermögender Freunde für die Einrichtung von Spitälern und Irrenanstalten, in denen die Kranken von gewissenhaften Ärzten betreut wurden. Nachdem sie dreihundert Gefängnisse und fünfhundert Armenhäuser besucht hatte, setzte sie ihre Arbeit in Europa fort, wo auf ihre Veranlassung in England und Italien große Irrenanstalten gegründet wurden. Nach Ausbruch des Bürgerkrieges kehrte sie in ihre Heimat zurück, der sie als Oberinspektorin der Krankenpflegerinnen große Dienste leistete. Die bescheidene Frau starb als Fünfundachtzigjährige nach einem gesegneten Leben.

HEDWIG DOHM 20. IX. 1833 — 4. VI. 1919

„Ich freue mich, daß ich mich in der Voraussetzung nicht getäuscht habe, daß neben einer politischen Farbe, die sich auch unter veränderten Umständen gleichbleibt, auch das Vorhandensein einer ehrenhaften Auffassung von Privatverhältnissen anzunehmen sei..." Dies schrieb Otto von Bismarck im Frühjahr 1850 an Ernst Dohm, den Hauptschriftleiter der politisch-satirischen Zeitschrift „Kladderadatsch", die in der Folgezeit mit dem rechten Flügel der Liberalen zu den Anhängern der Bismarckschen Politik überging. Im Jahre 1852 heiratete Dohm die neunzehnjährige Hedwig Schleh, die, wie er selbst, einem jüdischen Hause entstammte und als junges Mädchen noch die Berliner Revolutionstage von 1848 erlebt hatte. Durch ihre Heirat kam sie in enge Berührung mit den herrschenden Literaten- und Künstlerkreisen der späteren Reichshauptstadt; in ihrer ersten publizistischen Kampfschrift, die 1873 erschien, nahm sie mit der Forderung nach politischer, geistiger und auch wirtschaftlicher Selbständigkeit und Gleichstellung der Frau viele noch unausgesprochene Kampfparolen der jungen Frauenbewegung vorweg. In späteren Aufsätzen befaßte sich vor allem mit den Problemen der Ehe und der Mütterlichkeit; ihr 1903 erschienenes Werk entstand aus der Gegensätzlichkeit ihrer Überzeugungen zu den Bestrebungen der damals vielgelesenen schwedischen Frauenrechtlerin Ellen Key, die das „Jahrhundert des Kindes" propagierte. Hedwig Dohm, die selbst fünf Kinder zu wertvollen Menschen heranzog, nahm an den Organisationen der Frauenbewegung nicht teil — nach dem Tode ihres Mannes lebte sie in freiwilliger Zurückgezogenheit nur noch ihrem literarischen Schaffen, von dem der Roman „Schicksale einer Seele" stark autobiographische Züge trägt.

2. XI. 1847 — 15. II. 1922   **KATHARINA DOLGORUKAJA**

Zur Hundertjahrfeier des berühmten Smolny-Instituts eröffnete Zar Alexander II. den glanzvollen Festball; mit der Ehre des ersten Tanzes zeichnete er die siebzehnjährige Prinzessin Dolgorukaja aus, eine Waise, die auf Kosten des Kaisers in diesem Institut ihre Studienjahre verbrachte. Alexander hatte das junge Mädchen schon vor Jahren auf ihrem väterlichen Gut bei Poltawa kennengelernt. Jetzt war sie zu einer auffallenden Schönheit erblüht. Der Zar versuchte auf jede Weise ihre Gunst zu gewinnen, und bald übersiedelte die Umworbene zur Bestürzung der Hofgesellschaft nach Petersburg. 1867 weilte sie mit Alexander zum Besuch der Pariser Weltausstellung am Hof Napoleons III. Hier entging der Zar nur durch einen Zufall dem ersten Attentat. Fünf Jahre später begleitete ihn die Prinzessin zu der berühmt gewordenen „Drei-Kaiser-Zusammenkunft" nach Berlin, obwohl der Hof ihre Vertrautheit mit den Staatsangelegenheiten mißbilligte. Nach dem Tode der Zarin ließ Alexander sich mit Katharina morganatisch trauen und verlieh ihr, zum Entsetzen seines Sohnes, des Thronfolgers, Rang und Titel einer Fürstin Jurjewskaja. Es kam zwischen Vater und Sohn zu einer heftigen Auseinandersetzung, in deren Verlauf sich der Zar auf seine selbstherrscherlichen Rechte berief, während der Zarewitsch Katharinas Plan aufdeckte, zur Kaiserin gekrönt zu werden. Sie hat ihren Willen gegen alle Hindernisse durchgesetzt. Am 1. März 1881 waren Krönungstag und Zeremoniell festgelegt, aber an diesem Tage wurde Alexander durch die Bombe aufrührerischer Studenten getötet. Katharina schnitt sich ihr Haar ab, flocht es zur Krone und legte es zu Füßen des Toten in seinen Sarg. Bald darauf verließ sie das Land.

21. III. 1845 — 1. X. 1911   **HELENE VON DÖNNIGES**

Die „goldhaarige Schönheit" war in ihren Glanztagen eine vergötterte Schauspielerin — und doch mußte sie am Ende gestehen: „Ich bin ein Fahrzeug auf dem Meere des Lebens — allen Stürmen preisgegeben, ohne Steuermann..." Schon die Zwölfjährige sonnte sich in dem gesellschaftlichen Glanze, mit dem der Vater, Ratgeber und später Gesandter der Wittelsbacher, in München und Turin sein Haus zu erfüllen wußte. Allem Schönen zugewandt, doch ohne rechte Erziehung, wuchs sie in eine Welt des Phantastischen. Einen reichen Freier, den ihr die Mutter zutrieb, schlug sie aus. Einem zweiten Bewerber, Yanco von Racowitza, einem Rumänen, versagte sie sich, als der neunundreißigjährige Ferdinand Lasalle in ihr Leben trat. Die erste Begegnung schon entschied über ihr Schicksal: „Aug in Aug standen sie reglos einander gegenüber wie Tristan und Isolde." Als der Vater sie zur Absage an den Geliebten zwang, forderte Lasalle ihn zum Pistolenduell; Racowitza übernahm die Austragung des Ehrenhandels, der für Lasalle zur tödlichen Tragödie wurde. Im Haß gegen den Vater und um der Qual des Elternhauses zu entkommen, vermählte sich Helene mit dem „schuldlosen Mörder"; als er im gleichen Jahre starb, wandte sie sich der Bühne zu, und es begannen die glücklichen Jahre ihres Lebens; von großen Dichtern und Regisseuren gefördert, verzauberte sie eine Welt. Sie vermählte sich mit dem Radikalsozialisten Serge von Schewitz, den nach Petersburg und New York, dann nach Riga und München begleitete. Sie beteiligte sich an der Herausgabe des „Simplizissimus", Björnson und Helene Böhlau zählten zu dem Freundeskreis, in dem sie lebten. Als der Tod ihres Gatten sie jeder Hoffnung beraubte, nahm sie den Gifttrank. Sie hinterließ aufschlußreiche Memoiren und mehrere sozialkritische Romane.

KÄTHE DORSCH 29. XII. 1890 — 25. XII. 1957

Über die wunderbare Silberstimme und das bezaubernde Lächeln der Käthe Dorsch hat Ludwig Berger in seiner Gedenkrede anläßlich der Berliner Trauerfeier gesagt: „Ob es je wieder eine Stimme geben wird wie die Stimme der Käthe Dorsch, die wie aus Lichtreflexen bestand, wenn sie hauchzart wurde, und die sich dennoch mühelos zu jeder Kraft steigern konnte und über sich selbst hinauswuchs? . . . Mit den Schwingungen dieser Stimme und den betörenden Variationen ihres Lächelns hat sie Hunderttausende beglückt und verzaubert und uns eine Fülle unvergleichlicher Gestalten geschenkt." Käthe Dorsch, die Tochter eines Schauspielers, stand schon mit vierzehn Jahren auf der Sprechbühne, sie wechselte zur Operette über, und zwar mit einem solchen Erfolg, daß sie 1911 nach Berlin engagiert wurde. Hier entschied sie sich, auf Zureden Harry Liedtkes, mit dem sie verheiratet war, für das ernste Schauspiel und erlebte eine schnelle und triumphale Karriere, während der sie alle großen Rollen der klassischen, realistischen und naturalistischen Dramenliteratur verkörperte. Von Zeit zu Zeit aber kehrte sie in das gleißende Licht der Operettenbühne zurück, als „Friederike" (Lehár), „Liselotte von der Pfalz" (Künnecke), „Marietta" (O. Straus) oder als „Kaiserin" (Fall). Seit 1939 trat sie auch am Wiener Burgtheater auf, wo sie nach dem zweiten Weltkrieg wirkte, falls sie nicht auf Gastspielreisen war. Bereits in der Stummfilmzeit wurde sie auch dem Filmpublikum durch ihre reife Darstellungskunst bekannt. Sie filmte nicht oft, aber die wenigen Stumm- und Tonfilme gaben ein beredtes Zeugnis für ihre hohe Begabung: „Fräulein Julie" (1922), „Drei Tage Liebe" (1931), „Eine Frau ohne Bedeutung" (1936), „Yvette" (1938), „Mutterliebe" (1939), „Trenck, der Pandur" (1940), „Komödianten" (1941), „Der Bagnosträfling" (1949), „Das Kuckucksei" (1950), „Regine" (1956).

ANNA GRIGORJEWNA DOSTOJEWSKIJ 1847 — 1918

Als im Jahre 1866 in Petersburg der Stenographieunterricht eingeführt wurde, beherrschte die neunzehnjährige Lyzeumsschülerin Anna Snitkina die neue Kurzschrift bald so vollkommen, daß ihr Lehrer sie eines Tages fragte, ob sie nicht Lust habe, dem Schriftsteller Fjodor Dostojewskij, dem damals schon berühmten Verfasser des „Raskolnikoff", bei der Niederschrift eines neuen Romans zu helfen. Das junge Mädchen sagte begeistert zu, und schon bei der ersten Begegnung erklärte ihr der Dichter seine bedrängte Lage: Sein Verleger Stellowski, der ihn seit langem skrupellos ausbeutete, forderte die Lieferung des Romanmanuskripts „Der Spieler" bis zum 1. November 1866, unter Androhung einer hohen Konventionalstrafe. Mit Hilfe der Stenographin gelang die rechtzeitige Fertigstellung. Stellowski aber hatte am 31. Oktober Petersburg absichtlich verlassen, um dem Dichter die pünktliche Ablieferung des Romans unmöglich zu machen. Anna Snitkina durchkreuzte den boshaft ausgeklügelten Schachzug — sie hinterlegte das fertige Manuskript bei einem Notar. Dostojewskij mochte die hilfreiche Mitarbeiterin nicht mehr missen, er ließ sich in ihre Familie einführen, und im Februar 1867 wurde Anna die zweite Frau des verwitweten Dichters. Die Flucht vor den Gläubigern — Fjodor hatte die Schulden seines verstorbenen Bruders freiwillig übernommen — führte das Ehepaar nach Deutschland, Italien und nach der Schweiz; als Reisegeld diente der Erlös aus Annas verkauftem Schmuck, und erst vier Jahre später kamen die beiden wieder nach Rußland. Im Jahre 1879 war der Dichter dank der Tatkraft und Fürsorge seiner Frau zum erstenmal in seinem Leben schuldenfrei und konnte in Ruhe sein Meisterwerk „Die Brüder Karamasow" vollenden, dessen Erfolg seine letzte irdische Freude war. Am 9. Februar 1881 entzündete Anna die Sterbekerzen am Krankenbett des geliebten Mannes, dem sie erst im Schreckensjahr 1918 in die Ewigkeit nachfolgte.

24. II. 1871 — 13. III. 1925 **HEDWIG DRANSFELD**

Unter den großen Frauen, die das deutsche Schicksal der Kaiserzeit, des ersten Weltkrieges und der Nachkriegszeit nicht nur leidend und opfernd miterlebten, sondern es auch in entsagungsvoller öffentlicher Tätigkeit zum besseren zu wenden suchten, steht die Westfälin Hedwig Dransfeld als Führerin der katholischen Frauenbewegung in der Spitzengruppe. Ihre Lebensarbeit wird um so leuchtender, wenn man bedenkt, daß ihr Dasein von Jugend an von einem unheilbaren Leiden überschattet war, daß ihr leidenschaftliches Herz immer wieder zur Dichtung drängte und zu einem erfüllten Dasein als liebende Frau, daß sie aber auf all diese Lebenswünsche verzichtete, um ihre ganze Kraft auf die Erweckung breitester Volksschichten zur christlichen Tat zu richten und sie immun zu machen gegen die Auswüchse der Zivilisation und gegen die Verflachung der Persönlichkeit. Sie gewann die Arbeiterfrauen des Ruhrgebietes ebenso für ihre Bewegung wie die oberbayerischen Bäuerinnen und die Studentinnen an den Hochschulen. Ausgedehnte Reisen in Amerika, Frankreich, Italien und England verarbeitete sie in wissenschaftlichen und künstlerischen Beiträgen, die in der von ihr herausgegebenen Zeitschrift „Die christliche Frau" von 1905 bis 1914 erschienen. Nachdem sie auf dem Eucharistischen Kongreß in Wien (1912) und im Bund deutscher Frauenvereine in Berlin aufgetreten war, wurde sie Vorsitzende des Katholischen Deutschen Frauenbundes; seine Ausbreitung und Vertiefung im sozialen und karitativen Geist ist ihr Lebenswerk. 1919 wurde sie Mitglied der Nationalversammlung in Weimar und später des Reichstages; sie blieb Reichstagsabgeordnete bis zu ihrem Tode. Sie starb in Werl, wo sie von 1890–1912 Lehrerin an der höheren Mädchenschule der Ursulinen gewesen war. Ihre Hauptidee, die Einheit einer lebendigen Arbeitsgemeinschaft katholischer Frauen, wirkt heute noch in ihrem Geiste nach.

ANNETTE VON DROSTE-HÜLSHOFF
10. I. 1797 — 24. V. 1848

Als die Baronesse Annette Elisabeth heranwuchs, saß das Herrengeschlecht der Droste bereits seit einem halben Jahrtausend auf seinem Stammschloß, einer einsamen Wasserburg nahe bei Münster. Das düstere Gemäuer des Elternhauses und der Ernst des westfälischen Landes prägten ihre Dichtung ebenso wie der aufrechte Wahrheitswille und die religiöse Glaubenstreue der Väter. Ein Oheim, der Erzbischof Clemens August von Droste zu Vischering, führte den Kölner Kirchenstreit gegen den preußischen Staat und bewies darin seine unbeugsame religiöse Rechtsauffassung. — Annettes Leben verlief still in der Familie und in einem ausgewählten Freundeskreise. Nach ersten poetischen Versuchen, die sie in die Nähe der Hainbunddichter führten, reifte sie, als ihr der Tod die liebsten Angehörigen entriß. Allerdings traf sie zugleich auch das Herzleiden, das ihr Leben bis zum Ende umschattete. — Auf dem Witwensitz ihrer Mutter, Rüschhaus in Westfalen, fand sie den Weg aus romantischer Weichheit zu ihrer eigenen, herben Lebensanschauung. Wahrheit wurde ihr Panier, denn „grad, gerade führt der Weg wie Strahl der Sonnen!" Damals entstanden Werke wie das Epos „Die Schlacht im Löhner Bruch" und viele Balladen und Lieder, in denen sich die münsterländische Heimat spiegelt. Ihre Freunde konnten sie nur mit Mühe dazu bestimmen, die Dichtungen in Druck zu geben, stolze Bescheidenheit verbot es ihr, nach Gunst der Öffentlichkeit zu streben. Ihr genügte der Widerhall bei den Vertrauten. — Den Lebensabend verbrachte sie bei ihrer Schwester in Meersburg am Bodensee, doch hat sie dort innerlich nicht festen Fuß fassen können. Ihr Werk wurde erst später bekannt und gewürdigt. Ihre bildstarke religiöse Dichtung gehört zu den ergreifendsten Bekenntnissen einer um Gott ringenden Seele.

MARIE-JEANNE DUBARRY 19. VIII. 1743 — 8. XII. 1793

Niemand hätte in der abgehärmten fünfzigjährigen Frau, der die Henkersknechte der Großen Revolution in den ersten Dezembertagen des Schreckensjahres 1793 in der Conciergerie zu Paris das Haupthaar kurzschnitten, die neben der Pompadour berühmteste Frau des Bourbonenhofes erkannt: In der gleichen Zelle, in der sieben Wochen vorher Marie Antoinette ihre letzten Stunden verbracht hatte, wartete Marie-Jeanne Gräfin Dubarry auf den Befehl zum Besteigen des Schinderkarrens. Sie soll ihre Todesstunde nicht in königlicher Würde und Haltung durchlitten haben; als ein müßiger Gaffer das arme Geschöpf, das um sein Leben wimmernd zum Richtplatz gekarrt wurde, unter hämischen Worten bespie, gab ihm ein anderer, dessen Herz sich in Mitleid regte, eine schallende Ohrfeige — ein volkstümlicher Abgesang für dieses Mädchen aus dem Volke, das von ihrem gräflichen Schwager an Ludwig XV. verkuppelt worden war und bald — ahnungslos, gutmütig und dumm — in das undurchsichtige Intrigenspiel der einander befehdenden Hofparteien geriet. Der in seiner Verderbtheit schwache König fand in der Dubarry eine letzte Gefährtin, die das Geld mit vollen Händen ausgab, in Perlen und Edelsteinen wühlte und beim Hofe auf strengste Respektierung ihrer Stellung bedacht war; sie erkannte nicht, wie sehr sie Werkzeug und Spielball in den Händen einer mächtigen Clique wurde, die mit ihrer unfreiwilligen Hilfe den Sturz des bis dahin allmächtigen Herzogs von Choiseul erreichte. Nach dem Tode des Königs verbrachte die Gräfin einige Zeit in Zurückgezogenheit; später wurde ihr das beschlagnahmte Schlößchen Luciennes bei Marly, ein Geschenk des Königs, wieder zugesprochen, und hier verlebte sie die Jahre bis zu ihrer Hinrichtung, noch immer verschwenderisch, noch immer schön und begehrenswert.

ANGELIQUE DUCHEMIN 1785 — 1853

Als Napoleon I. den Orden der Ehrenlegion stiftete, versuchten seine Freunde ihn zu überreden, die Auszeichnung nur an Militärpersonen zu vergeben; aber der Kaiser wünschte durch den neuen Orden die Einheit von Volk und Armee zu betonen. Darum machte er nicht einen Feldmarschall zum ersten Großkanzler des Ordens, sondern einen Zivilisten — den berühmten Naturwissenschaftler Étienne de Lacépède. Das Gesetz zur Begründung der Légion d'Honneur durchzubringen, war eine der schwersten Schlachten, die Napoleon zu schlagen hatte. Die Revolution hatte den Adel vernichtet, weder die Abstammung noch irgendein äußeres Zeichen sollte den Bürger moralisch ermutigen, sich einem anderen überlegen zu fühlen. Aber der Kaiser setzte schließlich seinen Willen durch: Am 15. Juli 1804 wurden im Invalidendom die ersten viertausend „Ritter der Ehrenlegion" ausgezeichnet, darunter waren vierzehn Gelehrte, sechs Schriftsteller, drei Maler, drei Komponisten, zwei Bildhauer, fünf Kardinäle und — der durch seinen Luftballon weltberühmt gewordene Mechaniker Montgolfier. Einige — wie der Admiral Truguet und der Marschall Angerau — lehnten die Auszeichnung ab, aber später wagte niemand mehr, einen Orden auszuschlagen, den die Tapfersten von Marengo, von Jena und Austerlitz trugen. Reich an großen Namen ist auch die Liste der Frauen, die seit der Stiftung des Ordens mit dem begehrten „roten Bändchen" ausgezeichnet wurden; eine der ersten war Marie-Jeanne Schellinck, die in Männerkleidung als Leutnant in Napoleons „Großer Armee" gedient hatte und für ihre Tapferkeit noch vom Kaiser persönlich geehrt wurde. Die nicht weniger berühmte Veteranin Angélique Duchemin aber hatte der Kaiser vergessen. Sie hatte sich auf vielen Feldzügen durch kameradschaftliche Hilfeleistung, durch die Pflege der Verwundeten und durch ihre Treue hervorgetan. Erst achtzehn Jahre nach Napoleons Tode erinnerte man sich ihrer und erhob auch sie zum Ritter der Légion d'Honneur.

22. II. 1862 — 16. V. 1932   **LOUISE DUMONT**

Ernst Barlachs begnadete Hände gestalteten das Grabmal Louise Dumonts auf dem Düsseldorfer Friedhof, als würdiges Denkmal der größten deutschen Theaterleiterin nach der Neuberin. Mit Louise Dumonts Namen verbindet sich die Erinnerung an eine der glanzvollsten Epochen der Bühnenkunst, deren Ausstrahlungen noch im Wirken des genialen Gustav Gründgens erkennbar sind. Die Schauspielerin stammte väterlicherseits aus der hochangesehenen Kölnischen Familie Heynen; ihren Bühnennamen Dumont trug sie zu Ehren ihrer verstorbenen Mutter. Der Berliner Theatermann Hugo Gottschalk erkannte früh die überragende Begabung Louises und gab ihr kostenlos Schauspielunterricht, und in Berlin stand sie auch zum erstenmal auf der Bühne, als Beatrice in der „Braut von Messina". Nach verschiedenen Provinzengagements kam sie endlich in das Mekka aller Theaterbesessenen — an das Burgtheater in Wien; dort stand die junge Künstlerin im Schatten der großen Charlotte Wolter, die keine anderen Göttinnen neben sich duldete. Erst in Stuttgart und auf ausgedehnten Gastspielreisen, die sie bis nach Petersburg führten, fand Louise ihre eigene künstlerische Form und den dramatischen Leitstern ihres Lebens: Henrik Ibsen. Zusammen mit Max Reinhardt und Friedrich Kayßler gründete sie in Berlin das „Kleine Theater"; schicksalhaft wurden ihr die Reisen mit der „Internationalen Ibsen-Tournée", mit deren Leiter Gustav Lindemann sie eine — künstlerisch und menschlich gleichermaßen erfüllte — Ehe einging. Mit ihm begründete sie im Jahre 1905 das Düsseldorfer Schauspielhaus, das das verpflichtende Erbe Karl Immermanns weiterführte und Paul Ernst, Herbert Eulenberg und Wilhelm Schmidtbonn zu seinen Dramaturgen zählte. Das Vierteljahrhundert Dumont-Lindemannschen Wirkens in Düsseldorf mit denkwürdigen Uraufführungen von Georg Kaiser bis Franz Werfel gehört zu den Glanzzeiten deutscher Theatergeschichte.

27. V. 1878 — 13. IX. 1927   **ISADORA DUNCAN**

Der Bühnentanz bewegte sich um die Jahrhundertwende noch ausschließlich in den geregelten Formen des klassischen Balletts. Das Kostüm war das gleiche, das schon Generationen bewundert hatten: der kurze, weiße Rock, das enge Mieder und die langen, enganliegenden Strümpfe. 1899 kamen aus London die ersten Berichte über eine ganz neue und eigenartige Form des Kunsttanzes, erfunden und aufgeführt von der zwanzigjährigen, bildschönen Amerikanerin Isadora Duncan. Nach Musik von Beethoven, Schubert, Gluck, Tschaikowskij und Wagner zeigte die Duncan einen freien, harmonischen Tanzstil, gelöst von allen Fesseln der Regel, nur nach Stimmung und Ausdruck geformt, in seiner zwingenden und mitreißenden Wirkung unterstützt durch weite, fließende Gewänder, die sich den Linien des Körpers und der Modulation der Bewegung anschlossen. Isadora Duncan war von ihrer künstlerischen Mission, die zur Aufwärtsentwicklung der Menschheit beitragen sollte, zutiefst überzeugt. Sie besaß ein ungeheures Selbstvertrauen, mit dem sie alle Schwierigkeiten aus dem Wege räumte. Ihr Auftreten in Paris führte sie auf den Höhepunkt des Weltruhmes, der ihr trotz aller Seltsamkeiten ihres persönlichen Lebens erhalten blieb. Wo sie auftrat, verbanden sich Skandale mit ihrem Namen; in ihrer Autobiographie meinte sie selbst, daß ihre Lebensgeschichte wert sei, „von einem Cervantes oder Casanova geschrieben zu werden". Schwerstes Leid traf sie, als ihre beiden Kinder bei einem Autounfall in Paris tödlich verunglückten. Seitdem war ihre Kraft und das sieghafte Selbstvertrauen gebrochen. Am 13. September 1927 verwickelte sich auf der Promenade des Anglais in Nizza ihr flatternder Seidenschal in das Rad eines vorüberfahrenden Autos und erdrosselte sie.

FRIEDA DUENSING

Wer um die Wende des Jahrhunderts eine Berliner Versammlung besuchte, die Fragen der Jugendpflege behandelte, wurde gefesselt vom Anblick einer hochgewachsenen Frau mit starken Gesichtszügen und nachdenklichen Augen. Frieda Duensing, Dr. jur., Gründerin und Leiterin der Deutschen Zentrale für Jugendfürsorge, hatte noch in der Schweiz studieren müssen, in Zürich, wo sie mit Ricarda Huch und Marie Baum zusammentraf. Typisch niederdeutsch, besaß sie einen treffenden, oft grimmigen Humor, der ihr half, die Eindrücke ihres Berufes zu ertragen; grausam litt sie unter den vielen Fällen von Kindermißhandlung, die ihr begegneten. Ihr scharfer, klarer Verstand lag in stetem Widerstreit mit ihrer künstlerischen Phantasie; aber ihr Gefühl für Qualität hinderte sie an schriftstellerischer Arbeit, zu der es sie drängte. Hierin lag eine gewisse Tragik, aber auch der Grund zu einer Spannung, die sie zu einer überaus anziehenden und originellen Persönlichkeit machte. Wie von sich, so verlangte sie auch von ihren Mitarbeiterinnen viel; sie wußte sie aber immer wieder hinzureißen und mit dem gleichen Ideal zu erfüllen, das sie beseelte. Als Lehrerin an sozialen Frauenschulen – die letzten Lebensjahre verbrachte sie in München als Leiterin einer Ausbildungsstätte für Sozialarbeiterinnen – war sie beliebt und verehrt. Unter dem Krieg, den sie als sinnlos empfand, litt sie schwer; nicht minder unter der Härte des Lebens, am meisten, wenn diese Härte andere Menschen betraf. Einen Ausgleich gewährte ihr die Freundschaft mit Männern und Frauen. Ihre bedeutenden, oft sehr unterhaltenden Briefe, die eine Epoche widerspiegeln, sind in einer Auswahl veröffentlicht worden.

LEONORE DUPLAY † 1834

Als am 17. Juli 1791 das aufgestörte Volk von Paris vom Marsfeld zurückströmte und die Truppen Lafayettes Jagd auf die Verschwörer machten, bot der Tischler und Jakobiner Duplay Robespierre Asyl in seinem Hause in der Rue de St. Honoré. So trat der „Unbestechliche" für längere Zeit in den Familienkreis der Duplays. Außer einem knabenhaften Sohn waren zwei Töchter im Hause: die schöne, temperamentvolle Elisabeth und die ältere, etwas schattenhafte Leonore. Elisabeth wurde die Gattin des Robespierreschen Leibgardisten und Kampfgesellen Lebas; Leonore aber geriet mehr und mehr in den Bannkreis des starren, unmenschlichen, nur aus Prinzipien bestehenden Robespierre, dem sie indes liebenswerte und freundliche Züge abzugewinnen vermochte. Ohne daß sie sein Handeln und seine Ideen verstand, wurde sie seine Gefährtin bis ans Ende. Noch wenige Tage vor Robespierres jähem Sturz im Thermidor 1794 begleitete sie ihn auf einem Spaziergang; der Zufall führte sie zum Rosengarten Samsons – des Henkers von Paris; ihr weiblicher Instinkt ließ Leonore in diesem Augenblick die drohende Verschwörung ahnen; Robespierre aber schlug ihre Warnungen in den Wind. Als der Mächtige stürzte, rief sie das Volk auf den Straßen vergebens zu seiner Rettung auf. Robespierre bestieg wie unzählige vor ihm das Blutgerüst. Leonore bewahrte das Bild des Revolutionärs über alle Zeitenstürme hinweg in ihrem Herzen. Erst im Jahre 1834, im Alter von fast siebzig Jahren, starb sie. Oft war ihr Haus das Ziel von Historikern, die die geschichtliche Wahrheit bei ihr suchten, und doch nur eine von der Liebe verklärte Erinnerung an den Blutkönig der Revolution in ihr wachrufen konnten.

1824 — 1847   MARIE DUPLESSIS

Das leichte Leben und der schwere Tod der schönen, schwindsüchtigen Marguerite Gautier, der „Kameliendame", haben seit über einem Jahrhundert Romanleser und Theaterbesucher, Opern- und Filmfreunde immer wieder zu Tränen gerührt. Wie Flauberts „Madame Bovary" liegt auch dem berühmten Roman und Bühnenstück von Alexandre Dumas fils ein wirklich erlebtes und erlittenes Leben zugrunde. Als die junge Alphonsine Plessis aus dem kleinen Provinzstädtchen Nonant, in dem sie geboren und aufgewachsen war, in die Hauptstadt Paris kam, hatte sie nichts als ihre — allerdings bemerkenswerte — Schönheit, und dieses Kapital wußte sie bald nutzbringend zu verwerten. In ihrem „Salon" traf sich alles, was Geld und Lebenslust hatte; man nahm es damals auch mit Name und Titel noch nicht so genau, und so wurde aus Alphonsine bald eine Marie Duplessis, was schon bedeutend vornehmer klang. Eine Zeitlang ging alles gut — es ging solange gut, bis der kalt berechnenden Schönen eines Tages die unvermeidliche „große und echte Liebe" begegnete. An ihr ging sie zugrunde. Ihr frühes Ende war Stadtgespräch im Paris des Sommers 1847; auch Dumas hörte davon, und unter seiner Feder wurde aus einem durchschnittlichen Menschenschicksal eine große und gültige Tragödie. Sein Roman erregte beträchtliches Aufsehen, die Bühnenbearbeitung wurde sogar eine Zeitlang verboten, weil die gestrengen Zensoren an der „allzu gewagten" Darstellung Anstoß nahmen. Eleonora Duse und ihre große Konkurrentin Sarah Bernhardt feierten Triumphe in der Titelrolle, die in unseren Tagen von Greta Garbo noch einmal zu einem rührend eindrucksvollen Leinwandleben erweckt wurde. Als Giuseppe Verdi „La Dame aux camélias" im Winter 1852 auf der Bühne erlebte, erkannte er sofort den grandiosen Opernvorwurf. In fünfundvierzig Tagen entstand seine unsterbliche „Traviata", eine der erfolgreichsten und beliebtesten Opern der Musikgeschichte

30. X. 1889 — 14. IX. 1970   **ANNE-MARIE DURAND-WEVER**

Sie stammte aus einem alten Juristengeschlecht. Der diplomatische Beruf ihres Vaters führte sie schon früh ins Ausland: nach Frankreich, Brasilien, in die USA, nach Italien und auf den Balkan. Nach dem Studium der Medizin und nach der Verheiratung mit dem Architekten Wilhelm Durand ließ sie sich in München, später in Berlin nieder und übte jahrzehntelang eine große Praxis als Operateurin, Geburtshelferin und Frauenärztin aus. Der Einblick in die körperlichen und seelischen Nöte der Frau brachte sie zugleich zur Fachschriftstellerei auf den Gebieten der biologischen Aufklärung, der Sozialhygiene und Bevölkerungspolitik, u. a. auch in der von Dr. Ilse Reicke herausgegebenen Mütterzeitschrift „Mutter- und Kinderland".
Fünf Jahre lang leitete Dr. Durand-Wever die „Vertrauensstelle für Verlobte und Eheleute" des Berliner Stadtverbandes der Frauenvereine. In den Schreckensmonaten des Unterganges von Berlin, während ihr Heim mit allen seinen Kulturwerten in Flammen aufging, lebte sie wochenlang unter der Erde, als Ärztin einer Unfallstation, den Schutzhelm auf dem ergrauenden Matronenhaupte und im weißen Kittel am Operationstisch, den sie manchmal tage- und nächtelang nicht verlassen konnte. Im Zuge ihres bevölkerungspolitischen Wirkens veröffentlichte Dr. Anne-Marie Durand-Wever 1959 eine besonders erfolgreiche Schrift über eine vernünftige Aufklärung der Kinder, unter dem Titel: „Sagt uns die Wahrheit". Mit großer Aufmerksamkeit und Sorge beobachtet sie die Nöte, die aus den rapide ansteigenden Bevölkerungszahlen in fast allen Ländern der Erde erwachsen und die besonders in den unterentwickelten Ländern zur Verelendung zahlloser Familien führen. Im Mitarbeiterkreis der Weltorganisation „International Planned Parenthood Federation" sucht sie nach Auswegen aus der Bedrängnis dieser Menschen.

AGNES DÜRER † 1539

Nach seiner Lehrzeit als „Malerknabe" ging Albrecht Dürer auf die Wanderschaft „und als ich wieder anheims gekommen war, handelt Hans Frei mit meinem Vater und gab mir seine Tochter mit Namen Jungfrau Agnes und gab mir zu ihr 200 fl." Es war keine Liebesheirat, die er 1494 mit dem weder hübschen noch häßlichen Mädchen einging. Die Eltern hatten entschieden. Nach der Sitte genügte das. Agnes blieb kinderlos. Ihre späteren Bilder zeigen sie üppig von Gestalt, der Mund ist zusammengepreßt, das Antlitz abwägend kühl, an Enttäuschungen gewohnt. Auf seine Reise nach Holland nahm der Vielreisende die Gattin mit, weil die Pest Nürnberg bedrohte, doch bedang er sich in Antwerpen aus, daß sie in der Küche mit ihrer Magd speise, er beim Hausherrn oder „mit mir selbst". Gattin eines Genies zu sein, ist schwer. Leichtmut und Schwermut, die religiöse Tiefe und die apokalyptischen Gesichte ihres Mannes, seine ungeheure innere Spannweite wird diese Bürgerin nie erfaßt, kaum geahnt haben; sie war, wie der Humanist Pirckheimer schalt, „nagend, argwöhnisch, keifend", dazu geizig, frömmlerisch, tugendstolz. Aber sie saß brav mit Dürers Holz- und Kupferschnitten in der Verkaufsbude bei der Frankfurter Messe, ertrug die Grobheiten der Kunden, sie führte den umfangreichen Haushalt im vierstöckigen Gebäude am Nürnberger Tiergärtnertor, sie stand Dürer bei in den wirtschaftlichen Nöten, ehe Ruhm und Reichtum kamen, und war stets eine ehrsame, ihre Pflichten erfüllende Frau aus angesehener Familie. So darf man wohl sagen: ihr Daseinssinn erfüllte sich darin, dem größten Maler Deutschlands zu dienen. Dürer nannte sie „mein Agnes". Seine Bilder von ihr sind nicht lieblos gemalt.

BARBARA DÜRER 1452 — 1514

Wie später die Vorfahren Johann Sebastian Bachs, kam auch Albrecht Dürers Vater aus Ungarn zurück nach Deutschland, nach Nürnberg, das dem tüchtigen Goldschmied Arbeit und Wohnrecht bot. Als Vierzigjähriger, nachdem er zwölf Jahre lang seinem Meister Hieronymus Holper treu gedient hatte, heiratete er 1467 dessen erst fünfzehn Jahre alte Tochter Barbara und erhielt Meisterrecht und eigene Werkstatt im Hause des Johannes Pirckheimer. Hier wurde dem Ehepaar am 21. Mai 1471 als drittes ihrer achtzehn Kinder der Sohn Albrecht geboren, der den Namen Dürer zur Unsterblichkeit erhob. Eine fromme, gottesfürchtige Frau, hatte Mutter Barbara ein Leben der Enge und täglichen Daseinsnot gelebt. Zwei Jahre, nachdem der Goldschmied Dürer gestorben war, ohne auch nur einen Gulden zu hinterlassen, nahm Albrecht die Mutter zu sich in sein neuerworbenes Haus „Unter den Vesten", zu Füßen der Burg. Hier lebte die alte Frau still in ihrer kleinen Kammer, ganz der Sorge um das Seelenheil ihrer Kinder hingegeben. „Geh in dem Namen Christi..." war ihr Gruß, wenn der berühmte Sohn sie einmal zu stiller Zwiesprache besucht hatte. Kein gemaltes Bildnis von ihr ist uns erhalten geblieben, nur die ergreifende Kreidezeichnung, die Albrecht zwei Monate vor ihrem Tode geschaffen hat. Am 17. Mai 1514 ist Barbara Dürer gestorben, nach langem, einsamem Leiden, so daß man nach des Sohnes Bericht ihre Kammer aufbrechen mußte, um die Greisin hinunterzubringen in die große Stube zu letzter Hilfe und Liebestat. „Diese meine fromme Mutter hat oft die Pestilenz gehabt und viele andere schwere Krankheiten, hat große Armut erlitten, Verspottung, Verachtung, höhnische Worte und andere Widerwärtigkeiten, doch ist sie nie rachsüchtig gewesen. Und in ihrem Tode sah sie viel lieblicher aus, als da sie noch das Leben hatte..."

18. VIII. 1880 — 21. II. 1971   **TILLA DURIEUX**

Die große Schauspielerin wurde entdeckt, als sie für die prominente Gertrud Eysoldt, die erkrankt war, Oscar Wildes Salome spielen mußte. Mit Tilla Durieux und Paul Wegener, die in vielen Rollen Partner waren, in ihrer Erscheinung wie Geschwister aussahen und ihre Kunst aneinander steigerten, eröffnete Max Reinhardt sein „Neues Theater" in Berlin. Tilla Durieux spielte als Cleopatra, als Hippolyta oder Titania, als Eboli, als Elisabeth oder Maria, als Hebbels Judith; zu ihren Glanzrollen zählten auch die Malersfrau in Shaws „Arzt am Scheideweg", die Hanna Elias in Hauptmanns „Gabriel Schillings Flucht", Strindbergs „Fräulein Julie", Wedekinds Franziska, die Frau des Potiphar in der „Josephslegende" von Richard Strauß. Tilla Durieux ist eine der letzten, die die große Epoche der Theaterkunst noch erlebt und sie mitbestimmt haben. Sie ist kroatisch-französischer Abstammung und kam von der Wiener Schauspielschule an die Stadttheater in Olmütz und Breslau. Um die Jahrhundertwende erschien sie in Berlin. Sie verkörperte einen neuen Stil. Geistige Kraft, beseeltes Temperament und künstlerische Ehrlichkeit, vitale menschliche Naturhaftigkeit und ein bis in die leiseste Regung hinein spontaner und doch präzis beherrschter Ausdruck ergaben im Gewand der jeweiligen Rolle ein gültiges Bild vom Menschen — so ist der Mensch, so kann er sein. Nach 1933 war die Künstlerin von der deutschen Bühne verbannt, sie ging nach Jugoslawien ins Exil. 1952 kehrte sie zurück und spielte in Berlin, München, Hannover und Darmstadt. Auf der Leinwand sah man sie in dem Film „Die letzte Brücke". Sie verkörperte dort eine alte serbische Bäuerin, die der von den Partisanen gefangenen deutschen Ärztin Stiefel ihres gefallenen Enkels schenkt. In ihren Erinnerungen „Eine Tür steht offen" schreibt Tilla Durieux folgendes Bekenntnis: „Welchen hohen Preis ich auch bezahlen mußte, wie sehr ich mich bemühte, ich bin auch heute erst im äußeren Ring der Wollenden und nicht im inneren Ring der Wissenden und Könnenden. Vielleicht ist man das erst kurz vor dem Tod".

3. X. 1859 — 21. IV. 1924   **ELEONORA DUSE**

„Flamme bist du, die sich selbst verzehrt...", schrieb Gabriele d'Annunzio, der Dichter Italiens, zu Beginn des Jahrhunderts über Eleonora Duse, seine geliebte Freundin. Die Theaterkritiker aller europäischen Länder und Amerikas rühmten die bedingungslose Hingabe der großen Tragödin an ihre Rollen. Anders als ihre Zeitgenossin, die bedeutende französische Schauspielerin Sarah Bernhardt, bei der alles höchste Beherrschung der Form, der Technik und des klassischen Stils war, lebte sie ihre Rollen — die Nora Ibsens, die Kameliendame Dumas', die Magda in Sudermanns „Heimat", die Francesca da Rimini und die Gioconda Gabriele d'Annunzios — jeden Abend aufs neue. Sie litt, weinte, lachte und gab sich ganz aus, jede Rolle wurde ihr zum Schicksal, das sie durchkämpfte. — Sie begann ihre Laufbahn in Neapel und stieg rasch empor. Die Vereinigten Staaten von Amerika feierten sie triumphal, die Menschen der Hauptstädte Europas stürmten die Theater, in denen sie auftrat. Als junges Mädchen hatte sie den Schauspieler Tebaldo Checchi geheiratet, doch in dem Dichter Gabriele d'Annunzio, einem leidenschaftlichen, romantischen und egozentrischen Sonderling, fand sie den wahren Geliebten ihrer Seele. Diese hochgespannte, geistige Freundschaft beeinflußte sie stark, formte sie zur nachdichtenden Tragödin höchsten Ranges und stürzte sie in die schwerste seelische Krise. — Für Jahre verließ sie die Bühne, tief verwundet durch die poetische Indiskretion d'Annunzios, der aus ihren Liebesschwüren und Briefen, aus den persönlichsten Dingen, die nur ihm und ihr gehörten, ein literarisches Werk machen wollte, das er der Welt verkaufte. — Als sie nach zwölf Jahren des Schweigens 1921 die Bühne wieder betrat, war sie fast vergessen und vermochte ihre Erfolge von einst nicht mehr zu wiederholen. In Gram und Enttäuschung schied sie aus dem Leben.

GERTRUD DYHRENFURTH 1865 — 1945

Merkwürdigerweise haben sich in Deutschland, das bis nach dem zweiten Weltkrieg vor allem agrarisch war, nur wenig Frauen mit der Lage der landwirtschaftlich tätigen Frau befaßt. Zu diesen wenigen hat Gertrud Dyhrenfurth gehört. Auf dem Lande in Schlesien geboren, Mitbesitzerin eines Gutes nicht weit von Breslau, zogen agrarpolitische Fragen sie in einem Maße an, daß sie, obwohl von Natur zurückhaltend, es durchsetzte, auf der Berliner Universität zu hospitieren, zu einer Zeit, als das Frauenstudium noch ganz ungewöhnlich war. Bahnbrechend wurde sie unter anderem durch die Errichtung eines der ersten ländlichen Gemeindehäuser in Schlesien und durch eine wissenschaftliche Studie über das Gut und Dorf, das sie besaß. Sie veranlaßte eine umfangreiche Untersuchung über die Lage der deutschen ländlichen Arbeiterin, einschließlich der Bäuerin, eine noch heute nicht überholte Grundlage für alle Forschungen auf diesem Gebiet. Die philosophische Fakultät der Universität Tübingen verlieh ihr in Anbetracht ihrer Forschungsarbeit auch auf anderen Gebieten der Volkswirtschaft den Dr. ehrenhalber. Gertrud Dyhrenfurths Dasein erschöpfte sich aber nicht am Schreibtisch. Sie war eine äußerst erfahrene praktische Landwirtin. Jeder Morgen begann mit einer Beratung ihrer Mitarbeiter. Es folgte der Gang durch die Ställe. Immer war sie bedacht, den Bildungsstand der Landarbeiter zu heben und die Lehrerschaft für diese Aufgabe zu gewinnen. Der zweite Weltkrieg zerstörte ihr Lebenswerk. 1945 in die Flucht fortgerissen, starb sie unterwegs im Alter von nahezu achtzig Jahren.

AMELIA EARHART-PUTNAM 24. VII. 1898 — 3. VII. 1937

Neun Tage lang suchten im Juli 1937 Schlachtkreuzer und Flugzeugmutterschiffe, Geschwader von Flugzeugen und Hilfsschiffen den Pazifik nach der verschollenen zweimotorigen Lockheed-Elektra ab, mit der die Fliegerin Amelia Earhart in Begleitung von Fred Noonan auf einem Flug um die Welt unterwegs war. 35 000 Kilometer hatte sie bereits zurückgelegt; alle Radiostationen hatten Alarmdienst — aber kein Laut war zu hören, kein Hilferuf, nicht das schwächste Signal. Die letzte Meldung fing ein Küstenwachschiff in der Nähe der Insel Howland auf, nördlich von Samoa: „Gegenwind . . . habe noch Brennstoff für eine halbe Stunde . . . fliege im Kreise . . ." Dann Schweigen . . . Nur noch drei Etappen trennten die Fliegerin von ihrer amerikanischen Heimat, die sie vier Wochen vorher verlassen hatte, begleitet von den begeisterten Segenswünschen der ganzen Welt. Neun Tage lang hat die amerikanische Regierung täglich eine Million Dollar für ihre Rettung ausgegeben — es war vergeblich. — In Kansas war Amelia zur Welt gekommen, als Tochter eines wohlhabenden Juristen. 1920, bei einem Schaufliegen in Kalifornien, bettelte sie dem Vater die Erlaubnis zu einem ersten Rundflug ab, und „da erkannte ich, daß ich fliegen mußte, mein Leben lang!" Drei Jahre später bestand sie das Pilotenexamen und erreichte als erste Frau eine Flughöhe von über 4200 Metern. Im Juni 1928 glückte ihr, zusammen mit Stultz und Gordon, eine Atlantik-Überquerung in West-Ostrichtung in einer dreimotorigen Fokkermaschine, und vier Jahre später wiederholte sie diese Reise im Alleinflug — eine Leistung, die ihr zahlreiche Ehrungen eintrug, darunter das Ritterkreuz der französischen Ehrenlegion. „Wenn ich einmal von dieser Erde Abschied nehmen muß, dann in meiner Maschine — und schnell!" Dieser Wunsch ward ihr in tragischer Weise erfüllt.

17. II. 1877 — 21. X. 1904   **ISABELLE EBERHARDT**

So ungewöhnlich wie Herkunft, Leben und Charakter dieser Frau war auch ihr Ende: Sie ertrank in der Wüste. Die russisch-jüdische Blutmischung mag das Unstete im Wesen Isabelles erklären, ihre Neigung, in Männerkleidung aufzutreten, teilte sie mit anderen großen Abenteurerinnen. Am Ufer des Genfer Sees verbrachte sie die ersten achtzehn Jahre ihres Lebens mit einigen Stiefgeschwistern und mit ihrer Mutter, der Witwe eines zaristischen Generals, der ihr ein beträchtliches Vermögen hinterlassen hatte. Mutter und Tochter fanden sich in der Leidenschaft für den Orient und die fatalistische Weltschau des Islam und traten zum Glauben des Propheten Mohammed über. Nach der Mutter vorzeitigem Tod kehrte Isabelle allein nach Europa zurück. In Genf, Paris und in Südfrankreich tauchte sie auf, ohne seßhaft werden zu können; auch ihre ersten schriftstellerischen Erfolge bedeuteten ihr nichts gegen das Leben in der Wüste: Im Juli 1900 war sie wieder in Algier und fand Aufnahme in die religiöse Sekte der Kadryas. Nun endlich, jenseits europäischer Pflicht- und Zeitbegriffe, war sie glücklich; sie begleitete die räuberischen Nomadenstämme auf ihren Streifzügen und wurde unter dem Namen „Si Mahmud" die Vertraute sowohl der Araber als auch des französischen Generals Lyautey... Als Gattin eines arabischen Legionärs in französischen Diensten entging sie nur knapp dem Mordanschlag einer mit den Kadryas rivalisierenden Sekte. Nach ihrer Genesung mietete sie mit ihrem Mann eine Lehmhütte im ausgetrockneten Flußbett des Qued, am Rande der Sahara. Am 21. Oktober 1904 riß ein tosender Wolkenbruch die armselige Unterkunft mit sich. Erst nach Abzug der Fluten fand man, unter Schutt und Geröll, Isabelles Leichnam.

MARIE VON EBNER-ESCHENBACH

13. IX. 1830 — 12. III. 1916

Im Winter 1844 durfte die junge Komtesse Dubsky mit ihrer Gouvernante nach Wien reisen, um der Einsamkeit und Langeweile des väterlichen Landgutes im Mährischen zu entrinnen. Das wichtigste und folgenschwerste Ereignis dieses Hauptstadtaufenthaltes war ein Theaterbesuch in der berühmten Hofburg. In atemloser Spannung lauschte das junge Mädchen den Vorgängen auf der Bühne. „Eine neue Welt tat sich vor mir auf", schrieb sie in ihr Tagebuch, „und dennoch schien es mir, daß ich in meinem Elemente war; der Kopf brannte mir, meine Wangen glühten, und ich schwor mir: früher oder später sollen deine Werke hier gespielt werden!" Das Schicksal hat Marie die Erfüllung ihres Mädchentraumes, „der Shakespeare des neunzehnten Jahrhunderts zu werden", zwar versagt, aber es ließ sie zu einer der größten Erzählerinnen werden. Mit achtzehn Jahren heiratete sie ihren Vetter, den Feldmarschall-Leutnant von Ebner-Eschenbach; das Leben einer Grande-Dame, teils auf dem mährischen Landsitz, teils im Wiener Palais, förderte ihre literarischen Neigungen. Spät erst, in ihrem dreiundfünfzigsten Jahre, kam der Ruhm, als die Kritik, die ihre dramatischen Versuche einhellig und nicht zu Unrecht abgelehnt hatte, die geniale Erzählerin erkannte, die Meisterin der „kleinen Form", deren schönste Geschichte, die Novelle von dem Hund „Krambambuli", in unseren Tagen als Film glanzvolle Auferstehung feierte. Die Universität Wien verlieh ihr zum siebzigsten Geburtstage das Ehrendoktorat mit der Begründung: „Sie kann den Ruhm für sich in Anspruch nehmen, nach dem Tode Fontanes der einzige Schriftsteller der älteren Generation zu sein, der sich bei alt und jung der gleichen Anerkennung erfreut."

GERTRUD EDERLE *1907

Wehende Sternenbanner im strahlenden Scheinwerferlicht, Freudenfeuer und das Dröhnen der Salutbatterien begrüßten zusammen mit einer ungeheuren Menschenmenge am Abend des 6. August 1926 bei South Goodwin an den Kreidefelsen der englischen Kanalküste ein schüchternes junges Mädchen, das fetttriefend aus der Brandung taumelte, die rote Badekappe herunterriß und voll glücklicher Erschöpfung in die Arme ihres Vaters sank. In vierzehneinhalb Stunden — schneller als die fünf Männer, denen vor ihr das Wagnis gelungen war — hatte die neunzehnjährige Gertrud Ederle aus New York als erste Frau der Welt den Kanal zwischen Frankreich und der britischen Insel durchschwommen. Die ungewöhnliche Herzlichkeit des Empfangs durch die sonst so steifen, aber sportfanatischen Engländer wurde noch übertroffen von dem Begeisterungstaumel, in dem New York seine jüngste Ehrenbürgerin nach ihrer Heimkehr feierte. Triumphzüge durch die festlich geschmückten Häuserschluchten des Broadway, Staatsempfänge und Ehrungen aller Art ließen jedoch die junge Sportlerin nicht den hohen Preis vergessen, mit dem sie ihre Großtat bezahlen mußte: Ihr Gehör hatte in den Salzwasserwogen des Kanals schweren Schaden genommen und verschlechterte sich in kurzer Zeit bis zu völliger Taubheit. Doch damit nicht genug — 1933 wurde „Trudy" durch eine Wirbelsäulenverletzung gelähmt und mußte in jahrelangem, eisernem Training erst wieder Gehen und Schwimmen lernen. Seit ihrer Berufung in den Beirat für Jugendertüchtigung durch Präsident Eisenhower hat die kluge und hochgeachtete Frau willkommene Gelegenheit, ihre reiche Erfahrung der Jugend weiterzugeben. Ihren Schicksalsgefährten, den taubstummen Kindern, gehört ihre besondere Liebe.

KÖNIGIN EDITHA Um 912—946

Mit der dichtenden Nonne Hroswitha von Gandersheim tritt die deutsche Frau, zum erstenmal tätigen Anteil nehmend, in die Literaturgeschichte ein. In Hroswitha verkörperte sich ein Typus, der für das adelige Frauentum der „Ottonischen Renaissance" charakteristisch war, und ihr verdanken wir auch eine höchst eindrucksvolle Schilderung der angelsächsischen Königstochter Editha oder Edgitha, der ersten Gemahlin des späteren Kaisers Otto des Großen. „Von reiner und edler Stirn, anmutigem Wesen und wahrhaft königlicher Gestalt" — so hat uns Hroswitha die Enkelin Alfreds des Großen überliefert, die im Jahre 929 als Siebzehnjährige dem gleichaltrigen ostfränkischen Königssohn Otto anvermählt wurde. In Quedlinburg fand die prunkvolle Hochzeit statt. Editha gewann sich mit ihrem natürlichen Wesen und ihrer aufrichtigen Gesinnung bald das Vertrauen und die Zuneigung nicht nur des Gatten, sondern auch des Volkes, das die „Ausländerin" wie eine Heilige verehrte. Otto schenkte ihr — als königliche Hochzeitsgabe — die Einkünfte aus dem Bistum Magdeburg, dort ließ sie mit Hilfe ihres Gemahls ein Benediktinerkloster anlegen, das dem kleinen, unbedeutenden Handelsort in kurzer Zeit zu Ansehen und Blüte verhalf. Die Historiker billigen der englischen Königstochter wesentlichen Anteil zu an der Festigung der hohen Familientradition des sächsischen Hauses; die Bluts- und Wesensverwandtschaft mit den Herrscherhäusern jenseits des Kanals fand in Editha ihre reinste und liebenswerteste Verkörperung, in dieser untadeligen Frau und Mutter, die ihrem Gemahl zwei Kinder schenkte: den jungverstorbenen Luidolf und Luitgard, die spätere Gattin Konrads des Roten. Über Edithas letzter Ruhestätte in der Mainzer Albanikirche hängt eine silberne Spindel als Sinnbild fraulicher Tugend.

1821 — 21. II. 1848   **ELISE EGLOFF**

Gottfried Keller hat aus der rührenden Geschichte der Magd Elise Egloff, die den Akademieprofessor Jacob Henle in Heidelberg heiratete, eine tragische Episode gemacht. In seinem Roman „Der Grüne Heinrich" ist Henle jener geistreiche Professor, der dem Titelhelden den menschlichen Körper und das Geheimnis des Weltbaus erklärt. Elise heißt im Roman Regine. Der Dichter läßt sie Hand an sich legen, „um sie der weiteren Berührung mit der Welt zu entziehen". Dieses Ende ist indessen poetische Erfindung. — Elise Egloff, die uneheliche Tochter eines reichen Schweizers aus Gottlieben im Kanton Thurgau, wurde nach dem Tode ihres Vaters bei der Erbteilung übergangen. Sie verdiente ihr Brot als Magd in Zürich. Dort lernte sie Henle kennen und war sofort Feuer und Flamme für den jungen Gelehrten. Sie schrieb ihm: „Ich lebe ja ganz für Dich, ja sogar sterben will ich, wenn Du sagst, ich kann Dich nicht mehr lieb haben, denn ohne Dich hat das Leben keinen Wert für mich." Nach einem kurzen Liebesfrühling wurde Henle nach Heidelberg berufen, und nun setzte jener harte Zwang der Konvention ein, dem der berühmte Professor sich nicht entziehen wollte. In vielerlei Erziehungskursen sollte die Dreiundzwanzigjährige die „feine Lebensart" kennenlernen, um der bürgerlichen Gesellschaft würdig zu sein. Elise fügte sich; ihre liebende Geduld und Schweigsamkeit überzeugte bald alle Welt von der Kraft ihrer Liebe. Aber kurz nach der Vermählung erkrankte sie an Tuberkulose; nach der Geburt ihres zweiten Kindes war ihr Leben erschöpft, lautlos starb sie im Februar 1848, nachdem ihr Zauber den Dichter Gottfried Keller gerührt und begeistert hatte.

6. VII. 1773 — 15. X. 1864   **HENRIETTE VON EGLOFFSTEIN**

Zu den Empfängen, die im Wittumspalais in Weimar die Herzogin Anna Amalia mehrmals wöchentlich gab, zog sie regelmäßig die blutjunge Henriette von Egloffstein heran, die mit ihrem süßen Gesang die alte Dame erfreute und zu Liebkosungen hinriß. Ebenso gehörte das schöne Mädchen, auch nach seiner Verehelichung, zu den Frauen, die am Samstagmorgen im Salon des Fräuleins von Göchhausen die „Freundschaftsbrötchen" aßen. Von jedermann geschätzt, ein reizvolles Menschenkind voll Gemüt, aber mit kritischem Blick, verdankte sie es diesen Eigenschaften, ihren gesellschaftlichen Fähigkeiten und der Aufgeschlossenheit für geistige und künstlerische Fragen, daß sie selber ein Mittelpunkt des kulturellen Lebens in Weimar wurde und eine anregende Bedeutung für viele Persönlichkeiten gewann. Goethe nahm sie in den Kreis auf, der sich am Mittwoch bei ihm einzufinden pflegte. Zwischen beiden entspann sich eine Freundschaft, die sich nie trübte. Sie heiratete in zweiter Ehe den Oberforstmeister Karl von Beaulieu-Marconnay. In Briefen und in der Erinnerungsliteratur der klassischen Weimarer Zeit werden Henriette und ihre drei Töchter, die schlanke blasse Karoline, die sanfte Julie, die als Malerin bekannt wurde, und die Lyrikerin Auguste immer wieder erwähnt. Auch Karoline, obwohl vierzig Jahre jünger als Goethe, errang sich seine Freundschaft und war wie die Mutter eine ständige Besucherin in seinem Hause. Die Memoiren der Gräfin Henriette kamen erst ein Vierteljahrhundert nach ihrem Tode zum Druck. Besonders beachtenswert sind ihre Briefe an die Tochter Julie als Zeugnisse einer rührenden Mutterliebe, die sie zu paaren wußte mit sachlicher Einsicht.

ELEONORE VON AQUITANIEN   1122 — 1204

Die schöne Eleonore war die Enkelin des ersten Troubadours und umschwärmte Erbin von Poitou, Guienne, Gascogne und anderen aquitanischen Ländern. König Ludwig VII. von Frankreich, mit dem sie sich schon als Fünfzehnjährige vermählte, wollte sie nicht allein zu Hause zurücklassen, als er im Jahre 1147 zu seinem Kreuzzug aufbrach, denn ihre Leichtfertigkeit stand ihrer Schönheit nicht nach. Deshalb nahm der König sie in sein Reisegefolge auf. In Syrien angekommen, verlor Eleonore ihr Herz an einen der Ritter aus der Umgebung des Königs, Herrn Raimund von Antiochia, einen ebenso jugendlichen wie stattlichen Mann. Wie diese beiden, vergaßen bald viele Kreuzfahrer den eigentlichen Zweck ihrer weiten Reise, so daß sich ihr Herrscher entschloß, mit Weib und Ritterschaft Antiochia eilends wieder zu verlassen. Sein eheliches Mißgeschick hatte weitreichende Folgen, die auf die abendländische Geschichte nicht ohne Einfluß blieben: Wieder heimgekehrt, vollzog der König die Trennung von Eleonore; aber Heinrich Plantagenet, der Herzog der Normandie und Erbe der Krone Englands, ein Mann ohne Hemmungen, beeilte sich, die Geschiedene mitsamt ihren Erbländern heimzuführen. Als er 1154 als Heinrich II. den Thron bestieg, fiel die ganze westliche Hälfte Frankreichs in britische Hand. Heinrich wurde zum gefährlichsten Nebenbuhler des französischen Königs. Aber auch er hatte nicht allzuviel Freude an Leonore; nachdem sie einen gegen ihn gerichteten Aufstand seines Sohnes Heinrich angezettelt oder zumindest unterstützt hatte, hielt er sie jahrelang gefangen. Erst nach seinem Tode wurde sie von ihrem Sohn Heinrich Löwenherz befreit, für den sie später mit viel Geschick die Regentschaft führte. Viele Dichter und fahrende Sänger haben der schönen Königin gehuldigt.

ELEONORE VON TOLEDO   * 1562

Als die schöne Eleonore, Tochter des Vizekönigs von Neapel, als Gemahlin Cosimos I. in Florenz einzog, war sie keine politische, sondern eine Liebesheirat eingegangen. Sie hatte auch bald Gelegenheit, ihre Liebe durch die Tat zu beweisen; denn in Florenz tobte der blutigste Zwist zwischen den Adelsgeschlechtern. Der Erbfeind Herzog Cosimos aus dem Hause Medici war Filippo aus dem Hause Strozzi. Eleonore vertauschte den herzoglichen Brokat alsbald mit dem Dreß der Reiterin; sie war an der Seite ihres Gemahls nicht nur im Lager zu sehen, sie zog auch mit ihm in die Schlacht. Und eines Tages setzte sie sich an die Spitze der fünfzehn Reiter, die ihr Cosimo als Bedeckung verordnet hatte, und ritt Attacke gegen Filippo Strozzi, der soeben damit beschäftigt war, mit fünfzig Reitern die Stellung Cosimos auszukundschaften. Ehe Filippo noch recht begriffen hatte, was die kühne Duchessa wolle, war er gefangen. Es war dann keineswegs die Scham über diesen weiblichen Handstreich, die ihn im Gefängnis zum Selbstmord trieb; er wollte vielmehr Cosimo zuvorkommen, der bisher alle seine gefangenen Feinde hatte hinrichten lassen. Eleonore aber nahm ihrem Gatten das Versprechen ab, keinen Gefangenen mehr enthaupten zu lassen, und der Herzog hielt von da an Wort. Als zwischen Kaiser Karl V. und König Franz I. von Frankreich ein Krieg in Italien ausbrach, eroberte sie mit Cosimo zusammen Siena, und der Kaiser übertrug ihr die Oberherrschaft über die Stadt; ihre Bitte, Cosimo zum König zu krönen, mußte er freilich abschlagen. Nachdem das Waffenglück den Mediceern hold gewesen war, widmete sich Eleonore der Pflege der Künste und Wissenschaften in der Arnostadt, die durch die platonische Akademie und die mediceische Bibliothek das glänzende Sammelbecken der humanistischen Renaissance wurde.

22. XI. 1819 — 22. XII. 1880 ## GEORGE ELIOT

Hinter dem männlichen Pseudonym George Eliot verbirgt sich eine Frau, die englische Schriftstellerin Mary Ann Cross, Tochter eines Zimmermanns, die in Warwickshire geboren wurde und ihre Kindheit und Jugend in Griff House bei Nunoaton, in Foleshill und Coventry verlebte. Nach dem Tode des Vaters siedelte sie nach London über. George Eliot, Autodidaktin, aber ungemein begabt und zweifellos klüger als die meisten ihrer schriftstellernden Zeitgenossinnen, suchte in ihrem umfangreichen Lebenswerk immer wieder Individualität und Gemeinschaftsbewußtsein miteinander in Einklang zu bringen und führte zugleich, stark beeinflußt von den positivistischen Ideen des Franzosen Auguste Comte, den englischen Roman weit über Dickens und Thackeray hinaus. Stille Entsagung war dabei das Hauptmotiv ihres Schaffens. Schon ihr erster Roman „Adam Bede", der im Handwerkermilieu ihrer Heimat spielt, war ein voller Erfolg. Und auch die nachfolgenden Bücher „Die Mühle am Fluß" und „Silas Marner" wurden, teilweise autobiographisch getönt und im gleichen heimatlichen Warwickshire angesiedelt, ergreifende Bekenntnisse menschlichen Ringens, die ausschließlich auf den Erkenntnissen ihrer Erfahrungen und Studien beruhen. Gewiß überwuchern zuweilen, so etwa in den Romanen „Romola", „Felix Holt", „Middlemarch" und „Daniel Deronda", Politik und Propaganda die ursprüngliche Poesie. Aber diese Poesie ist trotzdem niemals ganz erstorben, auch in ihrer sogenannten „zweiten Periode" nicht, selbst wenn hier die freidenkerische und manchmal revolutionäre Tendenz nicht zu übersehen ist. Aber die unbedingte Ehrlichkeit des Gefühls, die hohe Geistigkeit des Gedankens und nicht zuletzt die Eindringlichkeit der Formgebung lassen auch heute noch George Eliot als die Begründerin und wesenhafteste Gestalterin des modernen englischen Frauenromans empfinden.

3. V. 1764 — 10. V. 1794 ## MADAME ELISABETH

Als 1789 die Kunde vom Ausbruch der Revolution durch Frankreich ging, rüsteten zahlreiche Herren und Damen des Hochadels die Reisekutschen, um sich über die Grenzen in Sicherheit zu bringen. Zu den wenigen, die zurückblieben, gehörte Elisabeth, die Enkelin Ludwigs XV. und Schwester des regierenden Königs Ludwig XVI., die auf ihrem Landgut zu Montreuil von den Ereignissen vernahm und sich sofort entschloß, ihrer Familie beizustehen und nach Versailles zu gehen. Den Warnern entgegnete sie: „Ich habe in guten Tagen so viele Wohltaten empfangen, daß ich es für schändlich hielte, in der Stunde der Gefahr nicht an der Seite meines Bruders und seiner Kinder zu stehen." Man nannte die um diese Zeit schon ältlich werdende Jungfer kurzweg Madame Elisabeth. Die in ihren jüngeren Tagen geplanten Heiraten mit Kaiser Joseph II. und später mit dem Herzog von Aosta hatten sich zerschlagen. Sie war seit ihrem sechsundzwanzigsten Lebensjahr allein geblieben. Fortan teilte sie alle Demütigungen der Königsfamilie. Sie saß in der Kutsche der bedrohten Marie Antoinette, als die Weiber die Königin im Oktober 1789 nach Paris holten, sie bewies ihre Kaltblütigkeit beim Eindringen der Revolutionäre in die Tuilerien, gehörte zu dem kleinen Gefolge auf der mißglückten Flucht nach Varenne und zog nach dem Tuileriensturm vom 10. August 1792 mit der Königsfamilie ins Gefängnis des Templeturms. Dort wurde sie zur Erzieherin der Königskinder und zur Trösterin der verzweifelten Eltern. Nach der Hinrichtung des Königspaares schien Elisabeth für eine Weile vergessen zu sein, bis sich der schreckliche Fouquier Tinville ihrer entsann, sie am 9. Mai 1794 vor das Revolutionstribunal stellte und ihre Verurteilung durch den Konvent am 10. Mai erzwang. Tapfer bestieg sie die Guillotine und starb beinahe unbeachtet inmitten des großen Mordens.

ELISABETH VON BOURBON 22. XI. 1602 — 6. X. 1644

Eine militärische Eskorte, bestehend aus mehreren tausend Mann Fußvolk und Reiterei, gab am 18. Oktober 1615 der scheidenden Prinzessin Elisabeth von Bourbon des Geleit bis zum spanischen Grenzfluß Hidasoa. Am Vormittag dieses Tages war die mädchenhafte Elisabeth in der Kathedrale von Bordeaux unter großer Prachtentfaltung dem Prinzen Philipp von Spanien angetraut worden. Am Grenzfluß vollzog sich eines der merkwürdigsten Tauschgeschäfte, die die Geschichte zu verzeichnen hat. Am anderen Ufer wartete schon die spanische Infantin Anna Maria, deren Vermählung mit König Ludwig XIII. von Frankreich die Bedingung für die Hergabe der bourbonischen Braut an Spanien war. Der Tausch der beiden Prinzessinnen an der Grenze erfolgte mit dem höfischen Zeremoniell der Zeit. Elisabeth von Bourbon kam in den Palast eines Prinzen, der völlig in seinem Hang zu Vergnügungen aufging. Auch als er König geworden war, änderte er seine Lebensführung nicht. Die Regierung überließ er seinem Günstling und Festkumpan, dem Grafen von Olivarez. Da weder der König noch Olivarez sich den politischen Schwierigkeiten gewachsen zeigten, begann Elisabeth, gestützt auf das ihr treu ergebene Volk, zu regieren. Sie appellierte an die Kastilianer, und in wenigen Wochen stellten sie ihr ein Heer von fünfzigtausend Mann zur Verfügung. Mit dieser Heeresmacht erreichte sie den Sturz des Staatsministers, und vorübergehend ermannte sich auch der König zur Tat. Die Königin, eine große Förderin der spanischen Literatur in ihrem goldenen Zeitalter, starb im Jahre 1644 in dem Bewußtsein, daß ihr Land nie wieder zur alten Größe zurückfinden werde. Sie hinterließ zwei Kinder, einen Sohn Don Carlos, der sie nur um wenige Jahre überlebte, und eine Tochter Maria Theresia, die später als Gattin Ludwigs XIV. Königin von Frankreich wurde.

ELISABETH I. VON ENGLAND 7. IX. 1533 — 24. III. 1603

Die „jungfräuliche Königin" regierte ihr Land mit beispiellosem Erfolg über 44 Jahre. Englands Aufstieg in dieser Zeit war wesentlich ihrer Politik zu verdanken, der klugen Weisheit ihrer Regierung. Als sie die Herrschaft antrat, schwankte das aufgestörte Land unentschieden zwischen zwei Religionen in einem Zustand der Lebensunsicherheit, der den Regierungen ihrer drei Vorgänger verhängnisvoll gewesen war. Ohne Krieg, mit kühl abwägender Berechnung, gab Elisabeth ihrem Land Ruhe und Stetigkeit der Religionsausübung in der Sonderform der Anglikanischen Kirche. Die Ungewißheit der Thronfolge vermochte sie, selber in ihrer Legitimität zur Krone angreifbar und durch ihre Rivalin Maria Stuart bedrohlich gefährdet, so zu beseitigen, daß ihr Nachfolger nahezu einhellige Zustimmung fand. Das „melancholische" Temperament des Engländers erfuhr unter ihrer Regierung eine grundlegende Wandlung. Initiative, Selbstvertrauen, kühne Unternehmungslust, Nationalstolz erwachten und griffen in die Welt hinaus. 26 Jahre erhielt sie dem Lande den Frieden, und die darauffolgenden 18 Jahre des Krieges waren für ihr Volk nahezu dem Frieden gleich: Der Feind konnte England nicht erreichen, und der lange Seekrieg mit Spanien hatte inneren Aufschwung und äußere Entfaltung zur Folge. Die wachsam und überlegen, mit größter Selbstbeherrschung gelenkte Entwicklung der Dinge rechtfertige Elisabeths Glauben an die Zeit. Was die Generation ihrer Jugend aufgewühlt hatte, war verstummt, neue Ideale waren aufgetaucht. Englands Größe — so urteilt die Geschichte — wurzelt in den 44 Jahren der Herrschaft Elisabeths. Als Charakter war die Königin anfechtbar, ein Mensch mit vielen Schwächen und Fehlern. Als Königin ihres Landes aber war sie eine eigenwillige, stark persönlich geprägte Gestalt von hoher Überlegenheit.

* 21. IV. 1926   ## ELISABETH II. VON ENGLAND

Die Wiege der Prinzessin Elisabeth Alexandra Mary von York stand in einem vornehmen Stadthause der Londoner Bruton-Street, in dem auch ihre jüngere Schwester Margret Rose geboren wurde. Ihre Mutter entstammte altem schottischen Landadel; ihr Vater, Herzog Albert von York, nahm nach dem überraschenden Thronverzicht seines Bruders Edward die schwere Last des Königtums auf sich, um das Ansehen der Dynastie wieder zu festigen. Als der schüchtern-bescheidene, durch einen Sprachfehler gehemmte Mann am 12. Mai 1937 als König Georg VI. die Krone Edwards des Bekenners empfing, stand seine elfjährige Tochter Elisabeth als neue Thronfolgerin neben ihm in der Westminster Abbey, in der sie sechzehn Jahre später selbst gesalbt und gekrönt wurde. Gemeinsam mit ihrem Gemahl, Prinz Philip Mountbatten, Herzog von Edinburgh, hat die junge Königin in den wenigen Jahren ihrer Regierung fast alle Gebiete ihres Weltreiches besucht, jubelnd begrüßt von ihren Untertanen, denen die Krone ein letztes Symbol des Empire bedeutet. Die Kinder des Herrscherpaares — der Thronfolger Prinz Charles, Prinzessin Anne und der 1960 geborene Prinz Andrew — erhalten eine moderne bürgerliche Erziehung im Sinne ihres Vaters, der seinem alten Lehrer Dr. Hahn von der berühmten Schule Salem am Bodensee noch heute ein dankbares Andenken bewahrt. Daß heute das englische Königtum fest und gesichert im Herzen und in der Liebe des ganzen Volkes ruht, ist nicht zuletzt das Verdienst dieser sympathischen Frau, die am Abend ihrer Krönung über die Rundfunksender aller Erdteile ihren Völkern versicherte: „Ich habe mich mit aller Aufrichtigkeit zum Dienste an euch verpflichtet, wie soviele von euch sich meinem Dienst verpflichtet haben. Mein Leben lang will ich mich von ganzem Herzen bemühen, eures Vertrauens würdig zu sein..."

24. XII. 1837 — 10. IX. 1898   ## ELISABETH VON ÖSTERREICH

Wie wurde sie gefeiert, bewundert und beneidet, die sechzehnjährige, anmutige Kaiserin Elisabeth von Österreich, eine Prinzessin aus dem Hause Wittelsbach! Aber das ewige Angestarrtwerden, das stereotype Lächeln, das gnädige Nicken und huldvolle Winken haßte sie aus tiefster Seele. Unendlich litt die frische, heitere und unbeschwerte „Sisi", wie sie im Familienkreise hieß, unter dem steifen Prunk des spanisch-habsburgischen Zeremoniells, auf dessen strenger Einhaltung die Kaisermutter Sophie unerbittlich starr bestand. — Kaiser Franz Joseph liebte seine schöne, jugendschlanke Frau abgöttisch. Aber gegen seine Mutter wagte er nicht seinen Willen durchzusetzen. Nicht einmal ihre eigenen Kinder sollte die junge Mutter betreuen und erziehen dürfen. Doch Elisabeth war keine unterwürfige Natur, sie setzte sich heftig zur Wehr. Der erbitterte Kampf dauerte elf Jahre. 1865 stellte sie dem Kaiser ein förmliches Ultimatum: Sie verlangte Vollmacht für die Erziehung der Kinder und freie Wahl ihrer persönlichen Umgebung. Tief erschüttert gab der Kaiser nach. Nun trat Elisabeth auch in der Politik hervor, wenn auch nur für kurze Zeit. Ihren ganzen Einfluß machte sie geltend für einen Ausgleich mit Ungarn. Bei der ungarischen Königskrönung des österreichischen Kaiserpaares wurde sie stürmisch gefeiert. Die ritterlichen Madjaren waren hingerissen von der bezaubernden Schönheit ihrer Königin. — Elisabeth ist in all den folgenden Jahren nie zur inneren Ruhe gekommen. Ihre Gesundheit, vor allem ihre Nerven waren angegriffen. Eine Reise jagte die andere, ein Kuraufenthalt den anderen. Schwere Schicksalsschläge, besonders der Selbstmord des ältesten Sohnes, des Kronprinzen Rudolf, verschlimmerten ihren Zustand immer mehr. Von Ort zu Ort hetzte sie durch ganz Europa. Ihr Lebenswille war bereits gebrochen, als die Mörderhand des Anarchisten Lucheni ihrem Leben bei einem Aufenthalt in Genf ein Ende setzte.

ELISABETH-CHARLOTTE VON DER PFALZ
24. V. 1652 — 8. XII. 1722

„Alles war deutsch an ihr!" schrieb der französische Sozialist Saint Simon, der Zeitgenosse der Liselotte von der Pfalz. Und da die Pfälzer Kurfürstentochter als Gemahlin des Herzogs von Orléans schon jung aus der fröhlichen Rheinpfalz in die schwüle Luft von Versailles verpflanzt worden war, ihr Lebensbild also weitgehend von Fremden gezeichnet wurde, denen sie als ein Abbild aller Vorzüge und Schwächen der Nachbarnation erschien, so enthält dieses Wort Saint Simons Lob und Tadel zugleich. Ihre Wahrhaftigkeit und grob polternde Offenheit scheute vor nichts zurück — wenigstens in den Briefen an die Freunde in der alten Heimat. Sie schrieb eine urwüchsige, freimütige Kulturgeschichte des Hofes um den „Sonnenkönig" Ludwig XIV. Da heißt es: „Mit solchen Leuten muß ich mein Leben zubringen, die einem nicht sagen, was sie meinen, sondern lauter Falschheit. Hintenherum aber machen sie alles übel. Ich wollt lieber, daß man mich heimlich schlüg, und daß ich danach quitt davon wär, als daß man mich so stichelt, wie man tut, denn das quält einem das Mark aus den Beinen und macht das Leben verdrießlich..." Ihre besondere Abneigung galt der geistvollen, feingebildeten Freundin des Königs, Madame de Maintenon. In ihren Augen ist diese heimliche Gattin der Majestät nur „die alte Zott" und „der Teufel in der Hölle ist nit so bös, wie dies alt' Weib..." Niemals ist der Pfälzerin der Hof des französischen Königs zur Heimat geworden. Paris und Versailles waren zu geistvoll und zu raffiniert, um einer so derb ehrlichen Tonart Raum zu geben. Vergeblich intervenierte Liselotte gegen die Zerstörung ihrer Heimat, die ihr Schwager Ludwig XIV. angeordnet hatte. Zum Gesandten der armen Pfälzer, dem Wirt Johann Weingart, sagte sie: „Wollte gern mein Blut und Leben aufopfern für die Pfalz, wenn ich sie damit glücklich machen könnt'!"

ELISABETH-CHRISTINE VON PREUSSEN
8. XI. 1715 — 13. I. 1797

In Wolfenbüttel, am Hofe des Herzogs Ferdinand Albrecht von Braunschweig-Bevern, wußte man nichts von dem Intrigenspiel, das der Werbung des Preußenkönigs für seinen Sohn und Kronprinzen um die Hand der siebzehnjährigen Prinzessin Elisabeth-Christine vorangegangen war. Zwischen London, Paris, Wien und Berlin hatten die Agenten ihre Fäden gesponnen: die Königin von Preußen wollte ihren Sohn mit einer britischen Königstochter vermählen und Prinz Eugen träumte von einer Heirat zwischen Friedrich und Maria Theresia. Da aber kam wie ein Wintergewitter die Katte-Affäre und die strenge Festungshaft, aus der sich der Kronprinz nur durch die Heirat mit der ahnungslosen Braunschweigerin freikaufen konnte. Das hübsche blonde Mädchen hatte eine höfisch-gediegene Erziehung genossen, sie brachte gute Beziehungen mit und viele harte Braunschweigische Taler, die der Kronprinz sogleich zum Ausbau seines Schlößchens Rheinsberg verwendete. Die Hochzeit wurde mit allem Pomp gefeiert, aber der einundzwanzigjährige Friedrich nahm kaum Notiz von seiner angetrauten Gemahlin. Nach dem Tode ihres Schwiegervaters fand auch das Rheinsberger Idyll ein Ende; die Königin wollte und konnte weder den abgrundtiefen Zynismus Voltaires billigen noch die Kriegspläne ihres Mannes gegen Maria Theresia. Elisabeth-Christine resignierte bald, zog sich in das Schlößchen Niederschönhausen zurück und verfolgte aus der Ferne den Bau von Sanssouci, das sie nie betreten hat. Als der Alte Fritz aus dem Siebenjährigen Krieg heimkehrte, erwartete ihn die Königin zur Siegesfeier im Potsdamer Stadtschloß. Erschüttert sah sie den gichtverkrümmten, von Schuld und Ruhm gezeichneten Mann auf sich zukommen. Friedrich musterte die Gemahlin, sagte: „Madame sind stärker geworden...", wandte sich ab und kam nie wieder.

28. XII. 1709 — 15. I. 1762 **ELISABETH VON RUSSLAND**

Die Kaiserin Elisabeth „war mit großer Klugheit ausgestattet. Sie war sehr heiter und liebte das Vergnügen im Übermaß. Ich glaube, sie besaß ein von Natur aus gutes Herz. Sie war erhabener Gefühle nicht bar — doch sie war eitel. Sie wollte unbedingt in jeder Hinsicht glänzen und wünschte bewundert zu werden. Ich glaube, ihre leibliche Schönheit und ihre angeborene Faulheit haben ihren ursprünglichen Charakter sehr verdorben." — Dieses Urteil über die Kaiserin Elisabeth steht in den Memoiren ihrer Nachfolgerin, der Zarin Katharina. Elisabeth war eine Tochter Peters des Großen, hatte aber erst 1741, nach dem Tode ihrer autokratischen Cousine, der Zarin Anna, den Thron besteigen können. Ihre Beliebtheit in den Kasernen der Garde verhalf ihr zu der Krone des russischen Reiches. Am 6. Dezember 1741 zog sie im Küraß, mit dem Kreuz in der Hand, von den Preobrashenskij-Kasernen an der Spitze der Truppen zum Winterpalais, weckte die Regentin, küßte den kleinen, kaum zweijährigen, von ihr enthronten Kaiser und nahm seinen Hofstaat gefangen. Das Kind wurde in die Schlüsselburg gebracht, wo es später ermordet wurde. Die Günstlingswirtschaft der Kaiserin hemmte sowohl die Innen- wie die Außenpolitik Rußlands, weil mit jedem Liebhaber auch die politische Richtung zu wechseln pflegte. Dieselbe Zarin jedoch, die einen selbst in dieser Zeit ungewöhnlich lockeren Lebenswandel führte und sich in ihrem Privatleben keinen Zwang auferlegte, bemühte sich energisch um die Einführung europäischer Bildung in Rußland. Sie gründete 1755 die Universität Moskau und die Akademie der Künste in Petersburg. Elisabeth war gleichzeitig sittenlos und fromm, gutmütig und jähzornig, vergnügungssüchtig und talentiert. Alle Farbtöne des Rokoko mischten sich auf der Palette ihrer Seele.

19. VIII. 1596 — 13. II. 1662 **ELISABETH STUART**

Ihr Vater, König Jakob von Schottland und England, würdig eines Dramas von Shakespeare (der 1616 unter seiner Regierung starb), war in wilde kirchliche Kämpfe und in den unaufhörlichen Zwist um den englischen Thron verwickelt, den er, der Stuart, 1603 bestieg. Mehrmals versuchten seine Gegner, ihn zu entführen und seine älteste Tochter Elisabeth zur Königin zu erheben. Es blieb das Schicksal dieser sehr schönen katholischen Prinzessin, ein Spielball der konfessionell und politisch rivalisierenden Mächte auf den Inseln und auf dem Festland zu sein. Sowohl katholische wie protestantische Brautwerber hielten um ihre Hand an. Der französische Dauphin, König Philipp III. von Spanien, Moritz von Oranien und Gustav Adolf von Schweden wurden mit ihren politisch gemeinten Heiratsanträgen abgewiesen. Endlich tauchte von jenseits des Kanals ein unabweisbarer Kandidat auf, Kurfürst Friedrich V. von der Pfalz. Er war zwar erst sechzehn Jahre alt, aber er galt als das erklärte Haupt der deutschen kalvinistischen Fürsten. Da die englischen und schottischen Protestanten drängten, gab sie der Vater dem Kurfürsten, der 1619 zum König von Böhmen gewählt wurde, zur Frau. Ricarda Huch hat in ihrem Werk „Der große Krieg in Deutschland" den farbigen Einzug der jungen Königin und ihre Krönung im festlichen Prag geschildert. Die Herrschaft des „Winterkönigs" dauerte jedoch nur einen Winter. Er verlor nach der Schlacht am Weißen Berg Böhmen und die Pfalz, und das Königspaar floh nach Den Haag. Nach der Hinrichtung ihres Bruders Karl I. verarmte Elisabeth völlig, erst 1661, ein Jahr vor ihrem Tod, durfte sie nach England zurückkehren. Ihr Enkel bestieg als Georg I. aus dem Hause Hannover den englischen Thron.

ELISABETH VON THÜRINGEN   1207 — 19. XI. 1231

Vierundzwanzig Jahre alt wurde Elisabeth, die Tochter des Königs Andreas von Ungarn und der Gertrud von Meran, eine der rührendsten Gestalten des Hochmittelalters. Sie vereinigte in besonderer Weise die asketische und die karitative Seite des Christentums. Zart und leidenschaftlich zugleich war ihre Liebe zum Landgrafen Ludwig IV. von Thüringen, mit dem sie als Vierjährige verlobt wurde und den sie als Zwanzigjährigen heiratete, als sie vierzehn Jahre alt war. Vielleicht geschah es unter dem Eindruck schwerer Familienschicksale – ihre Mutter und ihre Tante wurden ermordet –, daß sie trotz aller Harmonie mit dem Landgrafen auf der berühmten Wartburg schwerste Bußübungen auf sich nahm und sich mit gleicher Hingabe Werken der Barmherzigkeit widmete. Geduldig ließ sie der Landgraf gewähren, wenn sie sich in der Fastenzeit härtesten Kasteiungen unterzog und im Überschwang ihres mildtätigen Herzens die Vorräte des Hofes für Arme und Kranke verbrauchte. Nach dem Tode ihres Gatten, der auf einem Kreuzzug starb, wurde sie von seinem Nachfolger Heinrich Raspe beiseitegeschoben; Raspe verbannte sie nach Marburg, wo der Fanatiker Konrad von Marburg sie zu noch größerer Askese und äußerster Hingabe trieb. Sie lebte künftig völlig in der Nachfolge Christi. Alle ihre Einkünfte gab sie für die Errichtung und den Unterhalt des Armen- und Krankenhospitals Marburgs hin. Rechtlich war sie zwar Herrin der Stadt, aber sie betrachtete sich, Franziskus von Assisi nachahmend, nur als Dienerin der Mitmenschen. Als sie gestorben war, rankten sich um ihre Gestalt die anmutigsten Legenden. Schon wenige Jahre später wurde sie heiliggesprochen. Über ihrem Grab baute der Deutschherrenorden die Elisabethkirche, eines der frühesten Meisterwerke der Gotik.

MARIE ELLENRIEDER   20. III. 1791 — 5. VI. 1863

Der aus Lübeck stammende Maler Johann Friedrich Overbeck galt in der ersten Hälfte des neunzehnten Jahrhunderts in der deutschen Malerkolonie Roms als das Haupt der „Nazarener", jener Gruppe romantisch-mystischer Künstler, die sich zur „Lukasbrüderschaft" zusammengetan hatten und ihre Kunst vorzugsweise in den Dienst religiöser Aufgaben stellten. Zu den Nazarenern gehörten auch Schnorr von Carolsfeld, Peter von Cornelius, Eduard von Steinle und Joseph Ritter von Führich. Sie alle erkannten Overbeck als die stärkste und führende Begabung an; von seinem großen Freundes- und Schülerkreis wurde er als „zweiter Raffael" gepriesen. Er war zweifellos ein Virtuose der linearen Zeichnung – diese Virtuosität teilte er auch seinen Schülern mit, von denen die liebenswerte Marie Ellenrieder wohl die bedeutendste war. Die gebürtige Konstanzerin verbrachte einige nicht eben erfolgreiche Studienjahre an der Münchner Kunstakademie; im Jahre 1822 führte die unsterbliche deutsche Künstlersehnsucht sie nach dem Süden, nach Rom, wo ihre hohe Begabung sich unter Overbecks behutsamer Führung glänzend entfaltete. Mit dem verehrten Meister teilte sie die Vorliebe für religiöse Motive, wobei ein angeborener Kunstverstand und ein echter Empfindungsreichtum sie vor den Gefahren des Süßlichen bewahrte. Nach Deutschland zurückgekehrt, wurde sie im Jahre 1829 zur badischen Hofmalerin ernannt; im badischen Land finden wir auch die meisten ihrer Werke, so in der Kunsthalle zu Karlsruhe, die ihr – noch in München entstandenes – köstliches Selbstbildnis aus dem Jahre 1818 besitzt. Marie Ellenrieder ist unverheiratet geblieben. Ihre römischen Jahre im Kreise der Nazarener gaben ihr Glück genug für ihr weiteres, langes und gesegnetes Leben, das sie in bescheidener Zurückgezogenheit meist in ihrer Heimatstadt Konstanz verbrachte.

23. VI. 1810 — 27. XI. 1884   **FANNY ELSSLER**

Schon der Urgroßvater hatte es auf die Füße abgesehen, er war ein fleißiger, in sich versponnener Dorfschuster, wie man sie häufig in Jakob Böhmes „schlesischem Himmelreich" antreffen konnte. Sonntags spielte er die Orgel der Dorfkirche und gab seine Musikbesessenheit auch dem Sohn mit nach Wien. Der Sohn starb dort schon in jungen Jahren, als kleiner Geiger in der Hofkapelle Joseph Haydns, und hinterließ dem Schöpfer der „Kaiserhymne" seinen Sohn Florian, den Papa Haydn als Kammerdiener und Notenkopisten bei sich behielt. Er nahm den bescheidenen Diener mit auf seine Konzertreisen und hielt, als Florian heiratete und Nachwuchs sich einstellte, die kleine Fanny über das Taufbecken. Kaum daß sie laufen gelernt hatte, wirbelte sie schon im Kinderballett des Kärntnertor-Theaters mit; mit zwölf Jahren tanzte Fanny ihre ersten Solopartien, und ein gewiegter Impresario entführte sie an den Königshof von Neapel. Erster Liebesfrühling, erste Enttäuschungen! Ein hochgestellter Verehrer, der alte Friedrich von Gentz, vermittelte ein Engagement nach Berlin — und von hier aus begann Fannys Siegeszug durch die Welt. Ihr Name wurde zum Begriff des Natürlich-Weiblichen und tänzerisch-Vollendeten. In Paris triumphierte sie über die größte Rivalin, die Taglioni, in Petersburg spannten Großfürsten die Pferde vor ihrem Schlitten aus, Amerika überschüttete sie mit einem Blumen- und Dollarregen, und in England verlieh ihr die Universität Oxford den Titel eines Doktors der Tanzkunst. Fanny beschloß ihre glanzvolle Karriere in behaglichem bürgerlichem Wohlstand. Wenn die alte Dame durch die Straßen der Donaustadt trippelte, zogen die Wiener tief den Hut. Als sie starb, betrauerten sie in ihr den Verlust eines Stückes des singenden, klingenden, tanzenden Wien.

5. IV. 1808 — 19. IX. 1878   **THERESE ELSSLER**

Florian Elßler, der Vater des tanzenden Schwesternpaars, hatte sich, bevor er bei Papa Haydn eine „Lebensstellung" fand, im harten Kampf ums Dasein einmal sogar aushilfsweise als Scharfrichter verdingt. Aber als er dem ersten armen Sünder die Schlinge um den Hals knüpfen sollte, packte den weichherzigen Mann Entsetzen und Mitleid, und er lief eilends davon, ohne auch nur einmal seines grausigen Amtes gewaltet zu haben. Sanftmut und Herzensgüte vererbte er, neben wenigen irdischen Gütern, auch seiner Tochter Therese, der Älteren und Besonneneren von den Schwestern. Schon wer die Kinder bei ersten Ballettproben beobachten konnte, dem machte es Spaß, kleine Studien über ihre Temperamentsunterschiede anzustellen. Die Fanny in ihrer überquellenden Lebensfrische tobte über die Bühne, daß man achthaben mußte, sie vor dem Sturz ins Orchester zu bewahren. Therese dagegen war still und beherrscht, fast ein wenig scheu — aber sie verstand es vortrefflich, in ihre Schritte Ideen hineinzuzaubern. In herzlicher Liebe einander verbunden, haben die Schwestern den größten Teil ihres Siegeszuges gemeinsam zurückgelegt: nach der Studienzeit die Triumphe in London, Paris und Petersburg und auch die große Amerikatournee, auf der sie Beifall und Gage schwesterlich teilten. In Washington zeigte sich Therese als Fannys Partnerin zum erstenmal in Männerkleidung, was damals als prickelnde Sensation empfunden wurde. Die beiden haben sich auch fast gleichzeitig von der Bühne zurückgezogen; während Fanny sich ins behagliche Dasein einer vermögenden und verwöhnten „Großen Dame" zurückzog, verlor Therese Herz und Hand an den Admiral Prinz Adalbert von Preußen, dessen morganatische Gattin sie wurde. Ihr einziger Sohn starb als Jüngling auf einer Afrikareise.

ANNA KATHARINA EMMERICK   8. IX. 1774 — 9. II. 1824

Es ist still geworden um Therese von Konnersreuth, die alljährlich am Karfreitag die Passion Christi körperlich durchlitt, während Tausende von Pilgern aus aller Welt an dem Schmerzenslager der Blutbedeckten vorüberzogen. Die medizinische und die theologische Wissenschaft haben vor diesem Grenzphänomen haltgemacht. Bei den einen überwog die Skepsis, die sich einem visionären Rätsel gegenübersah, bei den anderen die gläubige Hinnahme der Gesichte und ihrer Identität mit den Ereignissen aus der Zeit Christi. Die Resl von Konnersreuth hatte in Katharina Emmerick zu Anfang des vorigen Jahrhunderts eine Vorläuferin. Auch Katharina war eine der zahlreichen Stigmatisierten, die nicht nur Wunden wie der Gekreuzigte am eigenen Leibe trug, sondern wie die Resl auch das Leben des Herrn und zumal sein Leiden leibhaft und gegenwärtig nacherlebte, als „Leidensbraut", wie Anna von Krane sie genannt hat. Katharina Emmerick war Augustinerschwester, die Bilder, die sie in ihren Visionen erzählend vermittelte, waren von großer Anschaulichkeit. Dr. Franz W. Wesener hat zu ihrer Zeit Tagebuch über die entrückt Leidende geführt. Literarisch „unsterblich" aber wurde sie durch die Aufzeichnungen des romantischen Dichters Clemens Brentano. Er zog 1818 nach Dülmen in Westfalen und verbrachte dort sechs Jahre, bis zu ihrem Tode, am Schmerzenslager der Stigmatisierten. In vierundzwanzig handschriftlichen Bänden hat er ihre Visionen aufgezeichnet; es sind Bücher voller gedanklicher Weisheit und dichterischer Schönheit und von großem farbigem Reiz, den Eduard Mörike bewundernd gepriesen hat.

REGULA ENGEL   1761 — 1853

Im Züricher Armenhaus endete am Abend des 25. Juni 1853 eines der abenteuerlichsten Frauenleben der neueren Geschichte: Die halb erblindeten Augen der zweiundneunzigjährigen Regula Engel schlossen sich für immer, müde von der verehrenden Aufschau zu einem Manne, dem ihr Leben geweiht war — Napoleon. Im Jahre 1778 hatte Regula Egli den Fähnrich Florian Engel geheiratet, dem sie nicht weniger als einundzwanzig Kinder schenkte, Söhne zumeist, die das Kriegshandwerk ebenso liebten wie ihr Vater — und wie ihre Mutter. Florian stand als junger Leutnant in französischen Diensten, als nach der Belagerung von Toulon der Stern des Brigadegenerals Bonaparte aufging und so hell zu strahlen begann, daß er die junge Offiziersfrau blendete. In der Uniform seines Regiments begleitete sie ihren Mann in die Feldzüge und nahm nur dann und wann ein wenig Urlaub, um wieder einem Kind das Leben zu schenken. An Florians Seite folgte sie dem Korsen nach Ägypten, sie erlebte die Schlacht bei den Pyramiden und feierte ein Jahr später mit den Kameraden die Einnahme von Jaffa und den Sieg am Berge Tabor. Sie stand am 4. Dezember 1804 in Paris vor Notre-Dame — denn es war ihr Kaiser, der da im Purpurmantel der Macht vom Papst die Krone entgegennahm. Unter den Adlern des Kaisers gaben sechs ihrer Söhne das Leben für Frankreichs Glorie. Als sich die Nacht des 18. Juni 1815 über das Schlachtfeld von Waterloo senkte, lag mit Obrist Florian Engel unter den Gefallenen, und mit ihm sein jüngster Sohn. Regula selbst wurde — in Kapitänsuniform — schwerverwundet geborgen. Zwei ihrer Söhne sandte sie dem Verbannten nach St. Helena, wo sie verschollen sind. Die Kraft dieses starken Herzens zerbrach an der Nachricht vom Tode Napoleons.

16. I. 1634 — 19. II. 1716   **DOROTHE ENGELBRETSDATTER**

Ein alter Kupferstich im Osloer Museum zeigt eine schlanke Frauengestalt in hochgeschlossenem Kleid mit vornehmen, edlen Gesichtszügen, wie sie, den Kopf sinnend auf die Hand gestützt, vor einem Tische sitzt, auf dem neben dem Tintenfaß die Sanduhr und der Totenschädel an die Vergänglichkeit alles Irdischen mahnen: Es ist Dorothe Engelbretsdatter, die größte und wohl auch ergreifendste Erscheinung unter den norwegischen Dichterinnen ihres Jahrhunderts. 1634 als Tochter eines Pfarrers in der alten Hafen- und Handelsstadt Bergen geboren, heiratete sie in jungen Jahren den Pfarrer Ambrosius Hardenbeck, dem sie nicht weniger als neun Kinder schenkte. Aber das Glück der Familie sollte nicht lange währen. Im Verlaufe von nur wenigen Jahren verlor Dorothe nicht nur ihren Mann, sondern auch all ihre Kinder. Das namenlose Leid schlug sie nicht nieder; der vielfach durchlittene Tod wurde der Anlaß für die Geburt ihrer Dichtung, die bekenntnishaft ganz von religiösen Empfindungen getragen ist. Ihre Gedichtbücher, vor allem „Sangesopfer der Seele" und „Andächtige Tränenopfer für bußfertige Sünder", brachten ihr nicht nur die Bewunderung und die Anerkennung der Großen ihrer Zeit, eines Thomas Kingo, eines Peter Daß und sogar die eines Ludvig Holberg, sondern auch einen ungemein weiten und geradezu überwältigenden Publikumserfolg, der im gesamten Norden heute noch nachwirkt. Die mystische Inbrunst ihrer Verse und die leichte Sangbarkeit haben ihre Lieder zu einem festen und sicheren Bestand der gottesdienstlichen Handlungen in den skandinavischen Ländern werden lassen, so daß heute der Name Dorothe Engelbretsdatters neben Kingo, Brorson, Ingemann und anderen voller Ehrfurcht genannt wird.

14. VIII. 1787 — 4. V. 1838   **CHRISTINE ENGLERTH**

Die Kohlenflöze des Ruhrgebiets sind nur Teil der weitausgedehnten Steinkohlen-Lagerstätten, die sich von der Ruhr in die Kölner Tieflandbucht hinabsenken und im Aachener Raum, im südhölländischen Limburg und in Westbelgien wieder auftauchen. Allein im Aachener Revier werden die tieflagernden Vorräte auf über fünf Milliarden Tonnen geschätzt. Ihre großzügige Erschließung verdankt die Aachener Kohle vornehmlich einer Frau, der Bergbauunternehmerin Christine Englerth, der Tochter des Schultheißen und Gutspächters Johann-Peter Wültgens aus dem jülischen Landstädtchen Eschweiler im gewerbereichen Indetal, drei Wegstunden von Aachen entfernt. Zuerst mit ihrem Gatten, dann, als er ihr im Jahre 1815 durch den Tod entrissen wurde, auf sich allein gestellt, verstand es diese großzügige und tatkräftige Frau, den ihr vermachten Grubenbesitz nicht nur ihrer Familie zu erhalten, sondern ihn auch mächtig auszubauen, so daß die gute Aachener Kohle schon damals zu einem Begriff wurde. Kein Zechenbesitzer an der Ruhr konnte sich mit ihr messen. Ihrer Arbeit kam zugute, daß noch keine Tiefschächte erforderlich waren, da die Kohle damals noch vielerorts fast bis an die Oberfläche trat. Die Englerthsche Kohle diente vor allem als Hausbrand und zur Feuerung der Dampfmaschinen in den weltberühmten Kammgarnspinnereien und Tuchfabriken des Aachener Landes. Im Jahre 1835, als in Nürnberg erstmals eine auf Räder und Schienen gesetzte Dampfmaschine einen Zug nach Fürth beförderte und sich der Kohle eine neue Zukunft eröffnete, verwandelte Christine Englerth ihr Bergwerksunternehmen in die Aktiengesellschaft Eschweiler-Bergwerks-Verein um, an der sie ihre acht Kinder beteiligte. Es war die erste Bergwerks-AG Preußens, Vorbild für viele andere Zechenvereinigungen und auch heute noch das führende Unternehmen dieser Art im Aachener Revier.

RHODA ERDMANN   * 5. XII. 1870

In einem kurzen Lebensabriß hat die große Forscherin einmal die abenteuerlich verschlungenen Pfade ihres wissenschaftlichen Werdegangs aufgezeigt: Die Tochter eines angesehenen Pädagogen und Kommunalpolitikers mußte, um damals überhaupt wissenschaftlich tätig sein zu können, zunächst einmal ihr Oberlehrerexamen ablegen! Schon während der Studienjahre hatte die ungewöhnlich begabte Naturwissenschaftlerin einen Arbeitsplatz in Robert Kochs Institut für Infektionskrankheiten; später erhielt sie eine Assistentenstelle und konnte sich ihrer Ausbildung in Protozoologie und Zellenlehre widmen. Mit einem Stipendium durfte sie in Nordamerika ihre Studien fortsetzen; sie wurde Privatdozentin an der berühmten Yale-Universität, nachdem eigens hierfür die Satzungen der Universität dahingehend abgeändert wurden, daß auch Frauen das Lehramt offenstehen solle... In der Kriegspsychose des Jahres 1918 wurde die „feindliche Ausländerin" verhaftet, unter dem Verdacht, mit dem Hühnerpestvirus, das sie lange studiert hatte, die großen Hühnerbestände und damit die Nahrungsversorgung des amerikanischen Volkes vernichten zu wollen. Nach mancherlei Ungemach konnte sie 1919 nach Deutschland zurückkehren, wo sie im Jahre 1924 als eine der ersten Frauen zum a. o. Professor ernannt wurde. Man erkannte, daß die von Rhoda Erdmann begründete experimentelle Zellforschung als Grenzwissenschaft sowohl für die medizinische Biologie als auch für die Physiologie von außerordentlicher Bedeutung war, und gab der Wissenschaftlerin endlich die Möglichkeit, junge Forscher in diese Disziplin einzuführen und eine „Schule" zu bilden. Im Jahre 1926 gründete sie das „Archiv für Experimentelle Zellforschung und Gewebezüchtung", das als einzige Zeitschrift dieser Art Weltgeltung erlangt hat.

ERINNA   Um 600 v. Chr.

Unter den vielen jungen Mädchen, die von der Dichterin Sappho in ihrem Hause auf Lesbos in Gesang, Tanz und kultivierter Lebensart unterrichtet und auf die Ehe vorbereitet wurden, scheint nur eine mit der Gabe der Dichtkunst begnadet gewesen zu sein: die schöne und zarte Erinna. Ihre Verklärung erfuhr sie zweieinhalb Jahrtausende nach ihrem Tod durch Eduard Mörike in dem klassischen Versen seines Gedichtes „Erinna an Sappho". Es beginnt mit einer Todesmahnung: „Vielfach sind zum Hades die Pfade, heißt ein altes Liedchen — und einen gehst du selber. / Zweifle nicht! Wer, süßeste Sappho zweifelt? / Sagt es nicht jeglicher Tag." — Die Heimat der jungen Dichterin war Telos, eine Insel nahe der Roseninsel Rhodos gegenüber der Südküste Kleinasiens, in jenem Teil der griechischen Welt also, die vom Hauch homerischer Verse durchweht war. Sie schrieb in der hochmusikalischen homerischen Mundart, der äolischen, mit einer Beimischung von Dorisch. Erst nach langen Kämpfen ließ die Mutter das siebzehnjährige Mädchen nach Lesbos fahren, wo sie im Hause Sapphos wohnte. Die Meisterin begeisterte sie zu Gedichten, die im Altertum auf das höchste bewundert wurden. In einer griechischen Anthologie hieß es über sie: „Hier sind die Lieder Erinnas, die süßen, die zarten. Und doch sind sie stärker als die meisten, die Männer schrieben. Hätte der Tod gezögert — welcher Ruhm hätte Erinnas Ruhm erreicht?" Bekannt und berühmt war ihr Gedicht „Der Spinnrocken". Sappho selbst schrieb über sie:„ Zu keiner Zeit unter der Sonne war ein Mädchen so für die Kunst begabt wie sie." Erinna starb mit neunzehn Jahren auf Lesbos, von ihrer Dichtung blieb nichts erhalten.

13. XI. 1715 — 13. VI. 1762   **DOROTHEA ERXLEBEN**

Der junge Friedrich der Große fand auf der Reise vom Schlachtfeld zu Mollwitz nach dem belagerten Brieg im April des Jahres 1741 in seiner Kutsche noch Zeit, neben der eingelaufenen Kurierpost die verehrungsvollen Verse der Demoiselle Dorothea Leporin aus Quedlinburg zu studieren. Das junge Mädchen bat den König, ihren jüngeren Bruder zum Medizinstudium zeitweilig vom Kriegsdienst zu befreien und auch ihr selbst die allerhöchste Genehmigung zum Studium der Heilkunst an der Universität Halle zu erteilen. Der König, ob seiner schlesischen Erfolge in bester Laune, erfüllte beide Wünsche überraschend schnell; aber die Tochter des Stadtphysikus Christian Polykarp Leporin machte zunächst keinen Gebrauch von der königlichen Ausnahmegenehmigung; sie vermählte sich mit dem Quedlinburger Diakon Johann Christian Erxleben, einem Witwer, der vier Kinder mit in die Ehe brachte und in Dorothea eine hervorragend tüchtige Hausfrau, eine liebevolle Erzieherin seiner Kinder und eine allseits hochgeachtete Frau Pastorin gewann. Aber neben all ihren häuslichen Pflichten ließ die junge Frau doch nicht von ihrer großen Leidenschaft, der Heilkunde; seit frühester Jugend dem wissenschaftlichen Studium zugeneigt und vom Vater in theoretischer und praktischer Medizin unterwiesen, erweiterte und vertiefte sie durch unermüdliches Studium aller neu erscheinenden medizinischen Fachbücher und durch praktischer Ausübung des ärztlichen Berufes ihre Kenntnisse ständig. Ihre erstaunlichen Heilerfolge erregten den Neid einiger Quedlinburger Ärzte, die den hochwohllöblichen Rat der Stadt darauf hinwiesen, daß die — ansonsten recht schätzenswerte — Frau Pastorin gar nicht berechtigt sei, den Arztberuf auszuüben. Dorothea wandte sich erneut an den ihr wohlgesinnten preußischen König, mit dessen aufs neue bestätigter Erlaubnis sie am 12. Juni 1744 an der medizinischen Fakultät der Universität Halle — als erste Frau in Deutschland — zum Dr. med. promovierte.

9. XI. 1732 — 23. V. 1776   **JULIE DE L'ESPINASSE**

Die Marquise Du Deffant, deren Salon in Paris zu den angesehensten zählte, hatte eine Nichte, die natürliche Tochter ihres Bruders mit einer Gräfin d'Albon. Das Mädchen, auf dem Land aufgewachsen, kam 1754 als Gesellschafterin zu ihrer Tante, die nur spät nachts empfing, so daß die Gäste sich angewöhnten, zuerst zu der nicht schönen, doch ungewöhnlich sympathischen jungen Dame zu gehen, ehe sie die ahnungslose, erblindete Greisin aufsuchten, die endlich erfuhr, was da geschah. Wütend forderte sie eine Entscheidung zwischen ihr und der Nichte, und man entschied sich für die Nichte. Mit Hilfe der Madame Geoffrin und der Marschallin de Luxembourg schuf sich Julie de L'Espinasse einen eigenen Salon, und sie, die „Muse der Enzyklopädisten", siegte über die zynische, jeder Schwärmerei abholde Du Deffant. Sie siegte dank ihrem warmherzigen Wesen und dank — der Schwärmerei. Noch besser als die Tante vermochte sie die großen Männer zu behandeln, regte mit dem Talent einer Weltdame Diskussionen an, ließ sie harmonisch verlaufen, war anmutig, ein ewig frischer Quell der Ermunterung und Inspiration. Chamfort, Baron Grimm, der kluge deutsche Schilderer der Pariser Geschehnisse, Diderot und viele andere verkehrten bei ihr. Und doch wußte niemand, daß sie schwindsüchtig war, unsäglich litt und es heldenhaft verheimlichte. Ebenso wenig ahnte jemand die Tiefe ihrer Persönlichkeit. Sie liebte D'Alembert, mit dem sie zusammenlebte, sie liebte später den spanischen Grafen Mora, zuletzt den Grafen Guivert. Aus ihren nachgelassenen Briefen erschloß sich ihre geistige Bedeutung und ihr tragisches Geschick. Diese Bekenntnisse gelten als Meisterleistung der französischen Sensibilität, eine unzulängliche Klassifizierung, denn die L'Espinasse überragt ihre Epoche durch eine bewundernswerte Aufrichtigkeit.

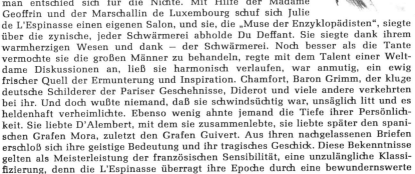

BEATRICE D'ESTE 29. VI. 1475 — 2. I. 1497

Gaffend und jubelnd drängt sich das Volk von Mailand auf den Straßen an jenem Januarmorgen des Jahres 1491, an dem Lodovico Sforza — „il Moro" — die fünfzehnjährige Beatrice, Tochter des Herzogs Ercole I. von Ferrara, zum Traualtar führt. Im Zug der fürstlichen Gäste reitet auch Beatrices ältere Schwester, die schöne Markgräfin Isabella von Mantua — lächelnd grüßt sie den ernstblickenden, bärtigen Mann, der sich höfisch gelassen verneigt: Leonardo da Vinci. Er hat im Auftrag des Moro die Stadt hochzeitlich geschmückt, er wird der kindhaften Beatrice und ihrem dreiundzwanzig Jahre älteren Gemahl noch viele glanzvolle Feste bereiten, und wird immer wieder grübelnd im mädchenhaft trotzigen Antlitz der jungen Frau forschen, der späteren Herzogin, deren brennender Ehrgeiz Lodovico unaufhaltsam vorwärtstreibt, auf die Höhe des Ruhms und der Macht. Mit Beatrice ziehen Prunk, Luxus und Kunstfreude in Mailand ein; aus dem heimatlichen Ferrara bringt sie eine Truppe von Schauspielern und fahrenden Sängern mit herüber, zu der auch der jugendliche Ariost gehört. Gaspare Visconti wird ihr Hofdichter; zu seinen Maskenschwänken und Schäferspielen entwirft Leonardo Kostüme und Dekorationen, mit neuartigen Bühneneffekten und kleinen Wunderwerken spielerischer Mechanik — eine willkommene Abwechslung neben seinem Hauptwerk jener Zeit, dem Abendmahlsbild, das er für die Mönche von Santa Maria delle Grazie malt. Beatrice weiß, daß ihr Gemahl ihr nicht treu ist, sie kennt auch ihre Nebenbuhlerinnen, und stachelt ihn zu immer gewagteren politischen Abenteuern auf. Nach dem Fehlschlag ihrer Pläne verbirgt sie ihre Enttäuschung hinter zerstörerisch wilder Lebensgier. Nach durchtanzter Nacht stirbt sie bei der Geburt ihres dritten Kindes, eines toten Knaben. Zum letztenmal huldigt ihr Leonardos Genius — mit einer prunkvollen Totenfeier.

ISABELLA D'ESTE 1474 — 1539

Erste Dame der Welt — nannte der vollendete Hofmann Niccolò da Correggio seine Zeitgenossin, die schöne Markgräfin von Mantua, Tochter einer der ältesten Fürstenfamilien Italiens. Vielseitig gebildet und interessiert, aufgeschlossen für alles Schöne, spontan, temperamentvoll und großzügig, wurde sie fördernde Freundin der bedeutendsten Künstler und Dichter ihrer Epoche — gleichzeitig aber war sie die verwöhnte Dame der Großen Welt, deren Modeschöpfungen und Parfüms in ganz Europa nachahmende Beachtung fanden und deren Hofhaltung zum gesellschaftlichen Mittelpunkt Norditaliens wurde. Man muß jedoch ihre Gestalt vor dem düsteren Hintergrund ihrer von Machtkämpfen zerrissenen Zeit sehen; einer Zeit, die ständig die Sicherungen des Daseins bedrohte und in der Mord, Verrat und Intrige zur Tagesordnung gehörten. Hätte Lodovico Sforza rechtzeitig den Mut gefunden, um Isabellas Hand anzuhalten, dann wäre sie nicht Herrin des kleinen Staates Mantua geworden, sondern die Fürstin des üppigsten italienischen Reiches ... Als Gattin des leichtsinnigen und nicht immer treuen Francesco Gonzaga mußte sie es oft erdulden, daß ihre letzten Juwelen ins Pfandhaus wanderten, mußte oft bei „guten Freunden" um Darlehen bitten und mußte sich ihre ausgedehnten Reisen von fremden Fürsten bezahlen lassen. Trotzdem verstand sie es, ihr Castello di San Georgio zu Mantua zu einer musealen Schatzkammer erlesenster Kunstwerke auszugestalten. Ihre diplomatischen Schriftstücke umkleidete sie mit der Grazie von Liebesbriefen, und ihr Wohlwollen wurde wie eine Ordensverleihung empfunden. Um Einen aber warb sie vergebens — um Leonardo da Vinci, der uns ihr Bildnis geschenkt hat. Sie hat ihn um ein Werk seiner Hand angebettelt, angefleht und bedroht, aber sie erhielt es erst nach seinem Tode — wie einen Gruß aus der Welt der Vollendung, die sie zeitlebens vergeblich gesucht hatte.

Um 485 v Chr.   **ESTHER**

In Deutschland hat als erster Johann Gottfried Herder das Alte Testament einer literarischen Betrachtung unterzogen, ohne Berücksichtigung des religiösen Gehalts — ihm verdanken wir auch erste Hinweise auf den überragenden Kunstwert der Psalmen Davids, der großartigen Menschheitsdichtung des Buches Hiob und auf den novellistischen Reiz des Buches Esther. Es berichtet von dem — in der Bibel „Ahasverus" genannten — Perserkönig Xerxes, der als Nachfolger des Darius in Susa und Persepolis prunkvolle Hofhaltungen führte. Wir hören von einem jüdischen Mädchen namens Hadassa, das bedeutet „Myrte"; die Perser aber nannten sie Esther. Sie wurde von ihrem Pflegevater Mardochai dem Ahasverus zugeführt, der sie liebgewann und zur Königin erhob. Mardochai zog sich durch seinen Stolz die Mißgunst eines hohen Würdenträgers zu, des einflußreichen Haman, und Haman beschloß, sich durch Vernichtung des ganzen jüdischen Volkes zu rächen. Seine finsteren Pläne wurden dem Mardochai hinterbracht, der sich an seine zu so hohen Ehren aufgestiegene Pflegetochter um Rat und Hilfe wandte. Die Bibel schildert, wie Esther den König zu einem Gastmahl lud und den Trunkenen um Erfüllung eines einzigen Wunsches bat. Die Bitte wurde ihr gewährt: „Und wenn du mein halbes Königreich forderst, so soll es geschehen!" Die junge Königin bat ihren Gemahl nur um Gnade für ihr Volk und offenbarte ihm den Mordplan; Haman wurde, zusammen mit seinen Söhnen, von dem erzürnten Ahasverus zum Tode verurteilt und hingerichtet. Mardochai stieg zu hohen Ehren und Hofämtern auf, die Juden aber feierten Esther als die hochherzige Retterin ihres Volkes. Zu ihrem Gedenken begehen sie noch heute in aller Welt das zweitägige Purimfest, und die Gestalt der Esther fand in vielen bedeutenden Werken der Kunst und Literatur ihre Verherrlichung.

Um 1573 — 9. IV. 1599   **GABRIELLE D'ESTRÉES**

Der kampf- und sieggewohnte Führer der Hugenotten, Heinrich IV. von Frankreich, der zum katholischen Glauben zurückkehrte, weil „Paris eine Messe wert" sei, lernte, noch ehe ihm infolge seines politisch wohlbedachten Konfessionswechsels das ganze Land zufiel, 1590 in Coeuvres in der Picardie die blutjunge Gabrielle d'Estrées, Marquise von Monceaux, kennen. Er jagte sie 1592 dem Herzog von Bellegarde, der sich ihrer Gunst eben erfreute, mühelos ab. Ihr Vater indessen verheiratete sie, um einen Skandal zu vermeiden, schnell mit Nicolas d'Amerval; aber sie blieb dem König verbunden. Heinrich liebte sie innig, überschüttete sie mit Geschenken, zärtlichen Briefen und tausend Aufmerksamkeiten der Chevalerie und erhob sie zur Herzogin von Beaufort. Sie gebar ihm 1593 den Sohn César, später noch zwei Kinder und begründete damit die königliche Linie der Vendôme. Leidenschaftlichen Gemüts, hoffärtig, leichtsinnig und ehrgeizig — wie ihre Zeitgenossen sie schildern, legte sie es darauf an, Königin zu werden, und Heinrich bemühte sich redlich, den Wunsch des schlauen, hinreißenden Weibes zu erfüllen. Er suchte ihre Ehe für ungültig erklären und seine eigene mit Margarete von Valois scheiden zu lassen. Doch bevor dieser Gesetz, Ehre und Sitte verletzende Plan gelang, starb die schöne Gabrielle 1599 bei der Geburt eines toten Kindes unter entsetzlichen Qualen. Man munkelte, sie sei vergiftet worden, weil ihr Körper sich aufs grauenhafteste verfärbte. Den verzweifelten König trösteten nach kurzem andere Frauen. Die erst 1875 veröffentlichten „Mémoires secrets de Gabrielle d'Estrées" haben wahrscheinlich einen ihrer Freunde zum Verfasser.

KÖNIGIN ETHELBERG

Um 600 — 640

Das Leben dieser christlichen Königin fällt in jene helldunkle Zeit, als auch in England der Glaube an die alten Götter wankte und irische Glaubensboten die neue „reine und süße Lehre" auf der britischen Insel verkündeten. Ethelbergs Bruder war als König von Kent Oberherr der sieben germanischen Königreiche in England und Patron des aufdämmernden Erzbistums Canterbury; erst nach langen Verhandlungen gab er die junge Schwester dem heidnischen König Edwin von Northumbrien zur Frau. Ein Jahr lang bedachte sich Edwin, ob er den Christenglauben annehmen solle — bis zur hochdramatischen Osternacht 626. In dieser Nacht kam ein Bote des Königs der Westsachsen zu Edwin. Beim Empfang in der Halle am Flusse Derwent warf der Bote den Mantel ab und drang mit einem vergifteten Dolch auf den König ein. Es gelang dem Mörder, den König leicht zu verletzen, ehe er selbst erschlagen wurde. Während der König in der Halle noch seinen Göttern dankte, trat Bischof Paulinus ein, hinter ihm die Amme, auf ihren Armen das soeben geborene Königstöchterchen Eanfled. Der Bischof sagte Christus laut Dank für die glückliche Entbindung, die beiden Gebete, das heidnische und das christliche, klangen zusammen, und König Edwin, tief erschüttert, wurde gläubig und empfing am Osterfest des nächsten Jahres mit allen Edlen seines Stammes die Taufe in dem eilig errichteten Holzkirchlein, das später der Kathedrale von York wich. Die Geschichte bezeichnet die nun folgenden Jahre als die „goldene Zeit Northumbriens", in der „eine Frau in den Ländern Edwins ohne Gefahr von einem Meer zum andern gehen konnte" — ein paradiesisches Zwischenspiel in bewegter, geschichtlicher Zeit.

MARGA VON ETZDORF

1. VIII. 1907 — 28. V. 1933

Der Berliner Invalidenfriedhof birgt unter seinen alten Bäumen ein Stück preußisch-deutscher Geschichte. Inmitten der Grabstätten ehemaliger Heerführer, großer Staatsmänner und einiger tapferer Flieger der verschiedensten Zeitabschnitte ruht auch eine Frau, die zwischen den beiden Weltkriegen ihr junges Leben dem Flugwesen opferte: Marga von Etzdorf. Ihr Grab trägt die Worte: „Der Flug ist das Leben wert!" — Die bekannte deutsche Sport- und Langstreckenfliegerin Marga Wolff von Etzdorf, die in der Reichshauptstadt geboren wurde, entstammte einer Soldaten-Familie. Ihre fliegerische Ausbildung erhielt sie in der Fliegerschule Berlin-Staaken. Marga war ohne Zweifel eine der sympathischsten Erscheinungen unter den fliegenden Frauen der Welt, die für die Sportfliegerei durch ihre Teilnahme an Flugtagen und die Popularisierung des Luftfahrt-Gedankens in schwerer Zeit viel geleistet hat. Sie war im Besitz der vom Aero-Club von Deutschland nur sechsmal verliehenen höchsten Auszeichnung, der Goldenen Ehrenplakette. Auf einer schwachpferdigen Junkers „Junior" — „Kiek in die Welt" — glückten ihr drei beachtliche Fernflüge von Berlin-Staaken aus nach Konstantinopel, den Kanarischen Inseln und nach Tokio. Am 27. Mai 1933 startete sie in aller Stille — das Ernten von Vorschußlorbeeren lag ihr nie — von der Reichshauptstadt aus zu einem neuen Langstreckenflug nach Australien. Sie kam zunächst gut vorwärts, doch verließ sie bei Aleppo in Syrien ihr sonstiger Glücksstern. Bei einer Zwischenlandung ging ihre Klemm „KL 32" zu Bruch. Wegen des Mißlingens setzte Marga Wolff von Etzdorf am 28. Mai 1933 ihrem Leben freiwillig ein Ende. Durch ihr flugsportliches Wirken und ihr bescheidenes Wesen blieb sie jedoch das Vorbild für manche Frau, die später wie sie den „Steuerknüppel rührte".

Um 400 — 460 n. Chr. **EUDOKIA VON BYZANZ**

Noch im 5. Jahrhundert nach Christus lehrten Nachfolger Platons an der unversehrten Akademie in Athen, und Schüler aus aller Welt saßen zu Füßen der Rhetoren oder wandelten im Glanze der unzerstörten griechischen Bauwerke und Plastiken. Hier erlernte auch die schöne Athenis von ihrem Vater, dem Sophisten Leontios, Grammatik, Rhetorik, Mathematik, Musik und Dichtkunst. Schon früh galt sie als Genie; sie disputierte, rezitierte und improvisierte, bis sie bei einem Besuch in Byzanz Kaiser Theodosius kennenlernte und kurz darauf, nachdem sie getauft worden war — sie hieß jetzt Eudokia —, als seine Gattin in den „Heiligen Palast" einzog. Die Schwester des Kaisers, Aelia Pulcheria, wurde ihre Taufpatin und engste Freundin. In dem herrlichen Labyrinth der Paläste, umgeben von Poeten, Theologen und Gelehrten, verfaßte sie ein Lobgedicht zur Siegesfeier über die Perser und gebar im Porphyrgemach ihre erste Tochter, Licinia Eudoxia. Eudokia reiste nach Jerusalem, um am Grabe Christi für das Glück des Kindes zu beten. Als sie nach einem Jahre Jerusalem verließ, nahm sie die Ketten mit, an die angeblich der Apostel Petrus gefesselt worden war. Nach ihrer Rückkehr kam es zum Zerwürfnis mit ihrem Gatten Theodosius. Eudokia ging abermals nach Jerusalem. In den Jahren, in denen sie dort weilte, wurde ihre Tochter Eudoxia, die im Jahre 437 Gemahlin des weströmischen Kaisers Valentinian III. geworden war, von dem Vandalenkönig Geiserich als Gefangene nach Karthago verschleppt. Eudokia, die ihren Gatten und auch Aelia Pulcheria überlebte, erbaute in der Heiligen Stadt Armenhäuser, Kirchen und Klöster und vollendete ihre Dichtungen, vor allem das großartige Epos „Cyprianus und Justina". In der Stephanskirche zu Jerusalem fand sie ihr Grab.

422 — 463 **KAISERIN EUDOXIA**

Der Vandalenkönig Geiserich, Herr des ersten unabhängigen Germanenreiches auf römischem Reichsboden, hatte seine Hauptstadt Karthago nach der Eroberung Roms mit zahllosen Statuen und Kunstschätzen geschmückt, die er aus Italien entführt hatte. Der kostbarste Schatz aber dünkte ihn die bildschöne, fünfunddreißigjährige Kaiserin Westroms zu sein, die mit ihren beiden Töchtern seine Gefangene geworden war. Eudoxia, die Tochter der byzantinischen Kaiserin Eudokia, einer gebürtigen Athenerin, war in jungen Jahren dem römischen Kaiser Valentinian III. vermählt worden und hatte in dem von der Völkerwanderung umtosten Rom die Schrecken eines wahren Weltuntergangs erlebt. Auch ihr eigenes Leben war zur Tragödie geworden. Ihr Gatte Valentinian erstach seinen Feldherrn Aëtius, den „Heermeister" und Sieger über die Hunnen auf den Katalaunischen Feldern, als er für seinen Sohn eine Kaisertochter zur Gemahlin begehrte; die rächenden Anhänger des Aëtius erschlugen darauf unter Führung des Senators Petronius Maximus den Kaiser und zwangen Eudoxia, Maximus, den Mörder ihres Gatten, zu heiraten, der sich zum Kaiser ausrufen ließ. Gegen ihn rief Eudoxia den Vandalenkönig Geiserich zu Hilfe, und Geiserich gewährte ihr und ihren Kindern „Schutzhaft". Während in Rom ein Kaiser nach dem anderen ermordet wurde, vermählte sich in Karthago Geiserichs Sohn Hunrich mit Eudoxias Tochter. Die Kaiserin, endlich aus der Haft entlassen, ging nach Jerusalem, und ihre Tochter floh zu ihr, nachdem sie in Karthago ihrem Gemahl Hunrich den vandalischen Thronfolger geboren hatte. Doch das vandalische Mittelmeerreich hatte nicht lange Bestand; es versank schon ein Menschenalter später unter den Schlägen der oströmischen Macht.

EUGENIE VON FRANKREICH   5. V. 1826 — 11. VII. 1920

„Ich bin während eines Erdbebens zur Welt gekommen", erzählte die französische Kaiserin gern, „meine Mutter gebar mich während eines Erdbebens im Garten. Was würden die Alten von so einer Vorbedeutung gedacht haben? Sie hätten gesagt, daß ich gekommen sei, die Welt umzustürzen." Eugenie, Gräfin von Montijo, war überzeugt, daß es ihr gegeben sei, ein neues Zeitalter heraufzuführen. Maßloser Ehrgeiz beherrschte die außerordentlich schöne, junge Spanierin, die im Jahre 1853 ihre Hand dem Emporkömmling Napoleon III. zum Ehebunde reichte. Sie vergaß es ganz, daß Napoleon vorher versucht hatte, die regierenden Fürstenhöfe Europas zu bewegen, ihm eine Prinzessin zur Gemahlin zu geben und daß er abgewiesen worden war. Der Kardinal-Kanzler Fleury mußte sich mühen, den Stammbaum der jungen Kaiserin zu verlängern und das Blut spanischer Könige in ihren Adern nachzuweisen. Ihr Sekretär und Freund, der Historiker Prosper Merimée, verwandte einen guten Teil seiner Tätigkeit darauf, die schöne Gräfin in Frankreich und Europa populär zu machen. Da sie die höchsten Vorstellungen vom Kaisertum hatte, sorgte sie für den Glanz ihres Hofes, für die prächtige Erneuerung der Hauptstadt Paris und für den kühnen Adlerflug der kaiserlichen Politik. Ihrem Einfluß ist das Bündnis Napoleons mit der Kirche zuzuschreiben, sie trieb den zweifelnden und zögernden Napoleon in gefährliche politische und militärische Abenteuer auf der Krim, in Italien, in Mexiko und endlich zum Nationalkrieg gegen das verhaßte Preußen. Als der Kaiser bei Sedan gefangen war und Frankreich den Krieg verloren hatte, flüchtete sie, herabgestürzt aus den stolzesten Höhen, nach England und wirkte von dort aus unter dem Namen einer Gräfin de Pierrefonds für die Restauration des Hauses Bonaparte. 1879 verlor sie ihren einzigen Sohn Louis. Die einsame, verbitterte Matrone schleppte ihr den Erinnerungen geweihtes Leben, vergessen von der Welt, noch weit in das neue Jahrhundert hinein.

MARIE EXNER   1844 — 1925

„Hochgeehrtes Exnertum! Das Freßsäcklein hat unter bitterem Tränenvergießen über die arge Verkennung seines transzendentalen Wesens das Freßkörblein ausgefressen, umgekehrt und ausgeklopft und auch die kleinen Giftphiölchen ausgeschleckt." Das Freßsäcklein war kein anderer als der ehrengeachtete Zürcher Stadtschreiber und Dichter Gottfried Keller, der sich mit diesen Zeilen für ein Weihnachtspaket der Geschwister Exner in Wien bedankte. An seinem 50. Geburtstag, am 19. Juli 1869, hatte er auf einem Festkommers den jungen Rechtsgelehrten Adolf Exner und seine 27jährige schöne Schwester Marie kennengelernt. Auch als die „Exnerei" nach Wien umsiedelte, wurde der fröhliche Verkehr brieflich fortgesetzt. Es gibt wohl keinen ergötzlicheren Briefwechsel voll kauzigen, derben und anmutigen Humors, als den zwischen dem alternden, oft brummigen, aber trinkfrohen Gottfried Keller und der bezaubernden Wienerin. Marie besuchte den Dichter 1872 in Zürich; sie verstand es, den stachligen Mann aus sich selber herauszulocken und ihm mit ihrer lebensfrohen und lebensklugen Art die Grillen zu vertreiben. Er beichtete ihr seine umfänglichen „Speise- und Getränkekosten", seinen Katzenjammer und seine nächtlichen Streiche und schenkte ihr die Ohrringe seiner Großmutter. Maria ging auf die Neckereien ihres „Freßungetümchens" ein. Man traf sich am Mondsee und in Brixlegg. Gottfried Keller schrieb, als Marie einen Herrn von Frisch heiratete, das drollige Hochzeitsgedicht und schickte ihrem ersten Söhnchen das erste Trinkgeschirr. Keine Karikatur hätte den Dichter privat besser treffen können als die Selbstkarikaturen in seinen Briefen an die „Hexe", die „Frau Professerei", der er kurz vor seinem Tode noch seine Krankheit mit holbeinischer Komik klagen durfte.

30. XI. 1870 — 6. I. 1955　　　　**GERTRUD EYSOLDT**

Als die junge Gertrud Eysoldt auf der Bühne des Münchener Hoftheaters erstmals in die große Öffentlichkeit trat, war es deutlich, daß am Musenhimmel ein Stern erster Ordnung aufzusteigen begann. Noch vor der Jahrhundertwende stieg dieser Stern in den Zenit, als sich Gertrud Eysoldt nach mehreren Unterwegsstationen den Berliner Theatern verpflichtete. Das Schiller-Theater, das Lessing-Theater, das Kleine Theater Unter den Linden, das Neue Theater und das Deutsche Theater, dem sie lange Jahre – seit 1945 als Ehrenmitglied – angehörte, sahen ihr großes Spiel. Am Kleinen Schauspielhaus wirkte sie auch als Regisseurin und Intendantin. Viel verdankte sie dem Verzauberer Max Reinhardt, und auch er verdankte ihr viele genialische Akzentuierungen seiner Einfälle. Die Darstellungskunst der Eysoldt war von höchstpersönlicher Art: ein Stil, der die Herbheit liebte, das Wagnis nicht scheute, sich eher dem Intellekt zuneigte und im klugen Einsatz des knabenhaften Körpers und der ungewöhnlichen Stimme neue Wirkungen erzielte: „Ihr Lachen und ihr Weinen wirkt gleichermaßen überzeugend." Vorzugsweise wandte sich das Darstellungsvermögen der Künstlerin den Mädchenfiguren der modernen Dichtung zu, einer „Rita", einem „Hannele", einem „Rautendelein", einer „Salome"; auch in der temperamentvollen Verkörperung liebenswürdiger, kecker Knaben feierte sie ihre Triumphe. Sie gab dem „Puck" in Shakespeares „Sommernachtstraum" eine neue überzeugende Deutung; Kleists „Penthesilea", Hofmannsthals „Elektra", Wedekinds „Lulu" und die Frauengestalten Strindbergs und Shaws zählten zu ihren Glanzrollen. Nach dem Kriege trat Gertrud Eysoldt auch im Film auf, in Harald Brauns berühmter „Nachtwache". In Ohlstadt bei Murnau ist die Schauspielerin im vierundachtzigsten Lebensjahre gestorben.

* 28. I. 1905　　　　**ELLEN FAIRCLOUGH**

Im Juni 1957, als John Diefenbaker Premierminister wurde, erhielt Kanada in Mrs. Ellen Fairclough seinen ersten weiblichen Minister. Sie entschied über die Zulassung neuer Einwanderer und die Zuerkennung der Staatsbürgerschaft an sie, sie wurde zugleich verantwortlich für die hundertachtzigtausend Indianer Kanadas, sie gab dem Parlament Rechenschaft über das Filmschaffen im Lande, über die Staatsbibliothek, die Nationalgalerie und das Staatsarchiv. Zeitweise vertrat sie als „Lady Premierminister" auch den Regierungschef. Von ihren Vorfahren her war Mrs. Fairclough für Behandlung von Einwandererfragen prädestiniert; denn ihre Vorfahren waren Männer und Frauen, die während des amerikanischen Unabhängigkeitskrieges England die Treue hielten und deshalb nach Kanada auswandern oder flüchten mußten. Ellen Fairclough hatte ein Kind an reiche Lebens- und Berufserfahrungen gewonnen. Die Zwölfjährige verdiente sich ihr Geld, indem sie nach der Schule den Kassierern eines Warenhauses von der Bank Wechselgeld zutrug. Sechzehnjährig wurde sie Büroangestellte in einer Seifenfabrik. In ihrer Freizeit betätigte sie sich als Pianistin für Sonntagssendungen im Rundfunk. Auch nach ihrer Verheiratung 1931 blieb sie im Berufsleben, wurde Geschäftsführerin in einer großen kanadischen Organisation der Lebensmittelhändler, Ehrenmitglied der kanadischen Organisation der Bücherrevisoren und Mitglied des Internationalen Rates der Bostoner Konferenz für Güterverteilung. Ihre berufliche Arbeit brachte sie in Kontakt mit dem politischen Leben; sie wurde, bevor sie ins Ministerium einzog, Stadträtin und zweiter Bürgermeister der Hafen- und Industriestadt Hamilton am Ontario-See, dem Mittelpunkt der kanadischen Eisen- und Stahlindustrie, und später Botschafterin Kanadas.

MARIA FALCONETTI

Ein einmaliger Fall in der Weltgeschichte des Films, daß eine völlig unbekannte „kleine" Schauspielerin und Revuetänzerin, die noch nie gefilmt hatte, plötzlich durch eine einzige filmschauspielerische Leistung zu Weltruhm gelangt und sich nach einer glanzvollen Rolle wieder in die Anonymität zurückzieht: Es ist die französische Schauspielerin Maria Falconetti, die als Johanna von Orléans in dem Stummfilm „La Passion de Jeanne d'Arc" (1928) in die Geschichte des Films und der Filmkunst eingegangen ist. In diesem Werk, das der berühmte dänische Regisseur Carl Theodor Dreyer nach den vorhandenen Prozeßakten drehte, wurde das tragische und grausame Ende dieser unschuldigen Heldin der französischen Volksgeschichte in erschütternder Weise lebendige Wirklichkeit. Der Regisseur, der das ergreifende Seelendrama der Johanna von Orléans ausbreiten wollte, griff zu dem damals noch ungewöhnlichen Ausdrucksmittel der Groß- und Detail-Aufnahmen, um die kleinsten Regungen und Veränderungen im Mienenspiel der Leidenden in fast „röntgenhaft psychologischen Bildern" festzuhalten. Das Mienenspiel der Falconetti, ganz besonders in den Szenen der Qual und der Verklärung, war von einer solch vollendeten Ausdruckskraft und Ausdruckstiefe, daß die Zuschauer nicht zu atmen wagten. Als der Film gegen Ende 1928 in Berlin seine erste deutsche Aufführung erlebte, sprach man von Maria Falconetti als der „größten Tragödin des Films". „Ihre Leistung ist einmalig. Die Zuschauer sind aufgewühlt bis ans Ende. Es gibt kein passendes Lob für Maria Falconetti. Wo wurden im Film je solche aufrichtige Tränen geweint, wo leuchteten je solch reine Augen in frommer Begeisterung?" Man verglich die große Tragödin in der Weise und Überzeugungskraft ihres Spiels mit der dänischen Filmschauspielerin Asta Nielsen, die den Film bereits in seiner „stummen" Epoche zur ersten künstlerischen Höhe geführt hatte.

FATIMA, TOCHTER DES PROPHETEN 606 — 632

Chadidscha, Mohammeds erste Gemahlin, schenkte dem „Gesandten Gottes" fünf Töchter. Die Älteste, die wegen ihrer Schönheit „Rose der Wüste" genannt wurde, heiratete bald. Im Gegensatz zu ihr waren ihre vier Schwestern unansehnlich und reizlos — Fatima, die Jüngste, galt sogar als ausgesprochen häßlich. Sie war häufig krank, trug aus Furcht vor Erkältungen dauernd ein seidenes Tüchlein um den Hals und dazu noch ein Bernstein-Amulett, das ihre gute Mutter einem ägyptischen Zauberer für teures Geld abgehandelt hatte. Das „häßliche Entlein" wurde von glühender Eifersucht erfaßt, als ihr Vater die bildschöne Aischa ins Haus nahm und später, nach dem Tode Chadidschas, zu seiner zweiten Gemahlin machte. Um von der verhaßten Stiefmutter loszukommen, vermählte sich Fatima in Medina mit ihrem Vetter Ali, einem schönen Jüngling, der nur aus Respekt vor dem verehrten Onkel sich zur Eheschließung mit dem unhübschen Mädchen bestimmen ließ. Fatima schenkte ihm zwei Söhne, Hassan und Hussein, und wurde damit zur Stammutter des ersten islamischen Adelsgeschlechtes. Aber die Ehe war nicht glücklich; die Gatten fanden sich nur im gemeinsamen Haß gegen Aischa, die immer größeren Einfluß auf den alternden Mohammed gewann. Der Prophet, dem eigene Söhne versagt blieben, glaubte sein Werk und seine Dynastie durch Fatimas Söhne gesichert, deren Geburt er mit prunkvollen Festlichkeiten beging. Im gleichen Jahr wie ihr Vater starb auch Fatima — noch in ihrer Todesstunde mußte Ali ihr schwören, den Kampf gegen Aischa mit unerbittlicher Härte fortzusetzen. Die echten und vorgeblichen Nachkommen ihrer Söhne — die Fatimiden — behaupteten ihren Herrschaftsanspruch in der islamischen Welt noch über die Jahrtausendwende. Erst im Jahre 1171 zerbrach ihre Macht unter Saladins Siegerfaust.

Um 290 — 326 n. Chr. ## FLAVIA MAXIMA FAUSTA

Nach zwanzigjähriger Herrschaft, in der seine kraftvolle Persönlichkeit und sein überlegener Geist die Mitregenten zu einträchtigem Zusammenwirken gezwungen hatte, verzichtete der römische Kaiser Diokletian zusammen mit seinem Freunde Maximian am 1. Mai 305 auf den Thron und zog sich in seinen großartigen Palast nach Spalato zurück. Ein Jahr später erhob das britannische Heer den jungen Konstantin zum Imperator. In Gallien empfing der neue Caesar den Besuch des alten Maximian, der sich trotz seiner — im Gegensatz zu Diokletian nur widerwillig erfolgten — Abdankung noch politisch betätigte. Er brachte seine jüngere Tochter Fausta mit, eine Jugendfreundin Konstantins. Maximian bot Konstantin für Waffenhilfe gegen seinen eigenen Sohn Maxentius den Augustustitel und Fausta zur Gattin. Konstantin nahm Tochter und Titel, ohne dem geprellten Schwiegervater eine Gegenleistung zu bieten — außer einer prunkvollen Hochzeitsfeier, von der noch Jahrhunderte später begeisterte Schilderungen im Umlauf waren. Faustas ererbten Palast, den römischen Lateran, schenkte der Kaiser nach seinem triumphalen Einzug in der Ewigen Stadt im Jahre 312 dem damaligen Bischof von Rom; er ließ neben dem Bau eine fünfschiffige Basilika errichten und stiftete dieser großen Papstkirche kostbare Geschenke und reiche Einkünfte. Fausta war dem Kaiser eine treuergebene Gattin; sie verriet ihm auch die neuen Aufwiegelungspläne ihres Vaters, die Konstantin veranlaßten, den lästigen Greis zum Selbstmord zu zwingen; seine Leiche lag lange in einem Prunksarg in Marseille; Erzbischof Raimbald ließ „den Feind Gottes und Konstantins" ins Meer werfen, das seitdem an dieser Stelle besonders zornig brausen soll. Auch Fausta nahm ein unseliges Ende: Sie wurde der Anstiftung zum Morde bezichtigt und auf Befehl ihres Gatten ertränkt.

Um 91 — 141 n. Chr. ## FAUSTINA DIE ÄLTERE

Unter den kostbaren Kunstschätzen des Vatikans befindet sich auch der Sockel einer — leider nicht erhalten gebliebenen — Triumphsäule, die Kaiser Marcus Aurelius, „der Philosoph auf dem Weltthron der Cäsaren", zu Ehren seines Vorgängers und Adoptivvaters Antoninus und seiner Gemahlin Faustina errichtet hatte. Im Geiste Hadrians, der „die Wölfin zähmte", hatte Antoninus regiert; er bestätigte die von Hadrian eingesetzten Beamten in ihren Rechten und schuf neue Gesetze zum Schutze der Sklaven und auch der Christen, deren Lehre er eingehend studierte. Der römische Senat ehrte ihn mit dem Beinamen Pius, d. h. der Milde — eine Gesinnung, die er auch gegenüber Faustina zeigte, die dem sittenstrengen und untadeligen Mann mit ihrer allzufreien, wenn nicht zügellosen Lebenshaltung oftmals Unehre bereitete. Sie war die reichste Erbin ihrer Zeit und brachte ein ungeheures Vermögen mit in die Ehe, ohne daß ihr Gemahl davon Gebrauch gemacht hätte. Faustina schenkte ihm vier Kinder, die jedoch in zartem Alter starben, bis auf die jüngere Faustina, die spätere Gemahlin Marc Aurels. Antoninus Pius wurde schon drei Jahre nach seinem Regierungsantritt Witwer; der Senat ließ der verstorbenen Faustina göttliche Ehren erweisen und zahlreiche Münzen mit ihrem Bildnis prägen, während der Kaiser ihr den noch heute erhaltenen Tempel der Faustina an der Via sacra errichtete — neben dem Grabmal Hadrians, der Engelsburg, das bedeutendste Baudokument seiner Regierungszeit. Mit einer noch schöneren Geste — vielleicht auch einer Sühnegabe an die Götter — überlieferte er Faustinas Gedächtnis der Nachwelt: In ihrem Namen errichtete er eine Stiftung zur Unterstützung obdach- und mittelloser junger Mädchen.

FELICIE DE FAUVEAU

Um 1802 — 1886

Wer die Kirche Sante Croce zu Florenz, wo Michelangelo, Macchiavelli, Galilei und viele andere Große Italiens bestattet sind, durchwandelt, wird nicht ohne Ergriffenheit an dem „Grabmal eines Mädchens" vorübergehen, in dessen Sockel der Name Félicie de Fauveau als der Bildhauerin eingemeißelt steht. Nicht minder stark ist der Eindruck, den der Besucher im Museum von Toulouse vor dem „Monument des Malers A. J. Gros mit der heiligen Genoveva" gewinnt, das die gleiche Künstlerin zusammen mit ihrem Bruder Hippolyte 1847 geschaffen hat. Die plastischen Bildwerke Félicie de Fauveaus sind in ganz Europa, in vielen Museen Englands, Italiens und Rußlands und in Privatsammlungen, verstreut. Die Künstlerin verschmähte kein Material; sie arbeitete in Marmor, Holz, Bronze, Eisen und Stahl. Die große Welt begehrte von ihr Monumente, Bildnisse, Gruppenskulpturen, Reliefs, aber auch ziselierte Waffen, Degenstichblätter und metallene Schmuckstücke. In ihrem Atelier häuften sich die Aufträge. Ein Blick in das abwechslungsreiche Leben dieser Frau zeigt, daß die Künstlerin trotzdem kein „Atelierhocker" war, sondern daß sie leidenschaftlich an den politischen Bewegungen ihres Landes Anteil nahm. In den Machtkämpfen zwischen Ludwig Philipp I. von Orléans und den Bourbonen stellte sie sich auf die Seite der alten Dynastie. Ihre Aktivität nahm den Charakter eines Bekenntnisses auf Leben und Tod an. Unter den Insurgenten, die auf dem blutgetränkten Boden der Vendée die Fahne des Aufruhrs erhoben, stand sie bald schon in den Reihen der Kämpfenden, und selbst ihre Gegner bewunderten sie als die „Heldin der Vendée". Aus einer achtmonatigen Gefangenschaft entfloh sie 1832 nach Belgien. Von dort begab sie sich nach Florenz, das ihre Wahlheimat wurde.

MARIE-JUSTINE-BENEDICTE FAVART

15. VI. 1727 — 21. IV. 1772

Der Musiker Du Ronceray im Orchester des Königs Stanislaus Leszczynski von Polen in Lunéville ließ seine Tochter Marie-Justine-Benedicte als Schauspielerin, Sängerin und Tänzerin ausbilden, und er hatte sein Geld keineswegs verschwendet. Mit achtzehn Jahren heiratete sie den Schauspieler, Opern- und Lustspieldichter Charles-Simon Favart und debütierte unter dem Namen Chantilly an der Opéra Comique in „Les fêtes publiques". Sie war die erste, die Soubretten und Landmädchen nicht, wie es bisher Brauch gewesen war, im Putze von Hofdamen, sondern in der ihren Rollen entsprechenden Kleidung auf die Bühne treten ließ. Intrigen eines Konkurrenzunternehmens führten zur Schließung der Oper, auch das mühsam aufgebaute eigene Unternehmen mußte schließen, da die Mißgunst sie auch dorthin verfolgte. So gingen sie beglückt auf ein Angebot des Marschalls von Sachsen ein; Favart übernahm die Leitung einer Schauspielertruppe, die der Marschall auf seinen Feldzügen nach Flandern mit sich führte. Marie-Justine begleitete ihn, sah sich aber den Werbungen und Drohungen des Marschalls ausgesetzt und rettete sich in ein Kloster. Erst als der liebestolle Marschall tot war — im Jahre 1750 —, konnte sie nach Paris zurückkehren. Marie-Justine feierte Triumphe an der Comédie Italienne und spielte die Hauptrollen in Stücken ihres Mannes, an deren Kompositionen sie sich beteiligt hatte. In der „Salle Favart" sah man sie später in der musikalischen Komödie. die mehr Raum bot zu volkstümlicher Natürlichkeit des Vortrags. Dieses „französische Singspiel" nach dem Vorbild der italienischen Opera buffa wurde zu einem Begriff und zum entfernten Vorläufer der Operette. Frau Favart sammelte in ihrem Salon in Belleville einen erlesenen Kreis von Künstlern und Gelehrten um sich. Ihre Kompositionen und die ihres Mannes erschienen unter dem Titel „Théâtre de monsieur et madame Favart" 1810 in zehn Bänden.

15. VIII. 1887 — 16. IV. 1968   **EDNA FERBER**

Im Jahre 1924 begann die amerikanische Schriftstellerin Edna Ferber neben vielen anderen sozialkritischen Romanciers der Vereinigten Staaten in ihrem Roman „So Big" ihren scharfen Angriff auf den Nichts-als-Erfolgmenschen und die Geldjäger. In der Gegenüberstellung zweier Generationen gelang es der Dichterin zu zeigen, was der nackte Fortschrittsmensch verliert: die innere Substanz, die Sinnerfülltheit des Lebens. Damit traf sie den faulen Kern einer allgemeinen Zivilisationserscheinung, die bei allen Völkern des modernen wirtschaftlichen Wohlstandes seit Jahrzehnten zu verzeichnen — und zu beklagen ist. Das Buch wurde ein Bestseller und erhielt die hohe Auszeichnung des Pulitzerpreises. Zwei Jahre später schwang Edna Ferber in ihrem Roman „Show Boat" (Komödiantenschiff) die kritische Geißel noch schärfer über die verderbten, bindungs- und verantwortungslosen Typen der süchtigen Erwerbswelt. Manche nennen Edna Ferber das Enfant terrible der amerikanischen Frauenepik. Kenner aber bezeichnen sie als die „scharfsinnigste Sozialkritikerin Amerikas" und die „rechtmäßige Tochter der Dynastie von Dickens", mit dem sie bei aller scharfzüngigen Kritik die Gabe des Humors und der menschlichen Güte teilt. Sie durchleuchtet nicht nur die verschiedenen Berufe des Durchschnittsmenschen in Stadt und Land, sie steigt auch in die Geschichte der amerikanischen Kolonisation hinab. In „Cimarron" entwirft sie ein buntes Bild vom Werdegang Oklahomas in der Zeit der Indianer und Pioniere. Der Roman „Die großen Söhne" durchläuft gar in sieben Generationen die Zeit vom amerikanischen Bürgerkrieg bis zum zweiten Weltkrieg. Diese mütterliche und kritische Frau ist ein Schutzgeist ihres Volkes geworden. Auch ihre Bühnenstücke und Filme dienen dieser Mission.

13. VIII. 1812 — 5. VIII. 1892   **HENRIETTE FEUERBACH**

Die Pfarrerstochter aus dem fränkischen Dorf Ermetzhofen verlor ihren Vater schon sehr früh und wurde dadurch vor Entbehrungen gestellt, die den stillen Ernst ihrer Natur noch vertieften. Zweiundzwanzigjährig heiratete sie den verwitweten Kunsthistoriker Anselm Feuerbach, der in ihr die rechte zweite Mutter für seine beiden Kinder fand, für die damals sechsjährige Emilie und den vierjährigen Anselm. In seinem „Vermächtnis" schreibt Anselm Feuerbach, der seinen Malerruhm zum großen Teil der Stiefmutter verdankt: „Grenzenloses Mitleid mit dem Anblick eines unpraktischen Mannes und zweier Waisen mag mich zu diesem gesegneten Schritt veranlaßt haben." Der Eheweg führte über Speyer, wo Vater Feuerbach anfangs als Gymnasiallehrer wirkte, nach Freiburg. Hier verlosch das Leben des hochbegabten, aber gemütskranken Mannes, als die von ihm ersehnte Berufung an die Heidelberger Universität fehlschlug. Als Witwe zog Henriette nach Heidelberg. Mit Sprach- und Musikstunden fristete sie ihr Leben und trug auch zum Unterhalt des Sohnes bei, der in Rom lebte. Sie lernte neben Griechisch noch Spanisch, um Lope de Vega übersetzen zu können, sie arbeitete mit an Webers „Weltgeschichte", sie wurde im Kriegsjahr Vorsteherin der Lazarettpflege in Heidelberg und fand doch Zeit für ihre geliebte Musik, die sie als „unmittelbare Offenbarung des Geistes" empfand. Dem Stiefsohn Anselm, dem „erschrecklich guten, aber erschrecklich reizbaren" Maler hat sie in opfernder Hingabe alle Wege geebnet, obwohl sie schon früh erkannte, daß „der Mensch in ihm für den Künstler nicht groß genug war". Mit seinem frühen Tod im Jahre 1880 sah sie den Sinn ihres Lebens erloschen. Der Briefwechsel mit Johannes Brahms war der einsam Gewordenen letztes Glück.

MATHILDE FIBIGER 1830—1872

Man hat Mathilde Lucie Fibiger die Begründerin der dänischen Frauenbewegung genannt, eine Ehrung, die nicht ganz richtig sein mag, weil vielleicht noch einige andere Namen mit dem ihren in Wettbewerb treten könnten. Immerhin aber hat das zwanzigjährige junge Mädchen, das damals Hauslehrerin auf Lolland war, mit ihrer unter dem engelhaften Pseudonym Clara Rapheel veröffentlichten und von J. L. Heiberg herausgegebenen Schrift „Zwölf Briefe" den wesentlichsten Anteil an dieser Bewegung, die hier zum ersten Male für die volle Gleichberechtigung der Frau eintritt. Die Briefnovelle hat begreiflicherweise viel Erregung und manchen stürmischen Widerspruch hervorgerufen, weil ihre Umwelt allzu gewagt und allzu gefährlich erschienen; aber sie enthält doch viele dichterisch schöne Stellen, die bei aller Anlehnung an ältere Vorbilder, z. B. an Schillers „Jungfrau von Orleans", für ihre Zeit durchaus modern erschienen. Die fast endlosen Diskussionen und die umfangreiche literarische Polemik, die der Herausgabe der „Zwölf Briefe" folgte, ließen die Verfasserin in mehreren Kleinschriften ihre Auffassung von Freiheit und Frauenwürde noch näher definieren. Mag manches von all den damals so heiß umstrittenen Gedanken heute auch längst überholt oder weitgehend in die Tat umgesetzt sein, so wird man den Namen der Mathilde Fibiger als der engelhaften Clara Rapheel (neben dem ihrer dreizehn Jahre älteren und geistesverwandten Schwester Ilia) doch niemals ganz vergessen dürfen. Für die soziale Bewegung, die Kulturgeschichte und die Literarhistorie des gesamten skandinavischen Raumes ist er nicht ohne Bedeutung. Ihr Bild könnte von einem Nazarener gemalt sein.

RACHEL FIELD 19. IX. 1894 — 15. III. 1942

Wer Rachel Field in ihrer Häuslichkeit aufsuchte, fand sie zumeist am Küchenherd beschäftigt. Die blauäugige schöne Frau liebte es, als Gastgeberin ihren stets großen Freundeskreis mit immer neuen Variationen aus ihrem Kochkunst-Repertoire zu überraschen. Die mütterliche Frau, die erst spät geheiratet hatte, konnte sich über eine gelobte kulinarische Schöpfung nicht minder freuen als über ein bei der Kritik und beim Publikum „gut angekommenes" neues Werk aus ihrer Feder. Und ihr literarischer Ruhm war keineswegs gering. Mit ihren Jugendbüchern hatte sie seit dem Jahre 1926 — damals erschien „Eliza and the Elves" — Erfolg an Erfolg geknüpft. Ihre abenteuerliche Puppengeschichte „Hitty" (1929, deutsch 1950) wurde schon im Augenblick des Erscheinens zum besten gerechnet, was an Jugenderzählungen je geschrieben worden war. Erst im Jahre 1935 wagte sie sich an den Roman, und gleich ihr erstes Werk „Seit Menschengedenken" reihte sie unter die Großen der Gegenwartsdichtung ein. Es ist die entfernt an Thomas Mann „Buddenbrooks" erinnernde Geschichte einer Reederfamilie, deren tragische Hauptgestalt, ein Segelschiffbauer, sich nicht dem Fortschritt und der Zukunft beugen will. Zum verfilmten Bestseller wurde der Roman „Hölle, wo ist dein Sieg", ein genial erdachtes Buch, das in familiengeschichtlichem und kulturhistorischem Rahmen eine einzelne Frauengestalt Trägerin eines spannungsreichen Geschehens werden und sie dabei ihr starkes Menschentum beweisen läßt. Für den Roman „Und morgen wirst Du vergessen", der im zweiten Weltkrieg geschrieben und in ihrem Todesjahr veröffentlicht wurde, erhielt Rachel Field den im Jahre 1917 gestifteten Pulitzer-Preis für Literatur. In den zwanziger Jahren entstanden mehrere Bühnenwerke. Die Dichterin, die zuletzt mit ihrem Gatten in einer stillen sonnigen Straße im kalifornischen Beverly Hill lebte, starb 1942 an den Folgen einer Operation.

23. XI. 1901 — 2. II. 1974   MARIELUISE FLEISSER

Marieluise Fleißer, die im Jahre 1901 in der alten Festungsstadt Ingolstadt geboren wurde und heute noch dort lebt, aber durch ihre Verheiratung den bürgerlichen Namen Marieluise Haindl trägt, gilt mit ihren manchmal humorvollen, zumeist jedoch realistisch derben und trotzdem fast immer recht melancholischen Werken dramatischer oder epischer Art geradezu als die Dichterin des unverfälschten niederbayerischen Volkslebens. Sie studierte in der philosophischen Fakultät der Münchener Universität Theatergeschichte und Bühnenkunst und schrieb mit dem Schauspiel „Fegefeuer", das zunächst „Die Fußwaschung" hieß, ihr erstes überraschend schnell weithin bekanntgewordenes Stück. Eine nicht weniger erfolgreiche Komödie „Pioniere von Ingolstadt" erbrachte ihr manche politischen Schwierigkeiten und während der nationalsozialistischen Herrschaft das Prädikat „als Schriftstellerin unerwünscht". Aber ihrem prachtvollen Geschichtenband „Ein Pfund Orangen", den spannenden Erzählungen „Andorranische Abenteuer" und dem farbenprächtigen bayerischen Kleinstadtroman „Mehlreisende Frieda Geier" mit der Fülle seiner prachtvoll gezeichneten Menschen konnte keine Zensur und kein Verbot beikommen. Der fast männlich harte Stil verband sich in ihrem dichterischen Schaffen immer wieder mit den Anwandlungen zu „weicherer Tonart", die in ihrem Gemüt mitschwingt. Nach dem Zusammenbruch des Systems erwachten in der Dichterin erneut mit dem auch in Funkfassung vorliegenden bayerischen Volksstück „Der starke Stamm" sowie mit der Tragödie „Karl Stuart" die echten und altbewährten Werte ihrer Kunst. Marieluise Fleißer erhielt 1952 den „Erzählerpreis des Süddeutschen Rundfunks" und ein Jahr später den „Literaturpreis der Bayerischen Akademie der Schönen Künste"

1800 — 1842   FRIEDERIKE FLIEDNER

Die Erinnerung an Friederike Fliedner ersteht dem Kundigen heute beim Anblick jedes Diakonissenhauses oder angesichts der „evangelischen Nonnen", die als Krankenpflegerinnen und Gemeindeschwestern in mannigfacher Sozialarbeit ihren selbstlosen Dienst versehen. Friederike Fliedner, geborene Münster, war die Gattin von Theodor Fliedner, dem Schöpfer der evangelischen Diakonie, dem Begründer der berühmt gewordenen Anstalten von Kaiserswerth bei Düsseldorf, die in ihren Tochteranstalten bis Danzig, Königsberg und Oberschlesien, bis in den Orient und nach Nordamerika wirken. Sie ist aber nicht nur „die kluge Frau Pastorin" gewesen, sondern auch die erste Vorsteherin des Diakonissenhauses, die pflegerische Lehrkraft und ethische Erzieherin der ersten Schwestern. Sie mußte gleichzeitig eine ländliche Hausfrau großen Stils sein und war dazu eine Mutter, die in vierzehn Ehejahren elf Kinder getragen hat und nur fünf großziehen durfte und die an einer zu frühen Entbindung starb. — Von Hause gesund und kräftig, sehr klug, sehr selbständig im Denken und Handeln, lebte Friederike Fliedner unter ständiger Arbeitsüberlastung und unter der Vorstellung, daß sie nicht alle übernommenen Aufgaben in gleicher Vollkommenheit lösen könne. Zu ihrer Zeit war der Krankenpflegeberuf noch in verachteter Stand. Die Hospitäler waren nichts als „Schmutz, Schmier und Läuse ... Diebesherbergen können nicht furchtbarer verwahrlost sein", schrieb sie. Und sie stöhnte auch wohl: „Die Kreuzesbalken des Diakonissenhauses sind hart und bitter." Sie fühlte, daß ihr Gewissen „bellte" im Gedanken an ihre Kinder daheim —, aber sie tat, was sie konnte, und blieb ihrem „köstlichen Amte" und der Nachfolge Christi in Selbstverleugnung treu. Die Auswirkungen ihrer Lebensleistung sind aus dem Leben des deutschen Volkes nicht mehr fortzudenken. Von Kaiserswerth sind bald darauf Florence Nightingale und ihr Werk und in seiner Weiterführung die Entstehung des Roten Kreuzes ausgegangen.

ELISABETH FÖRSTER-NIETZSCHE 1846 — 1935

Mit der gleichen Heftigkeit, mit der der aphoristische Denker Friedrich Nietzsche umstritten ist, lehnen viele Forscher heute die Tätigkeit seiner Schwester als Stifterin des Nietzsche-Archivs in Weimar und als Herausgeberin seines Nachlasses ab. Dabei war sie unstreitig eine tapfere und opferbereite Frau, die seit 1889 bis zu ihrem Tode sechsundvierzig Jahre ihres Lebens dem großen Bruder gewidmet hat. Sie war mit dem Forschungsreisenden und Sozialreformer Bernhard Förster verheiratet und gründete mit ihm um die Mitte der achtziger Jahre in Paraguay die Siedlung „Neu-Germania", wo die beiden Idealisten ein Leben in selbstaufopfernder Hingabe an die Lebensgemeinschaft der Siedler verbrachten. Nach dem Tode des Gatten kehrte sie nach Europa zurück, um ihren unheilbar erkrankten Bruder zu pflegen und mit Peter Gast, dem begeisterten Freund des Denkers, den Nietzsche selbst geschätzt, ja geliebt hatte, den Nachlaß zu sammeln, zu ordnen und, freilich nach eigenem Gutdünken zusammengestellt, herauszugeben. Man wirft ihr vor, sie habe das Bild und Werk ihres Bruders verfälscht, indem sie seine hinterlassenen Notizen als Buch unter dem Titel „Der Wille zur Macht, Versuch einer Umwertung aller Werte" veröffentlichte. In Wirklichkeit gab es dieses einheitliche Bild des großen Verneiners nicht, den die einen für einen Nihilisten, die anderen für einen religiösen Verkünder halten. Seine Schwester Elisabeth war dem vielfach gespaltenen, blitzhaft aufzuckenden Geist des Empörers Nietzsche nicht gewachsen, aber sie versah das Amt der Repräsentation bis in die Zeit des Dritten Reiches. Um ihre eigene Autorität zu stärken, veränderte sie etwa dreißig Briefe ihres Bruders an seine Mutter und an Malwida von Meysenbug im Sinn ihrer eigenen philosophischen Gedankenwelt. Trotz allem ist es ihr zu danken, daß die Lebensarbeit ihres Bruders im Archiv zu Weimar original vorliegt und der Forschung offensteht.

HELENA FOURMENT * Um 1613

Die Gegensätzlichkeit im Panorama der Kunstgeschichte wird nirgends farbiger deutlich als im Lebensrausch der Rubensbilder inmitten des Totentanzes des Dreißigjährigen Krieges. Während über den Schlachtfeldern die Trommel dröhnte und Europa zerfiel, erbaute er in Antwerpen die triumphalen Dekorationen zum Einzug Ferdinands, eines Bruders Philipps IV. Abseits von diesem staatlichen Triumphwerk gab Rubens auch seinem persönlichen Leben, das durch die Vermählung mit der schönen Helena Fourment neuen Aufschwung erfahren hatte, strahlenden Ausdruck. Im Jahre 1630, vier Jahre nach dem Tod seiner Frau Isabella Brant, hatte er die siebzehnjährige Nichte, die Tochter der Schwester seiner Frau, geheiratet und Schloß Steen unweit Mecheln als seinen Landsitz gekauft. Helena wurde die Göttin seiner Farbträume. Sein neues Lebensgefühl sprach aus den Landschaften, die er nun mit Vorliebe malte. Helena selber aber trat in zahlreichen prächtig-üppigen Gemälden auf: im Hochzeitsgewand aus Brokat und Seide (1630), im Garten zwischen Rubens und seinem Sohn (1631), unbekleidet im Pelzmantel als „het Pelsken" (1630), als orgelspielende Cäcilie mit Putten (1638) und im Wirbelsturm fliegender Putten im „Liebesgarten" (1635). Stilles Familienglück und zärtliche Mütterlichkeit atmet das Bild Helena Fourments mit ihren beiden ältesten Kindern, Franz und Clara, heute im Louvre in Paris. Schon die neunzehn bis jetzt bekanntgewordenen Bildnisse seiner zweiten Frau würden nach Jakob Burckhardt genügen, Rubens' Weltruhm zu begründen, ganz abgesehen von den zahlreichen Hauptgestalten seiner Gemälde, denen er die Züge der geliebten Frau verlieh. Helenas schönster Ruhm bestand darin, zehn Jahre lang die beseelende Mitschöpferin der Meisterwerke von Rubens gewesen zu sein.

* 2. XII. 1886 ## ANNIE FRANCÉ-HARRAR

In München, ihrer Geburtsstadt, studierte die Tochter des russischen Malers Sochaczewski Medizin und Biologie; daneben galt ihr besonderes Interesse der Kultur- und Literaturgeschichte. Als Sechsundzwanzigjährige veröffentlichte sie ihren ersten Gedichtband, dem eine stattliche Reihe von sehr erfolgreichen Romanen und kulturgeschichtlichen Werken folgte. Ihre eigentliche Lebensaufgabe aber fand die begabte Österreicherin erst in ihrer Ehe mit dem großen Biologen Raoul H. Francé, der als erster im Jahre 1906 mit der Erforschung der Lebewelt des Bodens begann, die er entdeckt hatte und unter dem Namen „Edaphon" zusammenfaßte. Gemeinsam mit seiner Gattin beschäftigte sich der bedeutende Forscher bis zu seinem Tode -- im Jahre 1943 — mit dem Humusproblem und den Gefahren der Bodenerosion. Nach seinem Hinscheiden setzte Annie Francé-Harrar das gemeinsam begonnene Werk fort, das seine Krönung in ihrem großangelegten Buch „Die letzte Chance — für eine Zukunft ohne Not!" gefunden hat. Das 1950 erschienene Werk — Ergebnis einer mehr als vierzigjährigen Forscherarbeit — zeigt Mittel und Wege auf, mit denen der fortschreitenden Abwertung der Ackerbodens begegnet werden kann. Der Vorschlag der Verfasserin, den Verlust an Humusboden durch sinnvolle Verwertung der Abfälle auf natürliche Weise zu ergänzen, spielt im „Generalernährungsplan" der Vereinten Nationen eine wichtige Rolle. Auch die im Jahre 1952 erfolgte Berufung der Forscherin nach Mexiko — sie leitete dort als Staatsbeauftragte mit Ministerrang die Maßnahmen zur Überwindung der Bodenerosion — war eine Folge ihres Werkes „Die letzte Chance", von dem Albert Einstein gesagt hat: „Ich glaube, daß dieses Buch einen dauernden Platz in der Weltliteratur verdient und auch erhalten wird ..."

Um 1670—1734 ## ANNA MAGDALENE FRANCKE

Die von August Hermann Francke vor zweihundertfünfzig Jahren begründete Schulstadt vor den Toren der Saalestadt Halle ist noch heute erhalten, wenn auch die zahlreichen damit verbundenen Anstalten jetzt in einem anderen Geiste geführt werden, als es der Gründer vorgesehen hatte. Aber noch immer ziert den Schmuckgiebel des Hauptgebäudes das von Francke selbst ausgewählte Wort „Die auf den Herrn harren, kriegen neue Kraft, daß sie auffahren wie Adler..." Noch immer steht vor dem Eingang das von Rauchs Meisterhand geschaffene Denkmal des großen Menschen- und Kinderfreundes. Wenn seine fortschrittlichen Erziehungsgedanken weit ins In- und Ausland ausstrahlten, so verdankt er das nicht zum geringsten seiner treuen Lebensgefährtin Anna Magdalena, die ihrem Mann bei der Errichtung seiner Schulen und Waisenhäuser mit ihrer großen organisatorischen Begabung zur Seite stand. Franckes Heimatstadt Lübeck war auch die Geburtsstadt des Fräuleins von Wurm, hier waren sie sich erstmals liebend begegnet. Als freilich der junge Prediger Francke um Anna Magdalenes Hand anhielt, war ihre Familie nicht mit ihm einverstanden; sie hätte Anna Magdalene lieber einen reichen und angesehenen Herrn von Stande zum Gemahl gewünscht. Aber das junge Mädchen hatte sich im Herzen schon entschieden — sie fühlte sich mit dem Erwählten einig im Glauben und in den Lebenszielen, und so führte sie der spätere Pfarrer und Universitätslehrer als „seine Frau im Herrn" heim nach Halle, dessen Universität eben erst im Entstehen begriffen war und durch Franckes Wirken zum Mittelpunkt einer über ganz Deutschland sich auswirkenden religiösen Bewegung wurde. Anna Magdalene war dem oft angefeindeten Gatten eine standhafte Verteidigerin in den Anfechtungen der Orthodoxie und in langen Jahren der Krankheit bis zu seinem Ende eine aufopfernde Pflegerin.

LOUISE VON FRANÇOIS 27. VI. 1817 — 25. IX. 1893

Die Hugenottenfamilie der François hatte ihre Heimat, die Normandie, schon vor Aufhebung des Edikts von Nantes verlassen und sich in Deutschland angesiedelt. In Herzberg, einem kleinen Städtchen an der Elbe, verbrachte die wegen ihrer Schönheit bewunderte Majorstochter Louise eine unbeschwerte Jugendzeit. Ein ungetreuer Vermögensverwalter verursachte jedoch den völligen wirtschaftlichen Zusammenbruch der Familie François, und seitdem widmete sie sich ganz der Sorge um ihre Angehörigen. Armut und Not brachten sie zu dem Versuch, mit kleinen Erzählungen und Zeitschriftenbeiträgen ein wenig Geld zu verdienen — ein Versuch, der nicht immer gelang; denn auch für ihr bedeutendstes Werk, für den Roman „Die letzte Reckenburgerin", erhielt sie als Honorar nur dreihundert Mark, während der Verleger mit diesem Buche seinen Reichtum begründete. Durch die „Reckenburgerin" wurde Gustav Freytag auf die Dichterin aufmerksam; er setzte sich in der Öffentlichkeit für sie ein, und ihre folgenden Bücher, die Romane „Frau Erdmuthens Zwillingssöhne", „Stufenjahre eines Glücklichen" und einige Novellen, verschafften ihr ein so hohes Ansehen, daß sich Conrad Ferdinand Meyer, der schon berühmte Verfasser des „Jürg Jenatsch", an sie um künstlerischen Rat und Hilfe wandte. Mit ihm und mit Marie von Ebner-Eschenbach verband sie eine tiefe und fruchtbare Freundschaft. Als einsame alte Jungfer in dem weltfernen Städtchen Weißenfels an der Saale hausend, verschaffte sich Louise von François in einem unermüdlichen, intensiven Geschichtsstudium das Material zu dem großartigen kulturgeschichtlichen Grundstoff ihrer Romane, von denen sie mit berechtigtem Stolz sagen konnte: „Aus diesen etwas altväterlichen Sitten- und Charakterbildern spricht eine Wahrheit, die keiner Zeit und keiner Mode unterworfen ist."

ANNE FRANK 15. VI. 1929 — III. 1945

Otto Frank besaß in Frankfurt am Main, der alten Handels- und Messestadt, ein angesehenes und gutgehendes Bankgeschäft. 1925 hatte er geheiratet; ein Jahr später wurde ihm seine älteste Tochter Margot geschenkt, und im Jahre 1929 bekam Margot ein Schwesterchen, Annelies Marie. Sie nannten es meistens „Anne". Im Herbst 1933, als die nationalsozialistische Regierung die ersten judenfeindlichen Gesetze erlassen hatte, entschloß sich Otto Frank, der sein Judentum nie verleugnet hatte, mit seiner Familie nach Holland auszuwandern, und begründete in Amsterdam eine neue Firma. Dort gingen auch seine Töchter zur Schule. Als im Mai 1940 die gefürchtete SS und die Gestapo in Holland eindrangen, erkannte Otto Frank aus seinen Frankfurter Erfahrungen heraus früher als die alteingesessenen Amsterdamer Juden die tödliche Gefahr; in den unbenutzten und verwahrlosten Räumen eines Hinterhauses an der Prinsengracht fand er mit seiner Familie Zuflucht und ein — anscheinend sicheres — Versteck. Vier lange Jahre hauste hier die Familie Frank im Verborgenen; sie nahmen auch noch die Familie van Daans bei sich auf, eines Geschäftspartners von Frank, und später versteckten sie einen weiteren Verfolgten, einen jüdischen Zahnarzt, in dem überfüllten Quartier. Am 4. August 1944, als die Invasion schon den Kriegsausgang zugunsten der Alliierten entschieden hatte, wurden die Unglücklichen entdeckt und im Viehwagen nach Auschwitz transportiert. Von dort aus kamen Anne und ihre Schwester in das Konzentrationslager Bergen-Belsen; hier sind sie beide in den ersten Märztagen 1945 umgekommen. Ihr Vater wurde von den Russen aus Auschwitz befreit, er kehrte nach Amsterdam zurück, wo ihm seine ehemalige Sekretärin das aufgefundene und sorgsam verwahrte Tagebuch Annes übergab. Es erschien als Buch, als Bühnenstück und als Film und gilt als eines der erschütterndsten Zeugnisse einer dunklen, unmenschlichen Zeit.

Um 545 — 597 n. Chr. **FREDEGUNDE**

Die erste Großmacht, die nach dem Untergang des Imperium Romanum in Europa aufstand, war das fränkische Königreich Chlodwigs I. Nach seinem Tode entstanden die drei Reichsteile Austrien, Neustrien und Burgund unter seinen Söhnen Sigbert, Chilperich und Guntram. König Chilperich, der in Soissons residierte, wird von dem Geschichtsschreiber Gregor von Tours als „eine Mischung aus Herodes und Nero" bezeichnet. Die rothaarige, grünäugige Fredegunde beherrschte ihn völlig; sie bewog ihn, seine erste Gemahlin Audovera — deren Magd Fredegunde gewesen war — zu verstoßen, seine zweite Gattin Galsvintha, eine Tochter des Westgotenkönigs Athanagild, ermorden zu lassen und sie selber zu seiner rechtmäßigen Gemahlin und Königin zu erheben. Galsvinthas ältere Schwester Brunhilde, die mit Chilperichs Bruder Sigbert vermählt war, forderte den Vollzug der Blutrache; Chilperich wurde in einem blutigen Feldzug vertrieben und Sigbert zum König beider Frankenreiche erhoben. Die Niederlage steigerte Fredegundes Zorn und maßlosen Ehrgeiz, durch gedungene Meuchelmörder ließ sie Sigbert beseitigen und kehrte mit Chilperich auf den Thron zurück. Ihre Stiefsöhne fielen ebenfalls unter von Fredegunde bezahlter Mörderhand, und bald nach der Geburt ihres eigenen jüngsten Sohnes, des nachmaligen Königs Chlothar II., wurde auch Chilperich umgebracht. Fredegunde wurde als Regentin für ihren Sohn anerkannt und zeitweilig auch von König Guntram von Burgund unterstützt, den sie sich durch reiche Bestechungsgaben gefügig gemacht hatte. In der Schlacht von Laffaux im Jahre 595 errang sie einen entscheidenden Sieg über das Heer König Theodeberts von Austrien und drang bis nach Paris vor. Zwei Jahre später erlag die unheimliche Frau einer tödlichen Krankheit. Ihr Sohn Chlothar II. einte das Frankenreich wieder zu machtvoller Größe.

1858 — 1912 **IKA FREUDENBERG**

Diese geistig hervorragende, hochgebildete Rheinländerin ist die Künstlerin unter den Frauenführerinnen der Jahrhundertwende; nicht nur, weil sie selber dichtete und musizierte und alles Schöne in der Welt liebte, sondern weil sie es verstand, auch die größte und gemischteste Versammlung und Diskussion im Geiste der Kunst so zu leiten, daß auch der Roheste von ihrer Kultur der Rede und der Darstellung ergriffen wurde. Sie veredelte den Stil der öffentlichen Auseinandersetzungen; selbst der große Friedrich Naumann war von ihr bezaubert, weil sie die Frauenfrage aus den rein wirtschaftlichen Tatbeständen in die geistige Sphäre der Frauenkultur zu heben verstand. An Plato gebildet, sah diese „Liebhaberin der Welt" im Volke nicht die dumpfe, gebundene, urteilslose Masse wie manche hochmütigen Literaten, sondern einen lebendigen Organismus, der einer „unbegrenzten Entfaltung" fähig ist. Diese Besonnenheit umfaßt auch den Stil des Auftretens auf dem Podium bis zum Anzug. Als Ika Freudenberg in der Mitte ihres vierten Lebensjahrzehnts in München den Vorsitz im Verein für Fraueninteressen übernahm, zeigte sich ihr Genie auch den entlegensten Aufgaben, wie etwa dem Schutz der Kellnerinnen oder der Bekämpfung der Fleischnot, gewachsen; sie trat als Laie auch vor Gericht in der Rolle der Verteidigerin, sogar in zweiter Instanz, auf. Ihre Rechtsschutzstelle half sechzigtausend Frauen durch die Tat. Das Volk nannte sie „Fräulein Doktor". Innere Heiterkeit bis zur Selbstironie, Kunst und Natur halfen ihr über die harte Berufsarbeit hinweg, auch in ihrem schweren körperlichen Leiden, das sie bejahte wie der Mystiker Johannes vom Kreuz. Ika Freudenberg verband wirksam und anmutig mit hoher Bildung die Liebe zu den schutzlosen Menschen ihrer Zeit.

FRIEDERIKE VON GRIECHENLAND   * 18. IV. 1917

In ihrer Geburtsstadt, dem kleinen Harzstädtchen Blankenburg, und im österreichischen Gmunden verlebte die junge Prinzessin ihre Kindheit. Obwohl ihre Eltern, Herzog Ernst August von Cumberland zu Braunschweig und Lüneburg und Herzogin Viktoria Luise — eine Tochter des letzten deutschen Kaisers —, in Gmunden ein eigenes Internat für Söhne und Töchter des Hochadels unterhielten, schickten sie Friederike zum Sprachstudium in ein englisches College und später nach Florenz, wo sie Prinz Paul kennenlernte, den Bruder des damals regierenden Königs Georg II. von Griechenland. Im Januar 1938 fand in Athen ihre Hochzeit statt, schon im Schatten des drohenden Krieges, der das junge Paar bis nach Südafrika vertrieb. Als Nachfolger des verstorbenen Königs Georg bestiegen Paul und Friederike am 1. April 1947 den griechischen Thron, mitten in den Wirren eines mitleidlosen Bürger- und Partisanenkrieges, in dem sich die Königin den Ehrentitel der „ersten Mutter Griechenlands" verdiente. In einem großangelegten Hilfswerk unternahm sie es, die Flüchtlingskinder der am härtesten betroffenen Gebirgsprovinzen zu ernähren, zu bekleiden und in 51 „Kinderdörfern" unterzubringen, in denen über zwanzigtausend Kinder ein Heim, Schulunterricht und später auch berufliche Ausbildung fanden. Die Königin scheute sich nicht, in der ganzen freien Welt energisch und erfolgreich um Geld- und Sachspenden für ihr Werk zu bitten. Das Beispiel einer glücklichen Ehe und eines vorbildlichen Familienlebens hat das Ansehen des Königspaares im In- und Ausland noch gesteigert. Ihrer deutschen Abstammung ist sich die Königin immer bewußt geblieben. Als Churchill sie während des Krieges einmal ärgern wollte: „... ich höre, Sie sind Deutsche, Madame?" — sagte sie einfach: „Natürlich — ich bin ja eine Urenkelin Ihrer Königin Victoria!"

FRAU VON FRIEDLAND   1755 — 1803

Als im strengen Winter 1803 ein Brand in der Nachbarschaft ausbrach, war Frau von Friedland unermüdlich bei den Löscharbeiten tätig. Wenige Wochen später starb sie an der tödlichen Krankheit, die sie sich bei diesem Rettungswerk zugezogen hatte. Es war ihre Erde, ihr Land, dem sie ihr Leben opferte. — Nach dem Siebenjährigen Krieg schenkte Friedrich der Große seinem verdienstvollen, tapferen Offizier Lestwitz die Herrschaft Friedland an der Oder. Seine einzige Tochter heiratete mit siebzehn Jahren den Herrn von Borcke, trennte sich aber nach kurzer unglücklicher Ehe von ihm und übernahm nach dem Tode ihres Vaters als Frau von Friedland die Herrschaft über die sieben Güter, die den Besitz „Friedland" bildeten. Albrecht Daniel Thaer hatte damals das Grundgesetz der neuzeitlichen Landwirtschaft, die Fruchtfolge, entdeckt und führte sie auf seinem Mustergut bei Celle durch. Frau von Friedland übernahm sofort mit Feuereifer die neuen Erkenntnisse, die den Ertrag der Äcker um ein Vielfaches steigerten. Sie verkaufte ihren Schmuck, bildete selber ihre Unterbeamten heran, ritt bei Wind und Wetter über ihre Felder, ließ sumpfige Niederungen entwässern, Sandhügel bewalden und Wiesen anlegen. In den fünfzehn Jahren ihrer Tätigkeit schuf sie die Wildnis in eine intensive Ackerbau-Landschaft um, wie sie heute selbstverständlich ist. Thaer, der ihr Organisations- und Erziehungstalent bewunderte, nannte sie „eine der merkwürdigsten Frauen, die je gelebt haben". Der Dichter Fontane, der sich vor ihrem ebenso mütterlichen wie tätigen Geist beugte, schrieb von ihr: „Was sie tat, wurde Beispiel und weckte Nacheiferung."

1801 — 1879 **KATHARINA FRÖHLICH**

Im Viermäderlhaus zu Wien musizierte Franz Schubert; Anna, die Gesangslehrerin, Josephine, die gelegentliche Opernsängerin, Betty, die Malerin, und die jüngste, die Kathi, die schönste von allen, Schülerin der Schauspielerin Schröder, waren unverheiratet. Die Töchter des verstorbenen Fabrikanten und Hofrats Fröhlich waren keine attraktiven Partien mehr, mit Unterricht und Näharbeiten schlugen sie sich durchs Leben. Nur Kathi verliebte und verlobte sich 1821 mit dem berühmten, um zehn Jahre älteren Dichter Franz Grillparzer, ohne zu wissen, daß sie einen geborenen Junggesellen erwählt hatte. Schon als Hausrat eingekauft werden sollte, kam es zur ersten Auseinandersetzung mit dem empfindlichen Eigenbrödler, dessen scheue Natur sich bis zu seinem Tode vor der Ehe verschloß: Katharina blieb die ewige Braut, Grillparzer der ewige Bräutigam; jeder von ihnen war ein ganzer Mensch. „Man kann nur Hälften aneinander passen", entschied der Dichter. Die ewige Liebe wurde zum ewigen Kampf: „So standen beide, suchten sich zu einen, das andre aufzunehmen ganz in sich; / doch all umsonst, trotz Ringen, Stürmen, Weinen, / Sie blieb ein Weib, und ich war immer ich." Trotz manchen banalen Zerwürfnissen hielten beide romantische Seelen wie Sterne den hohen Stand der ungelösten Leidenschaft: „Wir glühten — aber ach, wir schmolzen nicht." Mochte das Wiener Theaterpublikum dem einst vergötterten Dichter untreu werden, die Zensur und der kaiserliche Hof ihn solange mit ihrer schwankenden Gunst erbittern, bis er seine Manuskripte im Schreibtisch verschloß: immer wieder fand er den Weg in das kleine Haus am der Spiegelgasse und 1849 siedelte er ganz zu den Schwestern über. Der Dichter blieb 23 Jahre im Dreimäderlhaus, und die treueste aller Freundinnen drückte dem dreiundachtzigjährigen Poeten, als er im alten schwarzen Ledersessel für immer entschlummerte, die Augen zu.

21. V. 1780 — 12. X. 1845 **ELIZABETH FRY**

„Quäker" — die Bebenden — wurden die ersten Anhänger der „Gesellschaft der Freunde" spöttisch von ihren Zeitgenossen genannt. Die von dem ehemaligen Schuhmacher George Fox begründete religiöse Gemeinschaft löste sich bald von der englischen Staatskirche und geriet in Konflikt mit den weltlichen und kirchlichen Mächten; der Glaubenseifer, mit dem die verfolgten und angeschuldigten Freunde „bebend vor Begeisterung" ihre Überzeugung und ihre Lehre vor den Gerichten verteidigten, veranlaßte Cromwell zu dem Ausspruch: „Ich merke, da ist ein Volk aufgekommen, das man nicht gewinnen wie die andern alle, nicht durch Geld, nicht durch Ehren, nicht durch Ämter!" — Die Gesellschaft der Freunde verwirklichte schon im siebzehnten Jahrhundert die völlige Gleichberechtigung von Mann und Frau. Seit dieser Zeit nehmen sie sich in stiller Christenliebe der hungernden, unterdrückten oder verfolgten Menschen aller Völker und Rassen an. Eine Quäkerfrau setzte auch als erste den Gedanken einer modernen, religiös-ethischen Fürsorge für Strafgefangene in die Tat um: Elizabeth Fry. Entsetzt von den Eindrücken vieler Besuche in Zuchthäusern und Gefängnissen, in denen die Gestrauchelten rechtlos und schutzlos ein kaum menschenwürdiges Dasein führten und sich, statt gebessert zu werden, immer aufs neue und tiefer in Schuld und Verhängnis verstrickten, gründete sie im Jahre 1817 in England den „Frauenverein zur Besserung weiblicher Sträflinge". Ihre Leitgedanken: Strafe als Erziehung — Erziehung durch Arbeit — Selbstverwaltung der Strafgefangenen, Hilfe für die Entlassenen — wurden bald in vielen Ländern aufgegriffen. Unermüdlich tätig und auch durch Enttäuschungen und Fehlschläge nicht entmutigt, gab die gütige Frau ihre Erfahrungen und ihre Ideale weiter an alle, die sie riefen.

BARBARA FUGGER   Um 1420 — 1499

Der Augsburger Webermeister Jakob Fugger kannte die blonde Tochter des reichen Goldschmieds und Münzmeisters Hans Bäsinger schon aus Kindertagen. Als er sie nach langem Werben heiraten konnte, gewann er in ihr eine tüchtige, liebevolle Haus- und Geschäftsfrau, die ihm elf Kinder schenkte und seine gesellschaftliche Stellung nach Kräften förderte. Aus dem „Zunftmeister der Barchentweber" wurde der große Handelsherr, dessen mit Tuch, Wolle, Seide und Spezereien hochbeladenen Planwagen auf allen Handelsstraßen Europas zu finden waren. Allerdings — aus dem reichen Erbe, das er sich von seinem Schwiegervater erhofft hatte, wurde vorerst nichts; Bäsinger geriet in Schulden und ging als Münzmeister nach Hall in Tirol, wo er aber bald wieder emporstieg, so daß er Jakob Fugger insgeheim viele Anteile an den Tiroler Silbergruben zuschanzen konnte. Barbaras Gemahl starb am 23. März 1469 am Webstuhl, bei der Unterweisung eines neuen Gesellen. Er hinterließ ein blühendes, schuldenfreies Unternehmen. Tapfer nahm seine Witwe die Last der Geschäftsführung auf sich, unterstützt von ihren Söhnen Ulrich, Georg und Jakob, der zur gründlichen kaufmännischen Ausbildung nach Venedig ging und später der große Kaufherr „Jakob Fugger der Reiche" wurde. Während die Söhne auf großer Fahrt unterwegs waren und weltweite Verbindungen anknüpften, saß Mutter Barbara in der „Goldenen Stube", unter dem Lilienwappen der „Fugger von den Gilgen", über die Geschäftsbücher gebeugt, aus denen sie ersehen konnte, daß ihr Vermögen sich in dreißigjähriger Witwenschaft auf über dreiundzwanzigtausend Gulden verdoppelt hatte. Ihre letzte Freude war Burgkmairs schönes Hochzeitsbild von Jakob und ihrer Schwiegertochter Sibylle Arzt. Am Todestag ihres Mannes ist Barbara Fugger im Jahre 1499 gestorben, in Frieden mit Gott und der Welt.

LEOPOLDINE FUHRICH   30. VII. 1898 — 23. V. 1926

Die in Salzburg geborene Leopoldine Fuhrich schloß sich als Studentin der Naturwissenschaften im Jahre 1919 den Erforschern der „Eisriesenwelt" an, der größten Eishöhle der Erde im Tennengebirge bei Salzburg. Sie war von der damals neuen Form des unterirdischen Alpinismus so begeistert, daß sie die oft tagelangen Forschungsexpeditionen jener ersten Epoche der Erschließung dieser gigantischen Höhle als einzige Frau mitmachte. Später beteiligte sie sich an allen größeren Neuforschungen, die im Salzburger Höhlengebiet unternommen wurden. Mit den befreundeten Brüdern Friedrich und Robert Oedl machte sie 1921 und 1922 Erkundungstouren in den klassischen Karst, drang unter Leitung des Triestiners Meeraus in der Reka-Höhle bis zum Ende des „Sees des Todes" vor und durchkletterte auf zum Teil neuen Wegen die Kacnajama und die Adelsberger Grotten. 1923 und 1924 arbeitete sie in den Höhlen Süd-Deutschlands, der Tschechoslowakei und Frankreichs. Eine Reise führte sie 1925 nach England und Irland zu den dortigen Erdklüften, eine andere Höhlenreise unternahm sie mit dem Kanadier Eliot Barton nach Brasilien. Überall konnte sie wertvolle erd- und naturkundliche Erkenntnisse gewinnen, um derentwillen sie die größten Strapazen auf sich nahm. Ihre Forscherarbeit und ihre Lehrtätigkeit am Mädchen-Realgymnasium in Hitzing, wo sie in Naturgeschichte und Leibesübungen unterrichtete, wurden jäh beendet: Am Ostermontag 1926 stürzte sie in der Lur-Grotte bei Semriach in der Steiermark von der Strickleiter zwanzig Meter tief ab. Sie starb, erst 28 Jahre alt, nach wenigen Stunden. Eine Gedenktafel beim „Poldi-Brunnen" unweit des Höhleneingangs hält die Erinnerung an ihre Arbeit im Dienste der österreichischen und internationalen Höhlenforschung fest. Eine zweite Gedenktafel befindet sich in der Lur-Grotte an der Unglücksstelle.

23. V. 1810 — 16. VII. 1850   SARAH MARGARETH FULLER

„Den gleichen Frauen, die gestern noch auf den Knien angebetet und so hoch geschätzt wurden, daß sie würdig schienen, mit einem stolzen angelsächsischen Manne als Gleichberechtigte den Heiratskontrakt zu schließen, wird nach der Eheschließung ihr bürgerliches Dasein, ihre soziale Freiheit rundweg abgesprochen." Diese Klage der großen Frauenrechtlerin Elisabeth Cady Stanton kennzeichnet die Rechtslage, der sich die amerikanischen Frauen noch um die Mitte des vorigen Jahrhunderts gegenübersahen. Sarah Margareth Fuller hatte schon Jahre vorher als Redakteurin der Zeitschrift „Dial" in zahlreichen geharnischten Artikeln den Gesetzgeber auf dieses Mißverhältnis in der Rechtsstellung von Mann und Frau hingewiesen und die Frauen in die Arena gerufen. Sie reiste, um an sich selbst die Tüchtigkeit der Frau zu erweisen, in die noch unerschlossenen Gebiete um die Großen Seen und schrieb darüber, dann vertraute sie sich einem Segler an, der sie nach Europa brachte. In Italien geriet sie in die Wirren des Risorgimento, heiratete einen der führenden Köpfe der Freiheitsbewegung und stand an seiner Seite, als die französischen Truppen die Mauern Roms berannten, um die Freischärler Garibaldis von dort zu vertreiben. Als die „Römische Republik" Mazzinis und Garibaldis zusammenbrach, zog sie sich mit dem Gatten in die Toskana zurück. In Livorno schifften sie sich am 17. Mai 1850 nach den Vereinigten Staaten ein, fanden aber, bevor sie die Neue Welt erreichten, bei einem Schiffbruch den Tod. Elsie Venner, James Russell und Hawthorne erhoben die Gestalt und das Werk Sarah Fullers ins Reich der Dichtung. Sie selber hinterließ in den drei Bänden ihrer Memoiren das Porträt ihres reichen Lebens.

15. VIII. 1861 — 1938   HENRIETTE FÜRTH

In Deutschlands dunkelsten Tagen wurde neben vielen anderen Denkmälern auch das Grabmal von Henriette Fürth auf dem Jüdischen Friedhof zu Frankfurt am Main umgestürzt und vernichtet; unzerstörbar aber bleibt die Erinnerung an diese große deutsche Sozialpolitikerin, deren Leben und schriftstellerisches Werk ganz im Zeichen der Frauenarbeit stand, der liebenden Sorge um den Rechtsschutz der Frauen und Kinder. Als Tochter eines angesehenen Gießener Kaufmannshauses strebte sie ursprünglich den Lehrerinnenberuf an, aber ihre Vermählung mit dem Sozialökonomen Wilhelm Fürth lenkte ihr Interesse automatisch auf das Gebiet der Sozialpolitik, auf dem sie in schöner Gemeinsamkeit mit ihrem Gatten, dem sie sieben Kinder schenkte, bald eine rege und vielbeachtete Tätigkeit entfaltete. Schon bei ihrem ersten Auftreten auf dem sozialdemokratischen Parteitag des Jahres 1896 bewies sie ihre überragenden Fähigkeiten, die sie in der Folge auf Kongressen, Tagungen und als Mitarbeiterin der Zeitschrift „Neue Welt" mit wachsendem Erfolg in den Dienst ihres Lebensideals stellte. Auch an der von Helene Lange und Gertrud Bäumer herausgegebenen Zeitschrift der bürgerlichen Frauenbewegung „Die Frau" arbeitete sie mit; dort erschien zum erstenmal ihr richtungsweisender Aufsatz „Über die Idee des Rechtsschutzes für Frauen", der zur Grundlage aller in dieser Richtung zielenden gesetzgeberischen Maßnahmen geworden ist. Als nach dem Ende des ersten Weltkrieges die Frauen das so lange und bitter erkämpfte Wahlrecht erhielten, zog Henriette Fürth in das Stadtparlament ihrer Wahlheimat Frankfurt a. M. ein und entfaltete eine fruchtbare und noch heute unvergessene selbstlose Tätigkeit. Sie erlebte noch den Beginn des „Dritten Reiches", beruhigt über das Schicksal ihrer Kinder, die rechtzeitig ausgewandert waren.

GALLA PLACIDIA

Um 392 — 450 n. Chr.

Die Tochter des Kaisers Theodosius I. war in Byzanz aufgewachsen, in der Obhut christlicher Erzieherinnen. Im August 410 erlebte das kaum achtzehnjährige Mädchen in Rom die Plünderung der Stadt durch die Gotenhorden Alarichs, der die Kaisertochter als Geisel auf seinem Raubzug mit sich führte bis nach Cosenza, wo er den Tod fand. Alarichs Nachfolger Athaulf führte die Goten nach Gallien und vermählte sich dort mit Galla Placidia — eine politische Heirat, die Friede zwischen dem Gotenkönig und Honorius, Galla Placidias Stiefbruder, schließen sollte. Nach Athaulfs Tode wurde die junge Witwe in eine zweite politische Ehe gezwungen — mit ihres Stiefbruders Mitkaiser und Feldherrn Constantius. Auch Constantius verstarb schon nach wenigen Jahren, und Honorius schickte seine Stiefschwester mit ihren Kindern in die Verbannung, aus der sie erst nach seinem Tode wieder zurückkehren durfte, als Regentin für ihren noch unmündigen Sohn Valentinian. Ein Vierteljahrhundert lang stand nun Westrom unter dem Zeichen der Augusta Galla Placidia, die unter dauernden Kämpfen mit machtlüsternen hohen Reichsbeamten und Heerführern, unter inneren und äußeren Widerständen ein gesetzgeberisches Werk schuf, das der zeitlichen Mißstände Herr zu werden versuchte und das römische Rechtswesen von neuem festigte. In dieser gotischen Fürstin römischen Blutes vollzog sich symbolträchtig jener Verschmelzungsprozeß, der aus dem Untergang der Römer wie der Goten und ihrer Bruderstämme die große romanische Völkerfamilie entstehen ließ, die in der übernationalen lateinischen Rechtsidee die Einheit des Abendlandes ins Mittelalter hinüberrettete.

ADELHEID AMALIE FÜRSTIN GALLITZIN

28. VIII. 1748 — 27. IV. 1806

„Es sind interessante Menschen, und wunderbar, sie miteinander zu sehen..." So war Goethes Eindruck von dem Münsterschen „Freundeskreis" um die Fürstin Gallitzin, eine der geistvollsten Frauen des achtzehnten Jahrhunderts, deren Wirken sehr zur Erneuerung und Vertiefung des kulturellen Lebens in Westfalen beigetragen hat. Die Fürstin — eine geborene Komtesse Schmettau aus dem Schlesischen — hatte sich von ihrem Gemahl, dem kaiserlich-russischen Gesandten in den Haag, getrennt und lebte seit 1779 in Münster der Erziehung ihrer beiden Kinder und ihrem Freundeskreis, dessen Ziele nach Goethe „in erster Linie nach innen gerichtet waren, aus dem Gefühl, daß die Welt uns nichts gebe, daß man sich in sich selbst zurückziehen, daß man in einem inneren beschränkten Kreis um Zeit und Ewigkeit besorgt sein müsse." Adelheid Gallitzin war aus dem geistigen Vorstellungskreis ihres Mannes, der den französischen Enzyklopädisten nahestand, über das sokratische Griechentum des holländischen Philosophen F. Hemsterhuis zur wahrheitsuchenden Empfindsamkeit Stolbergs gelangt, die in die Romantik mündete. Seit 1787 weilte der „Magus aus dem Norden", Johann Georg Hamann, in Münster. „Seine ungekünstelte, mir noch nirgends, in keinem Menschen in dieser Reinheit erschienene Art von Demut war es insbesondere, die mir das Christentum in einem neuen, erhabeneren Lichte als jemals zuvor zeigte..." In ihren Armen ist Hamann ein Jahr später gestorben, und in ihrem Garten fand er seine letzte Ruhestätte. Neben der Fürstin wurde der „Kreis von Münster" vor allem geprägt durch Franz von Fürstenberg, der im Auftrag des Kölner Kurfürsten das Hochstift Münster verwaltete. In ihm fand Adelheid einen immer hilfsbereiten Ratgeber, dem sie in vielen Briefen ihr Herz öffnete.

27. II. 1838 — 3. II. 1884   **JOSEPHINE GALLMEYER**

Die Musik Jacques Offenbachs aus Köln wurde zum wesentlichen und charakteristischen Bestandteil der Epoche des dritten Napoleon. Aus den Ballsälen der Pariser „Welt, in der man sich nicht langweilt", trat der freche „Cancan" seinen Siegeszug durch die Vergnügungsstätten Europas an und verdrängte auch in Wien den anmutig-liebenswürdigen Walzer. Das Lustspiel wich der Posse, das Singspiel der Operette. In der Wiener Premiere von Offenbachs „Pariser Leben" feierte Josephine Gallmeyer, als die „fesche Pepi" die populärste Lokalsängerin der Donaustadt, ihren größten Triumph. Sie stammte aus Leipzig; ihre Mutter, die Sängerin Tomaselli, hatte mit gutem Grund an ihrer Wiege gesummt: „Schlaf, Kindlein, schlaf; dein Vater ist ein Graf, dein Vater ist ein groß' Genie — ich fürchte nur, du siehst ihn nie..."
Als Fünfzehnjährige debütierte Josephine in Brünn, dem „Sprungbrett" so vieler Großer der heiteren Muse; Hermannstadt und Temesvar waren weitere Stationen auf dem Wege in die Hauptstadt, die den „weiblichen Nestroy" mit offenen Armen aufnahm und — mit den Worten Bauernfelds — bald das „größte theatralische Genie Wiens" nannte. Ihre elegante Wohnung in der Praterstraße, war im Plüsch- und Pleureusenstil des Malers Makart eingerichtet und galt als Treffpunkt der Wiener Lebewelt, wenn die schöne Hausherrin nicht gerade auf Gastspielreisen in Hamburg, Berlin, New York oder Philadelphia weilte. Sie verdiente viel Geld, verbrauchte aber noch mehr; zu den ständigen Besuchern ihres Salons gehörte ein schlicht gekleideter Mann, der als einziger ohne Blumen zu erscheinen wagte. Das war der Gerichtsvollzieher. Geldsorgen bedrückten die liebenswerte Frau noch auf dem Sterbebett: „Bis ich die rückständigen Steuern bezahlt hab', müßt ihr mich noch am Leben halten", ermahnte sie ihre Ärzte, „ich hätt' ja drüben keine Ruh, wenn das Finanzamt durch mich geschädigt wär'..."

19. XI. 1917 — 31. X. 1984   **SHRIMATI INDIRA GANDHI**

In den Jahren nach seiner Entlassung aus der vierjährigen Gefängnishaft hat Mahatma Gandhi, krank von dem durchlittenen Unrecht und dem Leid, dem er überall begegnet, sein Herz der mißachteten, rechtlosen Kaste der „Unberührbaren" zugewandt, lehrt sie spinnen und weben und weckt ihr Selbstbewußtsein. Oft nimmt er Indira, Nehrus Tochter, mit in die Behausungen der Ausgestoßenen, und das Kind lernt an seinem Beispiel. Als Gandhi, der für sie als ein Heiliger gilt, wieder aufbricht, um in Städten und Dörfern erneut zum passiven Widerstand aufzurufen, sammelt die Zwölfjährige die Gleichaltrigen um sich und lehrt sie, was Gandhi sie gelehrt hat: Entäußerung von allem entbehrlichen Besitz um der Darbenden willen, Mildtätigkeit und Brüderlichkeit über alle Kastenschranken hinweg. Als sie in Poona auf die Schule geht, organisiert sie einen Kreis der Nächstenliebe, hilft den Armen in den Slum-Vierteln und ruft zum Boykott der britischen Textileinfuhr auf, um das häusliche Spinnen und Weben zu fördern. Ihre Organisationsgabe überträgt sie ins Große, als sie Studentin auf indischen und englischen Universitäten ist, als sie Kongreßabgeordnete wird und Mahatma Gandhi ihr Sonderaufgaben im „Feldzug des Ungehorsams" überträgt. Dreizehn Monate verbringt sie im Gefängnis. Als die Engländer das Land verlassen haben, ist die rastlos tätige Frau sofort zur Stelle und beginnt mit der Organisierung des Aufbaus. Sie wird Mitglied des Parlaments und Vertreterin seiner Frauen-Abgeordneten, Mitglied des Zentralen Wohlfahrtsausschusses, sie arbeitet in den privaten Wohlfahrtsorganisationen, in der Kinderbuch-Vereinigung, in der Gesellschaft für Kinderfilme, im Sportinstitut, übernimmt Pflegschaften und Krankenhausdienst. Reisen führen sie durch Asien, Europa und Amerika, und sie wirbt in ihrer Heimat für alles, was sich an fremden Errungenschaften auf Indien übertragen läßt.

GRETA GARBO * 18. IX. 1905

In Stockholm ist die Tochter des schwedischen Seemanns Gustavsson aufgewachsen — ein Mädchen wie viele, nicht besonders hübsch, nicht besonders begabt. Nach der Schulzeit muß sie verdienen; sie arbeitet erst in einem kleinen Friseursalon, dann als Hutverkäuferin in einem Warenhaus. Auf einer Vorstadtbühne sieht sie Ibsens „Peer Gynt", weniger das Stück beeindruckt sie als die Darsteller. Schauspielerin — das wäre ein Beruf! Greta erfährt, daß die Kgl. Dramatische Akademie an Begabte kostenlos Unterricht erteilt, sie meldet sich zum Vorsprechen — und darf drei Jahre lang studieren. Bei einer Schüleraufführung wird Filmregisseur Stiller auf das junge Mädchen aufmerksam; er gibt ihr eine Chance, er gibt ihr auch einen neuen Namen: Garbo. Ein portugiesisches Wort, das soviel wie Anmut heißt — und selten haben Name und Antlitz sich so vollkommen gedeckt. Neben Asta Nielsen und Werner Krauss spielt die Garbo in dem deutschen Film „Die freudlose Gasse". Der Hollywoodregisseur Louis B. Mayer wittert in Greta einen Weltstar und Kassenmagneten und nimmt sie mit ins amerikanische Filmparadies. Dort filmt sie zwanzig Jahre lang, und jeder ihrer Filme wird ein Welterfolg. „Der bunte Schleier", „Anna Christie", „Anna Karenina", „Die Kameliendame", „Ninotschka" — in diesen Filmen wird Greta Garbo zum Schönheitsideal ihres Jahrhunderts. Für eine ganze Generation lebt die schwedische Königin Christine nicht als das bucklige, verwachsene und ungepflegte Wesen, das sie in Wirklichkeit war, sondern mit dem hoheitsvollen, von Größe und Leid geadelten Antlitz der Filmschauspielerin Greta Garbo, die mit dieser Rolle einen Höhepunkt ihrer künstlerischen Entwicklung erreicht. Noch einmal bezaubert sie die Welt — als „Gräfin Walewska". Nach ihrem letzten, mißglückten Film „Die Frau mit den zwei Gesichtern" beendet sie ihre Laufbahn, uns die unzerstörbare Erinnerung an ein schönes, vollkommenes Menschenantlitz hinterlassend.

HULDA GARBORG 22. II. 1862 — 5. XI. 1934

Die Norwegerin Hulda Bergersen aus Stange, die im Dezember 1887 mit dem damals schon in ganz Europa gefeierten Dichter und Denker Arne Garborg die Ehe einging und ihm zeitlebens verständnisvollste Mitarbeiterin blieb, war eine eigenständige, warmherzige, tapfere und geistreiche Frau, so daß ihr eigenes Schaffen neben dem ihres Gatten durchaus selbständig betrachtet und bewertet werden muß. Ihr dichterisches Werk lief freilich auf weite Strecken hin parallel mit dem ihres Mannes. Es begann realistisch mit dem Eheroman „Ein freies Verhältnis" und dem düsteren, wirkungssicheren Schauspiel „Mütter". Ihre zunächst noch anonym erschienene Protestschrift gegen das die Frau herabwürdigende Buch „Geschlecht und Charakter" von Otto Weininger führte zu langanhaltenden Kämpfen um Für und Wider. In der satirischen Schrift „Frau Evas Tagebuch" forderte sie größere Achtung für die Frau als Mutter, als Gattin und Geliebte. Von da an wurden Familie und Heimat die beiden Pole ihres unablässigen literarischen Ringens. Einer ihrer Wunschträume war, dem Volkslied und den Volksmärchen wieder die rechte Geltung in der Häuslichkeit zu verschaffen. Ihre Bücher „Tanzlieder im Nordland", „Klein-Kersti", „Sigmund Bresteson" und „Tyrihans" galten diesen Bestrebungen. Die Beziehung zum Werke ihres Mannes vertiefte sich in der Romanserie „Während man tanzt", „Im Hulderwald", „Wenn die Hecken blühen" und „Der graue Greis", in dem autobiographischen Tagebuch „Von Kolbotten und anderswo" und dem Gedichtband „Frauen". Nach dem Tode Arne Garborgs gab sie seine „Tagebücher" in sechs Bänden heraus, in denen sich eine interessante Epoche nordischen Kulturlebens, aber auch ihr eigenes dichterisches und kulturkritisches Werk widerspiegeln.

1817 — 4. VIII. 1849   ANITA GARIBALDI

Giuseppe Garibaldi, der „Heros zweier Welten", war von der piemontesischen Regierung in Abwesenheit zum Tode verurteilt worden und flüchtete nach Brasilien, wo das Volk in offener Revolte gegen das Kaisertum der Braganza stand und die brasilianische Republik proklamiert hatte. Garibaldi kämpfte auf seiten der Republikaner. Während des Feldzuges verliebte er sich in die kaum achtzehnjährige Tochter Anita des Don Benito Riveira de Silva, der vor Kummer starb, als er sein Kind mit dem fremden Abenteurer fliehen sah, gekettet an ein Leben in Krieg und Gefahr. Von nun an war Anita stets an der Seite des Geliebten, im Feuertaumel der Schlachten und der Flucht. In einer elenden Hütte, verfolgt und bedroht, schenkte sie ihrem ersten Sohn das Leben; zwei Kinder folgten nach. Im Dezember 1847 wurde Garibaldi nach Rom gerufen, wo im Aufbruch europäischer Freiheit die Republik von 1848 verkündet und bitter umkämpft wurde. Er schickte Frau und Kinder zu seiner Mutter nach Nizza — aber Anita litt es nicht fern von ihm; sie eilte wieder nach Rom, immer noch die reitende Amazone, schlug sich durch die Fronten der Österreicher und Franzosen und warf sich mitten ins Schlachtgetümmel. Neben ihrem Mann stand sie auf dem Platz von Sankt Peter, als der geschlagene Garibaldi die letzten Rothemden um sich scharte: „Ich verlasse Rom. Wer den Namen Italien nicht auf den Lippen, sondern im Herzen trägt, der komme mit mir!" Die Flucht ging durch Latium, Umbrien, die Romagna. Anita trug wieder ein Kind unter dem Herzen, sie war krank, konnte sich kaum noch auf den Beinen halten — aber wie wilde Tiere wurden sie weitergehetzt. Auf den Armen trug der Freiheitskämpfer die geliebte Frau durch die Sümpfe von Comacchio. In einem einsamen Gehöft fand sie Ruhe zum Sterben. „In einem Licht von Martyrium" endete am 4. August 1849 Anita Garibaldis Leben, ein heldisches Frauenleben von wahrhaft antiker Größe.

* 1791   ELISE GARNERIN

Gegen Ende des achtzehnten Jahrhunderts beschäftigte das „Fliegen" die Menschen, wie uns heute die Raketenaufstiege erregen. Die Namen, die das Volk den Luftballonen gab, zeugen für die farbige Phantasie, mit der man die schwebenden Kugeln verfolgte. Man sprach und schrieb von ihnen als den Himmelsdrachen, geflügelten Luftkutschen, Luftdärmen, Luftbällen, Luftgeistern, Wolkenschiffen, Lufteiern, Gasblasen, Pariser Gondeln, fliegenden Extraposten oder sachlicher: von Vakuumluftschiffen, Luftmaschinen, aerostatischen Bällen. Zu ihrer Popularisierung trugen nicht zuletzt die Schauflüge bei, zu denen die großen Städte die bewährtesten Artisten der Luft engagierten. Das Feld behaupteten drei Jahrzehnte lang die Mitglieder der Familie Garnerin: André Jacques und seine Frau und Andrés Bruder Jean Baptiste mit seiner berühmten Tochter Elise. Obwohl die Sachverständigen davor warnten, daß „der Druck der Luft den zarten Organen eines jungen Mädchens gefährlich werden könne", bestieg Elise schon als Kind die Ballongondeln von Vater und Onkel, segelte mit ihnen durch die Lüfte und befand sich dort oben so sehr in ihrem Element, daß sie eines Tages auch den Absprung mit dem acht Meter klaffenden Fallschirm wagte, den ihr Onkel erfunden hatte. 1797 war das Rettungsgerät, das dazu diente, „aus jeder Höhe, und sei sie noch so groß, ohne Furcht vor Gefahr herabstürzen zu können", erstmals erprobt worden. Elise Garnerin übertraf alle an Keckheit. Ihren größten Triumph feierte die Vierundzwanzigjährige 1815, nach der zweiten Einnahme von Paris, als sie sich in Gegenwart des preußischen Königs mit ausgespanntem „Schirm" aus tausend Meter Höhe herabfallen ließ und heil in einem Stoppelfeld landete. Bei ihren späteren Sprüngen befestigte sie den Fallschirm wie einen Reifrock um die Hüften. Ihr Name war so bedeutend, daß mancherorts Fallschirmspringerinnen als „falsche Garnerinnen" von ihrem Ruhme zu zehren suchten.

ELIZABETH GASKELL 29. IX. 1810 — 12. XI. 1865

Elizabeth Cleghorn Stevenson Gaskell, die englische Schriftstellerin, die 1810 im Westlondoner Stadtteil Chelsea geboren wurde, in der Kohlen- und Baumwollstadt Manchester verheiratet war und in dem Flecken Alton der Grafschaft Hampshire 1865 starb, gilt vielen als die erste soziale Dichterin Englands. Aus ungemein tiefer Vertrautheit mit dem armseligen Leben der in den Slums hausenden Arbeiterfamilien, aus Mitleid mit ihnen und ihrem scheinbar unabwendbaren Los schrieb sie ihren ersten großen Roman „Mary Barton", der — Protest und Propaganda zugleich — leidenschaftlich die verschiedenartigsten Mißstände geißelte und selbst von den Gegnern ihrer Ansichten wegen seines dichterischen Bilderreichtums und seiner bezwingenden Sprachgewalt geschätzt werden mußte. Man akzeptierte, halb widerwillig, die hier vorgebrachten Mahnungen und Warnungen und stellte das Buch teilweise sogar in Parallele mit dem im gleichen Jahre erschienenen „Kommunistischen Manifest" von Marx und Engels. Die nachfolgenden Titel erweckten fast nur noch Widerspruch und riefen Stürme der Ablehung hervor, so etwa „Nord und Süd", „Ruth" und seltsamerweise auch „Das Leben der Charlotte Bronté", obgleich gerade diese Biographie der gefeierten Dichterin ein aus persönlicher Freundschaft geborenes Werk von beglückender Einfühlungsfähigkeit und stärkster Gestaltungskraft ist. Doch was Elizabeth Gaskell auch immer anpacken mochte, ob sie sich in Poesie oder in Pathos verlor, ob sie die Idylle oder die Monumentalität erstrebte, immer war und blieb das soziale Moment die treibende Kraft ihres Bemühens. Sie ist als erste Sozialistin Englands in die Kulturgeschichte eingegangen.

VALERIE GASPARIN-BOISSIER 13. IX. 1813 — 18. VI. 1894

Unter den Schülerinnen, die der sechzehnjährige Franz Liszt nach dem Tode des Vaters in Paris annahm, um für sich und die Mutter die Existenzmittel aufzubringen, ragte eine junge Schönheit hervor, Valérie Gasparin-Boissier, Tochter eines Schriftstellers und Abgeordneten der französischen Kammer. In zwei Jahren einer musischen Freundschaft, in denen sie Chopin, Paganini und Berlioz kennenlernte, wurde ihr bewußt, daß sie nicht zur Musikausübung berufen sei, sondern zu einem streitbaren sozialen und religiösen Apostolat. Ihr erstes Buch: „Wanderungen eines Ignoranten durch die Mitte Frankreichs und Italiens" ließ bereits erkennen, welche Ziele sie sich gesteckt hatte: Behauptung des protestantischen Erbes in der Diaspora Frankreichs und Rückkehr zu den menschheitlichen Gedanken der Bergpredigt. In diesem Bestreben fand sie in Graf Agénor de Gasparin, ihrem späteren Gatten, den kämpferischen Gefährten fürs Leben. Gemeinsam polemisierten sie gegen die menschenunwürdige Behandlung der Neger, gegen die Korruption in den Ämtern und gegen die Kriegspartei. In ihrem Buch „Es gibt noch Arme in Paris und anderswo" rüttelte sie das soziale Gewissen auf. Überzeugt, daß Religiösität „Anfang und Ende aller Tugenden" sei, predigte sie für die Unauflöslichkeit, Festigung und Veredelung der Ehe nach den Geboten des Christentums. Seit 1847 lebte Valérie Gasparin mit ihrem Gatten in der Schweiz, sie beteiligte sich an der Gründung des Internationalen Roten Kreuzes durch Henry Dunant und schockierte oder entzückte durch neue Bücher und Schriften religiösen und völkserzieherischen Inhalts weitere Kreise. Auch als Reiseschriftstellerin und Erzählerin machte sie sich einen Namen. Nach dem Tode ihres Gatten, der noch im Jahre seines Todes das im Deutsch-Französischen Kriege unterlegene Frankreich in einem zweibändigen Werk: „Frankreich — seine Fehler, seine Gefahren, seine Zukunft" zur Besinnung aufgerufen hatte, widmete sie ihre Zeit und ihr Vermögen christlicher Liebestätigkeit.

JEANNE MARIE VON GAYETTE-GEORGENS
1817 — 1895

Da die Emanzipation der Frau sich nicht in einem revolutionären Ausbruch vollzog, sondern erst durch Bildungsarbeit und Aufklärung heranreifte, besaßen die pädagogischen Kräfte in der Frauenbewegung immer besondere Bedeutung. Zu ihnen zählte Jeanne Marie von Gayette-Georgens, Tochter eines Majors in Kolberg. In einer abenteuerlichen Jugend erlebte sie die polnischen Freiheitskämpfe mit, brachte ihren verwundeten Bruder in die Heimat und unternahm später mit ihm weite Reisen. Als er in Venedig starb, kehrte sie zu ihrem Vater nach Hirschberg zurück. Leitbilder für ihre pädagogischen Bemühungen wurden Fröbel und Jean Paul. In sehr kämpferischen Romanen und Aufsätzen verfocht sie ihre Gedanken über eine harmonische Daseinsgestaltung. Zu ihrer eigentlichen Lebensaufgabe kam sie aber erst, als sie in dem gleichgesinnten Pädagogen Jan Daniels Georgens ihren Lebensgefährten fand. Mit ihm zusammen gründete sie bei Wien das Institut „Levana", das erste Betreuungsheim für schwachsinnige Kinder, und erkannte den Bildungswert der spielerischen Beschäftigung für deren geistiges und seelisches Erwachen. Als sie das Institut dem Staat überlassen mußte, begann sie ihre „Beschäftigungstheorie" auch an Frauen und heranwachsenden Mädchen zu erproben und für die Familie ästhetisch ansprechende Betätigungsspiele zu ersinnen. In den Frauenvereinen forderte sie die Erzieherinnen und Mütter auf, schon in den Kindern den Sinn für die Kunst zu wecken. Was sie an Formspielen erdacht, zeigte sie in Nürnberg auf einer eigenen, der ersten Lehrmittelausstellung. Zum Freundeskreis des Ehepaares Georgens gehörten Holtei und Gutzkow, Schopenhauer und Ludwig Feuerbach. Sie hinterließen der Jugend die Anker-Steinbaukästen, mit denen sie nicht nur eine „Spielware", sondern auch ein Mittel zur Formerziehung geschaffen haben.

MARIE-THERESE GEOFFRIN
2. I. 1699 — 6. X. 1777

Ein schöner Kupferstich von P. L. Debucourt läßt uns an einer der berühmten Soireen im Salon der Madame Geoffrin teilnehmen: Da sitzen um die verehrte Hausfrau geschart so weltberühmte Männer wie der Physiker Réaumur, der Naturforscher Buffon, der Philosoph Jean Jacques Rousseau, der Staatsrechtler und Philosoph Montesquieu und der Marschall von Richelieu. Madame Geoffrin war die Witwe eines wohlhabenden Pariser Spiegelfabrikanten, der das aus kleinsten Verhältnissen kommende Mädchen einst aus Liebe geheiratet und zum gesellschaftlichen Ansehen emporgehoben hatte. „Geben und vergeben" war Marie-Thérèses Devise; sie schenkte gern und mit vollen Händen und hat die Herausgabe der „Encyclopédie" durch hochherzige Geldspenden aus ihrem beträchtlichen Vermögen unterstützt. Ihre illustren Gäste hatte sie von Madame de Tencin geerbt, die ihrerseits den Salon der berühmten Marquise du Deffand übernommen hatte. Der Schriftsteller Fontenelle quittierte die Nachricht vom Tode der Madame de Tencin mit den Worten: „Wohlan! So werde ich von jetzt ab dienstags bei Madame Geoffrin speisen..." Dem alten Brauche folgend, daß Damen des Salons die Erziehung eines jungen Mannes von Welt zu vervollkommen hatten, brachte der Fürst Poniatowski eines Tages auch seinen Sohn zu Madame Geoffrin – den Sohn, dem Katharina II. später die polnische Königskrone aufs hübschgelockte Haupt setzte. Seine „Erzieherin" bezahlte nicht nur seine beträchtlichen Spielschulden, sie entschloß sich auch zu der ersten und einzigen Reise ihres Lebens, um in Warschau ihren gekrönten Liebling zu besuchen. Als sie in Wien Station machte, drückte die Kaiserin Maria Theresia der Madame Geoffrin ihre zehnjährige Tochter Marie Antoinette in die Arme: „Nehmen Sie sie mit – nehmen Sie sie mit!" Aber das Schicksal hatte für dieses Mädchen bereits grausamere Fäden gesponnen.

MADEMOISELLE GEORGES 23. II. 1787 — 11. I. 1857

Marguérite-Joséphine Weimar, mit dem Künstlernamen Mademoiselle Georges, führte ein unstetes, unsicheres Vagantenleben; die 1787 in Bayeux geborene Schauspielerin verkörperte ein unverfälschtes Stück Boheme. Schon als Kind feierte sie in dem Schauspiel „Les deux petits Savoyards" zu Amiens auf der Bühne ihres Vaters ihr vielversprechendes Debüt, mit fünfzehn Jahren war sie an der Comédie Française „eingespielt", und es begann um sie und ihre Konkurrentin, die junge Duchènois, ein theatralischer und kunstkritischer Kampf, der das Theaterpublikum von Paris in zwei Parteien zerriß. Im Jahre 1808 verliebte sie sich in den Tänzer Duport und unternahm an seiner Seite einen Abstecher nach Wien und nach Petersburg, wo man französische Kunst und ihre großen Interpreten zu schätzen wußte und angemessen zu würdigen verstand. Aus diesem „Abstecher" wurde ein Aufenthalt von nahezu elf Jahren, in denen ihr Talent die größten Triumphe verzeichnete. Als sie sechsunddreißigjährig nach Paris zurückkehrte, gelang es ihr, an der Comédie ein strahlendes Come-back zu feiern, als wäre sie nie fortgewesen. Gastspiele führten sie auf die Bühnen der Departements. 1822 wechselte sie zum Pariser Odéon über, wo sie vor allem in tragischen Rollen zur vollen Reife gelangte. Ihren letzten Wirkungskreis fand sie im Theater an der Porte-St.-Martin. Mademoiselle Georges entwickelte sich hier zu einer der bedeutendsten Interpretinnen des „Romantizismus". Ohne ihr geniales Spiel hätten manche Werke eines Victor Hugo oder eines Alexandre Dumas kaum Anklang beim damaligen Publikum finden können. Mlle. Georges bewies gerade in ihrer letzten Epoche, wie stark ein Darsteller das Schicksal einer ganzen dramatischen Bewegung bestimmen kann.

GERBERGA VON FRANKREICH Um 913 — 5. V. 969

Das alte, heilige Köln war am Pfingstfest des Jahres 965 Schauplatz einer glanzvollen Fürstenversammlung: Im Palast ihres Sohnes, des Erzbischofs Bruno von Köln, empfing die verwitwete Königin Mathilde ihren aus Italien heimkehrenden Sohn Otto I., der drei Jahre zuvor in Rom die Kaiserkrone empfangen hatte. In seiner Begleitung befanden sich seine zweite Gemahlin, die junge Kaiserin Adelheid, und seine beiden Söhne Wilhelm und Otto. Aus Frankreich waren Mathildes Töchter herbeigeeilt, um ihre alte Mutter noch einmal zu sehen: Hadwig, die Witwe Herzog Hugos des Großen von Franzien, und ihre ältere Schwester Gerberga, die ebenfalls in Witwentracht erschien. Gerberga war in erster Ehe mit Herzog Giselbert von Lothringen verbunden gewesen, den ihr Vater, König Heinrich I., einst in offener Feldschlacht geschlagen und gefangengenommen hatte; er beließ ihm jedoch sein Herzogtum und gab ihm sogar seine sechzehnjährige Tochter zur Frau, um Lothringen an das Reich zu binden. Nach Giselberts Tod heiratete Gerberga den Karolingerkönig Ludwig IV. von Frankreich, dem sie im Kampf gegen rebellische Vasallen wertvolle Dienste leistete; auf ihre Bitte hin unterstützte auch ihr Bruder Otto, der Sieger vom Lechfelde, Ludwig mit Waffenhilfe. Als König Ludwig gestorben war, bemühte sich die Witwe, ihrem Sohn Lothar den Thron zu sichern und führte bis zu seiner Volljährigkeitserklärung mit viel Geschick die Regentschaft; Gerberga fand in ihrer Schwester Hadwig und in ihrem erzbischöflichen Bruder Bruno tatkräftige Helfer. Sie alle scharten sich nun in Köln noch einmal um die verehrungswürdige Gestalt ihrer Mutter und hörten gemeinsam die Predigt des Bischofs Balderich von Utrecht über das Psalmenwort: „Wohl dem, der den Herrn fürchtet und wandelt auf seinen Wegen immerdar. Sein Weib wird sein wie ein fruchtbarer Weinstock, und seine Kinder wie Ölzweige um den Tisch..."

6. I. 1256 — 1302 **GERTRUD DIE GROSSE**

„Die heilige Gertrud", so schrieb der französische Religionswissenschaftler Ernst Hello im Jahre 1875, „war die Heilige der Menschlichkeit Jesu, wie die heilige Katharina von Genua die Heilige seiner Göttlichkeit war. Für sie waren die Worte der Heiligen Schrift wesentlich wirkliche und praktische Wahrheiten, die sie selbst erprobte, und ihr inneres Leben glich sich vollkommen den Evangelien des Kirchenjahres an..." Über das irdische Dasein der Mystikerin ist nur wenig überliefert; man nennt Thüringen als das Land, in dem sie geboren wurde, und die Abtei Helfta als Stätte ihres Todes. Ein Kloster nach der Regel des heiligen Benedikt soll der Schauplatz ihrer Visionen gewesen sein, die sie in ihrem Werk „Der Gesandte der Großen Liebe" niedergeschrieben hat. „Eines Tages, zwischen Ostern und Pfingsten", so schreibt sie darin, „geschah es, daß ich in den Hof trat, um die Schönheit der Welt zu bewundern. Ich sah, wie das Wasser rieselte, wie die Vögel flatterten, in völliger Freiheit und im Genuß der Stille rings umher, in der man Ruhe findet vom Treiben des Tages. Und ich hörte eine Stimme, die sprach zu mir: Wer mich lieb hat, der bewahrt meine Worte, und mein Vater wird ihn wiederlieben, und der Vater und ich werden in seinem Herzen wohnen". Und einmal, um die Weihnachtszeit, hatte Gertrud die Erscheinung des heiligen Johannes. Sie fragte ihn: „Was fühltest du, als du beim Abendmahl an Jesu Brust ruhtest?" Und Johannes sprach von der tiefen Versenkung seiner Seele in die Seele des Herrn: „Ich habe mich bisher enthalten, von der Entzückung zu sprechen, die mich am Herzen Jesu durchtränkte, damit eines Tages die alternde Welt aus ihrer Gleichgültigkeit erweckt wird und die erkaltete Nächstenliebe wieder erglühe, wenn die Welt wieder bereit ist, Jesu zu empfangen..." All die Stimmen, die zu ihr sprachen, und die Worte, die sie vernahm, hat Gertrud in ihrem mystischen Werke uns aufgezeichnet und überliefert.

* 30. XII. 1883 **MARIE GEVERS**

In dem zauberhaften flämischen Schlößchen Missembourg schrieb Marie Gevers ihre Gedichte, Erzählungen, Übersetzungen und ihre großen, preisgekrönten Romane. „Ich bin, wie viele Kinder flämischer Bürgerfamilien", so schreibt sie in ihren Erinnerungen, „von meinen Eltern in der französischen Sprache erzogen worden. Sie schenkten mir die Liebe zu den Bäumen und Blumen und den Erscheinungen am Firmament — und so hat sich mir die Natur auf Französisch offenbart. Aber sonst blieb alles in meinem Leben flämisch, und die Menschheit repräsentierte sich mir in den einfachen Bauern." Der letzte Krieg hat das Dichterheim von Missembourg völlig verändert. Bomben fielen um das Haus und rissen unheilbare Wunden in die herrlichen, wilden Parkgründe. Von Bauern verlassene Äcker breiteten sich um den kleinen Herrschaftssitz, moderne Straßen umschnüren die einstige Oase, von allen Seiten dringt Verkehrslärm in die Stille. Schloß Missembourg von einst lebt aber als poetische Welt fort in den ebenso realistischen wie stimmungsvollen Romanen und Erzählungen der belgischen Dichterin, von denen einige in viele Sprachen und die bedeutendsten ins Deutsche übertragen sind. Ihr erster Roman „Die Deichgräfin" erschien 1931, der zweite, „Madame Orpha oder Serenade im Mai", im Jahre 1933. Er gilt als ihr Hauptwerk. In kurzen Abständen folgten: „Die Reise des Bruders Jean", „Die Lebenslinie", „Friede über den Äckern", „Die Springflut", „Versöhnung", „Der Damm zerreißt" und „Hohe Düne" — Dichtungen von großer epischer Kraft. Das liebste Publikum sind der Dichterin aber die Kinder und Heranwachsenden, denen sie köstliche Heimatbücher, Gedichtbände und Almanache geschenkt hat. Belgien und das Ausland ehrten Marie Gevers durch hohe Auszeichnungen. Die Belgische Akademie für Sprache und Literatur und die Bayerische Akademie der Schönen Künste nahmen sie in den Kreis ihrer erlauchten Mitglieder auf.

ANNA VON GIERKE
14. III. 1874 — 3. IV. 1949

Über Anna von Gierkes Tätigkeit, einer im Praktischen hochbegabten, ja schöpferischen Persönlichkeit, pflegte eine ihrer Mitarbeiterinnen zu sagen: Im Anfang war das Chaos. Denn in der Tat, die sich oft überstürzenden Pläne konnten den Eindruck des Ungeordneten erwecken; bis sie sich dann doch als lebende und lebensfähige Gebilde erwiesen. In einem großen Geschwister- und Freundeskreis als Tochter des berühmten Juristen Otto von Gierke 1874 geboren, wurde Anna von Gierke früh die rechte Hand Hedwig Heyls bei deren Einrichtungen zum Wohl von Arbeiterfamilien. Namentlich die Kinder der außerhäuslich tätigen Frauen riefen ihren Helferwillen auf. Aus bescheidenen Anfängen wuchsen die Jugendheime der Stadt Charlottenburg zu großer Blüte; ein eigenes Haus diente als Zentrale und zugleich als Ausbildungsstätte für Jugendpflegerinnen und Anwärterinnen für verwandte soziale Berufe. Erholung fanden Kinder und Lehrende in einem ländlichen Heim in der Nähe Berlins; es wurde auch Zufluchtsort der sogenannten Nichtarier, als nach 1933 die Organe der NSDAP ihnen nachspürten. Völlig furchtlos und zu Kompromissen nicht bereit, stand Anna Gierke den Verfolgten auch dann bei, als sie selber in große Schwierigkeiten geriet und von der Leitung ihrer Anstalten zurücktreten mußte. Ihre Mitarbeiterinnen standen ihr weiter zur Seite, so daß, wenn auch unter veränderten Vorzeichen, die Arbeit für die Jugend weitergehen konnte, bis die Bombennächte ihr ein Ende bereiteten. Anna von Gierke, die auch kurze Zeit dem Reichstag angehört hatte, lebte bis zu ihrem Tode 1949 in Charlottenburg; sie verstand es, auch unter Ruinen ein harmonisches Leben zu führen und anderen beizustehen.

LILLIAN MOLLER GILBRETH
24. V. 1878 — 2. I. 1972

„Im Dutzend billiger" — so hieß ein vor Jahren mit viel Erfolg aufgeführter heiter-ernster Film, der das Leben einer mit zwölf Kindern gesegneten amerikanischen Familie schilderte. Er war nach einem Buch mit dem gleichen Titel entstanden, einem Bestseller der amerikanischen Literatur, der gleich zwei Verfasser hatte: Frank und Ernestine Gilbreth. Das waren zwei der zwölf Kinder von Frau Professor Dr. Lillian Moller Gilbreth, der bedeutenden nordamerikanischen Wirtschaftspolitikerin, die in Fachkreisen als Autorität auf dem Gebiete der Betriebsführung und Rationalisierung internationales Ansehen genießt. Nach Studienjahren an Universitäten ihres Heimatstaates Kaliforniens erwarb sie im Jahre 1914 mit einer Dissertation über Unternehmer-Psychologie den Doktortitel, der ihr später von verschiedenen amerikanischen Hochschulen noch mehrmals ehrenhalber verliehen worden ist. Als Dozentin und Verfasserin betriebswissenschaftlicher Standardwerke verschaffte sie sich bald den Ruf einer Pionierin des wissenschaftlich gelenkten Managements und der Zeitstudien. Sie entdeckte und entwickelte neue Methoden und Regeln für die Einsparung unnützer Bewegungen, Wege und Handreichungen in Fabriken, Büros und Haushaltungen und widmete sich als Professorin an der Purdue University und am Newark College of Engineering viele Jahre mit Erfolg der Heranbildung von qualifizierten Nachwuchskräften. Nach dem Tode ihres Mannes, des Betriebswissenschaftlers Frank Gilbreth, übernahm sie auch die Leitung der Gilbreth-Werke in New Jersey, und während des zweiten Weltkrieges wurde sie von der Regierung mit kriegswichtigen Führungsaufgaben betraut. Im Jahre 1954 erhielt die Sechsundsiebzigjährige als erste Frau den „Washington Award", die höchste wissenschaftliche Auszeichnung der Vereinigten Staaten.

* 14. X. 1896   **LILIAN GISH**

„Immer habe ich im Film das Einfache am meisten geliebt, das Einfache, das in seiner Wirksamkeit auf das Publikum verschiedenster Intelligenz am stärksten ist." Dieses Bekenntnis legte Lilian Gish auf der Höhe ihrer Karriere ab, als ihr inmitten der turbulenten Stummfilmzeit endlich der Wunsch nach Einfachheit im Film in Erfüllung ging. Sie haßte die Drehbücher, die in ihrer Handlung todsicher und künstlich zugespitzt dem Happy-End zusteuerten; sie liebte über alles diejenigen Rollen, deren natürlicher Wuchs nicht durch ein zwangsweise herbeigeführtes Ende verfälscht und zerstört wurde. Sie dachte dabei vor allem an ihre Filme „Die weiße Schwester", „Boheme", „Ramola" und „Der scharlachrote Buchstabe" (The scarlet letter). — Als Kind einer Schauspielerin wuchs Lilian Gish mit ihrer jüngeren Schwester Dorothy, die später ebenfalls zum Film ging, im Theater auf, stand seit ihrem sechsten Lebensjahr auf der Bühne und bildete sich als Tänzerin aus. Im Jahre 1915 holte sie der Regisseur D. W. Griffith zum Film und gab ihr zuerst eine Rolle in „Die Geburt einer Nation". Damals mußte sie ihr kindliches Aussehen noch durch möglichst lange Kleider verdecken. Im gleichen Jahre spielte sie in „Ennoch Arden" und im Jahre darauf in „Intolerance" (Die Tragödie der Menschheit). Mit dem stimmungsvollen Film aus dem Londoner Chinesenviertel-Milieu „Broken blossoms" (Verwelkte Blüten, 1919) und mit dem damals berühmten, rührseligen wie harten „Way down east" (1920) wurde sie ein populärer Star. In „Orphans in the storm" spielte sie zusammen mit ihrer Schwester Dorothy die Titelrolle. Mit „The white sister" (1923), „The scarlet letter" (1926) und „The wind" (1928) erreichte ihre Laufbahn den Höhepunkt. Während der Tonfilmzeit ist sie nur wenig hervorgetreten; in der Zeit nach dem zweiten Weltkrieg erschien sie in Mütter- und Tantenrollen, z. B. in „Duell in der Sonne", „Die Verlorenen", „Die Nacht des Jägers", „Der lautlose Krieg".

22. IV. 1874 — 21. XI. 1945   **ELLEN GLASGOW**

Ohne die mütterlich-reale, wache und kämpferische Dichtung der amerikanischen Frau ist die Literatur der Neuen Welt kaum denkbar. Ungeheuer war der Einfluß, den die amerikanische, von einem starken sozialkritischen Bemühen getragene Frauendichtung ausstrahlte, und wenn heute die Stellung der amerikanischen Frau gegenüber der Europäerin in der Öffentlichkeit viel entscheidender ist, so hat sie dies wesentlich ihren Schriftstellerinnen zu verdanken. Hervorragenden Anteil an der Entwicklung des sozialen Romans in Amerika hat das umfangreiche schriftstellerische Lebenswerk von Ellen Glasgow. Sie veröffentlichte schon als Dreiundzwanzigjährige ihr erstes Buch — einen Gedichtband, der die Anerkennung der Kritik und des Publikums fand. Durch diesen frühen Erfolg ermutigt, begann Ellen Glasgow umfangreiche Romane zu schreiben, in denen sie ähnlich wie Harriet Beecher-Stowe mit kritischem Geist und außerordentlicher Gestaltungskraft die Zeit zwischen 1830 und der Gegenwart schilderte. Mit diesen Romanen wurde die Schriftstellerin die eigentliche Begründerin des realistischen Stils der amerikanischen Literatur, die sich in ihren Anfängen lange in den Bahnen der romantischen Schwärmerei Walter Scotts bewegt hatte. Auch die soziale und rechtliche Stellung der Frau spielt im Werk Ellen Glasgows eine bedeutende Rolle, im Sinne der Befreiung von den einengenden und rückständigen Traditionen des Südstaaten, die dem Durchbruch der Frauen zur Gleichberechtigung noch lange Zeit im Wege standen. „Wir Mütter" — heißt es in einem von Ellen Glasgows großen Romanen — „wir Mütter müssen die unterirdischen Kraftfelder öffnen und fruchtbar machen im Dienste der Liebe, der Güte und der geläuterten Humanität ..."

LUISE VON GÖCHHAUSEN 13. II. 1752 — 7. IX. 1807

Das kleine verwachsene Fräulein von Göchhausen war eine Hofdame der im Weimarer Wittumspalais residierenden Herzogin Anna Amalia, der Mutter Karl Augusts. Mehrmals in der Woche versammelten sich in den bescheidenen Räumen die großen Geister, die der Herzog in seine Stadt gezogen hatte. Man zeichnete, malte, las vor und musizierte. Unter den berühmten Männern tummelte sich witzig und sprühend von Geist die „Thusnelda" genannte Göchhausen. Wie die Perlen zum Sekt gehörte sie zu diesen kulturell fruchtbaren Zusammenkünften, bei denen sich die Dichter oft heftig in die Haare gerieten. Sie glich aus, streute gescheite, lustige Bemerkungen ein. Sie redigierte zusammen mit Hildebrand von Einsiedel die handschriftlich verteilte Hofzeitschrift, das „Tiefurter Journal". An jedem Sonnabendmorgen aber öffnete sich oben in der Mansarde ihr eigener Salon einer kleinen Damenrunde, in der manchmal Goethe, Wieland und andere männliche Gäste erschienen, um die „Freundschaftsbrötchen", das ausgezeichnete Gebäck der Göchhausen, zu verzehren. Ein Nachklang der schon verdämmerten Epoche der Empfindsamkeit haftete an diesem sich viele Jahre treubleibenden Kreis. Hier wurde sogar gemeinsam gedichtet, wenn ein Festspiel bevorstand. Goethe diktierte der „Thusnelda" die Rollen in die Feder, indessen er, das Punschglas in der Hand, auf- und abwandelte. Er schätzte das Fräulein, und sie ließ sich gern von ihm als Abschreiberin verwenden, womit sie der Nachwelt einen unschätzbaren Dienst erwies. In ihrem Nachlaß fand man 1887 neben prachtvollen Briefen von Goethes Mutter die Abschriften des Liederbuches „Annette" und des ersten Faustfragmentes, den „Urfaust", Kostbarkeiten, die lange Zeit als verloren gegolten hatten.

ISABELLA GODIN Mitte des 18. Jahrhunderts

Im Schicksal der Doña Isabella verband sich eines der mutigsten Abenteuer des 18. Jahrhunderts mit einer der ergreifendsten Liebesgeschichten der Zeit. Isabella Godin des Odonais war die erste Frau, die Südamerika von der pazifischen bis zur atlantischen Küste über die Anden hinweg, durch die Urwälder und auf den Fluten des Amazonas durchquert hat. In den dreißiger Jahren hatte ihr Gatte Jean Godin an der berühmt gewordenen Erdvermessung in Peru teilgenommen, die den Beweis für die Auswölbung der Erde am Äquator erbrachte. Jean Godin war nach Erledigung des Auftrags nicht nach Europa zurückgekehrt; er hatte in Peru eine Familie gegründet und begab sich an die Ostküste, um von hier aus mit einem gecharterten Schiff über den Amazonas die Seinen zur Atlantikküste zu führen. Zwanzig Jahre lang verhinderten kriegerische Wirren die Wiederbegegnung der sich mehr als je liebenden Gatten. Es war ein Gerücht, das nach zwanzig Jahren zu der vereinsamten Doña Isabella drang, Jean Godin sei endlich unterwegs zu ihr. Sie brach mit einigen Freunden auf – ihre Kinder waren inzwischen gestorben –, überstieg mit ihnen die Anden und drang, als ihre Begleiter den furchtbaren Strapazen erlegen waren, ganz allein durch die Wälder immer weiter nach Osten vor. Dann war sie verschollen. – In Europa schrieb man bereits rührende Berichte über die heldische Liebe dieser Frau, als sie eines Tages, ein „abgezehrtes Gespenst", in einer Missionsstation am Ufer des mittleren Amazonas auftauchte. Indianer brachten sie zur Küste in die Arme ihres bereits um ihren Tod trauernden Gatten. Die Odyssee der Madame Isabella Godin bewegte jahrelang die Herzen der Alten Welt – bis der Lärm der Großen Revolution die Erinnerung an das „Liebespaar vom Amazonas" versinken ließ.

* 11. II. 1907 **KÄTHE GOLD**

Regisseure wie Barnay, Falckenberg, Reinhardt, Fehling, Gründgens und Müthel haben sie geführt und ihre Talente geweckt, und Schauspielerpersönlichkeiten wie Krauss, Wegener, Jannings und Bassermann waren ihre ersten Partner. Überaus zahlreich sind die Rollen, mit denen sie sich durch ihre vitale Ursprünglichkeit, ihren geistvollen Charme und ihre innige Menschlichkeit in die Herzen des Publikums gespielt hat. Im Alter von vier Jahren bereits ein Wunderkind der Bühne, widmete sie sich später einem gründlichen und gewissenhaften Schauspiel-Studium; zusammen mit Paula Wessely und Siegfried Breuer besuchte sie die Theater-Akademie. Ihre Bühnenlaufbahn begann sie als Jugendlich-Naive, aber bald griff sie mit Erfolg nach anderen Rollen, brillierte in klassischen wie in modernen Werken und war in Tragödien und Gesellschaftsstücken in gleicher Weise stark und überzeugend wie in Komödien und Possen. Sehr gern spielte sie problematische und seelisch-kranke Naturen. Berühmt sind ihre Rollen als Gretchen, Kätchen, Klärchen, Antigone, Ophelia, Cordelia, Hero, Undine, Nora, Pippa und Hannele, als Jeanne d'Arc, Bernauerin und Helena. „Es ist das Geheimnis der Künstlerin Käthe Gold", schrieb ein Kritiker schon vor zwanzig Jahren über sie, „daß sie allen Gestalten ihr warmes, strömendes, unmittelbares Gefühl mitteilt und dennoch eine artistische Künstlerin bleibt; sie ist echt und komödiantisch, elementar und verspielt zugleich. Sie blüht auf, wenn Rolle und Dichtung sie berühren. Uneitel geht sie durchs Leben und legt wenig Wert auf ihr Äußeres. Niemand erkennt sie. Niemand hält sie für eine Schauspielerin, aber unter den Worten des Dichters beginnt ihre Verwandlung." Auch der Film verdankt Käthe Gold einige ausgezeichnete Rollen, z. B. in „Der Ammenkönig" (1935) und neuerdings in „Palast-Hotel" (1952) und „Rose Bernd" (1957).

1740 — 1782 **ANNA GÖLDI**

Wir sollten uns hüten, mit allzuviel aufgeklärter Überheblichkeit auf den Hexenglauben unserer Vorfahren, die größte geistige Epidemie der Menschheitsgeschichte, herabzusehen. Eine Umfrage des Deutschen Medizinischen Instituts ergab, daß im Jahre 1959 in der Lüneburger Heide zwei Drittel der Bevölkerung und im Bodenseegebiet ein noch höherer Prozentsatz an die Existenz von Hexen glauben; und heute noch finden allein an deutschen Gerichten Jahr für Jahr etwa siebzig „Hexenprozesse" statt. Freilich – die Scheiterhaufen sind längst erloschen, die eisernen Foltergeräte verrostet, aber die seelische Qual und die Existenzbedrohung der Verdächtigten und Verleumdeten sind nicht weniger grausam. Bedeutende Wissenschaftler haben die ernsthafte Frage aufgeworfen, ob nicht das wahrhaft „Unglaubliche" unseres technischen Fortschritts geeignet sei, den Aberglauben eher zu fördern als zu zerstören. Im übrigen sind erst kaum einhundertachtzig Jahre vergangen, seit das Haupt der letzten „gerichtsnotorischen" Hexe in Europa unter dem Schwertstreich des Henkers fiel. Das war im Jahre 1783 in Glarus in der Schweiz. Ein elfjähriges Mädchen hatte Stecknadeln und Nägel durch den Mund von sich gegeben. Man rief einen – Tierarzt zu Hilfe, der feststellte, daß das Kind „Stecknadelsamen" gegessen und im Magen „ausgebrütet". Woher kam der Stecknadelsamen? Die Elfjährige behauptete, Anna Göldi habe sie behext. Die Anna war aus der Herrschaft Sax im Kanton Zürich gebürtig und hatte bisher als treueste Magd gegolten. Sie muß trotz zweier lediger Kinder nicht ohne Reiz gewesen sein, denn auch ihr Dienstherr, ein Arzt, stellte ihr nach. Seine Frau zeigte die Göldi beim Rate an. Obwohl das Kind längst wieder gesund war, kam es zum Prozeß, zur Folter mit nachfolgendem „Geständnis" und endlich zu dem schrecklichen Urteil.

HENRIETTE GOLDSCHMIDT 23. XI. 1825 — 30. I. 1920

Als Goethe starb, war Henriette Goldschmidt bereits zum kindhaften Bewußtsein erwacht; als sie, eine Patriarchin der Nächstenliebe, 1920 in Leipzig die Augen schloß, trommelte in München Adolf Hitler bereits für seine Bewegung des Menschenhasses. Die von früh an der sozialen Arbeit zuneigende jüdische Kaufmannstochter begann in Posen „den von der mühseligen Arbeit der Tage niedergedrückten Schwestern eine Stunde geistiger Anregung und gemütlicher Erhebung zu spenden". Geistige Heimat dieser großen Wohltäterin war die volkserzieherische Ideenwelt Schillers, Fichtes, Humboldts und Fröbels. Sie sah es als Schicksalsfügung an, daß sie gerade im Schillerjahr 1859 mit ihrem Gatten, dem Prediger Goldschmidt, nach Leipzig übersiedelte und hier Luise Otto-Peters und Auguste Schmidt kennenlernte. In Leipzig stieg sie eines Tages, angelockt von fröhlichem Kindersingen, in ein Kellergeschoß hinab und erlebte zum ersten Male inmitten der grauen Umgebung die glückliche Welt eines Fröbelschen „Kindergartens". Im Geiste Fröbels begann sie die Bildungsarbeit für die weibliche Jugend und die erwachsene Frau. „Wir haben Stadtväter — wo bleiben die Mütter?" fragte sie sich, fragte sie in Schriften, Vorträgen und Petitionen die Öffentlichkeit und die Regierungen. An die Frauen appellierte sie, aus ihrer Passivität herauszutreten und sich auf ihre Kulturaufgabe innerhalb des Menschheitsganzen zu besinnen, ohne ihre mütterliche und frauliche Stellung in der Familie zu vernachlässigen. Die ersten Frauen traten 1871 ihrem „Verein für Familien- und Volkserziehung" bei, Hunderte meldeten sich zu der „Wissenschaftlichen Vortragsreihe für Damen"; aus ihrem „Lyzeum für Damen" entwickelte sich die Leipziger Frauenhochschule zur Heranbildung von Lehrkräften für die sozialen und pädagogischen Berufsbildungsstätten. So waren, als die große Menschenfreundin fünfundneunzigjährig starb, genügend junge Kräfte zur Stelle, die ihr Werk in ihrem Geiste fortsetzten.

SUZETTE GONTARD 1768 — 22. VI. 1822

Wie Dantes Beatrice, wie Petrarcas Laura, gehört Suzette Gontard zu jenen Frauengestalten, die durch die Dichtung unsterblich geworden sind. Als Diotima erscheint sie, Urbild alles Schönen und Guten, Sinnbild klassischer Sehnsucht und ewiger Liebe, in Hölderlins dichterischem Werk. Die Begegnung mit der sechsundzwanzigjährigen Gattin des Frankfurter Bankiers Jakob Friedrich Gontard, in dessen Hause sich der fast gleichaltrige Hölderlin in den Dezembertagen des Jahres 1795 als Hofmeister und Lehrer ihres neunjährigen Sohnes Henry einfand, war das Wiederfinden seines Traumbildes, das lange vor der wirklichen Begegnung in ihm ruhte. Diotima sind die Verse zugedacht: „Unergründlich sich verwandt, Hat sich, eh' wir uns gesehen, / Unser Innerstes gekannt." — Suzette Gontard war die Tochter des Hamburger Kaufmanns Hinrich Borkenstein, der sich auch einen literarischen Namen gemacht hatte, und der Suzanne Bruguier, die einer französischen Emigrantenfamilie entstammte. Suzettes Gatte, dem sie mit siebzehn Jahren nach Frankfurt folgte, war in der Welt der Börsenkurse, nicht aber in der des Geistes heimisch. Um so mehr empfand die gefühlvolle Frau in Hölderlin das Echo ihres eigenen geistigen Verlangens. Für Hölderlin aber war sie, die klassische Schöne mit der ebenmäßigen Bildung ihrer adeligen Gesichtszüge, ihrem tizianisch reinen Teint, den glänzend dunklen Augen und der kastanienfarbenen Haarpracht das Symbol der ungeschändeten Natur und des wiedergefundenen Paradieses. Durch die Liebe Suzettes wurde Hölderlin mit dem größten Glück seines Lebens beschenkt, mit der ganzen Inbrunst seiner klassischen Naturfrömmigkeit. Der Schmerz der Trennung, die 1799 erfolgen mußte, war für den Dichter und seine Diotima von gleicher Tiefe. Suzette ist drei Jahre später, am 22. Juni 1802 gestorben, zur gleichen Zeit begann Hölderlins geistige Umnachtung.

NATALJA NIKOLAJEWNA GONTSCHAROWNA
1814 — 1858

Als im Jahre 1826 ein Gnadenakt des Zaren Nikolaus I. dem wegen seiner revolutionären Gedichte in Ungnade gefallenen Dichter Alexander Puschkin die Rückkehr nach Petersburg ermöglichte, nahm die Hauptstadt den berühmten Verfasser des „Boris Godunow" und des „Eugen Onegin" mit Begeisterung wieder auf; der Hochadel reichte den „tollen Grafen" von Fest zu Fest und klatschte jubelnd Beifall, wenn er seine wundervoll brausenden Freiheitsoden vortrug: „Ihr, denen Schicksal gab die Macht — Tyrannen, zittert und erbleicht...!" Auf einer der glanzvollen Abendgesellschaften erschien auch die siebzehnjährige Natalja, in Begleitung ihrer Mutter, die Ausschau hielt nach einem reichen Schwiegersohn, denn die verschuldeten Güter der Gontscharows standen vor der Zwangsversteigerung. Puschkin war arm, aber er warb dennoch um das schöne Mädchen, das ihn entflammt hatte, und nach langem Drängen gaben die Eltern ihr Einverständnis. Am 18. Februar 1831 fand die Hochzeit statt, und in einem gemieteten Landhaus in Zarskoje Selo verbrachten die Liebenden Jahre des Glückes, das nur getrübt war durch dauernde Geldsorgen; denn Natalja, Puschkins „kleine Heilige", verbrauchte Unsummen für Schmuck und Garderobe. Auch Zar Nikolaus war von Nataljas Schönheit beeindruckt; um sie dauernd in seiner Nähe zu wissen, ernannte er Puschkin mit einem hohen Gehalt zu seinem „Kammerjunker". Man sah Natalja bald nur noch in Begleitung des Zaren, bald gab es auch die ersten Klatschgeschichten und Verleumdungen. Auf einem Sommerfest im Jahre 1836 nahte sich der schönen Frau ein französischer Offizier in so unziemlicher Weise, daß Puschkin ihn zur Wahrung seiner Ehre zum Zweikampf forderte, bei dem der Dichter den Tod fand. Seine Gattin verbrachte den Rest ihres Lebens, einsam, verlassen und vergessen, auf ihrem Landsitz.

ELISABETTA GONZAGA
1471 — 1526

Das mittelitalienische Bergstädtchen Urbino, das der Welt einen der größten Maler — Raffael — geschenkt hat, war in der Renaissance eine bedeutende fürstliche Residenz. Die Herzöge von Urbino aus dem uradeligen Hause der Montefeltro ließen viel von ihrem auf Kriegszügen erworbenen Reichtum ihren Untertanen zugute kommen und waren bestrebt, ihr kleines Land zu Wohlstand und Blüte zu bringen. Der glanzvolle, von den Zeitgenossen hochgepriesene Herrschersitz, den sich der große Federigo II. auf den Höhen Urbinos hatte errichten lassen, galt als Palast und Festung zugleich, klassisch in der Vollkommenheit seiner Anlage und berühmt durch des Herzogs liebsten Schatz, seine kostbare Bibliothek. Der Dichter und Diplomat Baldassare Castiglione hat Federigo das „Licht Italiens" genannt und die tiefsinnig erfundenen Dialoge seines Hauptwerkes an den Hof von Urbino verlegt. Viele seiner Gespräche hat Castiglione der schönen, hochgebildeten Elisabeth Gonzaga aus Mantua „angedichtet", die als Siebzehnjährige Federigos Sohn und Thronerben Guidobaldo heiratete. Guidobaldo hatte von seinem großen Vater zwar die hervorragenden Geistesgaben geerbt, aber nicht dessen Kriegsglück; Krankheit und mancherlei Verhängnisse verdunkelten seinen Weg und damit auch das Geschick Elisabettas, die gleich ihrer schönen Schwägerin Isabella d'Este als Kunstliebhaberin und Mäzenin hohes Ansehen genoß. Zweimal mußte sie aus Urbino fliehen; das erstemal vor den Truppen Cesare Borgias, der ihren Gemahl um Thron und Herrschaft brachte, das zweitemal vor den Söldnern Leos X., die Guidobaldos Nachfolger Francesco Maria della Rovere bedrohten. In ihrer Geburtsstadt Mantua ist Elisabetta Gonzaga gestorben, achtzehn Jahre nach dem Tode ihres Gemahls.

MARIA GORETTI   16. X. 1890 — 6. VII. 1902

Im Jahre 1900 beschloß die italienische Regierung, das weite Gebiet der Pontinischen Sümpfe südostwärts von Rom durch umfangreiche Meliorationsarbeiten in Ackerland umzuwandeln – ein großangelegtes Unternehmen, das erst in den dreißiger Jahren seinen erfolgreichen Abschluß fand. Am Anfang stand damals die Suche nach Arbeitern, die sich nur durch hohe Lohnversprechungen verlocken ließen, mit ihren Familien in jene ungesunde, fieberverseuchte Gegend umzusiedeln. Zu ihnen gehörte der Landarbeiter Luigi Goretti aus Corinaldo, der Weib und Kindern endlich einmal mehr bieten wollte als nur das harte tägliche Brot und sich von seinem Arbeitskameraden Serenelli dazu überreden ließ, in den Sümpfen „das große Glück" zu suchen. Aber Goretti fiel bald dem tödlichen Malariafieber zum Opfer; seine Frau und seine Kinder blieben allein zurück, ausgeliefert den Launen des trunksüchtigen alten Serenelli und dessen verkommenem Sohn Alessandro. Alessandro war ein finsterer Bursche von etwa zwanzig Jahren; er behandelte Maria, die zwölfjährige Tochter der Gorettis, wie seine Dienstmagd; sie mußte ihm Wasser holen, sein Essen bereiten, seine Stiefel putzen und seine Wäsche instandsetzen. Das fromme schüchterne Kind gehorchte ihm ohne Murren – aber bald verlangte er mehr. Das Kind litt unter seinen begehrlichen Blicken, seinen werbenden, drohenden Worten, die es sich nicht erklären konnte. Maria fühlte nur, daß da etwas Dunkles, Böses, Gefährliches auf sie zukam und suchte Trost und Hilfe im inbrünstigen Gebet. An einem glühenden Juliabend traf Alessandro das Mädchen allein im Hause an. Als sie all seinem Drängen widerstand, stach der Rasende mit dem Dolch auf sie ein, bis sie zusammenbrach. Wenige Stunden später starb Maria. Ihre letzten Worte waren Worte der Vergebung für ihren Mörder. Als Märtyrerin der Reinheit nahm Papst Pius XII. sie unter die Heiligen auf – achtundvierzig Jahre nach ihrem Opfertod.

CORNELIA GOETHE   7. XII. 1750 — 8. VI. 1777

„Achtzehn Jahre habe ich nun hinter mir. Diese Zeit ist vergangen wie ein Traum; und die Zukunft wird ebenso verlaufen, mit dem Unterschied, daß mich mehr Übel erwarten, als ich ihrer schon auszustehen hatte." Die das an ihrem neunzehnten Geburtstag ins geheime Tagebuch eintrug, die Schwester Johann Wolfgang Goethes, hat ihr ganzes kurzes Leben hindurch unsagbar schwer darunter gelitten, daß eine ungnädige Natur sie ohne Anmut und Schönheit der Welt ausgesetzt hatte. Der Bruder umgab sie mit herzlicher Liebe – niemand hat dieses Mädchen besser gekannt, besser verstanden. Als Kinder waren sie „einander so vertraut, so gemeinsam im Spielen und Lernen, in Wachstum und Bildung, daß sie sich für Zwillinge halten konnten". Cornelia verfolgte mit zärtlicher Anteilnahme den Weg des Bruders, der einmal gestand, „er habe es einzig der Schwester zu verdanken, wenn er gelernt habe, mit jungen Frauenzimmern anständig und verbindlich umzugehen, ohne daß sogleich eine entscheidende Beschränkung und Aneignung erfolgt wäre". Immer wieder spricht er von der „wundersamen Tiefe" dieser Schwesterseele. Als ihr Weg in eine unerfüllte Ehe mündet – sie heiratete 1773 den Schriftsteller und Oberamtmann Johann Georg Schlosser –, erlebt der Dichter aus der Ferne ihre tragische Vereinsamung mit. „Ich schleiche durch das Leben, langsam, mit einem Körper, der nur fürs Grab taugt...", schreibt sie einmal dem Bruder, der ihren frühen Tod als Erlösung erkennt. Jahrzehnte später zeigt Ernestine Voß ihm einmal einen Brief von Cornelias Tochter: „Er nahm mir den Brief rasch aus der Hand", berichtet sie, „und fing mit heiteren Zügen an zu lesen. Allmählich wurden sie ernster, und am Ende liefen ihm die Tränen über die Wangen. Er saß eine Weile schweigend ..." Da mag er noch einmal die Schwesteraugen auf sich ruhen gefühlt haben.

KATHARINA ELISABETH GOETHE

19. II. 1731 — 13. IX. 1808

„*Vom Vater hab' ich die Statur,
des Lebens ernstes Führen,
vom Mütterchen die Frohnatur,
die Lust zu fabulieren*..."

Diese Verse schrieb Johann Wolfgang Goethe über den Vater und die geliebte Mutter, mit der ihn eine äußerst innige Zuneigung verband. Bettina von Arnim berichtet, daß ihr die „Frau Rat" einmal anvertraut habe: „Ich hab's im Mutterleib schon gespürt, was aus meinem Kind werden wird, und ich hab' auch keinen Augenblick dran gezweifelt, seit er auf der Welt ist, daß es zu seinem Heil sein werde..." Der Stolz und das Glück über jenen Sohn, der den Erdkreis mit seiner Unsterblichkeit erfüllte, waren der Inhalt dieses reinen Frauenlebens. Die Mutter hat ihren Sohn nicht nur geboren, sondern auch geformt: ihr Geist, ihre Lebhaftigkeit, die Freundlichkeit, Liebe und die gemütvolle Erzählkunst nahmen frühzeitig Einfluß auf den genialen Knaben. Einer ihrer Biographen sagt von Katharina Elisabeth Goethe: „In ihr war vulkanischer Boden, gleich jenem wunderbaren Feuer, das in den Tiefen der Erde schläft und zuweilen mit Glut und Gewalt hervorbricht..." Sie liebte ihren „Hätschelhans" wie nur eine Mutter lieben kann: „Bettina! Wenn du ihn gesehen hättest! So was Schönes gibt es nicht mehr, ich klatschte in die Hände vor Lust..." – Ihr Denken und Fühlen begleitete den kometenhaft aufsteigenden Johann Wolfgang so sehr und so ausschließlich, daß für ihr anderes Kind, die Tochter Cornelia, nicht viel an Liebe und Verständnis übrigblieb. „Das macht, ich bin kein ausgeklügelt' Buch, ich bin ein Mensch mit seinem Widerspruch!" – Immer war sie die besorgte Mutter, die Anteil haben wollte an dem Großen, das den berühmten Sohn umgab. Sie verbrachte ihr Alter entfernt von Johann Wolfgang, blieb ihm aber stets nahe mit der Seele.

OTTILIE VON GOETHE

31. X. 1796 — 26. X. 1872

Unter den Frauengestalten, die Goethes Lebensweg kreuzten, läßt sich keine mit der vergleichen, auf die der letzte Blick des sterbenden Olympiers fiel: Ottilie von Goethe, geb. Freiin von Pogwisch, die Gattin seines einzigen Sohnes August. Das widerspruchsvolle Wesen Ottilies hat eine ihrer Freundinnen, Jenny von Pappenheim, zu zeichnen versucht: „Nichts hatte Bestand in ihrem Kopf, in dem die Phantasie Alleinherrscherin war. Da warf sie zwanzig verschiedene Männerbilder, tausend Lebenspläne, Gedanken, momentane Empfindungen durcheinander, bis die Bilder zerbrachen, die Gedanken ausarteten – dann saß sie vor den Trümmern und weinte! Doch, wie bei kindlichen Schmerzen, tröstete sie die Blume, die ein Fremder ihr reichte..." – August von Goethe, großherzoglich sächsischer Geheimer Kammerrat, hatte die Zwanzigjährige in jenem Jahre als Verlobte in das väterliche Haus gebracht, in dem der alternde Goethe sich durch den Tod seiner „guten kleinen Frau" Christiane tief vereinsamt fühlte. Die Ehe der beiden von seelischer Unrast Getriebenen ist nicht glücklich geworden, und als Hausgenossen waren weder Ottilie noch August ein Labsal für den Olympier, der einen großen Teil der familiären Sorgen des Paares zu tragen hatte. Aber er freute sich an den Enkelkindern. Als August 1830 auf einer Italienreise in Rom starb, wurde Ottilie die den Dichter umsorgende Frau, die, als sein Leben verklang, bis zuletzt bei ihm wachte. Nach Goethes Tode lebte Ottilie zumeist in Wien. Geistvolle und kluge Frauen waren ihr in Freundschaft verbunden: Annette von Droste-Hülshoff, Johanna und Adele Schopenhauer, Sibylle Mertens-Schaafhausen. Ihre beiden Söhne überlebte sie, mit ihr und ihnen starb das Geschlecht der Goethe aus.

LUISE GOTTSCHED   11. IV. 1713 — 26. VI. 1762

„Ich lese ganz entzückt die geisterfüllten Lieder, die Du mir zugesandt, und seufz' in meinem Sinn: Ach schade, daß ich nicht in Danzig bin." So schrieb Professor Johann Christoph Gottsched aus Leipzig an die vierzehnjährige Tochter des Danziger Leibarztes Kulmus, die ihm einige ihrer poetischen Versuche zur Prüfung eingesandt hatte. Zwei Jahre später lernten die beiden sich kennen und lieben, ein über viele Jahre sich hinziehender, amüsanter und lebhafter Briefwechsel schloß sich an, und 1735 führte Gottsched die Zweiundzwanzigjährige als seine Gattin in den geistig regen Kreis seiner sächsischen Wahlheimat ein. Dort saß die „Gottschedin" in der Leipziger Universität lauschend hinter der Tür des Hörsaales, in dem Seine Magnifizenz, der Rektor Gottsched, seine Vorlesungen über Philosophie, Poetik und Redekunst hielt. Die sprachbegabte Frau, die schon als junges Mädchen Französisch und Englisch fließend beherrschte, eignete sich in Privatstunden noch Latein und Griechisch an und erfreute sich bald eines ausgezeichneten Rufes als Übersetzerin, während ihre eigenen Lustspiele von Lessing, dem „Hamburgischen Dramaturgisten", als völlig unzulänglich abgelehnt wurden. Im Gegensatz zu ihrem von der Mitwelt oft bespöttelten Gatten war die Gottschedin nicht frei von Selbstkritik und berechtigten Zweifeln. Die vielseitige und unermüdlich tätige Schriftstellerin war zugleich „eine vortreffliche Hausfrau, die ihre Wirtschaftsangelegenheiten an Küche und Keller, Wäsche und Kleidung auf das ordentlichste erledigte". Sie stand an dichterischem Talent und künstlerischem Verständnis weit über ihrem Mann, der ihr nach ihrem Tode eine liebevolle und kulturgeschichtlich interessante Lebensbeschreibung gewidmet hat.

ELIZABETH GOUDGE   * 24. IV. 1900

Vor der französischen Küste liegen, bis vor kurzem noch wenig berührt vom modernen Leben, die Normannischen Inseln Jersey, Guernsey, Alderney, Sercq und einige Felseilande. Die Bewohner, die seit der Eroberung Englands durch die Normannen, 1066, Untertanen der britischen Könige sind, leben zum Teil noch nach eigenem Recht, sprechen noch normannische Mundarten und pflegen die alten Landesbräuche. Von einer dieser Inseln stammt die Mutter der englischen Dichterin Elizabeth Goudge – sie selber wurde in der südenglischen Grafschaft Devonshire geboren –, und die urwüchsige Heimat ihrer Mutter wurde zum bevorzugten Schauplatz für die Erzählungen der Tochter. Ihr Erstlingsbuch, der Roman „Inselzauber", dessen Handlung auf Guernsey spielt, ist durch sein Ethos und den unnachahmlichen Zusammenklang von Seelen- und Landschaftsstimmung gleich ihr erfolgreichstes Buch geworden. Neben dieser von merkwürdigen Geheimnissen umwitterten Familiengeschichte auf der Normanneninsel mit ihrer herben Schönheit und ihren urtümlichen Menschen haben der Kleinstadtroman „Die Stadt der Glocken" und die preisgekrönte und verfilmte Liebesromanze „Der grüne Delphin" sehr zum literarischen Ruhm der Dichterin beigetragen. Eine volkstümliche Nacherzählung des biblischen Berichtes „Der Mann aus Nazareth" ist voller sprachlicher Schönheiten. Elizabeth Goudge pflegt die spannungsvollen und stimmungsreichen Jugendbuchgeschichten. Genannt seien: „Die Inselkinder", „Der Mann mit dem roten Halstuch", „Mariekas Haus" und „Das schneeweiße Rößlein" („Little White Horse"); für dieses reizende und an Einfällen reiche Kinderbuch, das sie 1946 herausbrachte, wurde die Verfasserin mit der Carnegie-Medaille ausgezeichnet. Ein bedeutender Filmpreis wurde ihr für den 1944 erschienenen Roman „Der grüne Delphin" zuerkannt. Auf beglückende Weise ist in Elizabeth Goudges Büchern das Ethische mit dem Ästhetischen verbunden.

7. V. 1748 — 3. XI. 1793   **OLYMPE DE GOUGES**

Im Anfangsstadium der Französischen Revolution pflegten die politischen Salons sich um geistreiche Damen zu gruppieren. Das Beispiel der englischen Geschichtsschreiberin Mistreß Mecaulay eiferte zahlreiche kluge und feurige Frauen zur politischen Tätigkeit an. Die Vorbilder einer altrömischen Cornelia, Lucrezia oder der Griechinnen Aspasia und Hypathia entflammten die Mädchen. Im Salon des Enzyklopädisten und girondistischen Revolutionärs Condorcet drängten sich um die Dame des Hauses, Sophie de Condorcet, so aktive Frauen wie Madame Verney, Mademoiselle Kéralio, Madame Genlis; es tauchte Madame de Stäel auf und Madame Roland. Eine der glänzendsten Erscheinungen dieses Kreises war die Revolutionsheldin Olympe de Gouges, die wie Lope de Vega „jeden Tag" aus dem Stegreif ein Trauerspiel diktierte (denn schreiben konnte sie nicht). Sie wurde zur Vorkämpferin der Gleichberechtigung von Mann und Frau vor dem Gesetz. Im Salon Condorcet, umgeben von Männern wie Thomas Payne, dem Engländer Williams, dem Schotten Macintosh, dem Genfer Dumont und dem deutschen Baron Anarchasis Clootz, schleuderte sie Sätze wie diesen in die Debatte: „Die Frauen haben ein unbedingtes Recht auf die Tribüne, denn sie haben ja auch ein Recht aufs Schafott!" Zusammen mit der vornehmen Holländerin Myfrouw van Palm-Aelder gründete Olmype de Gouges aus mehreren Frauenvereinen den „Cercle social", einen Verband aus Männern und Frauen, der für die politische Gleichberechtigung der Geschlechter eintreten wollte. Condorcet und seine Girondisten unterstützten dieses Vorhaben. Doch als sie im Sommer 1793 stürzten, rissen sie auch den Flor der Damen mit sich hinab. Eines der Opfer hieß Olympe de Gouges. Robespierre, den sie in Pamphleten bekämpft hatte, übergab sie mit besonderer Genugtuung dem Henker.

19. XII. 1879 — 4. I. 1946   **EMILIE GOURD**

Oberhalb Genfs, in dem ländlichen Ort Prégny, der einen Blick über den See bis zum Montblanc gewährt, beherbergte ein Landhaus des alten klassischen Stils, der für das Schweizer Patriziat charakteristisch ist, zwei seltene Frauen: Emilie Gourd, die Vorsitzende des Schweizerischen Verbandes für Frauenstimmrecht, und ihre Mutter, eine anmutige alte Dame, von der Tochter gelegentlich als „mère du suffrage" bezeichnet. Dort — im Winter in einer Stadtwohnung — liefen die Fäden zusammen, welche die Schweizer Frauen, die sich für volle staatsbürgerliche Gleichheit einsetzten, verbanden, zugleich aber auch die der großen internationalen Organisation für Frauenstimmrecht, deren Schriftführerin Emilie Gourd während einer entscheidenden Periode war, als rechte Hand erst von Mrs. Chapman Catt, dann von Mrs. Corbett Ashby. Die Familie Gourd war zum Teil italienischen Ursprungs; daher besaß Emilie Gourd eine Vorliebe für die italienische Sprache und für die Kultur des Südens. Von Natur entgegenkommend, wurde ihre Vermittlung bei Schwierigkeiten gesucht; ihre Ratschläge, die immer frei von Opportunismus waren, wurden gern befolgt. Auch während des zweiten Weltkrieges — niemand konnte den Geist des Hitlerismus schärfer verurteilen als sie — wußte sie deutschen Freunden Grüße zu übermitteln. Solange der Völkerbund seinen Sitz in Genf hatte, war Emilie Gourd laufend mit der Vertretung großer Frauenverbände bei dessen Veranstaltungen betraut worden. Sie wußte Neulinge vorzüglich in die Arbeit der Ausschüsse einzuführen, Bekanntschaften zu vermitteln und Wege zu ebnen. Eine ihrer letzten Arbeiten galt dem ausgezeichneten „Jahrbuch der Schweizer Frauen". Ihre Tätigkeit ist mit der Geschichte der schweizerischen wie der internationalen politischen Frauenarbeit unlöslich verbunden.

EMMA GRAF

12. X. 1865 — 22. XI. 1926

„Die Schweiz ist in der allgemeinen Frauenbewegung nicht initiativ vorgegangen", schrieb 1921 resigniert die bernische Frauenrechtlerin Emma Graf, die Präsidentin des Vereins für Frauenstimmrecht. In der Arbeit für die Interessen der Schweizer Frauen sich nahezu verzehrend, gelang es ihr nicht, den Schweizerinnen das Stimmrecht zu erkämpfen, obwohl sie selber durch ihre umfassende Bildung und ihre reiche Tätigkeit das Modell für die reifgewordene, verantwortungsbewußte, öffentlich tätige Frau darstellte. Emma Graf war zunächst Lehrerin an einem Seminar. Ihre Stunden und Diskussionen wurden den Junglehrerinnen unvergeßlich, zumal sie sich hütete, die Seminaristinnen an sich zu binden; sie erzog sie zu einem Höchstmaß an Selbständigkeit. Nach ihrer Promotion widmete sie sich neben der Schularbeit als Mitarbeiterin Professor Walzels gründlichen geschichtlichen, philosophischen und literarischen Studien und arbeitete über die Frauentypen der Romantik. Achtzehn Jahre lang war sie Zentralpräsidentin des schweizerischen Lehrerinnenvereins und redigierte die schweizerische Lehrerinnenzeitung. Sie trat für die gleichwertige Ausbildung der Lehrerinnen und für das Recht der verheirateten Erzieherin ein, im Schulberuf zu bleiben. Sie gründete Alters- und Ferienheime für ihre Berufsgenossinnen und sammelte aus allen Kulturepochen von Plato bis Ibsen, von Augustinus bis Bachofen die Argumente für die „Menschenrechte" der Frau. In ihrer Freizeit schrieb sie Erzählungen und Artikel; die „Reise einer bernischen Frauenrechtlerin nach Griechenland" ist die köstlich-phantastische Frucht ihrer schriftstellerischen Bemühungen. „Es hat mich niemand so belebt wie sie", war das Urteil vieler Menschen, die ihr begegneten.

AUGUSTE GRAFF

1754 — 1812

Der deutsch-schweizerische Bildnismaler Anton Graff, seit 1766 sächsischer Hofmaler und Professor an der Kunstakademie zu Dresden, weilte im Frühling des Jahres 1771 zur Ausführung verschiedener Porträtaufträge in Berlin und war dort Gast im Hause seines schweizerischen Landsmannes J. G. Sulzer, des seinerzeit hochgerühmten Gelehrten. In Sulzers geselligen und weinfrohen Kreis zog ihn das siebzehnjährige Töchterchen des Hauses, die anmutige Auguste, die nach Papa Sulzers eigenen Worten „ein Mädchen von dem sanftesten Gemüt und einem den geraden Weg vor sich sehenden Verstande" war. Kein Wunder, daß Professor Graff trotz des Altersunterschiedes eifrig und mit Erfolg um sie warb. In Dresden bezog das junge Paar am Altmarkt eine Wohnung, die eigentlich nur aus einem einzigen, durch hübsche Paravents in Atelier und Wohnraum aufgeteilten Raum bestand. In dieser bescheidenen Werkstatt hat Anton Graff den größten Teil seiner 943 hervorragenden Bildnisse gemalt; hier empfing der kurfürstliche Maler die bedeutendsten Geister seiner Zeit, und die Besucher waren von seinen Porträts ebenso entzückt wie von der liebenswürdigen Künstlersgattin, die mit Würde und Takt Konversation zu machen verstand, wenn ein Friedrich von Schiller, Herr Moses Mendelssohn oder Herr Wieland zu Tisch gebeten waren. Durch ihren Fleiß und ihre Anspruchslosigkeit konnten die in glücklicher Harmonie verbundenen Eheleute ihren Kindern ein Vermögen von vierzigtausend Talern hinterlassen. Mitten in den Wirren der Napoleonischen Kriege ist Auguste Graff gestorben; vierzehn Monate später folgte ihr der vereinsamte Mann, der den Verlust der Gefährtin nicht überwinden konnte.

1535 — 1554 **JANE GRAY**

Als am 7. Juli 1553 die Kutsche der Lady Sidney vor dem Landhaus der Jane Gray zu Chelsea hielt, wußte die siebzehnjährige Jane wohl schon, welch wichtige Botschaft ihr die Schwägerin bringen würde: sie solle auf Weisung des Regentschaftsrates unverzüglich nach London zurückkehren und dort den Befehl des Königs erwarten. Dieser König, Eduard VI., lag im Sterben. Das Haupt des Regentschaftsrates war der Herzog von Northumberland, ein ehrgeiziger Streber, der schon manche Köpfe hatte rollen lassen, ehe er den kränkelnden König völlig beherrschte. Als er das Ende des Königs nahen sah, hatte er eilig seinen Sohn Guilford Dudley mit Jane vermählt; sie war die Tochter des Herzogs von Suffolk, ihre Mutter war eine Enkelin König Heinrichs VII. Obwohl die Ansprüche Janes auf den englischen Königsthron also nur schwach waren, wagte es ihr Schwiegervater, der Herzog von Northumberland, den sterbenden Monarchen zu einem verhängnisvollen Rechtsbruch zu verleiten: Er schloß seine beiden Schwestern Maria und Elisabeth von der Thronfolge aus. Am Tage nach ihrer Ankunft in London wurde Jane Grey zur Königin von England ausgerufen. Sie empfing den Treueschwur der Lords und zog nach alter Sitte am Tage vor der Krönung mit großem Gepränge in den Tower ein. Maria, die rechtmäßige Königin, die von der Geschichte den Beinamen „die Blutige" erhielt, sammelte nach der Krönung ein Heer, zog in London ein und warf, zehn Tage nach der Thronbesteigung, Jane und ihren Gatten in den Kerker. Jane sah von einem Fenster ihrer Zelle der Hinrichtung ihres Gatten zu und bestieg dann selber, voller Todesverachtung und in erhabener Frömmigkeit, das Blutgerüst. Ihr Königstraum war ein Kurzdrama im Stile Shakespeares, dessen Großvater zu eben dieser Zeit als Bauer in Snitterfield bei Stratford saß.

14. VIII. 1864 — 18. II. 1931 **MARIA EUGENIE DELLE GRAZIE**

Aus uraltem venezianischem Geschlecht stammend und 1864 im ungarischen Weißkirchen geboren, ist die österreichische Dramatikerin, Lyrikerin und Erzählerin Maria Eugenie delle Grazie eine der bedeutendsten Vertreterinnen der Frauendichtung um die Jahrhundertwende. Zwischen den Zeiten stehend und geistig ganz ins Europäische zielend, beginnt sie mit Gedichten und Epen im pathetisch überhitzten Stil ihres Landsmannes Robert Hamerling, wendet sich dann aber dem Theater zu, wo ihr Heinrich Laube Eintritt verschafft. Die Auszeichnungen mit dem Bauernfeld-Preis, dem Ebner-Eschenbach-Preis und dem Preis des Wiener Volkstheaters verschaffen ihr die äußere Anerkennung. Das Erlebnis des Eucharistischen Weltkongresses in Wien (1912) führt sie in die Arme der Katholischen Kirche zurück und beruhigt gleichzeitig ihren Stil, der weitaus epischer, erzählfreudiger wird. Sie schildert mit einer erstaunlichen Blickschärfe, zuweilen spöttisch, aber auch dem Romantischen nicht ganz abgeneigt, Bauern- und Zigeunerfrauen zwischen Donau und Theiß und bewegt sich dann wieder auf dem glatten Parkett des Hofes. Von ihren Romanen sind „Heilige und Menschen", „Vor dem Sturm", „O Jugend", „Donaukind", „Homo", „Eines Lebens Sterne", „Der Liebe und des Ruhmes Kränze", „Unsichtbare Straße" und „Die weißen Schmetterlinge von Clairvaux" noch nicht vergessen, während ihre Bühnenwerke kaum ihre Zeit überdauert haben. Maria Eugenie delle Grazie ist ein Stern am österreichischen Dichterhimmel, dessen Licht nach manchem Wechsel heute wieder heller zu leuchten scheint. Ihre Werke sind in fast alle europäischen Kultursprachen übersetzt worden.

NINA GRIEG
24. I. 1845 — 9. XII. 1935

Die Werke des großen norwegischen Komponisten Edvard Grieg, der die uralten Sagen und Gesänge seiner Heimat ans Licht hob, gehören zum unvergänglichen musikalischen Besitz der ganzen Welt; aber kaum einer weiß heute noch, welch großen und entscheidenden Anteil die Sopranistin Nina Hagerup, die Kusine und spätere Gattin des Komponisten, am Welterfolg seines reichen Lebens und Werkes hatte. Von ihrer Mutter, einer bekannten Sängerin, hatte sie eine herrliche Stimme und ein bedeutendes dramatisches Talent geerbt. Edvard Grieg hörte von dem jungen Ruhm seiner ihm bis dahin unbekannten Base, er reiste nach Kopenhagen und war von ihr bezaubert; am Weihnachtsabend des Jahres 1864 legte er ihr das für sie komponierte „Ich liebe Dich..." aufs Notenpult – eine der schönsten Liebeserklärungen der Geschichte. „Später spielten wir Schumanns B-Dur-Sinfonie vierhändig", berichtet Nina in ihren Erinnerungen, „und das war unsere Verlobungsfeier." Am 11. Juli 1865 fand die Hochzeit statt – Auftakt einer über vierzigjährigen glücklichen Gemeinschaft. Die junge Frau stellte ihre Stimme nun allein in den Dienst am Werk ihres noch unbekannten Mannes und erreichte nach schweren Kämpfen, Rückschlägen und Depressionen seinen künstlerischen Durchbruch. Ein Brief Franz Liszts, der von Griegs Violin-Sonaten begeistert war, verschaffte dem Paar ein Stipendium der Stadt Oslo zu einem längeren Aufenthalt in Rom, und die Konzertabende Ninas brachten den beiden die endgültige Anerkennung, den Weltruhm und die materielle Sicherheit. In Bergen konnten sie jetzt ihr Künstlerheim errichten, das so berühmt gewordene Troldhaugen, in dem Nina Grieg am 4. September 1907 dem geliebten Mann die Sterbekerzen entzündete. Sie folgte ihm als Neunzigjährige, nachdem sie ihre Witwenjahre dem Andenken des Komponisten und seinem Werke geweiht hatte.

PHILIPPINE VON GRIESHEIM
1791 — 1881

Mit militärischen Ehren, unter dumpfem Trommelwirbel und dem Salut uralter Feldgeschütze wurde im Jahre 1881 die Witwe des Kammerherrn von Cramm zur letzten Ruhe bestattet. Die zierliche Greisin war neunzig Jahre alt geworden, und viele mußten sich erst nach dem Grund des martialischen Pomps ihrer Totenfeier erkundigen. Dann erinnerte man sich: Sie war die Braut des Albert von Wedell gewesen, eines der elf Schillschen Offiziere, die am 16. September 1809 in Wesel unter den Kugeln eines napoleonischen Hinrichtungspelotons als „Straßenräuber" ihr Leben ließen. – Die Griesheims, eine angesehene Braunschweigische Generalsfamilie, hatten drei reizende Töchter, von denen die Namen der jüngeren, Wilhelmine und Philippine, sich oft in den Briefen und Tagebüchern des französischen Kriegskommissars von Braunschweig finden, des Herrn Marie-Henry Beyle, den die Nachwelt unter seinem Schriftstellernamen Stendhal verehrt. Im Januar 1808 trat der Vater als Oberhofmeister in die Dienste des Herzogs von Anhalt-Köthen, und hier in Köthen lernte Philippine erstmals ihren Vetter, Albert von Wedell, kennen, dessen Ritterlichkeit sie schon im ersten Augenblick der Begegnung bezauberte. Die heimliche Liebe führte nach kurzer Zeit zur Verlobung, aber nach ebenso kurzer Zeit endete das flüchtige Glück. Albert von Wedell folgte dem Ruf seines Bruders zum Schillschen Freikorps, das im Mai 1809 noch einmal durch Köthen zog, um noch im gleichen Jahre in den Untergang trieb. Nach dem Tode Wedells lebte Philippine von Griesheim in Braunschweig; 1815 heiratete sie den Kammerherrn von Cramm, der nach fünf Jahren starb. Die „alte Kammerherrin" versank wieder in die Erinnerung an ihre einstige Liebe und war für ihre Umwelt das lebendige Denkmal der Freiheitsidee, für die Albert von Wedell unter den Mauern der Stadt Wesel gefallen war.

1857 — 1938   GRÄFIN SELMA VON DER GROEBEN

Aus altem preußischem Adel stammend — das Stammgut lag in
Marienwerder in Ostpreußen — hat diese konservative evangelische Christin ihr Lebensziel in der Rettung sittlich verwahrloster Frauen und Mädchen und deren Rückführung zur Ordnung
und Sauberkeit erblickt und die Spannung zwischen ihrer zarten Natur und der äußersten menschlichen Verkommenheit
durch verstehende und immer tätige Liebe überwunden. Vor
dem ersten Weltkrieg schon gründete sie eine Zufluchtsstätte
für werdende uneheliche Mütter, die 1913 zu einem großen
Mütter- und Säuglingsheim erweitert wurde. Sie sorgte dafür,
daß am Polizeigefängnis zu Hannover eine Fürsorgerin angestellt wurde, die die weiblichen Häftlinge besuchte und betreute; daß der von ihr gegründete Ortsverband jährlich bis zu vierzig Frauen zu
einem normalen Leben zurückgewinnen konnte, ist ein Beweis für die unsentimentale und wirkungsvolle Art, in der die Gräfin dieses „heiße Eisen" anfaßte. Die
Zyniker verspotteten sie, die Damen wandten ihr den Rücken zu, aber sie nahm die
„Schmach Christi" auf ihre zarten Schultern, stellvertretend, wie sie bekannte. Auch
als Vertreterin der Vorsitzenden des Deutschen Evangelischen Frauenbundes verband
sie ihre praktische Arbeit, die sie mit strengster Disziplin erledigte, immer mit hohen
und ewigen Gedanken. Ihr „Stab" umfaßte im ersten Weltkrieg zweihundert Mitarbeiterinnen in der Kriegswohlfahrtspflege. Obwohl sie nach dem Zusammenbruch
an der Politisierung aller Dinge litt, die „alles durchsetzt, verfälscht und ungenießbar
macht", behielt sie die geistige Führung ihres Bundes bei, selber schwer an Anämie
erkrankt. Tiefgläubig, wie sie ihr Leben aufgeopfert hatte, gewann sie nun Kraft
aus dem Leiden: Nur wenige sahen, daß sie wie eine Märtyrerin die Passion Christi
mitleiden wollte — sie blieb heiter und ohne irdische Angst bis zum letzten
Augenblick.

* 12. VII. 1892   PAULA GROGGER

Mag auch eine gewisse Literaturkritik für die Dichtung aus dem
Volkstum heraus nur das snobistische Wort „Folklore" bereithalten: Es gibt noch Dichter, die dem Volk seine Sprache und
Sitte vor der Auslöschung bewahren. Paula Grogger, die alpenländische Dichterin aus dem Ennstal, hat mit ihrem Roman
„Das Grimmingtor" nicht nur im Symbol des Berges Grimming
das Epos ihrer heimatlichen Landschaft erzählt; sie hat in
dieser Symphonie altsteirisch-kärntnerischen Familienlebens aus
der Zeit Napoleons die verblassende deutsche Sprache aus der
Mundart heraus angereichert und gekräftigt. Ihr Stil, dessen
Großartigkeit in seiner Schlichtheit besteht, ist an ihrer Lehrerin Handel-Mazzetti geschult und doch ganz eigenständig wie
ein altes Epos. Herzhafter Humor und verhaltene Tragik, vor allem aber die sprachschöpferische Kraft der Dichterin heben ihren Roman hoch über alle gängige Heimatliteratur hinaus. Ebenso stark offenbart sich ihre Originalität in ihren zahlreichen
Legenden. Die „Sternsinger", die „Räuberlegende", die „Legende von der Mutter",
„Das Kind der Saligen", die „Legende vom Rabenknäblein" und das „Gleichnis
von der Weberin" können in ihrer konkreten Fassung ebenbürtig etwa neben den
mehr abstrahierenden Schöpfungen der Russen und Ungarn auf dem Gebiet der
„folkloristischen" Kunst stehen. Auch auf dem Gebiet des Laienspiels hat sich Paula
Grogger stillen Ruhm erworben. Ihre tiefe Religiosität, Naturfrömmigkeit und Ursprünglichkeit sind auf das Ewige gerichtet, im Geist jener mütterlichen Liebe,
deren „Tun und Leiden im stillen von der Erdenzeit bis zur Ewigkeit reicht".

ARGULA VON GRUMBACH   1492 — 1568

In seiner Schrift „An den christlichen Adel deutscher Nation" sagte Martin Luther: „Die Welt bedürfe feiner, geschickter Männer und Frauen; daß die Männer wohl regieren könnten Land und Leute, die Frauen aber wohl erziehen und halten könnten die Kinder und das Gesinde..." Der Reformator stand mit vielen bedeutenden Frauen seiner Zeit in persönlicher oder Briefverbindung, wie denn die Reformation auch die Frauenbildung mächtig vorangetrieben hat: Viele neue Mädchenschulen wurden gegründet und von frommen, gelehrten Frauen geleitet. Eine Klosterfreundin von Luthers Gemahlin Katharina von Bora, die kluge Magdalena von Staupitz, wurde „Schulmeisterin der Mägdelein" in Grimma, und mit Anna von Stolberg erhielt das altberühmte Stift Quedlinburg seine erste protestantische Äbtissin. Unter den zahlreichen Brieffreundinnen Luthers ragt Argula von Grumbach hervor, die sich treu und opferbereit zu der neuen Lehre bekannte und in den Jahren der Glaubenskämpfe viele von tiefer Religiosität erfüllte Sendschreiben an die protestantischen Fürsten und Landesherren verfaßte. Die bayerische Landedelfrau verteidigte vor der Universität Ingolstadt, die den protestantischen Magister Seehofer zum Widerruf gezwungen und in der Abtei Ettal eingesperrt hatte, ihren „Bruder im Glauben" in einer flammenden Streitschrift. Luther, der mit ihr im Jahre 1530 auf der Coburg zu einem langen Gespräch zusammentraf, nannte die tapfere und kühne Frau, die über ihren religiösen Anliegen doch niemals die Pflichten der Gutsherrin, Hausfrau und Mutter vernachlässigte, einmal bewundernd „ein gar sonderlich Werkzeug Gottes". In ihren zahlreichen noch erhaltenen Briefen hat sich die Grumbacherin über die Angriffe ihrer Gegner mit gütigem Humor hinweggesetzt und hat auch Andersgesinnten Hilfe und Wohltat nie versagt.

HORTENSIA GUGELBERG VON MOOS   1659 — 1715

Die Gestalt dieser Schweizerin ragt einsam und kämpferisch in eine Zeit, in der noch keine Frau daran dachte, in der öffentlichen Arena die Gleichstellung mit dem Manne zu fordern. Die Kalvinistin Hortensia nahm zuerst auf religiösem Gebiet den Fehdehandschuh auf. In gründlicher Bibelkenntnis zerpflückte sie in einer Kampfschrift alle Argumente ihrer Gegner, erhob zunächst den Anspruch auf Gleichberechtigung der Frau bei der Verkündigung des Evangeliums und erweiterte diese Forderung bald auf das gesamte öffentliche Leben. Die kühnen Thesen trugen der Tochter des Stadtvogtes Hubert von Salis manchen Widerspruch ein; einer ihrer Widersacher nannte sie öffentlich eine „kluge Schlange, deren die Weiber spotten". Hortensia aber ließ sich nicht beirren, breitete 1696 in Romanform ihre reichen Kenntnisse auf allen Gebieten des Lebens aus und würzte das Werk mit schneidenden gesellschaftskritischen Bemerkungen. Sie kritisierte die kleinliche Gedankenwelt der Hausfrauen, schärfte ihr Selbstbewußtsein und half ihnen durch vortreffliche Anweisungen für die Kindererziehung und für den Haushalt. Scharf wandte sie sich gegen jenen Typ des Mannes, der in der Frau nur das „Weibchen" sah. Die erste Schriftstellerin der deutschen Schweiz war auch das Vorbild für karitative und ärztliche Hilfeleistung. Ihr Haus zu Maienfeld stand allen Menschen offen. Sie versorgte die Kranken, desinfizierte verseuchte Häuser und rettete viele Sterbenskranke durch Heilkräuter, die sie sammelte, und Arzneien, die sie herstellte. Sie beugte sich unerschrocken sezierend über Leichen, um den Grund der Krankheit zu erforschen. An dem Grab dieser edelsten Frau der Zeit standen die bedeutendsten Gelehrten der Schweiz und priesen die Verstorbene in der überschwenglichen Art des Jahrhunderts.

20. I. 1866 — 8. II. 1944   **YVETTE GUILBERT**

Moulin Rouge – mit dem Namen dieses berühmtesten Kabaretts der Welt verbindet sich die Erinnerung an den strahlenden Lichterglanz des nächtlichen Montmartre – aber auch die Erinnerung an den Grafen Henry de Toulouse-Lautrec, der sein kurzes, rauschhaftes und unglückliches Erdendasein daran verschwendete, die Gestalten des Montmartre mit seinem Zeichenstift unsterblich zu machen. Der verkrüppelte Zwerg und geniale Künstler hat vor allem eine Frau, eine große Sängerin und Schriftstellerin, in unzähligen Zeichnungen und Lithographien immer wieder beobachtet, umkreist und endlich gültig gestaltet: die berühmte Diseuse Yvette Guilbert, die ihn selbst in grausamer Zärtlichkeit stets nur „das kleine Monstrum" nannte...
Natürlich war sie Pariserin und blieb es ihr Leben lang – ein reiches Leben, das sie durch alle Hauptstädte Europas, durch Afrika und durch die Vereinigten Staaten führte. Ihre Memoiren sind eine kulturgeschichtliche Fundgrube für die Jahre um die letzte Jahrhundertwende, denn fast alle großen und bedeutenden Menschen, die Europa in dieser Zeit zu einem Hort der menschlichen Bildung und Lebenskunst gemacht haben, sind in ihren Bannkreis getreten, in einer fruchtbaren geistigen Auseinandersetzung, die weit über das Gebiet der „leichten Muse" hinausreicht. Sie war nicht nur eine große Künstlerin – sie war auch ein Genie der Nächstenliebe; nach dem ersten Weltkrieg wurde sie nicht müde in dem Bestreben, die verfeindeten Völker Europas mit den Mitteln der Kunst einander wieder näherzubringen. „Yvette wird mehr und mehr von Mystik und Religion durchdrungen," schrieb ein bekannter Kritiker über sie, „sie ist ein Dichter, ein Dichter aus der Zeit, da die Kunst in einer Menge lebte, die ihr Dasein zum Wesentlichen und zum Überirdischen hin ordnete".

† 1903   **GERTRUD GUILLAUME-SCHACK**

Die junge Gräfin arbeitete nach dem Fehlschlag ihrer Ehe in Paris in einer internationalen Vereinigung von sozialtätigen Frauen und erhielt bei ihrer Fürsorgetätigkeit in den verrufenen Vierteln der Weltstadt erschreckenden Einblick in das Leben der Prostituierten. In dieser Zeit war es noch gewagt, eine Frage dieser Art öffentlich aufzugreifen, man überließ die Regelung der Polizei, ohne darüber nachzudenken, daß hier ein Problem der allgemeinen Sozialarbeit vorlag. Frau von Guillaume-Schack erkannte, daß die Frauenbewegung an dieser dunklen Erscheinung nicht untätig vorübergehen dürfe und daß es möglich sei, einen großen Teil der gestrandeten Frauen durch geeignete Maßnahmen wieder einem geordneten Leben zuzuführen und dadurch zugleich Herde verhängnisvoller Krankheiten auszumerzen. Auf einem Kongreß in Brüssel lernte sie Josephine Butler kennen, die in England bereits auf diesem Gebiet große Erfolge errungen hatte. Als sie, durch Josephine Butler ermutigt, auch in Deutschland den Kampf aufnahm und in den Versammlungen des von ihr gegründeten „Kulturbundes" harte Anklage gegen die Gesellschaft erhob, wurde sie totgeschwiegen oder heftig verfolgt. Das meiste Verständnis fand sie in Arbeiterkreisen. Sie wurde überzeugte Sozialistin, um mit Hilfe von Arbeiterinnenvereinen, die sie in zahlreichen Orten ins Leben rief, auf breiterer Front das soziale Übel von der Wurzel her anzupacken. Ihr Kampf galt seither der Hebung des Lebensstandes der Frau, ihrem Recht auf Arbeit, der Beseitigung ihrer Ausbeutung und der Gesundung des Familienlebens. Als „lästige Ausländerin" wurde sie ausgewiesen, sie ging nach England; Anna Pappritz und Hanna Bieber-Böhm setzten in Deutschland ihre Arbeit fort.

KAROLINE VON GÜNDERODE 11. II. 1780 — 26. VII. 1806

„Eine wirklich merkwürdige Erscheinung" nannte Goethe das schmale Bändchen mit Gedichten und Phantasien, das im Jahre 1804 unter dem Pseudonym „Tian" erschienen war, eines der rührendsten literarischen Zeugnisse der deutschen Romantik. Das Geheimnis um den Verfasser war bald gelüftet — „Tian" nannte sich die damals vierundzwanzigjährige Karoline von Günderode, Sproß eines uralten deutschen Adelsgeschlechtes. Sie lebte als Stiftsdame in Frankfurt am Main. Clemens Brentano, mit dessen Schwester Bettina die Günderode befreundet war, erkannte als erster die Dichterin in ihr: „Wenn Du gewiß weißt, daß (das Gedicht) der Franke in Ägypten von ihr ist, so kann alles von ihr sein, denn dieses ist ein ganz vortreffliches Gedicht — kein Weib hat noch so geschrieben, noch so empfunden..." — Das schöne, schwermütige Mädchen, in deren Briefen und in deren Dichtung sich die romantische Verbindung von Geist und Untergangssehnsucht spiegelt, gab sich — verstrickt in die verhängnisvolle Leidenschaft zu einem unerreichbaren Mann — in den Fluten des Rheins selbst den Tod. Achim von Arnim klagte bei einem Besuch ihres Grabes: „Wir stiegen an Land und sahen einander stillschweigend an und wiesen auf die Landzunge, die im Strom versunken. Ein edles, musenheiliges Leben sank da in schuldlosem Wahn, und der Strom hat den geheiligten Ort ausgetilgt und an sich gerissen, daß er nicht entheiligt werde. Arme Sängerin — können die Deutschen nichts als das Schöne verschweigen, das Ausgezeichnete vergessen und den Ernst entheiligen? Wo sind deine Freunde? Keiner hat der Nachwelt die Spuren deines Lebens gesammelt — die Furcht vor dem Tadel der Heillosen hat sie alle gelähmt. Nun erst verstehe ich die Schrift auf deinem Grabe, die von den Tränen des Himmels schon fast ausgelöscht ist, nun erst weiß ich, warum Du die Deinen alle nennst — nur die Menschen nicht..."

AGNES GÜNTHER 21. VII. 1863 — 16. II. 1911

In ihrer Geburtsstadt Stuttgart verbrachte die von Kind auf kränkliche Tochter des angesehenen Bankiers Breuning ihre wohlbehüteten Jugendjahre, bis Pfarrer Rudolf Günther die Sechsundzwanzigjährige als Gattin heimführte, ins Pfarrhaus von Langenburg, oberhalb von Kocher und Jagst. Die junge Pfarrersgattin, die schon in ihren Mädchenjahren kleine schriftstellerische „Gelegenheitsarbeiten" verfaßt hatte, fühlte sich besonders angezogen vom Archiv des alten Residenzschlosses, von den Akten der Hexenprozesse aus dem Dreißigjährigen Krieg und von den unglücklichen Frauengestalten, deren Schicksal in den verstaubten Pergamenten verborgen war. Das erste Ergebnis des eifrigen Stöberns war ein fünfaktiges Versdrama „Von der Hexe, die eine Heilige war" — die Langenburger führten es als Laienspiel auf und wußten nun, daß ihre Pfarrherrin „dichtete". Die Dichtung war die einzige Freude und Zerstreuung der stillen, blassen Frau, die ein unheilbares Lungenleiden für immer längere Zeitabschnitte ans Bett fesselte. Nur Pfarrer Günther wußte, daß seine geliebte Frau seit Jahren an einem großen Roman arbeitete, in dem die Gestalten aus dem Langenburgschen Schloßarchiv zu neuem Leben erweckt wurden. Das umfangreiche Manuskript wanderte mit nach Marburg, wohin Günther als Theologieprofessor berufen worden war, und hier vollendete die todkranke Schriftstellerin auch das letzte Kapitel, wenige Tage bevor ihr eigenes Leben erlosch. Der Witwer bot das vollendete Werk einem Stuttgarter Verlag an — er erschien im Jahre 1913 unter dem Titel „Die Heilige und ihr Narr" und wurde einer der größten Bucherfolge der neueren Zeit. Millionen Frauen wurden seitdem von der zarten Gestalt des „Seelchens" und ihrem traurigen Schicksal zu Tränen gerührt.

13. IV. 1648 — 9. VI. 1717   JEANNE MARIE GUYON

Jeanne Marie de la Motte-Guyon, die aus einem reichen französischen Adelsgeschlecht stammte, hat es als Mystikerin zu einer für uns kaum noch vorstellbaren Berühmtheit gebracht. Sie ist die Hauptbegründerin der „quietistischen Mystik", jener stark umkämpften Richtung innerhalb des Katholizismus, die alles nur auf die Gelassenheit, die innere Beseligung, die geistliche „Vermählung" mit Christus und auf die Anwesenheit des ewigen Gottes im kleinen menschlichen Herzen stellt. Frau von Guyon wurde mit sechzehn Jahren, ohne vorher gefragt zu werden, mit einem sechsunddreißig Jahre alten reichen adeligen Herren namens Guyon verlobt. Die Ehe, der fünf Kinder entsprossen, währte zwölf Jahre. Furchtbare seelische Qualen, Ekel vor dem weltlichen Treiben im Hause Guyon, schändliche Mißhandlungen durch ihre zanksüchtige und geizige Schwiegermutter führten sie unter Anleitung mehrerer, für Mystik empfänglicher Seelsorger — unter ihnen auch der berühmte Fénélon — zu einem Leben härtester Askese. Sie geriet mehrfach in die Mühle heftiger Streitigkeiten um die Berechtigung ihrer Mystik, die von einflußreichsten Männern wie Bossuet (der ebenso wie ihr zeitweiliger Berater Fénélon später Erzbischof wurde) als der katholischen Lehre widersprechend angesehen wurde; und so warf man sie ins Gefängnis, wo sie mit kurzer Unterbrechung etwa fünf Jahre verbrachte. Zeitweilig trat auch Frau von Maintenon für sie ein. Aber ihre überaus inbrünstige Mystik, der sie in mehreren viel gelesenen Büchern Ausdruck gab, wirkte nach eigentümlichen Gesetzen der Massensuggestion auf sehr weite Kreise innerhalb des Katholizismus und über Zinzendorf auch des Protestantismus. Ein Leitgedanke war: Betet nicht für euch und um eure ewige Seligkeit, sondern nur um willenlose Hingabe an Gott.

9. XI. 1773 — 1. VII. 1856   **THOMASINE GYLLEMBOURG**

Die als Tochter des Stadtmaklers Johann Buntzen 1773 in Christianshavn geborene Thomasine Christine Gyllembourg steht gewissermaßen am Naht- und Mittelpunkt eines weitverzweigten Familienclans, wie er in der Geschichte der dänischen Dichtung eine nicht ganz unbedeutende Rolle spielt: In erster Ehe verheiratet mit dem später des Landes verwiesenen politischen Journalisten und Satiriker Peter Andreas Heiberg, ist sie gleichzeitig die Mutter des streitbaren Hegelianers und neuklassizistischen Lustspieldichters Johan Ludvig Heiberg und die Schwiegermutter der ebenfalls schriftstellernden Schauspielerin Johanna Luise Heiberg, die vorher Paetzke hieß. Dabei erstrebte sie, die nach der Scheidung von ihrem Manne mit dem schwedischen Baron Carl Frederik Gyllembourg-Ehrensvärd eine neue Ehe eingegangen war, keineswegs den Ruhm irgendwelcher fortschrittlicher oder reformatorischer Tendenzen als vielmehr die Ruhe vormärzlicher Bürgerlichkeit. Ihre Novellen und Erzählungen, die sie zunächst anonym in den verschiedenen Zeitschriften ihres Sohnes veröffentlichte, fanden überall gute Aufnahme und lebhafteste Zustimmung. Geschichten wie „Die Familie Polonius", „Eine Alltagsgeschichte", „Ehestand", „Die Extreme", „Maria", „Der Kreuzweg", „Zwei Zeitalter" u. a. m. werden wegen ihrer ursprünglichen Erzählerfreudigkeit auch heute noch gerne gelesen und sind oftmals übersetzt worden. Wer die Erzählerin war, das erfuhr freilich die Welt erst nach ihrem Tode, als der Sohn in einer siebzehnbändigen Ausgabe der „Gesammelten Schriften" mit einem „literarischen Testament" den Schleier der Anonymität endgültig lüftete. Und seltsam: Diese stille Thomasine Gyllembourg hat sich in ihrer Nachwirkung stärker und nachhaltiger erwiesen als viele ihrer Zeitgenossen, die von ihrer Umwelt bereits mit dem „Lorbeer der Unsterblichkeit" bedacht worden waren.

HERZOGIN HADWIG
2. Hälfte des 10. Jahrhunderts

Ihr Vater, der Bayernherzog Heinrich, der kämpferische Bruder Ottos des Großen, hatte zwei hochgelehrte Töchter: Gerbirg, die Äbtissin von Gandersheim, die Freundin der dichtenden Nonne Hroswitha, und die kluge, herrische Hadwig, die Gemahlin des Schwabenherzogs Burkhart III. Victor Scheffel hat an Hand der St. Gallener Klosterchronik die brennende Liebe Hadwigs zu dem Mönch Ekkehart in seinem Roman „Ekkehart" ausführlich geschildert. Dieser Mann, einem Helden ähnlicher als einem Mönch, dem der „Ruhm näher stand als die Demut", muß auf die junge Herzogin, die Griechisch und Lateinisch sprach und las, einen unauslöschlichen Eindruck gemacht haben.

Sie zog ihn als Lehrer auf ihre Burg Hohentwiel im Hegau über dem Bodensee und wurde seine gelehrige Schülerin; gemeinsam widmeten sie ihre Zeit den Studien der antiken Dichter. – Ihren ersten Brautwerber, den „byzantinischen König", hatte Hadwig auf originelle Weise abfahren lassen: Sie schnitt dem königlichen Hofmaler, der sie abkonterfeien sollte, solche Grimassen, daß er nicht zum Malen kam. Ihrem Gatten, der 973 verstarb, hatte sie in achtzehnjähriger Ehe keine Kinder geschenkt; ihr eigenwilliges Wesen hatte die Ehe nicht glücklich werden lassen. Es scheint, daß auch Ekkehart oft genug an ihrem strengen und jähzornigen Wesen litt. Das Kloster St. Gallen indessen wurde mit reichen Geschenken bedacht, und die Burg Hohentwiel wurde in ein Benediktinerkloster verwandelt. Sie brachte ihren Meister Ekkehart auch an den ottonischen Hof und hätte ihn gern noch in höhere Ämter gebracht, wenn er nicht 990 zu Mainz verstorben wäre. Sie war eine der „gelehrten Frauen" hohen Stils und bleibt auch ohne dichterische Romantik ein charaktervolles Original von selbstgeprägter Art.

CHARLOTTE VON HAGN
23. III. 1809 — 23. IV. 1891

Diese schöne Frau von vollendet ebenmäßiger Gestalt schien für die Tragödie wie geschaffen; sie konnte ernst und feierlich, mit erhabener Gebärde einherschreiten oder im wilden Ausbruch die Schicksalsgötter herausfordern – aber wir finden sie zu unserer Überraschung nicht unter den Tragödinnen genannt, sondern vornehmlich unter den Vertreterinnen der leichteren Muse. Sie beherrschte in Verbindung mit einem lebendigen, rasch und anmutig reagierenden Geist das „Konversationsfach", das Naive, Schalkhafte und Mutwillige. Zeitgenossen nennen sie die glänzendste Erscheinung im deutschen Lustspiel, eine geniale Künstlerin, die eine Rolle neu zu schaffen und ebenso mit sprühenden Farben wie mit vollendet beherrschten Ausdrucksnuancen „auszuzieren" wußte. Doch beschränkte sich ihr Talent nicht auf das Lustspiel. Der berühmte Wiener Schauspieler Karl Ludwig Costenoble, der dafür bekannt war, daß er gastierenden Kollegen gegenüber mit seiner Anerkennung sehr zurückhalte, stellte nach einer Aufführung von „Kabale und Liebe" fest, daß keine der ihm bekannten „Luisen" ihn so hingerissen habe wie die Hagn. – Die Künstlerin, Tochter eines Beamten, der seinen Kindern ein kleines Theater einrichtete, wurde in München geboren. Das elfjährige Mädchen erregte hier in einem Lustspiel von Körner die Aufmerksamkeit einer Hofschauspielerin, und sie erbot sich, die Ausbildung des jungen Talents zu übernehmen. Nach ihrem ersten Auftreten auf der Hofbühne wurde Charlotte von Hagn sofort engagiert. Gastspielreisen führten sie nach Wien, Dresden und Berlin. Eine Zeitlang wirkte sie auch, neben Ferdinand Eßlair und der Birch-Pfeiffer, in der Direktion des Münchner Hoftheaters. Im Jahre 1833 berief sie die Hofbühne in Berlin in ihr Ensemble, und auch das so ganz anders geartete Publikum Berlins huldigte ihr wie einer Fürstin.

1805 — 1898

MÉLANIE HAHNEMANN

Der „ärztliche Rebell" Samuel Hahnemann, der im erbitterten Kampf mit der Schulmedizin seine Lehre der Heilung von Gleichem durch Gleiches — die Homöopathie — verfochten hatte, verblüffte als Achtzigjähriger, am Abend seines an Entbehrungen reichen Lebens, noch einmal seine Anhänger und seine Gegner: Er verließ die kleine anhaltische Residenz Köthen, in der er als herzoglicher Leibarzt wirkte, und ging nach Paris — mit einer fünfzig Jahre jüngeren belgischen Aristokratin, die eines Tages in Männerkleidung in Köthen aufgetaucht war, um sich von dem umstrittenen Verfasser des „Organon" in die Geheimnisse der Homöopathie einführen zu lassen. Die elegante, ein wenig exzentrische Frau, eine begeisterte Reiterin und Pistolenschützin, hieß d'Hervilly und war nebenbei eine sehr geschätzte Porträt- und Miniaturmalerin. Bald nach der Ankunft des ungleichen Paares in Paris setzte sie es dank ihrer glänzenden Beziehungen durch, daß Hahnemann die Erlaubnis zum Praktizieren erhielt; sie mietete in der Rue Madame ein geräumiges, repräsentatives Haus, das sich schnell mit Heilungsuchenden und Neugierigen füllte. Nach kurzer Zeit wurde das Haus zu klein für den Ansturm der Gäste, man zog in die Rue de Milan, und immer länger wurden die wartenden Wagenreihen vor dem „Palais Hahnemann". An der Seite seiner geliebten Mélanie, seiner zweiten Gemahlin, feierte der Greis die größten Triumphe seines Lebens. Seine Heilerfolge wurden ins Legendäre vergrößert, seine von dem berühmten Bildhauer David gefertigte Büste mit Lorbeer bekränzt. Und stets war Mélanie um ihn, als rührend besorgte Gattin und fanatischste Vorkämpferin seiner Lehre. Nach dem Tode des Achtundachtzigjährigen weigerte sie sich neun Tage lang, seinen Leichnam zur Bestattung herzugeben. Heute ruhen die beiden großen Liebenden, wieder vereint, auf dem Friedhof Père Lachaise.

22. VI. 1805 — 12. I. 1880

IDA VON HAHN-HAHN

Die Tochter des „Theatergrafen" Karl Friedrich von Hahn-Neuhaus, eines idealistischen Schwärmers, der als Direktor wandernder Schauspielertruppen nach den Freiheitskriegen ein höchst abenteuerliches Leben führte und seinen noblen Passionen ein nicht unbeträchtliches Vermögen geopfert hat, empfand die Eheschließung mit ihrem Vetter, Graf Adolf von Hahn-Hahn, wie eine Erlösung aus der häuslichen Misere. Aber das Eheglück währte nur kurze Zeit — bereits im Jahre 1829, nach dreijähriger Dauer, wurde die sehr unglückliche Verbindung — gegen den Willen Idas — wieder gelöst, und man suchte die Geschiedene Trost und Zerstreuung in ausgedehnten, durch alle Erdteile führenden Reisen und in der Dichtkunst. Angeregt durch die Werke der George Sand, verfaßte sie zwischen 1838 und 1844 eine zwölfbändige Romanreihe mit stark autobiographischen Zügen, die von der Literaturbewegung des „Jungen Deutschland" nicht weniger beeinflußt war als von der zeitgenössischen, gegen überkommene Sitte und gegen die Bande der Ehe sich auflehnenden französischen Literatur. Nach einer Orientreise vollzog Ida Hahn-Hahn unter dem Einfluß des Bischofs von Ketteler ihren Übertritt zum Katholizismus; als Novize trat sie in das Mutterhaus des Ordens vom Guten Hirten in Angers an der Loire ein und begründete einige Jahre später selbst ein Kloster dieser Gemeinschaft in Mainz, in dem sie ihre letzten Lebensjahre verbrachte, ohne jedoch den Schleier zu nehmen. Aus der Stille ihrer Klosterzelle sandte die ein wenig exzentrische Gräfin, der ihre schriftstellernde Rivalin Fanny Lewald in dem satirischen Roman „Diogena" ein parodistisches Denkmal gesetzt hat, Jahr um Jahr mit verblüffender Regelmäßigkeit ein umfangreiches Werk ihrer fleißigen Feder in die Welt hinaus, die ihre „Geschichte des Heiligen Augustinus", ihre „Bilder aus der Geschichte der Kirche" und ihre Selbstbiographie mit wohlwollender Anerkennung aufgenommen hat.

MARIANNE HAINISCH   25. III. 1839 — 5. V. 1936

Sie war siebenundneunzig Jahre alt, als sie starb, diese von der internationalen Frauenbewegung geliebte und verehrte, bedeutende Führerin der Frauen Österreichs, der Monarchie wie der Republik. Sie hatte als Kind schon die „Achtundvierziger Revolution" bewußt miterlebt — siebzig Jahre später erlebte sie, daß nach dem Zusammenbruch des ersten Weltkrieges ihr Sohn Michael Hainisch zum Bundespräsidenten der jungen Republik gewählt wurde und acht Jahre hindurch auf diesem Posten wirkte. Ihr wacher Mitmenschensinn und ihr Blick für das praktische soziale Leben und seine Gesetze hatten schon früh erkannt, wie sehr die industrielle Entwicklung die Volks- wie die Hauswirtschaft verwandelte und das Dasein der Frauen in seinen Grundlagen und Voraussetzungen veränderte. Diese Erkenntnis, zu Forderungen ausgereift, legte sie als junge Frau in einer Schrift nieder „Die Brotfrage der Frauen", sie führte sie schon 1870 zu den damals ganz phantastisch klingenden Forderungen, ein Realgymnasium für Mädchen zu errichten, die akademischen Berufe den Frauen zugänglich zu machen und neue Erwerbsmöglichkeiten für die Mädchen aller Volksschichten zu schaffen. Marianne Hainisch, „eine Kämpferin ohne Härte und Schärfe, radikal ohne doktrinäre Vergewaltigung des Lebens", wie Gertrud Bäumer sie charakterisierte, gründete, aus vielfältigem Wirken heraus, 1899 den „Bund österreichischer Frauenvereine". Sie wurde später zur Vizepräsidentin des Frauenweltrats gewählt, des „International Council of Women" (ICW). In ihren Reden und Schriften trat Marianne Hainisch unermüdlich ein für eine neue Sittlichkeit beider Geschlechter, für die Bekämpfung der Trunksucht und für den Weltfriedensgedanken.

LADY HAMILTON   Um 1765 — 16. I. 1815

Theodor Fontane erzählt in seinen Reiseaufzeichnungen aus England, wie tief es ihn berührte, als ihm das unscheinbare Geburtshaus der berühmten Lady Emma Hamilton, der „schönsten Frau ihrer Zeit", in Great Neston gezeigt wurde. Diese reizvolle Engländerin, deren Namen umschimmert ist vom Zauber eines großen Frauenherzens und eines abenteuerlichen Liebesschicksals, stammte aus ganz kleinen Verhältnissen. Schön, klug und ehrgeizig, gewann sie einen dreißig Jahre älteren Diplomaten, Sir William Hamilton, zum Freund und — im Alter von dreißig Jahren — zum Gatten. Am Hofe des Königs von Neapel, an dem Sir William als britischer Gesandter vor allem seiner künstlerisch-historischen Neigung, dem Sammeln von Altertümern, nachging, übte Lady Hamilton als Freundin der Königin Karoline bedeutenden, manchmal verhängnisvollen Einfluß aus. In der damals beliebten Kunst der „Attitüde", wortloser, mimischer Darstellung von Charakteren und Seelenzuständen, brachte sie es zur Meisterschaft; Goethe war von ihrem Auftreten entzückt. Als Admiral Horatio Nelson, der gefeierte Sieger von Abukir, im Jahre 1798 in politischer Mission nach Neapel kam, begann das vielbeschriebene und vielbesungene Drama einer großen tragischen Liebe. Lady Hamilton folgte dem Geliebten nach England und gebar ihm zwei Töchter. Da Nelsons Frau sich nicht scheiden ließ, blieb die Verbindung auch nach dem Tode Sir Hamiltons illegitim. Nelson konnte ihr zwar als der Seeheld der britischen Nation die Achtung der Mitwelt erzwingen, als er aber in der siegreichen Seeschlacht bei Trafalgar 1805 gefallen war, wandte sich die puritanische Gesellschaft von Lady Hamilton ab. Elend und Armut waren für die letzten zehn Lebensjahre ihr Los.

19. XI. 1881 — 5. VIII. 1969   **MARIE HAMSUN**

„Wenn man alt wird, ist der Traber müde. Er hebt den Kopf nicht mehr einem neuen Tag entgegen, und der Weg ist staubig und steinig geworden. Aber vor meinem verschleierten Blick vereinen sich die bunten Farben des ganzen Lebens zu einem Regenbogen und strahlen über einem einzigen Namen: Knut Hamsun..." So beginnt Marie Hamsun ihren Lebensbericht über fünfundvierzig gemeinsame Jahre mit dem großen nordischen Dichter, Landstreicher und Weltumsegler. Die junge, vielversprechende Schauspielerin hatte nach der ersten Begegnung mit Hamsun ihren Beruf aufgegeben und ihr Leben nur noch in den Dienst des Größeren, Stärkeren gestellt. Es begann mit glühenden Liebesbeteuerungen, rauschenden Festen in den teuersten Hotels von Oslo, und mit rasenden und unberechenbaren Eifersuchtsausbrüchen von Strindbergscher Dämonie. Aber Marie — sie wird die zweite Gattin des Dichters — meistert mit viel Geschick, mit Humor und Geduld alle Gefahren, die in dem zwiespältigen Naturell Hamsuns drohen; mit ihr zusammen begründet er den ersten geordneten Hausstand seines Lebens, er wird Gutsbesitzer und Familienvater — und reißt sich doch immer wieder aus der gesicherten Bürgerlichkeit dieses Daseins los, um in der Einsamkeit einer primitiven Holzfällerhütte ein neues, großes Werk zu schaffen. Marie ist durch ihren vierbändigen Roman „Die Langerudkinder" als Schriftstellerin bekanntgeworden, aber sie hielt sich immer bewußt im Schatten des Mannes, dem sie auch in den letzten, bitteren Jahren der Verfemung zur Seite stand. „Im Grunde war Hamsuns edler Kopf nie schöner als in seinen letzten Tagen, da er taub, blind und hilflos schon an der Schwelle zum Drüben war..." Als der Dreiundneunzigjährige gestorben war, konnte seine Asche nur mit Hilfe deutscher Freunde aus dem Krematorium von Arendal nach Gut Nörholmen gebracht werden, in die Obhut Marie Hamsuns.

10. I. 1871 — 1955   **ENRICA VON HANDEL-MAZZETTI**

„In Pilgerkleidern ist sie von Trier zu Fuß hierhergekommen..." steht in barock verschnörkelter Fraktur auf einem zeitgenössischen Bildnis der Maria Ward, im Institut der „Englischen Fräulen" zu St. Pölten in Österreich. Hier verbrachte die junge Enrica von Handel-Mazzetti ein Jahr, dessen Eindrücke und Erfahrungen bestimmend wurden für ihr ganzes Leben. „St. Pölten ist die Wiege meiner Barockkunst!" schrieb die große katholische Schriftstellerin einmal, und in ihrem reichen dichterischen Lebenswerk hat sie immer wieder „das Heim meiner seligen Jungmädchenzeit", „den Zauber meines lieben Klosters" verherrlicht. Ihre eigentliche künstlerische Domäne wurde der große historische Roman; sorgfältigstes Quellenstudium, mitreißende Einfühlungskraft und eine blühende, bilderreiche Sprache ließen ihre Romane aus der Geschichte der Steiermark und Österreichs vom Zeitalter des Barock bis ins frühe neunzehnte Jahrhundert zu literarisch bedeutsamen, in viele Sprachen übersetzten Erfolgswerken werden. „Mit ihrem Werk", schreibt der Literaturhistoriker Fritz Martini, „begann nach langem Schweigen eine neue, religiös bewußte und gleichzeitig künstlerisch freie Entfaltung von Dichtung aus katholischer Glaubensgesinnung. Ihre Welt war das Kloster der kulturbewußten Benediktiner, die gejagte Zeit der Gegenreformation und der Kampf der Konfessionen, den sie aus religiösem Gefühl deutete. Aber über allem Konfessionellen stand ihr die Kraft der einen, christlichen Humanität..." Die letzten vierzig Jahre ihres Lebens verbrachte die gebürtige Wienerin in Linz an der Donau, verehrt und bewundert von einer treuen Lesergemeinde, der ihre Dichtung eine Lebensbereicherung bedeutete.

GERTRUD HANNA   1876 — 1944

Zu den führenden deutschen Gewerkschaftlerinnen, deren Wirkungsmöglichkeiten und bürgerliche Existenz der Nationalsozialismus zerstörte, gehört auch Gertrud Hanna, die im Februar des Jahres 1944 gemeinsam mit ihrer Schwester aus eigenem bitteren Entschluß ihrem Leben ein Ende gesetzt hat. Die Arbeitertochter mußte sich schon mit vierzehn Jahren ihr Brot selbst verdienen; als Buchdrucker-Hilfsarbeiterin kam sie früh mit der Gewerkschaftsarbeit in Berührung und wurde 1907 Sekretärin eines auf Anregung Berliner Sozialistinnen ins Leben gerufenen Arbeiterinnen-Komitees. Nun begegnete man dem Namen Gertrud Hanna immer öfter auf Tagungen und Kongressen. Das Internationale Handbuch des Gewerkschaftswesens, das ihr einen längeren Aufsatz widmet, spricht von der „anmutigen Sachlichkeit ihres Auftretens". Diese anmutige Sachlichkeit war es wohl auch, die der kämpferischen Sozialistin ein hohes Ansehen weit über die proletarische Frauenbewegung hinaus verschaffte. Unter Führung von Dr. Marie Elisabeth Lüders wirkte sie im ersten Weltkriege in dem Ausschuß für Frauenarbeit. Gertrud Hannas Tätigkeit als Hauptschriftleiterin der mitten im Kriege gegründeten „Gewerkschaftlichen Frauenzeitung" fand auch die Anerkennung Friedrich Eberts, der ihr auf der ersten Frauenkonferenz nach Kriegsende das Referat über „Frauenarbeit und Frauenschutz" übertrug. Viele ihrer Vorträge und literarischen Arbeiten galten der Erwerbstätigkeit der verheirateten Frauen, der damals noch erhebliche arbeitsgesetzliche Schwierigkeiten entgegenstanden. Bis zum Ende der Weimarer Republik war die unermüdliche Frau im Sinne ihrer Lebensideale tätig, verehrt von Freunden und Kampfgenossen, und geachtet auch von denen, die ihre politische Überzeugung nicht teilen konnten. In der dunklen Zeit der Verbote, Verhöre und Verdächtigungen mußte die Alternde sich mit Flickarbeiten ihr karges Brot verdienen.

EVELINE HANSKA   6. I. 1806 — 9. IV. 1882

„Ein Genie, das an seiner Großzügigkeit zugrunde ging ..." so nannte Victor Hugo seinen großen Kollegen Honoré de Balzac. Den Adelstitel hatte sich der südfranzösische Bauernsohn selbst verliehen — er schwärmte zeitlebens für alles „Aristokratische" und war hochentzückt, als ihm die Concierge seines Hauses an einem Februartag des Jahres 1832 neben drohenden Gläubigermahnungen auch einen Brief mit steiler Damenhandschrift und neunzackiger Krone aushändigte. „Die Unbekannte" — so stand unter dem Schreiben, das eine einzige, überschwengliche Huldigung an den vergötterten Dichter war. Er antwortete — an die angegebene Deckadresse —, und nun gingen zwei Jahre lang zärtliche Briefe hin und her, bis endlich Balzac die Unbekannte zum erstenmal trifft: Mit ihrem Gatten Graf Hanska weilt die Briefschreiberin, aus der ukrainischen Heimat kommend, in Neuchâtel zur Kur. Berauscht kehrt der Dichter nach Paris zurück, zu seinen Schulden und zu seiner Arbeit. Er setzt den Briefwechsel mit Eveline fort, aber erst nach zehnjähriger Freundschaft — Graf Hanska ist 1842 gestorben — können die Liebenden die Verlobungsringe tauschen. Den Hochzeitstermin weiß Eveline immer wieder hinauszuschieben, volle acht Jahre lang, die für den Dichter angefüllt sind mit einer unerhörten schriftstellerischen Arbeitsleistung und mit dem ständigen Kampf gegen seine um ihr Geld bangenden Gläubiger. Endlich, am 14. März 1850, findet in Rußland die Trauung statt, als Ehepaar kehren die beiden zurück nach Paris, in das von Balzac gekaufte, aber noch nicht bezahlte Haus. Wenige Monate später stirbt der Dichter. Eveline, die zweimalige Witwe, tröstet sich rasch in den Armen eines anderen ...

27. XII. 1888 — 2. VII. 1954   **THEA VON HARBOU**

„Mir bedeutet Film: Entdeckung des menschlichen Gesichts. Ich liebe die knappe Formulierung, ich liebe das Leise-sein-Können, das der Film ermöglicht, die feine Nuance in Mimik, Gestik und Stimme!" — Das ist Thea von Harbous Bekenntnis zum Film, in dessen Geschichte sie als Drehbuchautorin zusammen mit ihrem zweiten Gatten, dem Regisseur Fritz Lang, ein wichtiges Kapitel geschrieben hat. Als eine der ersten sah sie in den bewegten Bildern des Films und seinen Bildmontagen ein künstlerisches Ausdrucksmittel eigener Art. Ihre Leistungen als Filmautorin verdankte sie ebenso ihrer schauspielerischen wie ihrer schriftstellerischen Begabung. Die schauspielerische Ausbildung erhielt sie in Dresden. In Weimar, Chemnitz und Aachen war sie für das Fach der Gesellschaftsdamen und für klassische Rollen verpflichtet. Zu ihren bekanntesten literarischen Arbeiten zählen die Romane „Die Flucht der Beate Hoyermann" (1916), „Das indische Grabmal" (1917), ferner „Aufblühender Lotos" (1942), „Der Dieb von Bagdad" (1949). Mit Fritz Lang zusammen drehte sie die Stummfilme „Der müde Tod", „Dr. Mabuse, der Spieler" und „Die Nibelungen", die ihr und ihrem Gatten Weltruhm einbrachten. Zu einem Welterfolg wurde 1926 auch ihr gemeinsames Filmwerk „Metropolis". Nach 1933, als ihr Gatte aus rassischen Gründen Deutschland verlassen mußte, arbeitete sie u. a. bei folgenden Filmen als Drehbuchautorin mit: „Der alte und der junge König", „Eine Frau ohne Bedeutung", „Der Herrscher", „Der zerbrochene Krug", „Die Frau am Scheideweg", „Jugend", „Verwehte Spuren", „Annelie", und nach dem zweiten Weltkrieg bei den Filmen „Dr. Holl" und „Dein Herz ist meine Heimat". In ihrem Nachlaß fand man Drehbücher zur „Biene Maja" von Waldemar Bonsels und zur „Pestnot" von Leo Weismantel.

19. I. 1907 — 27. VII. 1968   **LILIAN HARVEY**

Die lichtblonde Lilian Harvey war mit ihrer erfolgreichen Rolle in dem Film „Liebeswalzer" (1930) als Partnerin von Willi Fritsch der erste Tonfilmoperetten-Star der Welt, der sich sehr schnell mit den folgenden Filmen „Die drei von der Tankstelle", „Der Kongreß tanzt", „Nie wieder Liebe", „Quick", „Ich und die Kaiserin", „Der blonde Traum" und „Zwei Herzen im Dreivierteltakt" das Publikum eroberte. Sie galt als das „süßeste Mädel" der Leinwand, das zum Tonfilm eine entzückende Stimme mitbrachte. Lilian Harvey war die Tochter eines Kaufmanns aus Magdeburg und einer Engländerin und wurde in London geboren. Schon als kleines Mädchen kam sie nach Berlin. Bevor sie der Regisseur Richard Eichberg in Wien für den Film entdeckte, war sie Tänzerin. Dem Tanz verdankt sie übrigens ihre quicklebendige Ausdruckskunst, ihre grazile Erscheinung und ihre Elastizität im Spiel. Da sie Französisch und Englisch fließend beherrschte, konnte sie auch in den französischen und englischen Versionen ihrer deutschen Filme mitwirken, allerdings jeweils mit einem anderen Partner. Die Film-Metropole Hollywood machte aus ihr ein „naives Püppchen", ein „Porzellanpüppchen", wie Oskar Kalbus es ausdrückte, den „Typ des Jungmädchenhaften, Zerbrechlichen, Hilflosen". Ihre männlichen Partner waren absichtlich sämtlich Riesenkerle, um Lilian so winzig und schutzbedürftig wie möglich erscheinen zu lassen. Als sie nach Deutschland zurückkehrte, begeisterte sie in den Filmen „Schwarze Rosen", „Glückskinder", „Capriccio", „Fanny Elßler". Mit Beginn des zweiten Weltkrieges mußte sie als geborene Engländerin Deutschland verlassen. In Paris gründete sie eine eigene Filmproduktion, in der sie ihre Filme „Serenade" und „Miquette" herausbrachte. Von Paris begab sie sich über Spanien und Südamerika nach den USA, wo sie während der Kriegsjahre beim Roten Kreuz und auf der Bühne tätig war.

CAROLINE HASLETT 17. VIII. 1895 — 1956

„Lady Dynamo" nannten die englischen Elektrizitätsarbeiter die jugendliche Vorkämpferin für die Zulassung der Frauen zu den technischen Berufszweigen — dieser Ehrentitel blieb ihr auch, als sie 1947 den persönlichen Adel erhielt und traditionsgemäß „Dame Caroline" genannt wurde. Schon als junges Mädchen war sie durch ihren Vater, einen ehemaligen Eisenbahnarbeiter und führenden Mitarbeiter der jungen britischen Genossenschaftsbewegung, mit sozialen Problemen und auch mit dem kämpferischen Frauenkreis um Emmeline Pankhurst in Fühlung gekommen. Mehr als für die Arbeit an der Schreibmaschine und der Briefablage interessierte sie sich, als sie Kontoristin geworden war, für die Produktion in den lärmerfüllten Werkhallen und erreichte schließlich nach langem Betteln bei den verwunderten Arbeitgebern ihre Versetzung in die Fabrik. Sie besuchte Fortbildungskurse und bestand das Examen als Elektroingenieur mit Auszeichnung. Nun sah sie den Weg frei für ihre zielbewußt verfolgten Bestrebungen: Im Alter von vierundzwanzig Jahren gründete sie die Gesellschaft weiblicher Ingenieure und gab noch im gleichen Jahre eine Zeitschrift heraus, in der sie mit Erfolg versuchte, die traditionellen Vorurteile der Arbeitgeber gegen die Beschäftigung von Frauen in gehobenen technischen Berufen zu zerstreuen. Ihren Bemühungen vor allem ist es auch zu danken, daß die englischen Frauen die wachsende Bedeutung der Elektrizität für eine fortschrittliche Haushaltsführung erkannten. Der von ihr 1924 gegründete „Elektrizitätsverband für Frauen" umfaßt heute etwa neunzig Geschäftsstellen. Als die britische Stromversorgung 1947 verstaatlicht wurde, wählte man Caroline Haslett zur stellvertretenden Vorsitzenden der neuen „Brit. Electricity Development Association"; im gleichen Jahr wurde sie vom englischen König zur „Dame of the British Empire" erhoben.

FAUSTINA HASSE-BORDONI Um 1693 — 11. I. 1786

Das genaue Geburtsdatum „der Berühmtesten der Berühmten und der Schönsten der Schönen" im klassischen Zeitalter der großen italienischen Primadonnen ist kaum mehr festzustellen. Faustina Bordoni stammte aus edler venezianischen Familie. Ihr Studium bei Gasparini und Bernacchi, dem größten Singemeister der altitalienischen Schule, verfolgte sie mit solcher Selbstkritik, daß sie nicht eher ruhte, bis ihre Stimme ein untadeliges Instrument geworden war. „Sie ist unstreitig die Erste", meinte Quantz, der Flötenmeister Friedrichs des Großen, der sie in London hörte. Händel, der für seine im Jahre 1719 gegründete Königliche Akademie in London Sänger und Sängerinnen warb, gewann sie für sein Institut. Hier trat Faustina in schärfste Konkurrenz zu Francesca Cuzzoni, der „goldenen Leier". Angetrieben von ihren Parteigängern, den „Faustinianern" und „Cuzzonisten", lieferten sich diese „kostbaren Kanarienvögel" scharfe, ja skandalöse Kämpfe. Und doch war Faustina in ihrem Wesen von hohem Adel, stolzem Anstand und von Hilfsbereitschaft den Armen gegenüber. Kaiser Karl VI., Maria Theresia, Karl VII., August der Starke, Friedrich der Große, standen an ihrem Wege, der ein einziger Triumphzug durch die Hauptstädte Europas war. Von Venedig aus führte er nach Florenz, Wien, London, Paris, München und Berlin. — Im Jahre 1727 verehelichte sie sich mit Johann Adolf Hasse aus Bergedorf, der in Neapel und Venedig als Klavierspieler und Opernkomponist alles bezauberte. Das Künstlerehepaar wurde 1731 nach Dresden berufen. Nach der Pensionierung ließ sich das Paar in Wien nieder und machte dort die Bekanntschaft Mozarts. Schließlich zogen sie sich nach Venedig zurück.

um 1500 v. Chr. ## HATSCHEPSUT VON ÄGYPTEN

In der achtzehnten Dynastie erhebt sich in Ägypten eine Frau auf den Königsthron der Pharaonen, hält über zwanzig Jahre lang die Thronansprüche ihres Mitregenten Thutmosis III. nieder und verwendet ihre friedvolle Regierungszeit zur Reorganisation des Landes, zu Forschungs- und Handelsexpeditionen und zum Bau eines Tempels, der es an Größe und edler Gliederung mit allen früheren Bauleistungen ägyptischer Herrscher aufnehmen kann. Hatschepsut, „Führerin der Edelfrauen" — so nannte König Thutmosis I. zärtlich seine schöne und geliebte Tochter. Zur Festigung ihrer Stellung ließ sie von ihr ergebenen Staatsdienern verbreiten, sie sei die Tochter des Gottes Amun und der Sonne; sie errichtete in dem von ihrem Vater erbauten Tempel zu Karnak die zwei größten Obelisken, die je in den Steinbrüchen Assuans aus einem einzigen Stein gebrochen worden waren, und sie beauftragte endlich ihren engsten Vertrauten Senmut mit dem Bau ihres Totentempels vor der steilaufragenden Felswand am Westufer von Theben. In drei machtvollen, durch Rampen miteinander verbundenen Terrassen schmiegen sich die gewaltigen Säulenhallen an den gewachsenen Fels, im Innern geschmückt mit bemalten Reliefs, die Hatschepsuts königliche Taten verherrlichen: die von ihr befohlene Expedition ins Myrrhenland Punt, ihre Gottesgeburt als Sonnentochter und ihre Inthronisation. Obwohl sie sehr weiblich fühlte und handelte, ließ sie sich doch in vielen Standbildern als Mann darstellen, mit Pharaonenbart und der königlichen Manneskrone. Nach ihrem — vielleicht gewaltsamen — Ende rächte sich ihr so lange zur politischen Ohnmacht verurteilter Mitregent Thutmosis III. für die jahrzehntelange Unterdrückung: Aus allen Urkunden, Standbildern und Grabinschriften ließ er ihren verhaßten Namen und ihr Abbild herausmeißeln und vernichten.

10. VIII. 1805 — 25. I. 1881 ## SOPHIE GRÄFIN HATZFELD

„Die ganze Stadt Mainz wogte um seinen Sarg, Blumen, Lorbeerkränze, Trauerfahnen, zwei Musikchöre, Leute mit umgestürzten Fackeln. Die harten Arbeiter schluchzten wie die Kinder." So schrieb die sechzigjährige Gräfin Sophie Hatzfeld am 12. September 1864 an Emma Herwegh; sie schrieb den Brief auf dem Dampfer, der die Leiche ihres geliebten Freundes Ferdinand Lassalle stromab trug: Gräfin Hatzfeld geleitete den Toten bis nach Berlin, wo der „Romantiker des Sozialismus" bestattet wurde. Ferdinand Lassalle war im Duell mit dem walachischen Edelmann Racowitza gefallen, weil dessen Braut Helene von Dönniges die Geliebte Lassalles geworden war. Helene von Dönniges heiratete nach dem Duell den Mörder Lassalles, und der unglücklichen Gräfin Hatzfeld blieb die Rolle einer vergeblichen Rächerin. Zwanzig Jahre hatte sie an der Seite des genialen Denkers und Kämpfers Lassalle gelebt, dessen Hauptziele die Organisation der Arbeiterschaft im „Allgemeinen deutschen Arbeiterverein", die Einführung des allgemeinen gleichen, direkten und geheimen Wahlrechts und die Beteiligung der Arbeiter am Gewinn gewesen waren. Gräfin Sophie war ihm zuerst im Winter 1844/45 begegnet, als sie in Ehescheidung mit ihrem Gatten Edmund von Hatzfeld-Wildenburg lag und um ihr Vermögen kämpfte. Lassalle stellte der vereinsamten Frau in ritterlicher Aufwallung Gelder zur Verfügung und führte selbst zehn Jahre lang als Anwalt den Prozeß, während die Gräfin mit aller Leidenschaft sich der Ausbreitung seiner sozialen Ideen verschrieb. Sie blieb auch über seinen Tod hinaus die Verfechterin seiner sozialpolitischen Doktrinen, obwohl sie durch sein tragisches Ende ihres Lebensinhaltes beraubt war. Die mütterliche Freundin Lassalles starb 1881 in Wiesbaden, ihre Briefe sind lange nach ihrem Tode in vier Bänden veröffentlicht worden.

FRIEDERIKE HAUFFE

1805 — 5. VIII. 1829

Das Haus des Arztes und Dichters Justinus Kerner im altschwäbischen Weinsberg war wegen seiner Gastlichkeit landauf landab berühmt. Die Könige von Schweden und Bayern, die Dichter Uhland, Lenau, Schwab und andere schätzten das von sorgsamer Hausfrauenhand geleitete Kernerheim als „ein Asyl, wo Empfängliche Anregung für Geist und Herz, Bekümmerte Trost und Lebensmüde Erfrischung fanden". Ein Turm im großen, verwilderten Garten hieß im Volksmund der „Geisterturm", denn mehr noch als durch seine Gedichte war Kerner durch seine Forschungen auf dem Gebiete des Mesmerismus und Okkultismus bekanntgeworden, und durch sein Buch über die unglückliche Förstertochter Friederike Hauffe, die „Seherin von Prevorst", die er drei Jahre lang in seinem Hause beherbergt hatte. Von Kind an leidend, hatte sich die junge Frau in einem Zustand höchster Nervenzerrüttung heilungsuchend an Kerner gewandt, der ihr zwar nicht helfen konnte, aber ihre somnambulen Gesichte und Erlebnisse gewissenhaft der Nachwelt überlieferte. Sein Freund, der Theologe David Strauß, hat die „Seherin" oft im Kernerhaus erlebt: „Das leidensvolle, aber zart und edel gebildete Antlitz von himmlischer Verklärung übergossen, die Sprache das reinste Deutsch, der Vortrag feierlich und musikalisch, der Inhalt überschwengliche Gefühle, die bald wie lichte, bald wie dunkle Wolken über ihre Seele zogen. Ihre Unterhaltungen mit seligen und auch unseligen Geistern waren von einer inneren Wahrhaftigkeit, daß wir nicht zweifeln konnten, hier wirklich eine ‚Seherin', teilhaftig des Verkehrs mit einer höheren Welt, vor uns zu haben." Im Sommer 1829 kehrte Friederike Hauffe zu ihrer Familie zurück, nach Löwenstein in der Nähe ihres württembergischen Geburtsortes Prevorst. Dort hat sie ein gnädiger Tod von ihrem Leiden erlöst. Mit einem Freudenschrei soll sie von dieser Erde geschieden sein.

MARGARETE HAUPTMANN

1874 — 1957

Bei der Uraufführung des schlesischen Traumspiels „Hanneles Himmelfahrt" von Gerhart Hauptmann sitzt an der Seite ihres Bruders Max Marschalk, der die Bühnenmusik geschrieben hat, in der Loge des Berliner Königlichen Schauspielhauses die junge Musikstudentin Margarete Marschalk, eine Schülerin des großen Geigers Joachim. Als Dreizehnjährige ist sie dem Dichter zum erstenmal begegnet – nun wird aus der Bekanntschaft eine große Liebe, deren schicksalhafte Gewalt später in Hauptmanns „Buch der Leidenschaft" ihre künstlerische Verklärung findet. Nach Jahren der Kämpfe, in denen die erste Ehe zerbricht, wird Margarete Gerhart Hauptmanns zweite Frau. Eine glückliche Gemeinschaft beginnt, die über ein halbes Jahrhundert lang, in ruhmreichem Aufstieg und tragischem Niedergang ihre Bewährung findet. Auf allen Reisen, bei Premieren und Ehrungen steht die zierliche Rautendelein-Gestalt mit der im Alter schneeweißen Pagenfrisur an der Seite des gefeierten Dichters, als unermüdliche Weggefährtin und Werkhelferin. Gemeinsam gestalten sie den Landsitz „Wiesenstein" im Riesengebirge zu einem strahlenden Brennpunkt deutschen Geisteslebens aus, gemeinsam durchwandern sie die Dünenlandschaften von Hiddensee, ihrer sommerlichen Inselheimat. Dann kommen die Schatten des Krieges, dann kommt das grauenvolle Erleben des Untergangs von Dresden, die sowjetische Überflutung der schlesischen Heimat und die Plünderung des Dichterheims. Am 6. Juni 1946 steht die Gattin am Totenbett Gerhart Hauptmanns; sie legt dem in die Mönchskutte der Franziskaner Gehüllten seine Dichtung „Der Große Traum" unters Haupt und ein Säckchen mit schlesischer Erde an seine Füße. Unter unsagbaren Schwierigkeiten beginnt die letzte gemeinsame Reise – die treue Gefährtin begleitet den Sarg zur Beisetzung nach Hiddensee. Elf Jahre später versinkt mit Margarete Hauptmann eine große und leuchtende Epoche deutscher Literaturgeschichte.

7. XII. 1889 — X. 1951   ISOLDE HAUSSER-GANSWINDT

Neben Lise Meitner war Dr. Isolde Hausser viele Jahre hindurch die einzige deutsche Physikerin und auch das einzige weibliche Mitglied des wissenschaftlichen Rates der Kaiser-Wilhelm-Gesellschaft. Sie gehörte zu jener frühen Generation deutscher Wissenschaftlerinnen, die noch gegen eine Welt von männlichen Vorurteilen und organisatorischen Hindernissen anzukämpfen hatte, sich aber dank überragender Fähigkeiten und tapferen Glaubens an die eigene Aufgabe Studium und spätere Forschungsarbeit errang. In Berlin 1889 geboren, hatte sie die Begabung für Naturwissenschaft und Technik von ihrem Vater, dem Luftschiff-Erfinder Ganswindt, geerbt. Sie promovierte vor Ausbruch des ersten Weltkrieges und war dann fünfzehn Jahre lang wissenschaftliche Mitarbeiterin und bald Leiterin des Laboratoriums für Großverstärker und Sendebesprechungsgeräte bei Telefunken in Berlin. Sie leistete damals einen wesentlichen Beitrag zu den Anfängen der Entwicklung der Radioröhren und -geräte. Als ihr Mann 1929 einen Ruf als Direktor des Instituts für Physik am Kaiser-Wilhelm-Institut für medizinische Forschung in Heidelberg erhielt, folgte sie ihm dorthin als Abteilungsleiterin. Die Umstellung von der angewandten Forschung in der Industrie auf die theoretische Grundlagenforschung war nicht leicht. Die gemeinsame Arbeit fand 1933 durch den Tod ihres Gatten ein jähes Ende. Es folgten zwei Jahre des beruflichen Kampfes als Frau, doch konnte sie sich dank ihrer Leistungen durchsetzen und wurde 1935 Leiterin einer selbstständigen Forschungsabteilung. Sie widmete sich nun Aufgaben biologisch-medizinischer Art mit physikalischen Methoden; unter ihren zahlreichen Veröffentlichungen befinden sich Arbeiten über die Wirkungen von Ultraschall auf bösartige Geschwülste. Ihr letztes Forschungsgebiet, das sie mit ihrem Sohn gemeinsam bearbeitete, waren Probleme der Quantenausbeute bei foto-chemischen Reaktionen.

9. II. 1817 — 30. IV. 1910   CHRISTINE HEBBEL

Die Schauspielerin Christine Enghaus aus Braunschweig stand als gefeiertes Mitglied des Wiener Hofburgtheaters im Zenit ihres Ruhms, als sie den Dichter Friedrich Hebbel kennenlernte, dessen tragische Frauengestalten – Maria Magdalene, Agnes Bernauer, Genoveva und andere – sie zu unvergeßlicher Bühnenwirkung brachte. Hebbel begegnete der Künstlerin in einer der dunkelsten Epochen seines schweren und gefährdeten Lebens: Seine langjährige Freundschaft mit der Jugendgeliebten Elise Lensing, der Mutter seiner Kinder, war in einem unseligen Zusammenwirken von Schuld und Verhängnis zerbrochen, und ein qualvolles Ringen um die bürgerliche Existenz, um Schaffensfreiheit und Gewissensruhe drohte die Kräfte seiner dichterischen Berufung zu zermürben. „Da steht der Name eines Engels . . ." schrieb er in sein Tagebuch unter Christines Namen, und die im Jahre 1846 geschlossene Ehe empfand er als Rettung. Elise Lensing, die den Dichter jahrzehntelang mit ihrem kärglichen Näherinnenlohn unterstützte, hatte die Heirat vergeblich von ihm gefordert. Christine wuchs in ihrem Verhalten gegenüber dieser unglücklichen Frau über sich selbst hinaus: Sie hat die Vorgängerin in dem Bestreben, den Gatten von seinem tragischen Schuldkomplex zu befreien, in ihr Haus eingeladen und erfolgreich um ihre Freundschaft geworben, sie hat Elise ihren eigenen Sohn, den sie mit in die Ehe gebracht hatte, zur Erziehung nach Hamburg mitgegeben, um der Einsamen einen neuen Lebensinhalt zu bieten. Mit der hinreißenden Gewalt ihrer Darstellung Hebbelscher Frauengestalten aber hat sie wesentlich zum Erfolg seines schwer zugänglichen dramatischen Werkes beigetragen – ein Verdienst, das allein ihr einen bleibenden Platz in der Literatur- und Theatergeschichte sichert.

HEDWIG VON BAYERN-LANDSHUT   1457 — 1509

Das niederbayrische Städtchen Landshut an der Isar erlebte die Blütezeit seiner achthundertjährigen Geschichte in der zweiten Hälfte des fünfzehnten Jahrhunderts, als Hauptstadt der „Reichen Herzöge". An den fürstlichen Prunk, der sich damals in seinen Mauern entfaltete, erinnert das alle drei Jahre stattfindende größte historische Festspiel Deutschlands, die „Landshuter Fürstenhochzeit", die das vielleicht großartigste Fest wiederaufleben läßt, das ein deutscher Fürstenhof je sah. Herzog Ludwig der Reiche hatte es im Spätherbst des Jahres 1475 veranstaltet, anläßlich der Vermählung seines Sohnes und Erben Georg mit Hedwig oder Jadwiga, der ältesten Tochter König Kasimirs von Polen. Dem polnisch-bayrischen Herzensbund waren langwierige politische Verhandlungen vorangegangen; die Prinzessin sollte ursprünglich dem ungarischen König Matthias anverlobt werden, aber König Kasimir empfand die von den Ungarn gestellten Bedingungen als unannehmbar und versprach sein Töchterlein lieber dem dreiundzwanzigjährigen Bayernherzog – mit einer Mitgift von zweiunddreißigtausend Goldgulden, die allerdings niemals bezahlt wurden. An einem schönen Oktobertag wurde die königliche Braut feierlich in das geschmückte Landshut eingeholt. Ihr Reiseweg war über eine Meile weit mit bunten Tüchern belegt, und bis zum siebenten Markstein vor der Stadt kam ihr der römische Kaiser Friedrich III. entgegen, in Begleitung des Erzbischofs von Köln. Auch Friedrichs Sohn, der spätere Kaiser Maximilian I., gehörte zu den fürstlichen Gästen dieses glanzvollsten Festes der Spätgotik, dessen Kosten sich auf über fünfundfünfzigtausend Goldgulden beliefen. Die junge Herzogin aus dem Polenland schenkte ihrem Gemahl eine Tochter, die Prinzessin Elisabeth, die später mit Herzog Rupprecht von der Pfalz vermählt wurde.

HEDWIG VON SCHLESIEN   1174 — 15. X. 1243

Als erster regierender Piast mit deutschem Namen bestieg Herzog Heinrich I. im Jahre 1201 den Thron von Polen und Schlesien. Fünfzehn Jahre zuvor hatte er einen Ritter nach Andechs am Ammersee gesandt, damit er die Tochter Hedwig des Grafen Berthold IV., Markgrafen von Istrien, Herzogs von Dalmatien, Kroatien und Mähren, für ihn freie. Das fürstliche Fräulein war zwölf Jahre alt und lebte in der Obhut der Zisterzienserinnen von Kitzingen, als die Werbung erging und erhört wurde. Unter ritterlicher Bewachung rumpelte das blumengeschmückte Brautwägelchen ostwärts in die Fremde. Auf der Oderbrücke der Kronstadt Breslau nahm Herzog Heinrich der Bärtige die Erwählte in Empfang, nannte sie zärtlich „Jascha" und „Jadwiga" und versprach, ihr ein treuer und liebender Herr und Gemahl zu sein. Sechs Kinder entsprossen der glücklichen Ehe, einer der Söhne fiel in der Tatarenschlacht bei Liegnitz 1241. Nach dem Tode ihres Gemahls, mit dem zusammen sie viele deutsche Siedler ins Land gerufen, viele Klöster gegründet und manche Not gelindert hatte, nahm sie das Ordenskleid der Zisterzienserinnen des Klosters Trebnitz, an dessen Stiftung sie ihre ganze Mitgift gewendet hatte. Sie legte kein Gelübde ab, um nicht auf ihre Einkünfte und damit auf die Möglichkeit des Wohltuns verzichten zu müssen. Schon zu Lebzeiten vom Volk wie eine Heilige verehrt, erlebte sie noch den glücklichen Maitag des Jahres 1235, an dem die Domglocken aller Lande die Heiligsprechung ihrer geliebten Nichte Elisabeth von Thüringen verkündeten. 1267, vierundzwanzig Jahre nach ihrem Tode, wurde auch Herzogin Hedwig, die Landesmutter von Schlesien, zur Ehre der Altäre erhoben, und sieben Jahrhunderte später erwählte eine friedlose Welt sie zur Schutzpatronin aller Heimatvertriebenen.

CHARLOTTE HEIDENREICH-VON SIEBOLDT
1788 — 8. VII. 1859

Die englische Königin Viktoria, nach der ein Zeitalter benannt ist, wurde 1817 von einer deutschen Ärztin auf die Welt gebracht: Charlotte von Sieboldt. Sie war die Tochter der berühmten Hebamme Regina von Sieboldt, der auf Grund ihrer hervorragenden Leistungen und Kenntnisse im Jahre 1815 die hessische Landesuniversität Gießen den Ehrendoktor der Entbindungskunst verlieh. Charlotte von Sieboldt erhielt schon siebzehnjährig bei der Mutter praktischen und bei ihrem Stiefvater, der einer bedeutenden Medizinerfamilie angehörte, theoretischen Unterricht in der Geburtshilfe. Bei den Professoren der Göttinger Klinik setzte sie ihre Ausbildung fort und wurde 1814, nach strenger Prüfung durch das Darmstädter Medizinalkollegium, anerkannte Hebamme. Drei Jahre später durchbrach sie die jahrhundertealten Vorurteile der medizinischen Fakultät zu Gießen und wurde zur medizinischen Doktorprüfung zugelassen. Zwei Jahre nach der Ehrenpromotion der Mutter fand der feierliche Staatsakt, das erste Medizinische Doktorexamen einer Frau an der Universität Gießen, statt. Segensreiche Jahre der Arbeit zu dritt, Vater, Mutter und Tochter im gleichen Fache der Geburtshilfe tätig, folgten. Man rief die beiden Doktorinnen in die ärmsten Hütten der entlegenen Odenwalddörfer wie in die Fürstenschlösser. Durch eine Denkschrift an den Großherzog und durch eine Geldsammlung wirkte Charlotte für die Verbesserung des Darmstädter Hospitalwesens. Als sie einundsiebzigjährig, zehn Jahre nach dem Heimgang ihrer Mutter, starb, errichteten die Frauen ihrer Heimat ihr kein Denkmal, sondern schufen eine Stiftung, die den Namen ihrer Wohltäterin erhalten sollte. In ihrem Nachruf stehen die Worte: „Fürstin und Bäuerin wurden von ihr mit gleichem Pflichtgefühl behandelt, der Menschheit zu dienen, war ihr die Hauptsache."

ROSE HEILBRON
* 19. VIII. 1914

Die Buchstaben „Q. C." hinter Rose Heilbrons Namen bedeuten „Queens Counsel" und besagen, daß die berühmte Juristin zu der kleinen Gruppe von Rechtsgelehrten gehört, die in Großbritannien im Namen der Königin vom Lordkanzler des Oberhauses eingeschworen werden, um „sich mit den Rechtsangelegenheiten des Souveräns zu befassen, wann immer sie dazu aufgerufen werden". Es ist die höchste Ehre, die einem britischen Juristen zuteil werden kann. Sie bringt das Recht mit sich, die Buchstaben „Q. C." zu führen und in schwarzem Seidentalar vor Gericht zu plädieren. Daher auch der Ausdruck „to take silk" — „die Seide nehmen" —, mit der diese Würde umschrieben wird. Rose Heilbron ist zur Zeit die einzige weibliche „Q. C.", denn ihre Kollegin, die große Helen Normanton, mit der gemeinsam sie im Jahre 1949 die hohe Auszeichnung erhielt, lebt heute im Ruhestand. — Vater Heilbron betrieb in Liverpool ein kleines Gasthaus für Seeleute, und Mutter Nelly, die schon früh die ungewöhnlichen Fähigkeiten ihrer Tochter erkannte, scheute kein Opfer, um ihr das Studium zu ermöglichen. Mit einem Stipendium bezog Rose die Universität Liverpool und machte ihren Doktor juris summa cum laude — als Zwanzigjährige. Das hatte vor ihr noch keine englische Studentin fertiggebracht; damals erschien ihr Bild zum erstenmal in den Zeitungen, die seitdem immer wieder von den erstaunlichen Erfolgen des schüchternen jüdischen Mädchens aus Liverpool zu berichten haben. „Sie war ein hübsches Mädchen", erzählt ein Studienkollege, „aber sie arbeitete, arbeitete, arbeitete. Nie ging sie zu einem Tanzvergnügen — sie kannte nur ihr Studium, und nichts weiter . . ." Rose Heilbron gilt heute als eine der hervorragendsten Rechtsgelehrten Englands; ihre überragende Begabung und ihre Autorität werden auch von ihren männlichen Kollegen vorbehaltlos anerkannt.

MARIE HEIM-VÖGTLIN 7. X. 1845 — 7. XI. 1916

Die hohe Berufung des Arztes zum Heilen und Helfen hat zu allen Zeiten auch auf die Frau eine ungewöhnliche Anziehungskraft ausgeübt, so daß die Frage nach der wirklich „allerersten Ärztin" niemals beantwortet werden kann. Im Abendland waren heilkundige Frauen, Geburtshelferinnen, krankenpflegende Schwestern, Arztfrauen und Kosmetikerinnen Vorläuferinnen der Ärztin von heute. Im 14. und 15. Jahrhundert haben in Süddeutschland und in Italien viele Frauen ärztliche Dienste verrichtet, die Matrikelliste von Salerno weist aus dieser Zeit eine stattliche Zahl studierender weiblicher Laien der Heilkunst auf. In der Neuzeit hat sich die Frau ihre Zulassung zum Medizinstudium und zur Ablegung der immer strengeren Examina erst mühsam wieder erkämpfen müssen. In der Schweiz war es die Pfarrerstochter Marie Vögtlin aus Bözen im Aargau, die als erste Frau ihr medizinisches Studium, zu dem sie das erforderliche Abitur erst später nachholte, bis zum Staatsexamen fortführte, das sie mit Auszeichnung bestand. Mit einer gynäkologischen Dissertation promovierte sie im Jahre 1874 zum Doktor der Medizin und eröffnete noch im gleichen Jahr in Zürich ihre Praxis. Ein Jahr später heiratete sie den angesehenen Züricher Geologen Heim, der seiner Gattin in opferbereitem Verstehen den Weg zur Erreichung ihres Lebenszieles bahnte, den „armen Weiblein" nicht nur bei organischen Erkrankungen zu helfen, sondern darüber hinaus in umfassender Fürsorge auch die seelischen Ursachen vieler Leiden zu ergründen und zu beseitigen. Solch hochgesteckten Ziele führten die junge Ärztin zwangsläufig auch in die soziale Arbeit, mit der sie sich den Ehrentitel einer „Volksmutter" errang. Das Ende ihres gesegneten Lebens stand unter dem Schatten des ersten Weltkrieges; „Die in den Schützengräben ..." war ihr letztes, bangendes Wort.

MATHILDE HEINE 1815 — 1883

Sie war Verkäuferin in einem Schuhgeschäft, und sicher hätte sie nicht die Aufmerksamkeit des frauenverwöhnten Dichters Heinrich Heine auf sich lenken können, wäre sie nicht über alle Maßen schön gewesen. In einem runden, ebenmäßig vollen Gesicht strahlte die lockende Schwärze zweier frischer Augen. Wenn sie lachte, blitzten perlende Zähne auf. Die Natur hatte eine seltene Vielfalt von Vorzügen an diese junge Gestalt verschwendet und sie vor allem mit feingliedrigen, feenhaften Händen ausgestattet. Crescentia Eugénie Mirat, die aus der Provinz stammte, war neunzehn Jahre alt, als sich Heine in sie verliebte. Verliebt war er schon oft gewesen, ja er hatte auch um die Zeit, da er der anziehenden Mirat begegnete, mehrere Bekanntschaften. Er hielt seine Beziehung zu Crescentia Eugénie wohl selbst nur für einen vorübergehenden Flirt, und ein tiefes Zerwürfnis nach einjähriger Bekanntschaft schien die endgültige Trennung zu bedeuten. Als der Dichter 1835 von einem Kuraufenthalt in Boulogne-sur-Mer nach Paris zurückkehrte, knüpften sich die Bande erneut. Wieder war Heine von ihrem Zauber hingerissen, stärker als je zuvor fesselte ihn „das natürliche Mädel aus dem Volk". Vom Januar 1836 an wohnten sie gemeinsam in der Cité Bergère Nr. 3, und jedermann sprach nur noch von „Madame Heine", obwohl sie erst fünf Jahre später getraut wurden. Mathilde, von Heine „Gatt- und Göttin" genannt, hatte keinen leichten Stand an der Seite des geistig ewig unruhevollen Mannes. Aber sie liebten sich; der Kranke schrieb auf Laube: „Sie ist mir mehr als je mit Treue und Liebe ergeben und vielleicht auch die einzige Ursache, warum ich dieses hundsföttische Leben noch mit Geduld ertrage". Heine sorgte über seinen Tod hinaus für ihr Wohlergehen. Mathilde Heine überlebte den Dichter um ein Vierteljahrhundert.

Um 250 — 329 n. Chr.

KAISERIN HELENA

Historie und Legende sind im überlieferten Lebensbild der Kaiserin Helena kaum zu trennen. Schon ihre Herkunft liegt im Dunkel: Einige Historiker glauben, sie sei die Tochter eines britannischen Königs namens Koel gewesen; nach anderen Quellen war sie Bedienerin einer kleinen Herberge in Naissus, dem heutigen Nisch in Jugoslawien. In England oder in Naissus begegnete ihr Chlorus, der Neffe des Kaisers Claudius, und ging mit ihr die Ehe ein, der ein Sohn entsproß, der spätere Kaiser Konstantin. Auf Befehl Diokletians, der seinen Waffengefährten Maximian zum Mitkaiser bestimmt hatte, mußte sich Chlorus von Helena trennen und Maximians Stieftochter Theodora zur Frau nehmen. Helenas Sohn Konstantin wurde nach dem Tode seines Vaters im Juli 306 von den Legionen zum Imperator Augustus ausgerufen; sein Sieg über Maximians Sohn Maxentius machte ihn zum Alleinherrscher des Abendlandes. Seine Mutter Helena ließ er zur „Nobilissima femina" und später zur Augusta erheben und mit den höchsten Ehren des Staates auszeichnen. Wir wissen von vielen Reisen der frommen, schon früh sich zum Christentum bekennenden Frau, von dem Doppeldom in Trier, den Kirchen in Rom und Bethlehem und von ihrer Pilgerfahrt nach Jerusalem, wo sie zwei Basiliken errichten ließ. Im Heiligen Land begab sie sich auf die Suche nach dem heiligen Kreuz, dessen Vergrabungsort ihr in einer göttlichen Erleuchtung offenbart wurde. Sie fand nach der Legende das Kreuz und auch die Nägel und gilt deshalb noch heute als die Schutzpatronin der Nagelschmiede. Nach einem Bericht des Nikephorus ist die heilige Helena in Rom gestorben, in den Armen ihres großen Sohnes, der acht Jahre später die Taufe empfing. Der prunkvolle Porphyrsarkophag ihres Grabmals an der Via Labicana wird jetzt im Vatikan verwahrt.

* 17. III. 1908

BRIGITTE HELM

Regisseur Fritz Lang hat mit Brigitte Helm den ersten „Vamp" des deutschen Stummfilms geschaffen. Bereits in „Metropolis" (1926), der zugleich Brigitte Helms erster Film war, stellte sie diesen Typ einer verführerisch-schönen, dämonisch-gefährlichen Frau in vollendeter Weise dar. Sie gehört zu jenen deutschen Schauspielerinnen, die zum Weltruf des deutschen Stummfilms beigetragen haben. Eigentlich wollte Brigitte Helm bei Beginn ihrer künstlerischen Laufbahn zur Bühne. Als sie aber Fritz Lang kennenlernte, verschrieb sie sich ganz dem Film. Oskar Kalbus hat das Wesen des „Vamps", den sie verkörperte, mit folgenden Worten charakterisiert: „Asta Nielsen hat man diabolisch, Pola Negri einen Dämon, Greta Garbo eine Sirene, Brigitte Helm einen Vamp genannt. Eine Frau kann verführerisch sein, leidenschaftlich, heftig oder temperamentvoll, sie muß darum aber noch nicht dämonisch, nicht ein Vamp sein. Der Vamp muß Augen haben, die rätselhaft und lockend, befehlend und zwingend sind. Zum Vamp gehört die erotische Ausstrahlung, der der Mann rettungslos verfällt. Die Frau, die nur ‚Sex-Appeal' hat, verfügt natürlich auch über solche erotische Ausstrahlung, ohne aber die Macht zu kennen, die ihr daraus dem Manne gegenüber erwächst. Der Vamp ist sich des Unheils seiner Macht bewußt, kennt seine Kraft und Stärke und setzt sie grausam, herzlos, rücksichtslos und zielbewußt als Mittel zum Zweck ein." — Gegen Ende der Stummfilmzeit gab Brigitte Helm mit dem Film „Die wunderbare Lüge der Nina Petrowna" den Typ des Vamps auf und spielte während der Tonfilmzeit verschiedenartige interessante Frauengestalten, die sie erneut in die Spitzengruppe der deutschen Filmschauspielerinnen rücken ließen. Viele erinnern sich an „Die singende Stadt", „Inge und die Millionen", „Die Insel", „Fürst Woronzeff", „Gold", „Ein idealer Gatte". Nach 1936 zog sich Brigitte Helm aus der Öffentlichkeit und vom Film zurück, um ganz ihrer Familie zu leben.

HELOISE
1101 — 15. V. 1164

„Dann suchten wir das Grabmal von Abälard und Heloise auf; es ist in gotischem Stil aus den Trümmern der von Abälard erbauten Abtei errichtet. Dieses Grab wird von den Parisern viel besucht; die Liebenden schwören sich dort Treue, und das Paar von heute stiehlt den Immortellenkranz, den das Paar von gestern geopfert hat." Diese Zeilen schrieb Friedrich Hebbel nach einem Besuch auf dem Friedhof Père Lachaise, wo das nach Romeo und Julia berühmteste Liebespaar seine letzte Ruhestätte fand, nach einem Leben voll abgründiger Leidenschaft und großer Tragik. — Die junge Heloise empfing im Hause ihres Onkels Privatunterricht und verliebte sich in den um 22 Jahre älteren, damals schon berühmten Lehrer. Ihr Verhältnis mußte geheimgehalten werden; als aber ihrer Verbindung ein Sohn entsproß, kannte die Rache des Oheims keine Grenzen; er ließ den unglücklichen Abälard bei Nacht überfallen und grausam verstümmeln. Abälard verwand diese Schmach nie; er vollzog die Trennung von seiner Geliebten, beide traten ins Kloster ein. In Briefen blieben sie einander verbunden. Es gibt in der Weltliteratur keine glühenderen Liebesbriefe als die von Heloise an Abälard: Sie war bereit, für ihre Liebe in die Hölle zu gehen. Die Briefe Abälards dagegen blieben sachlich, asketisch und philosophisch. Er war inzwischen einer der ersten Denker Frankreichs geworden. Als er, von den Kämpfen mit seinen geistigen Widersachern aufgerieben, 1142 starb, bestattete Heloise ihn im Kloster Paraclet — neben dem ihr selber bestimmten Grab. Im Jahre 1817 fand die feierliche Überführung der Gebeine auf den altehrwürdigen Friedhof Père Lachaise statt.

KÖNIGIN HEMMA
Um 808 — 31.I. 876

Der berühmte bayerische Geschichtsschreiber Johannes Thurmair, nach seinem Geburtsort Abensberg auch Aventinus genannt, sah noch um das Jahr 1500 in dem Grabmal, dessen königliches Haupt in nebenstehender Zeichnung wiedergegeben ist, das Denkmal jener Uta, welche die Gemahlin des deutschen Kaisers Arnulf von Kärnten gewesen ist, des Siegers über die Normannen. Erst in neuerer Zeit glaubt man das steinerne Bildnis als das Antlitz der Königin Hemma deuten zu dürfen, die nach fast fünfzigjähriger, glücklicher Ehe mit dem ostfränkischen König Ludwig dem Deutschen — einem Enkel Kaiser Karls des Großen — in Regensburg gestorben ist und auch dort beigesetzt wurde; nach einigen Quellen im Obermünster, nach anderen in Sankt Emmeran. Mit gutem Recht hat man das Bildnis dieser Königin — wir wissen von ihr nur, daß sie das Kloster Obermünster in Regensburg gründete und daß sie die Mutter der seligen Irmingard war, der Stifterin des Klosters Frauenchiemsee — das schönste Frauengesicht der deutschen mittelalterlichen Plastik genannt; steht doch die herrliche Arbeit offenkundig in der glorreichen Tradition, die sich von der deutschen Bildnerkunst des dreizehnten Jahrhunderts — aus Bamberg, Straßburg und Naumburg — herleitet. Auch die Kunstgeschichte kennt nicht den Namen des genialen Gestalters, der dies wahrhaft adelige Antlitz geformt hat und der königlichen Frau als Sinnbild der Majestät den Reichsapfel in die zagen Hände gab, den sie und ihr Gemahl in Wirklichkeit nie getragen haben. Das Grabmal ist um das Jahr 1300 entstanden, also über vierhundert Jahre nach dem Tode Hemmas und ihres Gemahls, des großen deutschen Königs, dem das erste Christusepos deutscher Sprache von Otfried geschenkt worden ist. Die Plastik war früher wohl Deckplatte einer Tumba; heute ist sie aufrechtstehend in eine Wandnische der Kirche Sankt Emmeran zu Regensburg eingemauert, zum ehrenden Gedenken an eine deutsche Frau und Königin, die noch im Totenmal von der edlen Fülle des Lebens zeugt, das ihr einmal innewohnte.

Um 983 — 1045   HEMMA VON GURK

Heinrich II., der letzte deutsche Kaiser aus dem sächsischen Hause, gründete wie die Ottonen seine Herrschaft auf die Bischöfe, die er ständig zu Reichsdiensten heranzog. Auch unter seiner Regierung waren die Kirchenfürsten eine Macht, die sich allen Spaltungsversuchen der weltlichen Großen mit Erfolg entgegenzustellen vermochte. Oft und gern weilte der Kaiser an seinem Hoflager zu Regensburg, wo seine Nichte Hemma von frommen Schwestern sorgfältig erzogen wurde. Der damaligen Sitte entsprechend, vermählte man das junge, liebreizende und tugendhafte Mädchen schon in früher Jugend; ihr Gatte, Markgraf Wilhelm von der Sann, kam jedoch wenige Jahre später bei einer Pilgerfahrt ums Leben. Er hinterließ seiner jungen Witwe neben zwei Söhnen bedeutenden Grundbesitz in Kärnten und in der Steiermark und ein großes Vermögen, das Hemma für die Unterstützung von Armen und Hilfsbedürftigen verwendete. Das trug ihr den Ehrentitel einer „Heiligen Elisabeth Österreichs" ein; wie um Elisabeth von Thüringen ranken sich auch um Hemmas Persönlichkeit und Wirken unzählige Legenden. Erwiesen ist, daß die fromme Fürstin einen Großteil ihres Vermögens auf dem Altar der im Jahre 1042 von ihr in Gurk errichteten Marienkirche opferte; auch stiftete sie einen Konvent für siebzig Nonnen und zwanzig Augustiner-Chorherren, und legte damit den Grundstein zu dem im Jahre 1071 errichteten Bistum Gurk. Als ihre beiden geliebten Söhne einem Mordanschlag zum Opfer gefallen waren, entsagte Hemma der irdischen Welt; sie trat in den von ihr gestifteten Orden ein und lebte als „Mutter Kärntens" nur noch der Karitas. Noch heute ist ihr Grabmal in Gurk das Ziel unzähliger Wallfahrten — eine segenspendende Gnadenstätte, erfüllt vom Geiste dieser fürstlichen Gottesdienerin an der Wende des ersten christlichen Jahrtausends.

HENRIETTE ANNE D'ANGLETERRE
16. VI. 1644 — 30. VI. 1670

Ehe Karl II. von England den Krieg mit Holland, dem gefährlichsten Handelsrivalen, begann, schrieb er an seine Schwester Henriette Anne, die seit 1661 mit dem Herzog von Orléans, dem Bruder Ludwigs XIV., verheiratet war: „Ich sah niemals einen so großen Appetit auf einen Krieg wie hier in Stadt und Land." Aber schon wenig später drang eine holländische Flotte die Themse hinauf bis nach Rochester vor, kaperte und verbrannte englische Schiffe, die Pest brach in England aus, und London wurde durch eine Feuersbrunst in Schutt und Asche gelegt. Das siegreiche Holland schlug Ludwig XIV. vor, das spanische Reich mit ihm zu teilen und durch diese Machterweiterung England vollends auf die Knie zu zwingen. Es ist das Verdienst Henriettes, diesen Vorschlag, der den Untergang Englands bedeutet hätte, vereitelt zu haben. Sie veranlaßte ihren Bruder, das englische Regierungssystem nach französischem Muster umzuorganisieren und bot ihm als Anerkennung dafür die Kriegspartnerschaft Frankreichs an, dazu die Provinz Seeland mit den anliegenden Inseln, eine Kriegsbeisteuer von 300 000 Pfund und jährlich 200 000 Pfund als Beihilfe. Der Pakt wurde 1670 in Dover geschlossen und nach Henriettes Beinamen Madame als „Traité de Madame" geschichtlich berühmt. Der Vertrag war der Dank des Sonnenkönigs an diese Frau, die sich am französischen Hofe als eine der geistreichsten und faszinierendsten Persönlichkeiten verdient gemacht hatte. Karl II. von England konnte sich indes der Unterstützung seiner tatkräftigen Schwester nicht lange erfreuen, der „süßen Minette", wie er sie nannte. Sie starb kurz nach der Heimkehr von Dover. Der berühmteste Kanzelredner Frankreichs, Bossuet, hielt ihr die Leichenrede in Saint-Cloud.

LUISE HENSEL

30. III. 1798 — 18. XII. 1876

Luise Hensel, die Tochter eines protestantischen Geistlichen, war mit der später hochgerühmten Hedwig von Staegemann-Olfers befreundet, in deren Berliner Elternhaus sich um 1816 an jedem Donnerstagabend ein kleiner, ausgewählter Kreis von Malern, Schriftstellern und Musikern zusammenfand. Hier begegnete Luise Clemens Brentano zum erstenmal. Der Dichter hatte sich nach dem Tode seiner geliebten Gattin Sophie in eine abenteuerliche zweite Ehe mit der Bankierstochter Auguste Bussmann gestürzt — eine Ehe, die schon nach kurzer Zeit wieder zerbrochen war, so daß sein Lebensschifflein nun wieder steuerlos dahintrieb. Der romantische Dichter suchte neuen Halt in der Freundschaft mit der tiefreligiösen Luise Hensel und dachte ernsthaft an eine dritte Heirat, aber die Angebetete versagte sich seinem Werben: „Ich will dir immer nur eine treue Schwester sein – ein Leben lang!" Ältere Literaturgeschichten vertreten die Auffassung, daß Luise, die im Jahre 1818 zum Katholizismus übertrat, „den leidenschaftlich um sie werbenden Clemens Brentano wieder für die Kirche zurückgewann". Aus neu aufgefundenen Briefen und Dokumenten geht jedoch hervor, daß im Gegenteil Brentano es war, unter dessen Einfluß das junge Mädchen sich zur Konversion entschloß; durch Brentanos Vermittlung hat auch die stigmatisierte Nonne Anna Katharina Emmerick in diesem Sinne auf Luise eingewirkt. In den letzten Jahren vor dem Tode des Dichters kam es zwischen den einst so innig Befreundeten zu einer merkwürdigen Entfremdung, und später hat Luise Hensel ihre Beziehungen zu Brentano bis zur Ableugnung bagatellisiert. Sie überlebte ihn um fast fünfunddreißig Jahre, als Klosterschwester der Christlichen Liebe zu Paderborn. Nur eines ihrer zahlreichen Lieder und Gedichte hat sich — als Abendgebet der Kinder — der Nachwelt erhalten: das schlicht-fromme „Müde bin ich, geh zur Ruh..."

KATHERINE HEPBURN

* 8. XI. 1909

Zu den profiliertesten Bühnenschauspielerinnen am Broadway und zu den größten Charakterdarstellerinnen des amerikanischen Films gehört Katherine Hepburn, die mit Vorliebe heimlich glühende und besessene, sogar herbe, verschrobene und altjüngferliche Frauengestalten verkörpert. So wurde sie in dem Film „Song of love" (1947), in dem sie Clara Schumanns Lebensweg und große Liebe in Spiel und Maske eindringlich zur Darstellung brachte, dieser Rolle als vierzehnjähriges Mädchen wie als siebzigjährige Greisin in jeder Hinsicht gerecht. Zu solchen Leistungen verhelfen ihr nicht nur ihre ungewöhnliche Begabung und ihre heiter-ernste Lebensauffassung, sondern auch ihr eingehendes Studium der menschlichen Seele und der seelischen Störungen. Ihr Vater war namhafter Chirurg und ihre Mutter bekannte Frauenrechtlerin und Hochschuldozentin, und sie sahen es gern, daß ihre Tochter sich vor Beginn ihrer Bühnenlaufbahn eine gute Schulbildung aneignete. Katherine Hepburn brachte es bis zum Doktor der Psychologie. Das Studium gab ihr später die Gelegenheit, ihre Rollen mit dem „Seziermesser des Verstandes" zu zergliedern. Auch künstlerisch bereitete sie sich sorgfältig auf ihren Lebensberuf vor, so daß sie eines Tages am Broadway das Publikum als Schauspielerin, Tänzerin und Sängerin überraschen konnte. Nach ihrem ersten großen Erfolg in „Morning Glory" (1933) eröffnete sie sich beim Film durch ihr Ausdrucksvermögen und durch die Darstellung erregender Frauenschicksale eine Karriere, in deren Verlauf sie mehrere Male die höchsten Filmpreise der USA erringen konnte. Bühnenarbeit und Filmarbeit liefen bei ihr immer parallel, auch in der Nachkriegszeit, in der sie erneut ihren Namen und ihren Ruhm in die ganze Welt tragen konnte.

28. I. 1750 — 15. 9. 1809   **KAROLINE HERDER**

Der fürstlich holsteinische Reiseprediger Johann Gottfried Herder lernte im Jahre 1770 auf jener für die deutsche Geistesgeschichte so bedeutsamen Straßburger Reise, die ihn mit dem jungen Goethe zusammenführte, die reizende Karoline Flachsland kennen. In Darmstadt begegnete er ihr zum erstenmal, im gastfreundlichen Hause des Kriegsrates Johann Heinrich Merck, zu dessen musischem Freundeskreis auch Goethe gehörte. Die empfindsame, schwärmerische und bildungshungrige Karoline spielte in diesem Kreis eine nicht unwesentliche Rolle und machte auf den nicht weniger empfindsamen Herder tiefen Eindruck: „Ich bin in einer dunklen, aber nicht dürftigen Mittelmäßigkeit geboren", schrieb er ihr am 22. September 1770, „ich habe studiert und gelehrt und geschwärmt und mich bald auf der Akademie in Ansehen gesetzt..." Bald darauf erhielt er einen Ruf als Konsistorialrat an den kleinen Bückeberger Hof, dorthin konnte er am 2. Mai 1773 Karoline als seine angetraute Gattin heimführen. Als Braut hatte sie noch viele briefliche Beweise seiner verehrenden Zuneigung erhalten: „Mein kleines, göttliches Mädchen, meine liebe, unschuldige Psyche, glauben Sie es mir, daß der Eindruck, den Sie auf mich gemacht haben, der einzige und ganz der erste in seiner Art ist. Der Himmel hat uns so sonderbar zusammengeführt, und ich danke Gott mit Tränen, daß er mir eine so schöne Seele wie die Ihrige gezeigt hat..." Karoline hat diese Liebe herzlich und treu erwidert; sie wurde dem oft heftigen und reizbaren Gatten eine aufopfernde Gefährtin – ständig bemüht, zwischen dem Überempfindlichen und seiner Umgebung zu vermitteln und auszugleichen. In fraulicher Unbedingtheit weihte sie ihr Leben dem Manne, den man „einen der größten Erzieher zur deutschen Nation" genannt hat.

Um 1125 — 25. VII. 1195   **HERRAD VON LANDSBERG**

Das von der elsässischen Herzogstochter Odilie im siebten Jahrhundert gegründete Frauenkloster Odilienberg in den Vogesen hatte unter den Wirren des beginnenden zwölften Jahrhunderts schwer zu leiden; Herzog Friedrich, der über Schwaben und Elsaß herrschte, hatte dem Kloster viele Güter und Einkünfte entzogen, und erst sein Sohn, der spätere Kaiser Friedrich Barbarossa, sorgte wieder für die materielle Sicherstellung der Klosterfrauen. Auf seinen Befehl wurde die berühmte Nonne Richlint aus dem Donaukloster Berg bei Neuburg als Äbtissin auf den Odilienberg berufen, und unter ihrer liebevollstrengen Obhut wuchs Herrad von Landsberg heran, eine Nonne aus uraltem elsässischem Adelsgeschlecht, die auch Richlints Nachfolgerin in dem hohen Amt wurde. Der Äbtissin Herrad verdanken wir das älteste europäische Konversationslexikon; denn ihr mit vielen Bildern ausgestatteter „hortus deliciarum" – ihr „Lustgärtlein" – ist eine Enzyklopädie des gesamten Wissens der damaligen Zeit. Leider ist uns das bedeutende Werk nur in zeitgenössischen Abschriften und Kopien erhalten geblieben; das in der Straßburger Stadtbibliothek verwahrte kostbare Original fiel im Kriegsjahre 1870 den Flammen zum Opfer. Neben seltsam mystisch anmutenden, kaum mehr zu deutenden Bildern enthält das „Lustgärtlein" zahlreiche Zeichnungen von unschätzbarem kulturgeschichtlichem Wert: getreue Abbildungen von Waffen, Rüstungen und Gewändern jener Zeit, Tischgeräte und Spielzeug, Pflüge und Wassermühlen, deren Zahnradgetriebe wertvolle Hinweise auf den damaligen Stand der technischen Entwicklung geben. Die fromme Frau und große Wissenschaftlerin muß eine geniale „Sammlerin" gewesen sein – „fleißig wie ein Bienlein" hat sie, nach ihren eigenen Worten, alles zusammengetragen, was ihr wichtig und würdig erschien zur Unterrichtung der Geschlechter, die nach ihr kamen.

KAROLINE HERSCHEL

16. III. 1750 — 9. I. 1848

Die Geschwister Wilhelm und Karoline Herschel entstammten einer kinderreichen Familie, in der die hervorragende musikalische Veranlagung erblich war. Vater Isaak Herschel, ein angesehener Regimentsmusiker, freute sich über die schon früh sich entwickelnde Gesangsbegabung seines Töchterchens Karoline und ließ ihr eine sorgfältige künstlerische Ausbildung zuteil werden. Auch sein Sohn Wilhelm, dessen Geistesgaben die interessanten Wechselbeziehungen zwischen Mathematik und Musik besonders eindringlich widerspiegeln, widmete sich zunächst dem väterlichen Beruf und fand erst in England die Erfüllung seines Lebens und seiner Ideale in der ausschließlichen Hinwendung zur astronomischen Wissenschaft. Auf seine Bitte hin folgte ihm seine Schwester in das Inselreich, als rührend selbstlose und verständnisvolle Arbeitskameradin. Nach einigen sehr erfolgreichen Konzerten gab sie ihre künstlerische Laufbahn auf und stellte ihre nicht weniger ausgeprägte mathematische Begabung in den Dienst am Werk ihres Bruders, dessen Bedeutung sie als eine der ersten erkannte. Sie schliff die Spiegel zu seinen großen Teleskopen, sie führte den gemeinsamen Haushalt und wehrte lästige Besuche ab, die oftmals nicht nur dem Astronomen, sondern auch seiner schönen und liebenswürdigen Schwester galten. Nach Wilhelms Heirat bezog sie auch die Schwägerin in ihre Fürsorge ein; fern aller kleinlichen Eifersucht, vertiefte sie sich — nach ihrer offiziellen Ernennung zu Wilhelms Assistentin — immer mehr in die wissenschaftliche Arbeit. Die Entdeckung von neun Kometen verbreitete ihren Ruhm in der gelehrten Welt. Nach dem Tode ihres Bruders kehrte die berühmte Frau in die Heimat zurück, wo sie im Alter von achtundneunzig Jahren gestorben ist.

EMMA HERWEGH

1817 — 1904

Die jüngste Tochter des Berliner Kaufmanns und Hoflieferanten Johann Gottfried Siegmund besaß umfassende Kenntnisse in Geschichte und Literatur, beherrschte mehrere Sprachen, spielte ausgezeichnet Klavier und malte mit großem Talent. Der Zufall spielte ihr die „Gedichte eines Lebendigen" des Stuttgarter Schriftstellers Georg Herwegh in die Hände, der in der Schweiz im Exil lebte und formvollendete Verse voll revolutionärer, höhnischer Anklagen und schwungvoller Rhetorik verfaßte. Sie schrieb ihm ihre begeisterte Zustimmung; am 6. November 1842 begegneten sie sich auf Schweizer Boden, drei Monate später tauschten sie die Ringe, obwohl oder weil Herwegh aus Zürich ausgewiesen und schwer erkrankt war. Nach Herweghs Genesung lebte das junge Paar einige Monate in Italien und ließ sich 1844 in Paris nieder. 1847 erwählten ihn die Pariser Deutschen, die in den Februartagen auf den Barrikaden gekämpft hatten, zu ihrem Wortführer und zum Anführer ihrer Freischar. Mit ihm an der Spitze marschierte eine deutsch-französische Arbeiterkolonne auf den Schauplatz der badischen Revolutionskämpfe. An der Seite Georg Herweghs ritt seine Frau Emma in Männertracht. Als die Legion am 27. April 1848 bei Schopfheim geschlagen worden war und dreißig Mann verloren hatte, wurde sie zersprengt, und die Herweghs mußten nach Zürich flüchten. Später lebten sie in Baden-Baden, wo Georg Herwegh 1875 bitter grollend starb. Emma Herwegh wohnte eine Zeitlang in der Nähe von Stuttgart und zog dann wieder nach Paris, bis zu ihrem Tode charakterstark, tapfer und gescheit, und immer noch durchglüht von fast ekstatischem Idealismus und jener Kraft zur romantischen Verklärung, die sie befähigt hatte, Frau und anspornende Gefährtin eines eigenwilligen und aufrührerischen Dichters zu sein, des Trommlers der Achtundvierziger Revolution.

5. IX. 1764 — 22. X. 1847   **HENRIETTE HERZ**

Ohne das Dreigestirn Henriette Herz, Rahel Varnhagen, Bettina von Arnim wäre unser Bild von der deutschen Romantik unvollständig. Henriette Herz stand mit dem jungen Wilhelm von Humboldt und mit Friedrich Schleiermacher in sehr regem Ideenaustausch. Ihre Begegnungen mit Goethe zeigen die ganze Einfühlungsfähigkeit dieser hochbegabten Frau. Goethes Ansichten über die Landschaftsmalerei begrüßte sie mit lebhafter Zustimmung, sie war aber auch zu kritischen Urteilen über ihn bereit. Wie Rahel Levin-Varnhagen stammte sie aus einer jüdischen Familie. Ihr Vater war Arzt portugiesischer Abkunft namens Benjamin de Lemos. Mit fünfzehn Jahren heiratete sie den viel älteren Markus Herz, der in Berlin eine angesehene ärztliche Praxis besaß. Er starb 1803, aber ihr Haus blieb hervorragender geistiger Mittelpunkt für das damals so lebendige Berlin. 1817, nach dem Tode der strenggläubigen Mutter, vollzog sie ihren Übertritt zum Christentum. Sie fühlte jetzt noch mehr als früher die Verpflichtung, ihre Bildung und ihre großen Sprachkenntnisse auf sozialem Gebiet nutzbar zu machen und bereitete junge Mädchen auf den Beruf als Lehrerinnen vor, was damals noch ohne den Besuch von Ausbildungsanstalten möglich war. Den größten Teil der einkommenden Honorare ließ sie karitativen Zwecken zukommen, obwohl sie selber nicht reich war. Es bedeutete geradezu die Rettung für sie, als der immer hilfsbereite Alexander von Humboldt im Jahre 1845 eine königliche Pension für sie erwirkte. Aus Furcht vor Mißbrauch hat Henriette Herz die Korrespondenz, die sie mit ihren berühmten Zeitgenossen führte, vor ihrem Tode vernichtet. Viele dieser Briefe hätten unser Wissen um die Romantik sicher in wesentlichen Zügen bereichert.

22. V. 1789 — 10. VII. 1865   **MINNA HERZLIEB**

„Das schöne und anmutige Minchen Herzlieb", erzählt Goethes Malerfreundin Luise Seidler in ihren Lebenserinnerungen, „war Frau Frommanns Pflegetochter: dieselbe, welche Goethe später als Urbild seiner Ottilie in den ‚Wahlverwandtschaften' vorschwebte. Minna war die lieblichste aller jungfräulichen Rosen." — Für Goethe, der sie der freundlichsten und zartesten Aufmerksamkeit würdigte, empfand sie eine tiefe Verehrung; daß diese sich für sie zur Leidenschaft gesteigert habe, wie einige nach dem Erscheinen von Goethes „Sonetten" mutmaßten, wird von allen, die Minchen kannten, entschieden in Abrede gestellt. Sie nannte den großen Dichter immer nur „den lieben alten Herrn . . ." Goethe, der im Herbst 1807 an der „Pandora" und an den „Wahlverwandtschaften" arbeitete, war häufiger Gast im Frommannschen Haus; dort wurde musiziert, gezeichnet und gemalt. Daß die Begegnung mit der Achtundzwanzigjährigen für ihn von tiefer Lebens- und Werkbedeutung war, hat er selbst beim Erscheinen der „Wahlverwandtschaften" bekannt: „Niemand erkennt an diesem Roman eine tiefe, leidenschaftliche Wunde, die im Hellen sich zu schließen scheut, ein Herz, das zu genesen fürchtet . . ." Zehn Jahre nach ihrem ersten Zusammentreffen schickte er Minchen die Ausgabe seiner Gedichte mit der Widmung: „Wenn Kranz auf Kranz den Tag umwindet, sei dieser auch Ihr zugewandt; und wenn Sie hier Bekannte findet, so hat Sie sich vielleicht erkannt." — Die durch das Werk das Olympiers in die Literaturgeschichte eingegangene Frau hat im Leben wenig Glück erfahren: Die Ehe mit einem ungeliebten Manne wurde der Überempfindlichen so unerträglich, daß sie mehr und mehr in Trübsinn verfiel und schließlich in eine Nervenheilanstalt verbracht werden mußte. Dort hat sie, dahindämmernd, den Dichter der „Wahlverwandtschaften" um dreiunddreißig Jahre überlebt.

ELISABETH VON HERZOGENBERG 13. IV. 1847 — 7. I. 1892

„Man mußte sich in sie verlieben", sagte der Wiener Pianist Julius Epstein, als er Elisabeth von Stockhausen im Klavierspiel unterrichtet hatte. Von ihrer Erscheinung wie von ihren musikalischen Gaben war er in gleicher Weise fasziniert, aber auch Paul Heyse, Clara Schumann, Adolf Hildebrand und andere bedeutende Menschen ihrer Zeit bewunderten sie. Am nachhaltigsten wirkte sie wohl auf Johannes Brahms, der sie 1863 als Schülerin annahm, nach kurzer Zeit die Lektionen jedoch wieder abbrach. Der sensible Meister fühlte sich wehrlos gegen dieses Mädchen voll von genialer Musikalität, wehrlos gegen den Zauber ihres Wesens. Später, als sie Heinrich von Herzogenberg geheiratet hatte, wurde sie Brahms' engste musikalische Vertraute. Wie hoch der Meister ihr Urteil schätzte, geht aus der Tatsache hervor, daß er ein Lied, das ihr mißfiel, sofort vom Druck zurückzog. Die Zuneigung, die er ihr bewahrte, spricht aus der Widmung der beiden berühmten, leidenschaftlich bewegten Rhapsodien op. 79 an sie. Wir verdanken sicher ihren Anregungen und der freundschaftlichen Verbundenheit mit Brahms manche Schöpfung des klassisch-romantischen Meisters. Als ausgezeichnete Pianistin mit wunderbarem Anschlag, ungewöhnlicher Einfühlungskraft und einem phänomenalen Gedächtnis hätte Elisabeth von Herzogenberg zweifellos eine große künstlerische Karriere vor sich gehabt. Die Musik blieb ihr Lebenselement, tatkräftig unterstützte sie beruflich ihren Mann, besonders während seiner Kapellmeisterzeit 1875 bis 1885 in Leipzig, und war ständig um Durchsetzung seiner Werke bemüht. Ihr Leben war indes überschattet von ihrer Kinderlosigkeit; sehr früh schon, kaum 45 Jahre alt, starb sie an einem Herzleiden.

MARIE HESSE 1842 — 1902

„Ich habe Leser und Erzähler und Plauderer von Weltruhm gehört und fand sie steif und geschmacklos, sobald ich sie mit den Erzählungen meiner Mutter verglich. O ihr wunderbar lichten, goldgründigen Jesusgeschichten, du Bethlehem, du Knabe im Tempel, du Gang nach Emmaus!" Mit diesen Worten feiert der Dichter Hermann Hesse die Gabe der Erzählung, die ihm seine Mutter schon in früher Kindheit lebendig vermittelt hatte. Wer den großen Romancier kennt, findet in seinen Werken genug der Anklänge an das Leben und den Geist dieser mütterlichen Frau. Sein Roman „Siddartha", eine indische Legende, sowie zahlreiche Erzählungen empfangen Stoff und Gestalt aus dem Zauberkreis der Mutter, die in Talatschori in Vorderindien als Tochter des Missionars Dr. Gundert geboren wurde, siebzehn Jahre im „Morgenland" verbrachte und nach ihrer Vermählung mit Charles Isenberg abermals nach Indien reiste. Auch der Roman „Demian", in dem das Leben von innen her im Gehorsam gegen die innere Stimme das Hauptthema bildet, ist der Denk- und Lebensweise der Mutter stark verpflichtet. In ihren Tagebüchern spiegelt sich ihre Seele in pietistischen Selbstbetrachtungen, in lyrischen Bekenntnissen und in Hunderten von heiteren und ernsten Geschichten. Am unbefangensten aber tritt sie uns in ihren Briefen entgegen; hier finden sich köstliche Anekdoten über den kleinen Hermann, der der zweiten Ehe der Mutter mit dem baltischen Theologen Johannes Hesse (1877) entstammte; ihr erster Mann war 1870 gestorben. Marie Hesse verschied 1902 in Calw, Württemberg, kurz bevor die erste Gedichtsammlung ihres Sohnes erschien, die Hesse der toten Mutter widmete. Die letzte Strophe der Widmung lautet: „Doch darf ich fühlen, wie beim Lesen / mein Weh sich wunderlich vergißt, / weil dein unsäglich gütig Wesen / mit tausend Fäden um mich ist."

1875 — 1955 **HERMINE HEUSLER-EDENHUIZEN**

In einer Zeit, in der das Mädchenstudium noch verpönt war, bestand Hermine Heusler mit drei Gefährtinnen als „Wilde" eine ausgezeichnete humanistische Reifeprüfung an einem Berliner Knabengymnasium und studierte dann als eine der ersten Frauen Medizin. Als erste ihres Geschlechtes legte sie 1904 an der ehrwürdigen medizinischen Fakultät der Universität Bonn das Doktorexamen ab, und zwar mit der besten Note, und bald darauf das Staatsexamen. In den Hörsälen und Kliniken von Berlin lernte sie die offene Feindseligkeit der Studenten und mancher Professoren gegen die weiblichen Eindringlinge kennen, in Zürich die sachliche Kameradschaft der Kommilitonen, in Bonn aber bereits deren schwärmerische Verehrung. — Hermine Edenhuizen eröffnete später im Zentrum Berlins eine unentgeltliche Poliklinik für Frauen und wurde einige Jahre später in Charlottenburg, dank einer rasch aufblühenden Privatpraxis mit eigener Klinik, eine der gesuchtesten Operateurinnen und Geburtshelferinnen. Auch in ihrer Ehe mit dem praktischen Arzt Dr. Otto Heusler blieb sie, dank ihrer lebenslänglichen Verbundenheit mit der großen Frauenführerin Helene Lange, ein tätiger Fürsprecher für die Belange des neu heraufkommenden Frauentums. In ihrer Studienzeit hatte sie eine Zeitlang Schwesterndienst an einem Hamburger Krankenhaus getan, kannte die Sorgen und Nöte der Krankenschwestern und setzte sich für eine Verbesserung ihrer Arbeitsbedingungen ein. Sie gründete in den zwanziger Jahren den „Verband deutscher Ärztinnen" und führte ihn in London zum internationalen Anschluß. Auch der deutschen Frauenbewegung gehörte sie als mitführende Stelle an. In öffentlichen Reden, Presseaufsätzen und Schulvorträgen wirkte sie für die hygienische und biologische Aufklärung und Erziehung der Mädchen, aber auch für die des jungen männlichen Geschlechtes. Frau Heusler-Edenhuizen starb zurückgezogen im November 1955 in Berlin.

25. I. 1881 — 19. VII. 1951 **ELLY HEUSS-KNAPP**

„Draußen in der Welt halten die meisten Menschen den Blick nur auf die breiten Wege gerichtet, auf denen das deutsche Volk ins Verderben geführt wurde ... Aber neben den breiten Straßen laufen ungezählte schmale Wege; fast immer sind sie steil und steinig, oft führen sie dicht am Abgrund hin. Den Fußtapfen auf solchen Wegen bin ich nachgegangen. Ich hoffe, daß aus den unscheinbaren Wahrzeichen in Umrissen Bilder klar werden von jenem anderen Deutschland, an das die Welt kaum mehr zu glauben vermag." So beginnt Elly Heuss 1946 ihr Erinnerungsbuch „Schmale Wege". Drei Jahre später wurde ihr Gatte Theodor Heuss der erste Präsident der Bundesrepublik Deutschland. — Die Tochter eines bedeutenden Nationalökonomen und einer kaukasischen Prinzessin, Großnichte Justus von Liebigs, nahm schon als junges Mädchen lebhaften Anteil an Frauenfragen und sozialen Problemen. Als Schülerin Friedrich Naumanns, als Lehrerin an Frauenberufsschulen und als Reichstagsabgeordnete setzte sie sich für die Ideale ihrer Jugend ein; und als ihr Mann unter der nationalsozialistischen Diktatur Schreibverbot erhielt, wurde sie in den dunklen Jahren bis zum Ende des zweiten Weltkriegs als Werbeberaterin die Ernährerin der Familie. Sofort nach dem Zusammenbruch nahm sie als Landtagsabgeordnete gemeinsam mit ihrem Gatten die politische Arbeit wieder auf — eine Arbeit, die ihre Krönung in der Verwirklichung eines schon seit Jahren verfolgten Planes fand: Im Jahre 1950 vereinte sie die verschiedenen Frauenverbände und Frauengruppen zum „Deutschen Müttergenesungswerk", das in enger Verbindung mit der „Elly Heuss-Knapp-Stiftung" erholungsbedürftigen Müttern in gepflegten Heimen Entspannung bietet. In diesem schönen Werk lebt die liebenswerte und verdienstvolle Frau fort unter dem Ehrennamen „Mutter der Mütter".

ELISABETH HEWELKE   1647 — 1693

Unvergessen ist das Andenken an diese Danziger Kaufmannstochter, die als Sechzehnjährige dem sechsunddreißig Jahre älteren Witwer Johannes Hewelke angetraut wurde, einem wohlhabenden Ratsherrn und Brauereibesitzer, der zudem einer der bedeutendsten Astronomen seiner Zeit war. In seiner hoch über die alte Hansestadt aufragenden Sternwarte trafen sich viele Gelehrte, Forscher und Fürsten zu fruchtbarem Gespräch. Hewelke hatte seinem Namen entsprechend der Zeitmode die latinisierte Form Hevelius gegeben, und unter diesem Namen ist auch seine Gattin als erste deutsche Frau, die sich der Beobachtung des Sternenhimmels widmete, in die Geschichte der astronomischen Wissenschaft eingegangen. Die Zeitgenossen rühmten ihre universale Bildung und den Eifer, mit dem sie an der Seite ihres Gatten den Lauf des Mondes und der Sterne verfolgte. Die sorgfältigen Einzelbeobachtungen wurden am nächsten Tage in der bei der Sternwarte gelegenen Kupferstecherei und Druckerei aufgezeichnet und vervielfältigt. Als eine Feuersbrunst in einer einzigen furchtbaren Nacht die Sternwarte mit all ihren Instrumenten und wertvollen Schriften — das Ergebnis jahrelanger gemeinsamer Arbeit — vernichtete, half sie dem Gatten unverdrossen beim Wiederaufbau seines Lebenswerkes, zu dem reiche Geldspenden vieler Fürstenhöfe entscheidend beitrugen. Auf dem Titelblatt eines seiner Hauptwerke, der „Machina coelestis", hat Hewelke seine Lebensgefährtin in einem schönen Kupferstich abbilden lassen — eine rührende Geste der Verehrung für die geliebte Frau, die nach seinem Tode in Hingabe an das Vermächtnis ihres Mannes seinen unvollendet gebliebenen „Catalogus stellarum fixarum" ergänzt und in einer prunkvollen Ausgabe der Nachwelt zu treuen Händen überliefert hat.

HEDWIG HEYL   1850 — 1934

Jede Haushaltspflegerin, Diätküchenkraft, Heimleiterin, Hortnerin, Kindergärtnerin, Wohlfahrtspflegerin dankt ihren Beruf dem Wirken Hedwig Heyls, der ersten medizinischen Ehrendoktorin der Universität Berlin. Zwanzig Vereine hat sie aus dem Durcheinander weiblichen Wirkens ins Leben gerufen und organisiert, Aufgaben klar aufzeigend, wohlbedachte Ausbildungswege schaffend. 1850 in Bremen geboren und dort aufgewachsen, heiratete sie in jungen Jahren den Charlottenburger Farbenfabrikanten Georg Heyl. Früh verwitwet, Mutter von fünf Kindern, übernahm sie nicht nur selbständig die Leitung der Fabrik, sondern widmete sich auch energisch der hauswirtschaftlichen Schulung des weiblichen Nachwuchses. In Berlin schuf sie die beiden Pestalozzi-Fröbel-Häuser, das berühmte „Charlottenburger Jugendheim", dessen Leitung sie ihrer jungen Mitarbeiterin Anna von Gierke übertrug, sie wurde Mitbegründerin des „Lettehauses" für gewerbliche Fachausbildung in Berlin. Aus ihren Kochkursen ging ihr auch für die Hotelköche gültiges Standardwerk „Das ABC der Küche" hervor. Zu ihren wichtigsten weiteren Gründungen gehören Hausfrauenvereine, die Gartenbauschule in Berlin-Marienfelde und 1906 der „Deutsche Lyceum Club", die „Vereinigung der künstlerisch, geistig und sozial tätigen und interessierten Frauen aller Länder". Hedwig Heyl rief 1908 die aufsehenerregende „Internationale Volkskunstausstellung" von Berlin ins Leben, die den Begriff der „Volkskunst" zum erstenmal vor aller Augen offenbarte, und schuf 1912 die berühmte Berliner Ausstellung „Die Frau in Haus und Beruf". Im ersten Weltkrieg begründete sie mit Gertrud Bäumer den „Nationalen Frauendienst" und organisierte und befehligte die gewaltigen Massenspeisungen der Stadt Berlin. Hedwig Heyl verkörperte den Typ der „Volksmutter" im schönsten Sinne.

Um 614 — 680 ## ÄBTISSIN HILDE

Mit dreizehn Jahren empfing die angelsächsische Prinzessin Hilde zusammen mit König Edwin die Taufe durch Bischof Paulinus. Mit dreiunddreißig Jahren begann ihr Klosterleben. Die Klöster, meist Doppelklöster unter fraulicher Leitung, waren nicht nur Stätten des beschaulichen Lebens, in ihnen wurden auch die Wissenschaften und Künste gepflegt, Mädchen und Knaben unterrichtet, wurde Rat an alle Menschen erteilt — vom Bauern bis zum Fürsten —, wurden kirchliche Gewänder gefertigt und Bücher mit Miniaturen geschmückt. Ein reger Briefwechsel mit den Glaubensboten, Bischöfen und dem Papst hielt das kirchliche Leben der verstreuten Christen mit einem oft mystischen Liebesband, aber auch in der praktischen Arbeit zusammen. Hilde wurde zunächst Äbtissin des Klosters Hartlepool, später des Klosters Whitby. Aller Besitz war gemeinsam, zahlreiche Priester, unter ihnen fünf Bischöfe, gingen unter ihrer Leitung aus der Klosterschule hervor, auf den Synoden hatte sie ihren Sitz unter den Männern. Sie war es auch, die den einfachen Viehhirten Caedmon zum „Vater der englischen religiösen Dichtung" heranbildete: Er sang zur Harfe das Gedicht der Weltschöpfung, traumhaft zuerst, später aber kunstvoll-bewußt und brachte dem Orden hohen Ruhm während der dreiunddreißig Jahre, in denen Hilde das Kloster leitete. Sie wurde zum reinsten Vorbild christlicher Königinnen des hohen Mittelalters. Als sie starb, nach sieben Jahren einer schweren Krankheit, ermahnte sie ihre Frauen noch einmal, den „Frieden des Evangeliums unter sich und mit allen zu bewahren, und während sie noch sprach, sah sie freudig den Tod kommen". So berichtet der ehrwürdige Chronist Beda.

1098 — 17. IX. 1179 ## HILDEGARD VON BINGEN

Hildegard von Bingen war eine visionär begabte Nonne von hoher geistiger und wissenschaftlicher Begabung. Sie verfaßte ihre theologischen und medizinisch-naturwissenschaftlichen Schriften und Briefe in lateinischer Sprache. Geboren ist sie auf der Burg Bockelheim im Nahetal in der Grafschaft Sponheim, sie wurde im benachbarten Kloster Disibodenberg erzogen und ausgebildet. Später übernahm sie die Leitung des Klosters als Äbtissin, aber da es den Zustrom der vielen Ordensfrauen nicht fassen konnte, gründete sie ein zweites Kloster unter dem Namen Ruppertsberg bei Bingen. Hochverehrt starb sie dort. Im 15. Jahrhundert nahm die katholische Kirche sie in das offizielle Märtyrer-Verzeichnis auf und sie gilt seitdem als Heilige.
Sie zählt zu den großen Mystikerinnen, die mittelalterlich-deutsche Mystik beginnt mit ihr. Papst Eugen III. bestätigte ausdrücklich ihre prophetische Begabung. Ihre Mystik galt aber nicht nur der Erkenntnis ewiger Dinge wie die der späteren großen Mystiker, sondern sie gleicht mehr den alttestamentlichen Propheten, die furchtbare Gerichte kommen sahen. Mutig kämpfte sie gegen den Verfall der Kirche und für die Erweckung der Geister; man hat ihre Bedeutung darin mit der des Bernhard von Clairveaux verglichen, mit dem sie in Briefwechsel stand. Auf vielen Reisen zum Niederrhein, nach Schwaben und nach Frankreich, nahm sie Gelegenheit, von ihren mystischen Erlebnissen zu sprechen und die Christen zur Besinnung zu rufen. Was ihr das „innere Licht" offenbarte, trug sie lange mit sich herum, ehe sie es der Aufzeichnung für wert hielt. „Was ich aber in diesem Gesicht schauen oder erfahren mag, dessen Gedächtnis habe ich durch eine lange Zeit, so daß ich mich entsinne, wann ich es geschaut und vernommen habe."

MARYSE HILSZ

An einem Augusttag des Jahres 1936 startete von dem französischen Flugplatz Vilacoublay mit 750 PS ein einsitziger Doppeldecker vom Typ „Potez 50" und schraubte sich in weit ausholenden Schleifen in den Himmel. Am Steuer saß mit Sauerstoffgerät und in elektrisch geheizter Kombination eine Frau, Maryse Hilsz, eine Französin, die an diesem Tage als erste Frau der Welt das Dach der Troposphäre durchbrechen sollte. Nach sechsunddreißig Minuten vibrierte der Zeiger des Höhenmessers um die Meterzahl 14 300. Polare Kälte von mehr als minus fünfundvierzig Grad zwang Maryse Hilsz bei dieser Höhenmarke zur Umkehr. Fünfunddreißig Minuten später rollte sie wieder auf dem Flugfeld von Vilacoublay aus und übergab ihre Maschine der Kontrolle; die plombierten Instrumente bestätigten eine erflogene Höhe zwischen 14 290 und 14 310 Metern. Als einer der ersten gratulierte der Kollegin der Italiener Donati, der Inhaber des absoluten Höhenrekordes, der nur um etwa hundert Meter über der von Maryse Hilsz bezwungenen Höhe lag. Man staunte nicht nur über die Rekordleistung, sondern auch über die Bravour, mit der die junge, grazile Fliegerin das starkmotorige Flugzeug mit absoluter Sicherheit bis in die Stratosphäre geführt hatte. Sie stand damit als Frau in der ersten Reihe der Weltklasseflieger. Mit dem Stratosphärenflug krönte Maryse Hilsz eine Serie von Erfolgsflügen. Ein Jahr vorher, im August 1935, hatte sie im ersten europäischen Luftrennen den ersten Preis errungen, den „Coupe Helène Boucher" und 40 000 Francs; ihre damals bewundernswerte Durchschnitts-Stundengeschwindigkeit hatte 227 Kilometer betragen. Maryse Hilsz ist auch durch Fernflüge nach Japan und nach anderen überseeischen Ländern bekannt geworden.

HIND AL HUNUD 6./7. Jh. n. Chr.

Als der Prophet Mohammed auf dem Berg Hira vom Erzengel Gabriel die Botschaft des Islams empfangen hatte und den Eingottglauben gegen die arabische Vielgötterei predigte, stieß er auf den erbitterten Widerstand der herrschenden konservativen Klasse in Mekka. Es waren die Kuraisch, die „Goldbäuche", die durch den Handel am Knotenpunkt der Karawanenwege, den Mekka bildete, reich geworden waren. Seine wildeste Gegnerin war Hind al Hunud, die Gattin des wankelmütigen Abu Sufyan. Sie erhielt den Beinamen „die Leberfresserin", weil sie sich angeblich nach jeder Schlacht auf die verwundeten Moslems stürzte und wie ein Jäger der Urzeit ihre Leiber aufbrach. Umgeben von fünfzehn aristokratischen Frauen, stellte sie sich den Kämpfern als Siegesgöttin dar und feuerte die Kuraisch mit satirischen Liedern zur Laute und mit Zurufen zum Angriff an. Die Ekstase, in die sich die Kuraisch unter dem wilden Gedröhn der Trommeln und im fanatischen Glauben an die alten Stammesgötter hineinsteigerten, übertrug sich auf die ganze Front. Die Kämpfe wurden mit wechselndem Erfolg geführt, bis der Prophet in der berühmten Schlacht bei Badr seinen Gegnern unterlag. Der Sieg Hind al Hunuds und ihrer Kuraisch indessen war nicht von Dauer, der Koran war stärker als das Schwert. Mohammed sandte seine Glaubensboten zu den Stämmen auf dem Lande und bewog sie zum Abfall. Hinds Gatte Sufyan trat zum neuen Glauben über, und Mohammed konnte fast ohne Blutvergießen in Mekka einziehen. Selbst Hind nahm endlich den Islam an und gab ihre Stieftochter Ramlah in den Harem des Propheten. Auch in den späteren Kämpfen um das Kalifat, das Nachfolgeamt, spielten Frauen noch jahrhundertelang politische und oftmals auch strategische Rollen.

* 13. III. 1901   ## MARIA HINDEMITH-LANDES

Die Instrumentalkunst sieht den ausübenden Meister oft auch in der Musikerziehung tätig. Viele große Künstler bekennen sich zu dem alten Satz: docendo discere – durch Belehrung lernen –, da im Lehren ganz besonders die tieferen Bereiche der künstlerischen Formen und Gehalte deutlicher hervortreten. Zu den Meisterinnen der „großen Kunst" der Musikpädagogik gehört Maria Hindemith-Landes, die in München geboren wurde und der Stätte ihrer frühesten Wirksamkeit, der Münchner Akademie der Tonkunst, treu geblieben ist. Ihr Vater war Ingenieur, und sie bekennt: „Von ihm habe ich die Exaktheit gelernt, während die Mutter mir das künstlerische Talent geschenkt hat." Die früh einsetzende Ausbildung nahmen bedeutende Kräfte vor, so Nonne-Nymphenburg und Frau Langenhan. Weitere Studien bei Zilcher und, seit dessen Weggang nach Würzburg, bei Lampe führten zu jener technischen Vollendung, die in Konzerten des In- und Auslandes zu großen Erfolgen führte. „Mein strengster Lehrer aber war mein Mann" erklärte die Künstlerin, die mit Rudolf Hindemith, dem Bruder von Paul Hindemith, verheiratet ist. Rudolf Hindemith war bereits mit achtzehn Jahren Konzertmeister der Wiener Staatsoper und hat sich als Cellist Weltruf erworben. Auch als Komponist leistet er Bedeutendes. Nach dem abschließenden Studium bei Lampe, dem ausgezeichneten Mozart-Interpreten, blieb Maria Landes als Assistentin an der Akademie und wuchs immer mehr in ihre große Aufgabe hinein. Heute unterrichtet sie als Professorin die Meisterschüler, die aus vielen Ländern zu ihr kommen. Ihre Methode nennt sie „individuell", indem sie die Wesensart des Studierenden auch in längerer privater Begegnung zu erforschen sucht und in der Ausbildung der werdenden Künstler von der ursprünglichen Veranlagung, den „ureigenen Gaben des Herzens", ausgeht.

25. XI. 1829 — 10. III. 1902   ## JENNY HIRSCH

Ihr dornenvoller Lebensweg ist ein Beispiel dafür, wie schwer es noch vor hundert Jahren einer Frau gemacht wurde, aus der Enge persönlicher Verhältnisse und überlebter Anschauungen herauszukommen. Sie wurde 1829 in Zerbst, einem Städtchen in Anhalt, geboren, wo ihr Vater ein kleines Geschäft betrieb. Da ihre Mutter früh starb, kam sie mit ihren Geschwistern unter die Aufsicht der Großmutter, die nicht erfaßte, wie hungrig das junge Mädchen nach geistiger Nahrung war. Bis zum fünfzehnten Lebensjahr durfte sie zwar die Schule der Stadt besuchen, aber der weitere Bildungsweg blieb der Vorwärtsstrebenden verschlossen. Sie half sich durch Bücher weiter, die sie nachts studierte, da sie tagsüber als Magd tätig war und durch Handarbeiten zum Lebensunterhalt beitrug. Ihre Freiheit begann erst mit dem Tode des Vaters. Das anhaltische Konsistorium gab ihr, obwohl sie Jüdin war, die Genehmigung, Knaben und Mädchen zu unterrichten, jetzt durfte sie auch schriftstellerisch an die Öffentlichkeit treten. Aus der harten Erfahrung ihrer Jugendjahre erwuchs ihr Entschluß, den jungen Mädchen über alle Vorurteile hinweg den Weg zur Bildung und zum Beruf freizukämpfen. An dem von ihr übersetzten Buch „Hörigkeit der Frau" des englischen Philosophen Stuart Mill entzündete sich ein erbittert geführter Streit um das Bildungsrecht der Frau. „Wissenschaftliche Studien werden ihr nicht nur leiblich, sondern auch seelisch schaden" erklärten seine und ihre Gegner. Jenny Hirsch fand im Lette-Verein, dem „Verein zur Förderung der Erwerbstätigkeit des weiblichen Geschlechts" das Betätigungsfeld, wo sie ihre Ziele verwirklichen konnte. Sie redigierte den „Frauenanwalt", die Zeitschrift des Vereins. Die Spannweite ihres Geistes offenbarte sie auch als wissenschaftliche Mitarbeiterin großer Berliner Tageszeitungen, in ihren Romanen und als Märchensammlerin.

SOPHIE HOECHSTETTER   15. VIII. 1878 — 4. IV. 1943

Die Dichterin entstammt einem alten Geschlecht des fränkischen Altmühlstädtchens Pappenheim. Dort wuchs sie auf, dort befindet sich ihre letzte Ruhestätte unter dem Bibelspruch: „Er macht seine Diener zu Feuerflammen". Die Straße, in der Sophie Hoechstetter sich ihr Haus erbaute, trägt heute ihren Namen. Niemand gab je einer Landschaft so beredten und künstlerischen Ausdruck wie Sophie Hoechstetter in ihren großartigen, vom Odem der Natur erfüllten dreibändigen „Fränkischen Novellen". Das Werk hat unzählige Menschen dazu geführt, an der Hand der Dichterin das Land der Franken für sich neu zu entdecken. Daneben steht bei ihr der ausgeprägte Sinn für Geschichte, der sie in einer Reihe erzählender Werke in die Vergangenheit, vor allem in die Epoche des späten achtzehnten und beginnenden neunzehnten Jahrhunderts, führte; dazu zählen die Bücher „Der Weg nach Sanssouci", „Königin Luise" und „Königskinder", ein Roman, der um den jungen Friedrich den Großen und seine Schwester, die Markgräfin Wilhelmine von Bayreuth, kreist; der Roman „Caroline und Lotte" ist den beiden Schwestern von Lengefeld der Schwägerin und der Gattin Schillers, gewidmet. Die dritte Besonderheit der Dichterin ist die Leidenschaftlichkeit und Feinfühligkeit, die dank einer ungewöhnlichen, sehr wählerischen Ausdrucksgabe den Weg zum Gemüt des Lesers finden. Hierher gehört ihr erfolgreichster Roman „Passion", mit dem „Wissen von der unverletzlichen Schönheit menschlichen Affekts" und dem „ewigen Adel der Leidenschaft, weil er Leiden ist". Sophie Hoechstetter lebte lange Zeit auf dem Goetheschloß Dornburg über der Saale und während der Winter in Berlin, wo ein großer Freundeskreis sie umgab. Sie war auch äußerlich eine ungewöhnliche Erscheinung.

KLARA HOFER   13. V. 1875 — 1. IX. 1955

Klara Hofer ist eine der besonders fesselnden Frauenerscheinungen des deutschen Ostens. 1875 als Tochter eines Schulrats in Bromberg geboren, heiratete sie in jungen Jahren den Kottbuser Gefängnisgeistlichen Johannes Höffner. Er wurde ein anerkannter Erzähler und später Schriftleiter an dem weitverbreiteten Familienblatt „Daheim". In den folgenden Berliner Jahrzehnten entwickelten sich auch die erzählerischen Gaben Klara Hofers. Von dem nachdenklichen, gefühlsbetonten Unterhaltungsroman „Der gleitende Purpur" gelangte sie als erste zu jener neuen Form des Romans, der die geschichtlich getreue, seelenkundlich wahrhaftige Darstellung eines wirklich gelebten Lebens ist, zum biographischen Roman. Das erste Werk dieser Gattung war Klara Hofers Hebbel-Roman „Alles Leben ist Raub". Im Lutherjahre 1917 erschien ihr „Roman vom deutschen Gewissen", der Roman des jungen Luther, des „Bruder Martinus". Unter den späteren Werken ragen hervor der Strindberg-Roman „Der Büßer", der Tolstoi-Roman „Rückzug von Moskau" und zwei Werke über den jungen Goethe. Der größte Widerhall aber ward der „Tragödie einer geistigen Frau", dem Roman der „Sonja Kowalewska", beschieden. Er hält den seelischen Weg der genialen russischen Mathematikerin fest, die, mit einem Weltpreis der Mathematik gekrönt, als Professorin der Universität Stockholm ihre Tage beschloß. Aber noch wartete die Darstellung eines anderen gelebten Lebens auf Klara Hofer: In der alten oberpfälzischen Burg Pilsach, die das Ehepaar als Alterssitz erworben hatte, entdeckte sie das Verlies Kaspar Hausers, jenes rätselhaften, später ermordeten Findlings, der um 1830 als „Kind Europas" die Welt alarmierte. In ihrem Werk „Schicksal einer Seele" gab Klara Hofer den Schlüssel zu diesem bis dahin immer noch ungeklärten Kriminalfall.

20. II. 1883 — 1956 ## LUCIE HÖFLICH

Lucie Höflich war eine der letzten großen Schauspielerinnen aus der Glanzzeit des Berliner Theaterlebens zu Beginn unseres Jahrhunderts. Fast drei Jahrzehnte gehörte sie dem von Max Reinhardt geleiteten Deutschen Theater an. Hier stellte sie zuerst kraftvolle Mädchengestalten dar, wie die „Rose Bernd", die Hanne in „Fuhrmann Henschel" oder das Gretchen in Goethes „Faust", später spielte sie markante Charakterrollen, wie Frau John in den „Ratten", Mutter Wolffen im „Biberpelz" oder Mutter Alving in den „Gespenstern", aber auch Weibsteufel vom Schlage der Köchin in Bruckners „Verbrechern" oder der Frau Gihle in Hamsuns „Vom Teufel gejagt". Lucie Höflich stammte aus einer Schauspielerfamilie und stand schon als Siebzehnjährige auf der Bühne. In Bromberg begann 1899 ihre Laufbahn, die sie über Nürnberg und Wien nach Berlin führte, wo sie nicht nur als große Menschendarstellerin auf der Bühne ihre Glanzzeit erlebte, sondern auch in zahlreichen Filmen mitwirkte, u. a. in „Peer Gynt", „1914", „Der Kurier des Zaren", „Fridericus Rex", „Manege", „Der Berg ruft", „Ohm Krüger", „Altes Herz wird wieder jung". Im Jahre 1933 zog sie sich aus Überzeugungsgründen von der Bühne zurück, leitete ein Jahr lang die Staatliche Schauspielschule in Berlin und gründete ein eigenes Studio für Schauspielernachwuchs. Erst nach dem Kriege kehrte sie zum Theater zurück, wurde Schauspieldirektorin des Mecklenburgischen Staatstheaters in Schwerin und erhielt ein Jahr darauf den Professortitel. Das Jahr 1950 sah sie wieder als Schauspielerin in Westberlin. Im Jahre 1953 wurde sie mit der Verleihung des Bundesverdienstkreuzes geehrt. In Marcel Pagnols „Gottes liebe Kinder" und in Strindbergs „Damaskus" spielte sie die letzten Rollen ihres erfüllten Künstlerlebens, das sie ganz der Bühne geweiht hatte. Mit einer kleinen, aber erschütternden Rolle hatte sie sich vorher in „Himmel ohne Sterne" als Partnerin Erich Pontos von den Filmbesuchern verabschiedet.

1849 — 1904 ## ANNA VON HOFMANNSTHAL

In dem Spiel „Der Tor und der Tod" Hugo von Hofmannsthals finden sich die Verse: „Ein Mutterleben, nun, ein drittteil Schmerzen, / Eins Plage, Sorge eins. Was weiß ein Mann / davon?" Der Sohn Hugo wußte von den Schmerzen seiner Mutter, die aus einer niederösterreichischen Advokaten- und Bauernfamilie stammte und den Wiener Bankdirektor von Hofmannsthal geheiratet hatte. Er hat sie immer wieder in seinen Briefen getröstet, wenn sie an Anfällen von Schwermut litt, und er hat ihr vor allem gedankt für die sonnigen Jugendjahre, die sie ihm, dem einzigen Kinde, in Wien bereitet hatte. Sein früher Ruhm enthob sie selber bald der Lebenssorgen, aber die größere Sorge um die Mutter blieb. Er rühmte an ihr die „unglaubliche Teilnahme an der Existenz wieviel Hunderter von Menschen". Der Dichter versuchte sie aufzuheitern, das Schwerblütige leichter zu machen; er schrieb ihr einmal: „Der Mensch ist absolut nicht geschaffen, über sich nachzudenken; er denkt dann immer falsch, wie unter einem Alpdruck." Anna von Hofmannsthal aber blieb im Schatten jener stillen, ahnungsvollen Melancholie, die mit wachsenden Jahren auch in ihrem Sohne durchbrach, als nährender Quell hoher, schöner, schwermütiger Dichtung, gepaart mit einer oft erschreckenden Hellsicht, ja Prophetie der kommenden politischen und menschlichen Katastrophen: Der Tod wurde ihm zum Offenbarer des Lebens. Im dichtenden Sohne wurde die Schwermut der melancholischen Mutter fruchtbare Mitschöpferin. „Der Turm", in dem sie eingeschlossen war, wurde zum Titel eines der letzten Dramen Hugo von Hofmannsthals, das vielleicht als sein größtes gelten kann.

FRANZISKA VON HOHENHEIM 10. I. 1748 — 1. I. 1811

„Das Fränzele" — so nannten die Stuttgarter die schöne Franziska von Leutrum, eine geborene Baronesse von Bernardin. Herzog Karl Eugen, der mit Friderike von Bayreuth unglücklich verheiratete Landesherr Württembergs, hatte die junge Landedelfrau in Wildbad kennengelernt — eine Begegnung, die für das ganze Land bedeutungsvoll wurde. Der schöne und hochbegabte, jedoch wegen seines unbeherrschten und jähzornigen Temperaments gefürchtete Fürst erlebte durch die liebende Freundschaft Franziskas eine entscheidende Wesensänderung: Unter ihrem behutsamen Einfluß begann er eine ernste und zielstrebige Regierungstätigkeit als erster Diener seines Staates. Günstlinge, Hofschranzen und Intriganten wurden entlassen, Hof und Residenz in die Landeshauptstadt verlegt, die Krongüter erhielten eine vorbildliche Verwaltung. Die Gründung der durch Schillers Elevenjahre berühmt gewordenen „Karlsschule", der Bau des Schlosses Solitude und einer der ersten „Höheren Mädchenschulen" zeugen für das segensreiche Wirken des Herzogs in Gemeinschaft mit der 1776 von Kaiser Joseph II. zur „Reichsgräfin von Hohenheim" erhobenen Gefährtin. Ihre tatkräftige Mithilfe bei der wirtschaftlichen und kulturellen Erschließung des Landes gewann ihr die dankbare Verehrung des Volkes und die respektvolle Würdigung der übrigen europäischen Fürstenhöfe. Nach Friderikes Tod löste der Herzog das schon vor Jahren schriftlich gegebene Eheversprechen ein. Franziska überlebte ihn um achtzehn Jahre. Auf ihrem Grabstein stehen die Worte: „Ihr Herz schlug warm für Gott und Menschen. Durch Frömmigkeit und Wohltätigkeit zeichnete sie sich aus..."

ELSBETH HOLBEIN Um 1495 — 1549

Vierhundert Jahre nach dem Tode des großen Renaissancemalers Hans Holbein d. J. hat eine Fliegerbombe sein Geburtshaus in Augsburg in Schutt und Asche gelegt; das Geschwader kam — grausame Ironie des Schicksals — aus England, der Wahlheimat des Meisters, der dort im Dienst König Heinrichs VIII. seine bedeutendsten Gemälde, Handzeichnungen und Goldschmiedeentwürfe schuf, ehe er im Jahre 1543 der Pest zum Opfer fiel. Holbeins Vater, selbst hochangesehener Meister der Malerzunft, war trotz reichlicher und gewinnbringender Aufträge in große wirtschaftliche Not geraten; um 1514 hatte der Sohn Ambrosius das von Wucherern und Pfändungen heimgesuchte Augsburger Vaterhaus verlassen, und ein Jahr später war ihm der Bruder Hans gefolgt. Beide jungen Maler hatten in Basel Arbeit und Brot gesucht; während Ambrosius schon in jungen Jahren verstarb, fand der jüngere Hans Holbein in der Rheinstadt so viele Aufträge und Erfolge, daß er bald einen eigenen Hausstand gründen konnte. Zur Gattin wählte er sich eine ehrsame Baseler Bürgerstochter, die ein wenig älter war als er selbst und das bald von fröhlichem Kinderlärm erfüllte Haus aufs trefflichste versorgte. Das Familienglück währte nicht lange: Nachdem Holbein dem ehrenvollen Ruf König Heinrichs, des großen Frauen- und Kunstliebhabers, nach England gefolgt war, scheint er an der prunkvollen höfischen Umwelt sich seiner Familie auch innerlich entfremdet zu haben — wohl kehrte er noch einmal nach Basel zurück, aber gerade dieser letzte Aufenthalt in seinem Hause bestimmte ihn zur endgültigen Trennung, ein Entschluß, den seine ganz in ihren Mutterpflichten aufgehende Gattin mit bewunderungswürdiger Fassung und stiller Ergebung in ihr Geschick aufgenommen hat. Bei diesem letzten Zusammensein entstand das herrliche Bildnis dieser frommen Frau, die in rührend verzichtender Gebärde ihren letzten, höchsten Besitz umfaßt — ihre Kinder.

1748 — 1828   **JOHANNA CHRISTIANE HÖLDERLIN**

„Kann ich mir auch für diesmal nicht die Aufmerksamkeit meines deutschen Vaterlandes soweit verdienen, daß die Menschen nach meinem Geburtsort und nach meiner Mutter fragen, so will ich es doch, so Gott will, in Zukunft noch dahin bringen!" Von Friedrich Hölderlins Mutter sprechen, der er diese Zeilen im September 1799 schrieb — das heißt an sein innerstes Wesen und an sein Schicksal rühren. Der Mutter, deren Fähigkeit zum Leiden, Lieben und Dulden vom Leben auf eine harte Probe gestellt wurde, gelten auch die meisten uns erhalten gebliebenen Briefe des unglücklichen Dichters. Sie war die Tochter des Pfarrers Heyn aus Cleebronn in Schwaben und lebte lange in gemeinsamem Haushalt mit ihrer Mutter, die an der Erziehung des Enkels Friedrich großen Anteil nahm. Die einundzwanzigjährige Johanna Christiane hatte 1769 den Klosterhofmeister Hölderlin geheiratet; im zweiten Ehejahr verlor sie ein Töchterchen, im dritten den Gatten. Zwei Jahre darauf ging sie eine neue Ehe ein, mit dem Bürgermeister und Kammerrat Göck aus Nürtingen, und der Stiefvater nahm sich des kleinen Friedrich in echter Vaterliebe an. Aber auch er starb schon 1779 und ließ die Witwe mit drei kleinen Kindern und der Verwaltungslast eines größeren Grundbesitzes zurück. In ihren Briefen an Hölderlin ist immer wieder rührend von warmen Wämslein und wollenen Strümpfen, von frischen Hemden oder auch einigen beigelegten Gulden die Rede, mit denen sie dem Sohn ein wenig helfen will. Sie mußte noch sein Hinüberdämmern in die geistige Umnachtung erleben, aber bis zu ihrem Tode währte der Briefwechsel, der sich noch aus dem Dunkel des Wahnsinns zuweilen hinaufsteigert zu dem harmonischen Dreiklang von Liebe, Verstehen und Dank.

* 26. IV. 1911   **MARIANNE HOPPE**

Inmitten von Pferden, Kühen und Hühnern wuchs Marianne Hoppe auf einem kleinen Gut in der Ostpriegnitz auf. Wenn es nach ihren Eltern gegangen wäre, hätte sie einen kaufmännischen Beruf erlernen müssen. Als sie aber in Weimar Schillers Drama „Die Braut von Messina" sah, stand ihr Entschluß fest, Schauspielerin zu werden. Sie sprach in der Reinhardt-Schule in Berlin vor und wurde unter zahlreichen Bewerberinnen ausgewählt. Ihre weitere schauspielerische Ausbildung erhielt sie bei Ilka Grüning, Lucie Höflich und Hellmer vom Frankfurter Theater. Dann ging es sehr steil aufwärts. Sie kam zu Falckenberg nach München an die Kammerspiele, wo sie in klassischen und modernen Rollen zu sehen war. Als sie im Jahre 1933 nach Berlin ging und der Film auf sie aufmerksam wurde, brachte sie für die Gestaltung ihrer Filmrollen die Erfahrung und das Können einer reifen und beliebten Künstlerin mit. Im Jahre 1933 trat sie in ihrem ersten Film auf. Ihre Rollen in „Heideschulmeister Uwe Karsten", „Der Schimmelreiter", „Krach um Jolanthe", „Schwarzer Jäger Johanna", „Eine Frau ohne Bedeutung", „Der Herrscher", „Capriolen", „Ein Schritt vom Wege", „Auf Wiedersehen, Franziska", „Romanze in Moll", und „Ich brauche dich" machten ihren Namen auch jenseits der Grenzen Deutschlands bekannt. Nach dem Kriege holte sie Gustaf Gründgens, mit dem sie seit den Dreharbeiten zu „Capriolen" verheiratet ist, von Berlin nach Düsseldorf. Hier kehrte sie als „Elektra" in Sartres „Die Fliegen" und als „Barbara Blomberg" in Zuckmayers gleichnamigem Schauspiel zum Theater zurück. 1948 erinnerte sich auch der Film wieder an sie. Ihr erster Nachkriegsfilm hieß „Das verlorene Gesicht", es folgten „Schicksal aus zweiter Hand", „Nur eine Nacht", „Der Mann meines Lebens" und „13 kleine Esel und der Sonnenhof".

BRIGITTE HORNEY   * 29. III. 1911

Sie ist der einmalige, unkopierbare Typ einer temperamentvollen, der großen Liebe wie dem großen Leid gleich zugänglichen Frau, bei der Liebesbesessenheit mit Eigenwillen und Stolz in Widerstreit liegen, bis diese beiden widerstrebenden Kräfte in einem großen tragischen oder beseelt-erhabenen Erlebnis aufgehoben werden. Wie sie immer wieder betont, mag sie keineswegs die sogenannten edlen Rollen, vielmehr liebt sie ein Spiel, das eine charakterliche Entwicklung enthält, ein Überschreiten von Tälern und Abgründen mit sich bringt, bis die Höhen der großen Liebe beschritten sind. Während dieser Entwicklung kämpft sie gegen die Ketten der Konvention und kann dabei mit der gleichen Stärke hassen, mit der sie vorher geliebt hat. Bevor Brigitte Horney zum Film kam, besuchte sie eine Theaterschule, nahm Tanzunterricht bei Mary Wigmann und gewann den Max-Reinhardt-Preis. Der Film wurde auf sie aufmerksam, und sie erhielt ihre erste Rolle in „Abschied" (1931). Durch ihre Rolle als Hafenmädchen Rubby in „Liebe, Tod und Teufel" wurde sie allgemein bekannt. Man liebte ihr ausdrucksvolles Gesicht, ihre lebhaften und großen braunen Augen, ihren herben Mund und die dunkel getönte Stimme. Zu ihren besten Filmen zählen u. a. „Der grüne Domino", „Savoy Hotel 217", „Revolutionshochzeit", „Der Katzensteg", „Anna Favetti", „Verklungene Melodie", „Befreite Hände", „Das Mädchen von Fannö", „Illusion", „Münchhausen". Nach dem Krieg war sie am Theater in Zürich und Basel tätig, drehte in Wien unter Willi Forst „Die Frau am Wege", darauf die Filme „Verspieltes Leben", „Melodie des Schicksals", „Solange du da bist", „Der letzte Sommer", „Der gläserne Turm", „Nacht fiel über Gotenhafen". Ihr Spiel blieb von der gleichen Intensivität und Leidenschaft wie früher, von der gleichen Impulsivität und Feinnervigkeit und von der gleichen fraulichen Wärme.

ELIZABETH ANN HOWARD   13. VIII. 1823 — 19. VIII. 1865

Das Haus Bonaparte hat sich auf höchst elegante Weise dafür gerächt, daß England einst seinen größten Sohn, Napoleon I., nach St. Helena verbannte, statt ihm nach seinem Wunsch einen friedlichen Platz „am Herde des britischen Volkes" zu gönnen. Der Aufstieg seines Neffen Louis Napoleon wurde mit guten englischen Sterlingpfunden finanziert, mit dem Vermögen einer aus kleinen Provinzverhältnissen stammenden Engländerin namens Elizabeth Ann Howard. Sie war die Tochter eines Schuhmachers aus dem Seebad Brighton, wurde als Fünfzehnjährige die Geliebte eines reichen Pferdehändlers, der sie aus ihrem Elternhaus entführte und den sie wenig später gegen einen noch wohlhabenderen „Beschützer" eintauschte. Leider war er schon verheiratet und konnte die Schöne, die er ihn beglückte, nur mit einem ungewöhnlich hohen Vermögen in Geld und Grundbesitz entschädigen, das Madame Howard für alle Zeiten der Daseinssorge enthob. Im Hause einer Freundin lernte sie den eben aus der Festung Ham ausgebrochenen und nach England geflüchteten Louis Napoleon kennen und lieben. An der Berkeley Street mietete sie — mit Zustimmung des Vaters ihres Sohnes — ein kleines Haus, in dem der fast mittellose Flüchtling auf ihre Kosten zwei Jahre mit ihr zusammenlebte. Das schadete in dem prüden England seinem Ruf mehr als dem Elizabeths, an dem ohnehin nichts mehr zu verderben war. Die Pariser Februar-Revolution von 1848 ließ den entthronten Bürgerkönig Louis-Philippe nach London flüchten und brachte dafür Louis Napoleon nach Paris zurück, natürlich mit Madame Howard, die noch vier Jahre später, am Tage der Volksabstimmung, durch die Napoleon sich den Kaiserthron erlistete, seine letzten, zu Protest gegangenen Wechsel einlöste ... Als „Gräfin de Beauregard" ist Madame Howard dreizehn Jahre später gestorben.

Um 1520 — 13. II. 1542   **KATHARINA HOWARD**

Als Heinrich VIII. die Auflösung seiner Ehe mit Anna von Cleve erzwungen hatte, verliebte er sich bis zum Wahnsinn in die kleine, „unschuldige" Kate Howard, die Tochter eines Lords. Aber das Mädchen mit den lachenden blauen Augen und den braunen Zöpfen hatte schon schlimme Liebschaften hinter sich. Man sagte ihr ein sehr frühes Verhältnis mit ihrem Musiklehrer nach, dann war sie in die Hände Francis Derhams gefallen, der bei ihrem Onkel, dem Herzog von Norfolk, ein- und ausging und nur manchmal verschwand, um Handelsschiffe zu kapern. Ihr dritter Liebhaber, Thomas Culpeper, tat Dienst am Hofe der Königin Anna von Cleve, und ihn scheint Katharina Howard wirklich geliebt zu haben, als der einundfünfzigjährige Heinrich VIII. die Siebzehnjährige begehrte. Ihre Tante, die Herzogin von Norfolk, schenkte ihrer Nichte die kostbarsten Juwelen und brachte sie in die Nähe des Königs; schon einen Monat, nachdem Heinrich sich von Anna von Cleve getrennt hatte, führte er dem Hof die fünfte Königin vor, die zweite in einem einzigen Jahr: Katharina Howard, die „Rose ohne Dornen", wie auf den zur Hochzeit geprägten Münzen zu lesen war. Schon nach neun Monaten aber zeigte die Rose ihre Dornen. Katharina schrieb einen sehnsuchtsvollen Liebesbrief an Culpeper, Derham zog als ihr Sekretär in den Königspalast ein. Als Denunzianten ihr Vorleben aufdeckten, weinte Heinrich zum erstenmal Tränen der Eifersucht. Die Folter tat ihr Werk, und obwohl Derham und Culpeper standhaft blieben, überlieferte sie der König dem Henker. Am 11. Februar 1542 unterschrieb er auch das Todesurteil über die Königin.

Um 935 — nach 973   **HROSWITHA VON GANDERSHEIM**

Als in den Tagen Kaiser Ottos II. im Gefolge der byzantinischen Prinzessin Theophano griechische Dichter, Gelehrte und Künstler vom heiteren, zauberhaft schönen Byzanz in das rauhe Deutschland kamen, klagten sie in ihren Briefen und Tagebüchern über die Barbarei dieses Landes, in dem es weder Kunst, Wissenschaft noch Literatur gäbe. Nach dem Aufschwung der karolingischen Zeit, die germanische Naturkraft mit antikem Geist zu vermählen suchte, hatte sich wieder das Dunkel der Kulturlosigkeit über das Land zwischen Elbe und Rhein gelegt. Nun aber begann ein neuer Aufschwung, der von der klassischen Zeit Griechenlands und Roms und dem Geist des Christentums bestimmt wurde. Ein Spiegel dieser nur zaghaft sich regenden Kunst- und Kulturrichtung ist das dichterische Werk der Nonne Hroswitha von Gandersheim, der ersten dramatischen Poetin deutscher Nation. Hroswitha stammte aus einem niedersächsischen Adelsgeschlecht. Als junges Mädchen trat sie in das braunschweigische Kanonissenstift Gandersheim ein und erfuhr hier unter der Leitung der Äbtissin Gerberga, einer Enkelin König Heinrichs I., eine für die Frauen ihrer Zeit ungewöhnliche Bildung. Ihre frühesten dichterischen Versuche befaßten sich mit der poetischen Gestaltung von Heiligen- und Märtyrerlegenden. Die „Ottonische Renaissance" machte Hroswitha mit den heiteren Komödien des römischen Lustspieldichters Terentius bekannt. Von Terenz übernahm sie für ihre eigenen dramatischen Stücke die literarische Form. Den heidnisch frivolen Geist und den zweifelhaften Inhalt des Römers ersetzte sie durch Themen aus der christlichen legendären Frühgeschichte, in denen die Tugend, die Frömmigkeit und das Gute siegen. Wenn auch Handlung, Erfindung und Sprache der Dramen oft von kindlicher Einfalt sind, so behalten sie doch ihren Wert als erster Versuch deutscher dramatischer Dichtung.

HUAI YING
Um 700 v. Chr.

Die Zeit, die dem Auftritt des großen chinesischen Lehrers Konfuzius vorausgeht, ist voll lokaler Kämpfe revalisierender Fürstenhäuser. Die Zentralgewalt der einst so großen Chou-Dynastie ist seit der Verlegung der Hauptstadt von Feng im Westen nach Loyang im Osten im Schwinden. Aus den zentralasiatischen Gebirgen und Wüsten drohen nicht nur Hunnen, sondern auch die eroberungssüchtigen Chin-Stämme, die sich aus den Drachentorbergen langsam den fruchtbaren Stromtälern nähern. Es ist eine schreckliche Zeit. Im Grenzkampf ist Prinz Yü aus dem Lande Tsin in die Hände des Herzogs Mu von Chin gefallen. Entsprechend der schlauen Politik der Chin, durch ein Wechselspiel von Gewalt und Freundschaftsbeweisen voranzudrücken, wird Prinz Yü nicht als Feind behandelt, man sucht ihn vielmehr an die Sache der Chin zu fesseln und bestimmt Prinzessin Huai Ying zu seiner Gattin. Prinz Yü aber kann trotz der Liebesbeweise seiner schönen Gefährtin die Heimat in den Lehmhügeln von Tsin nicht vergessen und entschließt sich, der milden Gefangenschaft der Chin zu entfliehen. Die edle Frau gibt ihm, als er ihr sein Vorhaben offenbart, einen Beweis klassischer Größe: Sie lobt seine Absicht, die sie zugleich betrauert; sie ist sich bewußt, als Tochter des Chin-Herzogs im Vaterlande bleiben zu müssen: „Folge ich dir in die Heimat, so breche ich meinem Vater und Fürsten die Treue. Verrate ich aber deine Absicht, so verletze ich meine Pflicht als Gattin. Lebe wohl und fliehe allein, nie werde ich dich verraten!" So bleibt sie trauernd zurück und wird in ihrem Schicksal eine der vielbewunderten Gestalten der chinesischen Literatur und der Volkslegende, auf deren ethische Kraft sich große Lehrer, wie Kungfutse, Mengtse oder Moti, später berufen.

RICARDA HUCH
18. VII. 1864 — 17. XI. 1947

Nach einer wechselvollen Flucht aus dem vormals so geliebten Jena starb am 17. November 1947 in Schönberg am Taunus, dreiundachtzig Jahre alt, eine der größten Frauen der europäischen Literatur den Tod der Erschöpfung. An diesem Herbsttag endete ein tapferes und arbeitserfülltes Leben, in dessen reicher Hinterlassenschaft sich die gesellschaftlichen Veränderungen und inneren Umwälzungen einer ganzen Epoche spiegeln. Wach, unsentimental und humorbegabt zeichnet die Dichterin auch in ihren Briefen das um sich greifende Industriezeitalter, das den Menschen zunehmend entpersönlicht und für Massenpsychosen anfällig macht; eindringlich und warnend prophezeit sie den Untergang der spätbürgerlichen Welt. Das gleiche unmittelbare Mitempfinden, das Ricarda Huch als untrügliches Merkmal jedes echten Kunstwerkes zu bezeichnen pflegte, spricht aus allen ihren Werken, ihren Gedichten, ihren neuromantischen Romanen und ihren zahlreichen geistes- und weltgeschichtlichen Büchern. Aufrecht stand sie in der Umwelt. Sie überwand die Katastrophen der beiden Weltkriege, trotzte den Schrecken des „undeutschen und verhängnisvollen" Zwischenregimes und organisierte noch in den letzten Jahren ein Hilfswerk für die Hinterbliebenen der Opfer, die das folgenschwere politische Abenteuer gekostet hat. Äußerst zeitnah berührt die unverhüllte Sorge, mit der sie die Inflation der Kultur beobachtete. Das von Ricarda Huch vorgelebte Programm läßt sich mit dem Bekenntnis in jenem Briefe umschreiben, den die Dichterin am 4. November 1941 an den geistesverwandten Kardinal Graf Galen in Münster richtete: „Das Bewußtsein, den Forderungen des Gewissens genug getan zu haben, ist mehr wert als der Beifall der Menschen."

1848 — 1915   **MARGARET LINDSAY HUGGINS**

Aufregend war für die junge Margaret Lindsay der Tag, an dem sie zum erstenmal durch ein Fernglas den „Reisbrei der Sonnenfläche" sah und die Unsauberkeiten, die darin herumschwammen. Dieser Augenblick, da sie als Kind die Sonnenflecken entdeckt hatte, wich nicht mehr aus ihrer Erinnerung. Die Wissenschaft von den Sternen wurde ihr Lebensinhalt. Als sie 1875 den vierzehn Jahre älteren Astronomen und Physiker William Huggins heiratete, wurden all ihre Sehnsüchte gestillt; der Forscher arbeitete seit zwanzig Jahren auf seiner Privatsternwarte in London und stand damals vor dem entscheidenden Abschnitt seines Lebenswerkes. Frau Margaret wurde seine Assistentin und trug in unermüdlicher Hingabe zu den Erfolgen ihres Mannes bei. Ihre Hauptarbeit bestand bei den spektroskopischen Beobachtungen in der Kontrolle der Bewegung des Fernrohrs, durch die der beobachtete Stern im Spalt des Spektrographen festgehalten wurde. Sie übernahm die entwickelten photographischen Platten, maß und deutete das Linienspiel darauf und half ihrem Gatten bei der Herausgabe der wissenschaftlichen Arbeiten, auf deren Titelseite neben seinem Namen nicht selten auch der ihre stand. Frau Huggins konnte sich um so mehr ihrer Arbeit widmen, als sie kinderlos war und die Mittel ihres Mannes es ihr gestatteten, sich von den Sorgen des Haushaltes fernzuhalten. Die bedeutendste Leistung des Ehepaares William und Margaret Huggins ist der Ausbau der Stern-Spektroskopie, die Erforschung der Zustände in der Sonne, den Sternen, Nebelflecken und Kometen anhand der Spektren der in ihnen enthaltenen chemischen Elemente und die Anwendung des „Dopplerschen Prinzips", der Verschiebung der Spektrallinien, zur Messung der Fluchtgeschwindigkeiten von Sternen.

1766 — 7. III. 1829   **CAROLINE VON HUMBOLDT**

„Caroline von Humboldt ist eine jener seltenen Frauen, auf deren Art Deutschland unter allen mir bekannten Nationen vielleicht einzig das Recht hat stolz zu sein" — notierte die dänische Schriftstellerin Friederike Brun in ihren Römischen Erinnerungen. So erschien ihren Zeitgenossen die Gattin Wilhelm von Humboldts, des großen preußischen Staatsmannes, Sprachforschers und Begründers der Berliner Universität, mit dem sie eine überaus glückliche, an Kindersegen reiche und harmonische Ehe führte. Bis ins hohe Alter nannten sich Wilhelm und Caroline mündlich und schriftlich stets „liebste Seele" und „süßestes Kind". Ihr Schlößchen Tegel bei Berlin bildeten sie zu einem Mittelpunkt des geistigen und gesellschaftlichen Lebens, so daß Theodor Fontane später schreiben konnte: „Paris ist nicht gut ohne Versailles, London nicht ohne Windsor und Berlin ist nicht ohne Tegel zu denken." In den berühmten Eichenallen des Tegeler Schloßparkes wandelten alle Berühmtheiten jener Zeit, Schleiermacher und Schlegel, Arnim und Herz. Die bedeutendsten Architekten und Bildhauer halfen Caroline, das Schloß auch zu einer künstlerischen Sehenswürdigkeit zu machen: Schinkel und Thorwaldsen, Rauch und Schadow. Caroline sprach Lateinisch und Griechisch, sie sammelte Kunstwerke und Altertümer, führte das gesellige Leben einer großen Dame und erzog nebenbei ihre Kinder mit Energie und pädagogischem Geschick, sie wurde von Goethe um ihre literarische Meinung befragt und verband weltoffene Urbanität mit glühendem Patriotismus. Schiller rühmte „die Zartheit ihrer Seele und ihren reichen, durchdringenden Geist", ihre Freunde den Zauber ihrer unwiderstehlichen Liebenswürdigkeit, ihre große menschliche Wärme und ihr lebhaftes Naturell. Wilhelm von Humboldt überlebte seine Lebensgefährtin nur um wenige Jahre. Bis zu seinem Tode war sein täglicher Weg der Gang an ihr Grab.

EMMA IHRER
1857 — 1911

„Für andere zu wirken — war ihres Lebens ergiebigster Quell" — diese Inschrift auf ihrem Grabstein war Leitmotiv im Wirken dieser großen Sozialpädagogin und Gewerkschaftlerin, die als Vierundzwanzigjährige aus ihrer schlesischen Heimat in das von Bismarcks Sozialistengesetz beherrschte Berlin des Jahres 1881 kam, bildungshungrig, idealistisch und glühend vor Tatendrang. Sofort fand sie Gleichgesinnte; als Vorstandsmitglied des neugegründeten „Frauen-Hilfsvereins für Handarbeiterinnen" lernte sie viele Frauen kennen, die sich gleich ihr um die soziale Besserstellung und Sicherung der Arbeiterinnen bemühten, manchmal ergebnislos, manchmal auch mit bescheidenen Anfangserfolgen. Im Jahre 1883 startete der „Deutsche Kulturbund" eine großzügig geplante Versammlungswelle, in der die leidenschaftliche Diskussion um die moralische und materielle Sicherung der weiblichen Arbeitskräfte in Industrie, Gewerbe und Handwerk ging. Man forderte die organisierte Selbsthilfe für die werktätigen Frauen — eine Forderung, die auch der 1885 von Emma Ihrer gegründete „Verein zur Vertretung der Interessen der Arbeiterinnen" auf sein Panier schrieb und mit Nachdruck vertrat. Die Arbeiterschaft der Reichshauptstadt entsandte Emma Ihrer 1889 nach Paris zum großen internationalen Arbeiterkongreß, von dessen zahlreichen Beschlüssen die Festsetzung des „Ersten Mai" als Ruhe- und Feiertag aller Werktätigen sich über alle Umwälzungen der letzten siebzig Jahre hinweg bis auf den heutigen Tag erhalten hat. Zwei Jahre nach diesem Kongreß gründete Emma mit Unterstützung ihres Mannes, des Apothekers Ihrer, die Zeitschrift „Die Arbeiterin", deren Redaktion später von Klara Zetkin übernommen wurde.

NIDDY IMPEKOVEN
* 2. XI. 1904

Ins Zeitalter der Weltraumfahrt leuchtet den Älteren unter uns noch das freundliche Erinnern an „Peterchens Mondfahrt" herüber, mit dem auch renommierte Theater die Stadtkinder meist um die Weihnachtszeit beglückten. Bei der festlichen Uraufführung dieses ungewollt prophetischen Kindermärchens — kurz nach dem Ende des ersten Weltkrieges — tat sich besonders eine noch kindhaft junge Tänzerin hervor, die sich dann innerhalb weniger Jahre ins Scheinwerferlicht des Ruhmes hineintanzte: Niddy Impekoven. Auch strenge und für gewöhnlich jeder kitschigen Metapher abholde Kritiker wagten das Gleichnis „Schmetterling" für die scheinbar schwere- und mühelose Bravour, mit der dieses Schauspielerkind die Zuschauer in einen magischen Bann der Schönheit und Anmut zog. Berühmt wurden ihre „Puppentänze", der grotesk-witzige Trampeltanz des „Münchner Kaffeewärmers" und der übermütige „Erna-Pinner-Puppentanz", die zu nicht endenwollenden Da capo-Forderungen hinrissen, bis das „mozarthafte" Kind unter Tränen in Erschöpfung sank. Außerordentlich war auch ihre inspirative Wirkung auf Kunst und Literatur; viele Bildhauer versuchten die feenhaft-flüchtige Erscheinung der Tänzerin in Bronze oder Porzellan festzuhalten, und viele Federn regte sie zu Gedichten, Novellen und Essays an. Ihr Fuß, bei anderen Tanzkünstlerinnen durch das tägliche harte Training oft werkzeughaft überentwickelt, galt als ästhetisches Kunstwerk. Erstaunlich, daß diese Naturbegabung keine eigentliche „Entwicklung" durchlief; sie war vom ersten Tage an „fertig", ohne Steigerungsmöglichkeit vollendete sich ihr künstlerischer Triumphzug in einem knappen Jahrzehnt und mündete schließlich in die Geborgenheit einer bürgerlichen Ehe, die der liebenswürdigen Frau Gelegenheit zur Schulung und Förderung des tänzerischen Nachwuchses gibt.

3. VIII. 1481 — 15. VIII. 1512   **DONNA IMPERIA**

Im „Parnaß", auf einem der vier weltberühmten Rundgemälde in den Stanzen des Vatikanischen Palastes zu Rom, hat Raffael der „Sappho" die klassisch schönen Züge einer der bewundertsten Frauen seiner Zeit gegeben — der Donna Imperia aus Ferrara, einer Tochter der Diana de Cugnatis. „Zwei Götter", so sagten die Zeitgenossen, „haben Rom überreich beschenkt: Mars gab ihm das Imperium Romanum, Venus gab ihm die Imperia..." Die italienische Renaissance war wie benommen von der Schönheit, vom Geist und der Anmut dieser bezaubernden Frau, die nicht nur über die Herzen, sondern auch über die Geldbeutel der bedeutendsten Männer triumphierte. „Wer hier eintritt, möge Geist und Witz und gute Laune mitbringen — wer fortgeht, möge Geld oder ein ansehnliches Geschenk zurücklassen", in goldenen Lettern stand diese freimütige Aufforderung über dem Portal ihres prunkvollen, mit Kunstschätzen aller Art angefüllten römischen Palastes. Ihr Hofstaat hatte fürstlichen Zuschnitt; wenn sie ausritt, bestaunten die Römer den glanzvollen Aufzug ihres Gefolges, dem anzugehören die Söhne der edelsten Familien sich zur Ehre anrechneten... Imperias erster „Freund und Beschützer" war der Bankier Angelo del Bufalo; seine Nachfolge trat der Finanzmann Agostino Chigi an, einer der reichsten Männer Roms, der die geliebte Freundin mit königlichen Geschenken überhäufte und ihr mit dem Gewicht seines Ansehens eine unantastbare gesellschaftliche Stellung verschaffte. Imperias einzige Tochter — wahrscheinlich aus der Verbindung mit Bufalo — wurde in Siena von frommen Schwestern zu einer tugendhaften und sittenstrengen Jungfrau erzogen, die vom Lebenswandel ihrer Mutter keine Ahnung hatte. „Reich und geehrt starb Donna Imperia würdig in ihrem eigenen Hause", berichten die Chronisten vom frühen Tod der berühmten Frau, der Agostino Chigi an den Abhängen des Celius ein prunkvolles Grabmal errichten ließ.

752 — 9. VIII. 803   **KAISERIN IRENE**

Orient und Okzident zur „Einen Welt" zu verschmelzen war der Traum Karls des Großen. Als er nach der Kaiserkrönung 800 die Herrschaft fast über ganz Italien innehatte, sandte er seine Werber nach Byzanz und hielt dort um die Hand der neunundvierzigjährigen oströmischen Kaiserinwitwe Irene an. Diese kluge, gelegentlich auch grausame Herrscherin regierte seit 780 als Mitkaiserin für ihren Sohn Konstantin VI. Kopronymos. Schon glaubten die fränkischen Gesandten ihres Jawortes sicher zu sein, als in Konstantinopel ein Aufstand der griechischen Patrioten ausbrach; ihr Führer Nikephoros, der „Siegträger", stürzte die Kaiserin, bemächtigte sich des Thrones und verbannte die Unglückliche auf die Insel Lesbos, wo sie ein halbes Jahr später im Elend starb. — Eine große Herrscherin ging mit ihr dahin. Es war ihr gelungen, die anstürmenden Araber und Bulgaren abzuwehren, ihrer klugen Taktik war auch die Beilegung des berüchtigten Bilderstreites zuzuschreiben, der jahrzehntelang das Ostreich erschüttert hatte. Den Bilderstreit hatte Irenes Gatte, Kaiser Leo III., entfesselt und sein Sohn Konstantin VI. hatte ihn zum Blutgericht über die widerstrebenden Mönche werden lassen. Die verwitwete Kaiserin erreichte es, daß auf dem Konzil von Nicäa 787 die Bilderverehrung im Morgenlande wieder zugelassen wurde. Schon während der Vorbereitung zu diesem Konzil hatte sich die erste Möglichkeit zu einer politischen Verbindung von Ost und West ergeben. Karl der Große bot seine Tochter dem Sohne Irenes als Braut an. Da aber die Kaiserin es unterließ, die fränkische Kirche zur Kirchenversammlung einzuladen, zog Karl das Verlobungsangebot zurück. Als er später selber als Bewerber die Hand zur Versöhnung ausstreckte, entsprach die kühne Idee der Wiedervereinigung nicht mehr den gegebenen politischen Machtverhältnissen.

ISABELLA VON FRANKREICH   13. IV. 1545 — 3. X. 1568

Isabel de la Paz — Friedensfürstin — nannte sie das spanische Volk, weil ihre Vermählung mit Philipp II. den langersehnten Frieden zwischen Frankreich und Spanien besiegelte. Nach dem frühen Tode Mary Tudors, seiner zweiten Gemahlin, hatte König Philipp den Herzog von Alba zu Katharina von Medici nach Paris gesandt, für ihn um ihre älteste Tochter aus der Ehe mit Heinrich II. zu werben. Zur Feier der Vermählung am 20. Juni 1559 veranstaltete man ein Turnier, bei dem König Heinrich, der Vater der vierzehnjährigen Braut, durch einen unglücklichen Lanzenstich seines Freundes Montgomery den Tod fand. Der Tod blieb der strahlend schönen Isabella auch weiterhin nahe, so wie er nahe blieb ihrer Schwägerin und Freundin Maria Stuart, der Gefährtin ihrer Kinderjahre... An der Jahreswende 1560 unternahm die junge Königin von Spanien die beschwerliche Reise über die Pyrenäen, in ihre neue Heimat — in Briefen und Gedichten hat sie ihrer Mutter den düsteren Zug geschildert. In Guadalajara sah sie zum erstenmal ihren Gemahl, von Angesicht; er war doppelt so alt wie sie und fragte besorgt, ob sie Anstoß nehme an seinem grauen Haar... Nein! Sie begann diesen einsamen Strengen in seiner glühenden Kälte zu lieben; und Mitleid erfaßte sie beim Anblick des unseligen Infanten Don Carlos, ihres Stiefsohnes, der im gleichen Jahr wie sie zur Welt kam — in eine Welt, die ihm zum Kerker wurde. Die Königin duldete das arme Wesen in ihrer Nähe, und er vergalt ihre Barmherzigkeit mit fast hündisch ergebener Anhänglichkeit — ein Verhältnis, das Schiller später zur unsterblichen Tragödie erhöhte. Wenige Monate nach des Don Carlos Ende starb auch Isabella, ohne Philipp den ersehnten Thronerben geschenkt zu haben. Im Ordenskleid der Franziskaner wurde sie bestattet.

ISABELLA VON KASTILIEN   22. IV. 1451 — 26. XI. 1504

Unheimlich modern steht die Gestalt dieser Königin an der Schwelle der Neuzeit vor uns: Die achtzehnjährige Erbtochter Johanns II. — vom König von Portugal ebenso umworben wie vom Herzog von Aquitanien — flieht vor ihrem Halbbruder Heinrich nach Madrigal de las Altas Torres, ihrem Geburtsort, und bietet in einem Schreiben dem Erbprinzen Ferdinand von Aragonien Herz und Hand. Ferdinand benutzt die willkommene Gelegenheit, die beiden christlichen Landesteile Spaniens zu vereinen, und sendet den unterzeichneten Heiratsvertrag zusammen mit einem Rubinhalsband zurück an die zukünftige Gattin. Ihr Bruder „Heinrich der Ohnmächtige" läßt die Grenzen sperren, um Ferdinand das Betreten kastilischen Bodens zu verwehren; aber die Wachen übersehen den zerlumpten Maultiertreiber, der seinen schmutzigen Karren an den Grenzsteinen vorüberzerrt und sich erst im Palast von Valladolid wieder in den von Isabella sehnsüchtig erwarteten Prinzen verwandelt. Am Traualtar steht eine geeinte Nation, das Spanien der Neuzeit. Fünf Jahre später wird Isabella allein — der Gemahl ist im Felde — in Segovia gekrönt. Isabella erweist sich in Taten und Leiden als wahrhafte Königin: Wie Jeanne d'Arc bekämpft sie gewappnet und hoch zu Roß die eindringenden portugiesischen Truppen; in kluger Zurückhaltung aber krönt sie nach der Entscheidungsschlacht ihren Mann mit dem Lorbeer des siegreichen Feldherrn. Als 1481 die Mauren von Granada aus das Reich bedrohen, verpfändet sie Krone und Schmuck, um Waffen, Munition und Nahrung für ihre Truppen zu beschaffen. Nach dem Siege findet die Königin endlich Zeit für die Pläne des Kolumbus, der nach seiner Rückkehr dem Herrscherpaar eine Neue Welt zu Füßen legt. Als er nach seiner letzten Fahrt am Sarkophag seiner toten Königin niederkniet, trauert mit ihm ein Weltreich um Isabella die Katholische.

* 1887

FUSAYE ISCHIKAWA

Die japanische Vor- und Frühzeit stand unter dem Zeichen des Matriarchats; erst unter dem Einfluß der buddhistischen und konfuzianischen Ideen und mit der im zwölften nachchristlichen Jahrhundert beginnenden Feudalzeit verloren die Frauen immer mehr an Rechten. Die einst als Priesterin, Herrscherin und Familienerhalterin hochgeachtete Frau und Mutter wurde ins Innere des Hauses verbannt und geriet schließlich ganz unter die Botmäßigkeit des Eheherrn, dem auch das Züchtigungsrecht zustand. Dagegen empörte sich um die letzte Jahrhundertwende die kleine Bauerntochter Fusaye, die von ihrem nach Amerika ausgewanderten Bruder begeisterte Schilderungen von der Macht und vom Ansehen der Frauen in der Neuen Welt erhalten hatte. Dort konnten Frauen Professorinnen, Abgeordnete und Minister werden! Fusaye entschloß sich, diese Rechte auch für ihre japanischen Schwestern zu erkämpfen; gegen alle Widerstände erarbeitete sie sich ihr Lehrerinnenexamen, im Jahre 1914 war sie schon einflußreiche Zeitungsredakteurin, und vier Jahre später begründete sie die erste japanische Frauenorganisation, die „Women's suffrage league", in der sich bald Zehntausende japanischer Frauen zum Kampf um die Gleichberechtigung vereinten. Fusaye wagte es, das japanische Parlamentsgebäude zu betreten, um für ihre Ziele zu werben; sie wurde mit sanfter Gewalt wieder entfernt. Später, als das Militär das Land zu beherrschen begann, wurde die Frauenorganisation polizeilich aufgelöst, ihre Führerinnen, darunter auch Fusaye, wanderten ins Gefängnis. Erst das Ende des zweiten Weltkrieges ließ die „Liga der Wählerinnen" wieder erstehen; unter dem Druck des amerikanischen Besatzungsregimes verkündete der Kaiser am 3. November 1946 die völlige politische Gleichstellung der Frauen und die Zubilligung des aktiven und passiven Wahlrechts — siegreiche Krönung der kämpferischen Lebensarbeit Fusaye Ischikawas.

Um 1420 — 1469

ISOTTA DA RIMINI

Man nannte sie die „schöne", die „göttliche". Zahllose Gedichte, meist leere Schmeicheleien, huldigten ihr und blieben als „Isottai" in der Literaturgeschichte bekannt. Ihr Antlitz überlieferten uns Pisanello, Pier della Francesco und Gentile da Fabriano in Skulpturen und Bildern. Sie galt lange für eine Dichterin, bis sich herausstellte, daß sie weder Verse noch sonst etwas zu Papier gebracht hatte, denn sie konnte nicht schreiben. Dennoch war sie klug, kraftvoll und von hoher Kultur, der Mittelpunkt der Künstler und Gelehrten, die ihr Geliebter und späterer Gatte an seinen Hof in Rimini holte. Dem Gatten freilich — Sigismondo Malatesta — gebührt der Ruhm eines Bösewichts sondergleichen. Burckhardts Kulturgeschichte der Renaissance zählt seine Verbrechen auf: Mord, Ehebruch, Blutschande, Kirchenraub, Notzucht. Aber Sigismondo zeigte auch andere Neigungen, die nie erlöschende Liebe zu Isotta, deretwegen seine zwei ersten Frauen sterben mußten, und die Liebe zum Geistigen. Papst Pius II., der ihn exkommunizierte und sein Bild verbrennen ließ, meinte, er sei ein großer Historiker und Philosoph gewesen, „zu allem, was er ergriff, schien er geboren". Ihn zu bändigen, vermochte allein Isotta, der zu Ehren Sigismondo den berühmten Umbau von San Francesco in Rimini vollzog, wo sich ihr Grabdenkmal befindet. Ihm zuliebe sah sie über seine Weibergeschichten hinweg. Weilte er als Condottiere außer Landes, so regierte sie den kleinen Staat mit Geschick. Kehrte er zurück, so überhäufte er sie, „die Zierde Italiens", das „schneeweiße unschuldsvolle Turteltäubchen" mit selbstverfaßten schwülstigen Liebesstrophen. Welche Vorstellung: der Tyrann als schmachtender Täuberich! Aber im Banne des Täubchens stand auch die geistige Elite Italiens, ein Beweis für die machtvolle Ausstrahlung dieser Frau.

JOHANNA JACHMANN-WAGNER   13. X. 1828 — 16. V. 1894

„O Hans! — Das war schön von Dir! Dein guter Oheim Richard." Mit diesen Worten überreichte Richard Wagner seiner Nichte Johanna nach einer gloriosen Aufführung der „Nibelungen" sein Bild. Der Meister nannte die Tochter seines Bruders Albert scherzhaft „den langen Hans". Johanna hatte „eine königliche Gestalt", strahlende blaue Augen und einen seelenvollen Blick. Vielen galt sie als eine der schönsten Frauen ihrer Zeit. Ihre Bühnenlaufbahn begann die Künstlerin am Herzoglich-Bernburgischen Hoftheater, wo ihre ersten Vorstellungen „ein wahres Theaterfieber" erregten. Auf Empfehlung Richard Wagners kam sie an die Dresdener Hofoper. Doch erst nach einem weiteren Studium bei Manuel Garcia in Paris erzielte sie jene sensationellen Erfolge, die sie zur Rivalin der Wilhelmine Schröder-Devrient machten. — Die politischen Ereignisse des Jahres 1849 führten zur Lösung ihres Kontraktes. Sie gastierte in der Folge in Hamburg, Wien und Berlin und erhielt dort einen zehnjährigen Vertrag. Ihre Stimme vereinigte machtvollen Alt und strahlenden Sopran, die Schule Garcias hatte diese Anlagen zu völliger Harmonie entwickelt. Johanna gehörte zu jenen begnadeten Künstlerinnen, die mit ihrer Gesangskunst auch ein hervorragendes schauspielerisches Vermögen verbanden. Ihre Elisabeth im „Tannhäuser" war derartig eindringlich, daß Richard Wagner in ihr nur noch die „Priesterin der idealen Kunst" sah. Unvergleichlich war sie in ihren Hauptrollen „Iphigenie in Aulis", „Norma", „Fides", „Ortrud", „Orpheus", „Kleopatra"; doch erlaubte es ihre Stimmlage nicht, die Gestalten Mozarts wahrhaft gültig wiederzugeben. — 1853 wurde sie zur Kgl. Preußischen Kammersängerin ernannt, blieb bis 1862 im Opernverbande und war zuletzt als klassische Tragödin Mitglied des Kgl. Schauspielhauses.

KAROLINE JAGEMANN   25. I. 1777 — 10. VII. 1848

„Dieses Weib würde ich heimgeführt haben, und wenn ich sie beim Steineklopfen an der Landstraße gefunden hätte..." schrieb der sonst wenig frauenfreundliche Arthur Schopenhauer im Jahre 1808 an seine Mutter; er meinte die Schauspielerin Karoline Jagemann, die als Freifrau von Heygendorff und morganatische Gattin des Herzogs Karl August in Weimar lebte. Die Tochter des herzoglichen Bibliothekars Jagemann hatte schon als Sechzehnjährige bei ihrem ersten Auftreten auf der Mannheimer Bühne die Aufmerksamkeit Dalbergs und Ifflands erregt: „Das kindliche Figürchen mit dem hochblonden Haar, feurigem Auge und ausdrucksvollen Zügen erschien wie ein Wesen höherer Art. Ihre Stimme ist ein Silberton, rein wie die Harmonie der Sphären". In Weimar begann sie ihre Bühnenlaufbahn als Oberon in Wranitzkys Oper, später wurde sie auch im Schauspiel beschäftigt. Ihre etwas schwierige gesellschaftliche Stellung hat sie mit großem Takt zu behaupten verstanden, so daß es im Laufe der Zeit zwischen ihr und der Herzogin zu einem freundschaftlichen Einvernehmen kam. Das Weimarer Theater hat Karoline in enger Zusammenarbeit mit Goethe und Schiller maßgeblich beeinflußt — bis zu der bekannten „Hundeaffäre" im April 1817. Sie hatte — gegen des Dichters ausdrücklichen Einspruch — durchgesetzt, daß in der Aufführung eines belanglosen Stückes ein dressierter Pudel seine Künste zeigte: für Goethe ein willkommener Vorwand, sich der schon lange lästigen Pflichten als Theaterdirektor zu entledigen. In späteren Jahren hat sich Karoline, die „fürsorgliche Frau in Weimar", vor allem karitativen Aufgaben zugewandt. Nach ihrem Tode schrieb der Großherzog von Mecklenburg an ihren Sohn: „Ich habe Ihre Mutter seit ihrem vierzehnten Lebensjahre gekannt und sie in dieser langen Reihe von Jahren immer gleich edel, liebenswürdig und im höchsten Grade ausgezeichnet gefunden."

25. VII. 1401 — 9. X. 1436   **JAKOBÄA VON HOLLAND**

Die Reiterin mit dem Falken auf der Hand, die alljährlich beim Blumenfest in Holland mit glänzendem mittelalterlichem Gefolge die Mitte des Festzuges bildet, die „Frouwe Jakob", ist keine andere als Jakobäa, die Tochter des bayerischen Herzogs Wilhelm II., der zur Zeit ihrer Geburt über Holland, Hennegau, Seeland und das „ferne" Straubing regierte. Unter dem deutschen Kaiser Ludwig dem Bayern war 1324 die Grafschaft Holland und damit die Herrschaft über die Mündung von Rhein, Schelde und Maas durch Heirat an Bayern gefallen; Jakobäa war die letzte regierende Wittelsbacherin in Holland. Mit fünfzehn Jahren war sie dem französischen Kronprinzen vermählt worden. Aber schon 1417 starb der Dauphin an einem Halsgeschwür, und nun, nachdem der französische Königstraum ausgeträumt war, jagten sich die Katastrophen. Jakobäa war holländische Thronfolgerin; ihr Vater, Herzog Wilhelm, versammelte den Adel und die Stände und ließ sie seiner Tochter unverbrüchliche Treue schwören; schon ein Jahr nach dem Schwur starb der Herzog an einem Hundebiß. Als sein Bruder, Herzog Johann von Bayern, ihr das holländische Erbe streitig machte, begann für sie eine Zeit grausamer menschlicher und politischer Wirrnisse. Zuletzt floh sie nach England; der Bruder des englischen Königs, der Herzog von Gloucester, verliebte sich in die schöne Zwanzigjährige und heiratete sie. Im Kampf gegen Johann von Bayern wurde er erschlagen und Jakobäa auf Burg Gravenstein bei Gent gefangengesetzt. Am Ende ihres kurzen Lebens ließ sie sich heimlich mit dem Ritter Frank von Borselen trauen. Als man von ihr das Haupt ihres Gatten oder den Verzicht auf den Thron forderte, entsagte Jakobäa der Herrschaft und starb nach vier Jahren ungetrübten Eheglücks auf Schloß Teilingen im Herzen des Tulpenlandes zwischen Haarlem und Leyden.

6. I. 1412 — 30. V. 1431   **JEANNE D'ARC**

Johanna, die „Jungfrau von Orleans", lebte als einfaches Landmädchen in dem Dorf Domremy an der lothringischen Grenze, als sie inmitten der größten Not jenes hundertjährigen Krieges zwischen Frankreich, Burgund und England, da aller Glanz von der Krone der französischen Könige gewichen schien, sich von Gott aufgerufen fühlte, Frankreichs Geschick zu wenden. Rein und gläubig folgte sie dem Ruf der höheren Mächte und zog aus, den Mut der königlichen Streiter neu zu beflügeln und Frankreich in gottbegeisterten Reden die „Religion des Königtums" zu verkünden. Sie wurde mit Spott, Zweifel und Ablehnung empfangen, doch es gelang ihr, das schwache und schwankende Herz des Königs Karl VII. anzurühren und ihn zu bewegen, ihr das Lilienbanner, die Fahne des Heeres, anzuvertrauen. In ritterlicher Rüstung führte sie die Franzosen an, als sie Talbots, des Engländers, furchtbare Scharen in die Flucht schlugen. Sie geleitete den König zur Krönung nach Reims und entriß den Engländern fast alle Eroberungen auf französischem Boden. Der Glaube an ihre höhere Sendung flößte den Franzosen Mut und Selbstvertrauen ein, die Gegner aber bezichtigten sie der Zauberei und des Hexentums. Als Jeanne d'Arc im Jahre 1430 die Truppen gegen Paris warf, geriet sie in die Hände der Burgunder, die sie an die Engländer auslieferten. Der Gerichtshof zu Rouen verurteilte die Jungfrau nach beschämenden Demütigungen, denen sie im Kerker ausgesetzt war, zum Scheiterhaufen. Am 30. Mai 1431 loderten die Flammen, die den Leib der Jungfrau verzehrten. Wenige Jahre später war Paris befreit und Frankreich auf dem Weg zur europäischen Großmacht. Das Urteil gegen Jeanne d'Arc wurde 1456 revidiert, 1920 wurde sie heiliggesprochen.

EGLANTYNE JEBB   26. VIII. 1876 — 17. XII. 1928

„Sie erinnerte an eine gotische Heilige. Stand sie in ihren braunen Schleiern auf dem Podium, das silberne Kreuz an langer Kette um den Hals, groß und überirdisch schlank, mit dem feinen Gesicht, in dem man fast nur die tiefblauen Augen sah, so hatte man oft den Eindruck, als stände gar keine menschliche Gestalt da oben, sondern die Spiegelung einer von allem Irdischen gelösten Seele." So schrieb eine Mitarbeiterin über Eglantyne Jebb, die trotz körperlicher Gebrechlichkeit zum Engel der Kinder in aller Welt wurde und die Staatsmänner des Völkerbundes 1924 bewog, ihre „Charta zum Schutz der Kinder" anzunehmen. Ihr Vater war Walliser, ihre Mutter Iro-Schottin. Schon als achtjähriges Kind schrieb sie an eine ihrer Schwestern: „Ich weiß nicht, was mir fehlt. Aber eines ist mir gewiß, die Welt ist nicht in O:dnung." Hochbegabt, studierte sie in Oxford, besuchte ein Lehrerseminar, unterrichtete und schrieb, bis die Menschenliebe tätig in ihr durchbrach. Im Balkankrieg 1913 und im Weltkrieg 1914/18 entschloß sie sich, die „Zukunft der Welt" zu retten. Sie gründete 1919, als vier bis fünf Millionen Kinder dem Hungertode ausgeliefert zu sein schienen, den „Kampfbund gegen den Hunger" und im selben Jahr den „Fundus zur Rettung der Kinder". In aller Welt entstanden Lokalkomitees; in wenigen Jahren brachte sie vier Millionen Pfund auf. Der Kinderhilfsfonds wurde eine Weltorganisation, alle Kirchen schlossen sich an. Eglantyne Jebb dehnte ihre Hilfsaktionen bis nach Indien, China, Afrika aus. Auf großen Propagandareisen verbrauchte die zarte Frau ihre Kraft, sie wurde herzkrank. Auf ihrem letzten Krankenlager noch schrieb sie das Gedichtbuch „The real enemy" (Der wirkliche Feind), eine Anklage gegen die Gleichgültigkeit der Gesellschaft. „Ihre Größe war die Größe des apostolischen Geistes", schrieb ihre Freundin Eva Vajkai.

THIT JENSEN   19. I. 1876 — 14. V. 1957

Thit Jensen, die 1876 geborene Tochter eines Tierarztes im jütländischen Himmerland, Schwester des um drei Jahre älteren weltberühmten Dichters und Nobelpreisträgers Johannes Vilhelm Jensen, ist, ganz unabhängig vom literarischen Wert ihres Werkes, eine der interessantesten und erregendsten Frauen der dänischen Gegenwart. Sie besitzt zwar keineswegs die geniale, mythenbildende Kraft ihres Bruders, übertrifft ihn jedoch bei weitem an kämpferischem Elan und auch an historischem Interesse. Feurig, energisch, agitatorisch, streitlustig will sie immer wieder „der Welt sagen, wie sie es machen solle, um gut zu sein". Und sie sagt es sowohl in ihren vornehmlich heimatlich orientierten Erzählungen „Die Erde", „Die Familie Storm", „Der König von Sande" und „Jütländische Geschichten", als auch in den sozialkritischen, frauenrechtlerischen und ehereformerischen Romanen und Novellen „Martyrium", „Der erotische Hamster", „Herr Berger intim", „Gerd", „Aphrodite von Fuur" und schließlich auch in ihren farbenreichen historischen Monumentalgemälden aus der Zeit der Hochrenaissance und der nordischen Reformation „Jörgen Lykke", „Stygge Krumpen", „Waldemar Atterdag" und „Der König". Wenn auch ungleich in ihrem künstlerischen Wert, so doch gleich kraftvoll in ihrem leidenschaftlichen Wollen, sind alle diese Werke höchst eigenwillige Bekundungen einer ungemein starken und stolzen Frau, die über Raum und Zeit hinaus stets mit einem nie verglühenden Idealismus und Fanatismus für das Leben kämpft, für die Liebe, für die Freiheit. Thit Jensen, die Amazone in der dänischen Dichtung der Gegenwart, ist in der kämpferischen Hingabe an diese ihre Aufgabe nicht alt geworden.

10. V. 1839 — 4. II. 1899   **AMALIE JOACHIM**

Mit Hermine Spieß und anderen bedeutenden Gesangskünstlerinnen ist Amalie Joachim in gewissem Sinne die Begründerin des modernen Liedergesanges, indem sie vor allem die geistige Seite des musikalischen Kunstwerkes zu erfassen und zu deuten suchte. Hierin mochte sie besonders durch ihren Gatten, einen der großen Geigenvirtuosen, Joseph Joachim, bestärkt worden sein, dessen ernste und hohe Kunstauffassung von den Zeitgenossen gerühmt wurde. Amalie Weiß, eigentlich Schneeweiß, wurde in Marburg in der Steiermark geboren. Ihre Ausbildung erhielt sie in Wien, wo ihre prächtige Altstimme sich so hervorragend entwickelte, daß sie nach einem Engagement in Hermannstadt über das Kärntnertortheater an das Königliche Hoftheater in Hannover berufen wurde. Nach ihrer Vermählung entsagte sie ihrem Gatten zuliebe der Bühnenlaufbahn und widmete sich vor allem der Lied- und Oratorienkunst, in der sie als eigenwillige Gestalterin höchste Anerkennung fand. Im Jahre 1866 siedelte das Ehepaar nach Berlin über, und das Haus Joachim wurde zum Treffpunkt der geistigen und der Geburtsaristokratie. Auch Graf v. Moltke gehörte zu den regelmäßigen Besuchern der musikalischen und gesellschaftlichen Abende. Hier wurden auch die kulturellen Probleme der Zeit erörtert. Aus den lebensvollen Briefen Amaliens ist bekannt, daß Joseph Joachim und Richard Wagner sich in ihren Auffassungen über das musikalische Kunstwerk scharf gegenüberstanden. Die Ehe der Joachims war fast zwanzig Jahre sehr glücklich; und doch endete sie tragisch, die beiden Ehegatten trennten sich in voller Achtung voreinander. Amalie gestand in einem Briefe: „Im Herzen der Mutter seiner Kinder wird sein Bild in unvergänglicher Reine und Schöne bewahrt werden." Joachim erlebte den Tod seiner Gattin in tiefem Schmerz, ein Zeichen, daß ein tragisches Mißverständnis die beiden auseinandergerissen hatte.

6. XI. 1479 — 11. IV. 1555   **JOHANNA VON KASTILIEN**

„La Loca d'amor" — die Wahnsinnige aus Liebe — nennt der spanische Volksmund der großen Isabella unglückliche Tochter, die rechtmäßige Königin Kastiliens, deren Lebensgeschichte wie ein schönes Märchen begann und wie eine attische Tragödie endete. Eine Armada von hundertzwanzig festlich geschmückten Schiffen geleitete im August 1496 die Siebzehnjährige nach Flandern, wo Herzog Philipp „der Schöne" ihrer harrte, der Sohn des Kaisers und letzten Ritters Maximilian I. Aus der politischen Heirat wurde eine Liebesehe — aber schon die erste gemeinsame Reise zeigte die tiefe Kluft zwischen den Interessen der spanischen Krone und des frankreichfreundlichen Philipp. Gegen den Willen Isabellas begab sich ihr Schwiegersohn allein nach Flandern, wohin ihm Juana folgte. Sie überraschte den Gemahl in den Armen einer anderen. Zerrissen von Liebe und Haß kehrte die Betrogene in die Heimat zurück, in Begleitung ihres Mannes, der bald einem tödlichen Fieber erlag. Nun folgte die abenteuerliche Reise Juanas mit dem bleiernen Sarg des Toten durch Andalusien — eine Flucht vor dem Zugriff ihres Vaters, die neuerdings weniger als Beweismittel für Juanas geistige Umnachtung denn als ein wohlüberlegter politischer Schachzug gewertet wird. Aber ihre Gegner waren zu mächtig; König Ferdinand verbannte die Tochter auf die Festung Torsedillas, wo sie die letzten zweiundvierzig Jahre ihres Lebens verbrachte und mit Hungerstreiks und Selbstmordversuchen gegen die widerrechtliche Isolierung protestierte. In ihre Einsamkeit drang kaum ein Widerschein vom Weltruhm ihres Sohnes, der als Karl der Fünfte die Römische Kaiserkrone errang, ein Weltreich schuf, in dem die Sonne nicht unterging, und schließlich selbst, müde und voller Zweifel, Krone und Reich wie eine lästige Bürde dahingab — im gleichen Jahr, in dem seine unglückliche Mutter starb.

AMY JOHNSON-MOLLISON 1908 — 1941

Im dritten Kriegsjahr, im Januar 1941, trauerte Großbritannien um eine seiner mutigsten und erfolgreichsten Pilotinnen: Frau Amy Johnson-Mollison. Sie hatte es übernommen, der kämpfenden Truppe fabrikneue Flugzeuge zuzufliegen und sah sich bei einem dieser Flüge gezwungen, über Ostengland ihre Maschine mit dem Fallschirm zu verlassen. Sie stürzte in die Themse und ertrank, da sie sich aus der Umgürtung nicht mehr befreien konnte. Eine fliegerische Laufbahn ohnegleichen war in einer Tragödie jäh zu Ende gegangen. Amy Johnson-Mollison war zu ihrer Zeit als der „weibliche Lindbergh" ein Begriff. Mit ihrem Gatten, J. Mollison, dem 1932 der erste Solo-Atlantik-Flug von Ost nach West gelungen war, gehörte sie zu den Flug-Assen der Welt. Nur mit Butterbroten, Schokolade, etwa 360 Liter Brennstoffreserve und einem Ersatzpropeller ausgestattet, hatte sie 1930 — noch als Miß Johnson — in einem offenen Zweisitzer die Strecke London—Sydney bewältigt. Sie war bald danach, wieder ohne Begleiter, zu einem Asienflug — England-Peking-Tokio und zurück — gestartet. Nach der Eheschließung nahm das junge Paar mit der schnellen Reisemaschine „Comet" an dem Lufttrennen England—Australien teil und sicherte sich einen guten Platz und den Rekord für die Etappe England—Bagdad. 1936, ein Jahr, bevor sie zum Segelflug überging, lieferte Amy Johnson-Mollison noch einmal für die „Aufmacher" der Weltpresse den Text: Sie setzte sich in London ans Steuer eines Percival-Gull-Tiefdeckers und meldete schon nach drei Tagen 6 Stunden 26 Minuten, daß sie in Kapstadt angelangt sei. Sie war im echten Sinne eine Pionierin in der Erschließung der Luft für den zivilen Verkehr.

IRENE JOLIOT-CURIE 12. IX. 1897 — 16. III. 1956

Die bedeutende Physikerin ist die Tochter des Ehepaares Marie und Pierre Curie, die durch ihre wissenschaftliche Arbeit weltberühmt geworden sind. Angeregt von der Atmosphäre des elterlichen Hauses, verschrieb auch Irène ihr Leben der Forschung. Sie wurde 1897 geboren und verlor schon als Kind durch einen tragischen Unfall den Vater. Um so enger schloß sich Irène an die Mutter an, die später auch ihre wissenschaftliche Ausbildung übernahm. Als junges Mädchen war sie während des ersten Weltkrieges in einem von ihrer Mutter gegründeten Hilfsdienst tätig, der für Verwundete und Kranke fahrbare Röntgenstationen leitete. Nach Beendigung des Krieges wurde sie Assistentin ihrer Mutter am Pariser Radium-Institut und begann schon bald selbständig zu arbeiten. Die junge Forscherin zeigte ausgezeichnete Fähigkeiten und promovierte im Jahre 1925 mit einer Arbeit über die Isotopie des Chlors. Sie heiratete einen Fachkollegen, den bekannten Atomphysiker Frédéric Joliot, mit dem sie seit dem Jahre 1926 wissenschaftlich zusammenarbeitete. Die beiden übernahmen das geistige Erbe von Marie Curie, die im Jahre 1934 starb. Irène und ihrem Mann gelang erstmalig die künstliche Erzeugung radioaktiver Stoffe. Das Forscherpaar stieß immer tiefer in die Geheimnisse der Kernphysik vor und schuf die Voraussetzungen für die spätere Entdeckung des Neutrons, des elektrisch neutralen Materieteilchens. Außerdem sind Irène Joliot wichtige Arbeiten über die Radioaktivität des Poloniums und Radiums zu verdanken. Sie wurde Professor an der Pariser Universität, übernahm 1932 die Leitung des Radium-Instituts, 1947 des Radiumlaboratoriums der Sorbonne. Die Forscherin wurde zum Offizier der Ehrenlegion ernannt, gemeinsam mit ihrem Gatten erhielt sie im Jahre 1935 den Nobelpreis.

28. III. 1875 — 28. I. 1908   **RAGNHILD JÖLSEN**

Wahrscheinlich würde heute der Name einer Ragnhild Jölsen neben dem einer Sigrid Undset, einer Selma Lagerlöf und einer Marie Bregendahl in den Literaturgeschichten voller Bewunderung genannt werden, wenn dieser so seltsam gedankenschweren und zugleich phantasiebeschwingten Dichterin, die auf einem einsamen Hof im östlichsten Norwegen geboren wurde, eine weitere künstlerische Entwicklung beschieden gewesen wäre. So aber hat hier der Tod allzu früh ein Dasein beendet, das mit der bislang erreichten Leistung einen wesentlichen Wert in der gesamtskandinavischen Literaturgeschichte darstellt. Ragnhild Jölsen begann ihr dichterisches Schaffen mit dem in seiner stimmungsvollen Vereinigung von Milieu- und Menschenschilderung eigentümlich bezaubernden Roman „Weh's Mutter", der Trauriges wie Tröstliches zu verkünden weiß, zugleich aber auch schon eine verhaltene Mystik sich in den Bereich des Mythos erheben läßt. Die beiden Bücher „Rikka Gan" und „Fernando Mona" führen aus der Gegenwart weiter zurück in die Geschichte und vermitteln hier inmitten der gleichen heimatlichen Umwelt das Bild einer uralten Bauernkultur, bei dem jeder Raum, jeder Tisch, jeder Stuhl, jeder Spiegel von den Menschen der Vergangenheit zu berichten weiß. In „Hollasens Chronik" greift sie noch weiter in die Bereiche der Vergangenheit zurück, bis in jene Wunderwelt der Phantasie, die nicht mehr an Zeit und Raum gebunden ist. Und umgekehrt gehen die „Werksgeschichten", das letzte Buch Ragnhild Jölsens, auf dem gleichen Wege und mit den gleichen Mitteln unmittelbar in die Gegenwart, um hier den ersten Zusammenstoß von Natur und Technik auszuhalten und als Sein und Sinn des Lebens zu deuten — ein großes Beginnen, nicht vollendet, aber auch wahrlich nicht verfehlt ...

12. XI. 1651 — 17. IV. 1695   **JUANA INES DE LA CRUZ**

Inés de Asbaje Y Ramirez de Cantillana, Tochter eines altkastilischen Adelsgeschlechtes, nannte sich als Dichterin nach dem von ihr glühend verehrten heiligen Juan de la Cruz, dem „ekstatischen Doktor", dessen schwärmerisch-rauschhafte Lieder der Gottessehnsucht zu den gewaltigsten Leistungen der spanischen Mystik gehören. Das wunderbare Mädchen machte diesem Namen Ehre: Als dreijähriges Kind lernte sie lesen und schreiben, mit acht Jahren verfaßte sie ihre ersten Gedichte, und als Achtzehnjährige wurde sie Ehrendame der Vizekönigin. Am Hofe des Vertreters der spanischen Krone unterzog sie sich einem strengen Examen, das sie mit Glanz bestand; vierzig berühmte Gelehrte befragten sie über alle Wissensgebiete und waren betroffen von der universalen Bildung des Edelfräuleins, dem man schon zu Lebzeiten den Ehrentitel einer „zehnten Muse Mexikos" zuerkannte. Als Neunzehnjährige trat sie in das Kloster der Hieronymitenschwestern ein, das sie bis zu ihrem Ende nicht mehr verließ. In der Stille ihrer kargen Zelle schuf sie, von den Klosterschwestern als „Phönix von Mexiko" bewundert, ihre volkstümlich-religiösen Lieder, die auch indianisches Erbgut bewahren und für die sie jene zärtlich-schwermütige Musik komponierte, die noch heute auf den mexikanischen Dorfstraßen zu hören ist. Ihre Lyrik läßt besonders die Schule ihres großen Zeitgenossen Don Pedro Calderon de la Barca erkennen, dem sie auch in einigen Schauspielen nacheiferte. Ein Teil ihres Werkes liegt in behutsam-nachspürenden deutschen Übertragungen Karl Voßlers vor. Als Vierundvierzigjährige wurde die Nonna Juana, die während einer in Mexiko wütenden Pestepidemie ihre Mitschwestern hingebend pflegte, ein Opfer des Schwarzen Todes.

PROPHETIN JUDITH

6. Jh. v. Chr.

Die profane Geschichtsschreibung hat zwar ihren Namen nicht aufgezeichnet, aber keine der alttestamentlichen Frauen ist so oft von den Dichtern, Bildhauern, Malern und Musikern dargestellt worden wie diese Heldin des jüdischen Volkes aus der Zeit des assyrischen Königs Nebukadnezar. Die Dichter Sixt Birk, Hans Sachs, Martin Opitz, Friedrich Hebbel, Nestroy, Georg Kaiser und Giraudoux; die Maler Botticelli, Lukas Cranach d. Ä., Giorgione, Tiepolo, Tintoretto, Caravaggio; die Opernkomponisten Reznicek und Honegger haben die Tat dieser schönen und reichen Witwe gefeiert, die den assyrischen Feldherrn Holofernes in seinem Zelte überwand. Der Assyrer war mit einem großen Heere gekommen, um ganz Vorderasien zu unterwerfen, er stand vor ihrer Heimatstadt Betylia und ließ alle Feldbrunnen zerstören. Als die Not in der eingeschlossenen Stadt aufs höchste gestiegen war, hielt sie vor den Ältesten eine Rede und stärkte sich mit einem Gebet: „Gib mir Mut, daß ich mich nicht entsetze vor ihm und vor seiner Macht, sondern daß ich ihn stürzen möge. Das wird deines Namens Ehre sein, daß ihn ein Weib daniedergelegt hat." Danach schmückte sie sich und trat mit ihrer Magd vor Holofernes, und er „ward alsbald entzündet von ihr". Holofernes ließ sich von ihren Listen täuschen und „trank so viel, als er nie getrunken hatte sein Leben lang". Unter Tränen schlug sie dem Schlafenden das Haupt ab und zeigte es, glücklich entkommen, den Ältesten ihrer Stadt. Nach dem siegreichen Ausfall der Belagerten sang sie dem Herrn den Psalm des Dankes wie David. Sie wurde 105 Jahre alt und nach ihrem Tode neben ihrem Gatten bestattet.

KAISERIN JUDITH

819 — 19. IV. 843

Ihr Todesjahr, zugleich das Jahr des Vertrages von Verdun, ist überflammt von den grellen Blitzen der Spaltung des großen karolingischen Reiches durch die Erben Karls des Großen. Judith war die Tochter des bayerischen Grafen Welf und der edlen Sächsin Eigilwi. Als sie 819 den Sohn Karls des Großen, Ludwig den Frommen, heiratete, hatte der Kaiser bereits das Reich unter seine drei Söhne aus erster Ehe aufgeteilt. Die schöne und feingebildete Judith nahm besonders regen Anteil an dem großen Bildungswerk, das unter anderen der Fuldaer Gelehrte, Dichter und Pädagoge Rhabanus Maurus im Ostteil des Reiches begründet hatte; des Rhabanus Schüler, Walafried Strabo, Verfasser entzückender lateinischer Gedichte und Idyllen, wurde ihr Hofkaplan und der Erzieher ihres Sohnes Karls des Kahlen. In dem Wunsche, diesem Sohne das Erbe zu sichern, bildete sie sich einen eigenen Hofstaat, dessen kräftigste Stütze Graf Bernhard war. Durch eine Art von Staatsstreich rang die tatkräftige Judith ihrem schwachen Gemahl den Vertrag von Worms ab, in dem ihrem Sohn Almannien und weite Nachbargebiete zugesprochen wurden. Schon im nächsten Jahr empörten sich die drei erstgeborenen Söhne gegen den Vater, setzten ihn gefangen und verbannten Judith in das Kloster zu Poitiers. Nachdem sie sich durch einen Eid gereinigt hatte, wurde sie zwar freigelassen, zwei Jahre später aber, als die Söhne den Vater in der Schlacht auf dem „Lügenfelde" bei Kolmar überwältigten, abermals eingesperrt. Man brachte sie in das langobardische Staatsgefängnis Tortona. Wieder befreit, erreichte sie ihr Lebensziel: Ihr Sohn Karl der Kahle wurde Kaiser, ließ sie aber in völliger Armut sterben. Ihr Grab liegt im Kloster des hl. Martin zu Tours.

38 v. Chr. — 14 n. Chr.   **JULIA, TOCHTER DES AUGUSTUS**

Im politischen Spiel des auf die Festigung seiner Dynastie bedachten Augustus spielte seine einzige Tochter — aus seiner Ehe mit Scribonia — eine Hauptrolle, zuerst als Komödiantin. Als aber der Vorhang über ihrem Leben fiel, hatte das leichte Stück sich zur Tragödie gewandelt, nicht ohne große eigene Schuld der Hauptdarstellerin. Mit vierzehn Jahren hatte der Vater sie seinem Neffen und Freund Marcus Marcellus zur Frau gegeben; nach dessen frühem Tod dem Marcus Vipsius Agrippa, dem Sieger von Actium und militärischen Ratgeber des Prinzeps. Aber auch Agrippa starb, und wiederum wurde die junge Witwe zum politischen Handelsobjekt ihres kaiserlichen Vaters. Er zwang seinen Stiefsohn Tiberius, der mit Agrippina in glücklicher Ehe lebte, sich von seiner Gattin zu trennen, und gab ihm Julia zur Frau. In ihrer Jugend galt die von Augustus in altrömischer Strenge und Sparsamkeit erzogene Julia als eine der bezauberndsten Frauen der römischen Gesellschaft; sie war in Kunst und Wissenschaft ebenso bewandert wie in Fragen des Haushalts und der Mode, und die Zeitgenossen rühmten ihren überwachen, spritzigen Geist. Langsam aber scheint die Erkenntnis, nur Spielball in den Netzen der hohen Politik zu sein, ihr Wesen von Grund auf verändert zu haben: Die Gattin des Tiberius ergab sich einem in der römischen Öffentlichkeit erst mit Erstaunen, später mit Spott und Verachtung bemerkten zügellosen Lebenswandel. Alle — außer ihrem eigenen Vater — wußten von ihrem schändlichen Tun, das den erbitterten Tiberius in die selbstgewählte Verbannung nach Rhodos trieb. Als Augustus endlich die Augen geöffnet wurden, erreichte er in öffentlicher Gerichtsverhandlung Julias Verbannung auf die Insel Pandataria; erst nach fünf Jahren wurde ihre Haft etwas gemildert und ihr die Übersiedelung auf das Festland gestattet, wo sie eines elenden Todes starb.

162 — 217 n. Chr.   **JULIA DOMNA**

Es heißt, der römische Kaiser Septimius Severus, Libyer von Geburt, habe sich die Tochter des syrischen Sonnenpriesters Bassianus nach dem Horoskop zur Gattin erwählt. Für die Kaiserin baute er am Rande der libyschen Wüste die prächtigen Paläste von Leptis Magna und Sabratha, deren Ruinen vor dreißig Jahren von italienischen Archäologen im Sandmeer der nördlichen Sahara freigelegt worden sind. Julia Domna erkannte erst nach dem Tode des Kaisers die Brüchigkeit der von ihm geförderten Militärdespotie. Der verstorbene Kaiser hatte verfügt, daß die Herrschaft von seinen beiden Söhnen Caracalla und Geta, die von früher Jugend an einander verfeindet waren, gemeinsam geführt werden sollte. Die Kaiserinmutter lud sie nach dem Tode ihres Gemahls in ihren Palast, um sie zu versöhnen. Im Streit um das Erbe zog Caracalla sein Schwert und stieß es dem Bruder ins Herz, Geta verröchelte im Schoße seiner Mutter. Caracalla ließ das Mordschwert als Weihegabe im Tempel aufhängen und überließ der Mutter, während er gegen Alemannen, Goten und Parther auszog, die Erledigung der Staatsgeschäfte. Unter Julias kluger Regentschaft wurde allen freien Bürgern des römischen Weltreichs das römische Bürgerrecht verliehen. Doch ist Julia selber nie zur Römerin geworden; mit ihr zog der orientalische Geist in Rom ein, sie liebte die griechische Philosophie, der Sophist Philostrat gehörte zu ihrem Gefolge. Im Zeichen des Weltbürgerrechts gab Julia ihrem Sohn Caracalla den Gedanken ein, die Tochter des Partherkönigs zu heiraten, um die beiden einzigen Großmächte ihrer Zeit zu vereinigen. Als die Ermordung Caracallas all ihre Zukunftspläne zerschlug, hungerte sie sich zu Tode.

JULIA MAESA
Um 200 n. Chr.

Um das Jahr 220 n. Chr. wurde in Rom der Tempel des syrischen Sonnengottes unter orgiastischen Feiern eingeweiht. Der geschminkte Baalspriester vor dem Altare war kein anderer als der vierzehnjährige Kaiser des Römischen Reiches, Marcus Aurelius Antoninus Elagabalus, der angebliche Sohn Caracallas, den die syrischen Truppen soeben zum Cäsar ausgerufen hatten. Eine alte Frau sah dem würdelosen Treiben mit großer Sorge zu: Julia Maesa, die Großmutter des Elagabals. Sie sah voraus, daß unter der Herrschaft dieses Frühverdorbenen Staatsgesinnung und Rechtsdenken schwinden würden; sie sah Isis, Mithras und zahllose orientalische Götter in das wieder aufgebaute Pantheon einziehen und altrömische Art im Pomp landfremder Kulte untergehen. Als Elagabal einen edelsteingeschmückten Meteorstein zum „Herrn des Himmels" erklärte und alle Untertanen zu seiner Verehrung verpflichtete, gelang es Julia Maesa, ihrem Enkel die Zügel der Regierung zu entwinden und ihre Erhebung zur Augusta, zur kaiserlichen Regentin, durchzusetzen. Durch kluge Maßnahmen konnte sie das Ärgste verhüten. Sie erzog ihre Tochter Mammaea zu Tugend und Rechtlichkeit und erreichte es, daß Elagabalus den Sohn Mammaeas zum Cäsar und Mitregenten erhob. Vier Jahre nach seinem Regierungsantritt wurde Elagabal von seiner Garde ermordet; der Kaiser, der die Zuchtlosigkeit zur Religion erhoben hatte, wurde durch den Straßenkot geschleift und in den Tiber geworfen. Sein jugendlicher Nachfolger, Maesas Tochtersohn, erneuerte als Kaiser Alexander Severus das zerrüttete Staatsleben und versicherte sich der Mithilfe der besten Männer, die Rom aufzuweisen hatte.

JULIANE VON DÄNEMARK
1729 — 1796

Wenn Friedrich der Große dieser Frau einen Platz in dem Freundschaftstempel anbot, den er für seine Lieblingsschwester Wilhelmine errichtete, und wenn er sie „einen Lichtstrahl in schwarzer Finsternis" nannte, so muß Juliane mehr als nur ein Schattendasein geführt haben, wie in manchem Geschichtsbuch zu lesen steht. König Friedrich sah in der tatkräftigen Frau, der Tochter des Herzogs von Braunschweig, mit der er zweihundertfünfzig Briefe, darunter auch manch offenen politischen Brief wechselte, nicht nur eine kluge Bundesgenossin seiner Politik, sondern auch eine Stütze der europäischen Monarchien. Als Juliane als Gattin Frederiks V. nach Dänemark kam, fand sie einen völlig verlotterten Hof vor, der nicht nur symbolisch dem Hofe des dänischen Prinzen Hamlet glich. Ihr Stiefsohn, der spätere König Christian VII., hatte sich in einem wüsten Leben bis zur Geisteskrankheit ruiniert; als Juliane nach dem Tode ihres Gatten für den regierungsunfähigen Christian VII. die Regierung als Statthalterin übernahm, mußte sie sich nicht nur gegen die intrigante Hofkamarilla wehren, die unter einem „Weibsregiment" Morgenluft witterte, sie mußte auch den allmächtigen Staatsminister Graf Struensee, den Freund der Königin Karoline Mathilde, verdrängen. Im Gemach Julianes wurde der Verschwörerplan entworfen. Nach einem großen Maskenball im Schloß wurden beide verhaftet. Struensee wurde wegen strafbaren Umgangs mit der Königin enthauptet und Karoline Mathilde mit ihrem Töchterchen in der sagenumwobenen Festung Kronberg, dem alten Kastell Hamlets, festgesetzt. Der willenlose König bestätigte das Urteil, die Ehe wurde getrennt. Von da an war Juliane die Herrin in Dänemark.

* 30. IV. 1909   **JULIANE, KÖNIGIN DER NIEDERLANDE**

Am 7. Januar 1937 nahm das ganze holländische Volk jubelnden Anteil an der Hochzeitsfeier seiner Konprinzessin Juliane mit dem deutschen Prinzen Bernhard zur Lippe-Biesterfeld, und schon ein Jahr darauf erfreute das junge Paar Königin Wilhelmine mit einer Enkelin, Prinzessin Beatrix Wilhelmine Armgard. Das vorbildliche, schlichtbürgerliche Familienleben in Schloß Soestijk wurde 1940 durch die Kriegsereignisse jäh unterbrochen; Prinz Bernhard schloß sich den niederländischen Truppen und später den britischen Luftstreitkräften an, während seine Gemahlin sich mit ihren beiden Kindern zur Sicherung der Dynastie nach Ottawa in Kanada begab. Dort kam im Januar 1943 das dritte Töchterchen des königlichen Paares zur Welt, Prinzessin Margriet Franziska, die ihr Vaterland erst nach der glücklichen Heimkehr im Jahre 1945 kennenlernte. Die vierte Tochter, Maria Christiana – deren Augenleiden den Eltern und dem holländischen Volk viele Sorgen bereitet – kam 1947 zur Welt, im gleichen Jahre, in dem Kronprinzessin Juliane für ihre erkrankte Mutter zum erstenmal als Regentin eingesetzt wurde. Königin Wilhelmine hatte schon vor längerer Zeit den Wunsch ausgesprochen, mit Vollendung ihres fünfzigsten Lebensjahres abzudanken, und am 6. September 1948 legte die eben gekrönte Königin Juliane als Staatsoberhaupt den Eid auf die Verfassung ab, im Beisein ihrer Mutter und Prinz Bernhards, der seitdem seiner Gemahlin als Prinz der Niederlande -- nicht als Prinzgemahl -- zur Seite steht. Seit über siebzig Jahren ist das „sanfte Frauenregiment" das Glück der Niederländer, die ihre Königin als wahrhafte Landesmutter verehren. Ihren Doktortitel trägt Juliane nicht, wie viele Staatsoberhäupter, „ehrenhalber" -- sie hat ihn sich in ihrer Jugend mit einem regulären Studium und den entsprechenden Examina ehrlich erarbeitet.

1903 — 1959   **ELISABETH JUNGMANN**

„Die kleineren Dramen schreiben Sie wohl schon allein . . . ?" neckte ein Gast des Hauses „Wiesenstein" im Riesengebirge einmal die langjährige Sekretärin Gerhart Hauptmanns – ein Scherz nicht ohne tiefere Bedeutung; denn Elisabeth Jungmann war immer viel mehr als nur eine zuverlässige Schreibkraft gewesen. Der Dichter bestand darauf, daß man sie „seine Helferin" nannte, sie, die Tag für Tag sein Diktat und seine Notizen aufzeichnete und oft in der abendlichen Tischrunde das tagsüber Entstandene zum erstenmal vorlas. Darüber hinaus war Elisabeth, die als blutjunges Mädchen von Hirschberg in das fürstliche Dichterheim gekommen war, auch die eigentliche Verwalterin des weitläufigen Haushaltes; sie führte die umfangreiche Korrespondenz und begleitete die Familie Hauptmann auf ihren weiten Reisen. In der Sommerresidenz des Dichters, in Hiddensee, lernte sie im Sommer 1933 den Dichter und Grandseigneur Rudolf G. Binding kennen, den Verfasser vielgerühmter Erzählungen, der mit Hauptmann freundschaftlich verbunden war. Als der Dichter erkennen mußte, daß zwischen seiner treuen Helferin und Binding eine tiefe Neigung bestand, gab er sie schweren Herzens frei, und sie folgte dem Mann ihrer Wahl in sein Dichterhaus am Starnberger See. Die nationalsozialistischen „Rassengesetze" machten eine Eheschließung unmöglich, aber Rudolf G. Binding hat sich trotz schwerster Gefährdung bis zu seinem Tode nicht von Elisabeth getrennt. Sein großangelegter Gedichtzyklus „Nordische Kalypso" ist ein einziges Preislied auf die geliebte Frau, der kurz vor dem Ausbruch des zweiten Weltkrieges die Flucht nach England gelang, wo sie bald wieder einen Kreis bedeutender Menschen um sich sammelte. 1945 kehrte sie zurück und half beim Neuaufbau des deutschen Erziehungswesens. Als Sekretärin des Nobelpreisträgers Eliot lernte sie den Malerdichter Sir Max Beerbohm kennen, als dessen Gattin sie auf ihrem schönen, musealen Landsitz in Rapallo verschieden ist.

MATHILDE KAINZ † 1884

„Sie hatte das heiße Temperament, die zornige Liebe, die löwenhaft wird, wenn es sich um ihr Junges handelt. Es blieb der zarten, schlanken Frau nichts übrig, als für sich selbst Entsagung zu werden und ganz Sorge für den Jungen, der schon ein kleiner Mann war, und für den Gatten, der in mancher Hinsicht ein großes Kind blieb." So charakterisiert ihr Biograph Mathilde Bernhardt, eine Unterfränkin bäuerlicher Herkunft, die schon früh nach Wien kam und die Mutter des genialen Schauspielers Josef Kainz wurde. Sie verheiratete sich mit einem kleinen Schauspieler, der zum Eisenbahnbeamten hinübergewechselt war, einem Bruder Lustig, der eifrig ins Kaffeehaus lief und sehr früh durch einen Unfall ums Leben kam. Ihrem Sohn Josef, dessen hohe Begabung sie rechtzeitig erkannte, wandte sie seit dem Tode ihres Mannes ihre ganze Liebe zu. Als der Fünfzehnjährige nicht mehr zur Schule gehen wollte, brachte sie das Geld auf, um ihn in die Sprechschule der Burgschauspielerin Kupfer zu schicken. Sie selber ging jetzt häufiger ins Theater, um ihn fachkundig beraten und bilden zu können. So schenkte sie dem heranwachsenden Schauspieler das gläubige Vertrauen in sein Talent. Wenn später an Josef Kainz die „lauterste Vertiefung und Verinnerlichung und die glanzvolle Kultur seiner Sprache" gerühmt wurde, so hat die Mutter zu diesen Gaben den Grund gelegt. Josef Kainz blieb ein dankbarer Sohn; er ließ die Mutter, wenn er in der großen Welt gastierte, brieflich an seinem Ruhm teilnehmen und nahm die Vierundvierzigjährige bis zu ihrem Lebensende zu sich. Mathilde Kainz ruht auf dem Hedwigsfriedhof in Berlin. Josef Kainz gestand: „Ich habe keinen Tag aufgehört, meiner Mutter und meines Vaters zu gedenken."

CHARLOTTE VON KALB 25. VII. 1761 — 12. V. 1843

Die ebenso empfindsame wie leidenschaftliche Frau war ohne Neigung mit dem Offizier in französischen Diensten, Heinrich von Kalb, verheiratet worden. Auch als ihr Gatte Prinzenerzieher und Finanzminister am weimarischen Hofe geworden war, galt die Schwärmerei ihres Herzens den Dichtern, die ihr begegneten. Der junge Hölderlin schrieb im Juli 1794 an seinen Bruder: „Sie (die Majorin von Kalb) trug mir auf, Dir zu schreiben, daß sie an die Fortdauer unserer Freundschaft glaube; denn wenn einmal zwei zu diesem Zweck sich die Hand reichen, daß sie durch Anteil an allem sich stärken und emporhelfen, dann seien sie auf ewig verbunden." Und Jean Paul bekannte ihr am 18. Juni 1796: „Ich hing liebkosend und weich an der Seele, die ich liebe. Du bist die Natur, du bist das Universum um mich, und ich gebe deinem nahen Herzen alles, was der große Geist um uns in meinem erschafft." In einem weiteren Weimarer Brief (1799) erzählte er seinem Freund Otto: „Schiller näherte sich sehr der Titanide (Charlotte) und sagte schon dreimal zu ihr: wir müssen miteinander nach Paris." Hölderlin hielt es jedoch nur ein Jahr lang als Erzieher im Kalbschen Hause aus, da ihm der Stern Diotima aufging. Jean Paul genoß die Verehrung der genialischen Frau, die ihn nach Weimar eingeladen hatte — und heiratete eine andere. Schiller hatte Charlotte in Mannheim kennengelernt und an ihr eine verstehende und hilfreiche Freundin gefunden. Die Zuneigung wurde bald zur verzehrenden Leidenschaft. Gedichte wie „Die Freigeisterei der Leidenschaft" und „Resignation" bezeichnen den schweren Kampf in der Seele des Dichters; aber auch er entsagte und fand in Charlotte von Lengefeld die Erwählte seines Herzens. Heinrich von Kalb erschoß sich 1806. Charlotte starb, blind und verarmt, in Berlin bei ihrer Tochter, einer Hofdame der Prinzessin Wilhelmine von Preußen.

ELSA SOPHIA VON KAMPHOEVENER
14. VI. 1878 — 27. III. 1963

Baronin Elsa Sophia von Kamphoevener hat ein abenteuerliches Leben geführt wie kaum eine andere Frau in der jüngsten Vergangenheit. Sie ist in Hameln an der Weser geboren, als Tochter des Marschalls Louis von Kamphoevener-Pascha. Von frühester Kindheit an lebte sie in der Türkei, wo ihr Vater als Reorganisator der türkischen Armee tätig war. Sie war wenig interessiert am gesellschaftlichen Leben der Residenz, um so brennender nahm sie am Leben des türkischen Volkes teil. In Männerkleidung gelang es ihr, als Teilnehmerin an Karawanen unerkannt weite Ritte ins Innere Kleinasiens zu unternehmen. Sie lauschte an den nächtlichen Lagerfeuern den Märchenerzählern, die mit ihren Geschichten die Männer wach hielten, damit sie rechtzeitig räuberischen Überfällen begegnen konnten. Oft vertrat sie den berühmtesten Erzähler Fehim Bey, wurde später als Mitglied in seine Familie aufgenommen und erhielt damit das Recht, die der Bey-Familie gehörenden Märchen zu erzählen. Sie hat sie uns in drei Bänden zugänglich gemacht, die den Titel tragen „An Nachtfeuern des Karawan-Serail — Märchen und Geschichten alttürkischer Nomaden". Dieses Geschenk mit all seiner Bildhaftigkeit und Phantastik wird zu dem „Köstlichsten der Weltliteratur" gerechnet. Darüber hinaus hat Elsa Sophia von Kamphoevener als Schriftstellerin und Erzählerin am Rundfunk eine reiche Tätigkeit entfaltet, zehn Jahre lang war sie filmkünstlerische Dramaturgin. Im zweiten Weltkrieg wurde sie den Soldaten unter dem Namen „Kamerad Märchen" bekannt. Frau von Kamphoevener, die alle Sprachen des Mittelmeerraumes beherrscht, hält die türkische Sprache für die knappste Form der Ausdrucksweise, weil auch Gesten und Handbewegungen und der Ausdruck der Augen zu ihrem „Wortschatz" gehörten.

KATHARINA VON KARDORFF-OHEIMB
1878 — 22. III. 1962

Sie wurde als reiche, schöne, noch junge Frau, Mutter von sechs Kindern, eine der bekanntesten politischen Persönlichkeiten in der Zeit der Weimarer Republik von 1918–1933. Als Mitglied der „Deutschen Volkspartei" Gustav Stresemanns kam sie 1920 als Abgeordnete in den Deutschen Reichstag. Sie war eine der wenigen Frauen, deren Arbeit hauptsächlich der Außenpolitik galt, auch in ihrer sehr umfangreichen Tätigkeit als Leitartiklerin großer Tageszeitungen und als Rednerin. Sie wirkte als Dozentin an der Lessing-Hochschule und später an der Hochschule für Politik in Berlin. Mit Reichspräsident Ebert verband sie eine nahe, persönliche wie politische Freundschaft, wie überhaupt der Kreis ihrer Beziehungen und ihrer Geselligkeit weit über den parteipolitischen hinausreichte. Sie führte einen der wenigen großen „Salons" von Berlin, in dem Parlamentarier, führende Persönlichkeiten der Wirtschaft, der Presse, der Kunst und Literatur einander begegneten. Reisen in alle Erdteile weiteten ihr Weltbild. Auch nach ihrer Abgeordnetenzeit blieb sie der Politik aufs engste verbunden durch ihre Ehe mit Siegfried v. Kardorff, der bis zur Hitlerzeit Vizepräsident des Reichstages war. Im „Dritten Reich" sammelte sich im Hause der Kardorffs der „Widerstand", bis die Bombenzeit das Ehepaar in ein Städtchen des uckermärkischen Kreises Templin verschlug, wo Kardorff starb und seine Gattin nach dem Zusammenbruch als Bürgermeisterin wirkte. Sie veröffentlichte mehrere Schriften, darunter die politischen „Gardinenpredigten". — Nach sehr schweren Jahren zwischen 1946 und 1952 hat sie sich, fast eine Achtzigerin, in die Altersstille von Düsseldorf zurückgezogen und ihre Lebenserinnerungen geschrieben — ein höchst unterhaltendes aber auch sachlich ernstes politisches Dokument der politisch regen Zeit, die sie miterlebte und mitgestaltete.

BERTA KARLIK

* 24. I. 1904

Die Laufbahn der in Wien geborenen Professorin Dr. Berta Karlik bahnte sich schon während ihres Studiums an, als die junge Studentin der Physik von Professor Dr. Stefan Meyer in das radioaktive Gebiet eingeführt wurde. 1928 promovierte sie zum Dr. phil. Sie erhielt von der „International Federation of University Women" ein Stipendium und vertiefte ihre Fachkenntnisse in London, Cambridge und Paris. Von 1933 an arbeitete sie wieder in Wien am Institut für Radiumforschung und wurde 1945 zunächst zur provisorischen Leiterin, später zum Vorstand des Instituts ernannt. 1950 wurde sie als zweite Frau an der Universität Wien außerordentlicher Professor und 1956 ordentlicher Professor der Physik. Eine in der wissenschaftlichen Welt besonders auffallende Leistung war 1943 der Nachweis des chemischen Elements 85 — Astat — in der Natur, das zuvor nur auf künstlichem Wege in Amerika erzeugt und entdeckt worden war. Sie aber wies einige seiner Isotope beim Zerfall natürlicher Elemente nach. Der Nachweis gelang mit Hilfe gründlicher Untersuchungen über die Reichweite der Alpha-Strahlen dieser Isotope. Für diese hervorragende Entdeckung wurde sie mit dem Haitinger Preis der Österreichischen Akademie der Wissenschaften ausgezeichnet. Eingehend widmete sie sich u. a. auch den Erscheinungen des Szintillationsvorganges, der ein wichtiges Hilfsmittel beim Nachweis radioaktiver Strahlen ist. Die Zahl ihrer wissenschaftlichen Veröffentlichungen ist sehr groß. Ihr verdankt das Handbuch für analytische Chemie von Fresenius-Jander auch das Kapitel über das Element Radon und seine Isotope. 1951 erhielt sie den Kulturpreis der Stadt Wien und 1954 die Wilhelm-Exner-Medaille. Seit 1954 ist sie korrespondierendes Mitglied der Österreichischen Akademie der Wissenschaften; als einzige Frau nach Madame Curie und Lise Meitner wurde sie zum auswärtigen Mitglied der Akademie der Wissenschaften in Göteborg ernannt.

KAROLINE VON ENGLAND

1. III. 1683 — 20. XI. 1737

Es war ein sensationelles Ereignis, als die zwanzigjährige Tochter des Markgrafen von Ansbach die Hand des Erzherzogs Karl, des späteren Kaisers Karl VI., ausschlug: Sie wollte nicht katholisch werden. Als sie bald darauf den Kurprinzen von Hannover kennenlernte, brauchte sie den Glauben nicht zu wechseln: Beide verliebten sich stürmisch ineinander und heirateten sofort. In Hannover suchte sie, nicht ohne Absicht, die Gesellschaft des Philosophen Leibniz; da ihr Gatte Georg später als zweiter hannoverscher Prinz den Königsthron von England besteigen würde, ließ sich die junge Frau von dem großen Gelehrten in den Wissenschaften, vor allem in der Staatskunst unterweisen. Kein Philosoph hat je eine gelehrigere Schülerin gehabt; sie verstand es geschickt, ihr Wissen vor ihrem Gatten zu verbergen. — Es sollte freilich sehr lange dauern, bis sie als englische Königin dieses Wissen in die Tat umsetzen konnte. Zwischen Georg I. und seinem Sohn, ihrem Gatten, bestand ein gespanntes Verhältnis; nach peinlichen Auftritten verbannte der Vater den Sohn vom Hofe. Karoline war vierundvierzig Jahre alt, als sie nach dem Tode des Schwiegervaters zur Königin gekrönt wurde. Ihr Gatte verbrachte, von Heimweh geplagt, seine beiden ersten Regierungsjahre in Deutschland und nahm auch später oft Urlaub von den Staatsgeschäften; Karoline regierte in Verbindung mit dem genialen Minister Sir Robert Walpole in seiner Abwesenheit das Königreich. Walpole fand in der klugen und hochgebildeten Deutschen eine gleichartige Partnerin von großartiger Weltkenntnis. Die Geschichte hat nicht entschieden, wer von den beiden wirklich das Ruder des Staatsschiffes geführt hat; aber die Künste, die Wissenschaften und der Handel blühten, und das Volk genoß die Segnungen des Friedens.

KAROLINE HENRIETTE VON HESSEN-DARMSTADT

17. V. 1768 — 26. VIII. 1821

In „Dichtung und Wahrheit" hat Goethe der „großen Landgräfin" ein unvergängliches Denkmal gesetzt. Er hat sie nur einmal gesehen; das war auf der altberühmten „Zeil" in der Frankfurter Innenstadt. Dort machte die Landgräfin Rast auf der Reise nach Petersburg, wo sie auf Einladung Kaiserin Katharinas drei ihrer heiratsfähigen Töchter bei Hofe vorstellen sollte. Eine von ihnen, Wilhelmine, blieb gleich in Petersburg, als Gemahlin des späteren Zaren Paul I. Die andere, Luise, sah Goethe auf der „Zeil" zum erstenmal, nicht ahnend, daß er ihr, der späteren Großherzogin von Sachsen-Weimar, über ein halbes Jahrhundert lang in Freundschaft verbunden sein würde. „Schlank und rank", erzählte er später dem Kanzler von Müller, „sah ich sie dort in den Wagen steigen, der sie nach Rußland brachte ..." Daß ihnen die erlauchtesten Höfe Europas offenstanden, verdankten die Mädchen dem Ansehen ihrer Mutter Karoline Henriette, die trotz mancherlei widriger Umstände und einengender Verhältnisse ihr eigenes Leben in schöner Ausgeglichenheit der Seele wie ein Kunstwerk formte und vollendete. Von umfassender Bildung und anspruchsvollen literarischen Interessen, die sie Homers „Ilias" und „Odyssee" in der Ursprache lesen ließen, nahm sie besonderen Anteil an der ersten Veröffentlichung von Klopstocks Oden, sie lud Wieland und Sophie La Roche zu sich ein und stand in Briefwechsel mit Voltaire, Helvetius und vielen anderen bedeutenden Geistern ihrer Zeit. An der Seite eines Gemahls, dessen ein wenig absonderliche Neigungen ihr kultivierter Geschmack nicht akzeptieren konnte, führte sie in strenger Pflichterfüllung das Leben einer sorgenden und allseits verehrten Landesmutter. Ein besonderes Glück fand sie in der Freundschaft mit Friedrich dem Großen, mit dem sie bis zu seinem Tode in Briefwechsel stand.

ANNA LUISE KARSCH

1. XII. 1722 — 12. X. 1791

In kaum einer deutschen Literaturgeschichte hat diese schlesische Frau und Naturdichterin, obwohl sie einst am preußischen Hof stürmisch als „Deutsche Sappho" gefeiert wurde, mit mehr als ein paar Zeilen Eingang gefunden. Gewiß brachte Schlesien, das „Land der 666 Dichter", eine glanzvolle Reihe bedeutender Köpfe hervor — aber wenn Jakob Böhmes, des Angelus Silesius, Gustav Freytags oder Eichendorffs gedacht wird, sollte auch, wegen ihrer beispielgebenden Heimatverbundenheit, die „Karschin" nicht vergessen werden. Ein schweres Schicksal hat die ehemalige Bauernmagd trotz aller Anerkennung für ihre rein gestimmten Lieder, die nach einem Wort der Dichterin Ina Seidel „die Schwingungen von Volk und Landschaft aufnahmen", bis nahezu ans Lebensende begleitet. Geboren auf der Meierei Hammer zwischen Schwiebus und Zillichau als Tochter eines Schankwirts, mußte sie sich nach dem frühen Tode des Vaters zunächst in bäuerlichen Dienst verdingen. Schon in jungen Jahren durch ihr Improvisationstalent aufgefallen, wurde die Vierzigjährige, die bereits zwei unglückliche Ehen hinter sich hatte, von dem schlesischen Baron von Kottwitz nach Berlin geholt und Friedrich dem Großen vorgestellt. Fast schien es, als sollten in Berlin für die Dichterin erfüllterer Tage beginnen. Doch die wirtschaftlichen Verhältnisse blieben sorgenvoll. Der König hatte zwar eine Unterstützung versprochen, doch infolge der Kriegslasten reichte es nur zu gelegentlichen kleinen Zuwendungen. Erst Friedrichs Nachfolger, Friedrich Wilhelm II., ließ der Frühgealterten ein „geräumiges und propres" Häuschen bauen. „Ein Kind ihrer Zeit im Ausdruck ihrer Lieder", sagt Ina Seidel, „ist Anna Luise Karsch unsterblich mit dem Unsterblichen, dem ewig jungen Wesen der Heimaterde, das so unmittelbar und tief ihr zu erkennen vergönnt war."

KATHARINA I. 15. IV. 1684 — 17. V. 1727

Es war am 20. August 1702, als die Russen unter General Tscheremetow die Stadt Marienburg erstürmten; alle Einwohner wurden gefangengenommen, unter ihnen eine achtzehnjährige bildhübsche Soldatenfrau. Ihre verhaltene Schönheit begründete eine der märchenhaftesten Karrieren der Geschichte. General Tscheremetow „schenkte" sie dem Fürsten Menschikow, dem mächtigen Günstling des Zaren Peter des Großen. Bei einem Besuch in Menschikows Hause sah sie der Kaiser, faßte eine Neigung zu ihr und sorgte für ihre Bildung. Sie trat auf seinen Wunsch zum orthodoxen Glauben über und erhielt den Namen Katharina Alexjewna. Sie wußte den Kaiser an sich zu fesseln und schenkte ihm zwei Töchter, von denen Elisabeth die spätere Zarin Elisabeth Petrowna wurde. Katharina verstand es, den Zaren auf einem Feldzug gegen die Türken durch geschicktes diplomatisches Verhandeln mit dem Großwesir aus einer äußerst gefährlichen Lage zu befreien. Zar Peter zeigte sich nicht undankbar, stiftete zur Erinnerung an diese Tat den Katharinen-Orden und erhob Katharina Alexjewna zu seiner Gemahlin. Den Gipfel ihrer Laufbahn erklomm Katharina, als Peter sie im Jahre 1724, den Tod vor Augen, zur Kaiserin krönen ließ. Ein Jahr danach trauerte Rußland um seinen größten Zaren und jubelte wenige Tage später seiner Nachfolgerin, Katharina I., zu. Die vierzigjährige Zarin war klug genug, die Regierungsarbeit einer so staatsmännischen Kraft wie Menschikow zu überlassen. Auch als Kaiserin schämte sie sich ihrer Herkunft nicht, sie hütete sich vor dem Übermut der Emporkömmlinge. Am 27. Mai 1727 erlag sie einem plötzlichen Krankheitsanfall im 43. Jahre ihres Lebens und im dritten Jahre ihres Kaisertums.

KATHARINA II. 2. V. 1729 — 17. XI. 1796

Am 2. Mai 1729 wurde in Stettin die Prinzessin Sophie von Anhalt-Zerbst geboren. Sie wuchs auf als eine der vielen Duodez-Prinzessinnen, an denen Deutschland damals reich war. Das entscheidende Ereignis ihres Lebens wurde das Angebot der Kaiserin Elisabeth von Rußland, Sophie mit dem russischen Thronfolger zu vermählen. Aus der fünfzehnjährigen deutschen Prinzessin wurde die Großfürstin Katharina Alexjewna. Nach dem Tode der Zarin Elisabeth bestieg Katharinas Gemahl Peter für kurze Zeit den Thron. Schon bald erwies sich seine politische Unfähigkeit, und die ehrgeizige Katharina hatte wenig Mühe, ihn im Bündnis mit einflußreichen Petersburger Kreisen vom Thron zu stoßen. Mit 33 Jahren war die ehemalige deutsche Prinzessin Alleinherrscherin über das russische Reich. Imponierend ruhig und überlegen meisterte Katharina alle Schwierigkeiten, die sich ihr entgegenstellten. Zunächst mußte sich die Zarin Sicherheit im Innern verschaffen. Dabei erwies sich ihre Anpassungsfähigkeit an die russische Mentalität. Katharina hat sich in der Behandlung dieser oft so rätselhaften Volksseele niemals vergriffen. Die Gouvernements-Verfassung wurde geschaffen und der Versuch unternommen, die Lage der Bauern zu bessern. Dieser Versuch schlug fehl, da der Adel, dessen wirtschaftliche Interessen gefährdet waren, sich mit allen Mitteln gegen eine Bauernbefreiung zur Wehr setzte. Bessere Erfolge errang Katharina auf außenpolitischem Gebiet. Mit einer geschickt geleiteten Machtpolitik gelang es ihr, das Gebiet Rußlands nach Westen und Süden bedeutend zu erweitern. Unter ihrer Regierung stieg die Zahl der Einwohner Rußlands von 20 Millionen auf 36 Millionen. Entscheidend für ihren Erfolg war der für eine Frau ungewöhnlich ausgeprägte politische Verstand. Es ist bezeichnend, daß von ihren zahlreichen Günstlingen sie keiner politisch beherrscht hat.

15. XII. 1485 — 7. I. 1536 **KATHARINA VON ARAGONIEN**

Als Katharina ihrem ersten Kind, einem Knaben, das Leben schenkte, tanzte König Heinrich VIII. im Überschwang des Glücks vor ihr Ballett — der Achtzehnjährige vor der dreiundzwanzigjährigen spanischen Prinzessin, der Tochter Ferdinands von Aragonien und Isabellas von Kastilien. Katharina war im Jahre 1502 aus politischen Gründen Heinrichs Bruder, dem Prinzen von Wales, vermählt worden; aber ihr Gatte starb schon sechs Monate nach der Hochzeit. Der spanische König nahm seine Tochter nicht zurück, der Papst gab die Dispens zur Schwagerehe mit Heinrich VIII., und so wurde Katharina die erste der sechs unglücklichen Frauen, der der gekrönte Wüstling verstieß oder dem Henker überantwortete. Ihr Verhängnis begann, als zum drittenmal ihr Neugeborenes, der dritte Knabe, der dritte Thronfolger, starb; nur ihr Töchterchen Mary blieb am Leben. Kaiser Karl V., ihr Neffe, der inzwischen den spanischen Thron bestiegen hatte, verkündete nach einem Besuch am Hofe Heinrichs aller Welt, wie glücklich Katharina sein müsse, da selbst „der Teppich zu ihren Füßen mit Perlen bestickt sei". Die Königin veranstaltete Feste, sie zwang sich zur Heiterkeit, auch als sie wußte, daß Heinrich sie mit ihrer bildschönen Hofdame Anne Boleyn betrog. Am 8. November 1528, nach zwanzigjähriger Ehe, strengte Heinrich unter nichtigem Vorwand vor den versammelten Räten den Ehescheidungsprozeß an. Als der Papst protestierte, vollzog Heinrich VIII. die Trennung von Rom und nahm den Titel an: „Oberstes Haupt auf Erden der Kirche von England und unmittelbar von Gott." Pfingsten 1533 heiratete er Anne Boleyn. Katharina wurde verbannt und starb drei Jahre später. Die neue Königin erschien zu ihrer Beisetzung mit ihren Hofdamen in grell leuchtendem Gelb.

13. IV. 1519 — 5. I. 1589 **KATHARINA VON MEDICI**

Das Haus Medici war aus kleinen Anfängen mächtig emporgestiegen. Ursprünglich ein adliges Stadtgeschlecht in Florenz, konnte es im 16. Jahrhundert mit manchen regierenden Häusern wetteifern, denen es in der Regel finanziell weit überlegen war. Die junge Katharina, Tochter Lorenzos II., des Herzogs von Urbino, wurde 1553 dem französischen Dauphin angetraut, der als Heinrich II. den Thron bestieg. Sie wurde Mutter dreier Söhne, Franz' II., Karls IX. und Heinrichs III., die nacheinander die Krone trugen. Katharina, eine willensstarke und gebildete Frau, übte auf ihre Söhne, vor allem auf Heinrich III. einen entscheidenden Einfluß aus. Als Regentin wie als Königin-Mutter war sie die eigentliche Herrscherin. Für die Geschichte hochbedeutsam wurde die Heirat ihrer Tochter Margareta mit Heinrich, dem König von Navarra, dem nachmaligen König Heinrich IV. von Frankreich: Katharina benutzte das Hochzeitsfest zu der berüchtigten „Pariser Bluthochzeit", der Bartholomäusnacht vom 24. August 1572; zweitausend führende Hugenotten Frankreichs, von denen sie eine Schmälerung ihres Einflusses befürchtete, fanden in dieser Nacht den Tod. — An großartige Verhältnisse gewöhnt, ließ Katharina die Pariser Residenz durch den Bau der Tuilerien erweitern, sie verwendete sich für die Wissenschaften und schönen Künste und besaß wie viele ihrer Zeitgenossen ein besonderes Interesse für die Astronomie, die damals der Astrologie noch sehr verwandt war. Sie starb zu Blois, der ländlichen Residenz vieler Könige Frankreichs. Katharina von Medici gehört zu den Fürstinnen, die weniger durch ihre persönlichen Gaben berühmt geworden sind als durch die Geschehnisse, die ihre Herrschaft verdunkeln.

KATHARINA VON SIENA 25. III. 1347 — 29. IV. 1380

Im Europa des 14. Jahrhunderts ist die Ratlosigkeit zur Losung des Tages geworden. Papst steht wider Gegenpapst. Der Ehrgeiz Frankreichs, die Kurie zu beherrschen, hält den legitimen Nachfolger Petri als freiwilligen Gefangenen in Avignon. In Florenz erhebt die alte guelfische Republik das Banner des italienischen Nationalgeistes gegen die französische Führung der Kirche und die Fremdherrschaft in ihrem Staat. In England zeichnet sich eine Loslösung von Rom ab. Der verwirrende Kampf der provençalischen, ungarischen und unteritalienischen Fürsten um das Königreich Neapel vertieft das ausweglose Dunkel. Dantes Traum von einer Weltmonarchie, unter der sich die Völkerstaaten zusammenschließen, erscheint unwirklicher als je, zumal im Osten der Türke seine imperialistischen Pläne keineswegs aufgegeben hat. In dieser Zeit ertönt die aufrüttelnde Stimme der Färberstochter Caterina Benincasa aus Siena. In der politischen Wirkung einer Jeanne d'Arc ähnlich, greift die Dominikanerin in machtvoller Rede und in Briefen großen Stils tief in das öffentliche Leben ein. Die Heilige scheut sich nicht, dem Papst ernst ins Gewissen zu reden. Die politische Denkerin Caterina verspricht sich von einer Rückkehr des Papstes nach Rom ein weithin sichtbares Bekenntnis zu einer tausendjährigen Tradition und zugleich die allmähliche Wiederherstellung einer gesunden bürgerlichen Ordnung. Daher sucht sie gleichzeitig Florenz zum Frieden zu bewegen, wie sie ebenso den Papst ermahnt, unkriegerisch mit Kruzifix und Psalmengesang in Rom einzuziehen. Beides glückt ihr nicht. Nach der Legende mit zahlreichen Gesichten begnadet, gibt Katharina in der einsamen Zelle 1380 ihre Seele in die Hand des Schöpfers zurück.

ANGELIKA KAUFFMANN 30. X. 1741 — 5. XI. 1807

Eine der angesehensten Frauen im europäischen Kulturkreis des ausgehenden 18. Jahrhunderts war die Malerin Angelika Kauffmann. Sie gehörte eigentlich keiner einzelnen Nation an. Als Tochter eines Schweizer Malers in Chur geboren, kam sie elfjährig als malendes „Wunderkind" nach Italien, wurde mit 21 Jahren Mitglied der Akademie von Florenz, hielt sich von 1766 bis 1781 in England auf und lebte von 1782 an als Frau des venezianischen Malers Antonio Zucchi in Rom. In London war sie 1768 maßgebend an der Gründung der Königlichen Akademie beteiligt. In Rom war ihr Haus der Mittelpunkt eines erlauchten Kreises europäischer Gelehrter und Künstler. Fürsten wie Kaiser Joseph II. und der hohe Adel Europas waren ihre Auftraggeber. Von der Persönlichkeit Angelika Kauffmanns, in der eine frische, manchmal wunderliche Impulsivität sich mit weiblichem Charme, feiner Empfindlichkeit und vielseitiger Bildung verband, ging ein eigentümlich gewinnender Zauber aus. Ihre kultivierte und klassisch formstrenge Kunst zielte, zumal in mythologischen und allegorischen Gemälden wie „Orpheus und Eurydike", „Die von Theseus verlassene Ariadne" oder „Die zwischen den Künsten Musik und Malerei schwankende Angelika" auf dekorative Wirkung. Vor allem galt Angelika Kauffmann als Meisterin der Bildniskunst, in der sie innere Wahrheit und Würde der Menschendarstellung mit zarter Feinfühligkeit zum Ausdruck brachte. Mit Porträts von Goethe, Frau Krüdener, Sir Joshua Reynolds und dem Baumeister Novosielski hat sie ebenso wie mit Kinder- und Selbstbildnissen zeitlose Meisterwerke geschaffen. Auch ihre reizvollen Radierungen und Zeichnungen haben in anderthalb Jahrhunderten nicht an Anziehungskraft verloren.

* 1889 ## RAJKUMARI AMRIT KAUR

Simla liegt in den südlichen Vorbergen des Himalaya und ist die ehemalige Sommerresidenz der britisch-indischen Regierungsbehörden. Hier residierte in dem schöngelegenen Palast Manorville der Radscha Harnam Singh of Kapurthala, der Vater Amrit Kaurs, ein Mann von nobler und freiheitlicher Gesinnung. In Marnorville lernte das junge Mädchen die großen Führer der nationalindischen Bewegung kennen, Mahatma Gandhi, Hokhale, Malaviya, Motilal Nehru, die sich während der Jahre des Unabhängigkeitskampfes oftmals um den eingeborenen Fürsten versammelten, um seinen Rat einzuholen. Mahatma Gandhi erkannte in Amrit, der einzigen Tochter des Radscha, die lautere Gesinnung, wandte ihr sein väterliches Vertrauen zu und gewann sie für seine Ideen. Während sechzehn Jahren arbeitete Rajkumari Amrit Kaur seitdem als eine von Gandhis Sekretärinnen. — Die auf den Hohen Schulen Englands erzogene, sportlich vielmals ausgezeichnete Prinzessin übernahm in der Bewegung des Mahatma auch die Organisierung der Frauen. Sie ist eines der Gründungsmitglieder des „All-Indischen-Frauenkomitees" und wurde gegenüber England die energische Verfechterin des Wahlrechts und der allgemeinen Gleichberechtigung der indischen Frauen, eine Forderung, mit der sie sich auch an die Weltöffentlichkeit wandte. Dabei blieb sie sich bewußt, daß das Selbstbewußtsein der Inderinnen erst durch Erziehung geweckt werden müsse; in ihren Büchern „Aufruf an die Frauen" und „Für Frauen" legte sie ihre Gedanken über die Ziele und Wege der Frauenbildung nieder. 1947 wurde Amrit Kaur Minister für Gesundheit im indischen Kabinett, sie vertrat Indien in der UNESCO, in der Weltgesundheitsorganisation, deren Präsidentin sie eine Zeitlang war, und auf internationalen Kongressen. Sie ist Christin von großer Toleranz und menschheitlicher Weite des Geistes.

11. VI. 1837 — 21. XII. 1912 ## MINNA KAUTSKY

Minna Jaich kam in Graz in der Steiermark zur Welt, als Tochter eines mit irdischen Glücksgütern weniger als mit Talent gesegneten Kunstmalers, der nach langen Jahren der Not 1845 endlich eine feste Anstellung erhielt — als Bühnenmaler des deutschen Landestheaters in Prag. Hier erlebte das elfjährige, frühreife und intelligente Mädchen die Barrikaden der Revolution von 1848 und die Kämpfe zwischen Arbeitern und kaiserlichen Truppen. Minnas Schulbildung blieb ein kläglicher Torso, aber dem jungen Mädchen machte das nur geringe Sorge; denn ihr ganzes Interesse galt dem Theater, den „Brettern, die die Welt bedeuten", und auf diesen Brettern erntete sie schon als Vierzehnjährige erfreuliche Anfangserfolge. Mit sechzehn Jahren heiratete sie den Kunstmaler Johann Kautsky, dem sie nach Jahresfrist einen Sohn schenkte, der später ihren Namen in die Welt tragen sollte: Karl Kautsky, ihm folgten noch eine Schwester und ein Bruder. Das war zuviel für die ohnehin zarte Gesundheit der Mutter, die um des Broterwerbs willen immer noch auf der Bühne aufgetreten war. Als Vierundzwanzigjährige, lungenkrank und verbraucht, mußte sie dem Theater endgültig entsagen. Langsam setzte sich Johann Kautsky als Maler durch, konnte seinem Ältesten das Studium ermöglichen, während die Mutter mit schriftstellerischen Arbeiten sozialen Charakters Erfolg hatte. Sie erlebte mit sorgender Anteilnahme den Aufstieg ihres Sohnes Karl zum führenden Theoretiker der Sozialdemokratie, an deren „Erfurter Programm" von 1891 er mitgearbeitet hatte; sie folgte dem Sohn — als Witwe — nach Berlin, wo sie, rückblickend auf ihre österreichischen Jahre, den damals vielgelesenen Roman „Im Vaterhause" schrieb. Umgeben von einer großen Nachkommenschaft starb die hochgeachtete Greisin, noch bevor die Fackel von Serajewo die Welt in Brand setzte.

ELISABETH KELLER 7. XII. 1787 — 5. II. 1864

Vier von den sechs Kindern der Drechslermeisterswitwe Elisabeth Keller, geb. Scheuchzer, starben früh; beim Tode ihres Mannes verblieben ihr nur der fünfjährige Gottfried und die dreijährige Regula. Es war Gottfried, der spätere berühmte Schweizer Dichter, für den die Mutter sich jahrzehntelang aufopferte. Sie vermietete die meisten Zimmer ihres alten, winkeligen Hauses am Züricher Neumarkt, um etwas Geld für ihn in Händen zu haben. Aber Gottfried enttäuschte. Er wurde von der Gewerbeschule verwiesen und ging schließlich an die Münchner Kunstschule, um Maler zu werden. Die Mutter verkaufte das Haus, seine Schwester Regula verzichtete auf die Heirat und nähte für fremde Leute, und alles ersparte Geld floß dem Sohne zu. „Ich bin die lose Tulpe", schrieb er in sein Tagebuch, „welche das Leben von Mutter und Schwester aufsaugt". Als er auch die Malerei aufgab, erhielt er zum Glück ein Stipendium für seine Gedichte und setzte sein Studium in Heidelberg und Berlin fort. Doch alle Vorschüsse der Verleger und alle staatlichen Zuwendungen reichten nicht aus, das junge Genie zu füttern. Mutter und Schwester halfen, immer aufs äußerste eingeschränkt, von neuem aus; der Dichter, der „stolz war auf die Stärke und Kraft der alten Mutter und den stillen Wert der Schwester", dankte ihr jahrelang nicht einmal mit der bescheidensten Zeile. Elisabeth Keller aber verzagte nicht. Sie durfte noch den Triumph des Sohnes erleben: Er erhielt die hohe Stellung eines Staatsschreibers in Zürich und konnte Mutter und Schwester zu sich nehmen. Als der Dichter an einem Februartage 1864 heimkam und die Mutter entseelt auf ihrem Lager fand, war er ohne Trost; ihre hilfreiche Geduld hatte über ihn gesiegt.

HELEN KELLER 27. VI. 1880 — 1. VI. 1968

„Ich wurde am 27. Juni 1880 in Tuscumbia, einer kleinen Stadt im nördlichen Alabama, geboren. Einer meiner Schweizer Vorfahren war der erste Lehrer für Taubstumme in Zürich." So steht es zu Beginn der Aufzeichnungen, die 1904 die blinde und gehörlose amerikanische Schriftstellerin unter dem Titel „Geschichte meines Lebens" der Öffentlichkeit übergab. Das Werk schildert ein weltbekannt gewordenes Beispiel für die zielbewußte Überwindung einer schicksalhaft behinderten Körperlichkeit durch Geist und Seele. Als Kind von neunzehn Monaten verliert Helen Keller nach einer bösartigen Unterleibs- und Gehirnentzündung Gehör und Augenlicht. Aber schon das keineswegs resignierende Mädchen drängt es mit zunehmendem Bewußtsein, sich der verschlossenen Umwelt mitzuteilen und Anteil am vollen Leben zu nehmen. Im Sommer 1894 tritt die Wissensdurstige in die Wright-Humason-Schule in New York ein, wo sich Helen nicht nur im Sprechen vervollkommnet, sondern neben einer steigenden Gewandtheit im englischen Ausdruck unvorstellbar rasch gediegene Kenntnisse in der deutschen und französischen Sprache, in Latein, Mathematik und Physik erwirbt. 1900 ist Helen Studentin des Radcliffe Colleges in Boston. Es wird ein neuer Durchgang in das „Wunderland des Geistes, in dem seine Bewohner, seine Landschaft, seine Sitten, seine Freuden und Leiden verkörperte Vermittler der realen Welt sein sollten". Ihr Ziel ist es, Hilfe den anderen sein, vornehmlich allen jenen, die gleich ihr des Gesichts- und Gehörsinns beraubt sind. Als Inspektorin der Blinden- und Taubstummenanstalten in den USA und als aktive Mitarbeiterin vieler wohltätiger Organisationen reist sie nach Europa, in den Nahen und Fernen Osten, nach Kanada, Mittel- und Südamerika sowie in alle Teile der Vereinigten Staaten. Überall fördert sie eine produktive Blindenerziehung und setzt sich für ein internationales Einheitssystem der Blindenschrift ein.

1836—1904   **FRIEDERIKE KEMPNER**

Als Genie der unfreiwilligen Komik, als „Schlesische Nachtigall", ist Friederike Kempner am äußersten Rande der Literaturgeschichte in eine heitere Unsterblichkeit eingegangen. Sie war die Tochter eines jüdischen Gutspächters, der später ein schlesisches Rittergut erwarb. Ihre ersten Gedichtbände veröffentlichte sie auf eigene Kosten — die Familie verwendete viel Mühe und Geld darauf, die Büchlein heimlich wieder aufzukaufen und zu vernichten. Aber sie wurden doch bekannt; Paul Lindau veröffentlichte eine ironisch-lobende Würdigung, und seitdem begleitete die literarische Welt jede Neuauflage und Neuerscheinung von Friederikes „Werken" mit schmunzelnder Begeisterung. „Wißt Ihr nicht, wie weh das tut, wenn man wach im Grabe ruht?" dichtete Friederike, die eine heillose Angst vor dem Lebendigbegrabenwerden hatte und mit Eingaben an den König von Preußen durchsetzte, daß eine gesetzliche Wartefrist von fünf Tagen zwischen Tod und Bestattung angeordnet wurde. Man wollte Friederike für diesen Fortschritt zum Mitglied der Akademie der Naturwissenschaften ernennen; sie lehnte ab. Bescheiden und unauffällig hat das lebenslange „Fräulein" viel Gutes und Edles getan: jede Woche verteilte sie auf dem Gutshofe Brot an die Armen, und in das Brot war Geld eingebacken, denn sie wollte die Empfänger nicht mit barem Gelde beschämen... Der große Kritiker Alfred Kerr alias Kempner, der ihr Neffe gewesen sein soll, hatte noch lange unter dieser Verwandtschaft zu leiden — kein Geringerer als Bert Brecht zog zwischen seinem Werk und den herrlich komischen Gedichten Friederikes ironisch-funkelnde Parallelen.

20. IX. 1886 — 30. XI. 1952   **ELISABETH KENNY**

Sie wurde 1886 in Warialda, einem kleinen australischen Ort, geboren und widmete ihr Leben von Jugend an der großen humanitären Aufgabe, kranken Menschen zu helfen. Elisabeth Kenny ließ sich als Krankenschwester ausbilden und arbeitete dann, besonders als Kinderschwester, in einsamen Gegenden Australiens, wo sie meist ohne ärztliche Hilfe ganz auf sich selbst gestellt war. Das Jahr 1910 brachte für die damals noch unbekannte Krankenschwester den großen Umschwung. In Australien brach eine schwere Kinderlähmungs-Epidemie aus, die auch viele von den kleinen Schutzbefohlenen Kennys ergriff. Ärzte standen nicht genug zur Verfügung, so mußte Schwester Elisabeth aus eigener Kraft versuchen, gegen die furchtbaren Lähmungen im Gefolge der Krankheit anzugehen. Sie fand ein durchaus ungewöhnliches Verfahren: Durch Wärmewickel, Entspannungsübungen und Massage versuchte sie mit Erfolg, der gelähmten Muskulatur die Funktionsfähigkeit wiederzugeben. Das dauerte lange Zeit, war mühsam und half keineswegs immer — aber es bewahrte im Laufe der Jahre Tausende von Menschen vor einem Krüppeldasein. Schon vor dem zweiten Weltkrieg hatte sich das Kenny-Verfahren in Australien allgemein durchgesetzt. Seine Begründerin ging 1940 nach den USA, um auch dort den Ärzten und Krankenanstalten ihre Heilmethode vorzuführen. Sie arbeitete zunächst einige Jahre an großen amerikanischen Kliniken und demonstrierte das Verfahren. Man richtete Elisabeth Kenny ein eigenes Institut zur Behandlung der Kinderlähmung ein. Viele Ehrungen, darunter mehrere Ehrendoktorate, wurden ihr zuteil, aber sie blieb, was sie immer gewesen war — eine bescheidene, hilfreiche Frau. Im Jahre 1952 ist Elisabeth Kenny gestorben, ihr Werk bürgt dafür, daß sie nie vergessen wird.

IDA KERKOVIUS

31. VIII. 1879 — 7. VI. 1970

In der „documenta II", jener umfassenden Rechenschaftsschau moderner Kunstbestrebungen, die im Jahre 1959 Kunstfreunde aus aller Welt nach Kassel führte, erregten einige kraftvolle, von Lust an der Farbe förmlich glühende Bilder besonderes Aufsehen. Man war geneigt, sie einem ganz jungen, genialen Avantgardisten zuzuschreiben — sie stammten aber von einer Frau, die im Jahre der Ausstellung ihren achtzigsten Geburtstag beging, von der Baltin Ida Kerkovius. Ihre Kindheit und Jugend verbrachte sie auf dem väterlichen Gut nahe Riga, wo sie auch ihre künstlerischen Studien in einer privaten Malschule begann. Um die Jahrhundertwende wurde ihr die alte Kunst Italiens zum großen Erlebnis; wenig später ging sie nach Dachau bei München in die Malschule des großen Adolf Hölzel, dessen tragisches Geschick es war, als Lehrer und Anreger einen höheren Rang zu erreichen wie als selbstschöpferischer Künstler. Als Hölzel 1906 an die Stuttgarter Akademie berufen wurde, folgte ihm Ida Kerkovius, und Stuttgart wurde ihr zur zweiten Heimat. Sie hat diese Stadt seitdem nur zu ausgedehnten Studienreisen verlassen, und zu einem mehrsemestrigen Aufenthalt am Bauhaus, das damals noch in Weimar war. Hier lernte die Künstlerin das Handweben, und seither teilt sie ihre hohe Begabung zwischen Malerei und Teppichweberei. Auch in ihren Bildteppichen hat sie die von Hölzel entwickelten Farbtheorien mit bedeutendem Erfolg in die künstlerische Praxis umgesetzt, ebenso wie sie die ersten Abstraktionsversuche ihres Lehrers in ihrem reichen Lebenswerk fortgeführt und zur Vollendung gebracht hat. Daß ihre Arbeiten im Dritten Reich als „entartete Kunst" galten, konnte eine so selbstsichere Persönlichkeit wie Ida Kerkovius nur als ungewollte Bestätigung dafür hinnehmen, daß sie auf dem rechten Wege war.

ELLEN KEY

11. XII. 1849 — 25. IV. 1926

Kein Geringerer als Rainer Maria Rilke war es, der um die Jahrhundertwende die ihm aufs engste freundschaftlich verbundene große schwedische Schriftstellerin und Frauenrechtlerin Ellen Key treffend und hellsichtig charakterisiert hat und dabei zu der Einsicht gelangte, „... daß die neue Zeit, ach, die unerhört neue mit einem so alten Fräulein einbricht". Und in der Tat ist das ungewöhnlich umfangreiche und in der gesamten zivilisierten Welt mit stärkstem Interesse gelesene und diskutierte Lebenswerk der Erzieherin, Schul- und Sozialreformerin und Kulturkritikerin radikal bis ins Extrem. Zieht man gewisse konventionelle Vordergründigkeiten ab, so sind auch heute noch die Bücher „Menschen", „Mißbrauch weiblicher Kraft", „Gedankenbilder", „Über Liebe und Ehe", „Das Jahrhundert des Kindes", „Lebenslinien", „Der Allsieger" und mehrere andere mit ihrer leidenschaftlichen Verkündung der Lebensfreude, mit ihrem unbedingten Anspruch auf das unveräußerliche Recht der persönlichen Freiheit und auf Frieden und Völkerversöhnung im Geiste der Humanität keineswegs veraltet und haben noch Wesentliches und Wertvolles zu sagen. Ellen Key erstrebt in ihnen stets die Einheit von Ethischem und Ästhetischem, von Wahrheit und dargestellter Wirklichkeit, von Wort und Werk. Ihre Philosophie und ihre Erziehungslehre und nicht zuletzt ihre politischen Lehren haben trotz mancher Pathetik das Gesicht unseres Zeitalters mitbestimmt. Gewisse Ansichten Ellen Keys sind nur aus der Vergangenheit zu begreifen; doch ist ihre Forderung nach freiheitlicher Entfaltung der Persönlichkeit und nach dem freien Menschen zeitlos gültig geblieben.

1879 — 1958   MARGARETE GRÄFIN KEYSERLINGK

Die Gestalt der Gräfin Keyserlingk verkörpert die internationale Verbindung aller Gutsherrinnen, Farmerfrauen und Bäuerinnen der Welt. Einziges Kind eines bedeutenden Mannes der schlesischen Landwirtschaft, heiratete sie mit einundzwanzig Jahren den damaligen Landrat des samländischen Kreises Fischhausen, Robert Graf Keyserlinck, der später Oberpräsident von Ostpreußen wurde. Reden und Presseaufsätze und ihr Wirken im Dienste der deutschen Landfrau führten dazu, daß 1922 der „Bund deutscher Frauenvereine" Margarete Keyserlingk in seinen Vorstand berief. Sie gründete die „Landwirtschaftlichen Hausfrauenvereine" und die „Zentrale der Landfrauen" und repräsentierte die deutsche Frauenbewegung auf dem internationalen Frauenkongreß von Washington, 1925; mit ihrem Gatten, dem Sachverständigen für internationale Handelspolitik, ging sie 1927 als Vertretung des „Deutschen Landwirtschaftsrates" nach Rom zur Tagung des „Internationalen Agrarinstitutes", zwei Jahre darauf war sie in London Mitbegründerin des „Welt-Landfrauenbundes" mit fünfeinhalb Millionen Mitgliedern. Ihre Anerkennung trat zutage, als 1950 in Kopenhagen der „Welt-Landfrauenbund" sie zu seinem Ehrenmitglied ernannte. — Schwere Jahre waren über sie hingegangen. Dem reicherfüllten Vierteljahrhundert voll vielfältiger beglückender Tätigkeit auf Schloß Cammerau bei Schweidnitz folgten 1945 die Flucht aus dem kulturvoll gastlichen Hause, Jahre des Vertriebenendaseins, dann ein stilles Heim in Baden-Baden. Dort verließ die fast Achtzigjährige den zweiundneunzigjährigen von Erblindung bedrohten Gatten auf immer, betrauert von Enkeln und einem großen Kreis verehrender und liebender Freunde.

1777 — 1863   AUGUSTE CHARLOTTE KIELMANNSEGGE

Sie war kein Schloßgespenst, die schwarzgekleidete fünfundachtzigjährige Gräfin, die alljährlich am Geburts- und Sterbetag Napoleons I. in ihrem Wasserpalais im Plauenschen Grunde umging oder stundenlang in einem Zimmer saß, das mit Andenken an den verstorbenen Korsen gefüllt war. Gräfin Kielmannsegge hatte seit ihrem 24. Lebensjahr für Napoleon geschwärmt und einen seiner letzten Briefe mit einem versiegelten Paket von St. Helena empfangen. Im Jahre 1833, dreißig Jahre vor ihrem eigenen Tode, mietete sie sich im Dresdener Palais Marcolini ein, der einstigen Residenz ihres Idols, um dort ihren Kult mit ihren Erinnerungen zu treiben. Erst sechzig Jahre nach ihrem Ableben erschienen die dreißig Bände Tagebücher, aus denen ihre Agententätigkeit für den Kaiser und seine Politik hervorgeht: merkwürdig genug für die Gattin des hannoveranischen Rittmeisters, Graf Kielmannsegge, der Napoleon haßte; sie schenkte ihm dreißigtausend Taler, damit er ein Regiment gegen Napoleon aufstellen könne. Ihre seelische Spaltung wurde beseitigt, als sie nach Paris reiste, um ihren inzwischen wegen einer Verschwörung gegen Jerôme eingesperrten Mann von Napoleon freizubitten. Der Kaiser gab ihn frei — und eroberte ihr Herz, nicht ganz selbstlos; denn von nun an hatte er in der Gräfin Kielmannsegge seine treueste Agentin; sie blieb in Paris und lieferte dem Kaiser Berichte über die Intrigen Talleyrands; er sandte sie zu seiner geschiedenen Frau Josephine, um sie zu trösten, und gab ihr Aufträge für den König von Sachsen. Ihr Testamentsvollstrecker hat die meisten Briefe Napoleons an sie vernichtet und den Rest nach England geschickt — waren es Liebesbriefe, die ein diskretes Kaminfeuer verzehrte? Das Paket von St. Helena hat sie auftragsgemäß dem König von Bayern übergeben.

LUISE KIESSELBACH † 1929

Nach ihrem Tode fand ihre Tochter auf ihrem Schreibtisch ein Wort des Dichters Jakob Schaffner: „Ewig ist die Arbeit, das Werk des Menschen; es wechseln nur die Hände." Gertrud Bäumer stellt diesem Spruch des Schweizers ein Wort Goethes an die Seite, das ebenfalls als Leitmotiv für das Leben der Frau Luise Kiesselbach dienen kann, das Wort von dem „heiligen Ernst, der allein das Leben zur Ewigkeit macht". In der Tat steht diese Frau ohne „geschichtliches Profil" für die ungezählte Schar jener tapferen Frauen, deren Arbeit stumm im Ganzen aufging, deren Gestalt aber zu ihrer Zeit vor dem Hintergrund des verlorenen Krieges, der Revolution, des Geiselmordes und der Räteregierung in München unlösbar mit den übermenschlichen Anstrengungen des Wiederaufbaus einer verwilderten Stadt verbunden bleibt. Luise hatte schon als zwölfjährige Tochter eines Realschuldirektors in Hanau ihre sieben Geschwister betreut. Nach dem Tode ihres Gatten, der Professor für Ohrenheilkunde in Erlangen war, wurde sie 1909 die erste Armenpflegerin in Bayern und die Nachfolgerin von Ika Freudenberg in der bayerischen Frauenbewegung, die sie hauptsächlich für die Wohlfahrtspflege mobilisierte. Als sie in München 1920 in den Stadtrat gewählt wurde, verstand sie es, mit Energie und Klugheit die Wohlfahrtspflege aus dem Streit der Parteien herauszuhalten und auf die paritätische Ebene zu heben. Damals entstand das erste, mustergültig ausgestattete Altersheim; sie kümmerte sich mit Hingabe um die Krankenhäuser und das Schulwesen, um die Modernisierung des Haushalts im Präsidium der Ausstellung „Heim und Technik", vor allem aber galt ihr Eifer den in Not geratenen alten Menschen. Es zeugt für ihr geistiges Format, daß sie sich auch als Führerin des von Ika Freudenberg auf ein hohes Niveau gebrachten „Vereins für Fraueninteressen" bewährte. Sie war eine von den vielen Frauen, die lautlos ihr Leben dem Ganzen geopfert haben.

MARY HENRIETTA KINGSLEY 13. X. 1862 — 3. VI. 1900

Der Bruder ihres Vaters, der große englische Prosaist Charles Kingsley, hatte ihr den Blick für die Weite der Erde geöffnet, und wie er glaubte sie an einen weltumfassenden Sendungsauftrag der britischen Nation – nicht im Sinne der überseeischen Macht- und Wirtschaftspolitik der Großmächte ihrer Zeit, sondern im Geiste der religiösen, kulturellen und zivilisatorischen Ideen eines Livingstone. Bevor sie im Jahre 1893 nach Afrika aufbrach, rüstete sie sich auf der Universität Cambridge mit einem reichen soziologischen und völkerkundlichen Wissen aus und betrat in Kabinda nördlich der Kongomündung, im Bereich des einstigen Königtums Kongo, erstmals afrikanischen Boden. Mit nur wenigen Begleitern zog sie zwei Jahre lang ihre Spuren durch die westafrikanischen Länder. Old Calabar wurde 1895 Ausgangspunkt ihrer zweiten Expedition; in der Äquatorzone folgte sie durch Savannen und Urwald dem Ogowe-River, durchquerte viele unbetretene Negerländer, gewann Freunde unter den Eingeborenen, beobachtete das Naturdasein der Schwarzen und legte, was sie sah, in ihren Tagebüchern nieder. Das nächste Ziel war Kamerun; sie stieg in das Kamerungebirge ein und bezwang die über 4000 m hohen Großen Kamerunberg. Nach England zurückgekehrt, erzählte sie in dem Reisebuch „Wanderungen in Westafrika" die Story ihrer Abenteuer und ihrer Erfahrungen und plädierte für den „freien und freilebenden, nicht weißgewaschenen, versklavten oder verfeindeten Neger". Als Mary Kingsley von den Schrecken und Nöten des Burenkrieges erfuhr, verzichtete sie auf ihre Forschungen und eilte nach Südafrika, um sich der Pflege der seuchenkranken Gefangenen zu widmen. In Simons-Town wurde sie selber ein Opfer der Epidemie. In ihren Reisebüchern, vor allem in den „Westafrikanischen Studien" hinterließ sie ein einzigartiges Material über die Folklore des westafrikanischen Menschen ihrer Zeit.

8. VII. 1810 — 15. XI. 1858   **JOHANNA KINKEL**

In seinen „Lebenserinnerungen" schildert Karl Schurz die Persönlichkeit der Schriftstellerin und Komponistin Johanna Kinkel, der Frau Gottfried Kinkels: „Johanna war durchaus nicht schön. Ihre Figur war breit und platt; die Züge grob und ohne weiblichen Reiz. Aber aus ihren stahlblauen Augen strahlte eine dunkle Glut, die auf Ungewöhnliches deutete. Der Eindruck des Unschönen verschwand sofort, wenn sie zu sprechen anfing. Nicht allein sprach sie über viele Gegenstände höherer Bedeutung mit tiefem Verständnis, großem Scharfsinn und auffallender Klarheit, sondern sie wußte auch gewöhnlichen Dingen durch ihre lebendige, geistvolle Darstellungsgabe ein eigentümliches Interesse zu verleihen." Dieser „ungewöhnlichen" Frau verdankte Gottfried Kinkel erst die volle Entfaltung seiner dichterischen Begabung, die in dem Epos „Otto der Schütz" ihren Höhepunkt gefunden hat. Die besten der von dem Ehepaar gemeinsam herausgegebenen „Erzählungen" (1849) entstammen Johannas Feder. In der Zeit des „Vormärz" entstanden zahlreiche satirische Stücke und Singspiele, die Johanna für die Zusammenkünfte des fröhlichen Bonner „Maikäferbundes" verfaßte. Der begabten und von Mendelssohn-Bartholdy und Schumann geförderten Komponistin gelangen sangbare Lieder und die noch in Bonn entstandene „Vogelkantate", der sie in London eine „Mäusekantate" und „Songs for little childrens" folgen ließ. In den damaligen Londoner Emigrantenkreisen spielt ihr zweibändiger Roman „Hans Ibeles in London" (1860), aus dieser Zeit berichten auch viele ihrer nachgelassenen, packend geschriebenen Briefe. Ein tödlicher Sturz aus dem Fenster des Londoner Exils beendete zu früh dieses reiche Leben. „Zur Winterszeit in Engelland versprengte Männer, haben wir schweigend in dem fremden Land die deutsche Frau begraben" (Freiligrath).

1. VI. 1876 — 7. 6. 1947   **KATHARINA KIPPENBERG**

Hanseatischer Geist durchwehte das schöne, vornehme Haus des Insel-Verlags in Leipzig. Aus Hamburg hatte sich Anton Kippenberg, der langjährige Leiter des Verlages, eine Lebensgefährtin geholt, die ihm in einer über vierzigjährigen glücklichen Ehe auch zur Arbeitsgefährtin wurde. Als Lektorin und als Herausgeberin der berühmten „Insel-Almanache" hat sie am Welterfolg des Lebenswerkes ihres Gatten entscheidenden Anteil. Aus ihrem Briefwechsel mit Rilke, der ihr viel verdankt, spricht das unermüdlich Anregende dieser Frau, neben einer verehrenden Fürsorge für den Dichter, die sich von der Beschaffung von Hausrat, von Wohnungsvermittlungen und Heilkräutersendungen bis zum Versuch seiner Befreiung vom Militärdienst im ersten Weltkrieg erstreckt. Nach Rilkes Tod verfaßte sie den leidenschaftlich-trauervollen Nachruf und war zu bescheiden, dieses Dokument einer großen Freundschaft mit ihrem Namen zu zeichnen. Sie widmete auch den vielen ihr zugesandten Manuskripten noch unbekannter Autoren zahllose Nächte gewissenhafter Prüfung und verband noch die Ablehnung mit fördernden Worten. Die Worte des Unsichtbaren Chores aus „Des Epimenides Erwachen": „Hast du ein gegründet Haus, fleh die Götter alle, daß es, bis man dich trägt hinaus, nicht zu Schutt zerfalle" — diese Worte erhielten neue und furchtbare Bedeutung für Anton und Katharina Kippenberg, als sie nach dem Luftangriff auf Leipzig im Dezember 1943 vor den Trümmern des Verlagshauses standen, das erst nach dem Kriege in Wiesbaden wieder eine Heimat fand. Die bedeutende Goethesammlung der Kippenbergs, die in den Besitz der Stadt Düsseldorf übergegangen ist, bewahrt ehrend als „Anton- und Katharina Kippenberg-Stiftung" auch den Namen dieser großen Helferin.

CHRISTINE KIRCH † 1782

Die Familie des Sternenforschers Gottfried Kirch, der lange Zeit Gehilfe des Astronomen Hevelius (Hewelke) gewesen war und im Jahre 1700 zum Astronomen der Berliner Akademie avancierte, gehört zu den „wissenschaftlichsten" Sippen in der Geschichte der Astronomie. Nicht nur seine Gattin Margaretha, sondern auch seine Kinder, und unter ihnen vor allem der älteste Sohn Christfried, der Nachfolger des Vaters an der Akademie, und dessen Schwester Christine, haben für die moderne Sternenkunde außerordentlich wertvolle rechnerische Unterlagen und Beobachtungsergebnisse hinterlassen. Christine Kirch begann schon als junges Mädchen unter der Anweisung ihres Vaters die Sterne zu beobachten, sie kannte bereits als Kind alle Sternbilder des Nordhimmels und lernte auch bald, Sternkarten auszumessen, die der Vater ihr zur Bearbeitung übergab. Später war sie auf der Sternwarte ihres Bruders eine getreue Gehilfin. Nach seinem Tode im Jahre 1740 übernahm die Berliner Akademie die kluge Frau als selbständige wissenschaftliche Rechnerin, eine Aufgabe, die sie vier Jahrzehnte mit äußerster Sorgfalt und Umsicht durchführte. Als im Jahre 1772 der Astronom Bode zum Leiter der Berliner Sternwarte berufen wurde, sah man peinlich darauf, daß die hochverdiente Frau sich nicht zurückgesetzt fühlen konnte. Bode verstand es, die Arbeitskraft Christine Kirchs an geeigneter Stelle einzusetzen und ließ ihr das Recht, gewisse Sterntabellen selbständig zu berechnen und unter ihrem Namen herauszugeben. Er heiratete ihre Großnichte, eine Urenkelin von Frau Margaretha, die ebenfalls – wie das in der Astronomenfamilie Kirch üblich war – schon früh in die Geheimnisse astronomischer Messungen eingeführt wurde.

MARGARETHA KIRCH 1670 — 1720

Der gelehrte Bauernastronom Christoph Arnold, der in Sommerfeld wirkte, brachte der jungen, früh verwaisten Margaretha Winkelmann, Pfarrerstochter aus Panitzch bei Leipzig, die Anfangsgründe der Himmelskunde bei. In seinem Hause lernte der Astronom Gottfried Kirch das wissensdurstige Mädchen kennen, und sie wurde nicht nur seine Gattin, sondern auch seine engste und klügste Mitarbeiterin. Er führte sie in seine Vaterstadt Guben in der Lausitz heim; sie half ihm bei der Abfassung und dem Vertrieb von Sterntabellen, und als er Astronom der neugegründeten Berliner Akademie geworden war, bei den Sternbeobachtungen. Da es sich damals „nicht schickte", daß eine Frau astronomische Studien betrieb, liefen viele ihrer Arbeiten unter dem Namen des Mannes; doch ergibt sich aus den Urkunden, daß ihr nicht nur die Kometentdeckung vom Jahre 1702 zu verdanken ist. Als Gottfried Kirch im Jahre 1710 starb, durfte die Witwe auf der Sternwarte des Barons von Krosigk, der ihr Gönner war, selbständig weiterarbeiten. Sie ernährte ihre vier Kinder durch Kalenderverkauf und fand immer noch die Zeit zu nächtlicher Erkundung des Himmels und wertvollen meteorologischen Aufzeichnungen. Mehrere Bände ihrer Bearbeitungstagebücher wurden auf der Berliner Sternwarte aufbewahrt und enthalten unter anderem Aufschlüsse über den veränderlichen Stern Mira Ceti, die heute noch von Wert sind. Auch ihre Kinder machte sie frühzeitig mit den Sternen vertraut; so finden wir am 8. Januar 1714 in ihrem Tagebuch die Bemerkung: „Die kleinste Tochter hat die besten Augen." Als ihr Sohn Christfried als Nachfolger seines Vaters Astronom in Berlin wurde, zog sie zu ihm und beobachtete noch fast vier Jahre bis kurz vor ihrem Tod unermüdlich den Himmel und das Wetter.

1889 — 1944   ## HANNA KIRCHNER

Hanna Kirchner, die der Welt das Beispiel eines erfüllten Lebens tätiger Nächstenliebe und unermüdlich helfenden Menschentums gegeben hat, stammte aus einer alten hessischen Sozialistenfamilie. Ihr Großvater war einer der ersten sozialdemokratischen Stadtverordneten in Frankfurt am Main gewesen, und Hanna fühlte sich schon von Kindheit an der Arbeiterbewegung zugehörig und verpflichtet. Als junges Mädchen arbeitete sie mit Erfolg in der Frauenbewegung, die für die soziale Gleichstellung der Geschlechter kämpfte und eine gerechtere Arbeitsschutzgesetzgebung auch für die berufstätigen Frauen anstrebte. Nach dem ersten Weltkrieg fand die begeisterte Sozialistin ein fruchtbares Tätigkeitsfeld in der 1919 gegründeten „Arbeiterwohlfahrt", und während der unseligen Wirren im Ruhrgebiet verschaffte sie Tausenden von hungernden und gefährdeten Kindern der Ruhr einen geborgenen Aufenthalt in hessischen Familien. Die nationalsozialistische „Machtergreifung" setzte ihrem Wirken ein Ende; sie flüchtete ins Saargebiet und – nachdem die Gestapo auch hier ihren Einzug gehalten hatte – weiter nach Frankreich, wo sie vielen politisch Verfolgten mit Rat und Hilfe beistehen konnte, bis sie selbst in Not und Bedrängnis und zeitweilig sogar in französische Gefängnisse geriet. Nach dem Beginn des zweiten Weltkrieges und dem Einmarsch deutscher Truppen in Frankreich wurde sie in ein Konzentrationslager im unbesetzten Teil Frankreichs verbracht und im Jahre 1942 von der Vichy-Regierung an die Gestapo ausgeliefert. Es folgten quälende Verhöre, Mißhandlungen und endlich die Verurteilung zu einer zehnjährigen Zuchthausstrafe. Aber das war Freisler, dem Präsidenten des „Volksgerichtshofes", noch nicht genug: Er setzte das Todesurteil durch – und am 9. Juni 1944 endete das Leben der großen Helferin unter dem Henkersbeil eines unmenschlichen Regimes.

1194 — 11. VIII. 1253   ## KLARA VON ASSISI

In der kleinen Stadt Assisi am Monte Subasio, in deren Weichbild der heilige Franziskus einst den Vögeln und den Fischen von der Güte und Barmherzigkeit Gottes erzählt hatte, redet jeder Stein auch von des Heiligen Schwester im Geiste, der heiligen Klara. Sie stammte aus der adeligen Familie der Fiumi und lebte zusammen mit drei Schwestern bei ihrer frühverwitweten Mutter, denn ihr Vater, der Favarone di Offreduzzo, war schon in jungen Jahren verstorben. Als Achtzehnjährige begegnete Klara zum erstenmal dem Kaufmannssohn Giovanni Bernadone, den sein Vater später zur Erinnerung an seine glückhaften Geschäftsreisen durch Frankreich in Francesco, „Französlein", umbenannt hatte. In der Portiunkulakapelle der Kirche von Santa Maria degli Angeli schnitt der „Poverello" eigenhändig Klaras goldblonde Locken ab – eine davon befindet sich noch bei den Reliquien in Assisi – und legte ihr das graue Gewand als Zeichen selbstgewählter Armut. Von hier aus begab sich Klara zunächst in ein nahegelegenes Benediktinerinnenkloster; später zog sie mit ihren Schwestern in das kleine Kirchlein St. Damian vor Assisi, das Franziskus auf Gottes Geheiß selbst vor dem Verfall bewahrt hatte. In dem winzigen Gärtlein, das zu dem uralten Gotteshause gehörte, baute sie dem Heiligen jene Hütte aus Matten, in der er seinen berühmten „Sonnengesang" dichtete. Einundvierzig Jahre ihres Lebens verbrachte Klara in St. Damian, als ein Vorbild der Bußstrenge, Frömmigkeit und Nächstenliebe, und getreu ihrem Gelübde der „allerhöchsten Armut". Als im Sommer des Jahres 1240 die Sarazenen Kaiser Friedrichs II. Assisi bedrohten, wehrte sie mit der Kraft ihres Gebetes die Kriegsgefahr von ihrer Vaterstadt ab. Sie empfing die Besuche der Königin von Ungarn, des Papstes Innozenz IV. und der Ermentrudis von Köln, die in den von Klara mitbegründeten Klarissenorden eintrat. Zwei Jahre nach ihrem Tode wurde Klara von Assisi zur Ehre der Altäre erhoben.

LILY KLEE

Die Gemälde und Zeichnungen Paul Klees hängen heute in allen Museen der Welt; das künstlerische Wesen dieses tief musikalischen, denkerisch einsamen Malers hat zahllose Deutungen erfahren, er steht als magische Figur unverrückbar im modernen Weltbild, seit Picasso ihn als Darsteller Pascalscher Gedanken feierte; seine Frau Lily indessen wird sozusagen nur mitgedacht, obwohl erst sie ihm den Weg in das reale Leben ebnete. Sie erkannte ihn, als sie mit ihm Bach und Mozart spielte, Klee als Geiger, sie als Pianistin. Dreiundzwanzigjährig verlobte sie sich mit dem brotlosen, versponnenen Maler. Das Paar heiratete am 15. September 1906. Die Küche eines Gartenhauses wurde als Atelier eingerichtet, Paul malte und kochte, Lily gab Musikunterricht und schaffte das nötige Geld herbei. Als der Siebenunddreißigjährige 1916 eingezogen wurde, setzte sie es durch, daß er in der Heimat bleiben durfte — als Anstreicher in einer Fliegerschule. Die Berufung Klees an das Bauhaus in Weimar 1920 brachte zwar kleine Erleichterungen, aber Lily gab weiter Musikstunden und führte ihre Kammermusik auch in der neuen Heimat fort. 1925 kam der ersehnte Umschwung, nach zwanzig Jahren kargen Erwerbs: die Ausstellung surrealistischer Malerei in Paris, zusammen mit Picasso, Ernst, Chirico und Man Ray; im gleichen Jahre drei Bücher über Paul Klee und der Umzug des Bauhauses von Weimar nach Dessau. Nach den sieben fetten Jahren aber wurde Klee 1933 fristlos entlassen. Die tapfere Frau Lily organisierte die Auswanderung in die Schweiz und nahm fruchtbringende Verbindung mit Amerika auf. Nach dem Tode Pauls verzehrte sie sich in der Betreuung des Nachlasses. Sie starb mitten im zweiten Weltkrieg.

ULRIKE VON KLEIST 1774 — 1849

„Amphibion du, das in zwei Welten stets lebet, schwanke nicht länger und wähle dir endlich ein sichres Geschlecht" — schrieb der große und unglückliche Dichter Heinrich von Kleist, die „Fackel Preußens", seiner geliebten Stiefschwester Ulrike einmal in Stammbuch. Das von der Natur ein wenig vernachlässigte Mädchen spazierte mit Vorliebe in Männerkleidung umher, ein Rohrstöckchen in der energischen Hand. In diesem saloppen Aufzug erregte sie die Spottlust der höfischen Weimarer Gesellschaft. Der Bruder prophezeite ihr, daß sie nie einen Mann finden werde, womit er recht behielt — zu seinem Vorteil; denn Ulrike opferte ihr ganzes Vermögen dem lebensuntüchtigen, zwischen seelischen und wirtschaftlichen Katastrophen taumelnden Dichter. Ihre große Leidenschaft war das Reisen: In den Jahren der Französischen Revolution und der Napoleonischen Fremdherrschaft begleitete sie den Bruder nach Frankreich und in die Schweiz, in mütterlich hingebender Liebe den Größeren umsorgend, ohne ihn jemals ganz zu verstehen. Als sie sich in ihre Heimatstadt Frankfurt an der Oder zurückzog, hielt sie auch aus der Ferne noch ihre schützende Hand über Kleist. Nur einmal hat Ulrike versagt — bei der letzten, entscheidenden Begegnung der Geschwister im Oktober 1811, als der hilfesuchende Bruder zum erstenmal von ihr abgewiesen wurde und wenige Wochen später seinem Leben freiwillig ein Ende setzte. Ihr galt auch sein letzter, verzeihender Brief: „Du hast an mir getan, ich sage nicht, was in Kräften einer Schwester, sondern in Kräften eines Menschen stand, um mich zu retten. Möge Dir der Himmel einen Tod schenken, nur halb an Freude und unaussprechlicher Heiterkeit dem meinen gleich ..."

69 — 30 v. Chr. ## KLEOPATRA

Kleopatra war eine Königstochter aus dem griechisch-ägyptischen Herrscherhaus der Ptolemäer, das seit fast 300 Jahren von Alexandrien aus über das Nilreich gebot. Der uralten Sitte der Pharaonen folgend, heiratete sie nach dem Tode ihres Vaters, 17 Jahre alt, ihren Bruder und Mitregenten, einen 13jährigen Knaben. Sie war von bezaubernder Schönheit, eine der gebildetsten Frauen ihrer Zeit, die alle dominierenden Kultursprachen fließend beherrschte. Sie war von dem hohen Ehrgeiz beseelt, eine entscheidende politische Rolle zu spielen. Als die Berater ihres Bruders sie aus der Regierung verdrängen wollten, sammelte sie ein Heer in Syrien und zog gegen Alexandrien. Den Zusammenprall der beiden Heere verhinderte die Landung Cäsars in Ägypten. Kleopatra gelang es, den Mann, der über die Machtmittel des römischen Weltreiches gebot, in ihren Bann zu ziehen und ihn für ihre Pläne zu gewinnen. Die Legende erzählt, sie habe sich nachts verkleidet in die Burg von Alexandrien geschlichen und sei Cäsar hilfeflehend zu Füßen gefallen. Prunkvolle Feste mit dem raffinierten Luxus einer jahrtausendealten Hochkultur verherrlichten den mit Hilfe Cäsars errungenen Sieg Kleopatras. Auf vergoldeten Barken mit seidenen Segeln fuhr die Königin an der Seite des Geliebten den Nil aufwärts und zeigte ihm die Schönheit ihres Landes. In den Jahren 48 bis 46 v. Chr. hielt sie sich in Rom auf und gebar Cäsar einen Sohn, der den Namen Cäsarion erhielt. In den politischen Wirren nach Cäsars Tod gewann sie die Gunst des Triumvirn Antonius, des Gebieters über die römischen Ostprovinzen. Antonius wurde 31 v. Chr. von seinem Schwager Octavian besiegt und nahm sich das Leben. Als der Versuch Kleopatras, auch Octavian in Fesseln zu schlagen, mißlang, tötete sie sich, indem sie sich eine Giftschlange an den Busen legen ließ.

SUSANNE KATHERINE VON KLETTENBERG
19. XII. 1723 — 13. XII. 1774

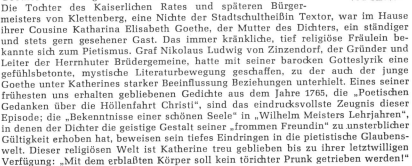

„An Fräulein von Klettenberg und an meiner Mutter hatte ich zwei vortreffliche Begleiterinnen; ich nannte sie immer nur Rat und Tat, denn wenn jene einen heiteren, ja seligen Blick über alle irdischen Dinge warf, wußte die andere stets den rechten Weg sicher anzudeuten, weil sie von oben ins Labyrinth herabsah, ohne selbst darin befangen zu sein. Wie ihr das Schauen, so kam meiner Mutter der Glaube zu Hilfe..." Dies ist nicht die einzige Stelle in „Dichtung und Wahrheit", die Katherine von Klettenbergs wichtige und richtungsweisende Bedeutung für Goethes Lebensweg und künstlerische Entwicklung beleuchtet. Die Tochter des Kaiserlichen Rates und späteren Bürgermeisters von Klettenberg, eine Nichte der Stadtschultheißin Textor, war im Hause ihrer Cousine Katharina Elisabeth Goethe, der Mutter des Dichters, ein ständiger und stets gern gesehener Gast. Das immer kränkliche, tief religiöse Fräulein bekannte sich zum Pietismus. Graf Nikolaus Ludwig von Zinzendorf, der Gründer und Leiter der Herrnhuter Brüdergemeine, hatte mit seiner barocken Gotteslyrik eine gefühlsbetonte, mystische Literaturbewegung geschaffen, zu der auch der junge Goethe unter Katherines starker Beeinflussung Beziehungen unterhielt. Eines seiner frühesten uns erhalten gebliebenen Gedichte aus dem Jahre 1765, die „Poetischen Gedanken über die Höllenfahrt Christi", sind das eindrucksvollste Zeugnis dieser Episode; die „Bekenntnisse einer schönen Seele" in „Wilhelm Meisters Lehrjahren", in denen der Dichter die geistige Gestalt seiner „frommen Freundin" zu unsterblicher Gültigkeit erhoben hat, beweisen sein tiefes Eindringen in die pietistische Glaubenswelt. Dieser religiösen Welt ist Katherine treu geblieben bis zu ihrer letztwilligen Verfügung: „Mit dem erblaßten Körper soll kein törichter Prunk getrieben werden!"

META KLOPSTOCK 16. III. 1728 — 28. XI. 1758

Vor wenigen Jahren erst konnte der schriftliche Nachlaß Klopstocks, des gefeierten Dichters des „Messias" und großen Lehrmeisters der deutschen Klassik, aus ängstlich gehütetem Familienbesitz von der Hamburger Staatsbibliothek erworben und damit der Öffentlichkeit zugänglich gemacht werden. Bei der Sichtung fanden sich Erstausgaben des „Messias" und der „Oden", Tagebücher des Dichters und vor allem eine Fülle von Briefen an Klopstock. Als glücklichsten Fund aber begrüßte die Literaturwissenschaft die Briefe von Meta Moller, Klopstocks früh verstorbener erster Frau, die sich überraschend als eine der bedeutendsten Briefschreiberinnen ihrer Zeit erwies. Der Dichter hatte die Hamburger Kaufmannstochter im April 1751 in ihrer Vaterstadt kennengelernt — er war auf der Durchreise nach Kopenhagen; der kunstsinnige dänische König Friedrich V. hatte ihn eingeladen, in Dänemark den schon in Fragmenten berühmten „Messias" zu vollenden. Im Juni 1754 wurden Klopstock und Meta ein Paar. „Unsere Ehe ist ein Himmel", schrieb die junge Frau. Aber das Glück währte nur vier kurze Jahre. Im November 1758 starb Meta an der Geburt eines toten Kindes. Aus einem ihrer letzten Briefe an den Gatten klingt nicht nur ihre herzliche Liebe, sondern auch die Vorahnung ihres tragischen Schicksals: „. . . der Tod einer Wöchnerin ist nichts weniger als ein leichter Tod. Doch laß die letzten Stunden keinen Eindruck auf Dich machen — Du weißt zu sehr, wieviel da der Körper auf die Seele wirkt. Nun, Gott mag mir geben, was er will: ich bin immer glücklich, ein ferneres Leben mit Dir — oder ein Leben mit Ihm! Aber wirst Du mich auch so leicht verlassen können? Du weißt, ich habe immer gewünscht, die Nachbleibende zu sein, weil ich wohl weiß, daß dies das Schwerste ist — doch vielleicht will Gott, daß Du es sein sollst, und vielleicht hast Du mehr Kraft..."

HELENE KLOSTERMANN 29. VII. 1858 — 27. V. 1935

Unter den Frauen, welche die Lehren Fröbels weitertrugen, steht Helene Klostermann an hervorragender Stelle. 1858 in Messina geboren, wo ihr Vater als angesehener Kaufmann lebte, wuchs sie in die Kultur der klassischen Zeit hinein. Nach dem Tode der Mutter lernte sie ihre deutsche Heimat kennen und trat in den Gedankenkreis Fröbels. Nachdem sie das Lehrerinnenexamen abgelegt hatte, nahm sie eine Stellung in einer vornehmen englisch-irischen Familie an und reiste mit ihr nach Südamerika, wo sich ihr neue Welten auftaten. Nach Europa zurückgekehrt, übernahm sie die Leitung des Fröbelinstituts in Rom, und es begannen für sie Jahre reichster erzieherischer Aufgaben. Ihre pädagogische Reformarbeit setzte sie in Deutschland fort, als ihr durch Erbschaft das Fröbelinstitut in Bonn zugefallen war; das Institut wurde Mittelpunkt ihres Lebens. In England machte sie die Bekanntschaft geistig bedeutender Menschen, die in Verbindung mit der Kaiserin Friedrich standen, jener Frau, die sich um die geistige Entwicklung der deutschen Frauen außerordentlich verdient gemacht hat. So kam sie auch mit den Führerinnen der Frauenbewegung in Berührung und blieb mit ihnen in einem fördernden Gedankenaustausch. Sie schrieb Bücher für die Kinder und andere Schriften und nahm sich im ersten Weltkrieg mit ihren Schülerinnen der Familien der Kriegsteilnehmer an. Zuletzt lehrte sie auf der Insel Rügen, widmete sich der Sammlung der verstreuten Fröbel-Archivalien und stellte eine Übersicht über sein Leben und Schaffen auf. Der Anbruch der Ära des Nationalsozialismus erfüllte sie mit großer Sorge. Sie starb, ehe er sein zerstörerisches Werk vollenden konnte, im Jahre 1935, von vielen betrauert, die ihr den eigenen Lebensinhalt verdankten.

Um 1800

HENRIETTE VON KNEBEL

Als Henriette von Knebel 1791 von Ansbach nach Weimar fuhr, um die kleine Prinzessin Caroline zu erziehen, hatte dort bereits der treueste Freund ihres Lebens, ihr eigener Bruder Carl Ludwig, der „Urfreund" Goethes, den Boden für sie vorbereitet. Als er ihre Berufung durchgesetzt hatte, zog er sich nach Jena zurück, wo er seine Pension verzehrte, und schickte allwöchentlich Blumen, Früchte, Bilder und Kupferstiche nach Weimar an die Schwester und an ihr fünfjähriges „Wunderkind", das Prinzeßchen. Der Briefwechsel zwischen ihr und dem Bruder und dem Freundeskreis Liefet uns eine Fülle von Anekdoten und drolligen Berichten aus dem Alltags- und Kulturleben der Zeit und ihrer Umwelt. Nach einer Aufführung der „Maria Stuart" schreibt sie an den Bruder: „Man sieht, daß Schiller für das Tragische geboren ist, da er die Menschen so quälen kann, und es ist unbegreiflich, daß er sich gar nichts Arges dabei denkt und meint, man könnte recht gut bis um elf Uhr des Nachts so dasitzen." Sie schildert die Verzweiflung Wielands über Schiller, den Konfirmationsunterricht Herders, den Donnerstag-Tee bei Kotzebue, den Besuch Zelters bei Goethe, die Tanzstunden „ihrer" Prinzessin, die Vermählung des Erbprinzen mit der russischen Zarentochter Maria Paulowna (1804) — ein buntes und köstlich naives Mosaik der großen Weimarer Familie, wenn sie „ganz unter sich" war. 1810 folgte sie ihrer Prinzessin nach Mecklenburg, als Caroline den Erbprinzen des Kleinstaates heiratete. Auch von dort gingen ihre Briefe voll köstlicher Frische an ihren genialen grotesk-humorigen Bruder; er widmete ihr noch am 29. Juni 1812 ein Geburtstagsgedicht, das mit dem Verse schloß: „Eilt dein Leben davon, hört auch das meinige auf" — Ein Jahr später starb Henriette von Knebel.

3. II. 1870 — 3. XII. 1967

ANNETTE KOLB

Viele Menschen von europäischem Rang begegneten um die Jahrhundertwende in der königlich bayerischen Haupt- und Residenzstadt München der jungen Annette Kolb. Fast noch als Kind hatte sie, Tochter eines Hof-Gartenarchitekten und einer musikalisch begabten Pariserin, ihre ersten literarischen Werke auf eigene Kosten veröffentlicht, ermutigt durch Hugo von Hofmannsthals Kritik: „Das ist die Weisheit La Rochefoucaulds, vermischt mit dem Verstand eines Kindes!" Das schmale Bändchen enthielt schon neben den deutschen Texten auch französische Abhandlungen. Den Fontanepreis erhielt sie für ihr Meisterwerk: „Das Exemplar", ein traurig stimmendes Buch des Abschieds vom alten Europa und vom Abendland der Geschichte, ein Buch, dessen Gestalten wortlos voneinander scheiden, ohne Klage und ohne Vorwurf. Dann erschienen, mitten in den Jahren des ersten Weltkrieges, die „Briefe einer Deutsch-Französin", die „Kleine Fanfare", und schließlich der bezaubernde Roman „Die Schaukel". Ihr Werk, eine selten glückliche Synthese von deutschem Geist und französischem Esprit, weist viele autobiographische Züge auf: in „König Ludwig der Zweite", in „Richard Wagner" werden ebenso leuchtende Erinnerungen beschworen wie in dem bittersüßen „Abschied von Österreich" — ein Salzburger Festspielbuch", das schon überschattet ist von der drohenden Barbarei. Ihr köstliches „Beschwerdebuch" wurde zur temperamentvollen, freilich vergeblichen Kampfansage gegen den unaufhaltsam voranschreitenden menschlichen Verdummungsprozeß. Das Hitlerreich vertrieb sie nach Paris, später bis nach Amerika; dort entstand auch ihr Buch „Glückliche Reise", das die beklemmend eindrucksvolle Schilderung eines Empfangs bei Präsident Roosevelt enthält. Thomas Mann hat der Dichterin in seinem „Doktor Faustus" — in der Gestalt der Jeannette Scheurl — ein liebevolles, ironisch funkelndes Denkmal gesetzt.

KÄTHE KOLLWITZ
8. VII. 1867 — 22. IV. 1945

Die große deutsche Graphikerin Käthe Kollwitz stammt aus Königsberg. Der verständnisvolle Vater ermöglichte ihr die Ausbildung ihres künstlerischen Talentes. Ihre Lehrer wurden der Kupferstecher Mauer und die Maler Emil Nolde, Stauffer-Bern, der die junge Malstudentin zuerst auf das ihr eigene Gebiet der Zeichnung verwies, und Herterich in München. Die 17jährige ging 1884 ein Verlöbnis mit dem Medizinstudenten Karl Kollwitz ein, dem sie 1891, nachdem er seine Kassenarztpraxis in der Reichshauptstadt gefunden hatte, trotz der väterlichen Bedenken als Ehefrau nach Berlin folgte. In dem behüteten Schutz des geliebten Mannes konnte sich all ihr reiches Können entfalten. Sie hat seinen Tod am 19. Juli 1940 ebensowenig überwunden wie zuvor 1914 das Soldatensterben ihres jüngeren Sohnes Peter. Der Schaffensweg ging seit 1895 steil aufwärts, angeregt von dem Bühnenwerk Gerhart Hauptmanns, durch die ergreifende Radierungsfolge „Die Weber". Käthe Kollwitz erhielt für dieses aufsehenerregende Werk die Goldene Kunst-Medaille. 1902 bis 1908 arbeitete sie an der Reihe „Der Bauernkrieg". Die Verleihung des Villa-Romana-Preises führte die Künstlerin für ein Jahr nach Italien. Am 6. Februar 1919 wurde Käthe Kollwitz in die Akademie der Künste berufen, aus der sie im Oktober 1933 schmählich vertrieben wurde. Von seherischer Kraft der Gestaltung zeugen die Holzschnittfolge „Der Krieg", mit der sich die Europäerin Käthe Kollwitz gegen jede blutige Auseinandersetzung zwischen den Völkern erklärte, und die Steindruckreihe „Vom Tode". Von Plastiken sind besonders „Die Schwangere" und das Totenmal auf dem Soldatenfriedhof Roggevelde zur Erinnerung an den gefallenen Sohn Peter bekannt. Im letzten Ausweichort Moritzburg bei Dresden starb Käthe Kollwitz wenige Tage vor dem Ende des zweiten Weltkrieges.

GERTRUD KOLMAR
1894 — 1944

Das deutsche Judentum hat gerade in den dunklen Zeiten seiner schwersten Verfolgung einige große und strahlende Frauen der Welt geschenkt. Immer wieder sind aus der unmittelbaren Lebensbedrohung oder aus der sicheren Erkenntnis des nahen, grausamen Endes Werke von säkularer Bedeutung und Gültigkeit erstanden. Zu dieser Märtyrerschar gehört auch Gertrud Chodziener, die im vornehmen Westen Berlins als Tochter eines angesehenen und begüterten Juristen zur Welt kam und dort auch ihre Kinder- und Jugendjahre verbrachte — in der kultivierten Geborgenheit eines der zahlreichen preußisch-jüdischen Häuser, die vor Anbruch des „Dritten Reiches" wesentlich zum kulturellen Leben der Reichshauptstadt beigetragen haben. Der Name Max Liebermann kommt einem in den Sinn bei der Geschichte der Gertrud Chodziener, die schon 1917 — sie war damals Dolmetscherin im Auswärtigen Amt — unter dem Namen Gertrud Kolmar ihre ersten Gedichte veröffentlichte. Einige nahm die große Elisabeth Langgässer 1934 in eine Anthologie junger deutscher Dichtung auf; im gleichen Jahre erschien der schmale Gedichtband der Kolmar „Preußische Wappen", in dem die wahrhaft tragische, nationalgeprägte Liebe der preußischen Juden zu ihrer deutschen Heimat erschütternden Ausdruck fand. Das Buch wurde bald unterdrückt, ebenso wie ein zweiter, noch 1938 gedruckter Gedichtband „Die Frau und die Tiere". Von da an bestimmte die Unmenschlichkeit den Weg der Dichterin; er führte über Zwangsarbeit, Gelben Stern, Munitionsfabrik und Konzentrationslager in die Gaskammer von Auschwitz oder von Theresienstadt. Es war nicht mehr als Erfüllung einer Ehrenpflicht, daß die Deutsche Akademie für Sprache und Dichtung im Jahre 1956 das lyrische Gesamtwerk Gertrud Kolmars einer trauernden und bewundernden Nachwelt übergab.

28. IV. 1662 — 2. II. 1728   ## AURORA VON KÖNIGSMARCK

August der Starke hatte sich schon als junger Prinz auf seinen Reisen durch Italien, Spanien und Frankreich den Ruf eines „zweiten Don Juan" erworben. Von seinen dreihundertvierundfünfzig illegitimen Kindern ist jedoch nur der Graf Moritz von Sachsen in die Geschichte eingegangen; er stellte sein Feldherrngenie als Marschall von Frankreich in den Dienst der Bourbonen. Seine Mutter, Aurora von Königsmark, war einst als Bittstellerin von Hannover an den sächsischen Hof gekommen; in Begleitung ihrer Schwestern, der Gräfinnen von Löwenhaupt und von Steinbock, bat sie den Kurfürsten um Hilfe im Erbstreit um den Nachlaß ihres ermordeten Bruders. August bemühte sich um Rechtshilfe für Aurora, aber erfolgreicher war sein Werben um die Gunst der schönen Gräfin, der er in Dresden ein prächtiges Palais einrichtete. Die kluge Zurückhaltung Auroras festigte ihre Stellung; es gelang ihr, sogar das Vertrauen und duldende Verständnis der Kurfürstin zu erwerben, die dem Gatten im gleichen Oktober 1696 einen Thronerben schenkte, in dem auch die Gräfin Königsmarck ihren Sohn zur Welt brachte. Sie war wohl die menschlich sympathischste unter Augusts Favoritinnen, und daß sie ihn aufrichtig liebte, läßt ihr Bild in einem versöhnlicheren Lichte erscheinen als das ihrer Nachfolgerinnen, unter deren Habgier und Launen das Volk oft zu leiden hatte. Aurora verließ mit Rücksicht auf die Kurfürstin vor der Geburt ihres Sohnes Dresden und begab sich nach Goslar; als sie einige Wochen später mit dem Knaben zurückkehrte, mußte sie erfahren, daß ihre Stellung bereits von einer Nachfolgerin besetzt war. Ohne „große Szene", ohne Vorwurf und ohne Klage zog sie sich zurück; als Leiterin eines adeligen Damenstiftes verbrachte sie die letzten zweiunddreißig Jahre ihres Lebens in Quedlinburg.

1184 — 23. VI. 1222   ## KAISERIN KONSTANZE

Der mächtige Dom zu Palermo auf Sizilien, Grabstätte staufischer Kaiser, birgt in einer Seitenkapelle auch den Sarkophag der Konstanze von Aragon, der ersten Gemahlin Kaiser Friedrichs II. Der „Wandler der Welt" hat ihr selbst die Grabschrift bestimmt: „Ich war Siziliens Königin und Kaiserin, Constantia – hier ruhe ich nun, Friedrich – deine Frau..." Wir kennen nur wenige so warme und herzliche Worte dieses sternenfernen Herrschers, die auch das einzige Zeugnis sind für seine harmonische Ehe mit der Spanierin. Der große Papst Innozenz – „Kein Papst kann einen Staufer lieben!" – hatte die Witwe des Ungarnkönigs Emmerich im Jahre 1209 mit dem fünfzehn Jahre jüngeren, vater- und mutterlosen Friedrich vermählt. Konstanze stammte aus Aragon in Spanien, dessen König, ihr Vater, die Krone als päpstliches Lehngut empfangen hatte. Der junge Friedrich sträubte sich anfangs gegen den Heiratsplan; dann aber fügte er sich, denn Konstanze führte ihm als vereinbarte Mitgift fünfhundert wehrhafte Ritter zu, die er zur Durchsetzung seines Herrschaftsanspruchs dringend benötigte. „Nun, da der Vater im Sohne wiedererstanden ist", beginnt seine erste, pathetische Proklamation an seine „glückliche Stadt" Palermo, „wird sich die Neugestaltung der Throngewalt nach dem Willen der Vorsehung vollziehen!" Aber er hatte zu früh triumphiert: In Messina erlagen viele der spanischen Ritter einer verheerenden Seuche, und die Überlebenden zogen sich eilends wieder in ihre Heimat zurück. Zwei Jahre später aber schenkte die Spanierin ihrem siebzehnjährigen Gatten einen Sohn, den Friedrich nach seinem Vater Heinrich nannte. Nach Jahren der Kämpfe empfingen Friedrich und Konstanze am 22. November 1220 in St. Peter zu Rom die Kaiserkrone. Zwei Jahre später ist Konstanze in Palermo gestorben. Politische Gründe veranlaßten Friedrich, sich kurz danach mit Jolanthe, der Tochter des Königs von Jerusalem, zu vermählen.

KONSTANZE VON SIZILIEN   1154 — 22. XI. 1198

Königshochzeit in der Lombardei! Die Mailänder hatten sich von Kaiser Barbarossa, der ihnen namhafte Privilegien verlieh, als besondere Gunst ausgebeten, daß die Vermählung seines Sohnes Heinrich VI. mit König Rogers Tochter, der künftigen Erbin von Sizilien, in ihrer Stadt gefeiert würde. Die Normannin war zwölf Jahre älter als der Bräutigam; sie hatte diese Heirat nicht gewollt, gehorchte aber dem Befehl ihres Vaters, der ihr ein kostbares Geschenk für den Schwiegersohn mitgab: das Reichs- oder Mauritiusschwert. Auch den sarezenischen Königsmantel Rogers durfte des Rotbarts Sohn sich um die Schultern legen, aber das mit Gold und Perlen übersäte Gewand sollte nie mehr sizilianischen Boden streifen. Die junge Königin mußte schon bald aus den Worten und Taten Markwards von Anweiler, des politischen Beraters ihres Mannes, mit Schrecken erkennen, daß ihre Heimat Sizilien fortan nur eine Provinz des Reiches sein sollte. Konstanze setzte ihre normannische Zähigkeit und die Kraft ihres überragenden Geistes im Kampf um die Unabhängigkeit der Insel ein; sie verbündete sich mit den Feinden König Heinrichs, ihres Gemahls, dessen Wesen ihr fremd blieb, dessen Politik sie abstieß und dessen Sieg sie nicht wünschte ... Drei Jahre nach der Kaiserkrönung, am Weihnachtstag 1194, schenkte die Vierzigjährige dem staufischen Hause ihren ersten und einzigen Sohn Federigo, der später „Wunder und Wandler der Welt" genannt wurde. Die Geburt blieb von Geheimnissen umwittert — man sprach offen von einer Kindesunterschiebung ... Nach Heinrichs Tode übernahm Konstanze als Regentin die Führung der gegen die Deutschen gerichteten sizilischen Aufstandsbewegung; mit vielen anderen mußte ihr Widersacher Markward Sizilien verlassen. Die Krone Siziliens empfing die Herrscherin im April 1198 — im Dom von Palermo, der wenige Monate später ihre Grabstätte wurde.

WILHELMINE KORN   17. XII. 1786 — 13. XII. 1843

Der junge, auf die Höhe des Ruhmes aufsteigende Grillparzer hatte, ihre große Begabung erahnend, Wilhelmine Korn für die Rolle der „Melitta" in seinem Trauerspiel „Sappho" vorgeschlagen, obwohl sie noch nie in einer Tragödie gespielt hatte. Sie sprach indes bei allen Proben so unwahr und gekünstelt, daß der Dichter befürchtete, diese „kleine Person" reiche allein hin, um das ganze Stück umzuwerfen. Bei der letzten Probe gestand sie voller Stolz, daß sie diese Auffassung der Rolle der Anregung ihres Mannes und der Sophie Schröder verdanke, und sie war entsetzt, von Grillparzer zu hören, wie wenig er mit ihrer gekünstelten Darstellung einverstanden sei. Über Nacht war Wilhelmine Korn völlig verwandelt, streifte das Angelernte von sich ab, war wieder Schauspielerin aus natürlichem Empfinden und verschmolz mit ihrer Rolle. Die führende Wiener Kulturzeitschrift schrieb nach der Aufführung: „Man kann die Blätter des Lorbeers zählen, aber die aufbrechende Rosenknospe zerpflückt man nicht: so schauen wir, ohne jeden einzelnen Zug auszuspähen, mit dem innigsten Ergötzen ‚Melitta' an. Der Dichter im vollsten und schönsten Sinne des Wortes hat den Charakter gebildet, Mme. Korn ihn ganz empfunden, was vor dem inneren Auge schwebte, dem äußeren dargeboten." Man sagt, Grillparzer habe Wilhelmine Korn „gemacht", sie aber habe Grillparzer „gemacht". — Wilhelmine Korn, Tochter eines bekannten Burgschauspielers und schon früh Waise, hatte ihre Bühnenlaufbahn 1802 in kleinen Rollen auf der Hofbühne begonnen. Sie beendete sie in der Erstaufführung des „Nathan", 1819, mit der „ebenso liebreizenden wie herzinnigen" Gestalt der „Recha". Nach der Vorstellung wurde sie von schweren Krämpfen überfallen, die sich wiederholten und die Künstlerin zwangen, ihren Beruf frühzeitig aufzugeben.

1762 — 1843 MINNA KÖRNER

Man erinnert sich aus Goethes „Dichtung und Wahrheit" der reizenden Schilderung, wie der stets lernbegierige Dichter sich von dem seinerzeit hochgerühmten Kupferstecher Stock in den Anfangsgründen des Radierens und Kupferstechens unterweisen läßt. Dieser Stock hatte zwei Töchterlein; die eine, Dora mit Namen, wurde eine nicht unbegabte Malerin, ihre Schwester „Minna" aber verheiratete sich mit dem Appellationsrat Christian Gottfried Körner, einem wohlhabenden, musisch interessierten Manne, der dem jungen und oft bitter notleidenden Schiller schon manchesmal mit taktvollen Geldzuwendungen — „Absender ungenannt" — geholfen hatte. Im Juli 1875 lernte Schiller seinen unbekannten Gönner auch persönlich kennen; Körner ließ dem Dichter eine namhafte Summe überweisen, die genügte, alle seine Schulden zu decken und ihn „aus der Notwendigkeit des Brotverdienens zu nehmen". Zehn Jahre später zog Schiller nach Dresden, dort wohnte er entweder in Körners luxuriösem Stadthause oder im Körnerschen Weinberghäuschen bei Loschwitz, wo er den „Don Carlos" vollendete. Die Dresdener Zeit, unter der Obhut des Ehepaars Körner, wurde für den Dichter zum beglückenden Erlebnis edler Freundschaft; in seinem hier entstandenen „Lied an die Freude" besang er die Seligkeit, „eines Freundes Freund zu sein". Den Körners wurden zwei Kinder geschenkt, eine Tochter und der Sohn Theodor, dessen poetische Anfänge stark von Schiller beeinflußt sind. Aus dem jugendlich schwärmerischen Theodor Körner wurde der Dichter der Freiheitskriege, der seinen hochherzigen Glaubensmut mit dem Heldentod besiegelte. Zwei Jahre später verlor Minna Körner auch ihre Tochter. Das vereinsamte Ehepaar widmete sich der Herausgabe des Nachlasses ihres Sohnes und des Schillerschen Gesamtwerkes, dem Christian Gottfried Körner die zu seiner Zeit meistgelesene Lebensbeschreibung des Dichters voransetzte.

3. I. 1850 — 10. II. 1891 SONJA KOWALEWSKY

Als Sonja Kowalewsky 1891 auf dem Friedhof zu Stockholm beigesetzt wurde, bedeckten Berge von Blumen aus vielen Ländern den Grabhügel. Eine ungewöhnliche mathematische Begabung hatte die zweite Tochter des russischen Generals Korwin-Krukowski auf den Gipfel des Ruhmes geführt, auf dem sie aber nie ihre echt weiblichen Eigenschaften verlor. Ein empfindsames Gemüt und ein großer wissenschaftlicher Ehrgeiz stritten um die Vormacht in ihr. Früh war sie die Ehe mit dem Naturforscher Kowalewsky eingegangen, um durch ihn zum Studium ins Ausland zu gelangen. Auf der Universität Heidelberg verblüffte die Neunzehnjährige durch selbständige Entwicklungen mathematischer Probleme. Erst recht staunte Professor Weierstraß in Berlin über ihre Divinationsgabe bei der Lösung sehr schwieriger Prüfungsthemen. Er wurde ihr Lehrer und väterlicher Freund fürs Leben. Er setzte es durch, daß sie 1874 in Göttingen auf Grund dreier Dissertationen zum Dr. phil. promovieren durfte: summa cum laude! Die nächsten Jahre in Rußland, wo dem Ehepaar eine Tochter geboren wurde, brachten jedoch nicht die ersehnte Berufung in ein wissenschaftliches Amt. Erst nach dem tragischen Tod ihres Gatten konnte Sonja einem Ruf an die Universität Stockholm folgen. Hier wurde sie 1884 zum Professor ernannt und gewann die Menschen gleicherweise durch ihren hohen Geist wie durch ihr bezauberndes Wesen. Als Wissenschaftlerin baute sie die Theorien ihres berühmten Lehrers Weierstraß weiter aus. 1888 wurde sie von der Französischen Akademie der Wissenschaften mit dem selten verliehenen „Prix Bordin" ausgezeichnet, und bald darauf ehrte sie die Heimat durch Ernennung zum korrespondierenden Mitglied der St. Petersburger Akademie. All diese Ehrungen und auch die Erwartung eines persönlichen Glücks schnitt der Tod unerbittlich ab, als sie 1891 eine schwere Erkältung nicht mehr überwand.

MARIE VON KRAMSTA

1843 — 1923

Was die Deutschen nicht nur in den früheren Kolonien, sondern vor allem im Osten des großen europäischen Mutterlandes an Gründungen, Ordnungen, Werken der Kultur und der sozialen Hilfe innerhalb eines Jahrtausends hervorgebracht haben, ist zwar äußerlich verschüttet und wird aus politischen Gründen verleugnet, wirkt aber heute noch nach. Unter den Frauen, die seit den Tagen der heiligen Königin Hedwig im Osten segensreich gewirkt haben, nimmt Marie von Kramsta einen unvergessenen Rang ein. Denn noch zeugen die Steine für sie: die gesunden Arbeiterwohnungen, die Schulhäuser, Altersheime, Kinderheime, die überall unter ihrer mütterlichen Hand an den Orten emporwuchsen, an denen ihre schlesischen Güter lagen; das Bürgerhospital und das Heim für junge Arbeiterinnen, das erste seiner Art in ihrer Vaterstadt Freiburg; ebendort das Marienhaus, in Giersdorf das Hedwigshaus, in Seifershau der „Gottesgruß", in Ketschdorf das Emmastift und das Diakonissenhaus, verbunden mit dem Heim für nervenkranke Frauen; die Kirche und das Pfarrhaus in Püschkau, dazu noch eine Reihe sozialer Stiftungen: Diese für ein Menschenleben fast unglaubliche Liste mag ihre tiefe Mütterlichkeit andeuten, die überall Nester für ihre Schutzbefohlenen baute, aus Instinkt und Tradition, denn schon ihr Großvater, der Leinenfabrikant Georg Gottlieb Kramsta hatte für seine Arbeiter gesorgt, lange bevor seine hochgebildete Enkelin die umfangreiche Herrschaft Mührau übernahm. Auf dem Sommersitz Marie von Kramstas in Schreiberhau verkehrten schlesische Mundartdichter, sowie der tiefsinnige Denker und Poet Carl Hauptmann, dessen Bruder, der Dichter Gerhart, ihr in seinem „Narr in Christo Emanuel Quint" ein literarisches Denkmal setzte. Die edle Frau fand ihr Grab auf dem Dorffriedhof von Mührau.

ANNA VON KRANE

26. I. 1853 — 3. I. 1937

Die „deutsche Christusdichterin", wie man sie genannt hat, wurde 1853 als einziges Kind westfälischer Edelleute evangelischen Glaubens in Darmstadt geboren. Sie wollte, einer inneren Neigung folgend, zunächst Malerin werden und studierte an der Kunstakademie in Düsseldorf, das ihr zur zweiten Heimat wurde. Aber ihre schwächliche Gesundheit zwang sie, Pinsel und Palette beiseitezulegen und zur Feder zu greifen. Ihre ersten Bücher „Von der Palette", „Sibylle", „Starke Liebe" und „Der Kunstbaron" schildern, mit mancherlei autobiographischen Reminiszenzen durchsetzt, das zum Teil bohemehafte Treiben der Künstlerkreise im Gegensatz zu den feudalistischen Anschauungen der Aristokratie. Ihr ständig schwankendes körperliches Befinden, ihre um sich greifende seelische Vereinsamung und vor allem ihr tiefinnerliches Ringen um die Probleme des Religiösen waren es, die die Dichterin zur katholischen Kirche übertreten ließen. Seitdem wurden die Welt der Evangelien und die frühen Jahrhunderte des Christentums Wesen, Kern und Quelle ihrer Dichtung. Die schlichten Novellen und Legendensammlungen „Vom Menschensohn", „Das Licht und die Finsternis", „Der Friedensfürst", „Rex regnum", „Wie der König erschrak", „Magna peccatrix", „Das Schweigen Christi", „Seine Vielgetreuen", „Wenn die Steine reden", „Das Mithrasschiff" und schließlich „Der kristallene Strom" dürften nach Gehalt und Gestalt das beste und das edelste sein, was wir solcherart im gesamten Bereich der deutschen Dichtung besitzen. Getragen von einem ehrfurchtsvollen Gottesglauben und von einem ahnenden Schauen sind in ihrem einfachen und dennoch berückenden Sprachgewand all diese Bücher Legenden, die deutschen Christuslegenden, die den aufnahmebereiten Leser ergreifen, ihn trösten und beglücken. Anna Freiin von Krane hat in ihnen gleichsam den Adel ihrer Geburt zu dem höchsten Adel der Seele erhoben.

29. VIII. 1824 — 4. VIII. 1904   **ALOYSE KREBS-MICHALESI**

Die Komponisten des 19. Jahrhunderts waren sehr darauf bedacht, ihre Rollen in der Hand bedeutender und gefeierter Sängerinnen und Sänger zu wissen. Manche Opern haben sich nur durch die Größe der Darstellung auf den Bühnen gehalten. Zu dem Kreis derer, die mit Liebenswürdigkeiten und Geschenken überhäuft wurden, zählte neben Jenny Lind, Sophie Löwe, Pauline Viardot-Garcia, Johanna Jachmann-Wagner und Jenny Bürde-Ney die Altistin Aloyse Krebs-Michalesi. Sie war Giacomo Meyerbeers Diva als „Fides" in der Oper „Prophet" anläßlich ihrer Uraufführung in Dresden. — Ihre Eltern waren Mitglieder der Prager Oper gewesen und die Mutter hatte die erste Ausbildung übernommen. Nur mühsam arbeitete sich Aloyse aus der Chortätigkeit empor. Ihr Debüt als „Elvira" (1843) im Don Juan am Brünner Theater brachte ihr einen Kontrakt für „jugendliche Sopran- und Altpartien", ein Beweis für den ungewöhnlichen Umfang ihrer Stimme. Die weitgespannte Verwendbarkeit lenkte sehr bald die Aufmerksamkeit auf sie. Nach einem Engagement am Hamburger Stadttheater folgte sie ihrem Gatten, dem Komponisten und Dirigenten Karl Krebs, an die Königliche Oper in Dresden, wo sie bis zu ihrer Pensionierung 1870 als „Idamantes", „Sextus", „Adriane", „Klytemnestra", „Eglantine", „Ortrud", „Acucena" und „Lucrezia Borgia" strahlenden Ruhm errang. Der Briefwechsel mit den Komponisten Franz von Holstein und Emil Naumann bekundet, wie sehr die Autoren sich auf die schöpferische Mitarbeit der großen Sängerinnen angewiesen fühlten. Nach ihrer Pensionierung trat Aloyse Krebs-Michalesi als Konzert- und Oratoriensängerin auf und erfreute durch Solovorträge in der Hofkirche und in den Sonnabend-Vespern der Kreuzkirche in Dresden.

5. Jahrh. n. Chr.   **KRIEMHILD**

Ihr Name bedeutet „behelmte Kampfwalterin". Sie ist zur Hauptgestalt des Nibelungenliedes geworden. Oftmals hat sich die Geschichtswissenschaft bemüht, das historische Vorbild für diese epische Gestalt zu finden, etwa in der Germanin Hildiko, der Freundin des Hunnenkönigs Attila, der das Reich der Burgunder 437 zerschlug. Das Volk verbreitete die Mär, Hildiko habe Attila erschlagen, weil er ihre Verwandten getötet habe. In Wirklichkeit starb Attila 453 an unstillbarem Nasenbluten. Im Nibelungenlied ist Kriemhild Tochter des Königs Dankrad und Schwester des Königs Gunther von Burgund. Als der junge Siegfried, der Drachentöter aus Niederland, diesem König in der heldischen Jungfrau Brunhilde die Gattin, die er wünscht, durch eine Täuschung verschafft, gibt ihm zum Lohn seine Schwester Kriemhild zur Frau. Aber nun wirkt sich das Verhängnis der Lüge aus. Die kraftvolle Brunhilde ist nicht durch Gunther, sondern durch Siegfried im Schutz der Tarnkappe besiegt worden; beim zweiten Mal hat er ihr Ring und Gürtel geraubt und beides seiner jungen Gattin geschenkt, während Brunhilde glaubt, sie sei von Gunther besiegt worden. Im Streit enthüllt Kriemhilde der Nebenbuhlerin die Wahrheit, und arglos verrät sie dem grimmen Hagen die einzige verwundbare Stelle am Leib des Recken Siegfried: den vom Hornblut des Drachen nicht überdeckten Fleck an der Ferse. Hagen ermordet auf Anstiftung Brunhildes den Helden, und nun vollzieht sich das uralte Gesetz der Blutrache. Kriemhild, die den Hunnenkönig Etzel geheiratet hat, lädt ihre Brüder zum Sonnwendfest nach Ungarn. Dort, im brennenden Festsaal, bricht der Vulkan der Rache aus. Hagen erschlägt Kriemhildes Söhnlein, Kriemhilde erschlägt Hagen, der alte Recke Hildebrand erschlägt die Königin. Das letzte Wort des Liedes verhallt in Blut und Feuer: „Wie Liebe mit Leide am Ende lohnen kann."

THERESE KRONES   7. X. 1801 — 28. XII. 1827

Die Glanzperiode des Leopoldstädter Theaters in Wien ist mit ihrem Namen verbunden. Sie war der Stern dieser Bühne. Als Kind trat sie in der reisenden Theatergesellschaft ihres Vaters auf, 1809 kam Therese Krones nach Wien. Mehrere Jahre spielte sie an kleinen Provinzbühnen, bis sie Raimund 1821 an das Leopoldstädter Theater brachte, wo sie als Rosamunde in der Zauberoper „Lindane" ihren ersten großen Erfolg hatte. Die schlanke, zierliche Schauspielerin, die durch ihre Originalität auch verblaßte Possen neu zu beleben vermochte, galt als Typus und Vorbild der Wiener Soubrette. Ihre Grazie hatte Poesie und ihre Leichtlebigkeit einen künstlerischen Charme. Man nannte sie einen „Dämon der Lustigkeit", einer Lustigkeit freilich, die Schattierungen vom selbstparodistischen Ton bis zum herzlichen, wehmütig-schalkhaften Frohsinn aufwies, wie er sich in ihrem Vortrag des „Brüderlein fein" zeigte, der vielen Zeitgenossen unvergeßlich blieb. Den Zeitgenossen stellte Therese Krones offensichtlich einige Probleme. Denn während der eine sich über ihren leichtfertigen Lebenswandel entrüstete und darüber auch ihre Kunst mißachtete und ihr zum Vorwurf machte, sie zeige sich gern in Männerkleidung auf der Bühne, rühmt ein anderer: „... diese Künstlerin wußte aus Muschelschalen armseliger Lokalskribler die reinsten Perlen gediegener Kunst zu schaffen und, wie es scheint, ohne Mühe, so wie die Natur, welche das Herrlichste hervorbringt, weil sie muß und nicht anders kann". Therese Krones war Raimunds erste „Jugend" in seinem Stück „Der Bauer als Millionär". Als sie in jungen Jahren starb, klagte der Dichter: „Wie soll ich nicht weinen, wenn man mir meine ‚Jugend' nimmt?"

JULIANE VON KRÜDENER   22. XI. 1764 — 25. XII. 1824

„Kalte Seelen besitzen nur ein Gedächtnis; feinfühlige Seelen haben Erinnerungen. Starke Seelen lieben, die Schwachen begehren ... Was ich Gutes getan habe, wird bleiben; was ich Schlechtes getan, wird durch Gottes Barmherzigkeit verwischt werden — denn wie oft habe ich für den Weg Gottes das gehalten, was nur die Frucht meiner Einbildungskraft und meines Stolzes war." Als Juliane von Krüdener zu dieser Einsicht gekommen war, lag ein bewegtes, an Erfolgen und auch an Niederlagen reiches Leben hinter ihr — ein Leben, das die baltische Geheimratstochter von Riga nach Paris, nach Italien und an viele europäische Fürstenhöfe geführt hatte. Sie ist als „Mutter der Heiligen Allianz" in die Geschichte eingegangen, als eifrigste Befürworterin jener von Zar Alexander I. auf dem Wiener Kongreß angeregten Verbindung zwischen Rußland, Preußen und Österreich, die später unter Metternich zu einer konservativen Bastion gegen die nationalstaatlichen revolutionären Bestrebungen wurde. In ihrer Jugend, als Gattin des Diplomaten Krüdener, den sie später verließ, war Juliane die Königin der Feste, auf denen sie auch als Tänzerin Triumphe feierte. Ihr ruheloses Herz trieb sie von Ort zu Ort; Künstler, Politiker und Fürsten kreuzten ihren Weg, sie gewann die Freundschaft der Königin Luise und schließlich das Vertrauen des Zaren Alexander — aber die rasch verblühende Frau, die sich mit zunehmendem Alter ganz ihren religiösen Bestrebungen widmete, geriet durch mancherlei Verhängnisse und gewiß nicht ohne eigenes Verschulden immer tiefer in ein unentwirrbares Netz von Intrigen. Auf ihren letzten Reisen wurde sie von politischen Agenten überwacht; die freie Schweiz veranlaßte sogar ihre Ausweisung, und schließlich zog sich die Enttäuschte auf die Halbinsel Krim zurück, wo sie, umgeben von wenigen Getreuen, ihre letzten Lebensjahre verbrachte.

1790 — 1850

THERESE KRUPP

„Den geschätzten Handlungsfreunden meines verstorbenen Gatten beehre ich mich, die Anzeige zu machen, daß durch sein frühes Hinscheiden das Geheimnis der Gußstahlbereitung nicht verloren, sondern durch seine Vorsorge auf unseren ältesten Sohn, der unter seiner Leitung schon einige Zeit der Fabrik vorstand, übergegangen ist; daß mit demselben ich das Geschäft unter der früheren Firma von Friedrich Krupp fortsetzen und in Hinsicht der Güte des Gußstahls sowie auch der in meiner Fabrik daraus verfertigten Waren nichts zu wünschen übrig lassen werde. Witwe Therese Krupp, geborene Wilhelmi." Die reiche Bauerntochter war 36 Jahre alt, als sie dieses von ihrem vierzehnjährigen Sohn Alfred aufgesetzte Rundschreiben unterzeichnete. Sie meldete nicht, was viele erwartet hatten, nach Friedrichs Tode den Konkurs des stark verschuldeten Unternehmens an — mit ihrem Sohn und sechs noch verbliebenen Arbeitern begann sie das Werk weiter auszubauen, wenn auch manchmal zur Beschaffung der Lohngelder das bescheidene Tafelsilber versetzt werden mußte. Oft gab es nur Kartoffeln und Hering zum Mittagessen, denn es mußte Geld erspart werden für die Geschäftsreisen, von denen der Sohn reich an Aufträgen und Erfahrungen heimkam. „Eine neue Zukunft liegt vor uns: die Stahlzeit! Die Bronzezeit ist dahin, die Bronze hat aufgehört, das Material des Krieges zu sein und hat fortan eine mildere Bestimmung — sie möge in Glocken zur Kirche laden . . ." schrieb Alfred Krupp vor einer seiner Auslandsreisen nach Hause. Nach seinen ersten Verkaufserfolgen erwarb er das väterliche Werk von seiner Mutter, die bisher Alleininhaberin gewesen war, für einen sehr geringen Kaufpreis. Bis zu ihrem Tode hat Therese Krupp lebhaften Anteil am Aufstieg des Werkes genommen. Den ersten Triumph ihres Sohnes auf der Londoner Weltausstellung von 1851 hat sie nicht mehr erleben dürfen.

NADESHDA KONSTANTINOVNA KRUPSKAJA
27. II. 1869 — 27. II. 1939

Die Lehrerin Krupskaja hatte Lenin im Winter 1894 in Petersburg kennengelernt. Der spätere Begründer des Sowjetstaates war erst kurz vorher aus der Provinz in die damalige Hauptstadt gekommen, und aus der politischen Übereinstimmung wurde bald eine aufrichtige Freundschaft. Ein Jahr später kam Lenin von einer Auslandsreise mit illegalen Flugschriften zurück; er wurde verhaftet und nach Sibirien verbannt. Wenig später wurde auch die Krupskaja festgenommen, und da man ihr die Wahl ihres sibirischen Verbannungsortes freigestellt hatte, kam sie in Lenins Exildorf Schuchenskoje am oberen Jenissei. Die Lebensbedingungen der Verbannten müssen erträglich gewesen sein — Lenin ging viel auf die Jagd, hatte seine umfangreiche Bibliothek bei sich und arbeitete zusammen mit der Krupskaja, die inzwischen seine Frau geworden war, an der agitatorischen Vorbereitung der Revolution. Nach der Freilassung begab sich das Ehepaar ins Ausland nach Frankreich, Deutschland und nach der Schweiz. Die Krupskaja teilte mit Lenin ohne Murren die Armut und Not des ständig gefährdeten Exildaseins, in dem alle privaten Interessen und Wünsche der ideologischen Zukunftsarbeit untergeordnet waren. Nach dem Sieg der Revolutionäre wurde die Gattin Lenins Mitglied des Kommissariats für Volksaufklärung in Moskau; die Berufsinteressen ihrer Jugend ließen sie zur Begründerin der bolschewistischen Pädagogik und zur Vorkämpferin für die Gleichberechtigung der Frau werden. Nach Lenins Tod kam sie, die entschiedenste Verfechterin des Leninismus, oft in Gegensatz zu Stalin, der sie mehrmals verhaften ließ. Sie starb ein halbes Jahr vor dem Ausbruch des zweiten Weltkrieges.

KÄTHE KRUSE 17. IX. 1883 — 19. VII. 1968

Wie oft schon ist aus rein privatem Anlaß und Bedürfnis etwas Allgemeingültiges, weithin in Welt und Zeit Wirkendes entstanden! Dem Frankfurter Arzt Hoffmann waren die handelsüblichen Bilderbücher für seine Kinder nicht gut genug; also machte er ihnen selber eines, das seither als „Struwwelpeter" zu einem nachgerade „klassischen" Werk geworden ist. Auch die weltberühmte „Biene Maja" von Waldemar Bonsels verdankt ähnlichen Umständen ihr Entstehen, und der früheren Schauspielerin Käthe Kruse aus Breslau ging es nicht anders: Weil ihr die leblosen, unnatürlichen Puppen in den Händen ihrer Kinder nicht gefielen, machte sie selber Puppen — und ihr Sohn Friedebald, der im zweiten Weltkrieg gefallen ist, war ihr erstes Modell. Eine Ausstellung „Spielzeug aus eigener Hand" in Berlin wurde für die junge Bildhauersgattin der Anfang des Weltruhms; eine Lawine von Aufträgen brach über die Überraschte herein. Das Glück blieb der unermüdlich schaffenden Frau auch weiterhin treu; aus ihrer Werkstatt in Bad Kösen gingen bald nicht nur Spielzeugpuppen, sondern auch lebensgroße, wegen ihrer Natürlichkeit und künstlerischen Gestaltung vielbegehrte Schaufensterpuppen hervor, die in aller Welt begehrt wurden und deutsche Wertarbeit im besten Sinne verkörpern. Nach der unseligen deutschen Teilung als Folge des zweiten Weltkrieges begann Käthe Kruse in Donauwörth mit dem Wiederaufbau ihrer Betriebe, die seitdem in stetigem Aufstieg vielen Menschen Arbeit und Brot und unzähligen Kindern aller Erdteile Freude und Glück gegeben haben. Vor einigen Jahren veröffentlichte die berühmte „Puppenmutter" ihre Lebensgeschichte unter dem Titel „Das große Puppenspiel" — die Lebensgeschichte einer erfolgreichen, bescheidenen, liebenswerten Frau.

KAISERIN KUNIGUNDE 972 — 3. III. 1039

Seit über hundertfünfzig Jahren zählt die Schatzkammer der ehemals königlichen Residenz zu München ein besonders kostbares Kleinod zu ihren Besitztümern: die früher zum Bamberger Domschatz gehörende Krone der Kaiserin Kunigunde, der Gemahlin Kaiser Heinrichs II. Die Krone ist wahrscheinlich eine Arbeit der berühmten Goldschmiedewerkstatt von Metz, wo Kunigundes Bruder Bischof war. Die Legende hat aus Kunigunde, einer Tochter aus dem gräflichen Hause der Lützelburger, die sich später Luxemburger nannten, ein höher geartetes Wesen gemacht, das den Teufel gezwungen habe, eine gewaltige marmorne Säule zum Bamberger Dombau herbeizuschleppen; aus Rache habe der Satan die fromme Frau bei ihrem Gemahl verleumdet; eine Handschrift aus dem 13. Jahrhundert stellt in kostbaren Miniaturen dar, wie Kunigunde, unversehrt über sieben glühende Pflugscharen schreitend, sich durch diese „Feuerprobe" vom Verdacht der Untreue reinigt. Im Jahre 1014 wurde Kunigunde an der Seite ihres Gemahls in der Basilika von St. Peter in Rom zur Kaiserin gekrönt. Von ihrer Kunstfertigkeit kündet noch heute ein von ihr gefertigter edelsteinbesetzter Gürtel im Bamberger Domschatz. Ihr frommes Wirken im Dienst des christlichen Abendlandes fand seinen unvergänglichen Ausdruck in der Stiftung des Bistums Bamberg und zahlreicher Klöster. Eine zeitgenössische Buchmalerei zeigt die heilige „Chunigunt imperatrix" kniend mit Heinrich II., in den anbetenden Händen hält das kaiserliche Ehepaar das Modell des von ihm gestifteten Bamberger Domes. Aus Kunigundes Händen empfing nach Heinrichs Tod der Salier Konrad Krone und Insignien des Kaisertums. Sie selbst starb als Nonne des von ihr begründeten Benediktinerinnenklosters in Kaufungen.

21. XII. 1853 — 5. IV. 1944   ISOLDE KURZ

In einer ihrer schönen Balladen hat sich die Tochter des großen schwäbischen Erzählers Hermann Kurz mit kritischem Blick selbst dargestellt — als das „Fremde Fräulein", das über den engen geistigen Bezirk des Mutterlandes hinausstrebend erst im Erleben der Fremde zur Erkenntnis und Besitznahme der eigenen Persönlichkeitswelt gelangt. Nach dem frühen Tode des geliebten Vaters übersiedelte die junge Dichterin mit ihrer Mutter nach Florenz; aus dem ursprünglich nur für ein Jahr geplanten Aufenthalt wurden drei Jahrzehnte in der Stadt Dantes und Botticellis, schicksalhaft und bestimmend für ihre menschliche und künstlerische Entwicklung und geprägt von dem weltoffenen Künstlerkreis der deutschen Kolonie, dem Arnold Böcklin, Hans von Marées und Adolf von Hildebrand angehörten. Der erste Weltkrieg setzte dem Florentiner Idyll ein jähes Ende; Isolde Kurz wählte Bayern zur neuen Heimat und gestaltete ihr Münchener Haus zum geistigen Zentrum für alle ihr Gleichgesinnten aus, die sich zu einem hohen, anspruchsvollen Menschentum nach klassischen Vorbildern bekannten. Hier entstanden ihre reifsten Dichtungen, Novellen und Romane, die in den sechs Bänden ihrer „Gesammelten Werke" schon 1925 geschlossen vorlagen und ein weites Echo fanden. In ihren letzten Schaffensjahren kam das schon früh erkennbare autobiographische Element ihrer Dichtung immer stärker zum Durchbruch: das „Fremde Fräulein", das sich schon in der Jugendnovelle „Die Vermählung der Toten" gespiegelt hatte, erkannte sich als Achtundsiebzigjährige noch einmal in der Titelgestalt des herrlichen Frauenromans „Vanadis", die, um ihre Liebe betrogen, würdig und groß zu sterben versteht — würdig und groß wie ihre Dichterin, die am Ende eines erfüllten Lebens heimfand in die schwäbische Erde, und in der Hölderlinstadt Tübingen kurz nach ihrem einundneunzigsten Geburtstage die klaren, wissenden Augen für immer schloß.

1826 — 1911   **MARIE KURZ**

Gradiva, die Schreitende, nannte die berühmte Isolde Kurz ihre Mutter; die Strandbewohner von Forte del Marni verglichen die Greisin, die unter ihnen lebte, mit einem Wiesel, so beweglich und so jung war sie ein langes Leben hindurch. Sie war in Ulm geboren und entstammte der alten, aristokratischen Familie von Brunow. Sie haßte schon als Kind alle Standesvorurteile und noch mehr das Geld, liebte die Freiheit und bekannte sich mit Leidenschaft zu den demokratischen Ideen der Zeit. Sie wurde einer der feurigsten Apostel der Revolution von 1848, besuchte Volksversammlungen, verteilte Manifeste und Flugzettel und hielt öffentliche Reden — Geschehnisse, die in der Vorstellung ihrer Umwelt als unerhört galten. Im Februar des Revolutionsjahres 1848 lernte sie Hermann Kurz, den Dichter gemütvoller Verse, des kulturgeschichtlichen Romans „Schillers Heimatjahre" und Übersetzers Ariosts, des Cervantes, Chateaubriands, Shakespeares und Byrons kennen und verliebte sich in ihn; sie vergaß ihn wieder im Trubel der Ereignisse, und erst im Jahre 1851 entschloß sie sich, ihn zu heiraten. Hermann Kurz, der zuerst Schriftleiter in Karlsruhe war und später zum Unterbibliothekar in Tübingen avancierte, mußte von seinem kargen Gehalt fünf Kinder und häufig Gäste ernähren; aber seine Gattin schaffte es, obwohl es eine ihrer merkwürdigsten Eigenarten war, daß sie nie persönliches Eigentum besaß oder beanspruchte. Immer lebhaft, immer regsam und allen Situationen gewachsen, schuf sie ihrem Gatten die Atmosphäre, die er für sein ertragreiches dichterisches Schaffen brauchte. Nach dem Tode ihres Mannes (1873) lebte Marie Kurz in Florenz und zuletzt in München; hier starb sie mit einem Lächeln auf den Lippen. Ihre Asche wurde in einer hellenischen Totenfeier in Forte del Marni der Erde übergeben.

LOUISE LABÉ

Um 1524 — 1566

„Ich lebe, ich sterb: ich brenn und ich ertrinke, ich dulde Glut und bin doch wie im Eise". — Mit diesen beiden, Bitternis und Süße der Liebe ausdrückenden Zeilen hebt das achte der vierundzwanzig Sonette an, die Louise Labé mit ihrem Herzblut geschrieben hat. Sie gehören zu den ergreifendsten und schönsten Dichtungen des sechzehnten Jahrhunderts. Die Labé hat außer ihnen noch drei Elegien und das geistvolle „Débat de folie et d'amour" geschaffen; aber auch ohne sie, einzig schon wegen der dichterischen Reife ihrer Sonette zählt sie bereits zu den unbestritten großen Lyrikerinnen. — In Lyon, ihrer Geburtsstadt, hatte man ihr den Beinamen „La belle Cordière" gegeben: Cordière, Seilerin, weil sie die Tochter des Seilers Labé war und die Gattin des reicheren Seilers Perrin wurde; belle, weil sie durch ihre makellose Schönheit von bezauberndem Liebreiz war. Ihre Sonette schrieb sie, eine „moderne Sappho", im Überschwang ihrer Leidenschaft für den Dichter Olivier de Magny. Die Stimmung dieser Gedichte schwingt zwischen ungebändigten Gefühlsausbrüchen und den weicheren Tönen der entsagenden oder gelassenen Hinnahme des Schicksals. Wo ihr Herz aufwallt und sich verzehrt, dort werden heftige Begriffe, wie Feuer, Stern, Liebesgott, Trauer, Wunden, Entzückung, Taumel, zu Schlüsselworten in ihren Strophen; aber sie sind mit Absicht gebändigt in die strenge Form des Sonetts. Die Dichterin verband auch in ihrem Leben das Gebändigte mit dem leidenschaftlich Unbeherrschten. Sie war draufgängerische Reiterin und sieggewohnte Fechterin, tat unerschrocken Soldatendienst unter Capitän Loy bei der Belagerung von Perpignan und fand doch immer wieder zurück in den Kreis schöner Geister, die sie in ihrem Hause um sich sammelte und für deren Huldigungen sie gern mit Liedern zur Laute dankte. Künstler baten sie darum, ihr Bildnis malen zu dürfen, die Straße, in der sie wohnte, wurde mit ihrem Namen benannt. Ihre unvergänglichen Verse hat Rainer Maria Rilke übertragen.

ADELAIDE LABILLE-GUIARD

11. IV. 1749 — 24. IV. 1803

Das vorrevolutionäre Paris des Jahres 1785 — das leichtfertige und dekadente Paris, das den Hochstapler Cagliostro Maria Theresias Tochter in die berüchtigte „Halsbandaffäre" verwickeln ließ — begeisterte sich an dem berühmten Selbstbildnis der Malerin Labille-Guiard, das uns heute als markantestes Beispiel des „sterbenden Rokoko" erscheint. Die heitere Dekorationslaune dieses illusionsfreudigen Zeitalters ist in diesem Bild bereits einem entseelenden Realismus gewichen, die antiken Plastiken des Hintergrundes künden den heraufdämmernden Klassizismus, und das Rokoko-Gewand wirkt schon als Kostüm. Wie bezeichnend, daß diese Künstlerin, die ihre hohe Begabung bis zum leeren Virtuosentum trieb, zur Hofmalerin der Prinzessinen von Frankreich ernannt wurde und aus der königlichen Privatschatulle eine laufende Zuwendung erhielt! Aber auch die führenden Männer der Revolution wußten die Kunst Madame Labille-Guiards, die seit 1783 gefeiertes Mitglied der Académie Royale war, zu schätzen und in ihren Dienst zu stellen; Maximilien Robespierre gehörte mit zu den ersten Mitgliedern der Nationalversammlung, die sich von der Hofmalerin in schmeichlerischer Verschönerung porträtieren ließen. Die kluge Frau erreichte damit, daß man sie auch nach dem Sturz des Königtums ungehindert weiterarbeiten ließ — erst nachdem im Jahr des Schreckens 1793 ihr Kolossalgemälde „Die Aufnahme eines Ritters vom Orden St. Lazare durch Monsieur" von einer aufgeputschten Menge in Fetzen zerrissen worden war, zog sie sich vorübergehend von den öffentlichen Ausstellungen zurück. Sie erlebte noch das Direktorium und den kometenhaften Aufstieg des kleinen korsischen Artillerieoffiziers zum General und Ersten Konsul, und damit den Durchbruch des Empire, das in ihrem Selbstbildnis von 1785 deutlich vorausgeahnt ist.

1633 — 1693   ## MARIE MADELEINE LAFAYETTE

Im Paris des Sonnenkönigs Ludwig XIV., im Gesellschaftstrubel der Höflinge, Politiker, Glücksritter und erotischen Abenteurer durch ein Werk hohen moralischen Anspruchs berühmt zu werden — dieses Kunststück gelang einzig der Madame Lafayette mit ihrem Roman „La Princesse de Clèves". Das Dasein dieser Frau, Mutter zweier Söhne, verlief in völliger Harmonie von Leben und Kunst. Sie galt als die geistreichste Frau des französischen Hofes, aber sie verstand es, Abstand zu wahren und selbst einen so „unwiderstehlichen" Charmeur wie den Schriftsteller La Rochefoucauld zur inneren Ordnung zu zwingen: „Er hat mir Geist gegeben, aber ich habe sein Herz reformiert". — Nach dem Tode ihres Vaters hatte sie, die sechzehnjährige Marie-Madeleine, sich in den Chevalier de Sévigné verliebt; aber dieser Kavalier heiratete nicht sie, sondern ihre noch hübsche Mutter; sie selbst wurde Hofdame der Königin Anna von Österreich. Zum zweiten Male verlor sie ihr Herz an den Literaten Abbé Gilles Ménage, widerstand aber seiner illegitimen Werbung und heiratete mit einundzwanzig Jahren den Landedelmann Graf Lafayette. Inzwischen war ihr literarisches Talent erwacht. Sie schrieb, unter der technischen Mithilfe des Abbé Ménage, ihre erste Novelle. Sie schrieb anonym und wahrte diese Anonymität bis zu ihrem Tode. Paris ahnte die wahre Autorin, ihr Ruhm wuchs, aber sie hielt ihr Herz am Zügel, sorgte für ihre Söhne und wob im stillen ihre Romane und Novellen, psychologische Gobelins voller Leben und Anmut. Nach dem Tode ihres Gatten starb sie friedlich, berühmt und doch namenlos, Zeitgenossin einer in den gegensätzlichsten Farben schillernden Epoche, in die mehrere Bände Memoiren hineinleuchten. Eine Gesamtausgabe ihrer Schriften erschien 1786, noch zu ihren Lebzeiten, in Paris.

* 6. IX. 1921   ## CARMEN LAFORET

Die eben im Aufbruch begriffene neue spanische Dichtung, die mit Namen wie Arturo Barea, José Maria Gironella, Ricardo Fernandez de la Reguera, Juan Goytisolo gewichtig ins europäische Bewußtsein eingetreten ist, hat auch eine Frau in das volle Rampenlicht der literarischen Öffentlichkeit gestellt, eine echte Dichterin, die mit ihrem bislang noch schmalen, jedoch schon ungemein bedeutsamen Werk hohe Werte verkörpert. Carmen Laforet, 1921 in Barcelona geboren und seit einigen Jahren mit dem Schriftsteller Manuel Gonzales (Cerezalez) verheiratet, erhielt mit ihrem 1944 erschienenen Erstlingsroman „. . . nada", den begehrten Eugenio-Nadal-Preis sowie den Fastenrath-Preis der Spanischen Akademie und ist dadurch zu einer internationalen Berühmtheit geworden. Der Gehalt dieses Romans, der sich weit von dem französischen oder amerikanischen Existenzialismus entfernt, kann am besten als „christlicher Realismus" angesprochen werden, weil er, insgesamt autobiographisch getönt, in der Gestalt der Studentin Andrea den Nihilismus der Zeit radikal ins Positive wendet und voller metaphysischer Bezüge ist. Auch ein zweiter Roman „Die Wandlung der Paulina Goya" wendet sich letzten Gedanken zu, indem er im Rahmen des spanischen Gesellschaftslebens und der sozialen, oder besser unsozialen Welt vor und nach dem Bürgerkrieg den äußeren Lebensweg und die innere Wandlung einer jungen Frau nachzeichnet, die aus den urtümlichen Spannungen zwischen Menschlichem und Göttlichem, Heidnischem und Christlichem ihre wesentlichsten und wertvollsten Kräfte zieht. Schon mit diesen beiden Werken präsentiert sich Carmen Laforet als die bedeutendste Dichterin der spanischen Gegenwart.

SELMA LAGERLÖF

20. XI. 1858 — 16. III. 1940

Selma Lagerlöf, die große schwedische Erzählerin, war Lehrerin in Landskrona und 32 Jahre alt, als sie in einem Preisausschreiben unerwartet den ersten Preis erhielt für eine Erzählung über einen seltsamen, bezaubernden und unglückseligen Menschen ihrer Heimat. Aus dieser Erzählung entstand ihr erster und berühmtester Roman „Gösta Berling". Er begeisterte in den neunziger Jahren die schwedische und bald auch die europäische Jugend durch die hinreißende Darstellung eines freien, aus beengter Umwelt ausbrechenden Menschen, der sich leidenschaftlich für äußerlich und innerlich Notleidende einsetzt. Die weiteren Höhepunkte von Selma Lagerlöfs reichem erzählerischem Lebenswerk waren der zweibändige religiöse Volksroman „Jerusalem", die „Christuslegenden", das schöne Kinder- und Heimatbuch „Die wunderbare Reise des kleinen Nils Holgerson mit den Wildgänsen", die Kindheitserinnerungen „Marbacka" und die Löwensköld-Trilogie. Unerschöpfliche Fabuliergabe, eindringliche Belebung der Atmosphäre und tiefer menschlicher Gehalt zeichnen alle ihre Werke aus. Ein reines, fühlendes Frauenherz und die mütterliche Weisheit alter Märchenerzählerinnen waren ihr eigen. Die schlichte Symbolkraft ihrer Geschichten rührt an menschliche und religiöse Urempfindungen. Als erste Frau 1909 mit dem Nobelpreis für Literatur ausgezeichnet und 1914 in die Schwedische Akademie aufgenommen, erhob sie oft ihre Stimme, um die Frau zur ausgleichenden Mitarbeit beim Aufbau eines kulturell, erzieherisch und sozial veredelten Staatswesens aufzurufen. Selma Lagerlöf war eine der glühendsten Fürsprecherinnen für den Frieden unter den Völkern und die Einigung der christlichen Konfessionen. Und sie war bis an ihr Lebensende erfüllt vom Glauben an die letztliche Unbesiegbarkeit der Kräfte des Guten in der Menschheit.

PRINZESSIN VON LAMBALLE

8. XI. 1749 — 3. IX. 1792

Die schöne und liebenswürdige Prinzessin ist der lebendige Beweis dafür, daß es in Zeiten der Gefahr oft gerade die Frauen sind, die dort Seelenstärke und zivilen Mut aufbringen, wo selbst kühne Männer angesichts vielfältiger Drohung versagen. Marie Therese Louise von Savoyen-Carignan, Prinzessin von Lamballe, stammte aus Turin und wurde 1767 mit Louis von Bourbon vermählt, den sie jedoch schon nach fünfzehnmonatiger Ehe verlor. 1774 erhielt sie durch die Zuneigung Marie Antoinettes die Stellung einer Intendantin des königlichen Hauses und galt seither als eine der intimsten Freundinnen der Königin. Als die Revolution ausbrach, wurde die geistreiche und tapfere Dame Mittelpunkt eines politischen Salons. Am Tage der Flucht des Königspaares, am 20. Juni 1791, verließ auch Prinzessin Lamballe Paris und erreichte glücklich das rettende London, wo man sich wieder treffen wollte. Obschon persönlich in Sicherheit, kehrte sie, als sie von der nicht geglückten Flucht der Königsfamilie erfuhr, an der Seite der unglücklichen Freundin nach Paris zurück. Nach dem Tuileriensturm vom 10. August 1792 teilte sie die Gefangenschaft im Temple, wurde aber bald darauf in das Gefängnis von La Force gebracht. Am Morgen des 3. September 1792, als die Mörder in den Gefängnissen wüteten, wurde ihr der Schwur befohlen, daß sie Freiheit und Gleichheit liebe und daß sie die Königin hasse. Als sie den zweiten Teil des Schwures standhaft verweigerte, streckte sie ein betrunkener Sansculotte durch einen Säbelhieb zu Boden. Ihr Leichnam wurde im Triumph vor die vergitterten Fenster des Temple getragen. Ihr auf eine Pike gespießtes Herz grüßte als entsetzliches Vorzeichen kommenden Untergangs zum letztenmal die Königin.

9. IV. 1848 — 13. V. 1930 **HELENE LANGE**

Erst in unserer Zeit hebt sich das Bild Helene Langes über der Parteien Haß und Gunst, die es lange verzerrte. Man warf der Begründerin und Führerin der deutschen Frauenbewegung ungezügelten Fanatismus und maskuline Tendenzen vor. In Wahrheit war sie eine Frau von weiblich-mütterlichem Wesen, über dem ein feiner Hauch niederdeutscher Herbheit lag. In Oldenburg als Kaufmannstochter geboren, war sie Erzieherin aus innerer Berufung, lange bevor sie sich 1872 der Lehrerinnenprüfung unterzog und in Berlin ein weites Tätigkeitsfeld fand. „Die schwere Verantwortung für alles, was ich junge Menschen zu lehren hatte, ließ mich jedes Wort doppelt wägen", ist ihr charakteristisches Bekenntnis aus dieser Zeit. Im Jahre 1887 veröffentlichte sie eine Schrift, die trotz des nüchternen Titels „Die höhere Mädchenschule und ihre Bestimmung" wie ein Fanal wirkte. Von nun an sah Helene Lange ihre Lebensaufgabe darin, die selbständige geistige Bildung der Frau zu betreiben. Die schöpferischen Kräfte der Frau zu wecken, „eine seelische Produktivität, die nicht dem Gehirn, sondern ihrer Mütterlichkeit entspringt" und die der Welt das ausgeglichene soziale und sittliche Gepräge beider Geschlechter geben sollte, galt ihr als Ziel der Mädchenbildung. Die Frau sollte auch in der ihr gemäßen Form am staatsbürgerlichen Leben teilnehmen, das bis in ihre Zeit als ausschließliche Domäne des Mannes gegolten hatte. Für diese Ziele hat Helene Lange als Vorsitzende des Allgemeinen Deutschen Frauenvereins, als Herausgeberin der Monatszeitschrift „Die Frau" und mit zahlreichen Schriften und Reden tatkräftig gewirkt und Bedeutendes geleistet. Nach mehrjähriger Tätigkeit an der Sozialen Frauenschule in Hamburg zog sie sich 1920 in ihre geliebte Wahlheimat Berlin zurück, wo sie zehn Jahre später, hochgeehrt, gestorben ist.

23. II. 1899 — 25. VII. 1950 **ELISABETH LANGGÄSSER**

Am gleichen Tage, an dem man der zweihundertsten Wiederkehr der Todesstunde von Johann Sebastian Bach gedachte, wurde in Darmstadt Elisabeth Langgässer beigesetzt. Es waren nicht viele, die an ihrem offenen Grabe standen, und viele wußten nicht einmal, daß mit ihr eine der größten Dichterinnen deutscher Sprache dahingegangen war — nach einem schweren Leben voller Anfechtung, Bedrohung und Leid. Ihrem ersten größeren Roman: „Der Gang durch das Ried", der im Jahre 1935 erschien, hat sie eine kleine Autobiographie mit auf den Weg gegeben: „Mein Geburtsort ist Alzey in Rheinhessen, eine kleine Stadt an den Ausläufern des pfälzischen Hügellandes, das mit Äpfeln und Wein gesegnet ist. Mainz, Bingen und Worms bilden das umschließende Städtedreieck, und dieses Gebiet ist Schauplatz und Nährboden meiner Arbeit — der Gedichte sowohl als auch der Prosastücke. Lehrend und belehrt von der Landschaft und ihren Menschen: den Arbeitern, Bauern und Gemüsegärtnern eines Riedortes, an dessen Schule ich unterrichtete, sah ich Sage zur Wirklichkeit werden und Wirklichkeit sich gleichnishaft offenbaren. Im ‚Gang durch das Ried' habe ich die wechselseitige Spiegelung der Altrheinlandschaft mit einer menschlichen Seele durchzuführen versucht und eine Realität angestrebt, die das Stoffliche aus dem Sinnbild, weniger mehr als es selbst ist, darstellt und deutet ..." In dunkler Zeit, in der die katholische Dichterin verfemt war, entstand bis zum Kriegsende ihr Hauptwerk, der Roman „Das unauslöschliche Siegel" — eine gewaltige Verkündigung der Glaubensgewißheit, die der Dichterin einen dauernden und ehrenvollen Platz in der Literaturgeschichte gesichert hat. Ihre nach ihrem Tode veröffentlichten Briefe verschaffen uns Zugang und tiefe Einsicht in ihre schöpferische Arbeitswelt. Sie nannte sich „eine Kerze, die an zwei Enden zugleich verbrennt" — bestürzendes Gleichnis eines hochgesinnten und hochgespannten, in Glaubensglut sich verzehrenden Lebens.

MAXIMILIANE LA ROCHE 31. V. 1756 — 19. XI. 1793

Die „Maxe", wie Maximiliane Euphrosyne La Roche, geboren 1756 zu Mainz, landläufig von den Zeitgenossen genannt wurde, ist die älteste Tochter der gefeierten Sophie La Roche, der bevorzugten Freundin Wielands und der Anregerin Goethes, die mit der „Geschichte des Fräulein von Sternheim" den ersten deutschen Frauenroman geschrieben hat. Maximiliane wurde durch die politisch inspirierte Heirat mit dem aus Italien eingewanderten reichen Frankfurter Kaufmann Peter Anton Brentano die Mutter des Romantikerpaares Clemens und Bettina Brentano, der späteren Gattin Achim von Arnims. In ihrer Jugend war „Maxe" unbestreitbar der Mittelpunkt des literarischen Salons ihrer Mutter in Ehrenbreitstein und Speyer, ein bildhübsches Mädchen, dessen Zauber sich niemand so leicht entziehen konnte und dem selbst, ohne sich der Peinlichkeit des Vorgangs bewußt zu werden, der alternde Wieland noch einen Heiratsantrag machte. Goethe, der sie im Hause ihrer Mutter in Ehrenbreitstein kennengelernt hatte, kannte sie gewiß am besten. Er hat ihrem Wesen zusammen mit dem der Charlotte Buff Züge für seine „Lotte" in „Werthers Leiden" entliehen und sie durchaus treffend und lebendig in „Dichtung und Wahrheit" geschildert: „Eher klein als groß von Gestalt, niedlich gebaut; eine freie, anmutige Bildung, die schwärzesten Augen und eine Gesichtsfarbe, die nicht reiner und blühender gedacht werden konnte." Diese Frau, die in einer freudlosen Ehe ihrem Manne nicht weniger als zwölf Kinder geschenkt hat, bevor sie nach der Geburt des letzten 1793 siebenunddreißigjährig in ihrem Frankfurter Heim starb, ist als die Mutter und Ahnin des berühmten deutschen Geschlechtes mit dem italienischen Namen unvergessen und geheimnisvoll lebendig geblieben.

MAZO DE LA ROCHE 1879 — 12. VII. 1961

Mazo de la Roche, in Toronto am Ontariosee geboren, ist zweifellos die berühmteste, schreibfreudigste und künstlerisch bedeutendste Dichterin, die Kanada hervorgebracht hat. Als Tochter eines Farmers, dessen Vorfahren aus England und Irland in die Neue Welt übersiedelten, wuchs sie inmitten der ländlichen Siedlerwelt auf, studierte an der Universität in Toronto und lebte anschließend ein Jahrzehnt im alten Europa, bevor sie wieder in die Heimat zurückkehrte. Ihr schriftstellerischer Ruhm begann mit einer Reihe von Schauspielen, deren Erfolg schon bald durch ihre Prosawerke überholt wurde. Ihre wichtigste und in der ganzen Welt bekannte dichterische Leistung ist die bislang auf fünfzehn in sich selbständige Bände herangewachsene Romanserie „Jalna", jene Lebenschronik eines eingewanderten Siedlergeschlechtes, die bis in die jüngste Gegenwart reicht. Außerordentlich lebendig und spannend geschrieben, zeigt uns dieses monumentale Werk in realistischem Stil ein ungemein einprägsames und amüsantes Bild kanadischen Lebens und Wirkens und macht uns zugleich mit einer Fülle verschiedenartigster Schicksale bekannt, die dieses Leben in seiner urwüchsigen wie fortschrittlichen Eigenart bestimmen. Von dem Gesamtwerk dürften wohl die „Die Familie auf Jalna", „Das unerwartete Erbe", „Finch im Glück", „Der Herr auf Jalna", „Der junge Renny", „Ein Mann wächst heran" und „Whiteoak Erbe" die charakteristischsten und auch schönsten sein. Außerhalb der Jalna-Reihe ist der auf geschichtlichen Tatsachen aufgebaute Roman „Quebec" von besonderem Reiz. Was Margaret Mitchell und Rachel Field für die Vereinigten Staaten Amerikas sind, das ist Mazo de la Roche für Kanada geworden: die Chronistin eines Landes und seiner Menschen.

22. VIII. 1884 — 18. VII. 1919   **RAYMONDE DE LAROCHE**

Von französischen Eltern in Florenz geboren, war Raymonde de Laroche in Paris von früher Jugend an jeglichem Sport zugetan. Sie war nicht nur die erste französische Flugzeugführerin, sondern auch das erste weibliche Wesen in der Welt, das einen Aeroplan selbständig und allein führte. Sie schuf einen besonderen Frauentyp, der bar jeder Sensationshascherei war und dessen Vertreterinnen längst in der Luftfahrtgeschichte Ehrenplätze gefunden haben. Am 22. Oktober 1909 unternahm Raymonde de Laroche ihren ersten Alleinflug auf einem Voisin-Zweidecker in Châlons und legte eine Strecke von dreihundert Metern zurück, am nächsten Tage glückte ihr ein Flug von sechs Kilometer Länge. Der Aero-Club von Frankreich stellte ihr am 8. März 1910 das Diplom Nr. 36 als „Aviatikerin" aus. Anläßlich der Flugwoche von Heliopolis um den Großen Preis von Ägypten sicherte sich die charmante Pilotin bei scharfer männlicher Konkurrenz den 6. Platz und beim Meeting in St. Petersburg den 4. Platz. Sie war Teilnehmerin der Großen Flugwoche der Champagne 1910; doch fielen die gestifteten hohen Geldpreise ihren männlichen Zunftkameraden zu, da Madame de Laroche sehr unglücklich gestürzt war. 1912 entging sie bei einem schweren Auto-Unglück, das den Bruder Voisins das Leben kostete, mit knapper Not ein zweites Mal dem Tode. 1913 gewann Raymonde auf Farman den Frauen-Pokal des Aéro-Club de France. Bald nach dem ersten Weltkrieg verbesserte sie mit 4800 m den Höhen-Weltrekord für Fliegerinnen, den die Amerikanerin Ruth Law aufgestellt hatte. Am 18. Juli 1919 ereilte Madame de Laroche der jähe Fliegertod. Ihre Nachfolge trat die bekannte französische Artistin Hélène Dutrieu an. Auch sie wurde eine in vielen Ländern gefeierte Pilotin und Ritter der Ehrenlegion.

6. XII. 1731 — 8. II. 1807   **SOPHIE LA ROCHE**

Nicht nur der Enkelin Bettina, auch vielen Zeitgenossen schien Sophie La Roche schon in ihrer äußeren Erscheinung, mit dem feinen, von langen Locken umrahmten Gesicht und dem Schleppenkleid, einer verschollenen Zeit anzugehören. Dem vornehmen Äußeren entsprachen ihr inneres Wesen und der Weg ihres Aufstiegs zur Schriftstellerin von Ruf. In dem oberschwäbischen Städtchen Biberach als Sophie Gutermann herangewachsen, war sie dort als Jugendgeliebte des damals schon berühmten Wieland und als Erzählerin durch ihr 1771 erschienenes Buch „Geschichte des Fräuleins von Sternheim" — den ersten Frauenroman in deutscher Sprache — bekannt geworden. Ihre Verheiratung mit dem kurmainzischen Geheimrat La Roche führte sie an den glänzenden kurfürstlichen Hof in Mainz und in den auserlesenen Kreis um den Minister Graf Stadion. Ehrenbreitstein, die Residenz der Trierer Kurfürsten, wohin die Familie nach der Verabschiedung des Geheimrats übersiedelte, wurde in dem Jahrzehnt vor der Französischen Revolution zum Hoflager aller schönen Geister weitum. Hier war der junge Goethe mehrmals zu Gast; viele Jahre später gedenkt er in „Dichtung und Wahrheit" eines seiner Besuche in dem gastlichen Ehrenbreitsteiner Hause und der herzbewegenden Begegnung mit Maximiliane La Roche, Sophies ältester Tochter, die die Mutter der genialen Geschwister Clemens und Bettina Brentano werden sollte. Der La Roche empfindsame Romane sind heute vergessen. Geblieben ist die Erinnerung an ihren „Ehrenbreitsteiner Musenhof", der den Dichter des „Götz" und „Werther", die Brüder Jacobi und Heinrich Heine, nicht zuletzt Wieland und Gäste sah. Das Haus ist im letzten Krieg den Bomben zum Opfer gefallen.

ELSE LASKER-SCHÜLER 11. II. 1876 — 22. I. 1945

„Sie war die größte Lyrikerin, die Deutschland jemals besaß. Ihre Themen waren vielfach jüdisch, ihre Phantasie orientalisch, aber ihre Sprache war deutsch, ein üppiges, prunkvolles, zartes Deutsch, eine Sprache reich und süß, in jeder Wendung dem Kern des Schöpferischen entsprossen." So kennzeichnet Gottfried Benn die Baumeisterstochter aus Elberfeld, die zeitlebens eine Ruhe- und Heimatlose „zwischen den Rassen" war. Sie wußte zu verehren und zu rühmen wie wenige, und sie erhöhte ihre Freunde, wie es ihr gerade einfiel: Dem Maler Franz Marc gab sie den Namen „Der blaue Reiter", der das Kennwort einer ganzen Kunstbewegung blieb, Karl Kraus wurde zum „Dalai Lama" ernannt, und Gottfried Benn war ihr der „hehre König Giselher". Ihre „Hebräischen Balladen" sind durchweht von der jahrtausendealten Trauer ihres Volkes. In ihren zahllosen Zeichnungen erweist sie sich als Kampfgefährtin ihres Gatten Herwarth Walden, der mit seiner Zeitschrift „Der Sturm" dem Expressionismus zum Siege verhalf. Sie verschenkte das Geld mit vollen und freudigen Händen, um danach wieder bei den Freunden Hilfe zu erbitten. Ihr Schauspiel „Die Wupper", für das sie den Kleistpreis erhielt, wurde 1919 von Max Reinhardt inszeniert. In allen literarischen Kaffeehäusern des Kontinents war sie eine vertraute Erscheinung. Als nach 1933 ihre prophetischen Worte: „Unsere jüdischen Schwestern werden wieder auf Scheiterhaufen verbrennen!" furchtbare Erfüllung fanden, ging sie in die Schweiz und später nach Palästina. Hier, in den „Pharaonenwäldern unsterblicher Sehnsucht", erhob sich ihr dichterischer Genius noch einmal zu einsamer Höhe. Im Januar 1945, als ihre Vaterstadt in Schutt und Asche fiel, ist sie in einem Jerusalemer Hospital gestorben. Am Fuße des Ölbergs, unter Libanonzedern, liegt ihr Grab.

PHILIS DE LA TOUR 1645 — 1703

Die eigentliche Bedeutung der uns aus Sage und Mythos überkommenen Urgeschichten liegt in der Möglichkeit der Wiederkehr: Das Bild der Amazone, der waffentragenden, kämpfenden Frau, wirkt aus den Zeiten der Mutterrechts-Völker herüber bis in unsere Tage; Penthesilea, die Tochter des Ares, des Kriegsgottes der griechischen Mythologie, zog als Königin der Amazonen in den Kampf vor Troja, heldenhaft kämpfte sie mit ihren streitbaren Frauen gegen die anstürmenden Griechen und fiel im Kampf mit Achill, dem Peliden. Eines der jüngsten selbständigen Staatsgebilde unserer Zeit, Israel, verankerte die „Wehrpflicht" der Frau in seinen Gesetzen. Meist trat die bewaffnete Frau als Verteidigerin der Heimat auf, in jüngstvergangenen Tagen als „Partisanin" in den Wäldern des Ostens oder im „Maquis", der französischen Widerstandsbewegung im letzten Weltkrieg. Die Französische Revolution, der Tiroler Aufstand und die Befreiungskriege brachten Beispiele dafür, wie oft Frauen in Männerkleidung, weder von Kameraden noch vom Gegner als Frauen erkannt, in den Reihen der Krieger marschierten. Jeanne d'Arc gehörte zu diesen „soldatischen" Frauen und zweihundertfünfzig Jahre später die Feldmarschallstochter Philis de La Tour, die „Heldin der Dauphiné". Als im Jahre 1692 der Herzog von Savoyen mit seinem Heer die Dauphiné zu besetzen versuchte, trat sie, den blanken Degen in der Hand, an der Spitze eilig bewaffneter Bauern dem Feind entgegen, warf ihn in mehreren siegreichen Gefechten zurück und verhinderte sein erneutes Vordringen durch Zerstörung von Brücken und Befestigung der Grenzübergänge. Auch ihre Mutter und Schwester sollen sich an den Kampfhandlungen beteiligt haben. Philis erhielt später von König Ludwig XIV. einen lebenslänglichen Ehrensold; der Kronschatz der Bourbonen in Saint-Denis bewahrt noch heute den Degen und ein Gemälde der tapferen Frau, auf dem sie — mit Generalshut, Feldschärpe und Wappen — vor ihren Truppen dargestellt ist.

1307 — 6. IV. 1348   **LAURA**

Laura, die unerreichbare Geliebte des gekrönten italienischen Lyrikers und Humanisten Petrarca, gehört zu den Frauengestalten der Weltliteratur, deren Strahlung durch Jahrhunderte hin in dem Maß lebendig zu bleiben scheint, als ihr Leben sich im Legendären verliert. Und doch ist Laura keine Legende, keine Traumgestalt einer lebenslangen Sehnsucht. Unerfüllte Liebe ist im ersten Viertel des 14. Jahrhunderts, als Minnesang und die Poesie der Troubadoure noch immer blühen, für viele Liebende Antrieb zu leidenschaftlicher oder sanfter Verherrlichung des weiblichen Ideals geworden. Aus Petrarcas Gedichten und aus seiner autobiographischen Schrift, dem „Secretum", wissen wir, was Laura für ihn gewesen ist. Der große italienische Dichter sah sie zum ersten Mal am 6. April 1327 in der Kirche der heiligen Klara in Avignon und verliebte sich augenblicklich in sie. Fortan ist Laura die Anregerin für die schönsten seiner Dichtungen, sie ist für ihn in gleicher Weise ein Wesen verklärender Poesie, wie Beatrice es für den um vier Jahrzehnte älteren Dante war. Einer alten Überlieferung nach soll Laura als die Tochter des Ritters Audibert de Noves im Jahre 1307 geboren worden sein. Zwei Jahre bevor Petrarca sie zum ersten Mal sah, so heißt es, habe sie sich mit Hugo de Sade verheiratet und ihm mehrere Kinder geboren. Petrarca selbst berichtet, Laura sei am 6. April 1348 in Avignon gestorben und man habe sie dort in der Kirche des heiligen Franziskus beigesetzt. In der Bemerkung, daß ihr Tod am gleichen Tage, zur gleichen Stunde und im gleichen Monat eingetreten sei, an dem Petrarca sie viele Jahre vorher zu sehen verliebte, klingt mittelalterliche Zahlen- und Liebesmystik auf, und der Glaube, daß entsagende irdische Liebe im Himmel ihre Erfüllung findet und daß der Tod irdisches und jenseitiges Leben geheimnisvoll zur Einheit verbindet.

* 14. XII. 1891   **MARY LAVATER-SLOMAN**

Die Slomanlinie gehört zu den ältesten Hamburger Reedereien; unter der Flagge der Slomans ging einst das erste deutsche Übersee-Dampfschiff auf große Fahrt nach Amerika. Im gastfreien und kultivierten Slomanhaus verlebte Mary mit ihren vier Geschwistern eine wohlbehütete Kindheit und Jugendzeit, bis der schweizerische Ingenieur Emil Lavater die Einundzwanzigjährige heiratete und nach Rußland mitnahm, wo er in einer angesehenen Position tätig war. In den Wirren der russischen Revolution mußte das junge Ehepaar mit den Kindern das Land auf einer abenteuerlichen Flucht verlassen und siedelte sich endgültig in der schweizerischen Heimat des Gatten an. Zum Schreiben ist Mary Lavater wie so viele andere eigentlich durch dringenden „Eigenbedarf" gekommen; sie wollte, ähnlich dem Göttinger Professor Schlözer, ihren heranwachsenden Kindern eine „Weltgeschichte für die Jugend" verfassen, aber sie blieb unvollendet. Dagegen brachte sie ihre erste Biographie zu erfolgreichem Abschluß, die Lebensgeschichte Lavaters, des großen Urahns ihres Gemahls. Es folgten ein durch eigene Erfahrung und Anschauung besonders wertvolles Werk über „Katharina die Große und die russische Seele", eine Lucrezia-Borgia-Biographie und ein legendenartiges Buch über die heilige Elisabeth. Als das bisher bedeutendste Werk der Schriftstellerin gilt jedoch ihre große Biographie der Annette von Droste-Hülshoff. In diesem Buch hat sich die Verfasserin mit erstaunlichem Einfühlungsvermögen in die Welt der Romantik und in das irdische Dasein der großen deutschen Dichterin eingelebt. Die Literaturkritik rechnet diese behutsame, von liebender Verehrung getragene Schilderung zu den großen und überzeugenden Lebensbeschreibungen. Der schweizerische Schillerpreis und der Literaturpreis der Stadt Zürich sind äußere Anerkennungen für Mary Lavater-Slomans schriftstellerisches Werk.

HENRIETTE SWAN LEAVITT 4.VII.1868 - 12.XII.1921

Den Lesern dieses Buches wird nicht verborgen geblieben sein, daß es neben der Heilkunde vor allem die Astronomie war, die als einer der ersten Wissenschaftszweige den Frauen willkommene Möglichkeiten und Gelegenheiten zu selbständiger, erfolgreicher Arbeit bot. Namen wie Elisabeth Hewelke, Karoline Herschel und Margareta Kirch führen die Ehrenliste der gelehrten Frauen an, die als Helferinnen ihrer Männer und später als selbständige Astronominnen wertvolle Beiträge zur Forschung und zur Vervollkommnung unseres Weltbildes geleistet haben. Ein ausgezeichneter Platz auf dieser Ehrenliste gebührt auch Henriette Swan Leavitt, der amerikanischen Astronomin, die als „Cepheiden-Miß" in die Geschichte eingegangen ist. Nach ihrem Studium am Redcliffe College spezialisierte sich die junge Wissenschaftlerin schon um die Jahrhundertwende auf die Stern-Photometrie, die ihr auch ihre bedeutsamsten Erfolge brachte: Sie entdeckte bei der Beobachtung der sogenannten „Kleinen Magellanschen Wolke" eine Sternansammlung, die in genau meßbarem Abstand über unserer Milchstraße schwebt, eine Ansammlung von „pulsierenden Sternen", also von Gasbällen, die sich in schwingendem Rhythmus zusammenziehen und ausdehnen. Das Urbild dieser regelmäßig veränderlichen Sterne ist Delta Cephei im Sternenbild des Cepheus; nach ihm nennt man alle Sterne dieser Art „Cepheiden". Die Amerikanerin erkannte, daß zwischen der Leuchtkraft dieser Sterne und der Periode ihres Lichtwechsels ein gesetzmäßiger Zusammenhang bestehen müsse. Sie stützte sich dabei auf das schon bekannte optische Gesetz, wonach die scheinbare Helligkeit einer Lichtquelle mit dem Quadrat der Entfernung abnimmt. Wenn man also den Abstand einer einzigen Cepheide und die Periode ihres Lichtwechsels kennt, dann kann man daraus die Entfernung jeder anderen Cepheide mit der gleichen Lichtwechsel-Periode bestimmen.

ANNA CHARLOTTE LEFFLER 1. X. 1849 — 21. X. 1892

Die schwedische Dichterin Anna Charlotte Leffler, die 1849, im Geburtsjahr August Strindbergs, als Tochter eines Schulrektors in Stockholm geboren wurde, ist heute vielfach vergessen oder nur noch in Fachkreisen und aus Literaturgeschichten bekannt. Und dennoch ist diese merkwürdige und vielfach zu Unrecht als exaltiert verschriene Frau in ihren zahlreichen Werken von Bedeutung gewesen für die Entwicklung der neueren schwedischen Dichtung und deren Wirkung auf das gesamte europäische Ausland. Sie war und blieb zeitlebens eine begeisterte Verehrerin Henrik Ibsens und vertrat in Schweden seinen Kampf für innere Wahrhaftigkeit, für Gleichberechtigung und für Frauenemanzipation. Ganz im Stil des großen Norwegers schrieb sie zunächst auch eine Anzahl Schauspiele um irgendwelche Eheprobleme, aber erst ihre Romane und Novellen brachten den künstlerischen Durchbruch zu persönlicher Reife und Eigenart. In ihnen erweiterte sie, manchmal geradezu mit den Mitteln der Schocktherapie, den ursprünglichen Realismus zu einem Naturalismus, als dessen Begründerin sie für Schweden gelten muß. Die Zustände, die Lebensanschauungen, die Auffassungen innerhalb der führenden Gesellschaftsschichten wurden Gegenstand ihrer Schilderungen und zugleich Ziel ihrer unerbittlichen Kritik. Selbst wenn ein so überlegener Geist wie Strindberg zuweilen gegen sie und ihre Thesen Stellung nehmen zu müssen glaubte, so war auch er in mancher Beziehung von ihr beeinflußt. Titel wie „Sonja Kowalewski", „Verurteilt", „Weiblichkeit und Erotik", „Ein Sommergast" und vor allem der Sammelband „Aus dem Leben" weisen weit über ihre eigene Zeit hinaus. Eine Selbstbiographie aus Briefen und Tagebuchaufzeichnungen, die, von fremder Hand zusammengestellt, erst dreißig Jahre nach ihrem Tode veröffentlicht wurde, beschwört noch einmal das Bild einer Frau, die die Predigt immer mit der Poesie zu vereinen wußte und auch als Kämpferin immer Künstlerin blieb.

11. X. 1876 — 1. XI. 1971

GERTRUD VON LE FORT

In ihrer Erzählung „Mein Elternhaus" hat die im westfälischen Minden geborene, in Mecklenburg aufgewachsene Offizierstochter berichtet, wie sie als Kind die lange Bildnisreihe ihrer Ahnengalerie studierte. Sie war begeistert von der Ähnlichkeit ihres Vaters mit seinem berühmtesten Vorfahren, dem Admiral François von le Fort, der als Freund und Berater Zar Peters des Großen in die Weltgeschichte eingegangen ist. Die le Forts waren eigentlich „überall dabei": die aus Savoyen geflüchtete Familie wurde von Calvin in Genf gastfreundlich aufgenommen, ein le Fort entwarf als Offizier Ludwigs XVI. einen Fluchtplan für Maria Antoinette, und Gertruds Vater kommandierte als preußischer Obrist die Ehrenwache bei der Kaiserproklamation im Spiegelsaal von Versailles. Bevor aus Friedrich Ludwig Jahn der „Turnvater" wurde, verdiente er sich sein Brot als Hauslehrer bei den le Forts — die vielschichtig enge Verbindung der Familienchronik mit der europäischen Geschichte wurde auch zum Fundament von Gertruds dichterischem Lebenswerk. Als Studentin lernte sie Heidelberg und Rom lieben und empfing von dem Religionsphilosophen Ernst Troeltsch starke und richtungweisende Eindrücke, die ihren Übertritt zum Katholizismus mit bestimmt haben mögen. Das religiöse Element beherrscht auch ihre Dichtung, die in fast männlicher Herbheit und gemeißelter Sprache die ewig neue Entscheidung des Einzelnen zwischen Heiligem und Dämonischem deutet: „Gerechtigkeit ist in der Hölle, im Himmel ist Gnade — und auf Erden das Kreuz..." Ihre Erzählung „Die Letzte am Schaffot" ist nach Paul Claudels Wort „von einer mystischen Ergriffenheit wie keine zweite in den letzten Jahrhunderten". Ein sehr persönliches Bekenntnis faßte Gertrud von le Fort in einem Brief in die Worte zusammen: „Ich glaube an die Liebe Gottes, ich glaube an den Menschen — ich glaube selbst im Atomzeitalter an den Sieg des Erbarmens".

24. XI. 1848 — 15. V. 1929

LILLI LEHMANN

Ihre Mutter war die Sängerin und Harfenvirtuosin Marie Lehmann-Löw, die erste Liebe Richard Wagners. Schon früh zeigte sich bei dem in Würzburg geborenen Mädchen die musikalische Begabung, deren Pflege die Mutter persönlich übernahm. Nach den Methoden der altitalienischen Gesangsschule ausgebildet, beherrschte Lilli alle Stimmgattungen und leistete im kolorierten wie im hochdramatischen Fach gleich Ausgezeichnetes. Mit der Schönheit und Leichtigkeit der in der Höhe mühelos bis zum dreigestrichenen f ansprechenden Stimme gestaltete sie ihre Rollen zu künstlerischen Schöpfungen allerersten Ranges. Sie selbst führte ihre Leistungen auf das jahrelange, gediegene, durch Streben und Nachdenken erfüllte Studium zurück, dessen Grundzüge sie in einem Essay veröffentlichte: „Was ich über die moderne Gesangskunst denke." Nach ihrem ersten Auftreten am Prager Landestheater kam sie als Koloratursängerin nach Danzig und ging zwei Jahre später nach Leipzig. Als sie am 31. August 1869 als Königin in den „Hugenotten" an der Berliner Oper gastierte, nahm sie das Engagement als erste Vertreterin des kolorierten Fachs an und versah es fünfzehn Jahre lang mit größtem Erfolg. Mit dem Titel einer königlichen Kammersängerin wurde sie 1876 lebenslänglich angestellt. Auf einer Gastspielreise während ihres Urlaubs nach New York ließ sie sich dazu überreden, noch länger zu bleiben, und wurde dadurch kontraktbrüchig. Volle fünf Jahre strahlte ihre Kunst an der deutschen und italienischen Oper in New York, bis sie 1890 nach ihrer Verehelichung mit dem Tenoristen Kalisch nach Deutschland zurückkehrte. Kaiser Wilhelm hob die Folgen des Kontraktbruches auf, so daß sich die Pforten der Berliner Hofoper wieder für sie öffneten. Hier und auf Gastspielreisen in Wien und Paris bestätigte sich ihr Weltruf.

ROSAMOND LEHMANN * 13. VII. 1903

Wie Virginia Woolf, Dorothy Richardson, Mary Sinclair, Rosa Macanley und Elisabeth Bowen ist die in London geborene Rosamond Lehmann Vertreterin des typisch englischen psychologischen Romans, der die äußeren Schicksale der erdichteten Gestalten aus der Seelenlage und von den Herzensvorgängen her begründet und bewegt. Als Rosamond Lehmann im Alter von vierundzwanzig Jahren ihren ersten Roman „Mädchen auf der Suche" (1927) vorlegte, feierte man die jugendliche Autorin als ein literarisches Wunder, als die Nachfolgerin eines Henry James und als „die jüngere Schwester der Virginia Woolf". Wie die Schöpferin der „Mrs. Dalloway" wendete sie schon in diesem Erstlingswerk die Mittel der Seelenanalyse an, aber ihre Welt war nicht die des erlebenden alternden Menschen, sondern die des ins Leben reifenden und mit dem rätselhaften Leben ringenden jungen Menschen mit seiner Melancholie und seinen Konflikten. Die junge Rosamond war in einem College in Cambridge erzogen worden, und sie schrieb den Roman „Mädchen auf der Suche" aus den Beobachtungen und Erfahrungen dieser Jahre in der Lebensgemeinschaft junger Mädchen, kühl sachlich, leicht ironisch getönt, jeder seelischen Regung nachspürend. Zehn Jahre später, 1937, folgte das Seelenbild einer Siebzehnjährigen, „Aufforderung zum Walzer". Der Roman, der trotz seiner äußeren Handlungsarmut die größte Wirkung von all ihren Büchern hatte, fand eine innerliche Fortsetzung in „Wetter in den Straßen". Auch in diesem Buch spielen sich die Abenteuer im Seelenbereich ab; Rosamond Lehmann aber erzählt sie genau wie Abenteuer des äußeren Daseins, mit einem ungewöhnlichen Einfühlungsvermögen in die weibliche Psyche. Diese einfühlende Kraft beweist sie auch in ihrem Roman „Das unersättliche Herz", in dem sie das Tragische im Leben einer Frau und Mutter nachempfindet. Ihrem großen Leserkreis in aller Welt gilt Rosamond Lehmann als „die Beste aus der jungen Generation englischer Schriftsteller".

EMILIE LEHMUS 30. VIII. 1841.— 17. X. 1932

Für ihre Entwicklung erwies sich als besonders günstig der Weitblick ihres Vaters, des Pfarrers und Kirchenrats in Fürth, der seine sechs Töchter in einem ihnen jeweils geeigneten Beruf ausbilden ließ. Emilie, die begabteste, sandte er nach Paris, ehe sie für mehrere Jahre Lehrerin am Marienstift in Fürth wurde. Entscheidend wurde für sie eine Reise nach Berlin, von der sie mit dem Entschluß, Ärztin zu werden, zurückkam, den ihr Vater nicht nur billigte, sondern durch Lateinunterricht auch vorbereitend unterstützte. Als erste deutsche Medizinstudentin ging Emilie Lehmus nach Zürich, wo sie den Doktor-Titel „summa cum laude" errang. Dort befreundete sie sich mit Franziska Tiburtius, mit der sie 1876 im Norden Berlins eine Praxis für Frauen und Kinder eröffnete, nachdem auch ihr die Zulassung zum deutschen Staatsexamen verweigert war. Aus diesen Anfängen entwickelte sich später die Klinik weiblicher Ärzte. Sie paßten gut zueinander, auch in ihren karitativen Bestrebungen, da sie, wie Tiburtius schreibt, „in jedem Fall aufeinander verlassen konnten". Im geselligen Verkehr war Emilie Lehmus sehr zurückhaltend; sie beschränkte sich fast nur auf die eigene Verwandtschaft und die Familie Tiburtius. Dadurch und durch ihre hohe Intelligenz wirkte sie mehr als kühler Verstandesmensch; dieses Verhalten war aber nur die Schale für eine weiche und stets hilfsbereite Seele. Als um 1900 eine Grippe-Pneumonie sie zur Aufgabe ihrer Praxis zwang, suchte und fand sie Heilung im Süden; sie lebte dann mehrere Jahre in München und nach dem ersten Weltkrieg mit der letzten ihr noch verbliebenen Schwester auf eigenem Besitztum in Gräfenberg bei Erlangen. Als gute Pianistin verschönte sie ihren Lebensabend mit der Pflege der Musik.

10. XI. 1620 — 17. X. 1705   **NINON DE LENCLOS**

„Man fand sie leicht in ihrer Liebe, doch ihre Freundschaft war
ein sich'rer Hort; der Göttin Launen lenkten ihre Triebe, doch
jeder Freund verließ sich auf ihr Wort..." Mit diesen Worten
huldigte der geistreiche Saint Evremond seiner Freundin Ninon,
die in ihrer Zeit als eine der schönsten Frauen Frankreichs
galt. Daß sie eine der verworfensten gewesen sei, ist übertrie-
ben; die Legende hat ihr viele Sünden angedichtet, die sie niemals begangen, und viele Vorzüge und Verdienste vorenthalten,
deren sie sich mit Recht hätte rühmen dürfen. Beständigkeit
war allerdings nicht ihre Stärke; als sie einmal dem Herrn von
Rombouillet versprach, ihm drei Monate treu zu sein, fügte sie
aufrichtig hinzu, daß dies schon eine Ewigkeit für sie sei. Ihr
„Gelber Salon" in der Rue des Tournelles war viele Jahre hindurch eine Schule der
Lebenskunst und des guten Benehmens: „Nicht der eingebildetste Herr des Hofes",
so berichtet Tallemant de Réaux, „hätte sich dort auch nur die geringste Freiheit
oder Unartigkeit erlauben dürfen..." Hier trat Molière mit seiner Schauspielertruppe auf, hier verkehrte Scarron, der erste Gatte der Frau von Maintenon, und mit
ihm unzählige Fürsten von Geblüt und des Geistes. Die schrullige Christine, ehedem
Königin von Schweden, behauptete, das einzige was dem jungen Roi soleil zur Vollendung seiner Bildung fehle, sei der Umgang mit Ninon de Lenclos. Auch die Tragik
fehlt nicht im Leben dieser Frau: Der junge Chevalier des Villiers, der nicht wissen
durfte, daß Ninon seine Mutter war, wurde in ihren Salon eingeführt und verliebte
sich in die noch im Alter verführerisch schöne Frau. Als sie sich dem Schwärmenden
offenbarte, erstach er sich vor ihren Augen... In ihrem Testament vermachte Ninon
einen ansehnlichen Geldbetrag dem jungen Voltaire – zur Anschaffung von Büchern.

14. X. 1804 — 18. XI. 1854   **ELISE LENSING**

Seit dem Jahre 1846 lebte der Dichter Friedrich Hebbel in Wien,
in geordneten wirtschaftlichen Verhältnissen und in glücklicher
Ehe mit der gefeierten Burgschauspielerin Christine Enghaus.
Man pflegte die Gastlichkeit, ein reicher Freundeskreis scharte
sich um das Paar. Die Freunde trafen im Hebbelhause auch
eine unscheinbare, verhärmte und wenig unterhaltsame ältere
Frau. Sie wurde meist etwas verlegen als „Cousine" vorgestellt
und zog sich, wenn unerwartet Besuch kam, still und unauffällig in ihre bescheidene Kammer zurück – und niemand hat
erfahren, daß diese „Cousine" die einstige Freundin des Dichters in vielen harten Jahren der Kämpfe war, die Mutter seiner
Kinder, die Frau, die oft das Brot er lange Zeit gegessen und die
dem heruntergekommenen Hebbel immer wieder Obdach gewährt hatte: Elise Lensing. Durch Amalie Schoppe, die Herausgeberin zweier Hamburger Zeitschriften,
war der junge Dichter ins Haus der fast zehn Jahre älteren Elise gekommen, die
sich als Näherin und Putzmacherin ihr Brot verdiente und bald an dem ungelenken
Wesselburener Maurerssohn Gefallen fand. Sie wusch seine Wäsche, sie stopfte
seine Strümpfe, und sie schickte ihn ein Jahr später, mit ihrem sauer ersparten
Gelde wohl ausgestattet, zum Philosophiestudium auf die Heidelberger Universität.
Sie bezahlte für Hebbels alte Mutter, die von ihrem Sohn nie einen Pfennig Unterstützung erhalten hatte, den Unterhalt und die Miete, sie nahm Hebbels arbeitslosen Bruder Johann bei sich auf und gab ihm Nahrung und Obdach. Zwei Söhne
schenkte sie dem Dichter, aber sie starben jung. In Hamburg, von fremden, schaden-
frohen Menschen, erfuhr Elise von Hebbels Verheiratung in Wien mit der jungen,
schönen und reichen Christine, und Christine war es auch, die in verstehender
Liebe und Freundschaft der alternden Frau zur Seite stand, indes der Mann sein
gewaltiges Werk vollendete, dunkel glühend in Größe und Schuld.

MARIA LESZCZYNSKA   23. VI. 1703 — 24. VI. 1768

Ihr Vater Stanislaus Leszczynski durfte, vom Schwedenkönig Karl XII. unterstützt, einige Jahre König von Polen sein, doch verlor er den Thron an den sächsischen Kurfürsten August den Starken, als die Russen Karl bei Poltawa geschlagen hatten. Stanislaus fand im Elsaß eine Heimstätte. Eines Tages stürzte er ins Zimmer seiner Frau und Tochter mit dem Ruf: „Fallt aufs Knie und danket Gott! Meine Tochter, du bist Königin von Frankreich!" Die prunkvolle Hochzeit feierte der fünfzehnjährige König Ludwig XV. mit der sieben Jahre älteren Maria 1725 in Fontaineblau. Voltaire schildert die Dankbarkeit der Polin, andere Autoren meinen, sie hätte ein bescheidenes Glück an der Seite eines geliebten Mannes dem König von Frankreich vorgezogen. Indessen, sie nahm ihr Los hin, gebar Ludwig zehn Kinder, von denen viele früh starben, war eine herzensgute Mutter und trug es still, daß ihr Gatte sie später immer mehr vernachlässigte und sich völlig seiner Trägheit, seinen Mätressen und Vergnügungen überließ. Anspruchslos, sanft, religiös, Künstlern und Gelehrten gegenüber freigebig, war sie inmitten des glänzendsten und sittenlosesten Hofes in Europa eine seltsam reine Erscheinung. Seltsam erscheint ihr Leben auch durch merkwürdige Geschehnisse. So wurde sie als Säugling auf der Flucht vor August dem Starken im Trog eines Stalles vergessen. Seltsam dünkt uns der jähe Aufstieg aus dem Exil auf den Thron Frankreichs, seltsam, daß ihr Sohn, der Dauphin, gerade die Tochter Augusts des Starken heiratete. Maria besaß keine bedeutenden Gaben, sie war eine gutmütige, mütterliche Frau, doch dem König an innerem Wert weitaus überlegen.

ULRIKE VON LEVETZOW   4. II. 1804 — 13. XI. 1899

Ein abendlicher Widerschein von Goethes Lebenssonne fällt auf den Namen von Ulrike von Levetzow. In diesem Lichte erscheint sie den späteren Generationen als liebenswürdige, freilich undeutbare und schemenhafte Erscheinung. Wer war in Wirklichkeit diese Frau, die als Kind den Dichter entzückte, als Achtzehnjährige ihm zur Kur in Marienbad zu einem Jungbrunnen machte, als Neunzehnjährige in dem Vierundsiebzigjährigen die tragisch auf- und ausglühende Leidenschaft erweckte und der wir die „Marienbader Elegie" verdanken? In Leipzig als Tochter eines preußischen Adelshauses geboren, in einer Straßburger Pension erzogen, war sie nichts als ein anschmiegsames, heiteres junges Mädchen, als sie in den drei Sommern 1821 bis 1823 die verwitwete Mutter nach Marienbad begleitete. „Ihr gefälliges anspruchsloses Wesen machte ihr fast aus allen Bekannten Freunde", meinte die Mutter. Goethe gefiel die natürliche Offenheit Ulrikes; das Mädchen war ihm ständig zur Seite, er nannte sie „Töchterchen" und führte sie behutsam in seine Welt ein, bis die Neigung sich zu schmerzlicher Gewalt steigerte. Sein sensationsfreudiger Großherzog machte den Brautwerber. Der Antrag wurde auf die schonendste Weise abgelehnt, doch hielt die Familie von Levetzow die briefliche Verbindung mit dem Dichter aufrecht. Jahrzehnte später versicherte Ulrike, es sei keine Liebschaft gewesen, sie habe aber von Goethe gehangen, und wenn es die Mutter gewünscht hätte, hätte sie ihr Jawort gegeben. Ulrike von Levetzow blieb unvermählt. In hohem Alter – sie wurde 95 Jahre alt – schrieb sie: „Es hat mir oft schon leidgetan, daß die Erinnerung an die Zeit, in welcher ich Goethe gekannt, mit mir begraben wird."

24. III. 1811 — 5. VIII. 1889 **FANNY LEWALD**

Als siebzehnjähriges Mädchen war Fanny Lewald, die Tochter eines wohlhabenden jüdischen Kaufmanns in Königsberg, zum Christentum übergetreten, um ihren Jugendfreund heiraten zu können. Aber sie erkannte bald, daß ihr Entschluß mehr Zweckgründen als innerer Notwendigkeit entsprach — sie verzichtete auf diese Ehe und kehrte zum Glauben ihrer Väter zurück. Ausgedehnte Reisen nach Frankreich, Spanien und Italien weiteten ihren Blick; in Italien lernte sie Garibaldi kennen, und diese Begegnung wurde entscheidend für ihre Entwicklung: „Mir war wie einem, der in die Sonne gesehen hat!" Mit ihrem Gatten, dem Schriftsteller Adolf Stahr, begründete sie in Berlin einen literarischen Salon, der um die Mitte des Jahrhunderts ein Zentrum des geistigen Lebens wurde. Man schätzte das untrügliche Urteil, die hohe Menschenkenntnis und das phänomenale Gedächtnis dieser Frau, die in ihrer stattlichen Erscheinung, mit den sorgfältig gepflegten weißen Ringellocken unter spanischem Spitzentuch überall beachtet wurde. Mit dem Roman „Diogena" (1847) leistete sie sich eine beißende Satire auf ihre literarische Rivalin Gräfin Ida Hahn-Hahn, während der 1849 erschienene „Prinz Louis Ferdinand von Preußen" mehr eine überschwengliche Huldigung an Rahel Varnhagen als eine Würdigung des Titelhelden wurde. Der demokratischen Freiheitsbewegung von 1848 setzte Fanny Lewald in ihrem Erinnerungsbuch „Wandlungen" ein ergreifendes Denkmal. In allen ihren Werken aber, besonders in dem kulturhistorisch bedeutsamen ostpreußischen Heimatroman „Die Familie Darner", sind ihre Bemühungen um die soziale und rechtliche Gleichstellung der Frauen erkennbar.

RAANA LIAQUAT ALI KHAN

Die kleine, zierliche Frau stammt aus Almora, einem Gebirgskurort in den früheren Vereinigten Provinzen Indiens. Sie besuchte das amerikanische Isabella-Thoburn-College in der indischen Stadt Lucknow, erwarb sich den Grad eines Bakkalaureus der philosophischen Fakultät und studierte an der Universität Lucknow Philosophie, Volkswirtschaft und Soziologie; ihre Dissertation für den Grad eines Magisters wurde als beste des Jahres ausgezeichnet. 1931 wurde sie Professorin für Volkswirtschaft an einem Mädchen-College in Delhi, und hier begegnete sie zum erstenmal Liaquat Ali Khan, dem Führer der Demokratischen Partei im Gesetzgebenden Rat der Vereinigten Provinzen. „Ich hörte ihn in der Ratsversammlung reden — und schon war es um mich geschehen", bekannte sie später; im April 1933 wurden sie Mann und Frau. Als Liaquat Ali zum Generalsekretär der All-India-Moslem-Liga ernannt wurde, fand er in seiner Gattin die zuverlässigste Kampfgefährtin, die ihn auf allen Reisen begleitete, auch nach Karachi, der neuen Hauptstadt des selbständig gewordenen Pakistan, wo er am 15. August 1947 als erster pakistanischer Ministerpräsident den Eid auf die Verfassung leistete. Die Geburt der jungen Nation vollzog sich unter Unruhen und Gewalttätigkeiten; am 16. Oktober 1951 fiel Liaquat Ali Khan dem Mordanschlag eines fanatischen Moslems zum Opfer. Seine Witwe, die die Nationalgarde pakistanischer Frauen, die pakistanische Vereinigung für Heimarbeit und den Pakistanischen Frauenbund organisiert hatte, wurde im September 1954 von ihrem Lande als Botschafterin in den Haag gesandt. Sie war die erste Asiatin und die erste Frau, die einen mohammedanischen Staat als Botschafterin in Europa vertrat. Der Ehrentitel der „Mutter von Pakistan" ist ihr die wertvollste Auszeichnung.

MECHTHILDE LICHNOWSKY 8. III. 1879 — 6. VII. 1958

Als letzter kaiserlich-deutscher Botschafter hatte Fürst Carl-Max Lichnowsky im Jahre 1912 sein von Kaiser Wilhelm II. unterzeichnetes Beglaubigungsschreiben am Hofe von St. James überreicht. Bis zum Ausbruch des ersten Weltkrieges bemühte er sich um eine deutsch-britische Verständigung, während seine Gemahlin, die geborene Komtesse von Arco-Zinneberg, eine Urenkelin Maria Theresias, mit mehr Erfolg die deutsche Botschaft in London zu einem geistigen und kulturellen Mittelpunkt zu gestalten wußte. Gemälde moderner Künstler, wie Picasso, Geiger und Weißgerber, schmückten die schönen Räume, in denen Bernard Shaw, Rudyard Kipling und viele andere bedeutende Engländer gern zu Gast waren. Alfred Kerr nannte das Haus „das einzige Botschaftshaus, in dem nicht das Büffet, sondern die Hausfrau die Attraktion des Abends war. Denn diese Frau war selbst ein Kunstwerk, ein wahrer Frühlingsmensch!" Als Schriftstellerin debütierte die Fürstin 1912 mit ihrem ägyptischen Reisetagebuch „Götter, Könige und Tiere", dessen Titel vierzig Jahre später einen begabten Mann zu seinem nicht weniger erfolgreichen kulturhistorischen Buch inspirierte. Im August 1914 schritt das Fürstenpaar im Hafen von Dover zum letztenmal die Front einer britischen Ehrenkompanie ab — der Kriegsbeginn hatte alle ihre Bemühungen zunichtegemacht; der Fürst wurde wegen einer kritischen Denkschrift zur deutschen Politik aus dem Preußischen Herrenhaus ausgeschlossen. In diesen Jahren entstanden Mechthilde Lichnowskys erfolgreiche Romane „An der Leine", „Delaide" und „Kindheit", sowie einige Bühnenwerke und Gedichtsammlungen. Während der Diktatur legte sich die Dichterin ein freiwilliges Schreibeverbot auf. Ihr letztes Heim — und ihr Sterbehaus — war eine stille Vorstadtvilla in London, der Stadt, mit der sie so viele glanzvolle Erinnerungen verbunden hatten.

DOROTHEA FÜRSTIN LIEVEN 28. XII. 1784 — 27. I. 1857

Das zu Ende gehende achtzehnte und das beginnende neunzehnte Jahrhundert war reich an bedeutenden, oft weit ins Politische wirkenden Frauen. Unter ihnen galt Dorothea Lieven als die „diplomatische Sibylle Europas", wie ihr zum Rühmen geneigtes Zeitalter sie einmal genannt hat. Die Fünfzehnjährige hatte ihre Schulzeit am Petersburger Smolny-Institut noch nicht abgeschlossen, als sie mit Fürst Lieven vermählt wurde, dem Generaladjutanten und zeitweiligen Kriegsminister des Zaren Paul. Auf Drängen seiner jungen Gemahlin wechselte Lieven vom Militärischen zur Diplomatie. Er ging 1810 als russischer Botschafter nach Berlin und zwei Jahre später nach London an den Hof von St. James, wo die Fürstin Lieven bald eine einflußreiche Rolle spielte. Auf dem Aachener Kongreß des Jahres 1818 lernte sie den allmächtigen Staatskanzler Metternich kennen, und aus der Bekanntschaft scheint eine Liebschaft geworden zu sein — jedenfalls nannten die boshaften Hofleute Dorotheas 1819 geborenen Sohn nur „das Kongreßkind". Aber es blieb nicht bei dem einen Verehrer; auch König Georg IV. von England, Viscount Grey und der französische Ministerpräsident Guizot rühmten sich ihrer Gunst, und ihr Name taucht — teils gelobt, teils bespöttelt — in vielen Memoirenwerken ihrer Epoche auf. Nach ihrer Rückkehr aus London eröffnete sie in Paris — in der früheren Wohnung Metternichs, dem Palais Talleyrand — einen Salon, der bald zum Mittelpunkt diplomatischer Ränkespiele wurde. Die Fürstin Lieven erlebte noch den Präsidenten Louis Napoleon, als er seinen verwegenen Kaiserträumen nachhing. Von der lebhaften alten Dame ließ er sich gern die vielen Anekdoten über seinen großen Onkel erzählen, die sie von Metternich gehört hatte. Ihr Tagebuch und ihr Briefwechsel gehören zu den aufschlußreichen Quellenwerken ihrer Zeit.

Mitte des 16. Jahrhunderts **LI HIANG KÜN**

Die schöne Li Hiang Kün — die „duftende Erde" — lebte zusammen mit ihrer Freundin Li in Nanking, der alten Kaiserstadt der Ming. Die Stadt auf den Purpurhügeln war immer noch prachtvolle Metropole mit Pagoden und Palästen, obschon der Kaiserhof längst nach Peking verlegt worden war. Am Ufer des parkgesäumten Baches Tsin-huai lagen die winzigen Villen der Hetären, und hier wohnte auch Li Hiang Kün. — Hetären in dieser Zeit waren durchaus geachtete junge Damen von hoher Bildung und verfeinerter Kultur. Jeder Gelehrte rechnete es sich zur Ehre an, Freund einer solchen Schönen zu heißen Li Hiang Kün liebte Hou Fang-yü, einen hochgebildeten Mandarin der berühmten Gelehrtenschule Fu-she, Sohn eines kaiserlichen Ministers. Als die beiden heirateten, sandte ihnen Yüan — ein politisch verfemter Mann von großem Vermögen — prächtige Geschenke, um sich die Fürsprache Hous am Hofe zu erkaufen. Auf Veranlassung der rechtlich denkenden Li wies Hou die Gaben zurück. — Die Zeiten änderten sich. Das Reich sah sich ständigen Angriffen der Japaner und der von Norden einfallenden Mandschus ausgesetzt. Die Katastrophe brach 1643 herein, als Banditen Peking besetzten, die Mandschus nachstießen und Kaiser Szu-tsung sich im Park des Jadeschlosses erhängte. Der Tag der Rache brach über die Anhänger der Ming-Dynastie herein. Herr Yüan, wieder mächtig geworden, erinnerte sich der Abweisung durch die schöne Li. Li wurde ergriffen, Hou floh in die Fremde. Standhaft ertrug die schöne Li Hiang Kün alle Verfolgung. Als man sie endlich freigab, zog sie jahrelang auf der Suche nach dem Gatten durch viele Länder. In einem Tempel fanden sie sich, und sie dienten die ihnen noch verbleibenden Jahre Buddha, der sie zusammengeführt hatte; sie wurden das klassische Liebespaar der chinesischen Dichtung.

1818 — 16. VII. 1882 **MARY LINCOLN**

Auf einem Wohltätigkeitsfest hatte der junge, noch unbekannte Rechtsanwalt Abraham Lincoln in Springfield, der Hauptstadt des Staates Illinois, die einundzwanzigjährige Mary Todd kennengelernt. Obwohl er kaum seinen eigenen Lebensunterhalt verdiente, schmiedete er bald Heiratspläne: „Verstand hat mit Liebe garnichts zu tun..." schrieb er einem Freund, und das junge, verwöhnte Mädchen, an Bildung und geistigen Interessen ihren Altersgenossinnen weit überlegen, fand in Lincoln „einen ihr geistesverwandten Menschen, wie sie noch keinem begegnet war". Neider und Intriganten brachten es zuwege, daß die Verlobung gelöst wurde — erst nach Jahren fanden die Liebenden wieder zusammen, diesmal für immer. Bald konnte der fleißige und erfolgreiche Anwalt Frau und Kindern ein eigenes kleines Häuschen bieten, das zum Ausgangspunkt eines unerhörten politischen Aufstiegs wurde. Den Sieg Abraham Lincolns bei den Präsidentschaftswahlen des Jahres 1860 feierte Mary wie einen persönlichen Triumph, obwohl die Washingtoner Gesellschaft der „First Lady" mit beinah feindseliger Zurückhaltung begegnete; denn die ehrgeizige Frau geriet durch ihren aufwendigen Lebensstil bald in drückende und peinliche Schulden. Nach der siegreichen Beendigung des Bürgerkrieges erhoffte sie sich endlich ein sorgenloses, ruhiges Daseinsglück. Hand in Hand saßen die Gatten in der Loge des Ford-Theaters, an jenem 14. April 1865, als Lincoln die mörderische Kugel traf. Die unglückliche Witwe brach unter dem Schicksalsschlag zusammen, ihr Gemüt verdüsterte sich in zunehmendem Maße, so daß sie zeitweilig in eine Irrenanstalt eingewiesen werden mußte. Nach ihrer Entlassung unternahm sie ausgedehnte Reisen durch Europa, um endlich, nach Jahren der Unrast, heimzukehren nach Springfield, der Stätte ersten Liebesglücks. Nach ihrem Tode fand sie an der Seite ihres berühmten Mannes die letzte Ruhestätte.

JENNY LIND
6. X. 1820 — 2. XI. 1887

Die „Schwedische Nachtigall" war die gefeiertste Sängerin ihres Jahrhunderts. Sie bezauberte ihre Zuhörer durch den sympathischen, elegischen Klang ihrer herrlichen Sopranstimme und wurde bewundert wegen ihrer Koloratur und ihres makellosen Trillers. Ihr glockenreines Stakkato ist bis heute unerreicht. Der meteorhafte Aufstieg der Schwedin begann, als sie in ihrer Geburtsstadt Stockholm die Agathe in Webers „Freischütz" sang. Erfolg reihte sich an Erfolg. Als sie eine europäische Berühmtheit war, entschloß sich auch Paris, die Kunstmetropole des Abendlandes, sie anzuhören. Jenny Lind sang in der Pariser Großen Oper vor — und wurde nicht engagiert. Später bot man ihr höchste Gagen, sie ist aber nie wieder nach Frankreich gegangen. Berlin lag ihr vom ersten Tag an zu Füßen. Am 7. Dezember 1844 hob sie in der Königlichen Oper Unter den Linden die heute fast vergessene Oper „Ein Feldlager in Schlesien" von Meyerbeer aus der Taufe, eine „preußische Oper", die während des Siebenjährigen Krieges in Schlesien und Potsdam spielt. Sie sang so hinreißend, daß die Berliner nach der Premiere die Pferde ihres Wagens ausspannten und die Kutsche zu der berühmten Weinkneipe von Lutter und Wegener schoben, wo schon der große Schauspieler Ludwig Devrient seine Premieren gefeiert hatte. Später sang Jenny Lind in fast allen Hauptstädten Europas, trat aber schon im Alter von 29 Jahren von der Bühne ab und widmete sich dem Liedgesang. Ein Jahr später ging sie nach Amerika, heiratete 1852 in Boston den Komponisten Otto Goldschmidt und kehrte mit einem Vermögen von 770 000 Kronen nach Schweden zurück, wovon sie 500 000 Kronen für wohltätige Zwecke stiftete. Anschließend ging sie nach Deutschland und wohnte lange Zeit in Dresden.

MARIA VON LINDEN
18. VII. 1869 — 25. VIII. 1936

Obwohl schon vor der Jahrhundertwende Studentinnen zum ersten Male die Hörsäle deutscher Universitäten betreten durften, blieb die immatrikulierte Frau in der Masse der Studierenden noch lange Jahre eine Ausnahmeerscheinung; es waren Kämpfe von heute unvorstellbarer Heftigkeit ausgetragen worden, bis sich auch dem weiblichen Nachwuchs die Tore der Alma mater geöffnet hatten. Maria von Linden war die erste Vorkämpferin des Frauenstudiums in Württemberg. Auf Schloß Burgberg im schönen Oberamt Heidenheim a. d. Brenz geboren, entwickelte sie sich früh zu einer energischen und zielbewußten Persönlichkeit. In strenger, möglichst unauffälliger Kleidung, wagte sie sich unter die Kommilitonen der Universität Tübingen, um Naturwissenschaften zu studieren. Zielbewußt ergab sich ihrem Studium und promovierte 1895 bei dem Zoologie-Professor Dr. Eimer mit einer Arbeit über die Gehäuseschnecken des Meeres zum Dr. rer. nat. Bis zu seinem Tode im Jahr 1898 blieb sie seine Assistentin. Dann ging sie als Assistentin an das Zoologische Institut der Universität Bonn, avancierte zehn Jahre später zum Abteilungsvorstand der neu errichteten parasitologischen Abteilung des Hygienischen Instituts und erhielt 1910 als eine der ersten Frauen Deutschlands den Professor-Titel. Neben ihren entwicklungsphysiologischen Experimenten wurde ihre bedeutendste Leistung die Veröffentlichung über den Parasitismus im Tierreich, die 1915 erschien. Ihre wissenschaftlichen Arbeiten erstreckten sich aber nicht nur auf zoologisches Gebiet. Sie wandte sich auch dem damals noch jungen Gebiet der Chemotherapie der Infektionskrankheiten zu, namentlich der Tuberkulose. Sie verließ Bonn im Jahre 1933. Ihren Lebensabend verbrachte sie in Schaan bei Vaduz im Fürstentum Liechtenstein.

Um 710 — 28. IX. 782

LIOBA

Die junge Nonne aus vornehmem angelsächsischem Geschlecht verwandelte ihren Namen Truthgeba in Leofgyth — „Geliebte Gottes" —, als sie in das Kloster Winburn eintrat, um sich dort in Theologie, klassischer Literatur und kirchlicher Kunst ausbilden zu lassen. Später folgte sie einem Ruf ihres Verwandten Winfrith-Bonifatius, als er in Germanien den Boden und die Seelen urbar machte für die Lehren des Christentums. Als Äbtissin des Klosters Tauberbischofsheim wurde Lioba zur Begründerin der klösterlichen Frauenerziehung; sie bildete Lehrerinnen aus, die in den benachbarten Frauenklöstern die Jugend unterrichteten und erzogen, in der gleichen Zeit, als Rhabanus Maurus den Grund zur mittelalterlichen Bildung der männlichen Jugend legte. Sie unterrichtete nicht nur in den Fächern des Geistes, sondern auch auf vielen anderen Gebieten und auch im Gartenbau. Lioba versorgte alle Klostergärten mit Blumengewächsen aus aller Welt. Mit Bonifatius verband sie eine zarte mystische Liebe; er wünschte, einst neben ihr begraben zu werden. In der Bibel war sie ebenso bewandert wie in den Schriften der Väter und im Kirchenrecht. Fürsten und Bischöfe zogen sie zu ihren Beratungen heran. Mehrmals weilte sie am Hofe Pippins, auch sein Sohn Karl der Große bat sie in seine Pfalz zu Aachen, Karls Gattin Hildegardis war eng mit ihr befreundet. Bei ihrem letzten Besuch, schon von Todesahnungen erfüllt, sprach sie zur Königin: „Lebe wohl, du kostbarster Teil meines Ichs. Christus gebe, daß wir uns am Tage des Gerichtes ohne Erröten wiedersehen." Kurz darauf starb sie in Schornsheim bei Mainz. Ihr Leib ruhte zuerst neben dem Märtyrer Bonifatius im Dom zu Fulda; später wurden ihre Gebeine in die Kirche auf dem Petersberg bei Fulda überführt.

58 v. Chr. — 29 n. Chr.

LIVIA DRUSILLA

Die unter der Regierung des Tiberius geprägten Münzbildnisse der später zur Augusta erhobenen Livia zeigen ein klares, herbes und streng verschlossenes Antlitz. Die kluge Frau, aus dem altberühmten Geschlecht der Claudier stammend, wurde als Sechzehnjährige ihrem Vetter Claudius Nero anvermählt, dem sie zwei Söhne schenkte, den späteren Kaiser Tiberius und den älteren Drusus. Drusus war schon im Hause des Augustus geboren, der als Triumvir seine Ehe mit Scribonia gelöst und auch Claudius Nero zur Scheidung genötigt hatte, um sich selbst mit Livia zu verbinden zu einer glücklichen, allerdings kinderlosen Ehe. Man sagt Livia einen wohltuenden Einfluß auf ihren Gatten im Sinne der Mäßigung und Milde nach, aber es gab auch Stimmen, die ihr charakterliche Undurchsichtigkeit und mancherlei Machenschaften zugunsten ihrer Söhne vorwarfen. Sie begleitete den Kaiser auf vielen seiner Reisen, führte den Haushalt in vorbildlicher Schlichtheit und erfüllte ihre Repräsentationspflichten mit Takt und Würde. Als Augustus in ihren Armen sein großes Leben beschlossen hatte, sicherte sie ihrem Sohne Tiberius die Nachfolge, ohne Dank zu ernten; denn obwohl ihr das Testament ihres Gatten eine gewisse Mitherrschaft ausdrücklich eingeräumt hatte, verschlechterte sich das Verhältnis zwischen Mutter und Sohn in wenigen Jahren bis zur völligen Entfremdung. Nach dem Tode der Sechsundachtzigjährigen, die für ihre Verdienste um Staat und Herrscherhaus viele und außerordentliche Ehrungen empfangen hatte, entschuldigte ihr Sohn sein Fernbleiben von der Totenfeier seiner Mutter mit wichtigen Regierungsgeschäften ...

ANNE-GENEVIÈVE LONGUEVILLE

27. VIII. 1619 — 15. IV. 1679

Das höfische Leben des sechzehnten und siebzehnten Jahrhunderts war begleitet von Hellsehern, Astrologen und Magiern aller Art. Einer von ihnen hatte der schönen Charlotte von Montmorency-Condé, der „letzten Liebe" König Heinrichs IV. von Frankreich, eine Tochter prophezeit, deren Leben hinter festen Mauern beginnen und hinter festen Mauern enden werde. Und wirklich kam Anne de Bourbon-Condé hinter festen Mauern zur Welt, nämlich im Gefängnisturm von Vincennes, wo ihre Mutter freiwillig die Haft ihres Mannes teilte. Annes Bildnis in der Schloßgalerie von Versailles läßt erkennen, daß die Tochter ihrer berühmten Mutter an Schönheit nicht nachstand, und die Chronisten wissen von zahlreichen frühen Liebesabenteuern des vielumworbenen Mädchens, deren jüngerer Bruder später als der „Große Condé", als einer der größten Feldherren in die französische Geschichte eingehen sollte. Als Dreiundzwanzigjährige heiratete Anne Herzog Heinrich II. von Longueville; ihr mütterliches Erbgut zeigte sich in einem erstaunlichen Ehrgeiz und politischen Interesse, das auch vor kleinen Intrigen nicht zurückschreckte. Eine langjährige Freundschaft verband sie mit dem Herzog François VI. von La Rochefoucauld — sie schätzte ihn als Schöngeist und Verfasser der klassischen „Maximen" ebenso wie als Teilnehmer der von ihr geführten ersten Fronde, jener konservativen Aufstandsbewegung, die während der Minderjährigkeit König Ludwigs XIV. den Absolutismus zugunsten der alten Feudalherrschaft zurückzudrängen suchte. Sie gewann auch den Feldherrn Turenne für die Fronde, nach deren Zusammenbruch sie nur durch die Flucht der Verhaftung entging. Der Gram über den Tod ihres Sohnes machte sie zur überzeugten Jansenistin; sie zog sich in ein Karmeliterinnenkloster zurück, hinter dessen „festen Mauern" sie ihr Leben beschloß.

SOPHIE LÖWE

24. III. 1815 — 29. XI. 1866

Unter dem Eindruck ihrer Persönlichkeit und ihres Gesanges schrieb Heinrich Heine: „In der Stimme der Mademoiselle Löwe ist deutsche Seele, ein stilles Ding". — Sophie Löwe stammte aus einer berühmten Künstlerfamilie. Die geborene Oldenburgerin vereinigte alle Vorzüge einer vollendeten italienischen Gesangskunst mit einer geistreichen Darstellung. In früher Jugend kam sie mit ihrem Vater Ferdinand Löwe, einem bedeutenden Tragöden, nach Mannheim und später nach Frankfurt, wo sich ihre Stimme zu entfalten begann. Durch Vermittlung ihrer Tante, Julie Sophie Löwe, eines hervorragenden Mitgliedes des Wiener Hofburgtheaters, erhielt sie Unterricht bei Cicimara, und schon ihr erstes Auftreten brachte ihr ein Engagement an der Wiener Hofoper. Von Wien führte sie der Weg nach Berlin. Ihre Gestalten, die „Rezia" im Oberon, „Desdemona" im Othello, „Rosine" im Barbier von Sevilla bestätigten auch in der preußischen Hauptstadt ihren Ruf als meisterhafte Gesangsvirtuosin und hinreißende Darstellerin. Vom Bewußtsein ihres Könnens erfüllt, stellte sie an die Generalintendanz zu Berlin von Jahr zu Jahr immer höhere Forderungen. Als man ihre Wünsche nicht sofort erfüllte oder erfüllen konnte, reiste sie, ohne die Bewilligung ihrer Entlassung abzuwarten, nach Paris und nahm die Folgen des Kontraktbruches auf sich. Ihr Auftreten in Paris, London, Mailand, Florenz, Neapel wurde zu gloriosen Ereignissen selbst in diesen musikverwöhnten Städten. Als sie 1845 nach Berlin zurückkehrte, war ihr Kontraktbruch längst vergessen. Die Berliner feierten ihre Heimkehr wie ein Volksfest. Nach drei Jahren größter darstellerischer und gesanglicher Erfolge heiratete sie den österreichischen Feldmarschall Fürst Friedrich von Lichtenstein, mit dem sie sich in Budapest niederließ.

† 1927 ## PRINZESSIN LÖWENSTEIN-WERTHEIM

Im August 1927 bereiteten sich die englischen Flieger Hamilton und Minchin und ihre Landsmännin, die Flugzeugführerin Prinzessin Löwenstein-Wertheim, auf dem Fluggelände von Upavon in England auf einen Ost-West-Flug über den Ozean vor. Ihrem einmotorigen Focker-Flugzeug gaben sie den Namen „St. Raphael". Am 31. August, als das Wetter gute Flugchancen versprach, flogen sie dem westlichen Horizont zu. — Die drei Piloten haben das nordamerikanische Festland nicht erreicht. Ob der Motor versagte, ob wider Erwarten das Benzin nicht ausreichte und die Flieger gezwungen wurden, auf dem offenen Meere niederzugehen oder zum Heimathafen zurückzusteuern — all das wird ewig ein Rätsel bleiben. Der Flugrettungsdienst war in jener Zeit noch wenig ausgebaut, und alles Nachforschen ist vergebens geblieben. Vielleicht ist es ein zu großes Risiko gewesen, die Ozeanüberquerung mit einem Landflugzeug zu wagen. Doch hatte die Besatzung das Vorbild Lindberghs vor Augen, dem zwei Monate vorher im Alleinflug die Bewältigung des Atlantik in West-Ost-Richtung gelungen war. Sie aber waren ein Team, jeder hatte langjährige fliegerische Erfahrung, sie hatten einen Motor, dessen Zuverlässigkeit für sie außer jedem Zweifel stehen mußte. Die beiden unerschrockenen Piloten und mit ihnen ihre wagemutige Begleiterin, Prinzessin Löwenstein, blieben verschollen. Heute, da der Flug über den Atlantik zu einem Trip zwischen Abend und Morgen und der Ozean zu einem fahrplanmäßig überflogenen Binnenmeer zwischen den Kontinenten geworden ist, sollte man sich der frühen Pioniere und Opfer des Weltluftverkehrs in Dankbarkeit erinnern.

25. IV. 1841 — 28. II. 1908 ## PAULINE LUCCA

Wer hat ihr nicht gehuldigt? Bei einem Gastspiel in New York brachten ihr dreißig Indianerhäuptlinge in vollem Kriegsschmuck Ovationen dar. Im März 1872, am Geburtstag des deutschen Kaisers, erschienen Seine Majestät in großer Uniform vor der Bühne und suchten die „Ausreißerin", die seit 1861 an die Berliner Hofoper verpflichtet war, ihren Kontrakt nicht aufgeben wollte, dem Berliner Theater zu erhalten. — Pauline Lucca, ein Wiener Kind italienischer Abstammung, begann als Choristin der Karlskirche und der Kaiserlichen Hofoper. Ihre Stimme nannte man unübertrefflich, unnachahmlich, eine incommensurable Größe, voller Register und von reicher Ausgiebigkeit; man rühmte ihr Koloraturfertigkeit und zarteste Feinheit der Phrasierung nach, ihrer Darstellungskunst leidenschaftlich dahinströmenden Vortrag und verblüffende künstlerische Rücksichtslosigkeit; man sagte von ihr, daß sie ganz nach ihrem Willen mit den Intentionen des Komponisten umgehe, oft bis zur Verzweiflung der Dirigenten. Dabei war sie klein von Gestalt, anmutig und graziös. Ihre Laufbahn hatte in Olmütz und Prag begonnen. Hier hörte sie der Intendant des Berliner Hoftheaters, Botho von Hülsen, und engagierte sie für Lebenszeit in die preußische Hauptstadt. Sie war ihm eine wertvolle Kraft, da sie als Soubrette, in getragenen Rollen und zugleich in der Spieloper verwendbar war. Ihre zahlreichen Gastspielreisen, auch nach Rußland, glichen Triumphzügen. In Amerika heimste sie Geld scheffelweise ein, sie leitete ein Theater in Havanna und kehrte 1874 nach Europa zurück. Vom Dezember 1874 bis Januar 1889 gehörte Pauline Lucca mit beispiellosen Erfolgen der Wiener Hofoper an. Verheiratet war sie zuletzt mit dem Freiherrn von Wallhofen. Als Baronin von Wallhofen, k. k. österreichische und königlich preußische Kammersängerin widmete sie sich an ihrem Lebensabend der Gesangspädagogik.

MARIE ELISABETH LÜDERS 25. VI. 1878 — 23. III. 1966

Eine unbequeme Frau — die Alterspräsidentin des Deutschen Bundestages, verehrt und gefürchtet wegen ihrer spitzen Berliner Zunge, die, als man ihr die Würde der „First Lady" der Bundeshauptstadt antrug, den Ausspruch tat „ . . . das kann ich mir als einziger Mann meiner Fraktion nicht leisten!" Marie Elisabeth, die Tochter eines preußischen Geheimrates, aufgewachsen in einer in althergebrachter Tradition wurzelnden Familie, promovierte als erste deutsche Frau 1912 zum Doktor der Staatswissenschaften. Schicksalhaft wurde ihr die Begegnung mit der großen Frauenrechtlerin Helene Lange. In Berlin leistete sie praktische Arbeit in den Armenvierteln und wurde im ersten Weltkrieg Referentin im Kriegsministerium. Nach Kriegsende zog sie in die Weimarer Nationalversammlung und später in den Deutschen Reichstag ein, bis die Nationalsozialisten die streitbare Dame „wegen Heimtücke" für vier Monate ins Zuchthaus sperrten. Der aus dem Chaos der totalen Niederlage wiedererstehenden Bundesrepublik Deutschland hat Frau Lüders von Anfang an ihre Erfahrung und ihre politische Einsicht zur Verfügung gestellt. Wenige junge Mädchen, die heute ganz selbstverständlich die Meisterprüfung irgendeines Handwerks ablegen, wissen, daß sie die Möglichkeit hierzu dieser unermüdlichen Vorkämpferin für die Gleichberechtigung der Frau zu verdanken haben. Ihr Herzensanliegen ist die Erhaltung des Weltfrieden. „Wenn Du den Frieden willst, so sorge für den Frieden!" wandelte sie vor wenigen Jahren ein altes lateinisches Sprichwort ab, und schloß ihre Mahnung mit dem flammenden Aufruf an die Politiker, „um der Kinder und Enkel und um des Menschen schlechthin die Erfahrungen zweier Kriege nicht leichtfertig zu vergessen."

KÖNIGIN LUISE 10. III. 1776 — 19. VII. 1810

„Sire, ich bin Gattin und Mutter, und diese beiden Eigenschaften lassen mich Ihnen das Schicksal Preußens empfehlen, eines Landes, an das so viele Bande mich fesseln und wo man uns rührende Beweise der Anhänglichkeit gibt. Ich wende mich an Ihr edles Herz, das heißt, ich erwarte das Glück von Eurer Majestät!" Diese Worte schrieb am 6. Juli 1807 Königin Luise von Preußen an Napoleon, um die dem Lande zudiktierten harten Friedensbedingungen zu mildern. Napoleon war fasziniert von der Würde und dem Charme der Königin, und es schien fast, als ob er ihren Bitten Gewährung schenken wolle. Aber im letzten Augenblick blieb er hart, das Schicksal Preußens war besiegelt. — Königin Luise war die volkstümlichste Gestalt auf dem preußischen Königsthron. Nach dem frühen Tode der Mutter wurde die Prinzessin auf Wunsch ihres Vaters, des Herzogs Karl von Mecklenburg-Strelitz, bei ihrer Großmutter in Darmstadt erzogen und heiratete 1793 den preußischen Kronprinzen und späteren König Friedrich Wilhelm III., dem sie zehn Kinder schenkte. Zwei ihrer Söhne trugen später die preußische Königskrone: Friedrich Wilhelm IV. und Wilhelm I., der 1871 zum deutschen Kaiser gekrönt wurde. Ihre Herzlichkeit und Aufgeschlossenheit und eine unermüdliche Fürsorge für die Armen und Kranken erwarben ihr die Sympathie des preußischen Volkes. Ihrem Gemahl stand sie stets als Stütze und Vermittlerin zur Seite. Von ihrer Schönheit sprach man in allen europäischen Salons. Frau von Staël schrieb in ihren Tagebuchaufzeichnungen: „Die Königin ist reizend, und ohne Schmeichelei muß ich sagen, daß sie die schönste Frau ist, die ich jemals gesehen habe." Als sie im Sommer 1810 überraschend starb, trauerte das ganze Land um die Frau, die in schwerster Zeit hohe politische Einsicht bewiesen hatte.

1757 — 1830

LUISE VON SACHSEN-WEIMAR

Unter den Soldatenstiefeln eines kleinen Artillerie-Offiziers aus Korsika war das Heilige Römische Reich Deutscher Nation zerbrochen. Im Oktober des unseligen Jahres 1806 weilte Kaiser Napoleon, der Sieger von Jena, im herzoglichen Schloß zu Weimar. Herzog Karl August, Bundesgenosse der geschlagenen Preußen, war außer Landes und versuchte sein Korps nach Göttingen zu retten; sein Sohn, der vierzehnjährige Prinz Bernhard, war auf der Flucht nach Pommern, Herzogin Anna Amalia ängstigte sich im Kasseler Exil, der Erbprinz von Weimar wartete in Braunschweig auf bessere Zeiten. Geblieben war allein die Gemahlin Karl Augusts, eine Darmstädter Prinzessin, und allein trat sie auch dem Usurpator entgegen. Als Napoleon sie anherrschte: „Wo ist der Herzog...?", musterte die stille Frau den kleinen Mann von oben bis unten: „An der Stätte seiner Pflicht". Sie wendete sich ab und ließ den mächtigen Herrn des Erdballs einfach stehen. Der Kaiser erklärte am Abend dieses Tages: „Das ist eine Frau, die sich auch durch unsere zweihundert Kanonen nicht in Furcht jagen läßt!" — Die Ehe der Herzogin war nicht glücklich — sie stand im Schatten der Herzogin-Mutter Anna Amalia und der morganatischen Gattin Karl Augusts, der gefeierten ehemaligen Schauspielerin Karoline Jagemann. „Ich und die Hoffnung — wir kennen uns schon lange nicht mehr..." gestand Luise der unwandelbar treuen Freundin ihres Lebens, der Charlotte von Stein. Jedermann in Weimar wußte, daß Goethes unsterbliche Verse „Allen Gewalten zum Trutz sich erhalten..." der unglücklichen Herzogin zugerufen waren, die der Dichter in seinen Briefen nie anders als „der Engel Luise" bezeichnete. „Goethe und ich verstehen uns vollkommen", sagte Herzogin Luise nach dem Tode Karl Augusts zu einer ihrer Hofdamen, „nur daß er noch den Mut hat zu leben — und ich nicht..."

LUISE HENRIETTE VON BRANDENBURG
27. XI. 1627 — 18. VI. 1667

Die neunzehnjährige Tochter des Prinzen Friedrich Heinrich von Oranien war einem andern versprochen und anverlobt, als der junge Kurfürst Friedrich Wilhelm von Brandenburg aus dem Hause Hohenzollern um sie warb. Er hatte sich lange um Christine von Schweden bemüht, Gustav Adolfs eigenwillige Tochter, ehe die oranische Heirat ins Blickfeld der Diplomatie trat, gefördert durch das gemeinsame protestantische Glaubensbekenntnis. Luise fügte sich schweren Herzens dem Befehl ihres Vaters, des Erbstatthalters der Niederlande, und folgte dem ungeliebten Kurfürsten, dem sie noch kurz vorher einen Händedruck verweigert hatte, nach Berlin, dessen Vorort Bötzow ihr zu Ehren den Namen Oranienburg erhielt. Das Land war von den Schrecken des Dreißigjährigen Krieges verwüstet und verarmt; die harte Pflicht der Wiederaufbauarbeit und der Sicherung des Staates verband das Fürstenpaar zu einer immer tiefer und herzlicher werdenden Gemeinschaft, so daß aus der anfänglich „politischen" Ehe eine aufrichtige Liebe wurde. Die Kriegs- und Friedenstaten des Großen Kurfürsten ließen sein Land zu einer achtunggebietenden Macht heranwachsen, gesichert durch das Heer, verschönt durch Kulturleistungen auf allen Gebieten des Landbaus, der Wirtschaft und des Erziehungswesens. Die Oranierin unterstützte die Bestrebungen ihres Gemahls tatkräftig durch Heranziehung holländischer Kolonisten, durch Gründung von Schulen und Waisenhäusern und durch die Einrichtung holländischer Mustermeiereien. Unermüdlich, wie eine Gutsherrin des ganzen Landes, sah die Fürstin überall nach dem Rechten, in ihren Gemüsegärten sollen auch die ersten Kartoffeln der Mark angebaut worden sein. Sechs Kinder entsprossen der zwanzigjährigen Ehe. Vierunddreißig Jahre nach dem Tode der Kurfürstin, am 18. Januar 1701, wurde ihr Sohn in der Schloßkirche seiner Geburtsstadt Königsberg zum ersten König von Preußen gekrönt.

MADELEINE-ANGELIQUE DE LUXEMBOURG
1707 — 1787

Unter den Pariser Damen, deren Salons im Rokoko durch Glanz und Reichtum hervorragten, findet man zwei mit demselben Namen: Boufflers. Die eine, die Gräfin, klug, liebenswürdig, schön, deren berückendes Lächeln jedermann entzückte, war die Geliebte des Prinzen Conti und versammelte jeden Montag im Temple mehr als hundert Standespersonen. Die andere, Madeleine-Angélique, war weit höheren Ranges, Herzogin von Boufflers, Marschallin von Luxembourg, die während der Regentschaft des Herzogs von Orléans alle Damen des Hofes überstrahlte. Wenn sie dort erscheine – versicherte ein vielgesungenes Lied – glaube man, „die Mutter der Liebe zu erblicken". Das ist nicht so zu verstehen, als wäre sie leichtfertig gewesen. Als wirklich große Dame verurteilte sie die geringste Verletzung von Sitte, Takt und Anstand aufs strengste. Vollendete Grazie und Höflichkeit verbanden sich in ihr mit beispielloser Eleganz. Sie residierte wie eine Königin teils in Paris, teils in Montmorency. Gern zog sie zu ihren sehr exklusiven Gesellschaften Männer des Geistes hinzu. Dadurch erst empfingen ihre Feste jene verfeinerte Note des nicht bloß guten, sondern zugleich kulturell erlesenen Geschmacks, der für ganz Europa vorbildlich werden sollte. Häufig sah man Jean-Jacque Rousseau bei ihr, als er in der Eremitage wohnte. Sein vom Parlament geächteter und verbrannter Roman „Emile" brachte ihn in Gefahr, eingekerkert zu werden. Die Marschallin verhalf ihm zur Flucht, war also überlegen genug, sich gegen ihre Zeit zu stellen. Das bewies sie auch damit, daß sie zuweilen Mahlzeiten nur für Herren veranstaltete, denn sie meinte, „Damen tragen zur Unterhaltung zu wenig bei"; es gelang ihr durchaus, in einem Saal voll männlicher Größen das weibliche Geschlecht allein zu vertreten.

ROSA LUXEMBURG
5. III. 1871 — 15. I. 1919

Zamosz in Polen war die Heimat der revolutionären Sozialistin Rosa Luxemburg. Dort verlebte die durch ein angeborenes Hüftleiden halbgelähmte Tochter eines wohlhabenden jüdischen Kaufmannshauses die ersten Jahre ihrer Kindheit. Als ihre Eltern nach Warschau übersiedelten, kam die Gymnasiastin mit jungen polnischen Revolutionären in Fühlung, die im Zaren und in der russischen Verwaltung ihre Todfeinde und Unterdrücker sahen. Man riet der Abiturientin, ihr Studium in der Schweiz fortzusetzen. Vor die Öffentlichkeit trat sie zum erstenmal auf dem internationalen Sozialistenkongreß von 1893, dem die Zweiundzwanzigjährige eine umfangreiche Arbeit über die nationalrevolutionären und sozialistischen Strömungen im unterdrückten Polen vorlegte. Nach ihrer Promotion zum Doktor der Staatswissenschaften kam sie nach Deutschland, das jedoch der russischen Staatsbürgerin keine politische Wirkungsmöglichkeit bot; sie ging deshalb eine Scheinehe mit dem deutschen Sozialisten Gustav Lübeck ein und begann – mit einem deutschen Paß – eine rege politische Tätigkeit, die sie mit Clara Zetkin, August Bebel, Wilhelm Liebknecht, Karl Kautsky und vielen anderen führenden Sozialisten ihrer Zeit zusammenführte. Den ersten Weltkrieg verbrachte sie zumeist hinter Gefängnismauern, schreibend, propagierend, bis der Zusammenbruch des Kaiserreiches auch für sie die Kerkertüren öffnete. Im Januar 1919 hatte sie, die sich verfolgt und gefährdet wußte, eine Zusammenkunft mit Karl Liebknecht. Sie wurden verraten, verhaftet und nach Berlin zum Verhör gebracht. Als Karl Liebknecht und Rosa Luxemburg sich weigerten, das Versteck ihrer Kampfgefährten zu verraten, wurden sie mit Gewehrkolben erschlagen. Erst nach Monaten fand man ihre verstümmelten Leichen in einem Kanalbett des Tiergartens.

19. Jahrhundert

DOROTHEE MADISON

Der dritte Präsident der Vereinigten Staaten von Amerika, Thomas Jefferson, war Witwer und übertrug der Frau seines Staatssekretärs James Madison die Pflichten der weiblichen Repräsentation im Weißen Haus. „First Lady" blieb Dorothee Madison auch unter Jeffersons Nachfolger, denn ihr eigener Mann wurde Präsident. Damit nahm Dolly, wie man sie mit zärtlichem Beiklang nannte, von 1801 bis 1817, sechzehn Jahre lang, jene wichtigen gesellschaftlichen Aufgaben wahr, die im Palast der Staatslenker nur von einer Dame erfüllt werden können, die freilich Überlegenheit, Würde und Takt besitzen muß. Über solche Gaben verfügte Dolly in reichem Maße. Außerdem war sie ungewöhnlich schön und kleidete sich vorzüglich. Heute noch schwärmen die Amerikaner von ihr. Alle Parteien liebten sie. Das ganze Volk, das seine Unabhängigkeit erst vor kurzem erkämpft hatte, fühlte sich von Dolly auch dem Ausland gegenüber auf dem Parkett überzeugend vertreten. In bösen Tagen bewies sie außer Haltung erstaunlichen Mut. Ihr Mann ließ sich in einen Krieg mit England hineintreiben. Die Briten drangen bis Washington vor, verwüsteten das Kapitol samt allen Staatsgebäuden und setzten das Weiße Haus in Brand. Das Präsidentenpaar floh. Nach dem Frieden von Gent (1814) fanden die Madisons lediglich in einer schlechten Mietwohnung Unterkunft. Ihre Beliebtheit dauerte indes unvermindert fort, auch als James Madisons Amtszeit endete. Man gewährte ihr, die 82 Jahre alt wurde, das Vorrecht, ihre Post kostenfrei zu befördern, man stellte ihr einen Sitz im Vorzimmer des Senats zur Verfügung. Nach dem Tod ihres Mannes (1836) erwarb der Kongreß für eine hohe Summe die Manuskripte und Briefe dieser charmanten und klugen Frau und ließ sie 1886 veröffentlichen.

11. IV. 1910 — 26. IX. 1973

ANNA MAGNANI

An der Spitze der italienischen Filmschauspielerinnen steht ohne Zweifel Anna Magnani. Sie ist nicht nur Italiens Filmstar Nr. 1, sondern auch eine der genialsten Schauspielerinnen der Welt, die mit vielen höchsten Filmpreisen ausgezeichnet wurde. Ihr vulkanisches Temperament und ihr unverfälschtes Naturell sowie ihre hochdramatische Darstellungskraft wurzeln in der Welt des Theaters, insbesondere des Varietés und der Revue, wo sie bereits sensationelle Erfolge hatte, bevor man sie seit 1934 beim Film vor allem wegen ihrer komödiantischen Begabung beschäftigte. Der Regisseur Goffredo Alessandrini, ihr erster Mann, wagte nicht, ihr ungezügeltes Temperament beim Film auszuwerten. Erst Roberto Rossellini gelang es, ihre alle Fesseln sprengende Natur in „Rom — offene Stadt" und „Amore" filmisch zu bändigen. Seit diesen Filmen verband sie mit Rossellini eine tiefe menschliche und künstlerische Zuneigung. Als er aber ohne ihr Wissen Ingrid Bergman für den Film „Stromboli" verpflichtete, dessen Hauptrolle er ursprünglich Anna Magnani zugesagt hatte, übernahm sie die Hauptrolle des Konkurrenzfilmes „Vulcano" (1949), der durch ihre unerhörte Darstellungskunst ein Welterfolg wurde. Auch die folgenden Filme, vor allem „Bellissima", den manche für ihren besten halten, „Die goldene Karosse", „Die Hölle in der Stadt" und die in Hollywood gedrehten Filme „Die tätowierte Rose" und „Wild ist der Wind" zeigen, über welch reiche mimische Skala und leidenschaftliche Darstellungskraft diese große Künstlerin verfügt. Über ihre Herkunft und ihr persönliches Verhältnis zur Kunst legte sie folgendes packende Bekenntnis ab: „Ich stamme aus Trastevere (einem ärmlichen Stadtteil von Rom). Ich habe gearbeitet, wahrscheinlich zehnmal mehr als andere, weil ich häßlich und lächerlich bin. Ich habe gearbeitet für die Kunst."

ANNE LOUISE VON MAINE   8. XI. 1676 — 23. I. 1753

Der große französische Feldherr Bourbon-Condé hatte drei Töchter, alle sehr klein von Gestalt. Eine davon sollte der Sohn Ludwigs XIV. und der Montespan, Louis Auguste de Bourbon, Herzog von Maine, heiraten. Er wählte, weil sie die größte war, Anne Louise und traf eine glückliche Wahl. In der frohen, sprühenden, charmanten Person verkörperte sich zum erstenmal, noch im Spätbarock, der volle Zauber des Rokokos. Sie blühte dem neuen Zeitalter gleichsam voraus. Wie sich nach ihrer Hochzeitsnacht König und Hof am Bett der Vermählten versammelten und sie mit Schmeicheleien begrüßten, so blieb das „Lever" der Herzogin — ihre Morgentoilette — immer das entzückendste Ereignis für die hinzugelassenen Kavaliere und Damen. Ebenso berühmt war ihr Salon auf Schloß Scéaux, wo sie lieber als in Paris weilte und die eben aufkommenden Schäferspiele pflegte, wo man auf dem Rasen Menuett und Gavotten tanzte und am Abend die funkelnden märchenhaften Feste genoß oder Theateraufführungen beiwohnte. Mitunter erschien auch Voltaire dort, bis er sich unmöglich machte. Die Herzogin fragte einmal Fontenelle nach dem Unterschied zwischen ihr und einer Uhr. „Eine Uhr, Madame, zeigt die Stunden an. Bei Ihnen vergißt man sie." Ihren Mann erhöhte sein Vater zum „Prinzen von Geblüt" und etwaigen Thronerben. Nach Ludwigs XIV. Tod beseitigte der Regent Prinz von Orléans diese Bestimmung, worauf sich das Herzogspaar an einer Verschwörung gegen den Regenten beteiligte. Etliche Jahre Haft und Verbannung vom Hof waren die Strafe; die leibhaft gewordene Seele des Rokokos, die von Festen lebte, lag in Fesseln. Als sie wieder tanzen durfte, verhundertfachte sich der Glanz der „Grandes nuits" der Herzogin in Scéaux.

FRANÇOISE DE MAINTENON   27. XI. 1635 — 15. IV. 1719

Zu den ständigen Gästen im Pariser Salon der geistvollen Ninon de Lenclos gehörte auch der verkrüppelte Dichter Paul Scarron, eine der originellsten Erscheinungen seiner Zeit. Er war in der Jugend das Opfer eines Quacksalbers geworden und tröstete sich über sein Unglück und über die chronische Leere seines Geldbeutels mit ironischem Spott hinweg. Das Burleske, das er in die französische Dichtung einführte, liebte er auch im Leben; als alter, hilfloser Mann heiratete er ein bildhübsches, siebzehnjähriges Mädchen, das aber bald seine eigenen Wege ging. Niemand ahnte, daß aus der leichtfertigen Schönen einmal die Gemahlin eines Königs von Frankreich werden könnte . . .
Neun Jahre nach Scarrons Tod kam Françoise an den Hof Ludwigs XIV. nach Versailles, als Erzieherin seiner Kinder, die ihm Königin Marie-Thérèse und die Marquise de Montespan geschenkt hatten. Aus den höchst freimütigen, allerdings auch von offenkundiger Abneigung gefärbten Briefen der „Liselotte von der Pfalz" wird erkennbar, mit welch diplomatischem Geschick sich die Prinzenerzieherin zunächst das Herz des Königs und langsam auch die Macht am Hofe zu erobern verstanden hat. „Wo der Teufel nicht persönlich hinkommen kann", schrieb Liselotte, „da schickt er ein altes Weib hin!" Das galt Françoise, die nach dem Tode der Königin mit der Herrschaft Maintenon auch den Titel einer Marquise erhielt. Im Dezember 1683 wurde sie die Gemahlin des Königs, zum Entsetzen Liselottes, die es nie verwunden hat, daß „die alte Zott" nun im Range über ihr stand. Zweiunddreißig Jahre lang war die Maintenon Frankreichs heimliche Regentin; sie hätte die Krone tragen können, wenn sie die reale Macht nicht den leeren Insignien vorgezogen hätte. In ihrem Wirken vereinte sie politische Weitsicht mit kluger Mäßigung. Nach dem Tode des Königs zog sich die Vereinsamte nach Saint-Cyr zurück.

24. III. 1808 — 23. IX. 1836 **MARIA FELICITAS MALIBRAN**

Nur achtundzwanzig Lebensjahre waren Maria Felicitas Malibran vergönnt; und doch genügte die kurze Spanne, sie ins Ehrenbuch der großen Sängerinnen einzuschreiben. Sie wurde in Paris als Tochter des hervorragenden Gesangsmeisters Manuel Garcia des Älteren geboren. In ihrem fünfzehnten Lebensjahre begann sich ihre „begnadete Begabung" zu entfalten. Rossini nannte sie „das wunderbarste Gesangstalent", das Alt- und Sopranpartien mit der gleichen Virtuosität meisterte. 1825 trat sie in London auf, folgte dann ihrem Vater nach New York, verheiratete sich mit dem französischen Kaufmann Malibran und wandte sich auf dessen Wunsch nur noch dem Konzertgesang zu. Als der Reichtum des Gatten sich als trügerisch erwies und Malebran ins Schuldgefängnis kam, kehrte sie zur Bühne zurück und befreite ihren Gatten aus dem Gewahrsam, ohne jedoch wieder zu ihm zurückzukehren. Sie ging nach Paris, erntete reiche Lorbeeren und konkurrierte ebenbürtig neben der weltberühmten Henriette Sontag. Zu den Bewunderern ihrer Kunst zählte auch Felix Mendelssohn-Bartholdy. Ihre Reisen durch die Weltstädte brachten ihr neben höchstem künstlerischem Ruhm fürstliche Gagen, mit denen sie eine verschwenderische Wohltätigkeit ausübte. Bald nach ihrer zweiten Vermählung mit dem französischen Geiger de Beriot stürzte die passionierte Reiterin in London vom Pferde. Gegen den Willen der Ärzte konzertierte sie noch in Brüssel und Aachen und kehrte nach England zurück, um bei einem Musikfest in Manchester mitzuwirken. Hier erlag sie der Überanstrengung. In einem prachtvollen Mausoleum bei Brüssel ließ de Beriot sie beisetzen. Maria Felicitas Malibran ist auch als Komponistin von Liedern, Romanzen, Canzonetten und Nocturnos hervorgetreten.

195 — 235 n. Chr. **MAMAEA**

Nach dem Bericht des Eusebius, des Vaters der Kirchengeschichte, war die Mutter des Kaisers Alexander Severus „eine sehr gottesfürchtige Frau. Sie legte Wert darauf, den Theologen Origines kennenzulernen, um eine Probe seiner allgemein bewunderten Kenntnis von den göttlichen Dingen zu erhalten..." Diese Begegnung fand statt, als Mamaea und Alexander 232 im Orient weilten, aber weder die Mutter noch der Sohn sind offiziell zum Christentum übergetreten. Daß beide der neuen Lehre wohlwollend gegenüberstanden, geht aus des Kaisers freundschaftlicher Verbindung mit dem christlichen Gelehrten Julius Africanus hervor; der römische Presbyter Hippolyt, ein Freund des Origines, widmete Mamaea seine Schrift über den ersten Korintherbrief des Paulus. Mamaea, die gemeinsam mit ihrer Mutter Maesa dem vierzehnjährigen Imperator als Regentschaftsrat zur Seite stand, hat während Alexanders Regierung einen ungewöhnlich starken und segensreichen Einfluß auf die Staatsgeschäfte ausgeübt. „Er handelte ganz nach dem Ratschlag seiner Mutter", sagte der zeitgenössische Historiker Aurelian Victor von Alexander Severus, der mit seiner Mutter Mamaea zusammen bemüht war, die Folgen von Elagabals Mißwirtschaft zu beseitigen, die altrömischen Traditionen neu zu beleben und durch eine betont schlichte und untadelige Lebensführung beispielhaft zu wirken. Sie versuchten, dem Grundsatz ihres Ratgebers, des großen Rechtsgelehrten und Prätorianerpräfekten Domitius Ulpianus, Geltung zu verschaffen, daß jeder im Reiche sich frei fühlen solle, der den Gesetzen gehorche. Verhängnisvoll wurden die übertriebenen Sparmaßnahmen Mamaeas, die mit dauernden Soldkürzungen den Unwillen der Soldaten erregte. Im römischen Feldlager bei Mainz fielen Mutter und Sohn am 19. März 235 einer Meuterei pannonischer Rekruten zum Opfer. Ulpianus war sieben Jahre zuvor von den unzufriedenen Prätorianern ermordet worden.

HORTENSE MANCINI   6. VI. 1646 — 16. VII. 1699

Der mächtige Kardinal und leitende Minister Frankreichs Mazarin hatte drei nicht sehr tugendhafte Nichten. Die jüngste, Olympia, war die Mutter des Türkenbesiegers Prinz Eugen, eine gefürchtete Intrigantin, die im Exil starb. Maria, die Jugendgeliebte Ludwigs XIV., heiratete einen Fürsten Colonna und wurde später fromm. Die älteste, Hortense, aber galt neben Ninon de Lenclos als schönste Frau ihrer Zeit. Der wilden Eifersucht ihres Mannes entfloh sie nach Rom, von dort mit ihrer Schwester Maria, die ebenfalls ihren Gatten verlassen hatte, an den Hof von Savoyen und 1675 nach London, wo ihre Schönheit ungeheures Aufsehen erregte. König Karl II. von England setzte ihr eine Leibrente aus und gab ihr ein Schlößchen zum Wohnsitz, nur um sie zum Bleiben zu bewegen. Ihr Salon nach französischer Art wurde für die Lords zum Wallfahrtsort und einigermaßen auch zur Stätte gesellschaftlicher Erziehung. Ein Prinz von Monaco, der sich zwei Tage in London aufhalten wollte, blieb ihretwegen zwei Jahre dort. Ein tödliches Duell zwischen zwei Verehrern der Herzogin bewog sie, die Einsamkeit eines Klosters zu suchen. Ihr Liebhaber, der aus Paris geflüchtete Schriftsteller Graf Saint-Evremond, meinte dazu, anmutige Frauen hätten die Pflicht, ihre Schönheit nicht hinter Mauern zu verbergen, sondern sie zu zeigen, damit man Gott preisen lerne. Nun, Hortense erschien wieder, zur unbändigen Freude der Höflinge, die sich nicht stören ließen von den Affen, Hunden und Papageien in ihrem Salon und ihren Launen. Sie blieb die geistreiche große Dame, der es freilich mißlang, die schwüle Sinnlichkeit des englischen Hofes zu veredeln, der sie allmählich selbst unterlag. Schließlich verfiel sie dem Trunk. Obgleich ihr Gatte ihr zeitlebens nachstellte, erblickte er sie erst wieder, als sie im Sarg lag. Er reiste mit der Leiche ein Jahr lang umher, bis er sie neben Mazarin bestattete.

MARIA MANCINI   1639 — 1715

Die Nichte des großen Kardinals Mazarin ist eine der merkwürdigsten Frauengestalten ihrer Zeit. Als Mazarins Stellung sich nach dem Tode Richelieus endgültig gefestigt hatte, ließ der Kardinal seine fünf Nichten — die Töchter seiner geliebten römischen Schwester — zu sich nach Paris kommen. Um diese Zeit weilte auch die ehemalige Königin Christine von Schweden in der französischen Hauptstadt — und das exzentrische Wesen dieser Frau scheint die junge Mancini stark beeinflußt zu haben. Maria war neunzehn Jahre alt, als sie König Ludwig XIV. erstmals begegnete. Es entwickelte sich eine tiefe Leidenschaft; als aber der junge König seine Mutter und Mazarin um die Erlaubnis zur Eheschließung mit Maria bat, wurde sie ihm verweigert; Mazarin verfolgte im Staatsinteresse ganz andere Pläne. Die Liebenden fügten sich schweren Herzens: „Sie lieben mich. Aber Sie sind König! Ich reise ab." Sie reiste ab und heiratete wenig später einen ungeliebten Mann, den Fürsten Colonna. Die unglückliche Ehe zwang sie zur Flucht. In Männertracht gelangte sie in die Provence und nach kurzer Verhaftung nach Paris, wo sie der König mit Geld reich versah, ohne sie jedoch zu empfangen. Weiter ging ihre ruhelose Lebensreise: nach Savoyen und nach der Schweiz, nach den Niederlanden und nach Spanien. Dort versuchten die Agenten ihres Mannes vergeblich, sie zu fassen. Erst als Witwe fand Maria Ruhe. In Paris ist die Sechsundsiebzigjährige gestorben, im Todesjahr des Sonnenkönigs, den sie seit ihrer Jugend nie wiedergesehen hatte. Ihre wunderlichen Kreuz- und Querzüge boten mehrfach den Stoff zu Romanen und Schauspielen, ihre eigenwillige Kleidung gab einer Moderichtung des vorigen Jahrhunderts den Namen „Mancini".

14. X. 1888 — 9. I. 1923   **KATHERINE MANSFIELD**

Einige der berühmtesten modernen englischen Kurzgeschichten sind in einem kleinen, oberbayerischen Kurort entstanden, in dem Allgäuer Kneippbad Wörishofen, in dem die zweiundzwanzigjährige Schriftstellerin Katherine Mansfield nach schweren seelischen und physischen Erschütterungen Ruhe und Genesung zu finden hoffte. In Wellington auf Neuseeland war die Tochter des — später geadelten — Bankiers Beauchamp zur Welt gekommen; sie verbrachte ihre Studienjahre am Queens College in London und kehrte dann nach ihrer fernen Inselheimat zurück, die sie aber schon wenige Jahre später, von unüberwindlicher Sehnsucht getrieben, für immer verließ. Der geliebten Musik, ihrer zweiten, starken Begabung, entsagte sie nach schweren inneren Kämpfen, um sich ganz der Literatur zu widmen. Von einer ehelichen Enttäuschung verstört und aus der Bahn geworfen, flüchtete sie in die Einsamkeit der bayerischen Bergwelt, wo ihre erste Kurzgeschichtensammlung „In a German Pension" entstand, die 1911 erschien und starke Beachtung fand. Später verband sich die Schriftstellerin mit dem bedeutenden Kritiker und Essayisten John Middleton-Murry, mit dem sie in bescheidensten Verhältnissen, oft verfolgt von Not, Krankheit und beruflichen Mißerfolgen, lebte und den sie im Jahre 1918 heiratete. Ein fast ununterbrochener Aufenthalt im Süden erhielt notdürftig ihre Schaffenskraft, der wir die „Garden Party", die berühmte Kurzgeschichtensammlung „Bliss" und „Je ne parle pas Français" verdanken. In der theosophischen Gemeinde von Avon bei Paris fand sie noch einmal die ersehnte innere Ruhe — da machte ein Blutsturz ihrem kurzen, flackernden Leben ein Ende. Die letzte beschriebene Seite ihres Tagebuches schließt mit den Worten: „Ich fühle mich glücklich — tief, ganz tief im Innern. Alles, alles ist gut..."

20. VIII. 1881 — 1942   **ROSA MANUS**

Auf den ersten Tagungen des Weltbundes für Frauenstimmrecht fiel ein junges Mädchen auf, das stets als erste den Pflichten einer Saalordnerin nachkam. „The early bird", den „morgendlichen Vogel", nannte Mrs. Chapman Catt die Eifrige, um anzudeuten, daß die früh einsetzende Wirksamkeit der Frau entscheidend sei für den Erfolg ihrer Arbeit. Rosas Eltern, wohlhabende und liberale Holländer, ließen die Tochter gewähren, die von ihrem sechsundzwanzigsten Jahre an die Frauenführerin Mrs. Catt auf ihren Reisen begleitete und ihr als Organisatorin und Dolmetscherin unschätzbare Dienste leistete. Mit ihr besuchte sie u. a. die südamerikanischen Staaten. Auch in ihrer Heimat Holland arbeitete sie auf politischem Gebiet unermüdlich für die Verbesserung der Lage der Frau. Später unterstützte sie die neue Vorsitzende des Weltbunds, Mrs. Corbett Ashby, der sie freundschaftlich verbunden war. Zusammen bereisten sie den Vorderen Orient, Bulgarien und die Türkei. Die Friedensfrage trat mehr und mehr in ihr Gesichtsfeld. Neben dieser vielfältigen Tätigkeit fand Rosa Manus immer Zeit für Freunde und Angehörige. Sie wurde vielen Menschen, besonders den Verfolgten, Vertraute und verständnisvolle Beraterin. — Rosa Manus entstammte einer strenggläubigen jüdischen Familie. Als die Hitlerherrschaft sich nach Holland ausdehnte, war ihr Los besiegelt. Sie wurde deportiert und ist, so viel man weiß, 1942 in Deutschland umgekommen. Ein Gedenkstein auf dem Amsterdamer Friedhof zeugt von der Verehrung und Dankbarkeit, die ihr von holländischen und international organisierten Frauen heute noch entgegengebracht wird.

GERTRUD ELISABETH MARA-SCHMELING

23. II. 1749 — 20. I. 1833

Als „eine große Gabe an die Deutschen, ja an die Menschen" gab Johann Wolfgang von Goethe im achtzigsten Jahre seines Lebens seinen Briefwechsel mit Schiller heraus; das Jahr 1829 wurde dem vereinsamten Dichter zu einem Jahr der Rückschau und der wehmütig-festlichen Erinnerung. Er gedachte seiner Altersgenossen, von denen schon viele nicht mehr unter den Lebenden weilten, er gedachte auch einer Sängerin, die gleich ihm das achtzigste Lebensjahr vollendete und deren reine Sopranstimme ihn vor einem halben Jahrhundert erfreut hatte. Mit einem artigen Brieflein sandte er zwei seiner Gedichte nach Reval in Estland, an die einstmals weltberühmte Madame Mara, die sich dort in Armut und Einsamkeit mit Gesangsstunden das karge Brot ihres Alters verdienen mußte. Vor siebzig Jahren hatte ihr Vater, der Musikus Schmeling aus Kassel, das Mädchen als geigendes Wunderkind durch halb Europa geschleift; in London entdeckte man, daß sie noch besser singen als geigen konnte, und nach kurzer Ausbildung wurde sie an die Berliner Hofoper engagiert. Friedrich der Große, der einmal sagte, er „wolle lieber ein Pferd wiehern als eine Deutsche singen hören", wurde seinen Grundsätzen untreu und band die Mara mit vielen kontraktlichen Fallstricken, aus denen sie sich nur durch die Flucht befreien konnte. Sensationell war ihr Zug durch Europa; als sie in Venedig auftrat, brachten tausend Gondolieri ihr begeisterte Ovationen dar. Nach Triumphen in Wien, Paris und in London erwarb sie in Moskau ein fürstliches Palais, das sie mit ihrem gesamten Vermögen wieder verlor, als 1812 die russische Hauptstadt in Flammen aufging. Nur mit dem, was sie auf dem Leibe hatte, konnte die alternde Sängerin ins Baltikum entkommen. Verarmt und nahezu vergessen ist sie in Reval gestorben.

MARGARETE VON DÄNEMARK

1353 — 28. X. 1412

Die kunsthistorisch bedeutsame Marmorstatue auf dem Sarkophag der Margarete von Dänemark in der Domkirche von Roskilde dürfte kaum ein lebensechtes Porträt sein, weil sie erst viele Jahre nach Margaretes Tode geschaffen wurde. Und dennoch vermittelt die Würde des Kunstwerks einen Eindruck von der einzigartigen Größe jener Frau, die in der langen Geschichte ihres Landes als einzige den Königsthron innegehabt und ihm zugleich auch die größte Machtentfaltung gebracht hat. Margarete wurde als Tochter Waldemars IV. geboren und mit zehn Jahren mit König Haakon Magnusson von Norwegen und Schweden verheiratet. Durch andauernde Machtkämpfe zwischen Adel und Königtum gezwungen, lebte sie vorerst ganz in Norwegen, übernahm nach dem frühen Tode ihres Mannes im Jahre 1380 die Regentschaft für ihren einzigen Sohn Oluf und führte sie nach dessen Ableben selbständig weiter. Die Niederlage und die Gefangenschaft ihres Gegners und Rivalen auf dem schwedischen Thron, Albrechts von Mecklenburg, der dank der Vitalienbrüder und nicht zuletzt auch unter dem Einfluß der Deutschen Hanse im Norden Fuß gefaßt hatte, schufen die Voraussetzung für jene berühmte Kolmarer Union vom Jahre 1397, in der zum ersten und zum einzigen Male alle drei skandinavischen Staaten unter einer einheitlichen Führung zusammengeschlossen wurden. Diese Union darf als die Grundlage für all das Gemeinsame und Unzerstörbare bewertet werden, das noch in der Gegenwart die nordischen Staaten miteinander verbindet. Margarete von Dänemark war eine der größten Frauen und Fürstinnen, die der Norden jemals der Welt geschenkt hat. Das Grab in der Domkirche von Roskilde ist eine Wallfahrtsstätte der europäischen Kultur.

1300 — 3. X. 1369   **MARGARETE MAULTASCH**

Margarete von Tirol mit dem Beinamen Maultasch, den sie, wie manche glauben, wegen eines übermäßig großen Mundes, wie andere meinen, als Besitzerin des Schlosses Maultasch bei Terlan erhalten hat, war eine der umschwärmtesten Groß-Erbinnen des späten Mittelalters. Da ihr Vater Heinrich, Herr über Kärnten und über die Grafschaft Tirol, söhnelos war, durfte sie mindestens mit dem tirolischen Erbe rechnen. Tirol war ein wichtiges Verbindungsstück und mit seinen Burgen ein entscheidender Stützpunkt auf dem Wege von Nord nach Süd. Als Margarete heiratsreif war, zwang der Vater, Heinrich von Kärnten, sie zur Ehe mit dem sanften, fast furchtsamen Sohn Johann Heinrichs von Böhmen. Schon bald machte die resolute Margarete Maultasch kurzen Prozeß mit dem ungeliebten Gatten: Auf ihr Gebot hin wurde Johann eines Tages bei der Rückkehr von der Jagd in keines ihrer Schlösser mehr eingelassen und so die Trennung von Tisch und Bett vollzogen. Der Gedemütigte war froh, daß er auf diese Weise ungeschoren dem Weibsregiment entrann, und kehrte in die Heimat zurück. Im Jahre 1342 schloß Margarete eine zweite Ehe mit Ludwig, dem Sohne Kaiser Ludwigs des Bayern; doch scheint es auch diesem Bunde an Übereinstimmung der Herzen gefehlt zu haben. Mehr als fünfzehn Jahre lastete zudem über dem Leben des Paares der wegen ihrer Heirat von der Kirche verhängte Bann, der erst kurz vor dem Tode Ludwigs gelöst wurde. Als Ludwig und bald auch ihr Sohn starben, verlor die Gräfin alle Lust an der Regierung und trat die Grafschaft Tirol ihren Vettern, den Erzherzögen von Österreich, ab. Das schöne Gebirgsland wurde eines der glänzendsten Juwele in der Krone der habsburgischen Kaiser. Die Maultasch verlebte in Wien, wo die berühmte Ambrasasammlung ihr Bildnis aufbewahrt, die restlichen Lebenstage, die sie in Wohltätigkeit und stiller Zurückgezogenheit verbrachte. Unter dem Titel „Die häßliche Herzogin" hat Lion Feuchtwanger ihr einen biographischen Roman gewidmet.

11. IV. 1492 — 21. XII. 1549   **MARGARETE VON NAVARRA**

Ihre Kinderjahre verbrachte die spätere Dichterin des „Heptameron" zusammen mit ihrem Bruder Franz, den König Ludwig XII. zu seinem Nachfolger auf Frankreichs Thron bestimmt hatte, im Schloß von Amboise, unter der Aufsicht ihrer ehrgeizigen Mutter Ludowika von Savoyen. Als Siebzehnjährige wurde Margarete mit Herzog Karl von Alençon vermählt; die Eheschließung hinderte sie nicht, ihre zahlreichen anderen Liebesbeziehungen weiter zu pflegen, mit besonderer Unterstützung ihrer Mutter, die über eheliche Treue ihre eigenen Anschauungen hatte. Als Franz I. König von Frankreich geworden war, bat er seine Schwester an den Hof, weil seine kränkliche Gemahlin Claude den Repräsentationspflichten nicht mehr gewachsen war. Margarete wurde dem Bruder eine gewissenhafte Beraterin; sie studierte die klassischen Sprachen und Dichtungen und war an geistigen Interessen und Fähigkeiten dem jungen, lebenslustigen König weit überlegen. Als Karl V. seinen einstigen Nebenbuhler bei der Kaiserwahl gefangennahm, bemühte Margarete sich in Spanien vergeblich um seine Freilassung. Nach dem Tode ihres Mannes heiratete sie Heinrich II. d'Albret, den König von Navarra; sie stand in Verbindung mit deutschen Protestanten und auch mit Calvin und bemühte sich lange um die Verständigung zwischen den christlichen Konfessionen. Als auch ihr königlicher Bruder gestorben war, zog sie sich ganz vom Hofe zurück und widmete sich vor allem ihren schriftstellerischen Arbeiten, von denen die Dichtung „Die Gefangenschaften" als eine Art Beichte ihres eigenen Lebens anzusehen ist. Zur Weltliteratur gehört ihr letztes Werk, das aus zweiundsiebzig Erzählungen bestehende „Heptameron", das nach dem Vorbild von Boccaccios Decamerone in oft philosophisch vertieften Geschichten um die Liebe kreist.

STATTHALTERIN MARGARETE 10. I. 1480 — 1. XII. 1530

Die Reden und Schriften dieser ebenso gebildeten wie tatkräftigen Tochter des Kaisers Maximilian I. und der Maria von Burgund wurden 1549 von Jean le Maire gesammelt und unter dem Titel „Krone der Margarete" veröffentlicht. Sie selbst, bekannt als Malerin und Dichterin, verfaßte eine Abhandlung über ihr Leben und die Schicksalsschläge, die sie erlitt. Ihr Briefwechsel mit dem kaiserlichen Vater erschien in zwei Bänden. In allem spiegelt sich ein wechselvolles Leben. Margarete wurde schon mit drei Jahren aus politischen Gründen mit dem französischen Kronprinzen, dem späteren König Karl VIII., verlobt und nach der Sitte der Zeit zur Sicherung der geplanten Verbindung nach Frankreich verbracht. Der ungetreue Verlobte schickte sie aber bald wieder ihrem Vater zurück und heiratete die Erbin der Bretagne. Der erbitterte Kaiser erklärte Karl den Krieg und nahm ihm Flandern, Artois und die Freigrafschaft ab; auch die Mitgift mußte er zurückzahlen. Margarete heiratete 1497 den Infanten Johann von Spanien und nach dessen Tod, 1501, den Herzog Philibert II. von Savoyen. Als auch Philibert 1504 starb, ernannte sie der Kaiser zur Statthalterin in den Niederlanden, wo sie sich bald großer Beliebtheit und Achtung erfreute. Von Mecheln aus, dem Zentrum der Provinzialversammlungen, leitete von 1507 an bis zu ihrem Tode 1530, mit Takt und Selbständigkeit die Geschicke der Niederlande, Burgunds und Savoyens im Sinne der habsburgischen Hausmacht. Sie förderte die Künste und Wissenschaften und gründete die berühmte Kirche von Brou. Die europäische Geschichte beeinflußte sie zusammen mit Louise von Savoyen, der Mutter König Franz I. von Frankreich, durch das Geschick, mit dem sie im „Damenfrieden" von Cambrai 1529 zwischen Karl V. und Franz I. vermittelte und ohne zeremoniellen Zwang die Streitigkeiten zwischen den beiden Herrschern beenden half.

MARGARETE VON PARMA 1522 — 31. I. 1586

Der zweiundzwanzigjährige Karl V. trug schon drei Jahre die Kaiserkrone des Heiligen Römischen Reiches, als ihm seine flämische Freundin Margaret van der Gheynst eine Tochter schenkte, ein hübsches, kräftiges Mädchen, das nach ihrer Mutter Margarete getauft wurde und — ähnlich wie ihr Halbbruder Don Juan d'Austria — eine sorgfältige Erziehung genoß. Als Vierzehnjährige wurde sie mit Allesandro de Medici, nach dessen Ermordung mit Ottavio Farnese, dem Herzog von Parma, vermählt, dem sie einen Sohn schenkte. Das von A. S. Coello gemalte Bildnis Margaretes im Brüsseler Museum zeigt uns — in höfischer Schmeichelei — eine sehr selbstbewußte, kluge und gebildete Frau, nicht frei von Eitelkeit und Herrschsucht. Nur für eine kurze Spanne ihres Lebens ist Margarete von Parma ins volle Rampenlicht der Geschichte getreten — als ihr Halbbruder König Philipp II. sie zur Regentin und Statthalterin der Niederlande ernannte — ein Amt, in dem auch Stärkere als die Kaisertochter angesichts der bedrohlichen Lage hätten versagen müssen. Die ohne ihr Wissen erfolgte Verhaftung Egmonts und Hoorns waren für Margarete nicht unwillkommener Anlaß, bei Philipp um die Entlassung aus der Regentschaft zu bitten, die ihr auf Herzog Albas Rat auch mit verdächtiger Eile gewährt wurde. Schiller hat in der „Geschichte des Abfalls der Niederlande" Persönlichkeit und Wirken dieser Frau nicht sehr günstig beurteilt: „Margarete besaß Geschicklichkeit und Geist, eine gelernte Staatskunst anzuwenden, aber es fehlte ihr der schöpferische Sinn ... Es stand bei ihr, die Wohltäterin des niederländischen Volkes zu werden, aber sie ist es nicht geworden ..." Ihr Sohn Allesandro Farnese, ein hochbegabter Feldherr und Diplomat, rettete später noch einmal die katholischen Südprovinzen der Niederlande für die spanische Krone.

MARIA VON BURGUND

13. II. 1457 — 27. III. 1482

Eine romantische Erscheinung, die eher in das Mittelalter als in das 15. Jahrhundert zu passen scheint. Als einziges Kind Karls des Kühnen, des Herzogs von Burgund, geboren, der kraft seines Reichtums und Landbesitzes zu den maßgebenden Fürsten gehörte, war sie die begehrteste Erbtochter ihrer Zeit. Es gelang dem deutschen Kaiser Friedrich III., sie für seinen Sohn Erzherzog Maximilian von Österreich, den späteren Kaiser, den „letzten Ritter", zu gewinnen; doch die flandrischen Stände, eifersüchtig ihre Selbständigkeit wahrend, legten der Ehe Hindernisse in den Weg, die in der Gefangensetzung des fürstlichen Bräutigams ihren Höhepunkt erreichten. Der kurzen glücklichen Ehe entsprossen zwei Kinder, Philipp, genannt der Schöne, und Margareta. Durch Philipps Heirat mit Johanna von Spanien erbte deren gemeinsamer Sohn Karl, der nachmalige Kaiser Karl V., einen weltumspannenden Besitz. Maria kann demgemäß als die Stammutter des habsburgischen Reiches gelten; hierin liegt ihre historische Bedeutung. Durch einen Jagdunfall kam sie, erst fünfunddreißigjährig, ums Leben; der frühe Tod trug dazu bei, ihr Dasein in romantischem Glanz erscheinen zu lassen. Die zahlreich erhaltenen Bildnisse zeigen ein kindliches Gesicht mit stark gewölbter Stirn unter der Zuckerhuthaube, und eine überaus reiche Gewandung, wie sie für den Hof von Burgund, den reichsten der Zeit, üblich war. Ihre Fertigkeit in allen schönen Künsten, einschließlich feiner Handarbeiten, wird hervorgehoben; sie gehörte zur Bildung vornehmer Frauen. Wie ihr Großvater, Philipp der Gute, und ihr Vater, Karl der Kühne, galt Maria als Verkörperung der Macht und des Reichtums des Herzogtums Burgund.

MARIA VON MEDICI

26. IV. 1573 — 3. VII. 1642

Die große Florentinerin setzte sich schon zu Lebzeiten ein Denkmal, als sie ihrem Freunde Concini befahl, durch den Wald vor Paris eine schnurgerade, kilometerlange Straße schlagen zu lassen — die Champs-Elysées, Sinnbild ruhmvoller französischer Geschichte und noch heute eine der schönsten Straßen der Welt. Langwierige Verhandlungen waren der Hochzeit Marias mit König Heinrich IV. vorangegangen, der mit ihrer Mitgift endlich seine Schulden bezahlen konnte. Die Mutter Ludwigs XIII. hat es am Hofe nicht immer leicht gehabt; noch lebte des Königs geschiedene erste Gattin, die geistvolle Margarete von Valois, es gab zahlreiche Favoritinnen, die zusammen dem Herrscher mehr Kinder schenkten als seine Ehefrauen. Die blonde, etwas träge, aber kluge Maria — ihr Bildnis ist uns vor allem durch die Meisterhand des Peter Paul Rubens überliefert — duldete ihres königlichen Gemahls Ambitionen mit Nachsicht, sie duldete auch seine letzte große Leidenschaft zu der kindhaften Condé — aber sie bestand auf ihrer Regentschaft und auf ihrer feierlichen Krönung zu Saint-Denis, an jenem verhängnisvollen Maitag, an dem Heinrich IV. unter den Dolchstößen Ravaillacs verblutete. „Ist der König wirklich tot?" fragte sie angstvoll den Kanzler de Sillery. Der aber führte ihr den Dauphin entgegen: „In Frankreich stirbt der König nicht, Madame — hier ist König Ludwig XIII." Für ihn führte Maria noch viele Jahre die Regentschaft, verstrickt in ein unentwirrbares Netz von Intrigen, Liebschaften und Machtkämpfen, aus denen schließlich ein Stärkerer als Sieger hervorgehen sollte — Richelieu. Die Vollendung ihres Lieblingsbauwerks, des Palais de Luxembourg, hat Maria von Medici nicht mehr erlebt; im Kölner Exil ist die Neunundsechzigjährige gestorben.

KÖNIGIN MARIA SOFIA

4. X. 1841 — 18. I. 1925

Das Volk von Neapel blickte in atemloser Spannung zum Altar, wo soeben ein Glasgefäß emporgehoben wurde: Es enthielt trockenes Blut vom Schutzheiligen der Stadt, dem Märtyrer Januarius. Die junge Königin von Neapel näherte sich dem Altar, sie berührte, wie es das Ritual der Thronbesteigung vorschrieb, das Glas, und unter dem tosenden Jubel des Volkes wallte das Blut auf wie schon oft in den höchsten Augenblicken des Jahres und der Geschichte. Unteritalien und Sizilien, das „Königreich Beider Sizilien", erhofften sich von der jungen Wittelsbacherin, die neunzehnjährig über die Alpen gekommen war, die dringend notwendigen sozialen Reformen. Maria Sofia hatte auch den besten Willen, ebenso wie ihr Gemahl. Aber solange noch sein Vater Ferdinand das Königreich beherrschte, schloß man nach dem spanischen Zeremoniell das junge Paar hermetisch von der Öffentlichkeit ab. Als Ferdinand vier Monate nach der Ankunft Maria Sofias starb, schwelte bereits der Krieg rund um das Land zwischen Vesuv und Ätna. Frankreich und Sardinien hatten sich verbündet, um die Österreicher aus Italien zu vertreiben. Das Schicksal nahm seinen Lauf. Sardinien annektierte große Teile von Oberitalien, der nationale Freiheitskämpfer Garibaldi eroberte Sizilien und setzte Viktor Emanuel von Sardinien zum König ein (1860). Als er gegen Neapel marschierte, floh das Königspaar nach der Festung Gaëta. Maria Sofia barg im Hagel der Granaten, die von der Belagerungsflotte abgefeuert wurden, die Verwundeten, sie kämpfte selber mit, doch mußte die Festung nach heldenhafter Verteidigung übergeben werden. Auf einem französischen Kriegsschiff wurde das Königspaar nach Rom verbracht, ihr Reich wurde mit Sardinien zum Königreich Italien vereinigt. Noch heute lebt Maria Sofia als „Heldin von Gaëta" im Volke weiter.

MARIA CHRISTINA VON SPANIEN

27. IV. 1806 — 22. VIII. 1878

König Ferdinand VII. von Spanien war fünfundvierzig Jahre alt und dreifacher Witwer, als er 1829 seine junge Nichte Maria Christina, die Tochter Franz' I. von Neapel, heiratete. Ihr zuliebe beseitigte er das salische Erbrecht durch die Pragmatische Sanktion, die auch die weibliche Thronfolge ermöglichte. Damit entrechtete er seinen Bruder Karl, der nach Ferdinands Tod 1833, als Maria Christina für ihre Tochter Isabella II. tatkräftig die Regentschaft übernahm, zu den Waffen griff. Zwei Problemen stand die Regentin gegenüber: dem ewigen Zwist zwischen den Fortschrittlichen und den Gemäßigten unter den „Cristinos", und dem langen, abscheulich grausamen Bürgerkrieg mit den „Karlisten". Obwohl Anhängerin der absoluten Monarchie, mußte sie 1837 eine freiheitliche Verfassung billigen und drei Jahre darauf als Regentin abdanken. Die Regentschaft übernahm General Espartero. Sie begab sich nach Marseille. Eine Rolle spielte dabei auch ein Zeitungsaufsatz über ihre heimliche, schon im Todesjahr Ferdinands geschlossene Ehe mit dem Leibgardisten Fernando Muñoz, dem Sohn einer Tabakhändlerin, der bald Herzog von Riánzares werden sollte. Vergebens versuchte sie, bei einem von ihren Getreuen gewagten Anschlag auf das Königsschloß sich ihrer Tochter zu bemächtigen. Als Espartero 1843 stürzte, kehrte sie nach Spanien zurück, wo die dreizehnjährige Isabella den Thron bestiegen hatte und sich nun von der Mutter und einer Hofclique immer mehr in eine absolutistische Richtung drängen ließ. Dagegen empörte sich die Madrider Bevölkerung 1854, und Maria Christina mußte nach Portugal fliehen. Während der Revolution von Cadiz ging auch ihre Tochter Isabella ins Exil und dankte zugunsten ihres Sohnes Alfons XII. ab. Maria Christina starb in Le Havre.

8. XII. 1542 — 8. II. 1587 ## MARIA STUART

Gelassen betrat Maria Stuart am 8. Februar 1587 die Halle, in der das Blutgerüst stand, und stieg erhobenen Hauptes die Stufen zum Schafott empor. So war sie im Jahre 1557 als fünfzehnjährige Königin zum Thronsessel Frankreichs emporgestiegen, und so wäre sie zum Thronsessel Englands geschritten, wenn andere Gestirne über ihrem Geschick gewaltet hätten. Demütig und stolz zugleich beugte sie ihr Haupt unter dem Henkersbeil, das erst nach drei Schlägen das Haupt vom Rumpf trennte. In dieser Stunde starb die Königin zweier Reiche, die Herrscherin, die auf die Königskronen von Frankreich, England und Schottland Anspruch erhoben hatte und die beinahe auch die Krone Spaniens getragen hätte. Nach dem Tode ihres ersten Gemahls, des französischen Königs Franz II., heiratete Maria, die aus dem schottischen Königsgeschlecht der Stuarts stammte, Lord Darnley und erhob ihn zum König von Schottland. Er war einer von den vielen, die ihretwillen das Leben lassen mußten. Ihr dritter Gemahl war Lord Bothwell, der Mörder Darnleys. Als sie schließlich als angebliche Mitwisserin an diesem Morde und aus religiösen Gründen zur Flucht nach England gezwungen wurde, ahnte sie nicht, daß sie damit den Weg in die Freiheit für immer hinter sich verschloß. Bei ihrer Verwandten, der Königin Elisabeth von England, fand sie nicht den erhofften Schutz; hier erwartete sie eine neunzehnjährige Gefangenschaft und schließlich die Verurteilung zum Tode, da man sie der Verschwörung gegen Elisabeth bezichtigte. Kein Genius, sondern ein Dämon war der ihr Leben bestimmende Geist. Eine unkontrollierte Leidenschaftlichkeit raubte ihr oft die politische Besonnenheit und Weitsicht. Mutig und ungebrochen jedoch, in wahrhaft königlicher Haltung, unterwarf sie sich dem Tod.

13. V. 1717 — 29. XI. 1780 ## MARIA THERESIA

Nachdem Kaiser Karl VI. und seine Gemahlin Elisabeth Christine von Braunschweig-Wolfenbüttel ihr erstes Kind schon wenige Monate nach der Geburt verloren hatten, kam am 13. Mai 1717 eine Prinzessin zur Welt, die den Namen Maria Theresia erhielt. Als ihr Vater 1740 starb, wurde die Dreiundzwanzigjährige — durch die Pragmatische Sanktion zur Thronfolge bestimmt — Königin von Österreich und Ungarn. Maria Theresia hatte ihren Jugendgespielen, Herzog Franz Stephan von Lothringen, geheiratet, mit dem sie eine vorbildlich glückliche Ehe führte, aus der sechzehn Kinder hervorgingen. — „Man kann nicht genug davon haben", pflegte sie zu sagen. Aber ebenso hoch wie ihre Hingabe an die Familie erachtete sie die Pflichten gegen den Staat, den sie seit 1745 als Kaiserin mit fester Hand regierte. Die Feinde des Kaiserhauses meinten mit respektvollem Spott, in Wien regiere jetzt der einzige Mann, den das Haus Habsburg bisher hervorgebracht habe. Sie bemühte sich um eine Neuordnung in Verwaltung, Heer, Justiz, Bildungswesen und um soziale Gerechtigkeit. Die Persönlichkeit Maria Theresias, die auf ihre Freunde und ihre Gegner eine gleich starke Wirkung ausübte, hat Gestalt und Inhalt des österreichischen Staates für lange Zeit bestimmt. Ihr Reich, dessen letzte große Repräsentantin sie war, umspannte deutsches, ungarisches, böhmisches, niederländisches, italienisches, polnisches und kroatisches Land und Volk. Als die Kaiserin 1780 starb, schrieb Friedrich der Große: „Ich habe den Tod der Kaiserin-Königin bedauert: sie hat ihrem Thron und ihrem Geschlecht Ehre gemacht. Ich habe mit ihr Kriege geführt, aber ich war nie ihr Feind."

MARIA I. TUDOR

18. II. 1516 — 17. XI. 1558

Maria Tudor stammte aus der ersten Ehe König Heinrichs VIII. von England mit der spanischen Prinzessin Catarina. Die Scheidung der Eltern brachte den ersten Zwiespalt in die Seele des jungen Mädchens. Als in der zweiten Ehe Heinrichs mit Anna Boleyn eine Tochter geboren wurde, zwang der König seine Erstgeborene, auf alle Rechte als Erbprinzessin und Thronfolgerin zu verzichten. Lange Zeit war das Leben Marias in Gefahr. Gegen Ende der Regierungszeit ihres Vaters wuchs die Mißstimmung in England gefährlich an. Die zahlreichen Justizmorde, das skandalöse Privatleben des Königs und das rücksichtslose Vorgehen gegen die katholische Kirche schürten die Unruhe. Mit der Verteilung des ungeheuren Kirchengutes an seine Günstlinge hatte Heinrich jedoch eine neue, einflußreiche Adelsschicht geschaffen, die bereit war, ihre Errungenschaften bis zum letzten zu verteidigen. Um so erstaunlicher erschien den Zeitgenossen, daß Maria nach einer kurzen Übergangsperiode 1553 fast mühelos den Thron erobern konnte. Von tiefer Frömmigkeit beseelt, schien es ihr wie ein Gewissensauftrag, die unter ihrem Vater gewaltsam veränderten kirchlichen Verhältnisse allmählich wiederherzustellen. Als sie den Prinzen Philipp, den Erben des von ganz England gehaßten spanischen Reiches, heiratete, verlor sie endgültig die Gunst ihres Volkes. Die Ehe war höchst unglücklich. Philipp verließ seine Gemahlin bereits nach einem Jahr. Die zärtlichen, liebevollen Briefe seiner Gemahlin ließ er unbeantwortet; indessen erhielt er riesige Summen Geld, Truppen und die politische Unterstützung Englands in den spanischen Händeln. Unter der Regierung Marias gingen die letzten festländischen Besitzungen Englands verloren. Sie gilt als die unglücklichste Herrscherin auf dem britischen Throne.

MARIA VON UNGARN

1505 — 1558

Maria, die bedeutendste Schwester Kaiser Karls V., wurde 1505 zu Brüssel geboren und mit ihren Schwestern Eleonore und Isabella von ihrer Tante Margareta, der Tochter Kaiser Maximilians und Regentin der Niederlande, in deren Residenz Mecheln erzogen. Dazu bestimmt, den zukünftigen König von Ungarn und Böhmen, Ludwig, zu heiraten, erhielt sie eine höchst sorgfältige Erziehung, der ihre Gaben entgegenkamen. Die Heirat fand 1522 in Wien statt, gleichzeitig mit der des jungen Erzherzogs Ferdinand und der Prinzessin Anna von Ungarn und Böhmen; es wurde die berühmteste Doppelhochzeit der Neuzeit, denn sie brachte Böhmen und Ungarn an das Haus Habsburg. Der junge König von Ungarn fiel nämlich 1526 bei Mohacs gegen die Türken, ohne daß seiner Ehe mit Maria ein Erbe entsprossen wäre. Maria war gezwungen, aus Budapest zu fliehen; sie fand Zuflucht in Preßburg, dann in Flandern, wo sie nach dem Tode der Tante Margareta Regentin wurde. Fortan bildete der Aufstieg des Hauses Habsburg ihren Lebensinhalt. Als Beraterin ihrer kaiserlichen Brüder, Karls V. und Ferdinands I., und der in schwierigen Ehen lebenden Schwestern hielt sie viele Fäden der Diplomatie in Händen. Fünfundzwanzig Jahre lang führte sie segensreich die Regentschaft in den Niederlanden, ohne jedoch die sich entwickelnden konfessionellen und politischen Schwierigkeiten bewältigen zu können. Ihrem Bruder Karl eng verbunden, verlebte sie die letzten Lebensjahre in Spanien, wo sie 1558 starb. Die Bilder zeigen ein schmales Gesicht von typisch habsburgischen Zügen, oftmals umrahmt von der Haube spanischen Schnitts, der in Mode gekommen war, als diese Monarchie auf ihrem Höhepunkt stand.

2. XI. 1755 — 16. X. 1793 **MARIE ANTOINETTE**

Am 14. Oktober 1793 stand Marie Antoinette, die jüngste Tochter Maria Theresias, Königin von Frankreich, als Angeklagte vor den Richtern des Revolutionstribunals in Paris. Der Anblick der grauhaarigen, ärmlich gekleideten „Witwe Capet", die einst als die schönste Frau von Paris galt, erschütterte selbst die elendgewohnten Männer des Gerichtes. Als man ihr das Todesurteil wegen Landesverrats und Anstiftung zum Bürgerkrieg bekanntgab, zeigte sie keinerlei Gemütsbewegung. Zwei Tage später fiel ihr Haupt unter den Schmährufen des Pöbels durch das Beil der Guillotine. Der Leichnam wurde in die Kalkgrube des Magdalenen-Friedhofes geworfen. — Marie Antoinette heiratete 1770 den Dauphin von Frankreich und bestieg mit ihm zusammen nach dem Tode Ludwigs XV. den Thron. Die Ehe war nach anfänglicher Abneigung sehr glücklich. Die junge, liebenswürdige, dabei aber leichtsinnige und vergnügungssüchtige Königin verstand es nicht, die Gunst der Masse zu gewinnen. Man nahm ihr vor allem ihre maßlose Verschwendungssucht und das Eingreifen in die Politik zugunsten des verhaßten Österreich übel. Dazu kamen Verleumdungen über den angeblich sittenlosen Lebenswandel der Königin, die sich bei späterer historischer Nachprüfung als haltlos erwiesen. Bei der Erstürmung der Tuilerien durch die Revolutionäre mußte sie die seit langem aufgespeicherte Wut des Volkes über sich ergehen lassen. Während ihrer Gefangenschaft im Temple und später in der Conciergerie hat sie ihr schweres, bis zum Übermaß mit Leid und Schmerz erfülltes Schicksal würdig getragen. Nach der Trennung von ihrem Mann und den Kindern sah sie im Tod die endliche Erlösung von aller irdischen Not. Sie starb mutig, gefaßt und in würdevoller Haltung.

12. Jahrhundert **MARIE DE FRANCE**

Die erste französische Dichterin, Marie de France, „ging so gründlich in ihrer höfischen Umwelt auf, daß sie, unbekümmert um ihren Nachruf, nur ihren Namen und ihre Heimat überlieferte. Sie entzieht sich noch der Neugierde der um ihre Personalien bemühten Gelehrten" (Leonardo Olschki). Die Heimat, aus der Marie an den Hof des anglo-normannischen Königs Heinrich II. kam, war Compiègne an der Oise, die Landresidenz der französischen Herrscher im Mittelalter. Für die höfische Gesellschaft Englands wurde die Französin die gefeierte Meisterin des „Lai", der novellenhaft kurzen Verserzählung von abenteuerlichem oder symbolhaftem Charakter. Mit graziöser Plaudergabe und in eigenwilliger Reimkunst gab sie den „Lais" die geschliffen-rhythmische Form, so daß sie die Spielleute wie Romanzen zur Harfe oder Fiedel in der Königshalle oder in den Sälen der Adelssitze vortragen konnten. Zu den Stoffen, die sie wählte, ließ sie sich von der antiken Fabelwelt, von den Märchen der Bretagne, von keltischen Volksepen und britischen Sagen inspirieren, die in dieser erzählfrohen Zeit von Mund zu Mund gingen. Sie dichtete von Helden und Feen, von büßenden Eremiten, von der Verwandlung verliebter Ritter und befreiten Schönen, von Zauberspuk, Märchenwundern und groteskschwankhaften Vorfällen des Lebens. Unter ihrem Federkiel verwandelte sich das alles in literarische Kostbarkeiten, in die sie ihre moralischen Reflexionen und Nutzanwendungen wie lichte Perlen hineinstreute. Den Damen und Herren des Hofes schenkte sie eine zauberhafte Übersetzung der Äsopschen Fabeln ins Französische („Ysopet"), dem Volke ihre Legende vom Fegefeuer des hl. Patrick („Purgatoire de St. Patrick") und ihren dichterischen Nachfahren Motive für ungezählte Abenteuergeschichten.

MARIE ELEONORE VON SCHWEDEN   1599 — 1655

Mit siebzehn Jahren hatte König Gustav Adolf den schwedischen Thron bestiegen, bald darauf die Dänen und Russen besiegt, war nun sechsundzwanzig Jahre alt, ein erfolgreicher Neuschöpfer seines Staates und berühmter Feldherr, und dachte daran zu heiraten. Er reiste nach Berlin, um die schöne, liebenswürdige Marie Eleonore, die Tochter des Kurfürsten Johann Sigismund, in Augenschein zu nehmen. Die Prinzessin schlug ihn sofort in Bann. Er errang ihre Liebe und vermählte sich mit ihr 1620. Sie aber konnte in Stockholm nicht einwurzeln, obwohl sie dem König innig zugetan blieb, und er alles tat, ihr Heimweh zu lindern. Dennoch fühlte sie sich unglücklich und trachtete danach, das Land zu verlassen. Als dann Gustav Adolf, teils um den Protestanten zu helfen, teils aus machtpolitischen Erwägungen, in den Dreißigjährigen Krieg eingriff und mit Truppen im Juli 1631 in Pommern landete, hielt nichts mehr die Brandenburgerin zurück. Sie eilte dem Gatten nach, begleitete ihn ins Feld, teilte seine Schicksale und scheute keine Gefahr. In der Schlacht bei Lützen fiel Gustav Adolf am 6. November 1632. Sie befahl, den Leichnam nach Schweden zu bringen, und begab sich selbst dorthin. Zu den bedrückenden Kindheitserlebnissen ihrer Tochter Christine gehörten die Besuche in den dunklen Gemächern der Mutter, die sich der Trauer um den Gemahl nie wieder zu entreißen vermochte. Ihm zum Gedächtnis stiftete die Witwe einen Orden, dessen Kleinod, ein gekröntes goldenes Herz, sie ständig trug. Sie mischte sich kaum jemals in die Staatsgeschäfte, die der Kanzler Oxenstierna genial leitete, und duldete es, daß fünf hohe Kronbeamte die Vormundschaft für Christine versahen. Nach deren Thronbesteigung trat die schwermütige Frau vollends in den Schatten.

MARIE-KAROLINE VON SIZILIEN

13. VIII. 1752 — 8. IX. 1814

Das „Königreich beider Sizilien" ist nur knapp eineinhalb Jahrhunderte alt geworden; im Utrechter Frieden 1713 begründet, ging es 1860 im geeinten Italien auf. Dazwischen lag eine Zeit ewiger Unruhen und abenteuerlichster Verwicklungen, dazwischen lag auch die Lebensbahn der Marie-Karoline, von der ihr später Nachfahr Prinz Sixtus von Bourbon bemerkte, sie habe „Kopf und Herz eines Mannes auf dem Körper einer Frau und Mutter" besessen. Napoleon, den sie beschimpft, gehaßt und bekämpft hat, schrieb einmal seinem in Spanien verzagenden Bruder Joseph: „Hättest du nur ein Zehntel der Tatkraft und Energie dieser Frau, dann wäre alles anders gekommen . . ." Sie, die ihrem politisch unbedeutenden königlichen Gemahl siebzehn Kinder schenkte und damit ihre Mutter, die große Kaiserin Maria Theresia, noch um eines übertraf — sie herrschte, intrigierte und kämpfte, kämpfte gegen Frankreich, gegen England und gegen alles, was ihrem Wappenspruch „Nieder mit aller Fremdherrschaft" entgegenstand. Den königstreuen Räuberhauptmann Michele Pezza, der als „Fra Diavolo" und Ahnherr aller Partisanen in die Geschichte einging, machte sie zum Herzog von Cassano, Admiral Nelsons nicht weniger berüchtigte „Lady Hamilton" nannte sie ihre intime Vertraute, und gegen die Bigotterie ihrer Jugendjahre opponierte sie mit oft übertriebener Freigeisterei. Auf ihres Mannes mißglückten „Marsch auf Rom" folgte der Revanchefeldzug der Franzosen, vor denen Lord Nelson das Königspaar nach Palermo in Sicherheit bringen mußte. Nach ihrer Rückkehr brach über die freiheitlich gesinnten Neapolitaner jenes Blutgericht herein, das noch heute Nelsons Ruhm verdunkelt. Vor Joachim Murat floh sie zum zweitenmal nach Sizilien, später in ihre österreichische Heimat, in der ihr stolzes und kämpferisches Leben endete.

12. XII. 1791 — 17. VII. 1847   **KAISERIN MARIE LUISE**

Als Napoleon, auf der Höhe seiner Macht, sich von seiner Gattin Josephine trennte, die ihm keine Kinder schenken konnte, fiel seine Wahl auf die 1791 geborene Tochter des Kaisers von Österreich, Franz I., Marie Luise. Die Vermählung fand 1810 in Paris statt. Marie Luise konnte an Schönheit und Geist nicht mit ihrer Vorgängerin wetteifern; aber sie schenkte dem Kaiser den heißersehnten Erben, den „König von Rom". Während der Befreiungskriege übertrug Napoleon für die Zeit seiner Abwesenheit Marie Luise die Regentschaft. Nach der Abdankung des Kaisers kehrte sie nach Österreich zurück und übernahm 1816 die Regierung der Herzogtümer Parma, Piacenza und Guastalle, die ihr von Napoleon vertraglich zugesichert worden waren. Als Napoleon auf St. Helena gestorben war, heiratete sie den Grafen Neipperg, später in dritter Ehe einen Grafen Bombelles. Ihr und Napoleons Sohn, der Herzog von Reichstadt, verblieb in Wien, wo er in jungen Jahren starb. Marie Luises Erben aus zweiter Ehe änderten den Namen Neipperg in Montenuovo um. Es fehlt nicht an Stimmen, die Marie Luise der menschlichen Kleinheit zeihen: sie habe nicht zu schätzen gewußt, welches Genie ihr Gatte gewesen sei, und nach einer bürgerlichen Liebe getrachtet. Aber es ist zu bedenken, daß sie der Politik geopfert wurde und Napoleon in ihr lediglich die künftige Mutter eines Erben erblickte. Sie blieb Habsburgerin mit den Ansprüchen ihres Hauses und blieb Frau mit den Ansprüchen ihres Herzens. Im Nachlaß des Montenuovos haben sich vor kurzem Briefe Napoleons gefunden, die neues Licht auch auf ihr Leben werfen. Marie Luise starb 1847 in Wien. In Parma lebt ihr Andenken fort; sie hat sich um die Kultur des Herzogtums unleugbare Verdienste erworben.

12. VIII. 1591 — 15. III. 1660   **LUISE VON MARILLAC**

Die weißen Flügelhauben der Vinzentinerinnen sind keine Ordenstracht; es ist die Tracht von Landmädchen, und als schlichte Landmädchen gekleidet traten im 17. Jahrhundert auch die Vinzentinerinnen in die kranke Welt vor dem Dreißigjährigen Krieg ein. Ihre Gründerin war eine schmächtige Frau, die das Glück hatte, Vinzenz von Paul, einem Priester der Armen und Bedrängten, zu begegnen, und zwar in einem Augenblick, als sie nicht mehr ein noch aus wußte. Luise war mit dreizehn Jahren schon Vollwaise, mit vierunddreißig Jahren Witwe. Hochbegabt als Dichterin, Malerin, Philosophin geriet sie gerade wegen der Fülle ihrer einander widersprechenden Talente in tiefe, zweiflerische Zerrissenheit: Ihr fehlte eine große Aufgabe, die sie ganz erfüllte. Vinzenz von Paul wußte Rat. Er setzte sie auf einen Wagen mit Lebensmitteln und Medikamenten und schickte sie auf Rundreise zu den Ortsstellen der Nächstenliebe, die er überall gegründet hatte. Jahrelang war Luise unterwegs und bewährte sich in dieser Prüfung, bis Vinzenz ihr die Aufgabe ihres Lebens zumuten konnte. Luise versammelte auf sein Geheiß Mädchen gleichen Geistes um sich und begann in einer Vorstadt von Paris mit ihnen das Noviziat ohne eine andere Ordensregel als den Leitspruch ihres Vaters Vinzenz: „Euer Kloster seien die Krankenhäuser, eure Zelle ein gemietetes Zimmer, eure Kapelle die Pfarrkirche, euer Kreuzgang die Straßen der Stadt, eure Klausur der Gehorsam, euer Gitter die Gottesfurcht, euer Schleier die heilige Bescheidenheit." Ein Kloster ohne Mauern und Regeln mitten in der Welt — das war eine revolutionäre Aufgabe, der Luise von Marillac gewachsen war. Sie leitete die Vinzentinerinnen vom Jahre 1633 bis zu ihrem Tode 1660. 1934 wurde sie heiliggesprochen — die geistliche Mutter von heute 57 000 Töchtern mit der barmherzigen Flügelhaube.

MARINA VON MEXIKO
Um 1500

In mexikanischen Volksgesängen lebt noch heute die Gestalt der aztekischen Prinzessin Malintzin, der Tochter des Fürsten von Coatzacalco, die von den Spaniern Malinche genannt wurde und in der christlichen Taufe den Namen Marina erhielt. Ihr Schicksal war, als Wegbereiterin und Geliebte des tollkühnen Konquistadors Hernando Cortez mitschuldig am Untergang ihres Volkes zu werden. Als ihr Vater starb, wurde sie von der eigenen Mutter, die ihr großes Besitztum am Golf von Mexiko einem Sohn aus zweiter Ehe ungeschmälert erhalten wollte, für einige Säcke Kakaobohnen verkauft. Als Sklavin kam das schöne Mädchen an den Hof des Kaziken von Tabasco, dem sie bei Verhandlungen mit seinem kaiserlichen Oberherrn Montezuma gute Dienste leistete, denn sie beherrschte die verschiedenen Dialekte der Maya- und Aztekensprache. Marinas Schicksalsstunde schlug, als Cortez an der Küste von Tabasco landete und mit seinen berittenen Kriegern und seinen Donner- und Blitzmaschinen die Eingeborenen in Furcht und Schrecken versetzte. Bald zogen die Spanier weiter landeinwärts, reich beladen mit Beute und Gastgeschenken des Kaziken, zu denen auch Marina gehörte. Sie lernte in kurzer Zeit Spanisch und wurde für Cortez zu einer unschätzbaren Hilfe bei der geplanten Unterwerfung des ganzen Landes; sie riet auch dem König, die Spanier als „Abgesandte des Großen Gottes Quetzalecoatl" freundlich aufzunehmen. Die Goldgier trieb Cortez und seine Horden immer weiter ins Land, bis nach der Kaiserstadt Tenochtitlan. Dort wirkte Marina als Dolmetscherin zwischen Cortez und Montezuma, dessen ruhmloses Ende sie miterlebte. Der Anblick der zerstörten Stadt erweckte in Marina ein tiefes Schuldgefühl, und sie empfand es als Strafe des Himmels, daß Cortez, dem sie einen Sohn geschenkt hatte, sie mit einem spanischen Edelmann seines Gefolges vermählte.

CONSTANCE MARKIEVITZ
1876 — 1927

Bei ihrem Begräbnis knieten die Armen Dublins am Straßenrand und verehrten sie wie eine Heilige. Schon in ihrer Jugend war sie, die Tochter von Sir Henry Gore-Booth aus altenglischem Adel, umschwärmt, sowohl von den jungen Adeligen Londons als auch von den irischen Revolutionären, die die Loslösung Irlands von England betreiben. Sie heiratete den polnischen Maler-Dichter Graf de Markievitz, den sie in Paris kennengelernt hatte, um sich aber nach der Geburt einer Tochter von ihm zu trennen, sich mit romantischer Wildheit in den Freiheitskampf Irlands zu stürzen und zugleich das politische Frauenrecht zu erstreiten. In London attackierte sie die Polizisten und schwenkte ihre Aufrufe. 1913 stand sie im Mittelpunkt des großen Laskirestreiks in Dublin und schwang sich beim Osteraufstand 1916 mitten im Weltkrieg zur Führerin einer hundertzwanzig Mann starken Schar irischer Revolutionäre auf. Bei ihrer Gefangennahme salutierten die englischen Soldaten vor ihr. Viele Iren wurden damals hingerichtet; sie selbst wurde zum Tode verurteilt, aber schon ein Jahr später amnestiert — um nach zwei Jahren abermals ins Gefängnis zu wandern, wegen Aufreizung zum Streik. Schon 1908 hatte sie den Wahlkampf gegen Churchill organisiert, 1918 wurde sie als erste weibliche Abgeordnete von Dublin in das englische Unterhaus gewählt, nahm aber aus Protest nie ihren Sitz ein. Schließlich zog sie, von ihren Freunden gedrängt, vom Volke gewählt, in das irische Parlament ein, widmete sich aber bis zu ihrem Tode vornehmlich der Wohltätigkeit für die Armen und trug ihnen als guter Engel an den Weihnachtsabenden Holz in ihre Stuben. Die unruhige Seele der „roten Gräfin" hatte endlich Ruhe gefunden; Constance wurde zu einer Volksheiligen.

5. XII. 1825 — 22. VI. 1887   E. MARLITT

Wer an einem Freitag im März des Jahres 1866 die Königstraße in Leipzig überquerte, den fesselte ein merkwürdiges Straßenbild: Vor dem stattlichen Verlagshaus der Zeitschrift „Die Gartenlaube" standen ans Gitter gelehnt oder außen auf den Treppenstufen die „Leute aus dem Volk" und lasen die neueste, noch druckfeuchte Nummer dieses beliebten illustrierten Blattes. Aber sie studierten weder die letzten politischen Nachrichten — obwohl die Lage gespannt war und Kriegswolken den Himmel verdüsterten — noch die langen Spalten der Stellenanzeigen; sie verschlangen mit fieberhafter Spannung die neueste Fortsetzung des Romans „Goldelse", der soeben zu erscheinen begonnen hatte und die Auflage der Zeitschrift in kurzer Zeit von hunderttausend auf dreihundertfünfundsiebzigtausend steigerte. Hinter dem Autorennamen E. Marlitt versteckte sich die ehemalige Fürstliche Kammersängerin Eugenie John im thüringischen Arnstadt, die selbst am meisten über ihren plötzlichen Ruhm verwundert war, der sich mit jedem neuen Roman aus ihrer Feder steigerte. Das „Heideprinzeßchen" wurde von Baron Tauchnitz in seine exklusive englische „Tauchnitz Edition" aufgenommen, und eine Verlagsanstalt in Schanghai brachte die Marlittromane in billigen Massenheftchen. Die Buchhändlerstochter Eugenie hatte sich schon als Dreiundzwanzigjährige Erste Hofdame der Fürstin von Schwarzburg-Sondershausen nennen können, die sie als Vorleserin auf vielen Reisen begleitete, bis ein schweres Leiden sie an den Krankenstuhl fesselte. Nun begann sie zu schreiben, und schon ihr erstes Buch brachte den Erfolg, der ihr bis zum Lebensende treu blieb. Kein Geringerer als Gottfried Keller hat die Marlitt gegen die Angriffe strenger Literaturkritiker in Schutz genommen: „Ich habe das Frauenzimmer bewundert!"

20. VII. 1822 — 25. XII. 1879 **MARIE VON MARRA-VOLLMER**

„Die deutsche Jenny Lind" verdiente sich diesen Titel durch ihre unübertrefflichen Triller. Mit ihrer hervorragenden Gesangstechnik verband sie einen „bel canto", der Wärme der Empfindung und inniges Gefühlsleben ausstrahlte. Kein anderer als der Komponist Gaetano Donizetti, der 1842 in Wien weilte, war Gesangslehrer der Marie Baronesse von Hacke, die als Sängerin den Künstlernamen Marra annahm. Mit einundzwanzig Jahren wirkte sie am Hoftheater zu Sondershausen, einem glänzend geführten fürstlichen Institut. Im Jahre 1845 gehörte sie bereits in die erste Reihe der Sängerinnen an der Wiener Hofoper. Durch Gastspiele in Pest, Prag, Berlin, Dresden, Breslau und Hamburg gewann sie den Ruf einer europäischen Gesangsgröße. „Fräulein von Marra ist ein neues Weltereignis", so stand in den Kritiken. Die gleiche Begeisterung umfing sie während ihrer Tätigkeit an der italienischen Oper des Kaiserlichen Theaters in Petersburg. Es folgten neue Wirkungskreise in Riga, Danzig, Königsberg, Stuttgart und anderen Städten. — Mit ihrer Künstlerschaft vereinte die in Linz geborene Sängerin eine tiefe Menschenliebe. Oft begleitete sie ein Diener mit dem Auftrag, Armen unvermittelt zu helfen, aber selbst ihre glänzenden Gagen reichten nicht immer zur Befriedigung ihres Wohltätigkeitssinnes aus. In Königsberg vermählte sie sich 1848 mit dem ersten Liebhaber des Stadttheaters, Theodor Vollmer, dem sie einen Sohn schenkte. Durch den Tod ihrer Mutter erschüttert, beschloß die gefeierte Sängerin nicht mehr zur Bühne zurückzukehren. Sie ließ sich in Frankfurt am Main als Gesangslehrerin nieder und gründete ein Konservatorium des Gesangs unter besonderer Berücksichtigung des Theaters.

MOA MARTINSON

2. XI. 1890 — 5. VIII. 1964

Geboren in Östergötland als Kind einer unsäglich armen Textilarbeiterin, die ihrer Tochter noch nicht einmal das kaufen konnte, was sie selbst herstellte, hieß Moa Martinson zunächst Helga Svarts. Nach einer trüben Jugend in Norrköping war sie Küchenhilfe in einem Stockholmer Hotel und dann durch Heirat mit einem gewissen Johansson Landarbeiterin. Den Mann, einen Trinker, verlor sie durch Selbstmord und zwei von ihren fünf Söhnen durch einen Unglücksfall. Eine zweite Ehe mit dem Dichter Harry Martinson, die alsbald geschieden wurde, brachte ihr eigentliches literarisches Debüt. Angeregt durch eine intensive Lektüre von Dostojewskij, Gorki und vor allem Andersen-Nexö, schuf sie den Roman „Frauen und Apfelbäume". Weitere gewichtige Bücher wie „Roggenwacht", „Die Frauen von Kolmaarden", „Brandlilien", „Der unsichtbare Liebhaber", „Weg unter den Sternen", „Das Heer am Horizont" und andere folgten. Dazwischen ragen hervor die autobiographisch getönten Romane der Tetralogie „Mutter verheiratet sich", „Kirchenhochzeit", „Rosen des Königs" und „Begegnung mit einem Dichter", die wegen der natürlichen Ehrlichkeit der Darstellung und der großen Güte des menschlichen Herzens, das hier inmitten der Dunkelheiten des Elends schlägt, eine besondere Verehrung durch die immer größer werdende Lesergemeinde gefunden haben. Im grauen Pessimismus des schwedischen Alltags läßt Moa Martinson als einzige Dichterin hell und strahlend das Licht ihres unbesiegbaren Optimismus leuchten, weit über die Grenzen ihrer nordischen Heimat hinaus. Ihr Proletariertum, aus persönlicher Erfahrung, aus Herzensleid und Mitleiden erwachsen, ist zu einem überall anerkannten Adel der Gesinnung geworden.

JENNY MARX

12. II. 1814 — 2. XII. 1881

Der adeligen Jenny von Westphalen, deren Großvater Generalstabschef Friedrichs des Großen im Siebenjährigen Krieg war und deren Großmutter aus der berühmten schottischen Adelsfamilie Argyle stammte, wurde es bestimmt nicht an der Wiege gesungen, daß sie den Begründer des Marxismus, den Verfasser des „Kommunistischen Manifestes" und des „Kapitals" heiraten würde. Im Jahre 1843 wurde sie die Lebensgefährtin von Karl Marx, ihrem Jugendgespielen. Kurz nach der Hochzeit ging sie mit ihm ins politische Exil nach Paris, und seitdem mußte sie alles Elend des politischen Flüchtlingsdaseins bis zur bitteren Neige auskosten. Viele Jahre lang erhielt sie die Familie mit zwanzig Mark wöchentlich, und sie scheute sich nicht, jahrhundertealtes Familiensilber zu verpfänden, um nicht zu verhungern. All ihre Kinder starben bis auf eines an der Not. Aber obwohl ihr Leben schwer war, blieb ihre Liebe ihr ganzes Leben hindurch erhalten. Sie folgte ihrem Manne bei seiner Ausweisung aus Paris nach Brüssel und, als er dort Aufenthaltsverbot erhielt, nach Köln und nach dem Verbot der „Neuen Rheinischen Zeitung", die er dort redigiert hatte, nach London, das bis zu ihrem Tode ihr ständiger Aufenthaltsort werden sollte. Die Ehegatten lebten auch in London meist in dürftigen Verhältnissen, und oftmals rettete sie nur die geldliche Zuwendung von Friedrich Engels vor der Katastrophe. In London entstanden die Hauptwerke von Karl Marx, von hier aus organisierte er die „Internationale Arbeiterassociation" und nationale Arbeiterparteien. Hier empfing er zahlreiche Delegierte oder politische Flüchtlinge aller Länder, und Jenny Marx teilte die Wohnung oft mit vielen Darbenden. Als sie starb, war sein Schmerz so groß, daß er sich zu ihr ins Grab stürzen wollte; er überlebte sie zwar noch um mehr als ein Jahr, aber er selbst und alle Freunde wußten, daß er mit ihr gestorben war.

26. V. 1867 — 24. III. 1953 **MARY, KÖNIGIN VON ENGLAND**

Die mit Geistesgaben und großem Charme reicher als mit irdischen Glücksgütern gesegnete Tochter des Herzogs von Teck — eines morganatischen Sprößlings des württembergischen Königshauses und der englischen Prinzessin Mary — war von Königin Viktoria dazu ausersehen, später einmal die Gattin ihres Enkels und Thronerben zu werden, des Herzogs von Clarence. Der Herzog starb sechs Wochen vor der Hochzeit, und auf Wunsch der Queen heiratete Mary den Bruder des Verstorbenen, den späteren König Georg V., mit dem sie am 22. Juni 1911 in der Westminsterabtei gekrönt wurde. „Von der Höhe ihrer Tugend und unangreifbaren Korrektheit", schreibt ihr Lieblingssohn Edward, „blickte sie wie von einer Festung auf die übrige Menschheit mit all ihrem Schwanken und ihren Gefühlswirrungen herab." Edward, der Krone und Reich seinen privaten Interessen geopfert hat, schildert die eindrucksvolle Szene in der Todesstunde seines königlichen Vaters: „Während ich noch versuchte, das Ereignis in seinen tiefsten Auswirkungen zu erfassen, tat meine Mutter etwas Unerwartetes. Sie nahm meine Hand — und küßte sie. Sie war die erste, die dem neuen König huldigte ..." Sie war auch die letzte englische Königin, die in Delhi zur Kaiserin von Indien gekrönt wurde. Als die unbestechliche Wächterin über Englands stolze Traditionen kurz vor der Krönung ihrer Enkelin gestorben war, sprach Winston Churchill über alle Rundfunkstationen des Empire die Abschiedsworte: „Sie starb im Bewußtsein, daß die Krone dieses Reiches, die ihr Mann und ihr Sohn so ruhmvoll getragen haben und die nun bald das Haupt ihrer Enkelin drücken wird, heute fester und sicherer in der Liebe des Volkes ruht als jemals zuvor. Queen Mary wird lange weiterleben in unseren Herzen und in den Annalen dieser stürmischen Zeit. Wir beten, daß sie nun in Frieden ruhen möge ..."

17. Jahrh. **MARYSIENKA**

Palast und Park von Wilanow liegen wie eine Insel der Abgeschiedenheit im Stadtbereich von Warschau. Ländliche Idylle ist hier mit klassischer Architektur zu einer „Komposition von europäischem Rang" vereinigt. Die Schäden des Krieges sind nahezu beseitigt. Um die ovale Rasenfläche des Palasthofes, von den Terrassen, wo die antiken Götter, die Putten und Miniatursphinxe wieder auf ihren Sockeln stehen, weht erneut die Erinnerung an ein schicksalvolles Halbjahrhundert der polnischen Geschichte, als Maria Kazimiera, ehemalige Hofdame und seit 1674 Königin an der Seite Johannes' III. Sobieski, hier ihren ästhetischen Neigungen lebte und zugleich folgenschwer in die europäische Geschichte eingriff. Johann Sobieski war jener ehemalige Krakauer Kastellan, der wegen seiner Tapferkeit zum Großhetman, dann, 1665, zum Krongroßmarschall und 1667 zum Krongroßfeldherrn aufstieg und den die Territorialherren des Landes nach seinem Sieg über die Türken mit Unterstützung Frankreichs zum König in der polnischen Wahlmonarchie erkoren hatten. Maria Kazimiera, „Marysienka" genannt, hielt es mit der frankreichfreundlichen Partei, bis irgendeiner in Versailles der Ehre ihrer Sippe zu nahe trat und sie sich tödlich beleidigt fühlte. Seit dieser Zeit wurde die Marysienka zur Fürsprecherin der Orientierung nach Österreich hin, das zu jener Zeit in verzweifeltem Abwehrkampf gegen die bis Wien vorgedrungenen Türken stand. Nicht zuletzt ist es ihrem Einfluß zu danken, daß Johann Sobieski mit einem polnischen Heere aufbrach, den Belagerungsring um Wien aufsprengte (1683), der Stadt Luft schaffte und es den Habsburgern ermöglichte, den Türken Ungarn zu entreißen. Maria Kazimiera hat es nicht vermocht, nach dem Tode ihres Gatten ihrem Sohn die erforderlichen Wahlstimmen zu sichern. August von Sachsen wurde unter Beihilfe Österreichs Sobieskis Nachfolger.

MATA HARI 7. VIII. 1876 — 15. X. 1917

Während des Koreakrieges im Jahre 1950 nahmen die Nordkoreaner auf dem Rückzug viele Geiseln mit; darunter auch eine Javanerin niederländischer Herkunft mit Namen Banda. Man beschuldigte sie, in Diensten der USA für die Truppen der Vereinten Nationen Spionage getrieben zu haben und verurteilte sie zum Tode – als eine von vielen. Bei der Durchsicht ihrer Papiere wurde man auf ihren Vornamen Mata Hari aufmerksam; man erinnerte sich, man forschte nach und erkannte in der Hingerichteten die Tochter einer Frau, die – seltsames Walten des Schicksals! – ebenfalls als Spionin ihr Leben am Richtpfahl beschlossen hatte, unter den Kugeln eines französischen Hinrichtungspelotons. Die holländische Tänzerin Margaretha Geertruida Zelle, die sich auf der Bühne Mata Hari – Auge des Morgens – nannte, hatte 1895 den niederländischen Kolonialoffizier Banda auf Java geheiratet, den Vater ihrer Tochter. Die Ehe war nicht glücklich, und die Scheidung wurde für Mata Hari zum Beginn einer erstaunlichen Karriere als Tänzerin und große Kurtisane, getreu ihrem Grundsatz: „Man muß die schönen und gloriosen Augenblicke ausleben. Besser ein kurzes und intensives Leben, als sich mit einem Alter ohne Schönheit plagen ..." Eine kostbare Stadtwohnung in Paris, ein mit Kunstschätzen angefülltes Palais in Neuilly gaben den stilgerechten Rahmen für dieses teuer erkaufte und teuer verkaufte Dasein, auf dessen verschlungenen Pfaden sich Könige, Heerführer und große Staatsmänner begegneten, bis der erste Weltkrieg die seltsame Frau – ob sie wirklich Spionage getrieben hat, ist niemals eindeutig erwiesen worden – in die erbarmungslose Maschinerie der Kriegsgerichte trieb. Sie wurde für schuldig befunden, in Frankreich eine deutsche Spionagezentrale geleitet zu haben. Mit Rosen im Arm soll sie gestorben sein, ein ironisches Lächeln auf den Lippen.

MATHILDE VON BRAUNSCHWEIG 1156 — 28. VI. 1189

Der als Ostkolonisator und Städtegründer berühmte Welfenherzog Heinrich der Löwe, Herr von Sachsen und Bayern, stand trotz vieler Gegner aus dem weltlichen und geistlichen Lager um das Jahr 1165 auf der Höhe seiner Macht. Kaiser Friedrich Barbarossa entsandte seinen Kanzler Rainald von Dassel nach Frankreich, um dort für seinen Waffengefährten und Lehnsmann Heinrich die junge Prinzessin Mathilde zur Gemahlin zu erbitten, die Tochter Heinrichs II., des ersten Königs von England aus dem Hause Plantagenet. Die Heirat hatte politische Gründe; es kam – für kurze Zeit – zu einem Bündnis zwischen Barbarossa und dem englischen König. Mathilde versuchte den verfeinerten und allen ritterlichen Künsten geneigten Lebensstil ihrer Mutter Eleonore von Aquitanien in das schwerblütige Niedersachsen zu verpflanzen: Minnesänger und Spielleute hielten Einzug auf der bislang nur von Waffenlärm durchklirrten Burg Dankwarderode. Die Hofhaltung des Herzogspaares nahm beinahe königliche Formen an. Ob – wie man vermutet – Herzogin Mathilde und ihr Gemahl die Übertragung des berühmten altfranzösischen „Rolandsliedes" in deutsche Reime durch den „Pfaffen Konrad" veranlaßt haben, ist nicht erwiesen; aber das Unternehmen hätte der Urenkelin des ersten Troubadours wohl angestanden, die mit ihrem Bruder Richard Löwenherz die hochherzige und lautere Gesinnung teilte. Sie blieb auch in Notzeiten ihrem Manne die treue Gefährtin; als Herzog Heinrich auf dem Würzburger Reichstag seine Schuld und sein Versäumnis auf der Absetzung büßen mußte, begleitete sie den Geächteten an den gastfreien Hof ihres Vaters nach England, von wo aus das Herzogspaar erst nach Jahren wieder in die deutsche Heimat zurückkehren durfte. Im Braunschweiger Dom, einer Stiftung Heinrichs des Löwen, fanden sie ihre letzte, gemeinsame Ruhestätte.

890 — 14. III. 968   **KÖNIGIN MATHILDE**

Mathilde wurde – so entnehmen wir einer Chronik – als Tochter des sehr wohlhabenden Grafen Dietrich von Ringelheim und dessen Gemahlin Reinhilde im Kloster von Herford erzogen, unter Aufsicht ihrer Großmutter, die gleichfalls Mathilde hieß und dem Kloster als Äbtissin vorstand. Ein Sproß vom Stamme des Herzogs Widukind, wuchs das junge Mädchen hinter den Klostermauern zu einer Jungfrau heran, deren Schönheit, Bildung und Tugend allenthalben gepriesen wurden. Auch zu Herzog Heinrich „dem Vogler" drang diese Kunde. Er begab sich mit wenigem Gefolge nach Herford und überredete die Großmutter, daß sie ihm die Enkelin verlobte. Nicht lange darauf wurde in Walhausen in der Goldenen Aue die Hochzeit prunkvoll begangen. Drei Söhne und zwei Töchter entsprossen der vorbildlich glücklichen Ehe. Mathilde hätte gern ihren jüngeren Sohn Heinrich als Nachfolger seines Vaters gesehen, aber sie stellte die Sorge um Krone und Reich über ihre eigenen mütterlichen Gefühle und fügte sich gehorsam dem Befehl ihres Gatten, der den erstgeborenen Otto zum Thronerben bestimmt hatte. Heinrich verlieh seiner Gemahlin die reichen Güter Quedlinburg, Pehle und Nordhausen als Witwengut, und diesen Orten galt auch die besondere Fürsorge der Königin. Von hier aus verbreitete sich über ganz Niedersachsen jene höhere geistige Bildung, die aus heiligen Quellen strömend zugleich geistliche Weihe vermittelte. Mathilde wurde heiliggesprochen – ihr Gedenktag ist der 14. März, an dem sie im Jahre 968 im Kloster von Quedlinburg, in Sorge um das Schicksal ihrer Söhne und Enkel, die Augen für immer schloß.

1046 — 27. VII. 1115   **MATHILDE VON TUSZIEN**

Ein demütiger Büßer im Schnee vor dem verschlossenen Tor der Felsenburg Canossa; hinter dem kerzenhellen Fenster die mächtige Burgherrin Mathilde von Tuszien, neben ihr Papst Gregor VII. und Abt Hugo von Cluny, der Taufpate des Büßers, der kein anderer ist als der deutsche König Heinrich IV. Unvergessen ist diese weltgeschichtliche Szene im Winter des Jahres 1077. Im erbitterten Machtkampf zwischen Papst und Kaiser stand die landmächtige Mathilde von Tuszien wie ihre Mutter Beatrice von Lothringen auf der päpstlichen Seite. Heinrich IV., der über den Mont Cenis gekommen war und in Canossa die Lösung vom Bannfluch des Papstes erzwang, begegnete dieser Frau sechs Jahre später zum zweiten Male, als der Kampf von neuem entbrannt war und der König den Papst in der Engelsburg zu Rom belagerte. Wieder stand Mathilde auf seiten Gregors VII. und rief den Normannenherzog Robert Guiskard aus Sizilien mit seinen Scharen herbei. Robert Guiskard führte den Papst im Triumph in den Lateran zurück und nahm schreckliche Rache an den Anhängern Heinrichs, der während der Belagerung aus den Händen des Gegenpapstes Klemens III. die Kaiserkrone im Petersdom empfangen hatte. Mathilde vermählte sich nach dem Tode ihres ersten Gatten, Gottfrieds des Buckligen, im Jahre 1089 mit dem siebzehnjährigen Herzog Welf von Bayern. Sie war damals dreiundvierzig Jahre alt. Die unnatürliche, rein politische Ehe zerbrach; der junge Welf trennte sich von ihr, und Kaiser Heinrich gelang es, sich mit dem Welfenhause auszusöhnen. Den Gegenschlag versetzte dem mächtigen Toskanerin dem Kaiser, als sie seinen Sohn Konrad zum Abfall vom Vater bewog und seine Krönung zum König der Lombardei bewirkte. Sie bestimmte die Kirche zur Universalerbin ihres weitläufigen mittelitalienischen Landbesitzes, der „Mathildischen Güter", ein Erbe, das zum neuen Zankapfel zwischen den Päpsten und den Kaisern werden sollte.

ZENTA MAURINA
* 15. XII. 1897 — 25. IV. 1978

Durch die unselige Kinderlähmung seit ihrem fünften Lebensjahre an den Rollstuhl gefesselt, mußte sich die junge Lettin die Erfüllung ihres Lebenswunsches versagen: sie wäre gern Ärztin geworden. Von Verzweiflung, Hoffnungslosigkeit und Lebensangst befreite sich das hochbegabte Mädchen durch intensive Bildung des Geistes und der Seele; nach Studienjahren in Heidelberg, Rom und Paris promovierte sie im Jahre 1938 als erste Frau an der lettischen Universität Riga zum Doktor der Philosophie und begründete dort ein philosophisch-literarisches Institut. Sie hatte sich durch sprach- und literaturwissenschaftliche Arbeiten schon einen bedeutenden Namen gemacht, als 1940 die Rote Armee ihre Heimat überflutete. In dem Bericht „Die eisernen Riegel zerbrechen" schildert sie das Leben unter der Roten Besatzung, den Einmarsch der zunächst als Befreier begrüßten Deutschen und endlich die Not und das Chaos der großen Flüchtlingstrecks nach Westen. Erst nach dem Ende des zweiten Weltkrieges fand die Schriftstellerin und Kulturphilosophin im schwedischen Uppsala eine neue Heimat und einigermaßen gesicherte Existenzgrundlagen. Nun erschienen die erweiterte Fassung ihrer großen Dostojewskij-Deutung, eine Elly-Ney-Biographie und die autobiographischen Werke „Die weite Fahrt" und „Denn das Wagnis ist schön", denen Hans Carossa eine liebevolle Einführung mit auf den Weg gab. Der Ehrenname einer „baltischen Ricarda Huch" kennzeichnet die Wertschätzung, die Zenta Maurina sich mit ihrem auch im äußeren Umfang imposanten Werk errungen hat, einem Werk, das trotz ständiger gesundheitlicher und materieller Bedrängnis zum Zeugnis hart erkämpfter innerer Harmonie und Läuterung wurde. „Ich habe in diesen Büchern soviel Trost, Frieden und Kraft gefunden", bekennt Elly Ney, „daß ich gar nicht genug dafür danken kann..."

MARIA MAY

Die Meisterschule für Mode in Hamburg verdankt ihren Aufstieg zu Europas größtem und modernstem Institut für Formgebung auf dem Gebiet der Textil- und Modewirtschaft vor allem ihrer langjährigen Leiterin, der als Künstlerin und Pädagogin gleich bedeutenden Professorin Maria May. Die gebürtige Berlinerin bestand als Einundzwanzigjährige mit Auszeichnung ihr Staatsexamen als Kunsterzieherin und wirkte dann als Lehrerin an einer privaten Kunstschule. Ein Textilkonzern wurde auf die Begabung der jungen Künstlerin aufmerksam und beauftragte sie mit dem Entwurf von Stoffmustern, die von der Geschäftswelt mit Begeisterung aufgenommen wurden und dem Unternehmen beträchtliche Exporterfolge einbrachten. Maria May wurde zur gesuchten Stilistin der Textil- und Modeindustrie; ihre Arbeit wirkte bahnbrechend auf diesem Gebiet, das in den zwanziger Jahren noch völliges Neuland war. Für das Flaggschiff des Norddeutschen Lloyd, die „Bremen", die als schönstes Schiff der Welt galt, entwarf sie die vielbewunderten Mosaikgemälde der Repräsentationsräume. Dadurch wurde man auch in Amerika auf die Künstlerin aufmerksam; eine im Jahre 1930 in New York veranstaltete Ausstellung ihrer Entwürfe hatte einen sensationellen Erfolg, und die ausgestellten Arbeiten wurden sämtlich von amerikanischen Museen erworben. Der zweite Weltkrieg verschlug Maria May nach Hamburg, wo sie zunächst die Entwurfsklasse für Textilien an der Hochschule für bildende Künste übernahm. Einige Jahre später wurde sie als Leiterin an die Meisterschule für Mode berufen. „Die Fäden der Generationen werden immer wieder aufs neue zusammengeknüpft", schrieb sie einmal. „Welchen der Fäden die Jugend aufgreift, das wird mitbestimmt durch das Verhalten von Eltern und Erziehern. Der Weg ist nur in gemeinsamer Arbeit, mit Fleiß und Redlichkeit zu gehen!"

1907 — 1961 ## ANNA MAY WONG

Als die chinesische Schauspielerin Anna May Wong im Jahre 1928 nach Berlin kam, zur Uraufführung ihres ersten europäischen Films mit dem Titel „Song" (Schmutziges Geld), in dem sie als Partnerin von Heinrich George unter der Regie von Richard Eichberg die Hauptrolle spielte, war man ergriffen von der edlen Anmut und innigen Demut ihrer Gesten, der Schlichtheit und Natürlichkeit ihrer tänzerischen Bewegungen, der Mystik ihrer Mandelaugen und dem kaum bewegten Mienenspiel, mit dem sie einer Skala von Empfindungen Ausdruck verleihen konnte. „Reine Anschaulichkeit dringt aus dem Filmbild, wenn Anna May Wong erscheint!" bemerkte ein Filmkritiker. „Augen wie dunkle Truhen! Ihre Wimpern hängen wie ein Baumzweig über ihnen. Ihre Lippen mimen amerikanisch —, und doch hat sie von allen ihren Kolleginnen ein Geheimnis ihrer Rasse voraus: daß die Muskelstarre ihres Antlitzes fixiert bleibt, auch wenn ihre Augen schreien, ihre Lippen aufbrennen!" — Anna May Wong kam aus Los Angeles und begann nach ihrer schauspielerischen Ausbildung im Jahre 1924 mit dem Film „Der Dieb von Bagdad" als Partnerin von Douglas Fairbanks sen. ihre Karriere, die in der Stummfilmzeit und in der Tonfilmzeit eine Serie großer Erfolge umfaßte. Auch in mehreren deutschen Filmen wirkte sie mit. Sie zog sich jedoch verhältnismäßig früh aus der Welt des Films zurück und es wurde still um sie. Als Anna May Wong vor Jahren einmal Berlin besuchte, wurde sie von einem Reporter gefragt, warum sie nicht mehr filme. Sie gab zur Antwort, daß in Hollywood eine Amerikanerin bis zum fünfzigsten Lebensjahr Aussicht auf Erfolg habe, eine Engländerin bis zum vierzigsten, eine Italienerin bis zum dreißigsten und eine Chinesin bis zum zwanzigsten. „Und es ist schon lange her, daß ich zwanzig war!" fügte sie hinzu.

11. I. 1866 — 23. VIII. 1953 ## MARGARET McLACHLAN

Es gibt über diese Frau, die fast siebzig Jahre im Frieden ihres Klosters gesungen, gebetet, meditiert, gearbeitet und gelehrt hat, ein Buch mit dem Titel „Freiheit jenseits des Gitters". Eine englische Nonne wird geschildert, die Äbtissin Laurentia des Benediktinerinnenklosters Stanbrook, die Bernard Shaw „eine klausurierte Nonne ohne klausurierten Geist" genannt hat. Die Familie, die den katholischen Glauben nie aufgegeben hatte, stammte aus dem schottischen Hochland. Margaret war das jüngste von sieben Kindern. James, ihr geistlicher Bruder, war ihr Schutzengel. Am 5. September 1884 erhielt sie den Habit, und genau nach einem Jahre legte sie die Gelübde ab. Es begann ein Klosterleben, in dem Frau Laurentia sich nie anmerken ließ, daß sie streng asketisch lebte. Und doch wurde die heitere, geistreiche, kluge und hochgemute Frau schon bald zu einer Führerin und vitalen Kraft im Konvent und auch im Umgang mit der Außenwelt. Als Organistin und Kantorin überwachte sie alle musikalischen Tätigkeiten, arbeitete eine Choralreform aus, trieb historische Studien, die wissenschaftliche Bedeutung erhielten, und pflegte das „Apostolat des Sprechzimmers", wo sie das Geheimnis der Freundschaft als eine das Leben verklärende Kraft mitteilte. Die Freundschaft „des wechselseitigen Segens und Schenkens" mit Sydney Kockerell, mit dem sie über sechsundvierzig Jahre einen Briefwechsel führte, und dann, durch ihn vermittelt, mit Bernard Shaw, bezeugt die unerschöpfliche Kraft eines gottgebundenen Lebens, das sich in die Freiheit der Welt segensreich ergießt. „Ich rechne meine Tage in Stanbrook zu meinen glücklichsten Tagen", schrieb Shaw am 4. September 1944; die meisten seiner Briefe versah er mit der Anschrift „Liebe Schwester Laurentia" und der Unterschrift „Bruder Bernard". Es ist ein Briefwechsel, der sich zwischen Glauben und Vernunft bewegt.

MARGARET MEAD   * 16. XII. 1901

Der zum Allgemeingut gewordene Begriff „Hilfe für die unterentwickelten Länder" ist zum erstenmal von einer Frau geprägt worden – von Dr. Margaret Mead, die im Jahre 1954 der UNESCO einen stark beachteten Bericht über die notwendige „Technische Hilfe für unterentwickelte Länder" vorlegte. Die in Philadelphia in Pennsylvanien geborene Wissenschaftlerin gehört heute zu den führenden Anthropologen und Ethnologen der Welt. Als Vierundzwanzigjährige begab sie sich nach der Promotion an der Columbia-Universität auf ihre erste Forschungsexpedition nach Samoa, der in späteren Jahren eine Reihe ausgedehnter, oft mehrjähriger Reisen nach Neu-Guinea, nach Bali, zu den Admiralitätsinseln und anderen noch unerschlossenen Forschungsgebieten folgte. Margaret Mead beherrscht sieben verschiedene Eingeborenen-Sprachen; sie hat jahrelang unter primitiven Stämmen wie unter ihresgleichen gelebt und dadurch tiefe Einblicke in die kultischen Bräuche, die Lebensgewohnheiten und in die soziale Struktur der von der Zivilisation noch wenig berührten Gemeinwesen gewonnen, Einblicke und Erfahrungen, die sie in zahlreichen wissenschaftlichen Werken der Allgemeinheit zugänglich gemacht hat. Die Gelehrte – sie ist Inhaberin des Lehrstuhls für Anthropologie an der Columbia-Universität – beschränkt sich jedoch nicht auf die Erforschung der primitiven Kulturen; durch ihre aufklärende Arbeit, mit der sie im modernen westlichen Menschen Verständnis für „primitive" Kulturen zu erwecken sucht, will sie beitragen zur Toleranz aller Rassen und Nationen: „Es ist nicht nur der Preis, sondern auch der Ruhm unseres Menschentums, die Kultur durch Menschen zu schaffen."

MECHTHILD VON MAGDEBURG   Um 1212 — 1283

Die große Bewegung der deutschen Mystik erreichte im dreizehnten Jahrhundert ihren Höhepunkt in dem Offenbarungsbuch der Nonne Mechthild von Magdeburg: „Das fließende Licht der Gottheit". Ursprünglich niederdeutsch abgefaßt, ist es nur in der mittelhochdeutschen Übertragung Heinrichs von Nördlingen aus dem vierzehnten Jahrhundert erhalten, einer Handschrift, die zum kostbarsten Besitz der Klosterbibliothek von Einsiedeln gehört. Mechthild entstammte einem alten sächsischen Adelsgeschlecht; als „Beghine" stellte sie sich unter den Schutz des Klosters St. Agnes bei Magdeburg, später wurde sie Zisterzienserin in Helfta. Da über die näheren Umstände und Stationen ihres Lebensweges nichts Urkundliches überliefert ist, bleibt uns als Quelle nur ihr eigenes Werk, in dessen Siebtem Buch sie einmal erwähnt: „Vor dreißig Jahren, als ich zu schreiben anfangen mußte..." Selbst noch in der Übertragung zeugt das Werk von der gewaltigen dichterischen Gestaltungskraft dieser Frau, die in den ihr geläufigen Formen des höfisch-weltlichen Minnesangs ihre Gottessehnsucht, die liebliche Seelenbrautschaft mit Christus und die Erhebung der Seele zur „Frau Königin" zu hinreißenden Offenbarungen visionärer Schau steigerte: „Herr, Dein ewiges Reich   steht offen vor meinen Augen / gleich dem edelsten Brautlauf und der größten Hochzeit / und dem längsten Fest..." Als „Matelda", als die „schöne Frau", ist Mechthild auch in Dantes „Göttliche Komödie" eingegangen; sie zeigt dem Dichter das „irdische Paradies" – die oberste Stufe des Berges der Läuterung. Unsterblich sind die Schlußworte aus Mechthilds „fließendem Licht": „Dieses Buch ist begonnen in der Liebe; es soll auch enden in der Liebe. Denn es ist nichts so weise, noch so heilig, noch so schön, noch so stark, noch so vollkommen – wie die Liebe."

NADJESCHDA PHILARETOWNA VON MECK
10. II. 1831 — 13. I. 1894

Rußland wurde im Winter 1929 von einer der gefürchteten Verhaftungswellen der GPU heimgesucht, einer „Säuberungsaktion", der auch der langjährige Präsident der Moskau-Kasaner Eisenbahngesellschaft, Nikolai Karlowitsch von Meck, zum Opfer fiel. Er wurde zum Tode verurteilt und hingerichtet; sein gesamtes Eigentum verfiel dem Staat. Bei der Sichtung seines Nachlasses fand man einige versiegelte Kisten mit Briefen, Musikalien und Bilddokumenten, die sich alle auf den großen russischen Komponisten Tschaikowski bezogen. Die Kisten wurden dem Tschaikowski-Museum in Klin überwiesen, und hier barg man aus ihnen ein unerschöpfliches biographisches Material über den Tonkünstler, das dessen Leben und Werk in ganz neuem Lichte erscheinen ließ. Dieses Werk ist seitdem untrennbar verbunden mit dem Namen der Frau von Meck, die den Komponisten in seiner fruchtbarsten Schaffensperiode als Mäzenin behutsam und taktvoll gefördert hat. Durch Freunde auf die Geldnöte des Musikprofessors Tschaikowski hingewiesen, bestellte sie einige Kompositionen bei ihm, die sie königlich honorierte, und daraus entspann sich ein über dreizehn Jahre währender Briefwechsel. Sie beschlossen, einander nie persönlich kennenzulernen, nie reichten sie sich die Hände, nie hat einer des anderen Stimme gehört. Die fünfundvierzigjährige Witwe, Erbin eines beträchtlichen Vermögens, sicherte dem Künstler ein jährliches festes Einkommen, und unter ihrer — vor der Mitwelt sorgfältig gehüteten — Schirmherrschaft begann seine musikalische Ruhmesbahn. Aus ihren Briefen ersteht das Bild einer hochherzigen Frau von adeliger Gesinnung, deren Lebensabend noch von einer zweiten musikalischen Entdeckung verklärt wurde: Claude Debussy.

* 1898 ## GOLDA MEIR

Um die Jahrhundertwende wandern die Eheleute Mabowitz aus der Ukraine nach Amerika aus. Der Vater findet Arbeit als Tischler, aber sein Verdienst reicht nicht aus; so müssen Gattin und Tochter Golda mithelfen. Das aufgeweckte Mädchen besucht später das Lehrerinnenseminar und wird eine tüchtige Lehrkraft. Als Siebzehnjährige heiratet sie Morris Meyerson, einen glühenden Zionisten, der in der jungen Jüdin rasch das Interesse für die Wiedergewinnung von Israel wachruft: Sie arbeitet in der amerikanischen zionistischen Gewerkschaftsorganisation mit, kämpft an der Seite Mosche Scharetts in der „Jüdischen Agentur" für die Errichtung eines jüdischen Nationalstaates. Im Jahre 1921 geht sie dann mit ihrem Mann nach Palästina und lebt dort drei Jahre lang unter den kümmerlichsten Verhältnissen als Landarbeiterin in dem Gemeinschaftslager Merhavia. Tagsüber bearbeitet sie mit Spitzhacke und Pflug den Wüstenboden, nachts lernt sie Hebräisch und Arabisch, studiert staats- und völkerrechtliche Fragen und arbeitet ihre großen Reden für die Gewerkschaftsbewegung „Histadrut" aus. Als im Sommer 1946 Mosche Scharett und andere Zionistenführer von den Engländern interniert werden, übernimmt Golda die politische Leitung der israelischen Volksvertretung. Am 14. Mai 1948 sieht sie endlich die jahrtausendealte Sehnsucht ihres Volkes erfüllt: Israel ist souveräner Staat geworden. Im März 1949 wird Golda Meir Minister für Arbeit und soziale Sicherheit im israelischen Kabinett, im Juni 1956 erhält sie das noch wichtigere Außenministerium. Unermüdlich arbeitet die große Politikerin am Aufbau und an der Sicherung des jungen Staates, in dem die Frau eine wesentliche und gleichberechtigte Rolle spielt.

LISE MEITNER
7. XI. 1878 — 27. X. 1968

Wenn auch die epochemachende Spaltung des Urankerns, die den Durchbruch zur Nutzung der Atomenergie brachte, vor allem mit den Namen der Professoren Otto Hahn und Fritz Straßmann verbunden ist, so darf doch nicht vergessen werden, daß auch Frau Professor Lise Meitner an den Forschungsergebnissen hervorragenden Anteil hat. Sie hat zusammen mit Frisch die erste physikalische Bestätigung der Uranspaltung geliefert und die dabei frei werdende Energie geschätzt. Frau Meitner hat in Wien Physik studiert. Seit 1906 arbeitete sie über radioaktive Beta-Strahlung, und diese erfolgreichen Forschungen haben ihr reichlich Anerkennungen und Ehrungen eingetragen. Als sie 1907 nach Berlin kam, um bei dem Begründer der Quantentheorie, Max Planck, Vorlesungen zu hören, entwickelte sich zwischen ihr und Otto Hahn eine über 30 Jahre andauernde Gemeinschaftsarbeit. So fand sie u. a. neue Betastrahlen (Elektronenstrahlen), und ihre „Absorptionsgesetze" ermöglichen es, auf die Reinheit eines untersuchten Stoffes zu schließen. 1909 entdeckten Hahn und Meitner den radioaktiven Rückstoß, 1910 veröffentlichten beide gemeinsam mit v. Bayer die ersten Aufnahmen magnetischer Spektren. 1918 fanden die beiden Gelehrten das Element 91, das Protaktinium. 1925 konnte Lise Meitner nachweisen, daß die sekundären Betastrahlen in der Hülle der durch eine Umwandlung neu entstandenen Atome entstehen. Sie verbesserte die Nebelkammer, in der man die Bahnen von Elementarteilchen sichtbar macht, und machte die ersten Aufnahmen von Spuren positiver Atomkernteilchen, der Positronen. 1926 erhielt sie an der Universität Berlin eine Professur, 1938 ging sie nach Kopenhagen und von dort nach Stockholm.

MENEN VON ÄTHIOPIEN
1891 — 15. II. 1962

Als im Jahre 1953 Kaiser Haile Selassie, „König der Könige", einen „Orden der guten Ehemänner" stiftete, bat ihn seine Gemahlin, als erster das Großkreuz dieser originellen Auszeichnung anzulegen: eine liebenswürdige Geste einer liebenswerten Frau. Das Herrscherpaar kann auf ein halbes Jahrhundert glücklicher Ehegemeinschaft zurückblicken, auf eine Gemeinschaft, die sich auch in den bitteren Jahren des Krieges und der Vertreibung aus der Heimat bewährte. Das Hochzeitsbild von 1911 zeigt den jungen Ras Tafari als Gouverneur der Provinz Sidamo mit Menen, der Enkelin eines amharischen Galla-Fürsten, in prunkvoller orientalischer Hoftracht. Heute aber trägt die Kaiserin meist schlichte europäische Kleidung, wenn sie, von ihren Untertanen jubelnd begrüßt, zum Besuche von Unterrichtsanstalten, Mütter- und Kinderheimen durchs Land reist. Schon ein Jahr nach ihrer Krönung gründete sie in Addis Abeba die erste äthiopische Hochschule für Mädchen, als Auftakt einer dreißigjährigen fruchtbaren Tätigkeit, in der sich die Gemahlin des „Löwen von Juda" als Vorkämpferin für moderne weibliche Berufserziehung und Frauenbildung erwies. Beim Beginn der italienischen Invasion appellierte die Kaiserin über die Rundfunksender ihres bedrohten Landes an das Gerechtigkeitsgefühl und an die Hilfsbereitschaft aller Frauen und Mütter der Welt; auch im Exil setzte sie ihren kämpferischen Widerstand fort, bis sich das Kriegsglück wendete und das Herrscherpaar im Triumph wieder in die befreite Hauptstadt einziehen konnte. Im Zuge der großzügigen Wiederaufbauarbeit gründete Menen Hilfswerke für Kriegswitwen und -waisen, sie schuf ein Internat für kriegsverletzte Kinder und verstärkte ihr tatkräftiges Bemühen durch den beschleunigten Ausbau des Unterrichts- und Erziehungswesens.

1. VII. 1864 — 27. I. 1960   **BESS MENSENDIECK**

Die pädagogische Gymnastikmethode der großen Lebensreformerin bot in den wirren Jahren nach dem Ende des ersten Weltkrieges den Schlagerdichtern, Kabarettisten und Conférenciers ein unerschöpfliches Thema. Die holländisch-amerikanische Ärztin Bess Mensendieck hatte kurz nach der Jahrhundertwende in Berlin begonnen, besonders den berufstätigen Frauen durch eine systematische, wissenschaftlich erarbeitete Körpererziehung zu rationellem Kräfteeinsatz und einer kontrollierten Atemtechnik zu verhelfen. Schon als junges Mädchen — sie wollte ursprünglich Bildhauerin werden — hatte sie den menschlichen Körper in der Bewegung eingehend studiert; in klarer Erkenntnis der vernachlässigten Körperschulung und der daraus resultierenden Körperschäden wählte sie den Arztberuf zur Lebensaufgabe und leitete die ersten nach ihrer Methode unterrichtenden Gymnastik-Lehranstalten in Dänemark, Deutschland und in den Vereinigten Staaten. Ihre Erkenntnisse und ihr System sind längst zum Lehrgut zahlreicher Schulen geworden. Bess Mensendieck versuchte, die früher als kostbares Naturgeschenk empfundene weibliche Anmut durch bewußte Schulung zu erreichen: „Schönheit", so sagte sie einmal, „ist kein Zufall, Anmut ist keine Folge von Posen, sondern fließende Ästhetik, die immer neu geschaffen werden muß . . ." Sie fand ebensoviele begeisterte Anhängerinnen wie skeptische Kritiker, die ihr System — das erste in sich geschlossene wissenschaftliche System einer mit dem Raumgefühl, bewußter Atemführung und strenger Selbstkontrolle arbeitenden Körpererziehung — als „Intellektuelle Gymnastik" verdammten. Längst aber sind die letzten Zweifler angesichts der imponierenden Lebensleistung dieser großen Ärztin und Helferin verstummt, die, obwohl von Natur aus schwächlich und zart, noch in ihrem fünfundneunzigsten Lebensjahr unterrichtete.

9. XII. 1861 — 1939   **FRIEDA MENSHAUSEN-LABRIOLA**

Frieda Menshausen stammt aus dem altmärkischen Städtchen Stendal, der Heimat Winckelmanns, der für das Zeitalter der Klassiker die Schönheit der Antike neu entdeckte. Sie wurde gleich ihm zur Verkünderin von Schönheit, Harmonie und Kultur. Als Bildnismalerin der Frauen, Männer und Kinder des deutschen Bildungsbürgertums, des Landadels, der rheinischen und oberschlesischen Industrie, später der internationalen Diplomatie, ist sie eine Fortführerin jener Linie und Art großer Malerinnen, die wir auch in den Bildern der Vigée-Lebrun und der Angelika Kauffmann erkennen: Sie geben nicht nur einen Menschen in seiner äußeren Erscheinung und seiner Durchseelung wieder, sondern vermitteln zugleich eine ganze Zeit in ihrer Einmaligkeit, in ihrer Gesinnung und Gesittung und ihrem Schönheitsideal. Zu den bekanntesten Bildern Frieda Menshausen-Labriolas gehören das Bildnis der Eleonore Duse, der größten italienischen Tragödin, und das Porträt der Anne-Mete von Münchhausen, der Schwester des Dichters Börries von Münchhausen, deren Schönheit auch ein Gedicht Agnes Miegels festgehalten hat. Viele Bildnisse sind im deutschen Ostland und im Rheinland ein Opfer der Bombennächte geworden. Frieda Menshausen, die in Kassel und Weimar studiert hatte, lebte später als sehr begehrte und gesuchte Porträtistin in Berlin, wo sie in nicht mehr jungen Jahren einen italienischen Diplomaten heiratete. Lange Zeiten ihres Lebens verbrachte sie an seiner Seite in Rom, dann nach ihrer abermaligen Reihe von Berliner Jahren, in Bern, wohin der Beruf ihres Gatten sie geführt hatte. Sie starb, fast 79 Jahre alt, in Assisi. Das Werk dieser in ihrer künstlerischen und menschlichen Gesinnung vornehmen Malerin ist uns heute zum Dokument einer Kultur Europas geworden, die in den großen Umschichtungen nach den beiden Weltkriegen erlöschen mußte.

MARIA-SIBYLLA MERIAN 2. IV. 1647 — 13. I. 1717

In den vergangenen Jahrhunderten gab es nur wenige Frauen, die auf wissenschaftlichem Gebiet tätig waren. Erst unsere Zeit erschloß der Frau das weite Arbeitsfeld der Forschung. Um so höher ist die Leistung von Maria Merian einzuschätzen. Sie war nicht nur eine kenntnisreiche Biologin, sondern zugleich eine Künstlerin von hohem Rang, und sie verstand es, diese Doppelbegabung voll auszunützen. Im Jahre 1647 wurde Maria als Tochter des in Frankfurt am Main lebenden Schweizers Matthäus Merian geboren. Ihr Vater war ein hervorragender Kupferstecher, dessen Blätter zum „Basler Totentanz" berühmt geworden sind. Von ihm hatte sie die künstlerische Veranlagung geerbt. Mit 14 Jahren ging Maria nach Holland und arbeitete in Amsterdam als Schülerin des Malers Mignon. Außerdem bildete sich als Naturwissenschaftlerin aus und lernte Latein, um die Fachliteratur studieren zu können. Im Jahre 1668 heiratete sie den Maler Johannes Graff, behielt aber ihren Mädchennamen bei, unter dem sie bald durch ihre ausgezeichneten Bilder bekannt wurde; sie zeigten vor allem Blumen in ihrer Beziehung zur Tierwelt, zu Schmetterlingen, Raupen und Käfern. Diese Bilder waren so lebensecht, daß Maria Merian von der holländischen Regierung zu einem mehrjährigen Aufenthalt in Surinam (Guayana) eingeladen wurde. Dort studierte sie das Leben der Insekten, vor allem der Schmetterlinge. Als Ergebnis dieser Reise entstand ein heute noch lesenswertes Werk, das zahlreiche Insekten sowie die von ihnen besuchten Blumen beschreibt und in wunderbaren Bildern darstellt. Das Lebenswerk dieser bemerkenswerten Frau umfaßt zahlreiche weitere naturwissenschaftliche Werke, die sie sämtlich selbst bebildert hat. Im Jahre 1717 ist Maria Merian in Amsterdam gestorben.

SIBYLLE MERTENS-SCHAAFFHAUSEN
29. I. 1797 — 20. X. 1857

Die „Rheingräfin" — so nannten sie ihre Freunde — galt in der ersten Hälfte des vorigen Jahrhunderts unter den zeitgenössischen Vertretern der Wissenschaft, Kunst und Literatur als eine der begabtesten und geistreichsten Frauen. Als Tochter des Kölner Bankiers Abraham Schaaffhausen, des Begründers des Schaaffhausenschen Bankvereins, im Schatten des Kölner Domes geboren, war sie von Jugend auf eine begeisterte Archäologin. Ihre Sammlungen auf diesem Gebiete, vor allem ihre große archäologische Münzsammlung und mehrere Entdeckungen — so fand sie das heute allgemein bekannte „Genueser Fragment" des Reliefs vom Mausoleum zu Halikarnaß — brachten sie mit namhaften Gelehrten in Verbindung, auch der Geschichtsschreiber Theodor Mommsen gehörte zu ihrem geistigen Freundeskreis. Ihre Briefe und Tagebücher weisen eine glänzende schriftstellerische Begabung nach. Schauplatz fast aller Tagebücher ist Italien, dem zeitlebens ihre Sehnsucht galt. Da sie materiell unabhängig war, konnte sie viele Jahre jenseits der Alpen zubringen. Sie hat ihre guten Beziehungen zu deutschen und italienischen Repräsentanten des Staates und der Kirche wie zu den Vertretern des kulturellen Lebens dazu benutzt, geistige Bande zwischen beiden Ländern zu knüpfen — eine Mission, der sie sich mit hervorragendem Geschick und nachwirkenden Erfolgen gewidmet hat. Enge Freundschaft verband sie mit Annette von Droste-Hülshoff, Johanna und Adele Schopenhauer und Ottilie von Goethe, der Schwiegertochter des Olympiers. Die Briefe und Tagebücher dieser Frauen besitzen literarischen Rang und leiten wie die in die Literaturgeschichte eingegangenen Brief- und Tagebuchdichtungen einer Bettina von Arnim und Rahel Varnhagen die geistige Emanzipation der Frau im vorigen Jahrhundert ein.

* 28. II. 1876 NELLY MERZ

„Ein Meer von Wohllaut klingt an unser Ohr, wenn wir einen Blick auf die heutigen Lyrischen der ersten Bühnen werfen" (Meister des Gesanges, 1920). Zu diesen „Lyrischen" gehört Nelly Merz. Sie stammt aus Frankfurt a. Main. Nach Studien bei Klara Sohn an der Hochschule ging sie für vier Jahre nach Genf und Mailand, wo sie den Unterricht von Professor Thorold und Maestro Tanara genoß. Glanzvoll debütierte sie in Krefeld, kam an das Deutsche Opernhaus in Berlin und war dann fast dreißig Jahre eines der prominentesten Mitglieder des Münchener Nationaltheaters. Sie sang in ersten Rollen unter Bruno Walter, Richard Strauß, Furtwängler, Knappertsbusch an den führenden Bühnen Deutschlands. Auch in Wien bestand sie mit größtem Erfolg: „Nelly Merz hat viele Eigenschaften unserer Lehmann, sie ist eine Sängerin von dramatischer Schlagkraft, faszinierend in ihren Stimmitteln." Schön und imposant in ihrer Erscheinung, verlieh die Sängerin ihren Gestalten Ansehen und Würde. Die hochbegabte Künstlerin sang über fünfundzwanzig erste Partien, unter denen besonders gerühmt wurden: „Chrysothemis", „Elisabeth", „Sieglinde", „Desdemona", „Senta", „Eva", „Aida", „Agathe" und „Myrtocle". Ihre vollendete Stimmkultur erschloß ihr jeden Opernbereich. Nicht nur den Wagnerpartien gab sie eine edle Prägung, sondern auch im Kunstgesang Mozarts bewährte sie sich als ideale Meisterin, die zudem im Lied- und Oratoriengesang Hervorragendes leistete. Sie wurde zu Gastspielen an viele bedeutende europäische und ausländische Bühnen eingeladen, ein Beweis für die Weltgeltung dieser Stimme und der Künstlerin.

22 — 48 n. Chr. VALERIA MESSALINA

In Frankreichs nachmals berühmter Seidenstadt Lyon — als „Lugdunum" das Hauptquartier der römischen Legionen in Gallien — wurde dem römischen Feldherrn Drusus und seiner Gemahlin Antonia ein Sohn geboren, den sie Claudius nannten — ein schwächliches, geistig ein wenig zurückgebliebenes Kind. Nach einem Bericht Suetons sagte seine Mutter von ihm: „Die Natur hat ihn nur skizziert, nicht vollendet..." Einer jener „lächerlichen Zufälle" der Weltgeschichte machte diesen Claudius nach Caligulas Ermordung zum Kaiser: Der Einundfünfzigjährige hatte sich in der Mordnacht ängstlich im Tempel des Hermes versteckt; dort zog ein römischer Legionär den Zitternden an den Füßen aus seinem Winkel und huldigte ihm als dem neuen Imperator. Claudius, ein Großneffe des Augustus, war schon zweimal verheiratet gewesen, als er sich in dritter Ehe mit Valeria Messalina verband. Die Urenkelin Marc Antons schenkte ihm zwei Kinder, den Britannicus und Octavia, die spätere Gattin des Kaisers Nero. In seinen Annalen hat Tacitus dem schändlichen und sittenlosen Treiben der Messalina einen umfangreichen Bericht gewidmet, dessen skandalöse Einzelheiten auch von anderen Zeitgenossen eine traurige Bestätigung erfuhren. Ihr kaiserlicher Gemahl, der sich am liebsten in der Studierstube seinen schriftstellerischen Arbeiten hingab, scheint Messalinas unzählige Liebeshändel lange Zeit bewußt oder aus Gleichgültigkeit übersehen zu haben; erst als sie gegen Recht und Gesetz und trotz ihrer legitimen Verbindung mit Claudius eine zweite Ehe mit ihrem Liebhaber Gaius Silius einging und diesen aufstachelte, Claudius zu ermorden und sich selbst zum Kaiser ausrufen zu lassen, befahl der noch immer schwankende Princeps auf Anraten seines Ministers Narcissus die Hinrichtung des ehebrecherischen Paares.

PAULINE FÜRSTIN METTERNICH 26. II. 1836 — 28. IX. 1921

Die Tochter des ungarischen Grafen Moritz Sandor verbrachte ihre Jugend in ihrer Geburtsstadt Wien, im Hause ihres Großvaters, des berühmten Staatskanzlers Metternich. Der große Gegenspieler Napoleons soll ein zärtlicher Familienvater gewesen sein, man sagt ihm den Ausspruch nach: „Mein eigentlicher Beruf wäre Kinderfrau gewesen ..." Mit ihm floh das zwölfjährige Mädchen vor den Stürmen der 48er Revolution nach London; von dort kehrten sie erst nach Wien zurück, als die Wetterwolken am politischen Horizont sich verflüchtigt hatten. Im Palais ihres Großvaters verlobte sich Pauline mit dessen Sohn aus zweiter Ehe, ihrem Onkel Richard Metternich; wenig später, im Juni 1856 fand die glanzvolle Hochzeit statt. Die junge Fürstin begleitete ihren Gemahl auf seinen Gesandtenposten nach Dresden, kurz darauf nach Paris. Die Jahre am Hofe Napoleons III. wurden zum Höhepunkt im Leben Pauline Metternichs. Sie galt bald als die einflußreichste Frau am französischen Kaiserhof und sie stand in enger und herzlicher Freundschaft zur Kaiserin Eugenie. Als begeisterte „Wagnerianerin" setzte die Fürstin trotz heftiger Widerstände die erste Aufführung von Richard Wagners „Tannhäuser" in Paris durch, aber ihr hochherziger Versuch, der Wagnerschen Musik in Frankreich zum Durchbruch zu verhelfen, endete mit einem riesigen Theaterskandal. In die Pariser Zeit fällt auch die mexikanische Tragödie des österreichischen Erzherzogs Maximilian; Metternich hat mehrmals versucht, den Bruder seines kaiserlichen Herrn von dem unseligen Abenteuer zurückzuhalten, dessen Erfolgsaussichten er von Anfang an sehr skeptisch beurteilte. Aber alles Zureden war vergebens, und das Verhängnis nahm seinen Lauf. Einige Jahre später kehrte das Fürstenpaar nach Wien zurück, wo Pauline sich in der Jaquingasse ein reizendes Palais errichten ließ.

MALWIDA VON MEYSENBUG 28. X. 1816 — 26. IV. 1903

„... Ach Männer, Männer, welch ein Geschlecht! Weshalb protestiert ihr so gegen alle Bestrebungen, die Frauen zu einer höheren Bildungsstufe zu erheben? Nun gut, wenn es nicht mit euch sein kann, so wird es ohne euch und trotz euch geschehen..." Die Schreiberin dieser Zeilen, Tochter eines hessischen Staatsministers, hat in ihren Büchern und Briefen immer wieder ihrem Glauben an die notwendige Erziehung und Bildung der Frauen zu tätigen Gliedern der Gesellschaft Ausdruck gegeben. In London, wo sie sich ihren Lebensunterhalt mit Stundengeben verdienen mußte, kam sie mit Kinkel und Kossuth zusammen, mit Schurz, Garibaldi und Mazzini — in London lernte sie auch den russischen Emigranten Alexander Herzen kennen, mit dem sie als Erzieherin seiner Kinder und geistvolle Freundin viele glückliche, aber auch schwere Jahre verbrachte. Rom war die letzte Station ihrer Lebensreise. Liszt, Nietzsche und Wagner strahlen als Dreigestirn über den römischen Jahren Malwidas, die bis zum Ende ihres Lebens dem damals noch gänzlich unbekannten französischen Dichter Romain Rolland helfend und beratend zur Seite stand. Mit liebevollen Strichen zeichnete der große Menschenfreund später ein Bild der verehrten Gönnerin: „Das, woraus Anemonen gemacht waren, erschien nicht zarter und holder als die kleine alte Dame im schwarzen Schultertuch, mit den graublauen Augen und dem straffen Haar." Malwidas schönes Bekenntnisbuch „Lebensabend einer Idealistin" klingt aus mit den Worten: „Die einzige Aufforderung, zu welcher der Gedanke an den Tod uns führen sollte, wäre die, das Leben mit dem höchsten Inhalt zu erfüllen und jedem Augenblick den edelsten Wert zu verleihen."

20. III. 1872 — 11. I. 1950 KARIN MICHAELIS

In der Weltliteratur wurde die entscheidende Durchbruchsschlacht für die Gleichberechtigung der Frau merkwürdigerweise von einem Mann siegreich geschlagen: von Henrik Ibsen. Nora, die Frau, die des „Puppenheims" und des Weibchendaseins überdrüssig ist und mehr und anderes sein will als nur ein dienendes Anhängsel des Herrn und Gatten —, Nora, die ihre Eigenpersönlichkeit entdeckt und gegen die unumschränkte Männerherrschaft aufbegehrt, wurde zum Urbild einer unübersehbaren Reihe literarischer Frauengestalten. Noras Züge tragen auch viele Romangestalten der dänischen Schriftstellerin Karin Michaelis, die mit ihrem 1910 erschienenen Buch „Das Gefährliche Alter" einen jahrzehntelang heiß umstrittenen Schlagwortbegriff geschaffen hatte. Die leidenschaftliche Diskussion um die Problematik des weiblichen Klimakteriums ist längst unter dem Erdrutsch von Weltkriegen und Weltrevolutionen erstickt, und Karin Michaelis, die meistgelesene Schriftstellerin der Frauenemanzipation um die Jahrhundertwende, erfuhr das bittere Geschick, ihren eigenen Ruhm zu überleben. Wenige ihrer fünfunddreißig Romane, in denen sie mit tiefer Einfühlungskraft und innerer Anteilnahme das Erwachen des Mädchens zur Frau, ihre ehelichen Probleme und ihren Kampf um die Gleichberechtigung zu gestalten suchte, sind kaum noch im Bewußtsein unserer Generation lebendig; und doch verdient diese vornehme und tapfere Frau unser Gedenken. Sie mußte, als leidenschaftliche Gegnerin Hitlers und Mussolinis, das Verbot ihrer Bücher in Deutschland und in Italien erleben und im Jahre 1940 nach Amerika flüchten. Nach dem Ende des Grauens kehrte Karin Michaelis in ihre dänische Heimat zurück. In Kopenhagen ist sie in ihrem achtundsiebzigsten Jahre gestorben.

9. III. 1879 — 26. X. 1964 AGNES MIEGEL

„Mutter Ostpreußens" nennen ihre Landsleute die große Balladendichterin, in deren Werk Geist und Wesen, Geschichte und Schicksal dieser Landschaft und dieses Stammes so unmittelbaren Ausdruck fand, daß der ostpreußische Mensch in ihren Dichtungen sich selbst in überzeugender Wahrhaftigkeit und zeitloser Gültigkeit spiegelt und wiedererkennt. In der Kantstadt Königsberg, der Krönungsstadt der preußischen Könige, ist Agnes Miegel geboren; dieser Stadt blieb sie auch — abgesehen von Studienaufenthalten in Frankreich und England und gelegentlichen Auslandsreisen — ein Leben lang treu, bis sie im apokalyptischen Kriegsjanuar des Jahres 1945 im Großen Treck westwärts flüchten mußte, auf schneesturmgepeitschter Landstraße all ihre irdische Habe in einem Bündel mit sich führend. Sechsundvierzig Jahre zuvor waren ihre ersten Balladen erschienen, die sogleich starke Beachtung fanden; denn immer schon begegnete die Ballade gerade bei einfachen Menschen einer größeren Aufnahmebereitschaft als irgendeine andere Gedichtform. In der Ballade sind Vers und inhaltliche Pointe besonders eng und einleuchtend miteinander verknüpft, und bei keiner anderen dichterischen Ausdrucksform spielen gemeinverständliche Wirkungsmittel eine so ausschlaggebende Rolle. In Agnes Miegels Schaffen — sie erhielt den Kleistpreis, den hochangesehenen Goethepreis der Stadt Frankfurt und das Ehrendoktorat der Universität Königsberg — wird eine uns längst entrückte und doch immer sehnsuchtsvoll umworbene Welt altpreußischer Legende wieder lebendig, umhüllt von der herben, schwermütigen, aber unsentimentalen Atmosphäre, die Ostpreußens tragische Landschaft kennzeichnet: „Was ist den Kindern der Ebene verhaßt und wird es immer sein? Von der Heimat gehn ist die schwerste Last, die Götter und Menschen beugt — und unstet zu schweifen ist allen verhaßt, die die grüne Ebene gezeugt ... !"

ANNA MILDER-HAUPTMANN 23. XII. 1785 — 29. V. 1838

„Was wißt Ihr von Anbetern? Mich hat der Napoleon geliebt."
Mit diesem Ausruf brachte Anna Milder-Hauptmann die prahlerische Geschwätzigkeit junger Kolleginnen zum Schweigen. Sie sang 1809 vor Napoleon in Schönbrunn und erhielt von ihm einen Engagementsantrag für die Pariser Opernbühne. Beethoven komponierte für sie den „Fidelio", worin sie die „Leonore" verkörperte, Cherubini seine „Faniska", Weigl die „Schweizerfamilie". Goethe lernte sie 1823 in Marienbad kennen. Bei ihren Liedern konnte er sich der Tränen nicht enthalten. Schöne Tage der Freundschaft verbanden den Dichterfürsten mit der großen Sängerin, der er ein Exemplar seiner „Iphigenie" widmete. „Ihre Stimme war von einer Macht, einem Wohllaut und einer Ausgeglichenheit, wie sie nur selten vorzukommen pflegt." Wegen der unfehlbaren Wirkung ihrer Stimme versäumte sie allerdings die technische Ausbildung, so daß sie dem Kunstgesang der Mozartopern nicht ganz gewachsen war. — Geboren in Konstantinopel, kam sie nach Wien, wo ihr der Komponist Sigismund Neukomm, ein Schüler Haydns, den ersten Gesangsunterricht erteilte. Durch Vermittlung von Emanuel Schikaneder, dem gewandten Librettisten und Theaterdirektor, setzte sie ihr Studium bei Salieri fort und trat 1803 zum erstenmal auf Schikaneders Bühne, dem Theater an der Wien, mit großem Erfolg auf. Dort sang sie auch in der Erstaufführung (20. Nov. 1805) die „Leonore" und wurde am K. K. Opernheater angestellt. Ihre Triumphe während des Wiener Kongresses führten zu einem Engagement an der Berliner Hofoper, wo sie als Hauptstütze in der antiken und klassischen Oper wirkte. Nach vielen Gastspielreisen durch alle bedeutenden Städte Europas blieb sie bis zu ihrem Tode in Berlin.

DIE MISTINGUETT 1875 — 5. I. 1956

Eigentlich hieß sie Jeanne-Florentine Bourgois. Sie war eine Kleinbürgerstochter, geboren und aufgewachsen in einem Pariser Vorort. Dort mußte das magere, hochaufgeschossene Mädchen bei der Kundschaft der väterlichen Tapeziererwerkstatt Rechnungen kassieren und wurde bald „die geborene Komödiantin" genannt, weil sie, um säumigen Zahlern das Geld zu entlocken, hinreißend weinen und lächeln und rührende Geschichten erzählen konnte. Als sie später täglich mit ihrem Geigenkasten zum Violin- und Gesangsunterricht nach Paris fuhr, lernte sie in der Vorortbahn einen Theaterregisseur kennen, der dem ehrgeizigen Mädchen eine Empfehlung an das „Casino de Paris" mitgab und ihr damit zum ersten Engagement verhalf, es fehlte nur noch ein passender Künstlername. Damals galten die blassen englischen Ladys als besonders vornehm, und so wurde aus Jeannes erstem Schlagerrefrain „Tinguett... Tinguett..." Miss Tinguett, ein Name, der über siebzig Jahre mit der vergnügungssüchtigen Lichterstadt untrennbar verbunden blieb. Als Leiterin des weltberühmten „Moulin Rouge" und des „Eldorado" inszenierte die Mistinguett ihre großen Galarevuen, bei deren Premieren selbst Könige den gefeierten Star mit Rosen überschütteten. König Alfonso XIII. von Spanien war es, der im ersten Weltkrieg auf ihre Bitten hin den von ihr entdeckten und geförderten Maurice Chevalier aus deutscher Kriegsgefangenschaft nach Paris holte. Jeanne hat die Trennung von Maurice — er verließ sie nach langen Jahren gemeinsamer Erfolge und gründete ein eigenes Unternehmen — nie ganz verwunden. Ihr Vaterland würdigte die Bedeutung dieser begabten, geschäftstüchtigen und ungemein fleißigen Frau durch die Verleihung des Großoffizierkreuzes der Ehrenlegion, und Paris betrauerte das Hinscheiden der Einundachtzigjährigen wie den Tod einer heimlichen Königin.

6. IV. 1889 — 10. I. 1957   **GABRIELA MISTRAL**

Die Landschullehrerin Lucila Godoy Alcagaya aus Viçuna, die zum nationalen Chilenischen Literaturwettbewerb des Jahres 1914 ohne viel Hoffnung einige ihrer Gedichte eingesandt hatte, war nicht wenig erstaunt, als sie statt der erwarteten Rücksendung zur Entgegennahme des Ersten Preises nach Santiago de Chile eingeladen wurde. Im überfüllten Festsaal der Hauptstadt verlor sie den Mut: Sie wagte nicht, das im Scheinwerferlicht strahlende Podium zu betreten, auf dem ein Ehrenplatz ihrer harrte, sondern kletterte zu den Studenten auf den „Olymp" und schwieg verlegen, als ihre Sonette vorgelesen und stürmisch applaudiert wurden. Erst nach der offiziellen Feier nahm sie Preis und Urkunde entgegen und erklärte jetzt auch ihr Pseudonym: Gabriela nenne sie sich aus Verehrung für den italienischen Dichter Gabriele d'Annunzio, der Nachname aber sei eine Huldigung an den 1914 verstorbenen provençalischen Dichter Frédéric Mistral. Ihre drei preisgekrönten „Todes-Sonette" waren aus einer tiefen und niemals verwundenen Liebesenttäuschung entstanden. — 1923 erhielt die Dichterin eine Professur, als Staatsbeauftragte wirkte sie an führender Stelle bei der mexikanischen Schulreform mit, und im Jahre 1926 entsandte Chile sie als Delegierte zur Genfer Völkerbundsversammlung. Seit 1933 war sie — durch ein Sondergesetz zum Konsul auf Lebenszeit ernannt — in diplomatischer Mission fast ständig auf Reisen und weilte auch in Europa, wo sie im November 1945 in Stockholm den Nobelpreis für Literatur entgegennehmen konnte, der zum erstenmal nach Südamerika vergeben wurde. Die Dichterin blieb unverheiratet — neben ihren dienstlichen Aufgaben galt ihre ganze Liebe der Dichtkunst und der Arbeit in ihrem Garten. Als sie starb, war ihre letzte Freude der Anblick der riesigen tropischen Schmetterlinge, die wie Edelsteine von Blüte zu Blüte taumelten, im Sonnenglanz des chilenischen Sommers.

1900 — 16. VIII. 1949   **MARGARET MITCHELL**

Vom Winde verweht sind heute alle Spuren des Geburtshauses von Margaret Mitchell: Ein modernes Bürohaus steht in der Peachtree-Street von Atlanta an der Stelle des säulengeschmückten Herrschaftssitzes, den Margarets Vater, ein angesehener Rechtsanwalt, hatte errichten lassen und dessen Abbruch die große Erzählerin ebenso wie die Verbrennung ihres gesamten schriftlichen Nachlasses testamentarisch verfügte. „... Meine Schwester gehörte zu den wenigen Schreibenden, die ihr privates Leben ängstlich gegen jeden Starkult abgrenzten", berichtet ihr Bruder Stephan, und fährt fort: „Die Hauptsache in ihrem Leben war die Tatsache, daß sie die glückliche Frau eines angesehenen Bürgers ihrer Vaterstadt war, der es trotz eines schweren Leidens zu einer führenden Stellung gebracht hatte. Sie war stolz auf ihn — und mehr braucht man über eine Ehefrau nicht zu sagen." Direktor John R. Marsh war nicht weniger stolz auf seine Frau, deren in vierjähriger Arbeit entstandener Roman „Vom Winde verweht" zu einem der größten Bucherfolge der Literaturgeschichte wurde. Die Geschichte des Scarlett O'Hara vor der dunklen Kulisse des amerikanischen Bürgerkrieges hat auch als Film einen beispiellosen Siegeszug durch alle Länder der Erde angetreten. Die Bibliothek von Atlanta bewahrt das Werk der berühmten Mitbürgerin in neunundsechzig fremdsprachigen Ausgaben. Die Schriftstellerin ließ sich indes auch vom Weltruhm nicht dazu verführen, die Gewohnheiten ihres unauffälligen Daseins zu ändern, bis zuletzt blieb sie ihrem alten Freundeskreis und ihrer Vaterstadt treu. In der Peachtree-Street in Atlanta, die auch in ihrem Roman eine große Rolle spielt, wurde Margaret Mitchell am 16. August 1949 von einem Auto angefahren und tödlich verletzt.

MARINA MNISZKOWA   1580 — 1613

Die eigentümlich schillernde Erscheinung der ehrgeizigen Tochter des Woiwoden von Sandomierz hat nicht nur die Historiker, sondern auch die Großen der Dichtung und Tonkunst immer wieder in ihren Bann gezogen; Schiller und Puschkin, Hebbel und Mussorgsky beschäftigten sich mit dieser Gestalt aus „Rußlands dunkelster Zeit", wie die Geschichte die wirre und blutige Epoche zwischen dem Tod des letzten Rurik und dem ersten Zaren aus dem Hause Romanow nennt. Iwan des Schrecklichen Sohn und Nachfolger, der Zarewitsch Demetrius, war auf Befehl Boris Godunows ermordet worden — das Volk aber glaubte nicht an seinen Tod und ebnete dem entlaufenen Mönch Otrepjew, der sich für Iwans Sohn hielt oder nur ausgab, den Weg zum Zarenthron. Auf diesem Triumphzug nach Moskau begleitete ihn seine Verlobte Marina, unterstützt von König Sigismund von Polen, der die russische Schwäche geschickt zur Festigung der polnischen Position ausnützte und den „falschen Demetrius" mit Truppen und Geldmitteln unterstützte. Der angebliche Sohn Iwans regierte über ein Jahr lang als kluger und überraschend weitsichtiger Zar; er nahm die späteren Reformen Peters des Großen zum Teil vorweg. Am Tage seiner Hochzeit mit Marina fiel er einem Mordanschlag des Bojaren Schuiski zum Opfer, seine Gattin kam ins Gefängnis, aus dem sie erst die Fürsprache König Sigismunds befreite. Und wieder bezweifelte das Volk den Tod des Demetrius, ein zweiter „falscher Demetrius" tauchte auf, der „Dieb von Tuschino", den Marina wider besseres Wissen als ihren rechtmäßigen Gemahl anerkannte — in der verwegenen Hoffnung, durch diesen Betrug für sich und ihren Sohn den Thron zu retten. Aber das Wagnis mißlang. Im Kerker oder — nach anderen Quellen — im Kloster starb diese Frau, die ein hohes Spiel gespielt und verloren hatte.

PAULA MODERSOHN-BECKER   8. II. 1876 — 21. XI. 1907

„Ich sah sie vor den schweren, dunklen Bildern, die sie damals malte, selten wohl und doch oft genug, daß mir die seltsam aus Lieblichem und Herbem, aus Anlockendem und Fremdem gemischte Bezauberung ihrer Gestalt und ihres Wesens unvergeßlich blieb. Ein heißes, begehrendes Herz, ein kühler, wägender und sondernder Verstand und dazu neben dem Bewußtsein des eigenen Wertes und der darin enthaltenen Verpflichtung die tiefe Bescheidenheit..." So lebt in den Erinnerungen des Dichters Rudolf Alexander Schröder die Gestalt dieser frühvollendeten Malerin, deren Bilder erst von der Kunstkritik mit Gleichgültigkeit übergangen, später dann — in einer dunklen Zeit — als „entartete Kunst" verfemt wurden und die heute für uns zu den liebenswertesten Zeugnissen des frühen Expressionismus gehören. Als Zweiundzwanzigjährige kam die gebürtige Dresdnerin in die norddeutsche Künstlerkolonie Worpswede, und hier, in der schwermütigen Moorlandschaft der Heide, fand sie Aufnahme in einem Kreis gleichgestimmter Maler, Bildhauer und Dichter. Hier wirkten Heinrich Vogeler, Fritz Overbeck und zeitweilig auch Rainer Maria Rilke; hier lebte der Maler Otto Modersohn, mit dem sie sich im Jahre 1901 zu kurzen gemeinsamen Schaffens- und Ehejahren verband. Einmal — um die Jahrhundertwende etwa — stiftete sie eines ihrer Bilder für eine Tombola, es wurde zum Hauptgewinn bestimmt. Nach der Ziehung besichtigte der Gewinner das Bild — und fragte dann an, ob er es nicht gegen den zweiten Preis umtauschen könne; das war ein Teddybär. Nun, seitdem hat sich das Urteil über die Künstlerin gründlich gewandelt, die von Paris die erste Kunde von Gauguin und Cézanne nach Deutschland gebracht hat und uns neben ihrem eigenen Werk in ihren Briefen und Tagebüchern ein unschätzbares Quellenmaterial hinterließ. In Worpswede ist sie, erst einunddreißigjährig, bei der Geburt ihres ersten Kindes gestorben.

9. VII. 1811 — 3. II. 1883

AMALIE MOHAUPT

Die erste große Liebe Adalbert Stifters war Fanny Greipel. Das schöne Bürgermädchen, die Muse seiner Dichtungen, heiratete indessen, von ihren Eltern gedrängt, einen anderen, da Stifter noch keine feste Stellung hatte. Noch während des quälenden Zerwürfnisses mit Fanny lernte er in Wien auf einem Hausball (1834) die bildschöne Amalie Mohaupt, Tochter eines in Ungarn lebenden pensionierten Fähnrichs, kennen. Als er Amalie seine unverminderte Liebe zu Fanny gestand, hatte das Mädchen volles Verständnis und sah darin kein Hindernis für eine Ehe. Am 15. November 1837 trat das Paar vor den Traualtar der Augustinerkirche zu Wien. Amalie, ein naives, hingebungsvolles Mädchen wie einst das „Naturwesen" Christiane Vulpius, brachte das Wunder fertig, in der Ehe mit dem schwierigen Dichter den Schmerz um Fanny, die „Braut seiner Seele und seiner Ideen", auszulöschen. Emerich Ranzoni schrieb über die junge Dichtersfrau: „Ein wundervolles, lichtbraunes Haar umrahmte das ebenmäßig geformte Gesicht, die Stirn war glatt und rein, die Nase edel, die Wangen voll und von blühender Farbe, der Mund klein und frischrot." Amalie hielt die winzige Wohnung – zwei Zimmer – in peinlicher Ordnung; von ihr gepflegt erholte sich Stifter immer wieder von seinen quälenden Krankheiten, die Briefe an sie sind rührende Zeugnisse der Gattenliebe. Ein Jahr vor seinem Tode schrieb er ihr: „Ich werde dich ehren und lieben, solange ich lebe, und wenn wir das Schönste, das wir hienieden haben, auch in ein Jenseits mitnehmen können, so werde ich dich auch in diesem Jenseits ehren und lieben." Auch das Bitterste blieb Amalie nicht erspart: der qualvolle Tod des Dichters an Leberkrebs und sein verzweifelter Selbstmordversuch. Trotzdem: „Die Verbindung mit dir ist das Glück meines Lebens geworden." So schrieb Stifter 1867 an seine „einzig teure" Gattin.

ERNA MOHR

Als Kind eines uralten holsteinischen Bauerngeschlechtes – erst ihre Eltern übersiedelten in die Stadt – steckte in ihr die Vertrautheit mit der Natur, insbesondere mit der Tierwelt. In den Ferien hatte sie ihr „Standquartier stets auf einem Hof und machte da im Jahreskreislauf alle Bauernarbeit in Stall und Koppel mit oder durchstreifte zu Fuß und zu Roß das weite schöne Land." Ihre Stube in der elterlichen Stadtwohnung glich mehr einem Tierpark als einer Jungmädchenkammer. Die Liebhabereien des Kindes und der jungen Volksschullehrerin wurden später zum alleinigen Beruf. 1913 nahm sie neben ihrer Arbeit als Lehrerin die ständige Tätigkeit am Zoologischen Museum in Hamburg auf und gehörte zehn Jahre lang der Fischereibiologischen Abteilung an, später der Abteilung für niedere Wirbeltiere. Sie wurde Vorstandsmitglied, Archivarin und Zuchtbuchführerin in der Internationalen Gesellschaft zur Erhaltung des Wisents und unternahm zahlreiche Reisen zu den Wisentherden Schwedens, Hollands und Polens. Nach zwanzigjährigem Schuldienst endlich beurlaubt, konnte sie die Stellung als Kustos der Wirbeltierabteilung am Hamburger Museum annehmen. 260 wissenschaftliche Veröffentlichungen trugen ihr das Ehrendoktorat der Münchner Naturwissenschaftlichen Fakultät ein und den Ruf als beste Fischkennerin, obwohl sie sich auch mit allerhand anderem schwimmenden, kriechenden und laufenden Getier befaßte und 1946 geschäftsführender Vorstand der Gesellschaft für Hundeforschung wurde. Wie wenig professoral die vielfach ausgezeichnete Dr. h. c. Erna Mohr sich gibt, beweisen die Worte, hinter denen sich eine intensiver Arbeit verbirgt: „Bei meiner Sammelei erwischte ich eine Anzahl Insekten und Milbenarten, die neu für die Wissenschaft waren, und von denen eine kleine Zahl jetzt mit meinem Namen herumläuft; auch ein fossiler Schwanzlurch ist ein Patenkind."

JOHANNA MOISSI-TERWIN 1884 — 1962

Ihr strenger Vater gab ihr erst die Erlaubnis, Schauspielerin zu werden, nachdem sie ihr Examen in der französischen und italienischen Sprache bestanden hatte. Die Kenntnis dieser Sprachen sollte entscheidend für ihre Laufbahn werden. Schon ihre erste Stelle am Königlich-Bayerischen Hoftheater, die Kammerzofe Franziska in Lessings „Minna von Barnhelm" (1910), war ein Erfolg. Mit Frank Wedekind, dem Dichter und Schauspieler, trat sie dann als Lulu in der „Büchse der Pandora" auf und hatte das Glück, als Cleopatra (in Bernhard Shaws „Cäsar und Cleopatra") die Partnerin des großen Schauspielers Albert Steinrück zu sein (1911). Nun wurde der „Magier der Bühne", Max Reinhardt, auf sie aufmerksam. „Ich spielte ihm auf dem Bühnenkorridor die Penthesilea und, um mich interessant zu machen, die Salome auf französisch vor." Reinhardt war bezaubert und nahm sie mit nach Berlin. Während eines Gastspiels im berühmten Münchner Künstlertheater sah sie zum erstenmal ihren künftigen Gatten Alexander Moissi den Hamlet spielen. Sie war hingerissen. Zwei Tage später lernte sie ihn kennen; sie sprach Italienisch mit ihm, dem gebürtigen Triestiner, und beide verliebten sich für immer ineinander. Mit ihm vereint wurde ihr Name — sie stellte die beiden Silben ihres Mädchennamens Winter zu Terwin um — weltberühmt. Er war Romeo, sie Julia; er Hamlet, sie Ophelia. Ihre Tourneen führten um die halbe Welt. Nach fünfundzwanzigjähriger Ehe starb ihr Gatte 1935. Neben seinem Grab auf dem Friedhof von Morcote am Luganer See hat sie im Frühjahr 1962 die letzte Ruhestätte gefunden.

HENRIETTE SOPHIE VON MOLTKE 1777 — 1837

Der große Feldherr der Bismarckzeit, Helmuth von Moltke, war von Kaiser Wilhelm I. mit dem Grafentitel belohnt worden und mit einer ansehnlichen Dotation, mit der er das Rittergut Kreisau bei Schweidnitz in Schlesien erwarb. Schloß Kreisau spielte später, in den dunkelsten Tagen der jüngsten Vergangenheit, eine tragische Rolle; dort trafen sich unter dem Vorsitz des Hausherrn Helmuth James von Moltke — eines Nachfahren der Familie Henriette von Moltkes — die führenden Männer des „Kreisauer Kreises", die im Geiste eines christlichen Humanismus ihr Vaterland von Hitlers Gewaltherrschaft zu befreien trachteten. Moltke und seine Freunde besiegelten ihre hochherzige Gesinnung mit dem Opfertod; das Schloß aber wurde von der Kriegsfurie vernichtet, und mit ihm das schöne Bildnis Henriettes, der Mutter des Feldherrn. Sie war die Tochter des Geheimen Finanzrates Paschen und heiratete als Zwanzigjährige den Leutnant Viktor von Moltke; der Inhalt ihrer nicht sehr glücklichen Ehe wurde die liebende Sorge um ihre acht Kinder, von denen der spätere Heerführer der zweitälteste war. „Wie oft ist es mir vor die Seele getreten, daß von allen Wohltaten des Lebens der erste mütterliche Unterricht die größte und bleibendste ist", schrieb der „große Schweiger" in seinen Erinnerungen. Die erhalten gebliebenen Briefe an die Mutter sind rührende Erweise der liebevollen Sorge für ihr Wohlergehen und zählen neben Moltkes Brautbriefen zu den schönsten Zeugnissen der deutschen Briefliteratur. Immer wieder liest man darin die Bitte, die Mutter solle sich schonen und ihre zarte Gesundheit nicht in Gefahr bringen. — Am 6. November 1806 hatte der sechsjährige Helmuth in Lübeck zusehen müssen, wie napoleonische Soldateska die Wohnung von Vater und Mutter plünderte und zerstörte — vierundsechzig Jahre später, am 2. September 1870, nahm er die Kapitulation Napoleons III. entgegen.

Um 1500

MONA LISA

Auf die Frage nach den drei berühmtesten Kunstwerken der Welt werden immer wieder drei Verherrlichungen weiblicher Schönheit genannt: die Venus von Milo, der Kopf der Nofretete – und Leonardo da Vincis rätselvolles Frauenbildnis, das unter dem Namen „Mona Lisa" seit vier Jahrhunderten die Menschen in seinen Bann zieht. Unergründlich wie das Lächeln dieser Frau bleibt auch das Geheimnis ihrer Herkunft und ihres Namens. War sie, wie manche sagen, die junge Gattin des Florentiner Kaufherrn del Giocondo, oder Filiberta von Savoyen, die Tante Franz' I. von Frankreich, oder Isabella d'Este, die Markgräfin von Mantua, oder die schöne Herzogin Constanza von Francavilla? Am 10. Oktober 1517 besuchte Kardinal Louis d'Aragon in Begleitung seines Sekretärs Antonio Meister Leonardo in Schloß Cloux bei Amboise; und Antonio berichtet, der Maler habe dem Kardinal das Bild einer gewissen Dame aus Florenz gezeigt, gemalt im Auftrage des Giuliano de Medici. Giuliano kehrte aber erst 1512 aus der Verbannung nach Florenz zurück und konnte deshalb kaum ein Bildnis der historischen Mona Lisa bei Leonardo bestellt haben. Auch muß „unsere" Mona Lisa bereits um 1505 entstanden sein, denn um diese Zeit fertigte Raffael schon eine Skizze nach diesem Gemälde an. Der Psychoanalytiker Sigmund Freud vermutet in Mona Lisas Lächeln eine Kindheitserinnerung des Malers an seine Mutter, während der bekannte Kunstforscher Wilhelm Worringer von einem „archaischen Lächeln" spricht, wie es sich am häufigsten bei den vorklassischen Bildwerken der Griechen zeigt. Trotz dieser Deutungsversuche ist das Rätsel um das Frauenbildnis des Louvre ungelöst. Wahrscheinlich werden wir niemals Gewißheit erhalten ...

4. Jahrh. v. Chr.

MUTTER MONG

Der chinesische Philosoph Meng tse oder Mencius, wie ihn der Westen nennt, setzte die Lehre des Konfuzius fort und übertraf in mancher Hinsicht noch seinen Meister. Man hat die Lehre des Konfuzius mit der milden Glätte des Jadesteins verglichen, die des Mencius aber mit dem klaren Funkeln des Kristalls. Daß er zum „zweiten Heiligen" des Konfuzianismus werden und sich zum Lehrer des großen chinesischen Volkes heranbilden konnte, verdankt Meister Mencius seiner Mutter. Mutter Mong gilt als eine der volkstümlichsten Gestalten des Reiches der Mitte. Mit echt chinesischer Leidenschaft für Lernen und Gelehrsamkeit tat sie alles, um den heranwachsenden Knaben an die Quellen des Wissens heranzuführen, sie eiferte ihn an, seine erworbenen geistigen Kräfte in den Gelehrtenschulen zu messen. Ihr höchster Triumph war es, als Meister Mencius endlich einen weit über das Land hinreichenden Ruf erwarb. Er zog, umgeben von einer Schülerschar, durch das China der „kämpfenden Staaten" und predigte die Herrschaft der Güte und Rechtlichkeit. Als er einmal, völlig entmutigt, nach Hause kam und fragte, ob er in eine entfernte Gegend ziehen solle, weil niemand in der Landschaft Tsi ihn anhören wolle, erwiderte Mutter Mong: „Eine Frau hat nicht zu bestimmen. Sie ist in dreifacher Hinsicht abhängig: in der Jugend von den Eltern, in der Ehe vom Gatten und nach dessen Tode vom Sohne. So verlangt es die Sitte. Du bist jetzt erwachsen und ich bin alt. Geh du also Deinen eigenen rechten Weg." So wanderte Meister Mencius heimatlos wie sein Vorbild Kungfutse durch die Provinzen Chinas, lehrte, predigte und suchte die Menschen zu bessern. Seine alte Mutter, der er alles verdankte, folgte ihm nach wie eine getreue Magd.

MUTTER MONICA 331 — 387 n. Chr.

Sie war die tränenreiche und sorgenvolle Mutter eines in die Vergnügungen der Welt und in geistige Wirrnisse verstrickten Jünglings, der später als St. Augustinus einer der größten Kirchenlehrer und einer der wirkungsreichsten Schriftsteller werden sollte. Als ihr Gatte und ihr hochbegabter, lebenshungriger Sohn die Taufe verweigerten, ließ Mutter Monica, die glühende Christin, nicht ab, den Himmel mit Gebeten zu bestürmen. Augustinus hat in seinen „Bekenntnissen" später erzählt, welch zügelloses Leben er als Student in den Städten seiner nordafrikanischen Heimat geführt habe, in Tagaste und Karthago, wo er als Lehrer der Beredsamkeit wirkte, und auch später noch in Rom, wo er in der gleichen Eigenschaft tätig war. Als ihn eine schwere Krankheit befiel, kündeten sich die ersten Spuren der Besinnung an. Augustinus verließ die Sekte der Manichäer und hörte mit seiner Mutter, die ihm nachgefolgt war, die Predigten des berühmten Bischofs von Mailand, des heiligen Ambrosius. Der Vater Patricius hatte kurz vor seinem Tode im Jahre 311 die Taufe empfangen; jetzt, in Mailand, vernahm auch der Sohn die himmlische Stimme, die ihn lange gerufen hatte. Er wurde zum eigentlichen Lehrer des Mittelalters und zum Begründer einer neuen Innerlichkeit, die das Prinzip seiner Philosophie des Herzens ist. Auch weiterhin begleitete ihn die Mutter in Demut und Geduld: „Sie diente uns so, als ob sie unser aller Kind sei", schrieb der berühmte Sohn von ihr. Augustinus wurde von Ambrosius getauft und wandte sich einem asketischen Leben zu. Die Mutter führte ihm überglücklich das Haus, ging mit ihm nach Rom und war schon nach dem Hafen Ostia unterwegs, um mit dem Sohn nach Afrika heimzukehren, als sie sechsundfünfzigjährig an geschwächtem Herzen starb. In der Kirche San Agostino zu Rom ruhen ihre Gebeine.

THYDE MONNIER 23. VI. 1887 — 18. I. 1967

Die Fabrikbesitzerstochter aus Marseille hat schon als Kind Verse geschmiedet, zum Ergötzen ihrer Eltern und Großeltern. Die erste öffentliche Anerkennung errang die Neunzehnjährige mit einem „Sonett an Mistral", das bei der Denkmalsenthüllung für den großen provençalischen Dichter vorgetragen wurde und Eingang in verschiedene Anthologien fand. Die sonnendurchglühte Provence und die Mittelmeerküste sind auch die Landschaften der Romane von Thyde Monnier. Nach frühen Erfolgen gelangte sie mit ihrem Roman „Liebe — Brot der Armen" zu Weltruhm. Das preisgekrönte Werk ist die durch zwei Generationen führende Chronik der Familie Desmichel, ihres sozialen Niedergangs und Wiederaufstiegs, aber auch ihrer Leidenschaften unter der brennenden Sonne Südfrankreichs. Nicht nur die Fabel macht den Reiz diesen großen Romans aus; vielmehr ist es die Schönheit der provençalischen Natur, die Echtheit der Gefühle und die unentrinnbare Liebe, die diesem Werk den Stempel des Welterfolgs aufprägte. Ergreifend in seiner durch den Krieg hervorgerufenen Wirrnis ist auch ihr zweiter Roman „Wein und Blut", der in einem kleinen Gebirgsdorf der Provence spielt. Auch hier spürt man die innere Beteiligung und Dramatik um das Schicksal junger Menschen in einer Zeit, die Verstand, Herzen und Sinne verwirrt hatte. Immer wieder hat die Schriftstellerin die Frau, die mütterlich helfende, liebende und entsagende Frau, in den Mittelpunkt ihrer Dichtung gestellt. „Eine Frau, eine gute Frau — das ist allerhand, was man auch sagen mag! Das ist wie die Luft, die man atmet; man achtet gar nicht darauf. Aber wenn sie einem fehlt, diese Luft zum Atmen, dann stirbt man. Wenn man sie hat, dann saugt man sie ein und denkt gar nicht mehr daran, daß sie es ist, die einem das Leben erhält ..."

ELIZABETH ROBINSON MONTAGU

2. X. 1720 — 25. VIII. 1800

Am Gough Square in London, einem kleinen Platz in der Nähe der berühmten Fleet Street, steht noch das schmale, hohe Ziegelhaus Dr. Samuel Johnsons, des großen Gelehrten und Literaturdiktators, der über ein Vierteljahrhundert lang wie ein König über die englische Sprache, die englische Literatur und die englische Gesellschaft des achtzehnten Jahrhunderts geherrscht hat. Sir Josua Reynolds, Oliver Goldsmith und Adam Smith waren hier häufig zu Gast; auch der Naturforscher Stillingfleet erschien des öfteren zu fruchtbarem Gespräch, angetan mit seinen unvermeidlichen blauen Strümpfen aus grober Wolle. Er trug sie auch zur Teestunde bei Lady Montagu, in deren Salon sich neben Johnson und seinem Kreis einige Damen der Gesellschaft trafen, die sich wie die Hausherrin von der üblichen Unterhaltung aus Klatsch und Hofintrigen abgewandt hatten und im ernsten Gespräch mit gelehrten Männern Anregung und Belehrung suchten. Auch gegen die stutzerhafte Mode lehnte man sich auf, man gab sich ein wenig à la bohème und trug nach Stillingfleets Vorbild dicke blaue Wollstrümpfe, die den Damen den Scherznamen Bluestockings — Blaustrümpfe — eintrugen. Das Wort hat sich lange erhalten; es galt als Spottname für Frauen und Mädchen, die ihre Interessen nicht auf Küchenherd und Boudoir beschränkten, sondern am geistigen, literarischen und künstlerischen Leben ihrer Zeit teilzunehmen suchten. Lady Montagus Salon blieb lange Zeit ein vielgerühmter Mittelpunkt der ersten „Blaustrümpfe"; in Boswells berühmter Biographie des Dr. Johnson finden wir begeisterte Schilderungen dieser Teestunden mit ihren sehr ernsthaften und fortwirkenden Diskussionen. Elizabeths Freundin Mrs. Thrale führte auch junge Künstlerinnen, wie Hanna Moore, Fanny Burney und die Deutsche Angelika Kauffmann, in den Kreis ein. Der Salon wurde auf seine Art eine Keimzelle für die Emanzipation der Frau.

FRANCOISE-ATHÉNAIS DE MONTESPAN

1641 — 27. V. 1707

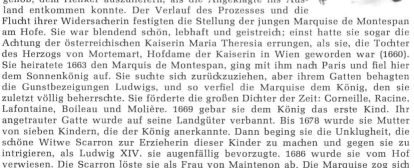

Eines Tages wurde die Giftmischerin Voisin in Paris verhaftet, kurz darauf eine Reihe von Adeligen, die das berühmte „Erbschaftspulver", ein schleichendes Gift, von der Voisin gekauft hatten. Schon in der ersten Skandalwoche stand auch Olympia Mancini, die Geliebte Ludwigs XIV., die Mutter des Prinzen Eugen, unter der Anklage des Giftmordes an ihrem Gatten vor den Gerichtsschranken. Eine ihrer Nachfolgerinnen, die Marquise de Montespan, hatte schon mehrere Zeugen bereit, um die Mancini, die immer noch verstohlen die Gunst des Königs genoß, dem Henker auszuliefern, als die Angeklagte ins Ausland entkommen konnte. Der Verlauf des Prozesses und die Flucht ihrer Widersacherin festigten die Stellung der jungen Marquise de Montespan am Hofe. Sie war blendend schön, lebhaft und geistreich; einst hatte sie sogar die Achtung der österreichischen Kaiserin Maria Theresia errungen, als sie, die Tochter des Herzogs von Mortemart, Hofdame der Kaiserin in Wien geworden war (1660). Sie heiratete 1663 den Marquis de Montespan, ging mit ihm nach Paris und fiel hier dem Sonnenkönig auf. Sie suchte sich zurückzuziehen, aber ihrem Gatten behagten die Gunstbezeigungen Ludwigs, und so verfiel die Marquise dem König, den sie zuletzt völlig beherrschte. Sie förderte die großen Dichter der Zeit: Corneille, Racine, Lafontaine, Boileau und Molière. 1669 gebar sie dem König das erste Kind. Ihr angetrauter Gatte wurde auf seine Landgüter verbannt. Bis 1678 wurde sie Mutter von sieben Kindern, die der König anerkannte. Dann beging sie die Unklugheit, die schöne Witwe Scarron zur Erzieherin dieser Kinder zu machen und gegen sie zu intrigieren, als Ludwig XIV. sie augenfällig bevorzugte. 1686 wurde sie vom Hof verwiesen. Die Scarron löste sie als Frau von Maintenon ab. Die Marquise zog sich in ein Kloster zurück und lebte künftig als Wohltäterin der Armen.

MARIA MONTESSORI 31. VIII. 1870 — 6. V. 1952

Die junge Signorina Montessori, mathematisches Wunderkind und Tochter eines wohlhabenden römischen Bürgerhauses, erschreckte die „Gute Gesellschaft" der Ewigen Stadt, weil sie – entgegen der strengen Sitte — ohne jede Begleitung durch die Straßen ging. Sie sollte Ingenieurin werden, aber auf dem Wege zur Universität, an der sie sich immatrikulieren lassen wollte, begegnete sie einem zerlumpten Bettler mit einem todkranken Kind auf dem Arm. Gegen den Willen der Eltern entschloß sie sich zum Medizinstudium und bestand als erste Frau Italiens das ärztliche Doktorexamen. Die „Dottoressa" — dieser Name blieb ihr ein Leben lang — besuchte Kliniken, Kinderbewahranstalten und Schulen und war entsetzt, ganze Reihen von Kindern zu sehen, die unbeweglich auf ihren Bänken sitzen mußten, „wie Schmetterlinge, die man auf Stecknadeln aufgespießt hat!" Nach ihrer festen Überzeugung konnten die Kleinen — auch geistesschwache und zurückgebliebene Kinder – rascher und besser lernen, als man bisher geahnt hatte, aber das Lernen mußte mit den Händen beginnen und nicht mit den Hirnen. In einer Wohnsiedlung gründete sie 1906 ihre erste eigene Schule, die „Casa dei Bambini", in der die Kinder in Freiheit und Ungezwungenheit, durch Beobachtung und Erfahrung, durch Basteln und Handarbeit „spielend" lernten, was Zwang und Drill ihnen nicht beizubringen vermocht hatten. Bald gab es „Montessori-Schulen" in aller Welt, betreut von der unermüdlich umherreisenden „Dottoressa", die im Jahre 1933 vor der faschistischen Diktatur ins Exil floh, nach Indien, wo sie gemeinsam mit ihrem Adoptivsohn Mario ein neues Hauptquartier der Montessori-Bewegung gründete. Das Kriegsende ermöglichte ihr die Heimkehr nach Europa und auch hier ein neues Aufblühen ihrer Pädagogik in unzähligen Heimen und Unterrichtsstätten.

LOLA MONTEZ 1818 — 16. I. 1861

„Ich kann mir nicht jede hergelaufene Tänzerin ansehen", sagte Ludwig I. zu seinem Adjutanten. „Majestät, es lohnt!" lächelte Graf Rechenberg und wurde so zum Initiator einer Audienz, deren Folgen einst den Thron der Wittelsbacher ins Wanken bringen sollte. Die außergewöhnlich schöne andalusische Tänzerin Maria de los Dolores Porris y Montez war bei ihrem Debut in München bereits 29 Jahre alt, sie stammte nicht — wie sie angab — aus Sevilla, sondern aus Montrose in Schottland und war die Frau eines in Indien stationierten englischen Leutnants, dem sie mit 19 Jahren davongelaufen war, um auf den Bühnen der europäischen Großstädte die Herzen der Männer zu entflammen. Der Bayernkönig machte keine Ausnahme. Bereits bei der ersten Begegnung mit Lola war er entzückt über die Hemmungslosigkeit, mit der sie ihm entgegentrat; er erlaubte ihr, in seinem Theater aufzutreten. Ihr erster Tanzabend am 10. Oktober 1846, an dem die ganze Münchener Gesellschaft teilnahm, wurde ein voller Erfolg. Ludwig erhob sie später zur Gräfin Landsfeld und schenkte ihr ein Haus in München, in dem er der eifrigste Besucher war. Man schrieb inzwischen das Jahr 1848, und auf den Straßen wehten die schwarz-rot-goldenen Fahnen der Revolution. Die Zeitungen veröffentlichten wilde Schmähartikel gegen die königliche Mätresse, im Theater wurde sie ausgepfiffen, und Sprechchöre von revolutionierenden Bürgern und Studenten forderten ihre Ausweisung aus Bayern. Eine Lebensrente von jährlich 50 000 Francs, die ihr des Königs Schwester, die Königin von Sachsen, anbot, falls sie Ludwig und Deutschland verlasse, schlug sie aus. Ludwig gab dem Drängen des Volkes nach und verwies das „Teufelsweib" des Landes. Es ist kein Zweifel, daß ihr letzter Gedanke Ludwig galt, den sie trotz aller Extravaganzen von Herzen geliebt hatte. „Sie lebte, um zu lieben und geliebt zu werden", sagte einer ihrer Freunde später von ihr.

1594 — 1650 ## CHARLOTTE VON MONTMORENCY

Im Winter 1608 veranstaltet die französische Königin Maria von Medici im Louvre eine Ballettaufführung, mit der sie ihren Gemahl Heinrich IV. zu erfreuen hofft. Als „Nymphen der Diana" tanzen die reizendsten Töchter des Adels, unter ihnen die fünfzehnjährige Charlotte, Tochter des Feldherrn Montmorency. Heinrich beauftragt seinen Hofdichter und Kammerherrn Malherbe, der Kleinen in zierlichen Versen zu huldigen; er vermählt Charlotte mit seinem Neffen Heinrich von Bourbon, Prinz von Condé, in der Hoffnung, die angeheiratete Nichte für sich gewinnen zu können. Der ganze Hof weiß, daß die prunkvolle Hochzeit, die fürstliche Ausstattung vom König bezahlt wird, den seine Liebe sichtlich verjüngt. Er läßt sich von einem flandrischen Maler ein Bildnis der Angebeteten schaffen. Dem Prinzen Condé, der seine jugendliche Gattin vor den Nachstellungen des Liebestollen zu schützen sucht, sperrt Heinrich die Zahlungen und Einkünfte seiner Güter; es kommt zu höchst unköniglichen Auftritten, bei denen harte und unbedachte Worte fallen — es kommt zur Flucht der Condés nach Brüssel, wo ihnen der spanische Statthalter Erzherzog Albrecht nur widerwillig Asyl gewährt. Den Geflohenen folgen bittende, fordernde Briefe des Königs, und als die Spanier Charlotte nicht ausliefern, plant der König die Entfesselung eines Krieges gegen Habsburg, ein Plan, der aus anderen als amourösen Gründen von England, Schweden und vielen anderen Staaten unterstützt und gefördert wird. Aber mitten in den Vorbereitungen stirbt Heinrich durch Mörderhand. Charlotte kehrt mit ihrem Gemahl nach Paris zurück und schenkt ihm dort einen Sohn, der als einer der berühmtesten Feldherren Frankreichs, als der „Große Condé", in die Weltgeschichte eingeht.

ANNE-MARIE-LOUISE MONTPENSIER
29. V. 1627 — 5. IV. 1693

Dieser ebenso geistreichen wie energischen Tochter des Herzogs Gaston von Orléans war es an der Wiege nicht gesungen worden, daß sie einst eine Art von antimonarchistischer Jungfrau von Orléans werden würde; man hatte ihr vielmehr schon als Kind eingeredet, sie würde später ihren Neffen, den nachmaligen Sonnenkönig Ludwig XIV. heiraten. Fünfzehn Jahre wartete sie vergeblich auf den Dauphin. Währenddessen entwickelte sich unter Ludwig XIII. und Richelieu, darauf unter Ludwig XIV. und Mazarin das Königtum zum allmächtigen und raubgierigen „paneuropäischen" Absolutismus. In dieser Gewitterzone der Macht waren die Frauen nur Köder, die ausgeworfen wurden, um wichtige Heiratskandidaten zu fangen. Der Hof bot Anna als Braut zunächst dem Grafen von Soissons, dann dem Infanten an; beide starben vor der Hochzeit. Die von ihr favorisierten Kandidaten, den König von Spanien, den Prinzen von Wales und andere, aber mußte sie ablehnen. Als der Hof das politisch-geschäftige Heiratsspiel mit seiner Tochter zu weit trieb, wurde es dem Vater, Herzog Gaston, zu bunt; er schlug sich zum aufständischen Adel, der Fronde, durch. Anna schloß sich den Frondeuren an, eilte nach Orléans, kletterte über die Wälle und herrschte sechs Wochen lang despotisch als Führerin der Rebellen. An der Spitze der Fronde marschierte sie nach Paris und beschoß mit den Kanonen der Bastille die Truppen Ludwigs XIV. Aber die Heldin wurde besiegt. Ludwig bot ihr nacheinander seinen eigenen Bruder und zwei weitere Bräutigame an — aber nun wollte sie nicht. Im Exil zu St. Forgeau verliebte sie sich in den Grafen von Lauzun, aber noch am Hochzeitstag griff der König ein und setzte den Grafen gefangen. Erst 1683 durfte sie, sechzigjährig, Lauzun heiraten — doch für das Lebensglück war es zu spät; die Ehe wurde nach zwei Jahren getrennt. Ihre Memoiren in vier Bänden haben den politischen und militärischen Ruhm der „Grande Mademoiselle" überlebt und sind heute noch lesenswert.

MARIANNE GRAIG MOORE   15. XI. 1887 — 5. II. 1972

Diese nordamerikanische Dichterin hat im Laufe eines langen, gesegneten Lebens mehr Literaturpreise erhalten als alle Erneuerer der europäischen Lyrik zusammen. Und das gewiß mit Recht, soweit die Unübersetzbarkeit ihrer Lyrik eine Beurteilung nach europäischen Maßstäben zuläßt. Ihre eigene Deutung der Poesie gibt sie in einem Gedicht, das wie alle ihre Werke eine ausschließlich aus der Prosa entwickelte Lyrik ist: „Dichtung — ich mag sie auch nicht: das Wesentliche liegt abseits von solchem Gefasel. Liest man sie aber voller Verachtung durch, so entdeckt man, daß hier trotz allem Raum ist für Echtes. Greifende Hände, Augen, die sich weiten, Haar, das zu Berge steht, wenn es sein muß: diese Dinge sind nicht wichtig wegen der hochtrabenden Deutung, die man ihnen beimißt, sondern weil sie Nutzen haben..." Das ist die gleiche „glühende Kälte" wie in der Lyrik Gottfried Benns, unter Zynismus getarnte Sensibilität von äußerster Verletzlichkeit, die Verleugnung des Gefühls aus Furcht vor dem Überschwang der Gefühle. In der neueren amerikanischen Dichtung ist Marianne Graig Moore die Antipodin des zur Volkstümlichkeit gelangten Lyrikers Robert Frost, dessen Gedichte „drüben" nicht weniger populär sind als die Romane Hemingways oder die Bilder der Grandma Moses. Sein Leitsatz „Ein Gedicht muß so einfach sein wie eine Hacke oder eine Axt" hat für die Lyrik der Moore nur bedingt Gültigkeit, ihr liegt auch jedes Streben nach Popularität fern. Die Namen Frost und Moore kennzeichnen den weitgespannten Bogen, in dem sich das heutige lyrische Schaffen der Neuen Welt vollzieht, in ständiger Wechselwirkung mit den geistigen und literarischen Strömungen Europas und vom europäischen Naturalismus und Expressionismus nicht weniger beeinflußt und durchdrungen wie von der Psychoanalyse, die ein sanft ironisches Walten von Wien ihren Ausgang nehmen ließ...

FANNY MORAN-OLDEN   28. IX. 1855 — 13. II. 1906

Eine der glänzendsten und genialsten, aber auch unglücklichsten deutschen Sängerinnen des 18. Jahrhunderts starb geistig umnachtet in einer Privatirrenanstalt zu Schöneberg bei Berlin. Die ungeheure Spannweite ihrer Erlebnisfähigkeit und ihre Empfindsamkeit hatten zu einer Zerrüttung ihres Nervensystems geführt. — Auf der Bühne und im Leben war Fanny Moran-Olden eine maßlos heftige, leicht erregbare, ja dämonische Natur, die sich keine Schranken auferlegte. Sie war die Tochter des Geheimen Medizinalrates Tappenhorn in Oldenburg, nannte sich aber nach ihrer Vaterstadt Olden, um ihre Eltern nicht zu kompromittieren, die sich lange Zeit gegen ihre Bühnenlaufbahn, eine „horrible Idee", erklärt hatten. Nach ihrem glänzenden Debut in Dresden geriet sie in heftige Auseinandersetzungen mit dem Intendanten, der ihre Trennung von der sie betreuenden Lehrerin forderte. Als sie diese Zumutung schroff ablehnte, vermittelte König Albert ihr ein Engagement an die Dresdner Hofoper. Aber auch hier sah sie sich Intrigen gegenüber, die ihre Stimme ernstlich gefährdet hätten; die Sängerin weigerte sich, die künstlerisch nicht zu bewältigenden Verpflichtungen einzugehen, sah ihren Vertrag als nicht erfüllt an und ging zur Oper nach Frankfurt, wo sie sechs Jahre lang die strahlendste Erscheinung der Bühne war. Nicht minder umjubelt war sie in den folgenden Jahren, als sie am Leipziger Stadttheater und als Gast auf vielen Bühnen wirkte. Diese Jahre führten zu ihrer künstlerischen Vollendung. Als Wagnersängerin errang sie in aller Welt, besonders in Amerika, größte Triumphe. Seit 1892 lebte sie in Berlin. Ihre Ehen mit dem Tenoristen Karl Moran und dann mit dem Kammersänger Theodor Bertram waren nicht glücklich; aber sie war ihren Kindern eine zärtliche Mutter.

3. II. 1526 — 7. XI. 1555   **OLYMPIA MORATA**

Die älteste Tochter des berühmten Gelehrten Fulvio Morata, der die Kinder des Herzogs d'Este am Hofe von Ferrara unterrichtete, galt wegen ihrer erstaunlichen Kenntnisse der griechischen und lateinischen Sprache als eines der größten „Wunderkinder" ihrer Zeit. Renée de France, als Gattin Ercoles II. Herzogin von Ferrara, erbat sich das kluge Mädchen zur Gespielin und Studiengenossin ihrer jungen Tochter Anna d'Este, der späteren Herzogin von Guise. An der Seite dieser Fürstentochter begann für Olympia ein reiches Leben höfischen Glanzes, das jedoch überschattet wurde vom frühen Tod ihres geliebten Vaters und von den ersten Auswirkungen der beginnenden Glaubenskämpfe. Auch trübten Neid und Intrigen das schöne Vertrauensverhältnis zwischen ihr und Renée, sie fiel in Ungnade und mußte ins Elternhaus zurückkehren, aus dem sie wenige Jahre später der deutsche Arzt Andreas Gundler als seine Gattin nach Augsburg und später in seine Vaterstadt Schweinfurt heimführte. Doch auch hier waren dem jungen Paar nur wenige Jahre friedlichen Glücks vergönnt; während der Belagerung der von Albrecht von Brandenburg besetzten Stadt durch würzburgische, bambergische und nürnbergische Truppen mußten sie in abenteuerlicher Flucht die Heimat verlassen und fanden endlich Obdach auf dem Schloß der Grafen von Erbach. Daß Olympia hier ein Ruf nach Heidelberg erreicht habe, auf den Lehrstuhl für griechische Sprache und Literatur, ist urkundlich nicht zu belegen; doch haben Gundler und seine Gattin die letzten Jahre ihres Lebens in Heidelberg verbracht, in sehr beengten Verhältnissen und nicht immer vor äußerster Not geschützt. Nur die gelehrte Welt nahm trauernd Anteil am Tode Olympias, sie wurde nur neunundzwanzig Jahre alt.

25. XI. 1830 — 16. XII. 1909   **LINA MORGENSTERN**

Das stille und doch tatkräftige und segensreiche Wirken der „Suppenlina" haben Franziska Tiburtius und Fanny Lewald in ihren Lebenserinnerungen mit herzlichen Worten gefeiert. „Ein warmherziges Gefühl von Wertschätzung einer tatenfrohen, liebenswerten Persönlichkeit überkommt uns beim Namen Lina Morgenstern — und dabei eine vergnügliche Erinnerung an ihre fast kindliche Naivität..." Die gebürtige Breslauerin hatte sich in ihrer Jugend mit astronomischen, literarischen und Musikstudien beschäftigt; nach ihrer Heirat und der Übersiedlung nach Berlin widmete sie sich jedoch in immer stärkerem Maße der Sozialarbeit, der Frauen- und Mädchenbildung und dem Jugendschutz. In den Kriegsjahren 1866 und 1870/71 führte sie als erste die mit freiwilligen Spenden unterhaltenen Massenspeisungen auf Bahnhöfen und öffentlichen Plätzen ein. Aus dieser Einrichtung entstanden die Berliner Volksküchen, in denen bereits im Jahre 1869 täglich acht- bis zehntausend Personen für einen geringen Betrag mit einem reichlichen Mittagessen beköstigt wurden. „Irgendwo gab es immer", so berichtet Fanny Lewald, „ein unbenutztes Kellerlokal, einen leerstehenden Speicher oder ein unbenutztes Fabrikgebäude; wo Lina Morgenstern das aufspürte, hatte der unglückliche Besitzer keine ruhige Stunde mehr, bis er sich ihren stets aufnahmebereiten Händen ergeben hatte. In kürzester Frist stand dann die Einrichtung und eine geschulte Köchin bereit — und dann strömten die Hungrigen herbei, um für zwanzig Pfennig einen Riesennapf Löffelerbsen in Empfang zu nehmen, aus dem die Speckstücke nur so strahlten..." Mit diesen Erfolgen gab die „Suppenlina" sich nicht zufrieden: ihrer Initiative verdanken auch der erste Berliner Kinderschutzverein und der erste Berliner Hausfrauenverein ihr Entstehen. Auch der Strafgefangenen und Strafentlassenen nahm sich die große Menschenfreundin an. Unter ihrer Leitung fand 1896 in Berlin der erste internationale Frauenkongreß statt.

347

CHARLOTTE MÖRIKE 1771 — 1831

„Ein noch ungesungenes Lied ruhest du mir im Busen, keinem vernehmbar, mich nur zu trösten bestimmt." Mit diesen Worten hat Eduard Mörike seiner Mutter, Frau Charlotte Mörike, gehuldigt. Bis an sein Lebensende bewahrte er die dankbare Erinnerung an sie. Im Pfarrhaus zu Grafenberg bei Nürtingen war sie 1771 zur Welt gekommen; das Haus des Vaters war Pflanzstätte ihrer Bildung gewesen, im Geiste einer mehr humanistischen als pietistischen, einer frommen und zugleich frohen Gesinnung war sie aufgewachsen. Sie hatte den sieben Jahre älteren Stadt- und Amtsphysikus in Ludwigsburg, den Oberamtsarzt Mörike geheiratet, einen tüchtigen, nüchtern denkenden Mann. Wie der Arzt ganz für seinen Beruf lebte, so ging sie völlig in den Pflichten ihres Muttertums auf. „Durch ihre Zärtlichkeit, ihr reines Beispiel und durch das Wort, zur rechten Zeit gesprochen", bekennt Mörike einmal, „übte sie ohne studierte Grundsätze und ohne alles Geräusch eine unwiderstehlich sanfte Gewalt über die jungen Herzen." Dem Ernst des Mannes setzte sie ihre Heiterkeit entgegen. Ohne Zweifel verdankt der Dichter dem nachdenklichen Vater einen nicht geringen Teil seiner hohen geistigen Bildung; die Mutter aber gab ihm die Zartheit des Empfindens, die sichere Witterung für das Große im Kleinen, die reiche Phantasie und die Fähigkeit zu einer Daseinsfreude, die ein unerläßlicher Ausgleich zu der oft quälenden Niedergeschlagenheit der mimosenhaften Seele des Dichters bildete. – Frau Charlotte Mörike beschloß ihr 70jähriges Leben in Cleversulzbach, dem Pfarrdorf ihres Sohnes. Auf dem Dorffriedhof fand sie neben der Mutter Schillers ihre letzte Ruhestätte. In das steinerne Grabkreuz hat Eduard Mörike mit eigener Hand die Worte gemeißelt: MÖRIKES MUTTER.

BERTHE MORISOT 14. I. 1841 — 2. III. 1895

Monsieur Morisot, der hochangesehene Präfekt von Bourges, war nicht sehr entzückt von dem Entschluß seiner beiden Töchter, die Malerei als Beruf und Lebensaufgabe zu wählen – aber er ließ sie gewähren. Berthe, die ältere der Schwestern, hatte den brennenden Wunsch, von dem verehrten Camille Corot unterrichtet zu werden, dem großen Vorbild der Schule von Barbizon. Und sie erreichte auch ihr Ziel: Sechs Jahre lang malte sie unter der Anleitung des vergötterten Meisters der zartschimmernden, silbrigen Landschaften, in denen die große Tradition der Poussin, Claude Lorrain und Watteau ihre Fortsetzung und Erfüllung fand. Später aber finden wir die hochbegabte Künstlerin in der Gruppe der Impressionisten; insbesondere fühlte sie sich von der Kunst Edouard Manets angezogen, dessen Bruder sie geheiratet hatte. „Das Auge muß zur Hand werden . . .", so erklärte Manet, sein Interesse für die Freilichtmalerei fand eine starke Förderung durch seine schöne Schwägerin, deren Bildnis er mehrmals gemalt hat. Berthe aber ging einen durchaus eigenen Weg: Im Gegensatz zur impressionistischen Farbzerlegung arbeitete sie mit großzügig flächigem Farbauftrag. In der Aquarelltechnik, die ihrer künstlerischen Natur besonders entsprach, erzielte sie mit sparsamsten Mitteln, oft nur mit wenigen kühn und nicht ohne Raffinesse gesetzten Farbflecken außerordentliche Wirkungen. Über vielen ihrer Gemälde und Aquarellen, die heute zum wertvollen Kunstbesitz der Museen in aller Welt gehören, liegt in den Lichtpartien ein zauberhaft irisierender Silberglanz – wie ein Erinnern an ihren großen Lehrmeister Camille Corot. In ihren letzten Lebensjahren stellte die Malerin auch die Radiernadel und die Lithographie in den Dienst ihrer Kunst.

21. VI. 1839 — 25. III. 1925   AMÉLIE MOSER

Im Jahre 1920 reiste der „Urwalddoktor" Albert Schweitzer wieder einmal durch Europa, um mit Orgelkonzerten und Vorträgen Geld zu sammeln für sein großes Liebeswerk in Lambarene am Kongo. Sein erster Besuch galt dem Schweizervolk, das in den wirren Notjahren nach dem Ende des ersten Weltkrieges den von der Kriegsfurie heimgesuchten Völkern hochherzige Hilfe zuteil werden ließ. Im Dorfe Herzogenbuchsee saß der Doktor Schweitzer bis tief in die Nacht zusammen mit einer einundachtzigjährigen Frau, mit Amélie Moser, und später schrieb er ihr aus Lambarene: „Ach, ich erinnere mich so gut an den Besuch damals in Ihrem Hause. Es war einer der ersten Tage, als ich in der Schweiz war für mein Werk, und die Aufnahme, die ich bei Ihnen fand, hat mir Mut gemacht für die ganze Reise!" Sie hat vielen Mut gemacht in ihrem langen, gesegneten Leben, diese wunderbare Schweizer Frau, die ein bewegtes Schicksal aus ihrer Bergheimat bis nach Indien führte und wieder heimkehren ließ ins stille Herzogenbuchsee. Der schöne Brunnen auf dem Dorfplatze ist ebenso ein Geschenk Amélies an ihre Heimatgemeinde wie das vorbildlich eingerichtete Krankenhaus; hier begründete sie einen der ersten schweizerischen Frauenvereine und richtete die erste schweizerische Gemeindestube ein. Zeitlebens kämpfte sie gegen den Alkoholmißbrauch, den sie als gefährlichsten Feind des Familienglückes betrachtete; sie setzte sich für die rechtliche und soziale Gleichstellung der Frauen ein und forderte bessere Berufsbildungsmöglichkeiten für Mädchen und Frauen. Als junge Frau war sie ihrem Mann nach Batavia gefolgt; nach einem kurzen Jahr gemeinsamen Glückes starb Albert Moser an Tropenfieber, die Witwe kehrte mit ihrem Töchterchen in die Heimat zurück, in ein Dasein, das nur noch der tätigen Nächstenliebe geweiht war. „Selbst die bittersten Erfahrungen", schrieb sie einmal, „führen zur Bereicherung und Vervollkommnung unseres Tuns..."

7.IX.1860—13.XII.1961 ANNA MARY MOSES-ROBERTSON

„Grandma Moses" ist auf einer Farm in der Nähe von Eagle Bridge im Staate New York zur Welt gekommen; ihre irisch-schottischen Vorfahren waren einst um der Glaubensfreiheit willen ausgewandert, um in der Neuen Welt ein neues Geschlecht zu begründen, dem das Gewissen oberstes Gesetz sein sollte. Mit siebenundzwanzig Jahren heiratet Mary den Landmann Thomas Salmon Moses; sie sind beide arm, aber heiter und zuversichtlich, und wagen mit der Pacht einer kleinen Farm den ersten Schritt ins selbständige Dasein. Erkämpftes tägliches Brot, hartes Ringen um Ernte und Saat — das ist das Leben der Pioniere auf neuem Boden. Zehn Kinder werden ihnen geschenkt, fünf sterben schon bei der Geburt; nach über vierzigjähriger glücklicher Ehe ist die Witwe allein mit ihren Kindern, Enkeln und Urenkeln. Im Jahre 1938 beginnt sie zu malen: Kindheitserinnerungen, Landschaften und kleine, freundliche Szenen aus dem ländlichen Leben. Mit feinem Pinsel ist da in leuchtenden Farben, in wohlabgewogener, flächenfüllender Komposition das amerikanische Landleben des neunzehnten Jahrhunderts festgehalten. Die Bezeichnung „Laienkunst" ist nicht ganz treffend — die Bilder der Grandma Moses sind echte, naive Volkskunst, überzeugend in ihrer lebensfrohen Diesseitigkeit und Lust am Fabulieren. Im Jahre 1940 entdeckt ein New Yorker Sammler die Bilder der alten Frau und veranstaltet die erste Ausstellung. Es wird ein sensationeller Erfolg — die Malerin ist über Nacht berühmt geworden. Inzwischen sind ihre Bilder in über hundert Ausstellungen in Amerika und Europa gezeigt worden, sie wurde Ehrendoktor vieler Universitäten und zu einem nationalen Symbol. „Wie ich male? Nun, immer etwas Hübsches und Heiteres, irgendeine Szene, die mir gerade einfällt. Die Welt ist schon richtig so, wie sie ist — und das Leben ist immer das, was wir daraus machen." Im September 1960 konnte Grandma Moses ihren 100. Geburtstag feiern.

JEANNE DE LA MOTTE-VALOIS 22. VII. 1756 — 23. VIII. 1791

Das schöne und verderbte Geschöpf war die Tochter einer Magd und eines verkommenen Edelmannes, der nichts besaß als den glanzvollen Namen eines alten Geschlechtes, das einst die Krone Frankreichs getragen hatte. Eine gutherzige Marquise las das Bettelkind aus der Gosse auf und ließ es erziehen. Die Abenteurerin heiratete einen degradierten königlichen Gendarmerie-Offizier, einen falschen Grafen; das Paar, das alle ehrliche Arbeit scheute wie die Sünde, verschaffte sich die reichen Geldmittel zu seinem Lotterleben durch raffinierte Schwindeleien, an denen sich auch ein Graf Allesandro Cagliostro, als schlichter Joseph Balsamo in der Hütte eines Obsthändlers zu Palermo geboren, beteiligte. Gelegenheit zum größten und letzten Betrug bot ihnen der bei Königin Marie-Antoinette in Ungnade gefallene Prinz Rohan, ohne daß er den Betrug zunächst durchschaute. Er war bereit, jede Summe zu opfern, die ihm den Weg zur Königin und zu einem Ministersessel ebnen könnte, und ließ sich von Jeanne de La Motte zum Ankauf eines kostbaren, angeblich von der Königin gewünschten Halsbandes überreden. Die Gauner verkauften das Geschmeide sofort ins Ausland und lebten von dem Erlös, bis die geprellten Juweliere sowohl bei der ahnungslosen Königin wie bei dem betrogenen Rohan zunächst vergeblich auf Zahlung drängten. Im Übermut des Erfolges setzten die genialen Schwindler ihrem Lügengebäude noch einige operettenhafte Glanzlichter auf: Sie verschafften Prinz Rohan ein vorgetäuschtes Rendezvous mit seiner angebeteten Königin, bei dem eine junge Dirne — nachts im dunklen Park von Versailles — die Rolle Marie-Antoinettes zu spielen hatte. Der Skandal wurde ruchbar und kostete Rohan Amt und Würde; die Pseudogräfin wurde ausgepeitscht, gebrandmarkt und in den Kerker geworfen, aus dem ihr zwei Jahre später die Flucht nach England gelang.

LADY EDWINA MOUNTBATTEN 1902 — 1960

Um die Mitte des vorigen Jahrhunderts heiratete Prinz Alexander von Hessen eine Hofdame der russischen Zarin, die polnische Gräfin Julia Haucke, Enkelin eines französischen Arztes und einer Elsässerin, die im gleichen Sesenheimer Pfarrhause aufgewachsen war wie Goethes Friederike. Zur Sanktionierung ihrer „unebenbürtigen" Ehe mit dem Hessenprinzen erhielt Julia den Prinzentitel „von Battenberg" für sich und ihre Nachkommen, die sich mit vielen Herrscherhäusern Europas versippten. Einer dieser Nachkommen, der wie alle Battenberger im Kriegsjahr 1917 seinem Namen die englische Form Mountbatten gab, war der letzte britische Vizekönig von Indien. Earl Louis Mountbatten of Burma heiratete 1922 Edwina Cassel, ein Patenkind König Edwards VII. und Enkelin seines Finanzberaters Sir Ernest Cassel, der aus einer Kölner jüdischen Bankiersfamilie stammte. An der Seite ihres Gatten erwarb sich Edwina als Vizekönigin von Indien durch ihre taktvolle Vermittlertätigkeit zwischen London und Delhi außerordentliche Verdienste. Als sie nach der indischen Unabhängigkeitserklärung das Land verließ, sagte Ministerpräsident Pandit Nehru ihr zum Abschied: „Wo immer Sie hingekommen sind, haben Sie Hilfe, Hoffnung und Ermutigung gebracht. Das indische Volk wird Sie nie vergessen!" Auf ihrer letzten großen Asienreise — sie wollte als oberste Leiterin einer britischen Hilfsorganisation neue gesundheitliche Einrichtungen auf Nordborneo inspizieren — ist die Achtundfünfzigjährige plötzlich verstorben. Von einem britischen Schlachtschiff aus wurden, so wie sie es sich gewünscht hatte, ihre sterblichen Überreste im Kanal von Calais dem geliebten Meer zur letzten Ruhe übergeben. Mit ihr starb das eigentliche „Oberhaupt" der Familie Mountbatten, deren Namen auf Wunsch Königin Elisabeths auch ihre eigenen Nachkommen wieder tragen sollen.

1763 — 1842

CONSTANZE MOZART

Ältere Mozartbiographien schildern „die Webersche", wie Leopold Mozart seine Schwiegertochter zeitlebens mit verächtlichem Unterton nannte, gern als allzu leichtfertige Ehegefährtin. Nur ein Dichter wußte es besser — in seiner berühmten Novelle „Mozart auf der Reise nach Prag" hat der seelenkundige Eduard Mörike Constanze in freundlich-warmen Pastellfarben hingetuscht. Freilich, eine vorbildliche Hausfrau war sie dem Herrn „Kammercompositeur" wohl kaum; die offenherzigen Wiener nannten sie ganz einfach „ane rechte Schlampen"; aber ohne Wirtschaftsgeld kann auch die gutwilligste Frau nicht wirtschaften lernen! Die Trauung des einstigen Wunderkindes Wolfgang Amadeus Mozart mit der „wohledlen Constanzia Weber aus Zell in Unterösterreich", die am 4. August 1782 im Wiener Stephansdom stattfand, hatte einen Ehestand begründet, in dem es nur allzuoft an Brennholz und sogar an trockenem Brote mangelte; die lebensfrohe Frau hat's geduldig und ohne viel Murren ertragen, wie sie auch ihres Eheherrn zahlreiche „Stubenmädeleien" mit Nachsicht hinnahm. Ihr verdanken wir Mozarts erste Hinwendung zur Fugensprache des Barock in seiner herrlichen c-moll-Messe, die zu schaffen er gelobt hatte, wenn es ihm gelänge, Constanze als Gattin heimzuführen. Als er in Prag in der letzten Nacht vor der Premiere die Ouvertüre zu „Don Giovanni" komponierte, saß Constanze neben ihm, mit heiteren Reden und starkem Kaffee den Übermüdeten wachhaltend... Unverständlich bleibt jedoch ihr Verhalten nach Mozarts Tod, denn durch ihre Nachlässigkeit geriet sein Grab in Vergessenheit und wurde für alle Zeiten unauffindbar. In ihrer zweiten Ehe — mit dem dänischen Staatsrat von Nissen — wurde Constanze eine geradezu musterhafte Hausfrau, die es glänzend verstand, aus der Hinterlassenschaft ihres ersten Mannes Kapital zu schlagen...

30. VII. 1751 — 29. X. 1829

MARIA ANNA MOZART

„Ein Salzburger Kapellmeister namens Mozart ist gestern in Paris angekommen — mit zwei Kindern von der hübschesten Erscheinung der Welt. Seine elfjährige Tochter spielt in der glänzendsten Weise Klavier, und ihr Bruder, der nächsten Februar sieben Jahre alt wird, ist eine so außerordentliche Erscheinung, daß man das, was man mit eigenen Augen und Ohren erlebt, kaum glauben kann. Die Kinder haben die Bewunderung aller derer erregt, die sie gesehen haben..." So berichtete Baron Melchior Grimm am 1. Dezember 1763 vom ersten Auftreten der Geschwister Mozart in Paris; Ludwig XV. und Madame Pompadour waren ebenso entzückt, wie es die Kaiserin Maria Theresia in Wien gewesen war, oder in Frankfurt der vierzehnjährige Wolfgang Goethe. Durch halb Europa schleifte der emsige Vater Leopold seine beiden Wunderkinder Wolfgang Amadeus und Maria Anna, die man einfach „das Nannerl" nannte. Zeitlebens war sie dem genialen Bruder weit mehr als nur geliebte und liebende Schwester — sie war ihm die engste Vertraute, die liebenswürdigste Briefpartnerin und die neidlose Begleiterin seines künstlerischen Aufstiegs. In ernsten Musikfragen beriet er sich am liebsten mit seiner „carissima sorella"; und als aus der Nannerl Mozart eine Reichsfreifrau von Berchtold zu Sonnenburg wurde, da schrieb er ihr: „Meine Frau und ich wünschen Dir alles Glück zu Deiner Standesveränderung, und daß Ihr beide so gut zusammenleben möchtet — wie wir zwei!" Bis zu ihrer Verheiratung war Nannerl dem Vater eine treue, verläßliche Stütze; als Gattin und Mutter bewährte sie sich auf das glänzendste auch unter herben Schicksalsschlägen. Den geliebten Bruder überlebte sie um achtunddreißig Jahre, Mann und Kinder mußte sie begraben und im Alter noch — erblindet — Klavierstunden geben. Still und bescheiden ging sie aus dieser Welt.

GABRIELE MÜNTER
19. II. 1877 — 19. V. 1962

„Ich bin von Kindheit an so ans Zeichnen gewöhnt, daß ich später, als ich zum Malen kam — es war in meinen zwanziger Jahren — den Eindruck hatte, es sei mir angeboren, während ich das Malen erst lernen mußte. Für's Malen hatte ich in Kandinsky, der 1902 mein Lehrer wurde, große Maßstäbe vor mir, und schließlich bin ich dazu herangewachsen, die Farbe auch so selbstverständlich und unangestrengt zu beherrschen wie die Linie." — Als die geborene Berlinerin im Jahre 1901 zum Studium nach München kam, befand sich die Kunst im revolutionären Umbruch. Der Jugendstil stürzte den alten Naturalismus. Ohne auf „moderne" Strömungen zu achten oder an den Debatten in den Künstlercafés teilzunehmen, ging Gabriele Münter zunächst ihren eigenen Weg. Erst durch Kandinsky, dem sie viele Jahre lang Lebensgefährtin wurde, stieß sie zu einem Kreis moderner Maler, die vor den Toren Münchens zwischen dem Staffelsee und dem Haselmoos einen neuen Kunststil anstrebten. Dorthin, nach Murnau, zog Gabriele Münter mit Kandinsky im Jahre 1908, bald darauf begann die Bekanntschaft mit Franz Marc, der im nahen Sindelsdorf lebte. August Macke, Jawlensky, Paul Klee kamen hinzu; der Bund Gleichgesinnter gab sich den Namen „Blauer Reiter". Es zeugt von ihrer starken Persönlichkeit, daß Gabriele Münter trotz des Vorbildes ihres großen Lehrers Kandinsky, des Begründers und ersten Theoretikers der abstrakten Kunst, ihrem eigenen Malstil bewahrte und dem Konkreten, vor allem dem Menschenbilde, verhaftet blieb. „Die Aufgabe der Darstellung des Menschen ist so bedeutend, daß ich mich nie versucht gefühlt habe, darüber hinaus zu gehen, die menschliche Erscheinung etwa aufzulösen, in eigenwillige Konstruktion aufzunehmen oder ganz zu verwerfen und durch gegenstandslose Gebilde zu ersetzen." Ihre schönsten Bilder sind in der Städtischen Galerie München gesammelt, wo auch die von ihr gestifteten frühen Werke Wassily Kandinskys eine Heimstatt gefunden haben.

MURASAKI SCHIBIKU
Um 1000 n. Chr.

Um das Jahr 1000 n. Chr. erhebt sich die Literatur des fernöstlichen Inselreiches Japan zu einer ihrer vollendetsten Leistungen. Die Dichter dieser glanzvollen Epoche sind nicht Männer, wie man bei der früheren sozialen Stellung der japanischen Frau annehmen müßte, sondern Frauen. Sie haben Werke geschaffen, Romane, Novellen, Tagebücher, die zum besten der klassischen Prosaliteratur des Fernen Ostens gerechnet werden. Zu den Dichterinnen jener Kulturperiode zählen Iseno Taifu, Sei Schonagon und Akazome Emon. Alle aber überragt Murasaki Schibiku, „Frau Purpur", die zwischen 975 und 1031 lebte. In ihrer Jugend genoß sie eine sorgfältig durchdachte Bildung. Sie heiratete und schenkte ihrem Mann Fujiwara zwei Kinder. Nach dem Tode des Gatten trat sie in den Dienst der Vizekaiserin Joto-Mon-In. Inmitten eines lasterhaften Hoflebens verhielt sich Frau Murasaki „wie eine Lotosblüte, die rein und hell im Schlamm wächst". Sie nahm nach einigen Jahren Urlaub vom Hof und reiste zum malerischen Biwa-See, wo sie beim Betrachten des Mondspiegelbildes auf dem Wasser das „Genji-Monogatari", „Die Erzählung vom Prinzen Genji", geschrieben haben soll. Dieses Werk ist der berühmteste klassische Roman Japans. In zahllosen Kapiteln berichtet Murasaki die Liebesabenteuer eines Prinzen. Doch ging es ihr mehr um die Darstellung der überfeinerten Sitten am Hofe und um die Zeichnung lyrischer Stimmungen voll zarter Romantik. Der Umfang des „Genji-Monogatari", das zu den Büchern der Weltliteratur rechnet, beträgt viertausend Seiten. Neben diesem Roman wurde von „Frau Purpur" auch durch ein Tagebuch, das „Murasaki-Shibiku-Nikki", bekannt, ein stilistisch edles Werk, das in glanzvoller Sprache und wundersamer Komposition der Bilder vom Leben ihrer Herrin, der Vizekaiserin Joto-Mon-In, und den Zeremonien am kaiserlichen Hof erzählt.

10. VII. 1910 — 15. III. 1975   **HANNA NAGEL**

Seit dem Tode Alfred Kubins ist der Ehrentitel des „größten lebenden Illustrators" auf eine Frau übergegangen, die ihn unbestritten beanspruchen darf: auf Hanna Nagel. Viele lieben ihre Zeichnungen, ohne den Namen der Künstlerin zu kennen, den sie immer ganz unauffällig in die zarten Gespinste ihrer abenteuerlichen Zeichenfeder verwebt. In Büchern, Zeitschriften und auch Tageszeitungen ist das reiche zeichnerische Lebenswerk dieser bedeutenden Frau verstreut, die einmal schrieb: „Ich lebe nur, wenn ich zeichne!" Hanna Nagel stammt aus Heidelberg; sie studierte an den Kunsthochschulen von Karlsruhe und Berlin und erhielt schon als Sechsundzwanzigjährige den Rompreis, ein Jahr darauf den Albrecht-Dürer-Preis, 1937 auf der Pariser Weltausstellung die Silbermedaille. Viele ihrer großen Zyklen — sie zeichnet mit der linken Hand, wie Leonardo und Menzel — tragen stark autobiographische Züge; so die großformatigen Federzeichnungen „Fantasien über die vierundzwanzig Préludes von Chopin", die Reiseskizzen aus Spanien und Frankreich. und die Folgen „Mann und Frau" und „Mutter und Kind". Die Künstlerin hat einmal in einfachen Worten ihre Berufung sich selbst und den Freunden ihrer großen Kunst zu deuten versucht: „Ich glaube daran, daß ich mit meinem Zeichnen eine Mission zu erfüllen habe — ich darf nicht sterben, ehe ich alles ausgeschöpft habe, aus meinem Talent und aus mir selbst. Mit meinen Zeichnungen möchte ich auch beitragen zum Verständnis der Frau, und ich glaube daran, daß das möglich, und vor allem, daß es sehr nötig ist! Es ist so leicht, zu verneinen und mit langen Haaren Existenzialist zu spielen. In der Kunst dürfen wir uns aber nicht damit zufrieden geben, daß sie uns Steine statt Brot vorsetzen — auch wenn diese Steine modern sind..."

13. II. 1879 — 2. III. 1949   **SARONIJI NAIDU**

Auf internationalen Kongressen fiel eine hoheitsvolle, nicht mehr ganz junge Frau auf, die sich mit langsamen Schritten, in herrliche Gewänder gekleidet, unter den Gästen bewegte: die Dichterin und Frauenführerin Naidu. 1879 geboren, gehörte sie zu den ersten indischen Frauen aus vornehmem Hause, die eine akademische Bildung genossen haben; sie studierte in Madras, London und endlich in dem hervorragenden Frauencollege Girton. Ihre Gedichte sind in viele Sprachen übertragen und auch in Musik gesetzt worden. Die Königlich-Literarische Gesellschaft Englands nahm sie als Mitglied auf, die Universität von Allahabad verlieh ihr den Ehrendoktor. Als leidenschaftliche Anhängerin Gandhis und als Vorsitzende des Indischen Nationalkongresses der Frauen wirkte sie ebenso für die Unabhängigkeit ihres Landes wie für die höhere Entwicklung der indischen Frau und ihre Befreiung aus völliger Unterwürfigkeit. Auf dem internationalen Frauenkongreß in Berlin 1929 zur Feier des fünfzigjährigen Bestehens des Weltbundes für Frauenstimmrecht war es einer der Höhepunkte, als Saroniji Naidu in flammenden, poetischen Worten für die Rechte ihres Volkes eintrat. Sie vergegenwärtigte den Weg, den die indischen Frauen gegangen sind, und forderte ihre volle staatsbürgerliche Gleichstellung, den Zugang zu der Mehrzahl der Berufe und eine völlig veränderte Stellung in der Familie. Daß eine Frau, die zugleich Dichterin hohen Ranges war, den Freiheitskampf Indiens entscheidend beeinflußt hat, ist das denkbar deutlichste Zeichen für die gesellschaftliche Wandlung in diesem Lande. Saroniji Naidu starb 1949 und fand in Lucknow, in ihrem Heimatland, ihre letzte Ruhestätte.

ZOFJA NALKOWSKA   1885 — 1954

Erst in der zweiten Hälfte des neunzehnten Jahrhunderts beginnt in der polnischen Literatur auch die Frau eine wesentliche Rolle zu spielen — meist als Typus der „polnischen Studentin", der intellektuellen, fanatisch nationalistischen Polin, die für die Befreiung ihres Vaterlandes nicht nur vom zaristischen Joch, sondern von jeglicher Fremdherrschaft, von jeder Unterdrückung und Mißachtung zu kämpfen bereit ist. Zofja Nalkowska lernte schon als junges Mädchen im Hause ihres als Geographieprofessor und Schriftsteller geschätzten Vaters neben den modernen Literaturbewegungen das politische Schrifttum des Sozialismus kennen, gemäß den überlieferten engen Kulturbeziehungen vor allem in französischer Sprache. Nach ausgedehnten Reisen veröffentlichte sie im Jahre 1907 ihren ersten Roman „Frauen", dem sich in rascher Folge weitere, von Kritik und Leserschaft gleichermaßen günstig aufgenommene Arbeiten anschlossen. Immer kreiste ihr dichterisches Schaffen um Frauenschicksale, die sie mit außerordentlicher Einfühlungskraft und zuchtvoll verhaltener Sprachgewalt zu überindividueller Gültigkeit gestaltete. 1923 erschien ihr „Roman der Therese Hennert", dreizehn Jahre später „Die Grenze", zwei Werke, in denen die glühende Anteilnahme an Pilsudskis Versuch einer nationalpolnischen Wiedererstarkung zum Ausdruck kommt. Die polnische Niederlage von 1939, der heroische Untergang der mit Lanzen gegen Hitlers Panzer anstürmenden Reiterschwadronen trafen die Dichterin ebenso schmerzlich wie die erneute Teilung ihres Vaterlandes und die Tragödie ihrer Heimatstadt Warschau. Nach Kriegsende nahm sie im Rahmen einer internationalen Untersuchungskommission an zahlreichen Besichtigungsreisen zu den Stätten grauenvoller Kriegsverbrechen teil — ein Erleben, das in ihren literarischen „Medaillons" einen bestürzenden und letztlich doch versöhnenden Niederschlag fand.

JADGAR NASRIDDINOWA

Jadgar bedeutet usbekisch Gedenken. Diesen Namen gibt man in Usbekistan Kindern, die keine Eltern haben. Ihren Vater hat Jadgar Nasriddinowa nie gekannt. Er starb, bevor sie zur Welt kam. Jadgars Mutter Kumra war damals noch sehr jung. Sie heiratete zum zweiten Mal und gab das Mädchen in eine Familie, die keine Kinder hatte. Ein alter Aberglaube besagt: in ein Haus, wo keine Kinder zur Welt kommen wollen, soll man ein Waisenkind nehmen, dann wird man vor Allah Gnade finden. So begann für Jagdar ein richtiges Nomadenleben: In sieben Jahren wechselte sie mehrere Häuser, denn sobald in der Familie ein eigenes Kind geboren wurde, mußte sie wieder zu fremden Leuten ziehen. Erst im Internat begriff die damals Elfjährige, daß es außer dem Leben, das sie zuvor gelebt hatte, noch ein anderes, ein interessantes, ein richtiges Leben gibt. Es fügte sich, daß Jadgar mit knapp dreizehn Jahren studieren und später die Hochschule besuchen konnte. Sie wählte entsprechend ihren Neigungen die Laufbahn eines Eisenbahningenieurs. Ihr Examen bestand sie mit hoher Auszeichnung, und man stellte der jungen tatkräftigen Ingenieurin schon bald die schwierige Aufgabe, in Katta-Kurgan und in Angren Eisenbahnen durch das unwegsame Gelände zu führen. Sie entwarf die Pläne für die Strecken, für die Unterwegsstationen, für Brücken und ausgedehnte Industriewerke, für Kulturbauten und Sportanlagen. Aus dem Eisenbahningenieur wurde der Minister für die Baustoffindustrie der Republik Usbekistan, die mit 7,3 Millionen Einwohnern, mit ihren Bodenschätzen, den ausgedehnten Baumwollkulturen, der Seidenraupenzucht und Seidenproduktion und einer aufstrebenden Industrie zu den Zukunftsländern des mittelasiatischen Rußland zählt.

6. V. 1739 — 15. V. 1794   **LOUISE-SUZANNE NECKER**

Die blonde, ein wenig hausbackene und nur mit viel Galanterie hübsch zu nennende Pastorentochter aus dem Dörfchen Crassier im schweizerischen Kanton Waadt wäre wohl nie ins Rampenlicht der Geschichte getreten, wenn sie nicht — als Fünfundzwanzigjährige — dem Genfer Bankier und späteren französischen Finanzminister Jacques Necker die Hand zum Ehebunde gereicht hätte. Er hatte nichts dagegen, als seine junge Frau nach ihrer Übersiedlung in Paris einen „Salon" begründete, obwohl er der Meinung war, daß sie die Dichter und Philosophen in ihrer Bedeutung weit überschätze. Ein etwas undankbarer Gast des Hauses Necker hat Suzanne Eleganz, Grazie und kultivierten Geschmack abgesprochen: „Alles war Berechnung, nichts floß aus der Quelle; es geschah nicht für uns, es geschah nicht für sie selbst, daß sie all diese Mühe auf sich nahm — sie tat es für die Karriere ihres Mannes." Und doch hat Suzanne der Welt etwas Wunderbares geschenkt: ihre Tochter Louise-Germaine, die später als „Madame de Staël" in die Geschichte eingehen sollte. Die junge Germaine, die schon mit fünfzehn Jahren juristische, politische und geschichtsphilosophische Abhandlungen verfaßte, dürfte wohl den Hauptanziehungspunkt im Salon ihrer Mutter gebildet haben. Eine zeitgenössische Zeichnung von Philippoteaux zeigt einen „literarischen Abend" bei Madame Necker: Der damals hochgerühmte Dichter Saint-Pierre liest der Gesellschaft seine Idylle „Paul und Virginie" vor, und Germaine blickt an der Seite ihrer hingerissen lauschenden Mutter ein wenig spöttisch auf den Dichter, unter dessen eindrucksvollen Deklamationen der Naturforscher Buffon bereits friedlich eingeschlafen ist... Bemerkenswerter als Suzannes literarische Interessen sind ihre Verdienste auf dem Gebiet der Sozialhygiene, ihre Anregungen haben sehr zur Verbesserung der Gesundheitsverhältnisse beigetragen.

3. II. 1870 — 11. I. 1945   **ADA NEGRI**

Die Umwelt des Kindes Ada Negri war die „proletaria", das armselige Dasein der Arbeitslosen wie der Arbeitenden in den Gassen ihrer Heimatstadt Lodi. Den Anblick und das Miterleiden dieser Trostlosigkeit konnte sie auch dann nicht vergessen, als sie selber den Elendsquartieren entronnen war und als Lehrerin zu Pavia in die gehobenere Schicht der „kleinen Leute" aufsteigen konnte. Das Erlebte brannte in ihr weiter, trieb sie zur Anklage in den Versen ihres ersten Gedichtbandes „Schicksal" (1892), mit dem sie sich in Italien und im Ausland als aufrührerische Anwältin der Entrechteten vorstellte. Mit den Gedichtwerken „Stürme" (1894) und „Mutterschaft" (1900) wuchs sie zum eigenen sprachlichen Ausdruck heran, der sich an der Lyrik Pascolis und d'Annunzios geschärft hatte. Der weitere gesellschaftliche Aufstieg — man ernannte sie zur Professoressa am Lehrerinnenseminar in Mailand, sie heiratete den Industriellen Garlanda — änderte zunächst wenig an der Glut ihres sozialen Kämpfertums; aber daneben bewegten sich ihre Gedanken mehr und mehr um das Privatmenschliche, gesehen aus dem Blickwinkel des eigenen Erfahrungsbereiches. Seelische Konflikte fanden in den Gedichten „Aus der Tiefe" ihren Niederschlag, im „Exil" behandelt die Dichterin die geistige Krise eines vom Trauer umschatteten Menschen, in dem Roman „Die Einsamen" ist es das verschlossene, von Schwermut umwölkte Leben einer Frau, die außerhalb der Gesellschaft steht. Deutlicher tritt das seelische Porträt der Dichterin im „Buch der Mara", in ihren Jugenderinnerungen „Morgenstern" und in den Liedern des „Lebensabends" hervor. Die Weltschau ist gelassener, der Strom und das oft Ungebärdige der frühen Lyrik sind verebbt, das Sendungsbewußtsein ist neuen Aufgaben zugekehrt, auch das Religiöse hat in den letzten zwei Jahrzehnten ihres Lebens für sie an Bedeutung gewonnen.

POLA NEGRI
* 3. I. 1897

„Auf der deutschen Leinwand war mit Pola Negri ein ganz neues Gesicht erschienen. Ganz anders als das der Asta Nielsen, erst recht anders als das der Henny Porten. Wenn man von einem Filmgesicht sprechen kann, so hat es Pola Negri. Sie ist nicht schön im landläufigen Sinne, aber sie hat das von innen bewegte Antlitz der großen Tragödin, den ‚erleuchteten Spiegel' einer leidenschaftlichen Seele und eines starken Temperaments. Die Echtheit ihrer Gefühle, die Rührung, die sie in dramatischen Szenen zeigte, und die tiefe Trauer, die sie in vielen Fällen aufbrachte, drangen dem Kinobesucher ins Herz" (Oskar Kalbus). Nach ihren eigenen Angaben war ihr Vater ein Kunstschmied, namens Chalupec, der Jahre vor dem 1. Weltkrieg aus der Slowakei nach Polen gekommen war, und ihre Mutter eine polnische Adelige, namens Eleonora von Kielczewska. Sie selbst hieß mit Vornamen Apollonia. Da sie die Poesie der italienischen Dichterin Ada Negri leidenschaftlich verehrte, hat sie später ihren Namen in Pola Negri umgeändert. Sie hatte schon früh in dem polnischen Film „Sklaven der Sinne", dessen Autor sie selbst war, einen solch großen Erfolg, daß ihr die Ufa in Berlin sogleich einen Vertrag anbot. Damit begann in der Stummfilmzeit in Deutschland mit den sensationellen Filmen „Carmen", „Madame Dubarry" (1918) und „Sumurum" (1920) die erste Phase ihrer internationalen Filmkarriere, bei der sie von Regisseur Ernst Lubitsch zur großen Tragödin und zum „Vamp" gemacht wurde. Die zweite Phase erlebte sie in Hollywood u. a. mit dem Welterfolg „Hotel Stadt Lemberg" (1926), und die dritte wiederum in Deutschland, wo sie mit den Tonfilmen „Tango Notturno" und „Mazurka" ihre größten Triumphe feierte. Nach dem zweiten Weltkrieg lehnte sie ein Angebot für den amerikanischen Film „Wem die Stunde schlägt" ab, weil sie darin eine alte Frau spielen sollte, und in letzter Zeit auch ein Angebot aus Deutschland, weil ihr die für sie vorgesehene Rolle in dem Film „Herrin der Welt" zu klein erschien. Im Jahre 1949 hat sie ihre Memoiren „Soweit ich's sagen kann" beendet.

SHRIMATI UMA NEHRU
* 8. III. 1886

Am 2. März 1930 forderte Mahatma Gandhi in einem Brief an den britischen Vizekönig Lord Irvin die Herabsetzung der Landabgaben, gerechtere Verteilung der Einkommen und Beseitigung der Salzsteuer. Er schloß mit der Erklärung, daß er, falls seine Forderungen kein Gehör fänden, einen Schritt unternehmen werde, um die Gesetze des britischen Salzmonopols, die er als die ungerechtesten von allen betrachte, öffentlich zu verletzen. Das Schreiben wurde zu den Akten gelegt. Am 12. März trat Mahatma Gandhi den berühmten Marsch zur Küste an, um unter Umgehung des britischen Monopols Salz aus dem Meere zu gewinnen und durch diese demonstrative Tat gegen die drückende Salzsteuer zu protestieren. In ganz Indien folgten Zehntausende seinem Beispiel. In der Tempel- und Pilgerstadt Allahabad im Staate Uttar Pradesh übernahm eine Frau, Shrimati Uma Nehru, Präsidentin des Provinzkongresses, die Führung in der „Bewegung des Ungehorsams". Britische Polizei holte sie von der Straße, sie teilte mehrmals mit Hunderten von Gefährten die Gefängnishaft — und setzte den gewaltlosen Widerstand fort, sobald sie die Freiheit wiedererlangt hatte. Auf der mütterlichen Frau lastete das ganze Elend der indischen Kinder. Sie organisierte Hilfsmaßnahmen und gründete und redigierte mehrere Kinderzeitschriften. Die Erwachsenen, vor allem die Mütter, sprach sie in ihren hindisch geschriebenen Zeitschriften „Darpan" und „Maryade" an. Obwohl sie mit zahlreichen Ämtern bedacht wurde, fand sie noch die Zeit zur Entfaltung ihrer weitgespannten geistigen und musischen Welt — sie ist eine begnadete Pianistin — und zu literarischer Arbeit. Ihre Bücher „Mother India" und „Bipta" sind Zeugnisse des erstarkten indischen Selbstbewußtseins.

9. III. 1697 — 30. XI. 1760 **FRIEDERIKE CAROLINE NEUBER**

Als eine der ersten großen Schauspielerinnen in Deutschland und vor allem als Direktorin eines Wandertheaters hat Friederike Caroline Neuber den zu ihrer Zeit liederlich gewordenen Aufführungsstil der Bühne entscheidend reformiert und das Ansehen des Schauspielerberufes gehoben. Dabei war sie eine echte Komödiantin, vital, wankelmütig und nicht immer wählerisch in den Mitteln, sich durchzusetzen. Sie war die Tochter eines sächsischen Advokaten, der seine Tochter als „Kanaille" behandelte und glaubte, ihr eine gründliche Allgemeinbildung mit der Peitsche beibringen zu müssen. Die Fünfzehnjährige büßte ihren ersten Fluchtversuch aus dem Elternhaus mit sieben Monaten Gefängnis. Fünf Jahre später gelang der zweite mit Johann Neuber, einem Gehilfen ihres Vaters. Die beiden Ausreißer heirateten und schlossen sich einer Komödiantengesellschaft an. Später hatten sie als braunschweigische „Hofakteure" ihre eigene Truppe und hielten sie in pedantischer Zucht. In Leipzig verschaffte Gottsched der „Neuberin" das sächsische und polnische Aufführungsprivileg. Unter dem Einfluß dieses „Literaturpapstes" nahm sie Abstand vom derben Stegreifspiel, verbannte den Harlekin und Hanswurst von der Bühne und inszenierte regelstrenge Stücke nach französischem Muster, die ihr als Schauspielerin einen manierierten Stil aufnötigten. Als Gottscheds Stern sank, stimmte sie bedenkenlos in den Spott auf ihn ein. Gleichzeitig aber verblaßte ihr eigener Glanz. Auch in Petersburg und Wien, wo sie noch einmal auf Erfolge hoffte, stieß sie auf Unverständnis. Sie starb im Elend. Erst die Nachwelt erkannte ihre großen Verdienste. Lessing rühmte ihr eine „vollkommene Kenntnis ihrer Kunst" und „männliche Einsichten" nach, und Goethe setzte ihr in der Gestalt der Madame de Retti im „Wilhelm Meister" ein dauerndes Denkmal.

1854 — 1944 **AGNES NEUHAUS**

Wenn von Berufungen die Rede ist, so darf an Agnes Neuhaus gedacht werden. Die glücklich verheiratete Frau, Mutter mehrerer Kinder, die in ihrer Vaterstadt Dortmund ein sorgloses Leben hätte führen können, das Geselligkeit und Pflege der Musik bot, erkannte bei einem Besuch im Krankenhaus ihre Verpflichtung, sich der gefährdeten Mädchen anzunehmen, die sie im Saal in enger Gemeinschaft mit sittlich schwer entgleisten älteren Frauen antraf. Spontan gründete sie mit nur wenigen Mitarbeitern einen Fürsorgeverein, der sich unter ihrer Leitung im Laufe der Jahrzehnte zu dem großen „Katholischen Fürsorgeverein für Frauen, Mädchen und Kinder" entwickelte. Man muß sich vergegenwärtigen, was es damals — Frau Neuhaus war 1854 geboren — bedeutete, sich mit Sittlichkeitsfragen zu beschäftigen. Das Schwergewicht ihrer Bemühungen lag auf dem Gebiet der Rettung der Verwahrlosten. Sich mit Fragen der Gesetzgebung zu befassen, wurde Aufgabe vorwiegend erst der Jahre, in denen sie dem Deutschen Reichstag angehörte (1919–1930). Sie hatte sich der Zentrumspartei angeschlossen, obwohl sie, aus industriellen Kreisen stammend, dem nationalliberalen Geist nicht fern stand und eine große Verehrerin Bismarcks war; ihr Lebenswerk glaubte sie aber in einer christlich betonten Partei besser fördern zu können. Als Abgeordnete widmete sie sich tatkräftig den Jugendfragen, das Fürsorgegesetz verdankt ihrer Mitarbeit entscheidende Gesichtspunkte. Im ersten Weltkrieg verlor sie den einzigen Sohn, der Gatte erlag einer schweren Krankheit. Ihre letzten Lebensjahre verbrachte Frau Neuhaus in Soest, bis zu ihrem Ende geistig frisch und noch als Neunzigjährige am sozialen Leben teilnehmend.

THERESE NEUMANN   9. IV. 1898 — 18. IX. 1962

Noch immer ist Therese Neumann, die älteste Tochter eines armen Schneiders aus dem oberpfälzischen Dorf Konnersreuth, der Welt ein Rätsel. In einer rationalisierten Zeit lebt sie das bedürfnislose, leidvolle und im Tiefsten doch wohl glückliche Leben einer Mystikerin. Die Bauernmagd Therese half im März 1918 beim Löschen eines Brandes und zog sich durch die Strapazen eine Verletzung zu, die zur Lähmung führte. Bald darauf erblindete sie auf beiden Augen. Eine siebenjährige schwere Leidenszeit begann, bis der Tag der Seligsprechung der Mystikerin Therese „vom Kinde Jesu" die Wende ihres Lebens brachte: Die Erblindung wich von ihr, wie sie gekommen war; am 17. Mai 1925 konnte sie wieder gehen, obwohl die Ärzte ihre Lähmung als unheilbar bezeichnet hatten. Seit der Fastenzeit des Jahres 1926 erlebte sie in dramatischen Visionen das Leiden Christi mit, und zur selben Zeit zeigten sich an ihrem Leibe die Blutmale des Gekreuzigten, wie sie einst Franziskus von Assisi und nach ihm viele getragen haben. Wie vor über hundertsechzig Jahren die Bauerntochter Katharina Emmerick in Dülmen, die Seelenfreundin Clemens Brentanos, bedurfte Therese Neumann seitdem keiner Nahrung außer dem täglichen Abendmahl. Um die Erklärung und Deutung der Erscheinungen der Stigmatisation und der Nahrungslosigkeit dieser frommen und herzensstarken Frau bemühten sich Mediziner, Theologen und Psychologen; die Existenz Therese Neumanns, die keinen Kult um sich wollte und ihre Aufgabe in der Krankenpflege sah, scheint der exakten Forschung aber noch verschlossen. Sicher ist die Besonderheit ihres Daseins Ausdruck einer ungemein starken psycho-somatischen Wechselbeziehung.

ELLY NEY   27. IX. 1882 — 31. III. 1968

Bestimmend für ihren Lebensweg wurde der bedeutenden Beethoven-Interpretin ihre Großmutter mütterlicherseits, eine hochmusikalische Chordirigentin und Organistin, die bei Beethovens Freund Anton Schindler studiert hatte. Als kostbares Erbgut legte sie ihrer Enkelin, die in Düsseldorf das Licht der Welt erblickte, den verehrenden Dienst an Beethovens Werk in die Wiege. In ihrem schönen Erinnerungsbuch „Ein Leben für die Musik" hat sie in liebevollen und eindrucksstarken Schilderungen ihre Kinderjahre in Bonn nachgezeichnet, und die fruchtbaren Lehrjahre in Köln und später in Wien, als Meisterschülerin Leschetizkys und Sauers. Die Donauresidenz wurde für die Künstlerin Startplatz eines beispiellosen musikalischen Siegeszuges, nachdem Emil von Sauer der Einundzwanzigjährigen das „Diplom der Meisterschaft" verliehen hatte. Als Nachfolgerin ihres ersten Lehrers, des verstorbenen Isidor Seiss, übernahm sie die Leitung der Meisterklasse am Kölner Konservatorium; aber bald zwangen die ständig wachsenden Konzertverpflichtungen im In- und Ausland sie zur Aufgabe ihrer Lehrtätigkeit. Seitdem hat sie in allen Musikzentren der Alten und Neuen Welt konzertiert, stürmisch begrüßt und gefeiert von einer treuen Gemeinde, die in der Begründerin der Bonner Beethovenfeste, der gläubigen Christin und asketischen Vegetarierin ein lebendiges Sinnbild heroischer Lebensgestaltung verehren. Vielen Großen der Welt und des Geistes ist sie in ihrem gesegneten Leben verbunden gewesen: Richard Strauß und Romain Rolland, Albert Schweitzer und Hans Carossa, Joseph Weinheber, Krishnamurti und viele andere haben der hingebungsvollen Interpretin Beethovens ihre Huldigung dargebracht, die ihre Kraft aus dem Glauben an ihren Genius und an die Gnade künstlerischer Vollendung schöpft.

11. IX. 1885 — 24. V. 1972   ## ASTA NIELSEN

Als in der Zeit nach dem ersten Weltkrieg in einer spanischen Stadt ein Stummfilm mit Asta Nielsen in der Hauptrolle gezeigt wurde, schoß ein Mann während der Vorführung mit dem Revolver mitten in die Großaufnahme ihres Gesichtes. Die Künstlerin zeigte sich, als sie davon erfuhr, keineswegs betroffen: „Eine kleine Aufregung im Kino, ein winziges Loch in der Leinwand, nichts weiter!" Nach ihrer Ansicht konnte es für ihre Darstellungskunst, ja, für die Filmkunst überhaupt, kein größeres Kompliment geben als dieses „Attentat"; denn es zeige drastisch, wie zupackend und erregend die neue Kunst des Films auf den Menschen einwirke. „Ich bin davon überzeugt", so erklärte sie weiter, „daß der Mann nur mein Bild gemeint hat, als er schoß. Man kann das sehr gut begreifen, wenn man bedenkt, wie groß und plastisch der Film ein Gesicht auf die Leinwand hext. Der Film kann lebendiger als das Leben wirken... Ich fühle mich nicht im Geringsten erschossen!" — Asta Nielsen, Tochter einer Waschfrau und mit vierzehn Jahren bereits Waise, begann ihre ruhmreiche Karriere in ihrem Heimatland Dänemark, wo sie sich als Bühnenschauspielerin erfolgreich durchsetzte. Aber erst in Deutschland wurde sie eine der großen Darstellerinnen des europäischen Stummfilms. Mit ihrem frühesten Film „Der Abgrund" (1910) begann die Reihe ihrer großen Triumphe; Wirkung dieses Films war in den Filmländern der Welt ein „Asta-Nielsen-Fieber". Große künstlerische Leistungen wurden später „Hamlet" (1920), „Erdgeist" und „Fräulein Julie" (1921), „Die freudlose Gasse" (1925), „Geheimnisse einer Seele" (1926), „Dirnentragödie" und „Die Büchse der Pandora" (1928). Mit Asta Nielsen hatte der Film aufgehört, „Kintop" zu sein. Er war zu einer eigenen Kunstgattung mit eigenen ästhetischen Gesetzen geworden.

FRANZISKA NIETZSCHE

Seitdem der junge Student Friedrich Nietzsche, zum Weihnachtsurlaub nach Hause zurückgekehrt, den Familienkreis zum erstenmal erkennen ließ, daß er Gott und die Lebensdeutung des Christentums abgetan habe, wurde das Verhältnis der Mutter zum Sohn zu einer Daseinstragödie. Die fromme Pfarrerstochter und Pfarrersfrau, die sich schon bald nach der Geburt des Sohnes eines Teiles ihrer Mutterrechte beraubt sah, da die allesbeherrschende Großmutter und zwei Schwestern ihres Mannes über die Kinder bestimmten, kämpfte ständig mit der Furcht, den Sohn ganz zu verlieren. Unverrückbar verwurzelt im Christenglauben, verschloß sie willentlich Ohren und Augen, um ihr Gewissen nicht mit dem belasten zu müssen, was Friedrich Nietzsche der Welt vom Sterben Gottes und vom Widerchrist verkündete. Nur so glaubte sie ihn mütterlich liebend in ihre Arme schließen zu dürfen, wenn er in den Lebenswirrnissen zu ihr heimfand; und auch Nietzsche verhüllte in solchen Augenblicken die wilden Abgründe seines Geistes vor ihr, um sie nicht im tiefsten verletzen zu müssen. Dennoch wußte sie von seiner Hybris, seiner Gottentfremdung und seinem Christenhaß, und nur so verstehen wir, daß diese Mutter leidvoll glücklich sein konnte, als er, dieser Hybris und dieses Christenhasses nicht mehr mächtig, als Vierundvierzigjähriger ihr wie ein unmündiges Kind ganz zu eigen zurückgegeben wurde. Frau Franziska Nietzsche hat die geistige Umnachtung ihres „Herzenssohnes", durch die nur vereinzelt noch seelische Lichter strahlten, als eine Fügung von oben hingenommen. Die Briefe aus dieser Zeit an den Theologen Franz Overbeck, den Jugendfreund Friedrich Nietzsches, sind ein einziges Zeugnis für die unerschöpfliche Geduld, deren eine Mutter dem grausamsten Schicksal gegenüber fähig sein kann.

FLORENCE NIGHTINGALE   15. V. 1820 — 13. VIII. 1910

Florence Nightingale entstammte einem angesehenen, reichen englischen Haus; sie wurde in Florenz geboren. In der Jugend kannte sie weder Not noch Krankheit und hatte stets nur den einen Wunsch, den Armen und Kranken zu helfen. Als sie eines Tages erklärte, sie beabsichtige als Pflegerin in ein Hospital einzutreten, war ihre Familie entsetzt. Pflegerinnen wurden zu jener Zeit nur die verrufensten Frauen der untersten Schichten. Doch Florence setzte ihren Willen durch. In einer deutschen Diakonissenanstalt, in Kaiserswerth, erlernte sie Krankenpflege, vervollkommnete ihr Wissen bei den „Barmherzigen Schwestern" in Paris und übernahm während des Krimkrieges in den Jahren 1853–1856 die ungeheure Aufgabe, gegen die Feindseligkeit und das Unverständnis der Militärbehörden das englische Sanitätswesen zu reformieren. Sie sah auf der Krim 4500 englische Soldaten unselig sterben und verderben, da sie der Unzulänglichkeit der hygienischen und medizinischen Mittel und Methoden zum Opfer fielen. Dann aber rettete sie ungezählten Tausenden das Leben. England betete sie an, ihr Ruf drang weit über die Grenzen ihres Vaterlandes. Henry Dunant, der Gründer des Roten Kreuzes, wurde durch ihr Beispiel zur Initiative gedrängt. Als der Krieg zu Ende war, begann sie vom Krankenbett aus den Kampf gegen die Verwahrlosung der Kasernen und Spitäler der englischen Kolonialarmee in Indien. Mit gesammelten Geldern unternahm sie die Errichtung von Schulen und Ausbildungsstätten für Krankenschwestern und Militärärzte im Mutterland und in den Kolonien. Nach bitteren Rückschlägen erlebte sie den Erfolg ihrer Arbeit; 1907 verlieh ihr der König von England den Orden für hohe Verdienste um das Britische Reich und die Menschheit. 1908, bei Vollendung ihres 88. Lebensjahres, ernannte London sie zur Ehrenbürgerin.

CHRISTINE NILSSON   20. VIII. 1843 — 21. XI. 1921

Auch Christine Nilsson feierte man wie Jenny Lind als „Schwedische Nachtigall", weil ihre Stimme „berückend, bezaubernd, sirenenhaft" wirkte; in manchen Jahren war sie neben Adelina Patti die gesuchteste und bestbezahlte Gesangskönigin ihrer Zeit. Ihr ungewöhnlich hoher Sopran entzückte die Hörer in Paris, London, Petersburg, New York, Wien und anderen Großstädten; nur in Deutschland fand sie nicht die gleiche Bewunderung, weil sie ihre Lieder und Arien auch im Konzertsaal mit charakterisierenden Gebärden versah, und das liebte das deutsche Publikum nicht. Christine Nilssons Lebensweg hatte in ärmlichen Verhältnissen begonnen, ihr erstes Brot verdiente sie sich durch Singen in schwedischen Dorfschenken, während ihr kleiner Bruder sie zur Geige begleitete. Hier hörte sie ein Musikfreund aus der Stadt, der das dreizehnjährige Mädchen der Baronin Leuhausen, einer ehemaligen Sängerin, empfahl. Sie kam in eine geregelte Ausbildung in Stockholm, später durfte sie zu einem dreijährigen Studium nach Paris gehen. Am 21. Oktober 1864 debütierte die Schwedin im Théatre Lyrique mit so ungewöhnlichem Erfolg, daß die Große Oper um sie warb und sie gewann. Mozart und Verdi-Rollen wurden ihre Domäne. Der Komponist Thomas schrieb für sie die Ophelia-Partie in Hamlet, als „Ophelia" und als „Margarete" in Gounods Faust entfesselte sie Stürme des Beifalls. Christine Nilsson war „ein echter Zugvogel der Kunst". Wo sie auftrat, auch in Amerika, wurden ihre Erwartungen künstlerisch und finanziell in jeder Hinsicht erfüllt. In ihrem privaten Leben hatte sie weniger Glück. Ihr erster Gatte starb in geistiger Umnachtung; ihr riesiges Vermögen schmolz durch Brände und Fehlspekulationen mehrmals in nichts zusammen. Nach ihrer Vermählung mit dem italienischen Grafen Miranda zog sie sich in ihre Villa bei Mentone zurück.

15. XI. 1876 — 30. IV. 1933 **ANNE-ELISABETH DE NOAILLES**

Ihr Vater, der Prinz von Brancovan, war der Sohn eines regierenden rumänischen Fürsten; ihre Mutter stammte aus einer berühmten Gelehrtenfamilie der Insel Kreta. Diese interessante Blutmischung bestimmte Wesen und Werk der Dichterin, die als eine der größten Lyrikerinnen des modernen Frankreichs gilt. In einer kleinen autobiographischen Skizze hat sie den weitgespannten Bogen ihres Schaffensgrundes einmal behutsam nachgezeichnet: „Meine Erzieherinnen, die in Bonn beheimatet waren, ließen mich die großen deutschen Dichter kennenlernen und erzählten mir die berühmten Märchen ... Und diese Dichtungen — teils phantastisch und geheimnisvoll, teils von naiver, ganz erdhafter Schönheit — erweckten in mir dieses innigen Zusammenhang mit der Natur, den ich später bei den großen Griechen der Antike, den geistigen Ahnen meiner Dichtung, wiederfand. Die Liebe, der unwiderstehliche Hang zur Romantik und zum Phantastischen vereinigten sich in mir seit früher Jugend mit einem scharf entwickelten Sinn für Recht, für Logik und Genauigkeit des Denkens. Seit meinem siebenten Lebensjahre habe ich geschrieben, und meine ganze Lebensgeschichte ist in diesem Schaffen verwoben und aufgezeichnet. Denn die Dichter gestalten das Erleben wohl um, aber sie erfinden es nicht ..." Pantheistische Naturverherrlichung und leidenschaftliche Lebensliebe, die den Schmerz als tiefer und fruchtbarer denn alle Freude erkennt, tragen das im Symbolismus wurzelnde lyrische Werk dieser bedeutenden Frau, die sich stets auch des gewaltigen Einflusses erinnerte, den die Musik eines Beethoven, Mozart, Haydn und Chopin auf ihr Schaffen ausgeübt hat.

* 25 II. 1896 **IDA NODDACK**

Die im Rheinland geborene Chemikerin Dr.-Ing. Ida Noddack, geb. Tacke, gehört zusammen mit ihrem späteren Gatten Professor Dr. Walter Noddack zu den glücklichen Entdeckern eines chemischen Elements, des Rheniums. Sie hatten sein Vorhandensein aus einer Lücke im Periodischen System der Elemente erschlossen, seine Eigenschaften vorausberechnet und es nach jahrelangem Suchen 1925 nachweisen und wenig später isolieren können. Während dieser Arbeiten bildete sich Ida Noddack zur Spezialistin für Röntgenspektroskopie aus. Ihr weiteres Forschen in der Geochemie galt der quantitativen Bestimmung seltener Elemente in Mineralien und Meteoriten, wofür sie neue Trennungs- und Anreicherungsmethoden ausarbeitete. Die Bestimmung von Spurenelementen, Untersuchungen über die Herkunft und die Konzentration der Elemente in der Natur gehören zu ihren Spezialgebieten. 1934 äußerte sie die damals kühne Vermutung, daß das Uran bei der Bestrahlung mit Neutronen in größere Bruchstücke zerfallen, also sich spalten könnte, eine Vermutung, die vier Jahre später durch O. Hahn und F. Straßmann bestätigt wurde. Das Forscher-Ehepaar veröffentlichte neuerdings seine Berechnungen der chemischen und physikalischen Eigenschaften bisher noch unbekannter Transurane bis zum Element 118. Auch gelang ihm der Nachweis einer natürlichen Radioaktivität bei Platinerzen. Die berufliche Laufbahn Ida Noddacks ist eng mit der ihres Gatten verknüpft: 1925—35 arbeitete sie als Gast an der Physikalisch-Technischen Reichsanstalt in Berlin, 1935—42 an der Universität Freiburg, 1942—44 an der Universität Straßburg. Seit 1956 sind beide an dem für sie gegründeten Forschungsinstitut für Geochemie in Bamberg tätig. Ida Noddack wurde durch Verleihung der Liebig-Denkmünze, der Scheele-Medaille und durch die Mitgliedschaft in- und ausländischer wissenschaftlicher Gesellschaften ausgezeichnet.

NOFRETETE

Um 1350 v. Chr.

Wer kennt nicht die lebensvolle Porträtbüste der Pharaonin mit den feinen Zügen einer alten, überzüchteten Rasse, der erwartungsvollen Hinneigung des Hauptes, als höre sie den nahen Anruf des Schicksals? Nach langer Kriegsirrfahrt ist das wertvolle Kunstwerk 1956 in das Berliner Museum zurückgebracht worden. Nofretete war eine Tochter aus königlichem Hause und wurde früh mit dem Prinzen und zukünftigen Nachfolger des regierenden Pharaos vermählt. Als junge Frau stand sie im Schatten ihrer machtvollen Schwiegermutter, der Königin Teje. Als die Gefürchtete starb und dem Sohne, Amenophis IV., die Doppelkrone Ägyptens hinterließ, nahm auch Nofretete die ihr gebührende Stellung ein. Sie stand dem König getreu zur Seite, als er den alten Götterkult untersagte und die Feindschaft der Priester den Thron der Pharaonen bedrohte. Sie zog mit dem Pharao von Theben nilabwärts nach Amarna, wo die neue Hauptstadt und die Stadt des Sonnengottes erstehen sollte. Schöner und gerechter wollte das junge Pharaonenpaar das Reich bauen. Es sollte nur noch einen einzigen, rein geistigen Gott geben, dessen Sinnbild die lebenspendende Sonne war.

„Leuchte für mich, deinen Diener, o große Sonne, und strahle für meine geliebte Gemahlin, die Herrin beider Reiche, Nofretete, die lebe und jung sei immer und ewig!"

Pharao Amenophis IV. änderte seinen Namen in Echnaton — Sohn der Sonne. Aber die Priesterschaft war zu mächtig, der Tempel von Theben verfügte allein über ein Dienerheer von hunderttausend Mann. Eine Revolution erschütterte das Land, Echnaton, der Reformer, starb eines plötzlichen Todes. Seine Gemahlin versuchte den Kampf um Einfluß mit anderen Mitteln fortzusetzen und die nötige Macht durch Heirat mit einem Hettiterprinzen zu gewinnen. Von dieser Zeit an schweigen die Quellen über Nofretete, die Königin. Wir wissen nichts über ihr späteres Schicksal.

ELEONORA NOLL-HASENCLEVER

4. VIII. 1880 — 18. VIII. 1925

Wenige Bergsteiger können sich rühmen, so viele Viertausender bezwungen zu haben wie Eleonora Noll-Hasenclever, die aus dem Flachland am Niederrhein stammte. Sie kam als junges Mädchen in ein Pensionat in Lausanne und verlor hier ihr Herz für immer an die Berge. Auf einer ihrer wilden Kraxeltouren lernte sie Alexander Burger aus Saas kennen, den berühmtesten Bergführer seiner Zeit. Er nahm die noch unbändige Draufgängerin in seine Schule, brachte ihr das ABC des Bergsteigens bei, und erst nach der gemeinsamen Bezwingung von einundzwanzig Viertausendern stellte er ihr das Reifezeugnis des Alpinismus aus. Seitdem brauchte Eleonore Hasenclever keinen Bergführer mehr. Allein oder mit Begleitern bestieg sie achtmal das Matterhorn, mehrmals den Mont Blanc und alle Riesen in seiner Umgebung. Von dort wechselte sie hinüber in die österreichischen Alpen, und auch hier erschloß sie mit fast instinktsicherem Zugriff („Die Berge und ich, wir sind doch eins") zahlreiche, später klassisch gewordene Zugänge in noch unbetretene Regionen. 1914 heiratete sie ihren Tourengefährten Johannes Noll aus Frankfurt, der den aus Goethes „Dichtung und Wahrheit" bekannten Gutleuthof erwarb und ihn zu einem Sammelpunkt für Berg- und Kunstfreunde machte. Zu den großen Taten ihrer späteren Zeit gehören im Jahre 1924 die Durchkletterung der Nordwand des Breithorns und ein Jahr später die Beschreitung des Bishorns im Wallis. Beim Abstieg von seinem Gipfel geriet Eleonore Noll-Hasenclever in 3800 Meter Höhe beim Überqueren eines Schneehangs in eine Lawine. Obwohl sie nicht tief verschüttet war, gelang es ihren verletzten Begleitern nicht, sie rechtzeitig zu bergen. Als man die Tote nach Zermatt hinunterbrachte, hielt sie in den erstarrten Händen noch den Eispickel, mit dem sie sich zu retten versucht hatte.

* 19. XII. 1916   **ELISABETH NOELLE-NEUMANN**

Der Name „Gallup" ist in den letzten fünfundzwanzig Jahren zu einem weltumfassenden Begriff geworden, seit der ehemalige Journalist Dr. George H. Gallup in den Vereinigten Staaten sein „Institut für öffentliche Meinung" begründete, das — echt amerikanisch — allen Problemen des öffentlichen und privaten Lebens mit einer Mischung von Massenpsychologie und Statistik auf den Grund zu kommen glaubt. Dabei halten sich Erfolg und Fehlschlag die Waage. Nach dem zweiten Weltkrieg hat sich Gallups System in mancherlei Abwandlungen und Verfeinerungen als Marktanalyse und „Demoskopie" auch in Europa durchgesetzt; in Deutschland besonders durch die Tätigkeit von Elisabeth Noelle-Neumann, die 1938 als Austauschstudentin ein einjähriges Journalistenstudium am Missouri State College absolviert hatte. Ihr Lehrer, der Zeitungswissenschaftler Dovifat in Berlin, hatte sie mit einer Untersuchung der amerikanischen Frau als Zeitungsleserin betraut — statt dessen aber brachte sie eine Doktorarbeit in Buchumfang mit dem Titel: „Meinungs- und Massenforschung in den USA" mit nach Hause. Diese Arbeit brachte der jungen Zeitungswissenschaftlerin nach Kriegsende in der damaligen französischen Besatzungszone die Lizenz zur Gründung des „Instituts für Demoskopie" in Allensbach am Bodensee, das sich seitdem einen ausgezeichneten Ruf erworben hat und von Politik und Wirtschaft gleichermaßen in Anspruch genommen wird. Die Meinungsforschung, deren wissenschaftliche Grundlagen erst noch erarbeitet werden müssen, hat vor allem auf wirtschaftlichem Gebiet unzweifelhafte Erfolge zu verzeichnen — sie versagt jedoch meist noch bei der Untersuchung sublimerer geistiger Zusammenhänge, denn der Mensch als Individuum ist nicht mit Hollerithmaschinen und „repräsentativen Querschnitten" erfaßbar.

HELENE VON NOSTITZ-WALLWITZ
18. XI. 1878 — 17. VII. 1944

Unter den alten Kastanienbäumen des Schloßparks von Bassenheim liegt die letzte Ruhestätte der Schriftstellerin Helene von Nostitz, einer grande dame jüngstvergangener deutsch-europäischer Geschichte, die in ihrem reichen und begnadeten Leben mit vielen bedeutenden Männern und Frauen ihres Zeitalters in enge freundschaftliche Berührung kam. Die preußische Generalstochter — ihr Vater war der Bruder Hindenburgs — läßt in ihrem Erinnerungsbuch mit dem bezeichnenden Titel „Aus dem alten Europa" eine Fülle von Gestalten an uns vorüberziehen, deren Namen in die Geschichte eingegangen sind. Ein reiches Kulturerbe war der in preußisch-norddeutscher Tradition und zugleich in weitgespannten europäischen Gesellschaftsbeziehungen Aufgewachsenen schon von Kind auf geschenkt worden, und dieses Erbe hat die ungewöhnlich kluge und schöne Frau nicht nur gewissenhaft zu verwalten, sondern auch aufs beglückendste zu vermehren verstanden. Das Hindenburgische Palais in Berlin, die Villa ihrer Mutter am Ligurischen Meer, das hannoversche Landschloß des Großvaters und die Deutsche Botschaft in Paris bildeten den glanzvollen Rahmen ihres Lebens, das immer im Geistigen verwurzelt blieb, in der fördernden, anregenden und verehrenden Freundschaft mit den Großen der Kunst, der Dichtung und der Musik, die ihren Weg kreuzten und oft auf lange Strecken begleiteten. Der Bildhauer Auguste Rodin, von dem wir eine wunderbare Marmorbüste seiner Freundin Helene von Nostitz kennen, rühmte von ihrem Wesen, daß es „an einer Flamme Gestalt gewonnen habe..." Hugo von Hofmannsthal, Rainer Maria Rilke, die Tänzerin Anna Pawlowa und die Tragödin Eleonore Duse waren ihr ebenso verbunden und verpflichtet wie Gerhart Hauptmann, Max Reinhardt und Theodor Däubler. Wie wenige wußte sie den Adel der Geburt harmonisch zu vereinen mit dem Adel des Geistes und des Herzens.

CLARA NOVELLO

10. I. 1818 — 12. III. 1908

Die Tochter des in England geborenen Italieners Vincent Novello, des Organisten, Kirchenkomponisten, Begründers eines Musikverlages und Mitschöpfers der berühmten Philharmonie Society war „die größte Oratoriensängerin Englands, eine Zierde unter den wenigen einheimischen Meisterinnen des Gesanges". In Clara entfaltete sich das reiche Erbe des Vaters zu wundersamer Blüte. Am Konservatorium in Paris, wo sie ihre Studien betrieb, widmete sie sich vor allem der Kirchenmusik. Als sie fünfzehn Jahre alt war, hatte sich ihre Gesangskunst so voll entwickelt, daß sie vor einem großen Publikum in Windsor debütieren konnte. Es folgten Engagements für die Musikfeste in Worcester, Manchester und in der Westminster-Abtei. Dann lud Deutschland sie ein. Von Felix Mendelssohn-Bartholdy betreut, sang sie 1837 in einem Leipziger Gewandhaus-Konzert, die Philharmonische Gesellschaft Berlin ernannte die Neunzehnjährige zu ihrem Ehrenmitglied. Italienische Freunde riefen sie in den Süden zu Musikfesten in den großen Städten und nach Mailand zur Krönung des Kaisers von Österreich zum König der Lombardei. Dann sang sie wieder in Berlin in Hofkonzerten, und König Friedrich Wilhelm III. empfahl sie in einem eigenhändigen rühmenden Schreiben an seine Tochter, die Zarin von Rußland. Rossini und Robert Schumann gehörten zu ihren Verehrern. Äußerer Höhepunkt in ihrem Leben war ihr Auftreten bei der Eröffnung des Londoner Kristallpalastes 1854 und bei den großen Händelfesten 1857 und 1859. Als auf einer Italien-Tournee der Polizeichef Graf Gigliuzzi den Auftrag erhielt, die Sängerin in Fermo festzuhalten, führte das Gewahrsam dazu, daß er der „Gefangene" der schönen Engländerin und sie seine Gattin wurde.

NUR JEHAN

Um 1600

Mit ihrem Vater, einem angesehenen persischen Diplomaten, war die junge Mih-Un-Nisa aus Teheran an den Hof des großen indischen Mogulkaisers Akbar gekommen, des „Schattens Gottes auf Erden", der das auffallend schöne und kluge Mädchen bald liebgewann und sie, um sie vor den Nachstellungen seines Sohnes Salim zu schützen, einem seiner bengalischen Lehensfürsten zur Frau gab. Als Prinz Salim nach Akbars Tod im Jahre 1605 unter dem Namen Jehangir — „Eroberer der Welt" — zum Kaiser gekrönt worden war, ließ er den Rivalen ermorden und die schöne Witwe in seinen Palast bringen. Aber erst nach vier langen Jahren erhörte sie seine Werbung unter drei Bedingungen: sie wollte zur Kaiserin gekrönt werden, ihr Vater sollte die Würde eines Ersten Ministers und ihr Bruder ein wichtiges Hofamt erhalten. Jehangir erfüllte alle Wünsche der Perserin; er gab ihr den Namen „Nur Mahal", Licht des Palastes, und später den Ehrentitel „Licht der Welt", Nur Jehan, unter dem sie in die Geschichte eingegangen ist. Mit Energie nahm die junge Frau die Führung des Reiches in ihre Hand, während der willensschwache Kaiser sich einem üppigen und verschwenderischen Wohlleben hingab. Nur Jehan, die einzige indische Herrscherin, die neben der Gupta-Kaiserin das Recht erhielt, Münzen zu schlagen, war ungewöhnlich gebildet und belesen und verstand sich auf die Staatskunst ebenso wie auf die Führung des riesigen Hofes, den sie mit feinster persischer Kultur bereicherte. Fünfzehn Jahre lang herrschte die erstaunliche Frau über Kaiser und Reich, sie befehligte das Heer und entschied als Oberste Richterin über Leben und Tod ihrer Untertanen. Ein rebellischer General und ein pflichtvergessener Sohn brachten sie zum Sturz, aber noch im Unglück zeigte sie heldische Würde. Vom Mausoleum der großen Kaiserin in Lahore stehen nur noch traurige Trümmer.

69 — 11 v. Chr.   ## OCTAVIA

Im Jahre 40 vor Christi Geburt kam es zwischen Gaius Julius Cäsar Octavianus, dem späteren Kaiser Augustus, und seinem Verwandten und langjährigem Waffengefährten Marcus Antonius zum Vertrag von Brundisium, der Octavian die westlichen Länder des Reiches und seinem Partner alle Provinzen östlich von Skodra in Illyrien als Herrschaftsbereiche zuwies. Besiegelt wurde das Abkommen durch die Vermählung des Marcus Antonius mit Octavians Schwester Octavia, der schönen, wegen ihrer Klugheit und Tugend hochangesehenen Witwe des Gaius Marcellus. Der hochpolitische Hintergrund steigerte noch den ungewöhnlichen Prunk der Hochzeitsfeierlichkeiten, bei denen Octavia als erster Römerin die Ehre der Münzprägung mit ihrem Bildnis zuteil wurde. Octavian hat seine Schwester sehr geliebt; ihre in den ersten Jahren sehr glückliche Ehe milderte die Spannungen zwischen ihm und Antonius, den die junge Frau auf seinen Feldzügen gegen die Parther begleitete. Dann aber brachte er Octavia nach Rom zurück und überließ sie mit ihren Kindern der Obhut ihres Bruders, denn auf ihn wartete schon in Syrien Kleopatra. Als Octavia den Versuch unternahm, zu ihm zu reisen, erreichte sie in Athen sein strenger Befehl zur Rückkehr nach Rom. Sie gehorchte und blieb mit ihren Kindern allein, zum Kummer Octavians, der die seiner Schwester angetane Demütigung als persönliche Schmähung empfand. Marcus Antonius schickte ihr von Alexandrien aus, wo er mit Kleopatra zusammen prunkvolle Feste feierte, im Jahre 32 den Scheidebrief. Ganz Rom litt unter ihrer Schmach; Octavian veröffentlichte das Testament des Marcus Antonius, in dem er Kleopatra riesige Landgebiete zusprach und ihr den Titel „Königin der Königinnen" verlieh. Der anschließende Krieg endete bei Actium mit der Niederlage des Marcus Antonius, der mit erzwungenem Selbstmord seine unselige Neigung zu Kleopatra und den Verrat an Octavia büßte.

* 15. XI. 1887   ## GEORGIA O'KEEFE

Die bedeutendste nordamerikanische Malerin wurde im Herrenhaus eines Gutshofes in Wisconsin geboren, wo sie auch ihre Kinderzeit verlebte, mit Vorliebe Rosen und Stiefmütterchen malend. Später studierte sie an den Kunstschulen von New York und Chicago und war dann selbst als Lehrerin für Malen und Zeichnen tätig. Starke Eindrücke empfing sie von Arthur W. Dow, der — schon im Jahre 1913 — seinen Schülern auseinandersetzte, daß „die Kunst stirbt, wenn die Maler sich damit begnügen, die Natur sklavisch zu kopieren". In New York heiratete Georgia den berühmten Meisterfotografen Alfred Stieglitz, der sich große Verdienste um die öffentliche Anerkennung ihres Werkes erwarb. Längere Studienaufenthalte in Kanada und Neu-Mexiko führten die Malerin auf die Höhe der Vollendung, der wir eine große Anzahl von Bildern verdanken, die heute in den bedeutendsten Museen der Welt hängen: riesige Blumenkelche, gebleichte Tierschädel in einsamer Wüste oder einzelne Muscheln und Steine, die über das Gegenständliche hinaus zu gültigen Zeichen und Sinnbildern werden. Die Malerin hat immer ganz bewußt nach stärkster Verdichtung und nach dem Ausscheiden alles Unwesentlichen und Beiläufigen gestrebt und dieses Ziel in ihren stärksten Bildern, etwa dem „Dunklen Mais" (1922), der „Weißen Scheune" (1932) und dem „Hirschgeweih mit Pedernal" (1936), auch erreicht. Sie überraschte die Kunstwelt in jüngster Zeit auch durch hervorragende Leistungen auf dem Gebiete der Glasmalerei. Die Zukunftsaufgabe der Malerei besteht nach ihrer Überzeugung in der kargen, strengen Aussage, im bewußten Verzicht auf die dekorative Arabeske. In der ruhmvollen Reihe großer amerikanischer Künstlerpersönlichkeiten, an deren Beginn der Name Whistler steht, hat die stille, von Weisheit und tiefer Einsicht verklärte Frau ihren bleibenden Platz.

OLYMPIAS

Um 375 — 316 v. Chr.

Nach der Überlieferung ist Philipp von Makedonien der schönen, grünäugigen Tochter des Königs Neoptolemos von Epirus zum erstenmal auf der Felseninsel Samothrake begegnet; als Ehrengast nahm der Herr über die schlagkräftigste Armee Griechenlands und über die reichsten Goldminen von Hellas teil an einem Bacchanal zu Ehren der Vulcantöchter, das die „thrakische Berghexe" mit ihren berühmten Schlangentänzen verschönte. Als der Makedonier erfolgreich um sie geworben hatte, nahm sie ihre Schlangen auch mit in dessen Hauptstadt Pella. Am Hofe der lauten, barbarischen Makedonier ist die in mystischen Neigungen befangene Königstochter jedoch nie heimisch geworden; hochmütig, unnahbar und verschlossen, hat sie den Glauben ihres Sohnes, der als Alexander der Große in die Weltgeschichte einging, an seine göttliche Herkunft von Ammon, dem griechischen Zeus, mit Bewußtsein genährt und damit den Weltmachtanspruch Alexanders auf das stärkste unterstützt. Nie sind die Gerüchte verstummt, daß die in ihrem Stolz verletzte Frau nicht ganz unbeteiligt gewesen sei an der Ermordung Philipps, der sie zugunsten seiner zweiten Gemahlin Kleopatra verstoßen hatte. Nach Philipps Tod trieb sie die verhaßte Rivalin zum Selbstmord, man gab ihr auch die Mitschuld an der Ermordung von Philipps Sohn Arrhiados und dessen Gattin Eurydike. Ihre Gegnerschaft zu Antipater, der während Alexanders Indienzug die Regentschaft innehatte, zwang sie ins Exil nach Epirus; nach dem frühen Tode ihres großen Sohnes kehrte sie zurück und intrigierte weiter gegen Antipaters Sohn Kassander, unterstützt von Alexanders Soldaten, welche die Mutter ihres Königs wie eine Göttin verehrten. Von Kassanders Truppen überwältigt, wurde Olympias von den Angehörigen der vielen, denen sie den Tod gebracht hatte, gesteinigt.

ONO NO KOMACHI

834 — 880 n. Chr.

Die Japaner zählen die große Lyrikerin zu den „Sechs Heiligen des Liedes", aber selbst die sorgfältigsten Quellenforscher des Landes haben das Leben dieser Dichterin nicht aufhellen können. Die Erinnerung an ihr menschliches Dasein ist verweht wie das dahinflatternde Blütenblatt, das sie in ihren Versen so gern als das sinnfälligste Zeichen für die Vergänglichkeit des Irdischen gewählt hat. Nur die Lebensumwelt Ono no Komachis ist uns vertraut. Die Dichterin ist ein Kind der vorklassischen Heian-Kultur, als das höfische Leben noch blüht, die Sonnenscheibe Amaterasus aber schon rötlich dämmernd dem westlichen Horizont zustrebt; denn der Tenno, der Sohn der Göttin Amaterasu, wird bald seiner Rechte beraubt sein; schon erheben sich überall im Lande die Schogune, die Provinzherren, und der heilige Kaiser sucht in Heian-Kioto, der „Friedensstadt", Zuflucht unter den Musen. Hier wandelt Ono no Komachi durch die kaiserlichen Gärten, hebt ein verirrtes Vögelchen vom Boden auf, sieht Blumen und Blüten, Mond und Sterne hervortreten und wieder vergehen, die zarten Schneeblüten vom Himmel wirbeln und dahinschmelzen, und denkt voller Elegie über das Kommen und Gehen alles Lebendigen und des ganzen Universums nach. Sie ist — ihre uns erhaltenen Dichtungen verraten es — eine kluge Beobachterin und eine „Symbolistin" — eine, die in der faßbaren Wirklichkeit das Sinnbildliche erkennt:

„Die liebliche Schönheit
Der Blüten ist, ach, dahin,
Zerstört vom fallenden Regen,
Indes ich, zwecklos
Die Tage verlebend, den Blick
entschweifen ließ ins Leere."

ANNA KATHARINA ORCZELSKA

1707 — 1779

„Eine liebenswerte Person beseelte mich in der Blüte meiner Jugend mit zwei Leidenschaften auf einmal. Sie können sich denken, daß die eine die Liebe, die andere die Poesie war." Die Frau, über die hier Friedrich der Große an Voltaire schrieb, dieses „kleine Naturwunder", war die Gräfin Anna Katharina Orczelska, Tochter Augusts des Starken, des Königs von Sachsen und Polen. Als Friedrichs Vater einst von König August nach Dresden eingeladen war, wollte er seinen sechzehnjährigen Sohn Fritz in das „Sündenbabel" nicht mitnehmen. Friedrichs Schwester Wilhelmine aber setzte eine persönliche Einladung durch, und so blühte dem streng erzogenen Prinzen in den Augen der schönen Gräfin Orczelska zum erstenmal das Glück einer tiefgreifenden heimlichen Liebe auf; ihr elegischer „Unschuldsblick zwischen leisem Lächeln und schelmischem Grübchen" verzauberte den blutjungen Oberstleutnant Friedrich. Es müssen selige Stunden gewesen sein, wenn die beiden Königskinder sich trafen, abseits von den rauschenden Vergnügungen des Hofes. Die Gräfin war außerordentlich belesen; sie streifte mit dem verliebten Prinzen durch die Museen und Bibliotheken. In ihrer Gegenwart faßte er den Entschluß, in Berlin ein Opernhaus zu bauen. Als der Kronprinz in die preußische Hauptstadt zurückkehren mußte, befielen ihn düstere Melancholie und Schwächezustände, der Arzt diagnostizierte auf Schwindsucht —, aber es war nur die große Liebe, die ihn verzehrte. Als König August wissen ließ, er werde mit der Gräfin Orczelska nach Berlin kommen, war Friedrich augenblicklich gesund, zum Erstaunen des Vaters, der ihn schon dem Himmel empfohlen hatte. Friedrich hat seine Jugendliebe nie vergessen. Sie starb zweiundsiebzigjährig in Avignon.

IDA ORLOFF

1889 — 1945

Im Herbst 1905 wird Gerhart Hauptmann, der größte Dichter des deutschen Naturalismus, von Otto Brahm zu einer Neuinszenierung von „Hanneles Himmelfahrt" ins Berliner Lessing-Theater gebeten. Die Frage des Autors nach dem Namen der Hauptdarstellerin bleibt unbeantwortet. Eine Überraschung also... Schon nach der ersten Szene wird dem Dichter deutlich: So hat noch niemals eine Schauspielerin sein „Hannele" gespielt wie dieses schmale, junge Ding da oben auf der Bühne, das als Sterbende auf der Schulter des einfachen Schullehrer Gottwald den Herrn Jesus erschaut. „Heilig... heilig..." flüstert die hohe Vogelstimme und zieht das weite Halbrund des Theaters in ihren magischen Bann. Am Morgen nach dieser Aufführung ist die Darstellerin des „Hannele" berühmt. ✱ Als Ida Margarethe Weißbeck — Orloff ist nur ihr Künstlername — in Petersburg geboren, besuchte die junge Elevin eine Wiener Theaterschule und wurde von Karl Kraus in der privaten Aufführung eines Wedekindstückes Otto Brahm vorgestellt. So kam es zum Berliner Engagement und zur „Hannele"-Aufführung, die auch für Hauptmann zum schicksalhaften Erleben wurde. Die Gestalt der Sechzehnjährigen ließ ihn nicht mehr los — sie wurde seiner dichterischen Schau zur „Pippa", dem irrlichternden Traumwesen seines schlesischen Glashüttenmärchens „Und Pippa tanzt", in dem ein alter Zauberer das elfische Geschöpf heimlich und entsagend liebt. Aus dem Briefwechsel des Dichters mit Ida Orloff wird deutlich, welch großen und formenden Einfluß die Begegnung mit dieser Künstlerin auf Hauptmanns weiteres Schaffen nahm. In ihren letzten Lebensjahren wohnte Ida Orloff still und zurückgezogen in Wien. Im schrecklichen Frühling des Jahres 1945, als die ersten sowjetischen Panzer an ihrem Hause vorüberrasselten, gab sie sich verzweifelt den Tod.

LUISE OTTO-PETERS 26. III. 1819 — 13. III. 1895

„Im Namen der Moralität, im Namen des Vaterlandes und im Namen der Humanität fordere ich Sie auf: Vergessen Sie die Frauen nicht! Vergessen Sie die Fabrikarbeiterinnen, die Taglöhnerinnen und Strickerinnen nicht, fragen Sie nach ihrem Verdienst, nach dem Druck, unter dem sie schmachten, und Sie werden erkennen, wie dringend nötig Ihre Hilfe ist...!" Dreißig Jahre alt war Luise Otto, als sie diesen flammenden Aufruf an die sächsische Regierung richtete. Sie stammte aus einer wohlhabenden Patrizierfamilie; im sächsischen Erzgebirge erlebte das verwöhnte und behütete Mädchen zum erstenmal die gewaltige Kluft zwischen den Unternehmern und den rechtlosen Spinnerinnen und Klöpplerinnen, die mit ihrer Hände Arbeit kaum das Lebensnotwendigste verdienten. Durch ihre mutigen Aufklärungsschriften über das soziale Elend, die sie mit einem Männernamen zeichnen mußte, ist Luise mit vielen revolutionären Kämpfern in Verbindung gekommen, so auch mit Robert Blum und dem jungen Arbeiter August Peters, der wegen seiner Beteiligung an den Aufständen von 1848 im Zuchthaus saß. Nach seiner Entlassung heirateten die beiden, und August Peters gab gemeinsam mit seiner Frau Luise in Leipzig eine demokratische Zeitschrift heraus. Nur sechs glückliche Ehejahre waren ihnen vergönnt, dann starb Peters an den Folgen der erlittenen Haft, und die Witwe stand nun wieder allein im Kampf um die Frauenrechte und sozialen Grundforderungen. Zusammen mit Auguste Schmidt und Henriette Goldschmidt gründete sie im Jahre 1865 den „Allgemeinen Deutschen Frauenverein", der das immer dringlicher werdende Zeitproblem der Frauenarbeit zur Grundlage seines Wirkens machte.

VIJAYA LAKSHMI PANDIT * 18. VIII. 1900

Als eine der bemerkenswertesten Frauengestalten der Jahrhundertmitte gilt die indische Politikerin Lakshmi Pandit, die Schwester Pandit Nehrus, des ersten Ministerpräsidenten Indiens. Durch die Freundschaft ihres Vaters zu Mahatma Gandhi kam sie früh mit der hohen Politik in Berührung. 1937 wurde sie indischer Gesundheitsminister; sie war die erste Frau, die einen Rang in Indiens Regierung bekleidete. Als ihre Partei, die Kongreßpartei, 1939 in Opposition ging, trat sie zurück, und gleich anderen prominenten Politikern Indiens mußte sie den Ministersessel mit der Gefängniszelle vertauschen. Der Kerker war für die Tochter eines Millionärs eine besonders bittere Erfahrung. Aber sie ertrug die Leidenszeit mit bewundernswerter Haltung. Ihr Mann, der ebenfalls verhaftet worden war, starb 1944, bald nach seiner Befreiung, an den Folgen einer Krankheit, die er sich im Gefängnis zugezogen hatte. Nach seinem Tode verließ Lakshmi Pandit ihre Heimat und ging nach Nordamerika. Als das befreite Indien 1947 einen eigenen diplomatischen Dienst aufbaute, stellte sie sich ihrem Volk erneut zur Verfügung. Nehru ernannte seine Schwester zur Botschafterin in Moskau, eine schwierige Mission, die sie mit Geschick und Erfolg durchführte. 1949 nach Washington versetzt, fand sie auch dort keine leichte Aufgabe vor, denn gerade damals waren die indisch-amerikanischen Beziehungen von schweren Gegensätzen belastet. Auf vielen Konferenzen war die zierliche Frau mit ihrer unnachahmlichen Anmut die geist- und temperamentvolle Sprecherin ihres Landes und eine Mittlerin des Friedens. Als erste Frau leitete sie 1953 die 8. Vollversammlung der Vereinten Nationen. 1954 übernahm sie das Amt eines indischen Hochkommissars in London und Botschafters für die Indische Republik.

14. VII. 1858 — 14. VI. 1928   **EMMELINE PANKHURST**

Um die Kampfesweise der „militanten" Suffragetten richtig zu verstehen, muß man sich vergegenwärtigen, daß politische Fragen die sonst kühlen Engländer bis zur Siedehitze erregen können; ein bezeichnendes Beispiel waren die Vorgänge während der großen Wahlrechtsreformen. Vor diesem Hintergrund ist das Leben und das Auftreten von Mrs. Pankhurst und ihrer Töchter zu würdigen. In Manchester 1858 geboren, in einer wirtschaftlich fortschreitenden Entwicklung, wie sie den technischen Umwälzungen entsprach, fand die junge Emmeline Goulden, als sie den Parlamentsabgeordneten Richard Pankhurst heiratete, an ihm einen Weggenossen und Mitkämpfer. Gemeinsam gründeten sie die Gesellschaft für Frauenstimmrecht in Manchester, der 1889 die „Liga" in London folgte und 1903 die Womens Social and Political Union, die sich im Gegensatz zu anderen Frauenstimmrechtverbänden auch drastischer Kampfmittel zu bedienen entschloß. Von der Regierung mit Versprechungen hingehalten, setzte die Union ihre Drohung der Störung des öffentlichen Friedens in die Tat um. Emmeline Pankhurst, eine geborene Führerin, wurde von ihren beiden Töchtern und von zweihundertsechzigtausend Anhängerinnen unterstützt, darunter von Frauen der obersten Gesellschaftsschichten. Verhaftung und viele Schikanen konnten sie nicht einschüchtern. Der Kampf wurde bei Ausbruch des ersten Weltkrieges eingestellt. Als noch während des Krieges die englischen Frauen die vollen staatsbürgerlichen Rechte erhielten, war dieser Erfolg für Emmeline Pankhurst die Krönung ihres Lebens. Ein Denkmal in der Nähe des Parlaments erinnert an die Periode des Kampfes dieser überzeugten Staatsbürgerin und Demokratin. Wie ihr Gatte gehörte sie der Labourpartei an. Ihre Tochter Sylvia hat ihr Andenken in einer Biographie festgehalten.

27. II. 1859 — 28. V. 1936   **BERTHA PAPPENHEIM**

Die Deutsche Bundespost hat das Andenken dieser großen Sozialarbeiterin mit der Herausgabe einer Sonderbriefmarke im Rahmen der Serie „Helfer der Menschheit" geehrt. Die gebürtige Wienerin, Tochter eines wohlhabenden und kultivierten Bürgerhauses, hat ihr ganzes, reiches und gesegnetes Leben den Problemen des Mädchen-, Mutter- und Kinderschutzes und der Verfechtung der Frauenrechte gewidmet. Schon als Zweiundzwanzigjährige übersiedelte sie nach Frankfurt am Main, das sie zum Mittelpunkt ihres von edelstem Menschentum getragenen Wirkens machte. Zwanzig Jahre lang stand sie an der Spitze des Jüdischen Frauenbundes und stellte ihre Arbeitskraft zugleich dem Bund Deutscher Frauenvereine zur Verfügung; denn „aus dem deutschen wie aus dem jüdischen Frauenleben ist das Zusammenleben der beiden Kulturen nicht mehr fortzudenken", schrieb sie einmal. Neben der Leitung des jüdischen Waisenhauses in Frankfurt übernahm sie noch die Oberaufsicht über die von ihr begründeten Pflegestätten für gefährdete Mädchen, die kein Zuhause hatten, für Schwangere, Mütter und Säuglinge, für Klein- und Schulkinder jüdischen Glaubens. Bertha Pappenheims Wirken blieb nicht auf Deutschland beschränkt. Seit der Jahrhundertwende, als die Pogrome in Osteuropa wüteten, reiste sie auf den Balkan, nach Rußland, Galizien und Palästina, um die sozialen Verhältnisse zu studieren und Verbesserungen vorschlagen zu können. Die Reisen fanden in vielen richtungweisenden Schriften ihren Niederschlag. Selbst das unheilverkündende Jahr 1933, das das deutsche Judentum auf den Weg in den Abgrund zwang, brachte für Bertha Pappenheims Bestrebungen keine Änderung; sie arbeitete unbeirrt unter erschwerten Umständen weiter, getreu ihrem Grundsatz: „Ich habe immer nur das Gute gewollt und habe mich in jeder Minute meines Lebens bemüht, meine Schuldigkeit zu tun."

KATHARINA PARR   1509 — 1548

„Am 13. Februar 1542 wurde die neunzehnjährige Katherine Howard. die fünfte Gemahlin unseres glorreichen Königs Heinrich VIII., im Hofe des Tower durch das Beil des Henkers hingerichtet. Gott sei ihrer armen Seele gnädig..." So berichtete eine zeitgenössische englische Chronik. Wenige Monate zuvor hatte Hans Holbein d. J. im allerhöchsten Auftrage das Bildnis der kindhaft jungen Königin gemalt. Es war nicht sein letzter Auftrag — wenig später führten ihm Vertraute des Königs ein neues Modell in die Werkstatt, die dreiundzwanzigjährige verwitwete Lady Latimer. Sie war schon das zweitemal verwitwet; als Vierzehnjährige hatte sie Lord Borough of Gainsborough geheiratet, der kurz nach der Eheschließung gestorben war. Um Lady Latimers Hand warb auch Thomas Seymour, ein Bruder der verstorbenen Königin — aber ein anderer, mächtigerer kam ihm zuvor: der König selbst. Sechzehn Monate nach Katherine Howards Tod stand Heinrich VIII. wieder vor dem Traualtar, zum letztenmal... Die kluge, erfahrene Katharina erkannte bald, daß ihr dritter Gemahl weniger eine Geliebte brauchte als eine liebende, sorgsame Pflegerin; nur sie konnte die aus offenen Wunden schwärenden, von der Wassersucht aufgedunsenen Beine des Dahinsiechenden mit kühlender Salbe behandeln; mit ruhiger Hand zerriß sie auch die feinen Netze der Intrige, die ihre zahlreichen hochgestellten Feinde am Hofe um des Königs sechste Gemahlin zu spinnen versuchten. Der Kanzler Wriothesley erlistete sich sogar Heinrichs Unterschrift für einen Haftbefehl gegen die Königin, die das Blatt mit einem Lächeln in die Flammen des offenen Kamins warf. Dann schrieb sie gelassen weiter an ihrem Buche „Die Klagen eines Sünders", einer frommen Betrachtung über die Pflichten der gehorsamen Frau... In Katharinas Armen hauchte der König sein wildes Leben aus. Nach seinem Tode erneuerte Thomas Seymour seine Werbung, und sie sagte Ja.

GIUDITTA PASTA   9. IV. 1798 — 1. IV. 1865

In den zwanziger Jahren des vorigen Jahrhunderts wurden in Italien zu ihren Ehren Medaillen geprägt. Bis es aber so weit war, hatte Giuditta Negri, vermählt mit dem Tenoristen Pasta, einen sehr dornigen Weg zurückzulegen. Nach ihrer Ausbildung auf dem Mailänder Konservatorium waren ihre ersten Auftritte in Italien und Paris nur wenig erfolgreich, so daß sie sich zu neuen Studien entschloß. Jetzt erst kamen ihre zweieinhalb Oktaven — vom g bis zum dreigestrichenen d — umfassende Stimme und ihr Darstellungstalent zur Entfaltung. Vincenzo Bellini schrieb für sie seine „Somnambula" und „Norma" und Pacini seine „Niobe". Und doch war sie selbst in ihrer Blütezeit keine kunst- und schulgerechte Sängerin. Sie glich gewisse Mängel durch die mitreißende Gewalt ihrer Stimme und die Wahrheit des Ausdrucks aus. Als sie 1819 nach ihrer Ausbildung bei Scappa in Venedig erneut debütierte, erregte sie eine wahre Sensation. Vielbewundert waren ihr „Tancred", ihre „Desdemona" im Othello und die Rollen in Opern von Gluck, Rossini, Zingarelli und Meyerbeer. Als sie in der Saison von 1824 im Kingstheater mit Angelica Catalani und Isabella Colbrand-Rossini auftrat, bestand sie vollkommen gleichwertig neben diesen berühmten Primadonnen. Ihre vollendetste Leistung war damals ihre „Semiramis". Der Charakter ihrer Stimme erlaubte es ihr, an ihrem Benefizabend in London (15. Mai 1828) im Othello den eifersüchtigen Mohren zu singen, während Henriette Sontag die Desdemona gestaltete. Allmählich aber zeigte sich, daß die Mängel in der Kunstfertigkeit des Singens den Glanz und die Fülle der Stimme mehr und mehr schwinden ließen. — Sie war in Como geboren. In ihrer Villa am See erteilte sie bis zu ihrem Tode Unterricht im Kunstgesang.

22. XII. 1868 — 26. VII. 1935   **KÄTHE PAULUS**

Die Wiege von Käthe Paulus, der ersten deutschen Berufsluftschifferin, stand in Frankfurt am Main. Am 19. Juli 1893 fiel die damals vierundzwanzigjährige mutige Frau erstmals — aus 1200 m Höhe — vom Himmel. Vor den Toren Nürnbergs hatten sich mehr als hunderttausend Zuschauer eingefunden. Den Freiballon „Adler", aus dem sie mit dem Fallschirm absprang, führte ihr späterer Mann, der Berufsluftschiffer Lattemann, der ein Jahr darauf in Krefeld tödlich verunglückte. Im Matrosenanzug, mit Knickerbockern und hohen, schwarzen Stiefeln, unternahm die anmutige Fallschirmspringerin, die in Luftfahrer-Kreisen „Käthchen" genannt wurde, im Verlaufe von sechzehn Jahren auf 516 Ballonfahrten 147 Absprünge. Bald war sie die Sensation der europäischen Hauptstädte; doch es gelang ihr nicht, auch als Motorfliegerin zu Erfolgen zu kommen. „Käpt'n" Engelhard erklärte: „Den Weg aufwärts zum Himmel, der ihr abwärts so oft glückte, fand sie nie". In den Jahren 1913/1914 machte Käthe Paulus eine bahnbrechende Erfindung: den zusammenlegbaren Fallschirm, das „Fallschirmpaket", das bereits im ersten Weltkrieg eine große Rolle spielte. Im Auftrag der Heeresverwaltung richtete sie in Berlin-Reinickendorf eine Werkstatt für Fallschirme und Ballone ein. Mehr als siebentausend Fallschirme und über tausend Ballonhüllen gingen an die Fronten. Vielen Ballonbeobachtern und Fliegern rettete ihr Fallschirm das Leben, und für diesen Rettungsdienst erhielt sie Mitte 1917 das Verdienstkreuz. Die Technik schritt inzwischen zwar weiter voran, aber Frau Lattemann-Paulus war es, die auf Grund ihrer praktischen Erfahrungen als erste und erfolgreichste Fallschirmspringerin die Voraussetzungen für die Weiterentwicklung des „Rettungsringes der Luft" geschaffen hatte, der auch im zivilen Flugdienst Eingang fand.

3. V. 1881 — 23. I. 1931   **ANNA PAWLOWA**

„Könnte ich morgen wieder beginnen, so hätte ich nur einen Wunsch an das gütige Schicksal, ich würde eine noch größere Fülle des Lebens erbitten. Ich würde bitten, daß ich eine noch größere Tänzerin sein könnte. Ich wollte Ballette schaffen, mit denen verglichen meine jetzigen sich wie Kerzenflammen zum Sonnenlicht verhielten." Das war Anna Pawlowas Bekenntnis zum Tanz, der für sie mehr als Lebensbedürfnis war. Sie nutzte, indem sie ihre Kunst ausübte, nicht eine zufällige Begabung, sondern folgte einem genialen Antrieb. Dieses Genie, dazu täglich sechs Stunden Übung und eiserne Disziplin machten ihren Namen nach jahrelanger, hingebungsvoller Arbeit zu einem Begriff innerhalb der russischen Ballettkunst. Mit 25 Jahren schon erhielt sie den Titel „Prima Ballerina Assoluta" — nur vier Tänzerinnen im großen Rußland durften ihn gleichzeitig tragen. Anläßlich dieser Ehrung wurde ein Wohltätigkeitsball veranstaltet, auf dem sie die Schöpfung ihres Lebens tanzte — den „Sterbenden Schwan" nach Michael Fokins Musik. Aber der zarten, zerbrechlichen Frau genügte Rußland nicht mehr: „Ich werde nicht auf halbem Wege stehen bleiben. In wenigen Jahren werde ich entweder die Welt erobert haben oder ganz von der Bildfläche verschwinden", sagte sie. 1908 verließ sie das Kaiserliche Ballett, dessen starrer, traditionsgebundener Stil ihr nicht mehr zusagte, und ging mit einer eigenen Tanzgruppe ins Ausland. König Eduard VII. lud sie nach England ein, und bald war sie der Liebling Londons — und der Welt. Ihre Reisen führten sie bis in den Fernen Osten und nach den Vereinigten Staaten von Amerika. Die Jahre gingen scheinbar spurlos an ihr vorüber. 1931 erkrankte sie plötzlich. „Legt mir das Kostüm zum ‚Sterbenden Schwan' an", bat sie kurz vor ihrem Tode. Mit ihr starb eine einzigartige Frau, ein Tanz-Phänomen, das unvergeßlich bleiben wird.

MARGUERITE PEREY

1910 — 13. V. 1975

Die vierzig Mitglieder der „Académie Française", die aus einer 1635 von Richelieu gegründeten gelehrten Privatgesellschaft hervorgegangen ist, können sich schon zu Lebzeiten der „Unsterblichkeit" rühmen. Drei Jahrhunderte lang war die Mitgliedschaft dieser erlauchten Institution ein Vorrecht der Männer — ein Vorrecht, gegen dessen Ausschließlichkeit sich zum erstenmal Stimmen erhoben, als Marie Curie vor rund fünfzig Jahren in Anerkennung ihrer Verdienste um die Entdeckung des Radiums und des Poloniums zweimal den Nobelpreis erhielt. Aber trotz den beschwörenden Mahnungen hervorragender Wissenschaftler blieb Marie Curie — ebenso wie ihrer Tochter Irène Joliot-Curie, die gleichfalls mit dem Nobelpreis ausgezeichnet wurde — der Zugang zum Kreis der „Unsterblichen" verwehrt. Erst im Jahre 1962 wurde als erste Frau die einstige Schülerin und Assistentin Marie Curies, die Atomforscherin Marguerite Perey, zum Mitglied der Académie Française gewählt — eine Frau, die schon im Jahre 1939 mit der Entdeckung des Elements Francium ihren wissenschaftlichen Weltruhm begründet hat. Marguerite Perey, Tochter eines Elsässers und einer Schweizerin, widmete sich in ihrer Jugend neben dem wissenschaftlichen Studium auch dem Studium der Musik und galt als eine der bedeutendsten Pianistinnen, bis ihr die Strahlungsschäden, die sie sich bei der Zusammenarbeit mit Marie Curie zugezogen hatte, das geliebte Klavierspiel unmöglich machten. „Ich habe 1929 in einem Raum gewohnt, in dem radioaktives Material gelagert war", erzählt die Forscherin. „Heutzutage würde überhaupt niemand mehr wagen, ungeschützt in einen solchen Raum hineinzugehen ... Ich habe Jahre ergebnislosen Forschens, Wochen des Grauens erlebt und Kämpfe gegen andere und gegen mich selbst durchfechten müssen. Aber meine Leiden haben mich nicht nur wissenschaftlich, sondern auch menschlich weitergebracht ..."

EVA PERON

7. V. 1919 — 27. VII. 1952

Im ärmsten und schmutzigsten Viertel einer Nachbarstadt von Buenos Aires stand ihre Wiege; ihr Vater war früh gestorben und ließ die Mutter mit fünf unversorgten Kindern zurück. Eva Maria, die Älteste, mußte mit ihrem kümmerlichen Postgehilfinnenlohn zum Unterhalt der Familie Duarte beitragen. Freunde versuchten, sie beim Film unterzubringen, doch ohne Erfolg. Mehr Glück hatte Eva beim Rundfunk: Ihre einschmeichelnde, suggestive Stimme machte sie zur beliebtesten Ansagerin, deren Madonnenantlitz mit den brennenden Augen und dem tiefschwarzen, später gewaltsam erblondeten Haar oft die Titelseiten der Illustrierten zierte. Der Haß der Deklassierten, ein tiefes Minderwertigkeitsgefühl und lodernde Machtgier wurden die Triebkräfte dieser seltsamen Existenz. Schicksalsstunde ihres Lebens war die Begegnung mit Oberst Peron, dem Führer der Arbeiterpartei, deren Mitglieder sich später „Hemdlose" nannten. Im Oktober 1945 würde Peron von aufständischen Offizieren verhaftet. An der Spitze der „Hemdlosen" marschierte Eva in die Hauptstadt; sie vertrieben die Rebellen und trugen den befreiten Peron auf den Schultern in den Regierungspalast. Vier Tage später wurde Eva die zweite Frau des verwitweten Peron, den die fanatisierten Massen im Februar 1946 zum Staatspräsidenten wählten — Auftakt einer Diktatur, hinter deren glanzvoller Fassade der Staatsbankrott lauerte. Eine geschickt gelenkte Propaganda hob die schon von unheilbarem Krebsleiden gezeichnete „Presidenta" auf den Altar moderner Heldenverehrung: Sie wurde Generalissima der Armee, Arbeitsminister und Führerin der Gewerkschaften. Ihr jäher Tod wurde als nationales Unglück empfunden; man begann mit dem Bau eines prunkvollen Mausoleums. Nach Perons Sturz wurde ihr gläserner Sarkophag auf die Insel Mártin Garcia verbracht, eine Sträflingsinsel im Atlantischen Ozean.

9. VIII. 1738 — 17. XII. 1815   **ANNA PESTALOZZI**

Als der kaum einundzwanzigjährige Heinrich Pestalozzi am Krankenbett eines Freundes die um sieben Jahre ältere Anna Schulthess kennenlernt, ist es nicht schwärmerische Jünglingsleidenschaft, die ihn an das stille, besonnene Mädchen fesselt; es ist vielmehr die sichere Erkenntnis gemeinsamer geistiger Interessen und wohl auch eine tiefwurzelnde Sehnsucht nach Wärme und Mütterlichkeit, den „Leitbildern" seiner späteren Lebensarbeit. Die wohlbehütete und wohlhabende Bürgerstochter ist dem betont Unbürgerlichen an Klarheit und Sicherheit weit überlegen und unterwirft sich doch seiner geistigen Führung, in der Ahnung des Stärkeren, Größeren, das in diesem Menschen noch wild und ungestüm heranwächst. Freilich, ihre Eltern sind mit dem unpraktischen und mittellosen Schwiegersohn nicht einverstanden; sie heiratet ihn ohne den elterlichen Segen und teilt sein wechselvolles Geschick über ein halbes Jahrhundert lang. Im Jahre ihrer Hochzeit entschließt sich Pestalozzi unter dem Eindruck von Rousseaus Schriften, Landwirt zu werden, und Anna gibt ihm ihr gesamtes Vermögen zum Ankauf des „Neuhofs". Ohne Erfahrung, ohne wohlmeinende Ratgeber macht er sich ans Werk, leiht sich noch mehr Geld zu Wucherzinsen und kauft Land, Land und noch mehr Land. Der Zusammenbruch bleibt nicht aus und läßt Pestalozzi mit Frau und Sohn bettelarm zurück. Ohne ein Wort des Vorwurfs kämpft Anna gegen die unmittelbarste Daseinsnot, oft sind weder Brot noch Brennholz im Hause, und schließlich – nach Jahren der Kämpfe und der Entbehrungen – fällt die tapfere Frau in unheilbare Krankheit. Fündunddreißig Jahre lang siecht sie dahin, vom Krankenbett aus dem geliebten Manne mit behutsamer Mahnung und gutem Rat beistehend; sie erlebt noch seine Schulgründungen in Burgdorf und Iferten und die ersten Anerkennungen seines Wirkens.

1481 — 1553   **MARGARETE PEUTINGER**

Das Haus des Kaiserlichen Rates Konrad Peutinger zu Augsburg war mit seinen kostbaren Kunstschätzen aus der römischen Zeit in der Renaissance ein Mittelpunkt der gelehrten Welt; auch Willibald Pirckheimer und Konrad Celtes waren oft zu Gast bei dem großen Humanisten und Rechtsgelehrten, der sich als Teilhaber des weltberühmten Handelshauses der Familie Welser mit Nachdruck für die Zulassung privatkapitalistischer Monopole einsetzte. Im Jahre 1498 heiratete Peutinger eine ältere Schwester des Bartholomäus V. Welser. Margarete Welser brachte neben einem beträchtlichen Vermögen auch verständnisvoll teilnehmendes Interesse für Peutingers wissenschaftliche Neigungen mit in die überaus glückliche Ehe, der zwei nicht minder bemerkenswerte Töchter entsprossen. Juliane, die Ältere, lernte von ihrer hochgebildeten Mutter das klassische Latein mit solchem Erfolg, daß das vierjährige Kind den Kaiser Maximilian bei einem seiner Besuche zur staunenden Verwunderung der Augsburger mit einer formvollendeten lateinischen Ansprache begrüßen konnte. Die jüngere Tochter Constantia, von Ulrich von Hutten als „die schönste und tugendsamste aller Augsburger Jungfrauen" gepriesen, durfte den Lorbeerkranz winden, mit dem der Kaiser und „letzte Ritter" im Jahre 1517 Hutten zum „Dichterfürsten" krönte. In seinen Briefen äußert sich Hutten begeistert über Margaretes Gelehrsamkeit; sie half ihrem Gatten bei der Herausgabe seiner „Inscriptiones romanae" und veröffentlichte 1511 selbst eine lateinisch abgefaßte Beschreibung und Deutung altrömischer Kaisermünzen – ein Werk, dessen wissenschaftliche Arbeit allerdings im wesentlichen von Peutinger geleistet worden ist. Daß es unter Margaretes Namen erschien, beweist die liebende Verehrung des großen Mannes für seine ihm ebenbürtige treue Lebensgefährtin.

IDA PFEIFFER   14. X. 1797 — 28. X. 1858

Zu einer Zeit, da es für eine Frau ein tollkühnes Unternehmen war, reiste Ida Pfeiffer zweimal um den Erdball und scheute sich nicht, die größten Gefahren, Strapazen und Entbehrungen auf sich zu nehmen. Ihre Ehe mit dem viel älteren Advokaten Pfeiffer war sorgenvoll, und erst nach seinem Tode und der Großjährigkeit ihrer beiden Söhne konnte sie ihre Träume in die Ferne verwirklichen. Der Erlös aus der Beschreibung ihrer beiden ersten Reisen — die eine in die Türkei und ins Heilige Land, die andere nach Skandinavien und Island — gab ihr die Mittel zur ersten Weltreise. Sie führte 1846–48 von Südamerika aus über Tahiti nach China, Ceylon, Indien, von dort durch Mesopotamien und die Wüste nach Mosul, weiter nach Täbris und über den russischen Süden, die Türkei und Griechenland nach Hause. Die zweite Weltreise ging 1851 von London über Kapstadt, Singapore nach den Sundainseln, von dort nach dem südamerikanischen Westen; sie überquerte zweimal die Kordilleren und kehrte über Nordamerika und die Azoren 1855 nach Wien zurück. Sie wagte sich allein in die Indianerdörfer im amerikanischen Urwald, zu Kopfjägern und Kannibalen, schloß sich arabischen Karawanen an und aß aus Hunger Speisen der Eingeborenen, vor deren Zubereitung ihr ekelte. Nach der letzten Reise erhielt sie vom preußischen Königspaar die goldene Medaille für Wissenschaft und Kunst; die geographischen Gesellschaften von Berlin und Paris ernannten sie zum Ehrenmitglied; Alexander von Humboldt lobte die Wahrheit und Reinheit ihres Urteils. Noch einmal zog es die Unstete hinaus. Doch diese letzte Reise nach Madagaskar wurde ihr zum Verhängnis: Infolge politischer Verwicklungen geriet sie in größte Gefahr und erreichte nur unter schlimmen Entbehrungen sehr geschwächt die Insel Mauritius, von wo aus sie schwer krank die Heimreise antrat. Ihre letzten Lebensjahre waren von Leid gezeichnet.

KAROLINE PICHLER   7. IX. 1769 — 9. VII. 1843

Über die Tochter des kunstfreundlichen Hofrats Franz von Greiner, deren Salon in der ersten Hälfte des neunzehnten Jahrhunderts in Wien Metternichs „tonangebend" war, hat uns der nachmalige Burgtheaterdirektor Heinrich Laube eine stimmungsvolle Erinnerung hinterlassen. Der neugebackene Doktor der Philosophie hatte im Jahre 1833 für seine Romantrilogie „Das neue Europa" ein beachtliches Honorar erhalten; damit konnte er endlich den lange gefaßten Plan einer größeren Reise verwirklichen, die ihn nach Italien und Österreich führte. In seiner noch heute lesenswerten „Reise durch das Biedermeier" führt Laube den Leser auch nach Wien in die Welt der Schriftstellerin Karoline Pichler. Er besucht am Stephansplatz die altberühmte Geroldsche Buchhandlung: „Alle wollen Karoline Pichlers neuestes Werk besitzen", schreibt er, als er sich in der Bücherstube umgesehen hat; „man zählt sie hier ungeniert zu den Klassikern". Am nächsten Tage macht er Frau Pichler in Baden bei Wien seine Aufwartung: „Sie war eine mittelgroße, ältliche Frau, die mich ein wenig zurückhaltend empfing. Sie war sich ihrer sechsunddreißig Romanbände wohl bewußt und gleicht wohl ein wenig ihren Schriften, die sich in einem kleinen Gefühls- und Gedankenkreis bewegen. Es interessierte mich zu wissen, wie sie ihre Studien zu dem historischen Roman Agathokles betrieben habe, der in der Zeit Diokletians spielt, und es waren nicht wenige Hilfsmittel, die sie anführte. Dann sprach sie von ihrem neuen, in Arbeit befindlichen Werk, in dem sie Maria Theresia auf Kosten Friedrichs des Großen verherrlichen will. Nun, ich empfahl mich bald und nahm einen recht angenehmen Eindruck mit, zumal gegen Ende meines Besuchs auch Karolines Tochter und Enkelkinder erschienen und sich ein munteres, behagliches Familienleben entwickelte."

* 8. IV. 1898   **MARY PICKFORD**

Mary Pickfords Name wurde als erster im Vorspann eines amerikanischen Films erwähnt. Bis dahin waren Schauspieler und Regisseure anonym. Sie wurde in Toronto geboren. Ihr Vater war Seemann, der frühzeitig starb. Ihre Mutter war als Zimmervermieterin, Verkäuferin und schließlich als Schauspielerin tätig. Als der Theaterdirektor für ein Bühnenstück ein kleines Girl suchte, verschaffte die Mutter ihrem sechsjährigen Töchterchen diese Rolle, in der sie ungemein gefiel. Mit acht Jahren war Mary Pickford Mitglied einer Wanderbühne, spielte dann am Broadway und wurde 1907 von D. W. Griffith zum Film gebracht. Mit dem Film „The lonely villa" (1908) hatte sie einen solch großen Erfolg, daß ihre Wochengage in einigen Jahren von fünf Dollar auf tausend Dollar stieg, 1917 bekam sie für ihre Rolle in „The little princess" bereits zehntausend Dollar in der Woche und außerdem die Hälfte des Reingewinns von allen Filmen, bei denen sie mitwirkte. Bald darauf erhielt sie die höchsten Gagen, die Hollywood je gezahlt hat. Während dieser Zeit änderte sie ihren Mädchennamen Gladys Smith in Mary Pickford um. Der Anschluß an die Tonfilmzeit glückte ihr in solch ausgezeichneter Weise, daß ihr für ihre Rolle in „Coquette" (1929) der „Oscar" zuerkannt wurde, eine damals neueingeführte Auszeichnung Hollywoods für die besten künstlerischen Leistungen. Dabei kamen ihr vor allem ihre schauspielerischen Erfahrungen sowie ihre Sprechtechnik zugute. Im Jahre 1919 gründete Mary Pickford zusammen mit D. W. Griffith, Charlie Chaplin und Douglas Fairbanks sen. die Filmproduktion „United Artists", 1936 mit Jesse L. Lasky die Pickford-Lasky-Producing Company und 1945 die Pickford-Productions. Mary Pickford hat zahlreiche Bücher geschrieben, darunter eine für die Filmgeschichte sehr aufschlußreiche Selbstbiographie.

21. III. 1466 — 19. VIII. 1532   **CHARITAS PIRCKHEIMER**

Im Sommer 1959 wurde am Rückeingang einer Nebenkapelle der Nürnberger Klarakirche die Gruft mit den sterblichen Überresten der Äbtissin von Nürnberg, Charitas Pirckheimer, freigelegt, nach deren letzter Ruhestätte man seit Jahrzehnten erfolglos gegraben hatte. Seit ihrem dreizehnten Lebensjahr gehörte die gelehrte Schwester des großen deutschen Humanisten Willibald Pirckheimer dem St. Klarakloster an, zu dessen Äbtissin sie am 20. Dezember 1503 gewählt wurde. St. Klara nahm nur Töchter aus Patrizierfamilien auf, so daß fast alle Nonnen miteinander versippt waren; auch einer Schwester und eine Nichte — Willibalds Tochter Katharina — unterstanden der Obhut der Äbtissin Charitas, deren hinterlassene Briefe und Schriften den Ausspruch des Erasmus von Rotterdam verständlich machen: „England hat die Frauen und Töchter des Thomas Morus — Deutschland aber ist stolz auf seine Pirckheimerinnen..." Charitas teilte die Bücherleidenschaft ihres Bruders, der zu seiner Zeit eine der bedeutendsten deutschen Privatbibliotheken besaß und seiner Schwester in herzlicher Freundschaft verbunden war. Er widmete ihr seine lateinische Übersetzung des Plutarch, und sein Freund Konrad Celtis übersandte der weithin gerühmten Äbtissin seine Druckausgabe der „lieblichen Schriften der Hroswitha von Gandersheim", die er in St. Emeran zu Regensburg aufgefunden hatte. Die Reformation brachte auch ins Kloster von St. Klara Unruhe und Verwirrung; wie ihr Bruder Willibald — der den Anfängen Luthers noch zugestimmt hatte, sich bald aber von der neuen Lehre wieder abwandte — war Charitas in ihrem Bereich führend im zähen, allein mit den Waffen des Geistes und des Glaubens geführten Widerstand gegen die Aufhebung der Klöster St. Klara hat seine große Äbtissin noch um sechzig Jahre überlebt — als 1590 die letzte Nonne starb, hatte auch das Kloster aufgehört zu sein.

PLEKTRUDIS

um 650 — 725

Im südlichen Seitenschiff der Kirche St. Maria im Capitol zu Köln steht noch heute der merowingische Sandstein-Sarkophag, in dem in der ersten Hälfte des achten Jahrhunderts Plektrudis, die Gattin des Hausmeisters Pippin des Mittleren von Heristal, beigesetzt war. Ein zweiter, späterer Sarkophag im nördlichen Seitenschiff der Kirche bewahrte ebenfalls einige Jahrhunderte lang die Gebeine der Fürstin, seitdem aber sind sie verschollen. Die noch erhaltene Grabplatte mit dem schönen romanischen Bildnis ist erst um 1180 entstanden, also über vierhundertfünfzig Jahre nach dem Tode der Plektrudis, über die wir in der um 1217 verfaßten „Königschronik" lesen: „Pippin hatte eine hochadelige und überaus kluge Frau mit Namen Plektrudis. Sie baute in Köln auf dem Capitol eine bedeutende Kirche zu Ehren der Gottesmutter und gründete dort zum Dienste Gottes und der Heiligen Jungfrau ein Damenstift, das sie mit reichen Liegenschaften und Einkünften ausstattete..." Pippin trennte sich von ihr, um mit seiner zweiten Gemahlin Alpaide zusammenleben zu können, die ihm einen Sohn schenkte. Man berichtete ihm, es sei „ein Karrl", was in der deutschen Sprache einen Knaben mit kräftigen Gliedern bedeutet. So wurde Pippins Sohn einfach „der Karrl" oder „Der Kerl" genannt und damit im Zeichen der „volkstümlichen oder deutschen Sprache die karolingische Dynastie begründet". Dieser „Karrl" erhielt später den Beinamen „Martell" – der Hammer; er vertrug sich schlecht mit seiner Stiefmutter Plektrudis, die ihn eine zeitlang gefangenhalten ließ. Später gelang es ihm, durch seine Siege bei Tours und Poitiers das Abendland vor dem Ansturm des Islam zu retten. Als er im Jahre 717 in Köln eindrang, mußte Plektrudis auf alle Herrschaftsansprüche verzichten. Sie starb in der Stille des von ihr gestifteten Klosters.

POCAHONTAS

Um 1600

Im Kuppelraum des Kapitols zu Washington zeigt ein riesiges Wandgemälde die Taufe der indianischen Häuptlingstochter Pocahontas, einer der liebenswertesten Frauengestalten der nordamerikanischen Gründerzeit. Ihr tragisches Geschick wurde zum dankbaren Thema einer Flut von Romanen, Dramen und Gedichten, die das Herausschälen des historischen Kerns erschwert. Nachweisen läßt sich, daß der englische Kapitän John Smith, der um das Jahr 1607 mit einer Schar von Abenteurern und entlassenen Sträflingen die von Sir Walter Raleigh gegründete Kolonie Virginia besiedelte, eines Tages von Indianern gefangen und zum Tode am Marterpfahl verurteilt wurde. Um das Leben des großen weißen Mannes zu retten, erklärte sich die schöne Pocahontas bereit, ihn zu heiraten und seinen christlichen Glauben anzunehmen, obwohl sie wußte, daß sie sich damit aus der Gemeinschaft ihres Stammes ausschloß. Der Undankbare kehrte jedoch allein nach England zurück und ließ, um sich von der lästigen Bindung zu lösen, in Virginia die Nachricht verbreiten, er sei gestorben. Einer seiner Kameraden, ein ehemaliger Sträfling, nahm die vermeintliche Witwe mit sich nach London, wo sie dem totgeglaubten Smith auf der Straße begegnete. Als die junge Frau in der ihr fremden und feindlichen Welt den Mann wiedersah, dem sie einst das Leben gerettet und der sie so schmählich verlassen hatte, versank sie in Schwermut. Auf der Heimfahrt in das Land ihrer Väter ist Pocahontas gestorben – die Geschichte ihrer leidvollen Erfahrung aber verbreitete sich unter den indianischen Stämmen und nährte noch jahrhundertelang das tiefe Mißtrauen der einstigen Alleinherrscher des Erdteils gegen die weißen Eindringlinge.

† 9. XII. 1793 ## YOLANDE DE POLIGNAC

Als 1770 Marie Antoinette, die Tochter Maria Theresias, nach Frankreich kam, um den Dauphin und nachmaligen König Ludwig zu heiraten, war sie eine lebenslustige, etwas oberflächliche Sechzehnjährige, die keine Ahnung von den Gefahren und Schwierigkeiten ihrer neuen Rolle hatte. Ihre Lebensgier und Naivität machten sich viele Höflinge zunutze und steuerten geradewegs über die Gunst der jungen, strahlenden Königin ihren Vorteil an. Für Marie Antoinette war Yolande Martine Gabrielle, Gräfin de Polastron und Polignac, trotz ihren einundzwanzig Jahren eine gewiegte Führerin im Dschungel des Versailler Hofes und doch noch jung genug, um als Gespielin zu gelten. Bewußt förderte Yolande-Martine die leichtsinnigen Eskapaden der Königin, sie wurde Mitwisserin, Helferin, schließlich unentbehrliche Vertraute. Die Vorteile kamen rasch und glichen dem Goldregen der Danae. 1780 wurde die Gräfin zur Herzogin de Polignac erhoben, der zahlreiche Schwarm der Verwandtschaft besetzte Ämter am Hofe und im Staat, und die Polignacs regierten Frankreich kraft der Freundschaft, die eine von ihnen, Yolande-Martine-Gabrielle, zu erwecken gewußt hatte. Man setzte die Herzogin de Polignac zur Erzieherin der Königskinder ein und nahm sie damit in den engsten Kreis der Königsfamilie auf. Als aber die erste Belastungsprobe eintrat und die Nationalversammlung einen aufsässigen Ton anzuschlagen begann, waren die Polignacs die ersten, die Frankreich verließen. Einen Tag nach dem Bastillesturm verließ auch Yolande-Martine-Gabrielle ihre Freundin. Das Schäferspiel des Rokoko begann sich zur antiken Tragödie zu verdunkeln. Die Herzogin de Polignac starb am 9. Dezember 1793 als Emigrantin zu Wien. Es war das gleiche Jahr, in dem die Häupter von König und Königin unter der Guillotine fielen.

29. XII. 1721 — 15. IV. 1764 ## MADAME POMPADOUR

Eine vielgelästerte Frau, die vor allem Friedrich der Große mit bösem Spott bedachte, nicht zu seinem Heil; denn diese ränkevolle Frau, die König Ludwig XV. von Frankreich zur Marquise de Poisson erhoben hatte, vergalt die Schmähungen, indem sie die gefährliche Koalition gegen Preußen in die Wege leitete. Zur Zeit des Siebenjährigen Krieges erstreckte sich ihr Einfluß in Paris sogar auf die Ernennung der Heerführer; kein Minister wagte es, ihr zu widersprechen. Die tugendhafte Kaiserin Maria-Theresia brachte es über sich, ihr Geschenke zu schicken, nicht nur aus politischer Taktik, sondern weil sie Friedrich den Großen ebenso verabscheute wie die Pariserin, die ihn einen Attila nannte. Und mit weiblichen Waffen hat die Pompadour nicht geringere Siege erfochten als der Alte Fritz mit Gewehren und Kanonen. Ihr Vater war Beamter. Dem reichen Liebhaber ihrer Mutter verdankte sie eine ausgezeichnete Erziehung und die Heirat mit einem wohlhabenden Finanzpächter. Schon bald nach der Eheschließung lernte sie Ludwig XV. kennen, den lasterhaften König Frankreichs; fortan wußte sie die erste Dame bei Hofe, wo schließlich geschah, was sie wünschte. Sie förderte Wissenschaften und Künste, doch weitaus fleißiger sorgte sie dafür, die unersättliche Gier des Königs nach Zeitvertreib zu befriedigen. Sie schürzte mit ihren zarten, schönen Händen den Knoten zu hundert Affären, während ganz Europa zu ergründen suchte, was ihr geheimstes Wollen war; denn man wußte, ihr Wille war auch der Wille Ludwigs und damit Frankreichs. Umstritten, aber bedeutsam in ihrer geschichtlichen, in mancher Hinsicht liebenswerten Gestalt steht sie in der Geschichte ihrer Zeit. Der Name der Handtaschen unserer Großmütter, die man Pompadour nannte, ist eine kleine Erinnerung an die kluge Marquise.

ADELHEID POPP

1869 — 1939

Das gab es also, in der zweiten Hälfte des neunzehnten Jahrhunderts, die wir so gern „die gute alte Zeit" nennen ... Ein Dorfmädchen in Österreich – der Vater, ein armer Weber, ist früh gestorben – kann nicht zur Schule gehen, weil sie keine Schuhe hat, keinen Mantel, kein Gewand. Die Mutter kann selbst weder lesen noch schreiben – wozu auch, zum Wäschewaschen und Flicken braucht man nur zwei kräftige und geschickte Hände. Die kleine Adelheid wird am Neujahrstag in die Häuser der Wohlhabenden geschickt, sie sagt ein Glückwunschsprüchlein auf und trägt die erhaltenen Kreuzer in der fest geschlossenen Faust nach Hause. Auch wenn man bei prunkvollen Trauerfeiern weinend dem Sarg folgt, dessen stillen Bewohner man nie gekannt hat, gibt's ein paar Kupfermünzen und etwas Übriggebliebenes vom Leichenschmaus. Mit dreizehn Jahren fühlt Adelheid sich „erwachsen", denn sie verdient sich schon ganz allein ihr Brot. Einmal bringt man die Erschöpfte ins Krankenhaus: „das war die schönste Zeit, die ich bisher erlebt hatte! Ich hatte ein Bett, ganz für mich allein, und immer reine Wäsche..." Das Mädchen kauft sich statt Leckereien Zeitungen und Zeitschriften; sie lernt die aufstrebende Arbeiterbewegung kennen und beginnt selbst zu schreiben, sie, die sich die Regeln der Rechtschreibung erst mühselig beibringen muß. Ihre Vermählung mit dem sozialdemokratischen Parteifunktionär Julius Popp bringt sie der sozialistischen Frauenbewegung nahe; sie übernimmt die Schriftleitung der ersten Arbeiterinnenzeitung Österreichs. Ein Hochziel ihrer Lebensarbeit sieht sie erfüllt, als im Jahre 1918 die Frauen Österreichs das Wahlrecht erhalten; sie wird Stadtverordnete in Wien und später Mitglied des Bundestages. Das Internationale Frauenkomitee wählt Adelheid Popp zur ersten Vorsitzenden. In Mühsal, Enttäuschung, Einsamkeit und Verzicht endet ihr kämpferisches Leben.

POPPÄA SABINA

Um 34 — 65 n. Chr.

Nach dem Bericht des Tacitus besaß die in erster Ehe mit dem römischen Prätorianerpräfekten Rufrius Crispinerus verbunden gewesene Poppäa „alles andere außer einem tugendhaften Herzen". Aus der Ehe mit Crispinus, der auch ein Sohn entsprossen war, flüchtete die schöne, leichtfertige Römerin in die Arme des jugendlichen und verschwenderischen Otho, der als Vertrauter und Freund des lasterhaften Kaisers Nero galt. „Otho", so erzählt Tacitus weiter, „pries dem Kaiser die Wohlgestalt seiner eigenen Gemahlin an", und Kaiser Nero beeilte sich, die also Angepriesene näher kennen zu lernen und machte sie bald zu seiner Geliebten. Die Geschichtsschreiber werfen Poppäa Sabina vor, daß sie Nero zur Ermordung seiner Mutter, der jüngeren Agrippina, und seiner rechtmäßigen Gemahlin Octavia angestiftet habe – gewiß ist, daß die tiefe Kluft zwischen Agrippina und ihrem kaiserlichen Sohn durch das Auftauchen Poppäas unüberbrückbar wurde und daß Nero nach dem Tode Octavias im Jahre 62 sich mit Poppäa verheiratete, die ihm auch eine Tochter schenkte. Seine Mutter Agrippina, der er schon lange nach dem Leben getrachtet, stellte sich den Dolchen der gedungenen Mörder: „Stoßt zu... mag er mich ruhig töten lassen, wenn er nur Herrscher bleibt..." In die drei Jahre der Ehe Neros mit Poppäa fällt der Brand Roms, auf dessen schwelenden Trümmern der Kaiser sein berühmtes „Goldenes Haus" erbaute, einen Palast von bisher unerhörter Größe und Pracht. Er wurde niemals vollendet – aus dem übriggebliebenen Baumaterial errichteten Neros Nachfolger das Colosseum und die Titusthermen. Kaiserin Poppäa fand ein schlimmes Ende: Sie starb an einem Fußtritt des jähzornigen und unbeherrschten Gemahls, als sie ihr drittes Kind erwartete.

7. I. 1890 — 15. X. 1960   **HENNY PORTEN**

Henny Porten gehört zu den wenigen Filmschauspielerinnen, die sich sowohl beim Stummfilm als auch beim Tonfilm einen großen Namen gemacht haben. Nahezu vier Jahrzehnte war sie dem deutschen Film verbunden. Als fünfzehnjähriges Mädchen wurde sie von Oskar Meßter, dem Vater der deutschen Kinotechnik, entdeckt, der um 1910 für die Jahrmärkte Filmstreifen herstellte und sie mit einem Grammophon musikalisch untermalte. Mitten in der Kintop-Zeit gelang ihr als einer der ersten der Durchbruch zur Filmkunst; mit dem Stummfilm „Das Liebesglück der Blinden" setzte sie diesen wichtigen Markstein in der Geschichte des deutschen Films. Sie wurde seitdem mit Filmrollen überschüttet. Ihr Naturtalent entfaltete sich zu besonders großer Wirkung, als sie in den Stummfilmen „Rose Bernd" (1919) und „Anna Boleyn" (1920) die Titelrolle darstellte; obwohl sie nie eine Schauspielschule besucht hatte, erschütterte sie die Zuschauer durch die Ausdruckskraft der Darstellung, die ohne jede Sentimentalität war. Aber erst in der Tonfilmzeit gelangte ihr Künstlertum zur Vollendung. Mit „Skandal um Eva" (1930) eröffnete sie die lange Reihe ihrer erfolgreichen Tonfilme: „Kohlhiesels Töchter" (1930, vorher auch als Stummfilm), „Königin Luise" (1931), „24 Stunden aus dem Leben einer Frau" (1932), „Mutter und Kind" (1933), „Krach im Hinterhaus" (1935), „Der Optimist" (1938), „Komödianten" (1941), „Symphonie des Lebens" (1942) und die beiden 1943 gedrehten Filme „Familie Buchholz" und „Neigungsehe". In der Nachkriegszeit war sie nur in wenigen Filmen in kleineren Rollen zu sehen. Lange wartete sie auf die Chance für eine neue, große Rolle. „Ich könnte nicht das verstaubte Abbild eines alten Henny-Porten-Bildes sein", bemerkte sie hierzu, „ich möchte einen Menschen spielen mitten im Leben. Und wenn es eine Neunzigjährige wäre."

* 15. V. 1890   **KATHERINE ANNE PORTER**

Mit einem gewissen Stolz zählt Katherine Anne Porter Daniel Boone, den großen Waldläufer und Kundschafter in den nordamerikanischen Indianerkriegen des ausgehenden 18. Jahrhunderts, unter ihren Vorfahren auf. Von diesem Grenzkämpfer, der Kentucky dem weißen Manne erschloß und den die Indianer „Lederstrumpf" und „Wildtöter" nannten, mag ihr der Sinn für das Exotische zugeflossen sein. Sie stammt aus Indian Creek in Texas, und der Süden der Vereinigten Staaten und das nahe Mexiko sind bevorzugte Schauplätze ihres großartigen erzählerischen Werkes. Katherine Porter ist eine der schöpferisch stärksten und zugleich interessantesten Repräsentantinnen der sogenannten short story; manche sagen, daß sie diese Form der prägnanten novellistischen Epik erst zur Literaturgattung erhoben habe. Seit 1930, seit ihrer Erzählung „Flowing Judas", schrieb und veröffentlichte sie die kleinen Kostbarkeiten, die sie zum Teil in Sammelbänden herausgab. Sie ist Meisterin einer verdichteten, dramatisch bewegten Prosa, die ihre Wirkung aus der klar komponierten Handlungsführung und der Plastik ihrer Gestalten gewinnt. Sie steht damit in der Nachfolge Gustave Flauberts und eines Henry James. Bei aller Realistik, die auch das Grausige und Wilde nicht scheut, verwandelt sich die Welt bei ihr zuweilen ins Surrealistische, Magische, Zauberische. Die Dichterin, die mehrere Jahre als Journalistin in Europa tätig war, ist heute Professorin an der Universität Michigan. Sie erhielt die Goldmedaille für Literatur der Universität New York, das Frauen-College Nord-Carolina ernannte sie 1949 zum Ehrendoktor, 1950 wurde sie Vizepräsidentin des Nationalinstituts für Künste und Wissenschaften. H. James, G. Stein, K. Mansfield und V. Woolf widmete sie geistvolle Essays.

GABRIELE POSANNER

1860 — 1940

Die erste österreichische Ärztin hatte heute kaum noch vorstellbare Schwierigkeiten zu überwinden, ehe sie ihren erwählten Beruf ausüben durfte. Es fing schon in der Schule an; da in Österreich im vorigen Jahrhundert Mädchen keine „Gymnasialbildung" erwerben konnten, mußte sie ihr Abitur als „Externistin" ablegen. Der Landesschulinspektor ordnete ausdrücklich an, daß die unbequeme Schülerin, die ihm mit dauernden Eingaben und Gesuchen schon lange auf die Nerven ging, keinesfalls eine bessere Note als „Genügend" erhalten dürfe... Gabriele bestand das Examen mit Glanz, konnte endlich in der fortschrittlicheren Schweiz Medizin studieren und wurde 1894 zum Dr. med. promoviert. Die Promotion galt aber nicht für Österreich. Drei Jahre lang mußte sie in Wien um ihr Recht betteln, das ihr erst nach einer Sonderaudienz bei Kaiser Franz Joseph gewährt wurde: Nach nochmaligen Examina konnte ihr die Universität Wien den Doktortitel nicht länger vorenthalten. Endlich durfte Gabriele als Siebenunddreißigjährige in der Wiener Alserstraße ihre Praxis eröffnen, bald fanden sich auch die ersten Patienten ein, die es als reizvolle Neuheit empfanden, von einer Frau kuriert zu werden — von einer Frau noch dazu, die ihre ärztliche Kunst verstand und meisterte, so daß ihr nach dreißigjährigem segensreichem Wirken als erster Österreicherin der Titel „Medizinalrat" verliehen wurde. Gabriele Posanner hat nie geheiratet und ist auch nie in der Öffentlichkeit hervorgetreten — sie war weder „Frauenrechtlerin" noch politisch interessiert; im stillen Bereich ihres Sprechzimmers fand sie die Erfüllung ihres hart erkämpften Lebenszieles: denen helfen zu können, die sich vertrauensvoll an sie wandten. Die vierzehnhundert Ärztinnen, die heute in Wien praktizieren, verehren in Gabriele Posanner ihre große Vorkämpferin.

ELEONORE PROCHASKA

11. III. 1785 — 5. X. 1813

„Das ist kein Krieg, von dem die Kronen wissen — es ist ein Kreuzzug, ist ein Heiliger Krieg..." Mit diesen Worten begrüßte Theodor Körners jugendlicher Feuergeist den langersehnten Entschluß seines zögernden Preußenkönigs zum Befreiungskrieg gegen Napoleon. Der Kampf gegen die jahrelang mit verbissenem Grimm ertragene Fremdherrschaft wurde Sache des ganzen Volkes, vornehmlich seiner Freiwilligen. Auch Freiherr von Lützow, ein alter Mitstreiter des gefallenen Schill, stellte eine Freischar auf. In der schlesischen Hauptstadt Breslau, wo Friedrich Wilhelm III. am 10. März 1813, dem Todestag der Königin Luise, den Orden des Eisernen Kreuzes gestiftet hatte, war an der Schmiedebrücke das Lützowsche Hauptquartier. Hier sammelten sich die Studenten zum freiwilligen Waffendienst; die schwarze Uniform mußte jeder selbst stellen, Ausrüstung und Verpflegung wurden aus den Spenden und Opfergaben bestritten, die aus allen Volksschichten dem Kampffonds zuflossen. Jeder, der kam, wurde als Mitstreiter willkommen geheißen — so auch der junge August Renz, der seine Uniform gleich angelegt hatte und dem der schwarze Tschako mit dem Totenkopf gut zu Gesicht stand, zu einem Gesicht, das freilich ein wenig zart und bartlos schien. Aber der Renz bewährte sich als mutiger Soldat unter Lützows schwarzen Gesellen, der „wilden, verwegenen Jagd". Im Gefecht an der Goerde traf auch ihn eine feindliche Kugel. Erst als man dem Schwerverwundeten die erste Hilfe leistete, erkannte man, daß der Jäger Renz — ein Mädchen war. Die Soldatentochter Eleonore Prochaska, aufgewachsen im Potsdamer Militärwaisenhaus, hatte sich aus glühender Vaterlandsliebe als Mann verkleidet, um in den Reihen der Lützowschen Jäger Soldat zu sein wie jeder andere. Am 5. Oktober ist sie ihren Verwundungen erlegen — dreizehn Tage bevor bei Leipzig das Schicksal des Korsen besiegelt wurde.

19. I. 399 — VII. 453   **AELIA PULCHERIA**

Die Tochter des oströmischen Kaisers Arkadius wurde schon mit fünfzehn Jahren Regentin für ihren unmündigen Bruder und blieb es bis zu seinem Tode; dieser Bruder, der sich als Kaiser den Namen seines wirklich „großen" Großvaters Theodosius I. wählte, ist vornehmlich dadurch berühmt geworden, daß er einen mechanischen Selbstfüller für seine Öllampe erfand. Bis tief in die Nacht hinein saß er am Schreibtisch und kopierte griechische Poeten und Grammatiker, was ihm den Spitznamen „Der Schönschreiber" eintrug. Um die Staatsgeschäfte kümmerte er sich nicht. Pulcheria, die künstlerisch und literarisch gebildet war, führte das Staatsruder. Sie verheiratete ihn mit der blitzgescheiten Tochter eines athenischen Rhetors, der Eudokia, mit der sie sich prächtig verstand. Die beiden klugen Frauen, die Kaisertochter und das „Mädchen aus dem Volke", führten ein wendiges Regiment im „Heiligen Palast" von Konstantinopel. Als Theodosius an den Folgen eines Sturzes gestorben war, vollbrachte Pulcheria eine Tat, die weltgeschichtliche Folgen hatte: Während die Hunnenschwärme rings um die zivilisierte Welt „wie ein schwarzer Zyklon" aufstiegen (Frank Thieß), heiratete sie den einzigen Mann, der die Kraft und den Mut hatte, das Unheil abzuwenden, den Offizier Marcian, und erhob ihn zum Mitregenten. Als regierende Augusta schickte sie ihn in den Krieg, und er schlug die Scharen Attilas in Dalmatien. Pulcheria verweigerte seitdem den Hunnen den Tribut. Marcian baute die verwüsteten Provinzen wieder auf, schuf aus den östlichen Völkern ein „nationales" Heer, schaltete die Ostgoten aus und legte im Zusammenwirken mit Pulcheria die Fundamente des neuen Oströmischen Reiches, während Westrom zerfiel. Byzanz bestand noch tausend Jahre.

Um 1540 — 1608   **MARIA PYPELINCX**

Vor dem finsteren Herzog Alba, der durch sein Schreckensregiment den Abfall der nördlichen Niederlande verursachte, war auch der Advokat Jan Rubens mit seiner Familie geflohen — nach dem damals nassauischen Siegen in Westfalen, das seine Brotgeberin, die liebeshungrige Prinzessin Anna von Sachsen, Gattin des großen Schweigers Wilhelm von Oranien, zum Exil gewählt hatte. Hier verliebte sie sich in ihren Berater, und als das Verhältnis allzu öffentlich wurde, versuchte Jan Rubens, durch Freunde gewarnt, zu entfliehen. Von den Häschern ergriffen und in der Festung Dillenberg eingekerkert, erwartete er die Vollstreckung des Todesurteils, das Graf Johann von Nassau über ihn verhängt hatte. Da war es Maria Pypelincx, die betrogene Gattin des Rubens, die in verzeihender Liebe um seine Befreiung rang. „Gott erfülle die Herzen der guten Herren von Nassau mit Barmherzigkeit" schreibt sie ihm ins Gefängnis, und bittet ihn, seine Briefe nicht mehr mit „Dein unwürdiger Mann" zu unterschreiben, „denn — es ist ja vergeben". Mit Bitten, ja mit Erpressungen erreicht sie nach zwei Jahren das Unwahrscheinliche: Nachdem Maria ihr gesamtes, nicht unbeträchtliches Vermögen als Pfand hinterlegt hat, öffnen sich die Kerkertüren ihrem todgeweihten Gatten. Zwei Jahre nach seiner Freilassung wird dem Ehepaar das sechste Kind, der Sohn Peter Paul, geboren, mit dem Maria nach dem Tode des Mannes in die Vaterstadt Antwerpen heimkehrt. Dort verfolgt sie mit Stolz den Aufstieg ihres Sohnes. Von allen Stätten seines ruhmreichen Wirkens gehen zärtliche Briefe zu der stillen, alten Frau in der Scheldestadt, und als Peter Paul Rubens von ihrer schweren Erkrankung erfährt, begibt er sich auf schnellstem Wege in die Heimat, aber er trifft die Mutter nicht mehr lebend an. Friedvoll war sie dahingegangen, sie, die wie wenige alle Kraft eines großen Frauenherzens zu unerhörtem Triumph geführt hatte.

PYTHIA

Griechische Antike

„Du mußt es dreimal sagen . . .!" Der Glaube an die Vollkommenheit oder die Beschwörungskraft der Zahl Drei ist in fast allen Hochkulturen lebendig gewesen. Im Pantheon des Hinduismus nimmt die Dreiheit Brahma, Wischnu und Schiwa den obersten Rang ein; das Christentum ruht geborgen in der göttlichen Dreifaltigkeit; die drei Haupttugenden Liebe, Treue und Barmherzigkeit bestimmten die Geisteshaltung der mittelalterlichen Bauhütten; dreieckig war der Arbeitsschurz der Hüttenmeister und Gesellen, die drei Reisen ausgeführt und an drei Bauten gewerkt haben mußten, ehe sie Aufnahme in der Gemeinschaft fanden. Noch heute bewahrt der Volksmund die uralte Erfahrung: „Aller guten Dinge sind drei . . ." Selbst im klaren Licht der griechischen Antike begegnet uns die magische Zahl in Gestalt des Dreifußes, der meist einen Kessel aus Ton oder Bronze trug und oft als Opfergabe und Weihegeschenk diente. Mit einem goldenen Dreifuß dankte man dem Apollon für den Sieg bei Plataa — ein Dreifuß war auch der Sitz der Pythia im Tempel von Delphi, jener berühmten Priesterin und „Befragerin" des Orakelgottes Apollon, deren Spruch mehr als einmal Weltgeschichte gemacht hat. Man sagt, ihr Dreifuß habe über einer Quelle betäubender Dämpfe gestanden, im Trancezustand habe sie ihre Sprüche gemurmelt und es sei Aufgabe der Priesterschaft gewesen, ihnen, meist in gebundener Form, die Ausdeutung zu geben. Ein Hinweis des Euripides läßt darauf schließen, daß die Orakelsuchenden nicht vor dem Tempel auf die Vermittlung durch die Priester warten mußten, sondern selbst Zutritt erhielten und die auf dem Dreifuß thronende Pythia erblicken konnten. Nach der Erdspalte unter dem Tempel, der die Dämpfe entstiegen sein sollen, haben die Archäologen bisher vergeblich gesucht . . .

RIKI RAAB

Die Tänzerin Riki Raab sieht man noch immer im Ensemble des Wiener Staatsopernballetts, in dem sie in sehr jungen Jahren von der in Solo-Kinderrollen beschäftigten Elevin zur Solotänzerin aufrückte. Sie verkörperte in vollkommener Beherrschung der Ballettechnik, in durchgeistigter Musikalität und mit wienerischer Grazie u. a. die Exotische in Glucks „Don Juan", die Schäferin in Mozarts „Les petits riens", das „Praliné" in Schlagobers von Richard Strauß und die „Spanierin" in Bayers Puppenfee. Gastreisen, die sie allein oder im Verbande des Staatsopernballetts unternahm, führten sie bis nach Palästina und Ägypten. Als sie der Bericht über die Ägyptentournee erstmals ans Vortragspult der Wiener „Urania" treten ließ, begann die zweite Etappe ihres Lebensweges, ihre volksbildnerische Tätigkeit auf dem Gebiet der Tanzkunst, als Tanzpädagogin und Tanzhistorikerin. Über dreizehn Jahre lang hielt sie an der „Urania" vielbesuchte Lichtbildervorträge mit Tanzeinlagen, von 1938 bis 1952 wirkte sie an der „Akademie für Musik und darstellende Kunst" und wurde mit dem Professortitel ausgezeichnet. Ihre Studien über die Komponisten Josef Bayer und C. M. Ziehrer und den Ballettmeister Josef Haßreiter fanden ihren Niederschlag in ihren Vorträgen; zu Haßreiters 100. Geburtstag veranstaltete Frau Prof. Raab in Wien die große Haßreiter-Gedächtnisausstellung, Fanny Elßlers 150. Geburtstag feierte sie durch eine Memoria im Gobelinsaal der Staatsoper. Ihrem Gedenken widmete Riki Raab einen wertvollen Wanderring, der vom Intendanz der Staatstheater verwaltet wird. In dem 1942 erschienenen Ballett-Lexikon und in vielen Artikeln und tanzhistorischen Vorträgen konnte sie die Summe aus ihren Forschungen und Erfahrungen ziehen. Professor Riki Raab lebt heute in Wien.

28. II. 1820 — 3. I. 1858 ## ELISABETH FÉLIX RACHEL

Noch heute feiert die französische Theatergeschichte diese Schauspielerin, die als Kind bettelarmer jüdischer Eltern aus dem schweizerischen Aargaudörfchen Mumpf nach Paris gekommen war, als eine der größten Tragödinnen aller Zeiten und als die vollendetste Darstellerin antiker Heldinnen, die jemals über die Bretter, die die Welt bedeuten, geschritten ist. Ihre künstlerische Domäne waren die Frauengestalten Corneilles, Voltaires, Racines, in denen die tragische Leidenschaft alle Fesseln sprengt; in diesen Rollen errang sie mit ihrer ungewöhnlichen Gestaltungskraft, der eine machtvoll tragende Stimme, ein flammendes Augenpaar und eine nuancenreiche Gestik zu Gebote standen, die verehrende Bewunderung der leicht erregbaren Franzosen. Schon ihr erstes Auftreten als kaum Achtzehnjährige an der Comédie Française war ein überwältigender Erfolg; sie spielte die Camille in „Horace", einem der drei Werke Pierre Corneilles, mit dem der Dichter die Herrschaft der römischen Stoffe auf der französischen Schaubühne begründet hat. Das übersteigerte Pathos der Leidenschaft, das diese Stücke den Franzosen so wertvoll macht, kam der Naturbegabung der Schauspielerin Rachel auf das glücklichste entgegen. Mit kühler Berechnung wußte sie die stärksten Momente für sich auszunützen, mit virtuoser Sicherheit setzte sie die unvermittelten Gegensätze dicht nebeneinander und erreichte damit eine außerordentliche Wirkung. Ihre Gastspielreisen, die sie durch fast alle europäischen Länder und auch nach Nord- und Südamerika führten, glichen Triumphzügen; sie war aber auch eine der geldgierigsten Bühnenkünstlerinnen aller Zeiten und erschöpfte die Kraft ihres schwächlichen Körpers schon in siebzehn Jahren. Im Mai 1855 nahm sie Abschied von der Bühne, als Racines „Athalie"

* 27. VI. 1898 ## ALJA RACHMANOWA

„Gott schütze uns davor, eine russische Revolution mit eigenen Augen ansehen zu müssen!" Dieses Wort des großen russischen Dichters Alexander Puschkin aus seiner „Geschichte des Pugatschoffschen Aufstandes" könnte als Leitmotiv über dem schriftstellerischen Hauptwerk Alja Rachmanowas stehen, der großen Trilogie „Studenten, Liebe, Tscheka, Tod", „Ehen im roten Sturm" und „Milchfrau in Ottakring". Das Erscheinen des ersten Bandes, des „Tagebuchs einer russischen Studentin" war die literarische Sensation des Jahres 1931; darin wurde die russische Seele in ihren extremen Möglichkeiten dargestellt, so wie sie im Alltag der bolschewistischen Revolutionsepoche zum Durchbruch gekommen war. Das Autobiographische bestimmte auch den Inhalt des ein Jahr später erschienenen zweiten Bandes „Ehen im Roten Sturm", der den tragischen Weg der russischen Intellektuellen nachzeichnete. — Die aus dem Ural stammende Schriftstellerin, die in ihrer Heimat Psychologie und Literaturwissenschaft studiert hatte, wurde Ende der zwanziger Jahre mit ihrem Manne aus Rußland ausgewiesen. In einer Vorstadt Wiens eröffneten die beiden, um ihr Leben zu fristen, einen kleinen Milch- und Lebensmittelladen. Den harten Lebenskampf und die ständige Bedrohung der Emigranten schildert die Rachmanowa im letzten Band ihrer Trilogie „Milchfrau in Ottakring", einem Hohen Lied der Gattenliebe, die alle äußere Not und Anfechtung überwindet und zuletzt die beglückende Erfüllung jeglichen Hoffens bringt. In ihren späteren Werken hat die Schriftstellerin den Erfolg dieser Trilogie, die in zwanzig Sprachen übersetzt wurde, nicht mehr erreichen können. Was sie in ihren ersten Büchern sagte, wurde zum erstenmal gesagt, und die Welt hörte es zum erstenmal ...

KÖNIGIN RADEGUND   Um 518 — 13. VIII. 587

Umloht vom Mord und Brand einer nibelungenhaft düsteren Zeit geht die Königstochter Radegund unbeirrbar den christlichen Weg und wird zum Vorbild der hohen Frauen des frühen Mittelalters. Sie wächst im Hause des thüringischen Königs Irminfried auf, der ihren Vater erschlagen hat. Eine zarte Jugendliebe verbindet sie mit ihrem Vetter Amalafried, bis der Krieg die beiden Kinder für immer trennt. Als der Frankenkönig Chlotar I., der Unwürdigste der Söhne König Chlodwigs, im Jahre 531 die Thüringer an der Unstrut besiegt, fällt ihm auch die blonde Radegund mit ihrem Bruder in die Hände. Chlotar läßt die Vierzehnjährige auf seiner Domäne Athies erziehen, um sie einige Jahre später zur Frau zu begehren. Radegund flieht; sie wird ergriffen, und die Hochzeit wird mit allem Pomp gefeiert. — Welch ein Gemahl! Chlotar ist der Mörder seiner Neffen; er hat neben ihr drei „rechtmäßig" angetraute Gemahlinnen und zahlreiche Nebenfrauen; nach der Hochzeit lockt er ihren Oheim Irminfried in sein Land und tötet ihn. Kurz darauf ermordet er Radegunds Bruder, der mit ihr zu fliehen versucht hat; in gnadenloser Mordwut läßt er wenig später den eigenen gegen seine Tücken aufbegehrenden Sohn mit seiner ganzen Familie im umstellten Hause verbrennen. Endlich gelingt es Radegund, sich von der Seite des Königs zu befreien. Sie wird zur Büßerin und gründet das Kloster Poitiers, wo sie unter Verzicht auf die Äbtissinnenwürde die letzten Jahrzehnte ihres Lebens zur Sühne für all das Geschehene als dienende Magd verbringt. Der Schriftsteller Venantius Fortunatus, ein lateinisch dichtender Italiener in Poitiers, hat in herrlichen Versen das Bild dieser hochgebildeten heiligen Königin der Nachwelt überliefert.

PANDITA RAMABAI   1858 — 1913

Der gebildete und aufgeklärte Brahmine Ananda Sastri in der indischen Provinz Mangalore hatte schon um die Mitte des neunzehnten Jahrhunderts, im vollständigen Bruch mit dem Herkommen seiner Kaste und trotz allen ihm deshalb von seinen Kastengenossen widerfahrenden Anfeindungen, seiner jungen Frau ein wissenschaftliches Studium ermöglicht. Mit ihr gemeinsam ließ er auch seiner einzigen Tochter eine sorgfältige Erziehung und gelehrte Ausbildung zuteil werden und ersparte dem Kinde das bittere Los der Kinderehe. Seine Tochter lernte als Achtjährige Sanskrit lesen und sprechen und konnte mit kaum zwölf Jahren schon achtzehntausend Verse aus den Puranas auswendig aufsagen. Im Jahre 1883 bestimmten sie Eindrücke auf Reisen durch England und die Vereinigten Staaten sie, den christlichen Glauben anzunehmen. Zwei Jahre später ermöglichte die Gründung des indischen Nationalkongresses auch die erste Frauenbewegung mit dem Ziel, die indischen Frauen aus ihrer Rechtlosigkeit zu befreien. Die Tochter Sastris, nach kurzer, glücklicher Ehe mit einem Brahminen verwitwet, nahm als Pandita Ramabai bald eine führende Stellung in den jungen Frauenorganisationen ein. Sie gründete bei Puna eine Witwenkolonie, in der zeitweise über dreitausend junge indische Witwen Aufnahme fanden, darunter viele körperlich sieche, armselige Wesen, die weder lesen noch schreiben konnten und oft den grausamsten Mißhandlungen ausgesetzt gewesen waren. Diese hilflosen Geschöpfe verehrten Pandita Ramabai als den einzigen Menschen, der es gut mit ihnen meinte, wie eine Heilige. Während der immer wieder auftretenden großen Hungersnöte hat die großartige Frau viele hungernde Inderinnen vor dem physischen und moralischen Untergang bewahrt.

* 12. VIII. 1899   **THEA RASCHE**

Ernst Udet, der oft Flügel an Flügel mit ihr geflogen ist, nannte sie gern die „rasche Thea", und es war nicht nur ein Wortspiel mit ihrem Namen, sondern auch das Eingeständnis eines Virtuosen der Flugkunst, daß diese Westfälin bei den Luft-Wettbewerben mehr als einmal den Männern davongeflogen ist. Thea Rasche war nach dem ersten Weltkrieg die erste deutsche Frau, die sich wieder ans Steuer setzte, sobald die alliierten Beschränkungen gefallen waren, sie war die erste Kunstfliegerin Europas und die erste deutsche Frau, die Auslandsflüge unternahm. Ihre Lebensstationen bis 1924: Lyzeum in Essen, Landwirtschaftliche Frauenschule in Oberbayern, Kontoristin in Hamburg, Gutsinspektorin bei Berlin. In Münster, bei der Eröffnung einer Flugschule, sitzt sie 1924 zum erstenmal als Fluggast auf dem Zweitsitz eines Flugzeugs, und noch in der Luft sattelt sie beruflich um. Sie wird Fliegerin. Die Vorurteile der männlichen Flugkameraden, eines Udet, Bäumer, Bülow, Loerzer, Espenlaub, räumt sie schnell aus dem Wege, als ihr fliegerisches Naturtalent zum Durchbruch kommt und Thea Rasche sich bald als Meisterin im Rolling und Trudeln erweist. Schon ein Jahr später, 1925, begeistert sie neben Ernst Udet und Gerhard Fieseler bei Schaukunstflügen, im gleichen Jahre erhält sie als erste Frau das Seeflugzeugpatent. In den Jahren danach fühlt sie sich stark genug, als einzige Frau gegen die ersten Kunstflieger in die Schranken zu treten. In Deutschland und in den USA holt sie sich gegen stärkste männliche Konkurrenz erste Preise, wird als „Bester Flieger für den Frieden der Welt" enthusiastisch gefeiert und 1928 mit dem Amt der Vizepräsidentin der „Internationalen Vereinigung der Fliegerinnen" geehrt. Ihr Verdienst ist es, auf die mannigfachste Weise gezeigt zu haben, wie zuverlässig der Mensch sich im Luftraum bewegen kann.

4. XII. 1777 — 11. V. 1849   **JULIETTE RÉCAMIER**

Diese schöne und geistreiche Frau, deren Bildnis, von J. L. David im Jahre 1801 gemalt, im Louvre hängt, heiratete im Revolutionsjahr 1793 den Pariser Bankier Jacques R. Récamier; sie entkam nicht nur der Guillotine, sondern konnte es sich, als sich Bonaparte allmählich zu Napoleon entwickelte, auch erlauben, aus instinktiver Abneigung gegen den Konsul zu opponieren. In ihrem berühmten Salon fanden sich die Gegner des Korsen zusammen, vorerst noch geduldet, wenn auch überwacht. Juliette fand sogar Zeit, ein Liebesidyll mit Prinz August von Preußen zu pflegen, der 1806 in die Kriegsgefangenschaft Napoleons geraten war. Erst im Jahre 1811 griff der Kaiser zu: Frau Récamier wurde verbannt — zwar nur aus Paris; in den Jahren ihrer Abwesenheit von der Weltstadt aber lernte sie die Einsamkeit schätzen. Eine Zeitlang war sie Gast der Madame de Staël und unternahm mehrere Reisen. Von 1819 an lebte sie in der säkularisierten Abtei Abbaye-aux-Bois in St. Germain. Der Maler Dejuine hat ihren dortigen Salon gemalt: die elegante Biedermeierdame auf dem Empirebett unter Büchern, Blumen und Gemälden, mit dem Blick auf den Garten, zur Linken der neue Flügel und davor die romantische Harfe. Ihr vornehmster Freund in St. Germain war der berühmte Schriftsteller Chateaubriand, der die höchsten Staatsstellen unter Napoleon bekleidet und die besten Bücher über den Geist des Christentums geschrieben hatte. Im innigen Verkehr mit dem Jerusalempilger vollendete sich das Leben dieser politischen Frau vom Rang einer Madame de Staël. Chateaubriand verfaßte in ihrer Nähe seine „Erinnerungen aus dem Jenseits", das Ergebnis eines langen, gedankenreichen Lebens.

ELISA VON DER RECKE

20. V. 1754 — 13. IV. 1833

„Verehrungswürdige! Der Mai gab Sie der Welt, damit Ihr Herz ihn immer fortsetze und austeile unter die Menschen. Wie er, aber geistiger und schöner, schenkten Sie überall, wo Sie einwirkten, höhere Wärme, längeren Tag, und Blumen und Blüten. Mit dieser Erinnerung feiern wir alle den Tag von Elisas Erscheinung ... Ihr Sie warm und ewig verehrender Jean Paul." Das ist nur eine von den unzähligen Huldigungen, die Elisa von der Recke im Laufe ihres langen Lebens erhielt; ihr Freundeskreis war kaum noch übersehbar, und ihre leidenschaftliche Reiselust, verbunden mit dem Verlangen nach immer neuen Bekanntschaften mit möglichst berühmten Leuten, erregte nicht selten den gutmütigen Spott ihrer Zeitgenossen. Eine unglückliche Ehe und der frühe Tod ihrer kleinen Tochter steigerten noch die innere Unruhe dieser empfindsamen Frau, die in ihrer Jugend dem berüchtigten Hochstapler Cagliostro begegnete, zu dessen Entlarvung sie beigetragen hat. Als Dreißigjährige hatte Elisa, Tochter eines ruhmvollen baltischen Adelshauses und Schwester der Herzogin Dorothea von Kurland, mit einem Band geistlicher Lieder den ersten großen Erfolg; ihr junger Dichterruhm brachte sie in Verbindung mit allen bedeutenden Männern ihrer Zeit: sie besuchte Kant, Hamann und Schlözer, Goethe und Herder, Lavater und Wieland; überall war die lernbegierige, fromme und gutmütige Frau gern gesehen. Aus dem ihrer Schwester gehörenden Schloß Löbichau versuchte sie nach Weimarer Vorbild eine Art „Musenhof" zu machen — aber es hielt die Ruhelose nicht lange an einem Ort; in immer neuen, ausgedehnten Reisen bemühte sie sich, ihren Hunger nach neuen Gesichtern, nach neuen Eindrücken und Erlebnissen zu stillen. In ihren letzten Lebensjahren verband sie eine platonische Freundschaft mit dem Urania-Dichter Tiedge, mit dem sie zwei Jahre lang Italien bereiste.

ELSA REGER

25. X. 1870 — 3. V. 1951

In Kolberg als Tochter des Hauptmanns Ernst von Bagenski geboren, der seine Abstammung von dem ehemaligen König von Ungarn und Polen, Matthias Corvinus, herleitete, lernte Elsa von Bagenski Max Reger als jungen, unbekannten Musiker in Wiesbaden kennen und nahm bei ihm Unterricht im Gesang. Nach Jahren führte beide das Schicksal in München wieder zusammen, und im Jahre 1902 vermählte sie sich mit dem noch immer um seine Anerkennung ringenden Meister und wurde seine treue Helferin. Sie begleitete ihn zu den internationalen Musikfesten, auf denen sich Regers Ruhm bald mehrte, und führte mit ihm in Leipzig, dann in Meiningen und Jena ein allen Musikfreunden gastlich geöffnetes Haus. Mütterlich betreute sie auch seine Schüler, die sie dankbar die „Regermutter" nannten. Als Reger 1916 auf einer Konzertreise für das Rote Kreuz plötzlich starb, umsorgte sie ihre beiden an Kindesstatt angenommenen Töchter, wirkte aber darüber hinaus unermüdlich für das Schaffen ihres Mannes: Sie beteiligte sich an der Gründung einer Max-Reger-Gesellschaft, veranstaltete eigene Musikfeste und gründete ein Reger-Archiv. Dem Gedenken des großen Wegbereiters in der neuen Musik widmete sie das Buch „Mein Leben mit und für Max Reger" (1930); auch seine Briefe gab sie heraus und bereitete die Gesamtausgabe seiner Werke vor. In Bonn, wohin sie nach der Zerstörung ihres Münchener Heimes im letzten Kriege übersiedelt war, rief sie das Max-Reger-Institut ins Leben, das u. a. 1950 zu ihrem 80. Geburtstag eine Sammlung von Reger-Erinnerungen seiner Freunde herausgab. Als sie im Jahre 1951 starb, erfüllte man ihren letzten Wunsch: „Wenn ich einmal sterben sollte, dann begrabt mich auf dem Alten Bonner Friedhof; ich würde mich dort — in der Nähe der Mutter Beethovens und Clara Schumanns — geborgen und wohlaufgehoben fühlen."

2. IV. 1788 — 1848 **WILHELMINE REICHARD**

Die aus Braunschweig stammende Wilhelmine Schmidt war die Gattin des namhaften Physikers Johann Reichard. Gemeinsame aeronautische Pläne hatten sie zusammengeführt. Im Mai 1810 unternahm Reichard von Berlin aus — angeregt durch Professor Bourguet — seine erste „Luftreise" an Bord seines selbstkonstruierten Luftballons. Seine junge Frau war ihm bei den umfangreichen Vorbereitungen eine getreue Gehilfin. Am 16. April 1811 stieg sie selbst mit einem Ballon von 10 000 Kubikfuß im Garten der Berliner Tierarznei-Schule vor einer großen Menschenmenge auf. Schon bei dieser Fahrt wurde nach der Überlieferung „eine erstaunliche Höhe" erreicht; der Ballon landete bei Trebbin. Ihr zweiter Aufstieg am 11. Mai 1811 in Anwesenheit der königlichen Familie erfolgte unter Blitz und Donner. Der dritte fand — ebenfalls bei überaus stürmischem Wetter — am 30. September 1811 von Dresden aus statt. Bis zum Jahre 1820 machte sie weitere vierzehn Fahrten. Damals waren solche Veranstaltungen mehr oder weniger Schauspiele, bei denen die wissenschaftliche Ausbeute nur gering blieb. Nur einmal nahm ein Gelehrter, Professor Jungius, an einer Luftreise Wilhelmines teil und konnte aufschlußreiche Beobachtungen machen. Im Laufe der Jahrzehnte wurde Frau Reichard ihrem inzwischen mit dem Professor-Titel geehrten Manne wissenschaftliche Mitarbeiterin auch auf chemischem Gebiet. Besonders schwere Anforderungen traten an sie heran, als ihr Gatte im Frühjahr 1844 der Familie durch den Tod entrissen wurde. Sie starb im Revolutionsjahr 1848 an den Folgen der Überanstrengung. Ihr Bild lebt fort in der Geschichte der Luftfahrt als das einer prächtigen und ungewöhnlich vielseitig talentierten Frau.

15. VII. 1853 — 2. VI. 1883 **HEDWIG REICHER-KINDERMANN**

„Mein Vater hat nicht allein seine Stimme mir vererbt, sondern auch seinen reichen Schatz an hoher Wissenschaft der Gesangskunst mir erschlossen." Der Vater, August Kindermann, war der bedeutende Münchener Bassist, und seine Tochter besaß einen Alt, der so tief war, daß sie die Sarastro-Arie mit dem bekannten tiefen „doch" aus dem Original sang. „Ich war künstlerisch unbrauchbar und mein lieber Vater gab sich alle Mühe, aus mir weiblichem Bassisten eine ‚Sängerin' zu machen." Die ungewöhnliche Stimme wurde zum Schicksal ihrer Besitzerin. Das kolossale Sprechorgan führte dazu, daß sie inmitten der Gesangskarriere zur Tragödin des Schauspiels gedrillt wurde. Um sich der Gesangskunst zu erhalten, floh sie ins Reich der Operette, wo sie am Gärtnerplatztheater in München riesige Erfolge erntete. Zu dieser Zeit heiratete sie den Schauspieler Emanuel Reicher. — 1876 beruft Richard Wagner die Künstlerin nach Bayreuth. Sie erhält bald einen Engagementsvertrag für Hamburg, dann nach Wien; München ruft sie zurück, sie wirkt in den „Nibelungen" mit; Intrigen bedrängen sie; sie entflieht im Oktober 1879 mit fünfundsiebzig Mark in der Tasche nach Paris und soll Mitglied der Großen Oper werden. Leipzig aber kommt den Parisern zuvor. Das Leipziger Stadttheater verpflichtet sie. Hier beginnt ihre große Zeit. Sie wird die herrlichste Brünhilde der deutschen Bühne. Auf den vielen Gastspielreisen mit dem Neumannschen Theater erkrankt sie. Von Triest schreibt sie am 30. Mai 1883 ihrem Sohn: „Ich bin seit Brüssel immerfort krank und habe dabei soviel gesungen und die Reisen gemacht, um Geld zu verdienen. Ich war in Venedig, Bologna, Rom, Florenz, Mailand, Turin und jetzt in Triest in der kurzen Zeit von fünf Wochen." In Triest stirbt sie, ein großes künstlerisches, aber unruhiges und unglückliches Leben ist erloschen.

ELIZABETH JESSER REID   25. XII. 1789 — 1866

In Regents Park, wohl der schönsten der weltberühmten Londoner Parkanlagen, leuchtet durch das satte englische Grün strahlendweiß der stattliche Gebäudekomplex von Bedford College, dem Frauen-College der Universität London, das im Jahre 1949 in Anwesenheit des britischen Königspaares seinen hundertsten Gründungstag begehen konnte. Die Festreden waren eine einzige Huldigung für jene Frau, deren hochherziger Gesinnung und weiser Vorausschau das Institut seine Entstehung verdankt: für Lady Jesser Reid. Die nach kurzer, kinderloser Ehe früh verwitwete Frau, Erbin eines großen Vermögens, sah in der Vertiefung und Erweiterung der Frauenbildung die unerläßliche Voraussetzung für den erfolgreichen Kampf um die weibliche Gleichberechtigung, einen Kampf, den um diese Zeit John Stuart Mill mit der bahnbrechenden Schrift von der Knechtschaft der Frauen entfacht hatte. Lady Jesser Reid gründete 1849 mit „Ladies' College Bedford Square" eine Frauen-Unterrichtsanstalt ganz nach ihren eigenen Ideen, ohne festen Lehrplan und ohne Lehrsystem — einzig mit dem Ziel, Charakter, Moral und Verstand der Mädchen zu heben und dadurch bessere, das heißt verständigere und einsichtigere Mütter heranzubilden. An dem Institut las neben vielen anderen berühmt gewordenen Männern auch Gottfried Kinkel, der nach seiner Flucht aus preußischen Gefängnissen im Londoner Exil lebte, zwölf Jahre lang über Geschichte und Geographie. Bis an ihr Lebensende hat Lady Jesser Reid ihre Gründung betreut und mit reichen Geldmitteln ausgestattet. Elf Jahre nach ihrem Tode erhielt das Institut die Berechtigung zur Durchführung der Vorexamen für das akademische Studium; wenig später wurde es Universitätsinstitut und erhielt Sitz und Stimme im Senat der Londoner Universität. Heute bietet Bedford College über neunhundert jungen Mädchen Gelegenheit zum Hochschulstudium.

HANNA REITSCH   * 29. III. 1912

Schon die Vierzehnjährige, Tochter eines bekannten Augenarztes in dem Riesengebirgsstädtchen Hirschberg, hatte ihre Eltern mit dem leidenschaftlichen Wunsch, Fliegerin zu werden, gequält. Endlich gaben sie nach und erlaubten dem knapp hundertfünfundfünfzig Zentimeter großen Mädchen die Teilnahme an einem Segelfluglehrgang. Altmeister und Segelflugpionier Wolf Hirth wurde ihr vergötterter Lehrer, er erkannte rasch ihre ungewöhnliche Begabung und setzte sie schon nach kurzer Zeit (im Jahre 1933) in der neuen, großen Segelflugschule Hornberg bei Gmünd als Ausbilderin ein. Im gleichen Jahr unterbot Hanna ihren eigenen Dauer-Segelflugrekord für Frauen, ein Jahr später stellte sie einen neuen Höhenweltrekord für Frauen und einen neuen Strecken-Segelflug-Weltrekord für Frauen auf. Der junge Ruhm brachte ihr Einladungen nach Argentinien, Nordamerika und Finnland zur Teilnahme an den internationalen Segelflug-Forschungsexpeditionen! In ihrem Erinnerungsbuch, das den bezeichnenden Titel „Fliegen — mein Leben!" trägt, schildert die Fliegerin die Erfahrung herzlicher Kameradschaft über alle staatlichen und politischen Grenzen hinweg als ihr stärkstes Erlebnis. Bald holte sie der berühmte „Segelflugprofessor" Georgii als Versuchspilotin nach Darmstadt, an die „Deutsche Forschungsanstalt für Segelflug", der sie bis zum bitteren Ende des zweiten Weltkrieges als Zivilangestellte angehörte. 1937 erhielt die Fünfundzwanzigjährige als erste deutsche Frau das Patent als Flugkapitän, aber schon zwei Jahre später übernahm sie härtere Aufgaben: als Testpilotin flog sie Sturzkampfbomber ein, erprobte das erste Raketenflugzeug der Welt und unternahm kühne Probeflüge mit der sagenumwobenen „Wunderwaffe", der bemannten V 1. In den letzten, grauenvollen Tagen des Krieges flog sie in die dem Untergang preisgegebene „Festung" Breslau und in das eingeschlossene Berlin, das sie unter dem Granatenhagel der Sowjets wieder verließ — zum Flug in die Kriegsgefangenschaft.

6. I. 1780 — 16. XII. 1821   ## CLAIRE DE RÉMUSAT

Sieben Monate nach dem Tode Napoleons läuteten in Paris die Glocken zur Totenfeier für die Frau, deren umfangreiches Memoirenwerk der Nachwelt die stärksten zeitgenössischen Eindrücke von der Persönlichkeit des großen Korsen überliefert hat. Claire de Rémusat war mit ihrem Gatten verarmt und mittellos an den Hof des Ersten Konsuls und späteren Kaisers gekommen. Als Palastdame der Kaiserin Josephine erlebte die Tochter einer altangesehenen französischen Adelsfamilie den Kaiser und die Großen seines Hofes viele Jahre hindurch aus nächster Nähe; sie erkannte früh die dämonischen Wesenszüge des zu schwindelnden Höhen emporgestiegenen „kleinen Korporals" aus Ajaccio. Klug, weltoffen und mit dem hohen und seltenen Sinn für Menschenkenntnis begabt, stets gegenwärtig, ohne sich jemals vorzudrängen, hat diese bedeutende Frau, die im Grunde ihres Herzens immer Royalistin geblieben war, der überragenden Erscheinung Napoleons gerecht zu werden versucht und es auch später – im Gegensatz zu vielen Zeitgenossen – abgelehnt, den Gestürzten zu schmähen. Der Sieger von Austerlitz verklärte sich im Blick der begeisterungsfähigen Französin zum antiken Helden: „An der Seite unseres Kaisers würden Cäsar und Alexander nur Leutnants sein...!" Später einmal schreibt sie in ihren Memoiren: „Vielleicht wäre der Kaiser mehr wert gewesen, wenn er die Menschen mehr und vor allem besser zu lieben verstanden hätte..."
Nach dem Wiedereinzug der Bourbonen, deren Partei sie nach dem Zusammenbruch des Kaiserreiches ergriff, verbrannte sie ängstlich ihre Aufzeichnungen über Napoleon und schrieb sie erst aus dem Gedächtnis aufs neue nieder, als das nicht mehr gefährlich war.

25. X. 1510 — 15. VI. 1575   ## RENATA VON FRANKREICH

Die kleine, stets ein wenig kränkelnde Tochter der Anna de Bretagne und König Ludwigs XII. von Frankreich hatte viele Bewerber; selbst Heinrich VIII. von England spielte eine Zeitlang mit dem Gedanken, über „Renée" in den Besitz der Bretagne zu kommen. Endlich verlobte sie sich mit Gaston de Foix; als er schon bald vor Ravenna den Tod fand, erhörte Renata die Werbung des künftigen Herzogs Ercole von Ferrara, eines Sohnes der berühmten Lucrezia Borgia. Eine Woche dauerten die prunkvollen Hochzeitsfeierlichkeiten; sie vollzogen sich vor dem düsteren Hintergrund des Feuertodes von achtzig Hugenotten – Fanal des beginnenden Religions-Bürgerkrieges. Renata, die ihrem Gatten fünf Kinder schenkte, machte den Hof von Ferrara zum Sammelpunkt alles geistigen Reichtums ihrer Zeit; sie gewährte jedoch auch den vor dem Kaiser oder vor Frankreichs König flüchtenden Lutheranern und Kalvinisten Schutz und Hilfe und beherbergte zeitweilig Calvin und den Feuergeist Celio Curione. Ihre Tochter Anna, die spätere Herzogin von Guise, ließ sie zusammen mit der genialen Olympia Morata erziehen, deren Vater Lehrer am Hofe d'Este-Ferrara war. Herzog Ercole war mit den religiösen Neigungen seiner Gemahlin keineswegs einverstanden; er ließ sie zeitweilig in den alten Schloßturm Ferraras einsperren und ihre kalvinistischen Bücher verbrennen. Nach seinem Tode trat sie offen zum Kalvinismus über und zog sich einen Prozeß der Inquisition zu; unter dem Einfluß des Ignatius von Loyola kehrte sie zur römisch-katholischen Kirche zurück, ohne jedoch die Verbindung zu den Protestanten jemals ganz abzubrechen. Als „eine Lilie unter Dornen", wie ihr Freund und Privatsekretär, der Dichter Clément Marot, sie einmal genannt hat, verbrachte sie ihre letzten Jahre auf ihrem Schlosse Montargis in Frankreich. Die Tragödie der Bartholomäusnacht erlebte sie in Paris.

RENATA VON LOTHRINGEN 20. IV. 1544 — 23. V. 1602

Sie feierte die Märchenhochzeit des Jahrhunderts, als sie am 22. Februar 1568 Erbprinz Wilhelm von Bayern heiratete. Es war ein Brautfest von ungeheurem Prunk und Aufwand, das achtzehn Tage dauerte. An dem Hochzeitszug nahmen mehr als fünftausend Reiter teil, der Hochzeitsmarsch war eigens von dem neuen Kapellmeister des Hofes, Orlando di Lasso, dem berühmtesten Musiker des damaligen Europa, komponiert worden. Der Stadtschreiber brauchte viele Seiten seiner Chronik, um der Nachwelt das gloriose Bild dieser Münchener Tage zu überliefern. Die Beteiligten selber haben später nur mit Mißmut dieser Zeit und der folgenden leichtlebigen Jahre des Erbprinzentums gedacht. Als Prinz Wilhelm von seinem Vater das Herzogsamt übernommen hatte, erschien alles Vergangene brüchig und schal. Renata von Lothringen verließ mit ihrem Gatten die Residenz, deren repräsentative Pracht sie bedrückte, und bezog einen bescheideneren Wohnsitz im Westen der Stadt, hinter dem machtvollen Kollegienbau der Jesuiten, unter denen das Herzogspaar viele geistliche Freunde hatte und deren Wirken sie durch reiche Zuwendungen förderten. Täglich bedienten sie zwölf arme Münchner bei der Tafel. Wenn sich der Herzog in die Abgeschiedenheit des Dachauer Mooses zurückzog, half sie in den Hospitälern und in der Pilgerunterkunft, besuchte Kranke in ihren Stuben oder die Ärmsten in der Findelanstalt. Die Weihe der neuen Michaelskirche war das letzte große Ereignis ihres Lebens; bald danach dankte der Herzog zugunsten seines Sohnes Maximilian ab und wählte für sich und seine Gemahlin das Herzogsspital in München zur künftigen Behausung, um hier ganz im Dienste der Siechen und Armen aufzugehen. Im bayerischen Volk ist die Erinnerung an das Wirken Wilhelms „des Frommen" und der Wohltäterin Renata noch heute lebendig.

GABRIELE REUTER 8. II. 1859 — 16. XI. 1941

Im Jahre 1895 alarmierte ein Roman die Gemüter des deutschen Bürgertums und wurde zu einem ungewöhnlichen Erfolg. Er hieß „Aus guter Familie" und schilderte das Schicksal der hübschen, gesunden „höheren Tochter", die durch eine Verkettung rein wirtschaftlicher Umstände nicht zu einer „standesgemäßen Eheversorgung" gelangt und berufslos, ohne echten Lebensinhalt ihre Tage vergeuden muß. Die Verfasserin dieses umstürzlerischen Buches war die fast vierzigjährige Gabriele Reuter, eine deutsche Kaufmannstochter. Das Buch reihte sie sogleich in die Schar der „Frauenrechtlerinnen" ein; im Grunde jedoch war sie, nach ihren eigenen Worten, gar keine Kämpferin, sondern Anwalt der sozialen Gesinnung und des menschlichen Herzens. Niemals vorher aber war ein solches, zu Tausenden sich abspielendes Frauenschicksal der Mitwelt zum Bewußtsein gebracht worden. Von den weiteren Werken der zunehmend erfolgreichen Erzählerin fand „das Tränenhaus" den stärksten Widerhall. Hier wurde aus ihren Lebenserfahrungen der erschütternde Weg eines klugen, selbstbewußten Mädchens aufgezeigt, das zu einer ehelosen Mutterschaft gelangt. Zwei Erinnerungswerke, eine Familiengeschichte „Grüne Ranken um alte Bilder" und eine Darstellung des eigenen Lebensganges „Vom Kinde zum Menschen", geben das Bild auch ihrer eigenen Persönlichkeit. – Gabriele Reuter, 1859 in Alexandrien geboren, verlebte ihre jungen Jahre in Dessau und Weimar und wurde später in Berlin ansässig, ihr gastliches Haus war Mittelpunkt eines Kreises von Dichtern und Malern. Gegen Ende ihres Lebens zog sie nach Weimar, wo man sie an ihrem 80. Geburtstag von vielen Seiten feierte und ehrte. Dort starb sie im November 1941. Ihre Werke haben uns eine heute verschollene Zeit in ihrer Kulturatmosphäre für immer lebendig erhalten.

2. III. 1865 — 1942 oder später **ELISE RICHTER**

Die ersten Dozentinnen auf den Kathedern unserer Universitäten trafen bei ihren Antrittsvorlesungen entweder dichtbesetzte oder leere Hörsäle an. Die dichte Besetzung ließ sich leicht auf die prickelnde Neugier zurückführen, eine Frau in eine alte Monopolstellung des Mannes einbrechen zu sehen; aber sobald die Sensation des akademischen Debüts vorüber war, lichteten sich durchweg die Reihen. Die Saalleere aber erklärte sich einfach aus der Tatsache, daß es die Männer für unter ihrer Würde hielten, „sich von einer Frau unterrichten zu lassen". Die österreichische Romanistin Elise Richter hat in ihrer Selbstbiographie den damaligen dornigen Weg einer Frau zur Dozentur mit sehr herben Worten geschildert. Als sie im Jahre 1904 unter Vorlage ihrer glänzenden Habilitationsschrift um die venia legendi — um das Recht, Vorlesungen zu halten — einkam, „ließen sie (die Professoren) sich keine Zeit und Mühe verdrießen, mich abzuschlagen. Grauenvolle Ausblicke auf die Zukunft eröffneten sich in ihren Augen: wenn sie Dozent ist, wird sie Professor werden wollen und dann Dekan und Rektor... Und so wartete ich in nervenaufreibender Aufregung zweieinhalb Jahre." Elise Richter ließ sich „nicht weich machen". 1907 erhielt sie als erste Frau in Österreich die Lehrbefähigung für romanische Philologie. Sie wurde eine der Leuchten der Wiener philosophischen Fakultät, Sprachforscherin in der Nachfolge Herders, mit dem universalen Blick für die großen Zusammenhänge im Miteinander der Völkerfamilien und mit dem erarbeiteten sprachgeschichtlichen und sprachpsychologischen Spezialwissen, das Voraussetzung für solche Blickweite ist. Ihre Forschungen erstreckten sich auch auf die Wandlungen der Gegenwartssprache. — Professor Elise Richter ist mit ihrer Schwester in Theresienstadt elend umgekommen. Niemand weiß genau, wann der Tod die Greisin von dem qualvollen Dasein im Konzentrationslager erlöst hat.

3. I. 1802 — 6. VI. 1882 **CAROLINE RICHTER-MEDON**

Dem Bombenhagel des zweiten Weltkrieges fiel auch das berühmte Schopenhauer-Archiv, das im Wohn- und Sterbehaus des großen Philosophen in Frankfurt am Main, „An der Schönen Aussicht Nr. 16", eine würdige Unterbringung gefunden hatte, zum Opfer. Unter den Schätzen des Archivs befand sich ein kostbarer, handgestickter „Rosenteppich", den man lange Zeit für ein handgefertigtes Geschenk Adele Schopenhauers an ihren verehrten Bruder hielt. Erst spätere Nachforschungen ergaben den Namen der Künstlerin; es war die Sängerin Caroline Richter-Medon, deren Name auch in Schopenhauers Testament eine gewichtige Rolle spielt. „Die Summe von fünftausend Thalern Preußisch Courant", heißt es darin in der klaren, gestochenen Schrift des „Ewigen Junggesellen", vermache ich hiermit der Frau Caroline Richter-Medon... Dieses Legat ist nur gültig, wenn Besagte zur Zeit meines Todes noch am Leben ist und geht nicht auf ihren Sohn oder ihre sonstigen Erben über..." Schopenhauer hatte die Zwanzigjährige im Sommer 1822 in Berlin kennengelernt, als er an der Universität „über die gesamte Philosophie oder die Lehre vom Wesen der Welt und vom menschlichen Geist" las. Aus der flüchtigen ersten Begegnung wurde eine so herzliche Freundschaft, daß man den Namen des Philosophen oft mit den drei Söhnen der — unvermählt gebliebenen — Caroline in Verbindung gebracht hat. Daß dies zu Unrecht geschah, geht eindeutig aus der Formulierung des oben angeführten Testaments-Absatzes hervor, die den einzigen noch lebenden Sohn Carolines ausdrücklich von der Erbschaft ausschließt. Feststeht jedoch, daß die ehemalige Choristin an der Berliner Oper zu den ganz wenigen Frauen gehörte, die dem großen Einsamen nahegekommen sind; und die persönliche Beziehung fand bis zu seinem Tode ihre Fortsetzung in einem — wenn auch spärlichen — Briefwechsel.

CORNELIA VAN RIJN
† 1639

Der Walzmüller Gerritzoon van Rijn zu Leyden hatte Glück, als er die Bäckerstochter Cornelia Zuytbrouck in sein Häuschen am Wedderstegje heimführte. Sie war nicht nur bibelkundig, sondern vom Vater her schreibgewandt und verständig genug, auch amtliche Schriftstücke zu lesen; die ganze Nachbarschaft holte sich bei ihr Rat, während sich die Flügel der Windmühle drehten. Ihr vierter Sohn Rembrandt besuchte die Lateinschule; die Mutter stand ihm gegen den Vater bei, als der Zwanzigjährige erklärte, er wolle nicht die Universität besuchen, sondern Maler werden. Sie hatte seine Seele mit biblischen Bildern, mit Sagen und Märchen aus dem nahen Polder angefüllt, nun räumte sie ihm an der Südseite des kleinen Hauses ein Atelier ein, und sie versorgte ihn mit Geld, als er später nach Amsterdam ging. In der Mappe nahm Rembrandt zwei Konterfeis seiner Mutter mit, ein Brustbild mit haarfeinen Linien zärtlich zusammengestrichelt, und ein zweites pompöseres der würdigen Mefrow van Rijn, das durch eine neuartige Behendigkeit der Radiernadel fast malerisch wirkte. Heimweh trieb den jungen Künstler nach einiger Zeit wieder zur Mutter zurück, und hier, in ihrem Hause, begann sein Ruhm. Er malte und radierte. Der Sekretär des Statthalters stellte ihn über Rubens, als er sein Bild „Samson und Delila" erblickte. Wieder in Amsterdam, malte er das Bild der Ärztegilde („Anatomie"), wurde schnell berühmt und heiratete Saskia, eine Verwandte seines Hausherrn. Als er sich nach alter Sitte die Eheerlaubnis von seiner Mutter holte, sah er sie zum letzten Male: Sie starb, als Rembrandt in sein schönes Haus an der Breetstraat eingezogen war. Er gab dreien seiner Töchterchen den Namen seiner Mutter; sie starben. Erst die vierte Tochter, die ihm Hendrickje Stoffels schenkte, trug den Namen Cornelia über den Tod Rembrandts hinaus.

PHIA RILKE

„Unser größter Gewinn beruht zuweilen im Verluste." Diesen Spruch schrieb eine bizarre Frau, Sophia Rilke, die Mutter des Dichters Rainer Maria Rilke, in ihr Tagebuch; er kennzeichnet nicht nur diese Frau, sondern auch das Verhältnis ihres Sohnes zur Mutter. Sie war die Tochter des reichen Kaufmanns und Kaiserlichen Rats Karl Entz, der in der Herrengasse zu Prag ein kleines Barockpalais besaß. Sie heiratete einen mittleren Beamten. In ihrem bescheidenen Heim täuschte sie Reichtum vor, sie hielt sich für adelig, flocht Französisch in ihre Gespräche und ließ den kleinen Renée hinter einem Paravent schlafen, um in den Gästen die Illusion einer „großen Wohnung" zu erwecken. Als ihr erstes Kind, ein Mädchen, starb, ging sie immer in schwarz, zog dem kleinen Rainer Mädchenkleider an, nannte ihn Sophie, ließ ihn mit hoher Fistelstimme sprechen und Staub wischen. Von diesem traurigen Wahn wurde sie bei aller Frömmigkeit nie frei. Sie trennte sich schließlich von ihrem Manne und zog nach Wien, Rainer kam zu einem Onkel in Prag. Der Leser könnte leicht über dieses unwirkliche, verlorene Leben hinweggehen, wenn nicht jene herrlichen und schwermütigen Gedichte Rilkes an seine Mutter ein anderes Bild von dieser leidenden Frau darböten. Was er in seiner Kindheit entbehrte, verwandelte sich durch seine Sehnsucht in berückende Verse wie diese von der klavierspielenden Mutter: „Er saß sehr still. Sein großes Schauen hing / An ihrer Hand, die, ganz gebeugt vom Ringe / Als ob sie schwer in Schneewehn ginge / Über die weißen Tasten ging." Und in einem Weihnachtsbrief aus Muzot (1925) dankt er ihr überschwenglich, daß sie ihn in der Kindheit in den Jubel der weihnachtlichen Engel hinaufgehoben habe.

† um 1284   **FRANCESCA DA RIMINI**

Im Fünften Höllen-Gesang der „Göttlichen Komödie" läßt Dante die Sünder aus Liebe, „die da blind willfahren, Vernunft mißachtend, dem Gelüst allein", für dieses zügellose Treiben ihres Lebens büßen. Wie einst von Leidenschaft werden sie nun in alle Ewigkeit von einer Windsbraut „mit Stoß und Schleudern" herumgewirbelt. Ins ungeheuere Gebrüll mischt sich ihr „Heulen, Jammer, Weheschreien". Unter den Gepeinigten schwebt federleicht ein unzertrennliches Paar. Der Dichter ruft es herbei. Es sind Paolo da Malatesta und Francesca da Rimini, deren Schicksal einst ganz Italien erschüttert hatte. — Dante verbrachte seine letzten Jahre bei Francescas Vater. Dem lieblichen Wesen im Inferno zu begegnen, läßt ihn ohnmächtig zu Boden sinken. Boccaccio erzählte uns die Geschichte des verdammten Paares. Riminis Herrscher Malatesta da Veruchio hatte zwei Söhne, den urhäßlichen, hinkenden Gianciotto und Paolo, genannt „der Schöne", der auf des Bruders Bitte als dessen Brautwerber bei Francesca erschien und ihr von den Eltern als zukünftiger Ehemann vorgestellt wurde. Die schmählich Getäuschte mußte den Lahmen heiraten, doch ihr Herz gehörte Paolo. Der Gatte überraschte sie mit ihm bei einer Schäferstunde und tötete beide, wie der Volksmund behauptete, ohne Grund; es habe sich nur um einen Kuß gehandelt. Dante freilich weiß es anders. Im Tosen des Höllensturms verrät ihm Francesca in unsterblichen Versen, wie es zwischen ihr und Paolo begann. „Auf Kurzweil nur bedacht" las sie mit ihm „ohn' Arg" den französischen Ritterroman von Lancelot du Lac, und so „im Lesen kams, daß sich die Blicke fanden", und als im Buch der Buhle küßte,

„Da küßt auch mich, den nichts von mir kann scheiden,
Mit Beben küßte meinen Mund auch er...
...An jenem Tage lasen wir nicht mehr..."

4. VII. 1870 — 6. V. 1955   **BARBRA RING**

Barbra Ring, eine der beliebtesten Schriftstellerinnen Norwegens, kommt aus der alten Holz- und Handelsstadt Drammen im südlichen Oslofjord. Die mannigfaltigen Schicksale des Waisenknaben Peik, der Pastorentochter Petra und der Anne Karine Corvin in ihren „Feldmausbüchern" begründeten ihren Weltruhm, dem sich der Ruhm ihrer späteren sozial- und gesellschaftskritischen Romane nur langsam und zögernd anschloß. Dazwischen liegen einige autobiographische Bücher und Bücher aus dem Volksleben und dem Bauernmilieu, von denen die beiden Novellenbände „Flocken" und „Ja, ja, die Liebe" in engster Verwandtschaft mit den Bauernnovellen Hans Aanruds wohl zu den besten ihrer Art gehören. Es schloß sich die lange Reihe all jener Romane und Erzählungen an, die nach Gehalt und Gestalt das eigentliche Ich der Dichterin ausmachen. Sie stellen dieses Ich mitten in die Welt und fordern hier von ihm Bewahrung und Bewährung. Bücher wie „Die Jungfrau", „Der Weg ins Dunkel", „Die Schwester aus Paris", „Klein Mette", „Der Kreis", „Die Tochter von Eldjarstad", „Das Spiel auf Ladeby", „Das Spiel wird Leben", „Gefährlicher Start" und viele andere offenbaren, ob nun im Ernst oder in der Heiterkeit, ob in einer scharfen kritischen Beleuchtung der Zeit oder in einem schlichten Bekenntnis zur Vergangenheit, das Wesen, den Wert und die Wirkung dieser reichen wie reifen Dichterpersönlichkeit. Nicht an letzter Stelle steht „Das ist Norwegen", weil hier in einer wundersamen Harmonie urwüchsige Natur und schöpferische Kultur zusammenklingen und weil hier die Liebe des Herzens zwangsläufig auch die Liebe zur Heimat wird.

LUISE RINSER

* 30. IV. 1911

Luise Rinser, die Gattin des Musikpädagogen und Komponisten Carl Orff, ist im Voralpenland groß geworden — sie stammt aus Pitzlitz in Oberbayern. Als Lehrerin an einer Schule in der Nähe von Salzburg gewann sie — bis ihr die Gestapo die erzieherische Arbeit untersagte — tiefe Einsichten in die jugendliche Psyche. Ein halbes Jahr lang hielt man sie eingekerkert, und es hätte nicht viel gefehlt, dann wäre auch Luise Rinser hinter den Stacheldrähten eines Konzentrationslagers verschwunden und elend zugrunde gegangen, wie viele Ihresgleichen, die ihren Charakter und ihren Geist dem Ungeist nicht beugen wollten. Zu dieser Zeit hatte ihr dichterisches Schaffen eben erst begonnen. Die Hauptwerke sind erst nach 1945 geschrieben worden. Noch im Jahre des deutschen Zusammenbruchs gab sie ihr „Gefängnistagebuch" heraus, keineswegs in der Absicht, ihr eigenes Leid als vielmehr das Leid der mit ihr Geknechteten dokumentarisch aufzuzeigen. In dem zwei Jahre später erschienenen Erzählband „Erste Liebe" gestaltete sie Jungmädchenschicksale; 1948 folgte der brillante Essay „Pestalozzi", mit dem sich Luise Rinser nicht nur als Meisterin auch dieser Kunstform, sondern zugleich als kritisch wägende erzieherische Autorin erwies, die vor allem das Generationenproblem von Grund auf zu deuten sucht; es beschäftigt sie auch in dem in mehrere Sprachen übersetzten Roman „Mitte des Lebens", den sie 1950 vollendete. Eine köstliche Gabe an die Jugend ist die didaktische, poesievolle Geschichte „Martins Reise". Luise Rinser zählt zu den Dichtern, die durch die Kriegserlebnisse geformt wurden. Sie, die zur geschundenen Generation" gehört, setzt sich für die Wirksamkeit des gesunden Menschenverstandes ein, für Toleranz, Ehrfurcht und Gerechtigkeit. Sie ist von jener Herzenswärme durchdrungen, die aus der Einsicht in die Größe wie in die Unvollendetheit des Menschen herrührt.

DORIS RITTER

Der Potsdamer Kantor Ritter am Klavier, der preußische Kronprinz Friedrich, später der Große genannt, als Flötenspieler, und im kerzenhellen Zimmer die dunkellockige, sechzehnjährige Kantorstochter Doris als Sängerin — das war ein Idyll nach dem Herzen des siebzehnjährigen Ausreißers Friedrich. Der Prinz schenkte der unschuldigen Freundin Noten, Bücher und Süßigkeiten, sie schenkte ihm ihr junges Herz und — ein kleines Medaillon, das ihr später zum Verhängnis werden sollte. Schon einmal war der poetische Kantor mit König Friedrich Wilhelm heftig zusammengestoßen: Seine Majestät hatten Ritter barsch befohlen, in seinem Hausgarten statt des „unnützen Zeugs" Kohl und Rüben zu pflanzen und den Widerspruch schroff niedergeschlagen. Der zweite Zusammenstoß ereignete sich nach dem tragischen Fluchtversuch des Kronprinzen, der Friedrichs Freund Katte das Leben kostete. Als man Friedrichs Sachen durchsuchte, fand man jenes kleine Medaillon der geliebten Doris. Fritz weigerte sich, ihren Namen zu nennen, aber die Nachbarn des Kantors plauderten, und so erschienen eines Tages im Kantorhaus der Feldchirurgus des Königs und eine alte Hebamme. Die Unschuld der jungen Doris wurde sonnenklar bewiesen, aber der wütende König wollte ein Exempel statuieren. Sein barbarischer Befehl lautete: „Die Kantorstochter Dorothea Elisabeth Ritter allhier soll erstlich vor dem Rathause, hernach vor des Vaters Hause, dann auf allen Ecken der Stadt ausgepeitscht werden." Doris brach schon nach der ersten Bastonade zusammen. Drei Jahre mußte sie im Spinnhaus zu Spandau eine romantische Jugendsünde büßen, die sie nie begangen hatte. Friedrich beschenkte sie nach seiner Vermählung reichlich; sie soll einen braven Mann geheiratet haben, und so endete das grausame Spiel versöhnlicher als Schillers „Kabale und Liebe".

17. III. 1778 — Um 1850   **MARIE CÄCILIE RIVELERS**

„Die Menzenberger Nachtigall", so nannte Karl Simrock eine Frau, die auf seinem Hofgut Menzenberg bei Honnef am Rhein als Feld- und Weinbergarbeiterin lebte und in der weiten Umgebung unter dem Namen „Heinemöhn" bekannt war. Sie sang dem gelehrten Volkstumsforscher und Germanisten der Bonner Universität, der das Nibelungenlied ins Hochdeutsche übertragen hatte, auf seinen Wunsch hin zahlreiche Volkslieder vor, die sie aus ihren Jugendtagen treu im Gedächtnis bewahrte. Karl Simrock hat diese Lieder nicht nur in seine Sammlung deutscher Volkslieder, die in Frankfurt im Jahre 1851 erschienen ist, aufgenommen, sondern uns im Nachwort auch über die Sängerin Auskunft gegeben und ihrer dankbar gedacht: „Wer sucht, der findet; auch mich hat das bekannte Sammlerglück nicht verlassen. Das aber durfte ich kaum erwarten, daß in meinem eigenen Hause am Menzenberg die besten Sängerinnen echter Volkslieder wohnten und verkehrten, die ich weit und breit hätte finden können. Einer derselben, welche ich die Menzenberger Nachtigall zu nennen pflege, verdanke ich soviel Schönes, daß ich wenigstens den Namen dieser seltenen alten Frau dem Andenken erhalten muß, da ich für jetzt verhindert bin, ihr Bildnis mitzuteilen. Es ist Marie Cäcilie Rivelers, nach ihrem Mann genannt Heinemöhn." Das Bild dieser bemerkenswerten Frau, der „Menzenberger Nachtigall", hat Karl Simrock später malen lassen und mit ihm sein Studierzimmer geschmückt. Den Beschauer blicken heute wie einst die lebensklugen Augen der alten Bäuerin und Volksliedersängerin an, die in die Geschichte der deutschen Dichtung eingegangen ist. Ähren eines Kornfeldes und Rebstöcke des Simrockschen Weinberges rahmen ihre Gestalt ein, und im Hintergrund des Bildes ragt der liederumklungene Drachenfels empor.

1763 — 1817   **AIMEE DUBUCQ DE RIVERY**

Auf einer Seereise wurde die junge Kreolin Aimée, Tochter eines Plantagenbesitzers auf Martinique und Kusine der späteren Kaiserin Josephine, von Seeräubern gefangen genommen. Sie verkauften das schöne, hellhäutige Mädchen nach Konstantinopel in den Harem des Sultans Abd ul Hamid. Die „weiße Sklavin" erfreute schon nach Jahresfrist den greisen Sultan mit einem Sohn, der Mahmud genannt wurde; mit ihm wuchs der politische Einfluß Aimées auf den Nachfolger Abd ul Hamids, Sultan Selim, der sich um eine Verbesserung der Beziehungen zwischen seinem Land und Frankreich bemühte. Dort stieg aus dem Ungewitter der Großen Revolution ein kleiner, unscheinbarer General, der schon nach wenigen Jahren der Kämpfe seiner kreolischen Gattin Josephine die Kaiserkrone aufs Haupt setzte. Im fernen Konstantinopel war unterdessen Sultan Selim ermordet worden; Aimées Sohn Mahmud bestieg den Thron, brach gemeinsam mit seiner Mutter endgültig die Macht der Janitscharen und führte im Lande bedeutende Reformen durch. Als Sultanin-Mutter beschloß Aimée, ihre Kusine Josephine, die von Napoleon zugunsten der Österreicherin Luise verlassen worden war, furchtbar zu rächen: Sie bestimmte ihren Sohn zum Friedensschluß zwischen Rußland und dem Osmanischen Reich, damit der Zar alle Kräfte frei habe zur Vernichtung des in sein Land eingefallenen korsischen Eroberers. Aimée erlebte noch Napoleons Niedergang und seine Verbannung nach St. Helena. Das Kreolenmädchen aus Martinique, die einstige Haremssklavin und Favoritin des Sultans, starb im christlichen Glauben ihrer Väter, als hochgeachtete Mutter des regierenden Herrschers in Konstantinopel. Unweit der Hagia Sophia weist die Inschrift „Die Königinmutter aus edlem, fremdem Blut..." auf ihr Grab hin.

ELIZABETH MADOX ROBERTS 1886 — 13. III. 1941

Elizabeth Madox Roberts, die 1886 als Kind einer alteingesessenen Bauernfamilie in Perryville bei Springfield geboren wurde und ihre Jugendjahre in den Bergen von Colorado verlebte, bevor sie an der Universität von Chikago ihr Staatsexamen ablegte, ist eine der volkstümlichsten und zugleich wertvollsten Erzählerinnen Amerikas. Sie begann mit lyrischen Gedichten und Verslegenden und erhielt mehrere Auszeichnungen; ihre internationale Berühmtheit gewann sie aber erst durch ihre Romane und Novellen, in denen sie mit einem ungemein sicheren Blick für Volksbräuche und zugleich mit starker Phantasie und Bildkraft ein bleibendes Denkmal für die heimatliche Berg- und Bauernbevölkerung setzte. Ihrem Wesen nach durchaus konservativ, stellt die Dichterin in ihnen die Tugenden einer langsam dahinschwindenden vornehmen Tradition dar. Unromantisch und in einem handfesten Realismus beschwört sie das Bild des heimatlichen Kentucky, das für sie gleichsam zum Sinnbild der Welt wird. Zwei ihrer schönsten Romane haben auch in Deutschland Aufsehen erregt: „Seit Menschengedenken", in dem der Lebenslauf eines Kindes armer wandernder Farmersleute erzählt wird, und „Kentucky — große Weide", ein Pionierroman, in dessen Mittelpunkt eine puritanische Farmerfamilie steht und in dem die literarische Kritik eine „Tragödie von shakespearischem Ausmaß" sah. Ihre letzten Werke, die ihr neben vielen anderen Auszeichnungen auch einen Ehrendoktorhut der Universität in Danville einbrachten, sind leider noch nicht zu uns gelangt, obwohl sie zu dem reichsten und reinsten gehören, was Amerika überhaupt an Heimatkunst zu bieten hat.

MARIE DE ROHAN-MONTBAZON 1600 — 1679

„Groß sind bei ihr Grazie und Schönheit, größer die Leichtlebigkeit; aber all dies wird übertroffen von ihrem Geist, und über diesem thront ein ungeheurer und unersättlicher Ehrgeiz. Verstandesklar ist sie, mit einem festen, sicheren Kopf, immer bezaubernd, erfinderisch und nie verlegen um hundert Auswege ... Anna von Österreich, der sie als Hofdame und Oberhofmeisterin diente, blieb der Herzogin von Chevreuse, die doch die Ursache aller ihrer Leiden ist, ihr Leben lang aufs herzlichste zugetan ..." So urteilte der geistreiche Saint-Simon über Marie de Rohan, die Tochter des alten Montbazon und der Witwe Luynes, eine der verwegensten Intrigantinnen am Hofe Ludwigs XIII. von Frankreich. Sie führte mit ihren Machenschaften die Habsburgerin oft und oft bis nahe an den Rand des Verderbens; ihr abgrundtiefer Haß gegen Richelieu ließ sie auch vor staatsgefährdenden Komplotten nicht zurückschrecken, und immer wieder verstand sie, leichtgläubige Dritte in das Netz ihrer Intrigen zu verstricken, von denen einer, der in sie verliebte Graf von Chalais, seine Torheit schließlich mit dem Leben bezahlen mußte. Marie de Rohan, Herzogin von Chevreuse, wurde zur Verkörperung aller Energien der Verschwörung gegen den König und seinen Vertrauten im Kardinalspurpur, aber sie erkannte nicht, daß Richelieu ihr an Klugheit und Besonnenheit weit überlegen war; er ließ die Verschworenen monatelang unauffällig beobachten, ehe er zum vernichtenden Gegenschlag ausholte. Das Haupt des Grafen von Chalais fiel unter dem Richtschwert des Henkers, während der eigentlich Schuldigen, Marie de Rohan, die Flucht nach England gelang. Nach dem Tode Ludwigs XIII. kehrte sie nach Frankreich zurück und konspirierte nun mit bewährter Meisterschaft gegen Richelieus Nachfolger, den Kardinal Mazarin ...

17. III. 1754 — 8. XI. 1793   **MARIE-JEANNE ROLAND**

„Jung, schön, strahlend von Geist; seit kurzem mit einem ernsten Manne verheiratet, dessen Jahre dem Greisenalter nahekommen, und kaum erst Mutter eines Kindes. Sie gehört jener Zwischenstufe der gesellschaftlichen Klassen an, in der die Familien, eben erst durch die Arbeit emanzipiert, in ihren Sitten die guten Eigenschaften und die Einfachheit des Volkes beibehalten und doch schon an der Bildung der Gesellschaft teilnehmen . . ." So schildert der Dichter und Historiker Lamartine die Gattin des französischen Innenministers Jean Roland de la Platière, deren bescheidener „Salon" in der Rue Génégaud zwei Jahre lang zu den geistigen Zentren der Großen Revolution gehörte. Hier trafen sich die führenden Männer jener linksbürgerlichen Gruppe, der das Departement Gironde mit seiner schon frühzeitig republikanisch gesinnten Hauptstadt Bordeaux den Namen gegeben hatte. Die „Circe der Girondisten", die „Aspasia der Revolution", wie Marat die Roland genannt hat, wurde durch eifriges Studium der Antike für die revolutionären Ideen gewonnen und träumte von einer auf Freiheit und Recht begründeten „Idealrepublik". Aber die Entscheidung lag nicht bei den Idealisten, sondern bei den rücksichtslosen „Jakobinern", die mit Unterstützung des Pöbels alle Macht an sich rissen und die Girondisten dem Revolutionstribunal überantworteten. Auch Madame Roland wurde im Zuge der „Säuberungsaktionen" verhaftet, während ihrem Manne die Flucht gelang. Im Gefängnis schrieb sie ihre Memoiren, bedeutend als zeitgeschichtliches Quellenwerk und hinreißend in ihrer stilistischen Eleganz. Das Todesurteil war der schönen Frau und ihren Freunden gewiß; in der letzten, gemeinsamen Kerkernacht verklärte sich der Idealismus der Verurteilten zu antiker Größe. „O Freiheit — wieviele Verbrechen sind schon in deinem Namen begangen worden!" — mit diesen Worten neigte Madame Roland das Haupt unter die Guillotine.

1873 — 1942   **NINI ROLL-ANKER**

Nini Roll-Anker, Tochter eines Staatsbeamten aus Molde, die zunächst mit einem Gutsbesitzer und später mit einem Schiffsbauingenieur verheiratet war und damit sozusagen die wesentlichen Lebensbereiche ihres Volkes kennengelernt hatte, war unter den Dichterinnen des heutigen Norwegens die beste Psychologin und die berufenste Erbin der Camilla Collett und der Amalie Skram. Freilich weniger kämpferisch und agitatorisch veranlagt als die beiden großen Vorbilder, setzte sie sich als dichterisches Ziel die Beschäftigung mit dem menschlichen Seelenleben, das sie immer wieder mit einer tendenzlosen, stillen und doch starken Beharrlichkeit zu enthüllen sucht und das sie auch in allen ihren Werken mit einer echt fraulichen Behutsamkeit schildert. Ihr erstes Erfolgsbuch, der Tagebuchroman „Benedicte Stendal", und ihr bekanntestes Buch, der weibliche Erziehungsroman „Das schwache Geschlecht", erweisen ihr außerordentlich intensives Verständnis der Frauenseele, die nur allzuleicht in der Kälte und dem Hochmut der Umwelt zu verkümmern droht. Von den späteren Werken ragen hervor die Romantrilogie „Das Haus in der Seestraße", „Im Amtsmannshof" und „Unter schiefem Dach", die in drei Phasen die Geschichte eines norwegischen Beamtengeschlechtes bis in die Tage des ersten Weltkrieges erzählt, sowie die Novellen „Kleine Enthüllungen" und die Romane „Die Witwe", „Auf eigenem Grund" und „Hinter Munkeruds Fassade". Besonderes Aufsehen erregten ihre drei kleinen Schriften zur Problematik der modernen Jugend, die unter dem Pseudonym Kaare P. erschienen sind. In ihnen erweist sich die Dichterin der Frauenseele auch als unaufdringliche Pädagogin. Sie hat damit unter einem lange Zeit wohlgehüteten männlichen Pseudonym vieles von der heute aktuellen Jungmädchenproblematik vorweggenommen.

ELEANOR ROOSEVELT 11. X. 1884 — 7. XI. 1962

Ein indischer Staatsmann nannte die Nichte des Präsidenten Theodore Roosevelt, die Witwe des Präsidenten Franklin D. Roosevelt, „ein ebenso einmaliges Phänomen der Vereinigten Staaten von Amerika wie die Niagarafälle oder das Wolkenkratzerviertel von Manhattan". Als junges Mädchen war Eleanor Roosevelt außerordentlich schüchtern und überempfindlich — sie empfand ihre äußere Erscheinung als wenig attraktiv und litt darunter. Über den äußeren Ablauf ihres Lebens bestimmten mehr als sie selbst, die als Zehnjährige Vollwaise geworden war, ihr Onkel Theodore und später ihre Schwiegermutter Sarah D. Roosevelt. Sie war vierzig Jahre lang in glücklicher Ehe mit Franklin D. Roosevelt verbunden, an dessen politischen Entscheidungen sie auch während des letzten Weltkrieges regen Anteil nahm. Das lebenslange Leiden ihres Gatten — die spinale Kinderlähmung — gab ihr neben allen ihren übrigen Pflichten noch das Amt einer unermüdlichen, aufopfernden Pflegerin. Ihr Sohn Franklin sagte nach dem Tode Roosevelts, sie habe sich in diesem Augenblick Sorgen darüber gemacht, „daß sie nun ihre Entscheidungen selbständig zu treffen habe, während er vorher immer mit seinem Rat zur Stelle gewesen sei, um sie zurückzuhalten, wenn sie übers Ziel hinausschoß". Ihre Hoffnungen, als Präsidentenwitwe ein ruhiges, zurückgezogenes Leben führen zu können, wurden schon im Dezember 1945 durch ihre Ernennung zum Mitglied der Vollversammlung der Vereinten Nationen zunichte gemacht, und auch später ist die Last ihrer Verpflichtungen kaum geringer geworden als früher im Weißen Haus. Nach dem Siege der Alliierten besuchte sie — noch in der ersten furchtbaren Not- und Hungerszeit — in Deutschland die Lager der Flüchtlinge und Verschleppten, mit offenem Ohr für alle Bitten um Hilfe und immer offenem Herzen für alle Daseinsnöte. Ihr Tod wurde in aller Welt tief betrauert.

ROSAMUNDE Um 540 — 573

Uns klingt Franz Schuberts unsterbliche „Rosamunde"-Ouvertüre im Ohr beim Gedanken an die „Große Rächerin", der Hans Sachs und Alfieri, Swinburne und de la Motte-Fouqué in ihrer Dichtung gehuldigt haben. Unsere Kenntnis vom Leben und Schicksal Rosamundes verdanken wir dem hochgelehrten Historiker Paulus Diaconus, der nach Jahren fruchtbarer Tätigkeit am Hofe Karls des Großen sich in die Stille des Klosters von Monte Cassino zurückgezogen hatte, um dort an seiner — leider unvollendet gebliebenen — „Geschichte der Langobarden" zu arbeiten. Im Jahre 566 hatte die lange Fehde zwischen den Langobarden und ihrem östlichen Brudervolk, den Gepiden, in offener Feldschlacht mit der gepidischen Niederlage und dem Tod ihres Königs Kunimund geendet, aus dessen Schädel sich der siegreiche Langobardenkönig Alboin eine mit Gold und Edelsteinen verzierte Trinkschale fertigen ließ. Kunimunds Tochter Rosamunde wurde zur Heirat mit dem siegestrunkenen Alboin gezwungen, und bei einem festlichen Trinkgelage forderte er die Gemahlin auf, aus ihres Vaters Schädel auf seinen Sieg zu trinken. „Da regte sich tiefer Schmerz in ihrem Herzen", berichtet Paulus Diaconus, der das frevelhafte Trinkgefäß selbst noch gesehen hat, „und sie glühte vor Verlangen, ihren Vater zu rächen. Sie überredete Alboins Waffenträger Helmichis, der ihrem Herzen nahestand, zum Mord an seinem König und ließ ihn heimlich in ihres Gatten Gemach, als Alboin in trunkenem Schlafe lag. Wehrlos verblutete der Überfallene unter den Händen des ungetreuen Helmichis. Rosamunde genoß die Früchte der gewaltigen Rachetat nicht; sie mußte vor der Empörung der langobardischen Häuptlinge nach Ravenna entfliehen. Liebesenttäuschung trieb sie zum Giftmord an Helmichis, der vor seinem Hingang die Unselige zwang, den tödlichen Becher mit ihm gemeinsam zu leeren."

19. IV. 1891 — 28. III. 1974   **FRANÇOISE ROSAY**

Man nennt sie zwar die „grande dame" des französischen Films, aber ihr Name hat internationalen Klang. Sie hat in vielen Ländern ihre Jugend verbracht, als Filmschauspielerin ist sie in den Ateliers von Paris und Hollywood, von Rom, Berlin und London zu Hause, so daß sie einmal mit Recht erklären konnte: „Die Filmleute in aller Welt sind überhaupt wie eine große Familie, man begegnet sich immer wieder irgendwo in einem Atelier!" Man sagt von ihr: „Sie hat die Bescheidenheit aller Großen, die Höflichkeit aller Klugen und das Herz aller Mütter." Das gilt vornehmlich für die private Françoise Rosay, die Mutter von drei Söhnen ist. In ihren Filmrollen aber kann sie stille Güte und dämonischen Haß, Ernst und urwüchsigen Humor, Liebe und Lasterhaftigkeit, Würde und frechen Zynismus überzeugend zum Ausdruck bringen. – Françoise Rosay kam über mehrere Umwege zum Film. Nach ihrer schauspielerischen Ausbildung trat sie sogleich mit Erfolg auf der Bühne auf, die sie aber nach einigen Jahren wieder verließ, um sich als Sängerin für die Oper ausbilden zu lassen. Ihre ersten Triumphe als Sängerin feierte sie als Sopranistin der Kaiserlichen Oper von St. Petersburg. Doch sie blieb der Oper ebensowenig treu wie dem Theater. Als sie den Filmregisseur Jacques Feyder heiratete, wandte sie sich dem Film zu, dem Stummfilm, und in „Gribiche" (1925) erwies sich ihr großes Können. In Hollywood, wohin sie ihrem Gatten folgte, spielte sie in ihren ersten Tonfilmen, aber erst nach der Rückkehr nach Frankreich wurde ihr Name mit den Jacques-Feyder-Filmen in weiten Kreisen bekannt. Weltberühmt wurde sie vor allem durch ihre Nachkriegsfilme: „Die unheimliche Herberge", „Die 7 Todsünden", „Bartholomäusnacht", „Mit den Augen der Liebe", „Quartett", „Frauen ohne Namen" und „Die Gans von Sedan".

1752 — 1836   **BETSY ROSS**

Im Land der unbegrenzten Möglichkeiten, in Amerika, konnte auch eine kleine Näherin als Berühmtheit in die Geschichte eingehen. Heute wird Betsy Ross am Unabhängigkeitstag fast ebenso verehrt und gefeiert wie die Nationalhelden, die diese Unabhängigkeit erkämpften. Auf einem Gemälde von Thomas Moran steht die hübsche Näherin neben den beiden Kongreßmitgliedern Robert Morris und George Ross. Links sitzt George Washington, der Feldherr des nordamerikanischen Freiheitskrieges, der am 4. Juli 1776 die Unabhängigkeitserklärung der Vereinigten Staaten von Amerika mit unterschrieb. Zu den Unterzeichnern gehörte auch George Ross, mit dessen Bruder John die tüchtige Betsy verheiratet war. Auf dem Gemälde von Moran breitet sich im Vordergrund die amerikanische Flagge mit Sternen und Streifen aus, und diese Flagge ist es, der Betsy ihren heiteren Ruhm verdankte. Sie war von Beruf Fahnennäherin und Tapeziererin, und als der amerikanische Nationalkongreß am 14. Juni 1776 die Herstellung einer Nationalflagge beschloß, erhielt Betsy den Auftrag. Damals gab es, entsprechend der Zahl der Staaten nur 13 Sterne; Betsy schlug vor, diese Sterne fünfzackig zu machen und sie in einem Kreis zu ordnen. Der Vorschlag wurde angenommen, und nun begann die fieberhafte Arbeit an den sieben roten und sechs weißen Längsbalken und an dem Sternenkranz im quadratischen Feld – es waren ja nur noch knappe drei Wochen bis zum Nationalfeiertag! Betsy hat es geschafft, und ihr Name wurde von da an in den Festreden und Lesebüchern der USA mitgenannt. Inzwischen sind nach der Aufnahme von Hawaii und Alaska aus den dreizehn Sternen fünfzig geworden, die Baumwolle hat sich in Nylon verwandelt; aber wenn am 4. Juli von den 1400 öffentlichen Gebäuden der USA die Nationalflagge weht, singt das Volk auch das Lied von der kleinen Betsy Ross.

ELIZABETH ROWE   11. IX. 1674 — 20. II. 1736

Von Wieland aufrichtig bewundert, von Klopstock verehrt und geliebt, ist Elizabeth Rowe, die 1674 als Tochter des Pfarrers und Wanderpredigers Walter Singer im kleinen Ilchester geboren wurde und Zeichen- und Musikstudien betrieb, eine der gefühlvollsten und zugleich stilistisch gewandtesten englischen Schriftstellerinnen ihres Jahrhunderts. Ihre außerordentliche körperliche Schönheit brachte ihr zwar viele Verehrer; aber sie lebte zunächst völlig zurückgezogen und widmete sich der Pflege ihres kranken Vaters. Ihre Ehe mit dem talentierten, aber unsteten und schließlich völlig haltlosen Wissenschaftler Thomas Rowe, dessen früher Tod ihrem Leben die bestimmende Richtung gab, wurde für sie ein fast steter Antrieb zu künstlerischem Schaffen. Nicht nur, daß sie alle Erkenntnisse ihres leidvollen und dennoch glücklichen Lebens unmittelbar als Bekenntnisse aussprach, sondern daß die unbedingte Ehrlichkeit ihrer Aussage auch von den Zeitgenossen als solche empfunden wurde, machen Wert und Wirkung ihres Lebenswerkes aus. Sie wurde zu einer der größten Briefschreiberinnen Englands; ihr Werk „Zwanzig Briefe eines Toten an einen Lebenden" darf zur Weltliteratur gezählt werden. Mehrere vom französischen Jansenismus beeinflußten Abhandlungen und Traktate und nicht zuletzt das schöne, bilderreiche und von einer beglückenden Sprachmelodie getragene Gedicht „Die Geschichte Josephs" machten sie auch im Ausland bekannt, sie sind oftmals übersetzt worden. Nach dem Tode ihres Mannes lebte sie völlig zurückgezogen und fast klösterlich abgeschlossen in der südenglischen Stadt Frome, wo sie 1736 starb. Das Werk der „himmlischen und frommen Singerin" aber lebt immer noch und wird solange leben, wie Reinheit des Gefühls und Reichtum der Sprache noch gewertet werden.

ROXANE   um 340 — 310 v. Chr.

Wenn man sich vergegenwärtigt, daß Alexander der Große, der Sohn Philipps von Makedonien und der Olympias, die Überzeugung von seiner göttlichen Abkunft sozusagen mit der Muttermilch eingesogen hatte, dann wird einem das Leben der Roxane verständlich, deren Schicksal es war, eine der Ehefrauen des „Sohnes des Gottes Ammon" zu werden. Roxane, die Tochter eines baktrischen Fürsten, gehörte zu den Tausenden von Gefangenen, die den Makedoniern auf ihren orientalischen Feldzügen in die Hände gefallen waren, und hatte durch ihre Schönheit die Aufmerksamkeit Alexanders erregt. Nicht ohne politische Nebenabsichten machte er sie zu seiner Gemahlin: Die im Jahre 327 zu Zariaspa mit unerhörter Prachtentfaltung vollzogene Hochzeit sollte nach Alexanders Willen als „symbolische Vermählung des Morgen- und des Abendlandes" in die Geschichte eingehen. Aber nur drei Jahre lang konnte sich Roxane des Glückes erfreuen, die einzige Frau an der Seite des großen Eroberers zu sein; im Jahre 324 erlebte die persische Stadt Susa das rauschende Fest der Hochzeit Alexanders mit Stateira, der Tochter des persischen Großkönigs Darius III., die schon 333 nach der Schlacht bei Issos in makedonische Gefangenschaft geraten war. Als „rechtmäßiger Nachfolger" der persischen Könige nahm der Sohn der Olympias auch das Vorrecht für sich in Anspruch, mit mehreren Frauen gleichzeitig verheiratet zu sein; außer mit Stateira vermählte er sich am gleichen Tage noch mit einer Tochter des Artaxerxes Ochos, so daß sich nun drei Frauen „Alexanders Gemahlin" nennen durften. Nach seinem Tod ließ Roxane die verhaßte Nebenbuhlerin Stateira ermorden; einen Monat später gebar sie den Thronfolger Alexander. Im Jahre 310 fiel sie einem Mordanschlag Kassanders zum Opfer.

Altes Testament

RUTH

„Wo du hingehst, da will auch ich hingehen; wo du bleibst, da bleibe auch ich . . . Dein Volk ist mein Volk, und dein Gott ist mein Gott. Wo du stirbst, da sterbe auch ich, da will auch ich begraben werden. Was der Herr mir auch auferlegt: Nur der Tod soll mich und dich scheiden." Dieses Gelöbnis, das in die Feier der christlichen Eheschließung eingegangen ist, stammt von einer Heidin, der Moabiterin Ruth. Sie spricht es vor ihrer Schwiegermutter Naemi, die vor Jahren mit ihrem Manne Elimelech und ihren beiden Söhnen aus Bethlehem eingewandert, aber in dem heidnischen Lande Moabit nicht glücklich geworden ist; ihre beiden Söhne haben moabitische Mädchen, Orpa und Ruth, geheiratet und sind beide gestorben, ebenso ihr Mann. Als die Witwe Naemi wieder heimzuwandern beschließt, begleitet sie die treue Ruth nach Bethlehem zurück. Die beiden Frauen finden in der Heimat weder Haus noch Brot, und Ruth geht während der Gerstenernte hinter den Schnittern des reichen Bauern Boas einher und liest Ähren. Der Bauer übt Barmherzigkeit, Naemi und Ruth kommen aus den ärgsten Nahrungssorgen heraus, und Boas beschließt, die schöne Ruth zu heiraten und die unbestellten Äcker Naemis zu kaufen. Nach uralter Volkssitte muß er seinem erstgeborenen Bruder den Vortritt lassen; als sich aber erweist, daß es dem Erstgeborenen nur um Naemis Äckerchen geht und nicht um eine Heirat mit Ruth, obwohl er vor dem Gesetz dazu verpflichtet wäre, wird Ruth des Boas Frau, und der Erstgeborene verzichtet vor allem Volke auf sie. Aus dieser Ehe geht ein Sohn hervor, der Davids Großvater wird. So wird die Moabiterin Ruth die Stamm-Mutter des Hauses David und steht obenan in der Ahnenreihe Jesu Christi.

9. XI. 1871 — 3. X. 1953

FLORENCE RENA SABIN

In der prunkvollen Ruhmeshalle des Kapitols zu Washington ist fast jeder der fünfzig nordamerikanischen Bundesstaaten mit einer Marmorbüste seines berühmtesten Bürgers vertreten. Auch der Staat Colorado fand im Sommer 1960 Aufnahme in dieser „Halle der Unsterblichen", und zwar mit dem Bildnis einer Frau, der bedeutenden Ärztin und Forscherin Florence Rena Sabin, der schon im Laufe ihres langen, gesegneten Lebens viele außerordentliche Ehrungen zuteilgeworden waren. Sie war die erste Frau, die eine ordentliche Professur an der medizinischen Fakultät der John-Hopkins-Universität bekleidete, später wurde sie auch Direktor des Anatomischen Institus dieser Hochschule. Als eine der ersten Frauen in Nordamerika betraute man sie mit der verantwortlichen Leitung eines medizinischen Forschungsinstituts von Weltruf, des Rockefeller-Instituts in New York, an dem sie in jahrzehntelanger Tätigkeit eine stattliche Zahl von Schülern heranbildete, welche die Forschungsarbeit ihrer großen Lehrerin, insbesondere über die zellulären Bestandteile des Blutes, in ihrem Sinne erfolgreich fortsetzen. Ihr wurde auch die höchste Ehrung zuteil, die der amerikanischen Wissenschaft zu vergeben hat: Sie wurde ordentliches Mitglied der „Akademie der Wissenschaften", die die bedeutendsten Gelehrten der Neuen Welt zu ihrem Gremium zählt. Florence Rena Sabin hatte sich die Mittel zum Medizinstudium erst mühselig selbst verdienen müssen, als Lehrerin für Mathematik und Zoologie. Erst als Neunundzwanzigjährige promovierte sie mit einer aufsehenerregenden Dissertation zum Dr. med. In späteren Jahren widmete sie sich auch der Tuberkuloseforschung und setzte sich besonders tatkräftig für die Verbesserung des öffentlichen Gesundheitsdienstes ein.

NELLY SACHS

10. XII. 1891 — 12. V. 1970

Die Verleihung des von privater Seite gestifteten Annette von Droste-Hülshoff-Preises an Nelly Sachs lenkte erstmals die Aufmerksamkeit auf eine Dichterin, deren Name und Werk noch kaum ins Bewußtsein der breiten Öffentlichkeit gedrungen ist. Die vor dem Jahre 1933 verstreut in Zeitschriften und Anthologien auftauchenden frühen Gedichte der gebürtigen Berlinerin verrieten noch deutlich den starken Einfluß des Expressionismus; Gottfried Benn, Karl Wolfskehl und Else Lasker-Schüler bereicherten anfangs die Stil- und Ausdrucksmittel der jungen Dichterin, die sich jedoch bald zu einer ganz persönlichen, durch einen außerordentlichen Methaphernreichtum gekennzeichneten Sprache durchrang. In der dunkeln Zeit der Verfolgung wurde für die Jüdin das Schicksal ihres Volkes auch zum Schicksal ihres Werkes, das fortan ganz unter dem Zeichen des David-Sterns stand. Der „Gelbe Stern", die Ghettos und Gaskammern drohten auch Nelly Sachs; mit Hilfe des schwedischen Malerprinzen Eugen Bernadotte gelang ihr die Flucht nach Schweden, wo sie in der ersten Zeit Hilfe und Unterstützung bei der greisen Selma Lagerlöf fand, die so vielen Flüchtlingen ohne Ansehen der Herkunft und Rasse in jenen dunklen Jahren zur selbstlosen Retterin geworden ist. Unter dem Eindruck der sich häufenden Todesnachrichten von Freunden und Verwandten schrieb Nelly Sachs ihre „in die Luft geschriebenen" Grabschriften, die unter dem Titel „In den Wohnungen des Todes" nach Kriegsende erschienen und berechtigtes Aufsehen erregten. Heimatlosigkeit und Todesgewißheit sind die Leitmotive dieser Gedichte, in denen sich zarteste poetische Schau und Beschwörungen von alttestamentarischer Wucht zu einem „kosmischen Sternenklang" vereinen: „Wer zuletzt hier stirbt, wird das Samenkorn der Sonne zwischen seinen Lippen tragen . . ."

ANNA SACHSE-HOFMEISTER

* 26. VII. 1852

Ihr Vater war Volksschullehrer in Gumpoldskirchen bei Wien. Er betreute auch als erster die früh sich zeigende künstlerische Begabung des Mädchens. Sie sollte Geigerin werden und bereitete sich darauf vor, sang aber auch mit ihrer anmutigen Stimme im Kirchenchor. Bei dieser Gelegenheit fiel sie Mitgliedern der Wiener Oper auf, die in dem Weinort weilten und ihr zuredeten, ihre herrliche Stimme in Wien ausbilden zu lassen. Es dauerte lange, bis der vorsichtige Vater seine Einwilligung zum Eintritt in die Gesangsklasse des Wiener Konservatoriums erteilte. Als er nachgab, studierte sie Gesang bei Adele Passy-Cornet. Nach ihrem ersten Auftreten als „Leonore" in Verdis „Troubadour" wurde sie vom Städtischen Theater Frankfurt/Main engagiert. Hier blieb sie fünf Jahre als umjubelte und hochgeachtete Sängerin. Zu dieser Zeit bewarben sich um sie die Berliner Königliche Oper und das Dresdener Hoftheater. Beide Städte wurden Lebensstationen. In Berlin vermählte sie sich mit Dr. Max Sachse, dem königlich preußischen Theaterrat und Schriftsteller des deutschen Bühnenvereins. Mit ihrem Gatten ging sie im Doppelengagement an das Dresdner Hoftheater. Später feierte man ihre unvergleichliche Gesangskunst auch in Frankfurt, Straßburg, Magdeburg und Wien. Zwei Jahre wirkte sie in Gemeinschaft mit Hedwig Reicher-Kindermann am Leipziger Stadttheater. Sie gab Charakteren wie „Elsa", „Elisabeth", „Sieglinde", „Iphigenie" und „Fidelio" eine stimmlich und darstellerisch wahrhaft gültige Gestalt. Als sie im Berliner Viktoria-Theater die „Sieglinde" sang, nannte sie Richard Wagner die „Sieglinde seiner Träume". Als Nachfolgerin von Mathilde Malliger kehrte sie an die Königliche Oper in Berlin zurück, hohe Auszeichnungen wurden ihr zuteil. Einer ihrer größten Verehrer war der kunstsinnige Graf v. Moltke, der ihr sein Bild „mit der Bitte um freundliche Annahme" widmete.

9. II. 1892 — 6. VI. 1962   **VICTORIA SACKVILLE-WEST**

Kent, die südöstlichste Grafschaft Englands, wo Cäsar, die angelsächsischen Eroberer und die ersten Sendboten des Christentums die Insel betraten, ist Geburtsland und Heimat von Victoria Sackville-West, die zu den bedeutendsten lebenden Dichterinnen englischer Sprache zählt. Aus uraltem Geschlecht, doch „von ererbtem spanischem Zigeunerblut beunruhigt", hat die Gattin des geistreichen Diplomaten und Schriftstellers Harold Nicolson Kent zum Schauplatz ihrer Dichtungen gewählt. Sie wurde zur amüsantesten „Porträtistin" des englischen Adels, den sie immer wieder aus ihrer liebevollen Distanz betrachtet — und kritisiert. Ihre frühe, von Naturstimmungen erfüllte Dichtung zeigt sie jedoch zunächst dem Leben auf dem Lande zugewandt. In „The Land", einem preisgekrönten Epos in Stabreimen, das sie 1926 veröffentlichte, duftet es nach Heu und Früchten, Wildblumen und Ackererde, Hopfenblüten und gekelterten Mostäpfeln. Wegen dieses an Vergils „Georgica" anklingenden Werkes hat ihre Freundin Annette Kolb sie „eine Bukolikerin klassischen Zuges" genannt. Die Reihe ihrer Bücher aus der Gesellschaft begann Virginia Sackville-West mit dem großangelegten Roman „Das Schloß", der mit überlegener Ironie das Leben der englischen Hocharistokratie zur Zeit Edwards VII. schildert. In der Grundhaltung erfuhr er eine Fortsetzung in dem Roman „Eine Frau von vierzig Jahren", der zwischen den beiden Weltkriegen spielt. Neben einigen Sammlungen von Stories aus dem gleichen Milieu hatten Erfolg ihre Romane „Pepita", ein Lebensbild der berühmten spanischen Zigeuner-Großmutter gleichen Namens, und „Die Ostergesellschaft", eine psychologisch tiefgründige Auseinandersetzung mit den Lebensproblemen der Zeit. 1946 erfreute die Dichterin die Freunde ihrer bukolischen Gemälde mit „The Garden", dem Parallelwerk zu „The Land". Von ihren Übersetzungen ist die Übertragung der „Duineser Elegien" Rilkes eine Meisterleistung sprachlicher Einfühlung.

21. VIII. 1792 — 19. IX. 1862   **DOROTHEA VON SAGAN**

Die Erbin des niederschlesischen Herzogtums Sagan schloß sich nach dem frühen Tode ihres Gatten ihrem Onkel Talleyrand an, dem berühmten französischen Staatsmann, reiste mit ihm von Fürstenhof zu Fürstenhof und gewann durch Anmut und Geist alle Herzen. Zum Triumph wurde ihr Auftreten an Talleyrands Seite in Wien, auf dem Fürstenkongreß des Jahres 1814, der ein wenig verhandelte, sehr viel tanzte und schließlich vor dem drohenden Schatten des von Elba zurückgekehrten Napoleon in alle Winde zerstob. Talleyrand selbst hat einen beträchtlichen Teil seiner diplomatischen Erfolge seiner schönen Nichte zugeschrieben; sie war es auch, die den großen Nihilisten am Abend seines Lebens behutsam wieder mit der Kirche versöhnte, der so lange sein ätzender und verachtungsvoller Spott gegolten hatte. Nach seinem Tode zog sich Dorothea nach Sagan zurück, ihrem Erbsitz, den sie mit Hilfe des genialen Gartengestalters Fürst Pückler-Muskau zu einer der schönsten deutschen Parklandschaften ausbaute. Das herrliche Schloß war bis zu seiner Zerstörung im letzten Weltkrieg Eigentum von Dorotheas Nachkommen, also französischer Besitz. In der riesigen Bibliothek mit ihrem unerschlossenen, der Geschichtsforschung leider verlorengegangenen Archiv befand sich in der kostbaren Autographensammlung auch das Originalmanuskript von Nikolaus Beckers berühmtem Freiheitslied: „Sie sollen ihn nicht haben, den freien deutschen Rhein..." Die Herzogin verband in ihren letzten Lebensjahren eine tiefe Freundschaft mit dem preußischen König Friedrich Wilhelm IV., dessen künstlerische Bestrebungen sie mit sicherem Geschmack förderte, getreu ihrem Wahlspruch: „Nur durch Anmut zieht man an, nur durch das Herz kann man die Menschen fesseln und bilden..."

CLAIRE SAINTE-SOLINE   * 18. IX. 1899

Claire Sainte-Soline, die aus der südwestfranzösischen Landschaft Poitou stammt und nach ereignisreichen Reisen durch Afrika und die Mittelmeerländer Studienrätin für naturwissenschaftliche Fächer in Paris wurde, ist eine jener selten gewordenen Erscheinungen im literarischen Leben, die von vornherein den Wert über die Wirkung zu stellen bereit sind. Sie schreibt „aus Vergnügen oder aus innerem Zwang" Romane; aber diese Romane übertragen jeweils die vielfältigen Gesetze der Mathematik, der Mechanik, der Optik, der Akustik, der Wärmelehre auf das menschliche Leben und lassen auf seltsame und oft ironische Weise die Physik zur Psychologie werden; der Beruf der Physikerin erweist sich bei Claire Sainte-Soline geradezu als Voraussetzung für ihre dichterisch-gedankliche Welt. Sie stellt alle ihre Gestalten, gleichviel wo sie beheimatet sind oder was sie treiben, in rätselhafte Zusammenhänge. So schafft sie Geschichten voll dämonischer Inhalte und Spannungen. Die sieben bislang in deutscher Sprache vorliegenden Romane sind sieben dichterische Abwandlungen der gleichen Grundauffassung vom kreatürlichen Dasein. Von dem frühen fast kriminalistisch geschriebenen Kleinstadtroman „Zwischen Morgen und Abend" über die kretische Liebesgeschichte „Antigone", die burgundische Natursymphonie „Am Berg der Lerchen", das erschütternde Mädchenschicksal „Irene Maurepas", die inbrünstige „Belle" bis zu der von echter Tragik umwitterten Geschichte „Spinne im Netz" und der Meisterstudie über ein unpathetisch heldenhaftes Leben „Monsieur hat immer recht", ist es ein einziges Bestreben, ursprünglich Menschliches als verschlungene Einheit von Physischem und Psychischem darzustellen, wobei die Liebe das Leben auf eine höhere Ebene erhebt. Claire Sainte-Soline gilt als eine der eigenwilligsten und größten Erzählerinnen der französischen Gegenwart.

SALLY SALMINEN   * 25. IV. 1906

Die finnland-schwedische Dichterin, die als Gattin des dänischen Malers Johannes Dührkof in Kopenhagen lebt, ist durch ihren Erstlingsroman „Katrina" weltberühmt geworden. Ihre Lebensgeschichte und die Geschichte dieses Romans sind selber so etwas wie ein Roman. Im Jahre 1906 als neuntes unter zwölf Kindern einer Schifferfamilie auf den Aalandsinseln geboren, kommt sie, die schon früh eine unwiderstehliche Neigung für die Literatur bekundet und viel gelesen hat, im Jahre 1930 als Hausgehilfin nach Amerika. Und hier beginnt sie in ihren knappen Freistunden eine Geschichte aus ihrer heimatlichen Welt zu schreiben. Es wird kein Idyll, weil die Frau, die hier am Küchenspültisch eines Seifenmillionärs steht, nur allzuviel Armut und Elend gesehen hat. Trotzdem sind die Gestalten, die ihr da aus dem Eigenen wachsen, nicht im harten Schwarz-Weiß gezeichnet, sondern in der Vielfalt und Vielfarbigkeit des Lebens. Ein Buch entsteht, das ein Stück Menschenleben zeigt, den harten Kampf der tapferen Frau Katrine, die sich selbst in ihrer äußersten Armut noch unendlich reich dünkt. Als Sally Salminen das Buch abgeschlossen hat, erfährt sie von dem Roman-Preisausschreiben eines großen skandinavischen Verlages. Sie schickt ihr Manuskript ein und ist erstaunt und beglückt, als ihr von der Jury einstimmig der erste Preis zugesprochen wird. Das Küchenmädchen ist über Nacht berühmt geworden. Binnen kürzester Frist wird „Katrine" in alle Kultursprachen übersetzt. Auch Sally Salminens weitere Bücher werden Erfolge, wenn sie auch die füllige Reife des Erstlings nicht mehr erreichen. Von köstlicher Schönheit sind die Jugenderinnerungen „Land der Kindheit" und der Heimat- und Entwicklungsroman „Lara Laurila"; eine große epische Leistung ist die Geschichte des abenteuerlichen und von Rätseln umwitterten Schiffbrüchigen „Prinz Efflam".

1. Jahrhundert n. Chr. **SALOME**

„El Mashnaka". — ‚Hängenden Palast' — nennen die Beduinen die Trümmer der Trutzburg Machaerus auf dem kahlen Hügel am Ostufer des Toten Meeres. Im Burgverlies des Machaerus — einer der vielen Befestigungsanlagen, die Herodes der Große im ganzen Lande hatte erbauen lassen — hielten die Häscher seines Sohnes Herodes Antipas Johannes den Täufer gefangen; hier wurde er enthauptet — „um der Herodias willen", wie die Heilige Schrift erzählt. Herodias hatte den Bruder ihres ersten Gatten, Herodes Philippus, zum Manne genommen — eine Schwagerehe also, die nach mosaischem Gesetz verboten war. Diese Übertretung hatte Johannes in öffentlichen Reden heftig getadelt und sich damit den Haß der Herodias zugezogen, die danach trachtete, den frommen Mann zu beseitigen. Sie fand Gelegenheit dazu mit Hilfe ihrer Tochter Salome, deren Namen der jüdische Historiker Flavius Josephus überliefert hat. Die Gefangennahme des Johannes und sein schuldloses Sterben berichtet der Evangelist Markus: An einem Tag, da kam die Tochter der Herodias und tanzte vor ihm, und Herodes schwur, ihr jeden Wunsch zu erfüllen. Die Tochter ging hinaus und beriet sich mit ihrer Mutter, und die Mutter befahl ihr: Gehe hinein und verlange das Haupt des Johannes. Herodes, der sein Wort nicht brechen wollte, obwohl er Johannes gern geschont hätte, befahl dem Henker dessen Enthauptung. Die Tochter der Herodias nahm das Haupt und gab es auf einer silbernen Schüssel ihrer Mutter Herodias... Die düstere Szene wurde zum Thema vieler hervorragender Werke der bildenden Kunst und der Literatur; Richard Strauß begründete mit seiner Vertonung des Schauspiels „Salome" von Oscar Wilde seinen Weltruhm als Opernkomponist.

19. IV. 1872 — 1948 **ALICE SALOMON**

Die erste soziale Frauenberufsschule Deutschlands in Berlin-Schöneberg beging im Jahre 1958 die fünfzigste Wiederkehr des Gründungstages und erhielt den Namen ihrer Begründerin und ersten Leiterin: Alice Salomon, einer jüdischen Frau, die 1937 auf Anordnung der „Geheimen Staatspolizei" ihr Vaterland innerhalb weniger Wochen verlassen mußte. Ihr Name durfte seitdem nicht mehr in der Öffentlichkeit genannt werden; erst als im August des Jahres 1948 die Nachricht von ihrem Hinscheiden aus Amerika kam, erinnerte man sich wieder der Begründerin des sozialen Frauenberufes in Deutschland, die darüber hinaus fast ein halbes Jahrhundert lang an führender Stelle der deutschen und internationalen Sozialarbeit gewirkt hatte. Ein hellwacher, ungewöhnlich begabter Mensch, konnte sie selbstgewiß von sich sagen: „Was ich auch angefangen hätte — ich wäre immer an die Spitze gekommen!" Ohne Abitur, allein auf Grund einer hervorragenden und aufsehenerregenden Dissertation promovierte die Vierundzwanzigjährige mit Zustimmung der gesamten Fakultät der Universität Berlin zum Doktor der Philosophie; drei Jahre später wurde sie erste Schriftführerin im Vorstand des Internationalen Frauenbundes in London, einer weltumspannenden Organisation, die Alice Salomon im Jahre 1932 zur stellvertretenden Vorsitzenden wählte. Nicht weniger umfangreich und bedeutend war ihr schriftstellerisches Werk — im ersten deutschen Handbuch der Frauenbewegung, das 1901 erschien, steuerte sie eine umfassende Geschichte der sozialen Frauenarbeit in Deutschland bei; es folgten wissenschaftliche Arbeiten und Unterrichtswerke zur Volkswirtschaftslehre, zur sozialen Frauenbildung und zur Staatsbürgerkunde, die heute zum eisernen Bestand der Fachbüchereien gehören. Teilnehmend und mitbestimmend umschließt Alice Salomons Leben einen entscheidenden Abschnitt europäischer Sozialgeschichte.

SALOTE, KÖNIGIN VON TONGA * 13. III. 1900

Im Juni 1953, als das britische Weltreich die Krönung der jungen Königin Elisabeth II. wie ein großes Familienfest feierte, wurde unter den exotischen Gästen eine fast zwei Meter große, zimthäutige Frau mit besonderer Herzlichkeit begrüßt: Salote von Tonga, die als einzige Frau neben Elisabeth im britischen Empire das Recht hat, sich „Königin" zu nennen. Sie hatte in der Eile des Aufbruchs von ihrer pazifischen Inselheimat ihre Königskrone vergessen; aber das Kolonialministerium sorgte rechtzeitig für einen naturgetreuen Ersatz, so daß Salote am Krönungstage nicht barhäuptig in die Westminster Abtei einziehen mußte. Zur Zeit, da in England der Sachsenkönig Ethelred regierte, gab es in Tonga schon einen polynesischen König, den Salote nicht ohne Stolz zu ihren Ahnen zählt. Ein später Nachkomme dieses Herrschers vereinte vor etwa einem Jahrhundert die in sich zerfallenen und verfehdeten Inselstaaten zum heutigen Königreich Tonga, das sich aus freiem Entschluß unter den Schutz der britischen Krone stellte. Salote hat eine ausgezeichnete Erziehung in Auckland in Neuseeland genossen und später auch ihre eigenen Söhne auf australischen Universitäten geschickt. „Ich will gut sein, weiter nichts . . ." mit diesen Worten endete sie, nach dem Vorbild der großen Queen Viktoria, am Tage ihres Regierungsantritts ihre Thronrede. In ihrer Geburtsstadt Nukualofa in Tonga steht noch heute das prunkvolle Mausoleum der Tubou-Dynastie, der Vorfahren Königin Salotes, die sich durch ihre weisen und maßvollen Reformbestrebungen auszeichnete und dem britischen Mutterland während des zweiten Weltkrieges alle Hilfsmittel ihres Reiches zur Verfügung stellte.

GEORGE SAND 1. XII. 1804 — 7. VI. 1876

Hinter dem Pseudonym, das noch zu ihren Lebzeiten die ganze Welt kannte, verbarg sich die durch ihr Liebesleben wie durch ihre zahlreichen Romane gleichermaßen berühmt gewordene französische Schriftstellerin Amantine Lucile Aurore Dupin, verehelichte Baronin Dudevant. Die Gesamtausgabe ihrer Werke umfaßt 109 Bände ohne die Briefe — Zeugnisse eines Arbeitsgenies, das die Leichtlebigkeit einer Dame der Gesellschaft mit strengster Schaffensdisziplin zu verbinden wußte. Der Welt von heute ist ihr Name nicht durch ihre literarischen Werke, sondern durch ihre Freundschaft mit Frédéric Chopin geläufig. Mit ihm und ihren beiden Kindern aus ihrer Ehe mit Dudevant verbrachte sie den Winter 1838/39 auf Mallorca in dem verlassenen Kloster Valdemosa. Chopin komponierte hier Balladen und Präludien, unter ihnen das berühmte „Regenprélude". Die Hoffnung Chopins, in dem warmen Klima seine Gesundheit wiederzugewinnen, erfüllte sich nicht. Auf der Rückreise wurde er sterbenskrank. George Sand pflegte den Geliebten aufopfernd auf ihrem Schloß Nohant. „Mut, ihr samtenen Finger!" ermutigte sie ihn, wenn ihn am Klavier die Verzweiflung übermannte. Erst 1847 erlosch diese große Liebe in der Eifersucht Chopins auf einen Nebenbuhler. André Maurois sieht in ihr, der Urenkelin des Marschalls Moritz von Sachsen, die große Vorkämpferin des Rechtes der Frau auf ein eigengestaltetes, von Vorurteilen befreites Leben. Ihr größtes und nachwirkendes Abenteuer war die unglückliche Liebe zu dem Dichter Alfred de Musset, mit dem sie einen Sommer in Venedig verbrachte. Die Sand trat mit allen Größen des damaligen Paris in Berührung: Balzac, Saint Simon, Lamenais, Flaubert, Renan, Dumas, Victor Hugo, Liszt, Marie d'Agoult verkehrten in ihrem Salon.

19. VIII. 1864 — 30. VIII. 1937   **ADELE SANDROCK**

Die meisten kennen Adele Sandrock nur von ihren Filmen her als „komische Alte" mit dem drohenden Blick und dem dröhnenden Baß, jener Typ, der sie sehr populär machte und den sie auf vielfache Weise variieren konnte, als böse Schwiegermutter, schrullige Tante, hoheitsvolle Großmutter, Salondrachen und weiblicher General –, vor allem in den Filmen „Die englische Heirat", „Alles hört auf mein Kommando" (1934), „Ein falscher Fuffziger", „Kampf mit dem Drachen", „Amphytrion" (1935), „Engel mit kleinen Fehlern", „Die große und die kleine Welt", „Flitterwochen" (1936). Bevor sie diese Filmrollen spielte, war sie viele Jahrzehnte eine bedeutende Bühnenschauspielerin, die sich als Heroine einen Namen gemacht hatte. Im Film parodierte sie den pathetischen „Hoftheaterton" von einst in drastischer Weise, indem sie die Art ihres früheren Bühnenspiels durch Übertreibungen ins Komische umbog. — Ihr Vater war ein preußischer Offizier, ihre Mutter eine bekannte holländische Schauspielerin. Von ihr erhielt sie den ersten Schauspielunterricht. Mit sechzehn Jahren begann sie am berühmten Hoftheater Meiningen ihre Bühnenlaufbahn, und sie hatte nach vielen Jahren fleißigen Arbeitens im Jahre 1889 in Wien als „Iza" in Dumas' „Der Fall Clemenceau" einen sensationellen Erfolg. Nach zehn Jahren größter Triumphe am „Deutschen Volkstheater" in Wien zog sie als „große Tragödin" in die „Burg" ein, wo sie auch in ihren modernen Rollen umjubelt wurde. Als sie sich um die Jahrhundertwende an den neuen Darstellungsstil nicht gewöhnen konnte, nahm sie 1908 in ihrer Glanzrolle als „Medea" vom Burgtheater Abschied, ging auf Gastspielreisen, arbeitete als Vortragskünstlerin und beim Stummfilm. Erst der Tonfilm gab ihr wieder Gelegenheit, noch einmal als Charakterkomikerin von Format Triumphe zu feiern.

Um 590 v. Chr.   **SAPPHO**

Die göttliche Sappho war die größte Dichterin des Altertums. Ein Plato zugeschriebenes Epigramm preist sie als die „zehnte Muse". Sie lebte auf der Insel Lesbos, von der sie während eines politischen Umsturzes nach Sizilien floh. Später kehrte sie zurück und sammelte in Mytilene eine Schar von Schülerinnen und Freundinnen um sich, mit denen sie dem Kult der Aphrodite diente. Diese religiöse und zugleich der Dichtung und Erziehung gewidmete Gemeinschaft stieß schon nach zwei Jahrhunderten bei den Griechen auf völliges Unverständnis. Die attische Komödie verspottete in derben Versen diese Frauenbünde. Doch der Gestalt der Sappho bemächtigte sich in anderer, ihrer Tiefe würdigerer Weise auch die Sage, indem sie erzählte, die Dichterin habe sich aus unglücklicher Liebe zum schönen Jüngling Phaon vom Leukadischen Felsen gestürzt. Grillparzer behandelt den Stoff in einer seiner Tragödien. Gleichgültig, wie das priesterliche Amt der Sappho beurteilt wird, ihr lyrisches Werk beeinflußte die ganze Antike. Horaz wählte für viele seiner Oden das „sapphische Maß", das sich von Griechenland aus in den abendländischen Literaturen verbreitete. Die Wirkung erstreckte sich bis zu den Minnesängern des Mittelalters und bis in die Neuzeit. Das ist um so erstaunlicher, als uns nur Fragmente der Gedichte erhalten sind, die einst Griechen, Römer und selbst Ägypter begeistert haben. Aber die Fragmente sind Bruchstücke eines flammenden Herzens, von unerhörter dichterischer Gewalt. Eingebettet in ungemein kunstvolle Versformen, ist das Wort der Dichterin unmittelbar menschlich, schlicht, treffend, ein Kelch inniger Gefühle und eines Geistes voller Grazie. Die aus der Flut von zweitausend Jahren geretteten Splitter lassen ahnen, wie über alle Vorstellung schön die Lieder waren.

SASKIA VAN UYLENBURGH   1611 — 14. VII. 1642

Die Tochter des Doktor Rombertus van Uylenburgh, des angesehenen Bürgermeisters und Ratsherrn von Leeuwarden in Friesland, hat ihre Eltern früh verloren. Wohlbehütet ist sie im Hause reicher Verwandter aufgewachsen, die auch das beträchtliche Vermögen des jungen Mädchens gewissenhaft verwalten. Ruhig fließt Saskias Leben dahin, fast ein wenig zu ruhig — so nimmt die Zwanzigjährige dankbar eine Einladung ihres Vormundes Hendrik van Uylenburgh an, der als Makler und Kunsthändler in Amsterdam ein großes Haus führt. Er stellt ihr seinen neuen Hausgenossen vor, einen Müllerssohn aus Leyden ohne Ahnen und ohne Besitz — aber er scheint ein begabter Maler zu sein, den neulich sogar der Statthalter, Prinz Wilhelm von Oranien, ein Bild bei ihm bestellt. Sein Name? Rembrandt van Rijn. Er ist kein Malerfürst wie Peter Paul Rubens, der in Antwerpen Hof hält, und doch: Saskia ist fasziniert von diesem Manne — gegen den Willen des Vormundes und ihrer Familie wird sie Rembrandts Frau. Der Vormund verweigert die Freigabe ihres Vermögens, aber Rembrandt ist auf der Höhe seines Ruhmes und seines Glückes: Er verdient und verschwendet zugleich ungeheure Summen, er überschüttet die Gattin mit Perlen und Edelsteinen. Immer wieder malt er Saskia, die ihm den so heiß ersehnten Sohn schenkt — Titus. Die acht Ehejahre mit Saskia sind für den Meister Jahre des Glücks und der Erfüllung, aber auch der Lebensgier und des friedlosen Getriebenseins. In dieser Zeit ist Saskias Lebenskraft erschöpft: Während Rembrandt nebenan an der „Nachtwache" malt, errichtet sie ihr Testament, das Titus zum Alleinerben und Rembrandt zu seinem Vormund bestimmt. Wenn er wieder heiratet, erlöschen für ihn alle Rechte und Vorteile ...

DOROTHY L. SAYERS   13. VI. 1893 — 1958

England hat berühmte Schreiber von Detektivgeschichten hervorgebracht. Eine Sonderstellung unter ihnen nimmt Dorothy Sayers ein. Ihre Bücher erstreben nicht, wie die meisten Kriminalromane, in erster Linie schaudernde Sensation, sondern wollen ein Bild des modernen Lebens geben, das Gefährliches und Böses einschließt. Neben der spannungsvollen Handlung geht in den besten ihrer Romane ein tieferes Problem einher, oder es wird eine Eigenart der englischen Kultur oder des englischen Volkstums dargestellt. So nimmt in dem ausgezeichneten Roman „Nine Taylors" die Kunst der alten Glockenspiele einen großen Raum ein, in „Gaudy Night" (Aufruhr in Oxford) das Problem selbständiger Lebensgestaltung durch die Frau — ein Problem, das die Verfasserin zweifellos selber erlebt hat. Sie gehört zu den hervorragenden Absolventinnen des für seine Leistungen berühmten Frauencolleges Somerville, promovierte 1915 über ein literarisches Thema und trat in eine Firma ein, die ihr den Stoff für den Detektivroman „Murder must advertise" lieferte, der sie sofort berühmt machte. Als Schöpferin der schon jetzt klassischen Gestalt des aristokratischen Amateurdetektivs Lord Peter Wimsey ist sie weiten Kreisen auch des Kontinents bekannt geworden. In späteren Jahren widmete sie sich religiösen Stoffen; sie verfaßte ausgezeichnete Hörspiele, die auch vom deutschen Rundfunk, eines unter dem Titel „Zum König geboren", übernommen wurden. Mit dem Schriftsteller Asherton Fleming verheiratet, lebte sie zurückgezogen, stand aber mit ihrem alten College in freundschaftlicher Verbindung bis zu ihrem Tode 1958. In Oxford 1893 geboren, fühlte sie sich dieser Stadt und deren Kultur besonders eng verbunden und hat ihr in mehreren ihrer Bücher ein Denkmal gesetzt.

24. VIII. 1899 — 13. III. 1975 **RUTH SCHAUMANN**

Ruth Schaumann, in Hamburg geboren, verdient den Ehrennamen einer universellen Künstlerin. Ihre Gedichtbändchen, wohl dreißig an der Zahl, offenbaren den fließenden Reichtum einer Frauenseele, in der die ganze Schöpfung mit Blumen, Tieren, Kindern und Sternen dichterische Gestalt gewinnt, nicht nur äußerlich oder nur ästhetisch, sondern im tiefen Licht religiösen Lebens. Schon die Titel „Der Knospengrund", „Die Rose", „Die geliebten Dinge", „Der Weihnachtsstern", „Die Kinder und die Tiere", „Die Kathedrale", „Die Vorhölle", „Ecce homo" zeigen die metaphysische Verflechtung ihrer lyrischen Gefühlswelt an. Ruth Schaumann ist auch als Graphikerin, Bildhauerin und Glasmalerin bedeutsam hervorgetreten, so daß man nicht weiß, welcher von ihren vielen Künsten der Vorrang gebührt. Ihre Plastiken in Bronze, Stein und Ton sind von Kindlichkeit wie von mystischer Ekstase beseelt, ihre Glasfenster leuchten in der Frauenfriedenskirche zu Frankfurt a. M. und in anderen Kirchen, Arbeiten in Mosaik und Tafelbilder vor ihrer Hand sind kostbarer Besitz großer Museen. Sie schrieb edel geprägte Novellen, Erzählungen und Märchen, einige Jugendbücher, gern gelesene Romane, wie „Amei" und „Der Major", und Laienspiele. 1931 erhielt sie den Münchner Dichterpreis, nach dem zweiten Weltkrieg wurde sie von Theodor Heuß mit dem Großen Bundesverdienstkreuz ausgezeichnet. Nach dem Tode des Gatten, des langjährigen Schriftleiters der Kulturzeitschrift „Hochland", Friedrich Fuchs, oblag ihr die Sorge für ihre Kinder. Ruth Schaumann lebt seit 1917 in München.

15. II. 1813 — 22. XII. 1870 **AGNESE SCHEBEST**

Sie war die ebenbürtige Rivalin von Wilhelmine Schröder-Devrient, und auch ihre Kunst wuchs vor allem im dramatischen Spiel, dem ein beseelter Gesang diente. Von einem tschechischen Vater und einer deutschen Mutter abstammend, verbrachte die geborene Wienerin ihre Jugend in der Festung Theresienstadt, wo ihre schöne Stimme im Kirchengesang auffiel. Der bedeutende Gesangsmeister Johannes Miksch in Dresden übernahm die Ausbildung mit der Mahnung: „Du sollst die Notenköpfe nicht nur von außen betrachten, sondern ihnen auch tiefer ins Herz sehen lernen". Die Schauspielerin Friederike Werdy, eine Freundin Goethes, unterwies sie im Vortrag. In Dresden und in anderen großen deutschen Städten, auf Gastspielreisen, in Pest, Straßburg, Warschau, Triest, Bologna und Paris, umjubelte man sie, vor allem als „Romeo". Wie tief sie in diese Rolle eingedrungen war, bezeugt eine ihrer Studien. In ihren beiden Werken „Aus dem Leben einer Künstlerin" und „Rede und Gebärden, Studien über mündlichen Vortrag und plastischen Ausdruck" erweist sie sich als eine scharf beobachtende, geistreich erzählende Frau, die, auf ihr Leben zurückblickend, all jener Menschen denkt, „die einer armen Waise hilfreich begegnet sind". Ihre Aufzeichnungen enthalten wertvolle Aufschlüsse über die kulturgeschichtliche Situation ihrer Zeit. Anfangs der vierziger Jahre gewann der kritische Theologe und Philosoph, der Verfasser des Buches „Das Leben Jesu", David Friedrich Strauß ihre Liebe und vermählte sich mit ihr. Die Ehe wurde unglücklich, in Bitterkeit schieden die Gatten nach vier Jahren voneinander. Agnese Schebest starb in Stuttgart, David Friedrich Strauß überlebte sie um vier Jahre.

JOSEPHINE SCHEFFEL 22. X. 1803 — 25. II. 1865

„Meine Mutter hätten Sie kennen müssen: was ich Poetisches in mir hab, hab ich von ihr." Dieses Bekenntnis Joseph Viktor von Scheffels galt der Frau großer Geistes- und Herzensbildung, Josephine Scheffel, der Tochter des Stadtschultheißen Krederer von Oberndorf am Neckar, die im Jahre 1824 den badischen Hauptmann Scheffel geheiratet hatte. Sie war eine Frau voll Witz und sprudelnder Laune, eine bewegliche, gescheite Schwäbin, eine gemütvolle Märchensammlerin und -erzählerin, die von Zeit zu Zeit selber zur Feder griff. Anfang der fünfziger Jahre führte das Karlsruher Hoftheater ein Lustspiel von ihr auf und auch das Heidelberger Theater nahm das schalkige Mundartstück vergnügt in sein Repertoire hinein. Sie dichtete zu Familien- und Hoffesten, zu Hebbels 100. Geburtstag und immer, wenn ihr lebensheiteres Herz das Glück nicht mehr fassen konnte. Ihr Sohn hat ihr poetisches Schaffen stets freundlich gefördert. Jene Märchen, die sie auf Verlangen der Kinder freiweg aus ihrem schlichten Gemüt schöpfte und die erst später durch sie selbst oder von ihren jungen Hörerinnen aufgeschrieben wurden, erschienen nach ihrem Tode unter dem Titel „In der Gaißblattlaube". Frau Scheffel sah das Leben jedoch nicht nur durch die poetische Brille an. In Karlsruhe, der Hauptstadt des „Muschterländle", wo sie wohnte, sammelte sie im Jahre der Revolution von 1848 Mädchen und Frauen um sich, um den Bedrängten schnell wirksame Hilfe zu bringen; sie nahm sich Elisabeth von Thüringen zum Vorbild und gab der Helferinnengruppe den Namen „Elisabethen-Verein", der später mit anderen Vereinen gleicher Zielsetzung zu der großen Organisation anwuchs, die heute Zehntausende katholischer Frauen in still-karitativer täglicher Arbeit zusammenschließt. 1859 gehörte Frau Scheffel zu den Begründern des „Badischen Frauenvereins", eines der frühesten Zusammenschlüsse der neuen selbstbewußten Frauengeneration.

ANNA SCHEPELER-LETTE 10. XII. 1827 — 17. IX. 1897

Auf Anregung der jungen Kronprinzessin Viktoria von Preußen veröffentlichte im Jahr 1866 der Jurist und Politiker Wilhelm Adolf Lette eine Denkschrift über die Notlage der alleinstehenden Frauen in Preußen, die, soweit sie nicht den „höheren Ständen" angehörten, aus dem öffentlichen Leben nahezu verbannt waren. Ein halbes Jahr später rief er den „Verein zur Förderung der Erwerbsfähigkeit des weiblichen Geschlechts" ins Leben, der später als „Lette-Verein" bekannt geworden ist. Er begann sehr bescheiden mit einer Hofwohnung in Berlin. Hier konnten alleinstehende Frauen sich im Schneidern, Wäschenähen, Blumenbinden und als Putzmacherinnen unterweisen lassen, zeichnen lernen oder sich auf einen kaufmännischen Beruf vorbereiten. Um die Jahrhundertwende verfügte der Verein über einen Millionenbau mit weitverzweigten Instituten, und fünfzig Lehrerinnen bildeten jährlich einige tausend Schülerinnen für weibliche Berufe aus. Die großartige Entwicklung verdankte der Lette-Verein vor allem Anna Schepeler-Lette, der ältesten Tochter Wilhelm Adolf Lettes. In Soldin in der Neumark geboren, hatte sie in Frankfurt den Großkaufmann Schepeler geheiratet. Ihr Mann wurde unheilbar krank, und sie widmete ihm, ganz allein aufopfernd, seiner Pflege. Nach seinem Tode wandte sie sich in Berlin ganz der von ihrem Vater gegründeten Organisation zu, 1872 übernahm sie ihre Leitung. Als Abgesandte des Vereins besuchte sie die Weltausstellung in Philadelphia, um hier die weiter fortgeschrittene Arbeit der Frauen der Vereinigten Staaten kennen zu lernen. In die Heimat zurückgekehrt, eröffnete sie die erste Fortbildungsschule für Mädchen unter weiblicher Leitung und gründete innerhalb des Vereins eine pädagogisch glänzend geführte Schule für angehende Hausfrauen. Ihre Lebensarbeit gipfelte in der Forderung, daß den Frauen auf den typisch weiblichen Sachgebieten die akademische Berufslaufbahn geöffnet werden müsse.

9. II. 1893 — 1970   **PHILIPPINE SCHICK**

Unter den Frauen stehen einer Fülle von hochbegabten Musikinterpretinnen nur ganz wenige schöpferische Komponistinnen von Rang gegenüber, zu ihnen zählt in der Gegenwart Philippine Schick, in deren Werk Musik und Sprache sich in glücklicher Weise ergänzen. Vielseitige Gaben erbte sie von ihren Eltern, einem Hochschulprofessor für Anglistik und einer künstlerisch reich begabten Engländerin. Die mehr als zwanzig Liederzyklen, die sie geschaffen hat, kreisen meist um bestimmte Themen: „Lieder des Todes", „Lieder der Sehnsucht", „Gespräch mit Gott", „Vom Frieden der Liebe". Die Titel dieser Zyklen spiegeln die im besten Sinne „romantische" Natur der Komponistin, sie prägt auch trotz gelegentlich herber Züge ihren musikalischen Stil. Aber es ist nicht romantischer Überschwang, sondern Ausdruck ehrlichen Gefühls in zuchtvoll gebändigter musikalischer Form. Die Logik im Aufbau ihrer Kompositionen in Verbindung mit der erfindungsreichen Phantasie begründeten ihren Ruf und verhalfen einigen Werken zu erstaunlich häufigen Aufführungen; es sind besonders die Kantaten „Der Einsame an Gott" (Hesse) und „Bretonischer Totengesang", ferner die instrumentale „Passacaglia und Choralfuge über Magnificat" und die Tanzpantomime „Vergessene Gäste". Das technische Rüstzeug in Musiktheorie und Musikpraxis erwarb sich die Komponistin in jahrelangen Studien bei Klose, Zilcher, v. Waltershausen, ihrem späteren Gatten, Schmid-Lindner, und Ruoff. Während eines Jahrzehnts — bis 1956 — wirkte sie an der Universität. München als Dozentin für Harmonie- und Kompositionslehre, neben ihrer Tätigkeit in englischer Philologie und ihren Aufgaben in der „Gemeinschaft deutscher und österreichischer Künstlerinnen". Sachlich-fachliche Unbestechlichkeit und starke Erlebnisfähigkeit zeichnen diese große Künstlerin aus, die heute zurückgezogen in ihrer „Wahlheimat" München-Schwabing lebt.

22. XI. 1766 — 9. VII. 1826   **CHARLOTTE VON SCHILLER**

Im Jahre 1784 überwand Schiller eine jähe Leidenschaft zu der verheirateten Charlotte von Kalb, einer Verwandten seiner alten Freundin, Frau von Wolzogen. Drei Jahre später aber war es wiederum eine Verwandte dieser Freundin und wiederum eine Charlotte, die ihn in Flammen setzte. Als er seine Schwester in Meiningen besuchte, machte er einen Abstecher nach Rudolstadt zu Frau von Lengefeld; die jüngere ihrer beiden Töchter, die zarte und stille Charlotte, zog ihn so stark an, daß er im nächsten Sommer mit ihr und ihrer Schwester Karoline in Volkstädt idyllische Ferien verlebte. Karoline schrieb über diese ideal-schwärmerische Zeit: „Man wandelte wie zwischen den unwandelbaren Sternen des Himmels und den Blumen der Erde in seinen (Schillers) Gesprächen." Der Dichter bat jedoch erst um die Hand Charlottes, als er Geschichtsprofessor in Jena geworden war. Schon im folgenden Jahr überfiel ihn die tödliche Krankheit. Charlotte pflegte ihn hingebend. Durch ein glückliches Mißverständnis wurden sie in dieser Zeit der Geldsorgen enthoben: Ein ausländischer Verehrer, der dänische Finanzminister, überwies der Familie, als sich eine Meldung vom Tode Schillers als falsch erwies, jährlich 1000 Taler, zur Beschämung Weimars. In den folgenden Jahren schenkte Charlotte ihrem Mann zwei Söhne und eine Tochter. Sie erlebte den körperlichen Verfall ihres Gatten, aber auch die sittliche Kraft, mit der der rastlos Schaffende sein Leiden verklärte. Sie schrieb: „Oft, wenn er gelitten, was kein anderer ertragen hätte, fand man ihn heiter, ruhig, und durch seine Reflexionen über fremde Gegenstände gelang es ihm, sich zu vergessen." Charlotte überlebte den Dichter um einundzwanzig Jahre, in den letzten Jahren von einer schweren Augenkrankheit heimgesucht. Charlotte von Schiller liegt auf dem Alten Bonner Friedhof begraben.

CHRISTOPHINE SCHILLER 4. IX. 1757 — 31. VIII. 1847

Eine der liebenswertesten Gestalten im Umkreis Friedrich Schillers ist Christophine, seine in Marbach geborene Schwester. Nur wenig älter als er, bemutterte sie schon als junges Mädchen das zarte „Fritzle" und genoß mit ihm das „Paradies seiner Kindheit". Sie stellte sich oft, selbst schuldlos, vor den Bruder, um Fritz vor einer Strafe zu bewahren. Christophine erkannte als eine der ersten Schillers hohe Begabung und Berufung. Sie wußte von seinem heimlichen Schaffen während der Studienjahre. Sie war – wie die Mutter – Mitwisserin der geplanten Flucht des Bruders aus der gefährlichen Bedrohung durch den Fürsten ins rettende Ausland. 1786 heiratete sie einen Bekannten Friedrichs, den Meininger Bibliothekar und späteren Hofrat Hermann Reinwald, mit dem sie eine erträgliche Ehe führte. Als der schwererkrankte Bruder den sterbenden Vater, den Intendanten der herzoglichen Gärten, Johann Caspar Schiller, nicht im fernen Stuttgart aufsuchen konnte, eilte sie auf Friedrichs Bitte nach Württemberg; sie las dem Vater liebe-erfüllte Briefe seines berühmten Sohnes vor und erleichterte ihm so den Abschied von der Welt. Nach dem Tode der Mutter, 1802, blieb sie stets des innigen Wunsches des Bruders eingedenk: „Laßt uns, die wir von dem väterlichen Hause übriggeblieben sind, uns desto enger aneinanderschließen!" Als der Hofrat Reinwald gestorben war, lebte die kinderlose Frau Christophine nur noch der Erinnerung an den 1805 heimgegangenen Bruder. In „Erinnerungsblättern" für Freunde des Dichters erzählte sie zahlreiche Einzelheiten aus seinen Jugendjahren. Still verliefen die letzten Lebensjahre: „Überall umgibt mein Alter Freundschaft und Liebe, und Gott schenkt mir die Heiterkeit der Seele." Schiller war mit 46 Jahren gestorben; die Schwester überlebte ihn um mehr als vier Jahrzehnte: 90 Jahre war sie alt, als sie in Meiningen starb.

ELISABETH DOROTHEA SCHILLER 1738 — 1802

Als der Feldscher Caspar Schiller aus dem holländischen Feldzug heimkehrte, lernte er in Marbach am Neckar die 17jährige Elisabeth Dorothea, die Tochter des vermögenden Bäckermeisters und Löwenwirtes Kodweis, kennen. Dem ehelichen Bunde entsprossen mehrere Kinder, unter diesen Christophine und am 11. November 1759 das „Fritzle", Johann Friedrich Schiller. Die Schillerin war eine fromme Frau, ihr Glaube stützte sich auf Gesangbuch und Bibel; er konnte gelegentlich schwärmerische Formen annehmen. Sie besaß keine sonderliche Bildung; doch liebte sie – soweit sie ihr erreichbar war – die religiöse Dichtung ihrer Zeit. Zu ihren Tugenden zählten unbedingte Treue in der Erfüllung der Pflichten und eine bemerkenswerte Zuverlässigkeit. Der Strenge des leicht aufbrausenden Gatten den Kindern gegenüber setzte sie eine zärtliche Liebe entgegen. Schwer litt sie unter dem Abschied von dem geliebten Sohn vor dessen Flucht aus Schwaben. Mit glühender Teilnahme verfolgte sie den schweren Lebensweg des Sohnes, sie las immer wieder seine Bücher und war bemüht, auch in das Wesen seiner gedanklich tiefsten Werke einzudringen. Mit vorbildlicher Liebe hing Friedrich an der Mutter. „Gott wird Dir Deine große Liebe und Sorgfalt für mich mit tausendfachem Segen belohnen", schrieb sie in ihrem letzten Lebensjahr an den Dichter; „ach, so gibt's keinen Sohn in der Welt!" Nach dem Tod ihres Mannes zog sie zu ihrer Tochter Louise, die mit dem Pfarrer von Cleversulzbach Frankh verheiratet war. 1802 starb sie und fand auf dem Friedhof des kleinen Dorfes ihre letzte Ruhestätte. „Wahrlich, sie verdiente es, liebende und dankbare Kinder zu haben; denn sie war selbst eine gute Tochter für ihre Eltern, und diese kindliche Liebe verdient es, daß sie von uns ein gleiches erfuhr" (Friedrich Schiller).

24. X. 1763 — 3. VIII. 1839 **DOROTHEA SCHLEGEL**

Die Periode der Romantik gehört zu den schönsten des deutschen Geisteslebens. Als Gegenstoß zu den Bindungen der Klassik wurden Kräfte lebendig, die in unwägbare Tiefen reichten und Kunstwerke schufen, die an Zeiten anknüpfen, in denen Mächte der Mystik und des Glaubens geherrscht hatten. Obwohl Süddeutschland der Hauptsitz der Romantik wurde, entstand auch in Berlin ein bedeutender romantischer Kreis, dem die Brüder Schlegel und ihre Gattinnen das Gepräge gaben. Dorothea Schlegel stand zeitlebens und steht noch heute im Schatten ihrer glänzenderen Schwägerin Karoline, der Gattin August Wilhelms, der wiederum von seinem Bruder Friedrich überstrahlt wurde. Beide Paare gehören zu den beispielhaften der deutschen Romantik, und ihre Pfade haben sich vielfach gekreuzt. Als Tochter des Philosophen Moses Mendelssohn 1763 in Berlin geboren, wurde Dorothea mit dem Bankier Simon Veit verheiratet, dem sie zwei Söhne schenkte. Sie verließ ihn, um Friedrich Schlegel zu folgen, konvertierte erst zum evangelischen, dann mit Schlegel zum katholischen Bekenntnis, ließ sich mit ihm in Wien nieder, dann nach seinem Tode 1829 in Frankfurt am Main. Von hoher Intelligenz, redegewandt und geistreich, fesselte sie dennoch mehr durch große Liebesfähigkeit und hingebende Güte. Das Leben der beiden Brüder und ihrer Gattinnen hat Anlaß zu vielen Deutungen gegeben. Am unmittelbarsten spricht Dorothea in ihren Briefen; aber auch die Briefe Karolines geben ein (nicht immer liebevolles) Bild ihres Wesens. Ob Friedrich Schlegel in seinem Roman „Lucinde" Dorothea oder Karoline feiern wollte, ist eine umstrittene Frage. Von Dorothea selber stammt nur ein Romanfragment. Sie starb hochbetagt in Frankfurt am Main.

2. IX. 1763 — 7. IX. 1809 **KAROLINE SCHLEGEL**

„Bewundert viel, und viel gescholten" — gleich Goethes klassischer Helena —, lebt die Tochter des seinerzeit hochgerühmten Göttinger Orientalisten J. D. Michaelis im Gedächtnis der Nachwelt fort: eine Abenteuerin des Geistes und des Herzens, von der ihr dritter und letzter Ehegemahl sagte: „Sie war ein eigenes, einziges Wesen — man mußte sie ganz oder gar lieben. Diese Gewalt, das Herz im Mittelpunkt zu treffen, behielt sie bis ans Ende..." Hochgebildet und wie wenige fähig zu echter, fruchtbarer Freundschaft, wurde sie die große, produktive Anregerin ihrer Männer und ihres Kreises. — Die zwanzigjährige Karoline verband sich mit dem Bergmedicus Böhmer im Harzstädtchen Clausthal zu einer harmonischen, mit drei Kindern gesegneten Ehe, die schon nach vier glücklichen Jahren der Tod trennte. Die junge Witwe kehrte ins Elternhaus zurück; später ließ sie ihr ungestümer Wille zu selbständiger Lebensgestaltung einem Ruf ihrer Freundin Therese Heyne-Forster nach Mainz folgen, ins Verhängnis der belagerten Stadt, in Verstrickungen von Verrat und Verleumdung und endlich ins Gefängnis, aus dem sie erst die Fürsprache ihres Bruders und Friedrich Schlegels befreite. Sie folgte Schlegel als seine Frau in sein Jenaer Heim, in dem sich viele große Geister ihrer Zeit — Goethe und Schiller, Tieck und Novalis — zu fruchtbarer Aussprache zusammenfanden. Karoline arbeitete mit an Schlegels Shakespeare-Übersetzung, sie schrieb neben dem berühmten „Romeo und Julia"-Aufsatz viele Rezensionen, bis die schöne Gemeinschaft an Schlegels Untreue zerbrach. Karoline flüchtete in ihre dritte Ehe, diesmal mit dem Philosophen Schelling. An seiner Seite fand sie die langersehnte Ruhe und Erfüllung.

DOROTHEA VON SCHLÖZER 18. VIII. 1770 — 12. VII. 1825

„Was wird wohl Schlözer dazu sagen ...?" So fragte Kaiserin Maria Theresia in Wien ihre Berater oft vor legislativen Beschlüssen — ein Beweis für das hohe Ansehen, das der Göttinger Universitätsprofessor August Ludwig von Schlözer als Staatsrechtler und Historiker allenthalben genoß. Der vortreffliche Mann schrieb im Jahre 1779 eine viel gelesene „Weltgeschichte für Kinder", und eine der begeistertsten, aber auch kritischsten Leserinnen war seine neunjährige Tochter Dorothea, das „Wunderkind schon in der Wiege". Mit fünfzehn Monaten beherrschte sie „87 Wörter und 192 Ideen", als Vierjährige lernte sie schreiben, mit fünf Jahren begann sie Französisch, Geometrie und Latein zu studieren, und dann folgte, in buntem Wechsel, eine Sprache der andern, bis endlich die Sechzehnjährige zehn Sprachen völlig beherrschte. Die philosophische Fakultät der Georgia Augusta zu Göttingen ließ aus Anlaß ihres fünfzigsten Stiftungstages den Professor von Schlözer wissen, man wolle seine geniale Tochter, wenn sie zu einem ordentlichen Examen bereit sei, gern als erste deutsche Frau zum Doktor der Philosophie promovieren. Dorothea war bereit und bestand das Examen mit Glanz. Sie blieb auch als Fräulein Doktor die fröhliche, lernbegierige Tochter. Als Zweiundzwanzigjährige heiratete sie den Reichsfreiherrn und Bürgermeister Matthäus Rodde in Lübeck, den sie auf seinen diplomatischen Missionen nach Paris begleitete. In den Wirren der Napoleonischen Kriege geriet auch das reiche Haus Rodde in Bankrott; Dorothea begab sich wieder nach Göttingen, mit ihren drei Kindern und ihrem völlig gebrochenen Mann, der sich von der Katastrophe nie wieder erholte. Auf einer Reise nach Italien und Südfrankreich ist die tapfere Frau nach einer kurzen Krankheit gestorben — in Avignon, der päpstlichen Exilstadt, in der sie auch die letzte Ruhestätte gefunden hat.

ANNA SCHMIDT

Um die Mitte des 19. Jahrhunderts war der Anspruch der Frauen auf Freiheit und Gleichberechtigung nicht zuletzt der Anspruch auf einen Arbeitsplatz. Das war kein proletarischer, sondern ein bürgerlicher Anspruch, besonders der bürgerlichen Mittelschichten. Hinter ihm stand der drängende Notstand von Millionen Töchtern und ledigen Frauen, die von ihren männlichen Angehörigen miternährt werden mußten, die nichts gelernt hatten, nicht arbeiten durften und darauf angewiesen waren, einen Mann zu finden. Ihnen konnte nur geholfen werden, wenn man ihnen das Recht zur Arbeit gab und dementsprechend die Ausbildung zur Arbeit möglich machte. Kein Wunder, daß es im Programm des 1865 gegründeten Allgemeinen Deutschen Frauenvereins hieß: „Wir halten es für notwendig, daß alle der weiblichen Arbeit im Wege stehenden Hindernisse entfernt werden." Dieses Programm, das zugleich das Menschenrecht der Frau auf Bildung und auf freie Berufswahl forderte, entstand in Leipzig unter dem Einfluß von Lina Morgenstern, Henriette Goldschmidt, Luise Otto-Peters und Auguste Schmidt. Anna Schmidt, die jüngere Schwester von Auguste Schmidt, war es, die gleich an Ort und Stelle tatkräftig an seine praktische Verwirklichung ging und ihre ganze Schaffenskraft dem Frauenverein und seinen Einrichtungen opferte. Unter ihrer Leitung entstanden Abendunterhaltungen für Frauen, eine Fortbildungsschule für Mädchen, eine Stellenvermittlung und Büros für Abschreiberinnen, eine Kochschule und Speiseanstalt für Frauen, Sonntagskurse für Schutzbefohlene, eine Bücherei und manches andere: alles zusammen die Grundlage für ein umfassendes Frauenbildungswesen, das vielerorts nachgeahmt wurde. Über Leipzig hinaus wirkte Anna Schmidt als Mitgründerin des „Vereins der Hausbeamtinnen" — der Hausgehilfinnen, deren wirtschaftliches Elend groß war.

3. VIII. 1833 — 10. VI. 1902   **AUGUSTE SCHMIDT**

Ein Bild aus den späteren Lebensjahren zeigt eine stattliche Erscheinung, das rundliche Gesicht mit dem Doppelkinn und der gebogenen Nase heiter und gebietend erhoben, über dem gescheitelten Haar die kleine Haube, die ihrer Zeit und dem Alter der Trägerin entsprach. Eine ihrer Schülerinnen, eine Amerikanerin, die nach Leipzig gekommen war, um in dem von Auguste Schmidt geleiteten Institut Deutsch zu lernen, schildert sie als eine Persönlichkeit, der Autorität gleichsam angeboren war, ohne daß sie durch Strenge ergänzt zu werden brauchte. 1833 in Breslau geboren, wurde sie Lehrerin, wie so viele Mädchen ihrer Kreise, überragte aber die meisten durch Kenntnisse und durch ein festes Lebensziel. Als Louise Otto-Peters den Allgemeinen Deutschen Frauenverein gründete, hatte sie an Auguste Schmidt eine ausgezeichnete Mitarbeiterin, die zwar nicht über das Feuer Louise Ottos verfügte, aber durch ihre ruhige, humorvolle Art eine ausgezeichnete Ergänzung bildete, die dem gemeinsamen Wirken zugute kam. Auguste Schmidt war auch an der Gründung des Allgemeinen Deutschen Lehrerinnenvereins durch Helene Lange beteiligt und leitete die Gründungsversammlung in Friedrichroda, die zu einem Markstein in der Geschichte der Frauenbildung geworden ist. Ihre große Rednergabe kam ihr bei den vielen und oft schwierigen Veranstaltungen beider Verbände zustatten. Ein großes Verdienst erwarb sie sich durch die Herausgabe der Frauenzeitschrift „Neue Bahnen", des damaligen sehr fortschrittlichen Organs der deutschen Frauenbewegung. Seit 1862 lebte sie in Leipzig, wo sie im Jahre 1902 verstarb. Ihr Andenken ehrten weite Kreise der Öffentlichkeit, vor allem die Frauenvereine, durch die Gründung eines Auguste-Schmidt-Hauses.

10. X. 1889 — 26. VII. 1956 **ELISABETH VON SCHMIDT-PAULI**

Die gebürtige Hamburgerin war als erste deutsche Theologiestudentin an der Universität Bonn immatrikuliert. Nach Jahren des Lernens und Reifens in Straßburg und München reiste sie kurz vor Beginn des ersten Weltkrieges nach Nordamerika, um dort für das Deutschtum und später für die Ostpreußenhilfe zu werben. Dank der hochherzigen Unterstützung amerikanischer Freunde konnte sie dem von der Kriegsfurie heimgesuchten Ostpreußen bald fühlbare Hilfe zukommen lassen; aber mitten in dieser fruchtbaren Aufbauarbeit beraubte eine schwere Typhuserkrankung sie des Gehörs. Heimgekehrt, erlebte sie die zwei entscheidenden Begegnungen ihres Lebens — die Begegnung mit Rainer Maria Rilke und mit der machtvollen Persönlichkeit des Kardinals Michael von Faulhaber. Aus vielen anregenden Gesprächen mit dem Dichter der „Duineser Elegien" erwuchs ihre zweibändige Rilke-Biographie, der einige Jahre später ein großangelegtes biographisches Werk über Kardinal Faulhaber unter dem Titel „Missa Solemnis eines Lebens" folgte. Lebensbeschreibungen der heiligen Elisabeth, Bernhards von Clairvaux und der kleinen Heiligen Maria Goretti, sowie ein historischer Roman „Columbus und Isabella" machten die Schriftstellerin zu einer geschätzten Jugendautorin. Nachdem ihr Münchner Heim dem zweiten Weltkrieg zum Opfer gefallen war, fand sie Zuflucht in einem Kloster, ohne damit die Verbindung zur Welt und zur Jugend zu verlieren. Ihre freundschaftlichen Beziehungen zu gleichgesinnten Kreisen Amerikas und Frankreichs haben wesentlich dazu beigetragen, in der ersten Nachkriegszeit der deutschen Jugend das Tor zur Welt wieder zu öffnen. Auch für die Idee der Kinder- und Jugenddörfer hat sich Elisabeth von Schmidt-Pauli mit hingebungsvoller Liebe und beträchtlichem Erfolg eingesetzt.

SYBILLE SCHMITZ
2. XII. 1909 — 13. V. 1955

Der Name der Sybille Schmitz ist in der Filmgeschichte ein festgeprägter Begriff. Sie verkörperte in ihren Filmrollen etwas Geheimnisvoll-Gefährliches, das mit den Bezeichnungen „Abenteuerin" oder „Vamp" nicht getroffen wird, mögen auch manche ihrer Rollen äußerlich diesen Charakter aufweisen. Sie stellte gern „gefährdete Frauen" dar, Frauen, die ohne Hoffnung den Weg in die Einsamkeit gehen, weil sie ihr Glück nicht festzuhalten vermögen. Vielen gilt sie als die „rätselhafteste Frau" des deutschen Films. Beispiellos war die Art und Weise, mit welchen Mitteln sie diese Rätselhaftigkeit anschaulich werden ließ, es gelang ihr mit der Kunst der Maske wie mit der Kunst der Mimik. In dem Film „Die Unbekannte" (1936) erstarrte ihr schmales Gesicht mit den großen und ernsten dunklen Augen und dem ironischen Zug im Mundwinkel zu einer Maske von unbeweglicher Gelassenheit, die nur durch die Ausdruckskraft ihrer Stimme belebt wurde. In dieser Maske war sie unnachahmlich. Aber sie vermochte es auch, immer wieder eine andere zu sein, ein neues Gesicht zu zeigen, das man bei ihr noch nicht gesehen hatte. Immer verbarg sich dahinter ein Letztes, Unbekanntes. — Sybille Schmitz gehörte schon in jungen Jahren zu den Theater- und Filmbesessenen. Mit sechzehn Jahren stand sie bereits auf der Bühne. 1931 holte sie Regisseur C. Th. Dreyer ins Atelier und verpflichtete sie für den surrealistischen Film „Der Vampyr". Die Rätselhaftigkeit ihrer Seele brachte sie immer erneut zum Ausdruck: in „Stradivari", im „Fährmann Maria" und „Abschiedswalzer", in der „Hochstaplerin", in „Hotel Sacher" und nach dem Krieg in den Filmen „Sensation im Savoy", „Die Lüge", „Kronjuwelen", „Illusion in Moll" und „Haus an der Küste". Sie selber hielt ihre Rolle als Nelly Dreyfuß in dem Film „Zwischen gestern und morgen" (1947) für die beste ihres Lebens.

SOPHIE SCHOLL
9. V. 1921 — 22. II. 1943

Am 18. Februar 1943 flatterten in den Lichthof der Münchner Universität wieder einmal die „Flugblätter der Weißen Rose": „Nichts ist eines Dichtervolkes unwürdiger als sich ohne Widerstand von einer verantwortungslosen und dunklen Trieben ergebenen Herrscherclique regieren zu lassen! Ist es nicht so, daß sich jeder ehrliche Deutsche heute seiner Regierung schämt? Leistet Widerstand, wo immer ihr auch seid, verhindert das Weiterlaufen dieser atheistischen Kriegsmaschine, ehe es zu spät ist, ehe die letzte Jugend des Volkes für die Hybris eines Untermenschen verblutet ist...!" Schon mehrmals hatten solche Flugblätter auf den Kathedern, in der Mensa, auf Fensterbänken und Bibliotheksregalen zum Sturm gegen den Ungeist aufgerufen — aber die Blätter vom 18. Februar 1943 sollten die letzten sein. Der Pedell hatte die Verteiler beobachtet. Wenige Minuten später waren die Geschwister Hans und Sophie Scholl von der Gestapo verhaftet. Es begannen die Verhöre — Tag und Nacht. Vor dem „Volksgerichtshof" wurde das von vornherein feststehende Todesurteil gesprochen. Die Eltern durften noch einmal die Verurteilten im Gefängnis besuchen, zuerst den Sohn Hans: „Er trug Sträflingskleider, aber sein Gang war leicht und aufrecht, sein Gesicht leuchtete und überstrahlte alles..." Dann wurde Sophie hereingeführt: „Sie war um einen Schein blasser geworden, aber in ihrem Gesicht stand ein wunderbarer Triumph..." Die Gefangenenwärter berichteten: „Sie haben sich so fabelhaft tapfer benommen bei der Hinrichtung — das ganze Gefängnis war davon beeindruckt. Sie konnten noch eine Zigarette miteinander rauchen. Dann wurden sie abgeführt, zuerst das Mädchen. Sie ging, ohne mit der Wimper zu zucken. Wir konnten alle nicht begreifen, daß so etwas möglich war. Der Scharfrichter sagte, so habe er noch niemanden sterben gesehen..."

Um 1000 n. Chr. ## SEI SCHONAGON

Als in Europa die letzten Karolinger regieren, beginnt in Japan die Auseinandersetzung zwischen den mächtigen Männern des Hofadels und dem Kaiser. Der Hof und die Hauptstadt des Reiches werden von Nara nach Heian-Kyoto verlegt, und die neue Residenz wird Schauplatz erlesener höfischer Kultur. In hemmungsloser Hingabe an die verfeinerte Lebensart, verliert der Tenno zunehmend an Einfluß. Eine der Hofdamen jener Zeit schreibt: „Die Hände, die das Schwert der höchsten Staatsgewalt führen müßten, schmieden Verse und Reime, schwingen den Tuschepinsel, malen dekadente Bilder, mühen sich nicht mehr um das Volk". Aus dieser Umwelt Heians leuchtet das Bild Sei Schonagons hervor. Sie ist – zwischen 965 und 971 geboren – die Tochter eines gelehrten und dichtenden Provinzpräfekten und wird dank ihres Geburtsranges im Jahre 990 als Hofdame an die Seite der fünfzehnjährigen Kaiserin Sadeko berufen, die ihr große Verehrung entgegenbringt. Unter dem Schutz ihrer hohen Gönnerin entfaltet Sei Schonagon ihre immerwache, kritische Intelligenz, sie kennt in ihrer Neugierde wie in ihrer Spottlust keine Grenzen. Ihre Beobachtungen legt sie in schonungslosen Stimmungsbildern nieder und sammelt den Hofklatsch und die harten Kritiken der Höflinge in dem Buche „Zuihitsu", das man volkstümlich auch „Kopfkissenbuch" nennt, weil es sich angesichts der ungeschminkten und spöttischen Schilderungen empfiehlt, das Buch unter dem Kopfkissen zu verbergen und es von dort nur nachts hervorzuholen. Die Schicksale Sei Schonagons verlieren sich nach dem Jahre 1000, in dem die Kaiserin stirbt, im Dunkel. Die Legende berichtet, sie habe sich als Nonne in die Einsamkeit der Insel Schikoku zurückgezogen. Sie gilt als eine der Begründerinnen der japanischen „Damenliteratur". Man rühmt an ihr die Farbigkeit ihrer politischen Lebensbilder und die Trefflichkeit ihrer Naturbeobachtung.

23. VI. 1758 — 1817 ## LILI SCHÖNEMANN

Zu einem musikalischen Abend im Schönemannschen Hause in Frankfurt hatte ein Freund der Familie auch den fünfundzwanzigjährigen Goethe mitgenommen, den Dichter des „Götz" und des „Werther". Als die sechzehnjährige Tochter Elisabeth nach beendetem Klavierspiel auf den neuen Gast zutrat, um ihn zu begrüßen, gewannen beide voneinander den tiefsten Eindruck, ohne zu ahnen, daß sie alsbald in heftigster Liebe einander begehren würden. Ihr Charme bezauberte den Dichter. Ostern 1775 kam es zur Verlobung: „Ihre Anmut und Liebenswürdigkeit gehörten mein, das fühlte ich wie sonst, aber der Wert des Charakters, die Sicherheit in sich selbst, ihre Zuverlässigkeit in allem, das blieb ihr eigen. Ich schaute es, ich durchblickte es, und reute mich dessen als eines Kapitals, von dem ich zeitlebens die Zinsen mitzugenießen hätte." Goethe nahm indessen die Zinsen nicht entgegen; wie so oft in seinem Leben ist er vor der letzten Entscheidung „geflohen"; über den tiefsten Grund des Bruches wissen wir nichts. Beide waren noch jahrelang in großer Leidenschaft einander zugetan, Lili, die 1778 den Bankier von Türkheim heiratete, bis in ihre ersten Ehejahre. Als sie nach dem Tode ihres Gatten in den Wirren der Französischen Revolution unter Lebensgefahr mit ihren Kindern flüchten mußte, unter Zurücklassung jeglicher Habe, und zunächst in sehr bedrängten Verhältnissen lebte, wandte sie sich hilfesuchend an den einstigen Geliebten, und Goethe half. Mehrere Jahrzehnte nach den Ereignissen widmete der Dichter der Erinnerung an Lili einen großen Teil des vierten Buches von „Dichtung und Wahrheit". Vielleicht aber gewähren die Gedichte um Lili einen zutreffenderen Einblick in diese Episode zweier liebenden Herzen.

KÄTCHEN SCHÖNKOPF 22. VIII. 1746 — 20. V. 1810

„Ich riß mein Bett durcheinander, verzehrte ein Stückchen Schnupftuch und schlief bis acht Uhr auf den Trümmern meines Bettpalastes." Diese verrückten Zeilen schrieb der junge Leipziger Student Johann Wolfgang Goethe an seinen Freund Behrisch Anno 1767. Er war entsetzlich eifersüchtig auf einen jungen Messebesucher, der mit der Wirtstochter Kätchen Schönkopf scharmuzierte, da er selbst in das hübsche, lebhafte und warmherzige Mädchen unsterblich verliebt war. Kätchen Schönkopf hatte es mit diesem stürmischen Liebhaber, der drei Jahre jünger war als sie, nicht leicht. Und doch liebte sie ihn von Herzen und erduldete seine Launen zwei Jahre lang, ohne zu wissen, daß der Dichter sie und sich selbst noch in Leipzig in einem köstlich geistreichen Lustspiel „Die Laune des Verliebten" verewigen würde. Die Eltern durften nichts wissen; denn die glaubten gewiß, der elegante junge Herr aus Frankfurt würde nach einigen Semestern wieder aus Leipzig entfliehen und ihr Töchterchen sitzen lassen... Goethe widmete der Freundin unter dem Namen „Annette" auch eine ganze Gedichtsammlung, und es ist nicht auszumessen, wie oft ihre liebliche Gestalt in der Fülle von Lust- und Trauerspielen, Liedern, Oden, Dithyramben und Satiren mitspielte, die von 1765 bis 1768 in Leipzig entstanden sind, in Deutsch, Französisch und Englisch. Sie brachte das Herz des jungen Poeten zum Ausströmen in Versen; er hat ihr viel später in seiner Lebensbeichte „Dichtung und Wahrheit" ein bleibendes Denkmal gesetzt. Nach einer herzhaften Aussprache trennten sie sich, aber sie blieben Freunde; er schrieb ihr noch oft von Frankfurt aus. Sie heiratete den Dr. jur. Christian Kannen, der später Ratsherr und Vize-Bürgermeister von Leipzig wurde.

ADELE SCHOPENHAUER 12. VI. 1797 — 28. VIII. 1849

Die Schwester des Philosophen Arthur Schopenhauer war in Weimar unter den Augen Goethes aufgewachsen, der sie „enfant chéri" nannte und den sie „lieber Vater" anreden durfte. Adele Schopenhauer sang und spielte Klavier, zeichnete und malte, alles mit überdurchschnittlichem Talent. Vor allem ihre Scherenschnitte sind kleine Meisterwerke dieser Kunstgattung. Von ihrer Mutter, Johanna Schopenhauer, der vielgelesenen Unterhaltungsschriftstellerin, hat sie ihr Erzähltalent in Märchen und Romanen geerbt. Eine sehr gesellige Natur, stand Adele in freundschaftlicher Verbindung zu zahlreichen bedeutenden Persönlichkeiten. Dem von der Natur stiefmütterlich behandelten Mädchen blieb indessen das ersehnte Glück der Ehe versagt. Sechsundzwanzigjährig faßte sie ihr künftiges Schicksal mit früher Resignation zusammen: „Wie ein Mann werde ich durchs Leben ziehen, man wird mich lieben, mir folgen, man wird auf mich bauen, und ich werde dem Allen zu genügen streben, oft wird's gelingen. Aber wenn ich dann einem Menschen wohlgetan, so wird mein Weg wieder einsam sein." Adele Schopenhauer hat ihr Geschick gleichwohl tapfer und temperamentvoll in beide Hände genommen und sich ein Leben im Reiche des Geistes aufgebaut. Ihren Mitmenschen war sie nicht immer bequem. Die Schriftstellerin Fanny Lewald vergleicht in ihren Erinnerungen Adeles Art einmal mit der eines examinierenden Professors, und sie belächelt ein wenig das geistige Gehaben dieser Frau. Dennoch sicherte ihr die immer wieder durchbrechende Güte und Hilfsbereitschaft die Sympathie der Zeitgenossen. Eine lebenslange Freundschaft verband Adele Schopenhauer mit der kongenialen Sibylle Mertens-Schaaffhausen, Annette von Droste-Hülshoff gesellte sich zeitweise als Dritte im Bunde hinzu. Von Sybille Mertens in ihrer letzten schweren Krankheit hingebend gepflegt, starb sie in deren Armen.

9. VII. 1766 — 17. IV. 1838 **JOHANNA SCHOPENHAUER**

Mit dem Namen Johanna Schopenhauer verbinden sich ganz bestimmte, klar umrissene Bilder aus der Geistesgeschichte des vorigen Jahrhunderts. Da ist das Weimar des alten Goethe, ist der bunte unerschöpfliche Kreis, der sich im Schatten des Titanen, von Jahr zu Jahr wechselnd, sammelt. Sein Mittelpunkt ist zunächst einmal das Haus Goethes selbst, in dem auch sein einziger Sohn August und seine Schwiegertochter Ottilie wohnen. Zu den häufigeren Gästen gehört in den Jahren 1806 bis 1829 die damals vielgelesene, selbst von Goethe freundlich beachtete Unterhaltungsschriftstellerin Johanna Schopenhauer. Der Große von Weimar verschmäht es seinerseits auch nicht, Johannas literarischem Salon, in dem sich stets eine Reihe bedeutender Menschen zusammenfindet, mitunter die Ehre seiner Anwesenheit zu geben. Die von Goethe wegen ihrer gesellschaftlichen Gewandtheit, ihrer Klugheit und Belesenheit geschätzte Frau wird die Patin seines Enkels Wolfgang. Johannas Ehe mit dem 1805 verstorbenen Danziger Kaufherrn Heinrich Floris Schopenhauer entstammen zwei hochbegabte Kinder: Der 1788 geborene Arthur sollte als Philosoph eine ungeheure Wirkung auf die Nachwelt ausüben, seine um neun Jahre jüngere Schwester Adele war Schriftstellerin, Malerin und Musikerin von Rang. Sie gab nach dem Tode der Mutter auch deren Erinnerungen heraus („Jugendleben und Wanderbilder", 1839). Die zahlreichen Romane von Johanna Schopenhauer sind vergessen. Das gilt jedoch nicht für ihre brillant geschriebenen Reiseschilderungen; sie zeichnen sich durch Scharfsichtigkeit und eine ungewöhnlich lebendige Darstellungsweise aus und heben sich dadurch gedanklich und stilistisch weit über das übliche Niveau der schreibenden Zeitgenossen hinaus.

14. IX. 1827 — 25. VIII. 1899 **HENRIETTE SCHRADER**

Die Thüringerin Henriette Breymann war eine Großnichte Fröbels und wurde noch von ihm in seine Erziehungsmethode eingeführt. Sie übernahm sie in ihren wesentlichen Grundsätzen, entwickelte sie weiter, befreite sie von dem drohenden Schematismus und brachte sie, zum Teil unter Rückgriff auf Gedanken Pestalozzis, in Einklang mit der fortschreitenden pädagogischen Wissenschaft und den modernen sozialen Erkenntnissen. Ihre ungewöhnliche geistige Beweglichkeit machte sie zur Gegnerin jeder Schablone. Sie zielte darauf, die häuslichen Verhältnisse des Kindes in der Erziehung zu berücksichtigen. Sie sah im Kindergarten eine wichtige Institution der sozialen Arbeit und das natürliche Bindeglied zwischen den Ständen; sie verlangte für die Frau nicht die Angleichung an den Mann, sondern die weitgehende Sicherung ihrer weiblichen Eigenständigkeit. Sie gründete Kindergärten, Mädchenhorte, Lehrerinnenseminare und Mütterkurse und in Berlin den „Verein für Familien- und Volkserziehung". Aus ihrer Feder stammen einige gewichtige Bücher zur Frauenfrage und Kindererziehung und eine Fülle von Broschüren und Aufsätzen zum gleichen Thema. Ihre bedeutendste Schöpfung wurde das Pestalozzi-Fröbelhaus in Berlin, dessen großzügigen Ausbau ihr die Eheschließung mit dem Eisenbahndirektor und späteren Reichstagsabgeordneten Carl Schrader und die Freigebigkeit von Elise Wentzel-Heckmann ermöglichte. In einem Parkgelände wurde ein schloßartiger Bau der Mittelpunkt einer Reihe von Erziehungsanstalten, einer „Krippe" für Säuglinge, eines Kindergartens, Kinderhortes, einer Haushaltungsschule und eines Seminars für Kindergärtnerinnen – insgesamt eine Hochschule für Jugenderziehung und Mütterschulung, die jährlich zahlreiche Kindergärtnerinnen und Seminarlehrerinnen ausbildete und einen bedeutenden Ruf gewann.

KATHARINA SCHRATT 11. IX. 1855 — 18. IV. 1940

Nach frühen Bühnenerfolgen in Berlin und Petersburg war Katharina Schratt von 1883 bis zur Jahrhundertwende ein gefeiertes Mitglied des Wiener Burgtheaters. „Wenn die Schratt auftritt", schrieb der Kritiker Hermann Bahr, „ist das Ohr gleich betört; so freundlich klingt uns diese helle und rasche Stimme, in der alle kleinen Teufel der Wiener Laune lauern..." Im November 1883 fand anläßlich des Regierungsjubiläums Kaiser Franz Josephs eine Galavorstellung mit Shakespeares „Der Widerspenstigen Zähmung" statt; Katharina Schratt spielte ihre Glanzrolle, die Katharina. Von Kaiserin Elisabeth in die Hofloge gerufen, stand die Schauspielerin zum erstenmal dem Kaiser gegenüber, eine Begegnung, die zu einer über dreißig Jahre währenden Freundschaft führte. Katharina zog sich von der Bühne zurück in die kleine „Schrattvilla" in der Hietzinger Gloriettegasse; in dieser Villa fand der Kaiser die oft vermißte Ruhe und bürgerliche Behaglichkeit — und die aufrichtige Stimme wahrer Freundschaft, die ihm am Hofe selten zu hören vergönnt war. Ganz Wien nannte die in strengster Zurückgezogenheit lebende Katharina, von der nie eine Klatsch- oder Skandalgeschichte bekannt wurde, mit scheuer Achtung „die Gnädige Frau", die auf Elisabeths Bitte noch dem Kaiser am 30. Januar 1899 die furchtbare Nachricht von der Tragödie in Mayerling überbringen mußte. — Am Arm des Thronerben Karl trat sie in den Abendstunden des 21. November 1916 ans Totenbett des Kaisers und legte in die erstarrten Hände zwei Rosen, die als einzige Blumen mit in sein Grab gegeben wurden. Auch die höchsten Honorarangebote konnten Katharina Schratt später nicht zur Veröffentlichung ihrer Memoiren bewegen, obwohl die Greisin das Geld gut hätte gebrauchen können — denn der Kaiser hatte sie in seinem Testament vergessen.

ADELE SCHREIBER * 29. IV. 1872

„Die im Schatten leben..." war der Titel eines im Jahre 1917 in Berlin uraufgeführten Stummfilms, der in schonungsloser Offenheit das unverschuldet bittere Schicksal zweier unehelicher Kinder schilderte und die Zuschauer erschütterte. Die Verfasserin des Drehbuches war Adele Schreiber, Gründerin der „Deutschen Gesellschaft für Mutter- und Kindesrecht", aus deren Akten sie das Material zu ihrem aufwühlenden Filmwerk entnommen hatte. Das heute längst erreichte Ziel — die menschliche und rechtliche Sicherung des unehelichen Kindes — läßt oft die Härte und Schwere des Weges vergessen, der zurückgelegt werden mußte, ehe dieser Film nach dem Geleitwort seiner Verfasserin als „Dokument einer Kulturepoche übrigbleiben sollte, in der es ein solches Schattenland gab!" Adele Schreiber erklärte einmal: „Eine gewordene Frauenrechtlerin bin ich nicht, ich bin so geboren — ich kann mich an keine Zeit erinnern, in der ich mich nicht in Aufregung darüber befand, daß Mädchen nichts Vernünftiges lernen und tun sollten!" Ein halbes Jahrhundert lang hat diese willensstarke Frau die Ideale ihrer Jugend vertreten: als Reichstagsabgeordnete, auf unzähligen Vortragsreisen und Kongressen in aller Welt, in Zeitungsaufsätzen, Broschüren und umfangreichen Buchwerken, von denen „Das Buch vom Kinde", „Die Arbeiterin als Staatsbürgerin", „Mutterschaft", „Prügelkinder" und „Die Frau in der Reichsversicherung" die vielfältigen sozialen und ethischen Probleme aufzeigen, mit denen sich die Verfasserin zeitlebens auseinandergesetzt hat. Nach dem ersten Weltkrieg gründete Adele Schreiber im Auftrag des Deutschen Roten Kreuzes zahlreiche Kindererholungsheime, in denen Tausende von unterernährten Kindern Rettung und Genesung fanden.

ILSE SCHREIBER

Die kluge, scharf beobachtende Erzählerin Ilse Schreiber hat in ihrem Werk ein noch wenig bekanntes Land des Erdballs der deutschen Leserschaft erschlossen, jenes Land, das in den Notzeiten nach dem ersten Weltkrieg einen großen Auswandererstrom an sich zog: Kanada. „Ich fühlte immer unabweislicher, daß Kanada kein Land, sondern ein Erdteil ist", erklärte sie. Gewissenhaft geführte Reisetagebücher erleichterten ihr das spätere erzählerische Werk. Nach dem Tode ihres Gatten, eines Rechtswissenschaftlers, als dessen Mitarbeiterin und Gefährtin sie die Welt kennengelernt hatte, unternahm Ilse Schreiber große Studienreisen durch Kanada, bis in die unerschlossene Wildnis und bis zu den Eskimos von Alaska. Kurz vor Ausbruch des zweiten Weltkrieges erschien dann, „den Deutschen in Kanada" gewidmet, ihr großangelegter Roman, der den Titel mit dem melancholischen Unterton „Die Flucht ins Paradies" trug. Vier Jahre später veröffentlichte sie den Roman „Der Gott der fremden Erde", der die Gestalten und Schicksale des ersten Buches fortführte. Dann erschien das dritte Buch „Kampf gegen Manitou"; der Name bezeichnet die indianische Gottheit dieses „maßlosen" Landes. Ihm folgte das Werk mit dem vielsagenden Titel „Das Land des Weizens und der Tränen". Ilse Schreiber kann nicht nur Schicksale erschauen, sondern versteht auch Summen zu ziehen aus den Schicksalen, die ihr begegneten, sie kann große volkswirtschaftliche Zusammenhänge erkennen und klar darstellen, sie besitzt die Menschenkenntnis des Gereiften: „Viel Bitterkeit, Enttäuschung, Heimweh lebt in ihren Büchern über dies von Trockenheit und Winden ausgewehte Land." Nach Jahren im eigenen Hause in der Lüneburger Heide siedelte sie Ende der vierziger Jahre an den Chiemsee in Bayern über, in ihre Arbeit versponnen und dennoch den Schicksalen der Menschen in aller Welt auch weiterhin aufgeschlossen.

24. III. 1855 — 12. XII. 1920

OLIVE SCHREINER

„Die Frau und die Arbeit" heißt das Hauptwerk der bedeutendsten Südafrikanerin europäischer Herkunft, das 1911 erschien und zu den „klassischen Werken der internationalen Frauenbewegung" gehört. Olive Schreiner war als Tochter eines Pfarrers auf einer Station der Inneren Mission des Basutolandes aufgewachsen, ohne eigentliche Schulbildung, nur durch den Vater unterrichtet. Bereits mit zwanzig Jahren verfaßte sie ihr erzählerisches Meisterwerk, „Die Geschichte einer afrikanischen Farm", das auch in Deutschland Aufsehen erregte. Ihr zweites Buch, der Roman „Trooper Peter Halket" erwächst aus dem mitternächtlichen Gespräch eines ungehobelten jungen Soldaten und eines wandernden Juden, einer Christusgestalt, und zeigt eine so menschheitsliebende Gesinnung, daß es ihr Feinde schuf, aber auch viele Freunde gewann, unter anderem die Verbundenheit mit Mahatma Gandhi. Die Feindschaft kam von den führenden Kreisen des „viktorianischen" England, da sie die britische Siedlungspolitik angriff und als Frauenrechtlerin galt. Trotz aller Gegnerschaft kämpfte sie aber tapfer weiter für die Gleichberechtigung der Rassen, der Völker und der Geschlechter. Sie war überzeugt: „Der Tag, an dem die Frau ihren Platz neben dem Mann in der Führung der Außenpolitik einnimmt, wird auch das Ende aller Kriege bedeuten". Gandhi schrieb über sie: „Ihre Liebe für die ganze Menschheit kannte keine Grenzen." — Die Jahre des ersten Weltkrieges lebte Olive Schreiner kümmerlich in London, wegen ihrer Gesinnung und ihres deutschen Namens mehrfach aus den schlechten Unterkünften ausgewiesen. — Zu ihrem hundertsten Geburtstag erschienen zwei Biographien über Olive Schreiner, über dieses Frauenleben, das bedeutend gewesen ist durch die Forderungen, die sie schon im Jahrhundertausgang vorgetragen hat und die um 1950 durch das Erwachen Afrikas aktuell für die Welt werden sollten.

LOUISE SCHROEDER   2. IV. 1887 — 4. VI. 1957

Louise Schroeder wurde als achtes Kind eines Hamburger Bauarbeiters in Altona geboren und arbeitete nach dem Schulbesuch viele Jahre als Privatsekretärin in einem Versicherungskonzern. Das Erleben des ersten Weltkrieges machte aus ihr eine überzeugte Anhängerin sozialistischer Ideen. Im Jahre 1919 wurde sie Mitglied der sozialdemokratischen Fraktion des Altonaer Stadtparlaments, im gleichen Jahre vertrat sie ihre Partei in der Weimarer Nationalversammlung. Dann zog sie in den Deutschen Reichstag ein, dem sie bis zur „Machtergreifung" im Jahre 1933 angehörte. Mit dem Anbruch des „Dritten Reiches" begann auch für die weithin bekannte Politikerin eine Zeit der äußersten Gefährdung. Mit einem kleinen Bäckerladen versuchte Louise Schroeder sich in Hamburg durchzubringen; nach dem Beginn des zweiten Weltkrieges arbeitete sie als Betriebsfürsorgerin in Berlin, wo die Bombenangriffe sie dreimal ihrer bescheidenen Unterkunft beraubten. Nach dem bitteren Ende wählte die Berliner SPD die tapfere Frau in den Parteivorstand, und vom August 1948 bis zum September 1949 leitete sie als amtierende Oberbürgermeisterin von Berlin die Geschicke der schwergeprüften, blockierten Stadt. Oft stand die kleine, zierliche Frau in diesen harten Tagen auf dem Balkon des Schöneberger Rathauses, umjubelt von Tausenden von Berlinern, die wußten, daß ihre Oberbürgermeisterin auch die Seele ihres Widerstandes gegen die rote Bedrohung war. Seit 1949 vertrat Louise Schroeder Berlin im Bundestag der Bundesrepublik, und im August 1950 wurde sie zur deutschen Vertreterin im Europarat gewählt. Das Großkreuz des Bundesverdienstkreuzes war eine der vielen äußeren Ehrungen, die diesem reichen Frauenleben im Dienste der Allgemeinheit zuteil geworden sind.

SOPHIE SCHRÖDER   23. II. 1781 — 25. III. 1868

Die größte Tragödın ihrer Zeit war als die Tochter eines Schauspielers in Paderborn zur Welt gekommen. Der Theaterautor August von Kotzebue sah und bewunderte das Spiel des jungen Mädchens und empfahl sie nach Wien und von dort nach Breslau. An diesen beiden Bühnen spielte Sophie Schröder naive Rollen, sie trat auch gelegentlich in der Oper auf. In den nächsten Jahren, zwischen 1804 und 1813, finden wir die Künstlerin in Hamburg; es war für sie die erste ruhmvolle Zeit. Es folgten Gastspielreisen und ein über zwei Jahre während Aufenthalt in Prag — alles Vorstufen zu ihrem großen Auftreten am Wiener Burgtheater. Von Wien aus verbreitete sich der Ruhm der Tragödin Schröder über ganz Deutschland. Ihr zur gleichen Zeit berühmter Kollege, der Schauspieler Heinrich Anschütz, der sie wie eine Idealgestalt aus olympischen Bereichen bewunderte, erkannte, daß ihr strenges Naturell sie für die Rolle der Heldenmütter prädestinierte und daß hier erst ihre unvergleichliche Begabung zur vollen Reife gedeihen könne. „Das Wesen einer Heroine erschien in ihr echt und natürlich und hoch erhoben durch ihre Darstellungskunst. Eine Anzahl ihrer strengen Rollen wird in unserer Theatergeschichte immer ‚schröderisch' genannt werden, und ‚schröderisch' wird so viel bedeuten wie klassisch. In ihrem eigentlichen Fache steht sie unerreicht und einzig da, ein Vorbild für die deutsche Schauspielerwelt". — Sophie Schröder blieb beim Wiener Burgtheater bis zum Jahre 1829. Sie gastierte dann in Petersburg, war 1830 bis 1835 an der Münchener Hofbühne und kehrte anschließend wieder an das Burgtheater zurück. Nach ihrer Pensionierung lebte sie in Augsburg und München, bis zuletzt der Welt des Theaters zugetan und überall, wo sie in der Öffentlichkeit erschien, von verehrender Bewunderung umgeben.

WILHELMINE SCHRÖDER-DEVRIENT

6. XII. 1804 — 26. I. 1860

Beethoven hat zwei Sängerinnen erlebt, die seine „Fidelio"-Gestalt auszufüllen vermochten: Anna Milder-Hauptmann und Wilhelmine Schröder-Devrient. Die junge Anna Milder stand als Fidelio einundzwanzigmal auf der Bühne; sie hatte entscheidenden Einfluß auf die erste Neubearbeitung der Oper durch den Komponisten, denn sie lehnte die Arie des ersten Aktes ab und veranlaßte Beethoven zu der Neufassung, die seitdem als „Festoper" bei besonderen Feiern aufgeführt wird. Die „klassische" Leonore aber erblickte erst im Entstehungsjahr des Fidelio das Licht der Welt — es war Wilhelmine Schröder-Devrient aus Hamburg, die von Vater und Mutter die Gabe des Singens und die dramatische Begabung erbte, die sie zur ersten modernen Darstellerin des musikalischen Dramas werden ließen. Schon als Kind trat sie in Balletten und kleinen Gesangsrollen auf; nach Gesangsstudien stellte sich die Siebzehnjährige dem anspruchsvollen Wiener Publikum als „Pamina" in Mozarts Zauberflöte vor und erntete stürmischen Beifall. Ein Jahr später, am 3. November 1822, spielte sie in Anwesenheit des schon ertaubten Beethoven zum erstenmal den „Fidelio" und verhalf mit ihrer kraftvollen Darstellung dem jahrelang fast vergessenen Werk zu seinem Siegeszug über alle großen Bühnen der Welt. In dieser Rolle hat sie in der Dresdner Hofoper, der die Künstlerin von 1823 bis zu ihrem Abschied von der Bühne im Jahre 1847 angehörte; auch der junge Richard Wagner erlebt, auf dessen künstlerische Entwicklung sie großen Einfluß nahm. Sie teilte mit ihm die Begeisterung für die revolutionären Ideen von 1848, galt deshalb zeitweise als „politisch verdächtig" und wurde aus diesem Grunde sogar einmal aus Dresden und Livland ausgewiesen. Ihre letzten Lebensjahre waren überschattet vom Kampf gegen das Vergessenwerden.

CORONA SCHRÖTER

14. I. 1751 — 23. VIII. 1802

„Marmorschön — doch marmorkalt" nannte Herzog Karl August von Sachsen-Weimar die fünfundzwanzigjährige Schlesierin die sein Freund, Staatsminister Goethe, im Herbst 1776 als Hof- und Kammersängerin nach Weimar berufen hatte. Der Dichter hatte Corona schon während seiner Leipziger Studentenzeit kennengelernt und war glücklich, die Angebetete mit Einverständnis des Herzogspaares an den Musenhof bringen zu können, dem bis dahin eine überragende gesangliche und schauspielerische Kraft gefehlt hatte. „Heute sang Corona das erstemal..." schrieb er am 23. November 1776 in sein Tagebuch; und von diesem Debüt an eroberte sich Mademoiselle Schröter mit ihrer Schönheit und hohen Begabung im Sturm die Herzen und Sinne der Residenz. Man rühmte an ihr das „schön gemäßigte Spiel", das „Junonische ihrer Gestalt, Majestät in Anstand, Wuchs und Gebärden, nebst so vielen anderen ernsteren Vorzügen, die sich in ihr vereinigten". Diese Vorzüge haben sie, „wie es schien, vor vielen anderen zu einer Priesterin Dianens berufen und geeignet; und in der Tat ist sie auch immer dem Dienst treu geblieben!" Goethe hatte für Corona Schröter ursprünglich die „Iphigenie" geschrieben. Die erste Aufführung der Prosafassung dieser Tragödie am 6. April 1779, in der Goethe selbst den Orest darstellte, war der glanzvolle Höhepunkt in Coronas künstlerischer Laufbahn. Dem denkwürdigen Abend folgte noch manches gemeinsame Auftreten, bis Goethe sich später von den Theatergeschäften zurückzog. Die immer kränkelnde Schauspielerin — sie war lungenleidend — verbrachte ihre letzten Lebensjahre in Ilmenau; dort gab sie jungen Mädchen Schauspielunterricht und widmete sich wieder ihrer Lieblingsbeschäftigung, der Malerei. Ihr allzufrühes Hinscheiden blieb in der raschlebigen und vergeßlichen Weimarer Hofgesellschaft fast unbeachtet.

SCHUB-AD VON UR

Um 2500 v. Chr.

Ur in Chaldäa war einer der kulturellen Mittelpunkte des Volkes der Sumerer, das im vierten vorchristlichen Jahrtausend an den Mündungen von Euphrat und Tigris auftauchte und die älteste uns bekannte menschheitliche Hochkultur begründete. Die Sumerer erfanden die Bilderschrift, aus der sich allmählich die Keilschrift entwickelte, die Stammutter aller modernen Schriften. In den zwanziger Jahren entdeckte der britische Forscher Sir Leonard Wolley einen Königsfriedhof der Sumerer, der auch das Grab der Königin Schub-ad barg. Ihren Namen wissen wir von einem kleinen Rollsiegel aus Lapislazuli, das sie an der rechten Schulter trug. Sie war etwa vierzig Jahre alt, als sie starb, nur hundertfünfzig Zentimeter groß, hatte sehr kleine Füße — auf denen sie in Art der Japanerinnen saß — und schmale, zierliche Hände. Vom Leben und Schicksal dieser Königin wissen wir nichts, wohl aber von ihrer Bestattung: Man fand ihren Leichnam auf ein Holzgestell gebettet, zu Häupten und zu Füßen behütet von je einer Dienerin, die den Opfertod gestorben waren. Die Grabkammer war verschlossen. Im Vorraum aber fand man noch eine große Zahl von Höflingen, Dienerinnen, Soldaten, Wagenlenkern und Musikanten, die alle mit Blickrichtung auf die Ruhestätte ihrer Herrin Aufstellung genommen hatten. Sie alle waren der Königin freiwillig in den Tod gefolgt. Jeder der Männer und jede Frau trug einen kleinen Becher in der Hand. Nachdem sie der Königin ein letztesmal gehuldigt hatten, schöpften sie aus einem großen Becken in der Mitte der Gruft ein schnellwirkendes Gift. Dann wurde das Königsgrab mit Erde bedeckt, zu einer scheinbar ewigen Ruhe, aus der es Jahrtausende später der unstillbare Wissendrang der Nachwelt wieder aufstören sollte...

BARBARA SCHULTHESS

5. X. 1745 — 12. IV. 1818

Goethe lernte die gebildete und belesene Schweizerin im Hause des gelehrten Pfarrers und Schriftstellers Johann Kaspar Lavater zu Zürich kennen und befreundete sich mit ihr: Er sandte ihr noch vor der Drucklegung verschiedene seiner Werke zu, die „Iphigenie", den „Tasso" und Teile des „Wilhelm Meister", und sie schrieb gemeinsam mit ihrer Tochter die Werke ab, um sie immer wieder lesen zu können. Ihrer hingebenden Begeisterung verdanken wir so das einzige Exemplar des „Wilhelm Meister" in der Urfassung, die verschollen war und erst 1909 in Barbaras Niederschrift wiederentdeckt wurde. Goethe widmete ihr 1779 das soeben in Zürich entstandene Gedicht: „Gesang der Geister über den Wassern", sie besaß Briefe von ihm, und der Dichter war glücklich, in „Bäbe" eine ebenso taktvolle wie verstehende Freundin zu haben, die ihn verehrte, ohne ihn zu vergöttern. Sie war dreiundvierzig Jahre alt, mit einem braven Manne verheiratet, und geriet zunächst ein wenig aus der Fassung, als Goethe sie auf der Rückreise von Italien einlud, mit ihm einige Tage in Konstanz zu verbringen; dann entschloß sie sich doch, der Einladung Folge zu leisten. Diese Tage vom 4. bis 10. Juni 1788, die sie mit ihrer jüngsten Tochter beim „Herrn Rat" verleben durfte, wurden Höhepunkt ihres sonst so stillen Daseins. Auf weiten Spaziergängen schüttete Goethe der Freundin sein Herz aus, und sie lauschte dem „höheren Wesen" mit der ganzen Inbrunst ihrer mitfühlenden Seele. Als Goethe neun Jahre später noch einmal im Schönenhof bei ihr einkehrte, hatte er sich inzwischen von Lavater losgesagt, dessen gelehrter Unterweisung Barbara Schulthess so viel verdankte. Da sie den verehrten Meister vor ihm verteidigte, kam es zum bitteren Bruch. Am 1. November 1797 schrieb sie Goethe den letzten Brief; er antwortete nicht mehr, Goethes Briefe verbrannte sie vor ihrem Tode.

10. II. 1846 — 29. VII. 1926 **ELLA VON SCHULTZ-ADAIEWSKI**

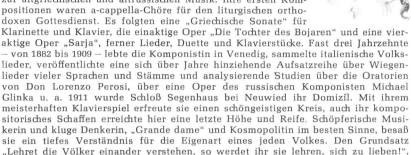

Die Baltin Elisabeth gen. Ella von Schultz war schon als fünfzehnjährige Pianistin der Liebling des Petersburger Publikums, sie spielte in den Palästen des russischen Hochadels, in Berlin, London und Paris, wo sie Gounod und Berlioz kennenlernte. Am Petersburger Konservatorium ließ sie sich von Rubinstein unterrichten, und seitdem wandte sich ihr Interesse immer mehr vom rein reproduktiven Musizieren zum wissenschaftlichen Forschen und — bei Frauen eine Seltenheit — der musikalischen Komposition zu. Folkloristische Studien führten sie zur altgriechischen und altrussischen Musik. Ihre ersten Kompositionen waren a-cappella-Chöre für den liturgischen orthodoxen Gottesdienst. Es folgten eine „Griechische Sonate" für Klarinette und Klavier, die einaktige Oper „Die Tochter des Bojaren" und eine vieraktige Oper „Sarja", ferner Lieder, Duette und Klavierstücke. Fast drei Jahrzehnte — von 1882 bis 1909 — lebte die Komponistin in Venedig, sammelte italienische Volkslieder, veröffentlichte eine sich über Jahre hinziehende Aufsatzreihe über Wiegenlieder vieler Sprachen und Stämme und analysierende Studien über die Oratorien von Don Lorenzo Perosi, über eine Oper des russischen Komponisten Michael Glinka u. a. 1911 wurde Schloß Segenhaus bei Neuwied ihr Domizil. Mit ihrem meisterhaften Klavierspiel erfreute sie einen schöngeistigen Kreis, auch ihr kompositorisches Schaffen erreichte hier eine letzte Höhe und Reife. Schöpferische Musikerin und kluge Denkerin, „Grande dame" und Kosmopolitin im besten Sinne, besaß sie ein tiefes Verständnis für die Eigenart eines jeden Volkes. Den Grundsatz „Lehret die Völker einander verstehen, so werdet ihr sie lehren, sich zu lieben!", versuchte sie auch durch ihre musikfolkloristischen Publikationen zu verwirklichen.

KAROLINE SCHULZE-KUMMERFELD

30. IX. 1745 — 15. IV. 1815

Goethe konnte sich noch in späten Jahren an den Eindruck erinnern, den diese Künstlerin auf ihn als Studenten gemacht hatte. Aus einer Schauspielerfamilie stammend, war Karoline Schulze auf den Wanderfahrten ihrer Eltern schon früh in Kinderrollen aufgetreten und hatte in wenigen Jahren mehr als fünfzig Mal ihren Wohnsitz wechseln müssen. Als sie im Jahre 1764 zur Ackermannschen Bühne nach Hamburg kam, war das Spiel dieser Unbekannten eine so große Überraschung, daß die als Diva gefeierte Schauspielerin Hensel ihre Rivalität fürchtete und eine Intrige inszenierte, die auch theatergeschichtlich interessant und folgenreich werden sollte. Die Hensel veranlaßte einen reichen Liebhaber, ein Unternehmen aufzuziehen, neben dem die Ackermannsche Gesellschaft nicht mehr bestehen konnte: Es war das Hamburger Nationaltheater — jenes nachmals hochberühmte Theater, an das Lessing als Dramaturg berufen wurde. Die stellenlos gewordene Karoline Schulze ging 1767 zu einer Theatergruppe nach Leipzig, und dort sah sie der Student Goethe. Sechzig Jahre später widmete er ihrem Spiel in dem Artikel „Leipziger Theater" folgende Schilderung: „Der übrigen Gestalten erinnere ich mich nicht mehr, desto besser des lebhaften Eindrucks, den eine Demoiselle Schulze auf uns machte ... Sie war nicht groß, aber nett, schöne schwarze Augen und Haare, ihre Bewegungen und Rezitationen vielleicht zu scharf, aber doch durch die Anmut der Jugend gemildert. Sie zog uns auf die Bühne, so oft sie spielte ... sie hatte durch ihre tragischen Tugenden uns dergestalt gewonnen, daß wir sie in keiner minderen Rolle sehen wollten". 1784 kam die Schauspielerin nach Weimar zur „Deutschen Schauspielergesellschaft des Direktors Joseph Bellomo", dessen Verdienst es ist, Shakespeare, den jungen Goethe und den jungen Schiller auf die Bühne gebracht zu haben.

ANNA SCHUMACHER 1860 — 1935

In der „Istrischen Schenke" zu Triest saß an einem Julitag des Jahres 1876 ein wunderlicher Gast, ein vom Heimweh geplagter Deutscher: der Dichter, Globetrotter und Physiker Rudolf Baumbach. In der Stimmung dieses Tages entstand, weit entfernt von rheinischen Rebenhügeln, eines der bekanntesten deutschen Studentenlieder: „Keinen Tropfen im Becher mehr, und der Beutel schlaff und leer, lechzend Herz und Zunge. Angetan hat mir's dein Wein, deiner Äuglein heller Schein — Lindenwirtin, du junge!" Der Komponist Franz Abt entdeckte das Gedicht acht Jahre später in der Cottaschen Ausgabe von Baumbachs „Liedern eines fahrenden Gesellen" und schenkte ihm die Melodie, die bald landauf und landab von fröhlichen Zechern gesungen wurde. Sie fand auch den Weg nach Godesberg, wo es wirklich eine Lindenwirtin gab: Ännchen Schumacher, die im Jahre 1878 nach dem Tode ihres Vaters sein „Gasthaus zur Godesburg" übernommen hatte, umschwärmt von den Bonner Studenten. Das Lied von der „Lindenwirtin" Baumbachs, der Ännchen Schumacher nie gekannt hatte, wurde erst weltberühmt durch die von einem Stammgast hinzugefügte Strophe auf die Wirtin von Godesberg. So verband sich der Ruhm des Liedes untrennbar mit Ännchen, einer hochgeachteten Frau, die im Jahre 1903 das „Godesberger Kommersbuch" herausgab und aus aller Welt Briefe und Geschenke der Gäste erhielt, die den Rhein und die Lindenwirtin nicht vergessen konnten. Endlos ist die Liste ihrer „prominenten" Stammgäste: Graf Zeppelin, Kaiser Wilhelm II., Gustav Stresemann und viele andere bewahrten der Lindenwirtin und stets hilfsbereiten Studentenmutter ein freundliches Andenken. Als sie kurz nach ihrem fünfundsiebzigsten Geburtstage gestorben war, schwand mit ihr zugleich die Zeit der „alten Burschenherrlichkeit".

CLARA SCHUMANN 13. IX. 1819 — 20. V. 1896

Als der junge Rechtsstudent Robert Schumann in Leipzig den Klavierpädagogen Friedrich Wieck kennenlernte, war er noch nicht entschlossen, Musiker zu werden. Erst als er das neunjährige Töchterlein des Pädagogen, das Wunderkind Clara, spielen hörte, nahm er Unterricht bei ihrem Vater. Clara ging schon mit 13 Jahren auf Konzertreisen. Student und Wunderkind ließen sich nicht aus den Augen, und wenn Schumann auch 1834 das adelige Fräulein Ernestine von Frickens zu lieben vermeinte, so schrieb er schon ein Jahr später an Clara: „Du bist meine älteste Liebe. Ernestine mußte kommen, damit wir vereint würden." Vater Wieck wollte jedoch seine gutverdienende Tochter unter keinen Umständen diesem Musikus anvertrauen, und beide Parteien stritten vier Jahre lang vor Gericht. Erst im Jahre 1840 gab das Gericht die Heiratserlaubnis. Schumanns Liebesglück offenbarte sich in vier herrlichen Liederzyklen. Clara spielte unter Schumanns Augen Beethoven und Chopin, vor allem aber die Werke ihres Gatten selbst Sie machte ihn in ganz Europa bekannt. Nach seinem Tode im Wahnsinn sorgte sie für die Gesamtausgabe seiner Werke und brachte seine Jugendbriefe heraus. In vielen Städten gab sie aufsehenerregende Konzerte, wohnte in Baden-Baden und Berlin, bis sie im Jahre 1878 als Lehrerin an das Frankfurter Konservatorium berufen wurde. Sie schrieb selber eine Reihe von Kompositionen und verschaffte Brahms eine Stellung am Hofe zu Detmold; Brahms blieb der mütterlichen Frau in „innerster Liebe" verbunden, ihr Tod verschlimmerte seinen leidenden Zustand, er starb ein Jahr nach ihr.

1. XII. 1851 — 25. IX. 1938   **EUGENIE SCHUMANN**

Im Jahre 1921, als Marie, die Älteste aus der großen, hochbegabten Kinderschar Robert und Clara Schumanns, in Interlaken ihren achtzigsten Geburtstag feierte, sandte ihr Eugenie, die Jüngste, aus Holland als Geburtstagsgabe ein Bündel Blätter mit Familien-Erinnerungen. Die Gabe beglückte und überraschte nicht nur die Beschenkte, sondern auch Fremde, und die Siebzigjährige nahm die Feder noch einmal zur Hand, da sie „noch manches andere zu sagen hatte". Aus den losen Blättern wurde ein Buch: die „Erinnerungen" Eugenie Schumanns, die inzwischen zu einem festen Bestandteil der deutschen Memoiren-Literatur geworden sind. In ihnen ist ein halbes Jahrhundert deutscher Musikgeschichte zu neuem Leben erwacht. Eugenie war zwar in die musikalische Laufbahn gedrängt worden und empfand ihren Beruf lebenslang als Qual, aber die Ausübung der Musik ermöglichte es ihr, tiefer in das Lebenswerk ihrer Eltern und anderer musisch schöpferischer Menschen ihrer Zeit einzudringen. Mit der Mutter Clara Schumann, „der Krone des Hauses, der Sonne unseres Daseins, der Licht- und Wärmespenderin", teilte Eugenie die Notjahre nach dem tragischen Tode des Vaters und die leichteren Jahre im Gartenhaus in Baden-Baden, wo sich Brahms, Fanny Lehmann, Anselm Feuerbach, Pauline Viardot-Garcia, der Russe Iwan Turgenjew und viele andere Große der Zeit als Gäste einfanden. Eugenie hat sie alle in ihren Memoiren mit liebevollen, doch porträtscharfen Strichen gezeichnet: den versonnenen, doch oftmals gewitterhaft losfauchenden Johannes Brahms, dessen Klavierschülerin sie wurde, so daß sie aus vertrautem Umgang berichten konnte; vor allem aber ihre großartige und starkmütige Mutter, von der sie sagt: „Wen Tag für Tag die Liebessonnen ihres Augenpaares bestrahlt haben, wer ein Leben lang eingehüllt war in die Wärme ihres Herzens, der hat nicht im Schatten gelebt".

ANNA MARIA VON SCHURMANN
5. IX. 1607 — 14. V. 1678

Vergleichbar jenen Barock-Künstlern, die in Architektur, Malerei und Musik die Ernte der ganzen damals bekannten Welt einbrachten, war dieses Genie des Wissens ein wahrhaft europäisches Phänomen. Die Dreißigjährige feierte die Einweihung der Universität Utrecht mit lateinischen Versen; die Vierzigjährige stand im Briefwechsel mit Descartes und Richelieu und empfing den Besuch der Königin Christine von Schweden. Sie war bewandert in Mathematik, Astronomie, Physik, Anatomie, Philosophie, in Musik, Malerei und Plastik. Sie beherrschte neben den klassischen und europäischen Sprachen Hebräisch, Arabisch, Persisch, Türkisch und Äthiopisch. Im letzten Jahre des Dreißigjährigen Krieges erschien die erste Sammlung ihrer Gedichte in lateinischer, hebräischer und griechischer Sprache; sie erlebten in drei Jahren vier Auflagen. Die ernste, großäugige Frau „mit dem weichen, schwärmerischen Kinn" — wie sie Heddy Neumeister schildert —, in Köln als Tochter eines reformierten Adeligen geboren, war in der Tat ein Universalgenie. Im neunundfünfzigsten Lebensjahr brach sie mit ihrer Vergangenheit und siedelte in das Haus des abgesetzten Predigers und Sektierers Labadie in Utrecht über; sie hielt ihn für einen Gottgesandten und nahm die Parole der Sekte an: „Der Kopf muß ab!" Das bedeutete in der Sprache der schwarmgeistigen Gemeinde Verzicht auf intellektuelle Selbständigkeit zugunsten der unbedingten Unterwerfung unter den Willen Gottes. Sie floh mit der Gemeinde als deren „Mama" nach Minden, Herford und endlich nach Altona. Nach dem Tode Labadies verfaßte sie für ihn die Rechtfertigungsschrift. Als sie auf dem Gut Wiewerk in Friesland verstarb, erlosch die fromme pietistische Gemeinde. Ihre Wirkung hallte noch lange nach, bis in die deutsche vorklassische Zeit hinein.

JEANETTE SCHWERIN 21. XI. 1852 — 14. VII. 1899

Als Tochter eines bedeutenden Berliner Arztes und als Gattin eines Arztes genoß sie alle Vorteile einer wohlhabenden und geistig hochstehenden häuslichen Umwelt. Ihr öffentliches Wirken begann erst, als sie das vierzigste Lebensjahr überschritten und ihr Gatte Dr. Schwerin mit ihr zur Reform der Armenpflege die „Deutsche Gesellschaft für ethische Kultur" gründete, zu deren führenden Köpfen sie schon bald gehörte. 1893 richtete sie eine Auskunftsstelle ein, die weite Kreise über die Wohlfahrtseinrichtungen Berlins zu unterrichten suchte, um sie für eine Mitarbeit zu gewinnen. Sie nahm Anteil an der Einrichtung der ersten öffentlichen Lesehalle in Berlin und sammelte Mitglieder für einen „Verein zur Förderung der Blumenpflege unter den Schulkindern" und für eine gehobene Wohnkultur. Von 1893 an widmete sie den größten Teil ihrer Arbeitskraft den „Mädchen- und Frauengruppen für soziale Hilfsarbeit". Über die Wohlfahrtspflege stieß sie fast notwendig auf die Frage der Frauenrechte. Auf einer Studienreise durch England wurde sie mit den Führerinnen der englischen Stimmrechtsbewegung bekannt und gewann die Überzeugung, daß auch die deutsche Frauenbewegung der politischen Gleichberechtigung zustreben müsse. Sie wurde Gewerkschaftsmitglied, hielt Vorträge auf Gewerkschaftsversammlungen, forderte weitgehende Arbeiterschutzgesetze und den Schutz des Kindes vor gewerblicher Ausnutzung. Ihr ist die Ausbildung von Gewerbeinspektorinnen und die Anstellung von Fabrikinspektorinnen zu verdanken. Im Bund Deutscher Frauenvereine leitete sie die Kommission für Arbeiterinnenschutz. Kurz vor ihrem frühen Tode gründete sie das „Zentralblatt Deutscher Frauenvereine". Ihre weitgespannte Wirksamkeit ließ sie zu einer der tatkräftigsten und erfolgreichsten Sozialpolitikerinnen des vergangenen Jahrhunderts werden.

OLGA SCHWIND

Wie klang die Musik der singenden Engel vom „Genter Altar", wie das Glockenspiel der steinernen Frau am Portal der Kathedrale von Chartres, wie die Harfe Herrn Tristans? Wie tönte die Portativ-Orgel auf den alten Gobelins, gespielt von Edelfrauen, und die Schellentrommel des rhythmenschlagenden Pagen, wie klang Herrn Volkers Fidel für die Nibelungen, wie die Radleyer der Troubadoure oder der Gesang der Nonnenklöster? — Die Saarländerin Olga Schwind hat als erster Mensch diese Fragen nicht nur gestellt, sondern auch im lebendigen Musikerlebnis beantwortet. Sie befragte die alten Folianten, Tabulaturen, Handschriften und Notenpergamente in den Bibliotheken, Klöstern und Schlössern. In den Museen ließ sie sich durch die Bilder der alten Meister über Bogenführung und Gebärde belehren, vor allem aber über den seelischen Ausdruck und die innere Haltung und Hingabe solchen Musizierens. Mit Hilfe Handwerkskundiger baute sie nach den Maßen der gemalten und in Stein gehauenen Instrumente oder nach alten Museumsstücken Radleyer und Portativ-Orgel, Harfe und Panflöte nach, und nun gelang das Überraschende: Das lange Verschollene wurde wieder Schall, Lebendigkeit, die Seele frühen Mittelalters erwachte wieder für uns! „Wohlfundiertes Wissen und ein durch nichts zu ersetzendes kulturelles Stilgefühl", die Olga Schwind immer wieder bezeugt wurden, waren dabei am Werke. Sich selber zum Gesang begleitend, wie es nur der mittelalterliche Spielmann vermochte, läßt sie die Musik des Einst wieder ertönen, auf Konzertfahrten, die sie von Rom im Süden bis zum schwedischen Lappenzelt im Norden Europas führten. — Im Sommer an ihrem Wohnsitz Ronco am Lago Maggiore in der Südschweiz, im Winter auf Konzert-Reisen durch die Städte ruft sie eine Zeit in die Herzen zurück, der die Musik noch Ausdruck des Göttlichen, „Vorspiel ewigen Lebens", bedeutete.

15. XI. 1607 — 2. VI. 1701   **MADELEINE DE SCUDÉRY**

Die Gestalt des genialischen Goldschmiedes Cardillac, die der Komponist Paul Hindemith zu einer der erfolgreichsten Opern der Moderne verarbeitet hat, begegnet uns auch in E. T. A. Hoffmanns berühmter Erzählung „Das Fräulein von Scudéry", die also beginnt: „In der Straße Saint Honoré zu Paris war das kleine Haus, das Madeleine de Scudéry, bekannt durch ihre anmutigen Verse, durch die Gunst König Ludwigs des Vierzehnten und der Madame de Maintenon bewohnte..." Das kleine Haus beherbergte seit 1647 einen der berühmtesten „Salons" des Barock; in diesem Jahre war Madeleine aus ihrer Geburtsstadt Le Havre nach Paris gekommen, gemeinsam mit ihrem Bruder, dem Dichter Georges de Scudéry, unter dessen Namen sie auch ihre ersten Romane veröffentlichte. Eine Gemeinschaftsarbeit der Geschwister war der Roman „Ibrahim oder der durchlauchtigste Bassa", der auch auf die zeitgenössische deutsche Literatur nicht ohne Einfluß blieb. Madeleines Salon wurde zum Mittelpunkt der „Précieuses", die sich im asketisch-analytischen Geiste des Jansenismus gegen die Verwilderung der gesellschaftlichen Sitten wandten, die platonische Freundschaft zum Ideal erhoben und sich um die kulturelle Verfeinerung und um die Pflege der Sprache hohe Verdienste erwarben. Madeleines Romane bedeuteten für die Gesellschaft ihrer Zeit nicht nur literarische Unterhaltung, sondern auch Handbücher der guten Sitten, ihre allegorische „Carte du Tendre" wurde von ihrem Freundeskreis ebenso bewundert wie ihre in zahlreichen handgeschriebenen Exemplaren verbreitete „Gazette du Tendre", deren Inhalt sich durch großen Gedankenreichtum auszeichnete. Die „Preziosität" endete jedoch in einer ungesunden Übersteigerung, die Molière später in seinen „Précieuses ridicules" zum Anlaß einer parodistischen Verspottung nahm.

* 19. XI. 1900   **ANNA SEGHERS**

Die literarische Welt horchte auf, als der Kleist-Preis im Jahre 1928 einer bis dahin gänzlich unbekannten Schriftstellerin verliehen wurde; die gebürtige Mainzerin Netty Reiling erhielt ihn für ihr Erstlingswerk, für ihre unter dem Pseudonym Anna Seghers erschienene Erzählung „Der Aufstand der Fischer von St. Barbara". Mit eindringlich leiser und verhaltener Stimme wurde da eine Hungerrevolte bretonischer Hochseefischer gegen den Terror der Reeder und Händler geschildert, ein Aufstand, der ebenso zusammenbrechen mußte wie ein Jahrhundert zuvor die Erhebung der schlesischen Weber Gerhart Hauptmanns. Anna Seghers kam aus bürgerlichem Milieu; sie hatte in Heidelberg studiert und schon als Zweiundzwanzigjährige zum Doktor der Philosophie promoviert. Nach dem Anbruch des „Dritten Reiches" mußte die wegen ihrer politischen Gesinnung Verfolgte ihr Heimatland verlassen und kämpfte von Frankreich aus weiter gegen die Mächte des Faschismus — ein Kampf, der sie auch im spanischen Bürgerkrieg auf die Seite der Republikaner führte. Im zweiten Weltkrieg neue Flucht vor der Gestapo, diesmal bis nach Mexiko, wo im Jahre 1942 ihr berühmtester Roman erschien: „Das siebte Kreuz", der eine Millionenauflage erreichte. Ohne Sensationshascherei und mit Haß schildert das Buch in unvergeßlichen Szenen eine Flucht aus den Konzentrationslagern des Dritten Reiches — mit einer künstlerischen Gestaltungskraft, die das Zeitbild zu ewig gültiger Dichtung erhöht. Nach Kriegsende kehrte die Emigrantin zurück; sie wählte die sowjetisch besetzte Zone ihres geteilten Vaterlandes zum Aufenthaltsort. Die Schriftstellerin hat sich zeit ihres Lebens zum Kommunismus bekannt, ohne sich jedoch zu propagandistischen Machenschaften mißbrauchen zu lassen. Seit dem Jahre 1953 hat sie keine größere literarische Arbeit mehr veröffentlicht, — angesichts der deutschen Zerrissenheit scheint diese — auch im Irrtum reine — Dichterstimme verstummt.

SOPHIE DE SÉGUR

1799 — 8. II. 1874

Das Denkmal der Madame de Ségur im schönen Park des Luxembourg-Palais zu Paris erweckt in den Frauen Frankreichs Erinnerungen an goldene Jugendtage, an erstes Leseglück und an die Freude, mit der die roten Goldschnittbände der „Bibliothèque rose" auf dem Weihnachts- oder Geburtstagstisch begrüßt wurden. Die Begründerin des französischen „Mädchenbuches" war eine streng sittsame, hausmütterliche Natur — ein Hauch der Familienliebe und Frömmigkeit durchweht auch ihre Bücher, mit denen sie die jungen Leserinnen zur Ehrfurcht, zu Dankbarkeit und guter Gesinnung zu erziehen trachtete. In Moskau geboren, verbrachte sie ihre Jugend auf dem Gut ihres Vaters Graf Rostopchin, das der Vater 1812 selbst in Brand steckte, um es nicht in die Hände der Napoleonischen Truppen fallen zu lassen. Aber schon zwei Jahre später übersiedelte er mit seiner Familie nach Paris, und der elterliche Salon, der Madame Récamier, Madame de Staël und andere bedeutende Persönlichkeiten zu ständigen Gästen hatte, wirkte stark auf Sophies lebhaften und aufnahmefähigen Geist. Sie vermählte sich 1819 mit dem Pair de France Comte Eugène de Ségur. Auf dessen Gut in der Normandie entstanden die meisten ihrer Jugendbücher, die in kurzer Zeit erstaunliche Auflagen erreichten und in viele Sprachen übersetzt wurden. Der Wert dieser Bücher, die man auch heute noch mit Gewinn und Vergnügen lesen kann, wurde gesteigert durch die ausgezeichneten Illustrationen, die Gustave Doré und andere große Meister beisteuerten. Wie eine Mutter den Kindern Gutenachtgeschichten erzählt, so gab die Schriftstellerin, die viel erlebt, erfahren und gesehen hatte, ihre Erfahrungen behutsam weiter an die Jugend. Sie hatte selbst fünf Kinder, die zu hohen Staatsämtern aufstiegen.

INA SEIDEL

15. IX. 1885 — 2. X. 1974

Die Schriftstellerin erblickte in Halle an der Saale das Licht der Welt, ihre Kindheitsjahre verlebte sie im niedersächsischen Braunschweig. Die Familie ihres Vaters stammte aus Sachsen, doch war sie schon seit etwa hundert Jahren in Mecklenburg ansässig gewesen; ihre Mutter kam aus Riga. Nach dem frühen Tode des Vaters übersiedelte die Familie nach Marburg und später nach München. Im Jahre 1907 heiratete Ina Seidel ihren Vetter Heinrich Wolfgang Seidel, einen Sohn des Schriftstellers Heinrich Seidel, des Berliner Ingenieurs, der mit seinem „Leberecht Hühnchen" einen ungewöhnlichen Publikumserfolg erringen konnte. Die ersten Jahre ihrer Ehe waren von schwerer Krankheit überschattet, und während dieser Zeit der Zurückgezogenheit gewann die schon seit ihrer Kindheit wache Neigung zum Schreiben langsam die Oberhand. Nach einigen Gedichtbändchen erschien im Sommer 1922 ihr Georg-Forster-Roman „Das Labyrinth", 1930 folgte ihr bekanntestes und erfolgreichstes Buch „Das Wunschkind", an dem sie sechzehn Jahre gearbeitet hatte. Das schon dem Umfang nach gewaltige Werk — es umfaßt über tausend Seiten — zeichnet vor den stürmischen Ereignissen der schicksalhaften Jahre 1792 bis 1813 die Geschichte einer norddeutschen Frau aus protestantischem Adel, die nach Süddeutschland einheiratet, in ein urkatholisches Geschlecht. Im „Wunschkind"-Roman wird das Problem der Sippe, das bereits im „Labyrinth" anklang, erneut zum tragenden Motiv der Dichtung; und dieses Leitmotiv durchzieht auch „Lennacker", den Roman einer Heimkehr, und seine Fortsetzung „Das unverwesliche Erbe". In dem 1959 erschienenen Roman „Michaela" erreichte die große Erzählerin den — vorläufigen — Höhe- und Schlußpunkt ihres grandiosen Lebenswerkes; das Buch ist eine schwerblütige und aus Gewissensnot unumgängliche Auseinandersetzung mit dem Nationalsozialismus.

Um 800 v. Chr. **SEMIRAMIS**

Noch um die Jahrhundertwende hielt man die aus Herodots erzählendem Geschichtswerk berühmte assyrische Königin Semiramis für eine Sagengestalt. In seinen Historien berichtet der große griechische Geschichtsschreiber von zwei Königinnen, die über Babylon herrschten: von Nitokris und von Semiramis, die draußen in der Ebene wunderbare Dämme aufgeführt habe. Herodots Bericht erhielt in unserer Zeit durch das Finderglück der Archäologie ihre Bestätigung: Eine um 1910 aufgefundene beschriftete Säule bezeichnet Shammuramat – erst die Griechen gaben dem babylonischen Namen die Form Semiramis – als „die Herrin des Palastes des Shamsi-Adad, des Königs der Welt". Nach dem Tode ihres Gemahls übernahm sie die Regentschaft für ihren zwölfjährigen Sohn Adad-Niraris, ein für die damalige Zeit außergewöhnlicher staatsrechtlicher Vorgang, der für das hohe Ansehen und die politische Klugheit der bedeutenden Frau spricht. Unter ihrer Regierung scheint sich der innere Ausgleich zwischen den Babyloniern und Assyrern vollzogen zu haben. Manche Großbauten Babylons werden ihr zugeschrieben. Die hochentwickelte babylonische Bewässerungstechnik macht es wahrscheinlich, daß auch die von der Antike zu den sieben Weltwundern gezählten sagenhaften „Hängenden Gärten der Semiramis" wirklich existiert haben – in Form von riesigen Terrassenanlagen, deren kühne Gewölbebauten auf freitragenden Säulen schattenspendende Dachgärten trugen, die durch Pumpwerke bewässert wurden: eine „Klimaanlage" des Altertums also, in deren Gewölben auch in der Gluthitze des babylonischen Sommers die Behörden ihre Arbeit fortsetzen konnten. Königin Semiramis soll durch Selbstmord geendet haben.

* Um 1900 **HANNAH SEN**

Wer Gelegenheit hatte, Hannah Sen auf internationalen Konferenzen sprechen zu hören, rühmt ihren klaren Geist und ihre Fähigkeit, auch die kleinsten Kleinigkeiten schnell zu erfassen; wer in ihrem gepflegten Hause weilen durfte, preist sie als bezaubernde Gastgeberin und geistvolle Gesprächspartnerin. Schon das junge Mädchen, Tochter eines der bekanntesten Rechtsanwälte Kalkuttas, überraschte durch die Schärfe und die Lebhaftigkeit ihres Intellekts. Die Studentin nannte der Dekan der Universität von Kalkutta eines „der außergewöhnlichsten Mädchen", die ihm je begegnet sind, er eröffnete ihr ohne vorbereitenden Kurs die juristische Laufbahn, die sie mit hoher Auszeichnung absolvierte. Die folgenden Jahre sahen sie aber nicht im Gerichtssaal, sondern nach erneutem, diesmal pädagogischem Studium inmitten von Kindern als Leiterin einer höheren Schule in Bombay. Die Heirat mit dem berühmten indischen Röntgenforscher S. C. Sen führte sie nach England; hier widmete sie sich Forschungsaufgaben auf dem Gebiet der Psychologie und der Frauenbewegung. Sie bereiste das Land und warb in Vorträgen unermüdlich um Verständnis für die Freiheitsbewegung ihres Volkes und für die Befreiung der indischen Frau aus dem ihr auferlegten entwürdigenden Schicksal. Mitten in ihrer Auslandsarbeit erreichte sie 1932 die Berufung an das Lady-Irwin-College in Neu-Delhi zum Aufbau eines indischen Heimat- und Volkskunde-Instituts, das sie bis zur Gründung der Indischen Union und der Islamischen Republik Pakistan leitete und mit ihren Ideen befruchtete. Dann rief sie die erschreckende Not, die der Teilung Indiens folgte, in die Flüchtlings- und Kinderlager. In der Folge entsandte Indien sie zu den großen internationalen Konferenzen für Sozialarbeit, wo nach Hilfe für die Notleidenden aller Völker gesucht wird.

MISIA SERT

1879 — 1953

Diese Frau, eine der „großen, geheimnisvollen Mitarbeiterinnen an ihrer Epoche", hat ihr überreiches Leben zu einem Kunstwerk zu gestalten vermocht, das gleich einem Prisma die farbige Fülle der künstlerischen, literarischen und musikalischen Höchstleistungen ihrer Zeit einfing und leuchtend spiegelte. Das exzentrische, gefährlich wache und begabte Kind, an dessen Geburt die Mutter gestorben war, spielte noch auf Franz Liszts Knien Beethovens Bagatelle in Es-moll, der große Gabriel Fauré war stolz darauf, ihr Klavierunterricht geben zu dürfen, und verzweifelte, als die Fünfzehnjährige statt in den Weltruhm in eine Ehe flüchtete. Misia war dabei, als Debussy in einem kleinen Kreis zum erstenmal „Pelléas und Mélisande" vorspielte, sie spielte mit Grieg den Klavierpart von „Peer Gynt" und erhielt von Ibsen sein Bild mit begeisterter Widmung. Ihr Nachbar Mallarmé schickte ihr Konfekt und zärtliche Verse, Verlaine widmete ihr sein „Rosensonett", und Toulouse-Lautrec und Renoir malten immer wieder ihr Bildnis. Aristide Maillol wünschte sie sich zum Modell, weil er in ihr die Unsterblichkeit von Fleisch und Blut verkörpert sah, und der schwierige Marcel Proust verzieh ihr sogar die Behauptung, daß er ein Snob sei. Sie war Trauzeugin bei Picassos erster Vermählung und Patin seines ersten Kindes, sie wurde zur Muse und hochherzigen Mäzenin der größten Glanzzeit des Balletts und zog Diaghilew, Strawinsky, Leon Bakst und Nijnski in ihren Bann. Ererbter Reichtum und anspruchsvolle Noblesse machten die exklusivsten Treffpunkte der „Großen Welt" zum Schauplatz dieses Lebens, dessen Bahn mit nachtwandlerischer Sicherheit immer wieder die Lebenswege der bedeutendsten Menschen ihrer Zeit überschneidet. „Eine Zauberin" hat Cocteau sie genannt, eine magisch strahlende Regentin am Hofe der Kunst.

MARQUISE DE SÉVIGNÉ

5. II. 1626 — 17. IV. 1696

Um das Jahr 1644 erschien als Gast im berühmten Salon der Marquise de Rambouillet, wo sich die geistige Elite Frankreichs ein Stelldichein gab, die junge Marie de Rabutin-Chantal, Marquise de Sévigné, und versetzte die Besucher des Salons durch ihre Apartheit, mehr aber noch durch ihre umfassende Bildung in Erstaunen. Diesem Freundeskreis um Madame de Rambouillet, der im damaligen Frankreich in allen Fragen der Kunst und Wissenschaft das höchste Forum darstellte, gehörten Männer wie Lafayette, Rochefoucauld, Corneille, Condé, Malherbe und Voiture an. Früh verwaist, war Marie de Rabutin-Chantal bei ihrem Onkel de Coulanges, Abbé von Livry, aufgewachsen, der ihr eine weit über den Durchschnitt stehende Bildung vermittelt hatte, so daß sie in den antiken Autoren ebenso bewandert war wie in den zeitgenössischen französischen Schriftstellern. Im Alter von achtzehn Jahren heiratete sie den Marquis de Sévigné, der sie aber bald betrog und finanziell ruinierte. Als er 1651 wegen einer anderen Frau im Duell erschossen wurde, widmete sie sich ganz der Erziehung ihrer Kinder, einer Tochter und eines Sohnes. Die Heiratsanträge berühmter Männer ihrer Zeit, so des Marschalls Turenne, lehnte sie ab. In die französische Literaturgeschichte ist sie eingegangen als die bedeutendste Briefstilistin des 17. Jahrhunderts. In mehr als 25 Jahren hat sie mit ihrer verheirateten Tochter etwa 1500 Briefe gewechselt, die von wahrhaft dichterischer Schönheit sind und zudem ein aufschlußreiches Zeit- und Sittengemälde darstellen. Die Briefe, die ursprünglich nicht für die Öffentlichkeit bestimmt waren, erregten nach ihrer Drucklegung ungeheures Aufsehen. Sie schildern in fast lückenloser Folge alle Ereignisse, die sich in jener Zeit am französischen Hof abspielten.

Um 1509 — 1537 **JANE SEYMOUR**

Während Anne Boleyn im Tower auf ihren Tod wartete, nähte die neunzehnjährige Tochter Johanna des Landedelmannes Seymour ihr Hochzeitskleid; einen Tag nach der Hinrichtung Annes vermählte sich Heinrich VIII. mit der großen, rothaarigen Jane, deren Leitspruch war: „Verpflichtet zu gehorchen und zu dienen." Der jungen Gemahlin las der König die Tragödie der unglücklichen Anne vor, eine Dichtung, die er selber geschrieben hatte. Das Parlament feierte Heinrich als den starken Simson, den weisen Salomo und schönen Azalon. Ein Jahr später, während die Folterungen und Hinrichtungen nicht aufhörten, der Handel erlahmte und die Steuern stiegen und ein Aufstand Heinrich zum Vergleich mit seinen Widersachern zwang, erwartete Jane Seymour ein Kind. Hans Holbein hat damals ihr Bildnis gemalt: ein leeres und steifes Gesicht über Edelsteinen. Heinrich hörte täglich die Messe in Hampton Court, wohin er Jane zur Entbindung hatte bringen lassen, es waren bange Tage für ihn. Als die Ärzte erklärten, man werde nur ein Leben retten können, das der Königin oder das des Kindes, entschied er sich für das Kind. Aber Jane genas eines kräftigen Knaben; Heinrichs einundzwanzigjährige Tochter Mary, die ihm seine erste Gemahlin Katharina von Aragonien hinterlassen hatte, hielt den kleinen Eduard über das silberne Taufbecken; so wurde die spätere Königin Mary Tudor die „Katholische" die Patin des künftigen Verteidigers der reformierten Kirche; die vierjährige Elisabeth, die spätere Mörderin der Maria Stuart, trug das Tauföl; Anne Boleyns greiser Vater reichte das Handtuch — eine Szene von geschichtlicher Dissonanz und erschreckender Düsternis. Am nächsten Tage starb Jane Seymour. Sie wurde in der St. Georgskapelle bestattet, wo auch Heinrich VIII. seine Grabstätte finden sollte.

1463 — 1509 **CATERINA SFORZA RIARIO**

Die italienische Dichtung hat die „Tigerin von Forli", eine der imponierendsten Frauengestalten zwischen Früh- und Hochrenaissance, in zwei großartigen Figuren verklärt: Sie ist das Urbild der Bradamante in Ariosts „Rasendem Roland" und der Clorande in Torquato Tassos Epos „Das befreite Jerusalem". Das Museum zu Bologna bewahrt noch heute Caterinas prunkvolle Rüstung, in der die Tochter Galeazzo Sforzas oftmals ihren Söldnertruppen vorangeritten ist. Als Fünfzehnjährige war sie mit dem Grafen Girolamo Riario vermählt worden, einem Neffen des Papstes Sixtus IV.; der päpstliche Onkel verlieh ihm die Herrschaft über Imola und Forli. In Forli aber erstanden dem neuen Grundherrn mächtige Gegner in den Brüdern Orsi; am 14. April 1486 wurde Girolamo Riario von Checco Orsi ermordet, Orsis Truppen plünderten das Schloß und nahmen Caterina gefangen. Von mächtigen Freunden befreit, übte die Witwe Girolamos blutige Rache; sie ließ alle ihre Feinde, deren sie habhaft werden konnte, hinrichten und bedauerte nur, daß es den Orsi gelungen war, sich der Vergeltung durch die Flucht zu entziehen. In voller Rüstung, auf prunkvollem Streitroß, übernahm sie auf dem Marktplatz zu Forli im Namen ihres noch unmündigen Sohnes Ottavio die Regierung, die sie mit energischer Hand und hohem persönlichem Mut führte, umgeben von einer glänzenden Hofhaltung. Ein neuer Gegner trat in Cesare Borgia auf. Er bemächtigte sich ihrer und führte sie — wie es einst mit der schönen Zenobia geschehen war — in goldenen Ketten durch Rom, in die Engelsburg, die ihr Kerker war, bis ihr endlich die Flucht gelang. In einem Kloster nahe Florenz endete dieses heldische Frauenleben, das neben den kämpferischen rührend weibliche Züge trug — denn die schöne Caterina war auch berühmt wegen ihrer erlesenen kosmetischen Künste ...

SIBYLLE VON SACHSEN   11. VII. 1512 — 21. II. 1554

Als im Jahre 1527 die fünfzehnjährige Tochter des Herzogs Johann von Cleve dem späteren Kurfürsten Johann Friedrich von Sachsen anvermählt wurde, malte der kursächsische Hofmaler Lucas Cranach das Brautbild der kleinen Prinzessin. Maler und Modell verstanden sich gut; waren doch beide erfüllt vom Glauben an die neue Lehre Martin Luthers, dessen Bildnis Cranach schon oft gemalt hatte. Dem frommen Fürstenpaar, dem drei Söhne geschenkt wurden, waren nur wenige glückliche Jahre beschieden; denn Johann Friedrichs Vetter Moritz löste sich vom schmalkaldischen Bund der protestantischen Fürsten und trat an die Seite Kaiser Karls V., dem die Fugger wieder einmal die Kriegskasse gefüllt hatten. In der Schlacht bei Mühlberg geriet Sibylles Gemahl in die Gefangenschaft des Kaisers, vor dem die Kurfürstin kniefällig um Gnade bat. Karl blieb unerbittlich, er führte Johann Friedrich fünf Jahre lang als Gefangenen mit sich, während Sibylle mit ihren Kindern in Weimar für seine Befreiung betete. Der treue Lucas Cranach folgte seinem kurfürstlichen Herrn nach Innsbruck, zu dem Gefangenen im Kaiserlichen Hoflager —, er brachte Briefe mit und auch ein neues Bildnis Sibylles, das dem Unglücklichen neue Zuversicht gab. Sibylles Gebete blieben nicht ungehört: Als der gichtkranke Karl vor den herannahenden Truppen seines einstigen Verbündeten Moritz eilends aus Innsbruck fliehen mußte, schlug auch für den früheren sächsischen Kurfürsten die Befreiungsstunde. In Lucas Cranachs Begleitung traf er in Coburg wieder ein; dort konnte er seine überglücklichen Söhne und seine Gattin in die Arme schließen, die an diesem Tage zum erstenmal seit seiner Gefangennahme die Trauerkleidung abgelegt hatte. „Ach Gott, mich tut verlangen, nach dem der jetzt gefangen, dem liebsten Fürsten mein..." Die Worte, die das Volk seiner Kurfürstin „angedichtet" hatte, fanden nun ihre beglückende Erfüllung.

ELIZABETH ELEANOR SIDDALL   1834 — 11. II. 1862

Im Herbst 1848 taten sich einige junge englische Maler zur Bruderschaft der Praeraffaeliten zusammen; im Geiste der frühen italienischen Meister — Signorelli, Gozzoli, Orcagna und Giotto — wollten sie, ähnlich den Nazarenern in Deutschland, der leeren akademischen Kunstschablone entgegenwirken und einen kräftigen Realismus der Phantasie mit lebendiger Anschauungsgabe vereinen. Die Praeraffaeliten fühlten sich eng verbunden in ihrer Anschauung von der Malerei als „Seelenkunst" und waren ständig auf der Suche nach Modellen, die ihrem Ideal entsprachen. So entdeckten sie Elizabeth Siddall, eine junge Modistin, mit dichtem Kupferhaar und zarten, durchsichtigen Zügen; sie wurde die Gefährtin des Malerpoeten Rossetti und als Urbild unzähliger seiner Bilder zum Schönheitsideal einer ganzen Generation. Die unheilbare Lungenkrankheit des schönen, von Rossetti auch in vielen Gedichten verklärten Mädchens, ihr hauchzartes, ätherisches Wesen und ihr langsames Erlöschen wird auf seinen Bildern bestürzend deutlich. Um dem geliebten Mann nicht durch langes Siechtum zur Last zu fallen, nahm sie nach zweijähriger Ehe eine tödliche Schlafmitteldosis. Im ersten, überwältigenden Schmerz legte ihr Rossetti das Manuskript seiner Sonette in den Sarg — die Handschrift wurde sieben Jahre später von Freunden wieder ausgegraben und veröffentlicht und begründete den Weltruhm des Malers auch als Dichter. Am ersten Jahrestag von Elizabeths Tod begann Rossetti sein Gemälde „Beata Beatrix", in genauer Übereinstimmung mit Dante Alighieri, der am ersten Jahrestag von Beatrices Tod einen Engel zeichnete, um sie sich zu vergegenwärtigen. „Beata Beatrix" wurde Rossettis berühmtestes Bild: Durch die geschlossenen Lider erschaut die Sterbende die sich ihr öffnende paradiesische Welt, während eine Taube ihr den Mohn, die Blume des Schlafes und des Todes, in die Hände legt.

5. VII. 1755 — 8. VI. 1831   **SARAH SIDDONS**

„Unübertroffen in der Beweglichkeit und Grazie ihres Mienenspiels und aller ihrer Bewegungen und in dem Ausdruck ihrer unendlich seelenvollen Augen, unterstützt von einem majestätischen Wuchse, dem reinsten, volltönendsten Organ und einer wahrhaft klassischen Bildung...", so rühmte die Kritik Sarah Siddons, die Schülerin des großen englischen Theaterdirektors und Schauspielers David Garrick, der später für würdig befunden wurde, in der Westminsterabtei neben Shakespeares Denkmal beigesetzt zu werden. An Garricks Drurylane-Theater hatte Mistreß Siddons 1775 mit der „Porcia" von dem Dramatiker Shakespeare, der mehr und mehr von der englischen Bühne verschwunden war, erneut zum Durchbruch zu bringen versucht; aber das Publikum war ihr und ihrem Regisseur Garrick nicht gefolgt. Sie zog sich deshalb wieder auf die Provinzbühne zurück, von wo sie gekommen war, und drang „mit der vollsten nervlichen Kraft ihres verwandten Künstlergeistes immer tiefer in die geheimnisvollen Abgründe der Shakespearschen Dichtung ein". Im Jahre 1782 trat sie erstmals nach sieben Jahren wieder in London auf, und diesmal gelang es ihr, die Weltstadt für den durch sie von aller barocken Verbrämung befreiten und in seinem geistigen Gehalt geläuterten Shakespeare zu gewinnen. Abwechselnd wirkte sie in tragischen und heroischen Rollen am Drurylane- und Covent-Garden-Theater, den Haupttheatern der englischen Hauptstadt, und erschütterte die Zuschauer durch ihr wahrhaft gewaltiges Spiel, als „die bei weitem größte Künstlerin unter allen, welche je in England auf dem Kothurn wandelten". Sarah Siddons zog auch außerhalb der Bühne die Menschen in ihren Bann: Horace Walwole, Johnson, Reynolds, Lawrence und Gainsborough zählten zu ihren geistigen Freunden. Viele Biographen haben sich mit dem Leben dieser einzigartigen Tragödin befaßt, die zugleich auch eine große Bildhauerin war.

Um 1670 — 1705   **DIE SIEGEMUNDIN**

Justine Dittrich, Tochter des Pfarrers von Rohnstock im schlesischen Fürstentum Jauer, hatte vom Vater nicht nur die Gottesfurcht und Menschenliebe, sondern auch einen guten Kopf, wissenschaftlichen Sinn, echtes Streben und einen guten Unterricht auf den Lebensweg mitbekommen. Mit neunzehn Jahren heiratete sie den „Renth-Schreiber" Siegemund. In ihrer kinderlosen Ehe kommt sie immer häufiger in ausführliche Gespräche mit den „Wehemüttern", den Hebammen, und studiert immer eifriger Abrisse, Bücher, große bebilderte Werke, und kann bald den Hebammen in ihrer Arbeit beistehen. Sie schreibt alles fleißig nieder, was sie beobachtet, erfahren und erkannt hat. Sie übt dann selber zwölf Jahre hindurch den Beruf einer Geburtshelferin aus, lediglich um Gotteslohn. Ihr Erfolg, ihr Ruf wächst, die Stadt Liegnitz macht sie zur „Stadt-Wehemutter", und eines Tages holt sie der Große Kurfürst an den Hof von Berlin. Man schickt die nunmehrige „Churfürstlich-Brandenburgische Hoff-Wehemutter" an den nahe verwandten holländischen Hof, und dort drängen die „hochfürstlich-Nassowischen Leib-Medici" die Siegemundin dazu, eine Schrift, die sie für sich allein verfaßt hat, mit Kupferstichen versehen, zur Drucklegung zu geben. Die vorsorgliche Siegemundin entschließt sich erst dazu, nachdem das Werk der Medizinischen Fakultät der damaligen Universität Frankfurt an der Oder vorgelegen hat. Dennoch sind Neider und Feinde bald mit Gegenschriften auf den Plan, aber die gewitzte und an Erfahrungen unerreichte Frau weiß sich ihrer Gegner fachkundig und geschickt zu erwehren. – Ein operativer Kunstgriff, den die Siegemundin erfand, trägt heute noch ihren Namen. Ihr Buch zählt als eine Großtat ihrer Zeit zu den bedeutendsten Dokumenten der Medizingeschichte.

ANNA SIEMSEN
18. I. 1882 — 22. I. 1952

August Siemsen, der seiner berühmten Schwester eine liebevoll nachspürende Lebensbeschreibung gewidmet hat, berichtet darin auch von gemeinsam verbrachten glücklichen Jugendtagen im elterlichen Pfarrhause in Westfalen, wo ihn die ältere Schwester immer wieder mit selbsterfundenen, hinreißend erzählten Märchen beglückte. Da wurden klassische und moderne Dramen mit verteilten Rollen gelesen und zeitgeschichtliche Themen so lebhaft besprochen, daß die Kinder Burenkrieg und Dreyfußaffäre bewußt miterlebten. Anna studierte in München, Bonn und Münster und promovierte summa cum laude zum Dr. phil. Es folgten fruchtbare Jahre als Lehrerin an höheren Mädchenschulen, bis der erste Weltkrieg sie in die Schweiz verschlug, wo sie als entschiedene Pazifistin sich bald dem „Bund Neues Vaterland" anschloß, aus dem sich später die „Liga für Menschenrechte" entwickelt hat. Nach Deutschland zurückgekehrt, wurde sie im Jahre 1919 ins Volksbildungsministerium nach Berlin berufen; später ging sie nach Düsseldorf und fungierte dort als Stellvertreterin des Oberbürgermeisters. Von 1928 bis 1932 gehörte sie dem Reichstag an. Im Jahre 1923 war die verdiente Oberschulrätin zum Honorarprofessor für Pädagogik an der Universität Jena ernannt worden; hier versammelte sie eine große Schar aufgeschlossener Studenten um sich, bis das nationalsozialistische Regime sie aus ihrem Lehramt vertrieb. Wieder wurde die gastfreie Schweiz ihr zur zweiten Heimat; ihre Heirat mit einem Schweizer brachte ihr auch das Bürgerrecht der Eidgenossenschaft und die Möglichkeit, als Schriftleiterin der Zeitschrift „Die Frau in Leben und Arbeit" weiterzuwirken. Nach Kriegsende erreichte sie ein Ruf der Universität Hamburg auf den Lehrstuhl für Literaturgeschichte, den sie bis zu ihrem Ableben innehatte. Als besondere Auszeichnung empfand sie ihre Berufung in den deutschen Rat der Europäischen Bewegung.

AMALIE SIEVEKING
25. VII. 1794 — 1. IV. 1859

„Der Mensch, das darf ich wohl sagen, ist meine Passion gewesen von Jugend auf!" Die das von sich sagte, die Hamburger Senatorentochter Amalie Sieveking, hat an sich selbst das bittere Los des Waisenkindes und der „mittellosen Tochter aus guter Familie" erleben müssen; sie wuchs im Hause einer entfernten Verwandten auf, der sie bis zu deren Tode eine treubesorgte Pflegetochter blieb. Von ihrem achtzehnten Lebensjahr an bis zu ihrem Tode hat Amalie als Lehrerin gewirkt. Der Protestantin aus Familientradition und Überzeugung begegneten schon früh auch katholische Stimmen; sie las Thomas a Kempis und Vinzenz von Paul und kam zu der Einsicht, „daß zu der unsichtbaren Kirche, die unser Herr Jesus auf Erden sich erbaut, wohl ebensoviel Katholiken als Protestanten gehören mögen". Ihre Pläne zur Gründung einer evangelischen Schwesternschaft, die auch die Zustimmung des Freiherrn vom Stein gefunden hatten, konnte sie nicht verwirklichen — der Ausbruch der furchtbaren Cholera-Epidemie in Hamburg 1831 nahm alle ihre Kräfte in Anspruch, die sie selbstlos und ohne Furcht in den Dienst der Krankenpflege stellte. Ihre Eindrücke und Erfahrungen in den Cholera-Hospitälern bestimmten sie zur Gründung des „Weiblichen Vereins für Armen- und Krankenpflege", der ersten Organisation der freien Wohlfahrtspflege in Deutschland. Obwohl der Verein auf evangelischer Grundlage stand, wurden in der Hilfstätigkeit im Sinne der Gründerin alle konfessionellen Gesichtspunkte vermieden; sie empfand es als Menschenpflicht, den Armen zu helfen, denn „Gott hat Arme und Reiche geschaffen". Durch Vorträge, Aufsätze und unermüdliches Sammeln von Geldspenden festigte sie ihr Werk, das bei ihrem Tode schon in vielen Ländern eifrige und bewundernde Nachfolge gefunden hatte.

1871 — 1947 **ANNA SIMONS**

Gleich unzähligen anderen unersetzlichen Kulturgütern fiel auch das in seiner Art einmalige Berliner Schriftmuseum dem Vernichtungssturm des zweiten Weltkrieges zum Opfer. Sein Begründer Rudolf Blanckertz hatte hier in jahrzehntelanger hingebender Sammlertätigkeit eine Fülle kostbarer Dokumente zur Schriftgeschichte zusammengetragen: babylonische Keilschrifttäfelchen, ägyptische Papyrusurkunden, griechisch-römische Wachstafeln und die frühesten Pergamenthandschriften. Dem großen Sammler und Mäzen verdanken wir auch die Stiftung und Einrichtung der schrifttechnischen Abteilung des Deutschen Museums in München. Die prachtvollen Anschauungstafeln stammten von der Meisterhand der Schriftkünstlerin Anna Simons, deren Werk eines der bedeutsamsten Kapitel der neueren deutschen Schriftgeschichte umfaßt. Sie war Schülerin des großen englischen Schreibmeisters Edward Johnston, dessen grundlegendes Schreiblehrwerk sie im Jahre 1910 in deutscher Sprache herausgab. Im Auftrag des Preußischen Innenministeriums leitete Anna Simons schon vor dem ersten Weltkriege ständige Schriftkurse für Lehrer der Kunst- und Berufsschulen; ihrem unermüdlichen erzieherischen Wirken ist es nicht zuletzt zu danken, daß die schriftkünstlerische Erneuerung zu außerordentlichen Erfolgen geführt hat. Ihre bibliophilen Ausgaben von Dantes „Göttlicher Komödie", von Goethes „Hermann und Dorothea" und vielen anderen Werken der Weltliteratur gehören schon heute zu den höchstbezahlten Objekten der internationalen Kunstauktionen. Ähnlich wie Rudolf Koch hat auch Anna Simons ihr künstlerisches Erbe in die Hände einer großen Zahl von Schülern gelegt und damit beigetragen zum hohen Stand der gegenwärtigen Schriftkunst.

22. VI. 1839 — 30. IV. 1928 **CLARA SIMROCK**

Clara Simrock, geb. Heimann, die Gattin des Musikverlegers Fritz Simrock, hat den Aufstieg des berühmten Verlages zu einem Weltunternehmen nicht nur miterlebt, sondern mit herbeigeführt. Wie ihr Mann besaß sie die lebendige, sprühende Geistigkeit, den für alles Schöne, besonders in der Musik, verständnisvoll aufgeschlossenen Sinn der rheinischen Menschen von bester Prägung. Dazu kam ihre gesellschaftliche Gewandtheit, die sich mit einer großen persönlichen Liebenswürdigkeit verband. Clara Simrock war die Seele des Hauses „Am Karlsbad 3" in Berlin, das um die Jahrhundertwende zu einem Mittelpunkt im Musikleben der Reichshauptstadt wurde. Im Hause Simrock traf sich alles, was Rang und Namen in der Kunstwelt hatte. Johannes Brahms, dessen Werke bis auf wenige der Frühzeit im Verlag Simrock erschienen, war mit Fritz und Clara eng befreundet und häufiger Wohngast in dem mit erlesenem Kunstgeschmack ausgestatteten Heim des Paares. In manchen persönlichen Fragen hat der Meister den Rat Clara Simrocks gesucht und hoch geschätzt — und die mitunter schadhafte Garderobe des eingefleischten Junggesellen wurde von der Hausfrau in aller Heimlichkeit ausgebessert. Viele ernste und heitere Begebnisse wußte Clara Simrock noch im hohen Alter ihren Besuchern aus der Zeit zu erzählen, als der „Brahmsflügel" — so genannt, weil Brahms auf ihm dem Ehepaar Simrock seine Kompositionen zuerst vorzuspielen pflegte — noch unter seinen Händen erklang, als Dvořák, Max Bruch, Sarasate und viele andere im Hause ein- und ausgingen und die Hauskonzerte zu wahren Feierstunden wurden. Fritz und Clara Simrock verstanden es, junge, noch unbekannte und im Kampf um die öffentliche Anerkennung stehende Künstler der musikverständigen Berliner Gesellschaft vorzustellen.

ANNA SIMSON

Der Weg der Frauenbewegung, neben der Arbeiterbewegung eine der größten Kulturleistungen des vorigen Jahrhunderts, führte oft erst über kleine örtliche Organisationen, Frauenbildungs-, Stimmrechts- und Arbeiterinnenvereine zur größeren Organisation mit entsprechend größerer Wirkungsmöglichkeit. Eine dieser Keimzellen war der Breslauer Frauenbildungsverein, den die aus Potsdam stammende Lehrerin Anna Simson, unterstützt von ihrem Gatten, der „sie sozial denken gelehrt hatte", in den sechziger Jahren ins Leben rief. Geradezu modern muten die Einrichtungen an, mit denen Anna Simson versuchte, die Frauen Breslaus für ihr geistiges und berufliches Vorwärtskommen zu interessieren. Es gab eine Fortbildungsschule und Lehrkurse für kaufmännische Fächer, Ausbildungsstätten für Handarbeits-, Turn- und Haushaltungslehrerinnen, für Kindergärtnerinnen und Kinderpflegerinnen. Frauen und Mädchen konnten sich auf den Beruf als Handsetzerin, Fotografin oder Samariterin vorbereiten. Frau Simsons Wirken griff über Breslau hinaus, als sie mit Auguste Förster und Hanna Bieber die Arbeit der großen Frauenorganisationen der Vereinigten Staaten kennenlernte. Noch auf der Rückfahrt beschloß man, auch in Deutschland die Vielzahl der Frauenvereine und -verbände in einem Bunde zusammenzufassen. Im März 1894 wurde unter dem Vorsitz von Auguste Schmidt der „Bund Deutscher Frauenvereine" gegründet, „um die allen gemeinsame Idee von der Kulturaufgabe der Frau" zu verwirklichen. Anna Simson nahm mit ihrer Schrift „Was der Bund will und was er nicht will" wesentlichen Anteil an der Formulierung seiner Satzungen. Die fünfzigtausend Mitglieder des Bundes bildeten bald eine so starke Organisation, daß ihre Forderungen selbst im Reichstag nicht mehr überhört werden konnten.

RENÉE SINTENIS

20. III. 1888 — 22. IV. 1965

Jeder gebildete Tierfreund ist entzückt über die ebenso naturgetreuen wie anmutigen Kleinplastiken dieser schlesischen Künstlerin aus patrizischem Hugenottenblut. Ihre zahllosen Eselchen, Böckchen, Hunde und Fohlen stellen eine geglückte Mischung von romanischem Formgefühl und seelenvoller deutscher Phantasie dar, überglänzt von schlesischem Humor. Renée hatte es nicht leicht, gegen den Willen der Familie Künstlerin zu werden; sie verließ Glatz, kam fast ohne Geld nach Berlin, wurde bald Meisterschülerin an der Kunstgewerbeschule und heiratete 1917 den Maler und Professor E. R. Weiß. Von da an begann ihr Aufstieg, zumal ihr auch menschliche Porträtköpfe ebensogut gelangen wie ihre Gestalten aus der Tierwelt. Die deutschen Museen erwarben ihre Werke; für die Plastik des finnischen Wunderläufers Nurmi erhielt sie 1932 den Olympiapreis, nachdem sie ein Jahr zuvor Mitglied der Preußischen Akademie geworden war. Im Jahre 1933 hielt man sie fälschlich für eine Nicht-Arierin und untersagte ihr, ohne daß sie sich verteidigte, jede Ausstellungsmöglichkeit. Renée Sintenis indessen schuf in der Stille weiter; auch als die Bomben des zweiten Weltkrieges ihre Werkstatt zerstört hatten, harrte sie in Berlin aus. Als die neuen Machthaber sie einluden, an der in Dresden geplanten „Allgemeinen Deutschen Kunstausstellung" sich zu beteiligen, lehnte sie ab. An ihrem 60. Geburtstag überreichte ihr Louise Schröder, der kommissarische Oberbürgermeister von Berlin, den Kunstpreis der Stadt, der vor genau hundert Jahren gegründet worden war. Ihre höchste Ehrung erfuhr sie im Jahre 1952: Sie wurde mit der Friedensklasse des Ordens „Pour le mérite" ausgezeichnet.

7. IX. 1887 — 9. XII. 1964   **EDITH SITWELL**

In dem berühmten „Dreigestirn der Sitwells" am englischen Dichterhimmel zeigt sich die Schwester Edith Sitwell vor den jüngeren Brüdern Osbert und Sacheverell unbestritten als der hellste, der grellste, der strahlendste Stern. Und zwar nicht nur, weil sie, die 1887 als Tochter eines reichen Gutsbesitzers aus altadeligem Geschlecht auf dem Stammsitz der Familie Renishew geboren wurde, am frühesten und wohl auch am meisten geschrieben hat, sondern weil ihre zahlreichen Dichtungen zunächst den stärksten Anstoß erregten und später die größte Anerkennung fanden. Edith Sitwell war mit ihren Gedichtbänden anfangs ein enfant terrible in der englischen Dichtung und wurde dann doch 1950 neben Churchill auf die Liste der Nobelpreisanwärter gesetzt. Und das nicht zu Unrecht, weil ihre Verstechnik neue Möglichkeiten für die englische Lyrik eröffnet hatte, weil sie zwar ein aus Phantasie und Traum gewobenes Universum, eine von Komik und Ironie umtanzte Kinderwelt konstruierte, gerade dadurch aber die Sinnenwelt des Lesers erweckte und zugleich verzauberte. Durch keckste und kühnste Reimverbindungen erhielt bei ihr mancher blühende Unsinn einen geheimen Sinn. Gedichtbände wie „Der hölzerne Pegasus", „Bukolische Komödien", „Die schlafende Schönheit", „Ländliche Elegien" u. a. zeigen ihr Wesen, aber auch ihre Entwicklung, die vom Exzentrischen, Manierierten allmählich abläßt und zu einer spielerischen Allegorie hinführt. Neben diesen Lyrikbänden hat Edith Sitwell mehrere Prosabücher geschrieben, hauptsächlich historische Romanbiographien, und einige Anthologien, die zu den besten gehören dürften, die England überhaupt besitzt. Edith Sitwell, die „Ketzerin uralter Adelskultur", wird heute als eine der größten lebenden Dichterinnen Englands gefeiert.

22. VIII. 1846 — 15. III. 1905   **AMALIE SKRAM**

Wenn auch bereits in der „Poetokratie", wie man scherzhaft die Hochblüte der norwegischen Dichtung mit Ibsen, Björnson, Kielland und Lie genannt hat, der Naturalismus in seinen Grundlagen festgelegt war, so blieb doch dessen konsequenteste Durchführung einer Frau vorbehalten, einer Nachzüglerin, ohne deren literarisches Lebenswerk die gesamtnordische Dichtung der Gegenwart kaum verständlich wäre: der unglücklichen Bertha Amalie Alver Skram. Zwischen der düsteren Dämonie eines Ibsen und der oratorisch beschwingten Lehrhaftigkeit eines Björnson ist diese Tochter eines Kaufmanns aus Bergen, die zweimal tragisch geschieden wurde, eine Wahrheitsfanatikerin ersten Ranges, die Naturalistin von Natur. Überzeugt, daß das Leben ein Sumpf, ein Jammer, ein Nichts, ein zielloses Spiel, ein hoffnungsloses Ringen der Seelen sei, sind alle ihre Schilderungen von weiblichem Trieb- und Gefühlsleben, von Frauen, denen die Liebe versagt bleibt, von vernachlässigten und langsam verkommenden Kindern in ihrer Art unübertroffen. Ergreifend, erschütternd ist ihr Buch „Verraten", das man nicht zu Unrecht den unheimlichsten Roman in der gesamten norwegischen Literatur genannt hat. Nicht minder unheimlich ist auch ihre Tetralogie „Die Leute vom Hellemoor", in der sie im gleichen Geiste und mit den gleichen Mitteln den unaufhaltsamen Verfall einer Familie über vier Generationen hinweg erzählt. Trotz der Düsternis und Ausweglosigkeit ist und bleibt die Romanreihe ein Meisterwerk von intensiver Kraft. Amalie Skram, deren gesamtes dichterisches Schaffen dank der Kraßheit und Unerbittlichkeit der Gestaltung von ihren Landsleuten zeitlebens verkannt und erst nach dem Tode für die literarische Entwicklung gewürdigt wurde, fühlte sich zwar stets als Norwegerin, nicht aber als eine norwegische Dichterin. Auf ihrem Grabstein in Kopenhagen stehen auf testamentarischen Wunsch hin unter dem Namen und den Lebensdaten die Worte: „Dänische Bürgerin, dänische Untertanin, dänische Dichterin".

BETTY SMITH

15. XII. 1906 — 17. I. 1972

Im Schatten der Wolkenkratzer von Long Island, hinter der nordwestlichen Wasserfront des New Yorker Hafenbereiches, dehnen sich die lärmvollen Wohn- und Geschäftsbezirke von Brooklyn, das als Kings County der dichtest bevölkerte Stadtteil der Vielmillionenstadt ist. Unauslöschlich prägten sich die Bilder des Reichtums und der Geschäftigkeit, der Armut und des Elends dieser „Stadt in der Weltstadt" der Seele der jungen Betty Smith ein, die Brooklyn ihre Heimat nennt und dort aufgewachsen ist. Aus den Erinnerungen ihrer Jugend und aus den Erfahrungen ihrer Journalistenzeit hat Betty Smith in den dreißiger Jahren ihres Lebens im Schicksal einer Familie die Lebenswirklichkeit in den Armenvierteln der Stadt dichterisch bewältigt. Im Jahre 1943 erschien ihr Roman „Ein Baum wächst in Brooklyn"; er wurde, in siebzehn Sprachen übersetzt und in Millionenauflagen verbreitet, in kurzer Zeit ein Welterfolg. Realistisch ist hier das Leben eines trunksüchtigen Mannes und seiner verelendenden Familie erzählt. Betty Smith gibt die Menschenschicksale indes nicht völlig der Trostlosigkeit anheim. Am Rande des Sumpfes, inmitten des Häßlichen, und doch unberührt von ihm blüht ein junges Wesen auf, ein kleines tapferes Mädchen, das aus den Niederungen in ein Leben der Ordnung aufsteigt. Doch nicht allein dieser „glückliche Ausgang" des Romans hat der Dichterin unzählige Leser zugeführt, es ist vielmehr ihre Aufrichtigkeit, und es ist die Güte, mit der sie sich in diesem Elendsmilieu bewegt und den Menschen menschlich begegnet. Auch ein zweiter Roman der Dichterin „Morgen wird es besser" spielt in Brooklyn, und auch hier strahlt aus den Abgründen das Licht der Hoffnung. Betty Smith, die an der Universität Michigan Literaturwissenschaft und auf der Yale School of Drama die Schauspielkunst studiert hat, ist auch durch zahlreiche Bühnenwerke hervorgetreten.

KIRA SOBOLEWSKAJA

In den Föhrenwäldern und im Taiga-Dickicht ihrer sibirischen Heimat — ihr Vater war Förster und Botaniker — träumte die junge Kira Sobolewskaja von einem anderen Sibirien, einer Landschaft im Gewand blühender Gärten, duftend von herrlichen Blumen. Als sie Studentin geworden war, begann sie die sibirische Flora und die Bodengründe des herben Landes zu erforschen. Als sich ihr Gelegenheit bot, an wissenschaftlichen Expeditionen teilzunehmen, drang sie in das Altai-Gebirge und die Sajanberge ein, legte Tausende Kilometer auf Gebirgspfaden zurück, durchquerte unendliche Steppen, und nicht selten stand ihr Leben auf dem Spiel. Auf ihren Kreuz- und Querpfaden entdeckte sie eine Art des roten Fingerhuts, aus dem eine starke Arznei für Herzkranke gewonnen wird, und es gelang ihr, in der Praxis zu beweisen, daß diese Pflanze überall auf sibirischem Boden in Heilmittelgärten angepflanzt werden kann. Im wilden Altai- und Alpen-Buchweizen erschloß sie eine bisher unbekannte Quelle für das Vitamin „R", das sie für die Heilung von Sklerose, Hypertonie und vielen anderen Krankheiten nutzbar machte; bis dahin mußte den „wunderwirkende" Vitamin mühsam aus Zitrusfrüchten gewonnen werden. In Tuwa, dem rätselhaften Gebiet zwischen den Sajanbergen und der Mongolei, fand sie auf den Bergweiden und in entlegenen Tälern neue Futtergründe für die Viehhaltung der Nomaden und Bauern. Als ihre sie beglückendste Tat bezeichnet sie die Gründung des „Zentralen Sibirischen Botanischen Gartens" in Nowosibirsk, wo sie auf unbebautem Ödland die ganze Pflanzenwelt Sibiriens versammelte und frostbeständige Pflanzen- und Obstsorten züchtete, Äpfel, Weichselkirschen, Birnen und Pflaumen, die bis in die arktische Zone die Lebensbedingungen verbessert haben. Heute ist Professor Kira Sobolewskaja Direktor des von ihr angelegten „Zentralen Botanischen Gartens" und Mitglied der Universitätsakademie der Wissenschaften.

3. I. 1806 — 3. VI. 1854   ## HENRIETTE SONTAG

„Die hätte sogar Shakespeare singen können...!" klagte der große französische Komponist Hector Berlioz, als im Sommer 1854 in Paris die Nachricht eintraf, daß die gefeierte Sopranistin Henriette Sontag auf einer Gastspielreise in Mexiko das Opfer einer Cholera-Epidemie geworden war — schreckliches Ende einer der glanzvollsten künstlerischen Karrieren des neunzehnten Jahrhunderts. Väterlicherseits hatte die gebürtige Koblenzerin auch spanisch-portugiesisches Blut in den Adern. Als die Fünfzehnjährige nach sorgfältiger Ausbildung am Prager Konservatorium in einer Wiener Opernaufführung für die erkrankte Hauptdarstellerin einsprang, machte sie ein überwältigender Erfolg über Nacht zur „jüngsten Primadonna Europas". Ihr erstes Auftreten in Berlin löste ein langwieriges „Sontag-Fieber" aus. In Göttingen warfen die Studenten Henriettes Reisewagen ins Wasser, um sie zum Verbleiben in ihrer Stadt zu bewegen — aber sie fuhr dennoch weiter auf ihrer Siegesbahn, diesmal in einer Hochzeitskutsche, denn sie heiratete 1828 den piemontesischen Grafen Rossi. Um ihre gesellschaftliche Stellung zu festigen, erhob sie der König von Preußen in den Adelsstand, zur Freude Goethes, der eine von Christian Rauch angefertigte Marmorbüste der Sängerin als besondere Zierde seines Hauses betrachtete. Auch Ludwig van Beethoven war begeistert von dieser „Engelsstimme", die bei der ersten Aufführung seiner Neunten Symphonie zu hören gewesen war. Als Conte Rossi königlicher Botschafter in Petersburg und in Berlin wurde, zog sich seine Gattin von der Bühne zurück, bis zu seiner Versetzung in den Ruhestand. Im Jahre 1849 trat sie das erstemal wieder auf, im Londoner Opernhaus, und bei ihrem Erscheinen erhob sich zum Willkommen das ganze festliche Publikum wie vor einer regierenden Königin.

SOPHIE CHARLOTTE VON PREUSSEN
30. X. 1668 — 1. II. 1705

Ein Hofmann schreibt in schwärmerischen Worten von Sophie Charlotte, der Tochter des Prinzen Ernst August von Hannover und späteren Königin von Preußen: „Sie hat große, sanfte blaue Augen, eine wunderbare Fülle schwarzen Haares, Augenbrauen wie abgezirkelt, eine wohlproportionierte Nase, sehr schöne Zähne und einen lebhaften Teint." Auch andere Zeitgenossen berichten übereinstimmend, daß die erste Preußenkönigin eine auffallende Schönheit gewesen sei. Ihre zierliche Gestalt und das Feuer ihrer Augen waren nicht minder anziehend wie ihr ungezwungenes, doch auf innere Haltung bedachtes Benehmen und ihre hervorstechenden Geistesgaben. Sie hatte längere Zeit am Hof von Versailles gelebt und war von Leibniz, dem Freund ihrer Mutter, in die Probleme der Philosophie und der Wissenschaften eingeführt worden. Man nannte sie schmeichelnd „Die Philosophin auf dem Thron". Sie gab dem preußischen Hof und der neuen Königskrone erst den rechten Glanz. Obwohl die Vermählung der Welfin mit einem Hohenzollern nur ein Werk der Politik war, blieb die Ehe harmonisch. Ein inniges Familienleben war bei der Verschiedenheit der geistigen Interessen beider Gatten ausgeschlossen, doch die achtungsvolle Rücksicht, mit der sie einander begegneten, ließ sie den Mangel wenig empfinden. Dafür kam der höfische Prunk ihren Neigungen sehr entgegen; sie war eine großartige Repräsentantin der preußischen Königswürde. Peter der Große gehörte zu ihren Anbetern. Aus der Freundschaft mit Leibniz, den sie nach Berlin berief, wuchs der Gedanke, eine Akademie der Wissenschaften in Berlin zu gründen. Erst nach der Thronbesteigung Friedrichs im Jahre 1688 wurde sie mit einem Erben beschenkt, dem späteren König Friedrich Wilhelm I., dem Vater Friedrichs des Großen.

KÖNIGIN SOPHIE DOROTHEE

27. III. 1687 — 28. III. 1757

Als Kronprinz Friedrich Wilhelm von Preußen die einzige Tochter des späteren Königs von England Georg I. aus dem Welfenhause Hannover heiratete, hatte der junge Ehemann, ein großer Esser, Trinker, Jäger und Soldat, die schönste, belesenste, kunstsinnigste, musikalischste Frau Europas gefunden — der „Bauernkönig" eine Prinzessin im Stile Ludwigs XIV. In ihrem Schlößchen Monbijou vor dem Spandauer Schloß am Ufer der Spree baute sich die junge Königin ihr geistiges Trianon auf; hier befand sich die Geheimbibliothek ihres Sohnes Friedrich, des späteren Königs Friedrich II. des Großen; hier kleidete sie ihn heimlich in Galakleider aus Paris, und der Sohn faßte eine glühende Liebe zu seiner graziösen und geistreichen Mutter, mit der er sich über Locke, Leibniz und Descartes unterhalten konnte. Sophie Dorothee erzog ihren Sohn, sie wußte von seiner Flucht, sie las seine Briefe aus der Festung Küstrin. Sie pflegte ihren Gatten, der sehr oft krank war, und verzichtete nach seinem Tode auf eine ihrer großen Leidenschaften: sich auch um die Politik zu kümmern. Als Friedrich der Große den Thron bestiegen hatte, genügte es ihr, wenn er sie häufig besuchte oder mit ihr vierspännig nach Rheinsberg, Oranienburg oder Potsdam fuhr. Sie starb kurz nach der Niederlage Friedrichs bei Kolin. Der König aß zwei Tage nichts und empfing niemand. Seiner Schwester Amalie schrieb er: „Liebe Schwester, alle Unglücksfälle schlagen auf mich mit einemmal ein. Vielleicht hat der Himmel unsere teure Mutter zu sich genommen, damit sie nicht das Unglück unseres Hauses sähe..."

AGNES SOREL

1422 — 1450

In der unübersehbaren Flut von Romanen, Schauspielen und Gedichten um das tragische Geschick der heiligen Johanna, der Jungfrau von Orléans, spielt merkwürdigerweise auch Agnes Sorel, die schöne Geliebte König Karls VII. von Frankreich, eine bedeutende Rolle. In Schillers „Jungfrau", die mit der geschichtlichen Johanna keinerlei Berührungspunkte hat, tritt sie als „Geliebte des Dauphin" auf; Voltaire stellt sie in seinem Pamphlet „La Pucelle" als ein Weib dar, das von der verzehrendsten Leidenschaft für die züchtigste eheliche Treue erfüllt ist, als ein Weib, dessen Schicksal es war, in der Gefangenschaft brutaler Feinde die wildesten Gewalttaten erdulden zu müssen. Erst Bernard Shaw machte darauf aufmerksam, daß die Jungfrau von Orléans der Agnes Sorel nie begegnet ist, da sie sich im März 1431, als in Rouen Johannas Scheiterhaufen lohte, auf dem väterlichen Schloß Fromenteau noch heiteren Spielen hingab. Erst zehn Jahre später sah die Neunzehnjährige ihren König von Angesicht zu Angesicht; das war am Hofe René von Anjous, des Schwagers Karls, der schon längst vom Dauphin zu König Karl dem Siegreichen emporgestiegen war und sich der merkwürdig überschwenglichen Johanna aus Lothringen nur ungern erinnerte. Um so mehr aber beeindruckte ihn die Schönheit der Agnes Sorel — er machte sie zur Ehrendame seiner rechtmäßigen Gemahlin, der Königin Marie, die klug genug war, sich mit der Rivalin gut zu stellen. Nachdem ihr der König neben verschiedenen anderen Schlössern und Landsitzen auch das Schloß Beauté-sur-Marne geschenkt hatte, nannte das höfische Frankreich die anmutige Sorel „Dame de Beauté", und die vier Töchter, die aus ihrer Verbindung mit dem Herrscher hervorgingen, genossen nicht weniger Ansehen als ihre Mutter, die Schönheit mit Geist, Liebe mit Würde auf das geschickteste zu verbinden verstand und ihren bedeutenden Einfluß auf die Entschlüsse des Königs nie zu persönlichem Vorteil ausgenutzt hat...

17. V. 1865 — 10. II. 1927   AGNES SORMA

„Königin der Armut" nannte Gerhart Hauptmann seine schlesische Landsmännin, die in Breslau als Agnes Zaremba zur Welt kam und unter dem Namen Agnes Sorma eine der gefeiertsten Schauspielerinnen ihrer Zeit wurde. An ihrer Wiege stand die Not — oft wußte die früh verwitwete Mutter nicht, wo sie das tägliche Brot für sich und ihre Kinder hernehmen sollte. Mit zwei Schulfreundinnen, Töchtern eines Breslauer Regisseurs, durfte Agnes meist „umsonst" ins Theater; als Fünfzehnjährige erhielt sie ihre erste Rolle — als Zwerg in einem Weihnachtsmärchen. Bald folgten die ersten Engagements an kleine Provinzbühnen. Dort entdeckte sie der „Theaterlöwe" Ludwig Barnay, der sie seinem Freunde L'Arronge empfahl, dem Direktor des jungen Berliner Deutschen Theaters. Berlin machte der Schlesierin den künstlerischen Durchbruch nicht leicht — erst nach ihrem überwältigenden Erfolg als Ibsens „Nora" verstummten die Gegner und Neider. „Sie ist einfach eine Sehenswürdigkeit", schrieb Ferdinand Gregori, „eine Schauspielerin, die Tag für Tag ihr Letztes gibt". Nun kamen in rascher Folge die triumphalen Gastspiele in Österreich, Frankreich, Amerika, und es kam der Ruhm. „Die Sorma", so urteilte Henry Fouquier, „sucht alle Wirklichkeit im Ausdruck der simplen Wahrheit. Sie versagt es sich, auf das Künstlerische in der Kunst irgendwelche Rücksicht zu nehmen." Die „deutsche Duse" fand das private Glück in ihrer Ehe mit dem italienischen Grafen Minotto, dem sie einen Sohn schenkte. Im ersten Weltkrieg meldete sie sich freiwillig als Krankenschwester und erfüllte getreu die selbstgewählte Pflicht, bis eine engstirnige Bürokratie der „italienischen Gräfin", der „Feindin", das Betreten königlich-preußischer Lazarette verbot. Nach Kriegsende folgte Agnes Sorma ihrem Sohn auf dessen Gut im nordamerikanischen Arizona. Dort nahm sie auch Abschied von der Bühne des Lebens.

25. II. 1857 — 26. II. 1893   HERMINE SPIES

Johannes Brahms verehrte seiner hervorragenden Interpretin, der Sängerin Hermine Spies, eine reizvolle Komposition, die er mit der Bitte versah: „Sie möchten von Herzen zugetan bleiben Ihrem Johannes Brahms". Die Meisterin des Kunstgesangs, die in Weinburg in Hessen geboren wurde, beherrschte neben Amalie Joachim viele Jahre lang die Konzertsäle. Ihr voller, plastischer Alt besaß einen Wohlklang und eine Kraft, die ihre Stimme ganz besonders für den Lied- und Oratoriengesang geeignet machten. Vor allem waren es Beethoven, Schubert, Schumann und Brahms, deren Liedkompositionen sie in klassischer Vortragskunst eine zu Herzen gehende Gestaltung verlieh. — Ihre Studien hatte Hermine Spies am Freudenbergschen Konservatorium in Wiesbaden begonnen. Mit einer Empfehlung von Amalie Kling, der bedeutenden Konzert- und Oratoriensängerin, kam sie zur Ausbildung ihrer Stimme zu Professor Ferdinand Sieber nach Berlin. Das Ergebnis des sechsjährigen Studiums waren eine bewußte Atemführung, edle Tonbildung, vollendetes Sprechen und völlige Beherrschung des getragenen Gesanges wie auch aller Künste des italienischen Bravourgesanges. Mit diesem Rüstzeug ausgestattet, das durch ein kurzes Studium bei Stockhausen gesichert wurde, eroberte sich die Sängerin Europa. In ihrer Biographie heißt es: „Aus ihren Augen spricht die Seele des Kunstwerkes, aus ihrem Munde bildet sich seine Form ab." Sie verstand es, die verschiedenen Liedcharaktere gewinnend, doch ohne dramatische Effekte, auszuprägen, die reiche Modulationsfähigkeit ihrer Stimmtechnik bot dazu die unentbehrlichen Mittel. Ihr Auftreten war jedesmal wie ein Musikfest. Hermine Spies war in einer kurzen, aber glücklichen Ehe mit Amtsrichter Hardtmuth in Wiesbaden verheiratet.

IRENE DI SPILIMBERGO 1540 — 1559

Dionisio Atanagi aus Urbino hat im Jahre 1561 ein Gedenkbüchlein mit lateinischen und italienischen Versen hochberühmter Männer zur Erinnerung an die schöne und tugendhafte Friulanerin herausgegeben, zusammen mit einer Beschreibung des kurzen, friedvollen und glückhaften Lebens Irenes, die in der italienischen Kunstgeschichte als eine der begabtesten Schülerinnen des großen Tizian gilt. Im Kastell Spilimbergo in Friaul, dem Stammsitz ihres Geschlechtes, verlebte das Edelfräulein ihre Kinder- und Jugendjahre, unter der Aufsicht ihres mütterlichen Großvaters, der die hohe Begabung des schönen Mädchens schon früh erkannte und ihr alle Möglichkeiten zur Ausbildung auf den Gebieten der Musik, der Malerei und der Wissenschaft erschloß. Die Signora Irene war gleich geschickt im Spiel auf der Laute, dem Piano und der Viola, wie sie mit ihrer glockenreinen Stimme schon das Entzücken der Königin Bona Sforza von Polen hervorrief, welche, durch Friaul reisend, im Kastell Spilimbergo als hochgeehrter Gast weilte. Noch wunderbarer waren Irenes Fortschritte in den Wissenschaften; sie las viele griechische und lateinische Bücher und Plutarchs moralische Schriften, Castigliones „Hofmann" und Petrarcas Dichtungen gehörten zu ihrer Lieblingslektüre. Durch das Vorbild der damals hochgerühmten Cremoneser Malerin Sofonisba Anguisciola kam Irene zur Malerei und fand in Meister Tizian, von dem sie schon einige Gemälde zur staunenden Verwunderung ihrer Umgebung in vollendeter Weise kopiert hatte, einen ihrer genialen Begabung würdigen Lehrer. Eine glanzvoll begonnene, von allen Zeichen künftigen Weltruhms begleitete Laufbahn endete mit Irenes allzufrühem Tod, der Lodovico Dolce und Torquato Tasso zu trauernden Sonetten bewegte. Tizian hat uns das Bildnis seiner so früh vollendeten Schülerin hinterlassen — ein Mädchenbildnis voller Reinheit und Anmut.

JOHANNA SPYRI 12. VI. 1827 — 7. VII. 1901

Die schweizerische Postverwaltung hat sich durch ihre ungewöhnlich geschmackvollen, technisch und künstlerisch gleich hochwertigen Briefmarken die Wertschätzung der Kunst- und Sammlerkreise in aller Welt verdient — auch durch die sorgfältige und psychologisch geschickte Auswahl der Motive. Mit besonderer Freude wurde vermerkt, daß man auch eine Jugendschriftstellerin vor wenigen Jahren mit einer schönen Bildnisbriefmarke geehrt hat — dem Porträt der unvergeßlichen Johanna Spyri, deren „Heidi" noch immer als das erfolgreichste Jugendbuch der Welt gilt. Es ist in fast alle Kultursprachen übersetzt worden und hat vor nicht allzulanger Zeit auch im Film seine unzerstörbare Wirkungskraft bewiesen. Ihre schriftstellerische Begabung verdankte Johanna ihrer Mutter, der Arztfrau Meta Heußer-Schweizer, deren geistliche Lieder noch heute zum Bestand evangelischer Gesangbücher gehören und die ihren vielen Kindern im Doktorhause von Hirzel im Kanton Zürich eine von Gottesfurcht und Lebensfreude gleichermaßen überstrahlte Kinderzeit geschenkt hat. Die Eindrücke und Erlebnisse dieser Kindheit sind es vor allem, die Johanna Spyri in ihren Erzählungen später immer wieder mit bewundernswürdiger Gestaltungskraft ins Reich gültiger Dichtung erhoben hat. Ihr eigenes Leben war von Schicksalsschlägen und schweren Prüfungen nicht verschont; nach einer glücklichen und harmonischen Ehe mit dem Stadtschreiber von Zürich Johann Bernhard Spyri verlor sie 1884 den Gatten und den geliebten Sohn. Trost und hilfreiches Vergessen fand die Vereinsamte in ihrer schriftstellerischen Arbeit, in ihren „Geschichten für Kinder und solche, die Kinder lieb haben". In diesen Geschichten verbirgt sich ein — von modernen Psychologen und Pädagogen immer wieder bewundertes — Wissen um die kindliche Seele, die zu schützen und zu bewahren Johanna Spyris Lebensinhalt war.

22. IV. 1766 — 14. VII. 1817   **MADAME DE STAËL**

Sie war nicht schön, bis auf die Arme, die sie gern den Blicken
der Umwelt darbot. „Man muß sein Gesicht zeigen, wo man's
hat", meinte sie. Napoleon knurrte sie an, er wünsche keine
politisierenden Weiber; sie entgegnete: „In einem Land, wo
man Frauen die Köpfe abschlug, ist es natürlich, daß die Frauen
nach den Gründen fragen!" Sie hatte Geist, diese Pariserin,
Tochter des aus brandenburgischer Familie stammenden Fi-
nanzministers Necker, Gattin des schwedischen Gesandten
Staël-Holstein, nach dessen Tod sie heimlich einen italienischen
Offizier heiratete. Napoleon haßte sie, denn sie hatte, wie sie
selbst an Goethe schrieb, „wenig Zurückhaltung" und ging den
Männern auf die Nerven. Aber von anderen aufdringlichen
Literatinnen unterscheidet sie der Mut, ihre Meinung selbst dem Kaiser ins Gesicht
zu sagen. Napoleon verbannte die Gehaßte aus der kaiserlichen Residenz Paris,
später aus ganz Frankreich. Vorläuferin der Romantik, beeinflußt von den Gedanken Rousseaus, forderte sie in weitschweifigen, philosophisch unterbauten Abhandlungen eine zeitgemäße Literatur und schilderte den Kampf schöpferischer Persönlichkeiten mit der Umwelt. Das deutsche Volk dankt ihr ihr wichtigstes Werk, „De
l'Allemagne", eine umfangreiche, von Napoleons Polizei vernichtete und schon deshalb viel beachtete Darstellung Deutschlands. Sie bestimmte damit für lange Zeit
die Vorstellungen der Franzosen von den Deutschen, in denen sie das Volk der
„Dichter und Denker" sah, dessen verinnerlichte Tiefe sie ihren rein rational gesinnten Landsleuten als Vorbild anpries. Später veröffentlichte sie neben einer Geschichte der Französischen Revolution noch manches Buch, aber ihr Traktat über
Deutschland blieb an Gehalt und Wirkung der Gipfel ihrer Leistung und ein guter
Diener der Verständigung.

1523 — 23. IV. 1554   **GASPARA STAMPA**

„Hast du der Gaspara Stampa denn genügend bedacht, daß
irgend ein Mädchen, dem der Geliebte entging, am gestrigen
Beispiel dieser Liebenden fühlt: daß ich würde wie sie . . .?"
Diese Stelle aus Rainer Maria Rilkes Erster Duineser Elegie
hat in den zwanziger Jahren eine der bedeutendsten Gestalten
der italienischen Renaissance-Poesie erneut ins Bewußtsein
gebracht. Die Tochter des angesehenen Goldschmieds Stampa
aus Padua, die sich den Namen „Annasilla" gab, widmete sich
in Venedig schon früh dem ernsthaften Studium der klassischen
Sprachen und der antiken Dichter. Bezaubert von Anmut und
Geist des schönen, hochgebildeten Mädchens nahten sich ihr
bewundernd und werbend, aber vergeblich, viele Männer der
Hocharistokratie. Ihre Stunde kam, als der fast Sechsundzwanzigjährigen der gleichaltrige Graf Collaltino di Collalto begegnete — eine Begegnung, die ihr menschliches
und künstlerisches Schicksal bestimmte. Sie folgte dem Grafen, obwohl die Standesvorurteile der Zeit eine eheliche Verbindung nicht zuließen, ins Feldlager König
Heinrichs II. nach Frankreich, sie folgte ihm auf die Stammburg der Collalto, und
sie ertrug auch das schmerzvolle Wissen um andere Freundinnen des Geliebten,
bis sie an der endgültigen Trennung zerbrach. In ihren zweihundertdrei Sonetten
an Collatino wuchsen das Glück der Erfüllung, die Bewunderung des angebeteten
Mannes und der Schmerz der Verlassenheit über das Persönliche hinaus zur all-
gemeingültigen Aussage. Im Chor unvergänglicher Liebesdichtung ist die Stimme
der Paduanerin eine der reinsten und schmerzvollsten zugleich: „Ihr Schwestern,
höret mit und laßt euch raten: Wer seiner Wünsche Ziel zu kühn entrückte, sah
stets noch sich verloren und verraten . . ."

HESTER STANHOPE   12. III. 1776 — 23. III. 1839

Napoleon berichtet in der Geschichte seines agyptischen Feldzugs von einer seltsamen und bald unterdrückten arabischen Aufstandsbewegung, die im Frühjahr 1799 in der Provinz Bahireh aufloderte — entfesselt von einem Betrüger, der sich für den Engel El-Mahdi, den im Koran allen Rechtgläubigen vom Propheten verkündeten Erlöser, ausgab. Dieser merkwürdigen, in der arabischen Welt lange lebendiggebliebenen Messiaserwartung verfiel auch die abenteuernde Engländerin Hester Stanhope. In ihrer grotesken Wüstenresidenz hielt sie ständig zwei „heilige Pferde" bereit, um beim Wiedererscheinen El-Mahdis an seiner Seite triumphierend in Jerusalem einziehen zu können. Sie war eine Nichte des jüngeren Pitt, des großen britischen Schatzkanzlers und Premierministers. Nach seinem Tode verließ die Vierunddreißigjährige mit einer großen Dienerschaft und bedeutenden Geldmitteln Europa zu einer romantischen, an Abenteuern, Gefahren und merkwürdigen Begegnungen reichen Lebensreise. Hester Stanhope trug türkische Männerkleidung, mit weiten Pluderhosen, Turban und Krummsäbel — und in diesem seltsamen Aufzug wurde sie in Kairo feierlich empfangen. Dort hielt es sie nicht lange: Über Jaffa, Jerusalem und Damaskus ging es weiter nach Palmyra, der Residenz der Königin Zenobia, die einst der römischen Weltmacht zu trotzen gewagt hatte. Die Araber, beeindruckt von dem Mut und dem Selbstgefühl der Britin, krönten sie in den Tempelruinen von Palmyra wirklich zu ihrer Königin; sie führte ein strenges, aber gerechtes, von Frankreich und England wohlwollend geduldetes Regiment. Später verlegte sie ihren Hof nach Dschun, einem armseligen Libanondorf. Hier empfing sie den bayerischen Prinzen Maximilian, den Dichter Lamartine und andere Besucher aus Europa, die uns von dem seltsamen Leben und einsamen Sterben der Lady Hester Stanhope berichtet haben.

MARGUERITE STEEN   1894

Die Erfolgsschriftstellerin, die in der Industrie- und Reederstadt Liverpool aufwuchs und nach dem Besuch der höheren Schule ihrer Heimatstadt zeitweilig als Lehrerin, Schauspielerin und Tanzpädagogin tätig war, sah sich erst auf weiten Reisen in der Alten und Neuen Welt um, bevor sie sich ganz der literarischen Arbeit zuwandte. Sie gilt heute als die berühmteste und auch im Ausland am meisten bekannte Unterhaltungsschriftstellerin des Inselreiches. Ihre vielen, zumeist umfangreichen, ungemein spannenden und bis zum Rand mit Abenteuern angefüllten Romane reichen zwar nicht immer bis in die Bezirke echter und großer Dichtung, haben aber durch die Verarbeitung eigener Erlebnisse, familiengeschichtlicher Forschungen und ausgedehnter Studien einen beachtlichen kulturhistorischen Wert, dem sich die breiteste Wirkung beigesellt. Als das Hauptwerk Marguerite Steens gilt die Trilogie „Die schwarze Sonne", „Goldküste im Zwielicht" und „Phönix aus der Flamme", jene vom 18. bis zum 20. Jahrhundert reichende Geschichte einer Reederfamilie aus Bristol, die der Verfasserin Gelegenheit gibt, viele Umwelt- und Zeitprobleme aufzugreifen: die sozialen Konflikte des frühen Industriezeitalters, den Sklavenhandel, den Zusammenstoß des weißen und farbigen Mannes. Man hat diese Romanfolge als das englische Gegenstück zu dem Welterfolgsbuch „Vom Winde verweht" der Amerikanerin Margaret Mitchell bezeichnet. Neben diesem Hauptwerk heben sich hervor ihr Erstling, der Theaterroman „Gilt Cage", die Geschichte „Der Hengst" sowie der konfliktreiche psychologische und gesellschaftskritische Roman „Der Schwan". Zu den Büchern anspruchsvoller Unterhaltungsliteratur sind mehrere biographische Werke getreten, in denen Marguerite Steen nicht nur ihre Gabe zu dramatisch-bewegter Darstellung kundtut, sondern auch ihr Gespür für entlegene Quellen geschichtlicher Forschung.

1793 — 1842 JOHANNA STEGEN

Daß ein tapferes Dienstmädchen den Preußen ein Gefecht gewinnen half, war eine von den vielen Balladen der Befreiungskriege. Die Stadt Lüneburg, die von 1807–1813 zum „Königreich Westfalen" gehörte, hatte bitter unter der französischen Besatzung zu leiden, und als endlich freiwillige preußische Jäger sich mit den Franzosen auf freiem Felde um den Besitz der Stadt schlugen, blickten drei Frauen ängstlich aus dem Hause am Stadtrand in das Getümmel: Frau Hentzen mit ihrer kranken Tochter und ihr zwanzigjähriges Dienstmädchen Johanna Stegen. Johanna Stegen erfaßte die Lage: die Preußen hatten keine Munition mehr. Sie eilte auf eine Anhöhe, sah das Gelände mit fortgeworfenen Patronen bestreut, sammelte sie in ihre Schürze und brachte den Befreiern mitten im Kugelregen eine Last nach der andern. Sie schrieb später: „Ich hielt die Schürze mit den Zähnen fest und steckte mit den Händen ihnen schnell die Patronen vorn in die Montur". Kugeln durchlöcherten ihr Kleid. „Eine Kugel kam und nahm mir an der linken Wange die Haarlocke." Aber sie hielt tapfer aus und half die Verwundeten verbinden. Das Gefecht war gewonnen. Als aber nach kurzer Zeit die Franzosen abermals die Stadt besetzten, mußte sie fliehen. Sechs Stunden lang saß sie unter einem Faß im Keller eines fremden Hauses, das sie eben noch erreicht hatte, während Soldateska fluchend das Haus durchsuchte. Nach dem Abzug der Franzosen wurde sie in Lüneburg geehrt und gefeiert und heiratete den ehemaligen Jäger Wilhelm Hindersin, dem sie in glücklicher Ehe drei Knaben schenkte.

15. V. 1842 — 4. X. 1921 SOPHIE STEHLE

„Es war ein wohltuender Lichtstrahl der Freude inmitten der trüben Tage, die ich gegenwärtig zu erleben und zu erdulden habe... Der Gedanke, Sie gestern zum letzten Male auf der Bühne bewundern zu können, stimmt mich sehr schwermütig." — Diese Sätze stehen in Briefen König Ludwigs II. von Bayern, der selten eine Aufführung versäumte, in der die „Münchener Nachtigall" sang. Unter Generalmusikdirektor Hermann Levi hatte Sophie Stehle in München ihre größten Triumphe gefeiert. Aber der Weg hierhin war für die junge Sigmaringerin nicht leicht, da ihre Eltern sich mit aller Schärfe gegen eine Bühnenlaufbahn ausgesprochen hatten, obwohl Sophie „eine Art musikalisches Wunderkind" war. Ohne Wissen ihrer Eltern sang sie in München dem Kapellmeister der Königlichen Oper, dem Komponisten Franz Lachner, vor. Der Königliche Rat Wilhelm Schmitt hatte außerdem eine gründliche musikalische Prüfung angeordnet; beide Bewährungsproben bestand sie' mit glänzendem Resultat. Trotz des Empfehlungsbriefes von Lachner willigten die Eltern erst ein, als ein dreijähriger Engagementsvertrag aus München und ein dringendes Schreiben der Königlichen Hoftheater-Intendanz eintrafen. Es folgten Studien bei Kapellmeister Pentenrieder und Elise Seebach; kaum achtzehn Jahre alt, betrat Sophie Stehle am 6. September 1860 die Bühne der Königlichen Oper zu München. Mit Einrechnung ihrer Gastspiele stand Sophie Stehle 740mal auf der Bühne, 599 Vorstellungen entfallen allein auf München. Gounod sah in ihr eine unvergleichliche „Margarethe", Wagner umarmte sie auf der Bühne anläßlich der Uraufführung seiner „Walküre". Trotz allergrößter Erfolge entsagte die gefeierte Sängerin 1874 der Bühnenlaufbahn und verheiratete sich mit Wilhelm von Knigge, einem kunstsinnigen Manne, mit dem sie eine überaus glückliche Ehe führte.

CHARLOTTE VON STEIN   25. XII. 1742 — 6. I. 1827

Der Oberstallmeister von Stein, der die Genüsse der Weimarer Hoftafel höher schätzte als seine kränkliche Frau Charlotte, Mutter von sieben Kindern, von denen drei gestorben waren, überbrachte gelegentlich die schwärmerischen Billetsdoux, die Goethe ihr schrieb. Sie war dem jungen Dichter von Anfang an (1776) die verstehende, leitende, heilende Freundin. Zwölf Jahre hat Goethe dieser Frau, die ihn verstand wie keine andere, seine Liebe geschenkt. Er hat sie vergöttert, idealisiert und zur Muse erhoben. Er fühlte sich mit ihr bis in die mystische Tiefe der Wiederverkörperung verbunden. Sie war ihm lange Zeit sein ein und alles: „Du Einzige, in die ich nichts zu legen brauche, um Alles in dir zu finden" (1782). Sie steht als Urbild hinter Iphigenie, hinter der Herzogin im „Tasso", hinter Natalie im „Wilhelm Meister". Kann man verstehen, daß es bei solcher Seelenverwandtschaft dennoch zum Bruche kam? Als Goethe aus Italien heimkehrte, war allen seinen Freunden „höchst unwohl". Er war Olympier geworden. Charlotte stellte ihn 1789 vor die Wahl, entweder auf sie oder auf Christiane Vulpius zu verzichten — und zerriß damit das Band, das Goethe längst gelöst hatte. Sie nannte ihn treulos, als er heiratete und liebte ihn weiter. Die naturhafte Liebe Goethes zu Christiane, dem „Naturwesen", hatte die alte Freundin verdrängt. Trotz gelegentlicher Verbitterung endete, zumal nach Christianens Tod, das Verhältnis harmonisch. Kurz vor ihrem Tode — sie starb weit über achtzigjährig — verglich er ihren Einfluß auf seine Entwicklung mit dem Shakespeares. Ein großartiges literarisches Denkmal setzte Goethe seiner Liebe in den „Briefen an die Frau von Stein". Frau Charlotte hatte sich ihre eigenen Briefe an Goethe kurz vor seiner Reise nach Italien zurückgeben lassen und hatte sie verbrannt.

EDITH STEIN   12. X. 1891 — 9. 8. 1942

In den ersten Augusttagen des Jahres 1942 wurde die Kölner Karmeliterin, Schwester Theresia Benedicta a Cruce, in der Welt Edith Stein genannt, zum letztenmal von einer ehemaligen Schülerin gesehen — in einem von SS-Mannschaften bewachten, vergitterten Judentransport-Zug, dessen Begleitpapiere als Ziel das furchtbare Wort Auschwitz nannten. In den Gaskammern dieses Vernichtungslagers fand Edith Stein den Tod, den sie schon drei Jahre zuvor als freiwilliges Sühneopfer angeboten hatte, als „Sühnetat in zwölfter Stunde für den wahren Frieden". Edith Stein entstammte einem streng orthodoxen jüdischen Kaufmannshaus in Breslau. Ihre ungewöhnlichen Geistesgaben trieben sie zum Studium der Philosophie; die Hochbegabte war zuerst Schülerin, später Assistentin von Edmund Husserl, dem Begründer der Phänomenologie, der auch ihre Bekanntschaft mit dem Philosophen Max Scheler vermittelte. Im ersten Weltkrieg betreute Edith als Rote-Kreuz-Schwester ein Kriegslazarett — drei Jahre nach Kriegsende vollzog sie, die sich bis zu ihrem einundzwanzigsten Lebensjahr „Atheistin" nannte, ihren Übertritt zur katholischen Kirche und nahm ein Lehramt an der Schule der Dominikanerinnen zu St. Magdalene in Speyer an. Neun Jahre blieb sie in Speyer, dann folgte eine kurze Lehrtätigkeit in Münster — aber am 15. Oktober 1933 wurde endlich der Wunsch ihres Lebens erfüllt: sie wurde in die Klausur des Kölner Karmel aufgenommen, wo sie sich ganz ihrer philosophischen Arbeit widmen konnte. Hier entstanden auch ihre zum großen Teil noch unveröffentlichten Hauptschriften. Als 1938 die deutschen Synagogen in Flammen aufgingen, fand die Christin jüdischer Herkunft Zuflucht im Karmel zu Echt in Holland. Dort wurde sie im August 1942 von der Gestapo verhaftet. Das Kreuz im Herzen, den gelben Stern auf der Brust, betrat sie die Gaskammer von Auschwitz, als Nummer 44074 . . .

3. II. 1874 — 27. VII. 1946　　　　　　GERTRUDE STEIN

Den philosophischen Kurs am Radcliffe College hatte die junge amerikanische Medizinstudentin Gertrude Stein bei William James belegt. Am Tage der Prüfung schrieb sie in den Fragebogen: „Lieber Professor James, es tut mir sehr leid — aber mir ist heute ganz und gar nicht nach Philosophie zumute", damit ging sie nach Hause, wo am nächsten Tage ein Schreiben von James eintraf: „Liebes Fräulein Stein, ich begreife vollkommen, wie Ihnen zumute ist — mir geht es oft ähnlich." Und darunter stand die beste Note für ihre Leistungen. Gertrude ging mit ihrem Bruder, einem Maler, im Jahre 1903 nach Paris und mietete einen Pavillon mit einem angebauten Atelier. Die Geschwister durchstreiften die kleinen Bilderläden und kauften für wenige Francs die ersten Gemälde eines noch gänzlich unbekannten Spaniers: Pablo Picasso. Bilder von Renoir und Matisse kamen hinzu, von Cézanne und Lautrec; das Atelier der Geschwister Stein wurde zu einem kleinen Museum modernster Malerei, und der Pavillon wurde in wenigen Jahren zu einem geistigen und künstlerischen Mittelpunkt von Paris. Das literarische Urteil der Gertrude war bald so gewichtig wie ihre Meinung über die Maler. Sie schrieb auch selbst und beeinflußte mit ihren Prosaübungen den jungen Ernest Hemingway. In neunzig Sitzungen malte Pablo Picasso ihr Porträt, das berühmteste Bildnis seiner Jugendjahre. Daß der persönliche Ruhm und Ruf dieser bedeutenden Frau heute noch größer ist als der ihres literarischen Werkes, erklärt sich mit dem Seltenheitswert ihrer Schriften, die zum großen Teil nur in sehr geringer Auflage erschienen sind. Allgemein zugänglich aber ist ihre Selbstbiographie, in der sie unter einem Decknamen ein halbes Jahrhundert selbst erlebter — und auch selbst beeinflußter — Kunst- und Literaturgeschichte vorüberziehen läßt.

24. I. 1885 — 12. XII. 1948　　　　　　MARJORY STEPHENSON

Als die große Biochemikerin einige Jahre nach der Jahrhundertwende ihre akademische Laufbahn beschritt, hatte sie als Engländerin nicht gegen jene Vorurteile anzukämpfen, die damals noch in vielen Ländern den weiblichen Studierenden das Leben schwer machten. England bot den zum Studium drängenden Frauen schon verhältnismäßig früh die Möglichkeit, sich an einer Universität einschreiben zu lassen, wo sie ihre geistigen Talente frei entfalten konnten. Schon mit einundzwanzig Jahren war Marjory Stephenson selber Lehrerin an einem College und nach weiteren sechs Jahren stand sie als einzige Frau am Laboratoriumstisch des Biochemischen Instituts der Universität London. Die Biochemie, die Wissenschaft vom Zusammenwirken chemischer Verbindungen beim Aufbau der Lebewesen und bei ihrem Stoffwechsel, war damals noch ein junger Forschungsweg. Die Siebenundzwanzigjährige begann mit bahnbrechenden Experimenten und aufsehenerregenden Arbeiten über die Stoffwechselvorgänge, besonders bei Bakterien. Obwohl sie im ersten Weltkrieg die stillen Stätten der Forschung verließ, um sich in London und Saloniki als Krankenpflegerin in den Dienst des Roten Kreuzes zu stellen, arbeitete sie die bereits gewonnenen Ergebnisse gedanklich weiter aus, so daß sie 1919 an das Biochemische Institut der Universität Cambridge berufen wurde, das Lebensbild der Bakterien vervollständigen konnte. Ihre grundlegenden Erkenntnisse, besonders über die Enzyme der Bakterien und ihre Bedeutung für die vielfältigen Lebensprozesse dieser Organismen legte sie in dem Standardwerk „Stoffwechsel der Bakterien" der Öffentlichkeit vor. Namhafte wissenschaftliche Gesellschaften ehrten die Forscherin durch die Zuerkennung der Mitgliedschaft. Die größte Ehrung war für sie die Aufnahme in die Royal Society, die ehrwürdigste Akademie der Wissenschaften der Welt.

THERESE VON STERNBACH 20. V. 1775 — 5. III. 1829

Eine Volksheldin aus dem Tiroler Freiheitskampf, eine Frau aus dem Pustertal, durch ihre Ehe mit dem Freiherrn von Sternbach reichgeworden und nach seinem Tode im Jahre 1808 Verwalterin seiner ausgedehnten Besitzungen in Mühlau bei Innsbruck! Dank ihrer resoluten Natur und ihrer beinahe männlichen Tüchtigkeit mehrte die Witwe das Erbe, so daß sie, als der Aufstand des Jahres 1809 losbrach, für die Kämpfenden reiche Vorräte bereit hatte. Sie lieferte den Schützenkommandanten des Unterinntals, Speckbacher und Teimer, einen Teil ihres Viehbestandes, besorgte Munition und Gewehre, verteilte unter die Bauern-Soldaten Lebensmittel und Leinwand und ließ es auch an Beweisen persönlicher Tapferkeit nicht fehlen. Als der Sieg der Tiroler in der dritten Berg-Isel-Schlacht am 13. August die feindlichen Truppen zum Abzug zwang, bemächtigten sie sich der Gutsherrin, nahmen sie als Geisel nach München mit, und am 15. Dezember verkündete ihr der Kerkermeister, daß sie am kommenden Morgen gehängt werde. Sie erbat sich, daß man sie mit dem Gesicht nach Österreich und mit dem Rücken gegen Frankreich exekutiere und daß man ihr einziges Söhnchen die Taten der Mutter nicht entgelten lasse. Unbekannte Umstände verschonten sie indes vor dem Henker, man schleppte sie auf die Straßburger Zitadelle, und am 14. Februar 1812 sah sie sich unverhofft in Freiheit. In ihrem heimatlichen Tal fand sie ihren Besitz völlig ausgeplündert, aber die starkmütige und gottvertrauende Frau arbeitete sich aus eigener Kraft wieder hoch. Therese von Sternbach starb 1829 auf ihrem Ansitz Rizol in Mühlau. Bilder, die sich von ihr erhalten haben, zeigen sie als stattliche Frau mit energischem, offenem Gesicht. Eine späte Ehrung wurde ihr 1821 durch die Verleihung der goldenen Civil-Ehren-Medaille durch den österreichischen Kaiser zuteil.

CHARLOTTE STIEGLITZ 18. VI. 1806 — 29. XII. 1834

„Das junge Deutschland", jene kurz aufflackernde und bald wieder verlöschende vormärzliche Literaturbewegung, wies außer Heine und Börne nur wenige große Talente auf, unter ihnen Karl Gutzkow, dessen Roman „Wally, die Zweiflerin" im Jahre 1835 einen Sturm der Entrüstung auslöste; der überängstliche Norddeutsche Bundestag begnügte sich nicht mit dem Verbot von Gutzkows Werken, er verfügte auch die — zeitweilige — Inhaftierung des Dichters. „Wally" war ein Schlüsselroman, angeregt durch den tragischen Freitod von Charlotte Stieglitz, der Gattin des als Mensch und Dichter wenig bedeutenden Heinrich Stieglitz. — Charlotte Willhöft, eine Hamburger Kaufmannstochter, hatte in Leipzig den Studiosus Stieglitz als Freund ihres Bruders kennengelernt und sich rasch in den schwärmerischen Jüngling verliebt, der ihr seine poetischen Versuche zu kritischer Beurteilung anvertraute. Begeistert von der Vorstellung, die Frau eines künftigen großen Dichters zu sein, ermöglichte Charlotte bald nach der Eheschließung dem Gatten die Lösung vom ungeliebten Lehrerberuf, damit er ganz seinen „hohen geistigen Idealen" leben könne — sie unternahm mit ihm weite und anregende Auslandsreisen und versuchte auf jede erdenkliche Weise, den unentschlossenen, verspielten Grübler, der vieles begann und nichts durchführte, zu ernsthafter Arbeit zu zwingen. Alle Enttäuschungen minderten nicht ihre Liebe zu diesem Mann, der ihr Schicksal geworden war. Immer tiefer verbohrte sie sich in die Idee, daß nur eine große seelische Erschütterung, die, wie sie glaubte, verschüttete Tiefenschichten seines Genies freilegen könne. Ihr freiwilliger Tod sollte den Geliebten wachrütteln. Sie schrieb ihm einige letzte, beschwörende Zeilen: „Sei endlich stark und groß...!" Während der Ahnungslose in einem Konzertsaal den Klängen der Eroica lauschte — stieß sie sich den Dolch ins Herz.

Um 1625 — 1661   **HENDRIKJE STOFFELS**

Es gab viel Streit im Amsterdamer Hause des Malers Rembrandt, dessen Gattin Saskia van Uylenburgh 1642 wenige Monate nach der Geburt ihres Sohnes Titus gestorben war, als die hübsche junge Bauernmagd Hendrikje auftauchte. Denn es waren schon seit Jahren ein paar kräftige Hände da, die den Haushalt in Ordnung hielten und das mutterlose Kind liebevoll versorgten: Die Witfrau Geertje Dircx, die recht gern des Titus Stiefmutter geworden wäre, verfolgte das junge Mädchen mit wütender Eifersucht und konnte erst nach einem Prozeß, in dem auch Hendrikje „zu ernstlicher Bußfertigkeit ermahnt" wurde, zum Verlassen des Hauses gezwungen werden. Im Strudel des Bankrotts mußten jedoch auch Rembrandt und seine Gefährtin das stattliche Herrenhaus mit einer ärmlichen Dachwohnung vertauschen. Als der in Geldsachen völlig unerfahrene Maler immer stürmischer von seinen Gläubigern bedrängt wurde, schloß Hendrikje, die weder schreiben noch lesen konnte, mit ihm einen — von ihr mit drei Kreuzchen unterzeichneten — Vertrag: Sie eröffnete mit dem nun erwachsenen Sohn Titus einen Kunsthandel, dem der durch Pfändungen überlastete Maler als Bilderlieferant verbunden war, und ermöglichte damit dem Meister eine von Geldsorgen unbehelligte Schaffenszeit, der wir Rembrandts reifste und stärkste Werke verdanken. Hendrikje hat dem Maler, dem die Finanzklauseln in Saskias Testament eine zweite Eheschließung unmöglich machten, zwei Töchter geschenkt, von denen die jüngere später in Niederländisch-Indien zur Stammutter eines kurzen Geschlechts von Rembrandts wurde. Die Kunstgeschichte aber ehrt das ehemalige Bauernmädchen, die schon acht Jahre vor des Meisters Tode starb, mit dem ihr liebsten und würdigsten Titel: „Rembrandts Housfrouwe".

29. V. 1892 — 11. X. 1938   **ALFONSINA STORNI**

„Dichterinnen wie Dich gibt es alle hundert Jahre nur einmal!" schrieb die Nobelpreisträgerin Gabriela Mistral einmal an ihre Freundin Alfonsina Storni und erhielt die Antwort: „Aber Dichterinnen wie Dich, Gabriela, gibt es nur alle dreihundert Jahre!" Alfonsina wurde als Kind einer armen Emigrantenfamilie in Sala Capriasca bei Lugano in der Schweiz geboren, mußte schon als Elfjährige mit zum Unterhalt der Ihren beitragen und kam schließlich, nach wirren und unsteten Wanderjahren als Mitglied einer umherziehenden Schauspielertruppe, zu ernsthaftem Studium in ein Lehrerinnenseminar. Die Zwanzigjährige wanderte nach Argentinien aus und suchte im Gegensatz zu Gabriela Mistral, die den gärtnerischen Frieden des Landlebens liebte, den betäubenden Rausch der Weltstadtatmosphäre in Buenos Aires. Dort begegnete sie dem Manne, der ihr Schicksal wurde; das Kind ihrer großen Liebe mußte sie ohne den legitimen Schutz der Ehe allein aufziehen und betreuen. Die — nach außen hin — sittenstrenge Gesellschaft vertrieb sie aus ihrem Lehramt, aber Alfonsina behauptete sich tapfer als Journalistin, schrieb Kritiken und Feuilletons für führende argentinische Zeitungen und verlor doch niemals das Hauptgebiet ihrer Begabung, die Lyrik, aus Augen und Sinn. 1916 veröffentlichte sie ihr erstes Buch, dem nun in fast regelmäßigen Abständen weitere, zu einem imposanten Lebenswerk sich rundende Buchveröffentlichungen folgten. Die Sorge um ihr Kind und der ständige, aufreibende Kampf ums Dasein hatten die Gesundheit der zarten Frau vorzeitig geschwächt. Ein befreundeter Arzt, den sie zu sich aufsuchte, bestätigte ihr auf ihren dringenden Wunsch das unheilbare Krebsleiden. Sie besorgte noch selbst die abschließende Ausgabe ihres lyrischen Gesamtwerkes. Im Oktober 1938 machte die große Dichterin ihrem Leben ein Ende.

AGNES STRAUB 2. IV. 1890 — 8. VII. 1941

Als die in München geborene Schauspielerin bei einer Freilichtaufführung in Dachau außergewöhnlich gut gefiel, entschloß sich der kunstverständige Vater, seine Tochter auf eine Theaterschule zu schicken. Er hat diesen Entschluß nicht zu bereuen brauchen. Die Tochter Agnes erwies sich als ein Naturtalent, dessen Ruhm — nach Stationen in Heidelberg, Bonn, Königsberg, Berlin — in Wien begann. Auf Wien folgten erneut die Bühnen Berlins: Schiller-Theater, Kleines Theater, Deutsches Theater, Volksbühne und Staatstheater. Zu ihren Rollen zählten nicht nur die großen Heroinen des klassischen Dramas, sondern auch interessante Frauengestalten in modernen Gesellschaftsstücken. Ein schwerer Autounfall unterbrach jäh ihre Laufbahn; als sie, einigermaßen genesen, die Bühne wieder betrat, schien es, als wäre sie noch reifer und innerlicher geworden, als hätte sich ihre darstellerische Ausdrucksweise vertieft und gesteigert; doch mußte sie seit diesem Unfall ihren rechten Arm stets in geschickt geschneiderten Kostümen verdeckt halten. Agnes Straub beherrschte glänzend die großen klassischen Rollen, und man sagte, sie habe Kleists „Penthesilea" mit ausladender Kraft, Lessings „Minna" mit lieblichem Charme gespielt. Weitere hervorragende Rollen der Schauspielerin waren Goethes „Stella", Schillers „Isabeau" in der Jungfrau von Orleans und „Königin Elisabeth" in Maria Stuart. Agnes Straub war eine vom Theater faszinierte, stark aus dem Gefühl heraus gestaltende Schauspielerin, die jedoch über genügend Variationen der Bewußtseinslage verfügte, um auch Kleist und Hebbel oder Ibsen zu bewältigen. Zuletzt gehörte die Künstlerin dem Theater am Kurfürstendamm an. Agnes Straub galt als eine verantwortungsvolle Lehrerin und Erzieherin junger Schauspielerinnen.

LULU VON STRAUSS UND TORNEY 20. IX. 1873 — 19. VI. 1956

In Bückeburg stand das traditionsreiche, von alter Kultur erfüllte Elternhaus der Dichterin Lulu von Strauss und Torney, die schon in der Jungmädchenzeit sich mit literarischen Arbeiten beschäftigt hatte und als Fünfundzwanzigjährige mit einem schmalen, aber gewichtigen Lyrikbändchen ersten dichterischen Lorbeer erntete. Ihr Talent, der Agnel Miegel verwandt, führte sie folgerichtig zur Form der Ballade, in der sie das bäuerliche Leben ihrer niedersächsichen Heimat schilderte. Eine herbe, keusche Sehnsucht weht durch das Schaffen dieser Dichterin, deren Begabung freilich mehr episch-lyrisch als rein lyrisch war; auch ihre Prosaerzählungen zeigen durchaus balladesken Charakter. Ihr erster großer Roman, der 1907 erschienene „Luzifer", gipfelt in einer Szene von tragischer Wucht — der Verbrennung eines Ketzers im Stedinger-Kreuzzuge von 1233. Ihr zweiter Roman „Judas", den sie im Jahre 1911 vollendete, schildert in kräftiger Holzschnitt-Manier die Tragödie zweier feindlicher Brüder. Neben dem Wiedertäufer-Roman „Der jüngste Tag" festigte insbesondere der Balladenband „Reif steht die Saat" den Ruhm der Dichterin, die sich im Jahre 1916 mit dem deutschen Verleger Eugen Diederichs in Jena vermählte. Am Aufbau dieses bedeutenden Verlages, dessen Wirken in der ersten Hälfte unseres Jahrhunderts über das Literarische hinaus auch richtungweisend für die junge deutsche Buchkunst geworden ist, nahm Lulu von Strauss und Torney tätigen und verdienstvollen Anteil. Sie blieb ihrer Wahlheimat auch nach der unseligen Teilung Deutschlands nach dem zweiten Weltkriege treu, als der dort enteignete Verlag in der Bundesrepublik ein neue Wirkungsstätte fand; in Jena ist die Dreiundachtzigjährige nach einem gesegneten und an äußeren Ehrungen und Anerkennungen reichen Leben auch gestorben.

16. II. 1834 — 17. V. 1898   SALESIA STRICKLER

„Gott zur Ehre, zur Erziehung der Jugend, zum Dienste der Kranken, zur Pflege der Armen." Diese Inschrift ließ die Oberin der Lehrschwestern zu Menzingen in der Schweiz an der Frontseite der Institutskirche einmeißeln. Sie enthält das lebendige Programm jener Kongregation, in deren Gemeinschaft Josepha Strickler Schülerin und auf der Höhe ihres Lebens Generaloberin war. Längst vor den Politikern haben sich diese „Klugen Jungfrauen" der unentwickelten Völker angenommen und sie auf den Weg der Selbsthilfe geführt. Heute lehren Tausende Schwestern vom Heiligen Kreuz in Europa, Südafrika, Südamerika und Vorderasien in allen Zweigen der Erziehung, in Haushaltfragen, Feld- und Gartenbau und in der Schule bis zur Universitätsreife. Josepha war unter elf Geschwistern aufgewachsen, hatte nach der Schulzeit ihr Lehramtsexamen abgelegt, um dann als blühend schönes Mädchen der Welt zu entsagen und mit den Schwestern die bitterste Armut zu teilen: Das Jahresgehalt einer Lehrschwester betrug kaum dreihundert Franken. 1854 wurde Schwester Salesia Leiterin des Instituts Stella Maris in Rorschach. Als Generaloberin gründete sie das Töchterpensionat in Menzigen und sandte ihre Lehrschwestern in die einsamsten Bergdörfer und entlegenen Gehöfte, wo die Jugend bis dahin ohne jede Unterweisung aufgewachsen war. Sie gab den Schwestern den Auftrag mit, nicht nur um die schulische Bildung besorgt zu sein, sondern den armen Gebirglern auch mit praktischem Rat für die Verbesserung ihrer Lebensverhältnisse beizustehen. Ihr ist die Ausbreitung der Niederlassungen zuerst in Europa, dann in der ganzen Welt zu danken. Gicht und Herzleiden hielten sie nicht davon ab, „der Welt möglichst viel zu bieten und von ihr möglichst wenig zu verlangen". Als sie am 17. Mai 1898 starb, hinterließ sie ein blühendes Werk, das in die Zukunft wies.

18. II. 1855 — 16. IX. 1928   MARIE STRITT

„Verlaßt euch nicht auf die Hilfe der deutschen Männer! Wir haben wenig Freunde und Gesinnungsgenossen unter ihnen. Laßt auf dem Meer des Lebens das Stimmrecht fortan euer Steuer s'ein, eure eigene Kraft sei euer Segel! . . . Die Menschenrechte haben kein Geschlecht!" (Hedwig Dohm, 1876). Erst um die Mitte des vorigen Jahrhunderts begannen die Frauen in den Kulturländern sich energischer ihrer staatsbürgerlichen Rechte zu entsinnen; aber es ist wohl kein Anliegen der Frau so erbittert und lange gekämpft worden wie um das Wahlrecht. Eine der wortkräftigsten Vorkämpferinnen des Frauenstimmrechtes, für das seit 1869 die Sozialdemokraten plädierten, wurde die Siebenbürgerin Marie Stritt, die ihre in langjähriger Bühnenarbeit geschulte Sprechkunst und ihre Redegabe in unzähligen Versammlungen für diese Forderung einsetzte. Sie war 1888 in Weimar für die Gleichberechtigung im Bildungswesen eingetreten, seit 1891 bezog sie auch das Politische in die Frauenbewegung ein und fand fünf Jahre später, als das Bürgerliche Gesetzbuch im Reichstag beraten wurde, den aktuellen Anlaß, auf Agitationsreisen, in Vorträgen und Broschüren das politische Mitspracherecht der Frauen zu verlangen. Der Reichstag ließ alle Petitionen unberücksichtigt. Marie Stritt richtete daraufhin Rechtsschutzstellen für Frauen ein und empfahl ihnen aktive Teilnahme am Gemeindeleben, in den Schulverwaltungen und Kulturorganisationen. 1899 wurde sie Nachfolgerin von Auguste Schmidt als Präsidentin des Bundes Deutscher Frauenvereine und 1904 eines der tätigsten Mitglieder im Reichsverband für Frauenstimmrecht. Sie erlebte noch die volle staatsbürgerliche Anerkennung der Frau mit aktivem und passivem Wahlrecht in der Revolution von 1918 und die Verankerung dieses Grundrechtes in dem Artikel der Weimarer Verfassung: „Männer und Frauen haben grundsätzlich dieselben Rechte!"

MADAME SUNYATSEN
* 1890

Als Rotchina 1959 die zehnte Jahresfeier des Sieges der Volksrepublik mit rauschenden Massenparaden beging, stand in Peking auf der Regierungstribüne neben den Führern des Weltkommunismus eine fast siebzigjährige Dame, der ein gut Teil des Beifalls galt: Madame Sunyatsen, geborene Sungkingling. Ihre Familie, die einstmals sagenhaft reichen Sung aus Kanton, übten unter dem Regime Tschiangkaischeks bis 1949 einen so großen Einfluß auf Politik und Wirtschaft aus, daß man von einer neuen Sung-Dynastie sprach: Die älteste der drei Schwestern war mit dem einstigen Premier- und Finanzminister H. H. Kung verheiratet, Sungmeiling wurde die Gattin des Generalissimus Tschiangkaischek, mit dem sie heute auf Formosa lebt, der Bruder T. V. S. Sung lenkte die chinesischen Großbanken, und die unübersehbare Schar der Vettern saß in allen leitenden Stellen der Kuomintang-Regierung. Kingling war im Jahre 1915 mit Dr. Sunyatsen bekannt geworden. Dieser große Revolutionär, der 1911 das alte Mandschu-Kaiserhaus gestürzt und eine neue Ideologie begründet hatte, versuchte um diese Zeit von Kanton aus eine südchinesische Gegenregierung zu bilden. Er kam in das Haus der Sung-Millionäre, und Kingling, die begeistert seinen Ideen anhing, wurde seine zweite Frau und Mitkämpferin. Nach dem Tode Dr. Sunyatsens im Jahre 1925 blieb Kingling die Verfechterin seiner Parteidoktrinen und folgte konsequent der von Sunyatsen angebahnten Zusammenarbeit mit dem benachbarten Sowjetstaat und der radikalen Linie des Kommunismus. Sie schloß sich mit ihrem Stiefsohn Sunfo, aus der ersten Ehe Sunyatsens, den Machthabern des Roten China an, wo sie als Wahrerin der revolutionären Tradition Sunyatsens und als „Wiwe des Vaters des Vaterlandes" höchste Ehren genießt.

AUGUSTE SUPPER
22. I. 1867 — 14. IV. 1951

Wie hinter der Gestalt Clara Viebigs die Eifel, hinter der erzählerischen Welt der Helene Böhlau die milde Atmosphäre des weimarischen Thüringens aufleuchtet, so hat Auguste Supper, im badischen Pforzheim geboren, die Geister und Menschen des geliebten Schwarzwalds beschworen. Sie verfügte über eine glänzend geschulte Technik, die sich besonders in den kleinen Stücken bewährte. Die Erzählungen, die unter dem Titel „Der Herr im Zug" gesammelt sind, lassen vor allem erkennen, daß nicht nur Ludwig Thoma eifrig seinen Maupassant studiert hat, um auf das Geheimnis der präzisen Kleinform zu kommen. Die Werke der Dichterin atmen den Geist eines warmherzigen Christentums, der im Leser weiterzündet und ihren schwäbischen Schwarzwald verklärt. In ihrem vielgelesenen Roman „Der Herrensohn" erzählt sie vor dem farbigen Hintergrund des dörflichen Lebens in guter Mischung von Ernst und Humor das Schicksal eines Dorfkindes im Kreise prächtig gezeichneter bäuerlicher Menschen von charaktervoller Eigenart, die den Gestalten ihres konkurrierenden schwarzwäldischen Landmanns Hermann Eris Busse nicht nachstehen. Andere Romane wie „Die Mädchen vom Marienhof", „Lehrzeit", „Die Mühle ohne kalten Grund", oder ihre berühmten Erzählungen „Leut", „Da hinten bei uns", „Holunderduft" oder „Am Wegesrand" verbergen hinter ihren unscheinbaren Titeln einen weiten Horizont und eine hohe Ethik: „Zucht haben und seine Pflicht tun, entwirrt schließlich die schlimmsten Dinge". Mit ihrem Roman „Der schwarze Doktor" bewährt sie sich auch auf dem Gebiet des historischen Romans.

9. VI. 1843 — 21. VI. 1914   **BERTHA VON SUTTNER**

Bertha von Suttner, geborene Kräfin Kinsky, war eine große und mutige Persönlichkeit. Ihr Kampf richtete sich gegen den imperialistischen Machtstaat, die Militarisierung der Politik und gegen soziale Mißstände. Das Mittel, mit dem sie ihre pazifistischen Ideen verfocht, war das geschriebene Wort. Von ihrer Mutter, einer geborenen Körner aus der Familie des Dichters Theodor Körner, hatte sie das Talent zum Schreiben geerbt. Als sie 1876 den Schriftsteller Freiherrn von Suttner heiratete, fand sie auf Schloß Harmannsdorf in Niederösterreich ein Domizil, von dem aus sie ihre aufrüttelnden Schriften für die Bewahrung des Friedens in die Welt schickte. Hier entstand ihr großer, zum Teil autobiographischer Roman „Die Waffen nieder!" (1889), durch den sie weite Kreise für die Friedensidee gewann. Um die Öffentlichkeit zur tätigen Mitarbeit zu veranlassen, gründete sie 1891 in Wien den „Verein der Friedensfreunde", gab eine Zeitschrift „Die Waffen nieder" heraus und hielt Vorträge in Frankreich, Belgien, Holland, Amerika und Dänemark. 1892 wurde sie Mitglied des ständigen Friedensamtes in Bern und 1899 deren Vizepräsidentin. Sie nahm Verbindung zu Alfred Nobel auf und inspirierte ihn zur Stiftung eines Friedenspreises. 1900 veröffentlichte sie „Die Haager Friedenskonferenz, Tagebuchblätter", dann folgten „Der Krieg und seine Bekämpfung" und ein Vortrag unter dem Titel „Krieg und Frieden". Als 1914 der allgemeine Weltbrand drohte, ersparte ihr das Schicksal die furchtbarste Enttäuschung ihres Lebens. Am 21. Juni 1914 starb Bertha von Suttner in Wien, kurz bevor durch den Fürstenmord in Sarajewo die Kettenreaktion der militärischen Bündnisse einsetzte. Bereits im Jahre 1905 war die 62jährige durch die Verleihung des Friedens-Nobelpreises geehrt worden.

* 27. III. 1896   **GLORIA SWANSON**

Als der Regisseur Billy Wilder in seinem Film „Boulevard der Dämmerung" das Schicksal eines berühmten Stummfilm-Stars darstellen wollte, der im Zeitalter des Tonfilms ein Comeback erzwingt, aber bei diesem Versuch tragisch scheitert, besetzte er diese schwierige Rolle mit einer echten „Stummfilm-Königin", mit Gloria Swanson, die den Höhepunkt ihrer bewegten Karriere in der Epoche des Stummfilms erlebte, jedoch beim Tonfilm so sehr an Bedeutung verlor, daß sie schließlich die Filmarbeit aufgab. Sie war also am besten geeignet, diese Rolle so glaubhaft wie nur möglich zu verkörpern. In dem Film „Boulevard der Dämmerung" erglühte der erloschene Filmstern über Nacht zu neuem Ruhm und neuer Pracht. Allein in New York haben in dem größten Kino der Welt, in der Radio City Music Hall, innerhalb von sieben Wochen über eine Million begeisterter Besucher diesen Film gesehen, und die Spalten der Weltpresse spiegelten das ungewöhnliche Interesse wieder, sowohl an dem einstigen großen Stummfilm-Star Gloria Swanson, die im Grunde sich selbst und ihr eigenes Leben spielte, als auch an diesem Meisterwerk, das einen ungeschminkten Blick hinter die glanzvollen Kulissen Hollywoods gestattete. — Die Filmlaufbahn der aus Chicago stammenden Gloria Swanson nahm 1911 im Essanay-Studio in Chicago ihren Anfang. Dann war sie in Hollywood eine von den „Badeschönheiten" in den von Mack Sennett inszenierten Filmkomödien, bis sie Cecil B. De Mille in Familien-Dramen (z. B. „Don't change your husband", „Why change your Wife") einsetzte und sie schließlich 1919 in seinem Film „Male and female" (Mann und Weib) zu einer internationalen Größe machte. Seitdem war sie der berühmte Star zahlreicher Kostümfilme oder dramatischer Filme modernen Inhalts, die Film-Fans bereiteten ihr mehr als einmal triumphvolle Empfänge. 1926 gründete Gloria Swanson eine eigene Filmproduktion.

HENRIETTE SZOLD
21. XII. 1860 — 13. II. 1945

Ihr Vater, der ungarische Rabbiner Szold, hatte 1848 auf den Barrikaden in Wien gekämpft, ehe er in die amerikanischen Südstaaten auswanderte, um dort gegen die Negersklaverei aufzutreten. Schon früh gründete seine Tochter für die jüdischen Flüchtlinge aus Rußland eine Abendschule in Baltimore. Später, nach einer Palästinareise, rief sie die amerikanische Hadassah-Bewegung ins Leben, der Israel viele Schulen und Krankenhäuser verdankt. Im Jahre 1933 fuhr die tatkräftige siebzigjährige Frau zweimal nach Berlin und holte jüdische Kinder nach Palästina, deren Eltern Berlin nicht mehr verlassen konnten. So wurde sie die Mutter von schließlich fünfzehntausend Kindern, die sie aus aller Welt, aus dem Iran, dem Irak, aus Marokko, Tunesien, Bulgarien und Rumänien nach Israel rettete. Sie kaufte ihnen von dem Geld, das sie gesammelt hatte, Kleider, Schuhe, Betten und betreute sie körperlich und seelisch. Täglich arbeitete sie zwölf Stunden; man sagt, sie habe jedes einzelne Kind gekannt und sich besonders der Gefährdeten angenommen. Als die arabischen Unruhen ausbrachen, schloß sie sich nicht den gesicherten Wagenkolonnen an, sondern fuhr auf eigene Gefahr über Land — einmal streifte eine Kugel ihr weißes Haar. Mit vierundsiebzig Jahren schrieb sie: „So alt ich bin, ich habe nicht zu wachsen aufgehört. Mein Verstand ist sehr begrenzt, aber meine innere Welt wird immer weiter und reicher." Sie blieb das Haupt der großen Organisation, die sie selbst gegründet hatte, und starb mit vierundachtzig Jahren in Jerusalem. Vier Generationen, achtzehn amerikanische Präsidenten — sie hatte als Kind noch das Begräbnis Lincolns erlebt —, fünf britische Könige hatte sie überdauert. Das Volk verlieh ihr den Namen einer „Mutter Israels".

GENEVIEVE TABOUIS
* 1892

Geneviève La Quesne, die als „Madame Tabouis" journalistischen Weltruhm genießt, stammt aus einer reichen, künstlerisch und literarisch interessierten französischen Familie. Ihr Vater, ein nicht unbegabter „Sonntagsmaler", wollte sie in seiner Kunst unterrichten, ihr Großvater, dessen hervorragende Bronzeplastiken den Jardin de Luxembourg in Paris zieren, versuchte sie zur Bildhauerin zu überreden. Aber Geneviève trat in die École du Louvre ein und begeisterte sich für die Archäologie — eine Leidenschaft, die die vielbeschäftigte Frau noch heute zu wissenschaftlichen Arbeiten über längst versunkene Völker und Kulturen reizt. Mit dem Diplom einer Museumskonservatorin schloß sie ihr Studium ab, und als man ihr auf diesem Gebiet kein geeignetes Tätigkeitsfeld bot, ging sie zur Journalistik über. Die große Genfer Völkerbundstagung von 1923 brachte ihren amüsant geschriebenen, fundierten und von erstaunlicher Kenntnis des politischen Kulissenspiels zeugenden Berichten erste Anerkennungen und Erfolge. Man wurde auf sie aufmerksam, man suchte ihre Bekanntschaft; auch Aristide Briand hat sich oft und gern mit ihr unterhalten und ihr wertvolle Informationen vermittelt. Sie stand als am Tisch, als der Locarnopakt unterzeichnet wurde, und drahtete ihrer Zeitung nach Paris: „Jetzt haben wir zwanzig Jahre Frieden vor uns!" Aber sie täuschte sich um sechs Jahre und nannte das „den schwerwiegendsten Fehler, der ihr in ihrer ganzen Karriere unterlief". Im zweiten Weltkrieg wurde sie von den Deutschen verhaftet, von den Maquisards wieder befreit und nach Amerika gebracht, zu Präsident Roosevelt, der sie „die amüsanteste Französin der Gegenwart" nannte. Nach Kriegsende baute sie sich ein eigenes, weltweites Netz von Nachrichtenkorrespondenten auf. Im Gebäude der Vereinten Nationen in New York nennt man die Unermüdliche die „Kassandra des Westens..."

23. III. 1804 — 23. III. 1884   MARIE TAGLIONI

„Empfang einer jungen Nymphe am Hofe Terpsichores" hieß beziehungsvoll ein Ballett des Philipp Taglioni, in dem er 1822 seine achtzehnjährige Tochter Marie den Wienern vorstellte. Es war der Beginn eines künstlerischen Aufstiegs, der von harter, jahrzehntelanger Trainingsarbeit zum Gipfel der Tanzkunst führte. Ihre Laufbahn begann mit dem berühmten Rivalitätskampf, den die beiden bedeutendsten Tänzerinnen der Biedermeierzeit austrugen; denn auf der Bühne des Wiener Kärntnertortheaters tanzte zu gleicher Zeit die erst zwölfjährige Fanny Elßler. — Marie Taglionis Vater, der in Stockholm Ballettmeister war, übernahm den Unterricht, der auch die körperliche Unproportioniertheit Maries beheben sollte. Marie wurde die erste Tänzerin, die auf der Fußspitze tatsächlich tanzen und sich nicht nur hin und wieder darauf erheben konnte, wie es vor ihrer Zeit üblich war. Der Fußspitzentanz wurde das markanteste Merkmal des romantischen Balletts, die Schwerkraft fand darin ihre scheinbare Aufhebung. Nachdem Marie Taglioni von der Tanzmetropole Paris als erste Tänzerin anerkannt worden war, schrieben Dichter Ballettlibretti für sie. Ihr Ruhm stieg, ebenso wie ihre Gage, aufs höchste, als sie in ganz Europa die Früchte ihrer schwererarbeiteten Erfolge erntete. In St. Petersburg wurde sie ebenso vergöttert wie in Paris, Wien oder London. Ihre Leben blieb unstet, und auch die Heirat mit dem Grafen de Voisins brachte ihr keine Seßhaftigkeit. Trotz der außerordentlich hohen Honorare zerrann das ertanzte Vermögen unter ihren Fingern. 1847 zog sie sich von der Bühne zurück und war bald in Vergessenheit geraten, sie war gezwungen, unter schwierigsten Umständen Tanzunterricht zu erteilen. Verlassen von allen, die ihrer subtilen Kunst einst überschwenglich zujubelten, starb Marie Taglioni bei ihrem Sohn in Marseille an ihrem achtzigsten Geburtstage.

2. V. 1897 — 24. XII. 1957   NORMA TALMADGE

Von den drei filmenden Talmadge-Schwestern — Norma, Constance und Nathalie — war Norma Talmadge die älteste und zugleich erfolgreichste. Während Constance Talmadge von D. W. Griffith für den Film entdeckt wurde und zum erstenmal in „Intolerance" (1916) erschien, hatte Norma Talmadge vor Beginn ihrer Karriere bei Aufnahmen von sogenannten „Tonbildern" posieren müssen und auf diese Weise ihre ersten schauspielerischen Erfahrungen gesammelt. Darauf wurde sie in mehreren Maurice-Costello-Filmen in kleineren Rollen eingesetzt und fiel in dem Streifen „A tale of two cities" (1914) allgemein auf. Innerhalb von vier Jahren war sie ein Stummfilmstar und brachte es im Verlauf ihrer Karriere auf über 200 Filme, in denen sie alles nur Erdenkliche für den Film hat tun und darstellen müssen. „Zweihundert Rollen habe ich auf der Leinwand gespielt!" so berichtet sie selber. „Ich habe wohl so ziemlich jedes Alter und jeden Charakter dargestellt und bin in allen möglichen Situationen in den seltsamsten Gegenden der Welt fotografiert worden. Im Anfang schien man auf mein Gesicht nicht viel Wert zu legen — ich mußte mich entweder als Negerin zurechtmachen oder es ganz verstecken. Doch bald bekam ich interessante Rollen. Ich habe Lumpen und Brokat getragen, Volkstracht und Hofschleppen. Ich habe mir in düsteren Gefängnissen die Locken gerauft und in fürstlichen Palästen Audienz erteilt. Man hat mich als Sklavin verkauft und auf einsamen Inseln ausgesetzt; ich bin gestoßen, geschlagen, gefesselt und in die tobende See geschleudert worden. Nicht weniger als zweiundzwanzigmal habe ich geheiratet, und auf dem Rücken der Kamele habe ich die Wüste durchstreift — — — und das alles für den Film!"

MAILA TALVIO
17. X. 1871 — 5. I. 1951

Maila Talvio, die eigentlich Maila Mikkolo hieß und die den früheren deutschen Namen ihrer Familie „Winter" — im Finnischen „Talvi" — als Pseudonym für ihr literarisches Schaffen wählte, gilt vielen als die bedeutendste Dichterin Finnlands. Sie gehört der Generation nach Minna Canth und Sofia Theodolinde Hahnsson an, die dem literarischen Schaffen finnischer Frauen den Weg geebnet hatten. Als Maila Talvio im Jahre 1901 ihren anklägerischen sozialen Roman „Das Ende von Pimeänpirtti" herausbrachte, hatte sich die finnische Frau eben ihre staatsbürgerlichen Rechte erkämpft. Was damals in keinem anderen Land möglich gewesen wäre: In Finnland stellten Frauen um diese Zeit an den Hochschulen bereits die Hälfte aller Studierenden. Etwas von der Gesinnung und dem Elan der zurückliegenden Jahrzehnte kämpferischer Frauenbewegung durchbebt noch die frühen Dichtungen der großen Erzählerin Maila Talvio, und oftmals überwiegt in ihren ersten Romanen die sozialpolitische oder finnisch-nationale Programmatikerin die Poetin. Ihrem Gatten, dem bedeutenden Slawisten Professor J. J. Mikkola, verdankte die Dichterin die eingehende Bekanntschaft mit der russischen Literatur. Tolstois religiös-soziale Ideen gewannen zunehmend Einfluß auf ihr Denken, so daß sie in ihren späteren Werken zu einer mehr idealistischen Deutung des inneren Lebens gelangte. Von ihren zahlreichen seit 1901 in regelmäßigen Abständen erscheinenden Büchern sind der Großstadtroman „Die Kinder Ninives", der Dorfroman „Die Kraniche" aus der Zeit des finnischen Befreiungskampfes im ersten Weltkrieg, der ebenfalls im Freiheitskampf spielende Familienroman „Die Glocke" und die aus persönlichen und vaterländischen Schicksalserlebnissen genial komponierte Trilogie „Die Tochter der Ostsee" Dichtungen von nachwirkender Bedeutung. In Übersetzungen fanden die Hauptwerke auch im Ausland einen großen Leserkreis.

MUTTER DES TAO KAN
4. Jahrh. n. Chr.

Diese wackere Frau lebte in Sinkan, einer Kleinstadt der Provinz Kiangsi in China, sie war die Nebenfrau ihres Gatten. Die Zeiten waren stürmisch und unsicher. Unter schwachen Chin-Herrschern nutzten die Adeligen die Ohnmacht der Zentralgewalt aus, um ihre Positionen auszubauen. Korruptheit und Gewalt beherrschten den Staat. Als eine ehrgeizige und machtlüsterne Kaiserin den Thronfolger ermorden ließ, lösten sich die letzten Reste der Ordnung auf, von Westen her brachen die Hunnen ins Land und erstürmten 311 n. Chr. die alte Hauptstadt Loyang, 316 auch die zweite Hauptstadt Changan. China zerfiel in drei verfeindete Königreiche. Inmitten solcher Verwirrung erzog die Mutter des Tao Kan ihren Sohn zu einem ehrlichen und gebildeten Mann. Die Mittel für sein Studium brachte sie durch härteste Arbeit auf. So wurde Tao Kan endlich Statthalter und Minister eines der drei Königreiche und lenkte die Geschicke der Provinz Sinyang. Als er seiner alten Mutter in Hungerzeiten einmal in seiner Eigenschaft als Oberaufseher der Fischereigesellschaft ein Faß Fische zusandte, wies sie das Geschenk mit den Worten zurück: „Was du mir zuschickst, ist Eigentum des Staates. Damit hast Du mir nicht Freude, sondern Kummer bereitet." Bis zu ihrem Ende lebte sie in selbstloser Opferbereitschaft. Um den weisen Fan Kuei gastlich aufnehmen zu können, verkaufte sie ihr Haupthaar, den letzten Besitz, und beschaffte aus dem Erlös Nahrungsmittel. Das Pferd des Gastes fütterte sie mit dem Stroh ihres Schlafsackes. Die höchste Rechtfertigung erhielt die chinesische Bäuerin durch einen Urenkel, der dem Geschlecht Tao Kans entsproß: Tao Yüan-ming (um 400 n. Chr.), der als Dichter der „Pfirsichblüten-Quelle" eines der bedeutendsten Werke der chinesischen Literatur schuf und seiner Ahnin darin ein Denkmal setzte.

1859 — 1941 ANNA TEICHMÜLLER

Anna Teichmüller gehört in den „Kreis von Schreiberhau", der dank der Brüder Gerhart und Carl Hauptmann in den beiden Jahrzehnten um die Jahrhundertwende den kleinen schlesischen Riesengebirgsort zu einem der geistigen Mittelpunkte Deutschlands machte. Dabei war sie der Herkunft nach Baltin, was sich zeitlebens in ihrer Sprache verriet; sie war die Tochter des bedeutenden Religionswissenschaftlers an der Universität Dorpat, Gustav Teichmüller. — Um die Mitte des vorigen Jahrhunderts geboren, gehört Anna Teichmüller zu den ersten bekanntgewordenen komponierenden Frauen. In jenem Kreis, zu dem auch die Maler Hanns Fechner und Hermann Hendrich, der Naturwissenschaftler Wilhelm Bölsche, der Volkserzieher und Poet Bruno Wille, der Volkswirtschaftler Werner Sombart, der Dichter Hermann Stehr zählten, verkörperte Anna Teichmüller die musikalische Muse. Eine von ihr, der Protestantin, nach einem Text von Ilse von Stach komponierte „Missa poetica" wurde in der Berliner Gedächtniskirche aufgeführt. Bezaubernde Kindergedichte des Thüringers Vollrad Eigenbrod, Gedichte von Conrad Ferdinand Meyer, von Hermann Löns fanden, durch ihre Vertonung zu Liedern beflügelt, in gedruckten Notenblättern den Weg in die Welt und in die Herzen. Vor allem aber hat sie, als die „Liederbraut" des ihr zeitlebens nahe befreundeten Dichters Carl Hauptmann, eine große Anzahl seiner gefühlsstarken und gedankenschweren Verse in Musik gesetzt, die der Dichter mit bewegtem Verständnis und tiefer Beglückung empfing. Anna Teichmüller, eine hochgebildete, feinsinnige, kultivierte Einzelgängerin im Leben wie im Werk, starb als Achtzigerin in Schreiberhau im Jahre 1941. Ihre letzte Ruhestätte liegt, wie jene Carl Hauptmanns und vieler anderer des einstigen Schreiberhauer Freundeskreises, in den polnisch verwalteten Ostgebieten.

Um 1370 v. Chr. KÖNIGIN TEJE

Von dem uns erhalten gebliebenen ungewöhnlich modern anmutenden Antlitz des Pharao Amenophis IV. von Ägypten, des großen religiösen und künstlerischen Erneuerers, geht der Blick immer wieder zum Antlitz seiner Mutter Teje, das wir vor allem aus einem ungemein eindrucksvollen Altersbildnis aus Eibenholz kennen. Die deutlich negroiden Züge erinnern daran, daß Teje, die Gemahlin Amenophis' III., vermutlich bürgerlich-nubischer Herkunft war. Diese merkwürdige Frau, deren Eltern keinerlei Adelstitel führten, übte während der Regierungszeit ihres Mannes und nach dessen Tode auch unter seinem Sohn und Nachfolger Amenophis IV. starken Einfluß auf die Staatsgeschäfte aus; ihr Name erschien — eine revolutionäre Neuerung — neben dem Königsnamen in der offiziellen Überschrift der königlichen Urkunden, Erlasse und Gesetze. In Sedeinga in Nubien wurde ihr zu göttlicher Verehrung ein Tempel geweiht. Ihre Eltern wurden — als außerordentliche Auszeichnung für Bürgerliche — im „Tal der Könige" bestattet, wo auch Teje selbst und ihr königlicher Gemahl die letzte Ruhestätte gefunden haben. — Schon unter der Regierung ihres Gemahls Amenophis III. hatte sich der Kampf neu aufkommender Mächte gegen die alten Traditionen bemerkbar gemacht; nach seinem Tode hätte das Reich eines starken, energischen und umsichtigen Herrschers bedurft. Tejes Sohn Amenophis IV. aber, der sich später zu Ehren des von ihm allein verehrten Sonnen-, Schöpfer- und Erhaltergottes Aton König Echnaton nannte, vernachlässigte die drängenden Staatsprobleme des Tages und lebte in einem selbstgeschaffenen religiösen Glaubensdienst, während die ägyptische Vormachtstellung in Asien zerbröckelte und die Verwaltung verrottete. In der Öffentlichheit erschien er nur in Begleitung seiner Mutter...

CLAUDINE-ALEXANDRINE TENCIN 1681 — 4. XII. 1749

Als Mädchen sperrte man sie in ein Kloster. Sie floh und gab sich in Paris eine Zeitlang einem höchst ungezügelten Leben hin. Doch diese Claudine-Alexandrine Guérin, Marquise de Tencin, verdient trotz ihren charakterlichen Mängeln in mancher Hinsicht sehr beachtet zu werden. Sie war die Mutter des großen Philosophen und Mathematikers D'Alembert, um den sie sich niemals kümmerte, auch nicht, als er in der Wiege lag. Sie förderte dagegen zäh und schlau die Karriere ihres Bruders Pierre, der zum Kardinal und Minister aufstieg. Ihr Salon in der Rue Saint-Honoré übernahm den Stil und die Besucher des Salons der Marquise de Lambert, als diese starb. Sie wucherte mit dem Erbe nach eigenem Sinn überaus erfolgreich. Berühmte Zeitgenossen verkehrten bei ihr, vor allem Helvetius, Lord Bolingbroke, der Earl of Chesterfield, Montesquieu, Marivaux, Fontenelle, Horaz Walpole. Von solchen Freunden umgeben, vermochte die Marquise de Tencin die französische Literatur nachhaltig und ununterbrochen bis zum Tode zu beeinflussen. Als die Nachricht von ihrem Hinscheiden zu Fontenelle drang, erklärte er ungerührt: „Wohlan, jetzt werde ich dienstags bei Madame Geoffrin speisen." Tatsächlich, die reiche Witwe Geoffrin erbte das „Inventar" der Berühmtheit. Und so wirkte die Tencin über das Grab hinaus. Ihre Bedeutung erschöpft sich jedoch keineswegs mit ihrem Salon. Als Schriftstellerin vollbrachte sie Leistungen, die unvergessen sind. Ihre Werke „Mémoires du comte de Comminges", „Le siège de Calais", „Les malheurs de l'amour" erregten Aufsehen bei den Zeitgenossen ebenso wie ihre Anekdoten vom Hof des englischen Königs Eduard II., und sind noch heute kulturgeschichtlich fesselnd. Das gilt auch von dem viel später veröffentlichten Briefwechsel mit dem Kardinal Tencin und dem Herzog von Richelieu.

LISA TETZNER 10. XI. 1894 — 2. VII. 1963

Märchen kann man eigentlich gar nicht „lesen" — sie wollen erzählt sein, erzählt von einem, der an das glaubt, was er erzählt. Eine der bekanntesten Märchenerzählerinnen ist Lisa Tetzner, die schon als junge Studentin gern durch die Dörfer des Thüringer Waldes wanderte, unter der Dorflinde am raunenden Brunnen die Kinder um sich versammelte und den atemlos Lauschenden die uralten Volksmärchen mit ihrer erzählerischen Kunst zum unvergeßlichen Erlebnis zu machen verstand. Sie hatte ursprünglich Polizeiassistentin zur Betreuung gefährdeter Kinder und Jugendlicher werden wollen, aber ihre ungewöhnliche Erzählgabe wurde auch von anderen erkannt und beachtet, und schließlich stellte das preußische Kultusministerium sie regelrecht als „Märchenerzählerin" an; mit ihren Märchenstunden am Berliner Rundfunk fand sie nicht nur begeisterte Hörer unter den Kindern, sondern auch bei Erwachsenen, die sich durch ihre eindringlich warme, modulationsfähige Stimme gern wieder zurückführen ließen in den unvergänglichen Zauber der Märchenwelt. Man hörte dieser Stimme nicht an, daß sie einer von Jugend auf schwer leidenden Frau gehörte, die immer wieder qualvolle Monate lang in einem Gipspanzer unbeweglich ans Krankenbett gefesselt war. Der Anbruch des „Dritten Reiches" vertrieb Lisa Tetzner und ihren Mann in die freie Schweiz; dort erhielt sie an der Universität Basel eine Dozentur für Spracherziehung, und das kantonale Lehrerseminar gab ihr einen Lehrauftrag für Märchenerzählung, den sie über fünfzehn Jahre lang mit beachtlichen Erfolgen erfüllte. Ihre Märchensammlungen gelten als die bedeutendsten neueren Werke dieser Art; mit ihren zahlreichen Erzählungen und Romanen hat sich die gütige, kluge Frau auch als Jugendschriftstellerin von hohem Rang erwiesen.

Um 550 v. Chr.

THEANO

Pythagoras hat seiner Zeit ungleich mehr geschenkt als nur den erweiterten Pythagoreischen Lehrsatz. Der große Mathematiker wurde zum Begründer einer Lehre, die eine Erneuerung des religiösen und sittlichen Lebens anstrebte. Er faßte seine Anhänger, unter ihnen viele Frauen, zu einem beschaulichen Orden zusammen, der in der Mathematik und Musik das ordnende Weltprinzip verehrte. Man sagt, Pythagoras habe die Musik der Sphären gehört. Auch Theano, seine Gattin, war in den Kult der orphischen Bruderschaft eingeweiht. Sie hatte sich in Medizin, Physik und Mathematik sowie in der ethischen Lebensführung ausgebildet und erzog auch ihre Töchter zu Philosophinnen. Das Altertum kannte noch ihre Schriften und Briefe, zumal das Werk über das Wesen der Tugend als „goldenen Mittelweg". Mit Callisto führte sie einen Briefwechsel über die Psychologie des Kindes und die beste Art, eine Familie zu erziehen. Ihr Ideal war das harmonische Familienleben auf der Grundlage einer einfachen Lebensführung, verbunden mit Hygiene, Musik, Tanz und Gesang. Auch schöne Gewänder galten ihr als „Mittel zum Glück". Ihre Anhänger sollten sich nicht als verängstigte Untertanen der Götter und Göttinnen fühlen, sondern als ihre hymnischen Gefährten. Theano wirkte als religiöse Verkünderin in Griechenland und Unteritalien, wo die Stadt Kroton die Hauptschule ihres Gatten aufnahm. So wenig auch von ihrem Leben bekannt ist – ihr Geist lebte in den Jahrhunderten fort. Diotima, die Lehrerin des Sokrates, war ihre spätgeborene Schwester im Geiste und, nach dem Zeugnis der Schriftsteller, eine Anhängerin der von ihr vertretenen pythagoreischen Lehre.

† 628

KÖNIGIN THEODELINDE

Die schöne Tochter des Bayernherzogs Garibald und einer langobardischen Königstochter ist die Lieblingsgestalt langobardischer Sage und Geschichte. Als der junge Fürst Authari, als Brautwerber verkleidet, von der Lombardei über die Alpen nach Bayern zog und unerkannt den Willkommensbecher Theodelindes leerte, streichelte er ihre Stirne und Wangen und wurde an dieser kühnen Geste als König erkannt. Im Mai 589 vermählten sich die beiden Liebenden in Verona. Schon nach einem Jahr starb Authari. Die Witwe mußte einen zweiten Gemahl wählen; sie lud den Herzog Agilulf von Turin ein und sagte dem Ahnungslosen, der ihr die Hand küssen wollte: „Der meinen Mund küssen darf, braucht die Hand nicht zu küssen."
Ein Vierteljahrhundert lang währte die glückliche Ehe mit dem kraftvollen jungen König. Theodelinde wurde zur Friedensfürstin des langobardischen Reiches; sie verstand es, ebensogut mit den Römern wie mit den Byzantinern zu verhandeln. Italien gesundete von den schweren Erschütterungen unter der ostgotischen Herrschaft. Theodelinde wurde zur Schützerin und Mäzenin der aufblühenden Kunst; sie ließ 602 die von ihr gegründete Kathedrale zu Monza prächtig ausschmücken, an den Wänden des Palastes zu Monza prangten Gemälde aus der langobardischen Geschichte. Ihr Beispiel wirkte noch in den kunstliebenden, belesenen Frauen der Renaissance nach – Langobardinnen wie sie! Nach dem Tode ihres Gatten Agilulf führte sie noch zehn Jahre die Regierung für ihren Sohn Adelward, immer bemüht, im Einvernehmen mit Papst Gregor dem Großen die arianischen Teile ihres Volkes Rom zuzuführen. Viele Kunstschätze aus ihrem Besitz sind erhalten geblieben.

THEODORA VON BYZANZ   Um 497 — 28. VI 548

Diese große Kaiserin, Gemahlin Justinians, schön, klug, anmutig und redebegabt, ist heute noch ein menschliches Rätsel. Im Mosaik der Kirche San Vitale zu Ravenna blickt sie uns als Heilige an; in der Geheimgeschichte des Procop, die „wahren Klatsch" erzählt, tritt sie, wenigstens bis zu ihrem 22. Lebensjahr, als öffentliche Dirne auf, in einem großstädtisch verdorbenen Byzanz mit politisiertem Zirkus und Matrosenkneipen. Auf ihrer letzten Liebesfahrt wurde sie in Alexandria vom Patriarchen Timotheus bekehrt und blieb von da an fest in Glaube und Sitte. Der 40jährige Kronprinz Justinian lernte sie als Heimarbeiterin kennen; er war von ihrer Umwandlung tief überzeugt; sein Onkel, der Kaiser Justin, hob das Gesetz auf, das nichtstandesgemäße Heiraten verbot. Das Paar wurde, zum Entsetzen der alten Kaiserin, in der Hagia Sophia getraut und dann dem begeisterten Volke im Zirkus vorgestellt. Theodora gewann bald den größten Einfluß auf den verstandesklaren, aber kalten Kaiser, der nie reiste, sondern vom Schreibtisch aus sein Weltreich regierte; sie haßte die Aussauger und korrumpierten Beamten, die sich auf Kosten des Volkes bereicherten, und stürzte den mächtigen, fetten Oberminister. Ihren größten Augenblick erlebte sie, als der Pöbel die Stadt angezündet hatte und gegen den Kaiser revoltierte. Als Justinian fliehen wollte, hielt Theodora im Kriegsrat ihre berühmte Rede, die das Reich und die Stadt rettete. Schließlich verließ sich der Kaiser nur noch auf zwei Menschen: auf Narses und auf Theodora. Die Kaiserin, der „Erdgeist des Volkes", regierte, doppelgesichtig, hart und fromm, gewaltsam und demütig, bis der Kaiser nach blutigen Kriegen den „vollkommenen Frieden" verkündete. Theodora, die Märchenkaiserin aus Byzanz, starb im Alter von fünfzig Jahren, betrauert vom ganzen Volk.

KAISERIN THEOPHANO   Um 955 — 15. VI. 991 n. Chr.

Das Musée Cluny zu Paris bewahrt eine kostbare Elfenbeinschnitzerei aus dem zehnten Jahrhundert; die gut erhaltene Arbeit zeigt Kaiser Otto II. mit seiner Gemahlin Theophano. Der Heiland segnet das jungvermählte Paar, das sich mit der Bitte „Herr, hilf Deinem Gesalbten..." unter seinen Schutz begeben hat. — In Rom war im Jahre 972 die prunkvolle Hochzeit gefeiert worden, welche die Kaiserhäuser des Ostens und des Westens für immer miteinander verbinden sollte. Theophano gilt als die Tochter der byzantinischen Kaiserin gleichen Namens und als die Nichte des Usurpators Johannes I. von Byzanz, der die friedliche Nachbarschaft mit dem jungen deutschen Kaisertum suchte und deshalb die Vermählung Theophanos mit dem Sohne Ottos des Großen begünstigte. Die junge, hochgebildete Byzantinerin gewann sich durch ihre Klugheit und Zurückhaltung bald die Zuneigung der Deutschen; sie begleitete ihren Gatten, dem sie 979 einen Sohn und Erben, den späteren Otto III., geschenkt hatte, auf seinen Reisen und Feldzügen und bettete ihn, der im Alter von erst achtundzwanzig Jahren von einer kurzen, heftigen Krankheit hinweggerafft wurde, in Rom zur letzten Ruhe. Seitdem sah sie in der Wahrung der Thronrechte für ihren unmündigen Sohn und in dessen sorgfältiger Erziehung ihre Lebensaufgabe. Sie fand die Unterstützung des einflußreichen Erzbischofs Willigis von Mainz, der sie als Regentin beriet, während der hochangesehene Bischof Bernward von Hildesheim die Erziehung Ottos III. leitete. Die Historiker nennen jenen Zeitabschnitt gern geringschätzig eine „Weiberwirtschaft", denn auch Ottos des Großen Witwe Adelheid und die Äbtissin Mathilde von Quedlinburg spielten in dieser Zeit neben Theophano eine bedeutende politische Rolle.

*Um 1716 ## KATHERINE THÉOT

„Wie hätte ich durch diesen Sumpf von Blut und Schmutz gehen können," rief der von allen Seiten angegriffene Robespierre im August 1794, „ohne IHN, an den ich glaube, immer allein mit meiner Seele..." Dieses überraschende Wort mag aus der Verzweiflung des seinen Untergang ahnenden Revolutionsführers hervorgebrochen sein. Dennoch entsprach es einer stets vorhandenen untergründigen Sehnsucht seines Inneren. Diese Sehnsucht hatte ihn auch in den Bannkreis einer der seltsamsten Erscheinungen der Französischen Revolution geführt: zu Katherine Théot, die man spöttisch oder verehrungsvoll „Chère Mère de Dieu de la Révolution" nannte. — Katherine Théot war um das Jahr 1716 im Kirchspiel Barenton geboren worden. Die turbulenten Ereignisse und die geistige Verwirrung der Zeit machten die Schwärmerin zur Mystikerin der Hinterhäuser von Paris. Um sie sammelte sich eine zunächst harmlose gläubige Gruppe von etwa fünfunddreißig Personen, zu denen der Phantast Doktor Ouvdemont, der Eiferer Dom Gerle und viele hochadlige Damen zählten. Sie alle suchten in übersteigerter Religiosität Halt inmitten der Revolution. Katherine Théot nannte sich „Wiedergeburt der Mutter Gottes" und verlas einen angeblich vom Himmel empfangenen Brief Marias, in dem Robespierre als „Sohn des Höchsten Wesens" gepriesen wurde. Trotz dieser Wahnideen schwebte die Hand des „Unbestechlichen" schützend über dem seltsamen Verein, da die prophetische Erklärung zum Messias der Zukunft ganz seinem fanatischen Sendungsbewußtsein entsprach. Eines Tages drangen Agenten des Konvents in den Kreis der Katherine Théot. Die Tatsache, daß Robespierre mit diesen Schwärmern in Verbindung gestanden und sie gefördert hatte, wurde für seine Gegner zum Angriffspunkt: Die Verhaftung Katherine Théots und ihrer Freunde bedeutete den Anfang vom Ende Robespierres.

23. VII. 1721 — 9. XI. 1782 ## ANNA DOROTHEA THERBUSCH

Die altberühmte polnische Künstlerfamilie Lisziewski hatte sich schon gegen Ende des siebzehnten Jahrhunderts in Deutschland ansässig gemacht, im brandenburg-preußischen Berlin, wo Georg Lisziewski neben vielen anderen Schülern auch seine eigenen Kinder, die hochbegabte Anna Dorothea und ihren etwas jüngeren Bruder Christian Friedrich, in der Malkunst unterrichtete. Der Sohn Christian wurde Hofmaler in Dessau und später im mecklenburgischen Ludwigslust; das Töchterchen Anna Dorothea aber machte sich durch ihre ausgezeichneten Porträts bald einen hochgeschätzten Namen. Beide Kinder überflügelten nicht nur ihren Vater, sondern gingen in der realistisch verhaltenen, eindringlichen Charakteristik ihrer Porträts weit über das künstlerische Vermögen ihres Zeitalters hinaus. Kein Wunder, daß die Fürstenhöfe sie umwarben: Im Jahre 1761 berief Herzog Karl Eugen von Württemberg Anna Dorothea als Hofmalerin nach Stuttgart, zwei Jahre später ging sie in gleicher Eigenschaft nach Mannheim. Dann folgten fünf an Aufträgen und Erfolgen überreiche Jahre in Paris; sie wurde Mitglied der Académie Royale und Ehrenmitglied mehrerer anderer europäischer Akademien. Nach kurzen Studienaufenthalten in Belgien und Holland kehrte die gefeierte Künstlerin in ihre Heimatstadt Berlin zurück, an den Hof Friedrichs des Großen, in dessen Auftrag sie zahlreiche Porträts und mythologische Szenen malte. Zu den Schätzen des einstigen Kaiser-Friedrich-Museums gehört auch ihr — in den letzten Lebensjahren gemaltes — Selbstbildnis, das über seinen künstlerischen Wert hinaus kulturgeschichtlichen Reiz besitzt durch das eigenartige, mit einem Bügel über dem Haupt befestigte Augenglas, das die Künstlerin im Alter für ihre Augen benutzte. Bis zu ihrem Ende stand sie in lebhaftem Briefwechsel mit ihrem geliebten Bruder, der sie um zwölf Jahre überlebt hat.

THERESE VON HILDBURGHAUSEN 1792 — 1854

Ihr Name ist fast vergessen, obgleich sie jahrzehntelang Königin von Bayern war, die Erinnerung an sie ist überstrahlt von jener spanischen Tänzerin Lola Montez, die 1846 nach München kam und den alternden König Ludwig I. in ein verhängnisvolles, staatserschütterndes Abenteuer stürzte. Die Jahrzehnte vorher aber hatten Therese Charlotte Luise gehört, die aus dem Herzogshause Sachsen-Hildburghausen stammte, wo die beschränkten Mittel mehr auf ein einfach häusliches Leben als auf fürstlichen Glanz hingewiesen hatten. Sie wurde von ihrer Mutter, einer Schwester der Königin Luise von Preußen, erzogen und war wie König Ludwig ein Mensch humanitärer Gesinnung, die mit ihm die Liebe zur Bildung und zu den schönen Künsten teilte. Obwohl sie sich vornehmlich der Erziehung ihrer vier Töchter und vier Söhne widmete, unter ihnen Maximilian, der einmal Nachfolger seines Vaters werden sollte, und Otto, der spätere König von Griechenland —, nahm sie mit Interesse und mitberatend Anteil an den Plänen ihres Gemahls, der nichts anderes sein wollte als ein „Herrscher im Geiste der Medici". Wie er, wünschte sie, „ein Königreich voll Glück und Wohlstand unter einer guten Herrschaft, die Blüte der Künste, Musik auf den Straßen und in jedem Bauernhaus den Schinken im Rauchfang" (W. Bolitho). Während der Affäre mit Lola Montez huldigte die Bevölkerung der Königin als der Landesmutter in demonstrativer Treue. Die Huldigung wiederholten die Münchener alljährlich auf eine besondere Weise. Aus Anlaß ihrer Hochzeit im Jahre 1810 war nämlich das erste Oktoberfest gefeiert worden, und zwar auf einem Wiesengelände, das seitdem Theresienwiese heißt, und die Münchner ließen seitdem kein Jahr vergehen, ohne auf der „Wies'n" noch einmal mit dem größten Volksfest Europas jener Hochzeit des Kronprinzen mit Therese von Hildburghausen zu gedenken.

THERESIA VON AVILA 28. III. 1515 — 4. X. 1582

Die Tochter des kastilischen Edelmanns Alfonso Sanchez de Capeda, der einen König von Léon zu seinen Ahnen zählte, war eine der genialsten Frauen, die je gelebt haben, eine der tapfersten und auch der — charmantesten. Die strenge Reformatorin des Karmeliterordens duldete in ihren Klöstern keine Düsternis: „Gott bewahre uns vor stumpfsinniger Frömmigkeit!" ist einer ihrer überlieferten und verbürgten Aussprüche. Als Siebenjährige überredete sie ihren Bruder, mit ihr zu den Mauren zu gehen, um dort das Martyrium zu erleiden; aber ein Verwandter entdeckte die Kinder und brachte sie ins Vaterhaus zurück — nach Avila, das nach einem spanischen Sprichwort nur aus Steinen und Heiligen besteht. Mit achtzehn Jahren fand sie Aufnahme im Kloster Incarnacion, dort lebte sie bis 1560. Dann begründete sie vor den Toren Avilas ein Reformkloster, dem in kurzen Abständen weitere Gründungen folgten, auch Männerklöster, zu deren ersten Mönchen die Heiligen Johannes vom Kreuz und Petrus von Alcantara zählten. 1578 wurden Theresias reformierte Klöster aufgelöst und sie selbst gefangengesetzt, aber mit Hilfe König Philipps II., der ihr wohlgesinnt war, gewann sie ihre Freiheit wieder, auch die Freiheit, ihr Werk fortzusetzen. Der König und Theresia haben einander nie gesehen, aber es bestand ein lebhafter — noch erhaltener — Briefwechsel, und ihrem König verdankte die leidenschaftliche Streiterin für die Kloster- und Kirchenreform die Bestätigung ihrer Gründungen durch den Papst. Auch mit anderen Großen der Zeit pflegte sie Gedankenaustausch. Ihre Schriften und Briefe, in denen die „Patronin Spaniens" sich als begnadete Mystikerin und als Klassikerin der spanischen Sprache erweist, füllen neun Bände. Schon bald nach ihrem Tode betrieb König Philipp ihre Heiligsprechung; ihre Schriften verwahrte er zusammen mit den Werken Augustins in seiner mönchischen Kammer im Escorial.

2. I. 1873 — 30. IX. 1897   THERESIA VON LISIEUX

Theresia Martin aus Alençon in der Normandie war vier Jahre alt, als ihre Mutter starb und den Gatten mit seinen fünf Töchtern allein zurückließ. Pauline, die Älteste der Schwestern, betreute die Kleinen und half dem Vater, der mit den Kindern nach Lisieux übersiedelte und sie dort in frommer Gesinnung unterwies. Als Theresia neun Jahre alt war, trat Pauline, ihre „kleine Mutter", als „Schwester Agnes vom Kinde Jesu" in den Karmel von Lisieux, vier Jahre später nahm auch ihre Schwester Marie den Schleier. Als auch die vierzehnjährige Theresia den Wunsch aussprach, es den Schwestern gleichzutun, versagte ihr die bischöfliche Behörde wegen ihrer Jugend die Erfüllung. Erst nach einer Sonderaudienz bei Papst Leo XIII. öffneten sich für Therese die Klosterpforten; am 10. Januar 1889 wurde sie als „Theresia vom Kinde Jesu" eingekleidet. Ein Jahr später legte sie das Gelübde ab. Nach des Vaters Tod schloß sich auch ihre letzte Schwester dem Karmel an. Thereses Ordensleben verlief ohne jede Sensation. Klaglos und heiter diente sie der Gemeinschaft. Ihr kleines, gütiges, gotterfülltes Herz aber umfaßte alle leidenden, ringenden, sündigen und sühnenden Menschen draußen in der Welt. 1894 begann die stets kränkelnde Theresia — sie war lungenleidend — in der Selbstbiographie „Geschichte einer Seele" den „kleinen Weg" aufzuzeigen, den jeder gehen kann, der im „Kindsein vor Gott" zur Vollkommenheit strebt. Sie vollendete das auch in seiner Bildhaftigkeit und Sprachkraft erstaunliche Lebensbuch auf dem Krankenlager, auf dem sie in monatelangem Leiden geduldig den Heimgang erwartete. Am 30. September 1897, um fünf Uhr morgens, versammelte der Ruf der Totenglocke die Karmeliterinnen um das Sterbebett ihrer Schwester. Achtundzwanzig Jahre später wurde die „Kleine Heilige" von Papst Pius XI. zur Ehre der Altäre erhoben.

13. VIII. 1762 — 9. VI. 1817   THÉROIGNE DE MÉRICOURT

Théroigne de Méricourt ist eine der phantastischsten und widerspruchsvollsten Erscheinungen der Französischen Revolution. Der Historiograph der Gironde, Lamartine, nennt sie „die unreine Jeanne d'Arc des öffentlichen Platzes"; für das aufständische Volk von Paris war sie lange Zeit nur „die schöne Lütticherin". Sie wurde die Freundin der Revolutionäre Mirabeau, Danton, Sieyès und Chénier und eine der leidenschaftlichsten Todfeindinnen des herrschenden Adels. — In ihrer frühen Jugend war sie das Opfer eines adligen Verführers geworden; entehrt und verlassen war sie nach Lüttich und später nach London geflohen. Entwurzelt und völlig gleichgültig gegenüber jeder Daseinsordnung, jubelte sie, als die Revolution von 1789 ihr in Paris die Möglichkeit zu persönlicher Rache an den Vertretern der verhaßten Gesellschaftsschicht bot. In buntem Amazonenkleid und mit wallendem Federhut, den Säbel und die Pistolen im Gürtel, führte sie das Armeekorps der Vorstädte an; in den ersten Reihen half sie die Gittertore der Waffenarsenale sprengen, um die Kanonen zu holen; sie stieg als erste auf die Wälle der Bastille. Im Oktober führte sie an der Seite des wild tobenden Jourdan die Königsfamilie von Versailles zur besseren Überwachung in das Pariser Stadtschloß, die Tuilerien. Lange blieb sie die Wortführerin der rasenden Rache, bis sie sich in den Girondisten Brissot verliebte und mildere Töne anschlug, als sie in den beginnenden Sturz der Gironde hineingezogen wurde. Ihre enttäuschten Kampfgenossinnen, die „Furien der Guillotine", überfielen sie auf der Terrasse der Tuilerien, rissen ihr die Kleider vom Leibe und peitschten die „Verräterin" aus. Die Schande löschte den letzten Funken Stolz und Menschlichkeit in der schönen Frau. Sie verfiel in Wahnsinn und verbrachte die restlichen zwanzig Jahre ihres Lebens im Irrenhaus.

ROSA THOMA 1804 — 1897

Während das Mutterbildnis Albrecht Dürers in tragischer Verschlossenheit verharrt, blicken die Augen der Mutter, die Hans Thoma so oft gemalt und gezeichnet hat, bei aller sorgenvollen Kümmernis auf den Grund der Dinge, ja sie schauen durch die Dinge hindurch ins Ewige. Der Sohn rühmt ihre „Naturfrömmigkeit"; daß sie auch lebensfroh sein konnte, erzählt der greise Maler in seinem Tagebuch: Wenn sie, das Schwarzwaldmädchen, mit ihrem Bruder im Wirtshaus tanzte, traten die übrigen Paare beiseite, um ihre Anmut zu bewundern. Ihr Vater musizierte, einer ihrer Brüder war Klavierstimmer, Orgelbastler, Maler und Holzschnitzer in einem; so führt die künstlerische Lebenslinie Hans Thomas aus dem Muttererbe unmittelbar in die Fülle seines reichen Werkes, das 2000 Gemälde, 600 Graphiken in Steindruck und Radierung und unzählige Zeichnungen umfaßt. Die tiefe Religiosität, die aus diesen Werken, aus seinen Schriften und seiner Lebensführung hervorleuchtet, war der Abglanz des mütterlichen Herzens — Rosa Thomas. Ihr Leben war Mühe und Arbeit; während ihr Mann Holz schnitzte, betrieb sie eine Brot-, Mehl- und Spezereiwarenhandlung. Als ihr Gatte und der älteste Sohn, der Lehrer Hilarius, gestorben waren, galt ihre ganze Sorge dem jungen Kunststudenten Hans. Viele harte Taler wanderten aus der schmalen Ladenkasse nach Karlsruhe, bis ein bescheidenes Zimmer und die Malutensilien beschafft waren. Der Sohn mußte immer mahnen: „Arbeitet nicht so viel und schafft nicht für andere Leute!" Aber erst nach Jahrzehnten der Entbehrung und des Glaubens konnte Hans Thoma Mutter und Schwester und den Kater Peter in sein Haus in Frankfurt aufnehmen. Auf dem Sterbebett hörte die Mutter Musik, die „wunderbarste ihres Lebens", wie sie sagte. Ihr Begräbnistag wurde, wie Hans Thoma schrieb, zu einem „hohen Festtag".

DOROTHY THOMPSON 8. VII. 1894 — 31. I. 1961

„Wenn die Frauen der ganzen Welt den Wahnsinn des Krieges nicht erfolgreich bekämpfen — dann hat die Frau ihre Aufgabe nicht erfüllt und der Untergang der Menschheit ist besiegelt. Alle Frauen müssen davon überzeugt werden, daß Kriege verhindert werden können, wenn sie ihn wirklich verhindern wollen. Immer wieder müssen die Forderungen der Frauen den Vereinten Nationen und den Regierungen aller Staaten der Erde unterbreitet werden..." So lauten die Grundforderungen der von Dorothy Thompson ins Leben gerufenen „Weltorganisation der Mütter Aller Nationen", mit deren Begründung die erfolgreichste Journalistin Nordamerikas ihr reiches Lebenswerk krönte. Heute werden die richtungsweisenden Aufsätze dieser kämpferischen, unbeirrbar im Dienste des Rechtes, der Wahrheit und der Freiheit wirkenden Frau jeweils von über hundertfünfzig amerikanischen Tageszeitungen nachgedruckt und verschaffen ihren Ideen und Forderungen weltweite Resonanz. — Dorothy Thompson studierte in Amerika und in Österreich und wurde Propagandistin der New Yorker Kampagne für das Frauenstimmrecht. In zweiter Ehe war sie mit dem Nobelpreisträger Sinclair Lewis verbunden, dem Verfasser des „Babitt"; sie begleitete den schwierigen, nervösen und überempfindlichen Dichter auf „seiner verzehrenden Suche nach dem Unmöglichen" im Wohnwagen durch Europa und widmete sich nach der Trennung erneut ihren selbstgewählten journalistischen Aufgaben. Zum entscheidenden Erlebnis wurde ihr der Heldentod ihres geliebten Stiefsohnes im zweiten Weltkrieg; er war auf der Harvard-Universität Studienkamerad des Grafen Helmuth James von Moltke gewesen, der nach dem 20. Juli 1944 seine Teilnahme am Aufstand der Offiziere am Galgen büßte. Auch Dorothy Thompson hatte mit Moltke in fruchtbarem Briefwechsel gestanden — sie empfand seinen Tod als Opfer für ein Höheres als den Nationalstaat, als ein Opfer für die Menschlichkeit überhaupt, der sie ihr Leben geweiht.

1853 — 1934   **MARIE VON THURN UND TAXIS**

Gegen Ende des zweiten nachchristlichen Jahrhunderts erbaute der große Diokletian, der die Adria liebte, an den steilen, hellroten Karstfelsen ihres Nordufers einige Festungen, von denen der mächtige graue Turm von Duino bei Triest bis in unsere Tage erhalten blieb. Er ist umgeben von einem wehrhaften, jüngeren Burgbau, in dem auch der aus seiner Vaterstadt verbannte Dante Schutz und Zuflucht fand. Schloß Duino ging in späterer Zeit an die reichsfürstliche Familie von Thurn und Taxis über. Das alte Schloß, in dessen gastlichen Mauern Franz Liszt, Stendhal, Eleonora Duse und Gabriele d'Annunzio entscheidende Phasen ihres künstlerischen Schaffens erlebten, erhielt neuen Ruhm durch Rainer Maria Rilke; mit seinen „Duineser Elegien" machte er den Namen dieses Hauses unsterblich, in dem ihm die fürsorgliche, mütterliche Freundschaft der Fürstin Marie von Thurn und Taxis die Möglichkeit ungestörten und von Alltagssorgen unbeschwerten Schaffens geboten hat. Die geborene Prinzessin Hohenlohe hatte den Dichter im Jahre 1909 in Paris kennengelernt; aus erster flüchtiger Begegnung erwuchs eine herzliche, bis zu Rilkes Tode sich bewährende Freundschaft, die sich in einem umfangreichen und für das Verständnis von Rilkes Werk wesentlichen Briefwechsel spiegelt. Die Fürstin hat nach dem Tode des Dichters ein kleines Erinnerungsbuch veröffentlicht, vielleicht der menschlichste und zugleich liebenswürdigste der zahllosen Berichte, die von Frauen über ihre Beziehungen zu Rilke abgegeben worden sind. Der bedeutenden Frau – sie starb im Jahre 1934 hochbetagt auf ihrem Schloß Lautschin in Böhmen – hat der stets gefährdete Dichter seine „Duineser Elegien" gewidmet.

* Um 10 v. Chr.   **THUSNELDA**

Arminius, der Besieger des Varus im Teutoburger Wald, ist in Kunst und Geschichtsschreibung weniger bedacht worden als seine edle Gemahlin Thusnelda; erst nach 1800 Jahren hat Kleist in seiner „Hermannsschlacht" neben Thusnelda Arminius zur dichterischen Gestalt erhoben, dabei aber das Bild Thusneldas gewiß verzeichnet: Intrige und Rachsucht lagen der unglücklichen Germanin fern. Die römische Plastik, die unter dem Namen Thusnelda in der Loggia dei Lanzi zu Florenz zu sehen ist, stellt eine tieftrauernde, vom Schicksal überwältigte Frau edelster Haltung dar, die sehr wohl – und das ist der andere Name der Plastik – als Symbol der „Germania capta", des gefangenen Germaniens, gelten kann. Nach den antiken Geschichtsquellen stand sie schon als Braut im Schatten des tragischen Zwistes zwischen Arminius und ihrem Vater Segestes, der ein Römerfreund war: Arminius raubte sie ihrem Vater und machte sie zu seiner Frau. Als fünf Jahre nach dem Tode des Varus die Römer unter Germanicus den Rachefeldzug gegen Arminius unternahmen, mußten sie zuerst den von Arminius belagerten Segestes befreien. Tacitus erzählt: „Segestes wurde mit einer großen Schar von Verwandten und Schutzbefohlenen befreit. Auch vornehme Frauen waren darunter, so die Gattin des Arminius; keine Träne rann über ihre Wangen, keine Bitte erniedrigte ihren Mund. Sie preßte in dem Bausch ihres Gewandes ihre Hände zusammen und blickte stumm auf ihren gesegneten Leib." Germanicus sicherte dem alten Segestes zwar Straflosigkeit für Thusnelda zu, aber Strabo erzählt, daß ihn Triumphzug des Germanicus zu Rom auch die gefangene Thusnelda mitgehen mußte. Ihr weiteres Schicksal verliert sich im Unbekannten. Ihr Sohn Thumelicus, der in Ravenna aufwuchs, soll nach Tacitus „zum Gespött der Menge" geworden sein.

MADAME TIBLE 18. Jahrhundert

Nach der Erfindung des Warmluftballons durch die Gebrüder Montgolfier (1782) und des Gasballons durch Professor Charles (1783) und nach den erfolgreichen Aufstiegen des französischen Berufsluftschiffers Jean Pierre Blanchard wurde Europa vom „Ballonfieber" erfaßt. Auch das schöne Geschlecht, vor allem die Pariser Damenwelt, blieb nicht verschont. Kein Volksfest und Jahrmarkt, keine Gedenkfeiern, an denen nicht Ballone, bemannt oder unbemannt, gen Himmel stiegen, um der sensationslüsternen Menge das Neueste vorzuführen. In dieser Zeit wurde Madame Tible die erste Luftschifferin auf der Welt. Am 4. oder 24. Juni 1784 – der Tag steht nicht genau fest – stieg sie zusammen mit dem Schiffsmaler Fleurant in Lyon in Gegenwart des Schwedenkönigs mit einer Montgolfiere bis in weit über zweitausend Meter Höhe auf. Frau Tible hat die Fahrt ebenso realistisch wie lyrisch beschrieben. Ihr Bericht ist die erste Frauen-Luftreportage der Welt: „Welche Lust, diese Erde zu verlassen, die von Neid und Eigennutz verzehrt wird. Welches Vergnügen, sich in die Gegenden des Himmels zu erheben, in denen majestätisches Schweigen und ewiger Friede herrschen. Wie leicht ist es, in dieser Stille die armselige Erde zu vergessen ... Die Erde war für uns nicht mehr vorhanden, ein undurchdringliches Gewölk trennte uns von ihr. Fünf sehr deutlich unterschiedene Luftzüge führten uns anfangs nach Süden, dann nach Nordnordost, nach Nordsüdost, nach Südost und endlich nach Südostost. Wir befanden uns, wie ich glaube, in der größten Höhe, die man überhaupt erreichen kann; denn wir fingen an, Schmerzen in den Ohren zu empfinden, schwer zu hören, zu atmen, so daß wir uns genötigt sahen, das Feuer zu vermindern und herabzukommen."

FRANZISKA TIBURTIUS 24. I. 1843 — 5. V. 1927

Wer hätte geglaubt, daß aus dem fröhlichen Landkind, das als Jüngstes von neun Geschwistern auf dem väterlichen Gut Bigdamitz auf Rügen heranwuchs, die erfolgreiche Vorkämpferin für den weiblichen Arztberuf werden würde! Ihr Weg war nicht leicht; erst siebzehn Jahre alt, wurde sie Erzieherin bei den sechs Kindern eines Barons in Vorpommern, dann – nach Ablegung ihres Lehrerinnenexamens – bei den vier Töchtern eines Geistlichen in England, aber überall verstand sie sich anzupassen. Von England rief sie ihr Bruder, der als Oberstabsarzt im Felde an Typhus schwer erkrankt war, anfangs 1871 zu seiner Pflege zurück. Dieser Schritt war entscheidend für ihren ferneren Lebensweg; der Bruder verhalf ihr zum medizinischen Studium, das sie 1871–1876 in Zürich mit der Erfolgsnote „sehr gut" beendete, denn noch waren deutsche Universitäten den Frauen verschlossen. Nach ihrer Rückkehr wurden ihre Gesuche um Ablegung des deutschen Staatsexamens abgelehnt. Nach kurzer Volontärzeit in einer Frauenklinik in Dresden eröffnete sie 1876 zusammen mit der ihr von Zürich her befreundeten Dr. Emilie Lehmus im Arbeiterviertel im Norden Berlins eine Privatpraxis, bei der als Unkostenbeitrag zehn Pfennig für die Konsultation erbeten wurden. Der Zulauf war groß, und mit den Jahren stellten sich auch Patienten höherer Stände, selbst aus Hofkreisen, ein. Aus der bescheidenen Praxis ging später die Klinik weiblicher Ärzte hervor. Einunddreißig Jahre war Franziska Tiburtius Ärztin in Berlin. Ihre Begabung lag auf praktischem Gebiet, dank ihrem Einfühlungsvermögen, ihrer klugen und ernsten Lebensauffassung, ihrem zähen Fleiß und ihrer Energie. An ihrem Lebensabend führte sie noch weite Reisen, auch ins Ausland, durch. Ihr reich erfülltes Leben beschloß sie 1927 in ihrer Klinik.

1834 — 24. VIII. 1911 HENRIETTE TIBURTIUS-PAGELSEN

Sie war die erste deutsche Zahnärztin, und sie erreichte ihr Ziel
auf geradezu abenteuerlichen Wegen. In Westerland auf Sylt
geboren, genoß sie einen vorzüglichen Unterricht, es wurde ihr
aber verwehrt, Latein zu lernen, da sie „doch einmal heiraten
werde". Man zwang sie mit neunzehn Jahren zur Ehe mit einem
Manne, der sich als notorischer Trinker erwies. Als die Ehe
nach bitteren Erfahrungen geschieden wurde, stand die junge
Frau mittellos im Leben. Zahnschmerzen, an denen sie lange
Zeit litt, brachten sie auf den Gedanken, Zahnärztin zu werden;
aber es gab in Deutschland noch keine entsprechende Ausbildungsmöglichkeit für Frauen. Ein amerikanischer Zahnarzt, der
in Berlin lebte, riet ihr, am Dental College der Universität
Philadelphia zu studieren, wo bereits eine Amerikanerin das gleiche Studium absolviert habe. Vorsorglich verschaffte sich Henriette Pagelsen beim preußischen Kultusministerium die Zusage, daß sie nach dem Besuch der Universität in Preußen
praktizieren dürfe; sie lernte ein Jahr lang Englisch, erwarb die nötigen technischen
Kenntnisse und reiste nach Übersee. Enttäuscht mußte sie in Philadelphia erfahren,
daß noch nie eine Frau Zahnheilkunde studiert hatte, ihr Berliner Gewährsmann war
falsch unterrichtet gewesen. In einem Apotheker fand sie einen Vermittler und in
Professor Truman einen Fürsprecher, der seiner Fakultät gegenüber die Kabinettsfrage stellte und so die Zulassung der jungen Deutschen erzwang. Zwei Jahre später
konnte Henriette ihr Studium mit Erfolg abschließen und nach Deutschland zurückkehren. In Berlin baute sie sich 1869 eine umfangreiche Praxis auf und verheiratete
sich mit Dr. med. Tiburtius, mit dessen Schwester sie eine Poliklinik für Frauen
eröffnete. Sie war Mitbegründerin des „Vereins zur Hebung der Sittlichkeit" und des
„Vereins zur Erziehung schulentlassener Mädchen für die Hauswirtschaft".

31. X. 1866 — 21. VII. 1930 EVA VON TIELE-WINCKLER

Als „Mutter Eva" in Schlesien weit bekannt, gründete die
Baronin Tiele-Winckler eine eigene Schwesternschaft, die mit
ihren zahlreichen Anstalten der von Bodelschwingh geschaffenen glich. Als Erbin eines großen elterlichen Vermögens, das
die Herrschaft Miechowitz in Oberschlesien umfaßte, war sie
in der Lage, eine umfangreiche Liebestätigkeit zu entfalten.
Schon als junges Mädchen den Vergnügungen ihres Alters
wenig zugeneigt, hatte sie sich verlassener Kinder auf den
väterlichen Gütern angenommen. Nachdem sie in Bethel sich
als Diakonisse hatte ausbilden lassen, kehrte sie nach Schlesien
heim, obwohl Bodelschwingh sie gern als Oberin behalten
hätte; er blieb ihr ein väterlicher Freund und Berater, auch
Seelsorger in den geistlichen Anfechtungen, denen sie ausgesetzt war. Von ihrer
Gründung „Friedenshorst" in Miechowitz ausgehend, schuf sie vor allem Kinderheime für Waisen und Verlassene; diese Häuser zeichneten sich durch eine fröhliche
Stimmung aus, auch in der Kleidung der Kinder, bei der alles Anstaltsmäßige vermieden wurde. Die seit 1892 bestehende Schwesternschaft beteiligte sich u. a. an
der China-Mission. Eva Tiele-Winckler starb 1930, ehe die politischen Veränderungen ihr Werk in Schlesien zerstörten. Aber sie lebt im Gedächtnis aller weiter, die
ihr je begegnet sind. Gerade weil ihr Lebensgang nicht leicht war und immer wieder
von schweren geistlichen Nöten heimgesucht wurde, dient sie weiter als Wegweiserin und Helferin. Die Schwestern, kenntlich durch einen das Gesicht umrahmenden Schleier, sind zum großen Teil nach der Mark übergesiedelt, wo sie sich
der Krankenpflege und allgemeiner Liebestätigkeit widmen. Eva Tiele-Winckler
hat in Lebenserinnerungen ihre Erfahrungen niedergelegt.

ALEXINE TINNÉ 17. X. 1839 — 1. VIII. 1869

Während der Afrikaforscher Gustav Nachtigal 1869 in der Oase Bornu im Fezzan weilte und sich anschickte, in die bis dahin kaum betretene, von Banditen und Räubern beherrschte Sahara- und Sudanregion vorzudringen, war er nicht wenig erstaunt, als ihm eines Tages die wohlausgerüstete Karawane einer weißen Frau begegnete, die die gleiche Absicht verfolgte wie er. Diese Europäerin war Alexine Tinné. Tochter eines reichen, in England naturalisierten Holländers und seit ihrem sechzehnten Lebensjahr in Ägypten aufgewachsen. Von Ägypten aus hatte sie mit Mutter und Tante kühne Entdeckungsreisen nilaufwärts unternommen. Sie hatte zuerst Khartum, später den sagenhaften Gazellenfluß erreicht, aber Mutter und Tante waren in den dortigen Sümpfen dem Klima zum Opfer gefallen. Trotzdem blieb Alexine ihrer Forschungsaufgabe treu. 1864 reiste sie von Khartum über Suakin nach Kairo, 1868 durchstreifte sie kühn die Bergländer und Steppenwüsten von Algerien und Tunesien und nun — im Frühjahr 1869 — war sie in Bornu eingetroffen, um die legendären Tuareg im Herzen der Sahara aufzusuchen. Alle Wohlmeinenden, vor allem Gustav Nachtigal und sein treuer, landeskundiger Diener Mohammed, suchten Alexine Tinné von ihrem gefährlichen Vorhaben abzubringen. Sie erwiderte: „Opfer müssen gebracht werden, wenn wir klarer sehen sollen!" Es blieb offen, ob sie Opfer finanzieller Art meinte oder damals bereits die Geschehnisse ahnte, die wenige Monate später eintraten. Als Nachtigal unter unsäglichen Abenteuern und Leiden ins Tibestigebirge eindrang, teilte man ihm mit, daß dort im Sommer 1869 Alexine Tinné von räuberischen Tuareg ermordet worden sei. Der Reichtum ihrer Expeditionsausrüstung war ihr zum Verhängnis geworden. So wurde ihr junges Leben das Opfer, das die geographische Wissenschaft für die Erkundung des Tibesti zahlen mußte.

TATJANA TOLSTOJ 22. VII. 1842 — 4. XI. 1919

Am 20. November 1910 späht eine verzweifelte alte Frau — hinter ihr Reporter und Pressefotografen — durch das Fenster einer kleinen russischen Bahnstation. Drinnen stirbt ihr Mann, Leo Tolstoj. Sie darf nicht zu ihm hinein. Vor ein paar Tagen hat der Zweiundachtzigjährige sie verlassen, um als „Heiliger" in die Wälder zu gehen. Sie sieht ihn sterben, der sie geliebt und den sie geliebt hat. Sie hat mit ihm gearbeitet, nach seinem Diktat seine großen Romane niedergeschrieben. Sie hat sein Genie befeuert, seinen sozialen Radikalismus zurückgedämmt und durch den Reichtum ihrer Frauenseele seiner Suche nach dem Ur-Christentum Maß und Mitte gegeben. Sie war das Frauenmodell für Tatjana in „Krieg und Frieden", für Kitty in „Anna Karenina", seinen beiden Meisterwerken. Nach fünfzehn glücklichen Jahren auf dem Gut Jasnaja Poljana hatte dann die Tragödie begonnen. Tolstoj, der Hochberühmte, wollte im urchristlichen Sinne seinem Glauben leben. Er brach mit der Kirche, mit dem Staat, mit der Gesellschaft; zornig und starr überwarf er sich mit allen, auch mit der Kunst und der Wissenschaft. Als ihn der heilige Synod exkommunizierte, verteidigte sie ihn öffentlich, obwohl er sich langsam von seiner „luxuriösen" Familie löste. Er zog sich den Bauernkittel an und predigte das Reich Gottes und die Abschaffung des Privateigentums; er war nur noch Gast in ihrem Hause, das er ihr und den Kindern samt allem Besitz überschrieb, um „weniger schuld zu sein". Dann verließ er sie mit seinem Arzt und Jünger Makowitzky, nur zweiunddreißig Rubel in der Tasche ... Tatjana begrub den Toten auf ihrem Gut Jasnaja Poljana.

1425 — 25. III. 1482   LUCREZIA TORNABUONI

Die Blüte italienischer Kultur, die sich mit den Mediceern und Florenz verbindet und sich in den Landhäusern um die Stadt, vor allem in Careggi, entfaltete, hatte keine edlere und verständnisvollere Betreuerin als Lucrezia Tornabuoni, die Mutter Lorenzos des Prächtigen. Sie war weitaus mehr als eine gebildete Frau; ohne gelehrt zu sein, war sie die Seele eines Kreises von Künstlern und Denkern, die unter dem Schutz der Mediceer arbeiteten und der wunderbaren Fürstin, neben äußerlichem Lohn, die viel wichtigere geistige Anregung verdankten, im Rahmen einer erlesenen Gesellschaft. In dieser dem Musischen hingegebenen, Sitte und Stil wahrenden Dame erfüllte sich die schönste Aufgabe, die Frauen von Rang zufällt: allein durch Klugheit, Einfühlung, stille Einwirkung und natürliche Würde begabte Männer zu befruchten und jene Atmosphäre zu schaffen, in der außerordentliche Leistungen wie von selbst entstehen. Auch in den Taten ihres großen Sohnes verewigte sich der Geist der Mutter. Obwohl tief religiös, erkannte sie im spöttischen Freigeist Luigi Pulci dessen Talent und förderte ihn, den Verfasser des romantischburlesken Epos „Morgante Maggiore". Ebenso bewährte sie sich als Gönnerin des gelehrten Dichters zahlloser lateinischer Oden, Elegien, Epigramme und toskanisch volkhafter Verse, des strengen Erziehers ihrer Enkel, Angelo Poliziano. Ihr Einfluß auf so hervorragende Gestalten der frühitalienischen Literatur ist umso begreiflicher, als sie dieser selbst angehört; sie dichtete Sonette, religiöse Kanzonetten und schrieb Briefe, die bis heute an Frische und Wert nichts einbüßten und Fundgruben für die Erforschung der Zustände jener Tage sind.

1851 — 1924   ANTONIE TRAUN

Die große nationale, soziale und demokratische Freiheitsbewegung des Revolutionsjahres 1848 bescherte der Freien Stadt Hamburg die „Hochschule für Frauen", eine Pflanzstätte für gehobene Frauenkultur: Die Frau sollte zur gegenwartsbewußten, verantwortungsfreudigen deutschen Bürgerin erzogen werden. Der Schwager Antonie Trauns, ein hanseatischer Senator, gründete später die Hamburger Volksheime und soziale Siedlungen in den Arbeitervierteln, ein Patrizier, der die drohende Spaltung des Volkes in Arbeiter und Bürger verhüten wollte. Aus diesen beiden Ideen, einer männlichen und einer weiblichen, entwickelte sich auch das Lebenswerk Antonie Trauns. Sie rief, im Zusammenhang mit den Volksheimen, die „Sozialen Hilfsgruppen" ins Leben und gliederte sie selbständig dem „Allgemeinen Deutschen Frauenverein" an. Sie war Mutter von fünf Kindern, energisch, klug, durchaus realistisch und voll Humor; es fiel den Verwaltungsbeamten schwer, ihrer liebenswürdigen Sachlichkeit zu widerstehen, zumal sie für jede Art von betulicher Betriebsamkeit nur überlegene Ironie übrig hatte. Als in Hamburg die soziale Frauenschule und das Sozialpädagogische Institut gegründet wurden, schickte sie die Töchter der Patrizierfamilien samt ihren eigenen hinein, damit sie früh mit den sozialen Problemen bekannt wurden. Als entschlossene Führerin des Verbandes für Armenpflege, Waisenpflege und Vormundschaft erreichte sie die Besetzung der Ehrenämter mit sozial ausgebildeten Frauen. Im ersten Weltkrieg übernahm sie die Leitung der Bekleidungskammern, in denen für Zwecke der Wohlfahrtspflege Kleider gesammelt, verarbeitet und an Bedürftige verteilt wurden. Nach 1918 war sie die Seele des Wiederaufbaus in der Organisation der Hamburger Hausfrauen — alle Kreise der Bürgerschaft zollten ihr Beifall als einer über den Parteien stehenden Frau, die ihrer schlichten, aber lebenswichtigen Aufgabe gewachsen war.

FLORA TRISTAN

1803 — 1844

In Pariser Arbeiterversammlungen meldete sich im Frühjahr 1843 des öfteren eine noch jung aussehende Frau zu Wort, deren mit apostolischer Überzeugungskraft vorgetragene Ideen ebenso Aufsehen erregten wie ihre geheimnisumwitterte exotische Schönheit. Sie hieß Flora Tristan, war die Tochter eines hohen peruanischen Offiziers und lebte mit ihrer verwitweten französischen Mutter in großem Elend. Als Sechzehnjährige hatte sie einen Pariser Lithographen geheiratet, in dessen Werkstatt sie tätig war. Aber die Ehe zerbrach bald; Flora ging nach Peru, um von der Familie ihres verstorbenen Vaters einen geringen Teil seines großen Vermögens für sich zu erbitten, aber sie erfuhr eisige Ablehnung und kehrte enttäuscht nach Paris zurück. Hier begann sie eine eifrige literarische Tätigkeit in der Frauenbewegung und der Arbeiter-Internationale; ihr erstes, im Frühjahr 1843 im Selbstverlag erschienenes programmatisches Werk „Die Union der Arbeiterschaft" wurde mit Begeisterung aufgenommen. In neun Punkten faßte sie ihre Lehre zusammen, die in der Feststellung gipfelte, daß „die grundsätzliche Gleichheit der Rechte von Mann und Frau der einzige Weg ist, der zur Einigkeit der Menschen führen kann..." Unter den Subskribenten dieser Schrift finden sich die Namen von George Sand, Eugène Sue, Marceline Desbordes-Valmore und Bérenger; eine geistige Elite fühlte sich von dem eigenartigen Mystizismus dieser sichtlich von den Saint-Simonisten beeinflußten Frau angezogen, und auch Karl Marx wurde von seinen Freunden auf sie aufmerksam gemacht, als er im Oktober 1843 als Emigrant nach Paris kam. Er erwähnt ihren Namen in seiner „Heiligen Familie", und obwohl sie einander beeinflußt und gefördert haben, ist es merkwürdigerweise doch nie zu einer persönlichen Begegnung gekommen. Flora Tristan starb schon 1844. Ihre Tochter Aline ist die Mutter des großen Malers Paul Gauguin...

NATASCHA TROFIMOWA

Man nannte sie „ein Phänomen des europäischen Balletts", diese Russin, deren Eltern nach dem ersten Weltkrieg aus Petersburg, ihrer Geburtsstadt, nach Berlin flohen. Als Kind schon tanzte sie nach der Balalaika, sah zum erstenmal die große Anna Pawlowa, und dieser Abend entschied über ihr Leben. Nach dem Tode des Vaters schickte die verarmte Mutter die Kleine als Statistin in die Ballettschule der Eugenia Eduardowa, die ihre glänzende Karriere als Tänzerin wegen einer Fußverletzung hatte abbrechen müssen. Die Lehrjahre waren außerordentlich hart für das körperlich empfindliche Kind; sterbenselend trat sie als „Aschenbrödel" in ihrer ersten Rolle auf und siegte, trotz ihres schrecklichen Lampenfiebers. Der Krieg unterbrach ihre Ausbildung. Natascha wurde Munitionsarbeiterin; erst 1946 wurde sie von Tatjana Gsovsky an die Berliner Staatsoper geholt. Sie tanzte als Ballerina in Strawinskys „Petruschka". Auch jetzt, als Solotänzerin, hatte sie Angst, die Rolle der kalten, bemalten Puppe zu tanzen, die Strawinsky erdacht hatte. Sie betete vor der kleinen Ikone, die sie ständig begleitete. Der Beifall war stürmisch. Die Kritik rühmte sie als „technisch vollendet durchgebildete Tänzerin von klassischer Schulung und lebhafter Ausdrucksfähigkeit". Die Intendanz der Berliner Staatsoper ernannte sie zur Primaballerina, sie war jetzt „Die Trofimowa". Selig verträumt tanzte sie das junge Mädchen im „Geist der Rose", das 1911 die Karsawina in Monte Carlo gestaltet hatte; sie tanzte das „Dornröschen" (Tschaikowsky) und die „Julia" in Prokofiews Ballett „Romea und Julia". 1951 kam sie nach München. Natascha ist in allen modernen Balletten zu Hause – ohne selbst ein „Zuhause" zu haben. Sie sagt: „Nicht wir wählen ja unseren Beruf. Der Beruf wählt uns. Wir können ihm nur gehorchen."

Um 1100

TROTULA VON SALERNO

Die erste große Medizinerin des Mittelalters, Trotula, lebte und lehrte zu der Zeit in Salerno, als der Normannenherzog Robert Guiscard 1075 ihre Vaterstadt eroberte. Salerno war fast ein Jahrtausend lang eine berühmte Stätte medizinischer Forschung und blieb es auch unter den Normannen. Trotula stammte wahrscheinlich aus der vornehmen Familie der Ruggiero, war Gattin eines anerkannten Arztes und Mutter von drei Söhnen. Sie lehrte ihre Schüler und Schülerinnen das medizinische Wissen nicht nur durch Anschauung am Krankenbett und durch das vom Katheder herab gesprochene Wort, sondern verfaßte für sie auch eine Art Leitfaden, die „Kurze Praxis". Damit die Vorschriften für die Hygiene allzeit im Gedächtnis blieben, setzte sie die Leitsätze in gereimte Verse um. Trotula hat ferner das erste von einer Frau verfaßte geburtshilfliche Lehrbuch geschrieben, es enthält nicht weniger als dreiundsechzig Kapitel. Berühmt wurden auch ihre Bücher über die Mißgeburten und über die Zusammensetzung wirksamer Arzneimittel; zu ihrer Zeit war der Arzt ja noch sein eigener Apotheker und stellte Pulver, Salben und Tränklein selber her. Sie ist in Anweisungen und Rezepten auch auf die Schönheitspflege eingegangen, zeigte, wie man eine von Natur gelbliche Gesichtsfarbe in zartes Weiß verwandelt, wie man zu rosigen Wangen gelangen oder wie man die Farbe der Zähne aufhellen kann, die Lippen durch haltbare Schminke reizvoller gestaltet und schwarzes Haar in hellblondes oder goldfarbenes verwandelt. Die Bücher der Trotula sind uns nicht in den Urschriften erhalten, sondern in zahlreichen, immer neuen Abschriften, die bis in die ersten Zeiten der Buchdruckerkunst gehen.

13. X. 1919 — 17. VIII. 1942

TSAHAI VON ÄTHIOPIEN

Prinzessin Tsahai — der Name bedeutet „Goldene Sonne" — war kaum elf Jahre alt, als ihr Vater Ras Tafari zum Negus Negesti, zum „König der Könige", und Kaiser von Äthiopien gekrönt wurde. In einer goldenen Prunkkarosse, die einst dem letzten deutschen Kaiser gehört hatte, fuhr sie mit ihren Eltern vom Kaiserpalast zur koptischen Kathedrale der Hauptstadt, wo der Kaiser verkündete, daß er fortan den Namen Haile Selassie — „Macht der Dreieinigkeit" — führen werde. Sechs Jahre später mußte er vor den Truppen Mussolinis nach Europa flüchten. In dem englischen Kurort Bath sah man den zierlichen „Mr. Hoy" oft in sorgenvollem Gespräch mit seiner Tochter Tsahai, die in England ihr Studium beendete und das Krankenpflegerinnen-Examen mit Auszeichnung bestand. Als im Juni 1940 die Italiener auch in Britisch-Somaliland und im Sudan einfielen, brachte ein britischer Bomber den Kaiser nach Khartum, wenig später folgte ihm Tsahai mit ihrem Gatten, dem General Abbye Abeba, und einer Schar englischer Krankenschwestern, die ihre Studienfreundin freiwillig in den Dunklen Erdteil begleiteten. In den Monaten der Kämpfe unterstützten sie die Prinzessin tatkräftig auf Verbandsplätzen und in schnell errichteten Lazaretten. Am 5. Mai 1941 — fast auf den Tag genau fünf Jahre nach seiner Vertreibung — zog der Negus als Sieger wieder in seine Hauptstadt ein, in der Tsahai ihr karitatives Wirken mit der Errichtung eines Kriegswaisenhauses krönte. Auch die von ihr vor Kriegsausbruch begründete Vereinigung der Frauenarbeit konnte ihre Tätigkeit in erweitertem Umfang wieder aufnehmen. Die Kriegsjahre hatten jedoch die zarte Gesundheit Tsahais untergraben; im August 1942 stand das trauernde Kaiserpaar am Totenbett der „Goldenen Sonne".

MEI-LING TSCHIANGKAISCHEK   * 1899

Die zweite Gattin des nationalchinesischen Generalissimus stammt aus der berühmten Finanzdynastie Sung. Sie wuchs in Amerika auf, zusammen mit ihren Schwestern, deren eine, King-ling, sich mit Dr. Sungatsen vermählte, dem „Vater der Chinesischen Revolution" und Begründer der Kuo-min-tang. Mei-ling, die sich wie ihre Eltern und Geschwister zum christlichen Glauben bekannte, bemühte sich schon früh um eine Synthese zwischen amerikanischem und chinesischem Wesen, auf der Basis des methodistischen Christentums. Nach ihrer Verheiratung mit Marschall Tschiang — im Dezember 1927 — wurde sie auch wichtigste Ratgeberin und Propagandistin ihres Mannes, der sein Ansehen in den Vereinigten Staaten im wesentlichen der unermüdlichen Mitarbeit seiner Frau verdankt. Mei-ling ist nicht nur eine fanatische Gegnerin des Kommunismus, sondern auch eine Gegnerin der Lehre des Konfuzius, in der sie eines der stärksten Hindernisse beim Aufbau eines modernen, westlich orientierten chinesischen Staatswesens sieht. Neben ihren politischen und diplomatischen Fähigkeiten bewies sie auch oft außerordentlichen persönlichen Mut; so im Dezember 1936, als ihr Mann von den roten Rebellen geraten war. Ihre Überredungskunst bestimmte den Führer der Rebellen, den Marschall ohne Bedingungen wieder freizulassen. In der gleichen Art, wie sie an den Fronten des chinesischen Bürgerkrieges den Soldaten Mut zugesprochen hatte, flößte sie auch dem Marschall, der durch die Gefangenschaft „sein Gesicht verloren" zu haben vermeinte, wieder neues Selbstvertrauen ein. Sie begleitete ihn auch zur Konferenz von Kairo im letzten Weltkrieg und vertrat die nationalchinesischen Interessen erfolgreich gegenüber Churchill und Roosevelt.

KAISERIN TSE-HI   1835 — 1908

In der Gestalt dieser willensstarken Frau, der Kaiserin Tse-Hi, bäumte sich noch einmal das uralte, von mehr als dreißig Dynastien geführte China gegen alle Neuerungen auf, die das Reich in eine neuzeitliche Entwicklung führen sollten. Tse-Hi verhinderte die „Revolution von oben" und gab damit den Weg frei zur „Revolution von unten": 1912, vier Jahre nach dem Tode der Kaiserin, erfüllte sich das Schicksal der Dynastie. Der Lebensweg des „Alten Buddha", wie Tse-Hi genannt wurde, ist ungewöhnlicher Art: 1835 geboren, entstammte sie einem mandschurischen Geschlecht. Als ein Mädchen von auffälliger Schönheit wurde sie an einen Kaufmann verkauft, der sie nach einiger Zeit dem Kaiser Hien-Feng abtreten mußte. Der Herrscher machte sie zur Nebenfrau. Nach seinem Tod übte sie als „Herrin des westlichen Zimmers" zugleich mit der Kaiserin-Witwe Tse-An, der „Herrin des östlichen Zimmers", die Regentschaft für ihren Sohn aus, der schon bald starb. Sie proklamierte den dreijährigen Kuang-Sü zum „Sohn des Himmels". 1881 starb die Kaiserin-Witwe Tse-An, und nun lagen die Zügel der Regierung, die sie für Kuang-Sü führte, allein in ihren Händen. 1895 ließ sie den fünfzehnjährigen Kaiser für großjährig erklären. Voller Mißtrauen beobachtete sie die Berater des jungen Herrschers, die auf Reformen drängten, um China auf den Weg zu lenken, den Japan gegangen war. Als der Kaiser 1898 in überstürzter Weise Reformen verfügte, riß sie durch einen Staatsstreich die Gewalt an sich. Kuang-Sü mußte sich unterwerfen und seine „Irrtümer" bekennen. Fast alle Berater wurden hingerichtet, er selbst auf einer Insel seines Palastbezirkes gefangengesetzt. 1908, im gleichen Jahre wie Kuang-Sü, starb die Kaiserin. Sie hinterließ ein völlig in sich zerrüttetes Reich.

1. XII. 1760 — 16. IV. 1850   MARIE TUSSAUD

Mit ihrem Lehrer und Onkel, dem angesehenen Wachsmodelleur Phillipe Curtis, zog die junge Straßburgerin im Jahre 1780 nach Paris, wo sie als begeisterte Royalistin Zutritt beim Hofe fand und sich bald der Freundschaft der königlichen Familie erfreuen konnte. Ihre eigenen Wachsporträts waren künstlerisch wertvoller als die Arbeiten des Onkels, und in Paris gehörte es „zum guten Ton", sich von Mademoiselle Grosholtz aus Straßburg porträtieren zu lassen. Die Auftraggeber — meist Angehörige des Hochadels und königstreuer Familien — konnten freilich nicht ahnen, daß ihre Wachsköpfe wenige Jahre später, zu Beginn der Großen Revolution, von den Aufständischen unter Spottliedern und hetzerischen Aufschriften durch die Straßen von Paris getragen werden sollten. Das Jahr 1789 brachte auch die Künstlerin in Gefahr, denn jedermann wußte von ihrer Gesinnung und ihren Beziehungen. Als die Guillotine ihre blutige Arbeit begann, brachte der Henker die Köpfe vieler Opfer in Maries Werkstatt, zum Nachbilden für das Revolutionsmuseum — und nur die Fürsprache des großen Malers Jacques Louis David bewahrte sie davor, diese grausige Arbeit unmittelbar am Richtplatz ausführen zu müssen. Mit dem Ingenieur François Tussaud, den sie 1795 geheiratet hatte, und mit einer großen Anzahl der von ihrem Onkel geerbten Wachsfiguren begab sich Marie 1802 nach London; dort schuf sie noch zahlreiche weitere Porträtstandbilder, die sie 1835 in dem von ihr eröffneten Wachsfigurenkabinett in der Bakerstreet der Öffentlichkeit zugänglich machte. 1842 übergab sie das Unternehmen, das großen Anklang fand und auch heute noch findet, ihren Söhnen und verbrachte ihren Lebensabend friedlich und hochgeehrt in den Privaträumen ihres Museums.

1510 — 1556   TULLIA D'ARAGONA

Morettos Meisterhand schuf das in der Pinakothek zu Brescia aufbewahrte kennzeichnende Bildnis der Tullia Palmierie, einer der berühmtesten Lebedamen des italienischen Cinquecento, die sich später den stolzen Namen Tullia d'Aragona zulegte. Als junges Mädchen mußte sie mit ihrer Mutter von Rom nach Siena fliehen, wo sie — wie der zynische Aretino berichtet — „feine Lebensart annahm". Die „illustrissima signora" galt als eine'der schönsten Frauen ihrer Zeit; sie verstand es, die ausgezeichnetsten Dichter, Künstler und Staatsmänner vor ihren Triumphwagen zu spannen, und erfreute sich auch als Dichterin und Sängerin der hohen Anerkennung ihres Freundeskreises. Von Natur kalt und gefühlsarm, trug sie den Beinamen „die ruhige Sirene" mit Recht — niemals hat man sie weinen gesehen, obwohl ihr Leben an Schicksalsschlägen nicht arm war. Bei den Unruhen in Siena im Jahre 1545 entkam sie nur mit knapper Not nach Florenz, „fast ohne Kleidung und in trauriger Verfassung des Leibes und des Gemütes...". In der Mediceerstadt gelangte sie aber bald wieder zu Geld und großem Einfluß; eine wahre Flut von Huldigungsgedichten der begeisterten Florentiner überschüttete die umschwärmte Donna, die in Gelehrtenkreisen wegen ihrer umfassenden Bildung und glänzenden Unterhaltungsgabe als „Cortegiana degli Academici" geschätzt war. Eine Zeitlang bildete ihr Haus den Mittelpunkt des literarischen und politischen Lebens; aber die Jahre nahmen ihr mit der Schönheit auch ihre Anziehungskraft. In ihrer Heimatstadt Rom hat sie ihr Leben beschlossen, einsam und fast schon vergessen. Den Großteil ihres Vermögens vermachte sie armen Mönchen, für den Rest bat sie um Seelenmessen in Sant Agostino.

GALINA ULANOWA * 8. I. 1910

Die lange Reihe glanzvoller Namen, die für die Welt den ruhmvollen Begriff „Russisches Ballett" umfassen: Anna Pawlowa, Sergej Diaghilew, Tamara Karsawina, Nijinski, Serge Lifar und viele andere — verführen immer wieder zu der Annahme einer jahrhundertealten russischen Tanztradition. Bis zum Beginn des neunzehnten Jahrhunderts aber gab es in Rußland keine Tänzer von Weltrang. Erst die Berufung italienischer, französischer und skandinavischer Tanzmeister an das Petersburger Mariinsky-Theater eröffnete den Aufbau der sogenannten „Russischen Schule" und der später so berühmt gewordenen Kaiserlich-Russischen Ballettakademie. Nach dem Zusammenbruch des Zarenreiches wurde die Institution fast unverändert von den Roten Machthabern übernommen. Nach unvermeidlichen krisenhaften Übergangsschwierigkeiten genießt das Russische Ballett von heute den gleichen hohen und berechtigten Ruhm, wie ehedem die Kaiserliche Ballettakademie. — Galina Ulanowa, das berühmteste Mitglied des Balletts, die zur Zeit als einzige Lebende den Titel einer „Prima Ballerina Assoluta" führt, stammt aus einer der zahlreichen Ballettdynastien, in denen schon Eltern und Großeltern berühmte Tänzer waren. In Petersburg geboren, wurde die neunjährige Galina Zögling der dortigen Akademie. In ihren Lebenserinnerungen hat sie die unerbittliche Härte dieser Lehrjahre eindrucksvoll geschildert: „Eine widerliche innere Stimme wiederholte beharrlich: Arbeite, arbeite, arbeite ... sonst wird nichts aus dir. Ziemlich früh begriff ich, daß Leichtigkeit und Beseeltheit des Tanzes allein durch schwerste Arbeit errungen werden kann." Mit der „Odette" in „Schwanensee", begann eine steil und ständig aufsteigende künstlerische Karriere, die die Tänzerin in alle Weltstädte der Erde führte und ihr alle Ehrungen einbrachte, die der Sowjetstaat zu vergeben hat. Von ihrer kleinen Wohnung am Kotelnikow-Ufer in Moskau geht die scheue, stille Frau noch heute täglich zur harten Probearbeit.

ELEONORA CHRISTINE ULFELD 8. VII. 1621 — 16. III. 1698

In den letzten Augusttagen des Jahre 1663 wurde unter stärkster militärischer Bewachung und unter noch stärkerem Andrang der Schaulustigen eine hochangesehene, vornehme Frau gefesselt in das Kopenhagener Schloßgefängnis, den „Blauen Turm", eingeliefert, obwohl sie im Grunde nichts anderes verbrochen hatte, als daß sie ihrem Manne im Unglück die Treue hielt. Diese bildschöne, ebenso geistreiche wie gefühlsinnige Frau war Eleonora Christine, die Tochter des dänischen Königs Christian IV. und Gattin des Grafen Korfitz Ulfeld, der als diplomatischer Vertreter aus Ehrgeiz und Haß zum Verräter geworden und zu den Schweden übergegangen war. Während Ulfeld sich der Vollstreckung des Todesurteils durch die Flucht nach Basel entzog, dort aber in den Fluten des Rheins den Tod fand, lebte seine Gemahlin mehr als zweiundzwanzig Jahre, bis zu ihrer Begnadigung im 19. Mai 1685 als strengbehütete Gefangene im „Blauen Turm". Das Abenteuerliche ihres Lebens hätte sie freilich kaum vor der Vergessenheit bewahrt, wenn nicht zweihundert Jahre später in Österreich ein Manuskript von ihrer Hand entdeckt worden wäre, das sie im Gefängnis niedergeschrieben hatte. Es erwies sie als eine Schriftstellerin von hohem, ja höchstem Range. „Jammersminde", die Erinnerungen aus ihrer Leidenszeit, die in viele Sprachen übersetzt wurden, sind in der Tat ein Buch von ganz seltener Art In diesem ergreifenden Bericht gibt es keine moralischen Gemeinplätze, keine trüben Betrachtungen und Grübeleien, keine tränenreichen Anrufungen. Nein, ein an Leib und Seele gesunder Mensch überwindet hier mit angeborener Freimütigkeit und mit Geisteskraft alle Leiden und alle Prüfungen. Und deshalb bewahrt „Jammersminde" auch den Namen der Eleonora Christine Ulfeld über die Zeiten hinweg.

14. XII. 1884 — 6. I. 1961   **REGINA ULLMANN**

„Und das Unbeachtete schwoll an und entdeckte sich als Schwerpunkt der Dinge, um den sie sich bewegen..." Dieses Wort Adalbert Stifters aus dem „Waldgänger" könnte als Motto über dem dichterischen Gesamtwerk der Schweizerin Regina Ullmann stehen. Ihre literarischen Anfänge waren geprägt vom starken, formenden Einfluß Rainer Maria Rilkes, mit dem die aus St. Gallen stammende junge Frau lange in Briefwechsel stand und der ihr eine von Verständnis verwandter Kunstgesinnung getragene Ansprache gewidmet hat. Auch der Dichterarzt Hans Carossa hat die Entwicklung Regina Ullmanns mit freundschaftlicher Zustimmung begleitet; nicht minder bedeutsam wurde die Förderung durch Carl Jakob Burckhardt für die Dichterin, die eine wesentliche Spanne ihres vom Reichtum der Stille erfüllten Lebens in ihrer Wahlheimat München verbracht hat. Ihre Prosa lebt nicht von der „Handlung", sondern von der betrachtenden Einfühlung in Seelenstimmungen und seelische Entwicklungen; ihre Lyrik zeichnet sich durch fast ängstliches Vermeiden greller Bilder und starker Worte aus. Den „Armen im Geiste", den Mühseligen und Beladenen gilt die besondere Neigung dieser in aller Zartheit starken und lebensträchtigen Kunstbegabung, deren hervorragendes Merkmal eine in dieser Reinheit selten gewordene Ehrfurcht vor der Sprache ist. Die verehrende Gemeinde dieser Dichterin, die in bewußter Abkehr vom literarischen Tagesruhm ein wie auf altem Goldgrund schimmerndes Lebenswerk zu beglückender Vollendung formte, weiß um die Gültigkeit so mitliebender und mitleidender Worte, wie sie Regina Ullmann einem geistesschwachen Kinde gewidmet hat: „... Nie wird dir je die Welt bekannt... Doch Gott, der deinen Geist verbannt, drückt noch, als er den Fluch genannt, die Hand auf Stirn und Haare..."

* 30. X. 1911   **LUISE ULLRICH**

Als Luise Ullrich in dem historischen Film „Der Rebell" (1932) an der Seite Luis Trenkers ihre erste Filmrolle spielte, schrieb die Kritik: „Die Leinwand wird sie immer wieder rufen!" Es war ein glänzendes Filmdebüt für die einundzwanzigjährige Wienerin, die nach der Bühnenausbildung in ihrer Heimatstadt nach Berlin gegangen war, wo sie für den Film entdeckt wurde. Wie sie von der Bühne her das Publikum für sich gewonnen hatte, war ihr das gleiche auch als Filmschauspielerin gelungen: „Mit ihrem ersten Blick der Zärtlichkeit und ihrem ersten Seufzer der Angst beschämt sie eine ganze Generation von Filmstars!" Willi Forst entdeckte sie zum zweitenmal für den Film und gab ihr eine Rolle in „Leise flehen meine Lieder" (1933). Ohne der Bühne untreu zu werden, drehte sie bald darauf eine Reihe von ebenso erfolgreichen Filmen. Das Publikum liebte ihre Schauspielkunst, weil ein Mensch und kein Star aus all ihren Rollen sprach. Der Zauber, der von ihrer Erscheinung und ihrem fraulichen Charme ausging, übertrug sich unmittelbar auf den Besucher. Das Lustige und Traurige, das Komische und das Melancholische, das Kluge und das Herzliche waren ihrer Schauspielkunst in gleich starker Weise eigen, ja, sogar das Junge, das Reife und das Alte. Man denke an ihren Film „Annelie" (Die Geschichte eines Lebens) aus dem Jahre 1941, in dem sie in den drei Phasen des Schicksalsweges einer Frau die Rollen eines ganzen Lebens spielte. In der Nachkriegszeit blieb sie mehr der Bühne verhaftet, aber auch der Film holte sie wieder. In den Filmen „Nachtwache" (1949), „Vergiß die Liebe nicht" (1953), „Regina Amstetten" (1954), „Ihre große Prüfung" (1954), „Um Thron und Liebe" (1955), „Alle Wege führen heim" (1957) und „Ist Mama nicht fabelhaft" (1958) erwies Luise Ullrich erneut ihre große schöpferische Begabung.

ULRIKE VON SCHWEDEN † 1720

„Welches Glück, von einer Schwester so geliebt zu werden!" Dieser Ausruf Friedrichs des Großen galt nicht nur seinen kunstliebenden Schwestern Wilhelmine und Amalie, sondern auch der dritten Schwester Ulrike, obwohl sie seinem ungeliebten Vater Friedrich Wilhelm am ähnlichsten war: Sie besaß ein „brandenburgisches" Herz, sie hatte Freude an Soldaten, und ihren Ohren waren Trommeln und Querpfeifen die angenehmste Musik. Ihr Zeitgenosse Lehndorff bekundet aber auch, er habe noch keine Frau kennengelernt, die mehr Kenntnisse, größere Belesenheit und mehr Geist besessen habe als sie; Voltaire widmete ihr hinter dem Rücken des Königs ein ebenso offenes wie eitles Liebesgedicht; sie zeigte es ihrem Bruder, und Friedrich antwortete dem Schreiber: Der Tor, der geträumt habe, einen Thron zu gewinnen, gleiche dem Hund, der den Mond anbelle. Ulrike heiratete mit sechzehn Jahren den Kronprinzen von Schweden aus dem Hause Holstein-Gottorp. Die „hochbegabte, politisch geschickte und kluge Frau" überwand indes nie ihr Heimweh. Als Friedrich am 29. Mai 1747 mit Schweden ein Bündnis schloß, berichtete sie ihm eingehend über die politische Lage, und er schrieb ihr, „sie beurteile die Sachlage mit außergewöhnlichem Verstand." In seinen Briefen an Ulrike vertraute er ihr all die Sorgen an, die mit dem Kriegsgeschehen zusammenhingen; denn fast alle seine Freunde von Rheinsberg, Potsdam und Sanssouci hatten ihn im Unglück verlassen. „Ich bin hier ein Fremder", bekannte er ihr 1763 aus Berlin. „Es gibt nur wenige Personen, die ich kenne, ich fühle mich so fremd hier, als ob ich in London wäre." Um so ergreifender war das Wiedersehen mit Ulrike nach achtundzwanzig Jahren 1771 in Berlin. Sie überlebte ihren Bruder nur um kurze Zeit.

MARIA UNDER * 17. III. 1883

Neben der lettischen Essayistin Zenta Maurina ist die estnische Lyrikerin Maria Under zweifellos die einzige Frau im gesamtbaltischen Raume, die es zu literarischem Weltruhm gebracht hat. Und zwar vor allem, weil sie ihre estnische Muttersprache durch die Kraft tiefster seelischer Empfindung und subtilster Gedanklichkeit zu höchstmöglicher Entfaltung geführt hat. Als Tochter eines Schullehrers in Reval im Jahre 1883 geboren, schrieb Maria Under zwar schon sehr früh Verse und erhielt auch mancherlei Auszeichnungen, fand ihren künstlerischen Durchbruch aber erst nach der 1917 erfolgten Gründung der revolutionären jungestnischen Gruppe um Gustav Suits und nach ihrer Heirat mit dem Erzähler und Dramatiker Artur Adson. Ihre zahlreichen lyrischen Gedichte sind weniger Schöpfungen, entstanden aus persönlichen Erfahrungen und Beobachtungen und einem Gestalten des Beobachteten; sie haben ihren Quellgrund vielmehr im reinen Denken und dann im Erfühlen des Gedachten. All ihre Verse — erwähnt seien hier nur die Bände „Sonette", „Vorlenz", „Das blaue Segel", „Klaffende Wunde", „Das Erbteil", „Unter freiem Himmel", „Stein vom Herzen", „Mit kummervollem Munde", „Die Brücke des Wortes" und schließlich die Auswahlsammlung „Stimme aus dem Schatten" — wachsen im Streben nach Innerlichkeit und Tiefe, nach Reife und Reinheit aus einer ursprünglichen Romantik immer mehr zur Klassik empor und stellen dabei stets die gegeneinander wirkenden Kräfte in der ureigensten inneren Welt der Dichterin, den Stolz und die Trauer, in den Vordergrund. Maria Unders Dichtungen sind u. a. ins Deutsche, Französische, Englische, Ungarische, Finnische, Schwedische, Litauische und sogar ins Esperanto übersetzt. Die große estnische Lyrikerin, die heute als Emigrantin in Stockholm lebt, ist Ehrenmitglied des Internationalen Pen-Zentrums und außerdem eine der aussichtsreichsten Kandidatinnen für den Nobelpreis.

20. V. 1882 — 10. VI. 1949   **SIGRID UNDSET**

Sigrid Undset, der Tochter eines berühmten norwegischen Archäologen und einer dänischen Mutter, hat das Leben nichts geschenkt. Als der Vater früh starb, verdiente sie sich ihr Brot als Kontoristin und schrieb in den Nächten an ihren Romanen aus dem Frauenleben ihrer Zeit und der Sagen- und Heldengeschichte Norwegens. Im Alter von dreißig Jahren, als sie bereits große Erfolge hatte, heiratete sie den Maler Svarestadt und wurde Mutter von vier Kindern, die sie auf ihrem Gut Gudbrandstal bei Lillehammer erzog. Die Ehe wurde 1925 geschieden. Unmittelbar nach dem ersten Weltkrieg trat sie zum katholischen Glauben über; fast gleichzeitig erschien jener große, dreibändige Roman „Kristin Lavranstochter", der ihren Weltruhm begründen sollte. Sie erzählt hier die herben Schicksale einer Menschengruppe aus dem frühen Mittelalter mit moderner psychologischer Einfühlungsgabe. Das alte Norwegen entsteht in diesen Büchern, sein heldisches Ideal und seine reale Gegenwart mit Liebe und Tod, Kampf, Unfrieden und dem friedlichen Dasein in der herbschönen nordischen Landschaft. Für dieses Werk erhielt sie 1928 den Nobelpreis für Literatur; die damit verbundene hohe Geldsumme schenkte sie der Caritas. Drei weitere Romane sind von tiefer Religiosität erfüllt: „Gymnadenia", „Der brennende Busch" und „Angela Merici". Im zweiten Weltkrieg floh sie über Schweden, Rußland und Japan nach Amerika. Die Erlebnisse dieser Flucht sind in ihrem Buche „Wieder in die Zukunft" niedergelegt. Erst nach dem Ende des furchtbaren Krieges, 1945, konnte sie auf ihr geliebtes norwegisches Gut zurückkehren, zerbrochen in ihrer Lebenskraft und enttäuscht von den Menschen Deutschlands, wo sie ihre größten literarischen Erfolge errungen hatte. Vier Jahre später starb die große Dichterin Norwegens.

Um 1800 — März 1877   **KAROLINE UNGER-SABATIER**

Karoline Unger stammte aus Stuhlweißenburg, der Krönungsstadt vieler ungarischer Könige, ihr Vater wirkte als Professor am Theresianum in Wien, ihre Taufpatin war die Dichterin Karoline Pichler, die Gönnerin Theodor Körners. Schon früh kam Karoline zu den Gesangslehrern Mozatti und Ugo Bassi und erhielt bereits mit sechzehn Jahren ein Engagement an die ruhmvolle „Burg" in Wien. In ihrer Stimme vereinigte sich in völliger Harmonie die Kraft des dramatischen und die Schmiegsamkeit des kolorierten Gesanges, so daß sie in vollendeter Technik die Gestalten Mozarts meisterte. Bei der Erstaufführung der 9. Symphonie sang sie zusammen mit Henriette Sontag unter Leitung Beethovens die zweite Solopartie. Rossini sagte von ihr: „Sie hat südliches Feuer, nordischen Ernst, eherne Lungen, eine silberne Stimme und goldenes Talent." Ihr Weg führte von Wien nach dem Süden. Der italienische Impresario Barbaja engagierte sie für die italienische Oper in Neapel (1825). In hundertfünfzig Partien offenbarte sich ihre vollendete Gesangskunst in einem fast zwei Jahrzehnte währenden Triumphzug durch die musikalische Welt. Den Italienern blieb bis zuletzt die deutsche Sängerin „die Göttliche und Bezaubernde", Meyerbeer war von ihrer Kunst „bis ins Mark erschüttert", Liszt fühlte sich glücklich, ihr den Klavierpart zu spielen. Ihr Organ hatte den Umfang vom a bis zum dreigestrichenen d und überwand die schwierigsten Passagen mit Leichtigkeit. Hohe Auszeichnungen und Ehrentitel, geprägte Münzen mit ihrem Bildnis, Huldigungen auf offener Straße, Begeisterungstumulte der Zuhörer kennzeichnen ihren Weg, auf dem die Liebe zu Nikolaus Lenau eine romantisch verklärte Episode bildete. Sie heiratete 1845 den reichen, gebildeten Südfranzosen François Sabatier und lebte seitdem meist in Florenz.

MARIE-ANNE DES URSINS 1642 — 1722

Seit achthundert Jahren spielt das Fürstengeschlecht der Orsini in der Geschichte der Stadt Rom und des Vatikans eine bedeutende Rolle; im Frühling des Jahres 1191 hatte Papst Coelestin III. aus dem Hause Orsini den deutschen König Heinrich VI. und seine Gemahlin Konstanze von Sizilien mit der Römischen Kaiserkrone gekrönt. Seitdem ist der Name der Orsini — Ursins ist die französische Schreibweise — immer wieder im rühmenden oder tadelnden Sinne in der Chronik der Ewigen Stadt verzeichnet. Der Palast des alten Adelsgeschlechtes bewahrt auch viele Erinnerungen an Marie-Anne des Ursins, die Herzogin von Bracciano, die als Gemahlin von Flavio degli Orsini in der zweiten Hälfte des siebzehnten Jahrhunderts über zwanzig Jahre das römische Gesellschaftsleben glanzvoll beherrschte. Nach dem Tode ihres Gatten kehrte sie im Jahre 1698 in ihre Vaterstadt Paris zurück und wurde von König Ludwig XIV. zur Ehrendame von Maria Luise von Savoyen ernannt, der Gemahlin seines Enkels, der 1700 als Philipp V. den spanischen Thron bestieg. Am spanischen Königshof übte Marie-Anne des Ursins bald einen allmächtigen Einfluß auf das Königspaar und auf die Regierungsgeschäfte aus, die immer mehr in ihre energischen und oft in unentwirrbare Intrigen verstrickten Hände hinüberglitten, so daß der Volksmund von Marie-Anne als der „wahren Königin von Spanien" sprach. Als sie nach dem Tode der Savoyerin ihre Machtstellung bedroht sah, wählte sie dem leicht zu beeinflussenden Philipp die noch kindhaft junge Isabella von Farnese-Parma zur zweiten Gemahlin, in der Hoffnung, das unerfahrene Mädchen ebenso leicht beherrschen zu können. Aber sie hatte sich getäuscht — Isabella erwies sich als willensstarke Königin von hohem politischem Ehrgeiz. Ihre erste Regierungshandlung war die Verbannung Marie-Annes, die sich von einer Stärkeren durchschaut und besiegt sah und sich verbittert nach Rom zurückzog, der Stadt ihrer ersten Triumphe.

BARBARA UTTMANN 1512 — 14. I. 1575

Im Erzgebirgsstädtchen Annaberg steht das schöne Bronzedenkmal der reichen Patriziertochter Barbara Uttmann, der eine unausrottbare Legende die Erfindung und Verbreitung der Kunst des Spitzenklöppelns zuschreibt. Die Lebensleistung dieser ungewöhnlichen Frau ist auch ohne dieses Verdienst bedeutend genug. Barbara Uttmann war die Tochter des angesehenen, in herzoglichen Diensten stehenden Bergsachverständigen Heinrich von Elterlein. Einer ihrer Brüder soll der Schüler eines anderen, berühmt gewordenen Annabergers gewesen sein, des Rechenmeisters Adam Riese, der dort als weithin berühmter Bergamtsbuchhalter und Leiter der von ihm gegründeten „Rechenschule" lebte. Barbara erbte von ihrem Manne, dem reichen Bergherrn Christian Uttmann, als er nach achtzehnjähriger Ehe im Jahre 1551 starb, zahlreiche Bergwerke, Schmelzwerke und Gerechtsame, die von der geschäftstüchtigen Witwe zu höchst gewinnbringenden Unternehmen ausgebaut wurden. Ihre Erfolge erregten den Neid und die Mißgunst der Konkurrenten, die beim Kurfürsten erreichten, daß der klugen Frau ein wenig „auf die Finger gesehen wurde". Sie mußte das im Kupfer gefundene Silber an „Seine Churfürstliche Gnaden Zehnten" zurückliefern und laufend Förderproben „auf gar Kupfer oder Silber" vorlegen. Neben dem Bergbau unterhielt sie eine blühende Spitzenindustrie mit zeitweilig über neunhundert „Posamentenwirkerinnen", die die von venezianischen Kaufleuten im Erzgebirge eingeführte Spitzenkunst zur Vollkommenheit entwickelten. Von Barbaras Leben wissen wir wenig; es scheint überschattet gewesen zu sein von der Sorge um einen ungeratenen Sohn und dauernden Kämpfen mit Neidern und Feinden. Die Annaberger Chronik meldet ihren Tod als das Hinscheiden „eines reichen Weibes von Bergwerck, der Armut geneiget, führete glücklich den Bortenhandel..."

23. IX. 1867 — 7. IV. 1938   SUZANNE VALADON

Als Seiltänzerin und Trapezkünstlerin mußte sich die junge Suzanne auf den Jahrmärkten der Pariser Vorstädte ihr Brot verdienen. Mit fünfzehn Jahren gelang ihr der erste berufliche Aufstieg — sie durfte in einem kleinen Zirkuszelt ihre Künste zeigen. Aber der ungewohnte Flitterglanz und Beifall machte sie unsicher; sie verfehlte das rettende Trapez und mußte mit gebrochenen Gliedern aus der Arena getragen werden. Das ist das Ende einer kleinen und der Beginn einer neuen, glänzenderen Karriere. Sie wird das Lieblingsmodell der Maler Renoir, Chavannes und Toulouse-Lautrec, und sie wird als Sechzehnjährige die Mutter eines Knaben, den die Kunstgeschichte später einmal den letzten großen Bohemien nennt: Maurice Utrillo. Nun muß sie für zwei sorgen, denn der Vater hat sich aus dem Staube gemacht — sie beginnt selbst zu malen und zu zeichnen. Ihre Arbeiten — eindrucksvolle Kompositionen mit scharfen, zuweilen schroffen und harten Konturen — finden den Beifall von Toulouse-Lautrec, die begeisterte Zustimmung des großen Impressionisten Edgar Degas, des reichen Bankierssohnes, der Suzanne sofort einige ihrer „bösartigen, harten und geschmeidigen Zeichnungen" abkauft. Die Künstlerin arbeitet weiter, in fieberhaftem Schaffensdrang, und wenn ihr Sohn sie dabei stört, dann wird er mit eingeflößtem Kognak zum Schlafen gebracht. Der Junge hängt mit abgöttischer Liebe an seiner Mutter, aber das sonderbare Schlafmittel wird zum Fluch und Brandmal seines Lebens: Als Siebzehnjähriger landet Maurice zum erstenmal in einer Trinkerheilanstalt. Nach der Entlassung beginnt er unter Anleitung seiner Mutter zu malen: funkelnde, gleißende Bilder, Straßenlandschaften, Kirchen und Mühlen des Montmartre. Als der Erfolg sich einstellt, bauen sich die beiden eine Luxusvilla in der Avenue Junot. Suzanne stirbt 1938 als gefeierte Malerin.

* 1878   CONSUELO VANDERBILT-BALSAN

Der nordamerikanische Eisenbahnkönig Cornelius Vanderbilt hinterließ, als er 1877 nach einem an Arbeit und unerhörten Erfolgen reichen Leben die Augen für immer schloß, ein Vermögen von über hundert Millionen Dollar. Seine Urenkelin Consuelo galt als eine der „besten Partien" ihrer Zeit — verständlich, daß ihre Mutter den Plan verfolgte, sie mit Prinz Franz Joseph von Battenberg zu vermählen, der eine Zeitlang hoffen durfte, an Stelle Franz Ferdinands von Sachsen-Coburg König von Bulgarien zu werden. Als diese Hoffnung sich nicht erfüllte, wurde die Achtzehnjährige, ohne gefragt zu werden, mit dem Herzog von Marlborough verehelicht, dem Schloßherrn von Blenheim in England. Für Consuelo, die auf der Privatjacht ihrer Eltern schon alle Weltmeere bis nach Indien durchstreift hatte, die im eigenen Sonderzug von Paris nach Petersburg gereist war — für das Milliardärstöchterchen aus New York war die Herzogskrone und der Einzug in ein verwahrlostes Barockschloß ohne fließendes Wasser nur bedingt ein gesellschaftlicher Aufstieg; als ihre neue Verwandtschaft ihr bedeutete, daß ihre erste Pflicht die Sicherung der Erbfolge des Hauses Marlborough sei, erfüllte sie diese Pflicht mit der Geburt zweier Söhne, ohne daß ihre Ehe hierdurch glücklicher wurde. Sie gehörte zu den vier Herzoginnen, die im Krönungsjahr 1902 den Baldachin über Königin Alexandra zu halten hatten, sie hatte in ihrem Hause den deutschen Kaiser, den Prince of Wales, das rumänische Kronprinzenpaar und den König von Dänemark zu Gast, und durchschaute doch sehr rasch die Leere dieses gesellschaftlichen Lebens. Nach ihrer Ehescheidung ging sie als Gattin des französischen Industriellen Balsan nach Paris, um sich ganz der karitativen Arbeit zu widmen.

481

ASTRID VAERING

* 15. VIII. 1892

Astrid Vaering, die 1892 als Astrid Glas in der Holz- und Industriestadt Umeaa geboren wurde, gilt als die eigentliche Dichterin des schwedischen Nordlandes. Sie kennt genauestens Land und Leute in diesen nördlichsten Bereichen ihrer Heimat, kennt vor allem die Lappen und die Lappenmischlinge mit ihrem seltsamen Aberglauben und ihren Zauberkünsten. Bei der Stoffwahl greift sie oft zurück in die Vergangenheit, bleibt aber ebensooft in der unmittelbaren Gegenwart, um Kritik an den Sozialzuständen zu üben und Forderungen für die Zukunft zu stellen. Zwischen realistischer und romantischer Gestaltung schwankend, begann sie mit den zusammengehörigen Romanen „Harte Zeiten" und „Das Wintermoor", in denen das schwere Not- und Hungerjahr 1869 geschildert und gezeigt wird, wie die immer schneller fortschreitende Industrialisierung des Landes durch die Sägewerke die Bauern mehr und mehr entwurzelt und sie durch das jäh aufflammende Spekulationsfieber ins Proletarierelend gestürzt hat. Die Romanreihe „Das Geschlecht", „Ein Schiff wird beladen", „Kennst du wohl das Land" und „Der Spottvogel" läßt erschreckend deutlich werden, wie mit der Zerstörung der ursprünglichen Natur auch eine uralte, wertvolle Kultur vernichtet wird. Der stil- und stimmungsvolle Gedichtband „Draußen", die beiden Novellensammlungen „Das Schiff Viktoria" und „Schadenfeuer" die stille und doch starke Hochlanderzählung „Marja", der weitausholende und breitangelegte Doppelroman „Manuel" und schließlich die Bücher „Sehnsucht heißt unser Erbe", „Katinka", „Ihr, die ihr hier eintretet", „Du sollst nicht töten" — sie alle beweisen die kraftvolle Begabung Astrid Vaerings, die in Heimatschicksalen Menschheitsschicksale lebendig werden läßt. Alles verwandelt sich unter ihrer Feder in lauterste Poesie.

RAHEL VARNHAGEN

19. V. 1771 — 7. III. 1833

Rahel Levin, die Tochter eines jüdischen Kaufmanns in Berlin, war ein echtes Geschöpf der Romantik, ein unruhiger, nach dem übereinstimmenden Zeugnis ihrer Zeitgenossen ein genialer Geist. Sie kam viel umher, stets aber war sie Mittelpunkt und wußte durch ihre außerordentlichen und immer gescheiten Gedanken besonders in ästhetischen und religionsphilosophischen Fragen selbst die bedeutendsten Männer und Frauen ihres Lebenskreises zu begeistern. Seit 1806 wechselte sie, geradezu besessen von einem Wandertrieb, immer häufiger ihren Wohnsitz, lebte in Paris, Frankfurt am Main, in Hamburg und Prag. Nachdem der ihr sehr nahestehende Alexander von der Marwitz 1814 in Frankreich im Kampf gegen Napoleon gefallen war, trat sie unter dem Eindruck dieses Verlustes zum Christentum über und heiratete den als Schriftsteller, Politiker und Freund Alexander von Humboldts bekannten, viel jüngeren Karl August Varnhagen van Ense. Ense gab gleich nach ihrem Tode den großen schriftlichen Nachlaß seiner Gattin heraus, drei Bände unter dem Titel „Rahel, ein Buch des Andenkens von ihren Freunden" und „Galerie von Bildnissen aus Rahels Umgang und Briefwechsel". Später erschien auch ihr Briefwechsel mit dem Arzt David Veit und der Briefwechsel mit Varnhagen, zusammen acht Bände. Rahel Varnhagen ist aus dem deutschen Geistesleben jener Jahre nicht wegzudenken, auch in der Geschichte der Frauenbewegung hat sie ihren Platz. Vor einem seiner Besucher erklärte Goethe: „Oh, die Levin hat sehr viel gedacht, hat Empfinden und Verstand; es ist etwas Seltenes, das muß ich sagen. Wo findet man das?" Kurze Zeit vor dem Tode der beiden, Goethe und Rahel, weilten Varnhagen und Rahel in Weimar im Hause am Frauenplan, und Goethe rühmte sie, daß sie in Deutschland eine der ersten gewesen sei, die ihn verstanden und erkannt habe, und sie habe mit treuer Neigung fortgefahren, zu ihm zu stehen.

Um 70 n. Chr.

VELEDA

Die Jungfrau auf dem Turm, fern von den Menschen, im Wald an der Lippe im alten Bruktererland, die sich weder dem Volke noch den Feldherrn zeigte, sondern ihnen nur durch vertraute Diener ihre Weissagungen zukommen ließ — das ist das Bild der germanischen Seherin Veleda. Sie ist die bedeutendste jener germanischen „heiligen Frauen", deren sybillinisches Amt die Geschichte überliefert hat; eine von ihnen, Walburga, stand sogar, wie ein Tontäfelchen aus Elephantine am Nil berichtet, im Dienst des kaiserlich-römischen Statthalters in Ägypten. Der römische Geschichtsschreiber Tacitus erzählt, Veleda habe göttliche Verehrung genossen. Ihre große Zeit kam im Jahre 70 n. Chr., als sich ganz Gallien auf Anstiftung des Batavers Civilis gegen Rom erhob. Damals weissagte Veleda den Römern den Untergang. In der Tat schlug Civilis das römische Heer unter Classicus; auch die römische Flotte wurde geschlagen, und Veleda erhielt als Ehrengeschenk den Dreiruderer des besiegten Prätors und das Kostbarste aus der Kriegsbeute. Die magische Weisheit der Jungfrau auf dem Turm hatte das männliche Schwert zum Siege gelenkt. Jahre später indessen wendete sich das Schicksal gegen die gallisch-germanischen Völker. Nach der Zerrüttung des Imperiums unter dem lasterhaften Großstädter Nero ergriff der bäuerliche Kaiser Vespasian das Staatsruder. Er sandte seinen ergrauten Feldherrn Cerealis, dessen Name mit dem der Göttin des Landbaus, Ceres, zusammenhängt, nach dem Norden; nach einigen siegreichen Kämpfen bat er die Seherin um Friedensvermittlung, und Veleda gehorchte dem Schicksal, das sie als Spruch der Götter verstand. Die Völker indessen empörten sich nach einigen Jahren abermals, vermutlich gegen den Willen ihrer magischen Führerin. Veleda wurde von Rutilius Gallicus gefangen nach Rom geführt — seitdem erlosch jede Kunde von der seherischen Jungfrau auf dem Turm.

* 29 XI. 1883

DOROTHEE VON VELSEN

„Im Alter die Fülle" — nennt die bedeutende Schriftstellerin und Sozialpolitikerin den Bericht ihres Lebens, eines an Kämpfen und an Erfolgen reichen Lebens, das sich von den glanzvollen Tagen des Bismarckschen Kaiserreiches über Weltkriege und Diktaturen hinwegspannt bis in unsere Zeit. Als wohlbehütete Tochter wohlhabender Eltern begann sie ihre gesellschaftliche Laufbahn in Berlin, vom Diener zu Hofbällen und Wohltätigkeitsveranstaltungen begleitet, bis ihr die Begegnung mit der unvergeßlichen Alice Salomon zum entscheidenden Erlebnis wurde. „Alice Salomon hat mir das Tor geöffnet zu einem Leben, das mir Glück brachte!" Sie wurde Schülerin an Alice Salomons sozialer Frauenschule, sie lernte Getrud Bäumer, Helene Lange, Helene Weber und Ricarda Huch kennen und arbeitete lange Zeit zusammen mit Marie-Elisabeth Lüders, der jetzigen Alterspräsidentin des Deutschen Bundestages. Im ersten Weltkrieg leitete Dorothea von Velsen in Brüssel die Fürsorgeabteilung beim deutschen Generalgouverneur von Bissing, später übernahm sie das Frauenreferat im Kriegsamt des Generals Groener — ein Amt, das sie mitten im Kriege in die besetzten Gebiete, darunter auch nach Rußland, führte. Nach Kriegsende unternahm sie als führendes Mitglied deutscher Frauenorganisationen weite Studienreisen in die Vereinigten Staaten, nach England, Frankreich und der Türkei und wurde schließlich als Mitglied der Deutschen Delegation zur Völkerbundsversammlung nach Genf entsandt. Als Vierzigjährige entschloß sie sich noch zum Universitätsstudium und promovierte kurz vor der Hitlerschen Machtergreifung zum Doktor der Philosophie. Während des „Dritten Reiches" zog sie sich ganz aus dem politischen Leben zurück und widmete sich neben karitativen Aufgaben ihrer schriftstellerischen Arbeit, vor allem historischen Romanen, die eine sehr günstige Aufnahme fanden. Auch das vorliegende Buch „Große Frauen der Weltgeschichte" verdankt Dorothea von Velsen einige inhaltsreiche und gültige Biographien.

SIMONETTA VESPUCCI   1454 — 1477

Im Jahre 1475 fand in Florenz eine „Giostra" statt, ein glanzvolles Turnier zwischen jungen Männern des Hochadels, veranstaltet zu Ehr' und Preis einer schönen Frau. Sie hieß Simonetta Catteano, stammte aus Genua und war schon als Fünfzehnjährige mit dem reichen Florentiner Kaufmann Marco Vespucci vermählt worden, einem Verwandten des berühmten Seefahrers und Diplomaten Amerigo Vespucci, dem die 1492 von Columbus entdeckte „Neue Welt" ihren Namen Amerika verdankt. Das Turnier von Florenz endete mit dem Siege des Giuliano de Medici, der dem gefeierten Maler Sandro Botticelli den Auftrag gab, das Ereignis in einem Gemälde der Nachwelt zu überliefern. Das Bild zeigt die schöne Simonetta in einem selbst entworfenen, reich mit Goldbesatz verzierten Festkleid, während ihr gegenüber der vom Kampf erschöpfte Sieger sich seiner Rüstung entledigt, mit deren Einzelteilen, Helm, Schild und Lanze, übermütige Satyrn ein lustiges Spiel treiben. Botticelli hat Simonetta, die vergötterte Schönheitskönigin des Mediceer Hofes, immer und immer wieder gemalt und uns das Antlitz dieser Frau, von der wir nichts wissen, als daß sie schön, tugendhaft und unheilbar krank war, als das weibliche Idealbild der italienischen Renaissance geschenkt. Ein scheues, erschrecktes Augenpaar; ein empfindsamer, adeliger und abweisender Mund, der gleichsam um Verzeihung bittet dafür, daß er so schön ist — dieses Antlitz steigerte den Maler zu immer höheren Leistungen, bis er später in die lodernde Bußepidemie des Savonarola hineingerissen wurde, allem Irdischen absagte und nur noch die himmlische Schönheit malte. Simonetta Vespucci starb auf der Höhe ihres Ruhmes, als Dreiundzwanzigjährige, an der Lungenschwindsucht.

MARIA VETSERA   19. III. 1871 — 30. I. 1899

In den letzten Jahrzehnten ihres Bestehens hatte die Habsburger Doppelmonarchie zwei Thronfolger, die, beide von hoher staatsmännischer Begabung und erfüllt von der brennenden Sorge um die Zukunft des Reiches, in heftigen Widerspruch zu den politischen Überzeugungen und Methoden des Kaisers Franz Joseph gerieten. Beide fanden ein gewaltsames Ende, der eine durch eigene, der andere durch Mörderhand — und beide Male mußte eine schuldlose, an den politischen Zerwürfnissen gänzlich unbeteiligte Frau ihr schreckliches Schicksal teilen. Im Juni 1914 starb an der Seite ihres Gemahls, des österreichischen Thronfolgers Franz Ferdinand, die liebenswerte, politisch völlig uninteressierte Erzherzogin Sophie unter der Mörderhand eines halbwüchsigen serbischen Fanatikers, der mit seinen Pistolenschüssen das Signal zum Beginn des ersten Weltkrieges gab. Vierzehn Jahre vorher, am 30. Januar 1899, hatte sich in einem Jagdschloß bei Wien jene „Tragödie von Mayerling" ereignet, die noch heute ein unerschöpfliches und dankbares Thema der Filmautoren und Illustrierten-Schriftsteller bildet. Unerschöpflich vor allem deshalb, weil die eigentlichen, hochpolitischen Hintergründe nie ganz geklärt worden sind — gewiß ist nur, daß es sich keinesfalls um eine simple „Liebesaffäre" gehandelt hat. Kronprinz Rudolf, der Sohn der unglücklichen Kaiserin Elisabeth, stand zu der Politik seines Vaters in schroffem Gegensatz, persönliche Entfremdung und gegenseitige Abneigung kamen hinzu. Als Franz Joseph dem Sohn am 26. Januar die erbetene Einwilligung zu seiner Scheidung von Stephanie verweigerte, trieb der Konflikt unaufhaltsam seinem dramatischen Höhepunkt zu; und die arme kleine Baronesse Vetsera — sie war niemals des Kronprinzen „Große Liebe", sondern nur eine Zufallsbekanntschaft, eine Freundin unter vielen — war eines der beiden Opfer dieser politischen und dynastischen Tragödie.

18. VII. 1821 — 18. V. 1910   **PAULINE VIARDOT-GARCIA**

Die Familie der Garcia steht mehrmals in den Annalen der Musikgeschichte verzeichnet. Der Vater Manuel Garcia war ein bedeutender Gesangsvirtuose, der Sohn Manuel ein berühmter Gesangspädagoge und der Erfinder des Kehlkopfspiegels, die ältere Tochter war die weltberühmte Malibran, und die dreizehn Jahre jüngere Tochter Pauline erreichte als Sängerin fast ihre Schwester und übertraf als Lehrerin Vater und Bruder. Pauline entfaltete ein solches musikalisches Talent, daß sie nachhaltig auf das musikalische Leben in Italien, Deutschland, Rußland und den nordischen Staaten eingewirkt hat. Ihre Begabung war universal. Franz Liszt, ihr Klavierlehrer, rühmt die hohe pianistische Befähigung, mit der sie schon als Siebenjährige den Gesangsunterricht ihres Vaters begleitete. Er hielt sie für eine der feinsinnigsten und geistvollsten Komponistinnen. Hohe Verehrung zollte ihr Felix Mendelssohn-Bartholdy. Zu dem weitgespannten Freundeskreis von Künstlern und Wissenschaftlern gehörten auch Heinrich Heine — der von ihr sagte, daß niemand sie ersetzen könne —, Chopin, Rossini, Meyerbeer, Gounod, Eugen Delacroix und Turgenjew, der in ihrem Baden-Badener Hause ein gern gesehener Gast war. Ihr hohes Bildungsniveau kam auch in einer umfangreichen Bibliothek zum Ausdruck, in der sich unter Werken von Mozart, Beethoven, Haydn, Händel und Bach die teuer erstandene Originalpartitur des „Don Juan" befand. Die in Paris geborene Künstlerin war eine abendländische Gestalt, die nicht nur als glanzvolle Sängerin rauschenden Beifall erntete, sondern auch als geistig hochgebildete und an allem lebhaft interessierte Frau sich im Kreise führender Persönlichkeiten des Geisteslebens souverän zu bewegen wußte.

17. VII. 1860 — 31. VII. 1952   **CLARA VIEBIG**

Die gebürtige Triererin, deren Romane und Erzählungen um die Jahrhundertwende zum „eisernen" Bücherbestand des deutschen Bürgerhauses gehörten, gilt vor allem als Dichterin der Eifellandschaft; den wundersamen Reiz der weiten, schwermütigen Heiden mit den kahlen, sturmumtosten Kraterseen, die einsamen Hochwälder mit ihren versteckten Burgruinen und die harten, oft in vulkanische Leidenschaftlichkeit verstrickten Schicksale der Eifelbauern hat sie in vielen ihrer Werke mit hoher Sprachgewalt zu dichterischen Kunstwerken gestaltet. Nach ihrer Verheiratung mit einem bekannten Verleger übersiedelte Clara Viebig nach Berlin, mit vielen Hoffnungen und Illusionen, und mußte bald erkennen, wie unwahr und unecht so vieles aus der Ferne Bewunderte in der Nähe Wirklichkeit war. Aber sie ist der großen Stadt bis zu ihrem Lebensende treu geblieben — als Greisin erlebte sie noch die Bombenangriffe und die letzten, erbitterten Kämpfe um die aus tausend Wunden blutende Stadt; sie erlebte noch die sowjetische Besatzung und die Überwindung der Hungerblockade durch die „Luftbrücke". Die Nachricht vom Hinscheiden der zweiundneunzigjährigen Dichterin, die erkannt hatte, daß Friede und Befreiung in der Kunst möglich sind, brachte die berufsmäßigen Nachrufschreiber in einige Verlegenheit — man wollte sich nicht eingestehen, daß die einstmals Gefeierte und Berühmte längst vergessen war, wie viele Vertreter eines überwundenen literarischen Naturalismus. Die Schriftstellerin hat auf der Höhe ihres Schaffens oft auch den deutschen Osten zum Schauplatz ihrer Dichtung gewählt; in dem Roman „Das schlafende Heer" wird der Kampf um die Vorherrschaft zwischen Slawen und Germanen zu Bildern und Szenen von großartiger Wucht verdichtet und gezeigt, wie oft mangelndes Verständnis für die „anderen" dem jeweils Überlegenen Sieg und Herrschaft wieder entriß . . .

DIE VIEHMÄNNIN
Um 1760 — 1830

Wir kennen weder den Vornamen noch die genauen Lebensdaten dieser aus dem Dorfe Niederzwehren bei Kassel stammenden Bäuerin. Sie war die „Märchenfrau" der Brüder Grimm. Was sie ihnen erzählte, das hat in den „Kinder- und Hausmärchen" (1812 — 1822) seinen Platz gefunden, ist Generationen von Kindern zum Erlebnis geworden und gehört seitdem zum geistigen Besitz der Völker. Der „Viehmännin" haben die Brüder Grimm in der Vorrede zum 2. Band der Kinder- und Hausmärchen — datiert Kassel, 30. 9. 1814 — selbst das schönste Denkmal gesetzt: „Die Frau, noch rüstig und nicht viel über fünfzig Jahr alt, hat ein festes und angenehmes Gesicht, blickt hell und scharf aus den Augen und ist wahrscheinlich in ihrer Jugend schön gewesen. Sie bewahrt diese alten Sagen fest in dem Gedächtnis, welche Gabe, wie sie sagt, nicht jedem verliehen sei; dabei erzählt sie bedächtig, sicher und ungemein lebendig mit eigenem Wohlgefallen daran, erst ganz frei, dann, wenn man will, noch einmal langsam, so daß man ihr mit einiger Übung nachschreiben kann. Wer an leichte Verfälschung der Überlieferung, Nachlässigkeit bei Aufbewahrung und daher an Unmöglichkeit langer Dauer als Regel glaubt, der müßte hören, wie genau sie immer bei derselben Erzählung bleibt und auf ihre Richtigkeit eifrig ist; niemals ändert sie bei einer Wiederholung etwas in der Sache ab und bessert ein Versehen, sobald sie es bemerkt, mitten in der Rede gleich selber. Die Anhänglichkeit an das Überlieferte ist bei Menschen, die in gleicher Lebensart unabänderlich fortfahren, stärker, als wir, zur Veränderung geneigt, begreifen. Eben darum hat es auch, so vielfach erprobt, eine gewisse eindringliche Nähe und innere Tüchtigkeit, zu der anderes nicht so leicht gelangt, das äußerlich viel glänzender erscheinen kann."

ELISABETH-LOUISE VIGÉE-LEBRUN
16. IV. 1755 — 30. III. 1842

Das „Griechische Souper" im Hause der berühmten Malerin Vigée-Lebrun erregte im vorrevolutionären Paris die Gemüter nicht weniger als die Halsbandaffäre der Marie-Antoinette; aus einem improvisierten Gastmahl, das fünfzehn Franken gekostet hatte, machte die schon damals hochentwickelte Kunst der üblen Nachrede ein lästerliches Bacchanal mit einem Kostenaufwand von über achtzigtausend Franken. Vor den Drohungen des Pöbels mußte die Künstlerin aus ihrer Vaterstadt flüchten, an dem gleichen 5. Oktober 1789, an dem das unglückliche Königspaar unter strenger Bewachung von Versailles nach Paris gebracht wurde. Das angeblich so verschwenderische Souper war nur einer der zahlreichen „literarischen Abende" in Madame Lebruns Salon, in dem sich der Adel der Geburt und des Geistes oft so zahlreich versammelte, daß viele mangels eines Stuhles auf dem Fußboden Platz nehmen mußten. Die Malerin, eine der liebenswürdigsten Erscheinungen des ausklingenden Rokoko, hatte nach Studienjahren bei ihrem Vater, bei Greuze und Doyen als weithin gerühmte und gesuchte Porträtmalerin das Erbe Rosalba Carriéras angetreten. Sieben gekrönte Frauen ließen sich von ihr malen, darunter Marie-Antoinette, mit der sie eine vertrauensvolle Freundschaft verband. Ihr jetzt im Louvre befindliches Selbstbildnis mit ihrer Tochter gehört zu den meistreproduzierten Gemälden der Welt, ihre umfassende Bildung wird von den Zeitgenossen ebenso gerühmt wie ihre hohe musikalische Begabung, und ihr Haus galt als Heimstätte einer äußerst verfeinerten Lebenskultur. Nach ihrer Flucht aus Paris verbrachte die Künstlerin zwölf Jahre im Ausland, und ihr Wirken in Bologna, Wien, Petersburg und Berlin steigerte noch ihren Ruhm. Erst im Jahre 1801 kehrte sie in die Heimat zurück, sie weilte aber später noch in England und in der Schweiz, wo sie das berühmt gewordene Bildnis der Madame de Staël als „Corinna" schuf.

24. V. 1819 — 22. I. 1901 ## VIKTORIA I. VON ENGLAND

Kein britischer Herrscher war so beliebt und populär, und nie regierte ein Mitglied des englischen Königshauses so lange wie Viktoria I., das einzige Kind des Herzogs Edward von Kent und der Prinzessin Marie Luise von Sachsen-Coburg-Gotha. Als sie, sorgfältig auf ihr hohes Amt vorbereitet, nach dem Tode ihres Onkels Wilhelm IV. am 28. Juni 1838 gekrönt wurde, übernahm sie eine Aufgabe, der sie anscheinend wenig gewachsen war. Das strenge parlamentarische Regierungssystem machte ihr das Amt nicht gerade leichter. Wenn sie trotzdem alle Schwierigkeiten bewältigte, so war das ihrer Klugheit zu verdanken. Äußerst aktiv nahm sie Anteil an der auswärtigen Politik des Landes. 1840 heiratete sie den deutschen Prinzen Albert von Sachsen-Coburg-Gotha. Aus dieser harmonischen Verbindung entsprangen neun Kinder. Prinz Albert war es wohl auch, der Viktoria veranlaßte, einen deutschfreundlichen Kurs einzuschlagen. Bei all ihren politischen Entscheidungen stand der Königin in dem Führer der konservativen Partei, Benjamin Disraeli, ein Mann zur Seite, der durch seine liberale Haltung die Macht des britischen Reiches auf allen Gebieten stärkte. Zu den bedeutendsten Ereignissen in der Zeit ihrer Herrschaft zählen die Erhebung Viktorias zur Kaiserin von Indien (1876) und der Erwerb der Suezkanal-Aktien für Großbritannien. Die Nachwelt nannte die Epoche ihrer Regierung das „viktorianische Zeitalter", das zu den glänzendsten Perioden der englischen Geschichte gehört. Viktoria genoß bei der Bevölkerung des gesamten Empires höchste Verehrung. Ihrem ältesten Sohn, Eduard VII., hinterließ sie 1901 die Krone des Reiches; ihre älteste Tochter Viktoria wurde durch Vermählung mit dem preußischen Kronprinzen Friedrich Wilhelm deutsche Kaiserin.

22. XI. 1840 — 5. VIII. 1901 ## VIKTORIA, KAISERIN FRIEDRICH

Als um die Mittagsstunde des 5. August 1901 auf Schloß Friedrichshof in Kronberg die auf halbmast gehende Kaiserstandarte den Tod der Schloßherrin anzeigte, sprengte eine in den nahen Taunuswäldern bereitgehaltene preußische Kavallerieschwadron auf das Schloßgelände zu: Wilhelm II. ließ das Sterbehaus seiner Mutter umstellen und hermetisch von der Außenwelt abriegeln. Fieberhaft durchwühlten seine Beauftragten das Schloß nach den Kassetten mit der Privatkorrespondenz der Verstorbenen, aber längst waren die Briefe und Dokumente in den Händen von Viktorias Lieblingsbruder, dem britischen König Eduard VII. Die Friedenskirche zu Potsdam wurde zur letzten Ruhestätte der vielverkannten Frau, der einstigen Prinzess Royal, die als achtzehnjährige Tochter der Königin Viktoria den preußischen Kronprinzen Friedrich geheiratet hatte. Von ihrem Vater, dem britischen Prinzgemahl Albert aus dem Hause Sachsen-Coburg-Gotha, hatte sie die liberale Gesinnung geerbt, die sie bald in offenen Gegensatz zu Bismarck bringen sollte. Viktoria war jedoch nicht Bismarcks „geborene Feindin": Nach dem Tode ihres unglücklichen Gemahls, des „Neunundneunzig-Tage-Kaisers", erschien ihr der Eiserne Kanzler als sicherer Garant für den Fortbestand des Reiches und nicht ihr Sohn Wilhelm, zu dem sie nicht das geringste Vertrauen hatte. Die Art, in der er Bismarcks Entlassung vornahm, billigte sie nicht. „Daraus wird nichts Gutes erwachsen!" Das Verhältnis zwischen Wilhelm II. und seiner englischen Mutter war eine für die kaiserlich-deutsche Englandpolitik sinnbildliche Haßliebe mit all ihren schwerwiegenden und nicht mehr gutzumachenden Folgen. „Wilhelm II.", schrieb die Kaiserin Friedrich am 5. Juli 1888, „folgt Wilhelm I. Er wird das System, die Ziele und die Tradition lückenlos fortsetzen. Kaiser Friedrich III. hätte sie sich unterworfen..."

ERNESTINE VOSS 31. I. 1756 — 10. III. 1834

Ernestine, eines von den zwölf Kindern des Hauptpastors Boie zu Flensburg, hatte, zur Jungfrau erblüht, den Mut, sich mit dem jungen Dichter Johann Heinrich Voß zu verloben, der noch keine anderen Einkünfte besaß als die Erträgnisse aus einem Musenkalender. Bald indessen ging es aufwärts, und nun wurde Ernestine die Seele eines Dichterhaushaltes, den die Mitwelt und Nachwelt als idyllisch bezeichnet. Emanuel Geibel schildert den Gatten, wie er am Sommerabend „aus irdener Pfeife Wölkchen dampfend im Schlafrock zwischen Fliederbüschen wandelte". In der Tat hat Ernestine dem gelehrten Gatten, der Homer übersetzte und seine Idylle „Luise" schrieb, ein reiches Gartenglück geschaffen: Auf den Stationen ihres Lebensweges, in Otterndorf, Eutin, Jena und Heidelberg blühte neben der engen Wohnung ein Garten auf mit Krokus und Adonis, chinesischen Rosen und Iris; auch die Vögel mußten betreut werden, nicht zu reden von den seltenen botanischen Gewächsen, die Goethe von Weimar mitbrachte; noch als „junger Greis" saß ihr Gatte glückselig im Schatten der Heidelberger Maulbeerbäume, die Ernestine pflegte, und aß von ihrem Obst. Indessen war „ihr" Dichter bei aller Idylle ein Querkopf und rabiater literarischer und demokratischer Kämpfer, ein „eutinischer Leu", wie ihn Goethe in den „Xenien", ein „sassischer Bauer", wie ihn Görres titulierte. Ihr Leben lang mußte Ernestine eingreifen, vermittelnd und versöhnend, wenn sich ihr „igelborstiger" Mann, der sich für einen großen Dichter hielt, mit den besten Freunden zu überwerfen drohte; sie wurde die innigste Freundin von Schillers Frau, sie lud den Geheimrat Goethe mit selbstgedichteten Hexametern zum Punsch ein und blieb bis zum Tode ihres Gatten (1826) der gute Sonnenschein des Hauses Voß. Zwei Jahre nach Goethes Tod starb auch sie nach einem reichen, tätigen und erfüllten Leben.

CHRISTIANE VULPIUS 1765 — 1816

In seinen „Römischen Elegien" zeichnet das dichterische Wort Goethes „ein bräunliches Mädchen . . . Die Haare fielen ihr dunkel und reich in die Stirne herab, kurze Locken ringelten sich ums zierliche Hälschen, ungeflochtenes Haar krauste vom Scheitel sich auf." Dieses Mädchen ist Christiane Vulpius, die spätere Frau des Dichters und Ministers. Im Weimarer Park war sie scheu auf ihn zugetreten, um ihm eine Bittschrift ihres Bruders zu überreichen. Aus dieser Begegnung war eine leidenschaftliche Liebe erwachsen, aus dem nicht-geordneten Verhältnis eine glückliche Ehe. Für die adlige Gesellschaft in der herzoglichen Residenz Weimar war diese Verbindung ein Skandal ersten Ranges. Die 1765 in Weimar geborene Vulpius entstammte dem „unteren Volk", sie war Arbeiterin in einer Blumenfabrik gewesen und besaß eine sehr geringe Bildung. Nur wenige Zeitgenossen erkannten, daß Goethe, der nach Jahren geistigen und seelischen Gärens endlich zur Ruhe gefunden hatte, sich nicht mehr nach einer hochgebildeten Gefährtin mit Selbst- und Sonderbewußtsein sehnte, wie es Frau von Stein gewesen war: Sein „einsamer, wissender Geist" suchte die Verbindung mit der Einfalt und Ursprünglichkeit, die Einheit mit einem „Naturwesen" — wie er Christine oft und gern genannt hat. Achtzehn Jahre lebte Goethe ohne gesetzliche Bindung mit Christiane, die ihm mehrere Kinder schenkte, von denen jedoch nur August Goethe am Leben blieb. 1806 schloß er mit ihr den gesetzlich und kirchlich begründeten Bund. Er wurde sehr glücklich mit der schlichten Frau, die ihm fröhlich und in rührender Magdtreue diente. Das volksliedhafte Gedicht „Gefunden" spricht den tiefsten Sinn dieser Ehe aus. 1816 starb Christiane. Goethe schrieb unter dem Eindruck des Abschieds: „Der einzige Gewinn meines Lebens ist, ihren Verlust zu beweinen."

25. XII. 1837 — 1. IV. 1930   COSIMA WAGNER

Cosimas Mutter, die Gräfin d'Agoult, Enkelin des deutschen
Bankiers Bethmann und eine geborene Comtesse de Flavigny,
verließ ihren Mann in Paris und wurde die Freundin, später
die Frau von Franz Liszt. „Meine Liebe ist ein Glaube, ich
nehme das Märtyrertum auf mich..." schrieb sie. Sie wird
von Zeitgenossen als goldblond, blauäugig, zart bis zur Durch-
sichtigkeit geschildert. Mit Liszt genoß sie die Atmosphäre der
besten Geister: Balzac, Musset, Delacroix, Chopin, bis zur
Mystik eines Chateaubriand und Lamenais. Die Zeit, in der
sie Cosima erwartete, verbrachte sie auf dem Landgut Nohant
ihrer Freundin, der geistreich-labilen, erotischen Sphinx
George Sand, der Dichterin und Freundin Chopins. Am ersten
Weihnachtsfeiertag 1837 schenkte sie in Como der kleinen Cosima das Leben. Auf
eine erstaunliche Weise scheint damit das Leben, die Innerlichkeit, ja das Schicksal
Cosimas und ihr Verhältnis zu Richard Wagner in ihrer Mutter vorgezeichnet
zu sein. Wie ihre Mutter, die von George Sand Arabella oder „die Prinzessin"
genannt wurde, verließ Cosima ihren Gatten, den Dirigenten Bülow, folgte 1866
Wagner nach Triebschen bei Luzern und heiratete ihn 1870. Nach der Geburt ihres
Sohnes Siegfried schrieb ihr Mann das Siegfried-Idyll, das Zeugnis ihres Glückes.
Als der Münchener Festspielhaus-Plan zerschellte, wurde Cosima mit unerhörter
Tatkraft die Seele Bayreuths; hauptsächlich ihr ist es zu danken, daß die Festspiele
verwirklicht wurden und weiterlebten — sie selbst hatte die künstlerische Leitung
bis 1908. Daniela, ihre Tochter aus erster Ehe, heiratete den Kunsthistoriker
Henry Tode, ihre zweite Tochter Blandine vermählte sich mit dem Grafen Gravina.
Siegfried starb 1930; ihre Tochter Isolde aus der Ehe mit Wagner heiratete den
Kapellmeister Beider.

1789 — 1817   MARIE WALEWSKA

Die polnische Gräfin Marie Colonna de Walewice-Walewska
lebt im Gedächtnis der Nachwelt als eine der liebenswertesten
Blüten im reichen Kranze schöner Frauen um Napoleon I. Als
glühende Patriotin war die Achtzehnjährige im Schicksalsjahr
1807 dem auf der Höhe seines Ruhmes stehenden Kaiser ent-
gegengetreten. Gegen die schon bei der ersten Begegnung leidenschaftlich entflammte Liebe des Korsen wehrte sich die sittenstrenge, am Unglück ihres Vaterlandes leidende Aristokratin
mit aller Kraft, bis einflußreiche Kreise des polnischen Adels
sie zu einem politischen Handelsobjekt zu erniedrigen suchten.
Aus der Hoffnung auf ein unabhängiges, von Frankreich ge-
stütztes Königreich Polen erblühte eine der zauberhaftesten
Liebesidyllen der Geschichte. Napoleon sah in der kleinen, blonden Polin seine korsische Sehnsucht nach vorbehaltloser Hingabe, nach biederer Häuslichkeit und be-
hutsam-feinfühligem Ratschlag erfüllt. Der Kaiser hat die gemeinsamen Stunden
und Tage mit dieser Frau, von der er sich bar aller Berechnung und Eigensucht
geliebt wußte, als die glücklichste Zeit seines Lebens bezeichnet; er war stolz und
glücklich über ihren gemeinsamen Sohn Alexander, der als Dreißigjähriger den von
St. Helena heimkehrenden Leichnam seines Vaters im Invalidendom zu Paris empfangen sollte und später als Außenminister Napoleons III. eine freilich undankbare
Rolle spielte. Die Legende weiß auch von einer letzten, historisch nicht belegten
Begegnung der beiden Liebenden im Juli 1815 in La Rochelle. Wenige Tage später
betrat der Kaiser das Schiff Northumberland — zur letzten Reise nach St. Helena,
der Felseninsel, auf der der Verbannte im Frühling 1818 die Nachricht vom Tode
Marie Walewskas empfing.

MARIA WARD
23. I. 1585 — 30. I. 1645

Die „Englischen Fräulein", eine katholische Schwesternkongregation, die sich der Erziehung der weiblichen Jugend widmet, hießen ursprünglich „Ordensgemeinschaft der Jesuitinnen". Der jetzt gebräuchliche Name ehrt vor allem das Andenken der Ordensstifterin Maria Ward, die ein „Englisches Fräulein" war, denn ihre Wiege stand in Mulwith in der englischen Grafschaft Kent. Marias Kindheit und Jugend wurden überschattet von den religiösen Spannungen ihrer Zeit. Nach der Aufdeckung der „Pulververschwörung" von 1605, welche die Beseitigung König Jakobs I. und des protestantenfreundlichen Parlaments zum Ziel hatte, zwang die noch schärfere Handhabung der antikatholischen Gesetze viele wegen ihres Glaubens verfolgten Engländer in die Emigration. Maria Wards Vater konnte seine Schuldlosigkeit nachweisen, er mißbilligte deshalb den Plan seiner Tochter, die Heimat zu verlassen, zumal einer seiner Gutsnachbarn um Marias Hand gebeten hatte. Sie aber führte ihr Vorhaben durch und begründete mit eigenem Vermögen in Flandern ein Kloster. Dann kehrte sie zurück, um kurze Zeit darauf erneut den Kanal zu überqueren – mit sechs weiteren „Englischen Fräulein", mit denen zusammen sie in St. Omer in klösterlicher Gemeinschaft lebte. Weitere Gründungen schlossen sich in rascher Folge an – in Bayern, Österreich und Italien; vergeblich kämpfte Maria in Rom um die päpstliche Anerkennung ihres Stiftungswerkes. In München hielt man sie als „Aufrührerin wider den Heiligen Stuhl" eine zeitlang in strenger Haft. Nach der endlichen Freilassung besuchte sie zum letztenmal die Niederlassungen in Österreich, Deutschland und den Niederlanden und kehrte schließlich nach England zurück, wo sie, die Vorkämpferin der Mädchenbildung, ihre letzte Ruhestätte fand.

LOUISE DE WARENS
31. III. 1699 — 29. VII. 1762

In seinen merkwürdig unheimlichen „Bekenntnissen" erzählt Jean Jacques Rousseau von den Frauen, die sein Leben und Werk schicksalhaft beeinflußten. Die erste, die Schriftstellerin Louise d'Epinay, gewährte dem Mittellosen über ein Jahr lang großzügige Gastfreundschaft auf ihrem Schloß; hier entstanden sein berühmt gewordener Briefroman „Die Neue Heloise" und verschiedene kleinere Schriften. Die zweite war das ehemalige Wäschermädchen Thérèse Levasseur, ein bildhübsches Geschöpf, das den ihr verfallenen Rousseau nach zwanzigjährigem illegitimem Zusammenleben geheiratet hat. Die dritte Frau war Louise de Warens aus Vevey am Genfer See. Durch geschäftliche Fehlspekulationen in finanzielle Schwierigkeiten geraten, flüchtete sie vor dem drohenden Bankrott nach Savoyen, trat zum Katholizismus über und erhielt vom König von Sardinien und von kirchlichen Stellen laufende Geldzuwendungen, die ihr die Führung eines gastfreien Hauses in Annecy ermöglichten. Hier empfing die Dreißigjährige auch den über zehn Jahre jüngeren Rousseau; sie ließ sich „Mama" von ihm nennen und war ihm lange Jahre hindurch eine mütterlich-fürsorgliche Freundin. Sie führte mehrere junge Menschen ihres Freundeskreises zur katholischen Kirche zurück, darunter auch Rousseau, mit dem sie dreizehn Jahre zusammenlebte – dann aber machte sie sich auf zu seiner stürmischen Lebensreise, die ihn nach Paris, wieder nach der Schweiz, nach England und endlich als Gast des Marquis de Girardin auf dessen Schloß Ermenonville führte, wo er am 2. Juli 1778 gestorben ist. Oft sprach er in seinen letzten Lebensjahren von „Mama", von Frau von Warens, die schon sechzehn Jahre vor ihm aus dieser Welt gegangen war – einsam, verlassen, vergessen und in tiefer Armut.

21. VI. 1731 — 22. V. 1802 **MARTHA WASHINGTON**

Martha Dandrige, die sehr schöne Tochter eines Obersten, wuchs auf der Farm ihres Vaters in Virginia auf und heiratete achtzehnjährig den reichen Plantagenbesitzer Oberst Custis, der nach zehn Jahren starb, nachdem sie ihm vier Kinder geboren hatte. Zwei Jahre später fand ihre Hochzeit mit Oberst George Washington statt, der in ihr die treue Gefährtin gewann, die seinen steilen Aufstieg zum Oberbefehlshaber der amerikanischen Armee, zum Führer im Unabhängigkeitskrieg gegen England und zum ersten Präsidenten der Vereinigten Staaten verständnisvoll begleitete. Selbst in den Feldzügen wich sie nicht von seiner Seite und lebte in den Heerlagern. Die Ehe war kinderlos, aber so glücklich, daß man wahrnahm, wie der innere Einklang der Seelen allmählich die Gesichtszüge, ja die Stimmen der Gatten einander anglich. Für ein Glück jedoch empfand die Frau es nicht, daß sie, als Washington Präsident wurde, sich acht „verlorene" Jahre, wie sie sagte, der Repräsentation widmen mußte. Sie erfüllte indessen ihre Aufgabe als „unvergleichliche First Lady" mit entzückender Anmut und Würde, zunächst in New York, nachher in Washington, als das Weiße Haus gebaut war. Der Präsident bezog es nicht, es sei zu groß, meinte er, die Kosten der Einrichtung überstiegen seine Mittel. Er begnügte sich mit einem Miethaus, was seiner Frau behagte. Zu der noch völlig ländlichen Umwelt paßte es vortrefflich, daß die Präsidentin den Stoff zu ihren Kleidern und zu den Staatsanzügen ihres Mannes selber webte und die Borten einer Festrobe aus Fäden seidener Strümpfe und alter Sesselbezüge anfertigte. Nach den „verlorenen" Jahren zog sich das Ehepaar auf Washingtons schönen Besitz Mount Vernon zurück. Lange dauerte die ersehnte Beschaulichkeit nicht. Washington starb schon 1799. Die Witwe folgte bald nach.

22. I. 1858 — 30. IV. 1943 **BEATRICE WEBB**

Die Volkswirtschafts- und Gesellschaftslehre hat in England früh eine besondere Bedeutung erfahren, entsprechend der wirtschaftlichen Entwicklung des Landes, dessen Industrialisierung ständig neue Probleme aufwarf. Unter den praktischen Sozialreformern nimmt das Ehepaar Webb eine hervorragende Rolle ein. Beatrice Potter, 1858 geboren, gehörte zu den engen Freunden und Nachfolgern Herbert Spencers, des Bahnbrechers auf dem Gebiet der philosophischen Soziologie. Sie schloß sich der Gruppe der Sozialreformer an, die sich Fabier nannten. Diese Gesellschaft von Schriftstellern, Künstlern, hohen Verwaltungsbeamten und bekannten Parlamentariern erstrebte nicht den revolutionären Umschwung, sondern die zäh verfolgte, allmähliche Umwandlung der gesellschaftlichen Verhältnisse zum Sozialismus hin. Hier lernte sie den Sozialpolitiker Sidney Webb kennen, den sie 1892 heiratete. Die Lebensgemeinschaft mit diesem Manne wurde eine ideale Partnerschaft, aus der mehrere wegweisende Werke hervorgingen, die den Grund zum typisch englischen Sozialismus legen halfen. Beatrice Webb war u. a. Mitglied der Kgl. Kommission zur Reform des Armenrechts und für die Bekämpfung der Arbeitslosigkeit. Das Ehepaar gehörte der Labourpartei an und wirkte lebhaft für die Einrichtung von Konsumgenossenschaften. Neben der praktischen Arbeit verfaßte Beatrice Webb eine Reihe wissenschaftlicher und autobiographischer Schriften. Trotz des hohen Fluges ihrer Gedanken blieb sie ganz Frau. „Sie ist ganz Frau geblieben", rühmte man ihr nach, „sie hat ihre natürliche Schönheit zu jener Frauenschönheit entwickelt, die für die Zukunft des weiblichen Geschlechtes typisch sein wird." Beatrice Webb, die 1943 starb, wurde die Ehre zuteil, in der Westminster Abtei beigesetzt zu werden.

MARY WEBB
25. III. 1881 — 8. X. 1927

Mary Webb, die als ältestes Kind eines Dorfschullehrers und einer Mutter aus der Verwandtschaft von Sir Walter Scott 1881 im kleinen Leighton in der Grafschaft Shropshire geboren wurde und 1912 den Cambridger Gelehrten H. B. L. Webb heiratete, begann ihr dichterisches Werk mit kleinen Naturstudien aus der heimatlichen Welt Shropshires. Die Haltung, die hier schon die zarteste Empfindung mit gedanklicher Deutung vermischt und heidnische und christliche Elemente zu einer ganz eigentümlichen Mystik zusammenschweißt, setzte sich in ihrem ersten von G. K. Chesterton eingeführten Roman „Der goldene Pfeil" unmittelbar in Handlung um, in die seltsam versonnene und versponnene Geschichte zweier Mädchen, die von verschiedenen Seiten her unter dem gleichen düster-heiteren Himmel ihr Schicksal finden. Wie eine uralte, raunende Volksballade mutet die Erzählung „Heim und Erde" an, mit der seltsamen Neigung der Heldin Hazel zu der kleinen Füchsin Foxy. Autobiographischer sind die Bücher „Das Haus im Dormerwald" und „Sieben für ein Geheimnis" getönt, die von verschiedenen Seiten her zwischen Märchenglanz und Legendenton das Gottesproblem umkreisen, das sich der Dichterin in der Harmonie von Natur und Kultur darbietet und das sie fortan immer wieder bewegt. Der von Lord Baldwin gepriesene und mit dem „Femina-vie-heureuse-Preis" ausgezeichnete Roman „Kostbares Gift" (1926) bietet Mary Webb dann in der Gegenüberstellung einer irdischen und einer himmlischen Liebe Gelegenheit zur Offenbarung ihrer seelischen Welt und ihrer geistigen Absichten. Kaum ein Jahr später ist die stille und doch so starke Dichterin in St. Leonards gestorben. Ihr Werk, das im keltischen Erbe einen zutiefst christlichen Wesenskern enthält, lebt als eine der schönsten Dichtungen englischer Sprache weiter.

HELENE WEBER
17. III. 1881 — 26. VII. 1962

Unter den katholisch organisierten Frauen nimmt Helene Weber eine hervorragende Stellung ein. Wie viele ihres Jahrzehnts — sie wurde 1881 geboren — wählte sie den Beruf der Lehrerin, studierte später Geschichte und Volkswirtschaft, nahm Posten an Schulen in Bochum und Köln an und danach die Leitung einer sozialen Frauenschule in Köln, die stark die Prägung ihres Geistes erhielt. 1918 wurde sie als Ministerialrat in das Preußische Wohlfahrtsministerium berufen, 1933 ging sie an das Preußische Kultusministerium über, wo sie mit Ausbruch des „Dritten Reiches" ihres Amtes enthoben wurde. Das gleiche geschah ihr in der parlamentarischen Tätigkeit, im Preußischen Landtag, dem sie seit 1921, und im Reichstag, dem sie seit 1924 angehört hatte, in beiden Häusern als Mitglied der Zentrumspartei. Nach dem Kriege nahm sie ihre Abgeordnetenarbeit wieder auf, im Landtag von Nordrhein-Westfalen, im Parlamentarischen Rat und im Bundestag. Im Katholischen Deutschen Frauenbund und in der internationalen katholischen Frauenbewegung, aber auch in den allgemeinen großen katholischen Organisationen hat ihre Stimme Gewicht. Daß sie aus freien Stücken in die schwer geschädigte Stadt Essen zog und dort das Leben anderer berufstätiger Frauen verschiedener Schichten teilte, beleuchtet ihre Einstellung zu den Aufgaben unserer Zeit. Besonders am Herzen liegt ihr die Entfaltung einer selbständigen, auf christlichem Boden ruhenden weiblichen Persönlichkeit. Mit rheinischem Freimut pflegt sie sich auch gegenüber Personen zu äußern, die an hoher Stelle der Beamtenhierarchie stehen. Aber man würde ihre Persönlichkeit nicht richtig sehen, wenn man nicht wüßte, wie stark ihr Bedürfnis nach Einkehr und Stille ist, aus der sie die Kräfte schöpft, die sie zur niemals abreißenden Arbeit befähigen.

2. VIII. 1870 — 14. III. 1954   **MARIANNE WEBER**

Marianne Weber wurde 1870 als Tochter des Arztes Schnittger geboren, verlor früh beide Eltern und wurde von älteren Verwandten in der kleinen Stadt Lemgo im Lippischen erzogen. In Charlottenburg, im Hause des Stadtrats Weber und seiner allem Neuen aufgeschlossenen Frau, lernte sie ihren Gatten kennen, Max Weber, der einer der führenden Männer im deutschen Geistesleben und in der Politik werden sollte. An seiner Seite, in überaus glücklicher Ehe, entwickelte Marianne ihre Gaben; sie studierte und trat aktiv in die Frauenbewegung ein, und schon ihr erstes Buch „Ehefrau und Mutter in der Rechtsentwicklung" wurde zu einem noch heute gültigen Standardwerk. Obwohl von zarter Konstitution, entwickelte sich Marianne Weber zu einer vorzüglichen Rednerin und als Vorsitzende des Bundes Deutscher Frauenvereine zu einer Organisatorin von ganz unbürokratischem Schwung. Von großem persönlichem Charme, übte sie namentlich auf die Jugend beider Geschlechter großen Einfluß aus. Nach dem Tode Max Webers im Jahre 1920, den sie nie verwand, widmete sie ihr Leben seinen Aufsätzen und Biographien und gab nach höchst schwierigen Manuskripten seine hinterlassenen Werke heraus; die juristische Fakultät der Universität Heidelberg verlieh ihr hierfür die Doktorwürde h. c. Mit der Stadt und Universität Heidelberg blieb sie verwachsen; zu ihren Freunden gehörten Karl Jaspers, Gertrud Bäumer und Marie Baum. Da sie vier verwandte Waisen an Kindesstatt angenommen hatte, wuchs sie auch in die Aufgaben einer Mutter hinein. Während der Hitlerherrschaft gewährte sie Unzähligen Halt, Rat und Schutz. Ihr Tod 1954 riß eine Lücke in das geistige Leben Heidelbergs. Eine Gesellschaft trägt dort ihren Namen und vereint Männer und Frauen, die ihr Kulturerbe verwalten.

16. VIII. 1829 — 22. VI. 1901   **MATHILDE WEBER-WALZ**

Im Jahre 1888 wurde den Regierungen der deutschen Länder eine Petition des Allgemeinen Deutschen Frauenvereins vorgelegt, die auf die hohe Behörde „wie eine Sprengladung in dem Ringwall aller Vorurteile" wirkte. Die Regierungen wurden ersucht, „den Frauen den Zutritt zu den ärztlichen Berufen und den wissenschaftlichen Lehrberufen durch Freigabe und Förderung der darin einzuschlagenden Studien zu ermöglichen". Die Frauen forderten Zulassung zu den Landesuniversitäten und zu den Aufnahme- und Abschlußprüfungen. Der Petition lag u. a. eine eben erst erschienene, sehr kluge und sehr kämpferische Broschüre bei, in der die Verfasserin Mathilde Weber aus Ellwangen die Gründe für die Ausübung des ärztlichen Berufes durch Frauen darlegte. Die Regierungen blieben zwar die Antwort schuldig, aber seitdem kam das Problem nicht mehr zur Ruhe, bis im Jahre 1908 endlich auch den Frauen die akademische Laufbahn geöffnet wurde. Mathilde Weber, Tochter eines Gutsbesitzers, der die Prüfung als Volksschullehrer ablegte, um seine Kinder auf dem entlegenen Gut selber unterrichten zu können, verkörperte den Typ der unermüdlich sozial-aktiven Frau. Als Gattin des Rektors der Universität Tübingen gründete sie eine Frauenarbeitsschule, Bildungsvereine, ein Frauenheim, Armen- und Krankenpflegestätten, sie sammelte mit den Studenten Hausrat für Bedürftige und veranlaßte die Dozenten, in Vorträgen für die Erwachsenenbildung tätig zu sein und die Eintrittsgelder für die Errichtung von zwei Altersheimen zur Verfügung zu stellen. Sie war eine Meisterin der Gartenkunst, eine feinsinnige Novellistin und Reiseschriftstellerin. Ihre nicht geringste soziale Tat war die Gründung des deutschen „Vereins für Hausbeamtinnen", der unter Mitarbeit von Auguste Schmidt, Leipzig, die oft sehr unglücklichen Verhältnisse bei den weiblichen Hausangestellten zu verbessern suchte.

HILDEGARD WEGSCHEIDER   2. IX. 1871 — 4. IV. 1953

Die Hildegard-Wegscheider-Schule in Berlin trägt ihren Namen zum ehrenden Gedächtnis der ersten Abiturientin Preußens und der ersten Frau, die in Preußen zum Doktor der Philosophie promovierte. Das war damals, im März 1898, eine echte Sensation — und der Weg zu diesem heiß umkämpften Ziel war mit bürokratischen Hindernissen gepflastert. Die lernbegierige Pfarrerstochter fand im Elternhause verständnisvolle Förderung ihrer Pläne und konnte schon als Einundzwanzigjährige das Lehrerinnen-Examen ablegen. In der Schweiz bereitete sie sich auf das Abitur vor, das sie dann mit ministerieller Sondergenehmigung in der preußischen Exklave Sigmaringen glanzvoll bestand. Aber die Zulassung zum Studium an der Berliner Universität lehnte der damalige Dekan der philosophischen Fakultät mit dem Einwand ab: „Ein Student, der sich nicht besaufen kann — unmöglich!" In Halle jedoch nahm man sie auf... Wenig später heiratete Fräulein Dr. phil. Hildegard Ziegler den Berliner Arzt Dr. Max Wegscheider; die junge Ehefrau und Mutter fand noch immer Zeit für eine ausgedehnte Lehrtätigkeit und Mitarbeit an Zeitschriften. Mit Hilfe des „Vereins für Frauenwohl" gründete sie in Berlin die erste Mädchenschule mit gymnasialem Charakter, die heute ihren Namen trägt. Als nach dem Ende des ersten Weltkrieges den Frauen das aktive und passive Wahlrecht zugebilligt wurde, zog Hildegard Wegscheider in den Preußischen Landtag ein. Ihren wachsenden Einfluß setzte sie im unverdrossenen Kampf um vollwertige Bildungsmöglichkeiten der Mädchen und Frauen und um die Gleichberechtigung der Geschlechter ein, bis das Jahr 1933 auch ihr Lebenswerk zunichte machte. Nach 1945 erinnerte man sich wieder der hochverdienten Frau — die junge Bundesrepublik Deutschland verlieh ihr als einer der ersten Frauen das von Theodor Heuß gestiftete Bundesverdienstkreuz.

SIMONE WEIL   3. II. 1909 — 24. VIII. 1943

„Ein Genie — dem Heiligen verwandt" hat Thomas Stearns Eliot, der große anglo-amerikanische Dichter und Nobelpreisträger, diese Französin genannt, die von Albert Camus und anderen Berufenen als die bedeutendste christliche Mystikerin der Neuzeit bezeichnet wird — diese Jüdin unter dem Kreuz, die uns aus der kurzen Spanne ihres irdischen Daseins ein Werk hinterließ, in dem jede Zeile wesentlich ist und das noch der endgültigen Deutung harrt. Die Schriftstellerin und Philosophin, Tochter eines wohlhabenden jüdischen Kaufmannshauses in Paris, war während des vorbereitenden Studiums für den Höheren Schuldienst noch Schülerin des großen Philosophen Alain. Nach glänzend bestandenen Abschlußexamina war sie ein Jahr lang Metallfräserin, um die Bedingungen des Arbeiterlebens an sich selber zu untersuchen. Der spanische Bürgerkrieg trieb sie im Sommer 1936 an die katalanische Front, auf die Seite der Republikaner; nach einer Verwundung kehrte sie in ihre Heimat zurück, die sie aber schon 1940 wieder verlassen mußte, auf der Flucht vor den Hitlertruppen. In England stellte sie sich der französischen Exilregierung zur Verfügung. Sie wollte auch im Exil alle Entbehrungen ihrer Landsleute teilen. An Entkräftung ist die Vierunddreißigjährige noch vor der Befreiung ihres Vaterlandes gestorben — Bevor sie 1940 Frankreich verließ, hatte sie ihrem Freund Gustave Thibon, dem Philosophen und Theologen, ihr gesamtes schriftstellerisches Werk übergeben, aus dem erst nach ihrem Tode so gewichtige Einzelstücke wie die Bücher „Schwerkraft und Gnade", „Das Unglück und die Gottesliebe" und „Vorchristliche Schau" auch in deutscher Übertragung erschienen sind, als eindrucksvolle Zeugnisse der geistigen Bedeutung dieser „Urchristin", die sich zu letzter Läuterung durchrang.

1527 — 24. IV. 1580   PHILIPPINE WELSER

In der Hofkirche zu Innsbruck funkelt im farbigen Licht der Kirchenfenster das prunkvolle Grabmal der Freiin Philippine von Zinnenburg, deren wundersames Leben im Augsburger Patrizierhause der Welser begann und auf Schloß Ambras in Tirol endete. So schön soll die Tochter des Franz Welser und seiner Gattin Anna Adler gewesen sein, daß nach einer Sage der rote Wein, den sie trank, durch die weiße Haut ihres Halses geschimmert habe. Schon lange vor den Fuggern gehörten die Welser dem Augsburger Patriziat an; sie beherrschten über ein Vierteljahrhundert das heutige Venezuela in kaufmännischer Ausbeutung. Auf den glanzvollen gesellschaftlichen Veranstaltungen, die den Augsburger Reichstag von 1547/48 umrahmten, begegnete Philippine zum erstenmal dem ritterlichen, gleich ihr allen geistigen und künstlerischen Dingen geneigten Erzherzog Ferdinand. Der Sohn Kaiser Ferdinands konnte das schöne Bürgermädchen nicht mehr vergessen und hütete ein Wachsmedaillon der „bella Filippina" als kostbares Unterpfand einer heimlichen, großen Liebe, die nach zehn Jahren in eine ebenso heimliche Ehe mündete. Das Glück der Liebenden, denen zwei Söhne geschenkt wurden, war nur überschattet von der schuldhaften Heimlichkeit ihrer Verbindung. Philippine fand als erste den Mut, ihrem kaiserlichen Schwiegervater zu beichten. Er verzieh den beiden nach langem Grollen über die Durchkreuzung seiner dynastischen Pläne und befahl die weitere Geheimhaltung der Ehe für alle Zeiten — eine Bedingung, die erst nach Jahrzehnten durch päpstliche Gnade gelöst wurde, als Andreas, der älteste Sohn des Paares, die Kardinalswürde erhielt. Es war eine vorbildliche Ehe: Die Welserin bestimmte ihren Gemahl während der Religionskriege zu Milde und Toleranz und führte als Landesherrin von Tirol ein Leben liebevoller Fürsorge für ihre Familie und für ihr Volk.

23. XII. 1828 — 31. VIII. 1902   MATHILDE WESENDONCK

Wäre die Kommerzienratstochter Mathilde Luckemeyer in ihrem 31. Lebensjahr als Frau des reichen Seidenhändlers Otto Wesendonck in Zürich nicht dem vierzigjährigen Richard Wagner begegnet, die Nachwelt wüßte nichts mehr von ihren Dramen, Märchen- und Puppenspielen. Wagner vertonte fünf der Gedichte der geliebten Freundin: die „Wesendonck-Lieder". Aus dem Lied „Träume" entwickelte sich der Liebesgesang im zweiten Tristan-Akt, aus dem Lied „Im Treibhaus" die Todessehnsucht des dritten Aktes. Durch die tragische Liebe zu dieser Frau, die der Tonkünstler einmal mit einem „lang gehaltenen weichen Geigenton" verglich, empfing Wagner neue Schöpferkraft. Der „Ring" wurde vollendet, der „Parsifal" geplant, das alte Manuskript der „Meistersinger" wieder hervorgeholt, jetzt entstanden auch seine wichtigsten theoretischen Schriften. Der Komponist bekennt: „Jene eine höchste Blütezeit hat in mir eine solche Fülle von Keimen getrieben, daß ich jetzt nur immer in meiner Kunst in meinen Vorrat zurückzugreifen habe, um mit leichter Pflege mir die Blume zu erschließen." Wagner führte Mathilde in das Wesen der Musik, der Dichtung und der Philosophie Schopenhauers ein. Alles Niedrige lag den beiden befreundeten Menschen fern; Otto Wesendonck lud Wagner und seine Gattin in sein Haus, unterstützte den Komponisten als Mäzen und wies ihm ein kleineres Anwesen neben seiner Villa als Wohnsitz auf Lebenszeit an. Aber alle vier hatten die Kraft ihres Idealismus überschätzt. Klatsch und Mißtrauen, aber auch gegenseitige Eifersucht zerstörten das übermenschliche Idyll. Man ging auseinander, der „Grüne Hügel" von Zürich verblaßte langsam vor der Glorie, die den Bayreuther Festspielhügel umgab. Die Wesendoncks zogen 1872 nach Dresden. Mathilde starb in Traunblick am Traunsee.

PAULA WESSELY   * 20. 1.1908

Die „innere Schönheit" durch das Spiel der Mienen und Gesten und den Ausdruck der Sprache sichtbar werden zu lassen, ist das Geheimnis der Schauspielkunst einer Paula Wessely. Nachdem sie am Wiener Max-Reinhardt-Seminar ihre Ausbildung erhalten und in Wien und Prag an kleineren Bühnen gespielt hatte, wurde ihr Name mit einemmal berühmt, als sie in Berlin in Gerhart Hauptmanns „Rose Bernd" einen großartigen Bühnenerfolg errang, der später durch den ihrer „Heiligen Johanna" (Bernhard Shaw) noch übertroffen wurde. Seit „Maskerade" (1934) gesellte sich zu ihren Bühnenerfolgen die große Filmkarriere. Es folgten auf „Maskerade" Filme, in denen sie ergreifende Frauenschicksale verkörperte, u. a. „So endete eine Liebe", „Episode", „Julika", „Spiegel des Lebens", „Maria Ilona", „Ein Leben lang", „Heimkehr", „Späte Liebe", „Die kluge Marianne", „Das Herz muß schweigen". Im Jahre 1935 wurde sie bei den Filmfestspielen in Venedig als „beste Schauspielerin" ausgezeichnet. Nach der Premiere von „Julika" schrieb man über sie: „Paula Wessely spielt nicht, sie lebt und läßt die Zuschauer alle Höhen und Tiefen eines zu Herzen gehenden Geschehens miterleben!" Nach dem zweiten Weltkrieg war ihr erster Film „Engel mit der Posaune", es gelang ihr, ihre von jugendlicher Verliebtheit bis zur großmütterlichen Melancholie reichende Rolle mit einer zauberhaften Natürlichkeit und Menschlichkeit darzustellen. Ihr Partner war wie in „Vagabunden der Liebe" ihr Mann Attila Hörbiger. Seit 1953 ist Paula Wessely ständiges Mitglied des Wiener Burgtheaters. Der Film „Cordula" ist der erste Film, den sie in eigener Produktion herstellte. Von den weiteren Filmen sind zu nennen: „Maria Theresia", „Ich und meine Frau", „Das Licht der Liebe", „Reise in die Vergangenheit", „Die Wirtin zur goldenen Krone".

WIBORADA   Um 880 — 2. V. 926

Wiborada gehört zu jenen geheimnisvollen Opferseelen, die sich in der tiefsten Einsamkeit Gott hingeben, um die verwilderte Welt zu heilen, so unverständlich solch ein Lebensopfer auch einer maßlosen, entarteten und süchtigen Zeit erscheinen mag. Sie lebte als Nonne zuerst im Kloster St. Gallen, einem der strahlenden Brennpunkte frühmittelalterlicher Kultur, Kunst und Wissenschaft, und schloß sich dann in eine winzige, steinerne Klause ein, mit Altärchen und Liegestatt, um diesen freiwilligen Kerker nie mehr zu verlassen. Unter Kasteiungen und Fasten führte sie ein „Leben im Geiste"; sie war mit der Gabe der Prophetie gesegnet und beriet die Pilger und Mönche. Ihrer begnadeten Hellsicht verdankte St. Gallen die Rettung unermeßlicher Schätze an Büchern, Gewändern und Kunstwerken. Die asketische Büßerin sah nämlich, wie es in ihrer Lebensbeschreibung heißt, in einer Vision ein Jahr vor dem geschichtlichen Datum den Einfall der Ungarn voraus. Der Abt von St. Gallen, Engilbert, ließ auf ihre Warnung hin sofort neben dem Kloster eine stark befestigte Burg errichten und die Kostbarkeiten der alten Abtei dorthin bringen. Als am 1. Mai 926 die Ungarn sich von Süddeutschland her sengend und brennend dem Kloster näherten, beschwor man Wiborada vergeblich, ihre abseits liegende Klause zu verlassen und sich in den Schutz der festen Wehrbauten zu begeben. Sie weigerte sich. Die Mörder drangen vom Dach her in die Zelle ein und erschlugen die Betende. St. Gallen aber war gerettet. Wiborada wurde 1047 zu Rom in Anwesenheit von Kaiser Heinrich III. heiliggesprochen. Sie ist die einzige Heilige der Schweiz und gilt als die Schutzpatronin der Bibliotheken und der Bibliophilie. Sie wird abgebildet mit Kopfwunde, Buch und Hellebarde.

* 1908   ## DOROTHEA WIECK

Als die gefeierte Filmschauspielerin Dorothea Wieck 1931 in dem Film „Mädchen in Uniform" die Lehrerinnenrolle spielte und nach diesem sensationellen Erfolg in der internationalen Filmwelt ein Begriff wurde, lautete das einstimmige Urteil: „Das ist eines der schönsten und reinsten Gesichter, die der deutsche Film besitzt. Sie hat den Tonfilm um einen neuen, edlen und herben Typ bereichert." Dorothea Wieck, die in ihrem Stammbaum väterlicher- und mütterlicherseits auf fünf Künstlergenerationen zurückblicken kann, kam schon in jungen Jahren zur Bühne. Anläßlich einer Schülerreise nach Wien wurde die Sechzehnjährige an das Theater in der Josephstadt verpflichtet, wo sie durch ihr seltsam zartes und kühles Wesen und ihr klassisches Profil auffiel. Die nächsten Bühnenstationen waren die Kammerspiele in München unter Otto Falckenberg und die Schauspielhaus Frankfurt am Main. Seit 1926 gehörte ihre Arbeit auch dem deutschen Film, der ihr einige bedeutende Gestaltungen verdankt. 1934 holte man sie nach Hollywood, wo sie in zwei Filmen in englischer Sprache triumphierte. Intrigen machten ihre weitere Filmarbeit in Hollywood unmöglich, sie kehrte nach Deutschland zurück und überraschte hier erneut durch große schauspielerische Leistungen in den Filmen: „Der Student von Prag", „Liebe kann nicht lügen", „Urlaub auf Ehrenwort", „Der vierte kommt nicht", „Kopf hoch, Johannes", „Andreas Schlüter", „Dein Leben gehört mir". Vor Kriegsende wurde sie bei dem Luftangriff auf Dresden verschüttet und totgesagt. Aber sie überlebte die Katastrophe. Die Nachkriegszeit brachte ihr viele Enttäuschungen. Man sah sie nur noch gelegentlich auf der Bühne und in Filmen meist nur in kleineren Rollen, in denen sich nach wie vor ihre große Begabung erwies.

9. XII. 1885 — 22. VI. 1970   ## GRETE WIESENTHAL

Im Jahre 1907 verließ die siebzehnjährige Tänzerin Grete Wiesenthal nach zehnjähriger Zugehörigkeit das Ballettcorps der Wiener Hofoper mit der Absicht, sich selbständig zu machen und ihre eigenen Ideen zu verwirklichen. Ihr widerstrebten die erstarrten Formen der Choreographie, sie hegte ganz andere Vorstellungen von der Ausdruckskraft des Tanzes. Mit ihren Schwestern Else und Berta arbeitete sie am Ausbau ihrer Tanzvisionen; als sie sich publikumsreif fühlten, wählten sie für ihr Debüt ein Gastspiel in dem literarischen Kabarett „Fledermaus". Jetzt endlich konnte Grete Wiesenthal ihre Auffassung dartun, daß der Tanz nicht Schablone ist, sondern jedesmal neu erlebt werden muß. Dem berauschenden Rhythmus des „Donauwalzers" hingegeben, schwebte ihre elfenhafte Gestalt fast schwerelos durch den Raum. Mit zarter Innigkeit interpretierte sie das Allegretto von Beethoven, das noch niemals tänzerisch ausgedeutet worden war. Es wurde ein überwältigender Erfolg für die drei Schwestern, es folgten Gastspielverträge, die das Trio in viele Länder Europas führten. Als Grete den Wiener Maler Erwin Lang geheiratet hatte, trennten sich die Schwestern, und Grete tanzte künftig teils allein, teils mit Kollegen von der Oper. In späteren Jahren übernahm sie die Meisterklasse für Ausdruckstanz an der Akademie für darstellende Kunst in Wien und bildete aus den begabtesten Schülerinnen eine Tanzgruppe, mit der sie auf Reisen ging. In ihren Mußestunden betätigte sie sich schriftstellerisch und veröffentlichte 1947 ein reizendes Büchlein „Die ersten Schritte", dann einen Roman und viele Essays. Grete Wiesenthal bleibt es für immer vorbehalten, Wiens erste Repräsentantin im Ausdruckstanz und in der Interpretation des Wiener Walzers gewesen zu sein.

MARY WIGMAN
13. XI. 1886 — 18. IX. 1973

Was an Tanzkunst vor dem ersten Weltkrieg Geltung hatte, war mit einem Schlage belanglos geworden, als Mary Wigman, eine Schülerin von Dalcroze und Laban, in München mit ihrer ersten Schöpfung, dem „Hexentanz", vor die Öffentlichkeit trat. Die berufenen Kritiker feierten die Neuentdeckte als eine der größten Tänzerinnen der Zeit. Eine Künstlerin von unerhörter Eigenart offenbarte den Zuschauern einen völlig neuen Tanzstil. Zehn Jahre danach hatte die Revolution des Tanzes, die mit ihrem Namen verbunden ist, sich endgültig durchgesetzt. Und wenn heute im abendländischen Theater eine Rückkehr zur kultisch-tänzerischen Gestaltung zu verzeichnen ist, so trägt Mary Wigman mit ihrer Dresdner Tanzschule und ihren berühmten Schülern und Schülerinnen — Harald Kreutzberg, der Palucca, Dore Hoyer, Yvonne Georgi — großen Anteil daran. Sie löste den Tanz nicht nur aus der Formstarre, sie kehrte sich auch vom Verdeutlichen ab und ließ die Choreographie zu absoluten Bewegungsgebilden werden, dem „Ausdruckstanz". Auf der Höhe ihres Ruhmes entstand das Gruppenwerk „Ein Totentanz" und der solistische Tanzzyklus „Visionen", in dem sie eine Welt gespenstischer Traumvisionen beschwor. Den Gegensatz dazu bildete der leuchtende Zyklus „Schwingende Landschaft", ein Hymnus auf die Schönheit der Welt. Werk um Werk folgte. Überall, selbst in den USA, bildeten sich begeisterte Gemeinden der Künstlerin. 1942 wurde ihr jedes weitere Wirken verboten. Es wurde still um sie. Erst 1946 begann sie wieder Unterricht zu geben und vermittelte einer neuen Generation, was sie immer gelehrt hatte: Wahrheit des Gefühls und Klarheit der Form. Ihr Tanz verleiht vielen Erscheinungen unserer Zeit meisterhaften Ausdruck, eine geistige Aussage, deren Thema das Schicksal des Menschen ist.

OTTILIE WILDERMUTH
22. II. 1817 — 12. VII. 1877

Professor Ludwig Uhland in Tübingen arbeitete gern an dem verwitterten Holztisch unter der schattenspendenden Kastaniengruppe seines Gartens. An diesem Lieblingsplatz, von dem aus der Blick hinüberschweifen konnte ins Neckartal, sah man den greisen Patrioten oft in freundnachbarlichem Gespräch mit der anmutigen Ottilie Roschütz, die seit 1843 die Gattin des Gymnasialprofessors Wildermuth war. Uhland schätzte Ottilie nicht nur als liebenswürdige und hilfsbereite Nachbarin, sondern auch als die weithin gerühmte und anerkannte Erzählerin, deren „Geschichten aus dem Frauenleben", „Aus Schwäbischen Pfarrhäusern", deren Jugendschriften und Märchen alle in der Familie wurzeln. Die schlichte, klare Sprache erleichterte die Übersetzung ins Englische und Französische. Die Übersetzungen begründeten den Ruhm der Verfasserin nicht eher als in ihrer Heimat. — Die Tochter des Oberamtsrichters Roschütz aus Rottenburg am Neckar verpflanzte die demütigheitere, tiefreligiöse Lebenshaltung ihres Elternhauses auch in ihr eigenes, von einer frohen Kinderschar belebtes Heim, das bald zum Mittelpunkt einer fruchtbaren geistig-künstlerischen Geselligkeit wurde. Darüber hinaus führte die Hausfrau ein beispielhaft tätiges Leben unermüdlich helfender, sorgender Nächstenliebe: An jedem Dienstag hielt sie Freitisch für so viele hungrige Studenten, wie an der langen Tafel Platz finden konnten, unbemittelten Mädchen verhalf sie durch Schenkung der gesamten Aussteuer zu einer bürgerlichen Heirat und von den im Laufe der Jahre immer stattlicher werdenden Honorareinnahmen aus ihren Büchern bestimmte sie regelmäßig ein Drittel zur Verwendung für wohltätige Zwecke. Sie stand mit vielen bedeutenden Zeitgenossen in lebhaftem Briefwechsel. „Ihre Welt, so klein sie auch sein mochte, war stets eine Stätte des Friedens, des Gottvertrauens und des Glücks."

3. VII. 1709 — 14. X. 1758 **WILHELMINE VON BAYREUTH**

Niemand besaß mehr Verständnis und Liebe für den jungen, unglücklichen Prinzen Friedrich von Preußen, den man später den Großen nannte, als seine Schwester Wilhelmine. Die zarte, reizvolle, ebenso wie ihr Bruder mit dem polternden Vater, Friedrich Wilhelm I., in ständigem, zermürbendem Zwist lebende Prinzessin war der einzige Mensch, der Zugang zum Herzen Friedrichs fand. Gleiche Neigungen, gleiches Schicksal, gleicher Geist verbanden Bruder und Schwester zeitlebens in zärtlicher, geschwisterlicher Liebe. Auch als Wilhelmine, nach dem Scheitern der englischen Heiratspläne, von ihrem Vater mit dem Markgrafen von Bayreuth verheiratet wurde, versicherte sie ihrem Bruder immer wieder in Briefen ihre Treue. Nur die Musik und ein ausgedehnter Briefwechsel halfen ihr in Bayreuth über die Langeweile einer provinziellen Hofhaltung hinweg. Als Friedrich II. den Thron von Preußen bestieg, schrieb sie in enthusiastischer Begeisterung: „Ich sehe schon eine der ruhmvollsten Regierungen voraus, die wir seit langem hatten." Friedrich zog in den Siebenjährigen Krieg, die Schwäche der habsburgischen Dynastie nutzend und für den Aufstieg Preußens zur Großmacht kämpfend. Inmitten der Sorgen des Feldzuges erreichte ihn die Nachricht, daß Wilhelmine schwer erkrankt sei. Obwohl Friedrich seinen Leibarzt nach Bayreuth schickte und ihm versicherte, er werde ihn vergöttern, wenn er den einzigen Menschen der Welt rette, der seinem Herzen nahe stehe, war es zu spät. Wilhelmine starb, ohne ihren geliebten Bruder noch einmal wiedergesehen zu haben. Die Mitteilung von ihrem Tode brachte Friedrich an den Rand der Verzweiflung. Wilhelmine von Bayreuth hinterließ außerordentlich interessante „Denkwürdigkeiten", deren Wahrheit allerdings von späteren Historikern mit Erfolg angefochten wurde.

31. VIII. 1880 — 28. XI. 1962 **KÖNIGIN WILHELMINE**

Als um die Mittagsstunde des 4. September 1948 Wilhelmine zum letztenmal in der goldenen Königskarosse durch Amsterdam in die Nieuwe Kerk fuhr, zur Krönung ihrer Tochter und Nachfolgerin Juliana, erstickten viele Hochrufe in Tränen: Die Niederländer nahmen Abschied von einem halben Jahrhundert ihrer Geschichte, das unlösbar verbunden war mit dem Namen und Wirken ihrer Königin, die Krone und Reich in die Hände der Tochter legte und sich als „Prinzessin der Niederlande" ins Schloß „Het Loo" zurückzog. – Schon als Zehnjährige war Wilhelmine unter der Regentschaft ihrer Mutter Königin geworden. Ein Jahr nach ihrer Thronbesteigung lud sie alle Nationen der Welt nach Den Haag zur ersten internationalen Friedenskonferenz. Ihre Vermählung mit Herzog Heinrich von Mecklenburg und die Geburt der Thronfolgerin Juliana im Jahre 1909 wurden vom ganzen Volk als Familienfeste gefeiert und vertieften die herzliche Gemeinschaft zwischen den Niederländern und ihrer Königin, die im ersten Weltkriege unbeirrt an ihrer Neutralitätspolitik festhielt. Als nach Kriegsende die Alliierten ihr nahelegten, Ansprüche auf deutsches Gebiet zu erheben, wies die Königin dieses Ansinnen ebenso energisch zurück, wie sie alle Wünsche nach Auslieferung des in ihr Land geflüchteten Wilhelm II. unmißverständlich ablehnte. Zweiundzwanzig Jahre später mußte sie selbst fliehen, als Hitler ihr Land überfiel. Von England aus ermutigte sie in Rundfunkansprachen ihr Volk zum Widerstand und zum Durchhalten und kehrte nach der Befreiung ihres Landes durch die alliierten Truppen im Triumphzug in ihre Heimat zurück. Ohne Zögern begann sie mit den schon im Exil vorgeplanten Maßnahmen den Wiederaufbau – ein Werk, das von ihrer Tochter fortgesetzt und vollendet wurde. Ihr Todestag war ein Trauertag für ganz Holland.

MARIANNE VON WILLEMER 20. XI. 1784 — 6. 12. 1860

Im August 1814 weilte der fünfundsechzigjährige Goethe zum erstenmal seit vielen Jahren wieder in Wiesbaden, dessen heilkräftige Bäder er zu schätzen wußte. Viele Besucher aus nah und fern ließen sich bei dem berühmten Kurgast melden; mit besonderer Freude empfing der Olympier einen alten Freund und Bekannten seiner Mutter, den Frankfurter Bankier Johann Jakob Willemer, der ihm auch seine reizende Begleiterin vorstellte, die Österreicherin Marianne Jung. Nach beendeter Kur begab sich Goethe zum Gegenbesuch auf das Willemerschen Landsitz, die Gerbermühle bei Frankfurt — und ebenso groß wie seine Freude über das Wiedersehen war seine Überraschung darüber, daß aus Marianne Jung inzwischen — Frau Willemer geworden war. Auf der Gerbermühle blieb Goethe länger als vorgesehen, er feierte dort noch den ersten Jahrestag der Leipziger Völkerschlacht, versprach ein baldiges Wiederkommen — und hatte es eilig damit! Denn schon Ende Mai des nächsten Jahres verließ er Weimar wieder, das Manuskript des „Westöstlichen Diwan" im Reisegepäck. „Wenn man von der Höhe von Wiesbaden auf den Rhein sieht, dann weiß man doch, warum man Augen hat", schrieb er — und hatte auch Augen für Marianne von Willemer, in deren Hause er fünf Wochen blieb. Der Herbst 1815 schenkte ihm mit dieser Frau die erste, ihm künstlerisch ebenbürtige Partnerin, die „Suleika" seines „Westöstlichen Diwan", eine schöpferische Mitarbeiterin von großer, durch Liebe gesteigerter Einfühlungskraft. Und doch hat Goethe sich dieser Liebe letzlich versagt: „Das Buch Suleika, ohnehin das stärkste meiner Sammlung, möchte nun wohl für abgeschlossen anzusehen sein. Der Hauch und Geist einer Leidenschaft, der das Ganze durchweht, kehrt nicht so leicht zurück . . ." Und auch der Dichter kehrte nicht mehr zurück. Erst achtzehn Jahre nach Goethes Tod offenbarte sich die Greisin dem Literaturhistoriker Herman Grimm als Verfasserin einiger der schönsten Lieder des Buches Suleika.

MARIE WILT 30. I. 1833 — 24. IX. 1891

„An ihrer Wiege standen nicht die Grazien, ihre Erscheinung hatte nichts Poetisches, sie hatte einen Umfang, der einem Falstaff zur Ehre gereicht hätte." So ist uns das äußere Bild dieser begnadeten Sängerin überliefert. Aber Maria Wilt besaß eine ungewöhnliche Stimmweite, die vom kleinen a bis zum dreigestrichenen f reichte, ein wundervoll ausgeglichenes Organ, in dem sich süßer Schmelz und Wohllaut mit intensiver Kraft vereinigten. Alle großen Rollen der Oper gewannen durch sie eine Gestaltung, die aus ihr eine Königin im Reiche des Gesanges machte. — Ihr Lebensweg war dramatisch. Maria Liebenhardt kam aus drückendsten Verhältnissen. Sehr spät erst erhielt das hochtalentierte Mädchen Unterricht bei dem Wiener Gesangsmeister Gaensbacher; im reifen Alter von fünfunddreißig Jahren betrat sie zum erstenmal die Opernbühne. Nach ihrem Debüt in Graz erregte sie in Berlin, London und ihrer Heimatstadt Wien, wo sie an die Hofoper engagiert worden war, oft genug tumultartige Beifallsstürme. — Die „Wilt" — so hieß Marie Liebenhardt nach ihrer Verheiratung mit Oberbaurat Wilt — hätte die Welt erobert, wenn sie wie die Patti oder Nilsson weiterhin als Gesangsvirtuosin hätte umherreisen wollen. Aber sie zog es vor, ihren örtlichen Gesangsverpflichtungen nachzukommen und im übrigen in ihrer Häuslichkeit zu wirken. Oft genug traf man die gefeierte Sängerin an, wie sie den Fußboden scheuerte oder Kartoffeln schälte. Nach ihrem Ausscheiden aus dem Verband des Hoftheaters im Jahre 1878 — mit dem Titel einer k. k. Kammersängerin — wirkte sie noch einige Jahre an der Leipziger Opernbühne, widmete sich aber in erhöhtem Maße dem Konzertleben. Ihr Ende war tragisch. Sie verliebte sich als alternde Frau in einen weit jüngeren Mann, der ihre Liebe verschmähte. Schwermütig geworden, stürzte sie sich aus dem Fenster ihrer Wohnung in den Tod.

* 27. I. 1915

MARIA WIMMER

Wie viele Kinder baute auch die kleine Maria Wimmer, das Ingenieurstöchterchen in Dresden, aus Holzfiguren ihre „kleine Stadt" auf; aber sie erdachte zugleich ganze Romane über die „toten" Puppen und spielte sie ihren Schulfreundinnen in wochenlangen Fortsetzungen dramatisch vor, weil ihr immer neue Verwicklungen einfielen. Sie war zur Schauspielerin kraft eigener Phantasie geboren. Mit vierzehn Jahren lernte sie die „Luise" (Kabale und Liebe), die „Thekla" (Wallensteins Tod) und das „Klärchen" (Egmont) auswendig und spielte sie heimlich für sich. Heimlich fuhr die sechzehnjährige Unterprimanerin nach Leipzig und sprach dem Leiter der Schauspielschule, der sofort ihre hohe Begabung erkannte, die „Luise" vor. Er bestand darauf, daß sie erst ihr Abitur mache, um klassische Rollen spielen zu können. Maria Wimmer ist heute noch der Auffassung, man müsse oft mehrere Bücher lesen, um nur eine einzige Zeile eines Dramas zu verstehen... Nach Absolvierung der Schauspielschule ging sie nach Stettin und bezauberte ihre Zuschauer. Der große Heinrich George war ihr Partner als Gast in Hauptmanns „Florian Geyer", Hauptmann selbst beglückwünschte sie nach der Aufführung. Der Weg zur großen Bühne stand offen, er führte über Frankfurt in das Deutsche Schauspielhaus in Hamburg. Unter ständiger Selbstkritik wurde sie hier mit den Rollen eins, die sie in den großen deutschen Theaterstädten und im Ausland unvergeßlich verkörperte. Es sind die höchsten Rollen des Welttheaters, von Goethes „Iphigenie" bis zu Shakespeares „Lady Macbeth". Heute lebt und wirkt sie in München, bald an den Kammerspielen, bald am Staatstheater, bald irgendwo auf den Brettern, die überall für sie die Welt bedeuten.

KATHARINA WOLF

„Soeben übergibt mir Gilbert einen Brief von Ihnen, und ein Brief von Ihnen ist für mich immer ein Fest- und Freudentag. Ich darf nur die altmodischen zittrigen Buchstaben ansehen, so füllen sich schon mit Tränen die Augen. Dann weiß ich mich vor Glück nicht zu fassen, und ich möchte es aller Welt zurufen: Ich hab' noch eine Mutter!" Diese überschwenglichen Worte schrieb der Komponist Hugo Wolf 1887 an seine Mutter; es war einer von vielen Briefen, in denen er nicht nur sein dankbares Herz ausschüttete, sondern ihr auch von seiner Arbeit und seinen Erfolgen erzählte. Diese Mutter, in Windischgrätz in der Steiermark geboren und verheiratet, wandte dem genialen kleinen Hugo, dem vierten von ihren acht Kindern, ihre besondere Liebe zu. Sie war die eigentliche Lenkerin des Haushaltes; als der Vater an einem Unfall starb, brannte kurz darauf auch sein Geschäft und das Wohnhaus ab. Die Mutter führte von da an einen kleinen Krämerladen und schickte das hart verdiente Geld — manchmal war es der letzte Taler — an ihren Sohn Hugo, der schon mit fünfzehn Jahren das Vaterhaus verlassen hatte, um in Wien zu studieren. Nur zögernd stieg der Glücksstern des jungen, leidenschaftlichen Musikers auf. Wir wissen, daß der geniale Komponist seine Lieder und Opern in vulkanischen Schüben niederschrieb — ein Zeichen der kommenden Geisteskrankheit. Am 30. Dezember 1888 teilte er der Mutter mit, er habe in diesem Jahre zweiundneunzig Lieder und Balladen komponiert und manches davon sei mißlungen. Als alte Frau besuchte sie ihn in der Irrenanstalt; er erkannte sie nur von Augenblick zu Augenblick, weinend stand sie in der Ecke seines Krankenzimmers. Nach seinem Tod wurden seine Lieder für etwa zweihunderttausend Mark von einem Verleger angekauft — ein bitteres Glück für die Greisin, die ihren Sohn um viele Jahre überlebte.

AMALIE WOLFF
11. XII. 1780 — 18. VIII. 1851

Bilder, die sich von ihr erhalten haben, zeigen ein ausdrucksvolles Gesicht und Augen voller Geist und Feuer, dazu eine vollendet harmonische Gestalt. Die Kritik pries ihr biegsames, kultiviertes Organ und die Abgeklärtheit ihrer Sprechkunst. Amalie Wolff wurde in Leipzig als Tochter des Schauspielers Malcolmi geboren, mit dem sie bald nach Weimar kam, und hier betrat sie, kaum elf Jahre alt, die Bühne. Auf Veranlassung Goethes hat Corona Schröter das junge, sehr befähigte Mädchen eine Zeitlang in der Schauspielkunst unterwiesen. Aber schon die Vierzehnjährige war so gereift, daß sie am Hoftheater fest angestellt wurde; später übernahm sie das Rollenfach der allzufrüh verstorbenen Christine Becker-Neumann. Amalie Wolff spielte die Herzogin im „Wallenstein", die Kennedy in „Maria Stuart" und überraschte durch ihre Elvira in „Don Juan" oder „Der steinerne Gast" von Molière. Selbst in einem so theaterfremden Stück wie Friedrich Schlegels „Alarcos" leistete sie in der Rolle der Salisa Außergewöhnliches. Schon nach wenigen Aufführungen war die Schauspielerin Weimars erste tragische Künstlerin, so daß ihr Schiller auf Wunsch Goethes 1803 die Fürstin Isabella in der „Braut von Messina" anvertraute. Ihr Auftreten wurde für die theaterkundige Weimarer Gesellschaft jedesmal zu einem Ereignis. Man kam von weither, um sie als Iphigenie, Antigone, Eboli, als Jungfrau von Orleans oder als Klärchen im „Egmont" zu sehen. 1816 ging Amalie Wolff zu Iffland an das Berliner Hoftheater. Auch dort strahlte von ihrer künstlerischen Persönlichkeit bald eine heute unvorstellbare Wirkung aus. Amalie Wolff hat dem Berliner Theater bis 1841 angehört, von dem sie sich als „Mutter Feldern" in „Hermann und Dorothea" verabschiedete.

ELISABETH WOLFF-ZIMMERMANN
1876 — 1953

Als eine Bildnismalerin, Lebensgefährtin eines bedeutenden Künstlers, des Graphikers Heinrich Wolff, hat Elisabeth Wolff-Zimmermann die Zwiespältigkeit und die ganze Schwierigkeit und Tragik weiblichen Künstlertums bewußt durchlitten, vergleichbar ihrer Malerin-Kollegin Marie Baschkirtscheff. Sie hat diese Fragen immer wieder in Aufsätzen, Briefen und Ausspachen herausgestellt, ja, zum Gegenstand ihrer persönlichen Lebensauffassung gemacht. Sie stammte aus Posen, schuf schon als Sechzehnjährige ein ungewöhnlich treffendes und künstlerisches Selbstbildnis, heiratete später ihren Lehrer, der dann jahrzehntelang als Professor an der Kunstakademie von Ratslinden zu Königsberg in Ostpreußen schaffend und lehrend wirkte. In den zwanziger Jahren hat das Künstler-Ehepaar fast alle bedeutenden Persönlichkeiten, die durch den polnischen Korridor nach Ostpreußen reisten, als Gast in seinem Hause gesehen und, mehr noch, in gleichzeitiger Sitzung gemeinsam porträtiert. Wie grundverschieden Mann und Frau den gleichen Menschen in seiner gleichen Lebensstunde sehen und wiedergeben, zeigen manche der so entstandenen Bildnisse, wie etwa das der Dichterin Agnes Miegel. Aber auch sehr eindringliche seelisch charakteristische Porträts, zum Beispiel von Ricarda Huch, Gertrud Bäumer, Ina Seidel, verdanken wir der Kunst Elisabeth Wolff-Zimmermanns. „Das Tagesgesicht eines Arztes" und „Das Abendgesicht eines Arztes" heißen zwei Bildnisse des gleichen Menschen, von ihr in seinem jeweils ganz anderen inneren Ausdruck erfaßt. Die Künstlerin siedelte noch vor der Zeit des zweiten Weltkrieges mit ihrem Gatten nach München über und hat dort nach seinem Tode in den künstlerisch und geistig interessierten Kreisen der Stadt eine große Schar jüngerer Männer und Frauen um sich zu sammeln gewußt und in den Notjahren zu anregender Geselligkeit bei sich vereinigt. Sie ging heim, wenige Jahre nach der Übersiedlung zu ihren Kinder in Wiesbaden.

27. IV. 1759 — 10. IX. 1797   MARY WOLLSTONECRAFT

Zur Zeit der Französischen Revolution erhob in England eine Frau ihre Stimme für die Rechte ihres Geschlechts, die sie als einen Teil der Menschenrechte betrachtete und für die sie sich leidenschaftlich einsetzte: Mary Wollstonecraft Godwin. Als Gesellschafterin, danach als Erzieherin hatte sie selber die Schwierigkeiten erfahren, die der alleinstehenden Frau entgegenstanden, wenn sie sich ihren Lebensunterhalt verdienen mußte. Als Lehrerin gewann sie Einblicke in die Fehler des Systems, die sie zur Veröffentlichung ihrer „Gedanken über Mädchenerziehung" veranlaßten. Wenn diese Ideen auch zunächst ohne Echo blieben, so verschafften sie ihr doch eine Anstellung bei einem angesehenen Londoner Verlag, wo sie Mittelpunkt eines literarischen Kreises fortschrittlicher Richtung wurde. Als sie in Paris die Revolution aus der Nähe kennenlernen wollte, geriet sie in eine politisch und menschlich prekäre Lage: Der Amerikaner Imlay befreite sie zwar aus der Gefahr, doch verließ er sie und ihr Kind, nachdem sie in England in Sicherheit waren. Der englische Philosoph Godwin nahm sich ihrer an; sie heiratete ihn, starb aber kurz danach, erst 38 Jahre alt. Bilder zeigen sie als eine Frau von schönen kräftigen Gesichtszügen. Ihre Wirkung auf Menschen muß groß gewesen sein; ihre Werke atmen einen leidenschaftlichen, auf das Grundsätzliche gerichteten Geist. Ihr Gatte William Godwin hat ihr Gedächtnis in einer Schrift aufbewahrt, die ihn nicht minder ehrt als sie. Auch der Dichter Shelley, der ihre jüngere Tochter heiratete, setzte ihr in seiner Dichtung Revolt of Islam unter der Gestalt der Cythna ein bleibendes Denkmal. Die englischen Frauen verehren in ihr die Vorkämpferin für ihre Rechte als Staatsbürgerinnen.

1. III. 1834 — 14. VI. 1897   CHARLOTTE WOLTER

Der berühmte Wiener Burgtheaterdirektor Heinrich Laube hat in seiner glanzvollen und für die europäische Theatergeschichte bedeutsamen Tätigkeit als Leiter der „Ersten Bühne der Welt" viele junge Talente aufgespürt und ihnen den Weg zum Erfolg geebnet. Seine glückhafteste Entdeckung war die schöne Charlotte Wolter, Kind einer armen Kölner Familie, die schon als Zehnjährige in einer Ballettaufführung mitwirkte und sich den Weg nach oben über „Schmieren" und Wandertruppen, über Vorstadtbühnen und Liebhabertheater mühsam erkämpfen mußte. „Wenn je eine Schauspielerin", das ist das Urteil eines zeitgenössischen Biographen, „so ist Charlotte Wolter durch die Glut der Empfindung zur tragischen Schauspielerin bestimmt. Die Natur hat ihr nicht scharfen Intellekt angeben, aber dafür eine ursprüngliche Gewalt des Gefühls, welche in tiefster Seele zu erschüttern vermag und selbst gewisse Mängel des Vortrags vergessen läßt. Orsina, Medea, Sappho, Lady Macbeth, Kriemhild und andere Rollen, in welchen die Empfindung in einzelnen Szenen vulkanisch hervorbricht, brächten die mitreißende Gestaltungskraft dieser Schauspielerin am klarsten zur Geltung. Sie besaß eine erstaunlich geschmeidige Gestalt, ein vornehmschönes Antlitz, Bewegungen voller Größe und Anmut und ein Augenpaar, das jede Leidenschaft der Seele wiederzuspiegeln fähig war..." Trotz einer ungeheuren Publikumswirkung brachte mangelnde künstlerische Disziplin die geniale Tragödin oft in die Gefahr eines hemmungslosen Naturalismus; erst in späteren Jahren, in der klassischen Atmosphäre des Burgtheaters, dem sie bis zu ihrem Tode angehörte, wandelte sich ihr Darstellungsstil zur Verinnerlichung und Vergeistigung — eine auch menschlich bedeutsame Entwicklung, die aus der Schmierendarstellerin von einst die nie wieder erreichte „Iphigenie" des neunzehnten Jahrhunderts werden ließ.

KAROLINE VON WOLZOGEN 3. II. 1763 — 11. I. 1847

„Keine Frau hat jemals etwas so Schönes hervorgebracht, und ein Mann könnte es gar nicht!" so urteilte Wilhelm von Humboldt in einem Brief an seine Tochter Gabriele von Bülow über die zweibändige Biographie „Das Leben Schillers" von Karoline von Wolzogen. Als junges Mädchen hatte sich Karoline von Lengefeld — sie stammte aus dem thüringischen Landstädtchen Rudolstadt — mit dem reichen Kammerjunker von Beulwitz vermählt, der ihr, ihrer mittellosen Mutter und ihrer jüngeren Schwester Lotte einen einjährigen Aufenthalt am Genfer See ermöglichte. Auf der Heimreise begegnete Karoline ihrem Vetter Wilhelm von Wolzogen; er bat sie, in Mannheim seinen früheren Schulkameraden Friedrich Schiller aufzusuchen und ihm Grüße zu bestellen. Drei Jahre später kamen die ehemaligen Karlsschüler Wolzogen und Schiller nach Rudolstadt, und hier verliebte sich der Dichter der „Räuber" gleichzeitig in Karoline von Beulwitz und in ihre Schwester Lotte, die bald darauf Schillers Frau wurde. Karoline, die Schillers Neigung erwiderte, wäre um seinetwillen zur Lösung ihrer Vernunftehe mit Beulwitz bereitgewesen, aber sie verzichtete zugunsten der Schwester... Nachdem Beulwitz sie endgültig freigegeben hatte, heiratete sie Wilhelm von Wolzogen, dem sie 1795 einen Sohn schenkte. Nach fünfzehn harmonischen Ehejahren nahm ihr der Tod den zweiten Gemahl; ihr über alles geliebter Sohn Adolph, der als Freiwilliger an den Freiheitskriegen teilgenommen hatte, wurde an seinem dreißigsten Geburtstag bei einem Jagdunfall vor den Augen der Mutter tödlich verletzt. Die Vereinsamte, die schon in jungen Jahren mit ihrem Roman „Agnes von Lilien" Erfolg gehabt hatte, vollendete nun ihre große Schiller-Biographie, mit der sie sich in die schönste und reichste Zeit ihres Lebens zurückführ

VIRGINIA WOOLF 25. I. 1882 — 28. III. 1941

Im Londoner Hause ihres Vaters, des Schriftstellers und Gelehrten Sir Leslie Stephens, begegnete Virginia, die sich schon als junges Mädchen der Dichtung und Literaturkritik verschrieben hatte, der geistigen Elite des ausgehenden viktorianischen Zeitalters. Mit ihren Freunden und Geschwistern bildete sie den Mittelpunkt einer Gemeinschaft junger Künstler und Literaten, die später bedeutenden Einfluß auf die Entwicklung des geistigen Lebens im britischen Empire gewann. Zu der Gruppe gehörte auch der Schriftsteller Leonhard Woolf, der sich im Jahre 1912 mit Virginia Stephens vermählte und mit ihr den Londoner Verlag Hogarth Press begründete. Erst als Vierzigjährige fand die Dichterin „ihre eigene Stimme", als sie nach dem frühen Tod ihrer Freundin Katherine Mansfield den Roman „Mrs. Dalloway" niederschrieb. Das stark beachtete Werk war nicht nur von den Kurzgeschichten der Mansfield sehr beeinflußt; dieser, von Erinnerungen an die Jugend überreich erfüllte „Tag einer Fünfzigjährigen" wurzelte auch in jenem „Mysterium des Lebens", das zu begreifen Katherine Mansfield selbst vergeblich ersehnt hatte. Auf dieses Buch folgte Virginias Roman „Die Fahrt zum Leuchtturm"; dann erschien der wunderbare „Orlando", ein Traumzug aus Shakespeares Zeiten bis ins zwanzigste Jahrhundert, der die Dichterin in eine Reihe mit den Wegbereitern des modernen Romans stellte, mit James Joyce, Marcel Proust und Franz Kafka. Gleich ihnen hat sie die Rätselhaftigkeit von Raum und Zeit als ungewöhnliches Kunstmittel erkannt und angewendet, als Dichterin des fließenden Erlebens, des „Bewußtseinsstroms". Vor dem strengen, verschlossenen Antlitz der großen Engländerin scheut man die Frage, ob ihr Tod — man fand sie ertrunken im Ousefluß in der Grafschaft Sussex — ein selbstgewähltes Ende war.

7. I. 1877 – 31. III. 1932 **MARGARETHE VON WRANGEL**

Die Wissenschaftlerin stammt aus einer uralten baltischen Adelsfamilie, die in die Geschichte eingegangen ist. Ein Wrangel war schwedischer Reichskanzler und Feldmarschall im dreißigjährigen Kriege; der preußische Generalfeldmarschall Graf Friedrich von Wrangel führte das verbündete preußisch-österreichische Heer im Krieg gegen Dänemark 1864, und der Kosakengeneral Peter von Wrangel war als Oberbefehlshaber der russischen „weißen Armee" einer der letzten, die gegen die Rote Revolution ankämpften. Margarethe von Wrangel, die in Moskau zur Welt kam, verbrachte ihre Studienjahre in Tübingen und später in Leipzig, wo sie im Jahre 1909 promovierte. Die junge Agrikulturchemikerin fand schon frühzeitig das Arbeitsgebiet, das ihr zum Lebensinhalt werden sollte: die Pflanzenphysiologie. „Ich lebte mit den Pflanzen, ich legte das Ohr an den Boden – und es schien mir, als seien die Pflanzen froh darüber, etwas über die Geheimnisse ihres Wachstums erzählen zu können, und als seien sie dankbar dafür, daß jemand ihnen zuhörte..." Nach Assistentenjahren in London und Straßburg kam sie nach Paris; die Zusammenarbeit mit der ihr geistesverwandten Madame Curie festigte ihren Ruf in der wissenschaftlichen Welt, so daß man ihr bald die Leitung einer der ersten landwirtschaftlichen Versuchsstationen in Reval übertrug. In den Revolutionsjahren brachte ihr berühmter Adelsname sie in bolschewistische Gefangenschaft und in Lebensgefahr – die wunderbare Errettung steigerte noch ihren Schaffensdrang. In Hohenheim bei Stuttgart gründete sie das Pflanzenernährungsinstitut der dortigen Hochschule, die sie 1923 als erste deutsche Frau zur ordentlichen Professorin ernannte. Ihre Arbeiten auf dem Gebiet der Bodendüngung ohne Zuhilfenahme von Auslandsphosphaten wurde für das verarmte Deutschland von lebenswichtiger Bedeutung.

8. III. 1864 – 25. XII. 1928 **MATHILDA AUGUSTA WREDE**

Der schwedische Teil der finnländischen Bevölkerung zählt mit Stolz Augusta Wrede zu den ihren. In Wasa, der Hauptstadt des gleichnamigen Gouvernements, 1864 als Tochter eines hohen Beamten geboren – Finnland gehörte damals zu Rußland –, neigte sie früh dem religiösen Leben zu. Einer Eingebung folgend beschloß sie, sich der Gefangenen, auch der zum Tode Verurteilten anzunehmen. Die Stunden, die sie mit einem als gefährlich bekannten Verbrecher verbrachte und in denen sie ihn willig machte, einen Mord durch den Tod zu sühnen, wurden entscheidend für ihr weiteres Dasein. Die damaligen Gefängnisse waren weit von den heutigen entfernt; sie ähnelten z. T. mittelalterlichen Verliesen. Dort Wandel zu schaffen, den Insassen beizustehen, den Entlassenen die Rückkehr ins bürgerliche Leben zu ebnen, wurde fortan Inhalt ihres Lebens. Ihre Bestrebungen, die sich in vielen Stücken mit denen von Elizabeth Fry berührten, wirkten weit über die Grenzen ihres Vaterlandes hinaus. Ihr liebenswürdiges Wesen, ihre Kenntnisse und wohl auch die gesellschaftlichen Verbindungen, über die sie verfügte, öffneten ihr Türen, die sich sonst Sozialreformern verschlossen. Den Namen „Engel der Gefangenen" trug Mathilda Wrede zu Recht. Unter ihm lebt die 1928 Verstorbene im Gedächtnis ihres Volkes weiter. – Mehrere Schriftsteller haben sich mit dem Gang ihrer Entwicklung befaßt. Vor allem die Szene, wie sie zugend und unter größter Selbstüberwindung den Kerker des Mörders betrat und, da kein Wort seine Seele zu erreichen vermochte, auf die Knie fiel und laut betete, bis endlich ihr Flehen sein Gemüt erweichte, hat die Einbildungskraft vieler beschäftigt. In der Tat zeigt sich hier, wie stark der Geist, der liebende Glaube sich zu bewähren vermag.

ELEONORE VON WREECH † 1764

An einem Spätsommertag durfte Kronprinz Friedrich – der spätere große König – zum ersten Male von der Festung Küstrin aus, wo ihn sein Vater eingesperrt hatte, über Land fahren, um „praktische Studien" zu treiben. Anstatt aber, wie König Friedrich Wilhelm gewünscht hatte, die Moorkultur der Wartheniederung zu studieren, kehrte Friedrich auf dem Herrensitz des Obersten Wreech in Tamsel ein und verliebte sich augenblicklich in dessen Gattin Eleonore. Sie war nur vier Jahre älter als er, aber schon Mutter von fünf Kindern. Das Schloß der Wreechs war im Geiste des französischen Rokoko üppig ausgestattet, die schöne Schloßherrin aber zeigte sich weit davon entfernt, den glühenden brieflichen Liebesbeteuerungen des Prinzen, die seinem ersten Besuch folgten, Gehör zu schenken, ob sie nun in Vers oder Prosa abgefaßt waren. Sie antwortete ihm gewöhnlich in französischen Versen, ließ ihn aber am Ende ihres Schreibens wissen, ihre ganze Familie habe an der Antwort mitgearbeitet. In der Tat verstand es diese gebildete und überlegene Frau, den stürmischen Prinzen zugleich anzuziehen und fernzuhalten und ihn dadurch zu erziehen – man wird unwillkürlich an Goethes „Tasso" erinnert. Sie gewöhnte ihm alle Ungebührlichkeit ab, auch seine Menschenverachtung und den Spott über die tüchtigen Männer des Hofes. Sie schenkte ihm ihr Bild, das von ihrem Haar umrahmt war; aber mochte der „Dichter" Friedrich ihr auch schreiben, sie „verdiene vom ganzen Universum verherrlicht zu werden" – sie blieb ihrem Gatten treu. Aus den erhaltenen Briefzeugnissen darf man schließen, daß Friedrich diese Frau, seine „Kusine", mit ganzer Seele geliebt hat. In späteren Jahren half er, ihr kriegszerstörtes Schloß wieder aufzubauen.

KAISERIN WU CHAO Um 650 n. Chr.

Die Verehrung der Frauen und die Liebe zur Dichtkunst waren in der Tang-Zeit Chinas eng miteinander verschwistert. Die jungen unverheirateten Mädchen, die in den Frauenhäusern wohnten, und die Liedersängerinnen im „zickzackförmig vergitterten Pavillon" huldigten der Muse. Aber die schönen Frauen am Tang-Hofe übten oft auch einen gefährlichen Einfluß auf das politische Leben aus. „Wenn die Henne kräht", sagt Konfuzius, „befindet sich die Familie in Auflösung." Solch eine krähende Henne war die als Tochter eines Offiziers geborene schöne Wu Chao. Kaiser Tang Tai-tsung hatte sie im Jahre 637 n. Chr. in sein Frauenhaus aufgenommen. An ihrer Anmut entzündete sich die Liebe des Kronprinzen, der im Jahre 650 als Kaiser Kao-tsung den Thron bestieg. Er holte die schöne Wu Chao aus einem Kloster, in das sie sich nach dem Tode des alten Herrschers geflüchtet hatte, und machte sie zu seiner Nebenfrau. Bald überspielte die kluge und intrigante Wu Chao die legitime Kaiserin und trat an ihre Stelle. In späteren Jahren, als Kao-tsung kränkelte, begann Wu Chao die Staatsgeschäfte allein zu führen. Im Jahre 684 starb Kao-tsung. Die Kaiserin ließ den Thronfolger, ihren eigenen Sohn Chung-tsung, verhaften und setzte den jüngeren Sohn, den gefügigen Jui-tsung, an dessen Stelle. Männer des Hauses Wu traten in die Positionen der Tang-Dynastie, und es schien, als sollte die Familie der Kaiserin das legitime Herrscherhaus ablösen. Im Jahre 690 war es soweit, daß Wu Chao alle Macht in ihren Händen hielt. Ungestört regierte sie bis zum Jahre 705. Erst als sie alt und krank wurde, verschworen sich ihre Günstlinge und nahmen sie gefangen. Der verbannte Kaisersohn Chung-tsung bestieg wieder den Thron der Tang.

FREDA WUESTHOFF

In einer Zeit, in der die Atomkraft eine große Rolle zu spielen begann, wurde der Name Freda Wuesthoff vielen geläufig. Die noch junge, sehr anziehende, glücklich verheiratete Frau setzte nach dem zweiten Weltkrieg einen Kreuzzug in Bewegung, um die Weltöffentlichkeit über die möglichen Gefahren dieser Kräfte aufzuklären. Durch sinnfällige Beispiele verstand sie es, auch dem Laien klarzumachen, welche Folgen eine nichtfriedliche Verwendung der Atomkerngewalten für die gesamte Menschheit haben müßte. Durch ihren Beruf — sie war nach dem Studium der Physik Patentanwältin geworden — besaß sie Kenntnisse, die sie als Anwalt wie als Kriegsgegnerin weit über Deutschland bekannt machten und mit zahlreichen einflußreichen Personen in Berührung brachten; in Zusammenarbeit mit ihrem Gatten, dem Chemiker Dr. Franz Wuesthoff, konnte sie beiden Zielen dienen. Nach dem zweiten Weltkrieg, als das Deutsche Patentamt suspendiert wurde, betrieb das Ehepaar Forschungen auf einer Pflanzenfarm in der Pfalz. Aus dieser Zeit datieren die ersten Programm-Schriften Freda Wuesthoffs zur Atomfrage und ein Arbeitsplan für einen dauernden Frieden. Nachdem das Patentamt nach München verlegt worden war, siedelte das Ehepaar in die Isarstadt über. Auf Reisen im In- und Ausland, in Vorträgen und Aufsätzen blieb sie auch weiterhin die große Anwältin der Friedensidee. — Von Geburt Berlinerin — ihr Vater war der bekannte Stadtbaumeister Hoffmann —, besaß sie das schnelle, praktische und warmherzige Wesen, das die mit Spreewasser Getauften kennzeichnet. Auf einer Vortragsreihe ereilte sie ein Unfall, dessen Folgen sie erlag, viel zu früh für alle, die sie kannten, viel zu früh für die Ziele, denen sie diente.

Um 400 v. Chr.

XANTHIPPE

Den eigenen Tod im Gedächtnis der Nachwelt zu überleben, ist nur großen geschichtlichen oder schöpferischen Gestalten und manchmal jenen Menschen bestimmt, die ein ungewöhnliches Schicksal erlitten haben. Daneben gibt es aber auch eine Unzahl wenig bedeutender Menschen, die im Gefolge der „Unsterblichen", deren Weg sie einst kreuzten, „unsterblich" geworden sind. Das ist nicht immer ein beneidenswertes Los. Wer spräche noch von Xanthippe, der Frau des Sokrates, wenn dessen Freunde in Wort und Schrift nicht behauptet hätten, sie sei eine zänkische Furie gewesen? Weil er unvergleichlich gut und ein zeitenverwandelnder Geist war, hob das Urteil der Nachfahren auch sein launisches Weib ins Unvergleichbare empor, zum Urbild des scheltenden Hausdrachens, zur von Jahrtausenden schlimm vertrauten „Zanktippe", wie ihr Name mancherorts anschaulich verballhornt wird. Ihre Größe ist die gleichsam umgewendete Größe des Gatten. Und dabei können wir nicht einmal nachprüfen, ob Xanthippe wirklich Tadel verdient. Die über sie umlaufenden Anekdoten sind erfunden. Deshalb fühlte sich der Philosoph Eduard Zeller bewogen, ihrer Ehrenrettung eine Abhandlung zu widmen. In einem „Erdachten Gespräch" läßt der Dichter Paul Ernst Sokrates selbst sein häusliches Unglück betrachten. Xanthippe, sagt dieser, würde still und zufrieden sein, hätte sie nur einen fleißigen Handwerker und nicht ihn zum Mann, der mit Jünglingen herumspaziert und philosophiert, ohne sich um die Familie zu sorgen; man müsse eben die Kehrseite auch berücksichtigen. Doch der Ruhm, den keine eigene Leistung sich erwarb, kümmert sich nicht um Gerechtigkeit bei denen, die er im Schlagschatten des Genies überfällt. Er machte das sorgengequälte Weib zum Inbegriff der Streitsucht. Daran wird niemand mehr mit Erfolg rütteln können.

MARION YORCK VON WARTENBURG   * 14. VI. 1904

Aus der preußisch-deutschen Geschichte ist der Name Yorck nicht mehr auszulöschen, seit am 30. Dezember 1812 General Yorck von Wartenburg in der Mühle von Tauroggen gegen den ausdrücklichen Befehl seines Königs und obersten Kriegsherrn mit dem russischen General Diebitsch jene „Konvention von Tauroggen" schloß, die den Auftakt zu den Befreiungskriegen gegen Napoleon bildete. Einhundertvierzig Jahre später gehorchte wiederum ein Yorck von Wartenburg allein dem Befehl seines Gewissens: Der Vetter des Grafen Stauffenberg nahm an dem hochherzigen und vergeblichen Aufstand der Offiziere gegen Hitler am 20. Juli 1944 teil und fand wenige Tage später, am 8. August, den Tod am Galgen. „Wie Schlachtvieh" sollten die Offiziere hingerichtet werden, nach Hitlers wörtlichem Befehl, dem seine Henkersknechte getreu befolgten... Das unmenschliche Prinzip der „Sippenhaft" warf auch Yorcks Gattin, Marion Gräfin Yorck von Wartenburg, in die Kerker der Gestapo, in denen sie, in völliger Ungewißheit über das Schicksal ihres Mannes, bis zum Oktober des gleichen Jahres unter dem Bombenhagel der alliierten Luftstreitkräfte dahinvegetierte. Dann ließ man sie frei, nicht ohne vorher ihr gesamtes Besitztum enteignet zu haben. Nach Kriegsende begab sich die Gräfin zu Fuß von Berlin auf ihre Güter nach Schlesien; dort vertrieben sie die Polen aufs neue, und wieder kam sie ins Gefängnis: nach Breslau, nach Warschau, nach Schweidnitz ... Endlich fand sie die Freiheit und 1947 in Berlin eine Anstellung als Hilfsrichterin, sie hatte Jura studiert. Bald folgte die Ernennung zum Landgerichtsrat, zum Vorsitzenden einer Großen Strafkammer und schließlich – 1952 – zum Landgerichtsdirektor. In ihrem hohen Amt wirkt Dr. Marion Yorck von Wartenburg heute im dienenden Glauben an das Gute und an das Recht, ohne vergessen zu können, aber auch ohne Bitterkeit.

AGNES VON ZAHN-HARNACK   19. VI. 1884 — 22. V. 1950

Agnes von Zahn-Harnack, die Tochter des weltberühmten Berliner Theologen Adolf von Harnack, hat ein Leben von ausgeprägter Eigenart und im Dienst sozialer Ideale geführt. In einem Vaterhause aufgewachsen, das sich durch besonders lebendigen Familiensinn und sozialen Geist auszeichnete – der hochgelehrte Vater war lange Präsident des Evangelisch-sozialen Kongresses – gewann sie schon früh Kontakt mit den sozialen Aufgaben und Nöten der Zeit. 1926 wurde sie Vorsitzende des Deutschen Akademikerinnen-Bundes, von 1931–1933 des Bundes Deutscher Frauenvereine, den sie 1933 auflöste, da sie sich nicht dem Zwang einer Eingliederung in die NS-Frauenschaft fügen wollte. Insgeheim haben die ehemaligen Mitglieder des Verbandes in den Schrecknissen jener Jahre viel Gutes tun können. Nach 1945 gelang es ihr wegen der Teilung der Stadt Berlin in vier Sektoren nur langsam, das alte Werk wieder aufzubauen. – Schon in ihrem äußeren Lebenslauf zeigte sich Besonderes: Als eine der ersten Frauen promovierte sie, und zwar über den Dichter Clemens Brentano. 1919 verheiratete sie sich mit dem Juristen Karl von Zahn, der Ministerialrat im Reichsinnenministerium wurde. Die Universität Marburg zeichnete sie im Jahre 1949, kurz vor ihrem Tode, mit der Würde eines theologischen Ehrendoktors aus. Zu wissenschaftlicher Darstellung besonders begabt, schrieb sie mehrere weithin bekannte Bücher, 1924 „Die arbeitende Frau", 1928 „Die Frauenbewegung, Geschichte, Probleme, Ziele", als einziges umfassendes Werk über dieses Thema, und 1934 mit H. Sveistrup zusammen, eine Quellenkunde zur Frauenbewegung. Schließlich die ausführliche Biographie ihres Vaters (1936), die über das Bild dieser faszinierenden Persönlichkeit hinaus einen Spiegel der geistigen Kämpfe und sozialen Strukturen in den ersten dreißig Jahren unseres Jahrhunderts darstellt. Nach ihrem Tode erschien ihr Werk „Wandlungen des Frauenlebens vom 18. Jahrhundert bis zur Gegenwart".

Um 250 n. Chr.   ZENOBIA VON PALMYRA

Um die Mitte des dritten nachchristlichen Jahrhunderts erhob sich in Palmyra, der bedeutenden Handelsmetropole in der Wüste zwischen Syrien und Euphrat, die mächtige arabische Herrscherfamilie Odainathos über die anderen Geschlechter. 266 fiel die Krone an den minderjährigen Vallabathos, für den seine Mutter Zenobia die Regentschaft führte. Zeitgenossen schildern Zenobia — oder Bat-Zabbai, wie die Araber sie nannten — als ebenso schöne wie ungewöhnlich kluge, hochgebildete und tatkräftige Frau, die fließend Lateinisch, Griechisch, Syrisch und Ägyptisch sprach, Homer und Platon las und selbst eine Geschichte des Orients verfaßt hat. In der Kleidung und im Hofzeremoniell bevorzugte sie persische Vorbilder; sie trug Purpurmantel und Diadem und zeigte sich ihrem Heere in Panzer und Goldhelm. Ihre schlichte, tugendhafte Lebensführung sicherte ihr die Ergebenheit ihrer Truppen und ihrer Berater. Rom war um diese Zeit im Norden gebunden — so konnte Zenobia ihren Machtbereich ungestört immer weiter ausdehnen und im Jahre 271 sich und ihren Sohn zu „Kaisern des Ostens" erheben. Als sie die vertraglich vereinbarte Rückgabe Ägyptens verweigerte, unterwarf Kaiser Aurelian in einem kurzen, harten Feldzug Zenobias Heer, erstürmte nach langer Belagerung Palmyra und nahm die geflohene Königin selbst gefangen. „Man spricht mit Verachtung von dem Krieg, den ich gegen ein Weib führe", schrieb er an den Senat, „aber man kennt weder die Macht noch den Charakter Zenobias — die Furcht vor Strafe hat ihr den Mut der Verzweiflung gegeben!" Volkstümliche Geschichtswerke lassen die gefangene Zenobia gern im Triumphzug Aurelians 274 durch die Straßen Roms schreiten, mit goldenen Ketten und Edelsteinen überladen; und nach dieser Demütigung soll sie ihr Leben in Hadrians Villa in Tivoli beschlossen haben. Wahrscheinlicher ist, daß die stolze Frau bereits auf der Überfahrt nach Italien den Tod in den Wellen suchte.

5. VII. 1857 — 20. VI. 1933   CLARA ZETKIN

Sie ist in Archangelskoje gestorben, in der Nähe von Moskau, das wohl ihre geistige Heimat war und immer geblieben ist. Ein Jahr vor ihrem Tode stand sie noch auf der Tribüne des Deutschen Reichstages in Berlin, als satzungsmäßige Alterspräsidentin, und ein gewisser Doktor Goebbels machte sich ein Vergnügen daraus, unter dem wiehernden Hohngelächter seiner Parteigenossen die Greisin mit Beschimpfungen und Verleumdungen zu überschütten. — Clara Zetkin kam aus Sachsen. In dem von Auguste Schmidt geleiteten Steybergschen Lehrerinnenseminar bereitete sie sich auf das Lehrerinnenexamen vor, setzte aber ihre Studien später an der Sorbonne in Paris fort, nachdem sie den russischen Revolutionär Ossjp Zetkin geheiratet hatte, einen schwer lungenkranken und ausgezehrten Mann, der schon nach wenigen Jahren starb. Die Witwe kehrte nach Deutschland zurück, und hier begann ihr kometenhafter Aufstieg in der deutschen Sozialdemokratie; sie wurde Hauptschriftleiterin der von Emma Ihrer begründeten Zeitschrift „Die Gleichheit", die ihr als weithin gehörtes Sprachrohr zur Verbreitung ihrer politischen und weltanschaulichen Ziele diente. Sie war eine bedeutende, oft auch in den eigenen Reihen gefürchtete kompromißlose Kämpferin. Auf ihre Anregung fand 1910 der große internationale Frauentag statt, und noch im Kriegsjahr 1915 brachte sie die Abgeordneten der miteinander im Kriegszustand befindlichen Länder zu einer internationalen Frauentagung an einen Tisch, um nach Möglichkeiten zur Beendigung der Kriegshandlungen zu suchen. Als am 1. Januar 1919 die bereits inszenierte Spaltung der deutschen Sozialisten durch die Gründung der Kommunistischen Partei Deutschlands vollendete Tatsache war, wurde Clara Zetkin einer der aktivsten, revolutionärsten und radikalsten Köpfe der KPD.

KLARA ZIEGLER
1844 — 1909

Die vornehme Villa an der Königinstraße in München, die kein Gegenüber hat als den weiten Englischen Garten, gehörte einst der größten Tragödin ihrer Zeit, Klara Ziegler. Das Gebäude drückt in seinen klaren Linien Züge ihres Wesens aus: ihr stilisiertes Pathos, ihre vornehme Einsamkeit und ihre spätklassische Gesinnung. Das Haus ist in ein Museum verwandelt; die darin aufbewahrten Lichtbilder zeigen sie in den Rollen ihres Lebens als Grillparzersche „Medea" und „Sappho", als Hebbelsche „Judith", als „Iphigenie", als „Marfa" und „Isabella". Die in München geborene Färberstochter hat sich zur königlichen Frau entwickelt; Kaiser Wilhelm I. und Zar Alexander II. begrüßten sie auf offener Bühne, Kaiser Wilhelm II. rief sie im Mai 1900 zu den Festspielen nach Wiesbaden, der bayerische König Ludwig II. erbat von ihr Sondervorstellungen und überschüttete sie mit Lob. In ihr wurden jene heute vergessenen Jahrzehnte Gestalt, die im Spätlicht der „silbernen" Klassik und des heroischen Idealismus standen und erst nach dem ersten Weltkrieg zu Ende gingen. Klara Ziegler feierte ihre europäischen Triumphe in München, Wien und Berlin, in Rußland, Holland und der Schweiz. Ihre klare, rhythmische Sprache, ihre würdevolle Hoheit, die Seelengröße, mit der sie dem Geist der Dichtung diente, rechtfertigten die Beinamen, die ihr die Mitwelt verlieh: Hohe Priesterin der Kunst, Göttin der Tragödie in lebensvoller Gestalt, majestätische und letzte Heroine. Die „Medea" war ihre bedeutendste Rolle, die sie über dreihundertmal spielte, in objektiver Vollendung, fern von der subjektiven und schillernden Vielfältigkeit ihrer modernen Nachfolgerinnen. Es ist kein Zufall, daß bald nach ihrem Tode im Umbruch der Zeit auch das Pathos erlosch, das die europäische Dichtung so lange getragen hatte.

ERDMUTHE DOROTHEA VON ZINZENDORF
7. XI. 1700 — 19. VI. 1756

Im Jahre 1722 gab der Gutsherr von Hutberg in der Oberlausitz, Nikolaus Ludwig Graf von Zinzendorf, Flüchtlingen aus Böhmen-Mähren die Erlaubnis, in einem Waldstück seiner Herrschaft eine Siedlung anzulegen. Als er mit seiner jung angetrauten Gattin Erdmuthe Dorothea von Reuß-Ebersdorf die Siedler besuchte, erkannte er, daß sie, was er selber für sich und seine Gattin ersehnte, in einem tätigen Herzenschristentum lebten; das gräfliche Paar segnete ihr Vorhaben und schloß sich ihnen an. Aus der Kolonie am Hutberg erwuchs eine neue Form des evangelischen Kirchenlebens, die „Herrnhuter Brüdergemeine", ein „Kirchlein in der Kirche", mit Gemeinden in aller Welt bis in die Einsamkeiten Grönlands, Innerafrikas und der Südsee. Dem außergewöhnlichen Manne, einst Hof- und Justizrat am Hofe zu Dresden, wurde Frau Erdmuthe durch ihre seelsorglichen und organisatorischen Fähigkeiten eine hervorragende Mitarbeiterin. Als der Apostel der Bergpredigt des Landes verwiesen wurde und als „Bruder Ludwig" die Lehre der Herrnhuter zu den Negersklaven und Indianern trug und überall Brüder-Siedlungen gründete, war sie die „Mutter" der Zurückgebliebenen. Ihr oblag in der Zeit des Exils ihres Mannes die Obhut über die europäischen Pilgergemeinden, sie reiste zu ihnen, um sie aufzurichten und sorgte wie eine Patriarchin für die Armen. Aus dem Quell, der ihrem schwächlichen Körper die Kraft gab, sich für sie und ihre eigene zahlreiche Kinderschar aufzuopfern, strömten seelenvolle Lieder, die sie für den Gottesdienst dichtete und die in das Liederbuch der Gemeinde eingegangen sind. Als sie sechsundfünfzigjährig in Herrnhut starb, trauerte eine Welt um die „Fürstin Gottes", die sich das Wort ihres Gatten zu eigen gemacht hatte: „Als Christ ist man nicht Graf, nicht Fürst, nicht edler Ritter. Das dünkt den edlen Geist ein ungereimter Tand."